O PRINCÍPIO DA LEGALIDADE FISCAL

TIPICIDADE, CONCEITOS JURÍDICOS INDETERMINADOS
E MARGEM DE LIVRE APRECIAÇÃO

ANA PAULA DOURADO

Professora da Faculdade de Direito
da Universidade de Lisboa

O PRINCÍPIO DA LEGALIDADE FISCAL

TIPICIDADE, CONCEITOS JURÍDICOS INDETERMINADOS E MARGEM DE LIVRE APRECIAÇÃO

*Dissertação de doutoramento
em ciências jurídico-económicas
na Faculdade de Direito da Universidade de Lisboa*

Reimpressão da edição de Novembro de

O PRINCÍPIO DA LEGALIDADE FISCAL
TIPICIDADE, CONCEITOS JURÍDICOS INDETERMINADOS
E MARGEM DE LIVRE APRECIAÇÃO

AUTORA
Ana Paula Dourado

EDITOR
EDIÇÕES ALMEDINA, S.A.
Rua Fernandes Tomás, nºs 76 a 80
3000-167 Coimbra
Tel.: 239 851 904 · Fax: 239 851 901
www.almedina.net · editora@almedina.net

PRÉ-IMPRESSÃO
EDIÇÕES ALMEDINA, SA

IMPRESSÃO E ACABAMENTO
DPS - DIGITAL PRINTING SERVICES, LDA

Fevereiro, 2019

DEPÓSITO LEGAL
263501/07

Os dados e as opiniões inseridos na presente publicação
são da exclusiva responsabilidade do(s) seu(s) autor(es).
Toda a reprodução desta obra, por fotocópia ou outro qualquer processo,
sem prévia autorização escrita do editor,
é ilícita e passível de procedimento judicial contra o infractor.

*À memória do meu Pai,
Leandro Dourado,
cuja inteligência e sabedoria eu gostava um dia de igualar*

AGRADECIMENTOS

O presente trabalho de investigação corresponde à dissertação apresentada a provas de doutoramento na Faculdade de Direito da Universidade de Lisboa. Foi discutido em Fevereiro de 2006 perante um júri constituído pelo Reitor da Universidade de Lisboa, Professor Doutor Barata-Moura, pelos Professores Doutores Manuel Lopes Porto e José Casalta Nabais da Faculdade de Direito de Coimbra, e pelos Professores Doutores da Faculdade de Direito da Universidade de Lisboa, Pedro Soares Martinez, Paulo de Pitta e Cunha, Eduardo Paz Ferreira, José Manuel Sérvulo Correia, José Luís Saldanha Sanches e Fernando Araújo. Para a publicação foi tomada em conta a bibliografia e jurisprudência até à primavera de 2005 (com excepção da referência às novas leis das finanças locais e regionais e ao acórdão do TJCE (C-88/03, de 6.09.2006), sobre auxílios de Estado).

Cabe-me agradecer ao Professor Pitta e Cunha a orientação da tese, os valiosos ensinamentos e o apoio que me deu desde o início da minha carreira académica. Agradeço aos Professores Casalta Nabais e Sérvulo Correia, arguentes da tese, as críticas e as manifestações de apreço ao trabalho. Ao Professor Sérvulo Correia devo ainda uma palavra especial de agradecimento pela permanente disponibilidade em me receber ao longo da elaboração da tese, e em me transmitir inestimáveis ensinamentos científicos. A todos os Professores do Grupo de Jurídico-Económicas da minha Faculdade – e não posso deixar de recordar o Professor Sousa Franco – agradeço as contínuas manifestações de amizade e estímulo e os bons conselhos. Agradeço ao Professor Moris Lehner da Universidade de Munique e aos seus assistentes e ao Professor Adriano di Pietro da Universidade de Bolonha as condições de investigação e o apoio dados. Agradeço ainda aos meus colegas do Centro de Estudos Fiscais a amizade e as intermináveis e animadíssimas discussões à volta de todas as matérias do Direito Fiscal. Com eles, e muito especialmente, com a Directora do Centro, Maria dos Prazeres Lousa, muito aprendi. À Fundação Calouste

Gulbenkian e à DAAD agradeço os apoios financeiros às minhas diversas deslocações à Alemanha e a Itália.

Ao Augusto Jr. agradeço o estímulo incondicional e a compreensão pelo tempo que não lhe dei. Aos meus Pais tenho que agradecer tudo. E ao meu marido, Augusto Silva Dias, exemplo insuperável de dedicação académica e de incansável busca do conhecimento, agradeço não só todo o apoio dado, o companheirismo aqui, nas viagens e nas ausências, como ainda os livros, os ensinamentos e as horas e desoras incontáveis de discussão.

INTRODUÇÃO

1. A associação da legalidade fiscal a uma tipicidade fechada, a uma "reserva absoluta de lei formal", era uma ideia corrente e muito impregnada numa parte da comunidade jurídica portuguesa, entre os anos setenta e meados dos anos noventa. Ela foi introduzida em Portugal por Alberto Xavier e pressupunha uma "valoração definitiva da realidade" pela lei, geradora de uma aplicação administrativa (e judicial) automática e subsuntiva[1]. O problema é que este entendimento da legalidade fiscal não conduziu aos resultados esperados. Se existisse uma reserva absoluta (i.e., exclusiva) de lei em matéria fiscal, se a lei fosse omnipotente, então a previsibilidade da actividade administrativa seria total e infalível e o controlo judicial dessa actividade asseguraria o *império da lei*. O sujeito passivo estaria protegido do arbítrio da administração, pois a lei teria sempre uma resposta e uma única resposta – *a resposta certa* – para todos os casos e o sujeito passivo poderia recorrer judicialmente sempre que a administração não respeitasse a lei.

Mas a par da defesa de uma tipicidade fechada, verificava-se a ausência de controlo judicial da actividade administrativa, nomeadamente quanto aos actos de determinação e quantificação da matéria tributável, a qual era justificada pela doutrina e pelos tribunais através de uma suposta discricionariedade técnica da administração.

A existência de discricionariedade técnica da administração já vinha sendo defendida pela jurisprudência em matéria fiscal desde os anos sessenta[2], foi aceite por Alberto Xavier a par da tipicidade fechada embora renomeada de "liberdade probatória" (o autor fundamenta tal liberdade nos "complexos juízos técnicos e na utilização de máximas de experiência

---

[1] ALBERTO XAVIER, *Conceito e natureza do acto tributário*, Coimbra, 1972, p. 326 (pp. 309 e ss.).

[2] V. a referência a essa jurisprudência em ALBERTO XAVIER, *Conceito e natureza...*, cit., pp. 361 e ss..

de que os órgãos jurisdicionais se acham em regra desprovidos"[3]), e continuou a ser apregoada pelos tribunais durante a vigência da Constituição de 1976, inviabilizando a garantia constitucional de recurso contencioso dos actos tributários com fundamento em ilegalidade (art. 269.°, n.° 2, da CRP, na versão originária), e pondo em causa o Estado de Direito.

A discricionariedade técnica tem sido invocada a propósito de conceitos indeterminados como "indispensabilidade de custos", dedutibilidade de custos "dentro de limites tidos como razoáveis" (cf., por ex., art. 26.° do Código da Contribuição Industrial) e foi também associada durante muito tempo às disposições dos códigos de imposto que restringiam o controlo judicial de actos de avaliação ou quantificação de rendimento ou património por parte do fisco ou comissões, proibindo os recursos contenciosos ou limitando o controlo judicial à "preterição de formalidades legais" (cf., por exemplo, arts. 114.°, 70.° e 78.° n.° 1, e 138.°, todos do Código da Contribuição Industrial; art. 20.° do Código de Imposto Profissional; art. 111.° do Código da Contribuição Predial, e arts. 341.° e 342.° do Código de Imposto sobre a Indústria Agrícola). Tais disposições mantiveram-se até à reforma de 1988-1989, negando a tutela das garantias dos contribuintes exigida pela Constituição de 1976[4]. Nos tribunais, as sequelas desse regime arrastaram-se até meados dos anos 90, de que são exemplo o acórdão do Tribunal Constitucional, n.° 233/94, de 10 de Março, que declarou inconstitucional o art. 114.° do CCI (a indeterminação da expressão, por nós sublinhada, "<u>dúvidas fundadas</u> sobre se o resultado apurado corresponde ou não à realidade", foi relacionada pelo Tribunal com a impossibilidade ou dificuldade de controlo judicial da

---

[3] ALBERTO XAVIER, *Conceito e natureza...*, cit., p. 374 (cf. pp. 367 e ss.).

[4] Pode-se afirmar ainda que o procedimento e o processo tributário não estavam dotados de instrumentos suficientes para proteger a esfera jurídica dos contribuintes (por exemplo, entendia-se que os actos tributários não tinham de ser expressamente fundamentados, e mesmo após a revisão constitucional de 1982 e da nova redacção do art. 268.°, n.° 2, entendia-se que a fundamentação equivalia à "amálgama do processo gracioso"). Também não se considerava aplicável ao acto tributário o dever de fundamentação expressa, exigido para os actos administrativos pelo art. 1.°, do Decreto-Lei n.° 256-A/77, de 17.6.. O Acórdão da 2.ª Secção do STA de 16.7.86, rec. n.° 3336, chegou mesmo a afirmar que a exigência constitucional de fundamentação expressa dos actos administrativos não se aplicava ao acto tributário. Os acórdãos da 2.ª Secção, de 24.10.94, rec. n.° 5583, e de 5.12.1990, rec. n.° 4633, já consideraram insuficientemente fundamentados o acto que ordenou a mudança de tributação do grupo A para o grupo B do CCI, e o acto que indeferiu um pedido de concessão de benefícios fiscais (respectivamente).

decisão administrativa), e o acórdão do STA de 1991, que considerou inconstitucional o § 3 do art. 138.° do CCI, por este vedar o recurso contencioso do despacho do ministro das finanças que se pronunciasse sobre as matérias enunciadas no § 1 do mesmo artigo (por exemplo, correcção ao lucro tributável em caso de empresas associadas: art. 51.°-A do CCI)[5].

A defesa simultânea da tipicidade fechada e da discricionariedade técnica constitui uma aporia, e lesa a previsibilidade do montante de imposto a pagar, pelo que, a legalidade fiscal exige uma outra configuração dogmática.

Mas note-se que as especiais exigências de determinação, que caracterizariam a reserva de lei fiscal, não constituem uma particularidade da doutrina portuguesa na sequência do "Conceito e natureza do acto tributário" de Alberto Xavier. Elas dominaram a dogmática fiscal da segunda metade do século XX, na Alemanha do pós-guerra[6], e ainda estão muito vivas, como perceberemos ao longo deste trabalho, e a tese de Alberto Xavier reflecte essas influências.

Influências, repita-se, da segunda metade do século XX, pois como veremos, em 1927 os escritos de Albert Hensel, atribuindo à lei um papel dominante, e reflectindo uma abertura ao Direito Público (quer Constitucional e Administrativo quer Penal), não propunham uma reserva exclusiva de lei e uma consequente tipicidade fechada.

Foi Hensel, cujo trabalho gozou do impulso da lei geral tributária de Enno Becker (1919), que contribuiu decisivamente para a juridificação dos impostos. Hensel, na primeira e segunda edições do seu manual, lançou as bases do Direito Fiscal de um Estado de Direito[7], e embora a sua leitura tivesse sido proibida em 1933 (mal saiu a terceira edição) e até ao fim da Segunda Guerra, na Alemanha, pelo facto de Hensel ter ascendência judia, o seu trabalho criou raízes em Itália – através da cátedra de Grizziotti em Pavia. Em final de Agosto de 1933, após a "limpeza" de

---

[5] Acórdão da 2.ª Secção do STA de 4.12.1991, rec. n.° 13676, que considerou inconstitucional o § 3 do art. 138.° do CCI; V. ainda, em sede de fiscalização concreta da constitucionalidade do § 3 do art. 138.° do CCI, ac. do TC n.° 437/89, de 15.6., *Acórdãos do TC*, vol. 13, tomo II, 1989, pp. 1291 e ss.; ac. do TC n.° 312/92, de 6.10., *Acórdãos do TC*, vol. 23, 1992, pp. 292 e ss..

[6] V. adiante o nosso capítulo sobre o princípio da tipicidade fiscal e V. por todos, para uma panorâmica da doutrina alemã do pós-guerra, HANS-JÜRGEN PAPIER, *Die finanzrechtlichen Gesetzesvorbehalte und das grundgesetzliche Demokratieprinzip*, Berlin, 1973, pp. 67 e ss. e 153 e ss..

[7] ALBERT HENSEL, *Steuerrecht*, Berlin, 1924; e 2.ª ed., Berlin, 1927.-

judeus das universidades alemãs[8], Grizziotti convidou Hensel a passar junto dele uma temporada a investigar e dar aulas, e embora o professor alemão tenha tragicamente falecido em Outubro desse mesmo ano em Pavia, a sua biblioteca foi vendida à universidade desta cidade, sob proposta de Grizziotti[9]. É possível que o trabalho de Hensel tenha chegado a Portugal por via italiana[10].

Hensel colocou no centro da relação jurídica fiscal o *Tatbestand*, tipo legal de imposto ou princípio da tipicidade fiscal, cuja caracterização, seguindo o modelo da tipicidade penal de Ernst Beling (1906)[11], não prescindia contudo – e ao contrário do *Tatbestand* de Beling – do papel dos conceitos jurídicos indeterminados[12].

---

[8] *Säuberung* (limpeza) era o termo oficialmente utilizado.

[9] E. REIMER, C. WALDHOFF, "Steuerrechtliche Systembildung und Steuerverfassungsrecht in der Entstehungszeit des modernen Steuerrechts in Deutschland – Zu Leben und Werk Albert Hensels (1895-1933)", ALBERT HENSEL, *System des Familiensteuerrechts und andere Schriften,* Hrsg. Reimer/Waldhoff, Köln, 2000, pp. 36-43.

[10] Seja como for, Armindo Monteiro em meados dos anos 40 e Soares Martinez em 1953, citavam Hensel, quando este na Alemanha tinha sido esquecido. Veja-se por exemplo, as lições de PEDRO SOARES MARTINEZ, *Direito Fiscal, Apontamentos das lições do Sr. Prof. Soares Martinez ao 3.º ano jurídico da FDL,* Lisboa, 1953, onde é citada a tradução italiana de ALBERT HENSEL (1933) e a sua formulação de relação jurídica tributária; e ainda o manual de PEDRO SOARES MARTINEZ, *Curso de Direito Fiscal, Apontamento das lições proferidas pelo Exm.º Senhor Professor Doutor Soares Martinez ao 3.º ano jurídico de 1959-60,* Lisboa, 1960, e a referência a Hensel no texto, também a propósito da relação jurídica tributária, embora sem ser mencionada a obra: p. 146; em 1946, ARMINDO MONTEIRO faz também referência a Hensel, mencionando o seu manual de 1933, "Steuerrecht". Porém, quer ARMINDO MONTEIRO quer Soares Martinez analisam o *Tatbestand* de Hensel numa perspectiva que não nos interessa. Por um lado, ARMINDO MONTEIRO reduz o significado de *Tatbestand* a "pressuposto do facto do imposto" (V. ARMINDO MONTEIRO, *Direito Fiscal, Da Relação jurídica tributária,* vol. III, Lisboa, 1946-47, p. 55) e insere tal "pressuposto" na dinâmica da obrigação do imposto: "pressuposto, pretensão de imposto, relação obrigatória de imposto" (Idem, p. 55). Diz-nos ainda ARMINDO MONTEIRO: "Na verdade, parece que Hensel dá importância excessiva à ideia de pressuposto do tributo quando fala na relação tributária" (p. 57). O problema, como veremos adiante, é que o *Tatbestand* está na base do princípio da tipicidade dos impostos e não se limita ao "pressuposto de facto". SOARES MARTINEZ, embora traduzindo *Tatbestand* por "pressuposto tributário" não o reduz ao "pressuposto de facto", mas refere e bem que para Hensel "pressupostos tributários" são "todas as condições necessárias à constituição da relação jurídica tributária" (*Curso*..., cit., p. 146); mas tal como ARMINDO MONTEIRO, SOARES MARTINEZ trata a questão do *Tatbestand* na dinâmica da obrigação tributária, sem relacionar a "tipicidade do imposto" com a reserva de lei e o Estado de Direito. É ALBERTO XAVIER que vai estabelecer essa relação: *Conceito e natureza*..., cit., p. 264-265 (pp. 263 e ss.). Em 1972, J.M.

Mas a reacção à experiência dos regimes ditatoriais, na Alemanha como em outros países europeus, e a grande influência que a dogmática alemã do pós-guerra tem tido na doutrina e jurisprudência dos Estados europeus de Direito Continental, orientou o Direito Fiscal para caminhos de índole positivista: exclusividade da lei e aplicação automática lógico--subsuntiva.

A proclamação de uma reserva exclusiva de lei em matéria fiscal, de uma tipicidade fechada, é uma reacção ao "fiscalismo" e à tributação arbitrária. Na Alemanha dos anos trinta, como Enno Becker anunciou publicamente, a interpretação estava ao serviço de uma maior arrecadação de receitas, numa conjuntura de emergência económica e de necessidade financeira[13]. Ali eram utilizadas fórmulas como a "visão do mundo nacional-socialista", o "espírito do povo", o "tipo económico" ou as "considerações económicas", que constituíam parâmetros de interpretação das leis fiscais, legitimando actuações administrativas confiscatórias da riqueza.

Por isso, quando Tipke hoje nos diz que no Direito Fiscal há uma "especial tradição positivista", que remontaria ao pensamento liberal[14], pode estar a pensar em Otto Mayer, que via o imposto como uma "ablação", considerava a discricionariedade proibida no Direito Fiscal, e defendia que o objecto e o montante do imposto fossem "mantidos ciosamente nas mãos do legislador"[15], mas está a esquecer-se, por um lado, de Albert Hensel, e por outro, de relacionar a persistência dessas tendências com uma reacção ao ordenamento nacional-socialista. Seja como for, é inegável que as inclinações positivistas caracterizam a doutrina e a jurisprudência fiscal do pós Segunda Guerra.

No ordenamento português, a reserva de lei fiscal, embora consagrada na Constituição de 1822 e em todas as constituições que se seguiram, nunca foi em bom rigor observada até à Constituição de 1976.

CARDOSO DA COSTA, a propósito da tipicidade fiscal, cita a versão italiana do manual de Hensel: *Curso de Direito Fiscal*, 2.ª ed., Coimbra, 1972, p. 174.

11 ERNST BELING, *Die Lehre vom Verbrechen*, Tübingen, 1906, cap. V.

12 Ao contrário do que defendia OTTO MAYER, *Deutsches Verwaltungsrecht I*, 3.ª ed., Berlin, 1969 (1923), pp. 316-318.

13 JOSEF ISENSEE, *Die typisierende Verwaltung, Gesetzesvollzug im Massenverfahren am Beispiel der typisierende Betrachtungsweise des Steuerrechts*, Berlin, 1976, p. 50; ENNO BECKER, "Zur Rechtsprechung", *StuW*, 1931, pp. 433-437.

14 E mais do que isso, às cortes medievais: KLAUS TIPKE, *Die Steuerrechtsordnung*, 2.ª ed., Köln, 2000, p. 121.

Nem nas monarquias constitucionais, nem na primeira República, nem durante o Estado Novo[16]. Como voltaremos a lembrar mais à frente, durante a vigência da Constituição de 1933 e após as revisões de 1945 e de 1951, não era claro que existisse uma reserva de lei fiscal. Embora a revisão de 1971 viesse consagrar explicitamente tal reserva, o sistema de governo "representativo simples de chanceler"[17], "militantemente antiparlamentar"[18] e antiliberal[19], num "Estado sem partidos"[20], não sofreu alterações.

Neste contexto, a tese de Alberto Xavier tem o relevantíssimo significado de tentar que o Estado Novo apresentasse umas pinceladas de *rule of law*[21]. A defesa da reserva de lei parlamentar num "Estado sem partidos" é quase um exercício académico, que revela talvez a crença na publicidade da discussão e aprovação de leis no Parlamento (embora as sessões plenárias pudessem não ser públicas se assim deliberasse a Assembleia ou o seu Presidente – art. 95.º § 1 da Constituição de 1933 –, e embora a sessão legislativa tivesse duração de três meses), e eventualmente, a crença numa evolução do Estado Novo no sentido da democratização. A tese de Alberto Xavier tem sobretudo a grande virtude de lançar as bases da discussão da legalidade fiscal após a entrada em vigor da Constituição de 1976.

Ainda assim, faltou aos autores que defendiam a reserva de lei parlamentar em matéria de impostos no quadro da Constituição de 1933, ensaiar que o Estado de Direito se construísse pelo lado dos tribunais, nomeadamente, através de um controlo judicial efectivo da aplicação

---

[15] OTTO MAYER, *Deutsches Verwaltungsrecht*, cit., I, pp. 316-318. Não nos esqueçamos que o manual de Direito Administrativo de Otto Mayer dedicava o segundo capítulo da Parte Especial, primeiro livro, ao "poder financeiro", em pé de igualdade com o "poder da polícia", tratado no primeiro capítulo do mesmo livro da Parte Especial.

[16] V. adiante a referência a esta situação.

[17] JORGE MIRANDA, *Manual de Direito Constitucional, Preliminares, o Estado e os sistemas constitucionais*, I, 7.ª ed., Coimbra, 2003, p. 309.

[18] JORGE MIRANDA, *Idem*, p. 309.

[19] V. JORGE MIRANDA, *Idem*, p. 316.

[20] JORGE MIRANDA, *Idem*, pp. 301-302.

[21] Essas tentativas já tinham sido ensaiadas pelos autores que defendiam a reserva de lei (parlamentar) fiscal mesmo após a revisão de 1945 e de 1951: assim, ARMINDO MONTEIRO, *Introdução ao Estudo do Direito Fiscal*, I, Lisboa, 1951, pp. 82-83; PEDRO SOARES MARTINEZ, *Curso de Direito Fiscal...*, cit., 1960, p. 94; *Da Personalidade tributária*, Lisboa, 1953, p. 270; F. PESSOA JORGE, "Poderão os impostos ser criados por decreto-lei?", *Separata da RFDUL*, vol. XXII, Lisboa, 1968.

administrativa da lei fiscal[22]. Alberto Xavier, ao abrir a porta à "liberdade probatória", que coincidia com o âmbito da discricionariedade técnica (esta era defendida em França e em Itália num outro contexto – de regime democrático, pluripartidário[23-24]), fazia ruir o seu edifício da legalidade, especialmente porque, como dissemos, sob a capa da discricionariedade técnica, os tribunais se abstiveram e se abstêm ainda hoje do controlo judicial de muitos actos de determinação e quantificação da matéria tributável[25]. Abstêm-se totalmente desse controlo – ou mais do que a própria

---

[22] Embora alguns autores tentassem contornar a ausência de fiscalização da inconstitucionalidade orgânica, propondo o alargamento do controlo da inconstitucionalidade material, e entendessem que a actividade do fisco era (quase sempre) vinculada. Por exemplo, segundo CARDOSO DA COSTA, o art. 70.º, ao exigir que os elementos essenciais dos impostos fossem criados por lei, consagrava uma garantia fundamental (cf. art. 8.º, n.º 16 da CR) e por isso a violação do art. 70.º implicava uma inconstitucionalidade material: J.M. CARDOSO DA COSTA, *Curso...*, cit., 2.ª ed., pp. 180 e ss.. O autor também considera a discricionariedade (quase) proibida no Direito Fiscal, mas entende que disposições como a do art. 114.º do CCI, ao qual nos referimos nas próximas páginas, conferem verdadeira discricionariedade à administração (*Idem*, p. 62); CARDOSO DA COSTA rejeita ainda a discricionariedade técnica: segundo o autor, "a identificação da base do imposto ou o cálculo da matéria colectável comportam muitas vezes uma zona de mais ou menos livre apreciação por parte da Administração fiscal ou dos órgãos mistos", liberdade essa que se reduz àqueles "insuprimíveis momentos de liberdade... por onde necessàriamente passam, quer a interpretação das normas... quer a fixação... dos factos" (p. 59); mas nesse caso a administração encontra-se ainda vinculada à lei (p. 60).

[23] Por exemplo, em Itália nunca se defendeu uma tipicidade fechada e embora se faça referência a uma reserva absoluta de lei fiscal, ela abrange leis e decretos-legislativos do Governo por contraposição aos regulamentos, sendo admitida a discricionariedade da administração. V., por todos, só a título de exemplo, os acórdãos compilados por ENRICO DE MITTA sobre a reserva de lei fiscal e a discricionariedade técnica: "La Riserva di legge nella materia tributaria", ac. 30/1957, *Fisco e Costituzione, Questioni risolte e questione aperte, 1957-1983*, vol.I, Milano, 1984, pp. 31 e ss.; "Riserva di legge e determinazione dei presupposti soggettivi", ac. 47/1957, *Fisco e Costituzione*, cit., pp. 51 e ss.; "Riserva di legge e determinazione della prestazione imposta", *Fisco e Costituzione*, cit., pp. 57 e ss.; "Riserva di legge e discrezionalità tecnica", *Fisco e Costituzione*, cit., pp. 115 e ss.. Todavia, como veremos, a evolução da legalidade fiscal em Itália é um exemplo a não seguir.

[24] Aliás, como veremos, a tipicidade fechada de ALBERTO XAVIER não é tão fechada como parece, pois a reserva absoluta de lei formal abrange leis e decretos-leis autorizados (tal como em Itália), e não impede que os regulamentos desenvolvam a disciplina legal. A tipicidade fechada de ALBERTO XAVIER apenas proíbe a discricionariedade *s.s.* do acto tributário, e por isso as suas afirmações quanto à tipicidade fechada da lei e quanto a uma valoração definitiva da realidade por lei, não são consequentes, como tentaremos demonstrar adiante.

[25] A mesma crítica se pode fazer a CARDOSO DA COSTA: V. a nota anterior.

figura da discricionariedade técnica, com todos os defeitos que lhe são apontados e que referiremos, admitiria.

Se os conceitos jurídicos indeterminados podem justificar uma margem de livre apreciação administrativa, nos casos e nos termos que defenderemos adiante, essa margem não legitima a ausência do controlo judicial dos limites à mesma (à semelhança do que deve acontecer com o controlo judicial da discricionariedade, *rectius*, dos limites à mesma), limites esses que podem ser maiores ou menores, consoante a margem de livre apreciação concedida.

A doutrina e a jurisprudência portuguesa mais recentes têm vindo a desmistificar a crença numa tipicidade fechada[26-27]. Para essa desmistifi-

---

[26] V., por todos, JOSÉ CASALTA NABAIS, *Direito Fiscal*, 2.ª ed., Coimbra, 2003, pp. 138-143; e já nos anos oitenta, antes da reforma fiscal, J.L. SALDANHA SANCHES, *A Segurança jurídica no Estado social de Direito, conceitos indeterminados, analogia e retroactividade no Direito Tributário*, CCTF, Lisboa, 1985, n.º 140, pp. 296 e ss..

[27] Repare-se que imediatamente a seguir à tese de ALBERTO XAVIER, os tribunais fiscais passaram simultaneamente a defender uma actividade vinculada e uma discricionariedade técnica não controlável judicialmente, sem se aperceberem que os dois conceitos são inconciliáveis. V., por exemplo, ANA PAULA DOURADO, "Poder de cognição do juiz tributário", *Fisco*, 1990, n.º 19, p. 38. Também parte da doutrina fiscalista dos anos 80, embora não tratasse da questão da discricionariedade e da "discricionariedade técnica" nos manuais, defendia a tipicidade fechada das leis de imposto: V., por exemplo, alguma doutrina que adopta acriticamente as posições de ALBERTO XAVIER no quadro da CRP de 1976: VÍTOR FAVEIRO, *Noções fundamentais de Direito Fiscal português, Introdução ao estudo da realidade tributária, Teoria Geral do Direito Fiscal*, 1984, p. 187 (pp. 186-190); NUNO SÁ GOMES, *Lições de Direito Fiscal*, vol. II, CCTF, Lisboa, 1985, n.º 134, pp. 34-35. Em sentido ligeiramente diferente, PAMPLONA CORTE-REAL, *Curso de Direito Fiscal*, vol.I, Lisboa, 1982, p. 81 (pp. 78 e ss.). O autor não concordava que a "reserva de lei formal" fosse uma reserva absoluta, e entendia que "o carácter absoluto da reserva de lei formal... [tinha] de ser interpretado com razoabilidade", nomeadamente, porque o Governo pode ser autorizado a legislar e porque a lei não deve "descer à regulamentação minuciosa dos aspectos jurídico-tributários indicados no artigo 106.º, n.º 2" (p. 78). Mas ainda assim, PAMPLONA CORTE-REAL adoptou o conceito de tipicidade fiscal de ALBERTO XAVIER: tipicidade taxativa (e *numerus clausus* tributário), exclusiva e fechada: pp. 84-85. Também aceitando o princípio da tipicidade dos impostos como uma tipicidade fechada, PEDRO SOARES MARTINEZ, *Manual de Direito Fiscal*, Coimbra, 1984, pp. 105-106. Fazendo referência à "discricionariedade imprópria" e à "liberdade probatória" e dando como exemplo o Direito Fiscal, e citando ALBERTO XAVIER, DIOGO FREITAS DO AMARAL, *Direito Administrativo, II*, Lisboa, 1988, pp. 172-173 (168 e ss.). Na edição de 2001, FREITAS DO AMARAL (com a colaboração de LINO TORGAL) entende que as situações que anteriormente consideravam ser de "discricionariedade imprópria", onde se incluía a liberdade probatória "representam exemplos de verdadeira autonomia da administração": *Curso de Direito Administrativo, II*, Coimbra, 2004, p. 82.

cação contribuíram a reforma dos impostos sobre o rendimento de 1988, presidida pelo Professor Pitta e Cunha[28], e, no seu seguimento, a reforma da lei de procedimento administrativo e de processo judicial e a introdução do estatuto dos benefícios fiscais.

Os novos códigos vieram dar cumprimento às disposições constitucionais em matéria fiscal, incluindo as respeitantes às garantias dos contribuintes (cf. os arts. 107.º, n.os 1 e 2, 106.º, n.º 2, parte final, e 268.º, na numeração e versão em vigor em 1988 e após a revisão de 1989). A sua complexidade (em especial a introdução da tributação do rendimento real, que não pode prescindir de tipos legais abertos ou conceitos jurídicos indeterminados, com todas as consequências inerentes ao procedimento de determinação e quantificação da base do imposto, uma vez que o papel central do fisco se desloca para o momento do controlo dos deveres dos sujeitos passivos através de um procedimento de actos-massa) aliada à necessidade de efectivar o direito de impugnação judicial dos actos tributários, estimulou uma construção dogmática sem precedentes em Portugal em diversos temas do Direito Fiscal.

O desfasamento entre a prática administrativa e judicial (arcaica e distanciada das exigências do princípio da legalidade num Estado de Direito) e uma legislação substantiva e processual moderna, motivaram doutrina e tribunais, aqui e ali, a rebuscarem as especificidades da legalidade fiscal relativamente ao princípio da legalidade no Direito Administrativo (vejam-se os "Contratos fiscais" de Casalta Nabais[29]); e a procurarem as fronteiras dessa legalidade fiscal, recorrendo à dogmática do Direito Administrativo ou da Teoria do Direito, ou até do Direito Penal, para estabelecer o significado e consequências dos conceitos jurídicos indeterminados no Direito Fiscal (veja-se o caso *FIMA*, acórdão do Tribunal Cons-

---

[28] Sobre as linhas da reforma, V. do próprio PAULO DE PITTA E CUNHA, alguns dos estudos em *A Reforma fiscal*, Lisboa, 1989, sobre as propostas da Comissão a que presidia quanto à introdução dos impostos sobre o rendimento das pessoas singulares e das pessoas colectivas: V. por exemplo, "A Reforma fiscal dos anos 80", pp. 43 e ss.; "Criação da comissão de reforma fiscal: projecto de preâmbulo de diploma", pp. 65-66; "O Imposto único sobre o rendimento: reflexão sobre algumas linhas propostas", pp. 101 e ss.; "A Reestruturação do sistema de tributação do rendimento em Portugal no contexto mundial de reformas fiscais", pp. 131 e ss.; "A Unicidade do imposto no cerne da reforma fiscal", p. 161 e ss.; "A Reforma fiscal", pp. 197 e ss..

[29] *Contratos fiscais (Reflexões acerca da sua admissibilidade)*, Coimbra, 1994. O autor defende logo nas primeiras páginas (p. 9 e nota 1) o carácter especial do Direito Fiscal, face ao Direito Administrativo.

titucional, n.º 233/94, de 10 de Março, sobre os conceitos indeterminados do art. 114.º § 2.º do Código da Contribuição Industrial[30]; o caso *Renault Gest*, acórdão n.º 756/95, de 20 de Dezembro, em que foi suscitada a inconstitucionalidade do art. 6.º, n.º 12, do Código de Imposto de Capitais – que reconduzia à secção B do imposto "quaisquer outros rendimentos derivados da simples aplicação de capitais não compreendidos na secção A"; o voto de vencido de Maria Fernanda Palma, no caso dos juros decorridos, acórdão n.º 196/03, de 10 de Abril[31]).

Na investigação que conduzimos, o desafio reside em delimitar o alcance da reserva de lei fiscal, i.e., as exigências de determinação dessa lei relacionando-as com o princípio da tipicidade (arts. 165.º, n.º 1, al. i) e 103.º, n.º 2, da CRP), e em conjugá-los com uma eventual margem de liberdade decorrente da indeterminação legal admissível para a administração e tribunais, permitindo ao mesmo tempo o controlo judicial efectivo das decisões do fisco. Ou seja, se não for possível ou recomendável uma determinação absoluta da lei (e uma tipicidade fechada), a dificuldade estará em definir as exigências mínimas da determinação e em demonstrar se a margem de liberdade emergente de uma abertura da lei confere poderes últimos de decisão à administração ou aos tribunais, tendo em conta a exigência constitucional de tutela jurisdicional efectiva dos direitos ou interesses legalmente protegidos dos administrados (art. 268.º, n.º 4, da CRP).

---

[30] Nos termos do art. 114.º, § 2, do CCI, "[s]empre que em face do exame à escrita se verifi[casse] a impossibilidade de controlar a matéria colectável" determinada segundo o grupo A (i.e., segundo o "lucro real"), ou se desse exame resultassem "fundadas dúvidas" sobre a correspondência do resultado apurado à realidade, a matéria colectável era "determinada de novo", pelo chefe de repartição de finanças, segundo as regras do grupo B (i.e., segundo o lucro presumido). Lembre-se também a ausência de controlo judicial da decisão administrativa de mudança de grupo de tributação – nomeadamente, do grupo A para o grupo B –, bem como a impossibilidade de recurso contencioso dos valores determinados pelo chefe de repartição de finanças ao abrigo do grupo B (susceptíveis de serem revistos apenas por uma comissão distrital), a não ser pela preterição de formalidades legais (art. 78.º do CCI), em plena vigência da CRP de 1976 (do art. 268.º, n.º 4).

[31] Ou até o entendimento que Maria Fernanda Palma dá à proibição da retroactividade em Direito Fiscal, limitando-se a transpor os princípios que regem o Direito Penal para o Direito Fiscal, questão que não vamos analisar na tese: Acórdão n.º 172/00, de 22 de Março; V. ainda de José Luís SaldanhaSanches, "A Segurança jurídica...", cit., muito citado pelo Tribunal Constitucional, nomeadamente pelo acórdão n.º 756/95, de 20.12, a que adiante fazemos referência.

Como ponto de partida da nossa análise, elegemos o regime constitucional da legalidade fiscal, com o principal objectivo de relacionar a reserva de lei na vertente competencial, desenhada por cada ordenamento, com as exigências de determinação legal que decorrem daquela vertente.

Mas nesta introdução, queremos atrair o leitor para o facto de as afirmações de princípio, como a de uma reserva exclusiva de lei em matéria fiscal, nada valerem perante o reconhecimento de limites metodológicos a uma determinação total da lei (ou o reconhecimento da indeterminação dos conceitos jurídicos, ou da "vaguidade contínua dos conceitos" que pode conduzir à "indeterminação dos direitos e deveres do cidadão"[32]).

Por outras palavras, o entendimento da reserva exclusiva de lei contrasta com a chamada "reivindicação da indeterminação" dos pressupostos das leis[33].

Já em 1961, Hart relativizava a "determinação legal", referindo-se à "textura aberta das normas", e aproximava o precedente dos sistemas anglo-saxónicos, da lei dos sistemas continentais: partindo do princípio que as regras devem comunicar "padrões gerais de conduta" e não dirigir-se a cada indivíduo separadamente, lembrava Hart: "há dois mecanismos principais, à primeira vista muito diferentes um do outro, [que] têm sido usados para a comunicação de tais padrões gerais de conduta, antes das ocasiões em que têm de ser aplicados. Um faz um uso máximo e o outro um uso mínimo das palavras... O primeiro é tipificado por aquilo que chamamos legislação e o segundo por precedente"[34]. E dá em seguida um exemplo dos dois: "Um pai antes de ir à igreja diz ao seu filho: «Todos os homens e rapazes devem tirar o chapéu antes de entrar na Igreja». Outro pai, destapando a cabeça ao entrar na igreja diz: «Vê: esta é a forma correcta de nos comportarmos nestas ocasiões"[35].

E continua Hart: "Muito do Direito deste século consistiu na percepção progressiva (e por vezes exagerada) do facto importante que a distinção entre as incertezas de comunicação do exemplo autoritário (precedente) e

---
[32] V. por todos, JOSEF RAZ, *The Authority of law, Essays on law and morality*, New York, 1979, pp. 72-74; TIMOTHY ENDICOTT, *Vagueness in law*, New York, 2003 (2000), pp. 63 e ss. (63-75).
[33] TIMOTHY ENDICOTT, *Vagueness in law*, cit., p. 1: o autor refere-se à "indeterminacy claim".
[34] H.L.A. HART, *The Concept of law*, Oxford, 1961, p. 121.
[35] IDEM, p. 121.

as certezas de comunicação da linguagem geral autoritária (a lei) é muito menos firme do que este contraste ingénuo sugere"[36]. O problema é que quer o precedente, quer a lei se têm de aplicar a uma "enorme massa de casos individuais", e "num qualquer momento da sua aplicação, eles provarão ser indeterminados; eles terão aquilo que foi designado por textura aberta"[37].

Repare-se que Hart também diz que é possível, em certa medida, o próprio legislador optar por aprovar leis mais ou menos indeterminadas, consoante o objecto de regulação (e este pode recomendar que a concretização seja feita pela administração)[38].

Para ilustrar o problema da inevitabilidade da indeterminação, há alguns exemplos clássicos utilizados na discussão da Teoria analítica do Direito. Um deles, susceptível de afectar direitos fundamentais, e por isso sujeito a reserva de lei não só num ordenamento de Direito Continental como também num ordenamento de *Common law*, é o chamado caso "um milhão de organizadores de 'festas delirantes'" (as "*rave parties*").

Segundo a lei britânica do ruído, a polícia pode obrigar os organizadores de tais festas a desligar o seu equipamento de som, sendo aplicada uma (espécie de) contra-ordenação se os organizadores não obedecerem a essa ordem policial. A lei especifica ainda que tal poder policial se aplica a "um ajuntamento... no qual a música amplificada é tocada durante a noite (com ou sem intervalos), e, devido ao seu volume, duração e horário em que é tocada, é susceptível de causar uma perturbação grave aos residentes da localidade". Mais ainda, "'música' inclui sons, total ou predominantemente caracterizados pela emissão de uma sucessão de repetitivos "batimentos" ('beats').

Imagine-se que no caso do milhão de organizadores de tais festas, todos eles desobedeceram à polícia e todos são submetidos a um processo judicial. Todos os organizadores tocaram a mesma música, da mesma forma, sob as mesmas condições, mas cada um deles tocou a música a um volume imperceptivelmente mais baixo do que o outro.

O primeiro organizador pôs a música a tocar no volume mais alto e ensurdecedor (e será condenado, indubitavelmente) e o milionésimo tocou-a num mínimo que não perturbou ninguém (e será absolvido). O problema é que relativamente a conjuntos de dois organizadores que

---

[36] IDEM, p. 122.
[37] IDEM, p. 124.
[38] IDEM, pp. 127-128.

puseram a música a tocar pela diferença de um "batimento", os residentes não conseguem distinguir o nível de perturbação causado por cada um deles, o que significa que não existe uma fronteira nítida para a expressão "perturbação grave"[39].

Assim, relativamente a alguns dos organizadores da festa, a decisão – quer da polícia quer do tribunal – sobre se foram responsáveis pela "perturbação grave" não se vai apoiar exclusivamente em argumentos legais. Sempre que estejamos perante conceitos jurídicos indeterminados ou vagos, a sua aplicação a *casos difíceis* – situações de fronteira ou *candidatos neutros*[40] – não é fundamentada apenas por argumentos legais[41].

No Direito Fiscal português, o caso mais recente de indeterminação de conceitos legais e que gerou controvérsia, devido à interpretação judicial que lhes foi dada, foi suscitado a propósito da chamada "lavagem dos cupões"[42]. Tratava-se da qualificação dos rendimentos obtidos na transmissão de títulos de dívida antes do vencimento do juro ou reembolso do capital segundo os termos do contrato, e que podem corresponder à diferença, como explicita agora o Código do IRS, entre o valor de reembolso dos títulos na data de transmissão e o preço de emissão, no caso de títulos cuja remuneração seja constituída, total ou parcialmente, por essa diferença.

Uma vez que no caso dessas transmissões, o apuramento do montante dos juros tributáveis diz respeito aos juros decorridos (i.e., acumulados até à data da transmissão), mas não *formalmente* vencidos (i.e., para efeitos do Direito Privado), e tendo em conta que, até final de 1992[43], o Código do IRS fazia referência expressa aos juros vencidos, mas não aos juros decorridos, questionou-se se os juros dos títulos negociados em bolsa antes do vencimento formal ou reembolso, eram rendimentos de capitais para efeitos do CIRS (e do CIRC que remete para aquele).

---

[39] V. este exemplo e descrição nos termos em que o apresentámos, em TIMOTHY ENDICOTT, *Vagueness in law*, cit., pp. 57-58.

[40] V. já adiante a definição de *casos fáceis* e de *casos difíceis*.

[41] De entre um número infindável de exemplos de conceitos jurídicos indeterminados ou vagos, e daremos vários ao longo da tese, relacionados com impostos, podemos agora mencionar a "tortura", o "motim", o "período de tempo razoável" (exemplos dados por TIMOTHY ENDICOTT, *Vagueness in law*, cit., p. 189).

[42] V., J.L. SALDANHA SANCHES, "Abuso de direito e abusos da jurisprudência", Anotação ao ac. da 2.ª Secção do STA de 3.5.2000, rec. n.º 24585, *Fiscalidade*, 2000, n.º 4, pp. 53 e ss. e 57 e ss.. V., ainda, acórdãos da 2.ª Secção do STA no mesmo sentido do acórdão anterior, de 14.2.02, rec. n.º 26803, e de 10.4.02, n.º 26764.

[43] Até ao Decreto-lei n.º 263/92, de 24.10.

A qualificação dos "juros decorridos" como juros, para efeitos do então art. 6.º do CIRS (e arts. 91.º do mesmo Código, e 75.º, n.º 1, al. c) e 6.º do CIRC, que disciplinavam a obrigação de retenção na fonte no acto de pagamento do rendimento), era uma questão susceptível de conduzir a um resultado indeterminado, no sentido em que a lei podia não dar nenhuma resposta ao caso, existindo um vazio legal (o *legal gap* a que se refere Joseph Raz[44]). O STA não entendeu assim[45].

Mas em geral, quer a qualificação de rendimentos como juros quer o conceito de vencimento dos juros são susceptíveis de conduzir a resultados indeterminados ou porque a lei pode não dar nenhuma resposta para um caso, existindo um *vazio legal*, ou porque um *caso difícil* pode ficar na linha de fronteira, entre as situações que cabem no conceito e as que não cabem, ou entre as situações que cabem no conceito de rendimentos de capitais e as que cabem no conceito de mais-valias.

Trata-se de dois casos de "indeterminação de resultados" identificados por Coleman e Leiter – casos 1 e 4 –[46], na linha da Teoria analítica liberal, e que voltaremos a referir nas páginas da tese.

Porém, o acórdão do Tribunal Constitucional que marcou a jurisprudência até aos dias de hoje sobre a compatibilidade dos conceitos jurídicos indeterminados (ou vagos podendo conduzir a resultados indeterminados) com o princípio da tipicidade fiscal, foi o do acima mencionado caso *Renault Gest*, em que se suscitou a inconstitucionalidade do art. 6.º, n.º 12, do CIC.

Estava em causa uma modalidade contratual oferecida pela recorrente aos seus clientes, designada de *Poupança-Renault*, em que os clientes adiantavam determinados montantes por conta do preço de uma aquisição futura de uma viatura; os montantes adiantados implicavam um desconto no preço aquando da aquisição da viatura. A administração fiscal, numa inspecção à recorrente, entendeu que a entrega dos montantes constituía uma modalidade de aplicação de capitais, com base no art. 6.º,

---

[44] JOSEPH RAZ, *The Authority of law...,* cit., pp. 70-74.
[45] V. os acórdãos citados na nota 42.
[46] JULES L. COLEMAN/BRIAN LEITER, "Determinacy, Objectivity, and Authority", *Law and interpretation, Essays in legal philosophy,* Oxford, New York, 1997 (1995), pp. 213-216. Como veremos, o caso 1 de indeterminação de resultados significa que "o conjunto de argumentos legais nunca é adequado para garantir nenhum resultado" (p. 213), e o caso 4 ocorre quando "o conjunto de argumentos legais nunca garante (ou justifica) apenas um e só um resultado em casos importantes ou difíceis" (p. 215).

n.º 12, do CIC, que compreendia na secção B do imposto, "[q]uaisquer outros rendimentos derivados da simples aplicação de capitais não compreendidos na Secção A".

Suscitada a inconstitucionalidade desta norma por indeterminação, o Tribunal recorreu a duas classes de argumentos para fundamentar a sua não inconstitucionalidade: a justificação da utilização por lei de conceitos jurídicos indeterminados com base no princípio da igualdade fiscal, e os limites à utilização de tais conceitos.

A argumentação principal baseou-se na necessidade de uma harmonização entre os princípios da legalidade, tipicidade e da igualdade fiscais. Enquanto os primeiros recomendariam leis fiscais determinadas, a igualdade fiscal material exigiria o recurso a conceitos indeterminados: "A justificação de qualquer destas realidades (conceitos amplos/exigências de determinabilidade) não deixa de ser possível face a regras ou princípios constitucionais relevantes: se a determinabilidade se acolhe na defesa dos contribuintes contra o arbítrio da administração fiscal, que subjaz aos n.os 2 e 3 do artigo 106.º, o emprego de conceitos amplos e por vezes indeterminados – os únicos que garantem a plasticidade que possibilite a adaptação ao constante aparecimento de novas situações que, substancialmente iguais a outras já tributadas, não estejam ainda formalmente descritas com precisão – não deixa, o emprego deste tipo de conceitos, de se poder louvar no cumprimento do mandato de igualdade em sentido material, não permitindo o aparecimento constante de refúgios de evitação fiscal. Só a harmonização entre estas duas realidades, potencialmente conflituantes, é susceptível de fornecer soluções equilibradas..." (ponto 4.1 do acórdão).

Embora sem desenvolver muito a segunda classe de argumentos (limites à indeterminação), percebe-se que para o Tribunal a indeterminação é um problema quantitativo, e que o legislador não pode abdicar da sua tarefa de disciplinar os elementos essenciais dos impostos (princípio da tipicidade), sob pena de a legalidade ceder o lugar à arbitrariedade (que pode ser entendida no sentido de decisões *imprevisíveis* e *ditatoriais*, por não serem legitimadas pelo Parlamento democraticamente eleito, pondo em causa o Estado de Direito ou a *rule of law*).

Assim, segundo o Tribunal: "a norma aqui constitucionalmente questionada, como verdadeira norma residual de um universo que o legislador define com suficiente precisão (a secção B do imposto de capitais – v. artigo 3.º do CIC), construída em torno de um conceito – «rendimentos derivados da simples aplicação de capitais» – que, concretizado de acordo com as regras interpretativas possíveis relativamente a normas de incidência fiscal, está muito longe de colocar nas mãos da administração um poder arbitrário de concretização; uma norma com estas características, dizíamos, não pode à partida ser tida como inconstitucionalmente indeterminada"[47].

Há outros argumentos, a favor da indeterminação legal, não invocados no acórdão, mesmo em matérias para as quais é exigida a reserva de lei, dos quais destacamos agora o da inevitabilidade dessa indeterminação[48]. Como veremos, a frequência e o grau de indeterminação legal são impossíveis de avaliar com precisão e as posições sobre o assunto divergem.

Resulta do exposto a ideia – a confirmar ao longo da tese – de que a indeterminação é metodologicamente inevitável.

O problema é que a "reivindicação da indeterminação" põe em causa o princípio da legalidade. Por outras palavras: difícil é então responder aos cépticos que defendem a indeterminação da linguagem e com ela a necessária indeterminação da lei, o que põe em causa a previsibilidade e objectividade das decisões dos órgãos que aplicam a lei, o constrangimento//submissão dos governos à lei e até a igualdade formal de tratamento de situações idênticas que seria garantida pela generalidade da lei[49].

---

[47] Ponto 4.1. do Ac. n.º 756/95 (de que foi relator o Conselheiro Sousa e Brito), *Acs. do TC*, vol. 32, pp. 775 e ss..

[48] Essa "inevitabilidade da indeterminação" põe em causa a tese da "*Right answer*" de Ronald Dworkin, para quem da interpretação da lei resulta sempre uma – a – resposta certa. Assim, para RONALD DWORKIN, em *Taking rights seriously* (Cambridge, Massachussets, 1978 (1977)), há sempre uma resposta certa, pois mesmo que a lei seja indeterminada, haverá um juiz Hércules, "um jurista de capacidades super-humanas", que aceitando as leis principais incontroversas (p. 105), também desenvolve os casos difíceis – não regulados por lei e em que ele tem de recorrer a princípios constitucionais contraditórios, e utilizar a partir daí um processo de argumentação "muito semelhante ao processo do jogador de xadrez" (p. 107): "Ele deve desenvolver uma teoria da constituição, na forma de um conjunto complexo de princípios e de políticas que justificam aquele esquema de governo, tal como o jogador de xadrez é conduzido a desenvolver uma teoria sobre as características do seu jogo. Ele deve desenvolver essa teoria referindo-se alternadamente à filosofia política e ao detalhe institucional" (p. 107).

[49] Assim, TIMOTHY ENDICOTT, *Vagueness in law*, cit., pp. 185 e ss.; JULES L. COLEMAN/BRIAN LEITER, "Determinacy, Objectivity and Authority", cit., pp. 203 e ss., 228 e ss.. Para uma referência sucinta aos argumentos de Hart sobre a inevitável indeterminação da lei, devido à "relativa ignorância do facto" quando uma lei é redigida e aprovada e à "relativa indeterminação do objectivo" prosseguido pela lei (*The Concept of law*, cit.,

Como nos diz Endicott, se a lei é indeterminada, não somos governados por ela, e portanto o Estado de Direito não será um ideal atingível[50].
Na Teoria do Direito, costuma-se distinguir a este propósito *casos fáceis* de *casos difíceis*.

Os *casos fáceis* caem no núcleo do conceito, pelo que a indeterminação não constitui problema (veja-se novamente o caso *Renault Gest* e a declaração de voto do relator do acórdão, considerando que os contratos *Poupança-Renault* correspondiam ao cerne do conceito "outros rendimentos de aplicação de capitais"). Nos *casos difíceis*, o conjunto de argumentos legais nunca justifica apenas um e só um resultado (vejam-se alguns dos acórdãos do STA relacionados com as "despesas de representação exageradas" [art. 41.º n.º 1 g) do CIRC][51], ou se voltarmos à Contribuição Industrial, com a "indispensabilidade de custos ou perdas"[52]), colocando-se em primeiro lugar a questão de saber se a lei tinha de ser mais determinada de modo a satisfazer o princípio da tipicidade fiscal; se se concluir que a eliminação da indeterminação legal de modo a diminuir o número de *casos difíceis*, não é possível nem recomendável, coloca-se a questão de saber se a última palavra cabe à administração ou aos tribunais, se a lei permitir mais do que uma solução correcta (i.e., se o conjunto de argumentos legais não garantir ou justificar apenas um e só um resultado em *casos importantes* ou *difíceis* – caso 4 de Coleman/Leiter[53]), ou até onde

---

p. 125), e aos argumentos de Esser e de Dworkin, que defendem uma interpretação "consistente de forma articulada", ou a "integridade" da interpretação, através de uma interpretação coerente das regras através do recurso a princípios, KLAUS GÜNTHER, *The Sense of appropriateness, Application discourses in morality and law*, New York, 1993 (1988), trad. de John Farrell, pp. 269 e ss.. Todavia, enquanto Esser defende uma liberdade do juiz relativamente à lei, Dworkin defende a existência de uma única resposta certa: JOSEF ESSER, *Precomprensione e scelta del metodo nel processo di individuazione del diritto, Fondamenti di razionalità nella prassi decisionale del giudice*, traduzioni della Scuola di perfezionamento in diritto civile dell'Università di Camerino a cura di Pietro Perlingieri, 1983 (obra original de 1972), pp. 54-55; RONALD DWORKIN, *Law's empire*, cit., por ex., caps. V e VI.

[50] TIMOTHY ENDICOTT, *Vagueness in law*, cit., p. 1.
[51] Por ex., ac. da 2.ª Secção do STA de 23.4.97, rec. n.º 20168.
[52] V., sobre a atitude passiva do STA quanto ao controlo da aplicação deste conceito indeterminado pelo Fisco e quanto à ausência de densificação jurisprudencial do mesmo, ANTÓNIO MOURA PORTUGAL, *A Dedutibilidade dos custos na jurisprudência fiscal portuguesa*, Coimbra, 2004, pp. 231 e ss..
[53] JULES L. COLEMAN/BRIAN LEITER, "Determinacy, Objectivity, and Authority", cit., p. 215.

pode ir a interpretação do órgão que aplica a lei, se estivermos perante um *vazio legal* (caso 1 de Coleman/Leiter).

A nossa investigação limitar-se-á às consequências decorrentes do caso 4, pois é ele que se relaciona com a questão da admissibilidade de uma margem de livre apreciação ou de discricionariedade administrativa.

Muitos autores da Teoria analítica do Direito consideram que só nos *casos difíceis* há verdadeira indeterminação legal[54], e então sim é suscitada a questão da (falta de) autoridade da lei. Mas como veremos também, a indeterminação só põe em causa a reserva de lei e o Estado de Direito, se for muito elevada.

A dogmática dos direitos fundamentais resignou-se há algum tempo perante a impossibilidade de a lei disciplinar toda a actuação administrativa que afecte tais direitos. Em Portugal, Jorge Reis Novais desenvolve os critérios da "essencialidade das matérias" ou das "matérias politicamente controversas", para delimitar a reserva de lei em caso de "afectação dos direitos fundamentais"[55].

Também no Direito Penal, a crítica à tipicidade avalorativa de Beling e à proibição dos conceitos jurídicos indeterminados começou a ser feita logo a seguir aos seus trabalhos[56]. Para essa crítica foi decisivo o contributo do pensamento tipológico e a abertura às discussões da Teoria do Direito e Filosofia da linguagem: como veremos, a doutrina dos tipos diz-nos que o legislador não utiliza apenas conceitos abstractos desligados da realidade, mas tem por base tipos empíricos, encontrados na (i.e., a partir da) realidade, mais concretos do que o conceito geral e abstracto[57]. A consagração de tipos reais na lei (nos preceitos incriminadores) implica a maior indeterminação ou vaguidade da lei.

---

[54] V., por todos, JULES L. COLEMAN/BRIAN LEITER, "Determinacy, Objectivity, and Authority", cit., p. 215, e adiante, no capítulo sobre a margem de livre apreciação administrativa, os autores citados a propósito deste problema.

[55] JORGE REIS NOVAIS, *As Restrições aos direitos fundamentais não expressamente autorizadas pela constituição*, Coimbra, 2003, pp. 875-880 e ss..

[56] V., por todos, a referência a essa crítica em ALBERTO GARGANI, *Dal Corpus delicti al Tatbestand – Le Origini della tipicità penale*, Milano, 1997, pp. 465 e ss.. E adiante o desenvolvimento deste aspecto.

[57] V., por todos, KARL ENGISCH, *Die Idee der Konkretisierung in Recht und Rechtswissenschaft unserer Zeit*, Heidelberg, 1953, pp. 262-263. Estas características são apontadas por todos os autores que defendem a "concepção clássica do tipo", como veremos adiante.

No caso do Direito Fiscal, a determinação está associada à tipicidade do imposto – veremos qual a relação entre ambos – e a dificuldade reside em saber qual o ponto óptimo da determinação da lei fiscal.

Desenvolveremos o nosso entendimento de tipicidade fiscal e determinação bastante, avançando alguns critérios relativamente à determinação legal exigível para os elementos essenciais do imposto. Veremos a este propósito que a defesa de uma tipicidade fechada, no sentido de uma reserva exclusiva de lei formal, não é imposta constitucionalmente.

Não só porque, como argumentou o Tribunal Constitucional no caso *Renault Gest*, os princípios da legalidade e da tipicidade fiscal têm de ser harmonizados com o princípio da igualdade material da tributação, de igual valor constitucional, e este recomenda que a tipicidade seja tendencialmente aberta, mas também porque, como vimos, parece inevitável o recurso a conceitos jurídicos indeterminados ou vagos, cujos resultados nos *casos difíceis* serão indeterminados (não totalmente previsíveis através da lei). E ainda porque a realização da tipicidade e da determinação da lei deve ser assegurada conjuntamente pelo Parlamento e Governo. A simplificação das leis fiscais recomenda também que os aspectos técnicos sejam desenvolvidos por actos normativos secundários.

Mas o reconhecimento da indeterminação dos conceitos jurídicos, podendo suscitar dúvidas sobre a aplicação da lei a um caso concreto, a um *caso difícil*, não significa que tenhamos uma atitude céptica quanto à reserva de lei fiscal, expressamente estabelecida nos arts. 165.º, n.º 1, al. i) e 103.º n.º 2, da CRP (nem quanto à determinação, pois, como referiremos, há argumentos que demonstram a "validade intersubjectiva do significado das normas"[58], mesmo que a indeterminação por vezes ocorra).

É verdade que a assunção de funções políticas e legislativas pelos governos emanados das maiorias parlamentares, e o consequente reconhecimento da legitimidade democrática dos governos têm levado a dogmática do Direito Constitucional e Administrativo a relativizar as exigências de determinação da lei parlamentar em matérias a ela reservadas (nomeadamente, as exigências de determinação das autorizações legislativas parlamentares ao Governo). Sob grande influência da dogmática alemã e das

---

[58] "Segundo o conceito normativo de significado... [este] existe nas deduções materiais, cuja correcção é avaliada por normas implícitas, socialmente instituídas" (MATTHIAS KLATT, ("Semantic normativity and the objectivity claim of legal argumentation", *Associations. Journal for legal and social theory*, 2003, p. 121).

teorias jurídico-funcionais da margem de livre apreciação administrativa, uma parte da nossa melhor doutrina administrativa e constitucional tem desvalorizado a reserva de lei, incluindo a reserva relativa de lei parlamentar, conferindo grande margem de liberdade ao Governo-legislador (i.e. aos decretos-leis autorizados) na conformação e desenvolvimento das autorizações legislativas, e à administração, quer quanto ao desenvolvimento regulamentar da lei formal, quer até quanto a uma margem de discricionariedade do acto administrativo.

Mas defenderemos que a Constituição atribui ao Parlamento a função política primordial de assegurar a reserva de lei fiscal.

Assim, para que as decisões em matéria fiscal não sejam arbitrárias (não sejam autoritárias, imprevisíveis e iníquas[59]), veremos qual o papel da Assembleia da República na definição dos elementos essenciais dos impostos, e quando autoriza o Governo a legislar ao abrigo do art. 165.º, n.os 1 e 2, CRP, qual o grau de determinação exigível à autorizações legislativas. Definiremos também quais as obrigações de determinação do decreto-lei autorizado quanto aos elementos essenciais dos impostos. A caracterização do princípio da tipicidade e exigências de determinação da lei fiscal é um dos eixos da tese.

A averiguação das consequências da indeterminação legal para a administração fiscal e tribunais é o outro eixo da tese, pois a partir do momento em que rejeitamos a tipicidade fechada, todas as preocupações convergem para essa indagação. Repare-se que a tradição positivista do Direito Fiscal a que aludimos atrás tem travado esta discussão. Enquanto no Direito Administrativo, se discute desde 1955 a diferença ou equivalência entre a "verdadeira" discricionariedade e a margem de livre apreciação, em que esta estaria eventualmente confinada à aplicação de conceitos jurídicos indeterminados localizados na previsão da norma (i.e. do preceito legal), e a diferença ou equivalência dos mesmos para efeitos de controlo judicial[60], no Direito Fiscal, a afirmação de uma tipicidade

---

[59] Ainda hoje se acredita que a lei contém um critério de igualdade, relacionado com a sua generalidade, V. TIMOTHY ENDICOTT (*Vagueness in law*, cit., pp. 186-187) que cita JOHN RAWLS: "A *Rule of law*... implica que casos semelhantes sejam tratados de forma semelhante. Os homens não poderiam regular as suas acções por regras se este preceito não fosse seguido" (*A Theory of justice*, Cambridge, Massachussets, 1971, p. 237). E V. também RONALD DWORKIN, *Law's empire*, London, 1986, pp. 95-96.

[60] OTTO BACHOF, "Beurteilungsspielraum, Ermessen und unbestimmter Rechtsbegriff im Verwaltungsrecht", *JZ*, 1955, n. 4, pp. 98 e ss..

fechada pela doutrina alemã e portuguesa, é automaticamente acompanhada de uma proibição da discricionariedade.

Em Portugal, como vimos, o problema assumiu caminhos mais tortuosos. A discricionariedade técnica foi defendida a par da tipicidade fechada – o que metodologicamente não é sustentável. Enquanto a discricionariedade técnica entrou na doutrina fiscal por via italiana (e no STA provavelmente também por via francesa), na origem da tipicidade fechada esteve a doutrina alemã. Mas em Itália nunca se defendeu a tipicidade fechada no Direito Fiscal e na Alemanha nunca se admitiu a existência de uma discricionariedade técnica da administração fiscal.

Seja como for, a figura da discricionariedade técnica já foi muito criticada pela nossa doutrina administrativa, e no quadro do Direito Fiscal também, por impedir o controlo judicial dos actos de determinação e quantificação da matéria tributável[61].

Mas, tendo sido eliminadas as disposições dos códigos fiscais que impediam ou limitavam o recurso judicial dos actos de determinação, avaliação ou quantificação da base de imposto, a tendência da doutrina mais recente oscila entre os autores que consideram a discricionariedade proibida e os que admitem uma margem de livre apreciação administrativa concedida por conceitos jurídicos indeterminados e até uma discricionariedade administrativa s.s.[62]. Mas a verdade é que o tema não tem sido estudado aprofundadamente.

Propomo-nos por isso averiguar quais as consequências da indeterminação da lei fiscal, e discutiremos se dela resulta uma "verdadeira"

---

[61] V. adiante o capítulo sobre a discricionariedade técnica.

[62] V., por exemplo, no primeiro sentido, implicitamente, considerando que a aplicação da lei fiscal é meramente subsuntiva (automática e subsuntiva), DIOGO LEITE DE CAMPOS/MÓNICA HORTA NEVES LEITE DE CAMPOS, *Direito Tributário*, Coimbra, 1997, (Reimpressão), p. 102; PEDRO SOARES MARTINEZ, *Direito Fiscal*, 10.ª ed., Coimbra, 2003, p. 108, referindo-se a um princípio de tipicidade fechada (e adiante implicitamente, considerando proibida a interpretação extensiva e a integração analógica de lacunas, pp. 144-145). No segundo sentido, admitindo quer a margem de livre apreciação quer a discricionariedade s.s., JOSÉ CASALTA NABAIS, *Direito Fiscal*, cit., 2.ª ed., pp. 138--143; admitindo pelo menos uma margem de livre apreciação, J.L. SALDANHA SANCHES (*Manual de Direito Fiscal*, 2.ª ed., Coimbra, 2002, pp. 43-44, 107, 111) e J.M. CARDOSO DA COSTA (implicitamente quando apresenta a jurisprudência do Tribunal Constitucional): "O Enquadramento constitucional do Direito dos impostos em Portugal", *Perspectivas constitucionais, Nos 20 anos da Constituição de 1976*, vol. II, Coimbra, 1997, pp. 411-412.

discricionariedade ou uma margem de livre apreciação, ou uma mera aplicação (totalmente) vinculada da lei. A crítica à discricionariedade técnica já foi amplamente realizada, pelo que recordaremos os aspectos essenciais dessa crítica e daremos o nosso contributo, no sentido de demonstrar que se deve abandonar tal conceito. Enquadraremos pois a discussão através do instituto da margem de livre apreciação administrativa, defendendo que no Direito Fiscal ele se deve autonomizar da discricionariedade s.s..

Tentaremos demonstrar que a margem de liberdade decorrente da indeterminação legal, atribui normalmente uma margem de livre apreciação administrativa, a respeitar pelo tribunal, desde que a decisão do fisco seja "defensável" (recuperando a *Vertretbarkeitstheorie* de Carl Hermann Ule). E também argumentaremos que se trata de uma margem de livre apreciação, e não de discricionariedade s.s., porque ela deve ser utilizada, especialmente quanto aos elementos da matéria tributável, no sentido de uma densificação progressiva da lei parlamentar; para essa densificação contribuem em primeira linha o Governo-legislador e o Governo-administração, e, em segunda linha, os tribunais, estes em regra a título subsidiário.

Ou seja, a previsibilidade da lei, como um dos atributos do princípio da legalidade, parece favorecer essa concretização progressiva da lei indeterminada em detrimento de uma avaliação individual da situação. É a tendência do Direito para regular "casos típicos" – para a tipificação – e para descurar as individualidades do caso. E o Direito Fiscal, por implicar procedimentos de massa, privilegia sem dúvida o método da tipificação, como teremos oportunidade de demonstrar adiante.

É este dever-regra de tipificação que vai explicar que a margem de livre apreciação do fisco seja uma margem de livre apreciação e não uma discricionariedade s.s..

Para comprovar que a tipificação – densificação progressiva da lei segundo o caso típico – é o caminho a seguir, teremos ainda de conjugar os princípios da legalidade e tipicidade com a igualdade e praticabilidade (e simplificação da lei fiscal).

Na verdade, o problema que está na ordem do dia, e que já vem sendo discutido desde os anos oitenta do século passado, diz respeito às exigências de simplificação da lei fiscal. Como é sabido, a determinação legal excessiva tem conduzido à hipertrofia normativa e à falta de qualidade da legislação, e os deveres legais impostos ao sujeito passivo são exagerados e desacompanhados de normas claras.

A disciplina legal detalhada dos inúmeros regimes gerais, especiais e excepcionais de tributação tem o efeito de impedir a previsibilidade e a calculabilidade do montante de imposto a pagar que pretenderia atingir, pondo mesmo em risco a validade e aceitação dos impostos, pois afasta-os das características que deveriam revestir num Estado de Direito.

O princípio da legalidade parece então recomendar leis simples e relativamente indeterminadas, e uma concretização regulamentar das regras de quantificação da base tributável também simplificada, com base nos tipos médios ou frequentes. Mas a simplificação parece contrapor-se às exigências da justiça do caso individual. A prossecução desta finalidade conduz à diferenciação de regimes e por isso a uma maior complexidade, resultado do processo democrático pluralista dirigido às soluções de compromisso.

O problema é que a igualdade só é garantida se a lei contiver princípios reconhecíveis e coerentes: como defenderemos, a reserva de lei deve prosseguir também a justiça fiscal, e o princípio da igualdade fiscal exige que o legislador crie as condições para uma execução correcta da lei, para que o montante de imposto a pagar – ou a carga fiscal – corresponda ao regime legal. Por isso, tendo em conta que o procedimento administrativo é um procedimento massificado, em que o acto tributário é frequentemente um acto de controlo da determinação ou quantificação da base fiscal efectuada pelo próprio sujeito passivo, cabe saber se a lei e os actos normativos secundários e até os tribunais podem ou devem orientar-se pelo *tipo médio* de contribuinte, recorrendo a tipos, a tipificações legais.

Como veremos, a esta discussão está subjacente a preocupação de tributar o rendimento real como índice de capacidade contributiva, o que acarreta esforços sem precedentes à administração. Assim, se as diferenciações regulamentares e jurisprudenciais forem exageradas também o princípio da igualdade é afectado, porque a administração fiscal decide segundo procedimentos de massa.

Por isso, quando a lei é indeterminada, nomeadamente quanto aos elementos da base de imposto ou da matéria tributável, cabe demonstrar que os princípios da legalidade, praticabilidade e igualdade legitimam a tipificação regulamentar e/ou também a tipificação judicial, em detrimento da análise da situação individual pelo fisco e pelos tribunais.

Em síntese, propomo-nos demonstrar que a legalidade e a tipicidade fiscais não exigem uma reserva absoluta de lei, tendo em conta a distribuição constitucional de competências legislativas e regulamentares, as técnicas de regulação legal disponíveis e a sua complementaridade, e ainda a questão da simplificação, enquanto pressuposto da realização da própria legalidade fiscal. Propomo-nos ainda demonstrar que da indeterminação legal decorre uma margem de livre apreciação, e que a administração, quanto aos elementos da base tributária (determinação e quantificação da matéria tributável) deve utilizar essa margem de liberdade por via normativa, segundo o caso típico e não segundo o caso individual.

Só assim o constrangimento dos governos/previsibilidade/e igualdade (no fundo a própria reserva de lei, o Estado de Direito, a *rule of law*) serão objectivos atingíveis.

Não está em causa, como será demonstrado ao longo da tese, que a configuração do princípio da legalidade fiscal assume características próprias[63]: aspiramos contribuir para essa configuração, quando recuperamos

---

[63] A autonomia científica do Direito Fiscal não deve ser hoje negada, mas isso não significa que se deva negligenciar uma "visão integrada do direito fiscal" a que se refere CASALTA NABAIS: V. *Contratos fiscais...*, cit., nota 1, pp. 9-12. O autor defende que o Direito Fiscal é um ramo especial do Direito Administrativo, embora aceite a autonomia científica do Direito Fiscal, e a tal "visão integrada" deste ramo de Direito. O isolamento do Direito Fiscal de outros ramos de Direito Público ou mesmo de outras Ciências afins, como o Direito Administrativo, o Direito Constitucional, o Direito Penal, o Direito Internacional Público, o Direito Comunitário, o Direito Económico, as Finanças Públicas e o Direito Financeiro, e claro, a metodologia ou Teoria do Direito, não é possível nem recomendável, e essas tentativas de isolamento prosseguidas por alguma doutrina ou jurisprudência têm atrasado o desenvolvimento científico do Direito Fiscal. O Direito Fiscal é um Direito de sobreposição porque incide sobre outras instituições e depende de outros ramos de Direito, recorrendo aos tipos estruturais destes – e como incide sobre relações jurídicas privadas, não pode também prescindir do Direito Privado (veja-se a tributação do património – nio e os conceitos jurídicos a que ela recorre, as execuções fiscais e até a responsabilidade fiscal, e acima de tudo o problema da interpretação autónoma ou não dos conceitos jurídicos importados de ramos de Direito Privado). Neste sentido, expressamente, considerando o Direito Fiscal como Direito de sobreposição por incidir sobre relações jurídicas privadas, KARL ENGISCH, *Die Idee der Konkretisierung...*, pp. 280-281 (e H.J. WOLFF, MAUNZ e BÜHLER, citados por Engisch). A dificuldade do Direito Fiscal reside no facto de a sua construção dogmática depender da aplicação de princípios, institutos e conceitos dogmáticos de múltiplos ramos de Direito às suas finalidades específicas (através do seu desenvolvimento até se conseguir uma construção própria, sem nunca perder de vista os avanços dogmáticos dos restantes ramos de Direito – numa relação de diálogo constante). Por isso não diríamos que o Direito Fiscal é "apenas" Direito Administrativo especial, pois não se limita a "regula[r] a actividade materialmente administrativa dos órgãos executivos do Estado... a actividade do Estado tendente à realização do seu direito ao imposto", ao contrário do que defendia ALEXANDRE PINTO COELHO DO AMARAL. O autor, apesar de mencionar as relações do Direito Fiscal com vários ramos de Direito, incluindo o Direito Processual, reconduzia-o Direito Administrativo (*Direito Fiscal, Segundo as prelecções feitas*

o princípio da tipicidade fiscal, identificando duas vertentes do *Tatbestand* ou tipo legal de imposto, que designaremos de *Tatbestand* de garantia e *Tatbestand* sistemático; quando ensaiamos a demonstração de que o princípio da tipicidade (identificação dos seus elementos) e respectivas exigências mínimas de determinação, é um conceito dogmático supra--ordenamental (i.e. apresentando conteúdo semelhante nos ordenamentos pertencentes a uma mesma comunidade de valores), mesmo que não expressamente previsto nas constituições; quando delimitamos os poderes da administração fiscal na aplicação da lei indeterminada, i.e., quando analisamos a admissibilidade ou não de uma verdadeira discricionariedade e significado da margem de livre apreciação do fisco, e ainda a concretização da lei através de uma tipificação progressiva dos conceitos relacionados com a determinação e quantificação da matéria tributável.

Esta configuração é exigida pela ponderação de princípios como o da capacidade contributiva, praticabilidade e da igualdade possível (pela sua harmonização ou articulação) no quadro de uma administração de massas, que não encontra correspondência no Direito Penal, nem no Direito Administrativo ou nos direitos fundamentais. Estes mesmos princípios já foram enunciados por Casalta Nabais, no *Dever fundamental de pagar impostos*, como limites à reserva de lei fiscal[64].

Mas isto não significa que o Direito Fiscal se baste a si próprio. A reserva de lei na vertente competencial e material está disciplinada na Constituição, pelo que a caracterização da constituição fiscal portuguesa não prescinde dos ensinamentos do Direito Constitucional; a tipicidade fiscal tem raízes na dogmática penal, como se verá, embora assuma traços próprios; a definição de conceitos jurídicos determinados e indeterminados

---

ao terceiro Ano Jurídico de 1956-1957 pelo Exm.° Senhor Dr. Alexandre Pinto Coelho do Amaral, lições coligidas por Miguel Veiga e Manuel de São Payo, Coimbra, 1957, p. 13, pp. 5 e ss.). Com a recondução do Direito Fiscal ao Direito Administrativo há um conjunto amplíssimo de questões que são objecto do Direito Fiscal e que correm o risco de ser ignoradas; o atrofiamento do Direito Fiscal é nesse caso provocado pela redução do seu objecto ao objecto e metodologia do Direito Administrativo. Os avanços dogmáticos do Direito Fiscal não dependem do seu enquadramento no Direito Administrativo, como um Direito Administrativo especial, mas da abertura a várias disciplinas. Sempre que uma disciplina se fecha sobre si própria, existe o risco de empobrecimento dogmático, tornando-se por vezes o discurso esquizofrénico, como acontece, como veremos, com o próprio Direito Administrativo, quanto ao estudo da discricionariedade e da margem de livre apreciação administrativa decorrente da aplicação de conceitos jurídicos indeterminados.

[64] Cit., pp. 373-382.

é uma questão de metodologia e de Teoria do Direito, com interferências da doutrina administrativa e penal na discussão; e a questão da margem de livre apreciação administrativa não pode ser resolvida ignorando os estudos aturados do Direito Administrativo. Aliás, como veremos, a discricionariedade e a margem de livre apreciação administrativa estagnaram nos últimos tempos porque a dogmática administrativa se fechou sobre si própria, esquecendo que a determinação e a indeterminação legal e a interpretação da lei são problemas que afectam todo o Direito – são problemas de metodologia jurídica. A discussão no Direito Administrativo anda há muito tempo em círculo, vítima de si própria e atrasada em relação aos estudos da Teoria do Direito[65]: as respostas não são por isso totalmente satisfatórias.

2. Como se percebe facilmente pelo título da tese e pelas páginas anteriores, vamos dedicar o núcleo da nossa investigação acerca da legalidade fiscal à caracterização do princípio da tipicidade e às consequências da indeterminação legal.

É pacífico que a caracterização da legalidade fiscal na vertente das competências deve partir sempre do ordenamento constitucional em vigor[66], e por isso o primeiro capítulo é dedicado à análise dessa legalidade na Constituição portuguesa de 1976. Estudaremos as vertentes competencial e material da legalidade, centradas na relação jurídica de imposto e na distribuição de competências entre Assembleia da República e Governo (e tribunais). Assim, embora façamos uma breve referência às competências tributárias das Regiões Autónomas e dos municípios (vertente competencial) e aos vários elementos enumerados no art. 103.º n.º 2 da CRP (vertente material) – incidência, taxa, benefícios fiscais e garantias dos contribuintes – vamos concentrar a nossa análise nas competências legislativas e regulamentares estaduais, e na incidên-

---

[65] Como lembraremos adiante, o § 6 da *RAO* estabeleceu, pela primeira vez no ordenamento jurídico alemão, limites ao exercício da discricionariedade, limites esses que legitimaram um razoável controlo dos tribunais, e que reduziram no Direito Fiscal a distinção entre actividade discricionária e actividade vinculada. Na época, não existindo nenhuma cláusula semelhante no Direito Administrativo geral, Hensel recomendou aos administrativistas o estudo do exemplo do Direito Fiscal: ALBERT HENSEL, "Die Abänderung des Steuertabestandes durch freies Ermessen und der Grundsatz der Gleichheit vor dem Gesetz", *Vierteljahresschrift für Steuer- und Finanzrecht*, 1927, p. 53.

[66] Já assim, para a legalidade em geral, DIETRICH JESCH, *Gesetz und Verwaltung*, 2.ª ed., Tübingen, 1968, p. 4.

cia e taxa do imposto, i.e., nas "normas fiscais" *s.s.*, na chamada relação obrigacional fiscal.

Por isso, as conclusões a que chegarmos sobre as exigências de determinação da lei, a tipicidade fiscal, os conceitos jurídicos indeterminados e suas consequências quanto à legalidade, só tendencialmente valem para os benefícios fiscais (embora na verdade, quanto a estes, façamos no primeiro capítulo uma proposta sobre as exigências de determinação legal) e não valem necessariamente para as garantias dos contribuintes (cujo regime é análogo ao dos restantes direitos, liberdades e garantias fundamentais, embora sujeito a especificidades).

Tendo em conta que algumas das disposições sobre a legalidade fiscal na Constituição de 1933, foram recebidas na Constituição de 1976, vamos também averiguar o significado e alcance do princípio na Constituição de 1933, para melhor compreendermos o significado e alcance do mesmo no quadro da Constituição em vigor.

Nesse capítulo primeiro, ao caracterizarmos as competências legislativas e regulamentares em matéria fiscal segundo a Constituição de 1976, e o objecto e âmbito da reserva de lei, e ao discutirmos as interpretações doutrinárias e jurisprudenciais, avançamos com propostas e conclusões parciais, muitas das quais são hipóteses a demonstrar ao longo da tese, com a análise dogmática dos capítulos III e seguintes.

Dedicamos o segundo capítulo ao "estudo de um caso", i.e., ao estudo de um ordenamento cujas regras constitucionais de distribuição de competências legislativas têm afinidades com as nossas, e no qual a legalidade fiscal está em (profunda) crise. Trata-se do ordenamento italiano.

Há várias razões para autonomizarmos o estudo do "caso italiano", sem utilizarmos a metodologia do Direito Comparado, que recomendaria que este capítulo antecipasse o capítulo dedicado ao princípio da legalidade na Constituição portuguesa. Assim, por um lado, entendemos que a autonomização do capítulo permitirá compreender melhor as posições doutrinárias e jurisprudenciais italianas sem as deturpar. E por outro lado, a necessidade que sentimos em autonomizá-lo é uma consequência do método seguido pela doutrina italiana no estudo da legalidade. Na verdade, ela dedica-se preferencialmente a estudar o problema da reserva de lei na vertente competencial, não se dedicando a uma construção dogmática com aspirações de validade supra-ordenamental.

Nesse segundo capítulo, começamos por explicar que, apesar de as regras constitucionais consagrarem explicitamente a reserva de lei fiscal, ela não está a ser observada. O problema reside sobretudo no facto de o

Parlamento não dar orientação política quanto aos elementos essenciais dos impostos, pondo assim em causa o Estado de Direito. Neste sentido, o "caso italiano" é um exemplo a não seguir. Mas o capítulo destina-se também a ilustrar que o entendimento tradicional da reserva de lei fiscal, como uma reserva absoluta associada a um princípio da tipicidade fechada, não é solução nem encontra correspondência em ordenamentos semelhantes ao nosso.

Por outro lado, os capítulos da tese sobre a tipicidade fiscal e a tipificação por regulamentos e actos pararegulamentares são também construídos a partir do contributo dado pela realidade constitucional italiana, pela importância que os regulamentos assumem neste ordenamento, e pela interpretação doutrinária e jurisprudencial sobre este assunto.

No terceiro capítulo, vamos tentar demonstrar que o âmbito da reserva de lei fiscal, ou *Tatbestand* de garantia fiscal (ou princípio da tipicidade fiscal), é comum a vários ordenamentos e a sua observância caracteriza os Estados de Direito, pelo que mesmo na ausência de uma disposição como a do art. 103.º n.º 2 primeira parte, da CRP, a *ratio* da reserva de lei exigiria que objecto do imposto, sujeito passivo e elementos de quantificação do imposto ficassem a ela submetidos.

Por isso, vamos estudar o princípio da tipicidade fiscal, desdobrando--o em dois conceitos dogmáticos – *Tatbestand* de garantia (relacionado com o princípio da legalidade) e *Tatbestand* sistemático (relacionado com a arrumação e juridificação da relação de imposto, e que permite uma linguagem comum no Direito Fiscal Internacional e no Direito Fiscal da Comunidade Europeia) – por corresponderem às duas funções prosseguidas pelo referido princípio. Neste terceiro capítulo, vamos começar por defender a utilidade do conceito, tentando demonstrar que ele não é assimilável pelo princípio da determinação (defenderemos no Capítulo IV que este é o elemento quantitativo da tipicidade). Para o efeito, vamos identificar a origem e significado do princípio da tipicidade, importado do Direito Penal pelo Direito Fiscal; e defender que se trata de um conceito dogmático, cuja função é delimitar o âmbito da reserva de lei, garantindo que os elementos do *Tatbestand* ou tipo legal sejam definidos por decisão parlamentar, de modo que a legalidade fiscal não se transforme em mera legalidade administrativa. Mas recortaremos um princípio da tipicidade autónomo em relação à distribuição em concreto das competências legislativas, conciliável com desenvolvimentos regulamentares da disciplina relativa aos elementos essenciais dos impostos e que não postula uma reserva absoluta de lei fiscal, podendo ser conjugado com reservas relativas de lei. Veremos também como articular a indeterminação legal com as exigências da tipicidade.

Nos capítulos V e VI, partiremos da noção de indeterminação de Coleman/Leiter, e à luz dessa noção discutiremos a problemática dos conceitos jurídicos indeterminados e suas consequências para a administração fiscal. Para o efeito, daremos conta das opiniões precursoras de Albert Hensel sobre esta temática e do correspondente silêncio em Portugal sobre a mesma, em bom rigor, até aos anos 70.

Analisaremos, criticamente, e em seguida, a discussão no Direito Administrativo sobre a margem de livre apreciação e a sua relação com a discricionariedade administrativa.

Dedicaremos a nossa maior atenção ao período que tem início com o artigo de Otto Bachof de 1955 (que introduziu o conceito de margem de livre apreciação). E salientaremos duas orientações dogmáticas sobre a matéria: a corrente que defende a autonomização da margem de livre apreciação administrativa em relação à discricionariedade com base na estrutura da proposição jurídica, pois os conceitos jurídicos indeterminados localizar-se-iam exclusivamente na previsão normativa (orientação metodológica), e a corrente que, rejeitando tal localização dos conceitos indeterminados, justifica a margem de liberdade administrativa com base numa adequação funcional (orientação jurídico-funcional). Esta orientação pretende demonstrar que o espaço de liberdade administrativa ultrapassa a questão hermenêutica, e diz respeito a uma repartição constitucional de competências entre administração e tribunais (tendo em conta a composição dos órgãos, a sua legitimação, o procedimento, as suas capacidades de funcionamento). A caracterização funcional permitirá decidir que em certos casos de indeterminação legal deve caber à administração a última palavra.

Tendo em conta a argumentação e resultados das orientações referidas, discutiremos se no Direito Fiscal a administração dispõe de margem de livre apreciação, e em que termos, se esta se distingue da discricionariedade em sentido estrito, e qual a relação destas figuras com a discricionariedade técnica a que se referem os nossos tribunais fiscais.

No capítulo VII, defenderemos que a legislação fiscal deve basear-se em tipos concretos (típicos empíricos), nomeadamente em tipos médios e tipos frequentes, para conseguir atingir os fins a que se propõe (i.e., para conseguir tributar manifestações de capacidade contributiva); como veremos, também por esta razão, a legislação fiscal é frequentemente indeterminada (é constituída por tipos legais que se baseiam em tipos empíricos), o que não tem impedido o legislador de fechar (tendencialmente) os tipos legais (através da tipificação legal), rompendo em última análise a ligação aos tipos empíricos. Assim, discutiremos no capítulo VIII a tensão existente entre os objectivos prosseguidos pela indeterminação legal e pela tipificação legal, e a legitimidade constitucional das técnicas tipificantes, tendo em conta ainda as necessidades de simplificação da lei fiscal.

Uma vez que o legislador conjuga tipos legais (mais) abertos com tipificações legais (tipos legais tendencialmente fechados), cabe averiguar quais os métodos compatíveis com a lei e a Constituição de aplicação da lei indeterminada pelo fisco e pelos tribunais. No capítulo IX, analisaremos as dificuldades ou mesmo a impossibilidade com que se depara a administração fiscal em apurar o rendimento líquido individualmente. Vamos analisar se a simplificação e/ou o desenvolvimento regulamentar de aspectos legais do regime fiscal, segundo o tipo médio (tipificação regulamentar ou/e pararegulamentar), de modo a atingir a igualdade possível, é inconstitucional e/ou ilegal, quais os argumentos que podem fundamentar a não inconstitucionalidade e a legalidade, e em que medida pode ser prosseguida tal simplificação ou desenvolvimento regulamentar (ou/e pararegulamentar). Para o efeito, investigaremos o significado de aplicação tipificante, e se ela se pode enquadrar na margem de livre apreciação administrativa. Finalmente, confrontaremos a tipificação judicial com a tipificação administrativa, para aferir da legitimidade daquela.

TÍTULO I

**O princípio da legalidade fiscal
na sua conformação constitucional**

CAPÍTULO I
O princípio da legalidade fiscal na Constituição portuguesa de 1976

SECÇÃO I
Preliminares e antecedentes

1. **Questões introdutórias**

A Constituição portuguesa de 1976 estabelece um catálogo de princípios, em matéria fiscal, que têm sido arrumados em princípios formais e materiais, desenhando, no seu conjunto, (um)a constituição fiscal. Deste catálogo faz parte o princípio da legalidade, objecto, por seu turno, de cinco artigos que abrangem:

(1) A vertente das competências e divisão vertical de poderes tributários – distribuição de competências entre Assembleia da República e Governo e competências das regiões autónomas e das autarquias locais em matéria fiscal (arts. 165.°, n.° 1, al. i), e n.° 2, 227.°, n.° 1 al. i), 232.° n.° 1 e 238.° n.° 4);

(2) O objecto da reserva de lei, que inclui a criação de impostos e sistema fiscal (de que fazem parte os elementos essenciais dos impostos, benefícios fiscais e garantias dos contribuintes), e o regime geral das (taxas e) demais contribuições financeiras a favor das entidades públicas (arts. 165.°, n.° 1, al. i) e 103.°, n.° 2);

(3) A vertente material, no sentido das exigências de densificação da lei fiscal quanto aos elementos essenciais de imposto – exigências estabelecidas na primeira parte do art. 103.° n.° 2 (incidência e taxa), garantindo um princípio de legalidade substancial;

(4) E a consagração de um direito de resistência à tributação que viole a Constituição ou a lei, exprimindo uma concepção garantista da legalidade fiscal (art. 103.º, n.º 3)[67].

E para além destas disposições que se referem especificamente à matéria fiscal, lembrem-se aqui ainda o art. 2.º que caracteriza a República Portuguesa como um Estado de Direito democrático, e o art. 3.º, n.º 2, segundo o qual o Estado se subordina à Constituição e se funda na legalidade democrática: não nos esqueçamos que a reserva de lei fiscal é também "uma expressão ou explicitação do princípio do estado de direito democrático"[68].

A multiplicidade de preceitos sobre a legalidade fiscal na Constituição de 1976 contrasta, por exemplo, com a Constituição alemã, que não tem nenhuma disposição específica sobre a reserva de lei fiscal, mas apenas um artigo sobre a distribuição de competências fiscais entre Estado federal e Estados federados (art. 105.º da GG). A nossa Constituição dedica

---

[67] Como já escrevemos, "[d]os projectos de Constituição apresentados pelos diferentes partidos, com assento no parlamento após as primeiras eleições democráticas que se seguiram à revolução de 1974, apenas os projectos do Partido Socialista (PS), Centro Democrático Social (CDS) e Partido Popular Democrata (PPD) continham normas sobre a legalidade fiscal (reserva de lei) e apenas os projectos do PPD e do PCP... continham normas sobre a legalidade substancial, limitando-se os outros projectos mencionados a estabelecer a reserva de lei fiscal...[ ] A reserva de competência do parlamento, nos projectos do PPD e do CDS, era uma reserva relativa, com possibilidade de delegação da competência no Governo, e existia a possibilidade de ser exercida, em caso de urgência e de necessidade ou interesse nacional, pelo órgão revolucionário de transição (Conselho da Revolução)": ANA PAULA DOURADO, "O Princípio da legalidade fiscal na Constituição portuguesa", *Perspectivas constitucionais, nos 20 anos da Constituição de 1976,* vol. II, Coimbra, 1997, pp. 430-431, nota 4; V. ainda a bibliografia aí citada, de que se destaca, JORGE MIRANDA, *Fontes e trabalhos preparatórios da Constituição,* vol. I, Lisboa, 1978, pp. 271, 355 e ss., 368, 418, 456 e ss., e 469. Acrescente-se que as duas *Plataformas do Acordo Constitucional* celebradas entre a Assembleia Constituinte e o Movimento das Forças Armadas em 13 de Abril de 1975 e 26 de Fevereiro de 1976 não interferiram na matéria da legalidade fiscal, discutida e aprovada em comissão em Setembro de 1975: Actas da Assembleia Constituinte, *Organização do poder político,* 1975-1976, prefácio de JORGE MIRANDA, Lisboa, 1981, Introdução e pp. 51-53; cf. ANA PAULA DOURADO, *Idem.*

[68] "[E] indissoluvelmente ligad[a] à figura dos deveres fundamentais, na medida em que do seu núcleo duro faz necessariamente parte a definição das relações entre a liberdade individual, consubstanciada nos direitos fundamentais, e a responsabilidade comunitária dos indivíduos consubstanciada nos deveres": JOSÉ CASALTA NABAIS, *O Dever fundamental de pagar impostos,* Coimbra, 1998, p. 148.

também mais disposições à legalidade fiscal do que a Constituição italiana, que reserva à lei as "prestações pessoais ou patrimoniais" (art. 23.º), onde se consideram incluídos os impostos, e cujos arts. 119.º e 128.º consagram as competências tributárias das regiões e das autarquias locais.

Podemos dizer que o elenco de preceitos sobre a legalidade fiscal na Constituição de 1976, parece revelar uma grande preocupação do legislador constituinte sobre a matéria.

Neste capítulo, vamos analisar o princípio da legalidade fiscal na Constituição de 1976, mais concretamente, a vertente das competências legislativas e a distribuição destas entre Assembleia da República e Governo, o objecto dessas competências (dando especial atenção aos elementos essenciais da relação jurídica de imposto), e propomo-nos ainda começar a delinear as exigências mínimas de determinação da lei fiscal – ou princípio da tipicidade fiscal –, também decorrentes da Constituição, nomeadamente, do art. 103.º n.º 2. No capítulo que dedicamos ao princípio da tipicidade fiscal, aprofundaremos esta questão, demonstrando que se trata de um conceito dogmático supra-ordenamental cujas exigências mínimas são comuns a outros ordenamentos próximos do nosso, e ensaiando os critérios que devem presidir a tais exigências mínimas.

E para o efeito, cabe desde já clarificar que não nos vamos debruçar sobre todas as disposições da constituição fiscal. Uma vez que o objecto do nosso trabalho é limitado às exigências de determinação da lei que disciplina os elementos essenciais do imposto (elementos essenciais da relação obrigacional fiscal) e às consequências da abertura desta lei (nomeadamente, através de conceitos jurídicos indeterminados) na sua aplicação, cabendo saber se essa abertura implica uma margem de livre apreciação governamental e administrativa e em que termos ela deve ser exercida, não vamos analisar o regime de todas as disposições constitucionais em matéria fiscal, mais ou menos relacionadas com o princípio da legalidade – o que aliás já foi feito entre nós por Casalta Nabais, que, ao tratar pormenorizadamente dos "limites constitucionais formais e materiais" ao poder tributário, se debruçou sobre todos os artigos integrantes da constituição fiscal[69]. E não vamos, tão pouco, analisar em detalhe a divisão vertical de poderes tributários – tal como não vamos tratar, por exemplo, da relação entre a legalidade e os contratos fiscais, nem dos limites da interpretação admissível, da retroactividade, ou das cláusulas gerais anti-abuso. Sendo certo que o tema da legalidade fiscal está relacionado com muitos outros

---

[69] JOSÉ CASALTA NABAIS, *O Dever fundamental...*, cit., título II.

princípios e regimes e pode por isso ser estudado sob múltiplas vertentes, estas perspectivas que excluímos do objecto do nosso trabalho não são essenciais ao estudo da relação entre exigências de determinação legal e margem de livre apreciação na aplicação da lei.

Mas pode-se sempre dizer que as conclusões a que chegarmos para as relações entre exigências de determinação das leis de imposto, e margem de livre apreciação no desenvolvimento regulamentar de conceitos legais indeterminados ou aplicação destes ao caso concreto, valem, com as necessárias adaptações, para as relações entre decreto-legislativo regional e regulamentos regionais, entre lei da Assembleia da República ou decreto-lei autorizado do governo e regulamentos regionais, ou entre lei da Assembleia da República ou decreto-lei autorizado do governo e regulamentos municipais[70].

Esclareça-se finalmente que vamos dedicar-nos apenas à legalidade dos impostos – entendidos estes como tributos de carácter unilateral por contraposição às taxas ("critério estrutural"[71]), e cuja finalidade seja a arrecadação de receitas a título principal ou secundário, ou até, excepcionalmente, a prossecução de quaisquer outras finalidades públicas não sancionatórias. Mas neste último caso, a sua legitimidade deve ficar dependente de uma justificação material bastante, como exige alguma doutrina alemã para todas as receitas extrafiscais[72], sob pena de subvertermos a função dos impostos nos Estados de Direito democráticos, i.e., no Estado fiscal[73].

Lembre-se que o Tribunal Constitucional adopta um conceito mais restritivo de imposto, do qual não faz parte a extrafiscalidade. O Tribunal contrapõe um conceito normativo-constitucional de imposto – parecendo

---

[70] Ou decreto-lei do Governo no âmbito das suas competências normais e regulamento regional ou municipal, ou decreto legislativo regional e regulamento municipal.

[71] J.M. CARDOSO DA COSTA, "O Enquadramento constitucional...", cit., p. 402.

[72] KLAUS TIPKE/JOACHIM LANG, *Steuerrecht,* 17.ª ed., Köln, 2002, p. 45.

[73] V. JOSÉ CASALTA NABAIS, "O Princípio da legalidade fiscal e os actuais desafios da tributação", *Separata do BFDC, Volume comemorativo,* Coimbra, 2002, pp. 4-14, fazendo a crítica a "alguma doutrina actual" que, "recuperando ideias de Joseph Schumpeter", identifica Estado fiscal com Estado liberal. Como diz Casalta Nabais, "o estado fiscal conheceu duas modalidades ao longo da sua evolução: o estado fiscal liberal, movido pela preocupação de neutralidade económica e social, e o estado fiscal social economicamente interventor e socialmente conformador" (p. 5). V., ainda, o autor, caracterizando desenvolvidamente o Estado fiscal consagrado pela CRP de 1976, em *O Dever fundamental...,* cit., pp. 210 e ss..

exigir uma finalidade predominantemente fiscal – a um conceito financeiro[74]: esta metodologia conduz a um conceito mais restritivo do que

---

[74] Diz-nos CARDOSO DA COSTA: "[e]m boa verdade... não é... [o] critério «estrutural» o único com que o Tribunal opera... na sua jurisprudência, para delimitar o conceito de «imposto» – e para, desse modo, circunscrever o âmbito da reserva parlamentar da alínea i) do n.º 1 do artigo 168.º: ao lado dele, de facto, não deixou de recorrer também a um critério «finalístico», centrado sobre a razão de ser ou o objectivo das receitas em causa" ("O Enquadramento constitucional...", cit., p. 403). O Tribunal tem colocado de fora das exigências da reserva de lei a extrafiscalidade, definindo-a como o conjunto de tributos que não têm quaisquer finalidades de arrecadação de receita. Mas se repararmos nos casos por ele analisados, parece-nos que, muitas vezes, o Tribunal exige que a finalidade fiscal seja a "finalidade principal" (veja-se o caso dos "direitos niveladores agrícolas", ac. n.º 70/92, de 24.2, *Acórdãos do TC*, vol. 21, pp. 225 e ss.). Nós diremos que, no nosso ordenamento constitucional, e nomeadamente, para efeitos de reserva de lei fiscal, impostos são os "impostos fiscais" (cuja finalidade principal é a obtenção de receitas) e "extrafiscais" (cuja finalidade principal é a prossecução de "finalidades sociais" ou de "orientação de comportamentos"), devendo exigir-se, em regra, que a finalidade secundária seja ainda a obtenção de receitas.

Segundo a concepção adoptada pelo nosso TC, algumas receitas extrafiscais, como os diferenciais de preços, são "*financeiramente* (isto é, do ponto de vista da ciência das Finanças) 'impostos', quando constituam receita" da entidade que prossegue finalidades públicas (por exemplo, o Fundo de Abastecimento), porque "ocorre aí uma prestação pecuniária em favor de um organismo público sem que nada se receba em troca, e de tal modo que as entidades adstritas a essa prestação ficam desse modo unilateralmente despojadas de uma parte do seu "lucro"... em proveito do Estado (*lato sensu* concebido)"; mas não constituiriam impostos do ponto de vista jurídico-constitucional porque "ao estabelecê-los, o legislador não se move na órbita tributária (a dos artigos 106.º e seguintes da Constituição da República), mas ainda na órbita da direcção económica – ou da regulamentação 'directa' da economia pelo Estado": declaração de voto de vencido de JOSÉ MANUEL CARDOSO DA COSTA, no acórdão do TC n.º 7/84, *DR, 2.ª Série*, 3.5.1984, p. 543. Lembre-se o caso dos diferenciais de preços da Empresa Pública do Abastecimento de Cereais (EPAC) e do Fundo de Abastecimento. A EPAC adquiria em exclusivo todo o trigo de produção nacional e, em regime de intervenção, as quantidades de quaisquer outros cereais de produção nacional entregues pelos produtores. Por despacho ministerial eram estabelecidos os preços de compra e venda dos cereais. Os preços eram fixados por diplomas ministeriais. Quando houvesse alteração nos preços – "diferenciais de preços" –, para mais, essas diferenças constituíam receitas do Fundo de Abastecimento. A finalidade dessas receitas era a de que o Fundo suportasse parte do custo de algumas mercadorias indispensáveis ao abastecimento público, ou seja, estava presente um objectivo económico intervencionista – relacionado com o papel do Estado na economia e cujas regras estariam apenas sujeitas à constituição económica. V. acórdão n.º 7/84, de 24 de Janeiro, *Acórdãos do TC*, vol. 2, 1984, pp. 85 e ss.. A distinção no nosso ordenamento entre "fiscalidade" e "extrafiscalidade" complicou-se, porque o forte papel intervencionista do Estado na economia durante o Estado Novo e após a Revolução de 1974, até final dos anos 80, fez com que algumas das receitas de fundos estivessem relacionadas com o papel do Estado como produtor e empresário, e por isso fossem enquadradas apenas na constituição económica e não fiscal. Enquanto a parafiscalidade, que não era submetida à reserva de lei durante o Estado Novo (as "taxas" dos "organismos de coordenação económica" são verdadeiros impostos, como fez notar ALBERTO XAVIER, *Manual de Direito Fiscal*, Lisboa, 1981(1974), pp. 73-75), passou a sê-lo pelo TC no âmbito de vigência da CRP de 1976 (V., por exemplo, acórdão do Tribunal Constitucional n.º 616/03, proc. n.º 340/99), o mesmo não aconteceu com a extrafiscalidade (por exemplo, a propósito dos direitos niveladores agrícolas e diferenciais de preços cobrados pela EPAC e pelo IROMA, acórdãos do Tribunal Constitucional n.º 602/97, de 14.10, *Acs. do TC*, vol. 38, 1997, pp. 179 e ss., n.º 70/92, DR, II Série, de 18.8.1992, n.º 194/92, DR, II Série, de 25.8.1992); mas, na verdade, algumas das "taxas" dos referidos "organismos de coordenação económica" não prosseguem em primeira linha fins fiscais, mas também têm estado entre nós relacionadas com o papel intervencionista do Estado na economia, i.e. com finalidades extrafiscais (ALBERTO XAVIER, *Manual...*, cit., p. 74; A.L. SOUSA FRANCO, *Finanças Públicas e Direito Financeiro, II*, 4.ª ed., Coimbra, 1993, p. 77; JOSÉ CASALTA NABAIS, *O Dever fundamental...*, cit., pp. 630-631). Pelo contrário, na Alemanha, o "adicional de imposto relacionado com a conjuntura económica" (*Konjunkturzuschlag*), bem como a "tributação especial dos transportes próprios das empresas" e do "transporte rodoviário de mercadorias" (*BVerfGE*, 16, p. 161 e 38, p. 80) foram considerados impostos extrafiscais, mas ainda "verdadeiros" impostos, i.e., sujeitos à constituição fiscal, e portanto também à reserva de lei fiscal. Incluindo os impostos extrafiscais no conceito de imposto: J.J. TEIXEIRA RIBEIRO, "Os Princípios constitucionais da fiscalidade portuguesa", *BFDUC*, vol. XLII, 1966, pp. 234-236; *Lições de Finanças Públicas*, Coimbra, 1984, 2.ª ed., pp. 17 e 211-213; e ainda, tendo posteriormente mudado de opinião, J.M. CARDOSO DA COSTA, *Curso de Direito Fiscal*, cit., 1972, pp. 4 e ss., espec., 13 e ss.; cf. no âmbito da CR de 1976, CASALTA NABAIS, *O Dever fundamental...*, cit., pp. 247-248; ANÍBAL DE ALMEIDA, "Sobre a natureza jurídica das «taxas pela realização de infra-estruturas urbanísticas»", *Estudos de Direito Tributário*, Coimbra, 1996, p. 64; são exemplo de impostos extrafiscais, além dos clássicos "direitos alfandegários protectores", certos impostos ambientais que visam a contenção ou cerceamento de comportamentos antiambientais ou "incentivadores" de comportamentos (JOSÉ CASALTA NABAIS, *O Dever fundamental...*, cit., pp. 652 e ss.); na prática, como já tem sido amplamente referido pela doutrina alemã, pode ser muito difícil afirmar qual é a finalidade principal e qual a secundária num determinado imposto: lembre-se o caso dos impostos sobre o consumo de álcool e do tabaco (V., por todos, entre nós, SÉRGIO VASQUES, *Os Impostos do pecado, o álcool, o tabaco, o jogo e o fisco*, Coimbra, 1999, pp. 37 e ss.; *Os Impostos especiais de consumo*, Coimbra, 2001, pp. 51 e ss. 65 e ss.; e KLAUS TIPKE/JOACHIM LANG, IDEM, p. 45, que enumeram como exemplos actuais de impostos extrafiscais, os impostos sobre o tabaco e o álcool, além dos impostos ecológicos). V. ainda, sobre os impostos extrafiscais, por ex., DIETER BIRK, *Steuerrecht, 7.ª ed.*, Heidelberg, 2004, § 2, pontos 105-107, pp. 31-32; HEINRICH WILHELM KRUSE, *Lehrbuch des Steuerrechts, Allgemeiner Teil, I*, München, 1991, p. 36 (pp. 34-36); e entre nós, CLÁUDIA A. DIAS SOARES, *O Imposto ecológico – contributo para*

o adoptado por grande parte da doutrina nacional[75], e também mais restritivo do que o adoptado pelos seus homólogos alemão e espanhol. Recorde-

---

o estudo dos instrumentos económicos de defesa do ambiente, Coimbra, 2001, pp. 285 e ss.; SÉRGIO VASQUES, *Os Impostos do pecado...*, cit., pp. 39 e ss. e 55 e ss.. e JOSÉ CASALTA NABAIS, *O Dever fundamental...*, cit., pp. 243 e ss., 267 e 629 e ss. (e para mais referências, pp. 256-259 e ss.; cf., MANUEL LOPES PORTO, sobre o decréscimo da importância da receita dos impostos alfandegários, "Impostos alfandegários "versus" imposto de transacções como modo de cobrar receitas", *RDE*, 1977, n.° 1, pp. 137-138 e ss.. Adiante defenderemos que, pelo menos quando se trata de normas extrafiscais desoneradoras, existem contudo, menores exigências de tipicidade (ou de determinação legal), do que em relação aos "impostos fiscais": neste sentido, JOSÉ CASALTA NABAIS, *O Dever fundamental...*, cit., p. 347. Acrescente-se ainda que o art. 3.° da LGT, definindo os impostos como "fiscais e parafiscais", não nos ajuda a resolver o problema.

[75] V., ainda, sobre o conceito de imposto como uma prestação pecuniária com vista à realização de fins públicos não sancionatórios: PAULO DE PITTA E CUNHA, *Direito Fiscal, primeiras linhas de um curso*, CCTF, Lisboa, 1975, p. 25; e, depois de referir ser "cada vez mais corrente o recurso pelo Estado a impostos sem qualquer propósito de financiamento, nem a título imediato, nem sequer a título mediato", salientando assim a importância da extrafiscalidade (pp. 26-27), na p. 30, acrescenta o professor que "os impostos não podem definir-se por intermédio da identificação positiva do fim visado. Daí que se tenha feito simplesmente referência à realização dos fins que o ente público se propõe atingir, sem deixar entrever que o objectivo prosseguido é, em muitos casos (mas de forma alguma em todos), a obtenção dos recursos indispensáveis à cobertura dos dispêndios efectuados pelo ente impositor"; FERNANDO PESSOA JORGE, *Curso de Direito Fiscal, Lições proferidas, como encarregado de regência, pelo 1.° Assistente Doutor Fernando Pessoa Jorge, ao 3.° ano jurídico de 1963-1964*, Lisboa, 1964, pp. 43-47; defendendo um critério financeiro, cf. A. L. SOUSA FRANCO, *Manual de Finanças Públicas e Direito Financeiro*, vol.I, Lisboa, 1974, referindo-se, ainda no âmbito de vigência da CR de 1933, e do seu art. 28.°, à finalidade de os impostos "contribuírem com bens económicos para a cobertura dos encargos públicos" (p. 345); e mantendo o mesmo conceito, em *Finanças Públicas e Direito Financeiro... II*, cit., (1993), pp. 72-73; ALBERTO XAVIER no *Manual..., I*, cit. pp. 40-41, exige que a "função imediata" do tributo – incluindo a do tributo extrafiscal – seja financeira, alterando ligeiramente a posição anterior em que o autor se referia à "função financeira" como a função imediata do imposto, e afastando a extrafiscalidade (*Direito Fiscal, Lições proferidas pelo Prof. Doutor Alberto Xavier ao 3.° ano do curso jurídico no ano lectivo de 1972-73*, Lisboa, 1973, pp. 13 e 30-31); CARLOS PAMPLONA CORTE-REAL, *Curso de Direito Fiscal, I*, cit., pp. 172-174, considera "que os fins fiscais dos impostos, conjugados com os fins extrafiscais, sem deixarem de relevar principalmente, parecem justificar a referência ampla à prossecução de fins públicos, no recorte da noção de imposto" (p. 174); fazendo implicitamente menção aos fins fiscais, ao escrever que a utilização das receitas se destina à "cobertura das despesas", J.L. SALDANHA SANCHES, *Manual de Direito Fiscal*, cit., 2.ª ed., p. 9. Referindo-se à finalidade de obtenção de receitas públicas, PEDRO SOARES MARTINEZ, *Direito Fiscal*, cit., 10.ª ed., p. 30. Parecendo atribuir aos impostos a finalidade de satisfazer os (quaisquer) fins da entidade que exerça funções públicas, mas exigindo

-se ainda que o princípio da legalidade dos impostos tem sido aplicado pelo Tribunal Constitucional às contribuições especiais[76], e aos tributos parafiscais[77].

---

adiante a "finalidade imediata e especificamente financeira", DIOGO LEITE DE CAMPOS, *Lições de Direito Fiscal, Sumários desenvolvidos das lições ao Curso Complementar da Faculdade de Direito de Coimbra, em 1981/82, do Prof. Doutor Diogo Leite de Campos*, Coimbra, 1982, p. 21 e 24-27. No mesmo sentido, com MÔNICA LEITE DE CAMPOS, embora distinguindo entre "normas tributárias de objecto financeiro" e "normas tributárias de objecto social", *Direito Tributário*, cit., 1997, p. 26 (pp. 24-26 e 78-79). Estas últimas, de que são exemplo os benefícios fiscais, são designadas de "normas tributárias impropriamente ditas". E cf. ainda, defendendo os fins públicos dos impostos, ANTÓNIO BRAZ TEIXEIRA (*Princípios de Direito Fiscal*, vol. I, 3.ª ed., Coimbra, 1985), que opta pelo critério teleológico da "realização de fins públicos", pp. 41-43; e NUNO SÁ GOMES que também se refere aos "fins públicos": *Manual de Direito Fiscal*, vol. I, 2.ª ed., Lisboa, 2003, pp. 66--71. EDUARDO PAZ FERREIRA ao escrever que define impostos "dentro da linha absolutamente consensual na doutrina portuguesa" adoptará certamente um conceito mais amplo do que o TC: *Ensinar Finanças Públicas numa Faculdade de Direito, Relatório sobre o programa, conteúdo e métodos do ensino da disciplina*, Coimbra, 2005, p. 182 (e pp. ss.).

[76] "[I]mpostos em que os factos tributários apresentam uma configuração algo singular, quando comparados com os factos tributários dos impostos em geral, expressa na vantagem económica reflexa, no caso das contribuições de melhoria, e na provocação de maiores despesas para a administração, no caso das contribuições por maiores despesas": JOSÉ CASALTA NABAIS, *O Dever fundamental...*, cit., p. 256; "Jurisprudência do Tribunal Constitucional em matéria fiscal", *BFDUC*, vol. LXIX, 1993, pp. 398-399. Acórdãos do TC n.º 277/86, de 8.10, *Acórdãos do TC*, vol. 8, 1986, pp. 383 e ss.; e n.º 313/92, de 6.10, *Acórdãos do TC*, vol. 23, 1992, pp. 309 e ss.; V. ainda, por ex., J.M. CARDOSO DA COSTA, *Curso...*, cit., pp. 13-16; ALBERTO XAVIER, *Manual...*, cit., pp. 57-59; A.L. SOUSA FRANCO, *Finanças Públicas..., II*, cit., pp. 61-63. PEDRO SOARES MARTINEZ, *Direito Fiscal*, cit., 10.ª ed., pp. 38-39; J.L. SALDANHA SANCHES, *Manual...*, cit., 2.ª ed., pp. 22-25.

[77] A qualificação das receitas como parafiscais tem sido discutida quanto às contribuições devidas às caixas de previdência, às quotizações para o Fundo de Desemprego, às chamadas «taxas» dos organismos de coordenação económica. O TC entende que, desde que não exista o sinalagma jurídico que caracteriza a taxa (pagamento de um tributo por uma contrapartida individualizada), deve ser aplicado o regime constitucional dos impostos. V. sobre o assunto, JOSÉ CASALTA NABAIS, *O Dever fundamental...*, cit., pp. 346-347 e nota 467. "Jurisprudência do Tribunal Constitucional...", cit., pp. 401 e s. e 398 e s.; e ALBERTO XAVIER, *Manual...*, cit., pp. 64 e ss.; segundo XAVIER, "verdadeiramente o que caracteriza a parafiscalidade é a natureza do sujeito em cujo favor foram criadas as receitas e a consequente especialidade do seu regime de contabilização financeira. Na verdade, as receitas parafiscais são receitas da Administração Central que não são previstas no Orçamento Geral do Estado. [ ] São receitas da Administração Central e por isso se não confundem com as finanças dos entes territoriais... Mas também não são receitas do Estado, na sua acepção de pessoa colectiva de direito público... Pertencem a pessoas colectivas

Fora do objecto do nosso trabalho, e, por conseguinte, da nossa análise, fica também o regime geral das taxas e das demais contribuições

autónomas de base institucional (institutos públicos) ou, quando muito, são afectadas a patrimónios autónomos do Estado (fundos...). Ao contrário do que sucede com a generalidade das receitas da Administração Central não constam do Orçamento Geral do Estado, tendo-se verificado quanto a elas o fenómeno da «desorçamentação»..." (pp. 64-65). E diz--nos sobre o assunto, CASALTA NABAIS: "... os tributos parafiscais têm de comum o constituírem diversificadas figuras próximas do imposto e se caracterizarem... por se apresentarem como formas de receita de organismos públicos, que não integram o estado no sentido vulgar desta expressão, ou mesmo de organismos fundamentalmente privados, para serem aplicadas na realização das respectivas finalidades que, por via de regra, relevam de um interesse apreciavelmente geral" (*O Dever fundamental*..., cit., p 338). Cf. o acórdão n.º 616/03, de 16.12 (www.tribunalconstitucional.pt), em que estava em causa uma "quantia" a incluir no "preço de venda ao público de todos e quaisquer aparelhos mecânicos, químicos, electrónicos ou outros que permitam a fixação e reprodução de obras e, bem assim, de todos e quaisquer suportes materiais virgens analógicos das fixações e reproduções" (art. 2.º da Lei n.º 62/98, de 1.9), quantia essa que constituía um tributo sujeito a "tratamento jurídico-constitucional reservado aos impostos", tendo o Tribunal referido ser para tal "indiferente a qualificação precisa da figura em causa como imposto ou como realidade situada no domínio da "parafiscalidade" (ponto 12 do acórdão); como a quantia em causa era fixada, nos termos do art. 3.º da Lei n.º 62/98, anualmente, por despacho conjunto dos Ministros das Finanças e da Cultura, o TC declarou tal norma inconstitucional; é esta a actual jurisprudência do TC, mas no acórdão, n.º 20/84, que reproduz a doutrina do acórdão n.º 341 da Comissão Constitucional (*Apêndice ao Diário da República*, de 18 de Janeiro de 1983, pp. 10 e ss.), em que estava em causa um tributo criado por um DL e uma portaria anteriores à CRP de 1976, o Tribunal considerou que o n.º 2 e o n.º 3 do art. 106.º da CRP só vigoravam para futuro, e adiantou que a parafiscalidade não estava sujeita à reserva de lei no quadro da CRP de 1976. Mas a partir da revisão constitucional de 1982, ao art. 106.º, n.º 1, acrescentou-se que o sistema fiscal visa a satisfação das necessidades financeiras de outras entidades públicas (além do Estado), razão pela qual, como refere o STA, a parafiscalidade ficou sujeita ao regime constitucional dos impostos, incluindo a reserva de lei: V. ac.da 2.ª Secção do STA de 5.5.95, rec. n.º 18904, ponto 3, *CTF*, 1996, n.º 381, pp. 301 e ss.; parafiscais foram (implicitamente) consideradas as "taxas" do Instituto dos Produtos Florestais (por ex., «a taxa de 0,45% sobre o valor total das vendas de pastas químicas»), e por isso sujeitas a reserva de lei: cf. os acórdãos do TC, n.º 387/91, de 22.10, *Acórdãos do TC*, vol. 20, 1991, pp. 367 e ss.; 207/93, de 10.3, *Acórdãos do TC*, vol. 24, 1993, pp. 171 e ss.; 1239/96, de 11.12, *Acórdãos do TC*, vol. 35, 1996, pp. 591 e ss.; a «taxa» incidente sobre a produção ou importação de medicamentos ou cosméticos, por parte da Comissão Reguladora dos Produtos Químicos e Farmacêuticos (ac. do TC n.º 1239/96, de 11.12); cf. ainda os acórdãos do TC sobre as «taxas» sobre a peste suína e de comercialização cobradas pela Junta Nacional de Produtos pecuários e mais tarde pelo IROMA (cf., por ex., acórdão do TC n.º 419/96, de 7.3.). Fora da parafiscalidade têm sido classificados os montantes cobrados por uma entidade que exerce funções públicas com fins meramente económicos – tais como os diferenciais de preços atrás referidos: lembre-

financeiras a favor das entidades públicas, inseridos na reserva relativa de competência legislativa da Assembleia da República, pela revisão constitucional de 1997[78].

2. O princípio da legalidade fiscal na Constituição de 1933

Se dividirmos a evolução da competência legislativa em matéria fiscal nos três períodos que correspondem aos períodos da história constitucional portuguesa dos sécs. XIX e XX (constitucionalismo liberal, autoritário e democrático), verificamos que a criação dos impostos é da competência do Parlamento no primeiro (art. 103.°-IX da Constituição de 1822[79]; arts. 15.°, § 8, 35.°, § 1.°, e 137.° da Carta Constitucional,

---

-se o caso dos diferenciais de preços da Empresa Pública do Abastecimento de Cereais (EPAC) e do Fundo de Abastecimento. No Direito alemão, V. sobre o assunto, DIETER BIRK, *Das Leistungsfähigkeit als Maßstab der Steuernormen*, Köln, 1983, pp. 88 e ss.; e KLAUS TIPKE/JOACHIM LANG, *Steuerrecht*, cit., 17.ª ed., pp. 48-50. Para uma crítica à jurisprudência do TC, que ao não autonomizar a parafiscalidade não desenvolve critérios de legitimação constitucional material destes tributos, SÉRGIO VASQUES, "Remédios secretos e especialidades farmacêuticas: a legitimação material dos tributos parafiscais", *CTF*, 2004, n.° 413, pp. 159 e ss..

[78] Ainda antes da revisão constitucional de 1997, que alterou a redacção do art. 165.°, n.° 1, al. i), o TC, ao considerar que a CRP só sujeitava a reserva de lei os impostos, considerou inconstitucional a tentativa de, por lei, se alargar o âmbito da reserva a outras figuras, tal como taxas e tributos extrafiscais: acórdãos n.° 205/87, de 17.6, *Acórdãos do TC*, vol. 9, 1987, pp. 209 e ss.; e 461/87, de 16.11, *Acórdãos do TC*, vol. 10, 1987, pp. 181 e ss.; cf. J.M. CARDOSO DA COSTA, "O Enquadramento constitucional...", cit., p. 401 (pp. 400 e ss.). V., ainda, JOSÉ CASALTA NABAIS, *O Dever fundamental...*, cit., pp. 243 e ss., e 629 e ss.; *Direito Fiscal*, cit., 2.ª ed., pp. 31 e ss.. Considerando, antes da revisão de 1997, que o "sistema fiscal" a que se referia o art. 168.°, n.° 1 al. i) (agora art. 165.°, n.° 1, al. i)) abrangia as taxas e outros tributos, NUNO SÁ GOMES, *Lições de Direito Fiscal*, II, cit., 1985, pp. 43-44 e ss.; DIOGO LEITE DE CAMPOS E MÓNICA LEITE DE CAMPOS, *Direito Tributário*, cit., p. 116.

[79] A Constituição de 1822 já continha um catálogo bastante desenvolvido de regras relacionadas com a criação, cobrança e repartição territorial das receitas dos impostos, nomeadamente, das "contribuições directas" (capítulo III, "Da Fazenda Nacional"). Nos termos do art. 103.°, n.° IX, cabia às Cortes fixar anualmente os impostos, e segundo o art. 224.°, cabia "às cortes estabelecer, ou confirmar anualmente as contribuições directas, à vista dos orçamentos e saldos que lhes apresentar o Secretário dos negócios da fazenda (art. 227.°). Faltando o dito estabelecimento ou confirmação, cessa a obrigação de as

e art. 12.º do Acto Adicional de 1852; art. 37.º – XII da Constituição de 1838; arts. 26.º, n.º 3, e 3.º n.º 27, da Constituição de 1911[80]) e no terceiro períodos (correspondente à CRP de 1976), tendo sido esvaziada a competência legislativa da Assembleia Nacional, inclusivamente em matéria de impostos, durante o período autoritário em que vigorou a Constituição de 1933[81].

Mas a Constituição de 1933, na sua versão originária e também após a revisão de 1971 dava, formalmente, bastante atenção à legalidade fiscal, e os seus preceitos sobre esta matéria inspiraram nitidamente a CRP de 1976, que recebeu alguns deles.

Desde logo, o art. 8.º, n.º 16, da versão originária da Constituição de 1933, precursor do art. 106.º, n.º 3, da CRP de 1976 (actual art. 103.º, n.º 3), e por seu turno semelhante ao art. 3.º, n.º 27, da CR de 1911[82], consagrava como direito e garantia individual dos cidadãos portugueses, não pagar impostos não estabelecidos de harmonia com a Constituição, numa referência à função garantista da legalidade dos impostos[83]. E o art. 70.º,

---

pagar." E acrescentavam os arts. 225.º e 226.º, respectivamente, que "[n]enhuma pessoa ou corporação poderá ser isenta das contribuições directas" e que as "contribuições serão proporcionais às despesas públicas". O capítulo III da Carta Constitucional ("Fazenda Pública") bem como o Acto Adicional de 1852 e o cap. IX da Constituição de 1838 também continham disposições que faziam referência à legalidade da receita e à votação anual por Cortes das contribuições directas, mas no seu conjunto, o desenvolvimento dado aos tributos não é tão grande como na Constituição de 1822.

[80] Nos termos dos arts. 26.º, n.º 3 e 3.º, n.º 27, da Constituição de 1911: "[o]rçar a receita e fixar a despesa da República, anualmente, tomar as contas da receita e despesa de cada exercício financeiro e votar anualmente os impostos"(art. 26.º, n.º 3). E segundo o art. 3.º, n.º 27, "[n]inguém é obrigado a pagar contribuições que não tenham sido votadas pelo Poder Legislativo ou pelos corpos administrativos, legalmente autorizados a lançá-las, e cuja cobrança se não faça na forma prescrita na lei". Como se pode verificar, esta última disposição tem semelhanças com o art. 103.º, n.º 3, da CRP de 1976.

[81] Assim, JORGE MIRANDA, "A Competência legislativa no domínio dos impostos e as chamadas receitas parafiscais", *RFDUL*, vol. XXIX, 1988, p. 9 (e pp. ss..); PEDRO SOARES MARTINEZ, *Direito Fiscal*, cit., 10.ª ed., pp. 89 e ss..

[82] V. o artigo 3.º, n.º 27, da CR 1911, atrás citado. Segundo PEDRO SOARES MARTINEZ, o artigo 8.º, n.º 16, da CR de 1933, teve por fonte inspiradora o § 30, do art. 72.º, da Constituição brasileira de 1891: *Direito Fiscal*, cit., 7.ª ed., p. 91.

[83] V. J. M. CARDOSO DA COSTA, *Curso...*, cit., p. 163. Em 1951, ARMINDO MONTEIRO aproveitou para fazer o elogio da reserva de lei parlamentar, como a única admissível em matéria de impostos, invocando argumentos de garantia dos contribuintes, os quais estariam consagrados no art. 8.º, n.º 16 da Constituição (*Introdução...*, *I*, cit., 1951, pp. 82-83).

antecedendo o art. 106.º, n.º 2, da CRP de 1976 (actual art. 103.º n.º 2), reservava à lei a fixação dos princípios gerais relativos aos impostos (n.º 1), a qual devia determinar "a incidência, a taxa, as isenções a que haja lugar, as reclamações e recursos admitidos em favor do contribuinte" (§ 1)[84]. Além disso, a figura da reserva relativa de competência legislativa, agora prevista no art. 165.º, n.º 1, al. i) (art. 167.º, al. o), na versão originária da CRP de 1976), também remonta à Constituição de 1933, ao art. 108.º, n.º 2, segundo o qual, competia ao Governo elaborar decretos-leis no uso de autorizações legislativas ou nos casos de urgência e necessidade pública. Se exceptuarmos a divisão vertical de poderes em matéria de impostos consagrada pela Constituição de 1976, relativamente às regiões autónomas e às autarquias locais[85], a legalidade fiscal assume uma configuração muito semelhante nas duas Constituições – a de 1976 e a de 1933.

Todavia, no âmbito da Constituição de 1933, até à revisão de 1971, não era inequívoco que a matéria fiscal estivesse reservada ao Parlamento[86]. Na versão originária da Constituição, para além da reserva de lei fiscal prevista no art. 70.º, nenhuma disposição reservava expressamente tal matéria à Assembleia Nacional. E como notou Cardoso da Costa, a degradação do significado do princípio da legalidade fiscal ocorreu especialmente a partir da revisão constitucional de 1945, que equiparou os poderes legislativos da Assembleia Nacional e do Governo[87]. A revisão de 1951, ao delimitar as matérias da competência legislativa exclusiva do

---

[84] Embora a revisão de 1971 tenha alterado a redacção deste § 1 do art. 70.º, passando a referir-se à taxa "ou aos seus limites" e às "isenções a que possa haver lugar".

[85] Todavia, já durante o Estado Novo, e embora a Constituição de 1933 não fizesse referência a um qualquer poder tributário ou autonomia financeira dos municípios, o Código Administrativo enumerava os impostos que as Câmaras Municipais podiam lançar e fixava os limites máximos das taxas desses impostos, atribuindo-lhes competência na determinação da taxa em concreto: V., por exemplo, ALEXANDRE PINTO COELHO DO AMARAL, *Direito Fiscal, Segundo as prelecções...*, cit., 1957, pp. 33-34.

[86] Mencionando essa dúvida, ALBERTO XAVIER, *Conceito e natureza...*, cit., pp. 288- -289; mas o autor lembra que, ao mesmo tempo, a reserva de lei formal consagrada pelo art. 70.º tinha um alcance maior anteriormente à revisão, pois, antes desta, as taxas dos impostos e as isenções tinham de ser fixadas por lei, enquanto após a revisão apenas os limites das primeiras e o quadro das segundas tinha de ser definido por lei.

[87] J. M. CARDOSO DA COSTA, *Curso...*, cit., pp. 164-165. Na verdade, a revisão de 1945 veio prever a ratificação de decretos-leis publicados fora dos casos de autorização legislativa, a qual era concedida tacitamente, se não fosse requerida a submissão desses decretos-leis a apreciação da Assembleia, nas dez primeiras sessões posteriores à publicação por pelo menos cinco deputados (art. 109.º, § 3).

Parlamento, das quais não constavam os impostos, tornava claro que o Governo podia também intervir "no domínio circunscrito pelo art. 70.º e seu § 1.º"[88]. Ainda segundo o autor, "[a] competência para a criação de impostos e para a definição dos seus elementos essenciais passou, pois, a partir de então, a estar atribuída, em pé de igualdade, à Assembleia Nacional e ao Governo como órgão colegial"[89]. E também os órgãos legislativos para o ultramar podiam legislar em matéria de impostos, ao abrigo do art. 151.º da Constituição[90].

Mas o entendimento da doutrina sobre este assunto não foi unânime, havendo quem defendesse que a matéria fiscal continuava reservada à Assembleia Nacional.

Encontramos em Pessoa Jorge a síntese dos argumentos num e noutro sentido[91]. Assim, a favor do entendimento de "lei" do art. 70.º da CR

---

[88] J. M. CARDOSO DA COSTA, Curso..., cit., pp. 164-165. Mas nem toda a doutrina deu essa interpretação ao art. 70.º, § 1: V. a referência breve em PEDRO SOARES MARTINEZ, Direito Fiscal, cit., 10.ª ed., p. 94. E o conjunto de argumentos apontados por FERNANDO PESSOA JORGE, todos relacionados com a demonstração de que o art. 93.º, ao enunciar as matérias sujeitas a reserva de competência legislativa parlamentar, não continha uma enumeração taxativa das mesmas. Assim, segundo o autor, o art. 70.º, § 1, tinha autonomia perante o art. 93.º, e dele resultava directamente a reserva de lei parlamentar em matéria fiscal: Curso..., cit., pp. 98 e ss.. V., desenvolvidamente, o texto adiante.

[89] J. M. CARDOSO DA COSTA, Curso..., cit., p. 163.

[90] Segundo os arts. 150.º e 151.º, introduzidos pela revisão constitucional de 1951, a competência legislativa para o Ultramar pertencia não só à Assembleia Nacional e Governo, como também ao Ministro do Ultramar, sob a forma de decreto, diploma legislativo ministerial ou portaria legislativa, e aos Governadores e Conselhos Legislativos das províncias, revestindo neste caso a forma de diploma legislativo (cf. arts. 150.º e 151.º da Constituição e Bases X, XXIV, XXVI e XXXIII da Lei Orgânica do Ultramar Português), e entendendo-se não ser aplicável o art. 70.º, § 1 da Constituição; mas podendo a Assembleia Nacional e o Governo da metrópole legislar sobre matéria fiscal do ultramar – embora tal opinião não fosse unânime – valia a preferência de lei: V., ainda antes da revisão constitucional de 1971, J.M. CARDOSO DA COSTA, Direito Fiscal, Lições ao 3.º ano jurídico de 1967-68, Coimbra, 1968, pp. 119-121.

[91] F. PESSOA JORGE, "Poderão os impostos ser criados por decreto-lei?", Separata da RFDUL, vol. XXII, Lisboa, 1968. Entendendo que a Constituição de 1933 consagrava uma reserva de lei parlamentar em matéria de impostos, mesmo antes da revisão de 1971: ARMINDO MONTEIRO, Introdução..., I, cit., 1951, pp. 82-83; PEDRO SOARES MARTINEZ, Curso de Direito Fiscal, ..., cit., 1960, p. 94; Da Personalidade tributária, cit., p. 270; Em sentido contrário, por exemplo, J.J. TEIXEIRA RIBEIRO, "Os Princípios constitucionais...", cit., (1966), pp. 226-230. Este artigo resulta de uma conferência proferida nesse ano em Lisboa, no âmbito da Associação Fiscal Internacional, tendo o autor tecido, nas entrelinhas, críticas à inexistência de uma reserva de lei parlamentar em matéria de impostos; cf. ainda,

de 1933, como significando lei da Assembleia Nacional e decreto-lei do Governo, foram aduzidos os seguintes argumentos: a partir de 1945, o Governo passou a ter competência legislativa normal; a criação de impostos não se achava compreendida na reserva de lei do art. 93.º da Constituição; apesar de os defensores da tese contrária afirmarem que o art. 70.º da Constituição tinha como função histórica assegurar a "defesa dos cidadãos", tal função atribuída ao art. 70.º não seria necessária, porque essa defesa era assegurada pelo art. 91.º, n.º 4, segundo o qual, a Assembleia Nacional tinha de autorizar anualmente o Governo a cobrar as receitas na gerência imediata; a palavra lei não tinha necessariamente o sentido estrito de lei da Assembleia Nacional[92].

Segundo Pessoa Jorge, esta argumentação suscitava dúvidas. O autor considerava, por um lado, que o art. 93.º era excepcional, "porque cont[inha] desvios ao princípio da igualdade legislativa" do Governo e da Assembleia Nacional, mas além disso, a enumeração do art. 93.º não seria exaustiva: "a *própria Constituição abr[e] mais excepções*" de que eram exemplo – para além do art. 70.º § 1 – a criação de leis para o Ultramar (art. 150.º n.º 1), e a aprovação de convenções e tratados internacionais (art. 91.º, n.º 4)[93]. O argumento de que a protecção dos cidadãos se bastava com a autorização anual de cobrança de impostos também não seria válido, pois o art. 70.º § 2 só exigia tal autorização, quando estes eram estabelecidos por tempo indeterminado, ou por período certo que ultrapassasse uma gerência e poderíamos, pelo menos teoricamente, ter impostos novos criados em cada gerência[94]. A revisão de 1945 não teria dado um novo sentido ao conceito de "lei"[95], e no caso do art. 70.º, tal sentido novo

---

sem tomar posição, e referindo que o entendimento dominante sobre o art. 70.º § 1 considerava "em pé de igualdade, a lei e o decreto-lei", *Direito Fiscal, Apontamentos das lições dadas pelo Excelentíssimo Senhor Professor Doutor Pedro Soares Martinez ao 3.º ano de 1968-69 e coligidos pela Comissão Pedagógica & folhas*, Lisboa, 1969, p. 147; FERNANDO PESSOA JORGE, Curso..., cit., pp. 98-105; FEZAS VITAL, *Direito Constitucional, Lições publicadas, com autorização, por Maurício Canelas e Martinho Simões*, Lisboa, 1945-46, pp. 244-246; MARCELLO CAETANO, *Manual de Direito Administrativo*, 2.ª ed., Coimbra, 1947, p. 418; parecendo colocar em pé de igualdade a lei da Assembleia Nacional e o Decreto-lei do Governo, MARCELLO CAETANO, *Manual de Direito Administrativo*, 5.ª ed., Coimbra, 1960, pp. 77-78.

[92] F. PESSOA JORGE, "Poderão os impostos...", cit., pp. 8-10.
[93] F. PESSOA JORGE, "Poderão os impostos...", cit., p. 11.
[94] F. PESSOA JORGE, "Poderão os impostos...", cit., p. 14.
[95] F. PESSOA JORGE, "Poderão os impostos...", cit., pp. 15-16.

não era possível[96]. E finalmente, segundo o § único do art. 181.º da Constituição, os decretos regulamentares poderiam excepcionalmente revogar determinadas leis ou decretos-leis, mas já não, por exemplo, as matérias do § 1 do art. 70.º e do art. 93.º[97].

Com a revisão de 1971, numa interpretação isolada do art. 93.º, a competência legislativa em matéria de impostos estava exclusivamente reservada à Assembleia (art. 93.º, al. h)), quanto aos elementos do art. 70.º § 1 (na redacção que lhe foi dada em 1971, o art. 70.º § 1 estabelecia que em matéria de impostos, a lei deveria determinar "a incidência, a taxa ou os seus limites, as isenções a possa haver lugar, as reclamações e os recursos admitidos em favor do contribuinte").

Mas do § 1.º do artigo 93.º decorria a possibilidade de o Governo legislar sobre a matéria, por autorização parlamentar ou em caso de urgência e necessidade pública, ficando nesses casos o decreto-lei sujeito a ratificação da Assembleia, sob pena de caducidade do mesmo[98]. Embora as autorizações legislativas não pudessem ser utilizadas mais do que uma vez, não era feita qualquer referência ao conteúdo das mesmas, o que permitia que a Assembleia Nacional concedesse ao Governo autorizações legislativas em branco, e lhe delegasse uma competência global sobre a matéria das autorizações[99], ao que acrescia o facto de a Constituição não prever a fiscalização orgânica da constitucionalidade[100]. Não se pode

---

[96] F. PESSOA JORGE, "Poderão os impostos...", cit., p. 16.

[97] F. PESSOA JORGE, "Poderão os impostos...", cit., pp. 17-18. Todavia, em sentido contrário, anos antes, o mesmo PESSOA JORGE, Curso..., cit., 1963, pp. 70 e ss.: a palavra lei do art. 70.º da Constituição designaria tanto a lei da Assembleia Nacional como o decreto-lei do Governo, desde 1945. E o autor admite aqui os regulamentos, porque a Constituição só reservaria à lei os princípios gerais em matéria de impostos (pp. 72-73).

[98] V., assim, ALBERTO XAVIER, Manual..., cit., p. 113; J. M. CARDOSO DA COSTA, Curso..., cit., pp. 168 e ss..

[99] Como já escreveu J.M. SÉRVULO CORREIA, Legalidade e autonomia contratual nos contratos administrativos, Coimbra, 1987, pp. 186-187. E no mesmo sentido, J. M. CARDOSO DA COSTA, Curso..., cit., p. 169, nota 1.

[100] Desde que os diplomas fossem promulgados pelo Presidente da República, como resulta do art. 123.º, § 2.º, na versão de 1971; e por todos, J. M. CARDOSO DA COSTA, Curso..., cit., pp. 180-185. É certo que PESSOA JORGE, por exemplo, defendeu que do art. 8.º, n.º 16 decorria uma garantia individual, dando aos tribunais o poder de não aplicarem normas de tributação feridas de inconstitucionalidade formal ou orgânica, mesmo que elas constassem de diplomas promulgados pelo PR ("Poderão os impostos...", cit., p. 21), mas esta interpretação nunca vingou.

assim falar de uma "competência excepcional do Governo" em matéria fiscal, como pretendia Alberto Xavier[101].

Como escreveu Alexandre do Amaral, a propósito do princípio da legalidade fiscal na Constituição de 1933, "[s]e a matéria que tem de obrigatòriamente ser objecto de disciplina da lei ordinária é apenas aquela que apontamos acima [a enumerada no art. 70.°, § 1], logo se vê que uma parte bastante extensa da regulamentação da relação jurídica fiscal pode ser realizada através de regulamentos... Deve notar-se além disso, que, quando estes regulamentos revestem a forma de <u>decretos regulamentares</u>, que são promulgados pelo Chefe de Estado..., poucas garantias existem de que eles não invadam a matéria reservada à lei formal, pois nos termos do § único do art. 123.° do texto constitucional, é vedado aos tribunais apreciarem a inconstitucionalidade orgânica ou formal dos diplomas promulgados pelo Chefe de Estado"[102].

Decorria ainda do art. 70.°, § 1.°, que a concreta taxa de imposto bem como as isenções (entendidas como sinónimo de benefícios fiscais) podiam ser definidas por regulamento[103].

Na vigência da Constituição de 1933, à semelhança aliás do que aconteceu no âmbito de vigência das Constituições monárquicas e liberal, foi o Governo quem exerceu as competências legislativas tributárias[104]. A Constituição escrita e a realidade constitucional conjugaram-se de tal modo que (também) em matéria de impostos não se pode falar de um Estado de Direito no âmbito da Constituição de 1933[105].

Assim, apesar das similitudes da disciplina da legalidade fiscal nas constituições escritas de 1976 e de 1933 – nomeadamente, tendo em conta a versão inicial desta e a versão de 1971 –, o significado actual da reserva relativa de competências legislativas deve distinguir-se da figura vigente durante a Constituição de 1933, que repudiou a separação de poderes do liberalismo, e em que a Assembleia Nacional não só não tinha supremacia

---

[101] ALBERTO XAVIER, *Manual...*, cit., pp. 113-114.

[102] ALEXANDRE PINTO COELHO DO AMARAL, *Direito Fiscal,* cit., 1957, p. 31. A situação manteve-se, mesmo após 1971.

[103] V., por exemplo, ALBERTO XAVIER, *Conceito...*, cit., pp. 287 e ss.; J. M. CARDOSO DA COSTA, *Curso...*, cit., pp. 175-176. Este autor admitia mesmo a possibilidade de as isenções e a taxa serem concretizadas por "simples acto administrativo individual" (IDEM, p. 176).

[104] V., por todos, PEDRO SOARES MARTINEZ, *Direito Fiscal,* cit., 10.ª ed., pp. 94-95 (89 e ss.).

[105] Assim, e em geral, JORGE MIRANDA, "A Competência legislativa...", cit., pp. 9 e ss..

legislativa, como a produção normativa desta não correspondia à "mais autêntica vontade popular"[106].

É certo que, no quadro da revisão de 1971, alguma doutrina se esforçou por interpretar o princípio constitucional da legalidade fiscal, segundo os parâmetros de um Estado de Direito, em que a ideia de auto-tributação teria sido novamente consagrada, "regressando à tradição e ao figurino da generalidade dos sistemas constitucionais estrangeiros", numa lógica não apenas garantista, mas democrática, própria dos Estados sociais de Direito[107].

SECÇÃO II
Delimitação de competências
(ou vertente competencial da legalidade),
objecto e alcance da reserva de lei

1. Delimitação de competências em matéria de criação de impostos e sistema fiscal: linhas gerais

Quer se salientem as semelhanças ou as diferenças do princípio da legalidade fiscal, nas constituições de 1933 e de 1976, não há dúvida que nesta última, ele se enquadra na tradição do liberalismo, numa lógica de Estado social de Direito, com as virtudes e as manifestações de crise que encontramos nos ordenamentos contemporâneos que nos são próximos[108].

---

[106] Como faz notar J.M. SÉRVULO CORREIA, *Legalidade...*, cit., p. 186. E esta diferenciação é tanto mais necessária, quanto, como escreve PAULO OTERO, "[c]omparando o tempo de vigência dos diferentes momentos constitucionais analisados, a história constitucional portuguesa revela, em primeiro lugar, um *claro predomínio das experiências políticas que envolvem uma supremacia do órgão executivo sobre o órgão parlamentar*": *Legalidade e administração pública, O Sentido da vinculação administrativa à juridicidade*, Coimbra, 2003, p. 113, verificando-se ou o "apagamento ou mesmo a supressão do órgão parlamentar, assumindo a lei a natureza de uma fonte (directa ou indirectamente) de autovinculação normativa do executivo" (IDEM, p. 111): pp. 110-116.

[107] Assim, por exemplo, J. M. CARDOSO DA COSTA, *Curso...*, cit., pp. 166 e ss., e nota 1, pp. 166-167.

[108] Procurando, pelo contrário, salientar as semelhanças entre as duas constituições, quanto ao "estatuto funcional do Governo", considerando que "merece especial

O facto, por exemplo, de a competência legislativa em matéria de criação de impostos e sistema fiscal estar reservada ao Parlamento e de este poder delegá-la ao Governo, nos termos do art. 165.º, n.º 1, al. i) e n.º 2 da CRP, já não deve ser interpretado como uma ausência de legalidade democrática. Pelo contrário, ela insere-se na lógica do Estado social de Direito, transmitindo uma "ideia de partilha diacrónica do poder"[109] no âmbito de um "policentrismo institucional"[110], e traduzindo uma (quase) "homogeneização política da Assembleia da República e do Governo", em que ambos são democraticamente legitimados[111].

Na verdade, no contexto do Estado de Direito do pós Segunda Guerra, a reserva relativa de competência legislativa do parlamento está associada à afirmação corrente de que os governos dispõem de legitimação democrática por emanarem das maiorias parlamentares, e de que a actual divisão de poderes ocorre entre a maioria (de que fazem parte o Governo e o Parlamento) e a minoria que se constitui em oposição[112].

Neste contexto, as autorizações legislativas ao Governo em matéria fiscal, previstas no n.º 2 do art. 165.º da CRP, têm como objectivo contrabalançar o poder legislativo parlamentar com um poder legislativo governamental mais especializado e ciente das imperfeições da lei na sua aplicação efectiva, pela sua proximidade da administração fiscal e de organizações internacionais como a OCDE e a Comunidade Europeia – Casalta Nabais refere-se a este propósito ao "contrabalançar do poder legislativo pelo poder fáctico e técnico da administração", a "uma certa governamentalização dos impostos traduzida na iniciativa legislativa governamental e na

---

atenção... a excepcional concentração de competência normativa no Governo – em especial a amplitude da sua competência legislativa – prevista na Constituição de 1976 e directamente "herdada" do texto constitucional anterior", e de tendências "antiliberais": PAULO OTERO, *Legalidade e administração pública...*, cit., pp. 125, 129 (125-130). Cf. do autor, *O Poder de substituição em Direito Administrativo – enquadramento dogmático-constitucional, II,* Lisboa, 1995, pp. 626 e ss.. Justamente para se evitarem este tipo de leituras – que, é certo, não têm em conta que nos Estados de Direito do pós segunda guerra, os governos têm uma legitimação democrática próxima da dos parlamentos –, deve exigir-se, no caso da legalidade fiscal, e como referimos adiante, que as autorizações legislativas contenham verdadeiras orientações políticas.

[109] JOSÉ CASALTA NABAIS, *O Dever fundamental...,* cit., p. 332.

[110] J.M. SÉRVULO CORREIA, *Legalidade...* cit., p. 214 (toda esta ideia está presente desde a p. 188).

[111] JORGE REIS NOVAIS, *As Restrições aos direitos fundamentais...*, cit., p. 829.

[112] Por exemplo, por todos, JORGE REIS NOVAIS, *As Restrições aos direitos fundamentais...*, cit., pp. 829 e ss..

delegação legislativa"[113], que designa também de "governamentalização fiscal material"[114]. Exemplo deste fenómeno são as autorizações legislativas orçamentais, que entre nós são dadas anualmente ao Governo a pedido deste, para, através de decreto-lei, modificar a redacção de preceitos dos códigos de imposto que levantaram dúvidas de interpretação aos serviços, ou que, segundo informações desses serviços, ou por levantamento cruzado interestadual e recomendação dos grupos de trabalho da OCDE, demonstraram não cobrir um conjunto de actos ou negócios jurídicos que deveriam estar previstos na lei e que são utilizados no planeamento fiscal ou para elidir a lei fiscal.

Também manifestação da governamentalização fiscal nos Estados europeus do final do século XX e princípio do século XXI, é a transferência do poder fiscal (no sentido de competências para criar impostos e alterar os seus elementos essenciais) para os governos no quadro da harmonização fiscal comunitária, isto é, para o Conselho da CE, e que Casalta Nabais designa de "governamentalização fiscal formal"[115].

Refira-se ainda, como um traço do Estado social de Direito no princípio da legalidade, a distribuição vertical do poder tributário, e esta sim constitui uma novidade da Constituição de 1976 em relação às anteriores constituições portuguesas: o legislador constituinte português compreendeu que o princípio democrático, que constitui um dos fundamentos da

---

[113] JOSÉ CASALTA NABAIS, *O Dever fundamental...*, cit., p. 332. Sendo certo que, como reverso da medalha, a lei formal deixa de exprimir a razão e a justiça para passar a ser produto de interesses particulares organizados: assim também JOSÉ CASALTA NABAIS, *Idem;* "O Princípio da legalidade fiscal e os actuais desafios...", cit., pp. 23-25. E V. ainda no mesmo sentido, aduzindo vários argumentos para ilustrar que as competências parlamentares em matéria financeira e que o princípio da legalidade fiscal denotam uma "progressiva perda de significado jurídico e político," ANTÓNIO LOBO XAVIER, *O Orçamento como lei, Contributo para a compreensão de algumas especificidades do Direito orçamental português,* Coimbra, 1990, pp. 20 e ss. e 34 e ss..

[114] JOSÉ CASALTA NABAIS, "O Princípio da legalidade fiscal e os actuais desafios...", cit., p. 23.

[115] JOSÉ CASALTA NABAIS, "O Princípio da legalidade fiscal e os actuais desafios da tributação", cit., p. 23 (cf. pp. 23-24 e 37 e ss.); ANTÓNIO LOBO XAVIER, *O Orçamento como lei...,* cit., pp. 26-28; cf. ainda, JOÃO MIRANDA, *O Papel da Assembleia da República na construção europeia,* Coimbra, 2000, pp. 15 e ss.. Defendendo a pouca influência da CE na governamentalização política e legislativa, antes de Maastricht, MARCELO REBELO DE SOUSA, " A Integração europeia pós-Maastricht e o sistema de governo dos Estados-membros", *Análise Social,* 1992, n.os 118-119, p. 795. Sobre as competências do Conselho, FAUSTO DE QUADROS, *Direito da União Europeia,* Coimbra, 2004, pp. 257-258 e ss..

reserva de lei, já não é cabalmente assegurado pelo Parlamento nacional, e atribuiu aos Parlamentos regionais, e às autarquias locais, poder tributário – i.e., legislativo ou regulamentar – nos termos previstos na Constituição e na lei. Nas palavras de Casalta Nabais, a "clássica divisão horizontal de poderes provou ser pouco eficaz, é democraticamente insuficiente e já não é um obstáculo eficaz à absolutização do poder"[116].

No que diz respeito às regiões autónomas, a primeira lei das finanças regionais, n.º 13/98, de 24 de Fevereiro, veio abrandar a discussão doutrinária e jurisprudencial sobre o significado e alcance do "poder tributário próprio [de que dispõem as regiões autónomas], nos termos da lei". Recorde-se que esta discussão foi desencadeada com a revisão constitucional de 1982[117], que introduziu tal poder no art. 229.º, al. f), da CRP, e que não foi eliminada com a revisão de 1989, apesar de esta ter desdobrado as competências legislativas regionais em matéria fiscal, num "poder tributário próprio" e num "poder de adaptação" do sistema fiscal nacional às especificidades regionais.

Recorde-se ainda que o significado de "poder tributário próprio" dividiu as opiniões dos mais regionalistas – que admitiram um verdadeiro poder de criar impostos regionais, sempre que houvesse interesse específico, e nos termos da lei geral da República[118] – e dos mais centralistas –

---

[116] JOSÉ CASALTA NABAIS, *O Dever fundamental...*, cit., pp. 278-279. V. também JOÃO BAPTISTA MACHADO, *Participação e descentralização, democratização e neutralidade na constituição de 76,* Coimbra, 1982, que caracteriza a "perfeita implementação da democracia no quadro estadual... (como conduzindo) à limitação [do] poder político da maioria..[em que o] Estado moderno... aparece... como uma espécie de «organização» de segundo grau, ou instituição-cúpula..." (pp. 78-79); o autor distingue, em pp. anteriores, a descentralização imperfeita ou imprópria ("descentralização meramente participativa") da descentralização *plena "com adjudicação de atribuições próprias e exclusivas"* (p. 57).

J.M. SÉRVULO CORREIA, *Noções de Direito Administrativo, I,* Lisboa, 1982, pp. 125--127. E PAULO OTERO, *Legalidade e administração pública...*, cit., pp. 147-152. Quer a CR de 1911 (art. 66.º, 6.º), quer a de 1933 (art. 129.º, da versão originária), previam a autonomia financeira dos corpos administrativos locais, "na forma que a lei determinar".

[117] Sobre o alcance da autonomia legislativa regional antes da revisão constitucional de 1982, V. por todos, JORGE MIRANDA, "A Autonomia legislativa regional e o interesse específico das regiões autónomas", *Estudos sobre a constituição,* vol. 1, Lisboa, 1977, pp. 307 e ss.. Sobre a discussão antes e após a Lei n.º 13/98, V., por todos, EDUARDO PAZ FERREIRA, "O Poder tributário das Regiões autónomas: desenvolvimentos recentes", *BCE,* vol. XLV-A, 2002, pp. 286 e ss..

[118] EDUARDO PAZ FERREIRA, *As Finanças Regionais,* Lisboa, 1985, pp. 103 e ss.; "O Redimensionamento dos poderes económicos e financeiros das regiões autónomas pela

que admitiam, no máximo, um poder de adaptação dos impostos nacionais[119]. O Tribunal Constitucional entendia que do carácter unitário do

---

jurisprudência constitucional", *Estudos de Direito Financeiro Regional*, Ponta Delgada, 1995, 153-155; republicado em *Estudos de Direito Regional*, Lisboa, 1997, v. pp. 582-583; em 1983, A. L. SOUSA FRANCO ("Sobre a constituição financeira de 1976-1982, *Estudos*, CEF, Comemoração do XX aniversário, I, Lisboa, 1983, pp. 117 e ss.) entendia que o "poder tributário próprio só pod[ia] ser o poder de *criar impostos*, com todas as consequências e conteúdo do art. 106.º", desde que fossem respeitadas as restrições estabelecidas pelos estatutos regionais, pela lei geral e pela lei definidora da forma e conteúdo desse poder tributário próprio (p. 118). Admitindo, na linha do TC, apenas o poder de criar impostos novos para a região, mas parecendo não admitir o poder de adaptação, em 1985, e já admitindo este poder em 1993: J.J. GOMES CANOTILHO/VITAL MOREIRA, *Constituição da República Portuguesa Anotada*, vol. 2, 2.ª ed., Coimbra, 1985, pp. 362-362; IDEM, 3.ª ed. (1993), pp. 858-859. Admitindo quer a criação quer a adaptação, diz-nos J.J. TEIXEIRA RIBEIRO: "... o que se pretende saber é se, depois de a Constituição ter concedido poder tributário próprio às Regiões Autónomas, a alínea i) do artigo 168.º ainda deve ser interpretada como tendo reservado à Assembleia da República a criação de todos e quaisquer impostos, ou se já deve sê-lo no sentido de pertencer às Regiões Autónomas a eventual criação de alguns". A esta questão responde o autor afirmativamente, desde que estejam preenchidos os seguintes requisitos: "o artigo 229.º da Constituição exige, no seu corpo, que o poder tributário das Regiões Autónomas seja definido nos respectivos estatutos, cuja aprovação cabe à Assembleia da República; exige, depois, na sua alínea a), que ele se conforme com a Constituição e as Leis Gerais da República que são leis da Assembleia ou decretos-leis do Governo sob autorização; e exige, finalmente, que ele seja exercido nos termos da lei, que também é lei dimanada da Assembleia da República" ("Criação de impostos pelas regiões autónomas", *Estudos de Direito Regional*, cit., pp. 456-457). O autor equipara ainda, e bem, a criação de impostos à alteração dos seus elementos essenciais, para efeitos de reserva de lei e competências tributárias das regiões (IDEM, p. 457): o autor mantém a posição expressa em 1986, pois este artigo já tinha sido publicado na *RLJ*, 1986, n.º 3743, pp. 33-36. Também MARIA LUÍSA DUARTE se refere a um "poder de autolimitação" da AR, através da aprovação da lei da qual depende o exercício do poder tributário pelas regiões autónomas: "com a aprovação da referida lei, verifica-se uma deslocação de uma matéria originariamente da competência reservada para uma competência partilhada com as regiões autónomas, embora sujeita a limites fundamentais", i.e., interesse específico, limite territorial, inderrogabilidade das leis gerais da República, enquadramento legal e princípios constitucionais ("As receitas tributárias das regiões autónomas", *Estudos de Direito Regional*, cit., pp. 502-503); CARDOSO DA COSTA, na *declaração de voto no acórdão do TC n.º 267/87*, repensando a doutrina do acórdão n.º 91/84, que tinha subscrito, admite agora expressamente o poder de adaptação do sistema fiscal nacional às especificidades da região.

[119] A. L. SOUSA FRANCO, "A Autonomia tributária das regiões", *Estudos de Direito Regional*, Lisboa, 1997, pp. 467-468 (Comunicação à VIII Semana de Estudos dos Açores realizada em Angra do Heroísmo em Junho de 1987, incluída no volume *A Autonomia Como Fenómeno Cultural e Político* editado pelo Instituto Açoriano de Cultura). Para

Estado português e do então art. 115.º n.º 3 da CRP (na versão de 1982), segundo o qual os decretos-legislativos regionais não podiam dispor contra as leis gerais da República, decorria uma proibição de adaptação, por decreto-legislativo regional, das leis fiscais nacionais às regiões autónomas. O poder tributário próprio poderia ser exercido *praeter legem*, mas nunca *contra legem*. Isto é, ele reportar-se-ia unicamente à "eventualidade da criação de impostos regionais"[120]. Quanto à adaptação dos impostos nacionais à insularidade, às Regiões Autónomas apenas cabia o poder de iniciativa legislativa (cf. o então art. 229.º, al. c), da CRP)[121].

Como demonstrou Teixeira Ribeiro, em poucas linhas e com extrema precisão, a criação de impostos novos ou a adaptação de elementos essenciais dos impostos não se distinguem substancialmente: "... assim como pode ser do interesse específico da Região dos Açores ou da Madeira criar um imposto cujo âmbito ao respectivo território se restrinja, também pode ser do seu interesse específico criar um regime próprio dentro do seu território para um imposto de âmbito nacional. Por exemplo, suponhamos que é do interesse de qualquer das regiões, por motivos fiscais ou extrafiscais, que a taxa da contribuição predial urbana seja lá mais alta ou mais

---

SOUSA FRANCO, decorria do art. 106.º, n.º 2, que a criação de impostos estava reservada à lei da Assembleia da República, mas "nada obstaria a que a Assembleia da República, através duma *lei-quadro*, fixasse princípios gerais sobre a adaptação do sistema fiscal regional e cometesse o seu desenvolvimento aos órgãos legislativos regionais, em primeira linha, porque se trata de matéria que é do seu interesse específico" (IDEM, p. 468). E mesmo depois da revisão constitucional de 1989, em que o "poder tributário próprio" e o "poder de adaptação do sistema fiscal nacional às especificidades das regiões" são autonomizados, SOUSA FRANCO, interpretando da mesma forma o significado de "poder de adaptação" (*Finanças do sector público, introdução aos subsectores institucionais*, Lisboa, 1991, pp. 693-694) defende que o poder máximo das regiões autónomas em matéria tributária é o poder de adaptação, considerando que o poder tributário próprio é um poder que se situa entre aquele e o poder administrativo: IDEM, pp. 695-696. Todavia, lembre-se que o Tribunal Constitucional, antes da revisão de 1989, embora também tenha feito uma interpretação restritiva de "poder tributário próprio", fê-la no sentido de considerar que este apenas podia consistir na possibilidade de criação "ex novo" de impostos regionais: acórdãos n.º 91/84, de 29.8; 348/86, de 11.12; 267/87, de 31.8. V. ainda J.L. SALDANHA SANCHES, anotação ao acórdão n.º 91/84, CTF, n.os 310/312, 1987, pp. 408-409. O Professor entendia que nos Estados unitários como o português, o poder tributário se encontrava concentrado num único órgão, e nem sequer admitia o poder de adaptação.

[120] V. o caso da Indústria dos bordados dos Açores, acórdão n.º 91/84, de 29.8, ponto V do sumário e ponto 2.10. do acórdão.

[121] Ponto 2.10. do acórdão.

baixa do que no resto do País. Poderá a lei, dentro de cujos termos se há-de exercer o poder tributário próprio das Regiões Autónomas, autorizá-las a alterar os elementos essenciais de impostos nacionais, como é o caso da contribuição predial urbana? ... Na verdade, como os impostos se definem pelos seus elementos essenciais..., é claro que, se a lei permitir a qualquer das regiões alterar a taxa da contribuição sobre os rendimentos dos prédios urbanos nela situados, estará a permitir-lhe criar para essa Região uma contribuição predial urbana diferente da que vigora no resto do País"[122].

Portanto, na perspectiva da legalidade fiscal e do âmbito das competências legislativas das regiões autónomas em matéria fiscal, a discussão sobre se o poder tributário próprio era um poder de criação de impostos regionais ou um poder de adaptação dos impostos nacionais às especificidades regionais, era simplesmente errónea. Ambos os poderes têm idêntico significado em termos de reserva de lei fiscal, sendo certo que o seu enquadramento jurídico e o alcance têm de ser definidos por lei da Assembleia da República[123].

---

[122] J. J. TEIXEIRA RIBEIRO, "Criação de impostos pelas regiões autónomas", *Estudos de Direito Regional*, cit., p. 457. Entendendo (também) que quem pode o mais (criar impostos novos) pode o menos (adaptar), GUILHERME W. D'OLIVEIRA MARTINS JR., "Os Poderes tributários nas regiões autónomas: criar ou adaptar, eis a questão...", *RFDUL*, vol. XLII, Coimbra, 2001, n.º 2, pp. 1102-1103. Já não faz sentido defender que (como faz o autor, nas pp. 1105 e 1107), após a revisão de 1997 (que introduziu o art. 228.º, que enumera, exemplificativamente, as matérias de interesse específico da região), o poder tributário é uma matéria de interesse específico, pois os "poderes" não são "matérias de interesse específico"; eles podem quando muito, ser exercidos quanto a tais matérias. É o caso da criação de impostos ecológicos prevista na Lei n.º 13/98, pois a defesa do ambiente e equilíbrio ecológico é uma matéria de interesse da Região (art. 228.º, al. b), da CRP).

[123] Como diz JOSÉ CASALTA NABAIS, quer o poder tributário do Estado quer o poder tributário das regiões autónomas tem origem na Constituição, e nesse sentido são originários e não derivados, pois o seu reconhecimento não depende de lei estadual. "Mas enquanto o primeiro tem os seus limites fixados na constituição, as estruturas de descentralização estadual têm os seus limites fixados em maior ou menor medida na lei": *O Dever fundamental...*, cit., pp. 284-285. Assim, seguindo a classificação de CASALTA NABAIS, o poder tributário estadual é soberano e originário, ou "originário primário" (porque o poder tributário do Estado constitui o pressuposto, o requisito indispensável da sua própria configuração de estado fiscal" (IDEM, p. 285) e o poder tributário autonómico regional é apenas originário (IDEM, pp. 287 ss., 300). Classificando o poder tributário estadual de originário por ser inerente à soberania do Estado e o poder tributário das regiões autónomas de derivado por ser limitado e ser uma concessão do Estado, MARIA LUÍSA DUARTE, "As Receitas tributárias das regiões autónomas", *Estudos de Direito Regional*, cit., p. 497. V. tam-

A lei n.º 13/98, ao concretizar o disposto no art. 227.º, n.º 1, al. i), da CRP, autonomizou claramente o poder de criar impostos regionais do poder de adaptação, silenciando a controvérsia em redor das competências normativas tributárias das regiões autónomas, mas reduziu aquele poder de criação às contribuições de melhoria e a tributos extrafiscais de carácter ambiental. A segunda lei das finanças regionais, n.º 2/2007, de 15/1, manteve este regime. Depois de tão acesa querela doutrinal e jurisprudencial, o resultado pode à primeira vista desiludir[124]. Mas uma vez que as regiões autónomas podem dispor das receitas provenientes de impostos nacionais e que tenham conexão com o território daquelas (segundo os critérios definidos por lei), e uma vez que o espectro dos impostos nacionais cobre todas as manifestações de riqueza, não é de estranhar que o poder de criação de impostos pelas regiões, previsto na lei, seja quase insignificante.

Acrescente-se que o poder tributário próprio das regiões autónomas não abrange o poder de extinguir impostos nacionais, nem o poder de criar impostos regionais incidindo sobre o mesmo objecto que os impostos nacionais em vigor. Até à sexta revisão constitucional, estes limites decorriam do princípio da inderrogabilidade das leis gerais da República (tal como o princípio esteve consagrado até essa revisão)[125], o qual só sofria

---

bém, CARLOS BLANCO DE MORAIS, "O Modelo de repartição da função legislativa", *Estudos de Direito Regional,* cit., defendendo que "virtualmente todos os actos emitidos ao abrigo dos diversos tipos de competência legislativa regional, têm um âmbito subprimário", (p. 240), porque o "exercício de uma competência legislativa regional "primária" ou "exclusiva" implica por definição, que entre a Constituição e o acto legislativo autonómico, não se interponha qualquer lei estadual intermédia que delimite o núcleo material da lei regional" (p. 238); cf. *A Autonomia legislativa regional, Fundamentos das relações de prevalência entre actos legislativos estaduais e regionais,* Lisboa, 1993, pp. 492 e ss..

[124] Manifestando apenas alguma desilusão quanto à concretização da "possibilidade de criação de novas figuras tributárias", pela primeira Lei das Finanças Regionais, EDUARDO PAZ FERREIRA, "A Nova lei de finanças das regiões autónomas", *Estudos em homenagem ao Professor Doutor Pedro Soares Martinez,* Ciências Jurídico-Económicas, vol. II, Coimbra, 2002, pp. 144-146; e ainda "O Poder tributário...", cit., 2002, pp. 290 e ss., onde cita uma proposta de revisão da lei, mais generosa; cf. ainda, BARBAS HOMEM, "Os Poderes legislativos das regiões autónomas em matéria tributária na nova lei das finanças regionais; breve comentário à lei n.º 13/98, de 14.2, *Legislação,* 1998, n.º 23, pp. 70 e ss..

[125] Apresentado pelos autores como um limite ao poder tributário próprio: V. MARIA LUÍSA DUARTE, "As Receitas tributárias...", cit., pp. 502-503. Repare-se que, segundo PAULO OTERO, uma Lei Geral da República (LGR) pode autorizar a sua própria derrogação por um acto legislativo regional ("A Competência legislativa das regiões autónomas",

atenuação através do poder de adaptação nos termos definidos pela lei, sendo sempre de respeitar os princípios constitucionais fiscais materiais. Caberia discutir se a versão do art. 112.º, n.º 4, da CRP, tal como saiu da 6.ª revisão constitucional, tendo eliminado a categoria das leis gerais da República e fazendo menção à reserva de competência de certas matérias aos órgãos de soberania, salvaguarda as referidas proibições de as regiões autónomas extinguirem impostos nacionais e de criarem impostos regionais com o mesmo objecto de impostos nacionais em vigor. Mas não o vamos fazer neste trabalho. Recordamos apenas que a segunda lei das finanças regionais atribui competência às assembleias legislativas regionais para criarem impostos de vigência limitada à respectiva Região Autónoma, desde que, nomeadamente, não incidam sobre matéria objecto da incidência de qualquer dos impostos de âmbito nacional. Pode dizer-se que este limite à criação de impostos inclui um limite (ou proibição) de extinção de impostos nacionais, isto é, o termo criação deve ser interpretado no sentido de abranger a extinção.

Por seu turno, a disciplina do poder de adaptação contida quer na primeira quer na segunda lei das finanças regionais, confirmando o que nos dizem as teorias do *federalismo financeiro* sobre distribuição vertical de competências fiscais, é fundamentalmente dirigida à concorrência fiscal, à concessão de benefícios fiscais sobre os impostos nacionais[126], podendo

---

Estudos de Direito Regional, cit., pp. 29-30). No caso dos impostos, a lei a que se refere o art. 227.º, n.º 1, al. i), pode sem dúvida autorizar a adaptação dos impostos nacionais às especificidades regionais, mas já é duvidoso que a criação de impostos regionais se pudesse realizar através da extinção da aplicação dos impostos nacionais nas regiões e da criação *ex novo* do mesmo tipo de impostos, uma vez que a lei deve observar os limites constitucionais materiais, nomeadamente, o da capacidade contributiva. A não aplicação dos impostos nacionais, como os impostos sobre o rendimento, património ou consumo às regiões, violaria, concerteza, o princípio da igualdade dos cidadãos residentes em território nacional.

[126] Fazendo esta observação, na 2.ª ed. do seu *Direito Fiscal,* cit., JOSÉ CASALTA NABAIS: "O que nos leva a questionar, tanto em relação às regiões autónomas como em relação aos municípios, se estas estruturas, respectivamente, de desconcentração política e de descentralização administrativa do Estado estão verdadeiramente interessadas no *poder tributário positivo*" (p. 35). Também a doutrina e o TC, que antes da revisão constitucional de 1989 rejeitavam o poder de adaptação, temiam que esta conduzisse à criação de paraísos fiscais, como nos dá conta MARIA LUÍSA DUARTE, "As Receitas tributárias...", cit., pp. 502 e 510. V., sobre a concorrência fiscal entre entidades infra-estaduais e as concepções do "federalismo financeiro", e ainda as ineficiências causadas pela atribuição de benefícios fiscais por comunidades locais, JOSEPH E. STIGLITZ, *Economics of the public sector,* 3.ª ed., New York, London, 1999, pp. 738-739 e 749-750.

revelar-se mais prejudicial para o Estado Fiscal e princípios materiais fiscais do que a criação de impostos novos e de adicionais aos impostos existentes. E é justamente com base nestas preocupações que se justifica a posição do Tribunal Constitucional no caso da indústria de bordados dos Açores, onde, ao abrigo do art. 229.º, al. f), da CRP, na versão de 1982, admitiu a criação de impostos novos e considerou inconstitucional a adaptação pelas regiões autónomas dos impostos nacionais – embora o caminho correcto tivesse sido o de traçar os limites materiais para a adaptação, o que não foi feito. E podemos ainda situar na mesma linha de preocupações, o acórdão do Tribunal de Justiça das Comunidades Europeias, no caso República Portuguesa contra Comissão das Comunidades Europeias, em que a redução das taxas dos impostos sobre o rendimento dos sujeitos passivos com domicílio fiscal nos Açores foram considerados auxílios de Estado[127].

Retrospectivamente, as preocupações e objecções da doutrina mais centralista ao poder regional de criação de impostos tornam-se injustificadas.

No caso das autarquias locais, no âmbito da Constituição de 1976, tem sido reconhecido aos municípios o poder de criar taxas, mas já não poderes em matéria de impostos – seja de criação ou de adaptação[128]. Ainda assim, lembre-se que os municípios têm alguns poderes em matéria fiscal: fixam as taxas do IMI (assim como fixavam as taxas da contribuição autárquica), embora a moldura (o máximo e o mínimo) seja fixada na lei, e fixam a taxa da derrama até um limite máximo de 1,5% sobre o lucro tributável sujeito e não isento de IRC (art. 14.º da nova lei das finanças locais, n.º 2/2007, de 15/1), previsto na lei (nas anteriores leis das finanças locais, este limite era de 10% da colecta de IRC, mas o resultado é muito semelhante); estas competências fiscais concedidas pelas leis das finanças locais, e pelo Código do imposto municipal sobre imóveis (IMI) não se afastam muito do que já acontecia durante a vigência da Constituição de 1933 e do Código Administrativo[129]. Uma novidade da lei das

---

[127] Acórdão do TJCE, de 6.09.2006, proc. C-88/03, pontos 52 e ss..

[128] JOSÉ CASALTA NABAIS, "O Quadro jurídico das finanças locais em Portugal", *Fisco*, 1997, n.ºs 82/83, pp. 9 e ss. e 15-18. Quanto aos impostos municipais, diz-nos o autor, ainda no âmbito da LFL 1/87, de 6.1, que "cabe ao Estado o poder tributário, a capacidade tributária activa e a competência tributária, e aos municípios a titularidade da respectiva receita" (p. 13).

[129] No âmbito do Código Administrativo, eram impostos municipais os adicionais às contribuições e impostos do Estado (arts. 705.º e 706.º, na redacção do DL n.º 45676,

finanças locais n.º 42/98, de 6 de Agosto, foi a previsão de que os municípios podiam conceder benefícios fiscais, relativamente aos impostos a cuja receita tinham direito, e que constituíssem contrapartida de fixação de projectos de investimentos de especial interesse para o desenvolvimento do município (art. 4.º, n.º 4). Tratava-se de pressupostos muito amplos e indeterminados legitimadores da atribuição discricionária de benefícios. E o tipo e medida dos benefícios fiscais também estavam na discricionariedade do município.

Além disso, no quadro do IMI, os municípios podem majorar ou minorar a taxa de IMI aplicável com vista à prossecução de objectivos extrafiscais, relacionados com a reabilitação e requalificação urbana, dispondo de uma ampla margem de discricionariedade para tal (cf. art. 112.º n.ºs 5-7 do CIMI).

A nova lei das finanças locais concede poderes ainda mais amplos aos municípios, nesta matéria, pois nos termos do art. 12.º n.º 2, a Assembleia Municipal pode, por proposta da Câmara Municipal, conceder isenções totais relativamente aos impostos próprios, devendo fundamentar. A fundamentação apenas permite controlar a observância da Constituição e dos limites internos à discricionariedade.

O art. 238.º n.º 4 da CRP, introduzido pela revisão de 1997, consagrou, expressamente, um poder tributário dos municípios a exercer nos termos da lei, cujo alcance ainda não está delimitado. Não se tratará aqui de um poder de criar e de adaptar impostos nacionais, pelo menos com a amplitude que resulta, para as regiões autónomas, do art. 227.º, n.º 1, al. i) – não foi consagrado um poder tributário "próprio", nem se faz referência à adaptação de impostos nacionais. Em termos gerais, o art. 238.º n.º 4 legitima a atribuição legal de discricionariedade aos municípios,

---

de 24.4.64), o imposto de prestação de trabalho, o imposto para o serviço de incêndios, o imposto sobre espectáculos públicos, o imposto sobre comércio e indústria (arts. 710 e ss., na redacção do mesmo DL) e ainda impostos indirectos (impostos *ad valorem* sobre o peixe). O DL 46301 de 27.4.65 veio permitir às câmaras lançarem derramas para fins de assistência; e as freguesias podiam lançar derramas extraordinárias (art. 781.º); havia algumas competências das câmaras relativamente a elementos essenciais do imposto, como a fixação da taxa dos impostos indirectos sobre artigos de luxo ou produtos de beleza, sem qualquer limite fixado na lei, que suscitavam dúvidas de constitucionalidade, mas em geral, entendia-se que o art. 70.º da Constituição vinculava também as autarquias locais, ou seja, a competência regulamentar destas exercia-se nos limites do art. 70.º: V. Sobre este assunto, J.M. CARDOSO DA COSTA, *Direito Fiscal...*, cit., 1968, pp. 115-117 e respectivas notas de pé de página.

quanto a elementos essenciais dos impostos. Mas na verdade, como refere Casalta Nabais, o art. 238.º n.º 4 não acrescenta nada de novo à "adequada compatibilização ou concordância prática do princípio da legalidade fiscal com o princípio da autonomia local", pois o princípio da autonomia local sempre permitiu que o legislador concedesse tais poderes tributários[130-131].

---

[130] JOSÉ CASALTA NABAIS, *Direito Fiscal*, cit., 2.ª ed., p. 34; *O Dever fundamental...*, cit., pp. 287-288. Aqui, CASALTA NABAIS caracteriza o poder tributário das autarquias locais (tal como o das regiões autónomas) como um "poder originário subprimário, de segundo grau, subordinado ou condicionado, pois os limites ou contornos do quadro em que pode ser exercido constam, em maior ou menor medida, da lei, sendo o mesmo efectivado através de normas subprimárias ou de segundo grau" (p. 287). No mesmo sentido já em "A autonomia local (Alguns aspectos gerais)", *Estudos em homenagem ao Prof. Doutor Afonso Rodrigues Queiró, BFDUC*, vol. II, Coimbra, 1993, pp. 197-199, o autor defendia que os regulamentos municipais em matéria fiscal eram autorizados ou delegados com fundamento na autonomia normativa local, e não eram regulamentos autónomos; todavia, esta posição não pode ser entendida como significando que os regulamentos delegados são elevados a actos legislativos, uma vez que o art. 112.º, n.º 5 proíbe quer os regulamentos delegados quer a deslegalização: cf. AFONSO RODRIGUES QUEIRÓ (*Lições de Direito Administrativo, I*, Coimbra, 1976, pp. 70, nota 2) que, antes da revisão constitucional de 1982, que introduziu tal proibição no então art. 115.º, n.º 5, se referia aos regulamentos tributários das autarquias locais, que constituíam desenvolvimentos da lei formal, traduzidos em normas de eficácia territorialmente circunscrita ou categorialmente limitada, como regulamentos autorizados ou delegados; ainda assim, o Professor esclarece adiante (pp. 431-433 e nota 1 da p. 433) tratar-se de regulamentos autónomos por as autarquias locais deterem poder regulamentar autónomo: "O facto de os entes descentralizados deterem um poder regulamentar *próprio* ou autónomo só significa que esse poder lhes não é delegado pela administração directa do Estado – não significa que lhes não tenha de ser concedido pelo legislador, na medida por este considerada conveniente" (p. 431). No mesmo sentido, "Teoria dos regulamentos", *RDES*, 1980, n.os 1-4 (em que a revista saiu já posteriormente à revisão constitucional de 1982), pp. 14-15, e p. 15, n.º 12: "O facto de a medida em que a autonomia existe depender inteiramente da lei não significa que, no nosso Direito, as autarquias locais não tenham de possuir uma certa competência regulamentar. As leis não poderão deixar de lha atribuir. A Constituição, no seu art. 242.º [actual 241.º], pressupõe que tais autarquias possuam uma «reserva de autonomia», mas não define exactamente os seus contornos"; E nas *Lições...*, cit., na nota 1 da p. 433, escreve AFONSO QUEIRÓ: "Os regulamentos tributários de que aí [nota 2 da p. 70] se fala não são regulamentos delegados mas sim regulamentos autónomos, o que torna a sua emanação compatível não só com as leis que os prevêem mas também com a Constituição que faz da criação dos impostos e do sistema fiscal matéria reservada à competência legislativa da Assembleia da República". Em "Teoria dos regulamentos", cit., 1980, n.os 1-4, p. 11, AFONSO QUEIRÓ refere que até à revisão constitucional de 1982 se entendia que o parlamento ou o executivo legislador podia deslegalizar certas matérias, mas que o art. 115.º, n.º 5 aditado pela revisão

Sucintamente, o princípio da legalidade fiscal da Constituição de 1976 aparece numa linha evolutiva da concepção da legalidade consagrada nas nossas anteriores constituições escritas, incluindo a de 1933, se interpretarmos isoladamente as disposições desta, referentes às competências em matéria fiscal e ao seu âmbito material; mas o princípio da legalidade fiscal da Constituição de 1976 deve ser interpretado como reacção ao Estado autoritário, não democrático, instituído pela Constituição de 1933, bem como à realidade constitucional que se desenvolveu ao abrigo desta, e inserido na tradição liberal.

Citando novamente Sérvulo Correia, "[d]urante a constituição de 1933 alterou-se profundamente no ordenamento jurídico o conspecto do princípio da legalidade, que perdeu quase por completo a função de primazia e indispensabilidade da normação de uma Assembleia legislativa para se limitar a um papel garantístico do conjunto de normas vigentes ("bloco de legalidade") e da conformação dos actos administrativos com normas jurídicas prévias"[132]; ou seja, a legalidade era concebida como mera legalidade administrativa "confinada ao respeito da Administração pelas normas por ela quase livremente criadas (...) com afastamento para plano secundário, ou mesmo puro olvido, dos pilares institucionais do Estado"[133].

"parece ter eliminado a legitimidade de tais regulamentos". Na p. 17 da "Teoria dos regulamentos" o autor terá mudado de ideias quanto às competências tributárias dos municípios, pois apresenta como um dos limites ao exercício do poder regulamentar a reserva de lei: "a administração não poderá editar regulamentos (independentes ou autónomos) no domínio dessa reserva". V. ainda J.C. VIEIRA DE ANDRADE *Autonomia regulamentar e reserva de lei*, *Estudos de homenagem ao Prof. Doutor Afonso Rodrigues Queiró*, I, Coimbra, 1984, admitindo a autonomia regulamentar, no domínio da reserva de lei: pp. 12-19 e ss.; pronunciando-se contra os regulamentos dos municípios em matérias reservadas à lei, J.J. GOMES CANOTILHO/VITAL MOREIRA, *Constituição...*, vol. II, cit., 2.ª ed., pp. 389; e 3.ª ed., p. 891; no *Manual...*, 2.ª ed., CASALTA NABAIS entende que os elementos do art. 103.º, n.º 2, podem ser fixados por regulamento municipal (pp. 139-139).

[131] E defendendo que a autonomia autárquica permite que aspectos secundários da matéria reservada à lei, e que seja de interesse local, seja desenvolvida por regulamentos locais (LUÍS CABRAL DE MONCADA, *Lei e regulamento*, Coimbra, 2002, pp. 1094-1095); e que os "regulamentos autárquicos que incidam sobre matérias reservadas à lei, podem apresentar carácter inicial, verdadeiramente autónomo e não executivo, desde que o legislador não tenha querido tomar posição sobre o assunto... e desde que se mantenham nos aspectos de projecção só local das matérias (legislativas) em causa" (IDEM, pp. 1095-1096).

[132] J.M. SÉRVULO CORREIA, *Legalidade...*, cit., p. 185.

[133] J.M. SÉRVULO CORREIA, *Legalidade...* cit., p. 194. V. esta concepção em MARCELLO CAETANO, *Direito Administrativo, I*, Lisboa, 1973, 10.ª ed. revista e actualizada pelo

Por isso, mesmo tendo em conta que a governamentalização dos impostos é uma realidade que atinge todos os Estados da OCDE e até mesmo a generalidade dos Estados da ordem internacional (mesmo nos Estados pós-socialistas ou em situação de pós-guerra, que recebem o auxílio de organizações internacionais como o FMI, a elaboração e discussão de anteprojectos de legislação fiscal tem a participação de representantes dos governos, cabendo a estes posteriormente negociá-los com os parlamentos[134]), o facto de o art. 165.° da CRP permitir que a Assembleia da República autorize o Governo a legislar em matéria fiscal, não deve conduzir ao esvaziamento da reserva de lei parlamentar, a uma mera legalidade administrativa, como aconteceu durante o ordenamento do Estado Novo, sob pena de "a legalidade [se]transformar[ ] em fundamento de um Estado de Direito que por sua vez [é] casca vazia dessa mesma legalidade"[135].

Deve-se ter certamente em conta que o princípio da legalidade fiscal é também resultado de uma "dinâmica evolutiva". Como refere Reis Novais, "as constituições não encerram determinações acabadas sobre o sentido preciso a conferir aos ditames da reserva de lei e... essa tarefa acab[a] por ser o produto de um aturado labor doutrinário e jurisprudencial naturalmente sujeito à influência das circunstâncias conjunturais envolventes e às tendências marcantes do espírito de cada época"[136].

Prof. Doutor DIOGO FREITAS DO AMARAL, pp. 29-31: "o valor da legalidade passou a estar na generalidade dos comandos que os órgãos administrativos têm de aplicar por igual aos casos idênticos submetidos à sua decisão ou operação" (pp. 29-30).

[134] Pode dar-se o exemplo da reforma fiscal moçambicana em curso, em que a autora tem participado como consultora do departamento legal do FMI e cujos anteprojectos são discutidos com uma Comissão de Reforma Tributária nomeada pelo Governo moçambicano. E segundo o ordenamento constitucional moçambicano, até à recente revisão de 2005, com excepção das "bases gerais dos impostos" (por exemplo, a Lei Geral Tributária que integra, tal como a LGT espanhola, a AO alemã e o modelo de código do CIAT, o procedimento tributário e os crimes e contra-ordenações em matéria fiscal – incluindo a aduaneira) que têm de ser aprovados pelo Parlamento, os códigos de imposto eram aprovados pelo conselho de ministros. E já agora acrescente-se que o mesmo se passa em Timor-Leste, em que a legislação fiscal é toda preparada pelo Governo com apoio do FMI.

[135] J.M. SÉRVULO CORREIA, Legalidade..., cit., pp. 194-195; V., também, J.J. GOMES CANOTILHO, Direito Constitucional e Teoria da Constituição, 7.ª ed., Coimbra, 2003, pp. 256, 258, 724-725. E a verdade é que o princípio da legalidade fiscal é exigido praticamente por todos os ordenamentos constitucionais democráticos, mesmo que sofra limitações: para uma panorâmica geral, VICTOR THURONYI, Comparative Tax Law, The Hague, London, New York, 2003, pp. 70-72.

[136] JORGE REIS NOVAIS, As Restrições aos direitos fundamentais..., cit., p. 827.

E daí que, como também tem sido observado por alguma doutrina, só por si, a reserva de lei da Assembleia da República – digamos que no sentido de uma reserva absoluta, total ou exclusiva e desacompanhada de princípios materiais – é de certo modo anacrónica[137], pois, tendo em conta a dimensão (ainda) avassaladora do Estado Fiscal, ela é, na sua concepção tradicional mais garantista, peça de "um arsenal protectivo dos cidadãos contribuintes obsoleto e em larga medida inoperante"[138].

Por isso, vamos tentar dar um contributo para a reformulação dessa concepção tradicional do princípio da legalidade fiscal, quanto às obrigações de determinação do legislador e ao grau de vinculação da administração fiscal à lei, sendo certo que cabe sempre aos tribunais o controlo dos limites de qualquer margem de livre decisão do fisco atribuída por lei.

Expressão do princípio de Estado de Direito, e corolário indissociável da legalidade fiscal (e não só desta), é ainda o art. 268.° da CRP, cujos n.ºs 4 e 5[139] consagram direitos e garantias que não encontram paralelo na Constituição de 1933. Embora a revisão constitucional de 1971 tenha introduzido no art. 8.°, respeitante aos direitos e garantias individuais dos cidadãos, o recurso contencioso dos actos administrativos definitivos e

---

[137] Referindo-se ao princípio da legalidade em geral, JORGE REIS NOVAIS, *As Restrições aos direitos fundamentais...*, cit., p. 829; e PAULO OTERO, *Legalidade e administração pública...*, cit., pp. 106 e ss. (sobre o reforço do protagonismo do executivo, que o Professor reconduz a quatro principais factores: a crescente complexificação das matérias, o défice de informação do Parlamento, a progressiva transformação das eleições parlamentares num processo plebiscitário ao executivo cessante e de escolha de um primeiro-ministro e a introdução de alterações legais ao funcionamento do sistema eleitoral de modo a possibilitar a formação de uma maioria parlamentar que sustente o executivo: pp. 107-109).

[138] JOSÉ CASALTA NABAIS, *O Dever fundamental...*, cit., p. 218; cf. ainda, por exemplo, CARLOS PAMPLONA CORTE-REAL, "A Reforma fiscal e a inerente dignificação científica do Direito Fiscal", *Colóquio sobre o sistema fiscal, Comemoração do XX aniversário do Centro de Estudos Fiscais*, Lisboa, 1984, pp. 77-79, referindo-se à "eficácia da acção governativa", nesta matéria "técnica", não dominada pelos deputados, e ao papel das circulares, instruções e despachos, os quais seriam mais atentos à equidade (o que é muito discutível, como teremos oportunidade de ver no último capítulo da tese, dedicado à tipificação).

[139] Lembre-se que o n.° 4 assegura aos administrados a tutela jurisdicional efectiva dos seus direitos ou interesses legalmente protegidos, a impugnação de quaisquer actos administrativos que os lesem, a determinação da prática de actos administrativos legalmente devidos e a adopção de medidas cautelares adequadas; e nos termos do n.° 5 é reconhecido ao cidadão o direito de impugnar as normas administrativas com eficácia externa lesiva dos seus direitos ou interesses legalmente protegidos.

executórios arguidos de ilegalidade, o art. 70.º § 1 referia-se às reclamações e recursos *admitidos em favor do contribuinte*, o que permitiu que os códigos de imposto continuassem a impedir os recursos contenciosos.

São a este propósito célebres os arts. 114.º, § 2, e 78.º, do Código da Contribuição Industrial. Nos termos do art. 114.º, § 2, do CCI, "[s]empre que em face do exame à escrita se verifi[casse] a impossibilidade de controlar a matéria colectável" determinada segundo o grupo A (i.e., segundo o "lucro real"), ou se desse exame resultassem "fundadas dúvidas" sobre a correspondência do resultado apurado à realidade, a "matéria colectável" era "determinada de novo", pelo chefe de repartição de finanças, segundo as regras do grupo B (i.e., segundo o lucro presumido).

Os valores determinados pelo chefe de repartição podiam ser objecto de reclamação (dirigida, como se sabe, ao mesmo chefe da repartição), e desta só havia recurso para uma "comissão distrital de revisão" de tais valores, constituída pelo director distrital de finanças (que presidia e tinha voto de qualidade, nos termos dos arts. 72.º e 76.º do CCI), um delegado da fazenda nacional e dois representantes dos contribuintes. As deliberações desta comissão não eram, por seu turno, susceptíveis de impugnação judicial, excepto em caso de preterição de formalidades legais (art. 78.º do CCI)[140].

Além de não ser possível recorrer contenciosamente dos valores determinados – discricionariamente – pelo chefe da repartição de finanças, ao abrigo do grupo B, não era também sindicada judicialmente a própria decisão administrativa de mudança de grupo de tributação, ao abrigo do art. 114.º, § 2, do CCI. Por outras palavras, não eram sindicados judicialmente os pressupostos da mudança de grupo ("impossibilidade de controlar a matéria colectável" ou "a existência de fundadas dúvidas sobre se o resultado corresponde ou não à realidade"). O STA, em jurisprudência constante, referia-se a um domínio de "discricionariedade técnica" do fisco.

Estas disposições sobreviveram à Constituição de 1976. No acórdão n.º 233/94, de 10 de Março, o Tribunal Constitucional declarou o art. 114.º, § 2, do CCI, inconstitucional, face aos arts. 106.º, n.º 2, e 268.º, n.º 3, da versão então em vigor da CRP, com base numa argumentação que relaciona a impossibilidade de controlo judicial da actividade administrativa com a insuficiente densificação da lei[141].

---

[140] V., também, para uma descrição do regime, PEDRO SOARES MARTINEZ, *Manual de Direito Fiscal*, Coimbra, 1984, pp. 491-493.

[141] *Acórdãos do TC*, vol. 27, 1994, pp. 595 e ss..

Na verdade, o problema não residia na indeterminação do art. 114.º, § 2, do CCI, mas na interpretação que os tribunais lhe davam. Estes deveriam controlar a verificação dos pressupostos da sua aplicação – ainda que relativamente indeterminados ou indeterminados quanto aos "casos difíceis"[142] –, e não o faziam. Adiante, quando analisarmos o problema da margem de livre apreciação resultante dos conceitos jurídicos indeterminados e criticarmos o conceito de discricionariedade técnica, perceberemos melhor esta questão.

Inconstitucionais eram as disposições que proibiam o recurso contencioso das decisões administrativas. Lembre-se também a este propósito o § 3, do artigo 138.º, do Código da Contribuição Industrial, que não permitia recurso judicial do despacho do ministro das finanças. Este tinha a última palavra sobre, por exemplo, correcções da determinação do lucro tributável, quando não fosse observado o princípio das entidades independentes, nas transacções entre entidades com relações especiais (art. 51.º-A do CCI). Quer a doutrina quer o STA e o Tribunal Constitucional consideraram esta disposição inconstitucional[143], e a questão foi definitivamente ultrapassada com a entrada em vigor da reforma fiscal de 1988/89,

---

[142] A indeterminação verificar-se-ia pelo menos quanto a um conjunto de casos que não caíssem na auréola do conceito: V. adiante, a propósito do princípio da determinação e no capítulo da margem de livre apreciação, o conceito que adoptamos de indeterminação e determinação.

[143] Face ao art. 269.º, n.º 2 da CRP. Tais dúvidas já eram suscitadas face ao art. 8.º, n.º 21 da CR de 1933, após 1971. V. Em sede de fiscalização concreta da constitucionalidade, ac. do TC n.º 437/89, de 15.6., *Acórdãos do TC*, vol. 13, tomo II, 1989, pp. 1291 e ss.; ac. do TC n.º 312/92, de 6.10., *Acórdãos do TC*, vol. 23, 1992, pp. 292 e ss.. Cf. ainda o acórdão do STA de 4.12.1991, rec. n.º 13676, que considerou inconstitucional o § 3 do art. 138.º. E V. ainda, ANA PAULA DOURADO, *Fisco*, 1992, n.º 40, pp. 46-48; ac. do STA rec. n.º 13676, de 4.12. 1991; VÍTOR FAVEIRO, *Noções Fundamentais de Direito Fiscal Português*, II, Coimbra, 1982, pp. 676-677; ALFREDO JOSÉ DE SOUSA E JOSÉ DA SILVA PAIXÃO, *Código de Processo das Contribuições e Impostos Anotado*, 2.ª ed., Coimbra, 1986, anotação ao art. 3.º (definitividade dos actos tributários), pontos 16 e 17, p. 39; cf. ainda o ac. do TC, de 4.5.1988, *Apêndice ao DR*, de 30.11.1989, p. 626; o ac. do STA (1.ª Secção), de 10.7.1986, rec. n.º 20846; o ac. do TC n.º 114/89, de 12.1. (*Acórdãos do TC*, vol.13, tomo II, 1989, pp. 641 e ss.) declarou inconstitucional a norma do § 1 do art. 138.º do CCI, "na interpretação que lhe foi dada pelo Tribunal *a quo*, segundo a qual das decisões da Direcção-Geral das Contribuições e Impostos a que se refere o artigo 51.º-A do mesmo Código apenas cabe recurso hierárquico para o Ministério das Finanças" (ponto IV do sumário). Na declaração de voto, o Juiz Conselheiro CARDOSO DA COSTA assinalou que o problema não residia no § 1, mas no § 3 do mesmo art. 138.º do CCI (IDEM, pp. 653-654).

cujos códigos, respeitando o art. 268.º da CRP, passaram a admitir a impugnação judicial de qualquer ilegalidade.

A situação mantém-se no quadro da lei geral tributária e do código de procedimento e de processo tributário, salvo quando a liquidação tiver por base o acordo entre os peritos no âmbito do procedimento de revisão da matéria tributável fixada por métodos indirectos (arts. 91.º, 92.º e 86.º n.º 4 da LGT). Neste caso – e desde que o representante do sujeito passivo não defenda nem aceite posições distintas da defendida por este – o sujeito passivo está vinculado pelo acordo obtido. Embora de uma interpretação literal dos arts. 86.º n.º 4 da LGT e 62.º, n.º 1, do CPPT, pareça resultar que só poderá haver impugnação judicial da liquidação fixada por acordo, se a decisão "violar manifestamente competências legais" (art. 62.º, n.º 1, do CPPT), deve entender-se que esta inimpugnabilidade se restringe ao objecto do acordo, i.e., à medida da matéria tributável[144].

Note-se ainda que o (actual) art. 268.º n.º 4 da CRP pressupõe leis (relativamente) determinadas[145] mas não as exige. Assim, embora a actividade administrativa esteja submetida a controlo judicial, cabe ao legislador, dentro dos limites constitucionais, proporcionar esse mesmo controlo e o seu alcance[146]. Isto é, as exigências de determinação da lei não decorrem do art. 268.º n.º 4, mas de outras disposições constitucionais – nomeadamente, dos arts. 165.º, n.º 1, al. i) e n.º 2, 227.º, n.º 1, al. i) e 238.º n.º 4, e 103.º n.º 2, da CRP –, porque em si, o art. 268.º n.º 4 não proíbe a atribuição, por lei, de discricionariedade administrativa ou de uma margem de livre apreciação.

---

[144] V. DIOGO LEITE DE CAMPOS, BENJAMIM SILVA RODRIGUES, JORGE LOPES DE SOUSA, *Lei Geral Tributária comentada e anotada*, 3.ª ed., Lisboa, 2003, anotação ao art. 86.º, n.º 4, da LGT, ponto 7-9, pp. 429-431. Escrevem os autores que "a medida da inimpugnabilidade da liquidação feita com base no acordo, tendo a sua razão de ser na existência deste acordo, terá de ser restringida ao que foi objecto deste, que é a medida da matéria tributável. [ ] Por isso, a existência deste acordo não poderá afastar o direito do contribuinte impugnar a liquidação feita com base no acordo por qualquer razão que não lhe esteja ligada, como, por exemplo, vícios de forma (falta de fundamentação, incompetência, violação de direitos procedimentais) ou de violação de lei (como erro na taxa aplicável, ou sobre a existência de uma isenção total ou parcial) (ponto 9, p. 431).

[145] V. o conceito de determinação, no ponto em que tratamos do "princípio da determinação", como um elemento da tipicidade fiscal.

[146] Assim para o Direito alemão, a propósito do art. 19.º, n.º 4 da GG, semelhante ao nosso art. 268.º, n.º 4 da CRP, HARTMUT MAURER, "Rechtstaatliches Prozessrecht", *FS 50 Jahre BVerfG*, Hrsg. Peter Badura e Horst Dreier, Bd. 2, Tübingen, 2001, pp. 476-477.

2. Justificação e função da reserva de lei fiscal

Neste quadro de explanação do princípio da legalidade fiscal, a nossa doutrina tem justificado a reserva de lei parlamentar através de preocupações garantistas[147] – embora uma parte dos autores assinale a crise que esta função da reserva de lei parlamentar atravessa, e com ela o próprio princípio da legalidade fiscal[148] –, da função parlamentar de *orientação política* e do princípio democrático, acentuando ora um, ora outro destes aspectos[149] – e demonstrando, como já foi dito, que "no

---

[147] Assim, CARLOS PAMPLONA CORTE-REAL, *Direito Fiscal, Apontamentos*, Lisboa, 1980, p. 109. No Estado de Direito liberal, o princípio da legalidade "desdobrava-se numa dupla função: a) delimitação de competências entre o Parlamento e o Executivo, entre poder legislativo da representação popular e poder regulamentar originário do monarca [este era originário nos sistemas dualistas]; b) garantia da liberdade individual dos cidadãos através da comparticipação dos seus representantes na feitura das leis. Esta última função aponta para a conexão da reserva de lei com a cláusula da garantia da liberdade e propriedade, cláusula esta que, em último termo, pressupõe o mesmo critério da regra de direito" – J.J. GOMES CANOTILHO, "A Lei do orçamento na teoria da lei", *Estudos em homenagem ao Prof. Doutor J.J. Teixeira Ribeiro, BFDUC, Juridica, II*, Coimbra, 1979, p. 573. V., ainda, PEDRO SOARES MARTINEZ, *Direito Fiscal*, cit., 10.ª ed., pp. 106-108 (96 e ss.); JOSÉ LUÍS SALDANHASANCHES, *A Segurança jurídica no Estado de Direito...*, cit., pp. 279-283.

[148] Veja-se por exemplo, ANTÓNIO LOBO XAVIER, *O Orçamento como lei...*, cit., pp. 18 e ss., 20 e ss. e 34 e ss.. Todavia, alguns argumentos apresentados pelo autor, ligados ao Estado intervencionista, com elevadas receitas e despesas patrimoniais e dívida pública elevada, já não se adequam às Finanças Públicas do final do século XX e princípios do século XXI, dos Estados da OCDE (cf. pp. 20-21). E de qualquer forma, ao contrário do que parece insinuar LOBO XAVIER, o Estado social de Direito foi e é um Estado fiscal (e também a CRP de 1976 consagra um Estado fiscal, tendo-se dissipado todas as dúvidas com as revisões constitucionais de 1982 e 1989), porque as suas necessidades financeiras são e devem ser cobertas no essencial, por impostos, e não um Estado produtor ou empresarial e muito menos um Estado patrimonial ou proprietário. V. JOSÉ CASALTA NABAIS, "O Princípio da legalidade fiscal e os actuais desafios...", cit., pp. 4-14.

[149] Acentuando o princípio do Estado de Direito Democrático, JOSÉ CASALTA NABAIS, *O Dever fundamental...*, cit., pp. 340 e ss.; é preciso não esquecer que o autor também dá o devido relevo à função garantista, e é a conjugação dessa função com o princípio democrático que, segundo o autor, justifica a reserva relativa de lei parlamentar, "em sede de concretização dos deveres fundamentais em geral" (IDEM, p. 170); ANTÓNIO LOBO XAVIER, *O Orçamento como lei...*, cit., pp. 34-38. A. L. SOUSA FRANCO fundamenta a legalidade fiscal num conjunto de razões, em parte ainda ligadas à ideia de origem novecentista, e em crise, de que a lei é razão e por isso garante a igualdade e a justiça, mas faz também referência ao Estado de Direito: "A especial relevância deste princípio em matéria

constitucionalismo português, as ideologias dominantes são quase todas de proveniência estrangeira... [e] que a natureza e os fundamentos da legalidade administrativa [têm] merecido nos nossos textos constitucionais... um tratamento muito semelhante ao verificado noutras leis fundamentais coetâneas..."[150].

Parece-nos inegável que nos primeiros anos de vigência da Constituição de 1976, a função garantista estava muito presente nas interpretações doutrinárias da reserva de lei fiscal, talvez como forma de reacção ao ordenamento anterior e à aplicação que se fez do princípio da legalidade fiscal. Escreve, por exemplo, Sousa Franco, referindo-se à conjugação do art. 167.º, al. o) (actual art. 165.º, n.º 1, al. i)), com o art. 106.º (actual art. 103.º), ser "manifesto que ao estabelecer uma reserva de lei com um âmbito tão vasto, a Constituição assegurou uma garantia individual da maior importância, pois isso desde logo tem como consequência, nos termos do n.º 3 do art. 106.º, que «ninguém pode ser obrigado a pagar impostos que não tenham sido criados nos termos da Constituição e cuja liquidação e cobrança se não façam nas formas prescritas na lei»[151].

Uma nota comum à doutrina que analisa as funções do princípio da legalidade na Constituição de 1976 e que atribui relevância à função garantista, é porém, o facto de não a associar exclusivamente à lei parlamentar, transpondo-a para a actividade legislativa do Governo – isto é, para a relação entre decreto-lei (autorizado) e regulamento ou acto administrativo (ou acto tributário) –, embora tal função tenha surgido em conexão com a reserva de lei parlamentar[152].

---

fiscal explica-se na medida em que a tributação representa uma das modalidades mais directas de intervenção na esfera dos particulares, valendo como garantia individual, como critério de generalidade, igualdade e justiça, e ainda como consequência da ideia de Estado de Direito": "Sistema financeiro e constituição financeira no texto constitucional de 1976", *Estudos sobre a Constituição,* vol. 3, Lisboa, 1979, p. 526, nota 52. Tratando das funções da legalidade em geral, e identificando "funções" com "fundamentos", J.M. SÉRVULO CORREIA, *Legalidade...* cit., pp. 188 e ss.; JORGE REIS NOVAIS, *As Restrições aos direitos fundamentais...,* cit., p. 832.

[150] J.M. SÉRVULO CORREIA, *Legalidade...* cit., p. 179. O autor equipara fundamentos a funções, como se pode ler na p. 338: "os fundamentos da reserva de lei, isto é, a função garantista (a), a função de «*indirizzo*» (b) e a função de salvaguarda da prossecução do interesse público e da racionalidade administrativa (c)".

[151] A.L. SOUSA FRANCO, "Sistema financeiro...", cit., p. 528.

[152] Com algumas excepções: por exemplo, PEDRO SOARES MARTINEZ que interpretava o art. 106.º, n.º 2 no sentido de lei da AR (*Direito Fiscal,* cit., 7.ª ed., pp. 96-97) e CARLOS PAMPLONA CORTE-REAL em 1980, quando a Constituição autorizava que todas

Casalta Nabais, por exemplo, acentua o aspecto garantístico da legalidade fiscal, afirmando que ele encontra notável expressão no n.º 3 do art. 103.º, da CRP – na parte em que é consagrado um verdadeiro direito de resistência ao pagamento de impostos cuja liquidação e cobrança se não façam nos termos da lei. Segundo o autor, a função garantista implica uma reserva de lei muito restrita quanto aos elementos essenciais de imposto, previstos no art. 103.º n.º 2, mas a verdade é que adiante não retira as devidas consequências deste entendimento, pois os elementos do art. 103.º n.º 2 não são associados à lei parlamentar, mas à lei formal[153] – isto é, lei parlamentar ou decreto-lei autorizado e também decreto legislativo regional – e até ao regulamento autárquico[154], o que significa uma leitura nova da função garantista; embora no ordenamento italiano o Governo também possa legislar em matéria de impostos, através de autorização legislativa parlamentar, alguma doutrina desvaloriza a função garantista[155],

---

as matérias da "competência exclusiva" da lei da AR fossem delegadas ao Governo (arts. 167.º al. o), e 168.º, n.º 1) da CRP de 1976, na versão originária), ligava expressamente o "valor da segurança" à lei da AR, relacionando as autorizações legislativas do art. 168.º, com objectivos de "superação da normal morosidade parlamentar", de "eficácia" e "celeridade": *Direito Fiscal*, cit., pp. 111-112.

[153] JOSÉ CASALTA NABAIS, *O Dever fundamental...*, cit., pp. 343-344 e 347 e ss.. Assim também em "O Princípio da legalidade fiscal e os actuais desafios da tributação", cit., pp. 14 e 15. De forma ainda mais clara, *Direito Fiscal*, cit., 2.ª ed., p. 136; e associando a função garantista e outras à reserva de acto legislativo, J.M. SÉRVULO CORREIA, *Legalidade...*, cit., pp. 338-340. V. ainda LUÍS CABRAL DE MONCADA, que apesar de caracterizar a reserva de lei fiscal, como tendo um "cunho parlamentarista", estando reservado ao Parlamento "o tratamento da parte principal do conteúdo dos impostos", esvazia logo adiante esta afirmação, ao dizer que "[d]a lei de autorização em matéria fiscal essencial não têm de constar já os elementos essenciais dos impostos. A lei de autorização é igual às outras" (*Lei e regulamento*, cit., pp. 932-933).

[154] Assim em "O Princípio da legalidade fiscal e os actuais desafios da tributação", cit., pp. 14 e 15.

[155] Nem toda: V. AUGUSTO FANTOZZI, *Corso di Diritto tributario*, Torino, 2004, Ristampa aggiornata, p. 46. GIANFRANCO GAFFURI, *Lezioni di Diritto Tributario, Parte generale e compendio della parte speciale*, 4.ª ed., Padova, 2002, p. 21; E há autores que, para além da função garantista se referem aos interesses públicos gerais para fundamentar a reserva de lei parlamentar e ao princípio democrático: BALDASSARE SANTAMARIA, *Diritto Tributario, Parte generale*, 4.ª ed., Milano, 2004, pp. 33-34; SALVATORE LA ROSA, *Principi di Diritto Tributario*, Torino, 2004, p. 8; FRANCESCO TESAURO, *Compendio di Diritto Tributario*, Torino, 2004, p. 9; referindo-se ao papel do Parlamento no *indirizzo politico* e na tutela das minorias, GASPARE FALSITTA, *Corso Istituzionale di Diritto Tributario*, Padova, 2003, p. 52.

procurando antes invocar o "interesse público em obter boas leis tributárias" e a crise da actividade do Parlamento, para defender amplos espaços de normação primária e secundária do executivo, em escolhas fundamentais de matéria fiscal[156]. Estas posições relacionam o art. 53.º da Constituição italiana, que exige a "concorrência de todos para as despesas públicas, em razão da capacidade contributiva" e o art. 23.º (reserva de lei) da mesma Constituição. Pela conjugação das duas normas, o legislador deveria escolher os instrumentos mais eficazes para regular os diversos aspectos dos impostos[157].

Mas o certo é que a função da legalidade fiscal, segundo Casalta Nabais, vai para além dos aspectos de garantia. Assim, segundo o Professor de Coimbra, à configuração da legalidade na Constituição de 1976, "mais do que uma ideia de limitação subjaz uma ideia de partilha diacrónica do poder que deixa livre curso ao poder económico-social do Estado contemporâneo"[158]. Por seu turno, numa visão muito céptica da legalidade parlamentar, como a que defende Reis Novais, a propósito das restrições aos direitos fundamentais, só o procedimento legislativo parlamentar tem virtudes "específicas intrínsecas" (i.e. "processo de criação legislativa (...) *público*, desde a apresentação do projecto ou da proposta de lei na AR; (...) procedimento (...) sujeito ao contraditório público com intervenção das minorias[159]) que ainda justificam a reserva de lei daquele órgão de soberania, pois o Governo teria tanta legitimidade democrática como o Parlamento[160], e ao Governo deveria ser "deixada uma margem intocada de auto-responsabilização pela política que pretende levar a cabo"[161-162].

Da interpretação que fazemos do princípio da legalidade fiscal vigente no nosso ordenamento e do alcance que lhe damos ao longo deste

---

[156] V. a referência em M. ANTONIETTA GRIPPA SALVETTI, *Riserva di legge e delegificazione nell'ordinamento tributario*, Milano, 1998, pp. 33-35.

[157] V. M. ANTONIETTA GRIPPA SALVETTI, *Riserva di legge...*, cit., p. 34.

[158] JOSÉ CASALTA NABAIS, *O Dever fundamental...*, cit., p. 332.

[159] J.J. GOMES CANOTILHO/VITAL MOREIRA, *Constituição...*, cit., 3.ª ed., anotação ao art. 167.º, p. 662, ponto III.

[160] JORGE REIS NOVAIS, *As Restrições aos direitos fundamentais...*, cit., pp. 829, 834-838.

[161] JORGE REIS NOVAIS, *As Restrições aos direitos fundamentais...*, cit., pp. 839-840.

[162] Reconhecendo uma ampla margem de livre apreciação à administração, na restrição de direitos fundamentais, Reis Novais sujeita porém tais decisões a controlo dos tribunais: JORGE REIS NOVAIS, *As Restrições aos direitos fundamentais...*, cit., por exemplo, pp. 849-850, e nota 1541.

trabalho (nomeadamente, do art. 165.º n.º 1 al. i) e n.º 2 e do art. 103.º n.ᵒˢ 2 e 3), resulta que a função garantista da reserva de lei fiscal deve ser entendida com contornos diferentes dos que dominaram o nosso Estado de Direito das monarquias constitucionais e da primeira República – pelo menos em teoria, pois na verdade, a reserva de lei parlamentar em matéria fiscal, embora constitucionalmente prevista, nunca foi observada até à Constituição de 1976.

Mas ela tem ainda hoje razão de ser, pois está associada à previsibilidade do montante de imposto a pagar (e assim também à segurança jurídica[163]).

Cabendo à Assembleia da República a necessária *orientação política* sobre a matéria fiscal, tentaremos demonstrar que a função garantista da reserva de lei, associada à previsibilidade e calculabilidade da obrigação de imposto e dos seus elementos essenciais, postula uma densificação normativa progressiva, para a qual contribuem Parlamento, Governo, administração e tribunais. E a previsibilidade e calculabilidade do imposto, tendo em conta a complexidade dos ordenamentos tributários actuais e a coexistência da legalidade com princípios constitucionais materiais, não deve ser entendida como um cálculo antecipado do imposto pelo contribuinte leigo a partir da lei do Parlamento – como parece defender o *BVerfG* alemão (embora de forma inconsequente, porque nunca declarou inconstitucionais leis fiscais indeterminadas)[164], e que aliás o nosso Tribunal Constitucional rejeita[165].

De qualquer modo – e acrescente-se em jeito de parênteses esclarecedor –, a função garantista da reserva de lei (parlamentar) fiscal (isto é, dos elementos essenciais do imposto ou do *Tatbestand* de garantia do imposto[166]) tem estado tradicionalmente associada às referidas previsibilidade e calculabilidade, entendidas de forma mais ou menos rígida[167], e não ao sentido em que são alterados esses mesmos elementos – i.e., agravamento *versus* desagravamento. Por outras palavras, o alcance da reserva

---

[163] V., por todos, KLAUS TIPKE/JOACHIM LANG, *Steuerrecht*, cit., 17.ª ed., p. 97. JOSÉ CASALTA NABAIS, *O Dever fundamental...*, cit., pp. 344 e ss..

[164] V., por todos, KLAUS TIPKE/JOACHIM LANG, *Steuerrecht*, cit., 17.ª ed., pp. 102-103 e as referências à jurisprudência do BVerfG.

[165] Cf., os acórdãos já citados do TC, n.º 233/94, 756/95 e 236/01.

[166] Designação que atribuímos adiante aos elementos essenciais da obrigação fiscal, sujeitos a reserva de lei.

[167] KLAUS TIPKE, *Die Steuerrechtsordnung, I*, cit., 2.ª ed., pp. 136-145.

de lei fiscal nunca esteve apenas ligado, nem no Estado de Direito liberal, nem no Estado social de Direito, ao agravamento da carga fiscal, ao contrário do que parece fazer crer o Tribunal Constitucional no acórdão n.º 48/84[168].

Questão diferente é o facto de a legalidade do Estado de Direito liberal ou das monarquias dualistas só dizer respeito às intervenções ablativas do Estado (liberdades e propriedade) – traduzindo uma concepção de "lei limite" –, por contraposição à "lei critério" que deve orientar toda a actuação administrativa[169] e onde se podem incluir os benefícios fiscais e não apenas as normas ablativas. No quadro do Estado de Direito liberal, a alteração dos elementos essenciais do imposto – a alteração das "normas fiscais" em sentido estrito – foi sempre entendida como uma interferência ou ablação na propriedade e liberdade, mesmo que se tratasse de reduzir a carga fiscal.

Repare-se que esta concepção de reserva de lei adstrita às intervenções na "liberdade e propriedade", é própria dos regimes dualistas como os germânicos, e não se aplica ao constitucionalismo monárquico português, de influência francesa, como já está esclarecido pela doutrina[170], e lembraremos adiante, a propósito da margem de livre apreciação concedida por conceitos jurídicos indeterminados.

Mas para além da função garantista subjacente à reserva de lei, deve dar-se especial destaque ao princípio democrático. Com efeito, tendo em conta a legitimidade popular dos parlamentos e dos governos nas constituições liberais do pós Segunda Guerra, é o princípio democrático que fun-

---

[168] Sendo por isso juridicamente inaceitável e sem qualquer base de apoio – a argumentação do Governo no acórdão do Tribunal Constitucional n.º 48/84, que tentou justificar a não observância do sentido e extensão da lei de autorização legislativa, alegando que as modificações ao imposto complementar aprovadas por decreto-lei eram mais benéficas para o cidadão contribuinte, do que o regime existente e do que o Parlamento autorizava: V. ponto 11 do acórdão. Essa argumentação foi afastada pelo Tribunal Constitucional, que infelizmente se limitou a rejeitá-la por entender que a função garantista é actualmente insuficiente para justificar a reserva de lei fiscal: V. pontos 11 e 12. Referindo-se a este acórdão e também parecendo associar a função garantista ou liberal da legalidade fiscal ao aumento dos impostos, excluindo a diminuição da carga fiscal, JOSÉ CASALTA NABAIS, "O Princípio da legalidade fiscal e os actuais desafios...", cit., pp. 14-15. Fazendo essa associação quanto ao alcance da reserva de lei no caso das garantias dos contribuintes, JOSÉ CASALTA NABAIS, Contratos fiscais..., cit., p. 245; e O Dever fundamental..., cit., p. 368.

[169] V., por exemplo, a propósito do constitucionalismo monárquico alemão, J.M. SÉRVULO CORREIA, Legalidade... cit., pp. 80-82.

[170] V., por todos, J.M. SÉRVULO CORREIA, Legalidade... cit., p. 182.

damenta e postula a reserva de lei parlamentar, não sendo suficiente a reserva de lei formal (no sentido de acto legislativo).

Manifestação deste princípio democrático é o procedimento legislativo parlamentar que permite a discussão pública da lei e o contributo da oposição, razão pela qual a intervenção da Assembleia da República na elaboração e aprovação da lei fiscal, não deve ser equiparada à legislação fiscal aprovada por decreto-lei não autorizado.

Como nos diz Sérvulo Correia, o princípio democrático impede que a reserva de lei se reconduza a uma "simples reserva de norma jurídica, isto é, uma reserva reportada ao 'bloco de legalidade' no seu conjunto, sem acepção de proveniência parlamentar ou do valor formal legislativo dos preceitos requeridos", pois "nem a constituição concebe um poder que se não funde no povo, nem o seccionamento da ligação entre a vontade popular e a emissão de normas deixaria de pôr em causa a bondade do conteúdo destas"[171].

Note-se que a função garantista (associada à previsibilidade das decisões) e o princípio democrático estão relacionados, como podemos ver em qualquer estudo de Teoria do Direito sobre a necessidade de leis determinadas e significado da indeterminação. É ponto assente para a tradição democrática liberal que num Estado de Direito, especialmente em matérias sujeitas a reserva de lei, os "resultados legais" devem ser determinados, porque é exigido aos indivíduos que eles se comportem segundo a lei[172]. E uma vez que os "resultados legais" são executáveis coercivamente, eles só são justificados (democraticamente legitimados) quando garantidos por lei[173]. Isto é, a democracia não é incompatível com a indeterminação legal, mas é incompatível com uma indeterminação legal muito elevada e generalizada (e se não estiverem asseguradas a previsibilidade, a estabilidade e a fundamentação racional da decisão), porque ela pressupõe que sejam as assembleias eleitas que formam juízos, os aprovam e os vêem seguidos

---

[171] J.M. SÉRVULO CORREIA, Legalidade... cit., pp. 196-197.
[172] V., adiante, as referências desenvolvidas a JULES L. COLEMAN/BRIAN LEITER, "Determinacy, Objectivity, and Authority", cit., p. 229; ANDREI MARMOR, "The Rule of law and its limits", Law and Philosophy, 2004, pp. 38-43. Lon Fuller (The Morality of law, Yale, 1964, 1969, apud, ANDREI MARMOR, cit., p. 5, nota 9); TIMOTHY ENDICOTT, Vagueness in Law, cit., pp. 185 e ss; H.L.A. HART, The Concept of law, cit., pp. 138-150; RONALD DWORKIN, Law's empire, cit., pp. 93 e ss.. STEPHEN GUEST, RONALD DWORKIN, 2.ª ed., Edinburgh, 1997, pp. 171 e ss..
[173] JULES L. COLEMAN/BRIAN LEITER, "Determinacy, Objectivity, and Authority", cit., p. 229.

pelos tribunais[174] – caso contrário estaremos perante decisões arbitrárias ditatoriais[175].

É preciso notar ainda, como já referimos, que a reserva de lei fiscal parlamentar[176] nunca foi verdadeiramente observada entre nós até à Constituição de 1976, pois os impostos eram frequentemente criados e alterados por decretos, decretos-regulamentares, portarias e despachos (quer durante as monarquias constitucionais, quer na primeira República, quer durante o Estado Novo)[177-178]; além disso, e por seu turno, os tribunais

---

[174] JULES L. COLEMAN/BRIAN LEITER, "Determinacy, Objectivity, and Authority", cit., p. 228-240.

[175] Se estivermos perante o sentido 4 de arbitrariedade de TIMOTHY ENDICOTT, i.e, se as decisões não puderem ser justificadas com base na razão de ser da lei: *Vagueness in Law*, cit., pp. 186-187 e ss..

[176] Pois só na Constituição de 1933, o Governo tinha competência legislativa em matéria fiscal: JORGE MIRANDA, "Os Actos legislativos no Direito Constitucional português", *Separata da Revista de Informação Legislativa*, 1991, p. 32; "A Competência legislativa...", cit., pp. 9 e ss..

[177] V., por todos, PEDRO SOARES MARTINEZ, *Curso...*, cit., 1960, pp. 95-96 e ss.; diz o Professor que a partir de 1946, "e a fim de evitar uma extraordinária extensão do número de soberanos fiscais, as leis de autorização de receitas e despesas têm feito depender a criação e o agravamento de taxas ou receitas de idêntica natureza por parte dos serviços do Estado, organismos corporativos e de coordenação económica (trata-se, em regra, de mal disfarçados impostos) de concordância prévia e expressa do ministro das finanças. Esta solução também não parece correcta mas tem evitado males maiores... Até aí um imposto podia ser criado por qualquer terceiro oficial" (pp. 95-96); V. ainda, ARMINDO MONTEIRO, "Introdução ao estudo do Direito Fiscal", *Revista da Faculdade de Direito da Universidade de Lisboa*, vol. VII, 1950, capítulo III, ponto 12, pp. 154-167 e ss.; *Direito Fiscal, Apontamentos estenografados das lições do Prof. Armindo Monteiro, ao 3.º ano da Faculdade de Direito de Lisboa, em 1951/52, Segunda Parte*, Lisboa, 1951, pp. 11 e ss.; ALEXANDRE PINTO COELHO DO AMARAL, *Direito Fiscal*, cit., pp. 31-33. V. ainda referências ao papel das cortes no consentimento dado aos impostos durante a idade média e durante o antigo regime, consentimento esse que nem sempre foi procurado, nem o foi em relação a todos os tributos, ANTONIO SANCTOS PEREIRA JARDIM, *Programma das prelecções de sciencia e legislação de fazenda para o anno lectivo de 1866-67 na Universidade de Coimbra*, s.l., s.d., pp. 87 e ss., 100-104, 110, 158 e ss.. E nas lições de Marnôco e Sousa, podemos ler que os impostos durante o século XIX (no tempo de Mousinho da Silveira e posteriormente) e no princípio da I República, eram criados por decreto: MARNÔCO E SOUSA, *Finanças, Apontamentos coligidos de harmonia com as preléçõis feitas pelo Exm.º Sr. Dr. Marnôco e Sousa ao curso do 3.º ano jurídico de 1913-1914*, por Martinho Simõis, Ambrósio Neto e José Fortes, Coimbra, 1913-1914, pp. 412 e ss..

[178] Interpretação diferente faz BRAZ TEIXEIRA: segundo o autor, a violação do princípio da legalidade desde o advento do constitucionalismo até à Constituição de 1933 teria

nunca fiscalizaram devidamente a aplicação da lei fiscal – parlamentar ou do Governo – ao caso concreto, refugiando-se na figura da discricionariedade técnica[179]. Na verdade, existe uma infeliz tradição da nossa jurisprudência, no sentido de não controlar a aplicação da lei pela administração fiscal – e pela administração em geral, que se prolonga inexplicavelmente até aos dias de hoje e que deve ser tida em conta na análise que fazemos do princípio da legalidade fiscal[180]. Estes aspectos, que exprimem a interacção dos poderes, não devem ser subestimados na análise do significado e função da reserva de lei fiscal.

E é de observar que no ordenamento alemão, a tendência actual vai no sentido de uma crescente densidade de controlo judicial da legalidade administrativa – incluindo limites à discricionariedade e à margem de livre apreciação[181] – apesar de o Governo dispor apenas de competência nor-

---

sido excepcional, e entre o terceiro quartel do séc. XIV e o advento crescente do absolutismo real o princípio da legalidade teria sido afirmado com vigor, o mesmo acontecendo, por períodos, desde as Cortes de Coimbra de 1261: ANTÓNIO BRAZ TEIXEIRA, *Princípios de Direito Fiscal, I*, cit., 3.ª ed., pp. 81 e ss..

[179] Faremos referência à jurisprudência do STA nesta matéria no capítulo sobre a margem de livre apreciação e a discricionariedade técnica.

[180] Essa tradição ou *Praxis* judicial já levou recentemente um autor alemão (Eckhard Pache), na sua *Habilitationsschrift* sobre a margem de livre apreciação administrativa – onde dedicou umas páginas à densidade de controlo judicial nos ordenamentos dos Estados-membros da Comunidade Europeia, incluindo o Direito português – a registar a atitude dos tribunais administrativos portugueses, que apesar de disporem dos instrumentos necessários ao controlo dos limites da discricionariedade (pois a Constituição de 1976 consagra os princípios da legalidade, da igualdade e da proporcionalidade) não fazem uso deles, e a questionar se essa atitude é compatível com os arts. 20.º e 268.º da CRP, e com o Direito Comunitário: ECKHARD PACHE, *Tatbestandliche Abwägung und Beurteilungsspielraum, Zur Einheitlichkeit administrativer Entscheidungsfreiräume und zu deren Konsequenzen im verwaltungsrechtlichen Verfahren – Versuch einer Modernisierung*, Tübingen, 2001, pp. 216-217. Para uma crítica sucinta a essa situação no "Direito Fiscal dos anos sessenta", V. DIOGO LEITE DE CAMPOS, "A Determinação administrativa da matéria colectável: fixação de rendimentos e avaliação de bens", *Estudos efectuados por ocasião do XXX Aniversário do Centro de Estudos Fiscais, 1963-1993*, Lisboa, 1993, pp. 132-134. Neste contexto, parece demasiado optimista a afirmação de J.M. SÉRVULO CORREIA, segundo a qual "nas decisões judiciais portuguesas é agora claro que não há "decisões discricionárias" da administração, i.e., que existem sempre limites à discricionariedade: "Separation of powers and judicial review of administrative decisions in Portugal", *RFDUL*, vol. XXXIV, Lisboa, 1993, p. 95. Nas páginas seguintes, o autor transmite uma visão mais realista da jurisprudência administrativa portuguesa (pp. 98 e ss.).

[181] ECKHARD PACHE, *Tatbestandliche Abwägung...*, cit., p. 5.

mativa secundária, pelo que a margem de livre conformação e decisão deste é necessariamente menor do que a do Governo em Portugal.

3. As autorizações legislativas em matéria fiscal

Tendo em conta que, no quadro da Constituição de 1976, o Governo tem sido o órgão legislativo por excelência, dominando a actividade legislativa em relação ao Parlamento, é importante traçar as linhas da competência parlamentar em matéria de impostos. Perigoso seria atribuir um papel secundário à Assembleia na *orientação política* em matéria fiscal, sob pena de, juntando a esse papel a ausência de controlo judicial da margem de livre apreciação administrativa na aplicação das leis, o Governo e a administração deterem o monopólio da criação, interpretação e desenvolvimento das leis fiscais.

Como se sabe, na Constituição de 1976, a reserva relativa de competência legislativa do Parlamento em matéria de criação de impostos e sistema fiscal, significa uma delimitação de competências legislativas entre Assembleia da República e Governo, em que este dispõe de competência legislativa ordinária, mas cujo exercício depende de autorização legislativa parlamentar; e significa também a exclusão da "iniciativa... de normação regulamentar originária por parte do Governo", da matéria fiscal sujeita a reserva de lei[182].

Segundo o art. 165.º, n.º 2, da CRP, cuja redacção actual é semelhante à do art. 80.º I da Constituição alemã, a autorização legislativa deve definir o objecto, o sentido, a extensão e a duração da autorização, a qual pode ser prorrogada.

Mas ao contrário do que acontece no ordenamento alemão, em que as autorizações legislativas a que se refere o art. 80.º I da GG, são autorizações ao Governo para este emitir regulamentos, que estão previstas nas próprias leis de imposto, e dizem respeito a desenvolvimentos da disciplina legal – e por isso o sujeito e o objecto de imposto, a base de avalia-

---

[182] Assim, abordando o problema em geral, J.M. SÉRVULO CORREIA, *Legalidade...*, cit., pp. 198-199. Assim também quanto à proibição de regulamentos autónomos, quanto aos elementos essenciais dos impostos, no quadro da Constituição de 1933, e após a revisão de 1971, J. M. CARDOSO DA COSTA, *Curso...*, cit., pp. 179 e ss.. V. a jurisprudência e a doutrina citadas adiante, sobre o papel dos regulamentos, quando há reserva de lei.

ção do imposto e a taxa do imposto devem ser definidos por lei[183], e ao regulamento é deixado apenas o desenvolvimento de aspectos técnicos do regime fiscal –, entre nós, o decreto-lei autorizado contém uma norma-ção primária e não secundária. Por esta razão, as autorizações legislativas têm, desde logo, um objecto muitíssimo mais vasto que as autorizações legislativas ao abrigo do art. 80.º I da GG. No nosso ordenamento, as leis de autorização são "linhas de conduta", "não criam uma fonte de direito aplicável às relações que pretende reger"[184].

Na versão originária da Constituição de 1976, o art. 168.º n.º 1 previa que a Assembleia da República podia "autorizar o Governo a fazer decretos-leis sobre matérias da sua exclusiva competência, devendo definir o objecto e a extensão da autorização, bem como a sua duração, que poder[ia] ser prorrogada". Não se fazia pois referência ao sentido da autorização, o que na prática significou, nomeadamente em matéria fiscal, que o Parlamento não desempenhava a função de orientação política dos decretos-leis governamentais – não definia os "parâmetros ou orientações básicas materiais a que os diplomas autorizados dev[essem] obedecer", função esta que competia às leis de base[185]. Um exemplo dessa prática é-nos dado pelo acórdão n.º 385/97 do Tribunal Constitucional. Neste caso, a autorização legislativa limitava-se a autorizar a prorrogação e a revisão do regime de uma sobretaxa sobre importações de determinados bens industriais, não se definindo a taxa nem os elementos do regime a rever, tendo o Tribunal entendido não existir qualquer inconstitucionalidade, porque o art. 168.º n.º 1, na versão originária da CRP, em vigor no momento em que foi dada a autorização legislativa, não exigia que esta definisse o sentido[186].

Este acórdão n.º 385/97 dá-nos conta das discussões parlamentares sobre o alcance do art. 168.º, n.º 1, nessa versão originária. Sugeria-se então que o artigo fosse revisto e passasse a exigir que o sentido dos decretos-leis autorizados fosse definido nas leis de autorização. Desta forma evitar-se-ia que elas fossem meros cheques em branco ao Governo[187].

---

[183] V., por todos, KLAUS TIPKE/JOACHIM LANG, Steuerrecht, cit., 17.ª ed., p. 99.
[184] J.M. SÉRVULO CORREIA, Legalidade..., cit., pp. 198-199 e nota 348.
[185] J. M. CARDOSO DA COSTA, "Sobre as Autorizações legislativas na lei do orçamento", Estudos em homenagem ao Prof. Doutor Teixeira Ribeiro, III, Iuridica, Coimbra, 1983, pp. 427-428 e ss..
[186] Acórdão do Tribunal Constitucional, n.º 385/97, de 14.5, Acórdãos do TC, vol. 37, 1997, pp. 197 e ss..
[187] Ac. do Tribunal Constitucional, n.º 385/97, cit., pp. 200 e ss..

Esta discussão produziu as suas consequências. A revisão constitucional de 1982 deu nova redacção ao art. 168.º, n.º 2 (actual art. 165.º, n.º 2), e as autorizações legislativas passaram a definir, para além do objecto, da extensão e da duração da autorização, o sentido da mesma, versão que a aproximou do art. 80.º I da *GG*, e que se mantém. Recorde-se ainda, a propósito da função orientadora e fiscalizadora da Assembleia da República sobre o Governo, que o decreto-lei autorizado poderá ser submetido à apreciação parlamentar para efeitos de cessação de vigência ou de alteração, podendo neste caso ser suspenso temporariamente (art. 169.º da CRP).

Se as leis de autorização legislativa devem definir o objecto e o sentido do decreto-lei autorizado, e não podem ser meros cheques em branco, isso significa que elas devem ter uma determinação mínima. Quanto às exigências dessa determinação mínima em matéria fiscal, vale a pena começar por citar o acórdão do TC n.º 358/92, que considerou inconstitucional a autorização legislativa dada ao Governo, para este aprovar o código das avaliações da contribuição autárquica[188]. Nos termos da al. b) do art. 50.º da autorização legislativa, pretendia-se atingir, com a aprovação do código, "uma maior equidade de tributação, um reforço das garantias dos contribuintes e uma determinação mais rigorosa da matéria colectável, através da aplicação de critérios objectivos".

Segundo o Tribunal, "os elementos constantes do preceito em causa, se bem que estabeleçam alguns limites ao uso dos poderes delegados (o princípio da equidade da tributação, o reforço das garantias dos contribuintes e a aplicação de critérios objectivos na determinação da matéria colectável), não encerram, em si mesmos, nenhum critério orientador do uso dos poderes delegados... Ora, porque nos movemos num domínio onde mais directamente podem ser afectados direitos e interesses dos particulares, tal como já foi assinalado a propósito da jurisprudência do Tribunal Constitucional Federal alemão, justifica-se plenamente que se seja mais rigoroso e exigente na determinação do sentido da autorização em causa, por forma que o preceito autorizador cumpra a tripla função a que anteriormente aludimos (conteúdo material bastante da lei de autorização, linha de orientação do legislador delegado, elemento de informação genérica das inovações a introduzir no ordenamento para os particulares). De outra forma estaríamos perante uma «autorização em branco», esva-

---

[188] Ac. do Tribunal Constitucional, n.º 358/92, de 11.11, *Acórdãos do TC*, vol. 23, 1992, pp. 109 e ss..

ziando a função habilitante que ao Parlamento cabe assumir num processo legislativo especial como é o das autorizações legislativas"[189].

A "tripla função" das autorizações legislativas mencionada pelo Tribunal Constitucional, é antes "a tripla vertente" que reveste o "pano de fundo orientador da acção do Governo" a que se refere António Vitorino, autor que o Tribunal cita[190].

Esta "tripla vertente" também se aplica às autorizações legislativas em matéria fiscal, mas a ela podem acrescentar-se outros critérios orientadores.

Diga-se, em primeiro lugar, que é a função de *indirizzo* da Assembleia da República que permite identificar o grau de determinação mínima exigível às leis de autorização ao abrigo da al. i) do n.º 1, e do n.º 2, do art. 165.º, e, como reverso da medalha, o grau da margem de livre apreciação governamental admissível[191].

Da função de *indirizzo* decorre que o Parlamento, unilateralmente ou com a colaboração do Governo, através de lei ou de autorização legislativa, deve definir sempre as linhas de orientação política em matéria de impostos.

Embora, como nos diz Sérvulo Correia, a Constituição de 1976 não concentre a função de orientação política na Assembleia da República, verificando-se um "policentrismo institucional caracterizado pela distribuição dos poderes de direcção política pelo Parlamento, Presidente da República e Governo", que se divide especialmente entre Parlamento e

---

[189] Ac. do Tribunal Constitucional, n.º 358/92, de 11.11., *Acórdãos do TC...*, cit., p. 194.

[190] Segundo Vitorino, "[p]or um lado, o sentido de uma autorização deve permitir a expressão pelo Parlamento da finalidade da concessão dos poderes delegados na perspectiva dinâmica da intenção das transformações a introduzir na ordem jurídica vigente (é o sentido da óptica do delegante); Por outro lado, o sentido deve constituir indicação genérica dos fins que o Governo deve prosseguir no uso dos poderes delegados, conformando, assim, a lei delegada aos ditames do órgão delegante (é o sentido na óptica do delegado); Finalmente, o sentido da autorização deverá permitir dar a conhecer aos cidadãos, em termos públicos, qual a perspectiva genérica das transformações que vão ser introduzidas no ordenamento jurídico... (é o sentido da óptica dos direitos dos particulares)": ANTÓNIO VITORINO, *As Autorizações legislativas na Constituição Portuguesa*, Lisboa, 1985, pp. 238-239.

[191] Também SÉRVULO CORREIA, para traçar os critérios orientadores do grau de discricionariedade administrativa admissível, recorre às funções da reserva de lei – e invoca as funções de garantia, de *indirizzo* e prossecução do interesse público e da racionalidade administrativa: J.M. SÉRVULO CORREIA, *Legalidade...*, cit., pp. 338-339.

Governo, "com alguma primazia do primeiro"[192], este policentrismo não deve ser interpretado no sentido de a orientação poder ser alternativamente dada pelo Parlamento ou pelo Governo. Se a competência é reservada ao Parlamento, ele não tem de partilhá-la com o Governo – e daí a sua primazia –, mas se o Parlamento a delegar, a orientação política deve ser partilhada, ou seja, a reserva de competência deve implicar sempre um assentimento parlamentar dessa orientação, mesmo que ela seja proposta pelo Governo, cabendo normalmente a este a iniciativa legislativa originária (e exclusivamente, no caso das autorizações legislativas)[193].

Num sentido próximo do nosso, Gomes Canotilho e Vital Moreira defendem "uma predefinição parlamentar da orientação política da medida legislativa a adoptar", considerando "claramente proibidas as autorizações genéricas"[194].

Ora bem – e em segundo lugar –, no caso dos "impostos e sistema fiscal" (entendido este como o sistema de impostos, "ou seja, os impostos vistos como um conjunto dotado de uma dada articulação ou estrutura interna"[195]), o sentido a que se refere o art. 165.º, n.º 2, tem de ser defi-

---

[192] J.M. Sérvulo Correia, *Legalidade...* cit., p. 215 (pp. 214 e ss.).

[193] Os decretos-leis traduzem-se, como bem nota Gomes Canotilho, numa autovinculação do Governo através de acto legislativo (J.J. Gomes Canotilho, *Direito Constitucional..., cit., 7.ª ed.*, p. 836). Lembre-se que o instituto da apreciação parlamentar dos decretos-leis autorizados permite um controlo, por parte da Assembleia da República, dos mesmos decretos-leis, os quais podem ser suspensos (até ser publicada a lei que os vier alterar) ou alterados, podendo ainda a sua vigência cessar – todos estes efeitos decorrem de deliberação parlamentar nesse sentido (J.J. Gomes Canotilho, *Direito Constitucional...*, cit., 7.ª ed., pp. 799-800). Por outro lado, a dependência do decreto-lei da lei de autorização, também é ilustrada pela impossibilidade de o decreto-lei autorizado poder ser revogado ou alterado por novo decreto-lei, sem nova autorização legislativa (J.J. Gomes Canotilho, *Direito Constitucional...*, cit., 7.ª ed., p. 771).

[194] J.J. Gomes Canotilho/Vital Moreira, *Constituição...*, cit., 3.ª ed., anotação ao art. 106.º, ponto XXVIII, p. 678; e também J.L. Saldanha Sanches, *Manual...*, cit., 2.ª ed., p. 32, referindo-se a uma autorização legislativa "que pré-determine o conteúdo fundamental da lei a criar".

[195] José Casalta Nabais, "Jurisprudência do Tribunal Constitucional...", cit., p. 389 (cf. pp. 389-391). A revisão de 1997 (que introduziu na reserva relativa de competência legislativa da AR "o regime geral das taxas e demais contribuições financeiras a favor das entidades públicas") dissipa quaisquer dúvidas quanto ao facto de o "sistema fiscal" não dizer respeito a "impostos e mais qualquer coisa", por exemplo, taxas e outras contribuições financeiras a favor de entidades (que exerçam funções) públicas; sistema fiscal é o conjunto dos impostos e de tributos com a mesma natureza, como vinha sendo defendido pela esmagadora maioria da doutrina: V., por todos, A. L. Sousa Franco,

nido quanto aos elementos enumerados no art. 103.° n.° 2 (quanto a um ou mais desses elementos, consoante o objecto da autorização).

Ou seja, o sentido dado pela lei de autorização legislativa deve ter "um conteúdo material bastante" e dar "informação genérica das inovações a introduzir no ordenamento" (como referiu o TC no acórdão n.° 358/92), e esse conteúdo material bastante define-se por referência aos elementos do art. 103.°, n.° 2, da CRP.

Por isso, os arts. 165.° n.° 2 e 103 n.° 2 devem ser conjugados, como defendeu logo em 1976, Sousa Franco, na qualidade de deputado[196], e também Jorge Miranda na Assembleia Constituinte[197], e como tem feito o Tribunal Constitucional[198] e a generalidade da doutrina[199] – embora não

---

Finanças Públicas..., II, cit., 4.ª ed., p. 167-168; J.J. GOMES CANOTILHO/VITAL MOREIRA, *Constituição...*, cit., 3.ª ed., anotação ao art. 106.°, ponto I, p. 457 e art. 168.°, ponto XIV, p. 674; JOSÉ CASALTA NABAIS, *Contratos fiscais*, cit., p. 237, nota 740; J.M. CARDOSO DA COSTA, "O Enquadramento constitucional...", cit., pp. 405-406; J.J. TEIXEIRA RIBEIRO, "O Sistema fiscal na Constituição de 1976", *BCE*, vol. XXII, Coimbra, 1979, p. 1 (pp. 1-3); o TC já se pronunciou, embora sem grandes desenvolvimentos e de uma forma indirecta, no mesmo sentido: cf. ac. n.° 205/87, de 17.6, *Acórdãos do TC*, vol. 9, 1987, pp. 209 e ss.; e ac. n.° 461/87, de 16.11, *Acórdãos do TC*, vol. 10, 1987, pp. 181 e ss.; ac. n.° 497/89, de 13.7, *Acórdãos do TC*, vol. 14, 1989, pp. 227 e ss.; e ac. n.° 268/ /97, de 19.3 (www.tribunalconstitucional.pt); pode ainda defender-se que sistema fiscal abrange também todas as leis procedimentais e processuais tais como a LGT e o CPPT. Entendendo que "sistema fiscal" abrangia as taxas, ainda antes da revisão constitucional de 1997, NUNO SÁ GOMES, *Manual de Direito Fiscal*, II, Lisboa, 1983, p. 43; e cf. o mesmo *Manual de Direito Fiscal*, II, 9.ª ed., Coimbra, 2000, pp. 47 e ss.: "sistema de todas as cobranças de prestações patrimoniais coactivas" (p. 48).

[196] V. A.L. SOUSA FRANCO, "Sistema financeiro...", cit., pp. 530 e ss., e nota 62: a propósito do pedido de ratificação do DL n.° 765/76, de 22 de Outubro, diploma que versava matérias constantes do art. 106.°, n.° 2, da CRP, "[c]oube ao deputado SOUSA FRANCO explicar as razões por que o seu partido requerera a sujeição a ratificação do Decreto-Lei."

[197] JORGE MIRANDA, "A Competência legislativa...", cit., pp. 15, 16 e ss..

[198] V., neste sentido, os acórdãos do Tribunal Constitucional, n.° 324/93, de 5.5. (www.tribunalconstitucional.pt); n.° 274/86, de 8.10, *Acórdãos do TC*, vol. 8, 1986, p. 31 e ss.; n.° 1029/96, de 9.10 (www.tribunalconstitucional.pt), referentes à autorização para o Governo caracterizar certos tipos de subsídios e outros benefícios ou regalias sociais considerados rendimentos de trabalho. Embora o Tribunal tenha relacionado os então arts. 168.°, n.° 1, al. i) e 106, n.° 2, da CRP, a questão não tinha a ver com a insuficiência da autorização, mas com a não observância pelo Governo do sentido da autorização; cf. ainda, ac. n.° 70/92, de 25.2, *Acórdãos do TC*, vol. 21, 1992, pp. 225 e ss.; no acórdão n.° 158/96, de 7.2 (www.tribunalconstitucional.pt), a propósito da ampliação da incidência da derrama por decreto-lei autorizado, a autorização legislativa habilitava "o governo de modo vago, genérico e totalmente indeterminado, a "aperfeiçoar" o regime financeiro

tivesse sido exactamente esta a interpretação dada pela Comissão Constitucional e pelo Conselho da Revolução, que "aligeira[ram] o controlo preventivo da inconstitucionalidade orgânica ou formal [ao considerarem] por diversas vezes... como constitucionais decretos-leis do Governo sobre matéria da competência reservada da Assembleia"[200].

Se a relação entre as duas disposições é hoje incontroversa, em 1976 houve quem considerasse que só a criação dos impostos estava sujeita a reserva de lei parlamentar[201]. Sousa Franco defendeu então "a necessidade da interligação entre o art. 167.º e o art. 106.º da Constituição, demonstrando que a entender-se que a criação de impostos deveria ser interpretada como referindo-se apenas à criação «ex novo», a Assembleia seria completamente esvaziada de poderes tributários..."; e acrescentava o Professor que "[o]u... a criação de impostos significa o estabelecimento de novos impostos, e então as palavras «sistema fiscal» hão-de designar todos os outros elementos referidos no art. 106.º; ou entendemos que a criação se reporta, entendida como sinónimo de formação, estabelecimento ou instituição, em termos genéricos, à legislação ordinária ou superveniente sobre os elementos essenciais definidos no art. 106.º, e o sistema fiscal teria o significado, mais amplo na dignidade e mais restrito no conteúdo, de princípios gerais definidores do sistema de impostos. Qualquer destas duas interpretações, que literalmente se equivalem, em todo o caso cobre claramente as matérias ora em causa: a incidência, a definição da taxa e a definição das isenções em matéria de imposto"[202].

---

local, clarificando-o e adequando-o às atribuições das autarquias", e por isso, foi declarada inconstitucional: cf. sobre o mesmo assunto, ac. n.º 606/95, de 8.11, *Acórdãos do TC*, vol. 32, 1995, pp. 461 e ss.. Já em 1979, dizia A.L. SOUSA FRANCO, ser esta a "orientação razoável", em contraposição à orientação "pragmática" da Comissão Constitucional e ao Conselho da Revolução: "Sistema financeiro...", cit., p. 527.

[199] J.L. SALDANHA SANCHES, *A Segurança jurídica...*, cit., pp. 281 e ss.; JOSÉ CASALTA NABAIS, *O Dever fundamental...*, cit., p. 345 (implicitamente); pelo contrário, PEDRO SOARES MARTINEZ, *Direito Fiscal*, cit., 10.ª ed., p. 96, não associa as autorizações legislativas com o art. 103.º, n.º 2 (então 106.º, n.º 2), porque entendia que os elementos previstos neste artigo estavam sujeitos a reserva de lei parlamentar; cf. CARLOS PAMPLONA CORTE-REAL, "A Reforma fiscal e a inerente dignificação científica...", cit., p. 77.

[200] V. A.L. SOUSA FRANCO, "Sistema financeiro...", cit., pp. 527 e ss., sobre a interpretação dada a esta questão nos primeiros anos de vigência da CRP de 1976.

[201] Foi o caso do Partido Socialista: V. A.L. SOUSA FRANCO, "Sistema financeiro...", cit., pp. 531-532, nota 62.

[202] A.L. SOUSA FRANCO, "Sistema financeiro...", cit., pp. 531-532, nota 62, e quanto a esta última transcrição, *Apud, Diário da Assembleia da República*, 1.ª legislatura, 1.ª sessão, n.º 56.

Assim, mesmo que seja o Governo a tomar a iniciativa legislativa de reformas fiscais mais ou menos profundas, ou de alterações à legislação em vigor, como acontece na prática – e, especialmente também por essa razão –, a autorização legislativa deve ser suficientemente detalhada quanto aos elementos mencionados no n.º 2 do art. 165.º, da CRP, de forma que o Parlamento possa tomar conhecimento e dar o seu acordo político – respeitando os princípios materiais constitucionais – sobre todos os elementos essenciais dos impostos, dos benefícios fiscais e das garantias dos contribuintes, tal como enumerados no art. 103.º n.º 2.

Como veremos adiante, o chamado princípio da tipicidade fiscal refere-se a um conjunto de elementos comuns a todos os impostos, que estão sujeitos a reserva de lei parlamentar, e fazem parte do que designaremos por *Tatbestand* de garantia. A identificação dos elementos do *Tatbestand* de garantia deve obedecer à procura do alcance da *ratio* da reserva de lei fiscal, mas no caso do ordenamento jurídico português, essa indagação está relativamente facilitada, porque os elementos do *Tatbestand* de garantia estão consagrados no art. 103.º, n.º 2, da CRP.

Isto é, já o dissemos anteriormente[203], e voltaremos a referir neste trabalho, todos os elementos que contribuem para o cálculo do montante de imposto a pagar, estão (e devem estar) sujeitos a reserva de lei parlamentar (trata-se dos referidos elementos do *Tatbestand* de garantia), e a eles acrescem, segundo o art. 103.º, n.º 2, da CRP, os benefícios fiscais e as garantias dos contribuintes[204].

Sob a capa de uma linguagem muito especializada e hermética, os códigos de imposto escondem opções políticas de repartição da carga fiscal, de que o Parlamento deve estar ciente, e que por isso devem ser detalhadamente autorizadas por este.

Basta darmos alguns exemplos: a opção entre deduzir à matéria tributável ou deduzir à colecta despesas de saúde – opção que para um leigo poderia parecer um mero aspecto técnico –, tem consequências na progressividade do imposto, e portanto na concretização do princípio da capacidade contributiva, e deve por isso, ser autorizada pelo Parlamento; se as categorias e os montantes de provisões admitidas variarem consoante o tipo de sujeito passivo de IRC (empresa comercial ou instituição finan-

---

[203] ANA PAULA DOURADO, "O Princípio da legalidade fiscal...", cit., pp. 450-451.
[204] J.J. GOMES CANOTILHO/VITAL MOREIRA, *Constituição...*, cit., 3.ª ed., p. 678, ponto XXVIII.

ceira, por exemplo), as consequências na carga fiscal resultam também de uma opção política; a opção entre um sistema de isenção na fonte ou de crédito de imposto relativamente a rendimentos de sujeitos passivos não residentes, tem também consequências quanto ao montante de receitas fiscais de que um Estado abdica, e por isso deve também ser autorizado pelo Parlamento. O mesmo se diga quanto à incidência de imposto – por exemplo, a identificação das entidades sujeitas a um regime de transparência fiscal em IRC; ou imagine-se que os rendimentos de capitais em IRS ficam sujeitos a tratamento diferenciado, optando-se por sujeitar os juros a englobamento e os dividendos não[205].

A lei de autorização dos códigos de IRS e de IRC (Lei n.º 106/88, de 17 de Setembro), por exemplo, não cobre alguns destes aspectos, nem outros – nota-se especialmente a ausência de orientação quanto ao regime de determinação da matéria tributável de IRC – parecendo que o legislador parlamentar conjuga efectivamente o art. 165.º n.º 2 com o art. 103.º n.º 2 da CRP, mas que interpreta a "incidência" num sentido quase limitado ao objecto e ao sujeito de imposto.

Em autorizações legislativas mais recentes, nomeadamente as que desencadearam as alterações parciais aos códigos de imposto em 2000 (Lei n.º 30-G/2000, de 29 de Dezembro, chamada lei da reforma da tributação do rendimento), e a reforma dos impostos sobre o património (Lei n.º 26/2003, de 30 de Julho), o grau de pormenorização já cumpre, em regra, as exigências de *orientação política* do Governo relativamente à determinação da matéria tributável e em matérias de elevada especialização jurídico-fiscal, de que são exemplo o regime das fusões, cisões, entrada de activos e permuta de acções, ou da criação de um regime de reserva fiscal para investimento para determinadas pessoas colectivas, ou

---

[205] Podemos recorrer a um célebre acórdão do *BVerfG* alemão, de 1991, para percebermos como a sujeição dos rendimentos de capitais a uma diferente disciplina, está relacionada com opções de política fiscal ou pode ter implicações mais ou menos indesejadas nesse domínio. Assim, neste acórdão, o *BVerfG* entendeu ser contrário ao princípio da igualdade, o englobamento dos juros – o que não acontecia com outros rendimentos de capitais que eram retidos na fonte – com o argumento de que a disciplina legal incentivava a não declaração desses rendimentos e tinha como consequência um tratamento injustificadamente diferenciado dos rendimentos de capitais. A aprovação de tais medidas por lei parlamentar ou autorização legislativa não sanaria a inconstitucionalidade material, mas responsabilizaria politicamente o Parlamento por tal escolha e o exemplo mostra que a opção não é meramente técnica mas tem carácter político: *BVerfGE*, 84, pp. 239 e ss..

do regime fiscal da zona franca da Madeira. Mas já nos suscita dúvidas a autorização legislativa para harmonização das disposições de procedimento tributário, em que não é dada qualquer orientação de conteúdo, e não é inequívoco o sentido da harmonização (art. 43.º n.º 2 da Lei n.º 32-B/2002, de 30 de Dezembro).

Digamos então que, sendo a iniciativa originária da autorização legislativa, da exclusiva competência do Governo (art. 198.º n.º 1 a) do Regimento da Assembleia da República), não é de modo nenhum pernicioso que a Assembleia se debruce sobre os próprios anteprojectos de decreto-lei (a reforma sobre o património é disso um bom exemplo), mesmo que contenham ainda opções e não soluções únicas sobre determinado aspecto a regular, acompanhados eventualmente de um relatório explicativo das soluções técnicas – pelo contrário, Gomes Canotilho e Vital Moreira, defendem não ser "obrigatório, naturalmente, que a autorização legislativa contenha um projecto do futuro decreto-lei... [embora] ela não deva ser, seguramente, um cheque em branco"[206].

Não é em bom rigor necessário que a autorização contenha esse projecto, mas como muitas das disposições, aparentemente de mera escolha técnica, têm consequências quanto ao montante de imposto a pagar e quanto à repartição da carga fiscal, é mais prático que a autorização contenha o anteprojecto do decreto-lei, do que proceder à selecção das disposições que revelam uma escolha política; este procedimento é sobretudo aconselhável no caso de uma reforma fiscal geral (pense-se novamente na recente reforma dos impostos sobre o património), porque a selecção individualizada das disposições que tenham implicações políticas, é nestes casos falaciosa, e só a interpretação sistemática permitirá verdadeiramente compreender as escolhas políticas.

O que aqui defendemos é exigido no art. 198.º n.º 2 do Regimento da Assembleia da República para os casos em que o Governo tenha procedido a consultas públicas (o anteprojecto e as tomadas de posição assumidas pelas diferentes entidades interessadas na matéria devem acompanhar a proposta de lei da autorização legislativa).

Ficou assente até aqui que o sentido da autorização legislativa deve dizer respeito aos elementos definidos no art. 103.º n.º 2 (objecto da autorização).

---

[206] J.J. GOMES CANOTILHO/VITAL MOREIRA, Constituição..., cit., 3.ª ed., anotação ao art. 168.º, p. 678, ponto XXVIII.

Mas acrescentaríamos ainda – em terceiro lugar – que os parâmetros de determinação exigível às leis de autorização estão todos consagrados na constituição fiscal: esta fixa os limites mínimos de densidade da autorização legislativa.

Por outras palavras, é na constituição fiscal que devemos buscar os critérios delimitadores do objecto e do sentido ou determinação das autorizações legislativas – i.e., o significado de orientação política.

Assim, o *sentido* da autorização deve abranger todos os aspectos da disciplina que tenham consequências ao nível dos princípios da constituição fiscal material, nomeadamente os do art. 104.º: além do princípio da igualdade que preside a todo o sistema fiscal, o objectivo da diminuição das desigualdades prosseguido pelo imposto sobre o rendimento pessoal, a unicidade e progressividade, bem como a consideração das necessidades e rendimentos do agregado familiar, no caso do imposto pessoal; a tributação do rendimento real das empresas; o objectivo redistributivo na tributação do património (ela deve contribuir para a igualdade entre os cidadãos); a ponderação das necessidades do desenvolvimento económico e da justiça social, no caso da tributação do consumo; e quanto aos benefícios fiscais, porque eles restringem princípios materiais fiscais, devem ser definidos na autorização os destinatários, o instrumento a utilizar (por ex., isenção, dedução, redução de taxa, etc.), os interesses públicos extrafiscais relevantes que prossigam o bem-estar social, e que portanto justificam o benefício fiscal, e o alcance; os benefícios fiscais ficam ainda sujeitos aos princípios da necessidade, adequação e proporcionalidade *s.s.*. Só através de critérios que permitam o controlo judicial da sua legitimidade[207], será possível salvaguardar a justificação dos benefícios fiscais e a restrição dos princípios materiais fiscais.

O facto de os parâmetros do art. 104.º da CRP e de outros princípios constitucionais aplicáveis aos impostos serem muito amplos e abrangentes (por exemplo, o princípio da liberdade empresarial ou a proibição de impostos sufocantes), implica que grande parte da concretização da disciplina dos códigos de imposto – relativa à incidência, à determinação da matéria tributável, à taxa, às deduções à colecta e aos benefícios fiscais – tenha repercussões nesses parâmetros e princípios. Por isso mesmo, a *orientação* sobre a configuração dos elementos do art. 103.º n.º 2, deve constar de lei parlamentar de autorização.

---

[207] Referimo-nos à questão da legitimação dos benefícios fiscais e a estes critérios já adiante.

Mas não se exige que a *orientação política* sobre tal configuração seja totalmente definida na lei de autorização, podendo esta estabelecer as balizas ou as opções de carácter político: por exemplo, no caso do regime a dar às despesas de saúde basta a opção entre deduzi-las à matéria tributável ou à colecta, e se os montantes dedutíveis devem ser equivalentes ou diferentes de outras deduções à colecta; e neste caso, quais os grandes critérios para determinar os montantes dedutíveis; e por exemplo no caso das entidades sujeitas a um regime de transparência fiscal em IRC, a orientação política exige a definição genérica do tipo de entidades, podendo o Governo defini-lo mais concretamente.

Este entendimento que damos ao art. 165.º, n.º 2, da CRP, não impede pois que defendamos uma co-orientação política do Parlamento e do Governo. Por um lado, porque este tem competências de iniciativa legislativa (e portanto, pode definir em primeira linha as grandes opções políticas), as quais são exclusivas quando se trata de uma proposta de lei de autorização. E por outro lado, porque cabe posteriormente ao Governo concretizar as opções políticas dentro da margem de livre apreciação concedida pela autorização legislativa (e ainda o regime técnico dessas opções, seja por decreto-lei autorizado, quanto aos elementos do art. 103.º, n.º 2, seja por decreto-lei não autorizado ou por regulamento, sempre que se trate de desenvolver a disciplina legal). O Governo dispõe, frequentemente, de uma ampla margem de livre apreciação, nos diferentes níveis de concretização normativa, sempre que estejam em causa os elementos relacionados com a determinação e quantificação da matéria tributável.

Além disso, para efeitos do grau de determinação da autorização legislativa – isto é, para efeitos do art. 165.º, n.º 2 – não é relevante saber se o futuro decreto-lei respeita ele próprio – e por seu turno – as exigências de densificação decorrentes do art. 103.º, n.º 2, relacionadas com o princípio da tipicidade fiscal.

Ele estará sujeito a esse juízo de constitucionalidade, nos termos que definiremos adiante, mas a autorização legislativa, embora possa ser dada sobre o projecto do futuro decreto-lei, não tem de estar sujeita às mesmas exigências que o decreto-lei autorizado.

Questão também diferente é a de saber se o decreto-lei autorizado observa o sentido da autorização legislativa. No acórdão n.º 1029/96, de 9 de Outubro, o Tribunal Constitucional analisou uma autorização legislativa em que a Assembleia da República delegou no Governo "a tarefa de caracterizar certos tipos de subsídios e outros benefícios ou regalias sociais considerados rendimentos de trabalho", para efeitos de incidência do imposto profissional, cabendo assim ao Governo densificar os conceitos de subsídios e benefícios ou regalias sociais. No uso dessa autorização, o Governo limitou-se porém a definir como rendimentos de trabalho "os subsídios e outros benefícios ou regalias sociais auferidos no exercício ou em razão do exercício da actividade profissional". Segundo o Tribunal, o Governo, "ao invés de definir os tipos de subsídios, benefícios e outras regalias sociais... definiu apenas o elemento de conexão que teve por relevante para o efeito", e "não cumpriu o sentido da autorização" – que exigia do Governo uma maior densificação.

Relativamente às competências legislativas em matéria fiscal, deve portanto começar por analisar-se se as autorizações legislativas têm uma densidade suficiente (se são suficientemente determinadas), de modo a garantir que a Assembleia da República participe nas *escolhas políticas* em matéria fiscal, nos termos constitucionalmente exigidos.

Repare-se que há uma tendência para desvalorizar a reserva relativa de lei parlamentar, e o papel atribuído às autorizações legislativas, mesmo no campo das restrições aos direitos fundamentais: Reis Novais, por exemplo, considerando que certas intervenções sobre os direitos fundamentais não exigem autorização legislativa, faz uma interpretação restritiva do art. 165.º, n.º 1, al. b), da CRP.

Segundo o autor, tendo em conta que em quase todos os actos legislativos do Governo, "há sempre, a título incidental ou principal, directa ou indirectamente, normas que, de alguma forma, afectam faculdades, posições ou situações abrangidas pelos direitos, liberdades e garantias", deve-se recorrer à teoria da essencialidade para determinar o que deve estar sujeito a autorização legislativa[208]. E continua: "Embora partindo de uma base de incidência objectiva – a matéria de direitos fundamentais – não é tanto a matéria em si, mas o conteúdo da norma que sobre ela incide que determina a eventual exigência de intervenção parlamentar"[209]. Assim, como "tópico construtivo do princípio da essencialidade", defende Reis Novais o critério do "politicamente controverso", como aquele que deve determinar quais as matérias que estão sujeitas a autorização legislativa[210].

---

[208] JORGE REIS NOVAIS, *As Restrições aos direitos fundamentais...*, cit., pp. 875-876.
[209] JORGE REIS NOVAIS, *As Restrições aos direitos fundamentais...*, cit., p. 876.
[210] JORGE REIS NOVAIS, *As Restrições aos direitos fundamentais...*, cit., pp. 879-880.

Embora concordemos em geral quer com Reis Novais, quer também com Sérvulo Correia e Casalta Nabais quanto à desvalorização da reserva de lei parlamentar no quadro da Constituição de 1976, no sentido em que ela exprime as relações de poderes no Estado social de Direito – como aliás explicámos nas páginas anteriores –, deve ser sempre realçado o papel das leis de autorização na *orientação política* dos decretos-leis, nomeadamente no Direito Fiscal, de modo a impedir um esvaziamento da reserva relativa de competência legislativa, e a redução da legalidade fiscal a uma mera legalidade administrativa.

Em contrapartida, e como referimos, não é necessário que os elementos do art. 103.°, n.° 2, sejam totalmente (ou exclusivamente) fixados por lei ou autorização legislativa da Assembleia da República como defendem Pedro Soares Martinez e Gomes Canotilho e Vital Moreira[211]. Em anotação ao n.° 2 do então art. 168.° (actual n.° 2 do art. 165.°), os constitucionalistas, pronunciando-se sobre o seu alcance, exigem a delimitação da matéria pela autorização legislativa e a definição do sentido e extensão da mesma: "Por exemplo, não basta que a AR autorize o Governo a modificar as penas para certos crimes; importa que defina o tipo de penas e determine se é para as aumentar ou para diminuir"[212]. Mas na anotação à al. i) do art. 168.° (actual al. i) do art. 165.°), entendem que em matéria fiscal, "o âmbito da reserva legislativa da AR decorre claramente delimitado do art. 106.°". E continuam: "Cabe-lhe não apenas a definição e articulação do sistema fiscal em geral, como conjunto de impostos, como também a *criação* de cada um dos impostos, incluindo o seu regime no que concerne aos elementos enunciados no art. 106.°-2"[213].

Esta interpretação da reserva de lei fiscal convertê-la-ia na prática em reserva absoluta de competência legislativa parlamentar, pois o decreto-lei autorizado nunca poderia acrescentar nada à lei de autorização ou poderia apenas acrescentar aspectos susceptíveis de serem disciplinados por regulamento.

Ora, a reserva de lei dos impostos só faz sentido em relação aos elementos do *Tatbestand* de garantia, a que já nos referimos atrás, e como

---

[211] PEDRO SOARES MARTINEZ, *Direito Fiscal*, cit., 10.ª ed., pp. 96-97. J.J. GOMES CANOTILHO/VITAL MOREIRA, *Constituição...*, cit., 3.ª ed., anotação ao art. 168.°, ponto XXVIII, p. 678.
[212] J.J. GOMES CANOTILHO/VITAL MOREIRA, *Idem*.
[213] J.J. GOMES CANOTILHO/VITAL MOREIRA, *Constituição...*, cit., 3.ª ed., anotação ao art. 168.°, ponto XIV, p. 674.

desenvolveremos no próximo capítulo: o objecto da reserva de lei fiscal são sempre os elementos essenciais do imposto (formando o *Tatbestand* de garantia), em todos os ordenamentos que nos estão próximos, e por isso o *Tatbestand* de garantia é um conceito dogmático com vocação supra--ordenamental. O que varia, nos ordenamentos constitucionais do pós Segunda Guerra, são as competências normativas governamentais, que em alguns ordenamentos são também legislativas e noutros apenas regulamentares.

Isto significa que em ordenamentos como o alemão, em que o Governo só tem competências regulamentares, os elementos do *Tatbestand* de garantia devem ser (quase) totalmente fixados por lei do Parlamento, e as autorizações ao abrigo do art. 80, I, da *GG*, que devem também definir o objecto e o sentido, só dizem respeito ao desenvolvimento técnico dos elementos do *Tatbestand* de garantia e à disciplina de aspectos não compreendidos nesse mesmo *Tatbestand*[214]. Mas em ordenamentos como o português – e o italiano –, em que o Governo tem competências legislativas, a autorização parlamentar reveste um outro significado e alcance, cabendo ao Parlamento a co-*orientação política* sobre os elementos do *Tatbestand* de garantia (art. 103.º, n.º 2, da CRP) e ao Governo a densificação do regime legal, o que pode implicar uma margem de livre apreciação também em matéria política.

É o art. 165.º, n.º 1, al. i) e n.º 2, da CRP, que delimita as competências do Parlamento e do Governo em matéria fiscal, enquanto o art. 103.º, n.º 2, tem de ser interpretado juntamente com os artigos 165.º, 227.º, n.º 1 al. i) e 238.º, n.º 4, da CRP. O art. 103.º n.º 2 consagra uma reserva de lei parlamentar, decreto-lei autorizado e decreto-legislativo regional nos termos do art. 227.º, n.º 1, al. i), e não uma reserva absoluta de lei parlamentar.

Repare-se que, na Constituição de 1933, era possível entender que o art. 70.º § 1, cuja redacção era semelhante à do art. 103.º, n.º 2, da CRP de 1976, consagrava uma reserva absoluta de lei parlamentar, quanto aos elementos aí enunciados.

Mas essa interpretação só era possível porque, antes da revisão de 1971, o art. 93.º não reservava ao Parlamento a matéria fiscal.

Assim, a doutrina discutia se à Assembleia Nacional era ou não totalmente reservada a matéria fiscal, consoante interpretasse o art. 70.º § 1

---

[214] V. adiante a explicitação do regime alemão.

como uma regra de delimitação de competências quanto aos elementos aí enumerados (portanto, uma regra sobre a legalidade formal e substancial), ou como uma mera regra sobre o conteúdo da legalidade fiscal (portanto, apenas sobre a legalidade substancial).

Isto é, na falta de outra disposição constitucional que estabelecesse a reserva de competência legislativa parlamentar em matéria de impostos, os autores que defendiam a reserva absoluta não delegável ao Governo por autorização legislativa faziam-no com base no art. 70.º § 1.

Pelo contrário, os autores que entendiam não existir reserva absoluta, e que defendiam que os impostos e seus elementos essenciais podiam ser criados e modificados por lei ou decreto-lei, interpretavam conjuntamente os arts. 70.º § 1 e 93.º. Como este enumerava as matérias da competência exclusiva da Assembleia Nacional, e delas não constavam os impostos, o art. 70.º § 1 aplicaria o termo lei em sentido de acto legislativo parlamentar ou do Governo[215].

No quadro da CRP de 1976, o art. 103.º, n.º 2, não pode fundamentar uma reserva absoluta de lei parlamentar, porque a delimitação de competências legislativas está consagrada no art. 165.º.

Com estes argumentos de Direito Comparado e da disciplina da legalidade fiscal na Constituição escrita de 1933, que como temos vindo a lembrar era em muitos aspectos formalmente semelhante à CRP de 1976, queremos demonstrar que a reserva relativa de competências legislativas do Parlamento, delegáveis a um Governo que as exerce através de decreto-lei, não é conjugável com o monopólio da disciplina dos elementos essenciais dos impostos por lei parlamentar, incluindo a lei de autorização legislativa.

Ainda no que diz respeito às autorizações legislativas em matéria fiscal, é de mencionar que o art. 165.º, n.º 5, da CRP, admite, expressamente, que as leis do orçamento contenham autorizações nessa matéria[216], ao contrário do que acontece em outros ordenamentos (cf. art. 81.º, n.º 3 da Constituição italiana, art. 110.º, n.º 4 da GG, e art. 134.º n.º 7 da Constituição espanhola, que proíbem a criação de impostos ou a alteração de regimes fiscais através da lei orçamental)[217].

---

[215] ALEXANDRE COELHO DO AMARAL, *Direito Fiscal*, cit. (1957), pp. 26-31.
[216] Desde a revisão constitucional de 1989 (ex-art. 168.º, n.º 5). V. JOSÉ CASALTA NABAIS, *O Dever fundamental*..., cit., pp. 349-351.
[217] V., entre muitos, fazendo referência a esta legislação e à sua razão de ser, J.M. CARDOSO DA COSTA, "Sobre as autorizações legislativas da lei do orçamento", cit.,

É quase pacífico entre nós que a votação das propostas financeiras (incluindo as autorizações em matéria fiscal) do executivo constitui uma "decisão política de indiscutível conteúdo material"[218], que se trata "de uma decisão político-normativa verdadeiramente substancial"[219]. Como diz Cardoso da Costa, seguido aqui por Jorge Miranda, as autorizações legislativas em matéria de impostos no orçamento, não são nele inseridas por uma "simples questão de economia de meios", são "muito mais do que uma simples autorização", pois "integram o programa fiscal anual cons-

---

pp. 423-424 e ss.: "Tais reticências explicam-se pela preocupação de estabelecer uma separação estanque entre a legislação «orçamental» e a legislação «comum», mormente tributária, em ordem a evitar – diz-se – não só que o juízo político parlamentar sobre o orçamento seja condicionado ou desvirtuado por considerações que lhe são alheias, mas ainda que o processo legislativo orçamental seja aproveitado (porventura pela sua maior simplicidade, e em qualquer caso pelas circunstâncias de premência em que decorre) para «fazer passar» medidas de outra índole" (p. 424). A estas objecções responde o autor com o argumento de que elas só existem porque desconsideram a natureza material da lei do orçamento (Idem).

[218] JORGE MIRANDA, *Manual de Direito Constitucional*, V, 3.ª ed., Coimbra, 2004, p. 327.; J.M. CARDOSO DA COSTA, "Sobre as autorizações legislativas...", cit., p. 415 (pp. 413-415), pp. 423 e ss.; JOSÉ CASALTA NABAIS, *O Dever fundamental...*, cit., pp. 349-350, espec. nota 479, na p. 350; ANTÓNIO LOBO XAVIER, *O Orçamento como lei*, cit., pp. 90 e ss.; de forma ambígua, J.J. TEIXEIRA RIBEIRO, "Os Poderes orçamentais da Assembleia Nacional", *BCE*, vol. XIV, Coimbra, 1971, pp. 197 e ss., espec., 200, 201 e ss.; pelo contrário, A.L. SOUSA FRANCO recusa natureza material à lei do orçamento, com o argumento de que a competência para aprová-lo é uma competência política e não legislativa. O Professor qualifica assim a lei do orçamento como acto político ou acto-plano e não substancialmente legislativo: "Conceito e natureza jurídica do orçamento", *Estudos, XXX Aniversário do Centro de Estudos Fiscais, 1963-1993*, Lisboa, 1993, pp. 115-119; escrevendo que no orçamento está presente uma "confluência entre a função legislativa e a dimensão do político", MARCELO REBELO DE SOUSA, "10 questões sobre a constituição, o orçamento e o plano", *Nos Dez anos da constituição*, Lisboa, 1986, pp. 121-122. V. ainda, dando conta que a Lei do orçamento continua a ser considerada um acto legislativo *sui generis*, embora o considere um acto de direcção política, J.J. GOMES CANOTILHO, "A Lei do orçamento...", cit., I, pp. 552 e ss. e 575-576; cf. Ac. do TC n.º 358/92, cit.., pp. 142-174, que qualifica a Lei do Orçamento, pelo menos após 1982, como uma "lei material especial", "lei especial de programação económico-financeira da actividade do Estado", aprovada ao abrigo da competência legislativa e política do Parlamento, no exercício da sua função de direcção política estadual (V. pontos VIII e IX do sumário).

[219] JORGE MIRANDA, *Manual...*, V, cit., 3.ª ed., p. 328. V. todavia, VITAL MOREIRA pronunciando-se contra os "cavaleiros orçamentais" em voto de vencido no acórdão do TC n.º 461/87, DR, I Série, n.º 12, 15.1.1988.

tante da respectiva lei"[220], e o Parlamento define o "quadro global, e que se pretende coerente, da política financeira, e mesmo económico-financeira a adoptar em determinado ano"[221]. Além disso, como resulta do acórdão n.° 48/84 do Tribunal Constitucional, o Parlamento pode conceder autorizações legislativas na Lei do Orçamento, sem terem sido solicitadas pelo Governo, pelo que este não tem a iniciativa originária exclusiva[222]. Mais ainda, entre nós, como fez notar o Tribunal nesse mesmo acórdão, "a generalidade das autorizações em matéria fiscal constantes da Lei do Orçamento são bastante mais precisas e quantificadas [do que exigia antes da revisão constitucional de 1982 o então art. 168.°, n.° 1, que só se referia ao objecto, à extensão e à duração da autorização], não dando ao Governo a margem de liberdade que a autorização em causa lhe confere" [ou antes, lhe conferiria][223].

Apesar de a nossa doutrina não pôr em causa a bondade do art. 165.°, n.° 5, da CRP[224], é questionável que de um ponto de vista da função da

---

[220] J.M. CARDOSO DA COSTA, "Sobre as autorizações legislativas...", cit., p. 426; JORGE MIRANDA, Manual..., V, cit., 3.ª ed., p. 328; embora as observações de CARDOSO DA COSTA tenham sido escritas antes da 1.ª revisão constitucional, esta reforçou a posição do autor, como diz JORGE MIRANDA, p. 482, nota 4). ANTÓNIO BERNARDO DA GAMA LOBO XAVIER, "Enquadramento orçamental em Portugal: alguns problemas", RDE, 1983, p. 244.

[221] J.M. CARDOSO DA COSTA, "Sobre as autorizações legislativas...", cit., pp. 426--436; JORGE MIRANDA, Manual... V, cit., 3.ª ed., p. 328.

[222] De 31.5, proc. 76/94, Acórdãos do TC, vol. 3, 1984, pp. 7 e ss. (espec. ponto 15: segundo o Tribunal, tal pode acontecer quando a Assembleia não se encontra "em condições de legislar ela própria sobre determinada matéria [e] opta por conceder uma autorização legislativa ao Governo, responsabilizando-o politicamente pela emissão das medidas legislativas adequadas, de acordo com certos princípios constantes da própria autorização"; e também quando se trata de autorizações constantes da lei do orçamento (IDEM, ponto 15). Neste acórdão, tratava-se de compatibilizar dois conjuntos de autorizações legislativas contidas na lei do orçamento, sobre a mesma matéria (código do imposto complementar), e em sentido contrário, em que um dos conjuntos resultava de um pedido de autorização por parte do Governo, e o outro conjunto dizia respeito a autorizações dadas directamente pelo Parlamento, tendo o Governo legislado neste último sentido.

[223] Ponto 16 do acórdão.

[224] Ainda antes da inserção desta disposição, já a doutrina aceitava as autorizações legislativas em matéria fiscal no orçamento: J.J. TEIXEIRA RIBEIRO, "Os Poderes orçamentais da Assembleia da República", BCE, vol. XXX, 1987, p. 173 (V. outras referências no ac. do TC n.° 358/92, cit., pp. 155 e ss.); com uma ou outra excepção: veja-se o voto de vencido de VITAL MOREIRA (ponto 2 do voto), no acórdão n.° 48/84, em que o juiz questiona se, ao abrigo do art. 168.° n.os 2 e 3 (versão de 1982), eram lícitas as autorizações legislativas orçamentais, e se o orçamento podia englobar outras matérias

legalidade fiscal, da efectiva observância dessa legalidade – nomeadamente quanto à efectiva *orientação política* a proporcionar pelas leis de autorização –, este regime tenha vantagens.

Sendo certo que as proibições constitucionais nos ordenamentos referidos, de incluir autorizações legislativas em matéria fiscal nas leis do orçamento, estão relacionadas com uma concepção formal da lei do orçamento, que entre nós está ultrapassada, há razões substantivas que justificam tais proibições. Como faz notar, a propósito do ordenamento italiano, Pasquale Russo, um dos "reais motivos" é a "exigência que a actividade normativa no sector tributário seja sempre fruto de uma adequada ponderação, com a qual... não se coaduna a brevidade e taxatividade dos prazos dentro dos quais deve ser concluído o *iter* parlamentar de aprovação do orçamento"[225].

Sem desenvolvermos muito o assunto, apresentem-se apenas três aspectos do nosso regime das autorizações legislativas orçamentais, apontados por Jorge Miranda, e que suscitam pelo menos a dúvida se, contendo o orçamento autorizações legislativas em matéria fiscal, elas não podem apresentar uma menor intervenção política do Parlamento, um menor grau de determinação do que o exigido ao abrigo dos arts. 165.º n.º 2 e 103.º n.º 2 da CRP e, consequentemente, uma diminuição do papel garantista da reserva de lei fiscal: as autorizações legislativas orçamentais (portanto, incluindo as relativas aos elementos essenciais dos impostos) são "instrumentais ou subordinadas" à lei orçamental, estão nelas "incorporadas"[226], e, portanto, não podem ser interpretadas, modificadas, suspensas ou revogadas pelo Parlamento, a não ser por ocasião e no âmbito de uma lei de

---

além do próprio orçamento. E o voto de vencido do mesmo conselheiro, no ac. 267/88, *DR, I Série*, 21.12.1988, p. 5042. Também podemos dizer que J.J. GOMES CANOTILHO ("A Lei do orçamento...", cit.), ao qualificar o acto orçamental como um "acto de direcção política", que implica uma reserva absoluta de lei formal que exclui a delegação (e adiante: "O facto de se tratar do exercício de uma competência política significa que, nos termos constitucionais, o acto orçamental exige uma participação necessária do Parlamento – *reserva do Parlamento*") – pp. 575-576, não entenderá ser esse o instrumento adequado para autorizações legislativas em matéria fiscal. Mas na anotação ao art. 168.º, n.º 5, GOMES CANOTILHO e VITAL MOREIRA não tecem qualquer consideração sobre este assunto: *Constituição...*, cit., 3.ª ed., anotação ao art. 168.º, ponto XXXII, p. 680.

[225] PASQUALE RUSSO, *Manuale di Diritto Tributario, Parte Generale*, Milano, 2002, p. 62.

[226] Como refere o próprio JORGE MIRANDA, *Manual...* V, cit., 3.ª ed., pp. 326-327.

alteração do orçamento[227]; as autorizações legislativas orçamentais em matéria fiscal não caducam com a demissão do Governo, nem com o termo da legislatura ou dissolução da Assembleia da República (art. 165.º n.º 5 da CRP) – prevalecendo "o elemento institucional sobre o elemento de confiança política"[228]; e finalmente, defende o Professor que a definição do objecto e extensão de cada autorização "deve ser entendida no contexto sistemático do orçamento [,] e, nessa medida, poderá ser menos exigente do que a do objecto e da extensão de uma autorização legislativa autónoma"[229-230].

4. Os elementos essenciais dos impostos segundo o art. 103.º n.º 2 da CRP

4.1. O significado de incidência para efeitos do art. 103.º n.º 2 da CRP

O art. 103.º, n.º 2, da CRP, enumera os elementos dos impostos e as matérias que devem ser definidos por lei da Assembleia da República, decreto-lei autorizado e decreto-legislativo regional: "Os impostos são criados por lei que determina a incidência, a taxa, os benefícios fiscais e as garantias dos contribuintes".

Na sua versão originária, o art. 103.º – aliás, na altura, art. 106.º – resultou de um projecto apresentado pelos deputados do PPD, Jorge Miranda

---

[227] JORGE MIRANDA, Manual... V, cit., 3.ª ed., p. 331. Acórdão 48/84 do TC, cit., p. 6098. V. também, JORGE MIRANDA, Manual de Direito Constitucional, V, 2.ª ed., Coimbra, 2000, p. 326.

[228] JORGE MIRANDA, Manual... V, cit., 3.ª ed., p. 331.

[229] Como refere o próprio JORGE MIRANDA, Manual... V, cit., 3.ª ed., pp. 330-331.

[230] Questão diferente, levantada por GOMES CANOTILHO, diz respeito à suficiente densidade da lei do orçamento como lei que prevê os meios de prestação e destino de aplicação dos mesmos. Na Alemanha, a propósito do âmbito da reserva de lei e da sua aplicação à administração de prestações, tem-se admitido ser suficiente que a lei do orçamento preveja os meios de prestação, que a aplicação desses meios seja esboçada na lei do orçamento, e que o destino dos meios caiba nas competências da administração. No entanto, como recorda entre nós GOMES CANOTILHO, questiona-se se o orçamento "é um fundamento legal apropriado no sentido da reserva de lei", e se "os fins traçados no orçamento" não constituem "«uma tão mínima orientação» que, praticamente, equivale à inexistência de directiva legal": J.J. GOMES CANOTILHO, Direito Constitucional..., cit., 7.ª ed., pp. 731-732.

e Amândio de Azevedo. Se confrontarmos o projecto relativo aos n.ºs 2 e 3 do art. 106.º com o texto aprovado, verificamos que deste último só desapareceu a referência às «modalidades de cobrança» no n.º 2, e que foi acrescentada a referência à liquidação, ao n.º 3 do mesmo artigo[231].

Segundo a intervenção de Jorge Miranda na Assembleia Constituinte, o significado da legalidade fiscal era o seguinte: "Todos e quaisquer impostos devem ser criados por lei; que, para além do sistema do imposto, cada tipo de impostos deve ser definido por lei («nulla vectigalia sine lege», princípio «nullum crimen sine lege»); que a lei deve determinar os elementos essenciais de cada imposto (incidência, taxa, benefícios fiscais e garantias concedidas aos contribuintes) e que essa lei deve ser feita por uma Assembleia Representativa e não por um decreto-lei do Governo, o que não impede, aliás, a possibilidade de delegação"[232].

Recorde-se que dos projectos de Constituição apresentados pelos diferentes partidos com assento parlamentar após as primeiras eleições democráticas a seguir ao 25 de Abril de 1974, apenas os projectos do Partido Popular Democrata (PPD) e do Partido Comunista Português (PCP) continham disposições sobre a legalidade substancial, enquanto os projectos dos outros partidos (Partido Socialista e Centro Democrático Social) se limitavam a consagrar a reserva de competência legislativa em matéria fiscal[233].

A revisão constitucional de 1997 implicou a renumeração de uma grande parte dos artigos, e o art. 106.º passou a ser o art. 103.º. O n.º 2 não sofreu porém alterações em relação às versões anteriores.

Numa primeira leitura do artigo 103.º, n.º 2, podemos dizer com Casalta Nabais que ele consagra a reserva de lei em "três domínios: 1) as normas que criam impostos, 2) as normas de incidência *lato sensu* e 3) as normas relativas às garantias dos contribuintes"[234].

Numa leitura mais crítica, verificamos que, autonomizado, o primeiro grupo pouco ou nada acrescentaria aos arts. 165.º, n.º 1, al. i), e 227.º, n.º 1, al. i), da CRP, pois limita-se a estabelecer uma reserva de

---

[231] JORGE MIRANDA, *Um Projecto de Constituição*, Braga, 1975, pp. 89-90 (arts. 109.º e 110.º do Projecto).

[232] *Diário da Assembleia Constituinte, n.º 79, de 12 de Novembro de 1975, Apud,* A.L. SOUSA FRANCO, "Sistema financeiro...", cit., p. 532, nota, 63.

[233] ANA PAULA DOURADO, "O Princípio da legalidade fiscal...", cit., pp. 430-431, nota 4.

[234] JOSÉ CASALTA NABAIS, *O Dever fundamental...*, cit., p. 362.

acto legislativo (i.e., lei do parlamento, decreto-lei autorizado e decreto-legislativo regional) para a criação de impostos, que pode significar uma maior ou menor intervenção de lei da Assembleia da República – segundo a discricionariedade legislativa de que dispõe, dentro dos limites mínimos de determinação atrás enunciados. Essa reserva inclui, repita-se, além da lei parlamentar e do decreto-lei autorizado, o decreto-legislativo regional, nos termos da lei ou de lei-quadro; ou seja, a primeira parte do artigo 103.º, n.º 2, interpretada isoladamente, consagraria uma mera legalidade formal (que conjugado com os arts. 165.º, n.º 1, al. i) e 227.º, n.º 1, al. i), implica a intervenção de lei parlamentar nos termos aí definidos), mas sem exigências de determinação, o que só por si possibilitaria amplas e vagas remissões legais para regulamentos, os quais disciplinariam os elementos essenciais dos impostos. Mas não é isso que resulta da interpretação do art. 103.º n.º 2.

Diríamos assim que 1) e 2) estão intrinsecamente relacionados, e que o cerne da disposição consagra uma regra de "legalidade material" – 2) –, densificando a "legalidade formal", definindo o conteúdo do chamado "princípio da tipicidade" dos impostos, no ordenamento português: o nosso legislador constituinte optou por fazê-lo expressamente, em vez de deixar tal matéria ao intérprete.

O art. 103.º, n.º 2, na parte em que reserva à lei os benefícios fiscais e as garantias do contribuinte, vai ainda além da formulação corrente do princípio da tipicidade dos impostos, pois só a incidência entendida em sentido amplo (abarcando a definição da matéria tributável e a sua quantificação), e a taxa do imposto correspondem ao alcance tradicional daquele princípio, como veremos adiante. Digamos então que o art. 103.º n.º 2 contém o princípio da tipicidade dos impostos e alarga o objecto do art. 165.º, n.º 1, al. i) – i.e., para além das taxas e de outras contribuições financeiras a favor de entidades públicas, os impostos e o sistema fiscal[235] –, aos benefícios fiscais e às garantias dos contribuintes.

---

[235] Segundo JOSÉ CASALTA NABAIS, a sujeição a reserva de lei do sistema fiscal não constitui uma redundância, "pois... a mesma tem por consequência reservar à lei parlamentar, para além dos elementos essenciais de cada imposto, enunciados no art. 106, 2, a estruturação do próprio sistema de impostos, ou seja, a articulação dos diversos impostos entre si: seja a articulação, que podemos designar de horizontal, dos impostos sobre o rendimento com os impostos sobre o património e destes com os impostos sobre o consumo, seja a articulação, que podemos designar de vertical, do sistema fiscal nacional com o (eventual) sistema comunitário europeu, com os (sub) sistemas fiscais que possam

Assim, numa formulação divulgada do princípio da tipicidade dos impostos, este diz respeito ao *an* e ao *quantum* dos mesmos[236]. Numa outra formulação clássica – cujo alcance é idêntico ao anterior –, o princípio da legalidade fiscal exige que o sujeito passivo, o objecto do imposto, a base tributável (ou os elementos que concorrem para a determinação da medida do imposto) e a taxa do imposto sejam definidos por lei formal[237]. E ainda numa terceira formulação de significado idêntico, que tem origem na *Abgabenordnung* alemã, que encontramos em Tipke/Lang, e que entre nós Casalta Nabais identifica com a "incidência em sentido amplo", a reserva de lei diz respeito a todos os pressupostos de cuja conjugação resulta o nascimento da obrigação de imposto[238].

Mas enquanto Casalta Nabais inclui os benefícios fiscais na "incidência em sentido amplo", e assim nos elementos da tipicidade fiscal, na concepção tradicional, os benefícios fiscais eram delimitações negativas do tipo de imposto (ver adiante o nosso conceito de *Tatbestand* sistemático), apareciam como técnicas que retiravam ao *Tatbestand* determinadas

---

vir a instituir-se nas regiões autónomas ao abrigo do art. 229, 1, i) [actual art. 227.°, n.° 1, al. i)], ou mesmo com um (sub) sistema fiscal (autárquico) local que (eventualmente) possa vir a ser permitido com base na compatibilização prática do princípio da legalidade fiscal com o princípio da autonomia local". Parece-nos que a articulação de que fala o Professor, pode ser feita através de uma Lei Geral Tributária, à qual compete disciplinar os princípios gerais do ordenamento fiscal, a relação obrigacional fiscal – constituição, modificação, extinção –, o procedimento administrativo, os direitos e deveres do sujeito passivo e da administração e ainda as infracções fiscais – como propõe o Modelo CIAT, o qual é seguido, de muito perto, pela mais recente LGT espanhola (n.° 58/03, de 17 de Dezembro). Mas já nos parece mais difícil defender que a Constituição exige uma "articulação dos diversos impostos entre si", "a estruturação do próprio sistema de impostos", no sentido preconizado pelo Professor – não que não fosse recomendável tal articulação (e justificável ao abrigo dessa disposição constitucional), mas é politicamente inviável, e não encontra exemplos em outros ordenamentos, que poderiam motivar o nosso legislador.

[236] V., por exemplo, GASPARE FALSITTA, *Corso Istituzionale...,* cit., 2003, p. 55; BALDASSARE SANTAMARIA, *Diritto Tributario...,* cit., 4.ª ed., p. 37; e a referência entre nós, por ex., em JOSÉ CASALTA NABAIS, *O dever fundamental...,* cit., p. 352.

[237] V., por todos, KLAUS TIPKE/JOACHIM LANG, *Steuerrecht,* cit., 17.ª ed., p. 99. Escrevem os autores na p. 97: "o lançamento de um imposto pressupõe que um *Tatbestand* legal, ao qual a lei liga o imposto como consequência jurídica, esteja preenchido (tipicidade da tributação)"; SALVATORE LA ROSA, *Principi di Diritto Tributario,* cit., pp. 8-9; GIANFRANCO GAFFURI, *Lezioni di Diritto Tributario...,* cit., 4.ª ed., pp. 22-24; AUGUSTO FANTOZZI, *Corso di Diritto Tributario,* cit., 2004, p. 47.

[238] JOSÉ CASALTA NABAIS, *O Dever fundamental...,* cit., p. 362.

situações da vida, e não como elemento do mesmo[239], e actualmente, uma parte importante da doutrina alemã autonomiza as normas que concedem benefícios fiscais das "normas fiscais" propriamente ditas, isto é, relacionadas com a repartição da carga fiscal[240].

Isto significa que – e é esta a nossa posição, como já escrevemos anteriormente – os benefícios fiscais não fazem parte da incidência, porque prosseguem outras finalidades: as normas dos benefícios fiscais são "normas de orientação", "normas extrafiscais", "normas de finalidade social", "normas de despesa fiscal" e embora variem as designações e as posições acerca da sua (total, maior ou menor) integração ou autonomização do Direito Fiscal (segundo Tipke, por exemplo, as *normas de finalidade social* que favorecem o contribuinte materialmente, pertencem ao Direito Económico, ao Direito Social ou a outros ramos de Direito, mas não ao Direito Fiscal[241]), elas são elaboradas por uma parte da doutrina, por contraposição às "normas fiscais" *s.s.*[242-243].

---

[239] Assim, ALBERT HENSEL, Steuerrecht, 2.ª ed., Berlin, 1927, p. 46.

[240] Embora alguns autores acabem por sujeitá-los à reserva de lei, isso deve-se ao facto de, segundo o entendimento dado à GG, todas as matérias estarem sujeitas a reserva de lei. V., por todos, KLAUS TIPKE, Die Steuerrechtsordnung, I, cit., 2.ª ed., pp. 129, 340-347. KLAUS TIPKE/JOACHIM LANG, Steuerrecht, cit., 17.ª ed., pp. 44-45, 66-67, 94-95, 99.

[241] KLAUS TIPKE, Die Steuerrechtsordnung, I, cit., 2.ª ed., p. 340.

[242] V., por exemplo, por todos, KLAUS TIPKE, Die Steuerrechtsordnung, I, cit, pp. 340 e ss.; KLAUS TIPKE/JOACHIM LANG, Steuerrecht, cit., 17.ª ed., pp. 66-67; SALVATORE LA ROSA, Le Agevolazioni tributarie", Trattato di Diritto Tributario, Il Diritto Tributario e le sue fonti, vol. I, tomo I, Milano, 1994, p. 410.

[243] Isto não significa que o conceito jurídico-constitucional de imposto, pelo menos nos Estados da OCDE, não seja um instrumento central de orientação de uma política económica e social do Estado, em que a finalidade de arrecadação da receita se torne por vezes secundária, mas essa finalidade não pode desaparecer, para estarmos ainda dentro do conceito de imposto: o § 3 I, 2 da AO, consagrou justamente um conceito de imposto, em que a finalidade de arrecadação da receita pode ser secundária. V. KLAUS TIPKE/JOACHIM LANG, Steuerrecht, cit., 17.ª ed., pp. 44-45. No mesmo sentido, SALVATORE LA ROSA, "Le Agevolazioni tributarie", cit., pp. 403-405: como nos diz o autor, no quadro do Estado social de Direito, ou das finanças funcionais, as normas de benefícios fiscais já não devem ser entendidas como normas excepcionais. Todavia, ainda hoje podemos distinguir entre os autores que reconduzem as regras dos benefícios fiscais às regras de (incidência) de tributação, i.e., de "menor tributação", e os autores que vêem "nos benefícios fiscais um tipo de disciplina positiva com precisas características jurídicas, identificáveis numa perspectiva de tipo funcional, e praticamente constituídas para representar a "não tributação" (ou a menor tributação), sob o plano das reais intenções normativas, uma substituição

Aliás, é curiosa a interpretação de Casalta Nabais sobre o significado de incidência no art. 103.º, n.º 2, da CRP, pois o autor também enquadra os benefícios fiscais na extrafiscalidade, a qual contrapõe aos "impostos fiscais": "continu[a]mos a perfilhar o ponto de vista, válido tanto para os impostos extrafiscais como para os benefícios fiscais, assente na finalidade extrafiscal dominante objectivamente tida em consideração pelo legislador traduzida na beneficiação dos contribuintes a fim de fomentar ou promover determinados dos seus comportamentos económicos ou sociais, aspecto funcional este que se reflecte na estrutura das respectivas normas, que assim apresentam uma estrutura divergente ou derrogatória da dos correspondentes impostos, ou seja, uma disciplina de despesas fiscais e não uma disciplina de receitas..."[244]. E lembre-se que também o Estatuto dos Benefícios Fiscais os define como "medidas de carácter excepcional instituídas para tutela de interesses públicos extrafiscais relevantes e que sejam superiores aos da própria tributação que impedem" (art. 2.º, n.º 1).

Mas para além do problema da classificação, ou de "estrutura das normas", Casalta Nabais entende que as normas dos benefícios fiscais, por serem extrafiscais, não revestem as exigências de determinação a que estão sujeitas as normas fiscais[245], pelo que na verdade, o autor não tira consequências, para efeitos de tipicidade fiscal, desta inclusão dos benefícios fiscais no conceito de incidência em sentido amplo.

Seja como for, e repetindo, o art. 103.º n.º 2 consagra o princípio da tipicidade dos impostos, cujo conteúdo, noutros ordenamentos, não é normalmente consagrado na Constituição, mas determinado pelo intérprete.

Como já dissemos, vamos procurar demonstrar adiante que a tipicidade dos impostos é um conceito dogmático, supra-ordenamental, ou seja, que apresenta um conteúdo semelhante em vários ordenamentos. Tendo em conta o seu significado em ordenamentos próximos do nosso, podemos encontrar um mínimo denominador comum da tipicidade fiscal, cons-

---

material de uma correspondente despesa pública, ou ainda uma «despesa pública implícita» ou «despesa fiscal»" (IDEM, pp. 405-406).

[244] JOSÉ CASALTA NABAIS, *O Dever fundamental...*, cit., p. 637. Sobre as despesas fiscais e os benefícios fiscais, cf. GUILHERME WALDEMAR D'OLIVEIRA MARTINS, *A Despesa fiscal e o orçamento do Estado no ordenamento jurídico português*, Coimbra, 2004, por ex., pp. 93 e ss..

[245] JOSÉ CASALTA NABAIS, *O Dever fundamental...*, cit., pp. 659 e 661 (658 e ss.).

tituído pela incidência em sentido amplo e a taxa do imposto ("normas fiscais" *s.s.*).

E já dissemos também que no caso português, o regime da reserva de lei fiscal se alarga à extrafiscalidade, incluindo os benefícios fiscais[246], e às garantias dos contribuintes, uma vez que o art. 103.º n.º 2 lhes faz referência expressa, mas como regras exteriores ao *Tatbestand* de imposto, e não como elementos do mesmo.

Finalmente, a reserva de lei relativa às garantias dos contribuintes – na parte não coberta pelo art. 165.º, n.º 1, al. b), da CRP –, é o corolário da tipicidade do imposto, e encontra a sua justificação no Estado de Direito (democrático) e no art. 268.º n.º 4 (e n.º 5) da CRP.

4.2. *A incidência em sentido amplo*

Diz-nos Casalta Nabais, retomando a definição de tipicidade da *Abgabenordnung*, que a "incidência" a que se refere o artigo é a "incidência entendida em sentido amplo [que] abarca todos os pressupostos de cuja conjugação resulta o nascimento da obrigação de imposto" (cf. § 3.º da *AO*) "e bem assim, os elementos da mesma obrigação, o que a reconduz à definição normativa: 1) do facto ou situação que dá origem ao imposto...; 2) dos sujeitos activo e passivos (contribuintes, responsáveis, substitutos) da obrigação de imposto; 3) do montante de imposto, em regra (sempre que se não trate de impostos de quota fixa) definido através do valor ou da quantidade sobre que recai o imposto (definição ou determinação em abstracto da matéria tributável), da percentagem desse valor ou do montante pecuniário por unidade da matéria tributável a exigir do contribuinte (definição da taxa ou das taxas *ad valorem* ou específicas) e das deduções à colecta (caso as haja); 4) dos benefícios fiscais"[247].

Embora seja discutível que os benefícios fiscais caibam dentro de um conceito de incidência em sentido amplo, a verdade é que a incidência a que se refere o n.º 2 do art. 103.º não se pode limitar ao facto tributário em sentido restrito e ao sujeito passivo, sob pena de a reserva de lei fiscal não cumprir a sua função.

---

[246] Lembre-se que o TC não sujeita a reserva de lei os tributos extrafiscais.
[247] JOSÉ CASALTA NABAIS, "Jurisprudência do Tribunal Constitucional...", cit., p. 270; *O Dever fundamental...*, cit., p. 362.

Por outras palavras, a "incidência" tem de ser interpretada em sentido amplo, porque se a legalidade fiscal tem funções garantistas, e se os impostos, mesmo que entendidos como deveres fundamentais, são limites imanentes ao direito de propriedade individual, então o alcance das funções da legalidade fiscal diz respeito a todos os elementos que contribuem para o cálculo do montante de imposto a pagar, ou à definição do *an* e do *quantum* dos impostos[248]. Eles constituem afinal a própria essência da relação obrigacional fiscal, ou até se quisermos do conceito de imposto, uma vez que este se traduz, em concreto, pelo montante a pagar por um determinado sujeito passivo.

Também parte da incidência, e por isso sujeitas a reserva de lei, são as normas de conexão unilaterais que definem os rendimentos tributáveis de sujeitos passivos residentes e de sujeitos passivos não residentes[249], e as normas unilaterais de atenuação de dupla tributação, uma vez que elas afectam o *quantum* do imposto a pagar.

Subscrevemos por isso – independentemente de uma ou outra diferença de pormenor – o alcance que Casalta Nabais dá ao conceito de "incidência" adoptado pelo art. 103.º, n.º 2, da CRP[250].

4.3. O "lançamento" e a "liquidação" do imposto ou base de avaliação e quantificação do imposto

Resulta do exposto até aqui que, se a incidência a que se refere o art. 103.º, n.º 2, não é limitada aos sujeitos activo e passivos e ao facto tributário em sentido restrito, mas diz respeito ao *an* e ao *quantum* do imposto, as chamadas regras de lançamento quando são regras de deter-

---

[248] V. o nosso artigo, "O Princípio da legalidade fiscal...", cit., pp. 450-451 (pp. 440 e ss.).

[249] Assim também, JOSÉ CASALTA NABAIS, *O Dever fundamental...*, cit., p. 365.

[250] No mesmo sentido, ou pelo menos, próximo, diz-nos também CARLOS PAMPLONA CORTE-REAL, *Curso...*, *I*, cit., 1982, p. 80: "Esclarecer-se-á, por fim, que, no que respeita à incidência do imposto, deverá entender-se que a reserva de lei formal abrangerá igualmente aqueles aspectos jurídicos conexos com a sua quantificação (matéria colectável) ou seja, a chamada «incidência real»..., e isto apesar de por vezes nos códigos fiscais tais aspectos surgirem integrados, não no capítulo da incidência, mas no da determinação da matéria colectável. Quer dizer, na chamada «determinação da matéria colectável» haverá que distinguir os aspectos materiais, abrangidos pela reserva de lei formal, dos aspectos adjectivos, dela excluídos, em princípio".

minação da matéria tributável (por exemplo, as regras de avaliação nos impostos sobre o património[251], ou as regras para determinar o rendimento-acréscimo para apuramento do rendimento tributável, no caso dos impostos sobre o rendimento), as chamadas regras de liquidação relacionadas com a quantificação do imposto (se a liquidação é feita com base nas declarações periódicas de rendimentos, de informação contabilística e fiscal e nas declarações de substituição, ou com base em outros métodos aplicáveis na falta de apresentação das declarações ou de violação dos deveres acessórios), e ainda as relativas às deduções à colecta, fazem parte da incidência. Seria muito fácil perceber isso, se a nossa legislação designasse tais regras, de regras de determinação ou avaliação e quantificação da matéria tributável, ou simplesmente "base de avaliação do imposto" ou "base de quantificação do imposto" (correspondendo à designação alemã *"Steuerbemessungsgrundlage"* que não suscita dúvidas) – é o que aliás propõe Saldanha Sanches, salientando que o acto tributário quantifica a dívida de imposto, independentemente do papel que nessa quantificação tenham a administração e o contribuinte[252], papel esse que pode variar consoante o tipo de imposto e a legislação.

Ora bem, após defender que subjacente ao art. 103.º n.º 2 está um conceito de incidência em sentido amplo, diz-nos Casalta Nabais que se "excluem[] da reserva de lei fiscal os outros momentos da dinâmica do imposto, como o lançamento (identificação do contribuinte ou outros sujeitos passivos e determinação da matéria tributável), a liquidação (apuramento da colecta através da selecção da taxa aplicável, da aplicação desta à matéria tributável e das deduções à colecta caso as haja) e a cobrança e todas as operações em que estes momentos se desdobram"[253]. Ainda segundo o autor, estes "elementos não essenciais

---

[251] Veja-se neste sentido, o acórdão do TC n.º 358/92, de 11.11, cit., e JOSÉ CASALTA NABAIS, "Jurisprudência do Tribunal Constitucional...", cit., pp. 270-271.

[252] J.L. SALDANHA SANCHES, *A Quantificação da obrigação tributária, Deveres de cooperação, autoavaliação e avaliação administrativa*, CCTF, Lisboa, 1995, n.º 173, pp. 120 e ss.., 123 e ss., 127 e ss.139 e ss., espec. 142-151.

[253] JOSÉ CASALTA NABAIS, *O Dever fundamental*..., cit., p. 366; "Jurisprudência do Tribunal Constitucional...", cit., p. 271; *Contratos fiscais*, cit., p. 223; "A autonomia local...", cit., p. 197 e nota 196. Também após considerar, como vimos, que os aspectos jurídicos conexos com a quantificação do imposto fazem parte da incidência real, e estão por isso sujeitos à reserva de lei consagrada no art. 103.º, n.º 2, da CRP, CARLOS PAMPLONA CORTE-REAL entende que a lei a que se refere o n.º 3 do mesmo artigo ("ninguém pode ser obrigado a pagar impostos... cuja liquidação e cobrança se não façam nas formas pres-

dos impostos" podem ser disciplinados por decreto-lei não autorizado, decreto-legislativo regional ou regulamento, pois estão apenas sujeitos ao princípio geral da legalidade administrativa, a não ser que afectem direitos, liberdades e garantias[254].

Se bem entendemos, Casalta Nabais pretende agrupar a definição e a interpretação em abstracto destes elementos (interpretação totalmente vinculada, porque reservada à lei do parlamento, decreto-lei autorizado e decreto-legislativo regional, pois estes elementos fazem parte da incidência em sentido amplo), separando-as da aplicação da lei ao caso concreto, da "determinação dos factos", concepção que encontramos nos administrativistas alemães e portugueses das décadas de cinquenta e sessenta, e em Alberto Xavier no seu "Conceito e natureza do acto tributário" de 1972.

Aí escreve Alberto Xavier que "[a] «determinação da matéria colectável» – expressão ambígua, mas que já conquistou foros de cidade na nossa lei – é (...) um conceito que abrange dois fenómenos bem distintos entre si: uma determinação em abstracto e uma determinação em concreto. A determinação *em abstracto* é realizada pela lei, ou directamente, ou por via indirecta, através de definições redutivas ou conceitos de segundo grau [[255]]; por seu turno, a determinação *em concreto* ini-

---

critas na lei") é qualquer norma jurídica (i.e. lei em sentido material): *Curso...*, cit., 1982, pp. 80 e 82-84. Também no acórdão do TC, n.º 205/87, de 17.6, o Tribunal considera inconstitucional o n.º 3 do artigo 19.º, do Decreto n.º 80/IV, que estabelecia que "o regime legal dos impostos, contribuições, diferenciais e outros tributos cobrados pelos serviços autónomos, pelos fundos autónomos e pela Segurança Social e pelos organismos de coordenação económica e institutos públicos só pode ser modificado pela Assembleia da República". Segundo o Tribunal, "...não cabe na reserva relativa de competência da Assembleia da República, pelo que se enquadra no domínio da competência legislativa concorrencial daquele órgão de soberania e do Governo, tudo o que, em matéria fiscal, excede a determinação daqueles elementos essenciais (v.g., as regras relativas à liquidação e cobrança)": ponto 14 do acórdão. Todavia, o Tribunal não explicita o que entende por normas de liquidação, dizendo apenas que esta não cabe nos elementos essenciais dos impostos (IDEM). O Tribunal considerou também que a mesma norma era inconstitucional, na parte em que reservava exclusivamente à lei parlamentar os "diferenciais" e as "taxas", os quais não estavam cobertos pela reserva de lei (pontos 15 e 16 do acórdão). No mesmo sentido e com os mesmo argumentos, estando em causa disposições idênticas, acórdão do TC n.º 461/87, de 16.11, ponto 10.

[254] JOSÉ CASALTA NABAIS, *O Dever fundamental...*, cit., p. 366.

[255] O autor entende por "definições redutivas" ou "conceitos de segundo grau", "o complexo vastíssimo de preceitos que no Direito Fiscal desempenham a função de

cia-se aí mesmo onde terminou o processo de concretização legal. Está-se então perante uma determinação do facto na sua existência ou nas suas qualidades, que exige uma actividade mediadora do órgão de aplicação do direito; actividade que já não é de interpretação da lei, mas de simples fixação dos factos, embora, claro, dentro dos limites e nos termos legais. A chamada «determinação da matéria colectável» (...) desdobra[]-se necessàriamente ou numa actividade interpretativa de caracterização do facto ou numa actividade probatória da sua descoberta e valoração"[256].

Mas se está aqui subjacente um entendimento que separa os momentos de interpretação da lei em abstracto e interpretação em concreto – entendimento esse que rejeitamos e que criticamos adiante, no capítulo sobre a margem de livre apreciação dos conceitos jurídicos indeterminados –, em que a primeira seria uma actividade totalmente vinculada (no sentido em que "só haveria uma interpretação correcta") e a segunda permitiria um certo grau de margem de livre apreciação – e não é claro que seja essa a intenção de Casalta Nabais –, é duvidoso que se possa chamar lançamento e liquidação apenas a este segundo momento, aligeirando a reserva de lei substancial ou tipicidade fiscal, e distinguindo-o da "determinação da matéria colectável" e da definição da taxa, as quais estariam sujeitas a elevadas exigências de determinação legal.

Aliás, o próprio autor escreve nos seus "Contratos Fiscais": "É de notar que será seguramente neste domínio da cobrança (a que, de algum modo, podemos acrescentar facilmente o próprio domínio da liquidação *lato sensu*) que a figura do contrato levantará menos objecções, uma vez que tal momento da dinâmica dos impostos não faz parte da reserva de lei, a qual, muito sumariamente..., constitui uma barreira de protecção erigida em volta do *an* e do *quantum* dos impostos". E acrescenta em nota: "Ideia que já não se pode afirmar com idêntica segurança relativamente à liquidação uma vez que, em certos casos, acaba por ser neste momento que se estabelece o *quantum* do imposto havendo como que uma osmose

---

desenvolver e explicitar o conteúdo do tipo legal e que, do mesmo passo, entram a fazer parte integrante deste. Trata-se... de normas – integradoras ou de segundo grau – que operam uma interpretação do conceito pela sua definição, dando lugar a uma redução conceitual, pela sua substituição por outro ou outros de grau lógico inferior ("definição redutiva"): *Conceito e natureza*..., cit., p. 41.

[256] *Conceito e natureza*..., cit., pp. 42-43.

entre definição e determinação da matéria colectável"[257]. Não percebemos por que razão o autor mudou de entendimento.

Seja como for, quanto muito, poder-se-ia defender que em relação à avaliação ou quantificação da obrigação tributária (incluindo a chamada determinação da matéria colectável e as deduções à colecta), o grau de determinação legal exigível seria menor do que em relação à definição do sujeito passivo e do objecto de imposto em sentido restrito; em relação ao grupo de matérias mencionadas em primeiro lugar, seria permitida maior margem de livre desenvolvimento da disciplina por decreto-lei não autorizado ou regulamento.

Parece-nos que as divergências quanto à submissão dos chamados lançamento e liquidação à reserva de lei fiscal, que encontramos na nossa doutrina, estão relacionadas com os diferentes tipos de "normas de lançamento e de liquidação", que ora são normas substantivas, ou de Direito Fiscal material, i.e., referentes à relação jurídica (obrigacional) tributária, ora são normas procedimentais ou de Direito Fiscal formal, i.e., normas de Direito Administrativo especial. No seu conjunto, elas correspondem às fases do procedimento tributário, caso em que o lançamento e a liquidação são equiparáveis a conceitos como "acertamento", ou "acto tributário" (como propõe Alberto Xavier[258]), ou "auto-avaliação" e "avaliação admi-

---

[257] JOSÉ CASALTA NABAIS, *Contratos fiscais...*, cit., p. 120 e nota 345. Diferente é a possibilidade de a lei conceder uma margem de livre apreciação ou discricionariedade quanto aos elementos essenciais do imposto: mas têm de ser a lei parlamentar ou o decreto-lei autorizado (ou o decreto-legislativo regional, nos termos do art. 227.º, n.º 1, al. i) da CRP) a fazê-lo. É o caso da liquidação da derrama, cujas regras estão todas determinadas na lei (CIRC e Lei das Finanças Locais), mas em que se atribui discricionariedade ao município para lançar ou não lançar a derrama (discricionariedade de decisão). Quando dizemos que os elementos essenciais do imposto estão sujeitos a reserva de lei, não queremos com isso dizer que tal reserva impeça a margem de livre apreciação e até, nos termos que definiremos adiante, a discricionariedade.

[258] V., por todos, integrando o lançamento e liquidação no Direito Tributário formal, ALBERTO XAVIER, *Conceito e natureza...*, cit., pp. 11 e ss.. E ainda, explicando que "[s]endo hoje o ato administrativo de lançamento praticado predominantemente no exercício de uma fiscalização e controle, eventualmente conducente à aplicação de sanções fiscais, mais do que no exercício de uma administração corrente, avoluma-se o seu significado de ato de autoridade potencialmente restritivo da propriedade e liberdade dos cidadãos": *Do Lançamento: Teoria geral do acto do procedimento e do processo tributário*, 2.ª ed., Rio de Janeiro, 1997, p. 15; o lançamento e liquidação também são integrados no Direito Tributário formal pela doutrina italiana e alemã. Mas enquanto a primeira a retira da reserva de lei (cf., por ex., FRANCESCO TESAURO, *Compendio di Diritto Tributario*, cit., 2004, p. 11), a se-

nistrativa" (na terminologia proposta por Saldanha Sanches, tendo em conta os actuais métodos de quantificação da obrigação tributária no quadro de uma administração de actos-massa[259]).

O que por exemplo escreve Cardoso da Costa, exprimindo o entendimento do Tribunal Constitucional, manifesta essa ambiguidade de sentidos, ao distinguir a "definição" da "determinação" da matéria colectável: "na primeira est[aria] em causa a identificação da entidade económica – rendimento, despesa, património, capital – sujeita a imposto, e, consequentemente, um elemento «substantivo» e «essencial» da normação tributária; na segunda, trata-se já do método ou dos métodos a adoptar no cálculo e no estabelecimento do respectivo valor, e, portanto, de um domínio «instrumental», com carácter fundamentalmente «procedimental» e «adjectivo»"[260].

Encontramos um exemplo deste segundo sentido, no anteprojecto do Código dos impostos sobre o rendimento, de Fernando Pessoa Jorge e de António Braz Teixeira (1968), que constituía uma espécie de lei geral tributária para os impostos sobre o rendimento: na secção III, denominada "processo administrativo para a determinação da colecta", define-se o lançamento (art. 45.º), como compreendendo "o conjunto de operações destinadas a identificar o contribuinte e a determinar a matéria colectável"; no art. 46.º estabelece-se que nos impostos regulados por aquele código, a identificação do contribuinte se pode fazer por declaração do próprio, de terceiro ou por inscrição em registos ou matrizes; e é ainda definido como será determinada a "matéria colectável" baseada em rendimentos presu-

---

gunda não o faz, porque o procedimento é entendido como uma interferência ablativa: V. por todos, ANA PAULA DOURADO/RAINER PROKISCH, "Das steuerrechtliche Legalitätsprinzip im portugiesischen und deutschen Verfassungsrecht", *Jahrbuch des Öffentlichen Rechts der Gegenwart*, 1999, Bd. 47, p. 58; cf. KLAUS VOGEL, "Die Besonderheit des Steuerrechts", *DStZ*, 1977, p. 11.

[259] J.L. SALDANHA SANCHES, *A Quantificação da obrigação tributária...*, cit., por ex. pp. 219 e ss.. V. ainda PAULO PITTA E CUNHA, que distingue a "fase da criação da espécie tributária, integrada de todos os elementos que são objecto da descrição abstractamente operada pelas normas de incidência", da fase de aplicação do imposto, dividida em dois momentos: "o que culmina com o apuramento, no caso concreto, da prestação tributária devida por cada contribuinte; o que se concretiza na própria satisfação da prestação", i.e, *"normas de lançamento"* e *"normas de cobrança"*. O Professor subdivide o lançamento em duas operações, "lançamento propriamente dito" que só tem relevo quanto aos impostos cuja aplicação supõe uma actividade prévia da administração, como no caso dos impostos "directos", e liquidação: *Direito Fiscal...*, cit., 1975, pp. 68-69.

[260] J.M. CARDOSO DA COSTA, "O Enquadramento constitucional...", cit., p. 409.

midos ou normais, e qual a composição das comissões mistas que intervenham nessa determinação (arts. 49.º e ss.), sua nomeação e funcionamento e as garantias processuais do contribuinte. O mesmo tipo de disposições aparece nos arts. 64.º e ss., a propósito da liquidação.

Por conseguinte, e em última análise, as divergências quanto ao significado de "lançamento" e de "liquidação", têm a ver com o facto de a relação obrigacional e o procedimento tributário implicarem análises sobrepostas, e de o procedimento tributário conter disposições substantivas a par de disposições meramente procedimentais ou administrativas – lembrem-se as propostas da doutrina italiana e entre nós subscritas por Alberto Xavier, de separação entre a análise do conteúdo do acto tributário – do seu "perfil estático", "estritamente vinculado" –, e a análise da "eficácia" do mesmo ou do seu "perfil dinâmico e funcional", embora tenhamos uma mesma obrigação tributária[261-262].

Como já escrevemos anteriormente, sob a designação de liquidação, os nossos códigos de imposto disciplinam a relação jurídica de imposto desdobrada em vários momentos ou aspectos (que adiante designamos por *Tatbestand* sistemático), que incluem por vezes deduções à colecta (é o caso dos códigos de imposto sobre o rendimento), e que influenciam a quantificação do imposto, como aliás o diz expressamente Alberto Xavier. Adoptando a "perspectiva dinâmica" ou procedimental, o autor rejeita a distinção entre lançamento e liquidação – e adopta em sua substituição o conceito de "acto tributário" o qual é, para o autor, "estritamente vinculado" e declara a obrigação tributária, valendo como "título abstracto"[263] –, por ser complicado definir a fronteira dos actos de caracterização legal do facto, em relação aos actos de determinação do valor ou de quantificação, e porque a liquidação, frequentemente, também não

---

[261] Assim, ALBERTO XAVIER, *Conceito e natureza...*, cit., pp. 399-400 e ss..

[262] Diz ALBERTO XAVIER que a correlação feita entre conteúdo e eficácia do acto tributário – sem autonomização dos dois momentos – resulta de uma análise que se limita ao "perfil estático": "aí onde existisse um acto de conteúdo vinculado, aí teríamos inexoràvelmente um acto de eficácia declarativa; e ali onde surgisse um acto de conteúdo livre, dispositivo ou discricionário, ali deparariámos, também inexoràvelmente, com um acto de eficácia constitutiva [; ou seja,]... provado pelo princípio da tipicidade o carácter vinculado do acto tributário, provada estaria do mesmo passo a sua eficácia declarativa no tocante à obrigação do imposto" (ALBERTO XAVIER, *Conceito e natureza...*, cit., p. 400). Ora, segundo ALBERTO XAVIER, seria necessário autonomizar o momento estático do momento dinâmico do acto tributário.

[263] ALBERTO XAVIER, *Conceito e natureza...*, cit., pp. 599-600 e ss..

se esgota na aplicação da taxa à matéria colectável[264]. Se o acto tributário (lançamento e liquidação; ou auto-avaliação e avaliação administrativa e liquidação) quantifica a obrigação tributária e é vinculado, isto significa que a administração fiscal e o sujeito passivo devem liquidar e cobrar os impostos segundo os critérios legais (cf. § 85 da *AO* e art. 103.º, n.º 3, da CRP); por outras palavras, a quantificação do imposto (incluindo auto-avaliação e avaliação administrativa) está sujeita a reserva de lei parlamentar (ou, no caso português, também decreto-lei autorizado ou decreto legislativo regional, nos termos da CRP), e só os aspectos da liquidação não relacionados com a quantificação, bem como a cobrança – i.e., as normas de procedimento administrativo *s.s.* – e quanto a actos que não constituam garantias do contribuinte, estão sujeitos ao princípio da preferência de lei[265].

A quantificação do imposto tem lugar num procedimento administrativo que pode desenvolver-se em mais do que um nível, como acontece em todos os ordenamentos jurídicos que nos são próximos, nomeadamente nas Leis Gerais Tributárias alemã, espanhola e portuguesa: o procedimento de averiguação (sujeito aos princípios da legalidade e da igualdade da liquidação e cobrança, deveres de cooperação, meios de prova) e o procedimento de liquidação (com base na declaração ou outros meios). A sujeição do procedimento à reserva de lei fiscal, sempre que não estejam em causa regras de quantificação da obrigação de imposto, tem de ser avaliada à luz de outros parâmetros – os das garantias dos contribuintes a que se refere a parte final do art. 103.º, n.º 2 e de outras garantias fundamentais.

Parece-nos pois que não há divergências de fundo quanto ao alcance da reserva de lei fiscal, e na verdade, todos os nossos códigos aprovados em regra por decreto-lei autorizado, disciplinam os aspectos destinados à quantificação do imposto – e não só esses –, não sendo frequentes as remissões para outra fonte de Direito, da disciplina dos aspectos essenciais dessas matérias[266].

---

[264] ALBERTO XAVIER, *Conceito e natureza...*, cit., pp. 40-50 (espec., pp. 42-47).

[265] Quanto a esta última, neste sentido, V. acórdão do TC n.º 504/98, de 2.7, *Acórdãos do TC,* vol. 40, 1998, pp. 537 e ss.: aqui o Tribunal considerou que a disciplina da cobrança dos direitos e imposições alfandegários não está sujeita a reserva de lei.

[266] Mas há casos em que a cobrança é disciplinada por decreto-lei não autorizado: V. o já citado acórdão do TC, n.º 504/98, de 2.7.

Mas as divergências existentes são também – ou principalmente – induzidas pelo n.º 3 do mesmo art. 103.º. Segundo este artigo, "[n]inguém pode ser obrigado a pagar impostos que não hajam sido criados nos termos da Constituição, que tenham natureza retroactiva [267] ou cuja liquidação e cobrança se não façam nos termos da lei".

A doutrina normalmente questiona se o significado de lei do n.º 3 do art. 103.º é idêntico ao do n.º 2 do mesmo artigo. E segundo o entendimento dominante, o n.º 3 refere-se a lei formal (lei da AR, decreto-lei do Governo ou decreto-legislativo regional), mas de competência não reservada à Assembleia da República[268] ou mesmo lei em sentido material (qualquer norma jurídica)[269]. Assim, o n.º 3 contraporia os «impostos criados nos termos da Constituição» – criação essa reservada ao Parlamento – à liquidação e cobrança dos mesmos, "aspectos não essenciais", meramente adjectivos ou procedimentais, estranhos ao *an* e ao *quantum*, e a preocupações de garantia[270], e por isso não sujeitos aos arts. 165.º, n.º 1, al. i) e 227.º, n.º 1, al. i). Para esta doutrina, mais do que procedimentais, a liquidação e cobrança parecem ser entendidos como actos

---

[267] Recorde-se que a referência à retroactividade foi introduzida na revisão de 1997, e não nos interessa tratar deste aspecto.

[268] Cf., por exemplo, CARLOS PAMPLONA CORTE-REAL, *Curso...*, I, cit., 1982, pp. 83-84; e *Direito Fiscal*, cit., 1980, p. 125, contrapondo a primeira parte do art. 103.º, n.º 3, que se refere à criação dos impostos nos termos da Constituição, o qual remeteria para o n.º 2, e a segunda parte do mesmo n.º, que ao referir-se à liquidação e cobrança nos termos da lei, se estaria a referir a lei em sentido material; J.J. GOMES CANOTILHO/VITAL MOREIRA, *Constituição...*, cit., 3.ª ed., anotação ao art. 106.º p. 459, ponto V.

[269] Assim, como já citámos atrás, JOSÉ CASALTA NABAIS, *Contratos fiscais...*, cit., p. 223; "A autonomia local...", cit., p. 197 e nota 196; *O Dever fundamental...*, cit., p. 366. E ainda, J.M. CARDOSO DA COSTA, "O Enquadramento constitucional...", cit., pp. 409-410. JORGE BACELAR GOUVEIA, "Considerações sobre as constituições fiscais da União Europeia", *CTF*, 1996, n.º 381, pp. 49-50.

Manifestando dúvidas, PEDRO SOARES MARTINEZ, *Direito Fiscal*, cit., 10.ª ed., pp. 97 e 107, embora inclinando-se para que o texto constitucional, "dado o enquadramento do preceito", exija reserva de lei parlamentar.

[270] É esta ausência de preocupações garantistas que transparece da posição de PEDRO SOARES MARTINEZ, *Direito Fiscal*, cit., 10.ª ed., p. 107: "Tal alargamento da *reserva de lei* para os campos da liquidação e cobrança não parece justificar-se. Mas já seria desejável a extensão da *reserva de lei* às matérias respeitantes às *formas de extinção das relações tributárias*, incluindo as hipóteses de remissão, e às *infracções fiscais*". Assim também a nossa jurisprudência, nomeadamente, do Tribunal Constitucional: veja-se, por exemplo, o acórdão n.º 127/04, de 3.3 (www.tribunalconstitucional.pt).

administrativos meramente subsuntivos, de "determinação quantitativa do facto tributável... por força de simples *operações lógicas* de aplicação da lei"[271] e de tesouraria[272].

O n.º 3 do art. 103.º, da CRP tem por fonte os arts. 3.º n.º 27 da CR de 1911, 8.º n.º 16, da CR de 1933 e é ainda semelhante ao § 85 da *AO* ("Os serviços financeiros devem liquidar e cobrar os impostos segundo os critérios legais e segundo a igualdade"). Deste, a doutrina alemã retira apenas a submissão da administração fiscal ao princípio da legalidade fiscal.

No caso das citadas disposições das constituições portuguesas, a finalidade principal é afirmar a vinculação da administração à lei (cf. art. 266.º, n.º 2, primeira parte, da CRP), no quadro das suas competências de quantificação da obrigação tributária e cobrança do imposto. Mas não se faz neste n.º 3 uma opção sobre o significado de lei – formal ou material –, cabendo apenas ao n.º 2 do mesmo artigo e ao art. 165.º, n.º 1, al. i), definir o objecto da reserva de lei.

Se o legislador constituinte tivesse optado pela redacção do art. 8.º, n.º 16, da versão originária da Constituição de 1933, que consagrava como direito e garantia individual dos cidadãos portugueses, não pagar impostos não estabelecidos de harmonia com a Constituição, não existiriam dúvidas.

4.4. *Regras fiscais substantivas e regras fiscais procedimentais na jurisprudência*

O facto de o "aspecto dinâmico" da quantificação do imposto ser o espelho das diferentes fases da obrigação tributária conducentes à quanti-

---

[271] Assim, ALBERTO XAVIER, *Conceito e natureza...*, cit., pp. 44-45, referindo que isto acontece por vezes – quando "a definição do valor da matéria colectável obedece a regras jurídicas de conteúdo tão preciso que a sua aplicação envolve, para além de uma indispensável e prévia interpretação do seu sentido, meras operações aritméticas" (p. 44), mas nem sempre, pois, por vezes, a lei deixa a determinação "rigorosa dos critérios de fixação do valor...à livre apreciação do agente" (p. 45).

[272] Embora considere que da interpretação sistemática do art. 103.º, n.º 3, da CRP, resulta que a liquidação e cobrança estão sujeitas a lei da Assembleia da República, ou, pelo menos, a lei de autorização legislativa, PEDRO SOARES MARTINEZ (*Direito Fiscal,* cit., 7.ª ed., p. 97), critica tal opção, por "não parece[r] justificar-se": assim, "não estaria... vedado ao *Governo* legislar sobre matérias tributárias respeitantes à *organização dos serviços* e à *competência de agentes fiscais*, ao *lançamento*, à *liquidação*, à *fiscalização* e à *cobrança*, nos termos do art. 201.º, n.º 1, alínea a)".

ficação (que adiante designaremos de *Tatbestand* sistemático), faz com que seja difícil diferenciar regras fiscais substantivas e regras procedimentais de quantificação do imposto.

Quando Cardoso da Costa, já anteriormente citado, diz que a determinação da "matéria colectável" não está sujeita a reserva de lei porque relacionada com o "método ou... métodos a adoptar no cálculo e no estabelecimento do respectivo valor e, portanto, [a]... um domínio «instrumental», com carácter fundamentalmente «procedimental» e «adjectivo»", surge-nos imediatamente a dúvida se o então Presidente do Tribunal Constitucional estava a pensar nos métodos de avaliação directa e indirecta, e a sugerir que fossem totalmente disciplinados por decreto-lei não autorizado ou regulamento.

Logo a seguir percebemos que não, porque estes seriam entendidos como "critérios de definição da incidência real do imposto", uma vez que, com esta argumentação, o Tribunal considerou que o «Código das Avaliações» – que estabeleceria as regras ou os métodos para a determinação do valor patrimonial dos prédios urbanos e rústicos para efeitos da então contribuição autárquica – estava sujeito a reserva de lei parlamentar, e Cardoso da Costa elogia o acórdão[273].

O caso da "taxa de comercialização de produtos de saúde" (que é na verdade um imposto e não uma taxa), apreciado pelo Tribunal Constitucional (acórdão n.º 127/04, de 3 de Março), parece-nos bastante esclarecedor sobre a indesejável separação entre o significado de determinação da "matéria colectável" e respectiva quantificação (ambas designadas pelos alemães de *Steuerbemessungsgrundlage)* e o de "lançamento" e "liquidação", para efeitos de delimitar o âmbito da reserva de lei fiscal.

Neste caso, o Tribunal Tributário de 1.ª instância de Lisboa recusou aplicar uma disposição legal, por inconstitucionalidade, na parte em que ela determinava que a taxa sobre comercialização de produtos de saúde incidia sobre o volume de vendas de cada produto, tendo por referência o respectivo preço de venda ao público. Segundo o Tribunal, este preceito violava o princípio da tipicidade fiscal e «o que resulta do art. 72.º da Lei n.º 3-B/2000 é uma indeterminação da base de incidência do tributo, pois que se determina que devendo o mesmo ser pago pelo responsável pela introdução do produto no mercado, no momento dessa introdução, através de autoliquidação, a quantificação do tributo se faça por referência ao

---

[273] J.M. CARDOSO DA COSTA, "O Enquadramento constitucional...", cit., p. 410 (ac. 358/92, de 11.11, *Acs. do TC*, vol. 23, pp. 109 e ss.).

preço de venda ao consumidor final que é um valor no momento desconhecido e que o sujeito passivo (e que tem de autoliquidar) desconhece e não domina em absoluto... [e] tal referência valorativa só teria cabimento num sistema de preços fixos em que o introdutor no mercado sabe de antemão qual irá ser o valor do preço de venda ao consumidor final...»[274].

O Ministério Público recorreu da sentença, alegando, entre outros aspectos, que as dificuldades práticas para a determinação do efectivo preço de venda ao público no período em causa, "carecendo, consequentemente, a referida autoliquidação de assentar num valor presumível ou hipotético" são dificuldades "associadas exclusivamente ao regime de liquidação do tributo, ... absolutamente estranhas aos princípios da tipicidade e da legalidade fiscal"[275]. Ou seja, enquanto o Tribunal Tributário de 1.ª instância entendeu que os elementos da quantificação do tributo estão sujeitos à reserva de lei fiscal e que a base de quantificação ou base de incidência era insuficientemente determinada, o Ministério Público entende que está em causa um problema de regime de liquidação – de autoliquidação – estranho a essa reserva de lei.

O Tribunal Constitucional estabeleceu neste processo, e para efeitos da legalidade e tipicidade fiscais, uma distinção dentro das regras "inseridas no procedimento de determinação do imposto": as que assumem carácter «material ou substantivo» estariam sujeitas a reserva de lei fiscal, e as que assumem carácter «procedimental ou processual» sairiam de fora das exigências da reserva de lei fiscal (ponto 6.3. do acórdão).

Assim, segundo o Tribunal, "[a]tenta a *ratio* do princípio da legalidade tributária, apenas poderão dizer-se sujeitas às suas exigências formais e materiais aquelas normas que, conquanto possam aparecer inseridas no procedimento de determinação do imposto, assumam um carácter «material ou substantivo» ou cujo conteúdo tenha que ver, ainda, com a modelação normativa dos elementos constitutivos do tipo tributário de cuja concretização factual deriva a obrigação de imposto e o seu montante, extravasando da esfera procedimental ou processual. [ ] É o caso das normas que identificam, ainda, a realidade económica sujeita ao imposto... (e) o legislador, na conformação dos elementos essenciais do tipo tributário,

---

[274] Sentença do Tribunal de 1.ª Instância de Lisboa, 3.º Juízo, de 12 de Dezembro de 2002, *Apud,* Acórdão 127/04 do Tribunal Constitucional, de 3.3, B, ponto 5. V. o comentário a este acórdão, sobre esta e outras questões, de SÉRGIO VASQUES, "Remédios secretos e especialidades farmacêuticas...", cit., pp. 167 e ss..
[275] V. ponto 2.3. e 2.4. do acórdão.

não está inibido, sem qualquer ofensa dos princípios da legalidade tributária e da tipicidade, de lançar mão... de remissões para elementos aos quais atribua a função de determinação dos seus aspectos ou dimensões técnicas (por exemplo, remissão para um determinado preço que se venha a estabelecer no mercado)... Tais normas remissivas têm, ainda, uma função identificadora dos rendimentos ou da riqueza a tributar, bem diferente daquele outro tipo de normas que apenas têm por escopo indicar os métodos ou caminhos a percorrer com vista à determinação da matéria colectável e/ou do imposto, e estão sujeitas ao princípio da legalidade"[276].

Para o Tribunal, a disposição em análise (art. 72.º n.º 3 da Lei n.º 3--B/2000) conteria uma norma substantiva, – "dimensão quantitativa do facto tributário em que se expressa a matéria colectável – dimensão ainda da incidência objectiva – ... definida pelo volume de vendas de cada produto daquelas espécies, tendo aquele por referência o respectivo preço de venda ao consumidor final" (ponto 6.4. do acórdão), sujeita portanto à reserva de lei fiscal, mas a técnica remissiva não a tornaria inconstitucional, dado que permitia "conhecer, com previsibilidade e segurança jurídica, os termos quantitativos do facto tributário" (ponto 6.4. do acórdão).

Em resumo, a regra do art. 72.º n.º 3, da Lei n.º 3-B/2000 era uma regra sobre quantificação do imposto, relacionada com a "modelação normativa dos elementos constitutivos do tipo tributário", e sujeita à reserva de lei fiscal (caindo assim no conceito de incidência em sentido amplo para efeitos do art. 103.º, n.º 2 da CRP), e o que estava em causa era saber se a técnica remissiva utilizada preenchia as necessidades da tipicidade fiscal[277].

Até aqui o critério de distinção enunciado pelo Tribunal é correcto – já o defendemos nas páginas anteriores. Todavia, logo de seguida, o Tribunal defende que a incerteza decorrente da lei é um "estado de dúvida subjectiva sobre o preço a tomar como base de autoliquidação do imposto", o qual "se deve exclusivamente ao regime de liquidação do

---

[276] Ora, segundo o Tribunal Constitucional, o princípio da tipicidade fiscal abrange a dimensão quantitativa do facto tributário, "... porque se trata de factos jurídicos, com necessário relevo económico/financeiro, e porque a capacidade contributiva que se pretende afectar é susceptível de diversas gradações, compete também ao legislador definir os critérios quantitativos de afectação ao imposto do valor desses factos. Fala-se, então, na dimensão quantitativa do facto tributário denominada por matéria colectável": ponto 6.3. do acórdão.

[277] E entendemos que no caso concreto não preenchia as exigências de determinação, basicamente pelas razões expostas pelo Conselheiro Mário Torres em voto de vencido.

imposto", aspecto que já extravasaria do art. 103.º n.º 2, e da reserva de lei fiscal. O Tribunal faz aqui uma cisão entre critérios abstractos de determinação quantitativa do imposto (sujeitos a reserva de lei) e lançamento ou liquidação (não sujeitos a tal reserva), cuja consequência é a indeterminação ou desconhecimento de um elemento essencial do imposto – a base de incidência, ou um elemento da base de quantificação do imposto – no momento da aplicação da lei (indeterminação de deveres do sujeito passivo).

Neste caso, a indeterminação da lei não é a indeterminação (ou vaguidade) em si dos conceitos, mas é ainda indeterminação da lei, porque esta ocorre, como veremos, quando existe uma "indeterminação de argumentos legais", i.e., quando o conjunto de argumentos legais disponíveis é insuficiente para justificar os resultados a que se chega.

Um dos quatro casos apontados por Coleman e Leiter de "indeterminação de resultados", verifica-se quando "o conjunto de argumentos legais nunca é adequado para garantir nenhum resultado" (caso 1)[278]: ora a remissão legal para um determinado preço que se venha a estabelecer no mercado não conhecido no momento em que tem de ser feita a liquidação significa a inadequação da lei para garantir um resultado, quanto a um elemento essencial do imposto (um elemento de quantificação).

Por isso, não é recomendável a distinção *tout court* entre "normas de determinação da matéria colectável" e "normas de liquidação".

Por isso também, se é possível identificar regras de "lançamento" e "liquidação" (i.e. regras relacionadas com a quantificação da obrigação tributária) meramente procedimentais e processuais que não estejam directamente relacionadas com a "modelação normativa dos elementos

---

[278] Esta consequência pode derivar de sistemas legais pobres (lacunas relativas a casos novos não disciplinados; mas, num sistema legal maturo as lacunas genuínas não existem, quando muito, haverá uma fraca relação entre a lei e a questão a julgar) ou muito ricos (porque o conjunto de regras e de princípios dão origem a resultados conflituantes, mas também neste caso não haverá verdadeira indeterminação com frequência, pois esta só surge quando um julgamento racional não pode ser defendido contra um outro tipo de julgamento): JULES L. COLEMAN/BRIAN LEITER, "Determinacy, Objectivity, and Authority", cit., pp. 226-227 e ss.. Mas no nosso exemplo, o legislador abstém-se de disciplinar a situação, remetendo para um critério inexequível no momento da quantificação do imposto (um critério futuro e portanto impossível), pelo que o "conjunto de argumentos legais" é aqui insuficiente, não permitindo chegar a nenhum resultado. Trata-se de um caso de indeterminação que não deveria ocorrer no nosso ordenamento jurídico, supostamente maturo.

constitutivos do tipo tributário", ou seja, que não tenham a ver com a concretização do montante do imposto (início do procedimento, princípio da verdade material, deveres de cooperação, meios de prova, entre outras), já nos parece desaconselhável definir as normas procedimentais ou processuais, supostamente excluídas da reserva de lei parlamentar ao abrigo do art. 103.º, n.º 3, como as "que apenas têm por escopo indicar os métodos ou caminhos a percorrer com vista à determinação da matéria colectável e/ou do imposto"[279]. Na verdade, os "métodos de determinação da matéria colectável" são actualmente conotados com os métodos directos e indirectos e estes não são definidos por normas meramente adjectivas.

Tendo em conta o exposto – e tudo ponderado –, a nossa interpretação do art. 103.º n.º 2 da CRP, nomeadamente, quanto ao conceito de incidência, abrange aquilo que os códigos de imposto designam de lançamento e liquidação, sempre que estejam em causa regras de quantificação do imposto (*Steuerbemessungsgrundlage*)[280], regras que contribuam para a determinação do *an* e do *quantum*: se quisermos abrir ao acaso o código do IRC, verificamos que caem neste âmbito, por exemplo, dentro da determinação da matéria tributável (ou "lançamento"), o regime de encargos dedutíveis, as regras de determinação da matéria tributável por métodos indirectos, as correcções para efeitos de determinação da matéria tributável, o regime especial de tributação dos grupos de sociedades, as regras de atenuação de dupla tributação económica e internacional, e quanto à "liquidação", após apurada a matéria tributável, o código enumera as deduções admissíveis, tais como a dedução correspondente à dupla tributação internacional, benefícios fiscais, pagamento especial por conta, retenções na fonte não susceptíveis de compensação ou reembolso, etc..

Todas estas disposições interferem com o montante de imposto a pagar e estão sujeitas à reserva de lei fiscal.

Acrescente-se ainda que tal reserva de lei é exigível quer as regras de avaliação sejam dirigidas ao fisco ou aos sujeitos passivos, impondo a estes deveres legais. Isto é, todas as disposições que imponham deveres aos sujeitos passivos que interfiram com a avaliação ou quantificação do imposto, como é o caso do regime de reembolsos do IVA, estão também

---

[279] Ponto 6.3. do acórdão.
[280] Designação como dissemos adoptada e proposta por J.L. SALDANHA SANCHES: V. por exemplo, *A Quantificação da obrigação tributária...*, cit., pp. 141 e ss., e 219 e ss..

sujeitas a reserva de lei, como defendem J. Xavier de Basto e J.L. Saldanha Sanches[281].

Questão diferente diz respeito ao grau de determinação exigido à lei formal, mas deste problema trataremos no número seguinte.

Outro elemento referido no art. 103.º, n.º 2, que faz parte dos elementos essenciais do imposto, é a taxa. Parece ser hoje pacífico que a definição da taxa de imposto e não apenas os limites da mesma está, em regra, sujeita à reserva de lei no sentido anteriormente explicitado, a não ser que outros princípios ou disposições constitucionais legitimem uma margem – estreita ou não muito alargada – de discricionariedade quanto ao montante exacto da mesma (tal como o princípio da autonomia local, ou, desde a revisão constitucional de 1997, o art. 238.º n.º 4, da CRP)[282].

4.5. Os benefícios fiscais e as garantias dos contribuintes no contexto do art. 103.º n.º 2 da CRP

Não há qualquer dúvida que a Constituição de 1976 submete os benefícios fiscais à reserva de lei fiscal, uma vez que eles são expressamente referidos no art. 103.º, n.º 2 – à semelhança do que faz a Constituição espanhola que, no seu art. 133.º n.º 3, consagra uma reserva de lei para "todo o benefício fiscal que afecte os tributos do Estado". Já por exemplo o regime decorrente da Constituição alemã não é claro, o que tem levado

---

[281] Tendo sido agravado por regulamento o regime dos reembolsos do IVA, os autores defendem que a reserva de lei é sem dúvida exigível quando a liquidação e cobrança estão a cargo do sujeito passivo, por ser "uma zona onde est[ão] inseridas as normas de que [vão] resultar reais agravos e onerações para o contribuinte" – embora também entendam que o n.º 3 do art. 103.º não é claro quanto à sujeição da liquidação e cobrança a reserva de lei ("O Novo regime de reembolsos do IVA – um despacho normativo ilegal", *Fisco*, 1994, n.º 62, p. 12). Ainda segundo os autores, a ambiguidade suscitada pelo art. 103.º, n.º 3, deve-se ao facto de a CRP de 1976, ao referir-se à liquidação e cobrança, não ter tido em devida conta a fiscalidade moderna que "tem vindo... a multiplicar os casos em que a administração se faz substituir pelos contribuintes em muitas das operações tradicionais de liquidação e cobrança" (p. 12): V. pp. 3 e ss., espec., pp. 9 e ss..

[282] V., por todos, por exemplo, J.M. CARDOSO DA COSTA, "O Enquadramento constitucional...", cit., pp. 412-413. E o acórdão do TC n.º 57/95, de 16.2, *Acórdãos do TC*, vol. 30, 1995, pp. 141 e ss., que não declarou inconstitucionais as normas respeitantes aos poderes dos municípios para fixar a taxa da Contribuição Autárquica sobre os prédios urbanos, bem como para lançar derramas sobre a colecta do IRC e fixar a respectiva taxa nos termos da lei.

o *BVerwG*, o *BVerfG* e parte da doutrina a entenderem que para além da sua previsão na lei do orçamento, não é necessária uma lei que autorize expressamente as despesas ou prestações estaduais, incluindo os benefícios fiscais[283].

A consagração expressa da reserva de lei para os benefícios fiscais justifica-se, não só no sentido em que a reserva de lei nos Estados sociais de Direito não se deve limitar à administração ablativa, como "para se evitar equívocos ou dificuldades de interpretação, sobretudo se se tiver em conta que os benefícios fiscais são, por via de regra, medidas extrafiscais", às quais se recusa a "aplicação pura e simples da 'constituição fiscal' "[284-285]. Na verdade, como parte da extrafiscalidade, os benefícios

---

[283] V., sobre o assunto, e no mesmo sentido, KLAUS VOGEL, "Grundzüge des Finanzrechts des Grundgesetzes", *Handbuch des Staatsrechts, Finanzverfassung- -Bundesstaatliche Ordnung*, IV, Hrsg. Josef Isensee e Paul Kirchhof, Heidelberg, 1990, pp. 77 e ss., pontos 111 e ss.. Em sentido contrário, considerando que o "princípio da legalidade dos impostos se alarga também às isenções fiscais, reduções fiscais e outros benefícios fiscais", embora sem fundamentar (ou talvez fundamentando no Estado de Direito, embora de modo não totalmente claro), KLAUS TIPKE/JOACHIM LANG, *Steuerrecht*, cit., 17.ª ed., p. 99.

[284] JOSÉ CASALTA NABAIS, *O Dever fundamental...*, cit., pp. 363-364.

[285] Os benefícios fiscais não têm como finalidade, nem directa, nem indirecta, a obtenção de receitas, ou dito de outra forma, não têm como finalidade cobrir despesas: ANA PAULA DOURADO, "O Princípio da legalidade fiscal...", cit., pp. 453-454. E KLAUS VOGEL, "Grundzüge...", cit., pp. 36 e ss.. Eles são despesas fiscais (*tax expenditure*) ou, nos termos do art. 109.º, [art. 106.º] al. g) da CRP, «receitas cessantes», alternativas à concessão de subsídios directos, e fazem parte de um outro conjunto de normas de Direito Fiscal diferente do das "normas de repartição da carga fiscal". Na verdade, as normas que consagram benefícios fiscais, não são orientadas por critérios de capacidade contributiva, nem de tributação do rendimento acréscimo-patrimonial (ao contrário do que acontece com as referidas normas de repartição da carga fiscal), mas sim, por finalidades extrafiscais, sejam elas de política económica, ambiental, cultural, social ou qualquer outra: elas podem assim ser designadas por "normas de direcção de comportamentos". Os benefícios fiscais devem assim ser colocados, na "estratificação" das diferentes normas do Direito Fiscal, como faz KLAUS VOGEL, nas "normas de direcção de comportamentos", podendo ser também designados de "normas orientadoras" (KLAUS VOGEL, "Die Besonderheit des Steuerrechts", cit., pp. 5-9; "Grundzüge...", cit., p. 38, pontos 51-52) ou "normas extrafiscais": assim, JOSÉ CASALTA NABAIS, *O Dever fundamental...*, cit., pp. 361 e ss. e 629 e ss.. Segundo o autor, a "extrafiscalidade traduz-se no conjunto de normas que, embora formalmente integrem o direito fiscal, tem por finalidade principal ou dominante a consecução de determinados resultados económicos ou sociais através da utilização do instrumento fiscal e não a obtenção de receitas para fazer face às despesas públicas" (p. 629). Continuando a citar Casalta Nabais, a extrafiscalidade é um conjunto de "normas (fiscais)

fiscais estão sujeitos às regras do Direito Económico Fiscal – ou seja, em parte, a regras do Direito Fiscal clássico ou material, entre as quais a reserva de lei parlamentar, e em parte a regras flexíveis, de adaptação à economia, do Direito Económico –, de que são exemplo as regras da concorrência fiscal prejudicial da Comunidade Europeia. Nesse sentido, como dissemos anteriormente, os benefícios fiscais "não constituem, em bom rigor, elementos do tipo de imposto, relativos à determinação do *an* e do *quantum* (ao invés de deduções, isenções ou exclusões, relacionadas com objectivos de tributação do rendimento-acréscimo ou da capacidade contributiva), tal como os subsídios directos (subvenções estaduais) o não são"[286].

Por outro lado, quer no âmbito do Estado fiscal, quer no âmbito da concorrência fiscal a que se assiste no quadro da Comunidade Europeia e até mundial, o benefício fiscal introduz fenómenos perversos de erosão de receitas e restringe a aplicação dos princípios materiais fiscais, pelo que deve ser publicitado, e deve por isso estar sujeito a reserva de lei parlamentar (mesmo que delegável ao Governo, e mesmo sem impedir que as Assembleias Legislativas Regionais tenham competências legislativas nessa matéria).

Diferentemente das "normas fiscais" *s. s.* (normas destinadas à obtenção de receitas fiscais), cuja reserva de lei parlamentar, como vimos, está relacionada com preocupações garantistas e com o princípio do Estado de Direito democrático, a reserva de lei parlamentar para os benefícios fiscais encontra a sua justificação capital no facto de eles restringirem o princípio do Estado fiscal (justamente porque este se caracteriza como o Estado cujas necessidades financeiras são essencialmente cobertas por impostos[287]) e de se desviarem do princípio da igualdade, na vertente da capacidade contributiva (no sentido em que todos devem contribuir para as

---

que, ao preverem uma tributação, isto é, uma ablação ou amputação pecuniária (impostos), ou uma não tributação ou uma tributação menor à requerida pelo critério da capacidade contributiva, isto é, uma renúncia total ou parcial a essa ablação ou amputação (benefícios fiscais), estão dominadas pelo intuito de actuar directamente sobre os comportamentos económicos e sociais dos seus destinatários, desincentivando-os, neutralizando-os nos seus efeitos económicos e sociais ou fomentando-os, ou seja, de normas que contêm medidas de política económica e social": JOSÉ CASALTA NABAIS, *O Dever fundamental...*, cit., p. 629.

[286] ANA PAULA DOURADO, "O Princípio da legalidade fiscal...", cit., p. 454.
[287] V. a caracterização do Estado fiscal em JOSÉ CASALTA NABAIS, *O Dever fundamental...*, cit., pp. 191-192.

despesas públicas, segundo a sua capacidade contributiva[288]), sendo esta um limite material constitucional ao legislador ordinário.

Em confronto com as normas de incidência e da taxa de imposto, os benefícios fiscais são o reverso da medalha, e o legislador constituinte terá entendido que o afastamento dessas normas e com ele a restrição dos limites ou princípios materiais constitucionais fiscais deve estar também submetido à reserva de lei parlamentar do art. 165.º, n.º 1, al. i), sob pena de se defraudar a reserva de lei fiscal. A sequência enumerativa do art. 103.º, n.º 2, da CRP, induz a esta interpretação.

Mas a reserva de lei parlamentar não é suficiente para legitimar a previsão normativa e a atribuição em concreto dos benefícios fiscais.

Para além da sujeição à reserva de lei, o afastamento ou restrição dos limites materiais constitucionais fiscais carece de justificação com base em princípios orientadores, os quais devem ser sempre ponderados conjuntamente com os princípios materiais fiscais a restringir[289]. O art. 2.º,

---

[288] V., por exemplo, por todos, para o Direito Italiano, SALVATORE LA ROSA, "Le Agevolazioni tributarie", cit., pp. 402, 416.

[289] Assim, implicitamente, KLAUS TIPKE/JOACHIM LANG, Steuerrecht, cit., 17.ª ed., p. 94, ponto 125. E alguma doutrina clássica italiana, como se pode ver em SALVATORE LA ROSA, "Le Agevolazioni tributarie", cit., p. 416 e nota 1.Todavia, os critérios de controlo da doutrina italiana são demasiado permissivos, pois limitam-se à capacidade contributiva, e alguma doutrina defende mesmo que esta tem de ser interpretada à luz dos princípios constitucionais da solidariedade e da justiça social; são também invocadas outras finalidades para justificarem os benefícios fiscais, que supostamente seriam concretizações da capacidade contributiva, tais como a tutela da família, da poupança, do trabalho, da cooperação (V., IDEM, p. 417); pela sua multiplicidade, estes argumentos tiram peso à capacidade contributiva como limite: trata-se na verdade, de finalidades prosseguidas pelas normas extrafiscais e não de limites ou parâmetros justificadores da extrafiscalidade. Por exemplo, se a solidariedade e a justiça social não tiverem como alvo o bem-estar social, mas apenas o bem-estar de alguns grupos, não deveriam ser invocadas. Finalmente, outra parte da doutrina entende que a capacidade contributiva, como princípio concretizador da igualdade, apenas proíbe os privilégios, e não serve para impedir os benefícios fiscais (IDEM, pp. 416-417 e ss.). Por tudo isto, SALVATORE LA ROSA defende que a melhor forma de legitimar os benefícios fiscais é a reserva de lei: IDEM, pp. 420 e ss.. Acrescente-se que o controlo da constitucionalidade material dos benefícios fiscais acaba por ser reduzido, uma vez que, como faz notar SALVATORE LA ROSA, os destinatários dos benefícios fiscais não têm interesse em suscitar a questão da constitucionalidade dos mesmos (IDEM, p. 417 e nota 7); em Portugal podem fazer-se as mesmas críticas quanto ao conteúdo material dos benefícios fiscais, com a única vantagem de poder ser suscitada a fiscalização preventiva da constitucionalidade das normas que os atribuem. Já agora esclareça-se que não concordamos com a posição de KLAUS TIPKE em Die Steuerrechtsordnung, cit., que defende que

n.º 1, do Estatuto dos Benefícios Fiscais, define os benefícios fiscais como "as medidas de carácter excepcional instituídas para tutela dos interesses públicos extrafiscais relevantes que sejam superiores aos da tributação que impedem".

Para concretizarmos o significado de "interesses públicos extrafiscais relevantes superiores aos da tributação", podemos recorrer aos princípios materiais legitimadores dos benefícios fiscais, enunciados por Tipke/Lang. Esses princípios (que podemos considerar também aplicáveis no nosso ordenamento constitucional) são o princípio do bem-estar social como princípio geral, que deve estar sempre presente, o princípio da proporcionalidade em sentido amplo (abrangendo os princípios da necessidade, adequação e proporcionalidade, $s.s.$[290]), e o princípio do ganho ou do mérito. O princípio da necessidade do benefício fiscal concretiza-se, por exemplo, no princípio da necessidade económica das famílias com repercussões positivas em toda a comunidade, e portanto no bem-estar social (por exemplo, benefícios fiscais para a aquisição de casa própria); e o princípio do ganho significa a recompensa fiscal de um comportamento que serve o interesse geral[291].

Entendemos (e desenvolvendo esta ideia de que deve haver uma relação entre princípios materiais legitimadores dos benefícios fiscais e os princípios materiais fiscais) que os primeiros não devem ser ponderados apenas no quadro do Direito Económico – necessidade e adequação em termos de efeitos benéficos para a economia e de mero juízo de prognose –,

---

o princípio da capacidade contributiva é liminarmente afastado da justificação dos benefícios fiscais, uma vez que estes, por definição o violam (a capacidade contributiva é mero pressuposto da atribuição de um benefício fiscal) – KLAUS TIPKE, *Die Steuerrechtsordnung*, I, cit., 2.ª ed., p. 340; a verdade é que adiante, o autor estabelece a relação dos benefícios fiscais com os impostos e as normas fiscais, ao dizer que todos os benefícios fiscais comportam desvantagens gerais, tais como a elevação da progressividade do imposto, a falsificação da efectiva carga fiscal, a falsificação do peso dos impostos na economia, etc.: IDEM, p. 366. No mesmo sentido, JOSÉ CASALTA NABAIS, *O Dever fundamental...*, cit., p. 667. E hoje em dia, mais do que "puxarem a progressividade para cima", contribuem para a desconstrução do Estado social.

[290] KLAUS TIPKE, *Die Steuerrechtsordnung*, I, cit., 2.ª ed., pp. 340 e ss..
[291] KLAUS TIPKE/JOACHIM LANG, *Steuerrecht*, cit., 17.ª ed., pp. 94-95. Os benefícios fiscais são concedidos, segundo Tipke/Lang, por "normas de finalidade social", materialmente, no Direito Económico e não no Direito Fiscal. Dentro das "normas de finalidade social", temos "normas de orientação", que são justificáveis por prosseguirem o bem-estar social e o princípio do ganho ou do mérito; e as "normas de redistribuição" justificáveis pelo princípio do Estado social de Direito e pelo princípio da necessidade: IDEM, p. 45.

mas também no quadro do Direito Fiscal, i.e., deve ser avaliado se esses princípios devem prevalecer sobre a igualdade na vertente da capacidade contributiva, progressividade, e quaisquer outros limites materiais fiscais que sejam restringidos pelos benefícios fiscais. Esta mesma relação tem sido feita, *mutatis mutandis*, no âmbito da Comunidade Europeia, a propósito da concorrência fiscal desleal (numa lógica de ponderação dos efeitos positivos na economia do Estado-membro e a discriminação positiva dos não-residentes, provocadora de deslocalização e de erosão das receitas fiscais nos Estados-membros da residência).

Além disso, a própria atribuição em concreto dos benefícios fiscais, no uso de uma margem de livre apreciação ou discricionariedade, está sujeita a limites, nomeadamente, aos princípios da proibição da arbitrariedade, da proibição do excesso e da proporcionalidade[292], mas a reserva

---

[292] José Casalta Nabais, *O Dever fundamental...*, cit., pp. 657-658. Mas não basta a observância destes limites para legitimar os benefícios fiscais, uma vez que eles derrogam ou restringem princípios materiais fiscais. No caso dos impostos extrafiscais, nomeadamente, dos benefícios fiscais, não basta que "o teste constitucional das medidas económico-sociais [se] limit[e] a verificar se elas se revelam arbitrárias ou sem fundamento (o que ser[ia] difícil de ocorrer dado o seu fundamento racional de intervenção económica) e se se apresentam excessivas ou desproporcionadas *lato sensu*, atento os objectivos que visam prosseguir. Um teste que, bem se compreende[ria], ser[ia] menos exigente do que o concretizado nas proibições do arbítrio e do excesso aplicáveis às medidas agressivas" (Idem, pp. 657-658). Por outro lado, parece-nos que a proibição do excesso e o princípio da proporcionalidade devem ser entendidos por referência à limitação da capacidade contributiva, e ao princípio do bem-estar social, referido no texto, e por isso não são de aplicação assim tão limitada como parece dar a entender o autor: Idem, p. 657. É certo que Casalta Nabais diz logo a seguir que o facto de os benefícios fiscais significarem a "utilização do instrumento fiscal pelo direito económico tem consequências, quer no apelo aos princípios da legalidade e da igualdade fiscais, que não são de afastar totalmente se e na medida que sejam compatíveis com a natureza do direito económico (fiscal), quer na específica validade e aplicação dos princípios da proibição do arbítrio e do excesso às medidas económicas por via fiscal que, justamente em virtude da utilização desta via, mais facilmente se revelarão arbitrárias ou excessivas" (Idem, p. 658). Mas logo a seguir diz que não se lhes aplicam os limites materiais dos impostos (Idem, pp. 662 e ss.), quando nos parece que essa não aplicação (ou restrição à aplicação incondicional) tem de ser legitimada – sob pena de violação dos mesmos – por outros princípios, incluindo o princípio da necessidade, adequação e proporcionalidade, que prevaleçam sobre os princípios materiais fiscais. E depois de legitimados, é que a aplicação/concretização governamental ou administrativa de cada um dos benefícios fiscais continua a reger-se pela proibição do excesso e do arbítrio. Parece-nos ainda que o alcance dado por Casalta Nabais à necessidade, adequação e proporcionalidade, em parte assente em juízos de prognose e ainda em comparações entre o benefício fiscal e meios alternativos, esquece que as restrições aos limites materiais fiscais

de lei parlamentar é o instrumento que formalmente legitima o desvio aos princípios da capacidade contributiva e, eventualmente, da progressividade.

Em suma, a referência aos benefícios fiscais no art. 103.º n.º 2 traduz a convicção de que a reserva de lei é um dos instrumentos para garantir, simultaneamente, o legítimo afastamento dos princípios constitucionais materiais do Estado fiscal e a observância dos princípios a que os benefícios fiscais estão submetidos[293].

Esta ideia parece estar de algum modo subjacente aos seguintes comentários de Sousa Franco: "a reserva de lei em matéria tributária não é apenas uma garantia dos contribuintes individualmente considerados..., mas sim uma garantia de um sistema não individualista e justo, que origina uma efectiva igualdade dos contribuintes perante a lei, a qual poderia ser quebrada pela concessão de benefícios por outra forma"[294].

---

têm de ser justificadas. Ao dizer que vigora em relação aos benefícios fiscais e às subvenções directas o princípio da subsidiariedade (IDEM, p. 664), parece estar subjacente uma preocupação de justificação, mas ainda insuficiente.

[293] Ou seja, e em resumo, o facto de os impostos extrafiscais terem por base, como defende CASALTA NABAIS, "essencialmente os direitos fundamentais, e os impostos fiscais essencialmente o princípio da capacidade contributiva", pois este princípio é mero *"pressuposto* ou *fonte"* dos impostos extrafiscais (JOSÉ CASALTA NABAIS, *O Dever fundamental...*, cit., p. 250-251) e o facto de a nossa Constituição consagrar um Estado Fiscal, em que os impostos extrafiscais, nomeadamente, os benefícios fiscais devem ser medidas (tanto quanto possível) excepcionais, e só podem ser criados se não violarem o princípio do excesso, justifica que estejam submetidos a reserva de lei parlamentar.

[294] Assim também, entre nós, A.L. SOUSA FRANCO, "Sistema financeiro...", cit., p. 529, nota 58; o que não significa que eles não tenham de respeitar o princípio da igualdade, quanto às pessoas e factos que caem nos pressupostos do benefício: assim, J.J. GOMES CANOTILHO/VITAL MOREIRA, *Constituição...*, cit., 3.ª ed., anotação ao art. 106.º, p. 459, ponto VII. Em sentido diferente, CASALTA NABAIS entende que "a reserva à lei dos benefícios fiscais tem a mesma justificação da reserva à lei dos impostos, já que os mesmos constituem despesas que ou não são orçamentadas ou, sendo-o, a sua orçamentação é uma simples estimativa ou cálculo como a das receitas e não uma fixação como a das despesas, compreendendo-se assim a sua subordinação à mesma reserva de lei das normas relativas à imposição positiva: é que, a entender-se de outro modo, as normas sobre benefícios fiscais furtar-se-iam à reserva de lei fiscal, porque não são impostos, e à reserva de lei do orçamento, dado neste não poderem ser fixadas, mas tão-só estimadas ou calculadas" (*O Dever fundamental...*, cit., p. 364). Salvo o devido respeito, e citando o próprio CASALTA NABAIS, se os benefícios fiscais "são, por via de regra, medidas extrafiscais a que alguma doutrina, na qual nos incluímos, recusa a aplicação pura e simples da "constituição fiscal", e designadamente do princípio da legalidade fiscal" (*O Dever fundamental...*, cit.,

Tendo em conta esta pertença ao Direito Económico Fiscal – que postula "a compatibilização prática de dois domínios jurídicos – o do direito fiscal e o do direito económico"[295] –, se o art. 103.º, n.º 2, não fizesse uma menção expressa aos benefícios fiscais, seria discutível a sua sujeição a reserva de lei parlamentar – é certo que alguma doutrina poderia entender que eles fariam parte das regras de incidência de imposto em sentido amplo – mas nem toda assim o entenderia; por outro lado, quando surgissem dúvidas sobre se certas deduções ou reduções de taxas constituem benefícios fiscais ou se estão relacionadas com o conceito de rendimento líquido ou com o apuramento da capacidade contributiva[296], a resposta quanto à sujeição de uns e outros a reserva de lei poderia ser diferente.

A partir do momento em que o legislador constituinte optou por uma referência expressa aos benefícios fiscais no art. 103.º, torna-se inequívoca a sua pertença à constituição fiscal – mesmo que eles devam também submeter-se à constituição económica, fazendo assim parte, como defende Casalta Nabais, do Direito Económico Fiscal. Pelo facto de eles implicarem o afastamento dos limites materiais constitucionais fiscais, deveria exigir-se uma rigorosa justificação para a sua criação, o que não acontece entre nós. Os critérios enunciados no art. 2.º, n.º 1, do EBF, não têm sido aplicados, e a doutrina também não tem sido muito exigente na interpretação que lhes dá[297].

---

pp. 363-364), isso significa apenas que era necessário consagrar expressamente esta reserva, não nos parecendo ter utilidade a equiparação da fundamentação da mesma à da reserva de lei fiscal.

[295] José Casalta Nabais, *Contratos fiscais,* cit., p. 261.

[296] V. Ana Paula Dourado, "As Deduções de pagamentos a empresas seguradoras não-residentes e a não-discriminação no direito Comunitário, Anotação ao caso Bachmann, Ac. do TJCE de 28.1.1992", Fisco, 1993, n.os 59/60, pp. 75 e ss..

[297] Veja-se, por todos, Nuno Sá Gomes, *Manual de Direito Fiscal, I,* CCTF, Lisboa, 1993, n.º 168, p. 325 (pp. 323 e ss.), para quem os "interesses públicos extrafiscais relevantes" que justificam os benefícios fiscais são, "por ex., de natureza política, económica, social, cultural, etc.", não acrescentando quaisquer exigências. Na 9.ª ed. do vol. II, cit., o autor é mais exigente, defendendo que os benefícios fiscais, "constituindo embora uma derrogação ao princípio da generalidade do imposto, são constitucionalmente justificados por prosseguirem fins do Estado que a Constituição igualmente tutela. E pode mesmo significar que os benefícios fiscais só se justificam constitucionalmente se os fins que eles prosseguirem forem hierarquicamente superiores ao princípio da generalidade do imposto como resulta expressamente da própria definição legal de benefício fiscal" (p. 88, pp. 82-83).

Repare-se que esta reserva de lei significa que não basta a estimativa da receita cessante originada pelos benefícios fiscais em relatório que acompanha a lei do orçamento (art. 106.°, n.° 3, al. g) da CRP), mas que a disciplina destes deve constar de lei parlamentar ou decreto-lei autorizado (art. 165.°, n.° 1, al. i) e n.° 2, da CRP) ou decreto-legislativo regional (ao abrigo do art. 227.°, n.° 1, al. i), da CRP), mesmo que a autorização do art. 165.°, n.° 1, al. i), da CRP, seja dada na própria lei do orçamento.

Outra questão, é a de saber se as finalidades extrafiscais permitem ou postulam um certo grau de abertura da lei, e uma consequente margem de livre apreciação administrativa: do grau de determinação legal exigido pela reserva de lei, trataremos adiante.

No que diz respeito à reserva de lei a que o art. 103.° n.° 2 sujeita as garantias dos contribuintes[298], podemos novamente recorrer à esquematização de Casalta Nabais, para delimitar o objecto: garantias gerais relativas ao procedimento (que em Espanha e na Alemanha constam das leis gerais tributárias e entre nós se dividem por esta, pelo código de procedimento e processo tributário e pelos códigos de imposto) – sendo certo que algumas garantias são simultaneamente regras de procedimento e regras relativas à relação jurídica de imposto (por exemplo, a prescrição impede o procedimento porque extingue a relação jurídica tributária)[299] –, garantias graciosas e garantias contenciosas[300]. Já nos parece que a relação que

---

[298] Pode-se entender por garantias, "quer o direito dos cidadãos a exigir dos poderes públicos a *protecção* dos seus direitos, quer o reconhecimento dos *meios processuais* adequados a essa finalidade" (J.J. GOMES CANOTILHO/VITAL MOREIRA, *Constituição...*, cit., 3.ª ed., *nota prévia*, p. 111); ou, que as garantias dos contribuintes transmitem a "ideia de uma esfera de limitação, de compressão, de restrição, da actividade estadual, legislativa e administrativa no campo tributário": CARLOS PAMPLONA CORTE-REAL, "As Garantias dos contribuintes", *CCTF*, Lisboa, 1986, n.° 147, p. 36. O autor relaciona as garantias do contribuinte, com o princípio da legalidade e a admissibilidade ou não de conceitos jurídicos indeterminados e discricionariedade, a fundamentação dos actos tributários, e ainda, com a interpretação das normas fiscais e a aplicação da lei no tempo, IDEM, passim. Cf., também, NUNO SÁ GOMES, "As Garantias dos contribuintes numa perspectiva internacional", *Estudos sobre a segurança jurídica na tributação e as garantias dos contribuintes,* CCTF, Lisboa, 1993, n.° 169, pp. 51-59: segundo o autor, "as garantias dos contribuintes abrangem não só as garantias ou meios de defesa ou protecção, processuais e materiais, previstas especificamente na CRP e nas leis tributárias mas ainda os princípios jurídicos... referentes às pessoas singulares ou colectivas em geral, e aos cidadãos e aos administrados em particular" (IDEM, p. 56).
[299] KLAUS TIPKE/JOACHIM LANG, *Steuerrecht*, cit., 17.ª ed., p. 24, ponto 16.
[300] JOSÉ CASALTA NABAIS, *O Dever fundamental...*, cit., p. 367.

Casalta Nabais estabelece entre o art. 103.º n.º 2 e as garantias dos administrados (incluindo os contribuintes e outros sujeitos passivos), constantes do art. 268.º da CRP, por um lado, e as garantias respeitantes à infracção fiscal e ao processo penal estabelecidas nos arts. 29.º e 32.º da CRP, por outro, pode ser objecto de uma leitura diferente.

Segundo Casalta Nabais, estas garantias – dos administrados ou do domínio sancionatório – já caíam na reserva de lei do art. 165.º, n.º 1, al. b), por serem garantias fundamentais. Assim, a reserva do art. 165.º, n.º 1, al. b), absorveria quanto às garantias fundamentais, a reserva "resultante (da conjugação) dos arts. 168.º, n.º 1, alínea i), e 106.º n.º 2" (actuais arts. 165.º, n.º 1, alínea i) e 103.º, n.º 2)[301]. Prossegue o autor: "Isto porque entendemos que a reserva imposta por estes preceitos não é mais exigente do que a prevista naqueles. É que... nada justifica que a reserva «das garantias dos contribuintes» também valha para as normas que as aumentem ou alterem (sem as diminuírem ou limitarem)[;]... quanto a este aspecto, apenas releva a função garantista do princípio da legalidade, contentando-se esta com a reserva à lei das normas que, de algum modo, afectem – restrinjam ou condicionem – as mencionadas garantias"[302].

Mas o alcance da reserva de lei quanto às garantias, sejam elas fundamentais – criminais ou contra-ordenacionais, e dos administrados – ou tipificações legais de garantias não identificadas no Título II da Parte I da Constituição (como acontece com as garantias dos contribuintes sujeitas a reserva de lei pelo art. 103.º, n.º 2, da CRP, mas não enunciadas na Constituição), mas que são garantias análogas aos direitos fundamentais, não é de modo algum pacífico.

Ora, quanto ao regime das infracções fiscais, tem toda a razão o autor quando diz que o art. 103.º n.º 2 nada acrescenta ao art. 165.º: os tipos de crime fiscal e de contra-ordenação fiscal e as respectivas sanções e processos estão sujeitos a reserva de lei ao abrigo do art. 165.º, n.º 1, als. c) e d) da CRP ("[d]efinição dos crimes, penas, medidas de segurança e respectivos pressupostos, bem como processo criminal" e "[r]egime dos actos ilícitos de mera ordenação social e do respectivo processo", respectivamente); mas já é discutível que a reserva de lei só diga respeito à actividade de criminalização ou agravação, e não à da descriminalização ou de atenuação: i.e. matéria que apenas "se traduza em fundamentar ou agravar

---

[301] JOSÉ CASALTA NABAIS, *Contratos fiscais*, cit., p. 245.
[302] JOSÉ CASALTA NABAIS, *Contratos fiscais*, cit., p. 245. V., também do autor, *O Dever fundamental...*, cit., p. 368.

a responsabilidade de um agente", não abrangendo "a matéria da *exclusão* ou da *atenuação* da responsabilidade", como defende Figueiredo Dias, "[s]ob pena, de outra forma... o princípio passar a funcionar *contra* a sua teleologia e a sua própria razão de ser: a protecção dos direitos, liberdades e garantias do cidadão indiciado de responsabilidade criminal, face à possibilidade de arbítrio e de excesso do poder estatal"[303].

Na verdade, o Tribunal Constitucional pronunciou-se em sentido diferente, considerando estar sujeita à reserva de lei parlamentar não só a criminalização ou agravação, como também a descriminalização ou atenuação. Por exemplo, no acórdão n.° 56/84, o TC faz uma síntese do alcance da reserva de lei em matéria de Direito sancionatório público, considerando ser da exclusiva competência da Assembleia da República, salvo autorização ao Governo, "[d]efinir crimes e penas em sentido estrito, o que comporta o poder de variar os elementos constitutivos do facto típico, de extinguir modelos de crime, de desqualificá-los em contravenções e contra-ordenações e de alterar as penas previstas para os crimes no direito positivo"[304].

O Tribunal apontou várias razões para fundamentar o alargamento da reserva de lei parlamentar à "supressão do quadro criminal de tipos de ilícito", que passamos a citar: primeiro, porque o art. 168.° (actual 165.°), n.° 1, al. c), não faz qualquer distinção; segundo, "a não se entender assim, a competência da Assembleia da República para criar tipos--crime e penas reduzir-se-ia a zero, sempre que o Governo, e de imediato, lhe revogasse as leis penais que editasse, o que resultaria inadmissível. Em terceiro lugar, a implementação do quadro geral de ilícitos criminais e penas, em sentido estrito, reclama que, analisada detidamente a reali-

---

[303] JORGE DE FIGUEIREDO DIAS/MANUEL DA COSTA ANDRADE, *Direito Penal, Questões fundamentais, A Doutrina geral do crime*, Coimbra, 1996, p. 170; JORGE DE FIGUEIREDO DIAS, *Direito Penal, Parte geral, Questões fundamentais, a doutrina geral do crime*, I, Coimbra, 2004, p. 171. Um dos exemplos de FIGUEIREDO DIAS são as causas de justificação, mas, por exemplo, GIOVANNI FIANDACA/GIUSEPPE DI CHIARA, que voltamos a citar adiante, entendem que elas não estão sujeitas a reserva de lei, não por serem normas mais favoráveis, mas por constituírem expressão de princípios gerais de todo o ordenamento jurídico: *Una Introduzione al sistema penale, Per una lettura costituzionalmente orientata*, Napoli, 2003, p. 64 (pp. 63-65, nota 195).

[304] De 12.6: *Acórdãos do TC*, vol. 3, 1984, p. 174. V. também ac. do TC n.° 324/90, de 13.12, *Acórdãos do TC*, vol. 17, 1990, pp. 267 e ss. E também não encontramos a distinção entre criminalização ou agravação por um lado, e descriminalização ou atenuação, por outro, em TERESA BELEZA, *Direito Penal*, 2.ª ed., Lisboa, 1984, pp. 379 e ss..

dade social, se seleccionem, especifiquem e graduem, segundo parâmetros de referência constitucional, os comportamentos humanos infractores de bens jurídicos essenciais e se estabeleçam penas proporcionadas a cada facto, daí que a simples eliminação de um modelo de crime reflexamente altere todo o quadro, o que equivale a dizer que, neste campo, a competência negativa tem, ao cabo e ao resto, profundos efeitos positivos"[305-306].

Também Taipa de Carvalho defende que o Governo não tem competência para, por decreto-lei não autorizado, descriminalizar ou reduzir as sanções criminais estabelecidas por lei ou decreto-lei autorizado, reiterando o segundo argumento do Tribunal: se é da Assembleia da República a competência para determinar "os bens que ela... considera essenciais à vida individual e social e carecidos de uma determinada tutela penal, então não teria qualquer razoabilidade atribuir ao Governo competência para vir "dizer" que tais bens não têm "dignidade penal" ou, se a têm, não devem ter uma protecção penal tão intensa como a que a Assembleia da República lhe confere"[307].

Estes argumentos também se aplicam, com as devidas adaptações, às garantias do processo criminal, previstas no art. 32.º da CRP.

No caso das garantias dos administrados a que se aplica o art. 165.º, n.º 1, al. b), o Tribunal Constitucional entendia que a reserva de lei dizia respeito a todo o regime dos direitos, liberdades e garantias – mas a jurisprudência mais recente inclina-se para exigir tal reserva às "restrições", não aos "condicionamentos de exercício" de tais direitos, liberdades e garantias[308].

---

[305] Acórdão n.º 56/84, *Acórdãos do TC*, vol. 3, 1984, pp. 166-167.

[306] Estas mesmas razões são invocadas, por GIOVANNI FIANDACA/GIUSEPPE DI CHIARA, *Una Introduzione al sistema penale...*, cit., pp. 63-65.

[307] AMÉRICO A. TAIPA DE CARVALHO, *Direito Penal, Parte Geral, Questões fundamentais*, Porto, 2003, p. 199 (pp. 198-199). O autor também entende que do princípio da separação de poderes decorre a proibição de um decreto-lei não autorizado vir "desdizer" o que a lei ou decreto-lei autorizado "disseram". Parece-nos que este argumento se reconduz ao outro argumento de Taipa de Carvalho: não é a separação de poderes que impede a intervenção de um decreto-lei não autorizado, mas a relação intrínseca existente entre as decisões políticas de descriminalização e de criminalização.

[308] Entendimento constante da jurisprudência constitucional, durante algum tempo, e que vem desde o Parecer da Comissão Constitucional n.º 9/77, *Pareceres da Comissão Constitucional*, vol. I, p. 181. E reiterado por exemplo, no Ac. n.º 248/86, de 16.7, *Acórdãos do TC*, vol. 8, 1986, pp. 159 e ss.; no caso da Postura de Santarém, acerca da regulamentação de direitos, liberdades e garantias: V. JOSÉ CASALTA NABAIS, "Os Direitos fundamentais na jurisprudência do tribunal constitucional", *Separata do vol. LXV (1989)*

Nem Vieira de Andrade nem Casalta Nabais consideram inconstitucionais decretos-leis que protejam, promovam, ampliem ou executem[309-310] a disciplina dos mesmos.

---

do BFDUC, pp. 18 (e ss.). J.C. VIEIRA DE ANDRADE, *Os Direitos fundamentais na Constituição Portuguesa de 1976*, 3.ª ed., Coimbra, 2004, p. 347, em que o autor não altera o que escreveu na 2.ª ed., 2001, p. 335. Repare-se que JORGE REIS NOVAIS escreve, em 2003, que o "Tribunal só considera accionável a exigência de reserva de lei parlamentar quando se trata de restrição e não de mero condicionamento de exercício de direito fundamental", e cita vários acórdãos: *As Restrições aos direitos fundamentais...*, cit., pp. 186-188, e nota 322. Assim, por exemplo, embora implicitamente, acórdão do TC n.º 99/88, de 28 de Abril, *Acórdãos do TC*, vol. 11, 1988, p. 799.

Considerando que a reserva de lei abrange o conteúdo essencial dos direitos, liberdades e garantias e direitos análogos, e não apenas as restrições, JORGE MIRANDA, "O Regime dos direitos, liberdades e garantias", *Estudos sobre a Constituição, III*, Lisboa, 1979, p. 93; J.M. SÉRVULO CORREIA, *Legalidade...*, cit., p. 306 e nota 513. M. REBELO DE SOUSA/ /J. DE MELO ALEXANDRINO, *Constituição da República Portuguesa Comentada*, Lisboa, 2000, p. 98; sujeitando a reserva de lei parlamentar "todos os aspectos do regime dos direitos, liberdades e garantias", J.J. GOMES CANOTILHO/VITAL MOREIRA, *Constituição...*, cit., 3.ª ed., anotação ao art. 18.º, p. 154.

[309] Assim, J.C. VIEIRA DE ANDRADE, *Os Direitos fundamentais...*, cit., 3.ª ed., p. 347. Segundo o autor, a intervenção de regulamentos autónomos em matéria de direitos, liberdades e garantias, quando se trate de regular matérias das "atribuições nucleares próprias" das autarquias locais, também deve ser admitida: IDEM, p. 351; e "Autonomia regulamentar e reserva de lei", cit., pp. 1-35. E ainda, considerando que a concretização e regulamentação de direitos fundamentais não está sujeita a reserva de lei parlamentar, MANUEL AFONSO VAZ, *Lei e reserva de lei, A causa da lei na constituição portuguesa de 1976*, Porto, 1992, pp. 312 e ss..

[310] JOSÉ CASALTA NABAIS entende que essa reserva não se aplica às "concretizações de limites imanentes dos direitos fundamentais". Segundo o autor, o alcance da reserva de lei diz respeito às restrições, condicionamentos e regulamentações (embora no caso destas últimas, nem sempre), mas já não às concretizações de limites imanentes dos direitos fundamentais. CASALTA NABAIS defende que as normas concretizadoras (que declaram) os limites imanentes dos direitos fundamentais (ou direitos análogos a direitos fundamentais) não estão sujeitas – "ao menos em termos absolutos" – à reserva de lei, porque se cabe ao operador jurídico da administração pública fazer essa delimitação quando aplica directamente os preceitos constitucionais relativos aos «direitos, liberdades e garantias» (art. 18.º, n.º 1), "através de providências concretas e singulares, por maioria de razão os há-de poder concretizar por via regulamentar"; mas o autor é cauteloso: na verdade, "esta argumentação deve ser adoptada com cautela, já que, frequentemente, não deixará de ser problemático saber se estamos perante uma concretização de um limite imanente ou perante uma restrição aos direitos fundamentais": "Os Direitos fundamentais...", cit., p. 19, nota 33. Seja como for, e salvo o devido respeito, essa "concretização" deve ser entendida como "aplicação vinculada", sujeita a controlo judicial, como escreve VIEIRA DE ANDRADE, na pp. 352-353 e na nota 48 das mesmas páginas de "Os Direitos fundamentais...". Por isso,

No caso das garantias dos contribuintes, o art. 103.º n.º 2, ao estabelecer que elas são determinadas por lei, não exclui as normas que ampliem essas garantias ou as que se limitem a declarar limites imanentes às mesmas.

Além do mais, ao contrário do que acontece com as garantias em matéria criminal e de processo criminal, e com as garantias dos administrados (consagradas nos arts. 29.º, 32.º, 268.º, e ainda, por exemplo, nos arts.º 20.º e 22.º da CRP[311]), o conteúdo das (restantes) garantias dos contribuintes não é (expressamente) determinado pela Constituição. Tratando-se de "normas de desenvolvimento de garantias" cujo conteúdo não está definido na constituição fiscal, mas tem de ser criado pelo legislador ordinário[312], o juízo sobre as normas infra-constitucionais – se afectam de forma vantajosa ou desvantajosa as garantias – só pode ser efectuado depois de desenvolvido esse mesmo regime legal, portanto, na óptica de sucessão de leis no tempo.

Assim, diríamos que os n.ºs 4 e 5 do art. 268.º postulam que o regime do contencioso tributário, em todos os aspectos que tenham a ver com "a tutela jurisdicional efectiva de direitos ou interesses legalmente protegidos"[313], esteja sujeito a reserva de lei parlamentar; e os restantes di-

---

a "concretização" quando corresponde à aplicação individualizada da lei, não parece ser equiparável à regulamentação de direitos, liberdades e garantias. Certamente por isso mesmo, JOSÉ CASALTA NABAIS, em *O Dever fundamental...* (cit. p. 76-77, e nota 169), distingue entre "limites imanentes (meramente) aparentes" e "limites imanentes reais": no primeiro caso, as concretizações "podem ser, em princípio efectivadas por todos os operadores jurídicos" e no segundo "só pelo legislador...faltando saber...se tal legislador tem de ser o Parlamento nos termos do art. 168.º [actual 165.º], n.º 1, al. b) da Constituição" (nota 169).

[311] Repare-se que o direito a juros indemnizatórios consagrado nos arts. 43.º da LGT e 61.º do CPPT tem fundamento neste art. 22.º da CRP, segundo o qual o "Estado e as demais entidades públicas são civilmente responsáveis, em forma solidária com os titulares dos seus órgãos, funcionários ou agentes, por acções ou omissões praticadas no exercício das suas funções e por causa desse exercício, de que resulte violação dos direitos, liberdades e garantias ou prejuízo para outrem". V. JORGE LOPES DE SOUSA, *Código de Procedimento e de Processo Tributário, Anotado*, 4.ª ed., Lisboa, 2003, p. 294 (pp. 292 e ss.).

[312] V., sobre as incumbências do legislador em relação aos direitos fundamentais, J.J. GOMES CANOTILHO/VITAL MOREIRA, *Fundamentos da constituição*, Coimbra, 1991, pp. 141-143.

[313] "[I]ncluindo, nomeadamente, o reconhecimento desses direitos ou interesses, a impugnação de quaisquer actos administrativos que os lesem, independentemente da sua forma, a determinação da prática de actos administrativos legalmente devidos e a adopção

reitos e garantias dos administrados (incluindo as gerais e as não contenciosas), previstas no art. 268.º e em outras disposições constitucionais, estão também sujeitos a reserva de lei parlamentar. A reserva de lei não diz apenas respeito às "restrições" de tais direitos ou garantias, pelas razões apontadas no acórdão do TC, n.º 56/84.

E diríamos ainda que a disciplina das garantias fiscais procedimentais não previstas constitucionalmente, está sujeita a reserva de lei parlamentar (embora as disposições que consagram tais garantias – normas de procedimento fiscal – sejam na verdade, em grande parte, normas de Direito Administrativo e não de Direito Fiscal substantivo[314]), desde que se trate de matérias relacionadas com a legalidade do montante de imposto a pagar ou de normas ou actos que interfiram com a legalidade da relação jurídica de imposto (ou a própria exigibilidade – legal – do imposto), i.e., matérias *essenciais,* ou *politicamente controversas,* para utilizar o conceito de Reis Novais: citem-se, a título de exemplo, os pressupostos e prazos de revisão oficiosa, ou o prazo de caducidade da liquidação dos impostos entendido pelo Tribunal Constitucional, no acórdão n.º 168/02, como matéria "ligada às garantias dos contribuintes"[315]. Segundo o Tribunal, "porque a caducidade determina a extinção do direito do Estado à cobrança do imposto, uma vez extinto aquele direito, ficará o contribuinte com *jus* à não exigibilidade do tributo que eventualmente venha a ser liquidado fora do prazo para tanto estipulado por lei, anotando-se que o n.º 3 do artigo 103.º da Constituição dispõe que ninguém *pode ser obrigado a pagar impostos... cuja liquidação e cobrança se não façam nos termos da lei.* Trata-se, pois, de uma garantia do contribuinte que, perante o estatuído no n.º 2 daquele artigo, tem de ser determinada por lei"[316] – por outras palavras, a caducidade está "sujeita à reserva de lei formal e parlamentar" (ponto I do sumário do acórdão).

Como já dissemos anteriormente, mesmo a função garantista da reserva de lei fiscal nunca foi entendida como dizendo respeito apenas às normas desfavoráveis, mas a quaisquer alterações de regime, por estar em

---

de medidas cautelares adequadas" (n.º 4), bem como "o direito de impugnar as normas administrativas com eficácia externa lesiva dos seus direitos ou interesses legalmente protegidos" (n.º 5).

[314] V., por todos, KLAUS TIPKE/JOACHIM LANG, *Steuerrecht,* cit., 17.ª ed., pp. 24 e ss..
[315] Ac. do TC, n.º 168/02, de 17.4, *Acórdãos do TC,* vol. 52, 2002, ponto 5, pp. 795 e ss..
[316] Idem.

causa a previsibilidade do montante do imposto (e da situação fiscal) e a tutela de confiança do contribuinte[317].

Mas há outras razões para este entendimento, que se reconduzem às invocadas pelo Tribunal Constitucional no acórdão n.º 56/84.

Desde logo, no plano da hierarquia das fontes, se as normas procedimentais (procedimento administrativo) e processuais (de processo contencioso) fiscais que disciplinam as garantias estão sujeitas ao art. 165.º, n.º 1, al. i), as normas que modificam esse regime num plano mais favorável têm de estar previstas em fontes da mesma hierarquia, desde logo por óbvias razões técnico-formais, pois as segundas revogam ou derrogam as primeiras, o que desde logo impediria que um regulamento derrogasse uma lei ou decreto-lei autorizado[318], embora este argumento não valesse para os decretos-leis não autorizados.

E as mesmas razões substanciais invocadas no acórdão n.º 56/84, a propósito das garantias em matéria penal, apontam no sentido da reserva de lei parlamentar das garantias dos contribuintes: se assim não fosse, o sistema de garantias procedimentais e processuais fiscais, instituído por lei parlamentar ou decreto-lei autorizado, poderia ser neutralizado (defraudado) pelo executivo, por decreto-lei não autorizado[319]. Entre um número infindável de exemplos, podemos pensar no alargamento dos prazos para reclamação administrativa: imagine-se que o razoável prazo de reclamação da liquidação de imposto de 90 dias instituído por decreto-lei autorizado era aumentado para 5 anos por decreto-lei não autorizado. Esta revogação do regime anterior constituiria um privilégio injustificado para os contribuintes, pela amplitude do prazo, colocando em risco o funcionamento da administração fiscal, devido à avalanche de reclamações, acabando por pôr em causa os princípios da praticabilidade e da igualdade fiscal; ou imagine-se o alargamento do prazo no sentido referido por decreto-lei não autorizado, apenas para um determinado grupo de contribuintes; ou o alargamento dos pressupostos do direito a juros indemnizatórios anteriormente fixados por decreto-lei autorizado, e aumento desses juros, por decreto-lei não autorizado.

---

[317] V. esta mesma ideia expressa em PEDRO SOARES MARTINEZ, *Direito Fiscal*, cit., 10.ª ed., p. 96.

[318] Assim, GIOVANNI FIANDACA/GIUSEPPE DI CHIARA, *Una Introduzione al sistema penale...*, cit., pp. 64-65; e FRANCESCO PALAZZO, *Introduzione ai principi del diritto penale*, Torino, 1999, pp. 229 e s., *Apud*, GIOVANNI FIANDACA/GIUSEPPE DI CHIARA, *Idem*.

[319] GIOVANNI FIANDACA/GIUSEPPE DI CHIARA, *Una Introduzione al sistema penale...*, cit., pp. 64-65.

Acrescente-se ainda que – e trata-se de um aspecto crucial – a distinção entre restrição, regulamentação e desenvolvimento de direitos, liberdades e garantias não é, de modo algum, fácil de estabelecer[320]. Reis Novais, por exemplo, prefere "partir de um conceito o mais lato possível, o de *regulação*, abrangendo toda e qualquer actuação normativa no domínio dos direitos fundamentais"[321], regulação que pode "afecta[r] desvantajosa ou negativamente o conteúdo de um direito" ou "antes, melhorar posições de direitos fundamentais, possibilitar o seu exercício, desenvolvê-las, concretizá-las ou criar condições que possibilitem o seu exercício concreto de forma socialmente adequada e viável"[322]. Este segundo tipo de regulação é conduzido, segundo o autor, pelas "normas de desenvolvimento de direitos fundamentais", e delas fazem parte os direitos processuais (e procedimentais), conformados por lei – ou melhor, em que a lei tem uma "função constitutiva do próprio direito", criando ou determinando o seu conteúdo – e também os direitos processuais e procedimentais cujo conteúdo já está (pelo menos parcialmente) determinado na Constituição, cabendo à lei criar as formas jurídicas que desenvolvam tal conteúdo ou possibilitem o seu exercício[323] (cf., por ex., os arts. 20.°, 22.° e 268.° da CRP).

Para a aplicabilidade dos requisitos de Estado de Direito, incluindo o da reserva de lei parlamentar (do art. 165.° da CRP), Reis Novais adopta o critério da "afectação desvantajosa do conteúdo do direito fundamental em questão", pela "extensão e intensidade dos efeitos restritivos por ela produzidos no contexto dos interesses materiais em presença...", "[i]ndependentemente de uma dada normação poder, em abstracto, ser conside-

---

[320] Por exemplo, J.J. GOMES CANOTILHO/VITAL MOREIRA afirmam que a "figura da restrição do exercício de direitos fundamentais deve ser distinguida rigorosamente da figura da delimitação do âmbito do próprio direito fundamental", mas consideram que os limites imanentes "não deixam de ser restrições ao âmbito de exercício dos direitos fundamentais", porque "não surgem *ab initio*... não são limites originários ou primitivos conaturais aos respectivos direitos fundamentais", mas "têm sempre de resultar da necessidade de conjugar ou compatibilizar os direitos fundamentais com outros direitos ou princípios constitucionais", *Constituição...*cit., 3.ª ed., anotação ao art. 18.°, pp. 149-150.

[321] JORGE REIS NOVAIS, *As Restrições aos direitos fundamentais...*, cit., p. 178. V., ainda, LUÍS PEDRO PEREIRA COUTINHO, "Regime orgânico dos direitos, liberdades e garantias e determinação normativa. Reserva de parlamento e reserva de acto legislativo", *Revista jurídica*, AAFDL, 2001, n.° 24, pp. 533 e ss..

[322] JORGE REIS NOVAIS, *As Restrições aos direitos fundamentais...*, cit., pp. 178-179.

[323] JORGE REIS NOVAIS, *As Restrições aos direitos fundamentais...*, cit., pp. 179, 180 e 181.

rada desenvolvimento ou restrição, configuração ou materialização de um direito fundamental"[324]. Mas "a afectação desvantajosa" não é um critério bastante para aferir da sujeição à reserva de lei, pois ele tem de ser conjugado com o critério da essencialidade, que adiante Reis Novais acolhe.

Assim, do conjunto do pensamento expresso pelo autor resulta que, sempre que estejamos perante uma matéria "politicamente controversa", na relação Assembleia da República-Governo, é exigível a reserva de lei do art. 165.º, para os aspectos essenciais dessa matéria, mesmo que a afectação não seja desvantajosa[325].

Em jeito de síntese, o conjunto de argumentos anteriormente invocados demonstram que, também no caso das garantias dos contribuintes, não está apenas subjacente à reserva de lei a função garantista, mas também o princípio democrático expresso pelo procedimento legislativo parlamentar, na medida em que ele permite a publicitação da lei e o contributo da oposição. Eles exigem que as matérias essenciais da relação jurídica de imposto sejam disciplinadas por lei do parlamento ou decreto-lei autorizado.

Uma palavra ainda para dizer que o art. 8.º da LGT não introduz quaisquer novidades quanto ao âmbito da reserva de lei. Cabe apenas à Constituição definir esse âmbito, como esclarecem também Leite de Campos, Benjamim Rodrigues e Jorge Lopes de Sousa[326].

Tracemos agora umas breves linhas conclusivas sobre o alcance do art. 103.º, n.º 3, da CRP: como já temos vindo a referir, segundo o art. 103.º, n.º 3, da CRP, "ninguém pode ser obrigado a pagar impostos que não tenham sido criados nos termos da Constituição... e cuja liquidação e cobrança se não façam nas formas prescritas na lei".

Esta disposição consagra uma espécie de direito de resistência ao pagamento de impostos inconstitucionais ou ilegais, nos termos constitucionalmente definidos (arts. 165.º, n.º 1, al. i), 227.º, n.º 1, al. i) e 238.º

---

[324] JORGE REIS NOVAIS, *As Restrições aos direitos fundamentais...*, cit., p. 189.

[325] JORGE REIS NOVAIS, *As Restrições aos direitos fundamentais...*, cit., pp. 189 e ss. e 872-880, espec. 875 e ss..

[326] DIOGO LEITE DE CAMPOS, BENJAMIM SILVA RODRIGUES, JORGE LOPES DE SOUSA, *LGT comentada e anotada*, cit., 3.ª ed., pp. 63-66. E como voltaremos a referir no último capítulo, a LGT não tem valor reforçado, pelo que não poderia consagrar o âmbito da reserva de lei fiscal. Acrescente-se que a redacção do art. 8.º da LGT é infeliz ao fazer referência ao "princípio da legalidade" – quando parece querer enunciar o âmbito da reserva de lei (um dos aspectos da legalidade) –, e ao enumerar no n.º 2 aspectos que já fazem parte do n.º 1.

n.º 4, e pelo princípio da tipicidade do art. 103.º n.º 2), reafirmando que a administração e os tribunais estão submetidos à Constituição e à lei. Assim, e como decorre das considerações que tecemos nas páginas anteriores, ao contrário do que tem sido defendido por boa parte da doutrina, o n.º 3 do art. 103.º não faz qualquer opção quanto à não sujeição das regras de liquidação e cobrança à reserva de lei, mas refere-se apenas à actividade administrativa de aplicação da lei de imposto.

5. O grau de determinação legal exigível, relativamente aos elementos essenciais dos impostos

5.1. Conceitos legais indeterminados, desenvolvimentos da disciplina legal por decreto-lei não autorizado e por regulamento, e a jurisprudência do Tribunal Constitucional

Se a incidência, a taxa, os benefícios fiscais e as garantias têm de ser determinados por lei da Assembleia da República, decreto-lei autorizado (art. 165.º, n.º 1, al. i), da CRP) e decreto-legislativo regional (art. 227.º, n.º 1, al. i), da CRP), isto não quer dizer que exista uma reserva absoluta de lei formal que exclua o desenvolvimento da disciplina legal por decreto-lei não autorizado ou por regulamento, ou que exclua uma margem de livre apreciação na aplicação da lei por tais fontes normativas, por circular ou mesmo acto administrativo.

O Tribunal Constitucional e a doutrina portuguesa mais recente, quer através de argumentos constitucionais, quer pelo significado que atribuem aos conceitos jurídicos determinados e indeterminados e à aplicação do Direito em geral (afastando-se do positivismo legalista baseado numa lógica subsuntiva), entendem que as matérias sujeitas a reserva de lei parlamentar devem ter uma "densidade suficiente"[327], "não pode[ndo] o

---

[327] JORGE REIS NOVAIS, As Restrições aos direitos fundamentais..., cit., pp. 769-770. Entendendo que a reserva de lei significa que as matérias a ela sujeitas "têm de ser disciplinadas, nas matérias essenciais, por lei", o que não impede, necessariamente, a discricionariedade, e a disciplina regulamentar quanto aos aspectos não essenciais: JORGE MANUEL COUTINHO DE ABREU, Sobre os Regulamentos administrativos e o princípio da legalidade, Coimbra, 1987, pp. 156-158. Defendendo que a especial vinculação à lei no caso da determinação do conteúdo ou limites dos direitos, liberdades e garantias nos casos concretos não implica a inconstitucionalidade da concessão de discricionariedade, tudo dependendo dos

legislador limitar-se a emitir directivas genéricas, tendo que estabelecer com necessária precisão a respectiva disciplina directa antes que se torne possível a intervenção do Governo no exercício do poder regulamentar"[328] e que em matéria fiscal, "o princípio da determinabilidade não se confunde com um suposto dever de pormenorizar o mais possível ou de optimizar a pormenorização da disciplina dos impostos, uma vez que, quanto mais o legislador tenta pormenorizar, maiores lacunas acaba por originar relativamente aos aspectos que ficam à margem dessa disciplina"[329]. Segundo o Tribunal, no acórdão n.º 756/95, em que foi suscitada a inconstitucionalidade do art. 6.º, n.º 12, do Código de Imposto de Capitais (que reconduzia à secção B do imposto "quaisquer outros rendimentos derivados da simples aplicação de capitais não compreendidos na secção A"), o recurso a conceitos jurídicos indeterminados ou tipológicos só será inadmissível quando eles coloquem "nas mãos da administração um poder arbitrário de concretização"[330].

---

direitos em causa e da intensidade da ameaça, e de saber se se trata de uma actividade administrativa protectora, regulamentadora ou limitadora, sendo que a discricionariedade não significa hoje liberdade ou arbitrariedade, J.C. VIEIRA DE ANDRADE, *Os Direitos fundamentais...*, cit., 3.ª ed., pp. 353-354.

[328] J.M. SÉRVULO CORREIA, *Legalidade...*, cit., p. 243. Associando a indeterminação legal a um crescente protagonismo da administração, PAULO OTERO, *Legalidade e administração pública...*, cit., pp. 893 e ss..

[329] JOSÉ CASALTA NABAIS, *O Dever fundamental...*, cit., p. 377; e *Direito Fiscal*, cit., 2.ª ed., pp. 138-143. Sobre os conceitos jurídicos indeterminados e a jurisprudência do TC até 1997, V. J.M. CARDOSO DA COSTA, "O Enquadramento constitucional...", cit., pp. 411-412. Sobre a não inconstitucionalidade de conceitos jurídicos indeterminados no Direito Fiscal, V. ainda, J.M. CARDOSO DA COSTA, *Curso...*, cit., pp. 63, nota 2, p. 175, nota 2 e p. 176 (portanto, ainda no âmbito de vigência da CR de 1933); CARLOS PAMPLONA CORTE-REAL, *Curso..., I*, cit., 1982, pp. 74 e ss.; implicitamente, J.L. SALDANHA SANCHES, *Manual...*, cit., 2.ª ed., pp. 32 e ss.; *A Quantificação...*, cit., 1995, pp. 305 e ss.; *A Segurança jurídica...*, cit., pp. 296-302; NUNO SÁ GOMES refere-se a um princípio de reserva absoluta de lei formal (lei da AR ou decreto-lei autorizado), "lei tipificante e taxativa" (*Manual...*, II, cit., 9.ª ed., pp. 41-42): V. adiante a posição de ALBERTO XAVIER que está na origem desta concepção.

[330] Segundo o Tribunal, "a norma aqui constitucionalmente questionada, como verdadeira norma residual de um universo que o legislador define com suficiente precisão (a secção B do imposto de capitais – v. artigo 3.º do Código do Imposto de Capitais), construída em torno de um conceito – «rendimentos derivados da simples aplicação de capitais» – que, concretizado de acordo com as regras interpretativas possíveis relativamente a normas de incidência fiscal, está muito longe de colocar nas mãos da administração um poder tributário de concretização; uma norma com estas características, dizíamos, não pode

Os conceitos jurídicos indeterminados poderão então ser densificados por decretos-leis não autorizados ou por regulamentos. Como se sabe, o art. 112.º, n.º 5, da CRP, proíbe os regulamentos delegados[331], e o Tribunal Constitucional tem-se pronunciado sempre contra a interpretação, integração, modificação, suspensão ou revogação de matérias legais por regulamento[332].

à partida ser tida como inconstitucionalmente indeterminada": ponto 4.1. do Ac. n.º 756/95 (de que foi relator o Conselheiro Sousa e Brito), *Acs. do TC*, vol. 32, pp. 775 e ss.; V. também J.M. CARDOSO DA COSTA, "O Enquadramento constitucional...", cit., p. 411.

[331] JORGE MIRANDA refere-se à proibição de regulamentos delegados, neste sentido de "regulamentos que assumiriam a função de lei", que, "em vez de se dirigirem à «boa execução das leis» (art. 202.º alínea f)), fariam o mesmo que uma lei" (JORGE MIRANDA, *Manual...* V, cit., 3.ª ed., pp. 209-210); ainda segundo JORGE MIRANDA, trata-se de "fenómenos inversos", pois, "o regulamento delegado é elevado a função e força de lei", enquanto "na deslegalização, é a matéria de lei que é degradada a matéria de regulamento" (IDEM, p. 213); embora a distinção possa ser feita, a verdade é que em Itália, os chamados "regulamentos delegados", previstos pelo art. 17.º, n.º 2 da Lei n.º 400/88, podem, simultaneamente, regular matéria objecto de reserva de lei (e nesse sentido, haveria deslegalização), e revogar normas legislativas em vigor (existindo, então, delegação); por outro lado, a distinção também poderia ser utilizada de forma a distinguir a competência regulamentar do governo (i.e. administrativa), da competência legislativa (através de decretos-leis (CRP) ou legislativos (CRI)), correspondendo a deslegalização ao primeiro caso, e a delegação ao segundo, e implicando esta uma transferência de competências, enquanto a deslegalização consubstanciaria competências mais limitadas; todavia, na prática, torna-se difícil distinguir entre uma e outra, como veremos, a propósito do sistema italiano (V. por todos, ANTONIO RUGGERI, "'Fluidità' dei rapporti tra le fonti e duttilità degli schemi d'inquadramento sistematico (a proposito della delegificazione)", *Diritto Pubblico*, 2000, pp. 359 e ss.). Por outro lado, o problema que colocamos neste momento é o de saber se não deveria ser a lei a regular uma determinada matéria, em vez de a delegar ao Governo-administrador. Por outro lado ainda, ao contrário do que defende também JORGE MIRANDA (IDEM, p. 213-214), na deslegalização não se restringe necessariamente a área do tipo de actos, pois, por exemplo em Itália, nada impede que uma lei posterior revogue ou derrogue um regulamento delegado. Identificando os dois fenómenos, cf: LUÍS S. CABRAL DE MONCADA, *Lei e regulamento*, cit., p. 568.

[332] Cf. Acórdão n.º 207/01, proc. 729/00, em que o tribunal tributário de 1.ª instância do Porto, por decisão de 12 de Junho de 2000, recusou aplicar, com fundamento na sua inconstitucionalidade formal, por falta de indicação da respectiva lei habilitante, o Regulamento Municipal de Obras (RMO) e o Regulamento de Liquidação e Cobrança de Taxas e Licenças Municipais (RLCTLM) para o ano de 1996, ambos da Câmara Municipal do Porto. Essa ausência de (referência expressa a) lei habilitante foi julgada inconstitucional pelo tribunal constitucional; cf. Acórdão n.º 345/01, proc. n.º 115/01: foram julgadas inconstitucionais as normas que proíbem e punem como contra-ordenação a actividade de "despejar entulhos de construção civil em qualquer terreno privado, sem prévio licencia-

Todavia, nem a proibição constitucional dos regulamentos delegados, nem o art. 103.º, n.ᵒˢ 2 e 3, da CRP, impedem a existência de regulamentos complementares e de execução da lei (ou decreto-lei não autorizado) fiscal, mesmo em matérias de incidência, taxa, benefícios fiscais e garantias dos contribuintes (art. 103.º, n.º 2, da CRP)³³³. Mais

---

mento municipal e consentimento do proprietário", constantes da Postura Sanitária sobre Lixos da Câmara Municipal da Póvoa de Varzim, aprovada pela Câmara Municipal em 11 de Novembro de 1986 e pela Assembleia Municipal em 6 de Março de 1987 (o Tribunal Judicial da Comarca da Póvoa de Varzim julgou-as formalmente inconstitucionais, por violação do artigo 112.º, n.º 8 (ex-115.º, n.º 7), da CRP, por falta de referência a uma lei habilitante). Segundo o Tribunal, "a exigência de indicação da lei habilitante formulada pelo artigo 112.º, n.º 8, tem, assim, como objectivo, por um lado, disciplinar o uso do poder regulamentar, obrigando o Governo e a Administração a controlarem, em cada caso, se podem ou não emitir determinado regulamento, e, por outro lado, garantir a segurança e a transparência jurídicas, dando a conhecer aos destinatários o fundamento do poder regulamentar."

E ainda, os acórdãos n.ᵒˢ 92/85, 209/87, 63/88, 76/88, 268/88, 296/88, 307/88, 160/93, 247/93, 319/94, 375/94, 665/94, 110/95, 368/96, 673/96 (publicados no Diário da República, respectivamente: I série, de 24 de Julho de 1985; I série, de 9 de Julho de 1987; II série, de 10 de Maio de 1988; I série, de 21 de Abril de 1988; I série, de 21 de Dezembro de 1988; II série, de 10 de Abril de 1989; I série, de 21 de Janeiro de 1989; II série, de 10 de Abril de 1993; II série, de 2 de Junho de 1993; II série, de 3 de Agosto de 1994; II série, de 10 de Novembro de 1994; II série, de 23 de Fevereiro de 1995; II série, de 21 de Abril de 1995; II série, de 1 de Maio de 1996; e II série, de 3 de Setembro de 1996) e n.º 188/00, e 586/01; neste último, são recordados os acórdãos n.ᵒˢ 203/86, 354/86, 19/87, 1/92 e 262/97, respeitantes a regulamentos interpretativos (publicados no Diário da República, II Série, de 26 de Agosto de 1986, 11 de Abril de 1987, 31 de Março de 1987, I Série-A, de 20 de Fevereiro de 1992 e 1 de Julho de 1997, respectivamente); os acórdãos n.ᵒˢ 303/85, 34/86, 389/89 e 869/96, sobre regulamentos modificativos, publicados no Diário citado, II Série, de 10 de Abril de 1986, 13 de Maio de 1986, 13 de Setembro de 1989, e I Série-A, de 3 de Setembro de 1996, respectivamente; o acórdão n.º 189/85, sobre regulamentos suspensivos, no mesmo Diário, I Série, de 31 de Dezembro de 1985; os acórdãos n.ᵒˢ 458/93 e 743/96 (Diário da República, I Série-A, de 17 de Setembro de 1993 e de 18 de Julho de 1996, respectivamente), que se referem a actos de natureza não regulamentar, como sejam os actos regimentais e os actos jurisdicionais ("assentos"); os acórdãos n.ᵒˢ 308/94, 224/95 e 194/99, incidentes sobre a não aplicação do n.º 5 do artigo 115.º e do novo n.º 6 do artigo 112.º às relações entre actos regulamentares (publicados no mesmo jornal oficial, II Série, de 29 de Agosto de 1994, 28 de Junho de 1995 e 6 de Agosto de 1999, respectivamente).

³³³ Ao contrário do que defendem GOMES CANOTILHO/VITAL MOREIRA, Constituição..., cit., 3.ª ed., cit., anotação ao ex-art. 106.º, ponto V (pp. 458-459), e ao ex-art. 115.º ponto III (p. 502): segundo estes autores, a tipicidade legal implicaria que o desenho do imposto por lei "de forma suficientemente determinada, sem margem para desenvolvi-

do que isso, ao executar (aplicar) a lei fiscal, no âmbito da competência do Governo constitucionalmente atribuída (e portanto, o Governo não necessita de uma habilitação específica para o exercício dessas competências (art. 199.º, c), da CRP)), os regulamentos interpretam e integram, necessariamente, as normas legais, como parte da actividade hermenêutica e de execução das mesmas. Tal interpretação não constitui, porém, interpretação autêntica, devido à proibição do art. 112.º, n.º 5, da CRP[334].

Se a lei fiscal (incluindo aqui o decreto-lei autorizado) não esgota o tratamento de um determinado regime, cabe ao regulamento integrar ou complementar o regime, existindo uma autorização implícita (ou expressa) pelo legislador[335-336].

Ora, é jurisprudência constante do Tribunal Constitucional que os decretos-leis não autorizados ou os regulamentos podem desenvolver os aspectos técnicos da disciplina legal dos elementos dos impostos sujeitos a reserva de lei, o que não implica, só por si, alteração do regime legal. Veja-se o caso dos acórdãos n.º 173/03[337], e n.º 585/03[338], em que se questionava se um decreto-lei não autorizado podia estabelecer que a determinação do valor final da incapacidade ("grau de invalidez permanente, devidamente comprovado pela entidade competente, igual ou supe-

---

mento regulamentar nem para a discricionariedade administrativa" (p. 458), e, embora a liquidação e cobrança estivessem de fora da reserva parlamentar, elas não poderiam ser reguladas por via regulamentar (p. 459).

[334] Neste sentido, JORGE MIRANDA, *Manual...*, V, cit. 3.ª ed., pp. 210-212 (209 e ss.).

[335] Não vemos grande diferença entre a posição de JORGE MIRANDA e a de SÉRVULO CORREIA; e isto, apesar de o primeiro autor afirmar não concordar com este último, que só proíbe a integração de lei por regulamento quanto às leis que se limitam aos princípios e bases gerais dos regimes jurídicos, as quais só poderão ser integradas por decreto-lei (V. *Legalidade...*, cit., p. 257); segundo JORGE MIRANDA, "seja como for, é nítida a diferença de posição dos regulamentos de execução: estes são acessórios destas ou daquelas leis e não podem, por natureza, alçar-se a um papel que só a elas cabe" (*Manual...*, V, cit., 3.ª ed., p. 212). Mas o autor defende expressamente que o art. 112.º, n.º 6, não impede que a administração, "mesmo através de regulamentos interprete e integre as normas legais que tem de executar. É um princípio geral" (IDEM, p. 210).

[336] Neste sentido, e embora sem se referir expressamente aos casos de reserva de lei, mas também sem os excluir, JORGE MIRANDA, que entende admissíveis os "regulamentos destinados a conferir plena operatividade, execução ou concretização a uma pluralidade de leis não determinadas (ou aos princípios nelas ínsitas)" embora apenas se possam dirigir à boa execução das leis e não a assumir funções de lei (por uma questão de hierarquia do ordenamento jurídico): *Manual...* V, cit., 3.ª ed., p. 209.

[337] DR, II Série, de 22 de Maio de 2003 (www.tribunalconstitucional.pt).

[338] www.tribunalconstitucional.pt

rior a 60%", segundo o EBF e o CIRS) devia observar, entre outras, a seguinte regra (do art. 7.º, anexo I, n.º 5, al. e), do DL n.º 202/96, de 23 de Outubro): "Sempre que a disfunção possa ser atenuada, no todo ou em parte, pela aplicação de meios de correcção ou compensação (próteses, ortóteses ou outros), o coeficiente de capacidade arbitrado deve corresponder à disfunção residual após aplicação de tais meios, sem limites máximos de redução dos coeficientes previstos na Tabela".

Segundo o TC, esta alínea não alterou a definição de deficiência para efeitos do EBF e do CIRS, e o DL n.º 202/96 conteria apenas "regras relativas à avaliação da incapacidade", de "carácter eminentemente técnico, o que determina[va], desde logo, que a sua alteração não depend[ia] essencialmente de decisões valorativas do legislador, mas de considerações provindas de ciências alheias ao direito. O que poderia suceder, no limite, é que essas considerações aconselhassem uma alteração da definição legal de deficiente para efeitos de atribuição de benefícios fiscais e, nesse caso, mas só nesse caso, seria necessária uma intervenção legislativa da Assembleia da República, a coberto do disposto nos actuais artigos 103.º, n.º 2, e 165.º, n.º 1, alínea i), da Constituição"[339].

O reconhecimento do papel dos decretos-leis não autorizados ou dos regulamentos no desenvolvimento dos "aspectos técnicos" da disciplina legal dos elementos dos impostos está associado à determinação/avaliação e quantificação da matéria tributável. Na verdade, é quanto a estes elementos que mais se justifica tal desenvolvimento, pois a administração fiscal, como uma administração de actos-massa não pode proceder à determinação, avaliação e quantificação de cada um dos contribuintes. Esse desenvolvimento normativo é recomendado pelo princípio da praticabilidade, o qual justifica também uma margem de livre apreciação administrativa.

Reconhece-se actualmente, e já sem receio dos fantasmas associados aos regimes totalitários europeus anteriores a, e contemporâneos da Segunda Guerra (interpretação da lei fiscal segundo a finalidade económica, ou *in dubio pro fisco*, ou segundo "o mundo da vida nacional-socialista"), que o Direito Fiscal prossegue objectivos que se encontram numa relação de tensão, desde logo porque uns dizem respeito aos interesses individuais de cada contribuinte e outros ao interesse colectivo.

Como consequência, também o princípio da legalidade fiscal, que protege em primeira linha o interesse individual, está numa relação de

---

[339] V. ponto 7 do acórdão n.º 173/03.

tensão com outros princípios constitucionais que exigem uma menor densificação legal, e por isso não pode ser visto como um interesse absoluto[340].

Um dos princípios que podem justificar uma maior simplificação da lei, através de uma menor determinação legal e uma maior margem de livre de conformação regulamentar e administrativa, é justamente o referido princípio da praticabilidade, associado à administração de actos--massa[341]; no capítulo sobre a exigência de simplificação das leis fiscais e a aplicação tipificante dos conceitos jurídicos indeterminados, daremos a devida atenção ao princípio da praticabilidade, pelo que remetemos a fundamentação e explicitação destas afirmações para esse capítulo; por seu turno, como teremos oportunidade de demonstrar nesse mesmo capítulo, o respeito pelos princípios da igualdade (no sentido da aplicação igual da lei) e da capacidade contributiva podem exigir também uma menor determinação legal, de modo a evitar as lacunas decorrentes das tipificações legais fechadas.

Mas o próprio princípio da legalidade – no sentido em que a lei é critério de decisão – pode, por vezes, chegar a melhores resultados através do recurso a leis mais indeterminadas (a tipos) do que a uma enumeração taxativa, como demonstram os autores da Teoria do Direito. Assim, se o legislador pretende tributar os rendimentos de capitais, conseguirá atingir melhor esse objectivo utilizando exemplos-padrão a partir dos quais o intérprete chegará a um conceito (a um tipo) de rendimentos de capitais para efeitos dessa lei fiscal (identificando os elementos comuns aos vários exemplos, e distinguindo esses rendimentos dos outros tipos de rendimentos definidos na lei, e chegando assim ao caso típico ou paradigma visado pela lei), do que através de uma enumeração taxativa que pode conduzir a resultados imprecisos. A enumeração taxativa conduzirá a uma maior imprecisão, no sentido em que certos rendimentos semelhantes ao "paradigma", ao "tipo" objecto da lei, ficam de fora, e conduzem a um tratamento diferente de situações semelhantes. Neste caso, a lei não cumpre a sua função de verdadeiro critério orientador do intérprete e de garante

---

[340] V., por exemplo, a recente conferência de DIETER BIRK, "Kontinuätsgewähr und Vertrauensschutz", *Vertrauensschutz im Steuerrecht*, Hans-Jürgen Pezzer (Hrsg.), DStJG, Bd. 27, Köln, 2004, p. 13.

[341] Também assim entre nós, considerando que a praticabilidade justifica mesmo a concessão de "verdadeiras faculdades discricionárias", JOSÉ CASALTA NABAIS, *O Dever fundamental...*, cit., p. 378 (pp. 373 e ss.); e *Direito Fiscal,...*, cit., 2.ª ed., p. 139 (pp. 138--143); cf. JOSÉ LUÍS SALDANHA SANCHES, *A Quantificação...*, cit., 1995, pp. 187 e ss..

de um Estado de Direito³⁴². Mas como veremos adiante, os "outros rendimentos de capitais" só constituem um conceito jurídico indeterminado relativamente a um conjunto de situações que se situam na auréola do conceito, os chamados "casos difíceis" (ou caso 4 de Coleman/Leiter). Relativamente a uma grande parte dos casos, os critérios gerais de interpretação da lei permitirão decidir se certo rendimento é ou não "um outro rendimento de capital".

Pense-se ainda na antiga SISA e na cessão de posição contratual no exercício de direito conferido por contrato-promessa de aquisição e alienação de bens imóveis, ou na outorga de procuração que confira poderes de alienação de bem imóvel com renúncia ao direito de revogação da procuração pelo representado: não eram abrangidas na enumeração taxativa do Código da SISA, e acabavam por ser tributadas em IVA, a uma taxa mais gravosa, embora os rendimentos em causa se subsumissem ao rendimento típico da SISA.

Todavia, no caso das regras de incidência em sentido restrito, não se colocam ainda os problemas da administração massificada – ainda estamos no momento prévio (cai no âmbito de incidência/não cai, é tributável/não é tributável), pelo que o desenvolvimento normativo, se ocorrer, normalmente não encontrará justificação no princípio da praticabilidade (embora este possa também recomendar tal desenvolvimento normativo: pense-se na lista de entidades que se podem qualificar para efeitos de aplicação de uma directiva comunitária, ou na lista de entidades não residentes que se podem qualificar para efeitos de um reembolso de um montante indevidamente retido na fonte).

Seja como for, a dificuldade reside em definir qual o mínimo de determinação legal exigido pelo art. 103.°, n.° 2, da CRP. Nas próximas páginas avançamos com alguns critérios, cuja fundamentação e comprovação será feita ao longo da tese.

---

³⁴² Assim, TIMOTHY ENDICOTT, *Vagueness in law,* cit., pp. 189,190 e ss.. O Autor dá o exemplo dos "motins" e da "proibição de tortura" dos arts. 2.° e 3.° da Convenção Europeia dos Direitos Humanos. Se o legislador tivesse optado por uma enumeração taxativa dos casos de "motins" e de "tortura proibida", essa lista seria inútil para dar uma resposta precisa à questão de saber o que poderia a polícia fazer em caso de desordem pública. "A lista seria inútil porque seria demasiado rígida e incapaz de tratar adequadamente da complexidade da desordem pública. Seria também inútil porque qualquer enumeração suficientemente detalhada para ser mais precisa não seria manejável. Ela não teria qualquer utilidade para funcionar como uma orientação da conduta policial – portanto, não seria um avanço para a legalidade" (para a "rule of law"): p. 190.

Junto do Tribunal Constitucional (e dos tribunais fiscais) tem sido questionada a exigência da determinação das leis fiscais – incluindo os decretos-leis autorizados – decorrente do art. 103.º, n.º 2, da CRP – e a sua relação com decretos-leis não autorizados e regulamentos, que concretizam aspectos técnicos ao abrigo de uma margem de livre apreciação atribuída por conceitos jurídicos indeterminados[343].

Podemos sistematizar do modo que se segue a jurisprudência do Tribunal sobre os referidos temas, a qual não nos merece objecções[344]. A selecção da jurisprudência e a ordem de exposição que seguimos não é casual, pois está relacionada com a ordenação dos capítulos deste trabalho, e com a construção que propomos: elementos essenciais do imposto, princípio da tipicidade e exigências de determinação legal; admissibilidade e consequências decorrentes dos conceitos legais vagos e indeterminados na sua aplicação pelo fisco e alcance do controlo judicial; tipificações legais *versus* indeterminação legal e aplicação da lei indeterminada segundo o

---

[343] V., por exemplo, o acórdão do TC n.º 233/94, cit., que julgou inconstitucional o § 2 do art. 114.º do Código da Contribuição Industrial. Esta disposição permitia que a administração, na sequência de fiscalização à escrita do contribuinte, e se considerasse que os deveres de organização da escrita (art. 51.º do CCI) tinham sido violados, passasse a tributá-lo através de métodos indirectos (chamado grupo B); dessa decisão, o contribuinte só podia recorrer graciosamente, mas não para tribunal; o Tribunal relacionou a impossibilidade de controlo dos pressupostos da mudança de método com a indeterminação dos conceitos; no acórdão do TC n.º 31/01, de 30.1 (www.tribunalconstitucional.pt), questionava-se se a administração fiscal podia exigir ao contribuinte a comprovação actualizada da situação de deficiência com grau de invalidez maior do que 60% por ele declarada, e face ao incumprimento desta exigência, a declaração de rendimentos era corrigida no sentido da inexistência de qualquer incapacidade, sem expressa autorização legal – tal exigência (feita através de DL não autorizado) não foi considerada inconstitucional; cf. acórdão do STA de 1.3.2000, rec. n.º 24533, sobre o mesmo assunto; no acórdão do Tribunal Constitucional n.º 236/01, de 23.5, *Acórdãos do TC*, vol. 50, 2001, pp. 441 e ss., não foi considerada inconstitucional a indeterminação legal do regime das amortizações e a sua concretização por um decreto-lei não autorizado; cf. ainda, acórdão n.º 451/01, de 23.10, *Acórdãos do TC*, vol. 51, 2001, pp. 241 e ss.; e acórdão n.º 589/01, de 21.12 (www.tribunalconstitucional.pt), sobre o mesmo assunto; acórdão n.º 500/97, cit.; acórdão 621/98, de 3.11 (www.tribunalconstitucional.pt).

[344] Pelo contrário, já nos merece muitas objecções o acórdão do TC n.º 252/05, de 10 de Maio. O Tribunal considerou que o art. 57.º, n.º 1, do CIRC, na sua versão originária, não era inconstitucional, apesar de não definir "relações especiais" nem "condições diferentes das que seriam normalmente acordadas entre pessoas independentes". Tais "relações" e "condições" permitiam correcções à matéria colectável por parte do Fisco, e a indeterminação dos conceitos não assegurava, segundo os critérios que adoptamos ao longo desta tese, a previsibilidade das decisões do Fisco. A legalidade cede aqui o lugar à arbitrariedade.

tipo (tipificação administrativa ou/e judicial) ou o caso individual, e princípios da praticabilidade e da igualdade possível.

Por outras palavras, procedemos a uma determinada selecção e ordenação de jurisprudência que apoia a nossa argumentação ao longo da tese.

Assim, o caminho que seguimos na tese aceita como válidas as seguintes asserções:

1. As autorizações legislativas, para respeitarem as exigências do art. 165.º n.º 2 (e 103 n.º 2), e não serem "autorizações em branco", devem ter um conteúdo mínimo, i.e., o preceito autorizador deve cumprir o que o Tribunal designou de "tripla função" a que anteriormente aludimos: conteúdo material bastante da lei de autorização, linha de orientação do legislador delegado, elemento de informação genérica das inovações a introduzir no ordenamento para os particulares (acórdão n.º 358/92).
2. O princípio da legalidade fiscal exige que as leis em sentido formal (leis parlamentares ou decretos-leis autorizados ou até decretos-legislativos regionais) sejam suficientemente determinadas de modo que os particulares possam entender e prever as actuações da administração tributária (acórdão n.º 233/94)[345].
3. Estas exigências de densificação da lei formal pelo Tribunal não implicam necessariamente a calculabilidade do imposto pelo sujeito passivo (ou o cálculo exacto), e o Tribunal não considera inconstitucionais os conceitos jurídicos (legais) indeterminados e uma consequente margem de livre apreciação ou mesmo de discricionariedade atribuída à administração, nem o desenvolvimento por decretos-leis não autorizados ou por regulamentos, em relação aos aspectos técnicos da disciplina legal ao abrigo de tal margem de livre apreciação (acórdãos n.º 233/94, n.º 756/95, n.º 236/01, n.º 127/04[346]).

---

[345] Recorde-se, porém, que o TC exclui em regra, o lançamento e a liquidação da reserva de lei fiscal (acs. n.º 205/87, cit., 461/87, cit., e 500/97, de 10.7), embora no acórdão n.º 127/04 tenha estabelecido a distinção entre regras substantivas e regras adjectivas, sujeitando as primeiras a reserva de lei.

[346] Nos acórdãos n.º 500/97, de 10.7, *Acórdãos do TC*, vol. 37, 1997, pp. 513 e ss., n.º 621/98, de 3.11., *Acórdãos do TC*, vol. 41, 1998, pp. 238 e ss., e n.º 605/97, de 15.10, *Acórdãos do TC*, vol. 38, 1997, pp. 197 e ss., o Tribunal entende, a propósito da alteração da entidade competente para a cobrança coerciva de créditos, por decreto-lei não autorizado, que o "simples preenchimento e concretização de cláusulas abertas e de conceitos jurídicos indeterminados" não constitui inovação e que a liquidação e cobrança não estão sujeitas a reserva de lei.

A jurisprudência do TC sobre a não inconstitucionalidade dos conceitos jurídicos indeterminados tem sido secundada por uma jurisprudência constante do STA[347]. Por exemplo, no acórdão da 2.ª Secção, de 22.9.04, rec. n.º 119/94, a propósito do art. 57.º do CIRC, diz-se no ponto 3: "quando a lei usa conceitos jurídicos indeterminados, embora daí resulte que a administração vem a beneficiar de uma certa margem de livre apreciação, não haverá ofensa da Constituição desde que os dados legais contenham uma densificação tal que possam ser tidos pelos destinatários da norma como elementos suficientes para determinar os pressupostos de actuação da Administração e que simultaneamente habilitem os tribunais a proceder ao controlo da adequação e proporcionalidade da actividade administrativa assim desenvolvida".

4. Não constitui inovação o simples preenchimento e concretização de conceitos jurídicos indeterminados (acórdãos n.º 500/97 e 621/98, embora esta afirmação tenha sido proferida a propósito de uma questão lateral, i.e., tratava-se de conceitos jurídicos indeterminados constantes do ETAF e da alteração, pelo Governo, da entidade competente para a cobrança coerciva de créditos).

5. O princípio da legalidade fiscal não impede as remissões expressas da lei formal para regulamento ou decreto-lei não autorizado que desenvolvam aspectos estritamente técnicos do regime (acórdão n.º 236/01). Essas remissões são até aconselháveis para que a lei fiscal possa exercer eficazmente a sua função de garantia (acórdão n.º 236/01). Ainda segundo o acórdão n.º 236/01 (V. pontos 8-10), não são inconstitucionais – não são *praeter legem* – os decretos-leis não autorizados (nem os regulamentos) que não criem uma nova categoria de incidência. No caso apreciado pelo Tribunal, tratava-se de um decreto-lei que veio permitir e disciplinar a reavaliação dos elementos do activo imobilizado corpóreo das empresas, após a entrada em vigor do novo sistema de tributação, reavaliação essa que podia incidir sobre bens já reintegrados – isto é, bens reavaliados após o decurso do período máximo da sua vida útil, podiam ser considerados custos –, o que não

---

[347] Tem sido jurisprudência pacífica e reiterada do STA que o art. 57.º do CIRC não viola o princípio da legalidade tributária: ac. da 2.ª Secção, de 22.9.04, rec. n.º 119/94; ac. da 2.ª Secção, de 6.6.01, rec. n.º 25807; ac. da 2.ª Secção, de 21.1.03, rec. n.º 21240; ac. do Pleno, de 4.2.04, rec. n.º 21240; ac. do Pleno, de 19.3.03, rec. n.º 19858.

estava previsto expressamente pelo CIRC. Segundo o Tribunal, a questão tinha natureza técnica, e o decreto-lei, "fazendo como que uma explicitação da regulamentação em vigor, v[inha] somente submeter ao regime fiscal geral as reintegrações e amortizações decorrentes de reavaliações realizadas após o decurso do período de vida útil dos elementos reavaliados. Este diploma não cria[va], portanto, uma nova categoria de custos (...) não trata[va] (...) da definição da norma de incidência ou da determinação do seu objecto, isto é, não trata[va] do critério definidor do tipo de deduções à matéria colectável" (ponto 8).

6. É também compatível com o princípio da legalidade, a atribuição por lei de uma margem de discricionariedade à administração, na aplicação de critérios técnicos ao caso individual: no acórdão n.° 236/01, o Tribunal lembra que o CIRC atribui competência à DGCI para aceitar casos especiais de reintegração e amortização – "devidamente justificados" –, para além do período máximo de vida útil dos bens: o que, em regra, não é aceite (no mesmo sentido, acórdãos n.° 451/01, 589/01).

7. A densificação das leis fiscais ou princípio da determinação, como elemento quantitativo do princípio da tipicidade fiscal (como argumentaremos adiante) e faceta substantiva da legalidade, tem de ser conjugada com o princípio da igualdade, o que significa que as exigências de densificação não são absolutas, e justifica que o legislador possa recorrer a conceitos jurídicos indeterminados, com o objectivo de facilitar a aplicação da lei a casos idênticos. Exemplo da necessidade de conjugação da legalidade com a igualdade fiscal, é a consagração de cláusulas residuais na definição dos tipos de incidência objectiva, tal como "quaisquer outros rendimentos derivados da simples aplicação de capitais não compreendidos na Secção A" (art. 12.° n.° 6 do Código de Imposto de Capitais). O Tribunal Constitucional pronunciou-se pela não inconstitucionalidade desta cláusula, justamente com base nessa argumentação: "A justificação de qualquer destas realidades (conceitos amplos/exigências de determinabilidade) não deixa de ser possível face a regras ou princípios constitucionais relevantes: se a determinabilidade se acolhe na defesa dos contribuintes contra o arbítrio da administração fiscal, que subjaz aos n.os 2 e 3 do artigo 106.°, o emprego de conceitos amplos e por vezes indeterminados – os únicos que garantem a plasticidade que possibilite a adaptação

ao constante aparecimento de novas situações que, substancialmente iguais a outras já tributadas, não estejam ainda formalmente descritas com precisão – não deixa, o emprego deste tipo de conceitos, de se poder louvar no cumprimento do mandato de igualdade em sentido material, não permitindo o aparecimento constante de refúgios de evitação fiscal" (ac. n.º 756/95, ponto 4.1.; cf. também no sentido de que os princípios da igualdade e praticabilidade reclamam conceitos legais indeterminados, ac. n.º 127/04).
8. Não é excluída liminarmente a discricionariedade quanto a elementos essenciais dos impostos, nem a margem de livre apreciação, desde que as fronteiras do exercício de tais poderes estejam suficientemente densificadas na lei (acórdãos n.º 233/94, 127/04).
9. Em princípio, se não tiverem de ser ponderados outros princípios constitucionais, a lei formal deve ser suficientemente densificada de modo a que a margem de livre apreciação do fisco seja também suficientemente restringida. Só assim poderá o sujeito passivo prever as actuações da administração e só assim poderão os tribunais controlar a legalidade administrativa (acórdão n.º 233/94).
10. O Tribunal estabelece também uma relação entre densificação, margem de livre apreciação administrativa em caso de conceitos jurídicos indeterminados, e exigências constitucionais de controlo judicial da administração, tendo considerado inconstitucional não só a proibição legal de controlo judicial das decisões administrativas, como a excessiva indeterminação legal que impede na prática, tal controlo judicial. No acórdão n.º 233/94, acerca da constitucionalidade do art. 114.º do CCI, o Tribunal Constitucional colocou a questão da seguinte forma: "No caso vertente, constituirá exigência do princípio da legalidade tributária que os conceitos jurídicos indeterminados tenham uma densificação normativa que permita aos particulares saber em que situações concretas possíveis pode ter lugar a substituição do sistema tributário do Grupo A pelo Grupo B e aos tribunais conhecer da exigibilidade e da proporcionalidade da conduta da administração ao determinar essa substituição do sistema de tributação".

5.2. *Conclusões*

Tendo em conta o que escrevemos nas páginas anteriores, podemos desde já sugerir os seguintes critérios, relativamente ao grau de determinação legislativa exigido pelo art. 103.º, n.º 2, da CRP, aplicando os critérios da essencialidade das matérias, conjugados com os princípios da igualdade e da praticabilidade. Estes critérios têm, por agora, o valor de hipóteses de trabalho, cuja fundamentação e demonstração será burilada ao longo da tese:

1. Quanto às normas de determinação do *an* e do *quantum* do imposto, cabe à lei formal (lei parlamentar, decreto-lei autorizado ou decreto-legislativo regional) estabelecer directamente o regime para os casos típicos (casos padrão ou paradigmas) a que se dirige (o núcleo – determinado/cobrindo casos típicos – do conceito deve ser maior do que a auréola – indeterminada/cobrindo casos atípicos);

1.1. No caso da incidência objectiva em sentido restrito (objecto do imposto), para além da definição e enumeração das manifestações típicas de riqueza que cada imposto pretende atingir (pela técnica da tipicidade tendencialmente fechada e através de tipos jurídicos estruturais ou reais[348]), podem ser consagradas cláusulas residuais que abram a tipicidade e atinjam manifestações de riqueza semelhantes (por ex., outros rendimentos resultantes da aplicação de capitais, no caso do CIRS; ou a "prestação de serviços" no caso do CIVA, que (tendencialmente) cobre todas as situações não abrangidas, por exemplo pelo IMT – e pela antiga SISA);

1.2. No caso da incidência subjectiva (sujeitos passivos), a enumeração dos sujeitos não tem de ser taxativa, mas exemplificativa, de modo a evitar que determinadas entidades, pela forma jurídica que assumam, escapem do âmbito de incidência[349].

---

[348] No sentido de KARL LARENZ/CLAUS-WILHELM CANARIS, *Methodenlehre der Rechtswissenschaft*, 3.ª ed., Berlin, Heidelberg, 1995, pp. 290 e ss..; V. adiante os capítulos onde discutimos o significado de *Tatbestand* e de tipo e de pensamento tipológico.

[349] Veja-se a definição de pessoa colectiva, segundo o "Regulamento de Imposto" (art. 3.º do Reg. n.º 18/2000), em vigor na Indonésia e até final de 2004 em Timor-Leste, semelhante à legislação dos países anglo-saxónicos: "pessoa colectiva" é:
  a) qualquer pessoa colectiva de direito público ou privado;
  b) qualquer entidade constituída, observando ou não os requisitos legais, organizada ou estabelecida em *Timor-Leste* ou em território estrangeiro, como sociedade de responsabilidade limitada, sociedade em conta de participação, outro tipo de sociedade de pessoas, afiliada, associação, firma, *kongsi*, cooperativa, fundação, *trust* ou organização semelhante, agrupamento, acordo ou forma de relacionamento, instituto, qualquer outra forma de organização comercial ou industrial ou não governamental, qualquer outra associação sem personalidade jurídica ou qualquer outro agrupamento de pessoas; e

2. Quanto às regras de determinação e quantificação da matéria tributável, cabe à lei (parlamentar ou decreto-lei autorizado) definir o regime a aplicar, de tal modo que o intérprete perceba quais as opções tomadas e consiga prever (no sentido amplo do termo) o imposto a pagar (valendo aqui o princípio da previsibilidade e calculabilidade); todavia, para que a lei não fique sobrecarregada de pormenores, deve caber a um decreto-lei não autorizado ou a um regulamento, o desenvolvimento desses critérios (por exemplo, os métodos do preço comparável de mercado, do preço de revenda minorado ou do custo majorado estão e devem estar enumerados no CIRC como métodos a adoptar na determinação dos preços de transferência operados entre um sujeito passivo e qualquer outra entidade com a qual esteja em situação de relações especiais; mas a explanação e desenvolvimento desses métodos pode e deve estar prevista num outro diploma – que pode ter a forma de decreto-lei não autorizado ou regulamento, ou até consistir num acordo de cavalheiros ou código de conduta entre Estados-membros da Comunidade Europeia).

3. É ainda recomendável que as orientações genéricas vão concretizando os conceitos legais (e regulamentares) indeterminados, de modo que diminua o grau de incerteza na aplicação da lei, e permita ao contribuinte ver gradualmente assegurados os referidos princípios da previsibilidade e calculabilidade do imposto.

4. A concretização progressiva dos conceitos jurídicos indeterminados permite aos tribunais um controlo mais eficaz da aplicação da lei pela administração.

5. Quanto aos benefícios fiscais, a lei parlamentar ou o decreto-lei autorizado podem conceder ao ministro das finanças discricionariedade para ponderar a atribuição dos mesmos a casos concretos, mas os tribunais deveriam fazer um controlo da observância de princípios materiais: só são legítimos os benefícios que prosseguem o bem-estar geral e não apenas o bem-estar de um grupo restrito de cidadãos (porque o sujeito passivo cria um x número de postos de trabalho, por ex.), que respeitem o princípio da proporcionalidade em

---

c) um governo, uma organização de direito internacional público, ou uma subdivisão política ou administrativa de um governo ou de uma organização de direito internacional público, seja qual for a sua denominação ou forma jurídica, e qualquer entidade, organização, associação ou outra forma de organização comercial ou industrial controlada por uma destas entidades".

sentido amplo, devendo também ser ponderado o ganho para a comunidade; como referimos atrás, estes princípios devem também ser confrontados com os princípios materiais do Direito Fiscal a restringir, i.e., deve ser avaliado se estes princípios devem prevalecer sobre a igualdade na vertente da capacidade contributiva, progressividade, e quaisquer outros limites materiais fiscais que sejam restringidos pelos benefícios fiscais.

6. Em nenhum dos pontos anteriormente enunciados, se devem os tribunais abster de controlar a legalidade da actuação administrativa; a consagração de conceitos jurídicos indeterminados implica a sua interpretação segundo os critérios gerais de interpretação das leis fiscais; como a lei fiscal normalmente incide sobre tipos empíricos (tipos reais normativos e tipos jurídicos estruturais, no sentido de Larenz/Canaris[350]), como veremos, a interpretação deverá seguir o método tipológico[351], a que dedicamos um capítulo adiante;

6.1. quanto às normas de incidência objectiva e subjectiva em sentido restrito, as dúvidas sobre tributação/não tributação colocam uma questão de limites de interpretação admissível, em matérias sujeitas a reserva de lei, cabendo naturalmente aos tribunais a última palavra;

6.2. no caso de normas sobre a determinação/avaliação ou quantificação da matéria tributável, embora também sujeitas a reserva de lei, quando as situações a avaliar se localizem na auréola do conceito, e a interpretação permita mais do que uma solução, pode (deve) o tribunal aceitar a concretização ou interpretação da administração, desde que ela constitua uma interpretação possível desse conceito – os princípios da praticabilidade e da igualdade possível assim o recomendam, como perceberemos ao longo da tese, especialmente no último capítulo. É também relativamente a estes casos que a jurisprudência do STA tem defendido a existência de uma margem de livre apreciação administrativa (embora a designe de discricionariedade técnica e não controle a observância dos limites a essa margem de liberdade, e embora ela seja exercida pela aplicação da lei ao caso individual). Na ausência de densificação de leis indeterminadas pela administração, deve o tribunal fazê-lo através de uma jurisprudência constante.

---

[350] KARL LARENZ/CLAUS-WILHELM CANARIS, *Methodenlehre der Rechtswissenschaft*, cit., 3.ª ed., pp. 293 e ss..

[351] V., por agora, e por todos, KARL LARENZ/CLAUS-WILHELM CANARIS, *Methodenlehre...*, cit., pp. 37 e ss..

CAPÍTULO II

A desvalorização da reserva de lei fiscal e a ampla margem de livre apreciação do Governo-legislador e do Governo-administração em matéria de impostos: o ordenamento italiano como "case study"

1. Considerações introdutórias: os conceitos de delegação e de deslegalização

Em Itália, o estudo das exigências constitucionais de determinação legal dos elementos essenciais do imposto deve ser acompanhado de uma análise atenta das competências legislativas delegadas do Governo e das amplas competências atribuídas por lei aos regulamentos[352-353].

---

[352] Na doutrina italiana, as diferentes teses sobre a natureza jurídica da delegação partem do facto de o Governo, em Itália, não ter competências legislativas originárias, e, portanto, exercer uma função que é diferente da exercida pelo Parlamento. V., por todos, ELENA MALFATTI, *Rapporti tra deleghe legislative e delegificazioni*, Torino, 1999, pp. 155 e ss., e a doutrina e jurisprudência citadas pela autora. A autora sintetiza as diferentes posições existentes em Itália sobre o assunto, e dessa síntese retirámos as seguintes ideias básicas: das teses doutrinárias em confronto, bem como da posição do Tribunal Constitucional não resulta uma posição prevalecente. Em termos resumidos, contrapõem-se, fundamentalmente, as teses que consideram a delegação legislativa como a atribuição de uma competência nova ou como uma transferência de exercício da função legislativa da qual o Parlamento continua titular. Esta última posição estaria mais relacionada com a figura da delegação, e, por outro lado, a Constituição não consentiria que o Parlamento transferisse a titularidade do poder legislativo, a qual conduziria à alteração da ordem formal de competências. Segundo ainda uma outra posição, o conteúdo da competência delegada depende das indicações em concreto, e significa a atribuição de poderes completamente novos. Por seu turno, as orientações da jurisprudência não são conclusivas, pois, desde os seus primeiros acórdãos, que o Tribunal Constitucional se refere aos arts. 76.º e 77.º da Cons-

Os regulamentos assumem uma importância tão grande, mesmo em matérias objecto de reserva de lei, como é o caso dos elementos essenciais dos impostos, que há autores que enquadram todos os desenvolvimentos

---

tituição como fontes de excepção à ordem de competências do Parlamento e do Governo, que se realiza através da lei de delegação, mas sem aderir a nenhuma das posições anteriormente mencionadas; o Tribunal refere-se também por vezes à atribuição de competências legislativas, à transferência de exercício de poderes, à distinção da delegação legislativa em relação à delegação administrativa. Refira-se ainda, a existência de vozes que se pronunciam a favor de uma reconstrução unitária da figura da delegação, "com base nas quais ela constitui um meio expressamente contemplado e regulado pelo ordenamento jurídico, a fim que possa ser exercida, por um sujeito ou por um órgão, em vez de outro, uma determinada função, para a realização de um fim pré-fixado" (IDEM, p. 159).

353 À figura da delegação legislativa tem sido atribuída, pela doutrina, uma conformação própria, autónoma da delegação administrativa, sendo certo que a caracterização da mesma tem de ser feita à luz de cada ordenamento constitucional. Tendo em conta o ordenamento português, JORGE MIRANDA começa por fazer referência ao art. 111.º, n.º 2 da CRP, como a "matriz positiva mais geral do instituto das autorizações legislativas – do art. 165.º" da CRP (*Manual...*, V, cit., 3.ª ed., p. 315). Ainda assim, segundo JORGE MIRANDA, não se deve reconduzir as diferentes figuras previstas no art. 111.º, a uma categoria de delegação em sentido muitíssimo amplo. Não se deve também, segundo o autor, assimilar a autorização legislativa "à típica delegação de poderes nascida no Direito administrativo". A "construção jurídica" da delegação legislativa "tem de promover-se na específica perspectiva constitucional de divisão de poderes e da colaboração dos órgãos de soberania" (p. 316). O autor rejeita as teses da transferência ou alienação de poderes (pp. 316 e ss.); o Governo é chamado a exercer os poderes legislativos, participando da titularidade e do exercício desses poderes, devido à autorização, mas trata-se do exercício de competências alheias, ainda que em nome próprio (p. 317): o autor apoia a sua posição nos arts. 198.º, n.º 1, a) e b) da CRP. No âmbito da autorização legislativa, o Governo adquire um poder "condicionado, derivado e mediato", não o possuía antes da autorização (p. 317); por seu turno, diz-nos GOMES CANOTILHO que, mediante as leis de delegação ou autorização, "o órgão legislativo (poder legislativo) habilita ou autoriza o órgão executivo a emanar actos normativos com força de lei" (*Direito Constitucional...*, cit., 7.ª ed., p. 761); e, mais adiante, informa-nos que a "querela mais importante suscitada pelas leis de autorização reside na questão de saber qual a verdadeira natureza jurídica da autorização" (p. 762); o autor rejeita diversas construções: a doutrina da "transferência temporária do poder legislativo, ou, pelo menos, do seu exercício, para o poder executivo"; as comparações com institutos do Direito Privado, como a representação, o mandato e a sub-rogação; a similitude com a delegação de funções do Direito Administrativo, que caracteriza como questão organizatória; e a doutrina da substituição no exercício do poder; GOMES CANOTILHO aproxima a delegação legislativa da figura da autorização (*Ermächtigung*), de raiz privatística (pp. 763-764): assim, na delegação legislativa encontram-se as notas distintivas da autorização, tais como o carácter objectivo e não pessoal (delegação de matérias), e a actuação do autorizado em nome próprio. Ao contrário de JORGE MIRANDA, GOMES CANOTILHO

normativos do Governo num "modelo duplo de delegação"[354-355]. Por isso, embora tenha interesse perceber que em matéria de competências legislativas fiscais, o Governo em Itália tem competências semelhantes às do Governo em Portugal, o caso italiano serve-nos para demonstrar que os elementos essenciais dos impostos são, também neste ordenamento, determinados por diferentes níveis normativos, embora a prática utilizada não seja recomendável; mais do que isso, o protagonismo dos regulamentos em Itália põe em causa a doutrina que defende um conceito supra-ordenamental de "reserva absoluta de lei fiscal" – i.e., um entendimento de reserva de lei fiscal em que os elementos essenciais dos impostos não poderiam ser disciplinados, de forma inovadora, complementar ou concretizadora de conceitos legais indeterminados, por regulamentos.

Como já referimos, no nosso ordenamento constitucional, as autorizações legislativas do Parlamento têm como destinatário o Governo, portador de competências legislativas delegadas "normais" e não "subprimárias". Os regulamentos complementares e de execução não são regulamentos delegados, mas procedem de um "reenvio normativo" por parte do legislador para desenvolvimentos de aspectos que não podem ou não devem ser tratados por lei (ou decreto-lei autorizado): aspectos necessariamente secundários, nos casos em que existe reserva de lei, devendo esta dedicar-se aos aspectos essenciais da matéria. Efectivamente, os regulamentos delegados, i.e., elevados ao nível de lei, por tratarem matérias da

---

entende que o Governo ao fazer uso das autorizações legislativas previstas no art. 165.º, n.º 2 da CRP, não recebe poderes legislativos da AR, mas age em nome próprio, porque é dotado de competência legislativa ordinária (pp. 763-764). Sobre a delegação em Direito Administrativo, V., por todos, PAULO OTERO, *O Poder de substituição...*, II, cit., pp. 418--433 e a bibliografia por ele citada. Independentemente da caracterização das autorizações legislativas ou delegações legislativas depender de cada ordenamento constitucional, são preocupações comuns na doutrina que se dedica a caracterizar este instituto no âmbito do Direito Constitucional, o facto de estarem implicados uma série de princípios gerais, relacionados com o Estado de Direito, tais como a separação de poderes, a inderrogabilidade de competências, a directa legitimação popular do Parlamento e as modalidades de exercício de soberania conexas àquela legitimação. V. esta referência em ELENA MALFATTI, *Rapporti tra deleghe...*, cit., p. 156.

[354] Assim, ELENA MALFATTI, *Rapporti tra deleghe...*, cit., p. 154.

[355] V. a grande crítica feita por GASPARE FALSITTA à deslegalização (autorização para regulamento) de uma suposta lei geral tributária, que seria útil para sistematizar o sistema tributário italiano, flagelado por frequentes alterações e falta de sistematização da legislação: "Vicende, problemi e prospettive delle codificazioni tributarie in Italia", *Riv. Diritto Trib.*, 2002, n.º 3, pp. 195 e ss. (espec. 221-226).

reserva de competência desta e poderem derrogar ou revogar uma lei formal, são proibidos pelo art. 112.º n.º 5 da CRP – estão em causa, como se sabe, os princípios da indisponibilidade das competências e da conformidade funcional, que não podem ser desrespeitados por via da interpretação[356].

Em Itália, a maioria da doutrina utiliza o conceito de deslegalização, com o sentido de caracterizar a autorização legislativa dada aos regulamentos para tratarem determinadas matérias que já foram objecto de disciplina legal (substituição de uma fonte normativa primária, por uma fonte regulamentar)[357], segundo as orientações definidas por lei, e restringe o conceito de delegação aos actos legislativos do Governo autorizados (decretos-legislativos)[358].

O termo deslegalização impediria que determinados regulamentos fossem considerados fontes primárias, equiparadas ao nível das leis parlamentares e dos decretos-legislativos (delegados) e decretos-leis de urgência da competência do Governo. Mas repare-se que, e para eliminarmos as dúvidas quanto à terminologia, a mesma doutrina que rejeita o termo "delegação", utiliza em sinonímia, as expressões "deslegalização" e "regulamentos delegados".

---

[356] J.J. GOMES CANOTILHO, *Direito Constitucional...*, cit., 7.ª ed., pp. 546-547, 551 e ss..

[357] V., entre muitos, GASPARE FALSITTA, *Manuale..., Parte Generale*, cit., 3.ª ed., p. 65; ANTONIO RUGGERI, " 'Fluidità' dei rapporti tra le fonti...", cit., p. 359; "Sul Principio di legalità", *Diritto Pubblico*, 1995, pp. 273-275; GIOVANNI TARLI BARBIERI, *Le Delegificazioni, 1989/95*, Torino, 1996, pp. 33-34: o autor refere-se a um conceito de deslegalização em sentido amplo, o qual implica uma transferência da disciplina de uma determinada matéria em sede legislativa para outra fonte normativa – exceptuando as hipóteses de "descentralização" legislativa, ADRIANO DI PIETRO ("I Regolamenti, le circolari e le altre norme amministrative per l'applicazione della legge tributaria", *Trattato di Diritto Tributario*, Anuario, Padova, 2001, pp. 335 e ss..

[358] Sobre os vários fundamentos justificativos do instituto da delegação (transferência de exercício e transferência de competências), em que a transferência de competências é um poder de delegar atribuído ao órgão legislativo, que pode fazer desse poder o que quiser: ELENA MALFATTI, *Rapporti tra deleghe...*, cit., pp. 157 e ss.. Quanto à "delegação" em regulamentos, no princípio do séc. XX, alguma doutrina italiana referia-se a uma figura de "delegação material", em que os actos emanados na sequência de delegações legislativas teriam "conteúdo típico e natureza de lei". Posteriormente, excluiu-se, quer em Itália quer em França, a figura das delegações com força de lei para o caso dos regulamentos. Malfatti e a doutrina que lhe é próxima defendem que o conceito de delegação se aplique aos actos normativos autorizados, que superem os limites normalmente reconhecidos aos actos normativos secundários (ELENA MALFATTI, IDEM, pp. 162-164).

A "deslegalização" é operada pelo art. 17.º, n.º 2, da lei n.º 400/88, em que os regulamentos são autorizados por lei (a qual fixa "os princípios e critérios orientadores"), mesmo em matérias de reserva (relativa) de lei[359], e podem ainda derrogar ou revogar as normas legais pré-existentes, com efeitos a partir da entrada em vigor do regulamento[360].

A maioria dos autores entende não ser inconstitucional o facto de uma lei ordinária proceder à deslegalização, habilitando fontes secundárias a disciplinar matérias da sua competência reservada[361]. Assim, tendo em conta que a lei é expressão da vontade popular, e que a Constituição não atribui exclusivamente aos actos legislativos a possibilidade de derrogarem essa mesma categoria de actos, esta posição já era defendida antes da lei n.º 400/88[362].

Por seu turno, a criação, por lei, de categorias de regulamentos, não encontra obstáculos constitucionais, tal como acontece entre nós, pois só os actos legislativos estão sujeitos ao princípio da tipicidade constitucio-

---

[359] V. adiante o significado de reserva relativa de lei no ordenamento italiano.

[360] Segundo a doutrina portuguesa, tais regulamentos seriam designados por "regulamentos delegados", pois a deslegalização, "matéria de lei que é degradada a matéria de regulamento", só é possível quanto às matérias não abrangidas pela reserva de lei: V. por todos, JORGE MIRANDA, Manual..., V, cit., 3.ª ed., pp. 213 e ss.. E J.J. GOMES CANOTILHO/ /VITAL MOREIRA, Constituição..., cit., 3.ª ed., p. 512, ponto XXI: os autores consideram que a deslegalização diz respeito à "retracção do domínio da lei", através de dois momentos: num primeiro momento, existindo regime legal sobre uma determinada matéria, deve o legislador revogar esse mesmo regime ("abaixamento de grau normativo"); num segundo momento, deverá autorizar o regulamento a tratar a matéria ("devolução para o âmbito da disciplina regulamentar"). Também GOMES CANOTILHO e VITAL MOREIRA entendem que a deslegalização só é possível para as matérias não abrangidas pela reserva de lei. Como os autores defendem que não seriam possíveis os regulamentos com disciplina inovadora (IDEM, p. 512, ponto XXI), não se entende como é que, através da revogação, feita por lei, de um anterior regime legal (heterodeslegalização), o caminho fica aberto aos regulamentos.

[361] Sobre a admissibilidade da criação de uma disciplina do poder regulamentar por uma legislação "de tipo primário", na ausência de uma expressa previsão constitucional nesse sentido, V. UGO DE SIERVO, "Il Potere regolamentari alla luce dell'attuazione dell'articolo 17 della legge 400 del 1988", Riv. di Diritto Publico, 1996, pp. 67-68; VICENZO COCOZZA, La Delegificazione...., cit., pp. 33. Um dos argumentos utilizados por Cocozza é o de considerar admissível, mesmo na "forma de governo monista, que os poderes normativos reservados às assembleias podem ser confiados a outros órgãos ligados ao Parlamento por uma relação de responsabilidade política" (p. 33).

[362] V. a referência ao assunto, em GIOVANNI TARLI BARBIERI, Le Delegificazioni..., cit., pp. 44-45; e em LORENZA CARLASSARE, "Regolamento (Diritto Costituzionale)", Enciclopedia del Diritto, 1988, vol. XXXIX, pp. 617 e ss..

nal, existindo, segundo o entendimento maioritário, um *numerus clausus* de "fontes primárias"[363].

No entanto, discute-se, desde a entrada em vigor da Constituição italiana de 1948, e na ausência de referências constitucionais explícitas às competências regulamentares, bem como aos regulamentos[364], se o poder regulamentar está implicitamente consagrado na Constituição (se a competência regulamentar é inerente às funções do Governo), ou se o seu fundamento directo é e deve ser a lei[365]. Além do mais, o facto de a Constituição

---

[363] Aliás, na Constituição italiana é difícil encontrar indicações significativas em relação às outras funções, para além da legislativa: VINCENZO COCOZZA, *La Delegificazione...*, cit., pp. 73 e ss. (espec. 76-77).

[364] Com excepção da referência feita à obrigação de promulgação do acto regulamentar por parte do presidente da república. V., por todos, VEZIO CRISAFULLI, "Fonti del Diritto (dir. cost.)", *Enciclopedia del Diritto*, vol. XVII, Varese, 1968, pp. 938 e ss.. O autor defende que a incompletude constitucional quanto à disciplina dos regulamentos do Governo e administração é intencional, e que está relacionada com o facto de, ao contrário das normas primárias, os regulamentos não estarem sujeitos a uma tipicidade fechada, podendo a lei criar categorias de regulamentos e disciplinar o seu regime, desde que não lhes atribua competência concorrente; por outro lado, a referência constitucional aos regulamentos de determinados órgãos, sujeitos e colectividades, é expressa, porque existe a necessidade de garantir a autonomia de tais órgãos ou entidades (IDEM, p. 940).

[365] A posição que atribui à lei o fundamento positivo e negativo do regulamento (de que é exemplo CARLASSARE) argumenta que o princípio democrático é desta forma valorizado; outra posição é a que considera o poder regulamentar como próprio do Governo (tese do fundamento institucional), tendo o Governo autonomia constitucional, e produzindo normas gerais e abstractas idênticas no conteúdo à lei, constituindo esta um limite negativo, e não podendo os regulamentos contradizê-las. Uma terceira posição vem defender que, do ponto de vista formal-procedimental, os regulamentos dependem da Constituição, enquanto do ponto de vista substancial dependem da lei; assim, enquanto a lei se pode expandir sem limites, já as modalidades de exercício do poder regulamentar estariam dependentes da Constituição, não sendo a lei idónea para disciplinar essas modalidades, sem autorização da Constituição: V. a referência a estas posições, que aceitam sempre a preferência de lei, e que têm por referência o regulamento executivo, em ELENA MALFATTI, *Rapporti tra deleghe...*, cit., pp. 181 e ss.; no que diz respeito à deslegalização, cf. pp. 200 e ss., em que a autora faz referência a um "produto da competência da lei", em que a "autolimitação da função legislativa não é definitiva", e que não implica a defesa de "uma deslegalização de carácter geral" (pp. 202-203). V. também a referência às duas primeiras posições, em VINCENZO COCOZZA, *La Delegificazione...*, cit., pp. 37 e ss.. O autor refere ainda uma outra posição "mais esfumada", em que o poder normativo do Governo é justificado pela superação da rígida divisão de poderes, nomeadamente, porque também o Governo tem legitimidade democrática (IDEM, pp. 38-44 e ss.), e pronuncia-se a favor da primeira posição (princípio da legalidade substancial). Uma posição que concilia os

não conter explicitamente todas as regras sobre a produção e o sistema de fontes, e o facto de a lei parlamentar ter perdido o seu papel central tradicional no reconhecimento das outras fontes (no sentido em que a lei já não pode dispor das suas competências), coloca dificuldades em determinar o "grau de substituibilidade" da lei com outro acto normativo[366].
Assim, cabe saber se a lei n.º 400/88 se pode referir a uma categoria de regulamentos autorizados a inovar no ordenamento jurídico e a revogar actos legislativos, tendo em conta o dito *numerus clausus* dos actos legislativos e o princípio da reserva de lei[367]. Ou seja, se a lei autoriza que uma

---

dois fundamentos é a de GIUSEPPE DE VERGOTTINI, *Diritto Costituzionale*, 3.ª ed., Padova, 2001, pp. 231-232.

[366] GIANMARIO DEMURO, *Le Delegificazioni: modelli e casi*, Torino, 1995, p. 41; GIOVANNI TARLI BARBIERI, por seu turno, defende que, se a Constituição individualizasse, directamente, âmbitos materiais reservados aos regulamentos, haveria uma redistribuição de competências entre Parlamento e Governo: *Le Delegificazioni...*, cit., p. 46; ELENA MALFATTI, *Rapporti tra deleghe...*, cit., pp. 180 e ss.. Repare-se que, anteriormente à Constituição de 1948, cabia à lei determinar livremente a competência das fontes a ela subordinadas: ELENA MALFATTI, IDEM, pp. 194 (192 e ss.). Em sentido oposto, LORENZA CARLASSARE, "Regolamento (Diritto Costituzionale)", cit., p. 611: a autora considera que, na vigência da actual Constituição, o Parlamento tem posição central, por contraposição ao que acontecia durante o sistema autoritário anterior, em que o Governo detinha uma posição hegemónica. Também se discute, na doutrina italiana, se os regulamentos estão sujeitos à precedência de lei ou apenas à reserva de lei, o que, antes da lei n.º 400/88, determinava a posição dos autores sobre o tipo de regulamentos admitidos (só executivos ou também independentes, por exemplo): V. as referências e o desenvolvimento desta discussão, em SÉRVULO CORREIA, *Legalidade...*, cit., pp. 139 e ss..

[367] Segundo CRISAFULLI, cuja teoria das fontes tem influência predominante em Itália, "são fontes de Direito os actos e os factos jurídicos que o ordenamento 'assim qualifica', existindo um sistema rigorosamente fechado a nível das fontes primárias"; assim, de um ponto de vista negativo, a lei não pode instituir fontes concorrenciais dotadas da mesma força ou que a possam excluir de competências próprias; de um ponto de vista positivo, só a lei reconhece validade às fontes, mesmo que não estejam previstas na Constituição, como é o caso dos regulamentos; só a ela compete estabelecer que as fontes externas tenham validade interna; e só ela pode conferir poder normativo de grau subordinado (*Apud*, GIANMARIO DEMURO, *Le Delegificazioni...*, cit., p. 44). Portanto, o poder regulamentar do executivo requer uma autorização legislativa específica, porque a lei se encontra no topo da hierarquia das fontes, segundo a Constituição (cf. GIANMARIO DEMURO, *Le Delegificazioni...*, cit., p. 45). Também segundo o Tribunal Constitucional, nenhuma norma pode atribuir a outra fonte eficácia maior ou igual àquela de que dispõe: "só a Constituição ou normas equiparadas podem conferir a determinados actos diferentes da lei formal, a especial força própria desta" (*Ordinanza* 917/88, Giur. Cost., 1988, pp. 4254 e ss.) (GIANMARIO DEMURO, *Le Delegificazioni...*, cit., p. 46).

fonte regulamentar substitua uma fonte normativa primária, cumpre saber se essa fonte regulamentar não é elevada por lei a fonte primária, violando nesse caso a Constituição.

Na verdade, assim parece, pois, como desenvolveremos adiante, a aplicação do regime do art. 17.º, n.º 2, tem originado muitas dúvidas na doutrina (qual é o momento em que ocorre a revogação dos actos legislativos anteriores ao regulamento, quais as relações entre regulamento delegado e uma disposição regulamentar ou legal superveniente, em domínios materiais já deslegalizados[368]), tornando-se inegavelmente difícil distinguir entre estes regulamentos e os decretos-legislativos aprovados no âmbito da competência legislativa delegada do Governo. As semelhanças entre a aplicação do regime do art. 17.º, n.º 2, e o regime dos decretos--legislativos delegados, dificultam a compatibilização dos primeiros com a Constituição[369] e levaram alguma doutrina a questionar se, admitindo que os regulamentos são elevados a fonte normativa primária, existirá, realmente, um *numerus clausus* destas fontes estabelecido constitucionalmente[370].

Os enormes poderes, atribuídos aos "regulamentos delegados", manifestam-se em inúmeros aspectos: por exemplo, enquanto as autorizações aos decretos-legislativos do Governo, previstas no art. 76.º da Constituição italiana, devem estabelecer um limite temporal para a emissão destes, o art. 17.º, n.º 2, da lei 400/88, não introduz prazos para a utilização da autorização, pelos regulamentos. Como refere Vincenzo Cocozza, os "regulamentos delegados" convertem-se numa "espécie de decreto-legislativo potenciado e desvinculado do limite tempo"[371]. Se, para além deste aspecto mais facilitado do regime, também os "princípios e critérios orientadores" dos regulamentos, não forem mais pormenorizados do que "as normas gerais reguladoras da matéria", exigidas às autorizações legislativas pelo art. 76.º, os regulamentos poderão ocultar uma "máscara de delegação".

Tendo em conta esta discussão, embora a maioria da doutrina italiana distinga entre a delegação ao Governo, que o autoriza a actuar através das suas competências legislativas, e a deslegalização, em que passa a ser o

---

[368] ELENA MALFATTI, *Rapporti tra deleghe...*, cit., pp. 54 e ss..
[369] V., por todos, VICENZO COCOZZA, *La Delegificazione...*, cit., pp. 34 e ss..
[370] ELENA MALFATTI, *Rapporti tra deleghe...*, cit., pp. 169 e ss.. Ou se há uma violação do princípio do *numerus clausus:* IDEM, p. 187 (pp. 186 e ss.).
[371] VICENZO COCOZZA, *La Delegificazione...*, cit., pp. 36-37.

regulamento, fonte de direito secundária, a tratar uma matéria que é, em princípio, da competência reservada do Parlamento (ou, segundo uma definição relativamente diferente, que passa a regular "de modo inicial e incondicionado" uma matéria que é reservada à lei[372]), podemos adoptar, como ponto de partida, um conceito de delegação em sentido amplo, que significa a autorização dada por lei do Parlamento a uma outra fonte de direito, primária ou secundária, para a regulação de matérias sujeitas a reserva de lei parlamentar[373].

O conceito de delegação tem, neste contexto, uma conotação pejorativa, pois significa uma prática abusiva de delegações, o não exercício pelo Parlamento das suas funções legislativas em matéria reservada, cabendo saber se daqui decorre, necessariamente, uma diminuição das garantias dos contribuintes associadas à reserva de lei parlamentar. Mas poderia ter uma conotação favorável, se ele implicasse, fundamentalmente, atribuir à lei do Parlamento a escolha dos princípios e do *indirizzo*, e deixar aos actos normativos restantes a tarefa da progressiva concretização dos mesmos.

2. As exigências de determinação e as delegações parlamentares na Constituição fiscal italiana

2.1. *Justificação e função da reserva de lei fiscal e a distribuição de competências legislativas*

É no art. 23.º da Constituição italiana de 1948 que está consagrada a reserva de lei fiscal[374]. O art. 23.º tem um objecto mais vasto do que os

---

[372] Na formulação de SÉRVULO CORREIA, *Legalidade*..., cit., p. 160.

[373] V. ELENA MALFATTI, *Rapporti tra deleghe*..., cit., pp. 17-19: a autora utiliza o termo "delegação", quer a propósito do estudo das relações entre lei e decreto-legislativo quer a propósito das relações entre lei e regulamento (art. 17.º, n.º 2 da lei n.º 400/88), demonstrando, passo a passo, as semelhanças entre os dois tipos de relações, e o "alto grau de elasticidade do modelo de delegação" (p. 17). Cf., também, a posição crítica de SERGIO FOIS, que considera que a deslegalização nega o princípio da legalidade como "princípio simultaneamente fundamental e geral do ordenamento", e retira à reserva o seu "significado de reforço do princípio da legalidade, (transformando-a em) pura e simples delimitação da competência do poder legislativo": "«Delegificazione»...", cit., p. 737.

[374] V., por todos, BALDASSARE SANTAMARIA, *Lineamenti di Diritto Tributario, Parte Generale,* Milano, 1999, pp. 4 e ss.; PASCUALE RUSSO, *Manuale..., Parte Generale,* cit.,

impostos, referindo-se a "prestações pessoais ou patrimoniais", nenhuma das quais "pode ser imposta se não com base na lei"³⁷⁵.

---

p. 42; ANDREA FEDELE, "La Riserva di legge", *Trattato di Diritto Tributario, Il Diritto Tributario e le sue fonti*, dir. Andrea Amatucci e outros, vol. I, tomo I, Padova, 1994, p. 159, nota 7. Ao contrário do que acontece na Alemanha, e, de certa forma, entre nós, também as taxas, receitas de características sinalagmáticas, estão sujeitas a reserva de lei, pois, ao caírem na categoria de "prestações patrimoniais", entende o Tribunal Constitucional (e a doutrina) que estão sujeitas a tal reserva.

³⁷⁵ V., entre muitos, VICTOR UCKMAR, *Principi comuni di Diritto Costituzionale tributario*, 2.ª ed., Padova, 1999, pp. 40-41; BALDASSARE SANTAMARIA, *Diritto Tributario, Parte generale*, 4.ª ed., cit., pp. 33 e ss.; FRANCESCO TESAURO, *Istituzioni di Diritto Tributario, I, Parte generale*, 4.ª ed., Torino, 1994, pp. 10 e ss; *Compendio di Diritto Tributario*, Torino, 2004, 2.ª ed., pp. 9 e ss.; PASQUALE RUSSO, *Manuale...*, 4.ª ed., cit., pp. 42 e ss.; GIANFRANCO GAFFURI, *Lezioni di Diritto Tributario, Parte generale*, 2.ª ed., Padova, 1994, pp. 21 e ss.; NICOLA D'AMATI, CATERINA COCO, ANTONIO URICCHIO, *Diritto Tributario, I*, 7.ª ed., Bari, 2004, pp. 9 e ss.; SALVATORE LA ROSA, *Principi...*, cit., 2004, pp. 7 e ss.; e ainda, desenvolvidamente, ANDREA FEDELE, "La Riserva di legge", cit., p. 160. Discute-se em Itália o significado de "prestação imposta", tal como consta do art. 23.º da Constituição (cf., um dos primeiros estudos sobre o âmbito do art. 23.º, em que o autor não o restringe aos impostos, FRANCESCO FORTE, "Note sulla nozione di tributo nell'ordinamento finanziario italiano e sul significato dell'art. 23 della costituzione", *Riv.di Dir. Fin. Sc.Fin.*, 1956, parte I, pp. 260 e ss.). Em termos sucintos, pode-se dizer que ela requer um acto público de autoridade (que pode ser parcialmente negociado), com a directa consequência de uma redução patrimonial, e com objectivos dirigidos a essa ablação do património privado (finalidade principal e não instrumental a outras finalidades). No entanto, a prestação não tem de resultar necessariamente a favor das autoridades públicas, pois estas podem ainda impor prestações a favor de outro sujeito, privado, ou de uma entidade sem personalidade jurídica, podendo até das prestações patrimoniais impostas não resultar nenhum incremento patrimonial para o Estado (pode-se tratar da destruição de bens com finalidades sancionatórias). Exemplos de "prestações patrimoniais impostas" são sanções de conteúdo patrimonial, em que o resultado sancionatório se identifica com a diminuição patrimonial, as prestações de carácter indemnizatório (por ex., devidas por concessionários a entidades públicas), e ainda diversos casos de aquisição forçada de bens, de ablação total ou parcial de direitos ou requisição de serviços de privados, sem indemnização adequada, para além dos diversos "institutos fiscais" (ANDREA FEDELE, IDEM, pp. 166-167). A delimitação de "prestação imposta" é necessária para evitar alargar demasiado o referido conceito, pois, caso contrário, haveria uma sobreposição do art. 23.º com outras normas constitucionais que prevêem reservas de lei relativas ao exercício de poderes de autoridade, tais como a expropriação, incidentes sobre a esfera de liberdade (de iniciativa e propriedade privada, segundo os arts. 41.º e 42.º) de entidades privadas. Por outro lado, um excessivo alargamento do conceito de "prestações impostas", nomeadamente, ao mero exercício de poderes públicos em (quaisquer) áreas de liberdade de iniciativa e autonomia negocial privada, poderia significar uma interferência indesejável em áreas remetidas à autonomia privada: ANDREA FEDELE, IDEM, pp. 162-165. Neste contexto, o conceito de tributo distin-

Nos anos sessenta, Antonio Berliri considerava supérfluo este art. 23.º, pois a reserva de lei já decorreria do art. 2.º da carta constitucional que garantia os direitos invioláveis do homem e cuja limitação era da competência exclusiva da lei[376], mas a prática legiferante demonstrou que nem mesmo a consagração expressa da reserva impediu uma evolução no sentido da colaboração e complementaridade das diferentes fontes normativas.

A reserva de lei fiscal em Itália é entendida como uma reserva de actos com força de lei, nos termos explicitados adiante. Os seus contornos só tendencialmente são moldados em sintonia com a fundamentação doutrinária para essa mesma reserva de lei fiscal, ou seja, a definição das fronteiras do *Tatbestand* de garantia não é totalmente coerente com a justificação da reserva de lei.

Se procurarmos os fundamentos da reserva de lei fiscal na interpretação sistemática das disposições constitucionais e infraconstitucionais (por ex., a lei n.º 400/88, a que nos referiremos adiante), relativas à repartição de competências e à reserva de lei fiscal, encontramos justificações comuns às invocadas em outros ordenamentos jurídicos continentais, tais como razões ligadas a aspectos de garantia, crescentemente mitigadas por argumentos de legitimidade democrática de modo a justificar a intervenção do Governo[377]. Embora as primeiras interpretações do art. 23.º,

---

gue-se das outras prestações patrimoniais impostas, através de características comuns aos diferentes ordenamentos jurídicos: são dirigidos à aquisição de meios financeiros, não têm funções sancionatórias, e têm como destinatário o Estado ou outro ente público (ANDREA FEDELE, IDEM, pp. 167-168). Curiosamente, no final dos anos 50, FRANCESCO FORTE distinguia entre o exercício dos poderes financeiros pelo Estado ou outro ente territorial, que eram os destinatários tradicionais dos impostos, e o exercício de tais poderes por outro ente público não territorial, tal como os "entes públicos económicos" ("Note sulla nozione...", cit., pp. 262 e ss.).

[376] ANTONIO BERLIRI, "Appunti sul fondamento e il contenuto dell'art. 23 della costituzione", *Studi in onore di A..D. Giannini*, Milano, 1961, p. 151.

[377] V. AUGUSTO FANTOZZI, *Diritto Tributario*, 2.ª ed., Torino, 1998, pp. 82-83; *Corso...*, cit., 2004, pp. 44-46, 49 e ss.; GASPARE FALSITTA, *Manuale...., Parte Generale*, cit., 3.ª ed., pp. 127-129; *Corso...*, cit., p. 52; PASCUALE RUSSO, *Manuale...., Parte Generale*, cit., pp. 39 e ss.; BALDASSARE SANTAMARIA, *Lineamenti...Parte Generale*, cit., p. 4, FRANCESCO TESAURO, *Istituzioni...*, cit., 4.ª ed., pp. 15-16; GIANFRANCO GAFFURI, *Lezioni...*, cit., 2.ª ed., p. 19; ANDREA FEDELE, "La Riserva di legge", cit., p. 159 (pp. 158 e ss.); e ainda, apresentando argumentos de garantia, ANTONIO BERLIRI, "Appunti sul fondamento...", cit., pp. 153-154: os autores referem-se aos fundamentos históricos, como garantia das classes emergentes, no confronto com o soberano (a reserva servia para ree-

influenciadas pelas elaborações teóricas anteriores à Constituição de 1948, tivessem dado especial relevo aos aspectos de garantia[378], pode considerar-se neste momento superada a concepção da reserva de lei (parlamentar) fiscal, como modo de proteger, fundamentalmente, a "liberdade patrimonial e pessoal" do cidadão[379].

Durante os anos sessenta e setenta, são dadas várias justificações à reserva de lei fiscal, umas relacionadas com a tutela de minorias, que postulam a reserva de lei parlamentar, e outras considerando que a reserva de actos legislativos permite a tutela constitucional do cidadão, e, assim, a tutela do contribuinte[380]. Progressivamente, foi-se entendendo que o art. 23.º estabelece uma repartição de competências de *indirizzo* político entre Parlamento e Governo, considerando-se que equipara os actos legislativos, quer provenham de um ou de outro órgão – estas interpretações foram-se impondo, através de uma prática não inviabilizada pelo Tribunal Constitucional[381], e começam a atingir todos os domínios onde está consagrada uma reserva de lei.

---

quilibrar a ordem dos poderes políticos, e dirigia-se à garantia da integridade patrimonial e liberdade dos indivíduos, no confronto com o soberano) e ao fundamento hodierno da reserva de lei, também de garantia (liberdade pessoal e patrimonial), mas existindo actualmente "uma coincidência entre representantes e representados", sendo o executivo expressão directa do Parlamento. Cf., para o significado da reserva de lei fiscal no Estatuto Albertino (Constituição monárquica), consagrada no art. 30.º, e invocando como primeiro fundamento para a autotributação dos súbditos a oportunidade da realização de despesas públicas, e a participação indirecta na direcção política do Estado, e só como função secundária o objectivo de garantir a liberdade individual do cidadão: ANTONIO BERLIRI, "Appunti sul fondamento...", cit., pp. 140 e ss.. O autor faz ainda referência ao facto de o Estatuto ter evitado consagrar um Governo constitucional puro, e que, por isso, a interpretação do mesmo foi sujeita à pressão do tempo, no sentido da actualização (tendo-se instituído, aos poucos, um equilíbrio entre os poderes do Rei e do Parlamento); tendo-se generalizado a reserva de lei para todas as relações entre o Estado e o cidadão, tornou-se supérfluo o art. 30.º (p. 144); o autor faz ainda uma comparação entre o art. 23.º da actual Constituição e o art. 30.º do Estatuto Albertino (pp. 154 e ss.).

[378] V. por exemplo, AUGUSTO FANTOZZI, *Diritto Tributario*, cit., 2.ª ed., pp. 76, 77 e 82; M. ANTONIETA GRIPPA SALVETTI, *Riserva di legge...*, cit., p. 117.

[379] Como nos diz ANDREA FEDELE, "La Riserva di legge", cit., pp. 169 e ss..

[380] V. M. ANTONIETA GRIPPA SALVETTI, *Riserva di legge...*, cit., p. 117 e ss..

[381] M. ANTONIETA GRIPPA SALVETTI, *Riserva di legge...*, cit., pp. 117 e ss. e 128 e ss.; ALESSANDRO SERENA, "La Delega legislativa in materia tributaria", *Analisi di legge-campione, Problemi di tecnica legislativa a cura di Giovanna Visintin*, Padova, 1995, pp. 483-484; fazendo a referência ao problema em geral, sempre que haja matérias reservadas à lei, GIUSEPPE DE VERGOTTINI, *Diritto Costituzionale*, cit., 3.ª ed., pp. 209 (208 e ss.).

Embora uma grande parte da doutrina constitucionalista, como reacção ao Estatuto Albertino e ao ordenamento fascista, tenha ainda uma concepção da reserva de lei muito próxima da tipicidade fechada, segundo a qual, nas matérias sujeitas a tal reserva, a legalidade substancial seria incompatível com os espaços livres deixados aos regulamentos e a disposição, pelo legislador, das competências reservadas, criticando as delegações amplas e a permissividade do Tribunal Constitucional, no Direito Fiscal, as tendências inclinam-se para uma outra via. Talvez porque aqui é necessário isolar os elementos essenciais do imposto (*Tatbestand* de garantia) dos outros elementos do imposto, e criar uma escala de graduação da intensidade da reserva de lei, entende-se que as exigências de garantia do art. 23.º são asseguradas quando as principais escolhas políticas são efectuadas pelo Parlamento, e "é muito sentida, especialmente nos últimos anos, a importância da designada «deslegalização» de aspectos secundários ou de detalhe, onde não é oportuna a intromissão das normas legislativas"[382].

Nesta linha de argumentação, são por vezes invocados, com o objectivo de se defender amplos espaços de normação primária e secundária do executivo em escolhas fundamentais de matéria fiscal, a legitimidade democrática do Governo, o "interesse público em obter boas leis tributárias" e a crise da actividade do Parlamento[383].

Estas posições invocam uma relação entre o art. 53.º da Constituição italiana, que exige a "concorrência de todos para as despesas públicas, em razão da capacidade contributiva" e o art. 23.º (reserva de lei). A conjugação das duas disposições recomenda que o legislador escolha os instrumentos mais eficazes para regular os diversos aspectos dos impostos[384].

As argumentações nem sempre são coerentes, parecendo, por vezes, inclinar-se para a reserva de lei parlamentar, mas abrindo, num segundo momento, a reserva a todos os actos legislativos, e portanto, também ao Governo. Por exemplo, Pasquale Russo, ao mesmo tempo que defende que os "interesses gerais e públicos" se sobrepõem aos individuais, e que, por

---

[382] RAFFAELLO LUPI, *Diritto Tributario, Parte Generale,* 7.ª ed., Milano, 2000, p. 19.

[383] V. a referência em M. ANTONIETTA GRIPPA SALVETTI, *Riserva di legge...*, cit., pp. 33-35; AUGUSTO FANTOZZI, *Diritto tributario*, cit., 2.ª ed., pp. 82 e ss.. V. ainda, sobre a crise da lei, e descrevendo as competências legislativas e regulamentares no quadro da Constituição italiana, ALESSANDRO PIZZORUSSO, "Delle Fonti del Diritto...", cit., pp. 45-48, 176 e ss., 247 e ss., e 290 e ss..

[384] V. M. ANTONIETTA GRIPPA SALVETTI, *Riserva di legge...*, cit., p. 34.

isso, devem ser assegurados por lei (devido ao procedimento articulado, à maior ponderação de exigências, à participação das minorias parlamentares), vem logo de seguida esclarecer que se está a referir a todos os actos legislativos[385-386].

Ainda assim, pode-se afirmar que as grandes escolhas políticas são atribuídas, pela maioria dos autores, ao Parlamento, mesmo que o Governo, num segundo momento, co-participe nessas funções[387] – infelizmente, estas posições doutrinárias não têm tido eco na prática legislativa parlamentar.

Podemos realçar nestas linhas a posição de Andrea Fedele sobre a fundamentação da reserva de lei fiscal. Segundo Fedele, as "prestações pessoais ou patrimoniais" implicam a tutela de interesses gerais e públicos vários, entre eles relacionados, podendo variar a *ratio* da reserva consoante os institutos a que se aplica o art. 23.º[388]. No caso dos impostos, à necessidade de arrecadar receitas deverá corresponder uma escolha pública, na qual participem todos os cidadãos "compreendidas as minorias". Estas exigências, relacionadas com princípios de justiça e racionalidade, e de ponderação, seriam o fundamento principal da reserva de lei fiscal, conferindo-lhe autonomia enquanto princípio constitucional, perante as outras prestações de tipo patrimonial, conjuntamente submetidas a reserva de lei, pelo art. 23.º, da Constituição italiana[389].

Embora o fundamento de participação na(s) escolha(s) pública(s) se possa reconduzir ao princípio democrático[390], invocado em outros orde-

---

[385] PASQUALE RUSSO, *Manuale...Parte Generale*, cit., 2002, pp. 40-41.

[386] Também RAFFAELLO LUPI defende que as "escolhas de oportunidade e conveniência política, económica e social que circundam a repartição entre contribuintes da carga fiscal" ... "devem ser tendencialmente subtraídas... aos serviços tributários" (*Diritto Tributario, Parte Generale*, cit., 7.ª ed., pp. 5-6); mais do que isso, segundo Lupi, nos Estados democráticos, há uma preocupação de limitar os poderes do Governo em matéria tributária, pois este poderia favorecer os grupos sociais politicamente próximos. Mas, logo a seguir, acrescenta que, "por este motivo, a introdução, abolição ou modificação dos impostos... deve derivar de lei ou de acto a esta assimilado, co-envolvendo o poder legislativo" (IDEM, p. 7). Ou seja, a reserva de lei abrange os actos legislativos do Governo (IDEM, p. 7).

[387] RAFFAELLO LUPI, *Diritto Tributario, Parte Generale*, cit., 7.ª ed., pp. 8-9.

[388] ANDREA FEDELE, "La Riserva di legge", cit., p. 169.

[389] ANDREA FEDELE, "La Riserva di legge", cit., pp. 169-170; em sentido próximo, PASQUALE RUSSO, *Manuale..., Parte Generale*, cit., pp. 40-41; FRANCESCO TESAURO, *Istituzioni...*, cit., p. 16.

[390] Como aliás resulta do próprio ANDREA FEDELE, "La Riserva di legge", cit., pp. 171-172: Segundo o autor, as escolhas fundamentais em matéria de repartição de encar-

namentos jurídicos continentais, entre os quais figuram o nosso e o alemão, a formulação implica também um retorno à relação dos dois lados do orçamento (Andrea Fedele fala numa "função redistributiva dos encargos públicos"), através da participação dos cidadãos em ambas, permitindo a conexão entre a legalidade e os princípios fiscais materiais, designadamente o da redistribuição de receitas[391].

Acrescente-se que a fundamentação do princípio da legalidade fiscal através da participação popular (incluindo a participação das minorias) na escolha pública, recomenda uma reserva de lei parlamentar para os elementos do *Tatbestand* de garantia, não delegável ao Governo.

Isto é, da conjugação dos arts. 53.º (solidariedade nas despesas públicas segundo a capacidade contributiva) e 23.º (reserva de lei patrimonial) deveria resultar um conteúdo mínimo da reserva de lei parlamentar: a identificação (a escolha) legal dos "pressupostos da contribuição para as despesas públicas", i.e., o sujeito passivo e o objecto do imposto[392].

No entanto, como se pode verificar ao longo das próximas páginas, tal fundamentação é esvaziada por delegações legislativas sem orientações da lei parlamentar de delegação, e ainda pelos amplos poderes regulamentares em matéria fiscal.

Portanto, se, à partida, a "participação na escolha pública" exigiria que os elementos essenciais dos impostos fossem definidos por lei parlamentar, não é isso que acontece. Por o Governo em Itália ter competências legislativas, o conceito de lei do art. 23.º ("com base na lei") abrange os actos legislativos da competência deste[393], e entende-se vagamente que

---

gos públicos devem ser realizadas através de um procedimento adequado, que "reservando o poder de decisão aos órgãos institucionalmente representativos de todas as instâncias sociais, garanta, conjugadamente com uma margem adequada de intervenção para as minorias, o maior nível possível de consenso, ponderação e racionalidade das escolhas, e ainda um controlo adequado da conformidade aos princípios constitucionais".

[391] V. ANDREA FEDELE, "La Riserva di legge", cit., p. 170. Também encontramos esta fundamentação na doutrina a propósito do ordenamento espanhol: EUGENIO SIMÓN ACOSTA, "La Legge tributaria", *Trattato di Diritto tributario, Il Diritto tributario e le sue fonti*, dir. Andrea Amatucci e outros, vol. I, tomo II, Padova, 1994, 523 e ss. (espec. 528-532).

[392] V. M. ANTONIETTA GRIPPA SALVETTI, *Riserva di legge...*, cit., pp. 39-40; AUGUSTO FANTOZZI, *Diritto...*, cit., p. 79.

[393] Assim, por todos, ANDREA FEDELE, "La Riserva di legge", cit., pp. 172-174; AUGUSTO FANTOZZI, *Diritto...*, cit., pp. 76 e ss. e 87 e ss.; BALDASSARE SANTAMARIA, *Lineamenti...*, cit., pp. 5 e ss.. Embora não pondo em causa que os "actos com força de lei" estejam ao mesmo nível hierárquico da lei, GIUSEPPE UGO RESCIGNO, diz-nos que a relação

a reserva de lei é observada se as principais escolhas de política tributária forem realizadas pelo Parlamento[394].

As competências legislativas do Governo em Itália ("fontes paralelas subprimárias"[395]) podem ser exercidas através de decretos-legislativos ou de decretos-leis. Os primeiros resultam de competências delegadas por autorização legislativa do Parlamento, em que a delegação deve ser deliberada segundo o procedimento normal em plenário, sendo excluído o procedimento abreviado das comissões (art. 72.º da CRI); o objecto, princípios e critérios directivos, bem como o prazo da delegação devem constar da autorização legislativa (art. 76.º da CRI)[396]. Como assinala, entre nós, Cabral de Moncada, "as particularidades do direito italiano são reforçadas pelo facto de a Constituição italiana não apresentar um quadro geral de matérias em absoluto indelegáveis, vedadas ao executivo (...). A delegação é possível relativamente a todas as matérias de competência parlamentar, dependendo só do critério do legislador" embora, ao mesmo tempo, o executivo apareça "como um órgão secundário, parco em competências próprias" não existindo uma competência legislativa concorrente do Governo e do Parlamento[397].

Por seu turno, os decretos-leis emanam de um procedimento provisório, devendo ser aprovados em caso de urgência e necessidade, e apresentados às câmaras parlamentares no próprio dia da sua aprovação,

---

entre o princípio da legalidade e a soberania popular deveria ter consequências diferentes para a legitimidade de actos normativos de "autoridades representativas" e de "autoridades não representativas": isto é, segundo o autor, os regulamentos das regiões autónomas e das autarquias locais deveriam ter maior aceitação do que os actos normativos do Governo, não sendo isso que acontece em Itália ("Sul Principio di legalità", *Diritto Pubblico*, 1995, n.º 2, pp. 265-266 e 268). Este argumento é falível, se tivermos em conta, como se recorda em seguida no texto, que os Governos democráticos são também legitimados democraticamente, pois emanam das maiorias parlamentares.

[394] Entre muitos, por ex., RAFFAELLO LUPI, *Diritto Tributario, Parte Generale*, cit., p. 19.

[395] Sobre o significado de "força e valor de lei", "fontes primárias" e outra terminologia utilizada, a propósito do ordenamento italiano, V., por todos, STEFANO MARIA CICCONETTI, *Le Fonti del Diritto italiano*, Torino, 2001, pp. 262 e ss.; e para o Direito Fiscal, por ex., GASPARE FALSITTA, *Manuale... Parte Generale*, 3.ª ed., cit., pp. 42 e ss..

[396] V., por todos, ALESSANDRO PIZZORUSSO, *Manuale di Istituzioni di Diritto Pubblico*, Napoli, 1997, pp. 432 e ss.; STEFANO MARIA CICCONETTI, *Le Fonti...*, cit., pp. 271 e ss.; para o Direito Fiscal, por ex., GASPARE FALSITTA, *Manuale... Parte Generale...*, 3.ª ed., cit., p. 43.

[397] LUÍS S. CABRAL DE MONCADA, *Lei e regulamento*, cit., pp. 534-535.

e devendo ser convertidos em leis no prazo de seis meses, sob pena de ineficácia[398].

Detendo as câmaras parlamentares o controlo prévio (no caso dos decretos legislativos, que necessitam de autorização de lei parlamentar) ou *a posteriori* (no caso dos decretos-leis emitidos em caso de urgência e necessidade) dos actos legislativos governamentais, entende-se que o princípio democrático subjacente à reserva de lei é garantido por essa via[399]. No Direito Fiscal, a doutrina tem salientado, em especial, as vantagens na delegação legislativa parlamentar em decretos-legislativos, tendo em conta o "carácter particularmente técnico" das matérias e disciplina[400].

Quando a Constituição entrou em vigor, houve muitas interrogações sobre o significado e alcance das delegações legislativas e repartição de competências entre Parlamento e Governo, ao abrigo do art. 76.º da Constituição. Questionava-se, por exemplo, qual era a *ratio* das leis de delegação, quais os espaços deixados ao executivo, quais as relações entre a autorização e o decreto-legislativo delegado, se a delegação significava uma transferência de competências (caso em que ao executivo caberiam amplos poderes) ou apenas uma transferência da faculdade de exercício[401].

Embora se esperasse uma resposta clara do Tribunal Constitucional a estas questões, a jurisprudência do Tribunal é predominantemente casuística[401]. Ainda assim, a doutrina italiana costuma referir, dentro de uma pri-

---

[398] V., por todos, ALESSANDRO PIZZORUSSO, *Manuale...*, cit., pp. 435 e ss.; os pressupostos de necessidade e urgência deveriam ser apresentados, não bastando que o Parlamento se limite a repetir a fórmula constitucional, o que terá acontecido com frequência: V. a crítica em GIUSEPPE UGO RESCIGNO, "Sul Principio di legalità", cit., p. 272; para uma crítica à existência de decretos-leis de urgência, considerando que constituem "uma grave anomalia" do sistema, ALESSANDRO PIZZORUSSO, "Atti legislativi del Governo e rapporti fra i poteri: aspetti comparatistici", *Quaderni Costituzionali*, 1996, pp. 42 e ss.; STEFANO MARIA CICCONETTI, *Le Fonti...*, cit., pp. 298 e ss.; para o Direito Fiscal, GASPARE FALSITTA, *Manuale... Parte Generale...*, 3.ª ed., cit., pp. 45 e ss.; BALDASSARE SANTAMARIA, *Lineamenti...*, cit., p. 6 e *Diritto tributario*, cit., 4.ª ed., pp. 13-15.

[399] ANDREA FEDELE, "La Riserva di legge", cit., pp. 172-173. Embora, como bem assinala Rescigno, enquanto as leis são votadas artigo por artigo, a lei de conversão de um decreto-lei é aprovada com uma única votação: GIUSEPPE UGO RESCIGNO, "Sul Principio di legalità", cit., p. 272, nota 53. E esta democraticidade, entenda-se bem, é a expressão da vontade política da maioria: V. a referência feita entre nós por LUÍS CABRAL DE MONCADA, *Lei e regulamento,* cit., p. 539.

[400] Neste sentido, BALDASSARE SANTAMARIA, *Lineamenti...*, cit., pp. 13-14.

[401] ELENA MALFATTI, *Rapporti tra deleghe...*, cit., pp. 19 e ss..

[402] ELENA MALFATTI, *Rapporti tra deleghe...*, cit., p. 23.

meira fase da jurisprudência constitucional, um acórdão de 1957, em que o Tribunal afirmou desde logo ter competência exclusiva para se pronunciar sobre as delegações, o que não era inequívoco. Respondendo às dúvidas suscitadas sobre o instituto da delegação, o Tribunal considerou que tanto a lei de autorização como o decreto-legislativo delegado faziam parte do mesmo *iter* de formação do decreto-legislativo. Ou seja, a lei de delegação não teria uma natureza "constitutiva da delegação" (transferindo competências, nomeadamente), limitando-se a concretizar as disposições constitucionais, tal como o decreto-legislativo; o controlo da constitucionalidade diria assim respeito aos dois actos legislativos em presença, podendo o Tribunal verificar ainda a violação por parte do decreto-legislativo, de qualquer norma constitucional, e não apenas a sua compatibilidade com a lei de delegação[403]. O Tribunal considerou também recomendável a delegação, em acórdãos de 1957 e de 1959, quando se estivesse perante matérias muito técnicas e de forma a evitar os debates demasiado longos e complicados "nas assembleias muito numerosas"[404]. Finalmente, refira-se que, em 1957, a delegação legislativa é caracterizada como um processo excepcional (inaplicável às regiões autónomas e às autarquias locais), ao lado do previsto no art. 77.º n.º 2, relativo aos decretos-leis de urgência, de que trataremos em seguida[405]. Desta forma, o Tribunal reiterava o princípio da inderrogabilidade de competências, em que o Parlamento surgia como o órgão por excelência de orientação política[406]. A partir de final dos anos sessenta, o Tribunal passou a equiparar os decretos-legislativos à lei formal do Parlamento, para efeitos das reservas de lei contidas na Constituição, manifestando alguma contradição com a jurisprudência inicial[407].

Seja como for, a jurisprudência do Tribunal Constitucional exigia que o conteúdo das delegações legislativas resultasse do contributo das leis de autorização e dos decretos-legislativos para a realização das delegações legislativas.

Em colisão com esta jurisprudência, no início da década de setenta emergiu uma utilização prática do instituto da delegação que, também no

---

[403] ELENA MALFATTI, *Rapporti tra deleghe...*, cit., p. 22.
[404] V. a referência ao assunto em ELENA MALFATTI, *Rapporti tra deleghe...*, cit., p. 22.
[405] V., sobre o assunto, por todos, ELENA MALFATTI, *Rapporti tra deleghe...*, cit., pp. 19 e ss..
[406] ELENA MALFATTI, *Rapporti tra deleghe...*, cit., p. 23.
[407] ELENA MALFATTI, *Rapporti tra deleghe...*, cit., p. 24.

Direito Fiscal, fez tábua rasa dos pressupostos legitimadores dos actos normativos do Governo. Como alguns autores, de forma radical, assinalaram, a prática constitucional extinguiu o princípio da legalidade[408].

Por um lado, o recurso a decretos-legislativos banalizou-se e massificou-se, não sendo respeitadas as exigências do art. 76.º, por parte das leis de autorização, exigências essas que estavam na base da argumentação doutrinária que considerava observado o princípio da reserva de lei, desde que existisse o controlo prévio parlamentar[409].

Com efeito, as delegações legislativas ao Governo, passaram a ser concedidas através de definições vagas de fins e de resultados, mas sem uma verdadeira orientação dos decretos-legislativos delegados, alargando muito a discricionariedade governativa. Chega-se ao ponto de entender como bastante uma longínqua afinidade entre o decreto-legislativo e o objecto delegado, desde que o primeiro não contrarie as prescrições da lei de delegação[410].

Isto mesmo acontece em matéria de impostos, em que só alguns elementos, como referimos adiante, estão sujeitos a reserva de lei, e mesmo relativamente a estes, a delegação ao decreto-legislativo praticamente não contém linhas de orientação por parte da lei parlamentar, o que significa que, na prática, se tornou indiferente que a matéria seja regulada por lei ou decreto-legislativo.

A legislação delegada é muito frequente no Direito Fiscal, pois, para além de a já referida tecnicidade das matérias recomendar a delegação, as longas discussões parlamentares são consideradas inadequadas a um tipo de legislação em que as alterações legislativas são constantes, por

---

[408] GIUSEPPE UGO RESCIGNO, "Sul Principio di legalità", cit., p. 272. Entre nós, LUÍS S. CABRAL DE MONCADA trata a problemática das relações normativas entre Parlamento e Governo, quase exclusivamente, com base na interpretação "correcta" da Constituição, tal como ela resultou das primeiras leituras da doutrina italiana, sem ter em conta a evolução da *praxis* e a reinterpretação (incluindo a crítica) doutrinária e jurisprudencial, à luz dos "abusos" das delegações legislativas, dos decretos-leis de urgência e dos próprios regulamentos, incluindo os de deslegalização: *Lei e regulamento*, cit., pp. 536 e ss.. No entanto, embora sem referir esta evolução do sistema das fontes, o autor faz referência a uma função conjunta de *indirizzo politico* por parte do Parlamento e do Governo (p. 538); ainda assim, o autor refere-se à função de garantia do acto legislativo (pp. 538-540), desconsiderando o significado actualmente atribuído à reserva de lei (também fiscal), por um importante sector da doutrina, e que vai muito para além da perspectiva garantista.

[409] ANDREA FEDELE, "La Riserva di legge", cit., pp. 172-173.

[410] GIUSEPPE UGO RESCIGNO, "Sul Principio di legalità", cit., pp. 269 e ss..

razões de política tributária, e em que mesmo as grandes reformas fiscais são objecto de delegação, cabendo ao Parlamento apenas as escolhas de fundo[411].

Em nome da simplificação, e através das referidas autorizações vagas concedidas pelo Parlamento, o Governo foi multiplicando não só os instrumentos normativos de concretização das mesmas, como alargando o âmbito de intervenção sobre elementos essenciais do imposto[412].

Mas, apesar de a doutrina continuar a criticar as amplas delegações legislativas ao Governo[413], e respectivo "uso distorcido"[414], o respeito pela reserva de lei fiscal e as exigências de densificação legal só são verdadeiramente discutidos a propósito da intervenção dos regulamentos em matéria de impostos e das obrigações de determinação do legislador antes dessa intervenção regulamentar, sendo praticamente ignoradas as relações entre lei e decreto-legislativo[415].

As reformas tributárias dos anos setenta (1972/73) e noventa (1997//98) foram aprovadas por decretos-legislativos, e constituem bons exemplos para ilustrar as enormes margens de escolha política do Governo, na concretização das indicações sempre muito gerais das delegações, de tal modo que há um sério risco de "substancial expropriação" do poder

---

[411] V., RAFFAELLO LUPI, *Diritto Tributario, Parte Generale*, 7.ª ed., cit., pp. 10-11; AUGUSTO FANTOZZI, *Diritto Tributario*, cit., 2.ª ed., pp. 88-89; BALDASSARE SANTAMARIA, *Diritto Tributario, Parte generale*, cit., 4.ª ed., pp. 13 e ss..

[412] Criticando e em última análise, considerando tais práticas inconstitucionais: ADRIANO DI PIETRO, "I Regolamenti, le circolari...", cit., pp. 338-339; sem referir especificamente o problema no Direito Fiscal, denunciando a inconstitucionalidade de tais práticas, GIUSEPPE UGO RESCIGNO, "Sul Principio di legalità", cit., pp. 269 e ss.; foram também introduzidos, a partir dos anos setenta, os chamados "Textos Únicos", que constituem legislação delegada destinada a corrigir as incorrecções, e a eliminar dúvidas de interpretação, e a melhorar a formulação das normas tributárias: AUGUSTO FANTOZZI, *Diritto tributario*, cit., 2.ª ed., pp. 88-89.

[413] V., por todos, AUGUSTO FANTOZZI, *Diritto tributario*, cit., 2.ª ed., pp. 88-89; RAFFAELLO LUPI, *Diritto tributario, Parte Generale*, cit., 7.ª ed., pp. 10-11; ALESSANDRO SERENA, "La Delega legislativa...", cit., pp. 481 e ss.; e ainda, por exemplo, ADRIANO DI PIETRO, que faz referência ao problema, mas dedica a maior parte da sua atenção aos regulamentos: "Regolamenti tributari", *Enciclopedia Treccani Giuridicca*, 1998, pp. 1 e ss..

[414] AUGUSTO FANTOZZI, *Diritto tributario*, cit., 2.ª ed., p. 89.

[415] Como se pode deduzir do artigo de ANDREA FEDELE, "La Riserva di legge", cit., pp. 177 e ss.. Pelo contrário, a discussão sobre o alcance das delegações legislativas e a proibição de normas em branco era muito discutida no âmbito do Estatuto Albertino (ALESSANDRO N. SERENA, "La delega legislativa...", cit., p. 484) e ainda hoje pelos constitucionalistas.

decisório do Parlamento, para utilizar a expressão de Raffaello Lupi[416]. No âmbito de ambas as reformas tributárias, como um modo de compensar a indeterminação das delegações legislativas, foram criadas comissões parlamentares para vigiar a observância dos critérios do exercício das delegações, e embora tais comissões não tenham poderes vinculativos, o seu papel foi levado a sério pelos Governos[417]. Em qualquer das duas reformas, verificou-se um amplo consenso a favor da delegação legislativa, considerada como o único instrumento idóneo para conduzir a reforma, pois era necessário reordenar a legislação tributária, que se encontrava, em ambos os casos, numa situação de dispersão caótica. Assim, coube aos decretos-legislativos tornar o processo mais eficiente, mais coerente, todo pensado em conjunto, e menos pesado para o Parlamento, evitando as discussões analíticas e minuciosas de matérias caracterizadas por um elevado tecnicismo[418].

Encontramos uma voz praticamente isolada criticando este procedimento, a propósito da reforma dos anos 70. Trata-se de Alessandro Serena, que retoma a função garantista da reserva de lei fiscal, para defender que não só as autorizações em regulamentos, mas também as autorizações legislativas devem conter uma orientação parlamentar, de forma a poder existir um controlo preventivo da legislação governamental pelo Parlamento, sob pena de se violar o art. 23.º da Constituição[419]. A doutrina actual deixou de criticar a falta de orientação concedida pelas autorizações legislativas parlamentares.

Podemos, é certo, considerar que a despreocupação da doutrina actual para com as amplas delegações legislativas, está relacionada com

---

[416] V. os exemplos e as preocupações em RAFFAELLO LUPI, *Diritto Tributario, Parte Generale*, cit., 7.ª ed., pp. 10-11.

[417] RAFFAELLO LUPI, *Diritto Tributario, Parte Generale*, cit., 7.ª ed., p. 11.

[418] V., a propósito da reforma dos anos setenta, ALESSANDRO SERENA, "La Delega legislativa...", cit., pp. 484-488.

[419] Na reforma dos anos setenta estava em causa um conjunto de impostos cuja receita atingia metade das receitas tributárias globais (todos os impostos sobre o rendimento e ainda impostos locais, sucessório, e outros sobre o consumo), pelo que era recomendável alguma celeridade do processo. Mas à delegação legislativa podem ser apontadas uma série de objecções: desde logo, a matéria delegada era muito (demasiado) vasta; os princípios e critérios directivos não eram suficientes; e o prazo não foi respeitado, tendo sido prorrogadas as autorizações inúmeras vezes, através de leis que se limitaram a prorrogar os prazos, tendo-se chegado a falar em "abdicação das competências legislativas pelas Câmaras": V. ALESSANDRO SERENA, "La Delega legislativa...", cit., p. 489.

a alteração dos fundamentos e funções da reserva de lei. Mas a verdade é que também o fundamento da participação de todos nas escolhas públicas, que referimos anteriormente, exige a aprovação parlamentar das grandes linhas relativas aos impostos.

Tudo isto significa que a prática das amplas delegações legislativas poderia, em última análise, ser aceite, enquanto significasse a partilha das orientações políticas entre Parlamento e Governo, mas que se torna inconstitucional quando essas orientações políticas passam a ser exclusivamente ditadas pelo Governo – embora nunca o Tribunal constitucional italiano tenha considerado inconstitucionais quaisquer delegações legislativas em matéria fiscal.

Outra inovação questionável na prática italiana é a "indefinida repetibilidade do decreto", assente na mesma lei de autorização, contanto que os termos da delegação sejam respeitados[420]. Apesar de o art. 76.º exigir, expressamente, que a delegação seja outorgada por tempo limitado, ela transformou-se numa atribuição quase estável de funções, com a aprovação de decretos-legislativos "correctivos" sucessivamente aprovados. A *praxis* relativa às delegações legislativas contrariou pois as teses de "instantaneidade" da delegação e da impossibilidade de assimilar as delegações ao poder legislativo ordinário (originário)[421].

Na verdade, as delegações começaram a ser utilizadas, desde os anos setenta, para além do prazo, de que foi exemplo a reforma fiscal realizada nessa década. Num primeiro momento, sendo tal prática ocasional, o Tribunal Constitucional reagiu de forma moderada, aceitando que uma lei de autorização prorrogasse o prazo anteriormente concedido. Numa segunda fase, a utilização das referidas delegações, de forma continuada, tornou-se prática corrente, com o beneplácito por parte do Tribunal, que não tem

---

[420] V. GIUSEPPE UGO RESCIGNO, "Sul Principio di legalità", cit., pp. 270-271. A reforma tributária dos anos setenta é exactamente um exemplo em que não foram respeitados os prazos de delegação, tendo sido a delegação originária repetida inúmeras vezes, por dilatação dos prazos ou por repetição da autorização originária: ALESSANDRO SERENA, "La Delega legislativa...", cit., p. 489.

[421] Assim, embora a tese da instantaneidade se tenha baseado numa prática com características que a aproximavam de um costume, a partir dos anos setenta também essa prática se alterou no sentido da adopção de regulamentos posteriores ao prazo estabelecido na delegação: ELENA MALFATTI, *Rapporti tra deleghe...*, cit., pp. 54-55. A autora contrapõe a estas teses a "provisoriedade" ("temporaneità") dos poderes atribuídos ao Governo pela lei de delegação, explicação esta que legitimaria o exercício repetido desses poderes pelo referido órgão: IDEM, p. 59.

uma orientação geral definida sobre o assunto[422]. A prorrogação do prazo chegou mesmo a ser feita através de decretos-leis posteriormente ratificados pelo Parlamento, e não por leis parlamentares[423].

Este é um aspecto do regime posto em prática que aproxima o instituto da delegação legislativa, dos regulamentos autorizados ao abrigo do art. 17.º, n.º 2, da lei n.º 400/88. Como já referimos, ao contrário do disposto no art. 76.º da Constituição, o art. 17.º, n.º 2, da lei n.º 400/88, não faz qualquer referência a prazos de utilização da autorização, pelo que a diferença de regimes incentivaria uma transferência de matérias para o domínio dos regulamentos (uma espécie de "elisão ao decreto legislativo"). O modo expedito de contrariar essa "elisão ao decreto legislativo" foi o recurso à utilização da autorização legislativa para além do prazo.

Se repararmos nas diversas práticas de abuso das delegações legislativas, todas elas decorreram sob os auspícios do Tribunal, que desde sempre (desde a sentença n.º 3 de 1957, *Capostipite*) relativizou a importância dos "princípios e critérios directivos" estipulados no art. 76.º, quer associando tais critérios aos outros do mesmo artigo ("por tempo limitado e objecto definido"), quer deduzindo esses critérios do "inteiro complexo da lei de delegação", quer do "sector do ordenamento em que a lei de delegação se insere"[424], quer por reenvio a conhecimentos técnicos ou especializados"[425]. O Tribunal baseia-se, primordialmente, na *ratio* da delegação. Assim, mesmo quando o Tribunal considerou as normas de delegação "demasiado genéricas, referentes indistintamente a âmbitos vastíssimos de normação, ou a finalidades inidóneas ou insuficientes para orientar a actividade normativa do legislador delegado"[426], acabou por não declarar

---

[422] ELENA MALFATTI, *Rapporti tra deleghe...*, cit., pp. 55 e ss.: Parece só estar esclarecido que o Governo pode concretizar a autorização através de uma pluralidade de decretos legislativos sobre o mesmo objecto (i.e., é admissível o fraccionamento do objecto da mesma delegação), a faculdade de o Parlamento prorrogar sucessivamente as autorizações de delegação, a justificação do alargamento do prazo já fixado, relacionado com a introdução de modificações coordenadoras da normação delegada (pp. 56-57). A reforma fiscal dos anos setenta é também um bom exemplo para ilustrar o fraccionamento do objecto delegado através de diferentes decretos-legislativos concretizadores da delegação: ALESSANDRO SERENA, "La Delega legislativa...", cit., pp. 492-493.
[423] AUGUSTO FANTOZZI, *Diritto tributario*, cit., 2.ª ed., p. 89.
[424] ELENA MALFATTI, *Rapporti tra deleghe...*, cit., pp. 34-35.
[425] ELENA MALFATTI, *Rapporti tra deleghe...*, cit., pp. 36-37 e ss.; e ADRIANO DI PIETRO, "I regolamenti, le circolari...", cit., pp. 337-338.
[426] Apud ELENA MALFATTI, *Rapporti tra deleghe...*, cit., 1999, p. 36; cf. ADRIANO DI PIETRO, "I Regolamenti, le circolari...", cit., p. 337.

inconstitucionais tais normas, pois recorreu à interpretação sistemática[427]. O instituto adquire, deste modo, "um alto grau de elasticidade"[428].

A partir do momento em que o Tribunal Constitucional adoptou esta atitude benevolente, em relação às autorizações legislativas, tornou-se deveras complicada a tarefa de averiguar a compatibilidade dos decretos--legislativos com as leis de autorização, tendo em conta a indeterminação das mesmas: o corolário imediato é a atribuição de uma enorme margem de livre apreciação ao executivo[429]. Segundo Elena Malfatti, a prudência do Tribunal Constitucional parece estar relacionada com o receio de que um juízo sobre a insuficiente determinação das leis delegantes seja interpretado como um juízo de mérito[430].

Em jeito de observação crítica, diríamos, com a doutrina italiana que interpretou o art. 23.º logo após a entrada em vigor da Constituição de 1948, que as exigências de determinação legal, de forma a não esvaziar o *Tatbestand* de garantia dos impostos, se encontram consagradas no art. 76.º da Constituição, e que deviam ser respeitadas: ou seja, a reserva de lei implica uma predeterminação, por lei do Parlamento, de princípios orientadores concretos, ao Governo legislador[431]. Esses princípios orientadores, mesmo que situados apenas no nível da orientação política, devem abranger os elementos essenciais dos impostos.

Mas o princípio da reserva de lei fiscal não tem sido apenas desrespeitado pela utilização desvirtuada do instituto da delegação legislativa.

Assistiu-se, ainda, por outro lado, a um abuso de utilização de decretos-leis[432]. O crescente recurso aos decretos-leis em matéria tributária, foi

---

[427] ELENA MALFATTI, *Rapporti tra deleghe...*, cit., p. 36.
[428] Cf. L. PALADIN, "Atti legislativi del Governo e rapporti fra i poteri", in *Quaderni Costituzionali*, 1996, p. 7.
[429] ELENA MALFATTI, *Rapporti tra deleghe...*, cit., pp. 39 e 51.
[430] ELENA MALFATTI, *Rapporti tra deleghe...*, cit., p. 50.
[431] Também neste sentido, ADRIANO DI PIETRO, "I Regolamenti, le circolari...", cit., pp. 335 e ss.; cf. os autores que consideram inconstitucionais as delegações sem critérios directivos: GIUSEPPE UGO RESCIGNO, "Sul Principio di legalità", cit., p. 270 (referindo-se ainda a um "excesso de delegação").
[432] Sobre o abuso da utilização de decretos-leis, V., entre outros, ALFONSO CELOTTO, *L'Abuso del decreto-legge, Profili teorici, evoluzione storica e analisi morfologica*, Padova, 1997; ALESSANDRO PIZZORUSSO, "Ripensando i controlli sui decreti legge alla luce dell'esperienza recente", *I Decreti-legge non convertiti, Atti del seminario svoltosi in Roma Palazzo della Consulta nel giorno 11 Novembre 1994*, Milano, 1996, pp. 7-25; LIVIO PALADIN, "Atti legislativi...", cit., pp. 10 e ss..

primeiramente justificado com razões de ordem financeira, tendo depois adquirido o carácter de um procedimento ordinário. Um dos argumentos financeiros invocados era o de que o seu procedimento urgente permitia ao Governo fazer face imediata a um aumento de despesas, o qual deve prever a correspondente receita para o financiar (art. 81.º da Constituição italiana); por outro lado, o procedimento urgente permitiria ainda evitar comportamentos de adaptação económica por parte do contribuinte (por exemplo, no caso de aumentos de taxas dos impostos sobre a produção ou de direitos aduaneiros)[433]. O abuso dos decretos-leis, devido à inexistência dos pressupostos para a sua utilização, foi considerado, até certa altura, pelo Tribunal Constitucional italiano, sanável pela conversão em lei pelo Parlamento – um desses pressupostos é a exigência de ratificação, no mesmo dia, pelo Parlamento, a qual frequentemente não existia, caso em que se suscitavam dúvidas sobre os efeitos entretanto produzidos.

No entanto, em Janeiro de 1995, o Tribunal Constitucional mudou a sua orientação, considerando que a ausência dos pressupostos implicava um vício de legitimidade constitucional, não apenas do decreto-lei, como também da lei de conversão[434]. Além do mais, os decretos-leis, por não serem, com frequência, convertidos em leis[435], eram sucessivamente emitidos, com idêntico conteúdo, e invocando-se os mesmos pressupostos de urgência, tendo também, em 1996, o Tribunal Constitucional considerado inconstitucionais tais decretos-leis não convertidos e reproduzidos[436]: tudo com base na letra da Constituição e da lei geral sobre regulamentos, pois, quer o art. 77.º n.º 3 da CRI, quer a lei n.º 400/1988 estabelecem que só a lei pode legislar sobre matéria tratada em decretos-leis não convertidos[437].

---

[433] V., por todos, GASPARE FALSITTA, *Manuale... Parte Generale...*, 3.ª ed., cit., p. 45; ADRIANO DI PIETRO, "I Regolamenti, le circolare...", cit., p. 337; BALDASSARE SANTAMARIA, *Lineamenti...*, cit., pp. 7-8.

[434] V., por todos, GASPARE FALSITTA, *Manuale.... Parte Generale...*, 3.ª ed., cit., p. 46.

[435] O que colocava sérias dúvidas quanto aos seus efeitos junto de terceiros (v.g., contribuintes): V. GIUSEPPE UGO RESCIGNO, "Sul Principio di legalità", cit., p. 271; para o Direito fiscal, GASPARE FALSITTA, *Manuale... Parte Generale...*, 3.ª ed., cit., p. 47.

[436] Acórdão n.º 360/1996; V., por todos, GASPARE FALSITTA, *Manuale... Parte Generale...*, 3.ª ed., cit., p. 46. Considerando tal "prática de reiteração" uma "fraude à Constituição", ainda antes da declaração de inconstitucionalidade, GIUSEPPE UGO RESCIGNO, "Sul Principio di legalità", cit., pp. 271.

[437] V., por todos, GASPARE FALSITTA, *Manuale... Parte Generale...*, 3.ª ed., cit., pp. 46-47.

2.2. A determinação mínima legal e os regulamentos em matéria fiscal: a reserva de lei absoluta e a reserva de lei relativa

A tipificação e a disciplina dos regulamentos estão contidas no art. 17.º da lei n.º 400/88, de 23 de Agosto. A Constituição italiana não faz referência aos regulamentos e a relação entre os actos legislativos e estas fontes normativas não é pacífica, nomeadamente em caso de matérias sujeitas a reserva de lei, de que são exemplo as matérias fiscais. Por isso, e para melhor compreendermos a discussão que travamos nas páginas que se seguem, damos a conhecer as categorias de regulamentos previstas no referido art. 17.º.

Assim, segundo este artigo, podem ser emitidos regulamentos de execução de leis, de decretos legislativos e de regulamentos comunitários (n.º 1, al. a)); regulamentos de actuação e de integração de leis e decretos legislativos contendo princípios, com exclusão das matérias reservadas à competência regional (n.º 1, al. b)); regulamentos sobre matéria não reservada à lei, para cobrir a ausência de disciplina legal (n.º 1, al. c)); regulamentos sobre a organização e o funcionamento da administração pública (n.º 1, al. d)); regulamentos para disciplinar matéria não coberta por reserva absoluta de lei, autorizados por leis parlamentares que determinam as normas gerais reguladoras da matéria e a revogação das normas vigentes, a partir da entrada em vigor das normas regulamentares (n.º 2) (sendo discutido se se trata de regulamentos de deslegalização ou de regulamentos delegados, como veremos); decretos ministeriais, i.e., regulamentos da competência de um ministro ou interministeriais (n.º 3). Se estes regulamentos ministeriais são formalmente justificados como regulamentos de execução, na prática, o desenvolvimento das matérias "técnicas" comporta uma ampla intervenção inovadora.

A competência regulamentar reconhecida por lei ao Governo encontra o seu fundamento na tradição constitucional prévia, embora, como dissemos, a Constituição de 1948 não faça qualquer referência a essa competência. Antes da entrada em vigor da lei n.º 400/88, este silêncio incentivou a doutrina a procurar a sistematização anteriormente dada aos regulamentos, importando, acriticamente, para a forma de governo parlamentar, emergente com a república, as fórmulas e categorias vigentes no âmbito de uma distinta relação jurídico-constitucional entre os órgãos de soberania.

À custa da sua aplicação reiterada, e na ausência de interrogações sobre a sua compatibilidade com a nova forma de governo e o novo sistema político, as categorias de regulamentos acabaram por ter uma aceitação tácita por parte dos tribunais – "como se a sua existência significasse também a sua legitimidade"[438]. Por estas razões, considerava Lorenza Carlassare, antes da entrada em vigor da lei n.º 400/88, ser, por um lado, difícil "dar uma sistematização racional" aos regulamentos em Itália, mas, sendo explicáveis, por outro lado, "as contradições em que cai, frequentemente, a doutrina... ao repropor fórmulas, esquemas e categorias construídas antes da Constituição, que reflectem, portanto, uma diversa relação entre os poderes"[439].

Apesar do silêncio da Constituição italiana sobre os regulamentos, entende-se que ela estabelece um quadro, rigidamente hierarquizado, das fontes normativas. Assim, o art. 23.º, mencionado anteriormente, ao estabelecer a reserva de lei para a matéria fiscal, restringe a intervenção dos regulamentos neste campo, o que significa desde logo que a previsão e definição das prestações de imposto são subtraídas "à iniciativa e autonomia das fontes regulamentares"[440].

A maior parte da doutrina entende que, do art. 23.º decorre, para certos elementos do *Tatbestand* de imposto, uma "reserva de lei absoluta", e, para outros elementos, uma "reserva relativa". A distinção entre reserva absoluta e reserva relativa não corresponde à adoptada pela nossa Constituição. Trata-se, no ordenamento italiano, e tendo em conta o que nos interessa, de distinguir entre as matérias susceptíveis e as insusceptíveis de serem desenvolvidas (inovadas) por regulamento, ou deslegalizadas[441] –

---

[438] E essa aceitação, especialmente, por parte do Tribunal Constitucional, tornou impossível uma posterior eliminação (um recuo de posições) de normas que entretanto sobreviveram inconstitucionalmente: LORENZA CARLASSARE, "Regolamento (Diritto Costituzionale)", cit., pp. 611-612.

[439] LORENZA CARLASSARE, "Regolamento (Diritto Costituzionale)", cit., pp. 611-612. Por exemplo, a autora considera inconstitucionais os regulamentos delegados, bem como os regulamentos independentes, por violarem o princípio da legalidade – tendo em conta que a Constituição republicana é rígida, e criou uma forma de governo parlamentar.

[440] V., Por todos, ADRIANO DI PIETRO, "Regolamenti...", cit., p. 1; no mesmo sentido, AUGUSTO FANTOZZI, *Diritto Tributario*, cit., 2.ª ed., p. 94 (pp. 93 e ss.).

[441] Referindo-se à dificuldade de identificar as matérias sujeitas a reserva absoluta de lei, ELENA MALFATTI, *Rapporti tra deleghe...*, cit., pp. 45-46; cf., ainda, ALESSANDRO PIZZORUSSO, *Manuale...*, cit., pp. 232-234. Ainda sobre a distinção, e mostrando a discussão e indecisão doutrinária, RENATO BALDUZZI e FEDERICO SORRENTINO assinalam, na p. 1209, que está em causa uma "diferente extensão de competências" e não uma questão "de estrutura ou de intensidade", porque a reserva de lei é um problema de competências; mas adiante (pp. 1216-1216) referem que não está apenas em causa a relação entre normas

embora entre nós Gomes Canotilho e Vital Moreira adoptem esta terminologia e respectivas consequências, para efeitos dos elementos contidos no art. 103.º n.º 2 da CRP. Ou, mais correctamente, digamos com Elena Malfatti que, nas matérias de reserva absoluta, "não se trata tanto de excluir a competência do executivo em determinadas matérias, como de delimitar os âmbitos de discricionariedade dos órgãos de aplicação"[442], de uma forma mais restritiva.

Portanto, a delimitação dos elementos essenciais dos impostos – ou mais ou menos constitutivos do núcleo do *Tatbestand* de garantia –, constrói-se através da pertença à reserva absoluta de lei, reserva relativa e ausência de reserva, e não da sujeição a reserva de lei parlamentar *versus* admissibilidade de delegação legislativa ao Governo: tal como sucede entre nós, mas com outras designações.

De qualquer forma, a diferença entre reserva relativa e reserva absoluta não está prevista na Constituição, mas resulta de uma interpretação confirmada pela jurisprudência constitucional, e que é alvo de muitas dúvidas e críticas na doutrina[443]. Por exemplo, no Direito Penal, o *Tatbestand* de garantia não dá origem à identificação (qualitativa) de elementos mais essenciais do que outros, e há quem defenda que os crimes são matéria de uma "reserva de lei tendencialmente absoluta", cabendo ao regulamento apenas "a especificação no plano técnico, de um ou mais elementos, operando na base de um critério técnico indicado pela própria lei"[444].

---

primárias e secundárias, pois a relação pode dar-se entre acto legislativo primário e competências dos tribunais, e que, portanto, a distinção diria respeito "à estrutura da reserva": "Riserva di legge", *Enciclopedia del Diritto*, vol. XL, 1989, pp. 1208-1209.

[442] ELENA MALFATTI, *Rapporti tra deleghe...*, cit., p. 209.

[443] A aceitação pelo Tribunal Constitucional de tal distinção, remonta a 1957: V. a referência em VINCENZO COCOZZA, *La Delegificazione...*, cit., pp. 81-82. E cf. as críticas, por todos, em LORENZA CARLASSARE, "Regolamento (Diritto Costituzionale)", cit., pp. 623 e ss..

[444] V., por todos, GIORGIO MARINUCCI e EMILIO DOLCINI, *Corso di Diritto Penale, Le Norme penali: fonti e limiti di applicabilità; Il Reato: nozione, struttura e sistematica*, I, 3.ª ed., Milano, 2001, pp. 104-106. A maioria da doutrina italiana entende a reserva de lei como uma reserva de acto legislativo, como veremos adiante. Isto significa que os elementos essenciais dos impostos (e também de outras matérias sujeitas a reserva de lei, como é o caso dos crimes) podem ser configurados pelos decretos legislativos do Governo: cf., porém a posição minoritária de GIORGIO MARINUCCI e EMILIO DOLCINI, IDEM, pp. 37 ss.: retomando a concepção liberal oitocentista e garantista da reserva de lei, os autores consideram que o fundamento político dessa reserva postula a atribuição do

No Direito Fiscal, entende-se que só os elementos sujeito e objecto de imposto (determinação do *an*) estão submetidos a reserva absoluta de lei[445], o que significa que os regulamentos têm uma ampla margem para desenvolver os aspectos legais relativos aos outros elementos do *Tatbestand* de garantia (i.e., relacionados com a quantificação do imposto), cabendo, ainda assim, à lei delimitar o âmbito possível da intervenção dos mesmos[446].

Todavia, são ainda estabelecidas, neste conjunto de elementos, subdivisões.

Para o Tribunal Constitucional, a individualização dos elementos da base tributária ("coisas, bens e riqueza sobre cujo valor se mede a prestação"[447]) está estritamente ligada ao pressuposto objectivo do imposto e por isso deve ser reservada à lei, devendo as autorizações para regulamentos ser suficientemente determinadas. Já quanto aos aspectos de deter-

---

"monopólio da produção de normas penais à lei formal do Parlamento, eleito por sufrágio universal, e cujas escolhas são portanto o resultado da dialéctica entre maioria e minoria" (IDEM, p. 37).

Sobre o princípio da competência como método de relacionamento entre fontes, em geral, STEFANO MARIA CICCONETTI, *Le Fonti...*, cit., pp. 51-52 e ss..

[445] Neste sentido, ANDREA FEDELE, "La Riserva di legge", cit., p. 178; AUGUSTO FANTOZZI, *Diritto Tributario*, cit., 2.ª ed., pp. 78 e ss.; BALDASSARE SANTAMARIA, *Diritto Tributario*, cit., 4.ª ed., pp. 37-38; e mais desenvolvidamente, no *Diritto Tributario, Parte Generale*, 3.ª ed., Milano, 2002, pp. 57-60, e FRANCESCO TESAURO, *Istituzioni*, cit., 4.ª ed., p. 19; GASPARE FALSITTA, *Manuale.... Parte Generale...*, 3.ª ed., cit., pp. 134-137; RAFFAELLO LUPI, *Diritto tributario*, cit.,7.ª ed., pp. 18 (17-19); VICTOR UCKMAR, *Principi...*, cit., p. 39; e já em 1961, ANTONIO BERLIRI, "Appunti sull fondamento...", cit., pp. 189 e ss. (o autor considera que a lei deve disciplinar "os elementos suficientes que permitam individualizar a prestação" (pp. 189 e 193), sendo os restantes elementos essenciais delegáveis em regulamento): esta posição está em consonância com o entendimento sobre o alcance de discricionariedade dos regulamentos (que devem respeitar a legalidade formal), e que defende que essa discricionariedade não deve respeitar ao *an* de uma matéria (assim, GIANMARIO DEMURO, *Le Delegificazioni...*, cit., p. 80). Referindo-se não só ao objecto e sujeito (*an*), mas também à base tributária (*quantum*): PASQUALE RUSSO, *Manuale...*, cit., 4.ª ed., pp. 45-47.

[446] V., por todos, ADRIANO DI PIETRO, "Regolamenti...", cit., pp. 1 e ss.; M. ANTONIETTA GRIPPA SALVETTI, *Riserva di legge...*, cit., pp. 35 e ss.; cf. ANTONIO BERLIRI, "Appunti sul fondamento...", cit., pp. 167 e ss.: o autor referia-se a "reservas reforçadas" e a "reservas atenuadas", para defender que o art. 23.º só postula que o legislador autorize a emanação de regulamentos, que designa de "delegados", não sendo admitidos os regulamentos independentes (p. 169).

[447] M. ANTONIETTA GRIPPA SALVETTI, *Riserva di legge...*, cit., p. 43.

minação quantitativa das prestações, onde se incluem os métodos de avaliação dos bens e rendimentos, poderá haver remissão para regulamentos, embora também orientada por lei (mas as exigências de determinação serão menores)[448]. Embora se encontrem alguns (poucos) acórdãos até ao final dos anos sessenta, em que o Tribunal critica as normas legais que deixem uma ampla margem de apreciação aos regulamentos ministeriais (e de entidades infra-estaduais), são mais frequentes os acórdãos que aceitam os critérios amplos definidos na lei, e desenvolvidos por normas secundárias[449]. No caso das entidades territoriais, percebe-se que a condescendência do Tribunal esteve relacionada com as exigências de garantir o sistema de financiamento, pois, por exemplo, a ausência de um limite máximo legal para a determinação da taxa de um imposto ou do montante do mesmo – e admitindo que o estabelecimento desse limite era suficiente para delimitar a margem de livre apreciação da entidade em causa –, era substituída, i.e., justificada, pelo critério das necessidades financeiras das entidades[450].

Noutros casos, o Tribunal privilegiou o critério de saber se os actos normativos, aos quais a lei remete, são sujeitos a controlos (recursos administrativos e outros jurisdicionais) idóneos para garantir o respeito dos critérios e limites estabelecidos por lei, o que significa transferir o problema para o momento do controlo, em vez de o circunscrever à definição bastante dos limites legais de actuação da administração[451].

Também contornando o problema da determinação mínima legal, o Tribunal já entendeu que a reserva de lei é respeitada se a composição do órgão administrativo e o procedimento utilizado incluírem a participação de representantes dos contribuintes abrangidos pela tributação[452].

Como nos diz Antonietta Salvetti, "o breve périplo pelos acórdãos mais significativos" (do Tribunal Constitucional) "revela a tendência geral para justificar, em nome de exigências contingentes, seja leis que reenviam genericamente à autoridade administrativa, seja procedimentos caracterizados pela autonomia de intenções, com respeito pelos princípios indica-

---

[448] Aceitando esta distinção, GASPARE FALSITTA, *Manuale.... Parte Generale...*, cit., 3.ª ed., pp. 135-136; V., sobre o assunto, M. ANTONIETTA GRIPPA SALVETTI, *Riserva di legge...*, cit., pp. 43 e ss..
[449] M. ANTONIETTA GRIPPA SALVETTI, *Riserva di legge...*, cit., pp. 77 e ss..
[450] M. ANTONIETTA GRIPPA SALVETTI, *Riserva di legge...*, cit., pp. 78-79 e ss..
[451] M. ANTONIETTA GRIPPA SALVETTI, *Riserva di legge...*, cit., pp. 79-80.
[452] M. ANTONIETTA GRIPPA SALVETTI, *Riserva di legge...*, cit., pp. 80-81.

dos na lei, provocando a impressão de um escasso rigor"[453]. Conclui ainda a autora que estas tendências do Tribunal exprimem, conscientemente ou não, o reconhecimento do desempenho de funções representativas e normativas homogéneas pelo Governo e pelo Parlamento, antecipando desde cedo "um cenário dominado pelo fenómeno da deslegalização" e a "superação de uma validade estritamente garantista do princípio da reserva de lei"[454].

Quanto à posição da doutrina, desde logo encontramos pequenas variações quanto ao núcleo da reserva de lei absoluta. Numa concepção minimalista, a reserva absoluta diz respeito aos referidos elementos sujeito e objecto do imposto, e baseia-se no critério da "suficiência da determinação da «base» legislativa" que, de qualquer forma, "deve impedir a discricionariedade da administração"[455], no sentido da proibição de concretização individual pelo acto tributário.

A partir deste mínimo denominador comum, há quem entenda que as autorizações para regulamentos, respeitantes aos elementos de quantificação da base tributária e taxa do imposto, não precisam de grandes critérios orientadores, já que a própria disciplina legal, do sujeito passivo e do pressuposto de facto, condicionaria o regime dos primeiros – este seria dedutível do texto da lei, contendo os elementos relativos ao *an* do imposto[456].

Um entendimento mais próximo do que definiríamos como núcleo comum aos *Tatbestände* de garantia dos impostos, nos vários Estados de Direito (como já anunciámos no capítulo respeitante à constituição fiscal portuguesa e como compreenderemos melhor adiante), confere à lei competência exclusiva quanto à determinação essencial dos "elementos estruturais" dos impostos, e quanto aos aspectos de aplicação que podem incidir sobre a repartição da carga fiscal[457]: devem assim ser "suficiente-

---

[453] M. ANTONIETTA GRIPPA SALVETTI, *Riserva di legge...*, cit., p. 81.
[454] M. ANTONIETTA GRIPPA SALVETTI, *Riserva di legge...*, cit., p. 82.
[455] V. a referência em AUGUSTO FANTOZZI, *Diritto Tributario*, cit., 2.ª ed., p. 78.
[456] Neste sentido, ANDREA FEDELE, "La Riserva di legge", cit., p. 180.
[457] V., por exemplo, ADRIANO DI PIETRO, "Regolamenti...", cit., p. 1; RAFFAELLO LUPI, *Diritto Tributario, Parte Generale,* cit., pp. 18 e ss.; M. ANTONIETA GRIPPA SALVETTI, *Riserva di legge...*, cit., pp. 40 e ss., 44 e ss. (espec. pp. 49, 51-53); ANTONIO BERLIRI, *Corso istituzionale di Diritto Tributario, I,* Milano, 1995, pp. 10-11 (o autor inclui no conteúdo mínimo da reserva de lei "o modo de aplicação e cobrança" – p. 10). E, em 1956, FRANCESCO FORTE, referia-se ao "sujeito, objecto, taxa, modalidades e datas de liquidação", sendo necessário que a lei, pelo menos, estabelecesse as bases para a fixação de tais elementos ("Note sulla nozione...", cit., p. 274).

mente determinados por lei os sujeitos passivos, o objecto de imposto, os principais critérios para a determinação da matéria colectável, a taxa e ainda as sanções", sob pena de inconstitucionalidade[458].

Em regra, a doutrina estabelece critérios mais exigentes do que o Tribunal Constitucional, quanto à determinação por lei dos elementos que dizem respeito à "quantificação numérica em sentido restrito" do imposto [disciplina da base tributável em sentido amplo – por exemplo, a enumeração dos parâmetros ou métodos de avaliação de bens, rendimentos e complexos patrimoniais – e (limites da) taxa de imposto][459]: estes devem ser objecto de critérios orientadores mais detalhados do que acontece em relação aos demais aspectos, tais como os aspectos administrativos da liquidação e da cobrança. Na verdade, os elementos relacionados com a quantificação do imposto fazem parte ainda do *Tatbestand* de garantia[460], o que não tem impedido de serem os decretos ministeriais, desde os anos setenta, a fixar indícios e coeficientes presuntivos do rendimento, com referência a elementos da capacidade contributiva (por exemplo, quando é estabelecida uma relação entre a despesa e o rendimento a realizar), e integrando as normas primárias e exprimindo valorações próprias. A disciplina regulamentar também tem incidido sobre coeficientes de amortização, a aplicação do IVA a determinados sectores, o *accertamento* de factos tributários "particularmente controversos"[461].

Embora uma parte da doutrina entenda que qualquer um destes elementos só indirectamente se reflecte na distribuição da carga fiscal[462],

---

[458] RAFFAELLO LUPI, *Diritto Tributario, Parte Generale,* cit., 7.ª ed., pp. 18-19.

[459] Ou, na formulação de RAFFAELLO LUPI (*Diritto Tributario, Parte Generale,* cit., 7.ª ed., pp. 18-19), "sujeitos passivos, pressuposto de imposto, os principais critérios de determinação da base tributária, os critérios para passar da base tributária ao…" (montante de) "…imposto e, enfim, as sanções".

[460] V. adiante o capítulo dedicado ao assunto.

[461] RAFFAELLO LUPI, *Diritto Tributario, Parte Generale,* cit., 7.ª ed., p. 18.

[462] Neste sentido, ANDREA FEDELE, "La Riserva di legge", cit., pp. 177-181: O autor aponta alguns critérios de controlo, por parte do Tribunal Constitucional, relativos à observância do princípio da determinação por parte do legislador, alguns dos quais, na verdade, são critérios de controlo da legalidade dos actos normativos secundários; o Tribunal Constitucional também dá relevo à participação, na formação do acto, de representantes dos contribuintes em causa; e quanto à taxa de imposto, o Tribunal entende como orientação suficiente que o legislador estabeleça os limites mínimo e máximo da mesma (IDEM, pp. 182-183). Sem desenvolver muito, embora fazendo referência à determinação por lei, das modalidades para a determinação da base tributária, e da taxa ou limites da mesma, VICTOR UCKMAR, *Principi…,* cit., p. 39; num sentido mais restritivo, não distinguindo entre

a verdade é que é difícil demonstrar que estamos, ainda, perante normas de procedimento. É portanto difícil negar que, na prática, os elementos de quantificação do imposto têm sido definidos por normas secundárias[463].

A subdivisão entre maiores exigências de determinação (aproximando-se do conceito de reserva de lei absoluta) e menores (reserva de lei relativa ou ausência de reserva de lei) corresponde, em parte, à divisão clássica do Direito Fiscal em Direito Fiscal substantivo – sujeito a reserva de lei – e Direito Fiscal formal – não sujeito a reserva de lei. Ou, dito de outra forma, "a eficácia regulamentar... é destinada a ser limitada quando a norma intervém sobre matéria substantiva em que é máxima a operatividade da reserva" e "pode resultar mais ampla, inversamente, no sector procedimental"[464] (por exemplo, modalidades de declarações, cobrança, individualização da categoria de contribuintes a controlar[465]), segundo a divisão que é tradicionalmente feita, mas que, actualmente, está longe de ser pacífica, uma vez que é difícil identificar se certas normas são procedimentais ou substantivas, como acabámos de ver e já discutimos amplamente no capítulo anterior[466].

De todo o modo, a expansão dos regulamentos em matéria fiscal tem sido devidamente assinalada pelos autores, expansão essa que abrange os

---

sujeito passivo, pressuposto de facto, base tributável e medida da taxa, para efeitos de reserva de lei (embora haja ligeiras variações entre os autores, quanto aos elementos da base tributária e quanto à determinação da taxa, contentando-se alguns com a determinação dos limites da taxa): ADRIANO DI PIETRO, "I Regolamenti, le circolari...", cit., pp. 341 (e ss.); e ainda PASQUALE RUSSO, Manuale..., Parte Generale, cit., p. 45.; FRANCESCO TESAURO, Istituzioni..., cit., p. 19; o ainda agora citado RAFFAELLO LUPI Diritto Tributario, cit., 7.ª ed., pp. 18-19; e M. ANTONIETTA GRIPPA SALVETTI, Riserva di legge..., cit., pp. 40 e ss.. A autora, citando Tesauro, chama a atenção para a coincidência entre o pressuposto e base tributária, em certos casos, como "quando o imposto não se aplica se a base tributária não supera um determinado montante (mínimo de existência): IDEM, p. 42. Cf., também, no mesmo sentido, GIANFRANCO GAFFURI, Lezioni..., cit., pp. 19 e ss.; e incluindo "o modo de aplicação e cobrança", ANTONIO BERLIRI, Corso Istituzionale..., cit., pp. 10 e ss..

[463] Neste sentido, M. ANTONIETTA GRIPPA SALVETTI, Riserva di legge..., cit., pp. 44 e ss..

[464] ADRIANO DI PIETRO, "Regolamenti...", cit., p. 1. O autor, porém, não concorda com esta divisão: V., as páginas seguintes.

[465] RAFFAELLO LUPI, Diritto tributario, Parte generale, cit., 7.ª ed., p. 18.

[466] V. o resumo das posições doutrinárias e jurisprudenciais em Itália, em M. ANTONIETTA GRIPPA SALVETTI, Riserva di legge..., cit., pp. 40 e ss..

mais diversos sectores da disciplina dos impostos, desde a especificação das obrigações formais do contribuinte, à determinação da base tributária (incluindo, como já referimos, coeficientes de amortização, e coeficientes concretizadores de presunções de rendimento), e que é levada a cabo sem a devida orientação da lei de autorização[467]. Mais do que isso, e como escreveremos já adiante, as autorizações expressas ou implícitas aos regulamentos atingem hoje o núcleo consensual da reserva de lei, isto é, o sujeito e o pressuposto de facto[468], existindo uma "manifesta fungibilidade" entre a lei e o regulamento – para utilizar as palavras de Adriano di Pietro[469].

Percebe-se agora ainda melhor que, independentemente das fundamentações da reserva de lei fiscal e do conteúdo que lhe é atribuído, o recurso exagerado aos decretos-legislativos e as condições em que os decretos–leis eram aprovados, a que se junta a crescente importância dos regulamentos contendo regras inovadoras, esfumando, em última análise, o princípio da legalidade, estão na origem do anteriormente mencionado conceito amplo de "delegação", enquanto fenómeno problemático, estudado e criticado pela doutrina italiana, por colocar em risco a reserva de lei parlamentar, e abrangendo quer as delegações em fontes normativas primárias, quer as autorizações em regulamentos.

2.3. *A lei n.º 400 de 1988, como um exemplo de tentativa de controlo ordenado da delegação e deslegalização: em especial os regulamentos de deslegalização*

A lei n.º 400/88 introduz um regime de tipo orgânico e procedimental para caracterizar os regulamentos, formalizando, explicitamente, a deslegalização[470]. Segundo a lei n.º 400/88, são regulamentos todas (e somente) aquelas fontes normativas cujo procedimento obedeça ao esta-

---

[467] V., por todos, M. ANTONIETTA GRIPPA SALVETTI, *Riserva di legge...*, cit.; ANDREA FEDELE, "La Riserva di legge", cit., p. 187, inclusivamente, nota 9.

[468] Como é o caso do Regulamento n. 544 de 30 de Dezembro de 1999: V. ADRIANO DI PIETRO, "I Regolamenti, le circolari...", cit., pp. 350 e ss..

[469] ADRIANO DI PIETRO, "I Regolamenti, le circolari...", cit., p. 346.

[470] V., por exemplo, ADRIANO DI PIETRO, "I Regolamenti, le circolari...", cit., p. 340 (pp. 337 e ss.). Apesar da Lei n.º 400/88, não está completamente ultrapassada a discussão acerca do fundamento do poder regulamentar (SÉRVULO CORREIA, *Legalidade...*, cit., pp. 140 ss.), pois este diploma, por não ter valor reforçado, não tem sido observado.

tuído nessa lei[471], existindo um procedimento comum a todos os tipos de regulamentos previstos no art. 17.º[472].

Nos últimos anos, os regulamentos em matéria fiscal têm sido emitidos, em grande parte dos casos, ao abrigo do art. 17.º, n.º 2, "com base na delegação" de acto legislativo[473]: assim, para as matérias não sujeitas a reserva de lei absoluta, as "leis da República" podem autorizar o exercício do poder regulamentar do Governo e a revogação das normas vigentes com efeito desde a entrada em vigor das normas regulamentares, desde que determinem as normas gerais reguladoras da matéria. Trata-se dos regulamentos de deslegalização ou "regulamentos delegados", segundo alguma doutrina[474].

---

[471] GASPARE FALSITTA, Manuale... Parte Generale, cit., 3.ª ed., pp. 63-64; RAFFAELLO LUPI, Diritto Tributario, cit., 7.ª ed., p. 20; LORENZA CARLASSARE, "Regolamento (Diritto Costituzionale), cit., p. 607. Segundo a autora, o único elemento comum aos vários actos denominados regulamentos, é o facto de serem actos normativos; eles estão compreendidos entre as fontes de Direito, fazendo parte do elenco contido nas disposições preliminares do código civil; a autora esclarece ainda que "só se pode falar de autonomia normativa quando se trate de normas com eficácia constitutiva do ordenamento geral; nem todos os actos qualificados (em tese de teoria geral) como normativos são fontes de Direito, mas só aqueles resultantes de uma atribuição de competência «por sujeitos governantes no exercício do seu geral poder de governação»" (IDEM, pp. 607-608); em sentido diferente, salientando a substância em detrimento da forma, ADRIANO DI PIETRO, "Regolamenti...", cit., pp. 2-3.

[472] Além disso, o Presidente da República deve promulgá-los por decreto ministerial ou decreto; deve existir uma deliberação prévia do Conselho de Ministros; deve ser ouvido o Conselho de Estado, embora o parecer não seja vinculativo; deve existir um visto do Tribunal de Contas; e, finalmente, são publicados no jornal oficial. O art. 16.º da lei n.º 400/88 eliminou o controlo preventivo dos decretos-legislativos através do visto do Tribunal de Contas para os decretos-legislativos. Perde-se assim o controlo técnico dos mesmos, embora parte da doutrina considere que esse controlo não era fundamental, e constituía uma duplicação, uma vez que o Tribunal Constitucional tem competência para fiscalizar a constitucionalidade dos decretos-legislativos: ELENA MALFATTI, Rapporti tra deleghe..., cit., p. 68.

[473] RAFFAELLO LUPI, Diritto Tributario, cit., 7.ª ed., p. 20.

[474] Passamos a citar: "Por decreto do Presidente da República, deliberação prévia do Conselho de Ministros, ouvido o Conselho de Estado, são emanados os regulamentos, para a disciplina das matérias não cobertas por reserva absoluta de lei prevista na Constituição, relativamente aos quais, as leis da República, autorizando o exercício do poder regulamentar do Governo, determinam as normas gerais reguladoras da matéria e dispõem a revogação das normas vigentes, com efeito desde a entrada em vigor das normas regulamentares". O n.º 4 do mesmo artigo, considerado aplicável também a esta categoria de regulamentos do n.º 2, exige ainda o visto do Tribunal de Contas, para a emanação de tais regulamentos.

A existência de regulamentos de deslegalização em matéria fiscal, prevista pelo art. 17.º n.º 2 da lei n.º 400/88, implica a atribuição ao regulamento de um alcance muito maior do que lhe é normalmente reconhecido, dispondo o legislador da discricionariedade necessária para se fazer substituir pelo regulamento sem ter de fundamentar a deslegalização – e desde que trace as orientações necessárias[475].

A proliferação de legislação casuística e detalhada em matéria fiscal, torna mais complicada a tarefa de racionalizar as "delegações" em regulamentos, mas, independentemente das críticas que se possam tecer ao fenómeno de deslegalização, há também inegáveis vantagens a apontar, se ela contribuir para a simplificação da legislação – desde logo, porque ela garante uma "maior flexibilidade na resposta às exigências de regulação jurídica que o Estado social determinou", bem como uma "mais correcta repartição normativa entre fontes primárias e secundárias", e, portanto, uma mais correcta definição das relações entre poder executivo e poder legislativo[476].

Por outro lado, no que diz respeito aos elementos e sectores dos impostos não abrangidos pela reserva, a deslegalização pode operar sem limites.

O regime da deslegalização trouxe consigo um conjunto de novos problemas, nomeadamente, porque as dúvidas de interpretação sobre alguns dos seus requisitos, bem como, e principalmente, a utilização que na prática dele tem sido feita, colocam a questão de saber se ele não é substancialmente idêntico às delegações da lei em decretos-legislativos.

A deslegalização significa não só a autorização do exercício do poder regulamentar, em matérias já tratadas por lei, mas implica, simultaneamente, a revogação de normas legais em vigor[477].

---

[475] ADRIANO DI PIETRO, "Regolamenti...", cit., p. 2.
[476] M. ANTONIETTA GRIPPA SALVETTI, *Riserva di legge...*, cit., pp. 12-15, 119, 123-131, 135; STEFANO MARIA CICCONETTI, *Le Fonti...*, cit., pp. 135-137; GIOVANNI TARLI BARBIERI, *Le Delegificazioni...*, cit., p. 6. Recordando também estas razões e vantagens, todas elas relacionadas com a simplificação da lei, VINCENZO COCOZZA, *La Delegificazione...*, cit., pp. 65 e ss..
[477] A deslegalização só se aplica aos casos de reserva relativa de lei, de forma a se poder distinguir dos regulamentos independentes, pois estes não podem dizer respeito a nenhuma matéria reservada à lei. Mas, se se entender que da Constituição decorre um princípio de legalidade substancial, os "regulamentos delegados" distinguir-se-ão dos independentes, pelo facto de as leis de autorização que estão na base dos primeiros não só deverem proceder à revogação das normas legais em vigor como também pelo facto de deverem aprovar as "normas gerais reguladoras da matéria"; por seu turno, os regula-

Sendo assim, cabe, desde logo, saber se a lei ordinária pode ser fonte de produção de regulamentos, atribuindo-lhes tais poderes de revogação dos actos legislativos, ou se seria necessário fundamentar essa possibilidade de revogação numa reinterpretação das competências normativas primárias definidas pela Constituição[478]. Já referimos o silêncio da Constituição italiana acerca dos regulamentos. Ora, lembra Gianmario Demuro que ela não se aproxima, de forma nenhuma, quanto a esta matéria, da Constituição francesa, onde existe uma reserva de regulamento, e onde, portanto, as relações entre Governo e Parlamento são distintas – vez que os regulamentos estão em posição de concorrência com a lei[479]. Pelo contrário, na Constituição italiana, o fenómeno do regulamento de deslegalização, confrontado com as regras constitucionais da delegação legislativa, é difícil de justificar[480].

Uma primeira tentativa para demonstrar que os regulamentos de deslegalização constituem uma categoria inofensiva de regulamentos, consiste em compará-los com os regulamentos de actuação e integração previstos no art. 17.º n.º 1 b)[481].

---

mentos independentes só intervêm quando uma matéria ainda não foi objecto de tratamento legal. ANTONIO RUGGERI, " 'Fluidità' dei rapporti...", cit., pp. 376-378; GIOVANNI TARLI BARBIERI, *Le Delegificazioni...*, cit., pp. 87-89; VINCENZO COCOZZA, *La Delegificazione...*, cit., pp. 99-100.

[478] V., por todos, GIANMARIO DEMURO, *Le Delegificazioni...*, cit., pp. 70 e ss.. Diz LORENZA CARLASSARE (in "Regolamento (Diritto Costituzionale)", cit., p. 613) que o problema das categorias de regulamentos admissíveis também está relacionado com os "princípios fundamentais do ordenamento" a que se refere – diríamos nós, com a forma de governo; segundo Carlassare, a normatividade dos regulamentos, em Itália, distingue-os dos actos administrativos, mas razões de forma, a diversa posição no ordenamento jurídico, e o facto de não serem expressão da função legislativa, mas executiva, distingue-os do acto legislativo. Ora, como veremos de seguida, este último aspecto está por demonstrar (até porque, como dissemos de início, é muito difícil, actualmente, atribuir determinadas funções a determinados órgãos).

[479] GIANMARIO DEMURO, *Le Delegificazioni...*, cit., pp. 70 e ss..

[480] Cf., entre outros, VINCENZO COCOZZA, *La Delegificazione...*, cit., pp. 34 e ss.. Cf. entre nós, LUÍS S. CABRAL DE MONCADA, *Lei e regulamento*, cit., pp. 568 e ss.: o entendimento do autor do princípio da legalidade (substancial), de tom supranacional, leva-o a não entender a figura e regime dos regulamentos delegados em Itália, pois, considera-os admissíveis em casos muito limitados e recondu-los a uma modalidade dos regulamentos de execução, sem ter verdadeiramente em consideração o seu regime em Itália, a discussão italiana à volta da sua aplicação e os problemas com ela relacionados.

[481] Também se questiona se os regulamentos autorizados são regulamentos de execução: V. ELENA MALFATTI, *Rapporti tra deleghe...*, cit., pp. 27-28; cf. as notas seguintes.

Os primeiros, pelas características que apresentam, reconduzir-se--iam, na substância, a estes (seriam uma subcategoria destes). Assim, se forem regulamentos de deslegalização os que tenham sido objecto de autorização legislativa para regular uma matéria, então, eles tornam-se regulamentos por reenvio, i.e., tornam-se regulamentos de actuação e integração de normas legais (independentemente de revogarem ou não legislação anterior). A distinção entre ambas as categorias assentaria, agora, em dois aspectos: na exigência de uma autorização expressa, no caso do n.º 2, face à possibilidade de uma autorização meramente implícita no caso dos regulamentos de actuação e integração[482], e na faculdade de os regulamentos de deslegalização introduzirem inovações[483]. Esta caracterização permitiria reconduzir os regulamentos de deslegalização aos actos normativos secundários e evitar juízos de inconstitucionalidade.

---

[482] Enquanto a autorização expressa ou implícita para os regulamentos de actuação e integração tem validade permanente, existindo uma legitimação permanente para o desenvolvimento dos princípios estabelecidos na lei, o regulamento em matérias deslegalizadas pressupõe sempre uma autorização caso a caso: GIANMARIO DEMURO, *Le Delegificazioni...*, cit., pp. 154 e ss..

[483] ANTONIO RUGGERI, " 'Fluidità' dei rapporti...", cit., p. 380; GIOVANNI TARLI BARBIERI, *Le Delegificazioni...*, cit., p. 86: a classificação do art. 17.º, de diferentes tipos de regulamentos, não é isenta de dúvidas, parecendo existir sobreposições: assim, os regulamentos de actuação e integração seriam, por um lado, semelhantes aos regulamentos autorizados pelo n.º 2 do art. 17.º, porque a relação com a fonte primária é semelhante, na prática, à que ocorre no caso do regulamento que disciplina uma matéria coberta por reserva relativa; por outro lado, os regulamentos de actuação e integração seriam "ontologicamente idênticos" aos regulamentos de execução, pois "são legitimados uma vez por todas pelo art. 17.º, n.º 1 b), o que não acontece com os regulamentos de deslegalização. GIANMARIO DEMURO, diferentemente de Barbieri, "limita-se" a interpretar a lei, e entende que os regulamentos de actuação e integração não devem inovar, ao contrário dos regulamentos de deslegalização; assim, os regulamentos de actuação e integração deveriam limitar-se a produzir as normas a que estão obrigados, desenvolvendo os princípios contidos na lei, e não cabendo ao Governo decidir se vai agir através de um regulamento de execução, ou de actuação e integração (*Le Delegificazioni...*, cit., pp. 156-157). Por seu turno, VINCENZO COCOZZA (*La Delegificazione...*, cit., pp. 117 e ss.) entende que os regulamentos de actuação e integração não podem desenvolver princípios determinados por lei, pois estaríamos, então, perante normas de nível primário (p. 119); eles distinguir-se-iam dos regulamentos executivos apenas por uma questão de grau; os regulamentos independentes justificar-se-iam pela posição institucional do Governo na Constituição.

Diríamos que, perante as diversas interpretações da doutrina, a diferença entre os regulamentos de execução e de actuação e integração é uma diferença de grau.

Não é, porém, claro que os regulamentos de actuação e integração não possam, tal como os regulamentos em matéria deslegalizada, conter normas *praeter legem*, de modo a diferenciar-se dos regulamentos de execução (previstos na al. 2), do art. 17.º, n.º 1, da lei n.º 400/88), caso em que emergem novamente dúvidas sobre a distinção entre as duas primeiras categorias[484]. De qualquer forma, e exactamente pela dificuldade de estabelecer distinções entre categorias, há também quem defenda que os regulamentos de deslegalização, sendo regulamentos, não deviam estar sistematizados de forma autónoma dos outros: de duas uma, ou se trata de uma autonomização artificiosa, pois os regulamentos devem estar sempre ao serviço da lei, executando a sua vontade, ou então estaríamos perante fontes normativas primárias, o que esbarra com o obstáculo do *numerus clausus* das fontes de primeiro grau[485].

Outra das dificuldades suscitadas pela doutrina, a propósito do art. 17.º, n.º 2, reporta-se ao momento da produção dos efeitos de deslegalização. A resposta a este problema vai também determinar a caracterização destes regulamentos, ora no sentido de protagonizarem uma verdadeira deslegalização, ou, mais do que isso, uma delegação de matérias reservadas à lei[486]. A opção por esta segunda alternativa conduziria à declaração

---

[484] ANTONIO RUGGERI, "'Fluidità' dei rapporti...", cit., p. 371, nota 28, também defende que as duas figuras não se sobrepõem necessariamente. "No caso de uma lei que redisciplina inteiramente uma matéria, tais regulamentos" (de actuação e integração) "poderiam operar legitimamente num espaço idóneo no caso de a nova lei, embora não estabelecendo normas gerais reguladoras da matéria, não esgotar a actuação dos princípios". Outra questão é a de saber se, caso a lei regule apenas princípios de uma matéria, os regulamentos de actuação e integração não se reconduzem, afinal, aos regulamentos independentes (V. GIOVANNI TARLI BARBIERI, *Le Delegificazioni...*, cit., pp. 87-88).

[485] Assim, ANTONIO RUGGERI, "'Fluidità' dei rapporti...", cit., pp. 359-360 e ss.. VINCENZO COCOZZA, pelo contrário, apresenta diversas razões para considerar que os regulamentos de deslegalização são regulamentos, não tendo sido a lei n.º 400/88 a criar tais fontes normativas, existindo apenas, neste caso, "margens de intervenção diferentes" da lei e do regulamento: assim, o poder regulamentar do Governo estaria pressuposto na Constituição (cf. art. 87.º da Constituição italiana); existem regras transferidas das disposições preliminares do código civil que presidem à organização do sistema de fontes; e o Governo, segundo a *praxis* não posta em causa, é o titular do poder normativo secundário (*La Delegificazione...*, cit., pp. 71-72).

[486] ANTONIO RUGGERI, "'Fluidità' dei rapporti...", cit., pp. 359 e ss.; VINCENZO COCOZZA chama a atenção para o facto de deslegalização e revogação constituírem efeitos distintos, pois esta última não implica, necessariamente, deslegalização, embora a deslega-

de inconstitucionalidade do regime em causa, se se aceitar que as fontes primárias estão sujeitas à tipicidade constitucional.

Não admira, portanto, que as construções doutrinárias, ao pretenderem salvar a constitucionalidade da lei n.º 400/88, elejam a alternativa da deslegalização, para designar o procedimento previsto no art. 17.º, n.º 2. E parece que, só depois de optarem, em manifesta atitude de pré-compreensão, pela alternativa que não implica a inconstitucionalidade do art. 17.º, n.º 2, os autores procuram esclarecer a produção de tais efeitos de revogação de actos legislativos primários. É por isso que encontramos explicações que dissociam a fonte dos efeitos e a norma que lhes dá corpo, i.e, segundo essas explicações, a revogação emana das leis de autorização, embora o efeito seja diferido até à entrada em vigor dos regu-

---

lização implique a revogação: neste caso, a revogação é função, instrumento da deslegalização (*La Delegificazione...*, cit., pp. 96-97). No âmbito do Estatuto Albertino, e na perspectiva da doutrina do séc. XIX, "regulamentos delegados" eram os que não tinham fundamento directo na Constituição, mas que se baseavam numa autorização legislativa, para disciplinarem determinada matéria. Neste sentido, a deslegalização era a concretização do princípio da legalidade característico dos Estados de Direito. Esta concepção sofreu porém uma evolução, passando a ser atribuídas aos regulamentos matérias de reserva de lei segundo o Estatuto, bastando uma expressa autorização legislativa nesse sentido: mesmo as matérias relacionadas com a liberdade individual, como a matéria tributária e penal, passaram a ser objecto de deslegalização. Por outro lado, era também admitida, com base em expressa autorização legislativa, a possibilidade de um regulamento modificar legislação em vigor. Tendo em conta que o Estatuto Albertino era uma Constituição flexível, no sentido em que as normas constitucionais, sobre a relação entre lei e regulamentos, constituíam apenas limites a estes últimos (i.e., ao executivo monárquico), o Parlamento era livre para abdicar da reserva de lei, desde que o fizesse expressamente. Neste contexto, a lei n.º 100 de 1926, ao delimitar as competências regulamentares, não foi mais longe do que a prática corrente, não fazendo referência aos "regulamentos delegados" e restringindo o conceito de regulamentos independentes. No entanto, a lei n.º 100/26 faz referência aos regulamentos executivos, os quais são considerados uma espécie de "regulamentos delegados"; na verdade, entendia-se que os regulamentos executivos continham normas que iam para além das meramente executivas, sendo necessárias, por isso, autorizações legislativas individualizadas. Em relação aos regulamentos independentes, enquanto, até aí, a prática dava um espaço ilimitado ao executivo, em matérias ainda não reguladas por lei, a lei n.º 100/26 veio limitar os regulamentos independentes às matérias da competência do executivo, segundo atribuição legal ou consuetudinária (coincidência entre o poder administrativo e o poder normativo) – nega-se qualquer poder originário não atribuído por lei:, V., por todos, LORENZA CARLASSARE, "Regolamento (Diritto Costituzionale)", cit., pp. 618-620. A autora aproveita para criticar o conceito de regulamento independente introduzido pela agora lei n.º 400/88, muito mais amplo do que o da lei n.º 100/26 (IDEM, pp. 619-620).

lamentos autorizados[487] – e, de qualquer forma, essa consequência de "perda de eficácia da lei", por obra do regulamento, deve constituir uma excepção no ordenamento, sob pena de a Constituição não ser respeitada[488]. Outra interpretação, ainda harmonizável com a Constituição (i.e., com o princípio da tipicidade das fontes primárias), é a que defende um contributo de ambas as fontes implicadas (lei de autorização e regulamento), para a produção dos efeitos de revogação[489]. Esta segunda construção tem a vantagem de evitar a artificialidade da construção "do efeito diferido".

É também, de certa forma, devido à pré-compreensão da natureza destas normas, que é justificada a exclusão do controlo dos regulamentos delegados pelo Tribunal Constitucional: a lei não pode elevar outras fontes a lei, porque isso "significaria estender, para lá dos limites do art. 134.º da Constituição, o conjunto de actos sindicáveis pelo Tribunal Constitucional"[490]. Adiante faremos referência ao papel do Tribunal Constitucional nesta matéria.

O grande óbice as estas duas explicações, especialmente à primeira delas (efeito diferido da deslegalização), é a utilização efectiva que tem sido feita do regime previsto. Por exemplo, o requisito das "normas gerais reguladoras da matéria", do art. 17.º, n.º 2, foi consagrado de modo que os pressupostos da deslegalização não fossem menos exigentes do que os

---

[487] Neste sentido, GIOVANNI TARLI BARBIERI, *Le Delegificazioni...*, cit., p. 3; GIANMARIO DEMURO, *Le Delegificazioni...*, cit., pp. 70 e 77 e ss.; em sentido crítico, ELENA MALFATTI, *Rapporti tra deleghe...*, cit., pp. 188-189: referindo-se "a teorias que tentam conciliar exigências antitéticas" que contrastam com a prática e que colocam "em grave crise a possibilidade de argumentar a favor do carácter secundário de muitos regulamentos delegados"; também em sentido crítico, defendendo que, se a deslegalização comporta o abaixamento do nível normativo, com vista à substituição de uma disciplina por outra de grau diverso, não tem interesse cindir os efeitos entre "fonte" e "norma" da deslegalização, VINCENZO COCOZZA, *La Delegificazione...*, cit., pp. 68-69. Segundo Cocozza, os autores que distinguem entre norma (acto regulamentar) e fonte (lei de autorização), e que defendem que os conteúdos normativos são dissociados do acto, entendem também que "a disciplina jurídica disposta por lei ou acto equiparado pré-existente continua a ter eficácia, mas a título diverso" (IDEM, p. 69).

[488] Como defende GIANMARIO DEMURO, *Le Delegificazioni...*, cit., p. 79. Manifestamente contra este regime que permite a revogação/derrogação de actos legislativos por regulamentos, LORENZA CARLASSARE, "Regolamento (Diritto costituzionale)", cit., p. 626.

[489] V. por exemplo, ANTONIO RUGGERI, "'Fluidità' dei rapporti...", cit., p. 364.

[490] ANTONIO RUGGERI, "'Fluidità' dei rapporti...", cit., p. 360.

da delegação legislativa do art. 76.º da Constituição[491]. Digamos que a doutrina só condescendeu, no sentido de não considerar inconstitucional o regime do art. 17.º, n.º 2, porque este exige que a lei de autorização contenha "as normas gerais reguladoras da matéria", única garantia contra a criação de um poder regulamentar substancialmente primário[492].

Mas, ao contrário do que o legislador pretendeu, e do que é apresentado pela doutrina como requisito incondicional de deslegalização, as leis de autorização não têm, na prática, traçado as orientações necessárias ("as normas gerais reguladoras da matéria"), cabendo ao regulamento uma amplíssima margem de livre apreciação[493], ou, deixando de parte o eufemismo, cabendo ao Governo a própria direcção política da norma.

Longe desta prática, fazendo uma interpretação mais restritiva do art. 17.º, n.º 2, Tarli Barbieri entende que o próprio conteúdo das "normas gerais reguladoras da matéria" bem como a revogação de normas são con-

---

[491] Neste sentido, GIOVANNI TARLI BARBIERI, *Le Delegificazioni...*, cit., p. 128. VINCENZO COCOZZA, *La Delegificazione...*, cit., pp. 34-35. V. a crítica sucinta a todos os aspectos que, na prática instaurada, aproximam os regulamentos de deslegalização dos decretos-legislativos, provocando a "elisão dos arts. 76 e 77 n. 1 da Constituição", em LIVIO PALADIN, "Atti legislativi del Governo...", cit., pp. 7-9.

[492] LORENZA CARLASSARE, "Legalità (principio di)", *Enciclopedia Giuridica*, vol. XVIII, Roma, 1990, pp. 6-7; GIOVANNI TARLI BARBIERI, *Le Delegificazioni...*, cit., p. 83; GIANMARIO DEMURO, *Le Delegificazioni...*, cit., pp. 73 e 79-80: o autor apresenta como condição de não inconstitucionalidade do art. 17.º, n.º 2, em caso de reserva de lei, o estabelecimento das normas gerais pela lei de autorização, não sendo admissíveis espaços em branco (pelo menos tendencialmente), sob pena de se violar o princípio da legalidade substancial. Em matéria não reservada à lei, esta pode optar por discipliná-la directamente, ou por "delegar" em fonte secundária essa disciplina. Mas também aqui são necessárias as "normas gerais reguladoras da matéria" sob pena de "haver uma primariedade sub-reptícia do regulamento" (IDEM, p. 80).

[493] ANTONIO RUGGERI, "'Fluidità' dei rapporti...", cit., pp. 364-365, 372 e ss.; ELENA MALFATTI, *Rapporti tra deleghe...*, cit., pp. 46, 62 e ss.; GIOVANNI TARLI BARBIERI, *Le Delegificazioni...*, cit., p. 130. Repare-se que a duração do fenómeno da deslegalização não é um problema tão discutido como o da duração da delegação legislativa, anteriormente referida, pois no primeiro caso o problema da duração só assume verdadeira relevância, quanto à necessidade de individualizar o momento em que se verifica a revogação das normas legais em vigor, e de averiguar as relações entre a normação secundária estabelecida e posteriores normas de carácter primário ou secundário sobre a mesma matéria. Pelo contrário, SERGIO FOIS ("«Delegificazione»...", cit., pp. 732-734) faz, à partida, uma interpretação menos benevolente do art. 17.º, n.º 2, e da sua compatibilidade com o princípio da legalidade, dizendo que a decisão sobre o efeito revogatório cabe, em ultima análise, sempre ao regulamento.

dicionados pela legislação pré-existente, no sentido em que se uma matéria estiver inteiramente regulada por lei, já não há espaço para a deslegalização: já não é possível que um regulamento, fonte secundária, execute uma matéria legal[494]. Barbieri considera ainda que, para se disciplinar a deslegalização, se deveria proceder à identificação dos "perfis materiais" susceptíveis de deslegalização[495].

Na ausência de domínios materiais identificados pela Constituição italiana, e, portanto, de critérios objectivos que permitam tal identificação,

---

[494] GIOVANNI TARLI BARBIERI, *Le Delegificazioni...*, cit., p. 125. Parcialmente no mesmo sentido, vêm-nos dizer, em síntese, Cocozza e Lavagna: Como regra geral, fixada pelo próprio art. 17.º, n.º 2 da lei n.º 400/88, está na disponibilidade do legislador a deslegalização de todas as matérias que não sejam da reserva (absoluta) de competência ("matéria legislativa", na designação dos autores) (VINCENZO COCOZZA, *La Delegificazione...*, cit., pp. 72 e ss., e 81 e ss.). Por outro lado, sempre que o legislador intervém fora da reserva de lei constitucional para introduzir uma determinada disciplina, legaliza a disciplina ("matéria legalizada", segundo Lavagna). Comum aos dois casos, é o facto de a matéria não estar disponível às fontes de segundo grau – quando é objecto de reserva absoluta, ou tenha sido legalizada. A diferença é que, neste segundo caso, a indisponibilidade referida, emana da intervenção do legislador na matéria, de forma detalhada (VINCENZO COCOZZA, *La Delegificazione...*, cit., p. 73; ANTONIO LAVAGNA, "La Delegificazione: possibilità, forme e contenuti", *Scritti per il XX anniversario dell'Assemblea Costituente*, vol. IV, Firenze, 1969, pp. 307 e ss.). Mas Lavagna introduz ainda algumas especificidades, quanto às implicações da denominada "matéria legalizada", não coincidindo, afinal, as posições de Lavagna e de Cocozza. Desde logo, da Constituição (nomeadamente, dos arts. 70.º, 76.º e 77.º bem como do art. 117.º), não é possível retirar elementos que caracterizem, materialmente, a função legislativa (VINCENZO COCOZZA, *La Delegificazione...*, cit., pp. 73-75). Também não se encontram referências significativas quanto ao conteúdo das funções executiva e judicial, existindo apenas a indicação de matérias reservadas à lei, tornando típica a função legislativa (VINCENZO COCOZZA, *La Delegificazione...*, cit., pp. 76-77). Tendo em conta todos estes dados, conclui Lavagna que só as matérias legalizadas, mas não legislativas, podem ser objecto de deslegalização (VINCENZO COCOZZA, *La Delegificazione...*cit., pp. 72-78; ANTONIO LAVAGNA, "La Delegificazione...", cit., p. 322).

[495] GIOVANNI TARLI BARBIERI, *Le Delegificazioni...*, cit., p. 126. No mesmo sentido, GIANMARIO DEMURO, *Le Delegificazioni...*, cit., p. 74-75. Pelo contrário, ANTONIO LAVAGNA e VINCENZO COCOZZA entendem que a remissão do tratamento legal para a norma regulamentar é uma decisão de oportunidade política, que cabe, em cada situação, ao legislador. ANTONIO LAVAGNA ("La Delegificazione...", cit., pp. 328 e ss.) aponta razões a favor da solução do art. 17.º, n.º 2 da lei n.º 400/88: uma delas é o facto de só o legislador poder decidir quais as matérias que podem ser remetidas a regulamento. COCOZZA refere ainda, na p. 140, que os sectores em que é possível a deslegalização serão identificados de modo sucessivo, com a própria deslegalização.

cabe traçar as linhas que orientam as escolhas políticas de transferência de grau normativo que, como diz Vincenzo Cocozza, podem ser mais ou menos próximas das referidas necessidades de descongestionar o Parlamento[496].

Neste panorama, em que a determinação da orientação política depende em grande parte, e com grau variável, de uma ampla discricionariedade concedida ao Governo, e portanto não necessariamente da tipologia do acto em causa, é difícil argumentar que não existe uma delegação em sentido estrito, ou seja, que não estamos perante regulamentos delegados com força de lei[497]. A construção doutrinária, segundo a qual, ambas as fontes – lei e regulamento – contribuem para a produção de efeitos, pretende obviar às dificuldades apontadas. Isto é, se e quando a individualização do objecto a revogar é, em grande parte, conduzida pelo regulamento, porque a lei de autorização não enunciou, cabalmente, as "normas gerais reguladoras da matéria", a tese do efeito diferido da revogação a que fizemos referência, e segundo a qual a fonte da revogação é a lei de autorização, não tem sentido[498]. Assim, a produção dos efeitos cabe, nestes casos, em grande parte, aos regulamentos, que não se reduzem a meros eventos, de cuja verificação está dependente uma condição suspensiva[499]. Isto significa que há duas fontes que conduzem à produção de efeitos, "não podendo ser uma delas 'factor' de produção de efeitos da outra", embora elas contribuam para essa produção "em diferente medida e intensidade, normalmente com vantagem a favor do regulamento"[500]. Enquanto a norma de autorização produziria o efeito de deslegalizar, o regulamento produziria o efeito de revogar[501].

---

[496] Vincenzo Cocozza, *La Delegificazione...*, cit., p. 68.

[497] É o que defende Elena Malfatti, *Rapporti tra deleghe...*, cit., p. 65; embora os outros autores, tais como Gianmario Demuro (*Le Delegificazioni...*, cit., pp. 76-77), afirmem, expressamente, que as "normas gerais reguladoras da matéria" devem ser, pelo menos, tão minuciosas como os "princípios e critérios directivos" do art. 76.º da Constituição, não retiram, depois, as devidas consequências desse requisito – o facto de tão pouco serem estabelecidos princípios e critérios directivos para efeitos das delegações legislativas, não pode legitimar a ausência dos mesmos, ao abrigo do art. 17.º, n.º 2 da lei n.º 400//88, ou seja, o incumprimento dos requisitos constitucionais não pode justificar o incumprimento dos requisitos do art. 17.º, n.º 2. Até porque subjacente àquelas exigências está o princípio da legalidade substancial como os próprios autores referem.

[498] Antonio Ruggeri, "'Fluidità' dei rapporti...", cit., p. 361.

[499] Antonio Ruggeri, "'Fluidità' dei rapporti...", cit., p. 362.

[500] Antonio Ruggeri, "'Fluidità' dei rapporti...", cit., p. 364.

[501] Antonio Ruggeri, "'Fluidità' dei rapporti...", cit., p. 366.

Apesar das legítimas pretensões desta construção, cujo objectivo é salvar a constitucionalidade dos regulamentos delegados (a secundariedade dos mesmos em relação à lei), e, acima de tudo, o princípio da legalidade substancial, a verdade é que também ela esbarra com a realidade, pois, como já se disse, muitas autorizações legais de deslegalização são normas em branco. É pois difícil defender que o princípio da legalidade substancial, ou que o *Tatbestand* de garantia do imposto, são, neste caso, salvaguardados.

E não merece a pena contra-argumentar com razões formais, numa tentativa de demonstrar que se trata ainda de regulamentos e não de fontes primárias: confirmação bastante seria o facto de estes, aprovados ao abrigo do art. 17.º n.º 2, poderem, por seu turno, ser revogados por quaisquer outras categorias de regulamentos[502]. Ora, este argumento, em particular, agrava a situação, pois demonstra que, através da interposição dos regulamentos delegados, qualquer tipo de regulamento pode perpetuar o efeito de delegação[503]. Em última análise, a prática normativa italiana teria extinguido a diferenciação entre fontes primárias e fontes secundárias, à revelia dos entendimentos mais progressistas da Constituição.

Outros elementos do regime apontam ainda para uma indiferenciação entre regulamentos delegados e decretos-legislativos.

Um desses elementos é o da ausência de limite temporal para utilizar a autorização legislativa pelo regulamento, ao contrário do regime estabelecido para os decretos-legislativos, em que, como vimos, o exercício da função legislativa delegada é objecto de limitação no tempo (nos termos do art. 76.º da Constituição). A ausência de tal limite temporal, no primeiro caso, torna o regime dos regulamentos mais benévolo, podendo defraudar o requisito do art. 76.º[504]. Todavia, como já escrevemos atrás, também no caso do art. 76.º, a prática se afasta do regime estabelecido, pois os poderes delegados têm sido exercidos de forma continuada: eles passam a ser entendidos como "temporários" ou "precários", e já não como de "exercício instantâneo"[505]. E perante esta rotina, torna-se nova-

---

[502] O que também não é unanimemente aceite: levantando dúvidas a este propósito, ELENA MALFATTI, *Rapporti tra deleghe...*, cit., pp. 177 e ss.. Mas aceitando essa modificação de regulamentos delegados por qualquer outro tipo de regulamento posterior, ANTONIO RUGGERI, "'Fluidità' dei rapporti...", cit., pp. 359 e ss..

[503] Neste sentido, ELENA MALFATTI, *Rapporti tra deleghe...*, cit., p. 178.

[504] V., entre outros, VINCENZO COCOZZA, *La Delegificazione...*, cit., p. 35; LORENZA CARLASSARE, "Regolamento (Diritto Costituzionale)", cit., p. 625.

[505] ELENA MALFATTI, *Rapporti tra deleghe...*, cit., p. 57.

mente difícil distinguir a delegação legislativa da delegação em regulamentos. Seria preferível a observância do art. 76.º, conjugada com um entendimento restritivo dos poderes regulamentares, no sentido de um esgotamento dos mesmos, uma vez exercidos[506].

Por outro lado, quer o decreto-legislativo quer o decreto-lei têm autorizado a emissão de "regulamentos delegados", eliminando a alteridade entre Parlamento e Governo que, segundo a melhor doutrina, é pressuposta pelo regime do art. 17.º n.º 2[507]. Alguns autores, na senda do Tribunal Constitucional, admitem a deslegalização, outorgada por decretos-legislativos, desde que a lei de delegação a preveja explícita ou implicitamente, sob pena de, caso contrário, se alterar o equilíbrio institucional entre Parlamento e Governo[508]. No entanto, têm existido, nomeadamente em ma-

---

[506] Assim, ELENA MALFATTI, *Rapporti tra deleghe...*, cit., pp. 62 ss.; GIANMARIO DEMURO vem lembrar que a autorização dada por lei ao exercício do poder regulamentar, ao abrigo do art. 17.º, n.º 2 (da lei n.º 400/88) "não reserva ao Governo uma função regulamentar permanente, independente das leis que regulam a matéria", uma vez que a lei pode sempre modificar e revogar a disciplina regulamentar das matérias deslegalizadas (*Le Delegificazioni...*, cit., p. 80).

[507] V., por todos, GIOVANNI TARLI BARBIERI, *Le Delegificazioni...*, cit., pp. 93-94, 105-106; STEFANO MARIA CICCONETTI que se opõe à deslegalização por decreto-lei, mas não por decreto-legislativo (*Le Fonti...*, cit., pp. 273-274 e 291-293).

[508] GIOVANNI TARLI BARBIERI, *Le Delegificazioni...*, cit., pp. 93-94; o autor distingue três situações hipotéticas de intervenção do decreto-legislativo e da lei de autorização do mesmo, no processo de deslegalização ao abrigo do art. 17.º, n.º 2: na primeira, as leis de autorização consentem, expressamente, que os decretos-legislativos deslegalizem determinados âmbitos materiais; na segunda, as leis de autorização prevêem que os futuros decretos-legislativos disciplinem directamente certos âmbitos materiais, e estes decretos-legislativos remetem, por iniciativa própria, para um regulamento delegado; na terceira hipótese, as leis de autorização não estabelecem, expressamente, os âmbitos materiais que são objecto de remissão pelos decretos-legislativos entretanto aprovados. Ora, qualquer das três hipóteses tem ocorrido na prática, nomeadamente em matéria de impostos, sendo certo que só a primeira seria consentânea com o princípio da legalidade substancial; cf. VINCENZO COCOZZA, *La Delegificazione...*, cit., pp. 86-87: em princípio, o autor não vê obstáculos à deslegalização via decreto-legislativo, tendo em conta a fungibilidade dos actos legislativos, decorrente da Constituição; de qualquer forma, o decreto-legislativo, ao deslegalizar, deve respeitar os princípios estabelecidos na lei de autorização; o autor opõe-se todavia à deslegalização através de decreto-lei, considerando que os requisitos deste não são adequados à sua utilização na deslegalização. Também STEFANO MARIA CICCONETTI não considera inconstitucional a delegação em regulamento por decreto legislativo, desde que a lei de delegação a preveja, que seja respeitado o objecto determinado na lei e que a subdelegação não seja um mecanismo para elidir os prazos da delegação legislativa [*Le Fonti...*, cit., p. 292 (pp. 291-293)].

téria fiscal, inúmeros "regulamentos delegados", ao abrigo de decretos-legislativos, sem a correspondente referência ao assunto na lei de autorização do decreto-legislativo.

Mais estranho ainda, é o facto de os decretos-leis de urgência, cuja *ratio* e procedimento são claramente inconciliáveis com as delegações aos regulamentos, se terem quase tornado, em certo momento, a fonte privilegiada dessas mesmas delegações – o que pode ser explicado pelo "aumento anormal da decretação de urgência"[509]. De entre os exemplos que nos interessam, constam exactamente as delegações para efeitos de simplificação de normas tributárias[510]. Sendo a simplificação normativa recomendável, e apresentada como um móbil primordial, nas comissões que elaboraram os projectos que antecederam a lei n.º 400/88, já é muito difícil demonstrar a urgência da delegação.

Para além do requisito das "normas gerais reguladoras da matéria", o art. 17.º, n.º 2, refere-se ao visto do Tribunal de Contas e ao parecer do Conselho de Estado. O Tribunal de Contas exige a presença de "critérios gerais e de princípios directivos expressos", nas leis de autorização dos regulamentos (a não ser que a lei de autorização seja muito determinada), e admite a normação secundária mesmo em casos de reserva relativa de lei, devendo a lei de autorização determinar "os preceitos idóneos para orientar e vincular a normação secundária dentro de limites bem delineados"[511]. Todavia, o Tribunal nem sempre assim decidiu, e a verdade é que esta posição não tem tido consequências na validade dos regulamentos aprovados sem tais requisitos (continuam a ser aprovadas leis de deslegalização com "normas gerais reguladoras da matéria" muito amplas e sem indicação da revogação da legislação precedente)[512]. Por seu turno, o Conselho de Estado entende que, não tendo sido consagradas "as normas gerais reguladoras da matéria" pela lei de autorização, a capaci-

---

[509] GIOVANNI TARLI BARBIERI, *Le Delegificazioni...*, cit., pp. 109-110.
[510] GIOVANNI TARLI BARBIERI, *Le Delegificazioni...*, cit., pp. 109-112: o autor menciona diferentes exemplos de simplificação de matéria fiscal, através de regulamentos autorizados por decreto-lei de urgência. É o caso do Decreto-lei 330/94 de 31.5, convertido na lei 473/94, de 27.7; o encerramento de litígios fiscais pendentes; a conciliação judicial de controvérsias fiscais; o "*accertamento* com adesão" do contribuinte para fins dos impostos sobre o rendimento e o IVA (Decreto-lei 630/94) – repare-se que a própria figura do "*accertamento* com adesão" gera controvérsia, por restringir o princípio da reserva de lei fiscal.
[511] ELENA MALFATTI, *Rapporti tra deleghe...*, cit., p. 45.
[512] V. GIOVANNI TARLI BARBIERI, *Le Delegificazioni...*, cit., pp. 217 e ss..

dade de inovação do regulamento diminui[513]; ao mesmo tempo, o Conselho conforma-se com requisitos "deduzidos através da interpretação", e com a substituição dos pressupostos enunciados ("critérios gerais e princípios directivos expressos"), por outros requisitos, de carácter procedimental, de que é exemplo a intervenção de comissões parlamentares no procedimento que antecede a aprovação governamental dos regulamentos delegados[514]. O problema é que a intervenção destas comissões não pode ser vinculativa, por não estar prevista no art. 17.°, n.° 2, embora não seja mal entendida pela doutrina, uma vez que ela implica uma certa recuperação do papel do Parlamento numa função substancialmente legislativa[515].

Refira-se ainda que, embora o art. 17.° n.° 2 apenas preveja os regulamentos governativos e não os ministeriais, exigência essa reafirmada pelo Conselho de Estado e pela doutrina, inúmeras deslegalizações, desde o princípio da década de noventa, têm sido efectivadas mediante decretos ministeriais[516-517], como acontece no Direito Fiscal.

---

[513] ELENA MALFATTI, *Rapporti tra deleghe...*, cit., p. 44.

[514] ELENA MALFATTI, *Rapporti tra deleghe...*, cit., pp. 44 e ss.; GIOVANNI TARLI BARBIERI, *Le Delegificazioni...*, cit., pp. 125 e ss. e 217 e ss.. O Conselho de Estado também não negou a possibilidade de um decreto-lei autorizar um regulamento de deslegalização, apesar de ter declarado que tal autorização era "imprópria de um ponto de vista de técnica legislativa": GIOVANNI TARLI BARBIERI, IDEM, pp. 108-109.

[515] GIOVANNI TARLI BARBIERI, *Le Delegificazioni...*, cit., pp. 249-250. Insista-se que a valorização do papel das comissões parlamentares que intervenham para cooperar com o Governo e para melhorar o equilíbrio de forças, aparece, neste contexto de deslegalização ou de delegação de poderes, como desejável, apesar de os procedimentos não darem a mesma garantia de publicidade e participação que o Parlamento, e tendo o Tribunal Constitucional declarado que tais pareceres não constituem interpretação autêntica das leis de autorização, conduzindo antes a um vínculo político do Governo: ELENA MALFATTI, *Rapporti tra deleghe...*, cit., pp. 73-77.

[516] GIOVANNI TARLI BARBIERI, *Le Delegificazioni...*, cit., p. 227.

[517] Apesar desta sistematização, e de todas as modalidades referidas, continuam a ser aprovados regulamentos em matéria fiscal que não respeitam o procedimento da lei n.° 400/88, e que alguns autores, por essa razão, excluem da categoria de regulamentos: GASPARE FALSITTA, *Manuale.... Parte Generale...*, 3.ª ed., cit., p. 64. RAFFAELLO LUPI, *Diritto Tributario*, cit., 7.ª ed., p. 20. ADRIANO DI PIETRO, pelo contrário, considera ser suficiente, para a relação entre normas fiscais primárias e secundárias, o respeito pelo conteúdo mínimo da reserva de lei, sendo irrelevante o procedimento utilizado na aprovação de regulamentos: "Regolamenti...", cit., p. 3; considerando pouco útil a discussão sobre o critério distintivo entre regulamentos e "actos administrativos gerais", sem tomar posição expressa, AUGUSTO FANTOZZI, *Diritto Tributario*, cit., pp. 95-96.

E deixamos, enfim, a título de conclusão principal deste ponto, a observação de que é o próprio conceito de regulamento – que, tradicionalmente, correspondia a uma competência executiva com alguma margem de discricionariedade, e diferenciada da competência legislativa, à qual cabia a direcção política – que se encontra em crise[518].

2.4. O papel do Tribunal Constitucional italiano

Neste quadro, seria desejável que o Tribunal Constitucional sindicasse a legitimidade destes procedimentos de delegação, quer ao nível da delegação para decretos-legislativos, quer ao nível das autorizações para emanação de regulamentos, que esvaziam, potencialmente, a reserva de lei fiscal.

Sem embargo, verifica-se, desde logo, uma atitude abstencionista, por parte do referido tribunal, quanto ao controlo das delegações legislativas do Parlamento ao Governo legislador. Na verdade, a obrigação dirigida ao Parlamento, no sentido de emitir, nas autorizações legislativas, princípios e critérios directivos, é fiscalizada por meio de um juízo meramente negativo (do género de se poderem depreender, através de uma interpretação sistemática da lei de autorização, orientações implícitas do Parlamento ao Governo legislador, e, portanto, não ser violada a Constituição), e não por um juízo positivo-relacional (em que o Tribunal Constitucional deveria indicar que tipo de linhas orientadoras deveriam estar presentes na autorização em análise – sem entrar numa escolha política)[519].

Só quando a lei de delegação impõe efectivamente ao Governo critérios directivos, dispondo este de escassa margem de livre escolha e decisão, é que o Tribunal Constitucional fiscaliza a observância dos referidos critérios pelo decreto-legislativo governamental[520].

Com referência à conformidade dos regulamentos às leis de autorização, cabe aos tribunais comuns analisá-la, podendo o juiz ordinário recusar-se a aplicar o regulamento por violação da lei. O juiz administrativo pode, por seu turno, anular o regulamento ilegal. Todavia, nenhum destes juízes tem competência para se pronunciar sobre a relação correcta entre

---

[518] ELENA MALFATTI, *Rapporti tra deleghe*..., cit., p. 229.
[519] ELENA MALFATTI, *Rapporti tra deleghe*..., cit., pp. 46 e ss..
[520] ELENA MALFATTI, *Rapporti tra deleghe*..., cit., pp. 48 e ss..

as duas fontes[521]. Também o Tribunal Constitucional vê aqui as suas competências reduzidas, pois não tem competências sobre as normas regulamentares e sua compatibilidade com as leis de autorização. Sem embargo, como o Tribunal Constitucional tem reclamado a sua competência para se pronunciar acerca das autorizações legislativas (acerca da determinação suficiente e unívoca das normas contendo princípios e critérios directivos) aos regulamentos[522], deve ser, em primeiro lugar, impugnado o regulamento (aprovado ao abrigo de uma lei eventualmente inconstitucional), junto do tribunal administrativo; a este, por seu turno, cabe remeter o problema para o Tribunal Constitucional[523]; mas, na prática, as autorizações têm sido muitíssimo vagas, sem que o Tribunal daí retire as devidas consequências. Se o regulamento violar, directamente, a Constituição, o Tribunal Constitucional já não tem competência para fiscalizar a constitucionalidade, sendo a fiscalização da competência do tribunal administrativo, e só se o regulamento for imediatamente lesivo (caso contrário, só o acto administrativo, ao aplicar o regulamento, poderá ser impugnado). Por conseguinte, a deslegalização introduz também problemas quanto à eficácia de controlo[524]. Já durante a vigência da Constituição de 1948, mas anteriormente à lei n.º 400/88, o Tribunal Constitucional averiguava a idoneidade das leis de autorização que circunscreviam os limites do poder secundário, e, nos casos de reserva de lei, sublinhava a necessidade de o legislador estabelecer critérios "racionais e adequados para evitar a possibilidade de escolhas totalmente livres e arbitrárias"[525]. E cabia aos tribunais comuns averiguar a legitimidade do regulamento delegado, o que implicava o exame de conformidade à lei de autorização, no sentido em que os elementos inovadores e arbitrários (i.e. não previstos na lei) e os "excessos de delegação" conduziam à declaração de ilegalidade dos regulamentos[526].

Apesar dos aspectos mencionados, não é possível, através da jurisprudência constitucional, perceber a delimitação e a relação entre as auto-

---

[521] V., por exemplo, GINAMARIO DEMURO, *Le Delegificazioni...*, cit., pp. 81-82.
[522] ELENA MALFATTI, *Rapporti tra deleghe...*, cit., pp. 41-42, nota 80.
[523] V. a referência ao assunto em VINCENZO COCOZZA, *La Delegificazione...*, cit., p. 112.
[524] V., por exemplo, GINAMARIO DEMURO, *Le Delegificazioni...*, cit., pp. 81-82; VINCENZO COCOZZA, *La Delegificazione...*, cit., p. 111 e ss..
[525] ELENA MALFATTI, *Rapporti tra deleghe...*, cit., p. 43.
[526] ELENA MALFATTI, *Rapporti tra deleghe...*, cit., p. 43.

rizações dadas aos decretos-legislativos e as autorizações dadas aos regulamentos delegados.

Na verdade, o Tribunal Constitucional estabelece alguns critérios, insatisfatórios, para eliminar as dúvidas. Segundo o levantamento de Elena Malfatti, a jurisprudência constitucional não terá defrontado, verdadeiramente, o problema da deslegalização. Desde logo, o Tribunal não procurou um fundamento constitucional para a deslegalização; e, por outro lado, limita-se a emitir juízos casuísticos sobre o carácter não legislativo das disposições regulamentares, o âmbito das modificações introduzidas e as exigências específicas da função governativa[527]. Os critérios do Tribunal para distinguir a deslegalização de actos com força de lei, limitam-se a afirmações não totalmente satisfatórias: tratando-se de regulamentos, os actos normativos não teriam força de lei, não deveriam incidir sobre matéria coberta pela reserva absoluta de competências, nem sobre matérias de competência legislativa regional[528]. Ora, o primeiro critério é meramente formal, tendo em conta que os regulamentos delegados podem revogar normas legislativas. Já quanto ao segundo, ele permitiria um melhor controlo por parte dos tribunais, mas por um lado, o Tribunal Constitucional nunca esclareceu se a reserva de lei tem alguma implicação nas delegações legislativas, e, por outro lado, é muito difícil determinar as fronteiras entre reserva absoluta e relativa – para já não dizer que, na prática, os regulamentos delegados têm interferido em âmbitos tradicionalmente considerados de reserva de lei absoluta[529], como é o caso dos elementos do *Tatbestand* de garantia do imposto – sujeito e objecto.

No que diz respeito ao terceiro argumento, não é clara a posição do Tribunal quanto às possíveis intervenções governativas em matéria reservada à competência regional (embora sejam excluídos os regulamentos em geral, são admitidos regulamentos de conteúdo técnico, e actos de *indirizzo* e coordenação, entre outros) – para além de serem admitidos decretos-legislativos estabelecendo princípios fundamentais em matéria de competência das regiões, e de já terem sido admitidos os próprios regulamentos delegados em matérias não transferidas ou mesmo da competência das regiões[530]. Finalmente, pode-se dizer que o Tribunal reconhece os re-

---

[527] ELENA MALFATTI, *Rapporti tra deleghe*..., cit., pp. 28-29. M. ANTONIETTA GRIPPA SALVETTI, *Riserva di legge*..., cit., pp. 75 e ss..
[528] ELENA MALFATTI, *Rapporti tra deleghe*..., cit., p. 29.
[529] ELENA MALFATTI, *Rapporti tra deleghe*..., cit., pp. 31 e ss..
[530] ELENA MALFATTI, *Rapporti tra deleghe*..., cit., pp. 32-35.

gulamentos autorizados, se tiverem sido observados os critérios procedimentais previstos no art. 17.º, n.º 2 e n.º 4, da lei n.º 400/88[531]. Tendo em conta que os critérios substantivos clássicos para qualificar as leis (generalidade, abstracção e inovação) já não são exclusivos dessa fonte, só os critérios procedimentais têm utilidade, mas não demonstram, por si, que estejamos perante uma fonte secundária[532]: se forem além do prescrito na lei, e puderem revogar leis precedentes – como podem os regulamentos autorizados ao abrigo do art. 17.º n.º 2 – torna-se difícil diferenciá-los das fontes primárias.

Além do mais, o Tribunal Constitucional por diversas vezes se declarou incompetente para fiscalizar a opção pelas modalidades de exercício do poder delegado, adiantando que a eleição de uma outra forma de actividade normativa só estava submetida a responsabilidade política[533].

Em resumo, os diversos elementos até aqui apontados, de indiferenciação e sobreposição de actos legislativos e regulamentos demonstram a ampla participação do executivo na determinação do *indirizzo* político, independentemente da natureza do acto utilizado.

3. Conclusões

As autorizações legislativas ou/e a remissão para desenvolvimentos regulamentares da disciplina respeitante aos elementos do *Tatbestand* de garantia do imposto que, como vimos no capítulo anterior, são frequentemente praticadas em Portugal, são comuns a vários ordenamentos jurídicos, como nos permite ver o "caso italiano". Este capítulo permite ilustrar

---

[531] Trata-se de elementos já considerados pelo Tribunal Constitucional, anteriormente à lei n.º 400/88: Autoqualificação do acto como regulamento, ter sido emitido pelo Governo, existir indicação, no preâmbulo, das normas com base nas quais o acto é aprovado, exclusão de referência a uma delegação legislativa: ELENA MALFATTI, *Rapporti tra deleghe...*, cit., p. 29, nota 35.

[532] Apesar da dificuldade em encontrar critérios substantivos para diferenciar actos legislativos de actos regulamentares – ou até por essa mesma razão – pode, ao mesmo tempo defender-se, sem entrar em contradição, que o regime da impugnação junto do Tribunal Constitucional deve seguir a natureza jurídica dos actos (equiparando os regulamentos delegados às fontes primárias), e não o contrário: é o que defende ELENA MALFATTI, lembrando que o próprio Tribunal já admitiu isto: *Rapporti tra deleghe...*, cit., p. 173.

[533] ELENA MALFATTI, *Rapporti tra deleghe...*, cit., p. 65.

também que são comuns aos diferentes ordenamentos jurídicos as dificuldades em estabelecer as fronteiras entre determinação suficiente e delegação/remissão inconstitucionais devido a insuficiente determinação legal: essas dificuldades provêm, desde logo, da maioritariamente reconhecida ausência de um conteúdo inerente ao conceito de lei, existindo apenas um conceito de lei identificável pela forma, procedimento e força jurídica[534], ou, segundo outra formulação, um conceito de lei no sentido de "actos com força de lei", que são os "actos do ponto de vista hierárquico imediatamente subordinados à Constituição (e às fontes do mesmo nível constitucional) e colocados em posição de sobreordenação quanto às outras fontes do ordenamento (de nível secundário ou de origem consuetudinária)"[535] – embora o conceito de lei esteja também ligado, espe-

---

[534] V., por todos, J.J.GOMES CANOTILHO, Direito Constitucional..., cit., 7.ª ed., pp. 553; J.J. GOMES CANOTILHO/VITAL MOREIRA, Constituição..., cit., 3.ª ed., anotação ao art. 115.º, pp. 501-502, pontos III, IV e V; JORGE MANUEL COUTINHO DE ABREU, Sobre os regulamentos..., cit., p. 42 (e pp. ss.); JORGE REIS NOVAIS, Separação de poderes e limites da competência legislativa da Assembleia da República, Lisboa, 1997, que lembra que mesmo os autores que admitem a existência de uma distinção material de funções do Estado (existindo uma tendência quer doutrinal quer jurisprudencial nesse sentido), não "acolhem, a não ser como mera indicação, o conceito material de lei como decorrendo de uma imposição constitucional": p. 41; a propósito dos limites da competência legislativa da AR, o autor defende a existência de um núcleo essencial da função executiva, que não pode ser abalroado pela Assembleia, e que pode ser controlado pelo TC, não através de uma distinção material de funções, mas a partir do princípio da separação de poderes consagrado na CRP (V. pp. 33 e ss., 37 e ss. e 49 e ss.); MARIA LÚCIA AMARAL PINTO CORREIA, Responsabilidade do Estado e dever de indemnizar do legislador, Coimbra, 1998, pp. 237 e ss. (cf. todo o capítulo III da parte II). DAVID DUARTE, "Lei-medida e democracia social", SI, 1992, n.os 238-240, pp. 336-338; MANUEL AFONSO VAZ, Lei e reserva de lei, cit., pp. 28-29. E para o Direito italiano, V., por todos, LORENZA CARLASSARE, Conversazioni sulla costituzione, 2.ª ed., Padova, 2002, p. 140 e ss.; GIUSEPPE DE VERGOTTINI, Diritto Costituzionale, cit., 3.ª ed., pp. 186 e ss.: VINCENZO COCOZZA, La Delegificazione, Modello legislativo – Attuazione, Napoli, 1998, pp. 76-77; LUÍS S. CABRAL DE MONCADA, Lei e regulamento, cit., pp. 542 e ss..

[535] M. MAZZIOTTI DI CELSO/G.M. SALERNO, Manuale di Diritto Costituzionale, Padova, 2002, p. 74 (e cf. pp. ss.). Referindo-se à "crise da lei e da legalidade" escreve FEDERICO SORRENTINO, Lezioni sul principio di legalità, Raccolte da Eleonora Rinaldi, Torino, 2001: "Da primeira fala-se já há muito tempo, não só porque a lei deixou de ser o acto normativo por excelência, a suprema manifestação da vontade do Estado, enquanto expressão da vontade popular, estando subordinada à Constituição e ladeada por outras fontes em relações de separação de competências, mas sobretudo porque o seu papel, no Estado social, já não é tanto o de traçar, através de normas gerais e abstractas, os confins externos da concorrência entre os diversos sujeitos económicos e o limite entre o público e o privado": p. 6.

cialmente no caso das reservas constitucionalmente estabelecidas, a uma avaliação de essencialidade das matérias[536] ou ao desempenho da função política[537].

Seja como for, tendo em conta que a função política também é exercida pelos Governos e não só pelos Parlamentos, a análise da reserva de lei incide, tendencialmente, sobre as relações entre actos ou fontes e

---

[536] J.J. GOMES CANOTILHO, *Direito Constitucional...*, cit., 7.ª ed., p. 553; também se faz referência à lei do Parlamento como um "instrumento para as grandes decisões": STEFANO MARIA CICCONETTI, *Le Fonti...*, cit., pp. 135 e ss..

[537] Defende JORGE MIRANDA que a lei é lei em sentido material, não só porque deve conter, em regra, "disposições com carácter geral e abstracto", mas também por ser um acto da função legislativa, ou por outras palavras, "acto normativo da função política subordinado à Constituição e dotado de eficácia predominantemente externa" (acto da função legislativa *stricto sensu*) (*Manual...*, V, cit., 3.ª ed., p. 125 e pp. 145 e ss.); V. também JORGE MIRANDA, "Sentido e conteúdo da lei como acto da função legislativa", *Nos Dez anos da Constituição,* org. de JORGE MIRANDA, Lisboa, 1986, pp. 178 e ss.; seja como for, a caracterização da lei como lei em sentido material, está associada à sua caracterização como acto geral e abstracto (e inovatório); entendendo que a CRP de 1976 consagra um conceito material de lei, para além de JORGE MIRANDA, V. MARCELO REBELO DE SOUSA, *O Valor jurídico do acto inconstitucional, I,* Lisboa, 1988, p. 309 (tendencialmente); JOSÉ DE SOUSA BRITO, "Sobre a amnistia" *RJ,* 1986, n.º 6, Nova série, pp. 32-35; JOÃO BAPTISTA MACHADO, *Introdução ao Direito e ao discurso legitimador,* Coimbra, 1983, p. 91; CARLOS BLANCO DE MORAIS, *As Leis reforçadas, As leis reforçadas pelo procedimento no âmbito dos critérios estruturantes das relações entre actos legislativos,* Coimbra,1998, pp. 107 e ss.; LUÍS S. CABRAL DE MONCADA, *Lei e regulamento,* cit., pp. 902 e ss.; MÁRIO ESTEVES DE OLIVEIRA, *Direito Administrativo,* I, Coimbra, 1980, pp. 20 e ss.; LUÍS PEDRO PEREIRA COUTINHO ("As Duas subtracções. Esboço de uma reconstrução da separação entre as funções de legislar e de administrar", *RFDUL,* 2000, n.º 1, pp. 111 e ss.) que retira do princípio do Estado de Direito um conteúdo da função legislativa, associado à generalidade e abstracção das leis, características relevantes para assegurar a liberdade e igualdade dos cidadãos, a previsibilidade, calculabilidade e controlabilidade de condutas, "o distanciamento da acção estadual face às pressões de cada caso concreto, ... a tomada de decisões em função de critérios susceptíveis de serem aplicáveis a todos os casos da mesma natureza ou... a sustentação do princípio da legalidade da administração" (p. 114; cf. pp. 113 e ss.); este conceito material de lei abrange, é claro, todos os actos legislativos. Por seu turno, a função administrativa caracterizar-se-á pela *"integral subordinação da Administração e do agir administrativo a uma juridicidade",* IDEM, p. 119; J.M. SÉRVULO CORREIA (também parecendo relacionar o conceito de lei ou de regulamento com as funções), *Legalidade...,* cit., pp. 489 e ss.; BERNARDO DINIZ DE AYALA, *O (Défice de) controlo judicial da margem de livre decisão administrativa,* Lisboa, 1995, p. 47; para uma panorâmica geral da posição da doutrina portuguesa sobre o conceito de lei, V. a bibliografia indicada por JORGE MIRANDA, IDEM, pp. 142-143, notas 1-3, e DINIZ DE AYALA, IDEM, pp. 45-47, notas 65-68.

A desvalorização da reserva de lei fiscal...   213

não sobre a relação entre os órgãos dos quais emanam as fontes[538-539]. Uma vez que a relação entre as fontes se organiza segundo o princípio da competência, em que as constituições atribuem "esferas de operativi-

---

[538] Cf. J.J. GOMES CANOTILHO, *Direito Constitucional...*, cit., 7.ª ed., p. 553; esta afirmação pode ser comprovada pela análise que a doutrina italiana (que nos interessa estudar neste capítulo) faz do princípio da legalidade fiscal ou em geral: assim, por exemplo, GIUSEPPE DE VERGOTTINI, *Diritto Costituzionale*, cit., 3.ª ed., pp. 150 e ss.; ALESSANDRO PIZZORUSSO, *Manuale...*, cit., pp. 230 e ss.; LIVIO PALADIN, *Diritto Costituzionale*, 3.ª ed., Padova, 1991, pp. 133 e ss.; referindo que historicamente, subjacente à reserva de lei e à legalidade está a relação entre órgãos, e que essa relação continua implícita na análise do instituto, VEZIO CRISAFULLI, *Lezioni di Diritto Costituzionale, L'Ordinamento costituzionale italiano*, 4.ª ed., Padova, 1978, p. 53; AUGUSTO FANTOZZI, *Corso...*, cit., 2004, pp. 43 e ss.; PASQUALE RUSSO, *Manuale..., Parte Generale*, cit., 2002, pp. 40-41; ANDREA FEDELE, "La Riserva di legge", *Trattato di Diritto Tributario, Il Diritto Tributario e le sue fonti*, dir. Andrea Amatucci e outros, vol. I, tomo I, Padova, 1994, pp. 157 e ss.; ADRIANO DI PIETRO ("I Regolamenti, le circolari...", pp. 335 e ss.; RENATO BALDUZZI e FEDERICO SORRENTINO, "Riserva di legge", cit., p. 1214; e V. os autores citados por GIORGIO MARINUCCI e EMILIO DOLCINI, *Corso di Diritto Penale... I*, cit., 3.ª ed., p. 37, nota 1. Em sentido crítico, os próprios Marinucci e Dolcini, e LORENZA CARLASSARE, "Regolamento (Diritto Costituzionale)", cit., p. 611: aqui, a autora escreve que "a temática dos regulamentos está ligada, de forma insolúvel àquela das relações entre assembleia legislativa e órgãos de Governo. As relações entre as fontes colocam-se... no quadro das relações entre os órgãos de que emanam. A distribuição do poder normativo é expressiva daquela ordem e reflecte-a, ou melhor, deveria reflecti-la"; ainda assim, a autora reconhece que não é fácil caracterizar os actos, segundo a função: por exemplo, é difícil ordenar os regulamentos nos sistemas, porque apresentam características da função legislativa e da administrativa (IDEM, pp. 612-613). Referindo-se criticamente ao entendimento (peculiar) do princípio da legalidade em Itália, no sentido em que "a figura da reserva de lei não se reporta propriamente às relações entre o legislativo e o executivo, mas sobretudo às relações entre o legislador (o executivo incluído) e os órgãos de aplicação da lei que é como quem diz, entre actos primários e secundários", LUÍS S. CABRAL DE MONCADA, *Lei e regulamento*, cit., p. 534 (pp. 531 e ss.). Cf. ainda LORENZA CARLASSARE ("Legge (riserva di)", *Enciclopedia Giuridicca*, vol. XVIII, Roma, 1990, p. 2; e CRISAFULLI, *Lezioni di Diritto Costituzionale, II*, 6.ª ed., Padova, 1993, p. 61.

[539] Por isso, quando RAFFAELLO LUPI vem defender uma reserva de lei fundamentada no papel do Parlamento enquanto órgão de direcção política, entra em contradição, logo a seguir e sem se dar conta disso, com o conceito de "lei" do art. 23 da Constituição italiana, no qual inclui os decretos-legislativos e os decretos-lei, acriticamente: *Diritto Tributario...*, cit., 7.ª ed., pp. 7 e ss.. No entanto, já ELENA MALFATTI (*Rapporti tra deleghe...*, cit., pp. 214 e ss.) defende, com coerência, que a discussão da reserva de lei deve passar pela reformulação das funções dos órgãos, de modo a se perceber por que razões o Governo tem, actualmente, um papel tão relevante na orientação e direcção políticas, papel esse manifestado pelos seus actos normativos.

dade distintas a fontes diversas" segundo a essencialidade da matéria, a divisão da operatividade pode significar, no caso das matérias fiscais, a atribuição à lei da disciplina dos elementos essenciais do imposto, cabendo o desenvolvimento da disciplina relativa a estes elementos a regulamentos[540].

Com os traços que apresentam actualmente, as autorizações legislativas e a remissão para regulamentos são fenómenos do pós Segunda Guerra, comuns aos regimes de Direito continental da Europa ocidental[541]. Eles aparecem simultaneamente relacionados, em alguns ordenamentos, com a perda de competências normativas primárias directamente atribuídas pela Constituição ao Governo – sendo necessária uma autorização ao Governo para este exercer as suas competências normativas (eventualmente legislativas)[542] – e com o Estado social de Direito, com o Estado regulador[543].

Uma das características a realçar é a de um afastamento progressivo entre as exigências constitucionais, normalmente no sentido de darem primazia à lei parlamentar[544], através da instituição de reservas de lei (nomeadamente, em matéria fiscal), e a prática constitucional, no sentido de uma crescente actividade normativa governamental, quer através do

---

[540] Sobre o princípio da competência como método de relacionamento entre fontes, em geral, STEFANO MARIA CICCONETTI, *Le Fonti del Diritto italiano*, cit., pp. 51-52 e ss..

[541] Neste sentido, entre muitos, ENZO CHELI, "L'Ampliamento dei poteri normativi dell'esecutivo nei principali ordinamenti occidentali", *Riv. Trim. di Diritto Pubblico*, 1959, pp. 463 e ss.; VICTOR UCKMAR, *Principi...*, cit., pp. 31 e ss.; VICENZO COCOZZA, *La Delegificazione...*, cit., p. 66; ALESSANDRO SERENA, "La Delega legislativa...", cit., pp. 481 e ss.; ADRIANO DI PIETRO diz-nos que "a afirmação crescente e constante do Governo nas escolhas legislativas com carácter sistemático (...) se manifestaram desde os anos setenta" e "no fim dos anos noventa, os decretos legislativos assumiram, por variedade e número, uma ampla investidura no ordenamento" ("I Regolamenti, le circolari...", cit., pp. 335--336); mas em Portugal, esse fenómeno já se verificava durante a vigência da Constituição de 1933, embora por outras razões, como vimos, e na Alemanha, a discussão começa com a *Grundgesetz*.

[542] No sentido em que se tornou necessária uma delegação por parte dos Parlamentos, sendo que na maior parte dos casos, a delegação de competências normativas ao Governo se traduz no exercício por parte deste de competências normativas secundárias ou regulamentares: V., sobre a evolução do sistema de fontes em alguns dos Estados europeus, ALESSANDRO PIZZORUSSO, "Atti legislativi...", cit., pp. 31 e ss.; VICTOR UCKMAR, *Principi...*, cit., pp. 31 e ss..

[543] V., entre muitos, ALESSANDRO SERENA, "La Delega legislativa...", cit., pp. 481 e ss.

[544] V., por exemplo, numa perspectiva de Direito comparado, ALESSANDRO PIZZORUSSO, "Atti legislativi...", cit., pp. 31 e ss..

exercício das suas competências legislativas (quando as tem[545]), quer através de regulamentos, tornando-se difícil afirmar – e repita-se – que as competências de *indirizzo político* são efectivamente exercidas pelo Parlamento, e que só as competências técnicas são delegadas ao Governo.

Sem se pôr em causa o princípio da competência das fontes, no Direito Fiscal assiste-se ao desdobramento do acto normativo primário, em actos secundários de concretização[546], à semelhança de um sistema de fontes em cascata, em que os actos normativos de concretização da lei parlamentar devem respeitar as fontes superiores, mas podem simultaneamente ocupar os espaços livres deixados por estas últimas, de tal modo que os espaços de indeterminação vão sendo preenchidos por diferentes graus normativos, e não por actos individuais, com a vantagem de assegurar de forma mais eficaz as funções que competiam tradicionalmente à reserva de lei parlamentar fiscal[547].

---

[545] O que não corresponde à maioria das soluções, pois, normalmente, cabem aos Governos competências regulamentares: V., sobre isto, ALESSANDRO PIZZORUSSO, "Atti legislativi…", pp. 31 e ss., 35 e ss. e 40 e ss..

[546] Incluímos aqui a relação entre lei de autorização e decreto-lei autorizado: como explica BLANCO DE MORAIS, o princípio da competência não tem, neste caso, como efeito principal "a indiferença entre actos", mas "a consecução de relações…de essência constitutiva entre leis, como consequência de uma *comunicação de poderes funcionais*". Embora o princípio da competência assente, também aqui, na separação de âmbitos substanciais, a verdade há uma "relação de comunicabilidade" entre actos legislativos cujo objecto é a matéria. Como forma de assegurar que o princípio da competência não perca, neste caso, a sua razão de ser, ele é auxiliado por um outro princípio, desenvolvido pelo autor: o "princípio da função directiva", que permite assegurar a "proeminência material de uma das leis sobre a outra" (CARLOS BLANCO DE MORAIS, *As Leis reforçadas…*, cit., pp. 291-292 e 308 e ss.).

[547] Defendendo um sistema de fontes em cascata, V., entre outros, ALESSANDRO PIZZORUSSO, *Manuale…*, cit., 594-601; e ainda, pp. 584 e ss. (espec. p. 585); "La disciplina dell'attività normativa del Governo", *Le Regioni*, 1987, pp. 330 e ss.; "Il Controllo della Corte costituzionale sull'uso della discrezionalità legislativa, *Riv. trim. dir. proc. civ.*, 1986, pp. 803-807; *Manuale di Istituzioni…*, cit., 1997 (1996), pp. 597-601 (fazendo referência expressa a Kelsen); "Delle Fonti del Diritto, Disposizioni sulla legge in generale, art. 1-9", *Commentario del Codice Civile,* A Cura di Antonio Scialoja e Giuseppe Branca, Bologna, Roma, 1977, pp. 45-48, e cf. ainda, pp. 176-182.; no mesmo sentido, ou sentido próximo: ELENA MALFATTI, *Rapporti tra deleghe…*, cit., por ex., pp. 201 e ss.; neste sentido, para o Direito Fiscal, M. ANTONIETTA GRIPPA SALVETTI, *Riserva di legge e delegificazione…*, cit., pp. 12-13 e ss. e 128 e ss.; em sentido contrário, a maioria da doutrina italiana: LORENZA CARLASSARE, "Regolamento (Diritto Costituzionale)", cit., pp. 614-615 (a autora nega qualquer tipo de coincidência entre os regulamentos e a discricionariedade

Mas não se deve aproximar esta concepção da doutrina de Kelsen[548], à qual voltaremos a fazer referência a propósito dos conceitos jurídicos

---

administrativa); SERGIO FOIS faz referência à perspectiva de "flexibilização"("«Delegificazione» «Riserva di legge », principio di legalità", *Studi in onore di Manlio* MAZZIOTTI DI CELSO, vol. I, Milano, 1995, pp. 736-738), mas rejeita-a com base no "princípio da rigidez" da Constituição italiana (pp. 741 e ss.); RENATO BALDUZZI e FEDERICO SORRENTINO, "Riserva di legge", cit., pp. 1209 e ss.; ZAGREBELSKY, *Manuale di Diritto Costituzionale*, I, 1993, p. 303; *Il Sistema costituzionale delle fonti del diritto*, Torino, Egges, 1984, pp. 207 e ss.; LIVIO PALADIN, *Diritto Costituzionale*, cit., 3.ª ed., pp. 152 e ss.; ENRICO SPAGNA MUSSO, *Diritto Costituzionale*, 4.ª ed., Padova, 1992, p. 83 (pp. 82 e ss.). Repare-se que esta doutrina maioritária normalmente aceita a conjugação do princípio da hierarquia com o princípio da competência, rejeitando apenas a discricionariedade no sentido kelseniano por parte das fontes inferiores. Questão diferente, e discutida pela nossa doutrina, é a de saber se os regulamentos podem ser primariamente fundados na Constituição, como defendem AFONSO RODRIGUES QUEIRÓ, *Lições...*, I, cit., pp. 421-427; J.M. SÉRVULO CORREIA, *Legalidade...*, cit., pp. 204 e ss.; J.C. VIEIRA DE ANDRADE, "Autonomia regulamentar e reserva de lei", cit., pp. 12-19 (e ss.); ou se é sempre necessária uma lei a conferir competência regulamentar: Cf. neste último sentido, MÁRIO ESTEVES OLIVEIRA, *Direito Administrativo*, I, cit., p. 109 e ss.; MANUEL AFONSO VAZ, *Lei e reserva de lei...*, cit., p. 489; e ainda, VITAL MOREIRA, *Administração autónoma e associações públicas*, Coimbra, 1997, p. 186 e nota 265; implicitamente, JORGE MIRANDA, *Manual...*, V, cit., 3.ª ed., pp. 209 e ss.; GOMES CANOTILHO, fazendo a crítica a ALESSANDRO PIZZORUSSO, pronuncia-se a favor da lei como "fonte insubstituível de qualquer poder normativo derivado", contra os "regulamentos normativos primariamente fundados na Constituição", que "pode representar a acentuação do governamentalização da forma de governo, subtraindo ao Parlamento a fiscalização de «actos com valor paralegislativo»; e defende ainda que, "mesmo que não se exijam autorizações legislativas caso a caso, impor-se-á a existência de uma lei a conferir competência regulamentar para a prossecução dos objectivos fixados na Constituição (ou na própria lei): *Direito Constitucional*, 5.ª ed., pp. 834-835. Sobre o conceito de constituições rígidas, como as constituições "que exigem para a sua modificação a observância de uma forma distinta do processo legislativo ordinário" (limite formal), e ainda a observância de limites temporais ou materiais (de que é exemplo, também, a Constituição portuguesa de 1976), V., MARCELO REBELO DE SOUSA, *Direito Constitucional, Introdução à teoria da Constituição*, Braga, 1979, pp. 50-53 (50 e 52)..

[548] E deixando de lado a concepção positivista da validade do Direito: V. HANS KELSEN, "Science and politics", *What is justice?, Justice, law and politics in the mirror of science, Collected essays*, Berkely, Los Angeles, 1957, pp. 360-361. Nesta data, diz-nos o autor: "A jurisprudência, como *ciência* do Direito, tem por objecto as normas positivas. Só o Direito positivo pode ser o objecto da ciência jurídica. Este é o princípio que caracteriza o positivismo legal, em oposição à doutrina jus-naturalista, a qual pretende apresentar normas legais que não tenham sido criadas por actos humanos, mas que se deduzem da natureza... Embora a norma que fundamenta a validade do ordenamento jurídico não seja uma norma positiva, e o princípio do positivismo jurídico só se possa manter tendo em conta este facto que o limita. Sem embargo... a norma fundamental de um ordenamento

indeterminados, discricionariedade e margem de livre apreciação. Segundo Kelsen, existe, na relação entre as várias fontes normativas ("degraus da ordem jurídica"), uma "determinação" do procedimento e do conteúdo da fonte normativa inferior, por parte da fonte normativa de grau superior, e, simultaneamente, um espaço livre, que será preenchido "pela função criadora" da autoridade que aprova normas de nível inferior[549]. Defendia Kelsen que aplicação e criação do Direito não se opõem, e, salvo casos excepcionais, todos os actos são simultaneamente de criação e de aplicação do Direito: "uma norma que regula a criação de uma outra norma é «aplicada» à criação desta outra norma. A criação do Direito é sempre aplicação do Direito"[550]. O ponto de partida desta doutrina é o de que não existe uma determinação absoluta por parte da lei, e que a aplicação e a discricionariedade estão indissociavelmente ligados: a aplicação da norma envolveria sempre uma actividade de concretização e complementação, variando apenas o grau de discricionariedade/vinculação o qual depende da maior ou menor determinação da norma hierarquicamente superior[551].

Sem entrar também na distinção que Kelsen estabelece entre interpretação da pessoa privada, *interpretação da ciência jurídica*, evitando valores jurídicos ("função legal"), e interpretação do Direito pelo órgão

---

jurídico positivo... reveste unicamente um carácter formal" ("Science and politics", *What is justice?...,* cit., pp. 360-361). Escreveu também o autor num outro texto: "...Não se trata de uma norma criada mediante um acto de vontade, mas de uma norma pressuposta pelo pensamento jurídico...não foi criada por nenhum órgão da comunidade legal de acordo com as exigências de uma norma superior. Mas não é um pressuposto arbitrário do pensamento jurídico. Uma análise do pensamento jurídico revela que os juristas só consideram que uma Constituição é válida quando o ordenamento jurídico que se baseia nela é efectivo...O princípio da efectividade é a norma básica geral que o pensamento jurídico pressupõe sempre que reconhece um conjunto de normas como a Constituição válida de determinado Estado" ("Value judgments in the science of law", *What is justice?...,* cit., pp. 223-224).

[549] HANS KELSEN, "Science and politics", cit., por ex., pp. 365, 366, 369 e ss..

[550] HANS KELSEN, *Théorie générale du droit et de l'État, suivi de La Doctrine du droit naturel et le positivisme juridique,* Trad. de Béatrice Laroche e Valérie Faure, Paris, 1997 (1945, 1928), p. 187. *Teoria pura do Direito,* 6.ª ed., Coimbra, 1984 (1960), trad. de Baptista Machado, pp. 464 e ss.

[551] V. também sobre o assunto, HANS HEIRINCH RUPP, " 'Ermessen', 'unbestimmter Rechtsbegriff' und kein Ende", *FS für Wolfgang Zeidler,* Hrsg. Walter Fürst, Roman Herzog, Dieter C. Umbach, Berlin, New York, 1987, Band 1, p. 459. Kelsen também não distingue a aplicação (e a discricionariedade) administrativa da judicial, como lembraremos, no capítulo relativo aos conceitos jurídicos indeterminados): cf. HANS HEIRINCH RUPP, IDEM, p. 459.

que o aplica, *elaboração/criação da norma pela autoridade* ("autoridade criadora de normas"), *que implica valorações políticas* ("função política"), e que não aceitamos[552], a "parcela de discricionariedade" significa que a reserva de lei pode implicar uma limitação da discricionariedade – no balanço conjunto de determinação e de discricionariedade, a primeira tem maior peso – mas que a porosidade da "linguagem humana" utilizada pelas normas legais exige sempre a intervenção da discricionariedade na aplicação da norma de grau superior.

Adiante rejeitamos esta identificação entre aplicação e discricionariedade, e delimitamos este conceito face ao de margem de livre apreciação. Fica desde já a ideia de que em matérias sujeitas a reserva de lei a aplicação é tendencialmente vinculada, mas quando o conceito legal (fiscal) é muito indeterminado, haverá casos em que a margem de livre apreciação é inevitável (ver adiante o caso 4 de Coleman/Leiter).

De qualquer forma, a leitura do sistema de fontes no sentido da sua complementaridade para efeitos de assegurar as funções da reserva de lei, não significa que a lei, enquanto fundamento dos actos normativos concretizadores, o seja apenas no sentido de assegurar a legalidade formal, mas compete-lhe também assegurar a legalidade substancial, como tentámos demonstrar no capítulo anterior, a propósito do princípio da legalidade fiscal na Constituição portuguesa; simplesmente, os objectivos prosseguidos por esta última, não devem ser apenas assegurados por lei, mas também pelos actos de nível inferior. A coordenação e complementaridade entre fontes não elimina a legalidade substancial[553]: elas apenas permitem

---

[552] HANS KELSEN, *"Teoria pura do Direito*, cit., 6.ª ed., pp. 463 e ss..

[553] ALESSANDRO PIZZORUSSO, em "Il potere regolamentare dopo la legge 400/1988", *Scritti per Mario Nigro,* vol. I, Milano, 1991, p. 493, defende que no sistema de fontes em cascata apenas vigora o princípio da legalidade formal (como fundamento de fontes secundárias), pois só quando as fontes primárias podem/devem limitar a intervenção de fontes inferiores é que estamos perante a legalidade substancial. No entanto, a intervenção de regulamentos ou até de actos pararegulamentares para concretizar a lei (fiscal) não significa que o legislador fique liberto de cumprir as suas obrigações de determinação. A questão é que Pizorrusso, recorrendo à concepção kelseniana, entende não ser necessário que a fonte de grau superior "reconheça" ou autorize a fonte de grau inferior, bastando que esta preencha os espaços lacunares numa dinâmica integrativa: V. a crítica de GIANMARIO DEMURO, *Le Delegificazioni...,* cit., pp. 45 e ss.. Todavia, parece-nos que o objectivo de PIZZORUSSO, nomeadamente no *Manuale...* (cit., pp. 597-600), é claramente o de dar um carácter de complementaridade e secundariedade aos regulamentos, sem pôr em causa o princípio da competência, i.e., admitindo "apenas" que estes preencham espaços legais de indeterminação, e que a administração através deles se autolimite.

um desagravamento quanto às exigências dirigidas ao legislador, em comparação com os tradicionais defensores da legalidade substancial que a aproximam da tipicidade fechada. Os regulamentos devem aparecer dentro dos limites da preferência, precedência e da reserva de lei, disponham ou não de uma margem de livre decisão administrativa, e no Direito Fiscal a administração pode autolimitar-se, como veremos adiante, estabelecendo, por via normativa, os critérios com base nos quais actuará nos casos individuais[554-555].

Não se trata pois de defender uma posição que coloque em pé de igualdade os actos legislativos e regulamentares do Governo[556]. Uma con-

---

[554] A propósito do Direito italiano, V., num sentido próximo, ALESSANDRO PIZZORUSSO (*Manuale...*, cit., pp. 598-599, incluindo nota 51) – embora o autor aparentemente considere válida a opção entre o acto individual e o regulamento, como forma de concretizar a lei. Como assinala Pizzorusso, a propósito da livre decisão administrativa de autolimitação, em caso de margem de livre apreciação da lei ou de mera interpretação, esta concepção é compatível com o sistema de fontes fechado, no sentido em que a lei não poderia criar fontes com ela concorrentes, pois os regulamentos mencionados continuam a ser normas secundárias (IDEM). Ainda segundo Pizzorusso, a disciplina da lei n.º 400/88, a que dedicaremos atenção adiante, ao fazer referência a regulamentos de actuação e integração, aos regulamentos independentes e aos regulamentos delegados, vem confirmar este entendimento das relações em cascata das fontes normativas (IDEM, p. 600). Considerando que a lei n.º 400/88 põe em causa o entendimento do princípio da legalidade, segundo o qual, é sempre necessária uma lei específica para poder ser exercido o poder regulamentar (embora não concorde com esse tipo de soluções que flexibilizam o princípio da legalidade), SERGIO FOIS, "«Delegificazione»...", cit., pp. 730-731 e 741 e ss.; e por ex., GIUSEPPE DE VERGOTTINI, *Diritto costituzionale*, cit., 3.ª ed., pp. 153-155; V. a apresentação da discussão, em LIVIO PALADIN, *Diritto Costituzionale*, cit., 3.ª ed., pp. 226-231.

[555] Em sentido contrário, LORENZA CARLASSARE, "Regolamento (Diritto Costituzionale)", cit., pp. 615-616 e ss.: a doutrina mais garantista defende o papel eminente da lei no novo ordenamento, ligado à prevalência da vontade popular e ao respeito pela liberdade dos cidadãos, onde não há lugar para espaços legais vazios nem para competências regulamentares *praeter legem*. Este papel da lei contrastaria com a posição da mesma durante a monarquia constitucional, em que cabia à administração preencher todos os espaços vazios deixados pela lei, desde que a matéria não fosse reservada a esta. V., por todos, LORENZA CARLASSARE, "Regolamento (Diritto Costituzionale)", cit., pp. 616 e ss..

[556] Dessa forma, subtrair-se-ia, desde logo, a fiscalização de actos paralegislativos ao Parlamento: V. GOMES CANOTILHO, *Direito Constitucional...*, cit., 7.ª ed., por ex., pp. 736, 839-841. E v. as considerações de SERGIO FOIS ("«Delegificazione»...", cit., p. 737 (pp. 736-738)), numa perspectiva *de jure constituendo*, sobre as consequências de uma repartição de competências relativamente "livre" para o princípio da legalidade e reserva de lei, embora o autor pessoalmente não concorde com essas soluções, pronunciando-se a favor da manutenção de um entendimento rígido da reserva de lei (cf. pp. 743 e ss.).

cepção mais livre das relações entre as fontes, que supera a contraposição entre poderes legislativo e executivo, e que encontra defensores em Itália[557], deve ser rejeitada. Mas a verdade é que, especialmente nas formas de Governo em que este tem competências legislativas, as relações de contraposição já não dizem respeito ao Parlamento e Governo, emanado da maioria parlamentar, mas, quanto muito, ao Parlamento e Governo por um lado, e administração por outro, permitindo "justificar a sobrevivência do significado político e garantista da reserva de lei"[558].

E deve reconhecer-se também que esta concepção da reserva de lei já não corresponde aos fundamentos garantistas originários, traduz-se antes no reconhecimento de uma certa relação complementar entre as fontes normativas, repartindo-se a função de *indirizzo político* entre Parlamento e Governo[559] – e sedimentou-se, ao longo das últimas décadas, através do contributo decisivo dos tribunais constitucionais[560].

Neste contexto, no Direito Fiscal, verifica-se um fenómeno generalizado, mais ou menos intenso consoante os ordenamentos, de autorizações legislativas e de remissões expressas ou implícitas para regulamentos[561]

---

[557] No sentido de uma concepção mais livre da relação entre fontes, para além de Pizzorusso atrás citado, V., por todos para o Direito Fiscal, M. Antonieta Grippa Salvetti, *Riserva di legge...,* cit., pp. 12-13 e ss..

[558] M. Antonieta Grippa Salvetti, *Riserva di legge...,* cit., p. 13. Lembra a autora que, se não houver alternância entre as forças políticas no poder, "a exclusão permanente de uma parte das forças políticas das responsabilidades governativas, acaba por tornar insustentável a contínua disponibilidade do poder normativo... por parte do grupo que se encontra constantemente no vértice" (Idem, p. 14). V. ainda, sobre esta contraposição entre Governo e administração (e entre actos primários e actos secundários), Renato Balduzzi e Federico Sorrentino, "Riserva di legge", cit., pp. 1214-1215.

[559] Ficando para o Parlamento as grandes opções políticas: Stefano Maria Cicconetti, *Le Fonti...,* cit., pp. 134-135 e ss..

[560] É o que acontece em Itália: V., por todos, M. Antonieta Grippa Salvetti, *Riserva di legge...,* cit., pp. 79 e segs. (espec., p. 82), 117 e ss. e 128-129 e ss.; Alessandro Pizzorusso, *Manuale...,* cit., pp. 430-431, 441 e ss. e 446 e ss.; Livio Paladin, *Diritto Costituzionale,* cit., pp. 573 e ss.; Alessandro Serena, "La Delega legislativa...", cit., pp. 481-484. E entre nós, V. por todos, por exemplo, Luís Pedro Dias Coutinho, "Regime orgânico...", cit., pp. 565 e ss..

[561] Para o ordenamento português, V., por todos, admitindo as autorizações legais implícitas, quando "a legitimidade dos regulamentos se tem de deduzir da necessidade de dar operatividade prática a uma determinada lei (torná-la aplicável)", devendo porém a autoridade regulamentar citar expressamente a base legal autorizadora, J.J. Gomes Canotilho/Vital Moreira, *Constituição...,* cit., 3.ª ed., anotação ao art. 115.º, n.º 7, p. 515, ponto XXVI.

e actos pararegulamentares, que correspondem à técnica de tipificação (*Typisierung*) – tão discutida na Alemanha e aceite pelo *BVerfG* dentro de certos parâmetros – de que trataremos no último capítulo. A justificação e motivação deste fenómeno assenta na necessidade de guardar para a lei (parlamentar ou mesmo governamental) as grandes escolhas públicas, e não também as disciplinas pontuais e específicas dos sectores, de forma a descongestionar o órgão legislativo[562].

Complementarmente, impõe-se que os tribunais constitucionais possam fiscalizar todos os actos normativos e não apenas legislativos, de modo a funcionarem como contrapeso dos Parlamentos.

Em Itália, o problema atinge contornos mais graves do que em ordenamentos como o português e o alemão: a tradicional delimitação de competências legislativa e executiva, reforçada pelo instituto da reserva de lei e pelas distinções entre reservas absolutas e relativas (cujo significado explicitámos anteriormente), está em crise, e não impede o protagonismo das fontes de Direito "secundárias"[563]. A suposta "rigidez" da Constituição italiana quanto à enumeração e delimitação de fontes e funções, tem de ser interpretada por outros parâmetros. A *ratio* da reserva de lei deve ser objecto de "uma leitura articulada", em que a "originária estrutura garantista e democrática" dá lugar "à função de coordenação na economia das relações entre Parlamento e executivo, dirigida ao correcto funcionamento dos mecanismos institucionais"[564].

As páginas anteriores, respeitantes ao papel dos regulamentos em Itália, e às competências legislativas e regulamentares em matéria de impostos, permitem-nos compreender melhor por que razão defendemos a seguir um conceito dogmático supra-ordenamental de *Tatbestand* de garantia dos impostos. Por outras palavras, este capítulo dedicado ao

---

[562] Assim, por exemplo, VINCENZO COCOZZA, *La Delegificazione...*, cit., pp. 66-67; nas pp. 126 e ss., o autor faz referência aos trabalhos da Comissão Cassese, cuja finalidade era a de elencar os princípios da deslegalização, a simplicação das normas legais e a eficácia das mesmas, através da coordenação entre os diferentes graus normativos; e M. ANTONIETA GRIPPA SALVETTI, *Riserva di legge...*, cit., pp. 123 e ss..

[563] Sobre essa crise, para além dos autores que citámos, V., de FEDERICO SORRENTINO, *Le Fonti del Diritto Amministrativo, Trattato di Diritto Amministrativo*, Dir. Giuseppe Santaniello, vol. 35, Padova, 2004, pp. 3 e ss., 30 e ss., 245 e ss..

[564] M. ANTONIETA GRIPPA SALVETTI, *Riserva di legge...*, cit., p. 9. Trata-se aqui do problema da articulação entre o "Direito teórico" e o "Direito aplicado", a que se refere Pizzorusso: ALESSANDRO PIZZORUSSO, *Manuale...*, cit., pp. 581 e ss..

Direito italiano permite-nos perceber que existe uma coincidência quanto à identificação dos elementos essenciais dos impostos sujeitos a reserva de lei, que as exigências de densificação legal quanto aos elementos essenciais dos impostos são idênticas em diversos ordenamentos, e que é ainda de rejeitar a relação entre a tipicidade dos impostos e a reserva absoluta de lei formal.

TÍTULO II
O princípio da tipicidade fiscal

CAPÍTULO III

O *Tatbestand* de garantia ou princípio da tipicidade fiscal como vertente material da legalidade fiscal

1. Considerações introdutórias

O Direito Fiscal foi precursor, em relação ao Direito Administrativo e à dogmática dos direitos fundamentais, na matéria da determinação legal exigível ou princípio da legalidade na vertente material. Com efeito, nos anos vinte, Albert Hensel desenvolveu o princípio da tipicidade fiscal (*Tatbestandsmässigkeit der Besteuerung*) relacionado com a legalidade, tal como acontecia desde há algumas décadas atrás no Direito Penal. Segundo Hensel, a tipicidade fiscal estaria assegurada se a incidência do imposto (*Steuerobjekt* e *Steuersubjekt*) e os fundamentos para o cálculo do montante de imposto a pagar ou base tributária e taxa de imposto (*Steuermaßtab* e *Höhe der Steuer*) constassem, em regra, da lei[565]. Se, pelo contrário, o legislador optasse por delegar as suas competências à administração fiscal, deveria elaborar autorizações legislativas detalhadas

---

[565] ALBERT HENSEL, *Steuerrecht*, 2.ª ed., Berlin, 1927, pp. 42 e ss. (espec. 42-48). Na 1.ª edição do manual, Hensel designa a Primeira Parte de "A doutrina do *Tatbestand*" dividindo-a nos seguintes capítulos: "O lado pessoal do *Tatbestand* de imposto"; "O lado material do *Tatbestand* de imposto"; "A medida do imposto, em especial a avaliação"; e "Os impostos individualmente considerados" (*Steuerrecht*, Berlin, 1924, cf. pp. 32 e ss., 47 e s., 49 e ss, 60 e ss., 64 e ss., 84 e ss.); na 2.ª ed., a Primeira Parte passa a ser designada de "O Direito Estadual Fiscal" (ou melhor "O Direito Constitucional Fiscal"), a Segunda Parte toma o nome de "Relação jurídica de imposto" e dentro do primeiro capítulo desta Parte ("Princípios gerais" ou "doutrina geral"), aparece o § 10 "Relação obrigacional fiscal e o *Tatbestand* fiscal", onde são enunciados os "elementos essenciais do *Tatbestand*" (pp. 43 e ss.). A 3.ª edição, de 1933, mantém esta estrutura.

sempre que agravassem a situação do sujeito passivo[566] (dever esse que na verdade não respeitava).

Hensel introduz o conceito de *Tatbestand*[567] de imposto na primeira edição do seu manual (o primeiro manual de Direito Fiscal na Alemanha, como se pode ler no prefácio), conceito esse que apurou e sintetizou na segunda edição[568]; no prefácio a esta edição, o autor propõe-se construir o Direito Fiscal segundo os princípios do Estado de Direito.

Deve salientar-se, desde já, que a introdução do princípio da tipicidade fiscal foi simultaneamente acompanhada por uma defesa da abertura da lei através de conceitos jurídicos indeterminados e de cláusulas gerais. Com efeito, ao mesmo tempo que introduziu o conceito de *Tatbestand* de imposto, Hensel defende, em 1927, uma "inevitável" aceitação de amplos poderes administrativos de concretização da lei do Parlamento. Neste caso, o autor recorre a argumentos ligados à evolução do sistema jurídico e constitucional, e a argumentos político-económicos muito baseados na crise inflacionista alemã do pós-guerra[569]. O desenvolvimento dogmático

---

[566] V. DIETRICH JESCH (em *Gesetz und Verwaltung*, cit., pp. 107-108) quando (depois de se referir ao Direito Fiscal como precursor na utilização do princípio da tipicidade) refere que embora o princípio da tipicidade fiscal admitisse delegações ao executivo, elas deviam ser detalhadas e já não globais, como se defendera anteriormente: Jesch contrapõe um conceito de lei democrático (em que bastaria um mero acordo e aprovação do Parlamento, sendo portanto legítimas as autorizações globais), a um conceito de lei de Estado de Direito (em que as autorizações devem ser detalhadas) (IDEM, p. 107). Como veremos adiante, a crítica às autorizações genéricas oneradoras, é feita por Hensel que as considera inconstitucionais ("Die Abänderung des Steuertabestandes...", cit., pp. 99 e ss.). Ainda assim, os autores do Direito Fiscal citados por Jesch, tais como Bühler e também Hensel, não têm uma posição tão garantista como Jesch dá a entender (e como mencionaremos adiante). Também referindo que o Direito Fiscal é precursor do restante Direito Administrativo, quanto às elevadas exigências de tipicidade e de autorizações detalhadas para a aprovação de regulamentos, RUDOLF WEBER-FAS, "Finanzgerichtsbarkeit im freiheitlichen Rechtsstaat", *NJW*, 1975, p. 1950.

[567] Optamos por não traduzir o conceito de *Tatbestand*, nomeadamente, por não o traduzir por "tipo", tal como faz alguma doutrina penalista entre nós, porque vamos utilizar "tipo" num sentido diferente, como adiante explicaremos. No mesmo sentido para o Direito Penal, AUGUSTO SILVA DIAS, *«Delicta in se» e «delicta mere prohibita»: uma análise das descontinuidades do ilícito penal moderno à luz da reconstrução de uma distinção clássica*, Dissertação de doutoramento apresentada em 2003, pp. 407-408, nota 929.

[568] ALBERT HENSEL, *Steuerrecht*, cit, 1924, cf. pp. 32 e ss.; *Steuerrecht*, cit., 1927, pp. 42 e ss..

[569] ALBERT HENSEL, *Steuerrecht*, Berlin, 1927, Vorwort zur zweiten Auflage, ALBERT HENSEL, "Die Abänderung des Steuertatbestandes...", cit., pp. 42-43. Quanto ao

do princípio da tipicidade fiscal foi entretanto interrompido pelos estudos do período do nacional-socialismo, que deram mais relevo ao problema da cobrança de impostos em época de grave crise económica, e desenvolveram a doutrina da interpretação e aplicação da lei fiscal com recurso à "concepção de mundo nacional-socialista"[570]. Esta perspectiva tem, como se sabe, preocupações contrárias à protecção das garantias do sujeito passivo e às funções prosseguidas pelo princípio da legalidade. Em Portugal, o princípio da tipicidade fiscal é introduzido na primavera marcelista com a tese de Alberto Xavier, quase cinquenta anos depois da de Albert Hensel.

Sem mencionar os recuos que sofreu o princípio da legalidade na história constitucional alemã, Jesch formula três fases cronológicas que correspondem, consecutivamente, à fase de um conceito democrático de lei, relacionado com a participação do Parlamento na sua elaboração e aprovação, à fase da exigência de requisitos formais e de conteúdo da lei e, finalmente, à fase do controlo da execução da lei por tribunais independentes[571]. Enquanto as três fases mencionadas corresponderam a uma crescente restrição da actividade administrativa livre[572], que encontram paralelo nos ordenamentos português e outros de influência francesa[573],

---

primeiro aspecto, Hensel faz uma comparação com o Direito de Polícia e com o próprio Direito Penal e Processual Penal. Repare-se que, como escreveremos adiante, nos anos vinte, o *Tatbestand* de Hensel esteve na origem da discussão sobre a natureza da relação fiscal – relação jurídica obrigacional vs. relação de poder – e não suscitou tanto interesse quanto ao alcance da legalidade fiscal: V. a discussão entre HENSEL e BÜHLER: "Der Einfluss des Steuerrechts auf die Begriffsbildung des öffentlichen Rechts", *Verhandlungen der Tagung der Deutschen Staatsrechtslehrer zu Münster i.W. am 29. und 30. März 1926*, Heft 3, Berlin, Leipzig, 1927 (Bericht von ALBERT HENSEL, pp. 63 e ss.; Mitbericht von OTTMAR BÜHLER, pp. 102 e ss.).

[570] Embora JESCH, como aliás, a generalidade da doutrina alemã, não faça referência a este período, nem ao período que se segue ao fim da primeira grande guerra. Com efeito, segundo o autor, "a história da reserva de lei é uma história da crescente limitação da livre actividade administrativa" (*Gesetz und Verwaltung*, cit., p. 107), o que não acontece logo após o fim da primeira Grande Guerra, devido à crise económica alemã. V., porém, a referência ao período nacional-socialista em OTTMAR BÜHLER, *Steuerrecht, Grundriss in zwei Bänden, Allgemeines Steuerrecht, I*, Wiesbaden, 1951, pp. 63-65.

[571] DIETRICH JESCH, *Gesetz und Verwaltung*, cit., p. 107.
[572] DIETRICH JESCH, *Gesetz und Verwaltung*, cit., p. 107.
[573] V., por todos, AFONSO R. QUEIRÓ, "O Poder discricionário da Administração", *Estudos de Direito Público, Dissertações, I*, Coimbra, 1989 (1944), pp. 333 e ss.., 371 e ss., 391 e ss.; J.M. SÉRVULO CORREIA, *Legalidade...*, cit., pp. 55 e ss., 137 e ss., 179 e ss..

poderemos caracterizar uma quarta fase, em curso, pela existência de um controlo judicial acrescido nos últimos anos, bem como por uma necessária participação do Governo e da administração na concretização e densificação das leis de imposto. Esta quarta fase tem lugar nos vários ordenamentos contemporâneos de Direito continental, nomeadamente, como vimos, no português e no italiano, pelo menos quanto ao aspecto da participação do Governo-legislador e administração na concretização de leis fiscais.

Foi no período do pós Segunda Guerra que nos regimes democráticos instituídos se retomaram as preocupações garantistas de reserva de lei fiscal (embora a doutrina portuguesa se tivesse ocupado da questão durante o Estado Novo, como vimos). Todavia, apesar de o princípio da tipicidade ter sido exportado como conceito dogmático para outros ordenamentos, de que são exemplo o italiano e o português com a tese de Alberto Xavier, as preocupações garantistas já não são orientadas para o desenvolvimento desse princípio, mas para a procura directa de uma fundamentação constitucional da reserva de lei e seu alcance – especialmente sob a influência do Tribunal Constitucional alemão. O Direito Constitucional e o Direito Administrativo exercem assim uma influência predominante no Direito Fiscal nos vários ordenamentos que nos são próximos[574]. É certo que o Tribunal Constitucional alemão continua a entender o princípio da tipicidade fiscal como uma exteriorização do princípio do Estado de Direito, postulando que os *"Tatbestände* que fundamentam a tributação devem ser tão determinados que o sujeito passivo deve poder calcular a carga fiscal deles decorrente"[575]. Mas o Tribunal utiliza para o mesmo

---

[574] Como se pode ver em OTTMAR BÜHLER e GEORG STRICKRODT, *Steuerrecht, Allgemeines Steuerrecht*, I, 3.ª ed., Wiesbaden, 1959, p. 213; e recentemente em KLAUS VOGEL/CHRISTIAN WALDHOFF, *Grundlagen des Finanzverfassungsrechts, Sonderausgabe des Bonner Kommentars zum Grundgesetz (Vorbemmerkungen zu Art. 104 a bis 115 GG)* Heidelberg, 1999, pp. 307 e ss.; "Vorbemmerkungen zu Art. 104 a-115", *Bonner Kommentar zum GG,* 1997, pp. 384 e ss.; KLAUS VOGEL, "Grundzüge des Finanzrechts...", cit., 1990, pp. 47 e ss.; "Vergleich und Gesetzmässigkeit der Verwaltung im Steuerrecht" (1988), *Der offene Finanz- und Steuerstaat, Ausgewählte Schriften 1964 bis 1990*, Hrsg. Paul Kirchhof, Heidelberg, 1991, pp. 310 e ss., espec. 312-313. Todavia, KLAUS VOGEL e Waldhoff acentuam as especiais exigências da legalidade fiscal, autonomizando-a neste sentido da legalidade administrativa, e criticam os autores que entendem a legalidade fiscal como mera legalidade administrativa.

[575] V. por todos, KLAUS TIPKE, *Die Steuerrechtsordnung, I*, 2.ª ed., Köln, 2000, p. 138 (pp. 137-139); HEINRICH WILHELM KRUSE, *Lehrbuch des Steuerrechts, I*, cit., 1991, pp. 55-56.

efeito, uma outra formulação: "é satisfatório para as exigências de determinação das normas fiscais, que o legislador seja suficientemente preciso quanto às disposições essenciais"[576].

Também na doutrina se têm manifestado algumas vozes contra a necessidade de um princípio da tipicidade fiscal, pois ele nada acrescentaria ao princípio da legalidade, não teria por isso uma função autónoma, e constituiria uma fórmula tautológica[577].

Em Portugal, embora não haja um desenvolvimento dogmático do princípio da tipicidade fiscal, quer a doutrina em geral quer o Tribunal Constitucional continuam a referir-se a esse princípio, utilizando-o como sinónimo da legalidade fiscal, ou melhor, como a faceta material da legalidade fiscal[578].

Neste momento, podemos fazer referência a um princípio de reserva de lei fiscal com três facetas: uma faceta procedimental, que exige que determinadas decisões estaduais resultem de um procedimento previsto constitucionalmente para as leis; uma faceta competencial, que nos diz que determinados domínios jurídicos são da exclusiva competência do Parlamento; e uma faceta de conteúdo material da lei, segundo a qual, a lei, para cumprir a sua função, deve ser suficientemente determinada[579]. Esta última faceta pretende substituir a construção dogmática do princípio da tipicidade.

---

[576] V. KLAUS TIPKE, *Die Steuerrechtsordnung, I*, cit., 2.ª ed., p. 138; KLAUS VOGEL/CHRISTIAN WALDHOFF, *Grundlagen des Finanzverfassungsrechts...*, cit., p. 308.

[577] Desde logo, porque o § 3 I da *AO* contendo aparentemente a definição de tipicidade apenas reafirmaria o princípio da legalidade e igualdade de tributação: Para uma apresentação destas posições e respectiva crítica, HARTMUT HAHN, *Die Grundsätze der Gesetzmässigkeit der Besteuerung und der Tatbestandsmässigkeit der Besteuerung in rechtsvergleichender Sicht*, Berlin, 1984, pp. 20, 21 e ss.; considerando inútil a referência à tipicidade, KLAUS VOGEL/WALTER, *Bonner Kommentar zum GG*, Art. 105, 1971, pp. 65-66; considerando inútil a própria enunciação legal da tipicidade, BECKER/RIEWALD/KOCH, *Kommentar zur Reichsabgabenordnung mit Nebengesetze*, § 1 da *RAO*, 9.ª ed., Köln, Bonn, Berlin, München, 1963, pontos 2 e 3, pp. 19-20; também KLAUS TIPKE, "Zur Reform der Reichsabgabenordnung", 2. Parte, *FR*, 1970, pp. 327 e ss. (espec. p. 328). Também equiparando legalidade e tipicidade, ROLF-DETLEV SCHOLTZ, § 3 *AO*, Koch/Scholtz, *AO Kommentar*, 5.ª ed., Köln, Berlin, Bonn, München, 1996, pp. 49-50.

[578] Entre muitos, ver os acórdãos do TC ns. 221/95, de 26.4; 34/2003, de 17.1; 164/2004, de 17.3; 247/2004, de 13.4.

[579] V. ANA PAULA DOURADO/RAINER PROKISCH, "Das steuerrechtliche Legalitätsprinzip...", cit., p. 38.

Além disso, têm sido realçadas outras manifestações associadas ou paralelas ao princípio da legalidade fiscal, tal como o desenvolvimento do procedimento tributário numa perspectiva garantista e a protecção do contribuinte através das normas sobre direitos fundamentais. Só na ausência de "garantias especiais e materiais de direitos fundamentais", se deveria recorrer ao princípio da legalidade e tipicidade fiscal, na sua realização constitucional[580].

Mas se se pode entender que o procedimento tributário é configurado por normas de desenvolvimento ou conformadoras de direitos fundamentais (direitos, liberdades e garantias e direitos análogos)[581], a relação obrigacional fiscal – constituída pelos elementos essenciais do imposto (ou *Tatbestand* de garantia do imposto, como referimos já adiante) – não é cabalmente garantida pelas normas sobre direitos fundamentais ou/e normas de procedimento.

É de notar ainda que, a partir da década de setenta, a elaboração teórica das exigências de determinação é objecto de tratamento sistemático pela teoria jurisprudencial alemã da essencialidade, que atribui à lei do Parlamento a competência exclusiva sobre as matérias consideradas essencialíssimas, admitindo-se as autorizações legislativas quanto às matérias essenciais, mas "menos essenciais": quanto a estas o princípio do Estado de Direito exigiria autorizações legislativas tão determinadas que os sujeitos passivos poderiam através delas conhecer e prever as soluções delegadas ao poder regulamentar.

A ligação da reserva de lei à essencialidade das matérias pelo Tribunal Constitucional alemão não é, em si, uma novidade, mas já o é a ligação da reserva de lei a essa essencialidade e a resolução de situações complexas com base na essencialidade, de modo sistemático e expresso[582]. A teoria da essencialidade apresenta-se também com vocação dogmática supra-nacional e tem sido amplamente recebida na doutrina portuguesa[583].

---

[580] OTTMAR BÜHLER e GEORG STRICKRODT, *Steuerrecht, I*, cit., 1959, p. 213.

[581] V. a referência a estas normas em JORGE REIS NOVAIS, *As Restrições aos direitos fundamentais...*, cit., pp. 172 e ss. e 174 e ss.

[582] FRITZ OSSENBÜHL, "Vorrang und Vorbehalt des Gesetzes", *Handbuch des Staatsrechts der Bundesrepublik Deutschland*, III, Heidelberg, 1988, pp. 320-322 (§ 9--12) e 337.

[583] V., por exemplo, a recente tese de JORGE REIS NOVAIS, que submete as restrições (*rectius* afectações) aos direitos fundamentais a reserva de lei, utilizando o raciocínio da essencialidade: *As Restrições aos direitos fundamentais...*, cit., pp. 842 e ss..

Apesar de a Constituição aparecer cada vez mais como parâmetro orientador da interpretação e aplicação do Direito ordinário, nomeadamente (e como se referiu) através de uma dogmática ligada aos direitos fundamentais[584], tem sido difícil precisar as exigências de determinação da lei, ou, de outro prisma, os limites à utilização não inconstitucional de conceitos jurídicos indeterminados (e os limites à atribuição de discricionariedade).

Neste momento, no Direito Fiscal, encontramos referências ao princípio da tipicidade e ao princípio da determinação – "exigências de determinação" relacionadas com a "essencialidade" das matérias –, consoante os autores, e, embora eles não se sobreponham completamente, o princípio da tipicidade (*Tatbestandsmässigkeit*) e o princípio da determinação têm sido aproximados no conteúdo e funções. Com efeito, quer a tipicidade dos impostos, enquanto princípio que determina o conteúdo da legalidade fiscal (ou na formulação insatisfatória, enquanto "preenchimento legal do *Tatbestand* ao qual a consequência jurídica do imposto está ligada"[585]), quer o princípio da determinação, que postula a determinação legal dos elementos essenciais do imposto, constituem um parâmetro aferidor da concretização da reserva de lei fiscal[586], decorrem do princípio do Estado de Direito[587] e, por serem uma obrigação do legislador, limitam

---

[584] V. a referência em HANS-JÜRGEN PAPIER, "Zur verwaltungsgerichtlichen Kontrolldichte", *DÖV*, 1986, pp. 622 e 623. E ainda JORGE REIS NOVAIS: *As Restrições aos direitos fundamentais...*, cit., pp. 842 e ss.

[585] Independentemente da formulação, como veremos, está em causa um princípio que determina o conteúdo da legalidade: cf. KLAUS TIPKE, *Die Steuerrechtsordnung*, I, cit., 2.ª ed., p. 128; DRÜEN, Tipke/Kruse, *AO/FGO Kommentar*, § 3, Köln, 2003, p. 28, ponto 33; HARTMUT HAHN, *Die Grundsätze der Gesetzmässigkeit...*, cit., pp. 85 e ss. (87); JÖRG BEHRENDS, *Die Lehre vom Steuertatbestand in bezug auf die Einnahmen aus Vermietung und Verpachtung*, Regensburg, 1999, p. 73. E do *BVerfGE*: 19, pp. 253 e ss. (espec.p. 267); 34, pp. 348 e ss. espec. p. 365; 49, pp. 343 e ss., espec. p. 362; 73, pp. 388 e ss., espec. p. 400.

[586] Repare-se que em KLAUS TIPKE/JOACHIM LANG, *Steuerrecht*, cit., 17.ª ed., p. 102, faz-se referência à "determinação da lei" e às "exigências de determinação". V. ainda, por exemplo, VOGEL/WALDHOFF, *Grundlagen des Finanzverfassungsrechts...*, cit., pp. 307 e ss.; "Vorbemmerkungen zu Art. 104 a-115", cit., pp. 384 e ss.; KLAUS VOGEL, "Grundzüge des Finanzrechts des Grundgesetzes", cit., pp. 47 e ss.; "Vergleich und Gesetzmässigkeit...", cit., pp. 310 e ss., espec. 312-313.

[587] Referindo-se ao princípio da tipicidade, *BVerfGE*, 19, pp. 253 e ss., espec. p. 267; 49, pp. 343 e ss., espec. p. 362; 73, pp. 388 e ss., espec., p. 400; assim também para o princípio da tipicidade, JOACHIM SCHULZE-OSTERLOH, "Unbestimmtes Steuerrecht und

quer a actividade administrativa quer a actividade judicial de aplicação da norma.

Mas como tentaremos demonstrar ao longo deste capítulo, a faceta material da legalidade fiscal pressupõe a definição do princípio da tipicidade, conceito dogmático supra-ordenamental: é este que define os elementos dos impostos que estão sujeitos a reserva de lei, pelo que a determinação suficiente da lei não o substitui, mas quantifica-o. Neste sentido, a determinação pode ser ordenada como um elemento – o elemento quantitativo – da tipicidade (ou do *Tatbestand* de garantia de imposto[588]).

Além disso, a caracterização da tipicidade no Direito Fiscal tem outros significados e funções, adquirindo por isso maiores potencialidades como categoria dogmática deste ramo do Direito do que o princípio da determinação. É no entanto inegável que se continua a verificar uma estagnação na elaboração dogmática da tipicidade fiscal. Procuramos assim dar neste trabalho um contributo para relançar um conceito dogmático introduzido e desenvolvido entre nós por Alberto Xavier, no seu *Conceito e natureza do acto tributário* (1972).

2. O *Tatbestand* de imposto e o princípio da tipicidade dos impostos, a tipificação e a doutrina do "Typus" e o pensamento tipológico: esquisso dos conceitos e clarificação da terminologia utilizada

O *Tatbestand* (factualidade típica) ou *fatispecie* (do latim *facti species*) é a figura ou aparência do facto[589], esquema exemplar ou ideal[590], e o *Tatbestand* de imposto (ou *fatispecie* do imposto) contém a descrição do imposto nas suas notas típicas[591-592], nos seus elementos caracteriza-

---

Strafrechtlicher Bestimmtheitsgrundsatz", *Strafverfolgung und Strafverteidigung im Steuerstrafrecht*, Köln, 1983, pp. 54-55.

[588] V. o significado de *Tatbestand* de garantia já adiante.
[589] V. ALBERTO GARGANI, *Dal Corpus Delicti...*, cit., p. 21.
[590] V. ALBERTO GARGANI, *Dal Corpus Delicti...*, cit., p. 11. CAVALEIRO DE FERREIRA, *A Tipicidade na técnica do Direito Penal*, Lisboa, 1935, p. 17.
[591] Diz HANS WELZEL para o Direito Penal (*Das Deutsche Strafrecht*, 11.ª ed., Berlin, 1969, p. 51) que o *Tatbestand* é a descrição concreta do comportamento proibido (conteúdo da norma ou matéria da norma), noção essa que se pode aplicar, *mutatis mutandis*, ao Direito Fiscal. Mas repare-se que não consideramos que o *Tatbestand* de imposto

dores[593]. A elaboração do conceito de *Tatbestand* de imposto está intimamente ligada à juridificação da relação obrigacional fiscal, à construção do Direito Fiscal no Estado de Direito, e, portanto, ao abandono da caracterização da relação fiscal como uma mera relação de poder.

Assim como no Direito Penal, a doutrina pós-belinguiana considera mais correcta a distinção entre vários *Tatbestände*, porque desempenham diferentes funções e porque os contornos de cada um deles nem sempre coincidem[594], propomos também, em vez da consideração unitária, uma análise detalhada do conceito de *Tatbestand* de imposto: tomando como ponto de partida que também os *Tatbestände* de imposto são diferenciáveis consoante as suas funções, destacamos um *Tatbestand* sistemático ou analítico e um *Tatbestand* de garantia, ambos com carácter valorativo (normativo ou material). De fora do conceito de *Tatbestand* ficam as normas de processo judicial tributário.

---

descreva uma realidade bruta, mas antes uma "realidade valorada" na sua relevância fiscal (neste sentido, para o Direito Penal, WINFRIED HASSEMER, *Tatbestand und Typus, Untersuchungen zur strafrechtlichen Hermeneutik,* Köln, Berlin, Bonn e München, 1968, pp. 109--110). Para o Direito Fiscal, HARTMUT HAHN, *Die Grundsätze der Gesetzmässigkeit*..., cit., Berlin, 1984, pp. 89 e ss.. Ainda assim, a descrição das notas típicas pode ter um significado meramente jurídico-formal (aquilo que a lei define como típico), mais ou menos afastado da realidade.

[592] E está aqui abrangida a taxa de imposto. Neste sentido, consideramos que estão abrangidos quer os factos quer os efeitos, a previsão e a estatuição da norma, "as situações jurídicas iniciais e as situações jurídicas finais", como defende ALBERTO XAVIER (*Conceito e natureza*..., cit., p. 313). No entanto, não defendemos a tipicidade fechada.

[593] Embora a noção de *Tatbestand* ou *fattispecie* possa significar apenas "previsão" ou "hipótese legal", ela tem tido no Direito Penal bem como no Direito Fiscal um significado bem mais rico, que vamos utilizar. Reduzindo o *Tatbestand* e a *fattispecie* às referidas "previsão" ou "hipótese legal", e fazendo corresponder a "tipicidade" ao "tipo" ou "tipo legal", OLIVEIRA ASCENSÃO, *A Tipicidade nos Direitos Reais*, Lisboa, 1968, pp. 20-21 e ss. (no entanto, a pp. 61-62, a propósito dos tipos abertos e fechados, o autor refere que no Direito Penal – citando Roxin e Welzel – o "tipo legal" é designado por *Tatbestand*).

[594] No Direito Penal, Beling, ao desenvolver o conceito de *Tatbestand*, reconhecia-lhe diversas funções mas utilizava o conceito de forma unitária. A autonomização dos *Tatbestände*, consoante as funções, desenvolveu-se no Direito Penal a partir de CLAUS ROXIN no seu trabalho *Teoria del tipo penal, tipos abiertos y elementos del deber jurídico,* Buenos Aires, 1979, (1959), trad. de Enrique Bacigalupo (de *Offene Tatbestände und Rechtspflichtmerkmale*); V. ainda CLAUS ROXIN, *Strafrecht, Allgemeiner Teil, Grundlagen der Aufbau der Verbrechenslehre, I,* 3.ª ed., München, 1997, p. 226 e respectiva nota 8.

O *Tatbestand* sistemático, organizando os elementos que indiciam capacidade contributiva em relação ao imposto em concreto[595], orienta o procedimento de liquidação dos tributos quando efectuado pela administração (art. 44.º n.º 1 b) do CPPT) bem como a autoavaliação do sujeito passivo; e orienta a administração e os tribunais na sua função de controlo da aplicação da lei, no confronto do caso individual com as disposições normativas ou grupo de disposições normativas: nos termos que analisaremos adiante, o *Tatbestand* é o ponto de partida para a interpretação da lei e o tribunal não pode formular novos *Tatbestände*[596].

---

[595] V., adiante, a enumeração dos elementos do *Tatbestand* sistemático e desenvolvimento do conceito. Também no Direito Penal, a doutrina do crime considera actualmente que no *Tatbestand* devem encontrar-se todas aquelas características que fundamentam um conteúdo ilícito material (sentido de proibição) de uma categoria de crime: HANS-HEINRICH JESCHECK, *Lehrbuch des Strafrechts, Allgemeiner Teil*, 4.ª ed., Berlin, 1988, p. 221. A normatividade do *Tatbestand* por contraposição a um *Tatbestand* objectivo e avalorativo belinguiano, é hoje predominante: V., por exemplo, CLAUS ROXIN, *Strafrecht...*, I, cit., pp. 227-230.

[596] Neste sentido decidiu o Supremo Tribunal Financeiro alemão (*BFH*), num acórdão de 16.12.1975. Segundo o Tribunal, no Direito Fiscal, é admissível uma interpretação ampla no quadro do sentido possível da palavra, mas não a elaboração de novos *Tatbestände* através de analogia: V. HARTMUT HAHN, *Die Grundsätze der Gesetzmässigkeit...*, cit., pp. 90 e 91. Como veremos, os limites do *Tatbestand* constituem, por seu turno, um problema hermenêutico muito discutido. Podemos encontrar autores que defendem um conceito de *Tatbestand* (muito) fechado, como é o caso ALBERTO XAVIER (*Conceito e natureza...*, cit., pp. 281 e ss.), e outros que permitem a abertura do mesmo ao tipo económico, como foi o caso de ENNO BECKER na Alemanha ("Von der Selbständigkeit des Steuerrechts. Klare Entwicklung seiner Grundgedanken als Lebensbedingungen des Steuerrechts. Zur wirtschaftlichen Betrachtungsweise", *StuW*, 1932, I, pp. 483 e ss.; cf. ainda, "Die Entwicklung des Deutschen Steuerrechts", *StuW*, 1931, I, pp. 975-981; "Die Einheitlichkeit des Deutschen Steuerrechts", *StuW*, 1937, I, p. 710). Também na metodologia jurídica, algumas das novas tendências hermenêuticas relacionam o *Tatbestand* (ou tipo legal) com o tipo real subjacente à norma. É o caso de ARTHUR KAUFMANN ("Analogie und 'Natur der Sache', Zugleich ein Beitrag zur Lehre vom Typus", Vortrag gehalten vor der Juristischen Studiengesellschaft in Karlsruhe am 22. April 1964, *Juristische Studien Gesellschaft Karlsruhe, Schriftenreihe Heft 65/66*, Karlsruhe, 1965, por ex., pp. 37-38) e WINFRIED HASSEMER (*Tatbestand und Typus...*, cit., pp. 112 e ss., e 150). Também entre nós, no Direito Fiscal, encontramos referências ao *Typus*: V. RUI BARREIRA, "Notas sobre o regime fiscal da alienação de acções próprias", *Estudos em Homenagem ao Professor Doutor Pedro Soares Martinez*, Ciências Jurídico-Económicas, II, Coimbra, 2000, p. 411. Outra questão é a de saber se os *Tatbestände* não podem ser abertos, de forma que o juiz ou outro órgão de aplicação da lei devam preencher os vazios da norma. Sobre a discussão no Direito Penal, V.: Rejeitando a doutrina dos *Tatbestände* abertos, segundo a

Por outro lado, como veremos desenvolvidamente, os elementos essenciais constitutivos de cada *Tatbestand* de imposto devem constar de lei (parlamentar ou formal), e os órgãos de aplicação da mesma podem (e devem) referir-se ao *Tatbestand* legal: neste sentido, o *Tatbestand* desempenha a função de garantia e não coincide totalmente com o *Tatbestand* sistemático. Ele é mais restrito do que o *Tatbestand* sistemático porque algumas normas relacionadas com a base tributária, nelas incluídas as que impõem deveres acessórios aos sujeitos passivos, e especialmente de cobrança, sempre que não estejam relacionadas com o apuramento do montante de imposto a pagar, fazem parte do *Tatbestand* sistemático, mas não já do de garantia. À soma dos pressupostos da tributação, incluindo os benefícios fiscais e normas das convenções de dupla tributação, e isenções ou créditos de imposto resultantes da aplicação dessas convenções, podemos dar a designação de *Tatbestand* conjunto ou total, mas optamos por reconduzi-lo a um *Tatbestand* sistemático alargado[597].

Podemos também identificar cada categoria de imposto pelos seus próprios elementos caracterizadores (e assim temos tipos ou categorias de *Tatbestände* de imposto), e assim contribuir para a estruturação do Direito Fiscal. Acima destas categorias, enunciemos finalmente um conceito geral de *Tatbestand* de imposto, com carácter normativo-material, que abstrai dos impostos em concreto e que desempenha por isso uma função heurística[598].

Em qualquer das acepções, o *Tatbestand* de imposto resulta de uma criação do legislador (i.e. tem uma base normativa). Com efeito, as diferentes acepções desenvolveram-se em redor do *Tatbestand* de garantia

---

qual, não se consegue retirar de alguns *Tatbestände* penais as características completas do ilícito, as quais estariam assim fora do *Tatbestand*, enquanto "tipo indiciador", e fariam parte das causas de justificação, HANS-HEINRICH JESCHECK, *Lehrbuch des Strafrechts...*, cit., 4.ª ed., p. 222. Segundo o autor, é inerente à noção de *Tatbestand* a sua completude; já para FIGUEIREDO DIAS, os tipos abertos, embora atribuam ao juiz a "função de preencher os vazios da norma proibitiva", não apresentam particularidades "que no plano da tipicidade e da ilicitude os distingam dos tipos fechados" (*O Problema da consciência da ilicitude em Direito Penal*, 2.ª ed., Coimbra, 1978).

[597] No Direito Penal, "a soma dos pressupostos da punibilidade com exclusão dos pressupostos processuais" constitui o *Tatbestand* conjunto (HANS-HEINRICH JESCHECK, *Lehrbuch des Strafrechts*, cit., 4.ª ed., p. 222).

[598] Fazendo referência ao carácter heurístico do *Tatbestand* geral, embora sem referir o carácter normativo: HARTMUT HAHN, *Die Grundsätze der Gesetzmässigkeit...*, cit., p. 89.

(porque se pretendia sujeitar os elementos da relação jurídica de imposto à lei) e este por seu turno recebeu influência inegável do *Tatbestand* de Beling[599] – que em sentido estrito significa a "descrição do facto impressa na lei penal"[600].

Tendo em conta os objectivos que prosseguimos, vamos dedicar a nossa atenção ao *Tatbestand* de garantia e ao *Tatbestand* sistemático. A este propósito, importa salientar que, apesar de funcionalmente distintos, estes dois conceitos de *Tatbestände* podem entrelaçar-se, estando a normatividade sempre presente em qualquer deles – embora seja usual caracterizar os *Tatbestände* sistemático e de garantia como *Tatbestände* formais[601].

Mas a tipicidade (*Tatbestandsmässigkeit* e *Typizität*), bem como o *Tatbestand* legal e o *Typus* são, tal como a legalidade, conceitos polissémicos e, entre nós, já Alberto Xavier, que desenvolveu os princípios da legalidade e da tipicidade fiscais em Portugal, numa perspectiva muito ligada à ideia de segurança jurídica, nos deu notícia da discussão existente à volta do sentido de tipicidade. É de notar, porém, que a mencionada polissemia não é característica exclusiva do Direito Fiscal[602], pois o con-

---

[599] Embora nunca encontremos essa referência ou remissão por parte da doutrina fiscal alemã ou outra.

[600] CAVALEIRO DE FERREIRA, *A Tipicidade...*, cit., pp. 57, 7, 14, 17 (embora em Beling o *Tatbestand* fosse avalorativo e portanto diferente da anti-juridicidade ou ilicitude). Por outro lado, esta noção corresponde também ao *Tatbestand* abstracto: IDEM, p. 15.

[601] A doutrina, no Direito Fiscal, não se refere explicitamente à distinção, utilizando normalmente um único conceito de *Tatbestand,* e atribuindo-lhe o significado de garantia e sistemático. Por outro lado, os conceitos de *Tatbestand* material e de *Tatbestand* formal de KLAUS TIPKE ("Von der formalen zur materialen Tatbestandslehre", *StuW*, 1993, n.º 2, pp. 105-113), não são utilizados de forma correcta.

[602] V., por todos, quanto à polissemia de *Tatbestand*, ALBERTO GARGANI, *Dal Corpus Delicti...*, cit., espec. 467-480; KARL ENGISCH, "Die normativen Tatbestandselemente im Strafrecht", *FS für Edmund Mezger zum 70. Geburtstag*, Hrsg. Karl Engisch e Reinhart Maurach, München, Berlin, 1954, pp. 129 e ss.. No Direito Penal, tipicidade também é identificada por alguns com a punibilidade (JOSÉ DE SOUSA BRITO, "Sentido e valor da análise do crime", *Textos de apoio de Direito Penal*, I, Lisboa, 1983/84, pp. 78-79). O autor discorda porém dessa identificação, considerando, na linha de Beling, que a tipicidade dá apenas um provisório juízo de punibilidade (pp. 94-100). Além disso, o conceito de tipo (*Tatbestand*) é utilizado no Direito Penal como uma técnica legislativa de fornecimento de critérios ao intérprete, quando a aplicação da lei implica valorações gradativas (IDEM, pp. 117 e ss.). V. também a referência à polissemia da tipicidade em OLIVEIRA ASCENSÃO, *A Tipicidade...*, cit., pp. 19 e ss., e 33 e ss.. Quanto à polissemia de *Typus*, V. KARL ENGISCH, *Die Idee der Konkretisierung...*, cit., por ex., pp. 264-266.

ceito de *Tatbestand* é muito discutido, por exemplo, na doutrina penalista alemã antes e depois de Ernst Beling[603].

No Direito Constitucional e no Direito Administrativo não se recorre ainda hoje ao *Tatbestand* nem ao princípio da tipicidade. Estes continuam apenas a ser utilizados como quadros de pensamento do Direito Fiscal, muito ligados a uma ideia de concretização da reserva de lei, mas o desenvolvimento dogmático dos mesmos ocorreu com muito maior profundidade no Direito Penal, constituindo um dos princípios mais discutidos neste ramo de Direito, e sendo-lhe actualmente atribuídas diversas funções. Com efeito, a discussão dogmática do princípio da tipicidade penal conduziu nas últimas décadas à formulação de inúmeros sentidos de *Tatbestand* e de tipicidade[604].

Por outro lado, o carácter polissémico do princípio da tipicidade e as dificuldades quanto à determinação do seu significado aumentam, por vezes, devido ao facto de a doutrina portuguesa se referir a "tipo" quer para designar o conceito de *Tatbestand* quer para designar o "*Typus*" (o "concreto relativo", com um núcleo estável, mas com fronteiras fluidas[605])[606-607].

---

[603] Como referem, entre nós, JOSÉ DE SOUSA BRITO, em "Sentido e valor...", cit., pp. 92 e ss., e notas 38 e 39; CAVALEIRO DE FERREIRA, *A Tipicidade...*, cit., pp. 7 e ss..

[604] V. CLAUS ROXIN, *Strafrecht...*, *I*, cit., capítulo 3, espec. § 10 (A Doutrina do *Tatbestand)*, referindo-se às funções sistemática, político-criminal (de garantia) e dogmática do *Tatbestand* (pp. 225 e ss.). V. ainda essa referência por ex. em ALBERTO GARGANI, *Dal Corpus delicti...*, p. 22; JOSÉ DE SOUSA BRITO, "Sentido e valor...", cit., pp. 92-93, nota 38. E finalmente, MATTHIAS KRAHL, *Tatbestand und Rechtsfolge, Untersuchungen zu ihrem strafrechtsdogmatisch-methodologischen Verhältnis*, Frankfurt--am-Main, 1999, pp. 7-14: o autor identificou, entre outros, a utilização do *Tatbestand* no sentido da Teoria Geral, no sentido de garantia, de *Leitbild*, de *Tatbestand* conjunto, de *Tatbestand* de delito, de *Tatbestand* de ilícito, de valoração jurídica de situações da vida. Mas refere que o *Tatbestand* no Direito Penal descreve sempre uma conduta proibida (IDEM, p. 8).

[605] ARTHUR KAUFMANN, "Analogie und 'Natur der Sache'...", cit., p. 37: O Typus também é designado por "conceito de ordem, conceito de função, conceito de sentido", por contraposição ao conceito propriamente dito ("conceito de classe" ou "de género"). Ele está relacionado com o pensamento tipológico, que está subjacente à legiferação bem como ao processo de obtenção do Direito por quem aplica a lei (ARTHUR KAUFMANN, "Analogie und 'Natur der Sache'...", cit., pp. 9 e ss. (29 e ss.).

[606] Por exemplo, OLIVEIRA ASCENSÃO refere-se a "tipo" ou "tipo legal", e limita a noção de *Tatbestand* à "previsão" ou "hipótese normativa"; no entanto, não há correspondência do nosso *Tatbestand* ao tipo legal de OLIVEIRA ASCENSÃO, pois enquanto a origem do *Tatbestand* está relacionada com o princípio da legalidade, e portanto com

Neste último sentido, o tipo é um método de pensamento, utilizado por diversas ciências, que no Direito está relacionado com a ideia de concretização normativa[608], e que tem especial utilidade como instrumento hermenêutico (como explicaremos adiante).

---

preocupações de garantia, o tipo legal em OLIVEIRA ASCENSÃO está próximo das tendências concretizadoras do século XX, explanadas no trabalho de referência de KARL ENGISCH (*Die Idee der Konkretisierung...*, cit.), uma vez que OLIVEIRA ASCENSÃO caracteriza esse "tipo legal" como uma representação mais próxima do concreto, do que o conceito: *A Tipicidade...*, cit., p. 22: "É próprio da situação intelectual contemporânea a oposição a um pensamento meramente conceitual, que representaria uma violentação da realidade, pela sua demasiada abstracção. Por isso o tipo, como forma própria de apreensão da realidade, suscita um vivo interesse. Com efeito, por mais variados que sejam os prismas através dos quais se encare o tipo, este será de qualquer modo mais concreto do que o conceito". O tipo constitui, pois, não uma técnica legal-formal com funções de garantia e sistematização, mas uma técnica de legiferação, e um método de interpretação relacionado com objectivos de concretização, apresentando-se como uma alternativa ao conceito, tal como em Engisch. No entanto, poderíamos dizer que o tipo legal de OLIVEIRA ASCENSÃO se aproxima do *Tatbestand*, quando se autonomiza do concreto real, isto é não tem de corresponder a tipos reais, e pode ser fechado (o autor fala em tipos fechados ou tipologias taxativas). Pelo contrário, em Engisch, e em Larenz, como na maioria dos autores que utilizam o tipo por contraposição ao conceito, a maior "concretização" do tipo jurídico, e respectiva vantagem, emana da sua ligação aos tipos reais ou empíricos. O tipo legal não é inventado, mas descoberto, decalcado da realidade. "Os tipos não são simples «reproduções», e ainda menos modelos livremente construídos: são como que *concentrados* de realidade jurídica, e nessa qualidade *formas significantes referidas à realidade da vida jurídica*, da qual surgiram e na qual continuam a manifestar-se constantemente sob a forma de contratos «concretos»: KARL LARENZ, *Metodologia da Ciência do Direito*, Lisboa, 1978 (1969) trad. da 2.ª ed. por J. Sousa e Brito e J. A. Veloso, p. 533 (530 e ss., e 534 e ss.). V. também CAVALEIRO DE FERREIRA, *A Tipicidade...*, cit., pp. 49 e ss., designando o *Tatbestand* de tipo.

[607] Repare-se que, na doutrina italiana, apesar de se falar em *fattispecie* para designar o "*Tatbestand*", também se utiliza os termos "fatto", "fatto tipico", e outros subelementos, tais como "fattispecie astratta", "fattispecie concreta", "fattispecie real" e "fattispecie oggettiva": ALBERTO GARGANI, *Dal Corpus Delicti...*, cit., p. 22. Os equívocos começam na própria doutrina alemã em que o Typus e o *Tatbestand* são utilizados de forma cruzada: V., por todos, a referência ao assunto em JOSÉ DE SOUSA BRITO, "Sentido e valor...", cit., pp. 92-93, nota 38.

[608] O tipo jurídico refere-se à realidade (KARL LARENZ, *Metodologia...*, cit., 2.ª ed., p. 526), embora se trate sempre de uma realidade valorada, i.e., normativa. É verdade que o tipo, enquanto critério de valor, pode ser um paradigma, um critério de valor, uma "imagem-fim para a qual devemos tender", e nesse caso não pretende apreender um modo de ser, não pretende reproduzir um arquétipo. Em última análise podem existir tipos que não existem na realidade dos factos: são os tipos ideais de Max Weber, tais como a economia

Como teremos oportunidade de comprovar ao longo dos próximos capítulos, o significado e caracterização de tipo de imposto e do princípio da tipicidade dos impostos não devem ser isolados da discussão nos outros ramos de Direito, embora possamos realçar os sentidos mais adequados às exigências do Direito Fiscal[609], e, especialmente, aqueles que servem os objectivos da legalidade fiscal e os seus limites.

Assim, para as nossas finalidades, interessa-nos discutir e distinguir o *Tatbestand* de imposto e a tipicidade (no sentido de adequação ao *Tatbestand* ou *Tatbestandsmässigkeit*), o tipo (*Typus*), a tipificação (*Typisierung*) e o pensamento tipológico (*typologisches Denken*) com os seguintes significados, identificáveis e analisáveis separadamente, por terem diferentes funções, embora alguns deles estejam interligados:

– *Tatbestand* de garantia do imposto – isto é, *Tatbestand* legal do imposto nos termos da primeira parte do art. 103.º n.º 2 da CRP (incidência e taxa), tal como concluímos no primeiro capítulo; o *Tatbestand* de garantia implica a predeterminação legal das diferentes figuras de imposto, e das características do *Tatbestand* de imposto ("*Tatbeständemerkmale* de imposto") ou elementos essenciais do imposto; enquanto descrição desses elementos essenciais pela lei, o *Tatbestand* de garantia tem conduzido tradicionalmente a uma concepção formal do imposto e a um princípio de tipicidade tendencialmente taxativa, fechada ou caracterizada por um *numerus clausus*[610]; em ligação com este conceito do *Tatbestand* de

---

de mercado livre ou economia totalmente dirigida – KARL LARENZ, *Metodologia...*, cit., 2.ª ed., p. 524. Mas os tipos legais, referem-se sempre (de forma mais ou menos imediata) a tipos empíricos (que também designamos por tipos vitais ou tipos reais), que estão na base da actividade de legiferação e aos quais se volta no momento da interpretação.

[609] No mesmo sentido, ALBERTO XAVIER considera que o conceito de *Tatbestand* nos impostos se deve integrar no conceito elaborado pela teoria geral, mas refere, logo a seguir, que a tipicidade é um princípio que só se manifesta em certos sectores da ordem jurídica; esta afirmação está relacionada com o significado de tipicidade que lhe atribui o autor, i.e., tipicidade como concretização da legalidade (exigências a que devem obedecer as normas tributárias materiais) – *Conceito e natureza...*, cit., pp. 270, 266 e 267.

[610] É neste sentido que normalmente se fala em tipo (*Tatbestand*) de imposto e no princípio da tipicidade no Direito Fiscal; a doutrina alemã menciona, frequentemente, este sentido de *Tatbestand*, pois o § 3 da AO estabelece que os impostos são prestações monetárias que são infligidas por uma entidade de Direito Público para obtenção de receitas, e que correspondem a um *Tatbestand* ao qual a lei liga a obrigação de prestação (§ 3 da AO);

garantia, foi travada a discussão em redor da natureza do acto tributário e a relação deste com os pressupostos legais do imposto, tal como Alberto Xavier a estudou[611];
- *Tatbestand* sistemático de imposto, com funções de organização do Direito Fiscal, abrangendo os elementos indiciadores de capacidade contributiva, cuja verificação é necessária para o apuramento do montante de imposto a pagar (conjunto de pressupostos que a lei deve descrever para que um sujeito fique submetido à obrigação tributária)[612], tal como encontramos em Albert Hensel[613];
- a expressão *Tatbestand* tem um significado mais amplo, comum a todos os ramos de Direito, sendo entendido como "o elemento de facto", "a causa de efeitos jurídicos"[614]; a tipicidade (*Tatbestandsmässigkeit*), neste sentido, é "o complexo de todos os coeficientes necessários à produção da consequência jurídica"[615]; no entanto, esta noção "integral"[616], quer pela sua neutralidade, quer porque

---

por seu turno, nos termos do § 38 da *AO*, as pretensões resultantes de uma relação obrigacional tributária nascem quando o *Tatbestand*, ao qual a lei liga a obrigação de imposto, é realizado: V., por exemplo, a análise que fazemos adiante da posição de HANS-JÜRGEN PAPIER, "Der Bestimmtheitgrundsatz", *Steuerrecht und Verfassungsrecht*, im Auftrag der Deutschen Steuerjuristischen Gesellschaft e.V., Hrsg. Karl Heinrich Friauf, Bd. 12, Köln, 1989, pp. 63-64; numa perspectiva radical, como é representada entre nós por ALBERTO XAVIER, o *Tatbestand* de imposto contém todos os elementos caracterizadores da relação obrigacional de imposto, através de uma tipologia legal fechada, e uma integral correspondência do facto à norma: ALBERTO XAVIER, *Conceito e natureza...*, cit., pp. 312 e 322-325.

[611] ALBERTO XAVIER, *Conceito e natureza...*, cit., partes III e IV.

[612] Considerando que, no caso do Direito Penal, a peculiaridade do *Tatbestand* reside no conjunto de pressupostos da incriminação na medida em que os sistemas penais o adoptam como base de codificação, ALBERTO GARGANI, *Dal Corpus Delicti...*, cit., p. 15.

[613] ALBERT HENSEL, *Steuerrecht*, 2.ª ed., 1927, p. 43 e ss.: embora este *Tatbestand* assim definido por Hensel, também possa ser caracterizado como um *Tatbestand* abstracto e ideal, como referimos já a seguir.

[614] V. ALBERTO GARGANI, *Dal Corpus Delicti...*, cit., p. 41. E V., por todos, a propósito das "componentes da proposição jurídica (integral)" KARL LARENZ/CLAUS-WILHELM CANARIS, *Methodenlehre...*, cit., 3.ª ed., pp. 73-74: os autores referem que a "ligação de um acontecimento factual, tal como ele está descrito no *Tatbestand* da norma, com uma consequência jurídica que se situa no domínio de validade jurídica, e portanto que se torna válida com a realização do *Tatbestand*, é o específico da proposição jurídica, como a forma de expressão linguística de uma norma".

[615] ALBERTO GARGANI, *Dal Corpus Delicti...*, cit., p. 45.

[616] ALBERTO GARGANI, *Dal Corpus Delicti...*, cit., p. 45.

o *Tatbestand* de imposto abrange não só os factos ou pressupostos que são objecto de tributação como também as exclusões, deduções e abatimentos (*Bemessungsgrundlage*), e a taxa, é insatisfatória para o Direito Fiscal[617];
– por sua vez, a tipicidade (*Tatbestandsmässigkeit*) do imposto pode referir-se à hipótese abstracta, entendida como o modelo ideal de um determinado imposto: ou seja, pode referir-se à predeterminação legal desse modelo de referência, no sentido de *Tatbestand* de garantia, ou no sentido de *Tatbestand* sistemático ("conjunto dos pressupostos abstractos contidos nas normas fiscais materiais, cuja concretização (concretização do *Tatbestand*) pode dar origem a determinadas consequências jurídicas"[618], ou "imagem reflexo da relação obrigacional fiscal concreta"[619]). A tipicidade, enquanto hipótese abstracta, pode ainda ter como modelo de referência as categorias de *Tatbestand*. Num outro sentido, a tipicidade pode referir-se à correspondência de um facto a essa previsão legal. Este último sentido está inserido no processo hermenêutico, podendo assim implicar o recurso ao pensamento tipológico, na medida em que não se trate de uma tipicidade (completamente) fechada[620]. Mas repare-se que este sentido pode estar ligado aos anteriores, se considerarmos que a validade da predeterminação legal é aferida no momento da sua aplicação (conformação em concreto do *Tatbestand* de imposto referido à situação da vida): a tipicidade e a legalidade devem estar presentes também no momento da aplicação da norma, como defendem Bühler e Strickrodt[621];

---

[617] Neste sentido, KLAUS TIPKE/JOACHIM LANG, *Steuerrecht*, 17.ª ed., p. 99, quando se refere à insuficiência da expressão *"Tatbestandsmässigkeit"*, entendendo-a à letra enquanto descrição dos "pressupostos de facto" na lei de imposto; e HANS-JÜRGEN PAPIER, "Der Bestimmtheitgrundsatz", cit., pp. 63-64.

[618] ALBERT HENSEL, *Steuerrecht*, 2.ª ed., 1927, p. 43; 3.ª ed., 1933, p. 57.

[619] IDEM, ALBERT HENSEL, *Steuerrecht*, 2.ª ed., 1927 p. 43; 3.ª ed., 1933, p. 57.

[620] V., a referência a estes sentidos no Direito Penal, em ALBERTO GARGANI, *Dal Corpus Delicti...*, cit., pp. 13, 19, 20. Gargani faz referência a um terceiro significado de tipicidade no Direito Penal: para além do abstracto e do concreto, refere-se o autor à tipicidade real. Enquanto a tipicidade concreta implica um juízo teórico (intelectual) de correspondência de um facto (ou conjunto de factos) à previsão normativa, ou seja, um exercício académico de aplicação da lei, a tipicidade real implica a existência de facto(s) a subsumir à previsão normativa (pp. 41 e ss.).

[621] OTTMAR BÜHLER e GEORG STRICKRODT, *Steuerrecht, I*, cit., 1959, p. 214.

– tipo (*Typus*) jurídico, enquanto "concreto relativo", "termo médio entre o individual e o abstracto, com um núcleo estável mas fronteiras fluidas", relacionado com uma ideia de concretização normativa (tipo aberto), por contraposição (parcial) ao conceito geral e abstracto[622]; a "formação jurídica de tipos apoiada na tipicidade previamente dada pela vida", na "tipicidade vital"[623] constitui o "instrumento predominante de que se serve o legislador" (Henkel)[624]. Assim, para formar *Tatbestände* o legislador fiscal formula, além de conceitos gerais e abstractos, tipos jurídicos, isto é, tipos reais normativos e tipos jurídicos estruturais[625-626]. Em

---

[622] V. KARL LARENZ/CLAUS-WILHELM CANARIS, *Methodenlehre*..., cit., 3.ª ed., pp. 37 e ss., 42 e ss., ARTHUR KAUFMANN, "Analogie und 'Natur der Sache'...", cit., p. 37; *Rechtsphilosophie*, München, 1997, pp. 126-127.

[623] "... isto é: nas suas características que coincidem com as espécies ou grupos e que por isso se repetem sempre. Os homens sempre que participam nas relações sociais não aparecem ao Direito, em princípio, na ilimitada multitude da sua individualidade pessoal, mas na sua socialidade". (...) "Os comportamentos e os objectos de actuação das partes e as circunstâncias do acontecimento da vida em que se realiza a sua relação social interessam ao Direito pelo geral, como fenómenos típicos..." HEINRICH HENKEL, *Introducción a la Filosofia del Derecho*, Madrid, 1968 (1964), trad. do alemão, p. 575.

[624] HEINRICH HENKEL, *Introducción a la Filosofia*..., cit., pp. 575-576. E mais: "O legislador parte de tipos que se dão regularmente. No Direito Civil, por exemplo, trata os tipos básicos da acção (por exemplo, declaração de vontade, aviso, acção ilícita), os tipos reguladores do contrato (por exemplo, compra e venda, arrendamento, contrato de serviços), os tipos de uniões jurídicas (associação, sociedade), os tipos de regime económico matrimonial; ... no Direito Penal, sobretudo, os tipos de delitos (burla, lesões, falsidade) permitem ver com especial clareza a essência da formação jurídica de tipos" (IDEM, p. 576). Num outro sentido, que explicitaremos adiante, diz-nos ARTHUR KAUFMANN que "a tarefa do legislador é descrever tipos (Typen)", embora para tal tenha de recorrer aos conceitos abstractos (*Grundprobleme der Rechtsphilosophie*, München, 1994, pp. 114).

[625] Tipos reais normativos e tipos jurídicos estruturais no sentido de KARL LARENZ/ /CLAUS-WILHELM CANARIS, *Methodenlehre*..., cit., pp. 294-295 e ss.. V. também neste sentido e dando inúmeros exemplos no Direito Fiscal, MARTIN STRAHL, *Die typisierende Betrachtungsweise im Steuerrecht*, Köln, 1996, pp. 237-247 e ss. e 313-314. Consideramos que o tipo real releva enquanto construção mental, estruturadora de uma ordenação prévia e de contornos flexíveis em que "as propriedades em questão se dão comum ou frequentemente neste ou naquele grau, mas em que também podem dar-se em escassa medida ou, inclusivamente, faltar na totalidade" ao contrário do que acontece com os conceitos, em que as notas do mesmo têm de se verificar, totalmente, nos objectos que se lhes subsumem: V. KARL ENGISCH, *Die Idee der Konkretisierung*..., cit, p. 241; V. também, IDEM, pp. 244 e ss.; e de novo, KARL LARENZ/CLAUS-WILHELM CANARIS, *Methodenlehre*..., 3.ª ed., cit., p. 294. Mas, insistimos, dizer que o tipo real é uma construção mental significa que o tipo

qualquer dos casos, os tipos jurídicos têm por base tipos empíricos[627]. Como teremos oportunidade de referir, o tipo interessa-nos, fundamentalmente, como um instrumento hermenêutico[628];

é uma construção do legislador (procurado depois pelo intérprete) e não algo objectivo, preexistente. O tipo enquanto construção é "o processo de desenvolvimento numa perspectiva axiológica e de realidade": V., para um desenvolvimento, WINFRIED HASSEMER, *Tatbestand und Typus...*, cit., pp. 152, 153, ss..

[626] KARL LARENZ/CLAUS-WILHELM CANARIS, *Methodenlehre...*, 3.ª ed., cit., p. 42; segundo OLIVEIRA ASCENSÃO, o legislador dos Direitos Reais deve recorrer ao "tipo empírico" e dentro deste ao "tipo médio" e "tipo frequente": OLIVEIRA ASCENSÃO, *A Tipicidade...*, cit., pp. 24-25; a caracterização destes tipos é feita por KARL ENGISCH, *Die Idee der Konkretisierung...*, cit., pp. 239 e ss. (v. também as referências bibliográficas). Os tipos referidos não apresentam o mesmo grau de "realidade", e Engisch chama a atenção para o facto de o tipo médio se afastar da realidade, e, por isso, ser menos real do que o tipo frequente (pp. 240-241). A pp. 280 e 281, Engisch também trata, rapidamente, dos tipos fiscais, da aplicação tipificada, defendendo que, em certos casos, razões de equidade postulam a ponderação individualizada. V. ainda, HEINRICH HENKEL, *Introducción a la Filosofia...*, cit., p. 579.

[627] No sentido de KARL LARENZ/CLAUS-WILHELM CANARIS, *Methodenlehre...*, cit., 3.ª ed., pp. 293 e ss.. V. também a noção de tipo ideal referido e caracterizado por KARL ENGISCH, *Die Idee der Konkretisierung...*, cit, pp. 252 e ss. e 290-294; WALTER JELLINEK foi dos primeiros autores a prestarem atenção ao tipo e ao pensamento tipológico, dedicando-lhes duas secções do seu manual de Direito Constitucional. O tipo ideal, para JELLINEK (*Allgemeines Staatsrechtslehre*, 3.ª ed, Bad Homburg vor der Höhe, Darmstadt, 1960 (1914), pp. 34-36 e ss.) já não se preocupa com o ser, mas sim com o dever ser, com um sentido teleológico; outras formulações do tipo ideal (axiológico) afastam-no sempre da realidade, partindo dela, mas sublimando-a, aproximando o tipo ideal de um "tipo normal" a partir de uma ideia de actividade independentemente da realização desta; no tipo ideal lógico, como o de Max Weber, já não há referências a valorações positivas mas só a valorações lógicas, desligadas dos valores sociais, políticos, culturais, técnicos, etc.; como defende Engisch, deste tipo ideal de Max Weber aproxima-se o conceito geral-concreto de Larenz, enquanto "estrutura mais diferenciada e mais rica de conteúdo" (ENGISCH, IDEM, p. 256-257); sobre estas relações, V., por todos, ENGISCH, IDEM, pp. 252 e ss.. O tipo ideal muitas vezes resultante das ordens jurídicas positivas, é defendido por Engisch, em termos gerais, para o Direito, pois este tem uma função pedagógica e não tem de reconhecer como válidas e recomendáveis, as acções do homem médio ou normal. No entanto, embora ao Direito Fiscal possa interessar por vezes o tipo ideal (por exemplo no caso dos impostos ecológicos), o tipo real é o indicado para resolver as questões da legalidade e livre decisão administrativa.

[628] Segundo Hassemer, o *Tatbestand* é, também, um tipo (através de um raciocínio circular, o autor identifica os dois, pois se a construção de *Tatbestand* recorre ao tipo, o qual "transcende o sistema em que é formulado, na medida em que ele se refere à realidade exterior ao sistema" (p. 112), a verdade é que este é construído segundo as exigências

– a tipificação "do inabarcavelmente múltiplo é o método" utilizado pelo legislador (pela administração e também pelos tribunais) para "abarcar e ordenar a matéria de regulação que lhe está encomendada"[629]. O legislador, mesmo quando tipifica, tem de recorrer ao conceito geral e abstracto[630]. A tipificação pode ainda ser utilizada para um segundo ou terceiro nível normativo (decreto-lei, regulamento, acto pararegulamentar) ou mesmo pelos tribunais. A tipificação normativa, conjugada com exigências de legalidade, pode conduzir ao *Tatbestand* fechado, e à perda maior ou menor de contacto com a tipicidade vital[631]. É isso que acontece frequentemente no Direito Fiscal, sendo discutida actualmente a técnica da tipificação, no contexto da perda de ligação ao tipo empírico subjacente, isto é, no contexto do *Tatbestand* fechado, o que pode pôr em causa a igualdade fiscal, ou melhor, a tributação segundo o rendimento real. Este sentido de tipo contrapõe-se à regulação individualizadora;

– tipos de *Tatbestand* ou categorias de *Tatbestand*, enquanto elementos caracterizadores de uma categoria de imposto (imposto sobre o rendimento ou imposto sobre o valor acrescentado, por

---

especiais do sistema jurídico de *Tatbestände* (p. 153)). Ainda assim, o *Tatbestand* refere-se à realidade e à norma, e assim constitui um termo intermédio: WINFRIED HASSEMER, *Tatbestand und Typus*..., cit., pp. 112, 113 e ss., e 150 e ss. (espec. 153).

[629] HEINRICH HENKEL, *Introducción a la Filosofia*..., cit., p. 577.

[630] HEINRICH HENKEL, *Introducción a la Filosofia*..., cit., pp. 577-578. ARTHUR KAUFAMNN refere a inevitável bidimensionalidade da linguagem jurídica, isto é, a dimensão "racional-categorial", onde se inclui a abstracção, e a "dimensão analógica" da linguagem corrente, que exclui a logicidade e exactidão da linguagem (*Grundprobleme der Rechtsphilosophie*, cit., pp. 101-102).

[631] Segundo OLIVEIRA ASCENSÃO, os tipos, com a função de estabelecerem *numerus clausus* legais, exprimem uma realidade mais limitada do que o conceito, por estarem mais próximos do concreto (*A Tipicidade dos direitos reais*, cit., pp. 40-41): o autor entende que o tipo (e as tipologias), ao contrário dos conceitos classificatórios, contêm descrições incompletas da realidades, exactamente por serem mais concretos que o conceito. Como o autor explica, as classificações podem acompanhar tipos e, nesse caso, "esgotam todos os tipos..., mas não têm necessariamente de esgotar a extensão do conceito" (p. 41). Assim, se compararmos tipos e classes, ainda segundo OLIVEIRA ASCENSÃO, "cada classe continua a ter uma extensão maior do que os tipos nela compreendidos" (p. 42). Com efeito, a combinação entre um método legislativo que recorre aos tipos vitais, intrinsecamente fluidos, e que os (tenta) fecha(r) no *Tatbestand* legal, atribuindo-lhe foros de taxatividade, pode exprimir uma realidade mais limitada do que o conceito, cujos contornos quase sempre indeterminados permitem a aplicação segundo o pensamento tipológico.

exemplo), segundo a CRP e outros elementos comuns a essa categoria determinados pela doutrina e pelo Direito Comparado, mas tendo sempre por base a descrição contida na lei. Neste sentido, se a categoria de *Tatbestand* se basear na tipicidade vital e no pensamento tipológico (vai-vem entre a norma, ideia de Direito e situação típica da vida), teremos tipos legais, e já não se pode falar de uma tipicidade completamente fechada, apesar da reserva de lei; assim, ocorrerá também no momento da aplicação uma equivalência entre as categorias de *Tatbestände* legais de imposto e os tipos de imposto subjacentes; as categorias de *Tatbestand* de imposto não se baseiam totalmente em tipos empíricos, nem se reduzem a um princípio formal, mas têm ínsita uma certa ideia de justiça ou de igualdade tributária (tipo normativo)[632]. As categorias de *Tatbestand* de imposto pressupõem sempre o elemento legal e o elemento normativo ou valorativo[633];

– o tipo, enquanto instrumento hermenêutico é o processo de obtenção do Direito utilizado não só pelo legislador como por quem aplica a norma, orientado pela tipicidade dos fenómenos da vida real (isto é, orientado pelo essencial das manifestações singulares de um facto)[634], e pelo tipo normativo subjacente ao *Tatbestand*[635], permitindo a reabertura do *Tatbestand*[636]. O pensamento tipológico

---

[632] Portanto, neste sentido, os *Tatbestände* de imposto são também tipos (não só descritivos, mas também valorativos) "e não regras de referência imanentes ao sistema": assim, para o Direito Penal, WINFRIED HASSEMER, *Tatbestand und Typus...*, cit., p. 150. E ERIK WOLF, *Die Typen der Tatbestandsmässigkeit, Vorstudien zur allgemeinen Lehre vom besonderen Teil des Strafrechts, Veröffentlichungen der Schelswigholsteinischen Universitätsgesellschaft*, 1931, n.º 34, pp. 5 e ss..

[633] V. OTTMAR BÜHLER e GEORG STRICKRODT (*Steuerrecht*, I, cit., 1959, p. 214): os autores fazem referência à necessidade de conjugar com a legalidade, a igualdade fiscal.

[634] A realidade sobre que o legislador incide é assim, normalmente, apreendida na sua tipicidade vital, isto é, nas características comuns a espécies ou grupos e só raramente nas suas características individuais: HEINRICH HENKEL, *Introducción a la Filosofia...*, cit., pp. 574 e 575; no mesmo sentido, ARTHUR KAUFMANN, *Grundprobleme...*, cit., pp. 111--112 e 114. V. também JUAN JOSÉ GIL CREMADES, "Estudio preliminar" à tradução, pelo mesmo autor, do original alemão de "*La Idea de concrecion en el Derecho y en la Ciencia Juridica actuales*", de KARL ENGISCH (Pamplona, 1968), pp. 55 e 56.

[635] No sentido de ARTHUR KAUFMANN, "Analogie und 'Natur der Sache'...", cit., pp. 38 e ss., espec. 40-42.

[636] Mas repare-se que o *Tatbestand* é sempre o ponto de partida da interpretação no nosso sistema jurídico continental (por oposição ao sistema de *case-law*), e ainda com

é um processo de aplicação da norma ao caso individual. O processo de obtenção do Direito distingue-se da mera verificação passiva da conformidade dos factos da vida aos pressupostos da norma, da aplicação lógico-subsuntiva[637].

Clarificados os diferentes sentidos de *Tatbestand* e de tipo relevantes para o Direito Fiscal e para a nossa tese, vamos dedicar as próximas páginas ao *Tatbestand* de garantia, conceito que permite identificar os elementos do imposto sujeitos a reserva de lei. O *Tatbestand* de garantia e o princípio da tipicidade (*Tatbestandsmässigkeit*) dos impostos dão conteúdo à faceta material da legalidade fiscal, e, como tentaremos demonstrar, esse conteúdo é comum a diversos ordenamentos.

3. O *Tatbestand* de garantia

3.1. *Considerações introdutórias*

Diz-nos Alberto Xavier que, historicamente, a tipicidade "foi concebida como uma técnica de delimitação da esfera de relevância da vontade

---

mais acuidade, perante a reserva de lei. Assim, segundo WINFRIED HASSEMER, *Tatbestand und Typus*..., cit., p. 151: "A decisão da situação da vida só é possível, segundo a nossa ordem jurídica, com base nos *Tatbestände* conhecidos e compreendidos (...)"; "o *Tatbestand* é a realidade visível do intérprete e é ele que o intérprete deve captar". Ainda segundo WINFRIED HASSEMER, a tarefa material essencial do *Tatbestand* é classificar a realidade valorada, e dar informações ao intérprete sobre essa mesma realidade (o que é relevante juridicamente e o que não é, é mostrado pela linguagem usada pelo *Tatbestand*): IDEM, pp. 154, 155 e ss.. Em todo o caso, Hassemer, tal como Kaufmann, entendem que a reabertura ao tipo pelo intérprete é inevitável, é ínsita ao processo interpretativo: WINFRIED HASSEMER, *Tatbestand und Typus*..., cit., p. 155. V. também KARL LARENZ/CLAUS-WILHELM CANARIS, *Methodenlehre*..., cit., 3.ª ed., pp. 37 e ss..

[637] Por isso, o recurso aos tipos insere-se no processo hermenêutico, que não é, em si, segundo Kaufmann "um método", mas diz-nos "sob que pressupostos o intérprete pode apreender qualquer coisa, com o seu sentido"; "a obtenção do Direito não é apenas um acto passivo de subsunção, mas um acto de conformação, em que o intérprete participa (...)" pois "o Direito tem um carácter relacional" (ARTHUR KAUFMANN, *Rechtsphilosophie*, cit., pp. 44-46). No mesmo sentido, WINFRIED HASSEMER, *Tatbestand und Typus*..., cit., p. 155 e ss..

na produção de efeitos jurídicos"[638]. E trata-se da delimitação da esfera da vontade dos particulares, como é o caso dos Direitos Reais, ou da delimitação da esfera dos poderes públicos de aplicação do Direito, sejam eles os tribunais, como acontece na tipicidade penal, ou a administração e os tribunais, como acontece no Direito Fiscal. Enquanto a tipicidade no Direito Privado, nomeadamente no Direito Romano das Obrigações (*numerus clausus* dos contratos), foi abandonada com o desenvolvimento da autonomia privada[639], no Direito Penal a noção de tipicidade foi introduzida no iluminismo liberal[640].

A concepção dogmática da tipicidade fiscal é muito próxima da concepção da tipicidade penal (no sentido de *Tatbestand* de garantia), embora nunca seja feita uma menção expressa a essa influência[641].

Clarificámos sinteticamente, nas páginas anteriores, que a tipicidade do imposto pode dizer respeito à hipótese abstracta, entendida como o modelo ideal de um determinado imposto: assim, repita-se, a tipicidade pode referir-se à predeterminação legal de determinados institutos jurídicos assumidos como modelos ideais de referência, no sentido de *Tatbestand* de garantia ou no sentido de *Tatbestand* sistemático. Tipicidade e *Tatbestand* são, neste sentido, equivalentes. E num outro sentido, relacionado com o processo hermenêutico, a tipicidade pode referir-se à correspondência de um facto a essa previsão legal. Ambos os conceitos foram desenvolvidos pela dogmática penal, como vamos esclarecer já de seguida, e nessas próximas páginas utilizaremos o termo tipicidade nos dois sentidos acabados de enunciar.

Já dissemos também que *Tatbestand* ou *fattispecie*[642], que em português encontramos traduzida por "tipo" ou "factualidade típica", é a

---

[638] ALBERTO XAVIER, *Conceito e natureza...*, cit., p. 338 (apontando exemplos da tipicidade das sociedades comerciais, dos regimes matrimoniais de bens e dos direitos reais, exemplos esses a que também Engisch recorre: V. 337 e ss., e 309-e ss.).

[639] A esta tipicidade os autores dão normalmente a designação de "*Typizität*" ou de "*typische Ausprägung*", caracterizada por um *numerus clausus:* "número limitado de tipos jurídicos", vinculação aos tipos (*Typenzwang*), introduzindo alguma confusão terminológica: KARL ENGISCH, *Die Idee der Konkretisierung...*, cit., pp. 267-286.

[640] ALBERTO GARGANI, *Dal Corpus Delicti...*, cit., p. 73

[641] Mesmo JOACHIM SCHULZE-OSTERLOH ("Unbestimmtes Steuerrecht...", cit.) que compara as exigências de determinação no Direito Penal e no Direito Fiscal e compara um e outro ramo de Direito, só faz referência às menores exigências de determinação no Direito Fiscal, por parte do *BVerfG*: pp. 56-58.

[642] Existindo em Itália uma constante oscilação terminológica entre "fatto" e "fattispecie": ALBERTO GARGANI, *Dal Corpus Delicti...*, cit., p. 55.

"figura", "modelo do facto". O *Tatbestand* está ligado a uma "abstracção generalizadora", a um "facto imaginado para servir de paradigma"[643].

Discute-se se a noção de *Tatbestand* tem origem na noção processual de *corpus delicti* do Direito comum alemão, herdeiro do processo inquisitório canónico, o qual indicava, no processo inquisitório, o objecto da primeira fase da "investigação judicial"[644-645], parecendo certo que as primeiras utilizações, no século XVIII, do conceito de *Thatbestand*, se referiam quer ao acontecimento concreto como pressuposto processual, quer como dado de facto relevante para o Direito substantivo[646]. No final do século XVIII, também a expressão *corpus delicti* foi amplamente utilizada com um sentido duplo[647], ou seja, não só no sentido processual ("existência ou verdade da infracção cometida por alguém e considerada de modo objectivo, i.e. em relação à lesão em si, independentemente da referência à pessoa determinada do autor"[648]), como no sentido substantivo ("conjunto dos momentos ou dos elementos que constituem a essência da infracção em espécie"[649]).

No sentido substantivo, o *Thatbestand* designava não só o conjunto de elementos constituindo a essência de uma infracção, como também o conjunto de elementos que caracterizavam certas infracções (famílias de infracções) e as distinguiam de outras[650]. Esta última perspectiva

---

[643] V., por todos, ALBERTO GARGANI, *Dal Corpus Delicti...*, cit., pp. 12,14 e ss. e 21.

[644] ALBERTO GARGANI, *Dal Corpus Delicti...*, cit., pp. 73-74.

[645] Discute-se no Direito Penal a origem processual ou substantiva do conceito de "*Tatbestand*": ALBERTO GARGANI, *Dal Corpus Delicti...*, cit., pp. 73 e ss.. Em 1796, o conceito de *Tatbestand* foi traduzido por ERNST FERDINAND KLEIN do conceito processual penal de "corpus delicti" (Facto processual) e introduzido no Direito Penal substantivo para designar o conjunto de elementos que constituem a infracção (e por conseguinte com um significado distinto do significado processual): *Grundsätze des gemeinen Deutschen und Preussischen Peinlichen Rechts,* Halle, 1796, § 68, p. 54: "Diejenigen Thatsachen, welche zusammen genommen den Begrif einer gewissen Gattung von Verbrechen bestimmen, machen den *Thatbestand* aus (*corpus delicti*)." Segundo Gargani, parece ter-se tratado de uma tradução que tem o significado de uma "etapa de um processo histórico-evolutivo ocorrido durante muitos séculos" (ALBERTO GARGANI, *Dal Corpus Delicti...*, cit., p. 99) e contendo mutações terminológicas e funcionais do antigo conceito processual para um conceito substantivo: IDEM, V. p. 97. V., também, CAVALEIRO DE FERREIRA, *A Tipicidade...*, cit., pp. 49-50.

[646] ALBERTO GARGANI, *Dal Corpus Delicti...*, cit., pp. 303-304.

[647] ALBERTO GARGANI, *Dal Corpus Delicti...*, cit., pp. 299 e ss..

[648] ALBERTO GARGANI, *Dal Corpus Delicti...*, cit., p. 300.

[649] ALBERTO GARGANI, *Dal Corpus Delicti...*, cit., p. 300.

[650] ALBERTO GARGANI, *Dal Corpus Delicti...*, cit., p. 303.

conduz progressivamente ao abandono da perspectiva processual de *Thatbestand*[651].

No período pós-iluminista, a tipicidade começou a ser concebida como uma exigência de determinação dirigida ao legislador, com o objectivo de evitar abusos do poder judicial ("calculabilidade antecipada"[652]), o que significa que só mediatamente (pela característica da taxatividade) a tipicidade se dirigia aos órgãos de aplicação da lei[653]. Mas a tipicidade ainda aparecia no século XIX com um carácter ambivalente, substantivo e processual, e estava também, nessa época, relacionada com o modelo silogístico da subsunção. Com efeito, o *Tatbestand* (como conjunto de meios e resultados probatórios) era utilizado para a individualização da premissa menor (o facto da infracção), sendo deduzido de uma indagação factual[654], mas a sua "tendência expansiva" traduziu-se na sua utilização para a construção da premissa maior, isto é, "a soma de requisitos previstos na lei para a existência de uma infracção, necessários para efectuar a comparação com respeito aos elementos recolhidos"[655]. Fala-se, a este propósito, na "dupla localização conceptual" (*Tatbestand* da conduta e *Tatbestand* da infracção)[656], ocorrendo, ao longo do século XIX, a decadência do primeiro significado e um interesse crescente pelo conceito de *Tatbestand* da infracção, e passando-se, ao mesmo tempo, do conceito de *Tatbestand* concreto (existência efectiva real de todos os elementos de uma determinada infracção) para o de *Tatbestand* abstracto (conjunto de elementos que pertencem ao conceito legal de uma certa classe de infracção)[657].

Para as nossas finalidades, importa salientar que a doutrina do *Tatbestand* aparece no Estado de Direito liberal associada ao princípio da legalidade, ao processo de secularização e de codificação do Direito Penal[658]. Deve-se a Feuerbach a ligação ao princípio da legalidade, bem

---

[651] ALBERTO GARGANI, *Dal Corpus Delicti...*, cit., p. 305.
[652] Novamente, ALBERTO GARGANI, *Dal Corpus Delicti...*, cit., p. 28, citando Ronco.
[653] ALBERTO GARGANI, *Dal Corpus Delicti...*, cit., pp. 23 e ss..
[654] ALBERTO GARGANI, *Dal Corpus Delicti...*, cit., pp. 329-330.
[655] ALBERTO GARGANI, *Dal Corpus Delicti...*, cit., pp. 330-331.
[656] ALBERTO GARGANI, *Dal Corpus Delicti...*, cit., p. 330.
[657] V., por exemplo, denotando o princípio dessa evolução, CARL AUGUST TITTMANN, *Grundlinien der Strafrechtswissenschaft und der deutschen Strafgesetzkunde,* Leipzig, 1800, §§ 33-34.
[658] Punir mais e menos intensamente (mais racionalmente), como refere ALBERTO GARGANI, *Dal Corpus Delicti...*, cit., p. 27, citando outro autor italiano (Ronco).

como a autonomização das esferas processual e substantiva no Direito Penal. Na primeira edição do *"Lehrbuch"* (1801), Feuerbach refere que "o conjunto de elementos de uma conduta em particular ou de um facto que estão contidos no conceito legal de uma determinada categoria de condutas ilícitas toma o nome de *Thatbestand* da infracção (*corpus delicti*)"[659-660]; e na edição de 1847, diz Feuerbach que "no Direito Penal, a doutrina do *Thatbestand* assume significado na medida em que disso depende que o facto tenha uma certa natureza, e que uma certa pena seja aplicada a seguir ao cometimento do tal facto, para que os cidadãos saibam o que devem evitar fazer e os juízes saibam aquilo que podem punir"[661].

Este conceito de *Thatbestand* de Feuerbach assenta no princípio por ele formulado *nullum crimen sine lege*, adoptado mais tarde para o Direito Fiscal (*nullum tributum sine lege*).

Feuerbach divide a teoria geral da infracção em duas partes distintas, uma das quais diz respeito às "causas objectivas da punibilidade absoluta" e a outra às "causas subjectivas da punibilidade absoluta"; a doutrina da tipicidade diz respeito aos motivos objectivos de punibilidade, antecipando assim a doutrina do tipo de delito de Beling, enquanto as causas subjectivas são colocadas na esfera da *"imputatio juris"*: o *Tatbestand* contrapõe-se, portanto, à imputação, consistindo esta no juízo de atribuição de um facto ilícito à vontade de um sujeito[662]. De qualquer forma, os diferentes significados que o *Tatbestand* vai assumindo, desde Feuerbach, passando por Beling, às variadas concepções actuais de carácter funcional, não encontram, como veremos, desenvolvimento dogmático paralelo

---

[659] PAUL JOH. ANSELM FEUERBACH, *Lehrbuch des gemeinen in Deutschland gültigen Peinlichen Rechts*, Gießen, 1801, 1.ª ed., § 89, 68.

[660] ALBERTO GARGANI, *Dal Corpus Delicti...*, cit., p. 319.

[661] PAUL JOH. ANSELM FEUERBACH, *Lehrbuch des gemeinen in Deutschland gültigen Peinlichen Rechts*, Gießen, 1847, 14.ª ed., §§ 15 e 16; cf. 1805, 3.ª ed., §§ 83-87, 598-602; V. ainda, KARL EDUARD MORSTADT/EDUARD OFENBRÜGGEN, *Kritischer Kommentar zu Feuerbach's Lehrbuch des gemeinen in Deutschland peinlichen Rechts*, Schaffhausen, 1855, pp. 37-38; e ALBERTO GARGANI, *Dal Corpus Delicti...*, cit., p. 320.

[662] No entanto, se uma lei inclui o dolo no conceito de uma determinada infracção, no sentido em que não existe, naquele tipo, uma infracção culposa, o dolo pertence então ao *Tatbestand* da infracção; e vice-versa, nas infracções que possam ser cometidas com culpa, o dolo não faz parte do *Tatbestand*. Isto significa que ao *Tatbestand* de Feuerbach, embora entendido como "causa objectiva da punibilidade em absoluto", também podem pertencer causas subjectivas, o que constitui uma contradição no seu pensamento: ALBERTO GARGANI, *Dal Corpus Delicti...*, cit., pp. 322-324.

no Direito Fiscal, mas permitem perceber as diferentes funções que o *Tatbestand* pode ter. O conceito de *Tatbestand* construído a partir da lei, tal como Feuerbach o fez, permite associá-lo ao princípio da legalidade, atribuindo-lhe ora um carácter de certeza jurídica, na medida em que o *Tatbestand* é despido de elementos subjectivos, ora um carácter de exigência dirigida ao legislador.

Constituindo a tipicidade uma descrição pormenorizada da infracção pela lei[663], é tutelada a liberdade do indivíduo perante o risco de arbítrio judicial, e fica garantido o princípio da legalidade[664].

A restante doutrina penalista do século XIX que se dedicou ao estudo do *Tatbestand* penal, de que se destacam Stübel[665] e Birnbaum[666], não trouxe contributos relevantes para a relação entre *Tatbestand* e princípio da legalidade, tendo-se dedicado a outros temas, tais como ao aperfeiçoamento da técnica jurídica de análise dos elementos da infracção, ao problema conceptual da ilicitude, e a estabelecer classificações dogmáticas[667]. Deve, no entanto, fazer-se referência a Luden, que, através de uma ideia de materialidade de "conduta exteriormente apreensível", evidenciou a componente objectiva da infracção, e considerou que o reconhecimento do facto delituoso só é possível com base na lei penal positiva, afirmando,

---

[663] Como refere Gargani, "o facto de esse juízo de imputabilidade não estar incluído pelo autor na doutrina da infracção, mas na da lei penal, deve-se à ideia que a imputação representa a aplicação da lei penal por meio do juiz" (ALBERTO GARGANI, *Dal Corpus Delicti...*, cit., p. 316); por outro lado, Feuerbach supera a concepção da infracção como mera contradição com a lei positiva e relaciona a qualificação de uma conduta como penalmente relevante com a violação de um direito subjectivo (V. ALBERTO GARGANI, IDEM, pp. 315 ss.).

[664] ALBERTO GARGANI, *Dal Corpus Delicti...*, cit., pp. 310 e ss..

[665] Que se refere a um *Tatbestand* real e a um *Tatbestand* pessoal, bem como a um *Tatbestand* geral e a um *Tatbestand* particular, reunindo assim os elementos que condicionam o conteúdo de ilicitude da infracção CHRISTOPH CARL STÜBEL, *Über den Thatbestand der Verbrechen, die Urheber derselben [und die zu einem verdammenden Endurtheile erforderliche Gewißheit des ersten, besonders in Rücksicht der Tödtung nach gemeinen in Deutschland geltenden und Chursächsisthen Rechten*, Wittemberg, 1805, §§ 3-6; cf. ALBERTO GARGANI, *Dal Corpus Delicti...*, cit., p. 343.

[666] BIRNBAUM ("Bemerkungen über einige zum Behufe der Lehre von der Rechtsunkenntniß gemachte Eintheilungen der Verbrechen und Strafgesetze, *Neues Archiv des Criminalrechts*, 1830, Bd. XI, pp. 101 e ss.) rejeita inclusivamente o princípio da legalidade penal tal como introduzido por Feuerbach, defendendo o crime natural e distinguindo-o do crime legal; cf. também ALBERTO GARGANI, *Dal Corpus Delicti...*, cit., pp. 351 e ss..

[667] ALBERTO GARGANI, *Dal Corpus Delicti...*, cit., pp. 343, 386 e ss..

deste modo, o princípio da tipicidade em abstracto, a seguir desenvolvido por Beling[668]. Ainda assim, em geral, a segunda metade do século XIX foi marcada pela identificação do conceito de *Tatbestand* com o conceito de infracção (conjunto de elementos da infracção), e, por conseguinte, pela inutilidade do conceito de *Tatbestand*[669], só ultrapassada pelo movimento positivista estimulado pelo Código penal de 1871[670].

Posteriormente, Beling (1906) veio atribuir uma função analítica ao conceito, introduzindo a chamada análise tripartida da infracção (*Tatbestand*, ilicitude e culpa) e limitando o *Tatbestand* aos elementos objectivos. O *Tatbestand* é um conceito singular que determina o objectivo e a direcção da indagação penal[671], está estritamente relacionado com a lei e compreende apenas os elementos objectivos e descritivos da infracção[672] (conceito restritivo de tipicidade), não existindo qualquer juízo de valor, e por isso também nenhum juízo definitivo sobre se o agente agiu de modo ilícito; assim, o *Tatbestand* de Beling em *Die Lehre vom Verbrechen* corresponde a um momento do conceito de infracção (à primeira parte da norma penal), sendo definido como o "perfil do tipo de infracção" ("*Umriss des Verbrechenstypus*")[673-674], e afastando-se do conceito

---

[668] ALBERTO GARGANI, *Dal Corpus Delicti...*, cit., pp. 356 e ss., 377, 378 e ss., que cita especialmente o "Über den Thatbestand des Verbrechens", 1840 (*Apud*); V. também HEINRICH LUDEN, *Handbuch des Teutschen gemeinen und Strafrechtes*, Jena, 1996 (1842), §§ 30-32.

[669] Depois de Luden, assistiu-se à decadência do conceito de *Tatbestand*, sendo apontada como causa principal a influência da doutrina hegeliana sobre a doutrina penalista alemã da primeira metade do séc. XIX: o entendimento do "facto" ("Tat") como resultado objectivo da acção, sem significado autónomo e a prioridade concedida à "acção" ("Handlung") praticamente eliminaram o debate científico em torno do *Tatbestand*, que passou a ser entendido como sinónimo de infracção (ALBERTO GARGANI, *Dal Corpus Delicti...*, cit., pp. 385-387 (384 ss.).

[670] ALBERTO GARGANI, *Dal Corpus Delicti...*, cit., p. 388.

[671] ERNST BELING, *Die Lehre vom Verbrechen*, Tübingen, 1906, cap. V; ALBERTO GARGANI, *Dal Corpus Delicti...*, cit., p. 410.

[672] CAVALEIRO DE FERREIRA, *A Tipicidade...*, cit., (pp. 60 e ss., espec. 62-64).

[673] Isto significa que a essência do *Tatbestand* é meramente descritiva e que a verificação do preenchimento de um *Tatbestand* não permite retirar ainda nenhuma conclusão quanto ao cometimento de uma infracção: V. BELING, *Die Lehre vom Verbrechen*, cit., p. 112; ALBERTO GARGANI, *Dal Corpus Delicti...*, cit., pp. 434-435.

[674] ERNST BELING, *Die Lehre vom Verbrechen*, cit., p. 110. "O *Tatbestand* é colocado por Beling no centro do conceito de infracção em torno do qual se reagrupam os restantes elementos": ALBERTO GARGANI, *Dal Corpus Delicti...*, cit., p. 432. Como refere ainda Gargani, Beling, em *Die Lehre vom Verbrechen*, distingue o conceito puro de

de *Tatbestand* do século XIX que correspondia à conduta ilícita, culposa e ameaçada de pena[675].

Neste modelo silogístico de Beling, declarativo da aplicação do Direito, e ligado a um positivismo científico, os elementos da infracção são rigorosamente determinados e a dogmática jurídica é despida de considerações filosóficas, psicológicas e sociológicas[676]. Os *Tatbestände* criados pelo Direito positivo permitem delinear os contornos dos tipos de delito (*den Umriss des Verbrechenstypus*), não existindo já "delitos naturais", mas apenas aqueles previstos na lei, mesmo que a conduta seja ilícita e culposa[677].

Tal como refere o próprio Beling em *Die Lehre vom Verbrechen*, o objectivo da investigação é o de elevar o conceito de *Tatbestand* a conceito fundamental do Direito Penal[678]: "nenhuma infracção sem conformidade ao *Tatbestand*"[679]. O conceito de *Tatbestand* tem como finalidade atingir um elevado grau de certeza na aplicação do Direito, no contexto de um Direito constituído por conceitos simples e controláveis, e onde a liberdade do indivíduo é um valor fundamental[680]. Este princípio da liberdade postula, por seu turno, que das descrições das infracções sejam excluídos os conceitos indeterminados, que necessitem de juízos valorativos no momento da aplicação, devendo por isso o *Tatbestand* legal ser constituído por conceitos descritivos, que fazem parte de um sistema fechado[681].

Tatbestand (o qual não tem significado autónomo, mas é um conceito de referência da conduta, e por isso válido para todas as espécies de infracção), do *Tatbestand* concreto ("ou seja, o *Tatbestand* que identifica a existência de uma conduta conforme ao *Tatbestand*, isto é, a realização do *Tatbestand*"); destes dois distingue-se ainda a "conduta conforme ao *Tatbestand* (*Tatbestandsmässigen Handlung*)" (ALBERTO GARGANI, *Dal Corpus Delicti*..., cit., pp. 432, 434 e 435).

[675] CAVALEIRO DE FERREIRA, *A Tipicidade*..., cit., pp. 8 e ss., 54-55 e 62 e ss., espec. 64; ALBERTO GARGANI, *Dal Corpus delicti*..., cit., p. 446.

[676] CAVALEIRO DE FERREIRA, *A Tipicidade*..., cit., pp. 7-8; ALBERTO GARGANI, *Dal Corpus Delicti*..., cit., pp. 402-405.

[677] ERNST BELING, *Die Lehre vom Verbrechen*, cit., p. 21; ALBERTO GARGANI, *Dal Corpus Delicti*..., cit., p. 421.

[678] ALBERTO GARGANI, *Dal Corpus Delicti*..., cit., p. 410. Beling desenvolve o conceito de *Tatbestand* em vários trabalhos, nomeadamente, em *Grundzüge des Strafrechts*, Tübingen, 1920, *Die Lehre vom Verbrechen*, cit., 1906 e *Die Lehre vom Tatbestand*, Tübingen, 1930.

[679] *Kein Verbrechen ohne Tatbestand*: ERNST BELING, *Die Lehre vom Verbrechen*, cit., p. 23.

[680] ALBERTO GARGANI, *Dal Corpus Delicti*..., cit., p. 406.

[681] ALBERTO GARGANI, *Dal Corpus Delicti*..., cit., pp. 406-407.

O *Tatbestand*, descritivo e avalorativo, passou a ser o facto na sua acepção material e objectiva, constituindo o instrumento fundamental para a verificação da correspondência da conduta humana ao tipo legal. Beling retira qualquer conteúdo à conduta, atribuindo essa função aos *Tatbestände* individuais que abarcam em si o conteúdo das várias condutas, o que permite distingui-las.

Independentemente da discussão que ocorre quanto à origem processual ou substantiva do *Tatbestand* belinguiano, acentua-se aqui a sua grande ligação ao jus-positivismo (exteriorização do Direito), ao ideal do Estado de Direito e à sua configuração de pendor garantístico[682]. O princípio da legalidade enunciado no código penal alemão é, para Beling, a garantia da segurança e da certeza jurídica, concretizada pelos tipos de crimes (*Deliktstypen*)[683]. Enquanto o princípio *nullum crimen sine lege*, no século XIX, tinha um sentido fundamentalmente político-criminal, com Beling passou a ser objecto da dogmática penal, e, embora no século XIX se fizesse referência ao *Tatbestand* da conduta, o princípio de que a infracção só ocorre quando a conduta corresponde ao *Tatbestand* é consolidado com Beling, e por isso a noção de "conformidade ao *Tatbestand*"[684] ou tipicidade da conduta é um princípio desenvolvido também por Beling[685]. Neste *Die Lehre vom Verbrechen*, Beling refere-se, indiferentemente, a *Tatbestand* e a *Typus* (referindo-se também a *Typizität*)[686], com o mesmo sentido, isto é, formulação positiva dos *Tatbestände* que constituem infracção. Também há referências à tipificação legal do Direito Penal, com o sentido de concretização ou desenvolvimento normativo.

Esta concepção belinguiana de *Tatbestand*, por ser meramente descritiva e avalorativa, foi logo em seguida objecto de muitas críticas, às quais Beling tenta responder em *Die Lehre vom Tatbestand* (1930). Nesta monografia, Beling distingue entre *Tatbestand* e *Typus* considerando que o primeiro é "regulador, mas não constitutivo do tipo de delito"[687]. O tipo

---

[682] ALBERTO GARGANI, *Dal Corpus Delicti...*, cit., pp. 73-74 e ss..
[683] ALBERTO GARGANI, *Dal Corpus Delicti...*, cit., pp. 402-403.
[684] I.e., *Tatbestandsmässigkeit*.
[685] ALBERTO GARGANI, *Dal Corpus Delicti...*, cit., p. 403.
[686] "Sob uma ameaça de pena recaem apenas os tipos de infracção precisamente formulados pelo Direito positivo": "Unter eine Strafdrohung fallen nur die positivrechtlich fest formulierten Verbrechenstypen"; e "nenhuma infracção sem *Tatbestand*": "Kein Verbrechen ohne *Tatbestand*": ERNST BELING, *Die Lehre vom Verbrechen*, cit., p. 23.
[687] ERNST BELING, *Die Lehre vom Tatbestand*, cit., 1930, p. 4; ALBERTO GARGANI, *Dal Corpus Delicti...*, cit., p. 452. A diferença entre *Tatbestand* legal penal e tipo de delito

de delito (Deliktypus) é agora definido pelo autor como "a acção tipicamente ilícita e tipicamente culpável, desde que não exista uma causa legal (objectiva) de exclusão da pena. Ao desaparecer, assim, o *Tatbestand* da definição de delito, o seu significado não padece nada"[688]. É o tipo de delito (*Deliktstyp*) que compreende todos os elementos exteriores e interiores que constituem a acção, que exprime a valoração subjacente à escolha do legislador[689], e que cumpre a função de assegurar a legalidade substancial, pois "não há dúvida, perante o que diz o § 2.° do Código penal (...) que a conduta ilícita culpável só é punível, segundo o nosso Direito positivo, de acordo com a pauta e na medida estabelecida pelas cominações penais da lei. Estas influem de tal forma na definição de delito que só os tipos de conduta compreendidos nelas caem dentro da punibilidade (...). A tipicidade (*Typizität*) é pois um elemento essencial do delito"[690]. O conceito de *Tatbestand* mantém a sua função central no Direito Penal (de conceito funcional, sem conteúdo próprio, situado no vértice do sistema)[691],

---

é também desenvolvida por Beling na 11.ª edição do *Grundzüge des Strafrechts – mit einer Anleitung zur Bearbeitung von Strafrechtsfällen*, Tübingen, 1930, § 16. Em *Grundzüge*..., cit., Beling torna a atribuir um carácter neutro e funcional ao *Tatbestand* ("função dos distintos conteúdos como "esquema" para o tipo de delito correspondente" – § 16; "todo o *Tatbestand* traça fundamentalmente o quadro abstracto de um acontecimento vital de determinada classe, e espera que o exame dos factos humanos estabeleça se estes correspondem a esse quadro" (IDEM); "O *Tatbestand* legal é um conceito fundamental para todo o Direito Penal. A sua importância não se limita a constituir o esquema unitário para cada tipo de delito autónomo" – IDEM (mas também, por exemplo, para compreender a essência de tipos subordinados: IDEM). Beling critica a utilização do conceito de *Tatbestand* com outros sentidos, tais como "caso concreto a julgar", "conceito de delito", "tipo de delito", "*Tatbestand* subjectivo", "as palavras literal e externamente textuais" (*Grundzüge*..., cit., § 16). E Beling volta aqui a afirmar que o *Tatbestand* legal é "apenas o esquema comum para os elementos do delito, um quadro somente "regulativo" para os elementos do tipo" (IDEM); "... o *Tatbestand* legal penal é apenas o esquema reitor para a ilicitude" (IDEM).
[688] ERNST BELING, *Die Lehre vom Tatbestand*, cit., p. 19.
[689] ERNST BELING, *Die Lehre vom Tatbestand*, cit., pp. 2-3.
[690] ERNST BELING, *Die Lehre vom Tatbestand*, cit., pp. 1-2.
[691] ERNST BELING, *Die Lehre vom Verbrechen*, cit., p. 5; ALBERTO GARGANI, *Dal Corpus Delicti*..., cit., p. 452. Como refere Beling, "o quadro reitor é o *Tatbestand*" (IDEM, p. 4); não concordamos pois com Gargani, quando distingue entre *Tatbestand* e *Leitbild*. Neste esquema piramidal, segundo Gargani, encontramos sob o *Tatbestand*, "o *Leitbild* (quadro dominante) que identifica o quadro representativo, dominante, directivo, puro e abstracto de um tipo de infracção...". E o tipo de delito (*Deliktypus*) constitui na interpretação de Gargani o terceiro conceito que compreende em si todos os elementos (interiores e exteriores) que individualizam cada infracção" (ALBERTO GARGANI, IDEM, pp. 452-453; V., IDEM, p. 454).

e que permite sintetizar "o significado do conteúdo lógico de todos os tipos de delito"[692]. "O tipo de delito não é o *Tatbestand* legal, mas este é o quadro reitor que antecede aquele", que unifica os diferentes elementos constitutivos do tipo de delito[693]. O *Tatbestand* continua a ser uma noção avalorativa, descritiva e funcional, mas mais abstracta do que anteriormente, pois, como se referiu, já não constitui um elemento do tipo de delito[694]. Assim, Beling afasta a noção de *Tatbestand* dos tipos de infracção da parte especial, e renuncia também à função de conformidade ao *Tatbestand (Tatbestandsmässigkeit)*, optando pela expressão "*Typizität*" (conformidade ao tipo)[695].

Em Beling, já em *Die Lehre vom Verbrechen*, o significado de "tipo de delito" aproxima-se dos tipos de Engisch, relacionados com o pensamento concretizador, pois Beling parte do princípio que o Direito Penal seu contemporâneo está cunhado de tipos (*Typen*) e que por isso a tipicidade (*Tipizität*) é uma característica do delito[696]. É curioso verificar que são esses tipos de delito que, ao mesmo tempo, servem o princípio da legalidade (*Unrechtstypen* – tipos de injusto, actos ilícitos, que, verificando-se o elemento de culpabilidade se convertem em tipos de delito), enquanto os outros autores se referem a *Unrechtstatbestände* – *Tatbestände* de ilícito, uma vez que "toda a conduta que não possa incluir-se entre os tipos descritos na lei – o atípico – por muito injusta e culpável que seja, é uma conduta não punível"[697].

Die Lehre vom Tatbestand não consegue evitar a revisão da concepção belinguiana de infracção conduzida por uma dogmática teleológica do Direito Penal do período entre as duas grandes guerras[698],

---

[692] ALBERTO GARGANI, *Dal Corpus Delicti*..., cit., p. 458.
[693] ERNST BELING, *Die Lehre vom Tatbestand*, cit., pp. 18, 3; 4.
[694] ERNST BELING, *Die Lehre vom Tatbestand*, cit., pp. 9, 10-12., 19 e 20.
[695] Consequentemente, Beling adopta uma nova definição de infracção: "conduta típica, ilícita e culposa que não contenha um motivo de exclusão da pena": *Die Lehre vom Tatbestand*, cit., p. 19; ALBERTO GARGANI, *Dal Corpus Delicti*..., cit., p. 460. Como salienta GARGANI (IDEM, p. 460-461), *Die Lehre vom Tatbestand* é uma tentativa de defender a perspectiva objectivista, depois das críticas que foram feitas a *Die Lehre vom Verbrechen*, embora seja menos claro e menos funcional que este.
[696] ERNST BELING, Die *Lehre vom Verbrechen*, cit., pp. 5 e ss..
V. também, essa referência em *Die Lehre vom Tatbestand*, cit., p. 18.
[697] ERNST BELING, *Die Lehre vom Tatbestand*, cit., p. 2.
[698] CAVALEIRO DE FERREIRA, *A Tipicidade*..., cit., p. 66 (e páginas ss.); ALBERTO GARGANI, *Dal Corpus Delicti*..., cit., pp. 461 e ss..

para a qual o *Tatbestand* se identifica com a "ilicitude tipificada", ou com a "soma dos elementos constitutivos da ilicitude implicando em si a preexistência da realidade substancial do ilícito respeitante ao acto de tipificação legislativa"[699], "uma manifestação estrutural de elementos de valor... (que) ... faz com que a conformidade ao tipo e a ilicitude sejam considerados como duas entidades integradas e indivisíveis"[700]. Como destaca Gargani, os penalistas anti-liberais põem em causa o conceito de *Tatbestand* rejeitando-o pela sua abstracção irrealista[701]. A seguir à segunda grande guerra, a crise do *Tatbestand* agrava-se pela multiplicidade de significados que o caracteriza, apesar de todos eles enquadrarem o *Tatbestand* como uma categoria substancial da infracção[702], e podendo observar-se que os significados variam consoante a função atribuída[703].

É hoje corrente falar-se na crise dos *Tatbestände* penais fechados e da tipicidade taxativa, desenvolvidos a partir de Beling, e também relacionados com a reserva de lei – devido à crescente utilização de conceitos jurídicos indeterminados. A denúncia dessa crise foi assinalada nos anos vinte, por Albert Hensel. Num estudo sobre o Direito Fiscal, o autor utilizou também exemplos de abertura dos *Tatbestände* no Direito de Polícia e no Direito Penal e Processo Penal (para além de exemplos de abertura dos *Tatbestände* fiscais). Embora tal estudo tivesse sido realizado numa época de crise económica, o seu mérito é enorme, pois são invocados argumentos muito lúcidos relacionados com tal situação e com a evolução do Estado de Direito (e apesar de todas as contradições de Hensel a que nos referiremos ao longo do texto)[704]. Hensel referiu-se a uma crise do modelo de Estado de Direito, ligado tradicionalmente à reserva de lei no Direito Público, em que a actividade administrativa seria meramente executiva, e controlada pelos tribunais.

---

[699] ALBERTO GARGANI, *Dal Corpus Delicti...*, cit., p. 462.

[700] ALBERTO GARGANI, *Dal Corpus Delicti...*, cit., p. 465 (referindo-se a M. E. Mayer e Erik Wolf). V. ERIK WOLF, "Die Typen...", cit., por ex., pp. 5-12.

[701] Dahm, "Verbrechen und Tatbestand", *Grundfragen der neuen Rechtswissenschaft*, Berlin, 1935, p. 91, Apud ALBERTO GARGANI, *Dal Corpus Delicti...*, cit., pp. 466-467.

[702] ALBERTO GARGANI, *Dal Corpus Delicti...*, cit., pp. 467 e ss.; como já acontecia no período de entre – guerras, como nos diz CAVALEIRO DE FERREIRA, *A Tipicidade...*, cit., pp. 65 e ss..

[703] ALBERTO GARGANI, *Dal Corpus Delicti...*, cit., p. 469.

[704] ALBERT HENSEL, "Die Abänderung des Steuertatbestandes...", pp. 39, 40 e ss..

O aparecimento da tipicidade penal, enquanto descrição legal pormenorizada de uma determinada infracção, está também relacionado com o procedimento legislativo de abstracção generalizadora e com a concepção formal de infracção, i.e., separada de valorações morais ou religiosas[705]. Lei geral e abstracta e tipicidade, enquanto conteúdo do princípio da legalidade, surgem assim originariamente interligados no Direito Penal (enquanto as teorias do pensamento tipológico e do tipo como método normativo ligado à ideia de concreto, foram só desenvolvidas no século XX).

Ora bem, o princípio da legalidade em sentido restrito, enquanto reserva de lei e precedência de lei, corresponde ao que hoje designamos no Direito Constitucional por legalidade formal, enquanto o princípio da tipicidade se aproxima do que se designa por legalidade substancial[706] e implica ainda uma atitude valorativa quanto à escolha dos factos da vida (bens e interesses) que devem ser objecto de descrição legal. Tipicidade, neste sentido, opõe-se ao método casuístico de valoração jurídica de factos[707].

---

[705] V. ALBERTO GARGANI, *Dal Corpus Delicti...*, cit., p. 22 e ss.; como diz Gargani, "o período histórico de afirmação da tipificação das infracções é, de facto, caracterizado pela passagem da repressão de comportamentos punitivos segundo a lei divina à repressão apenas dos comportamentos lesivos de bens individuais e colectivos", p. 27.

[706] Referindo-se ao princípio da tipicidade como um princípio de reserva material ou conteudística, CASALTA NABAIS, *O Dever fundamental...*, cit., p. 345. No mesmo sentido, embora considerando que a tipicidade exclui a discricionariedade (posição com a qual não concordamos como teremos ocasião de desenvolver adiante), HANS-JÜRGEN PAPIER, *Die finanzrechtlichen Gesetzesvorbehalte...*, cit., pp. 153 e ss.; e HEINRICH WILHELM KRUSE, *Lehrbuch des Steuerrechts, I*, cit., 1991, pp. 54-56; e já em 1947, GERHARD WACKE ("Gesetzmässigkeit und Gleichmässigkeit, Die drei Arten der gleichmässigkeit als Auflösung des gesetzlichen Tatbestandes", *StuW*, 1947, p. 26) considerava que "...a tipicidade é o verdadeiro conteúdo da legalidade"; também no mesmo sentido, JOHANNES A. BRINKMANN, *Tatbestandsmässigkeit der Besteuerung und formeller Gesetzesbegriff*, Köln, 1982, p. 7: "A tipicidade é o verdadeiro conteúdo do princípio da legalidade da tributação". Com esta definição, Brinkmann vai porém mais longe do que nós, pois o desrespeito pela tipicidade parece implicar o desrespeito pela legalidade; no mesmo sentido de Brinkmann, HARTMUT HAHN, *Die Grundsätze der Gesetzmässigkeit...*, cit., pp. 87-88. Cf., ainda, OTTMAR BÜHLER/STRICKRODT, *Steuerrecht, Grundriss in zwei Bänden, Allgemeines Steuerrecht*, I, 3.ª ed., Wiesbaden, 1960, p. 93.

[707] ALBERTO GARGANI, *Dal Corpus Delicti...*, cit., p. 26.

3.2. Resenha histórica das noções de Tatbestand e de tipicidade no Direito Fiscal: a tipicidade fechada e os conceitos jurídicos indeterminados

O significado de *Tatbestand* de imposto, introduzido no Direito Fiscal nos anos vinte, está relativamente próximo do primeiro conceito belinguiano de *Tatbestand*, ainda que o seu perfil revele uma concepção menos positivista da legalidade[708], e seja mais próximo de Beling se pensarmos nas suas virtudes sistemático-descritivas para a teoria do imposto. Encontramos formulado, já nessa altura, um *Tatbestand* valorativo e não meramente descritivo de imposto, ligado à tipicidade vital subjacente, pois, encontram-se referências ao facto de a aplicação do *Tatbestand* (legal) implicar o recurso ao tipo económico subjacente e ao princípio da igualdade[709].

Apesar das diferentes funções do *Tatbestand* fiscal e do princípio da tipicidade dos impostos, ele desenvolve-se na literatura e na jurisprudência sempre relacionado com o princípio da legalidade[710], sendo identifi-

---

[708] Porque é admitida uma abertura do *Tatbestand* de garantia através de cláusulas gerais e conceitos jurídicos indeterminados. No entanto, se o *Tatbestand* de Beling já não é "o conjunto de elementos que concorrem para a integração do crime" (CAVALEIRO DE FERREIRA, *A Tipicidade...*, cit., p. 51), mas apenas uma parte desses elementos (os supostamente objectivos) – o *Tatbestand* é para Beling o conjunto de "tópicos estruturais a que deve corresponder a acção, desprezando minúcias e pormenores" (IDEM, p. 14) e distingue-se de valorações que integram a anti-juridicidade (a ilicitude) e a culpa (IDEM, pp. 29-30).

[709] ALBERT HENSEL, "Die Abänderung des Steuertatbestandes...", cit., p. 49. Em "Der Einfluß des Steuerrechts...", cit., pp. 90-91 e em "Verfassungsrechtliche Bindungen des Steuergesetzgebers", *Vierteljahresschrift für Steuer – und Finanzrecht*, 1930, pp. 474--475, HENSEL relaciona expressamente o *Tatbestand* de imposto com os tipos jurídicos: Diz-nos o autor neste último artigo que "cada *Tatbestand* de imposto contém tipos jurídicos simplificados, que, em regra, são suficientes (pelo menos devem ser suficientes), para abranger a vida económica na sua conformação normal, relativamente aos pontos que são entendidos como essenciais para a tributação" (p. 474). E já depois da segunda guerra, ligando também o *Tatbestand* às manifestações de riqueza, WERNER APRATH, "Zur Lehre vom Steuerlichen Tatbestand", *Gegenwartsfragen des Steuerrechts*, FS für Armin Spitaler, Hrsg. Gerard Thoma, Köln, 1958, pp. 129 e ss..

[710] V., por exemplo, OTTO MAYER, *Deutsches Verwaltungsrecht*, cit., 3.ª ed., pp. 316 e ss.; ERNST BLUMENSTEIN, "Beiträge zur Finanzwissenschaft", *Festgabe für Georg von Schanz zum 75. Geburtstag*, Bd. II, Hrsg. Hans Teschemacher, Tübingen, 1928, pp. 16 e ss.; ROLF KÜHN, *Allgemeines Steuerrecht einschließlich des Steuerstrafrechts*, Berlin, 1938, pp. 36-37; WERNER FLUME, "Gesetzlicher Steuertatbestand und Grenztatbestand", *Gesammelte Schriften*, Bd. II, Köln, 1988 (1967/68), pp. 286 e ss.. Mencionando esta

cado como um "elemento estrutural caracterizador de um Direito Fiscal do Estado de Direito"[711].

Lembre-se que a primeira *Abgabenordnung* incluía na própria definição de imposto a sua criação por lei (o mesmo fazendo a actual *AO* no § 3.º n.º 1, utilizando uma fórmula muito parecida): "impostos são, no sentido da *AO*, prestações pecuniárias únicas ou periódicas, que não constituam uma contraprestação individualizada e que sejam lançados para obter receitas, e que resultem do preenchimento do *Tatbestand* do qual emana o dever legal de prestar"[712], e daí a referida relação entre *Tatbestand* e princípio da legalidade.

Com base nesta e em outras disposições da *AO* (nomeadamente, a do § 81, segundo a qual o nascimento da obrigação fiscal decorre directamente da lei), Hensel veio pôr em causa a relação jurídica fiscal como uma relação de poder, defendendo tratar-se de uma "relação jurídica legal de Direito Público"[713] – ideias progressistas, às quais se opôs vivamente Ottmar Bühler[714].

Embora Hensel defendesse uma reserva de lei fiscal para os elementos do *Tatbestand,* repare-se ainda que lei era entendida, no âmbito da primeira *AO,* como qualquer norma jurídica autorizada por lei e não apenas como lei formal: isto é, a reserva de lei era compatível com auto-

---

ligação, HARTMUT HAHN, *Die Grundsätze der Gesetzmässigkeit...*, cit., pp. 18-19 e ss.; e HEINRICH WILHELM KRUSE, *Lehrbuch des Steuerrechts,I,* cit., 1991, pp. 54-56.

[711] *BVerfGE* 19, pp. 253, 267; OTTMAR BÜHLER e GEORG STRICKRODT, *Steuerrecht...*, I, cit., 3.ª ed., 1960, p. 213; HANS-JÜRGEN PAPIER, *Die finanzrechtlichen Gesetzesvorbehalte...,* cit., p. 153; RUDOLF WEBER-FAS, "Finanzgerichtsbarkeit...", cit., pp. 1949-1951; JOHANNES BRINKMANN, *Tatbestand*smässigkeit *der Besteuerung...,* cit., p. 2; HEINRICH WILHELM KRUSE, *Lehrbuch des Steuerrechts,* I, cit., pp. 54-55; KLAUS TIPKE, *Die Steuerrechtsordnung, I,* cit., 2.ª ed., pp. 120 e ss. (implicitamente); KLAUS TIPKE/JOACHIM LANG, *Steuerrecht,* cit., 17.ª ed., pp. 97 e ss.; JÖRG BEHRENDS, *Die Lehre vom Steuertatbestand...,* cit., pp. 77-78; ALBERT HENSEL foi o primeiro a fazer essa ligação como referimos já a seguir.

[712] O facto de a *AO* ter optado por definir um conceito era contestado pela doutrina: HANS NAWIASKY, "Beiträge zur Theorie des Steuerrechts", *DStBl,* 1925, pp. 251-252 e ss..

[713] ALBERT HENSEL, "Der Einfluß des Steuerrechts...", cit., pp. 79-83 e ss.. V. a influência imediata de Hensel num seu contemporâneo (GEORG STRUTZ), que se baseia nas posições de Hensel sobre a relação jurídica tributária (relação de Direito Público e não de poder), para defender a necessidade de uma protecção jurídica alargada no Direito Fiscal: "Die Entwicklung des Steuerrechtsschutzes", *Beiträge zur Finanzwissenschaft,* Hrsg. Hans Teschemacher, Bd. II, Tübingen, 1928, pp. 323 e ss..

[714] OTTMAR BÜHLER, "Der Einfluß des Steuerrechts...", cit, pp. 105-107 e ss..

rizações legislativas, em que os regulamentos desenvolvessem a disciplina legal[715].

No pós Segunda Guerra, o princípio da tipicidade fiscal é interpretado de forma mais exigente: a pretensão e a obrigação de imposto resultam de lei (formal) prévia que descreve o *Tatbestand* (os elementos essenciais) desse mesmo imposto[716].

Como já referiu entre nós Alberto Xavier, é Albert Hensel que introduz a noção de *Tatbestand* do imposto no seu manual[717]. E como já escrevemos na introdução a este capítulo, o termo *Tatbestand* aparece logo na primeira edição do manual (1924).

Nessa edição, Hensel designa a Primeira Parte de "A doutrina do *Tatbestand*" dividindo-a nos seguintes capítulos: "O lado pessoal do *Tatbestand* de imposto"; "O lado material do *Tatbestand* de imposto"; "A medida do imposto, em especial a avaliação"; e "Os impostos individualmente considerados"[718]. Embora o autor ainda não defina nesta edi-

---

[715] ENNO BECKER, *Die Grundlagen der Einkommensteuer*, München, Berlin, 1940, p. 139; HANS NAWIASKY, "Beiträge zur Theorie des Steuerrechts", cit., p. 257; HANS--JÜRGEN PAPIER, *Die finanzrechtlichen Gesetzesvorbehalte...*, cit., pp. 17-18.

[716] Assim, V. sobre esta posição da doutrina, HANS-JÜRGEN PAPIER, *Die finanzrechtlichen Gesetzesvorbehalte...*, cit., pp. 15-16, embora o autor refira que os regulamentos e até o Direito consuetudinário têm sido fontes de obrigações fiscais (pp. 16-17); e mais restritivamente, entendendo que não pode haver autorizações legislativas quanto aos elementos essenciais do imposto ao abrigo do art. 80 da *GG*, porque a "finalidade" da lei de autorização não pode ser definida (porque as leis fiscais prosseguiriam apenas e sempre a finalidade de arrecadação de receitas, fim esse inadequado para justificar a repartição da carga fiscal): KLAUS VOGEL/CHRISTIAN WALDHOFF, *Grundlagen...*, cit., pp. 309 e ss.; entre nós, ALBERTO XAVIER refere-se ao monopólio da lei formal para formar os "tipos tributários", e à origem normativa da tipicidade: *Os Princípios da legalidade e da tipicidade da tributação*, São Paulo, 1978, pp. 70-72. Mas nem toda a doutrina do pós-guerra defendeu a impossibilidade de autorizações legislativas em matéria fiscal: V., por ex., ARMIN SPITALER, "Die Ermächtigung an die Vollzugsgewalt im Steuerrecht", *FR*, 1954, pp. 442 e ss..

[717] ALBERTO XAVIER, *Conceito e natureza...*, cit., pp. 264-265; *Os Princípios da legalidade e da tipicidade...*, cit., 1978, pp. 58-59. Embora outros autores, como BALL e MIRBT já tivessem identificado os elementos do *Tatbestand* de imposto, como lembra JÖRG BEHRENDS (*Die Lehre vom Steuertatbestand...*, cit., pp. 79-80), é Hensel que os relaciona com o Estado de Direito e a legalidade. Cf., ainda, a 4.ª ed. de KURT BALL, *Einführung in das Steuerrecht*, Manheim, Berlin, Leipzig, 1927, pp. 98-136 (onde o autor trata do "*Tatbestand* de imposto": Capítulo 2, "Direito Administrativo dos impostos", Parte 2, Subcapítulo 1, "A pretensão fiscal do Estado"); a primeira edição é de 1920.

[718] *Steuerrecht*, cit., cf. pp. 32 e ss. 47 e s., 49 e ss., 60 e ss., 64 e ss., 84 e ss.: já tínhamos feito esta referência em nota de pé de página.

ção o conceito de "*Tatbestand* de imposto" de modo expresso, podemos dizer que ele resulta da soma dos seus elementos enunciados nos títulos dos capítulos, e desenvolvidos nestes.

No prefácio à segunda edição do manual (1927), Hensel invoca a crise do Estado de Direito na Alemanha, especialmente visível no Direito Fiscal, em que a situação de inflação tem inevitáveis repercussões[719] no próprio conceito de lei. Em todo o caso, ainda no prefácio, Hensel defende que a transformação do conceito de lei (no contexto do princípio da reserva de lei fiscal, embora o autor não o refira expressamente) vai no sentido do desenvolvimento de um conceito anteriormente estagnado, e não no sentido de uma extinção do mesmo. Assim, Hensel enfatiza que o seu manual tem como linha orientadora "o Estado de Direito e o Direito Fiscal", e o conceito de *Tatbestand* que aparece na parte segunda, ao lado da relação obrigacional fiscal, permite identificar os elementos essenciais dos impostos (elementos do *Tatbestand* de garantia), constituindo um instrumento para a juridificação da relação obrigacional fiscal[720].

Mais do que isso, o *Tatbestand* permite distinguir a relação obrigacional fiscal da relação obrigacional em sentido estrito (i.e. de Direito Privado) e, principalmente, negar a caracterização da relação fiscal como uma mera relação de poder. Por um lado, o *Tatbestand* no Direito Fiscal obrigacional substitui a autonomia privada do Direito das Obrigações, e, por outro lado, também a administração fiscal está sujeita à lei de imposto, apesar de ter uma pretensão a que corresponde uma obrigação (prestação) unilateral[721]. É o *Tatbestand* que permite, segundo Hensel, designar a relação jurídica fiscal ainda como relação obrigacional, pelo equilíbrio que a lei traz à relação entre credor e devedor[722].

Isto não quer dizer que a relação jurídica fiscal seja uma relação de Direito Privado, nem sequer semelhante às relações de Direito Privado, como tentaram deduzir destas observações outros autores – alguns criti-

---

[719] ALBERT HENSEL, *Steuerrecht*, cit..
[720] *Steuerrecht*, cit., 1927, 2.ª ed., pp. 42 e ss. (espec. 42-48). A 3.ª edição, de 1933, mantém esta estrutura e o autor não introduz alterações ao conceito de *Tatbestand*.
[721] V. ALBERT HENSEL, *Steuerrecht*, cit., 2.ª ed., p. 42.
[722] ALBERT HENSEL, *Steuerrecht*, cit., 2.ª ed., p. 43; e "Der Einfluß des Steuerrechts...", cit., (1927), pp. 80 e ss. (76 e ss.). É Hensel que tem influência sobre a doutrina italiana, e que está na origem do reconhecimento do "carácter jurídico das normas fiscais": fazendo referência à doutrina italiana que passou a reconhecer esse carácter jurídico às normas fiscais, no final dos anos trinta, DIOGO LEITE DE CAMPOS, "Interpretação das normas fiscais", *Problemas fundamentais do Direito Tributário*, Lisboa, 1999, pp. 19 e ss..

cando, e outros desenvolvendo nesse sentido as suas posições[723]. Assim, a partir de uma suposta reserva absoluta de lei fiscal, que significaria uma determinação exclusiva e imediata da relação fiscal por lei, alguns autores negaram qualquer poder de conformação ao fisco, e equipararam a relação jurídica de imposto às relações de Direito Privado, por contraposição ao "poder da Polícia". Relação de poder e relação jurídica opor-se-iam[724], e no caso da actuação policial só a constituição e a delimitação da mesma estariam previstas na lei[725]. No Direito Fiscal, a ausência de poderes administrativos de conformação seria o bastante para igualar a posição da administração fiscal à de qualquer credor privado. O facto de a administração ser titular do crédito e ela própria executora da pre-

---

[723] Também Bühler se refere aos contornos de Estado de Direito que caracterizam o Direito Fiscal alemão desde o último quartel do século XIX, quando foi introduzida a jurisdição administrativa, Estado esse reforçado pela *Reichsabgabenordnung* de 1919 de Enno Becker, onde se introduziram e garantiram direitos formais ao contribuinte. Mas, por um lado, não relaciona essa sujeição do Direito Fiscal ao Estado de Direito, com o princípio da tipicidade. Por outro lado, também ao contrário de Hensel, Bühler caracteriza a obrigação fiscal como uma relação de poder: assim, em relação à obrigação fiscal, não se verificariam alterações substanciais consoante as épocas constitucionais mais ou menos autoritárias, OTTMAR BÜHLER, "Finanzgewalt im Wandel der Verfassungen", *FS für Richard Thoma zum 75. Geburtstag*, Tübingen, 1950, pp. 4-6. Na p. 4 diz o autor que "... o interessante é... que também num Estado em que não foram tomadas em consideração as vinculações de Estado de Direito no ramo do Direito da Polícia, como fez o Estado de Hitler, nunca um tal desenvolvimento tenha ocorrido no domínio da administração fiscal, e que a administração fiscal nas quatro épocas constitucionais por que passámos, tenha actuado, numa medida impressionante, de acordo com os mesmo princípios". V. também de OTTMAR BÜHLER, *Steuerrecht, Allgemeiner Teil, I*, Wiesbaden, 1951, p. 3. Outros autores para além de Bühler, como é o caso de GÜNTHER FELIX, "Steuerrecht und Verwaltungsrecht", *FS für Armin Spitaler*, Hrsg. Gerhard Thoma, Köln, 1958, pp. 145 e ss., não aceitam a posição de Hensel, o que nos parece resultar de um menos correcto entendimento da posição do autor. Isto é, Hensel tem exactamente o mérito de demonstrar que a relação obrigacional fiscal, num Estado de Direito, não é uma mera relação de poder, utilizando para esse efeito o conceito de *Tatbestand* legal, mas não nos diz que ela não constitui uma relação de Direito Público. A designação de "relação obrigacional de imposto" não significa a sua equiparação à relação obrigacional de Direito Privado, e o autor refere-se a ela no contexto do Estado de Direito: este, através do *Tatbestand*, traz algum equilíbrio à relação. Também Kruse entende como nós o autor, pois refere a este propósito, que o objectivo de Hensel foi o de salientar o lado jurídico da questão (HANS WILHELM KRUSE, *Gesetzmässige Verwaltung...*, cit., p. 110).

[724] V., por exemplo, por todos, WERNER FLUME, *Steuerwesen und Rechtsordnung*, Göttingen, 1952, pp. 30 e ss..

[725] WERNER FLUME, *Steuerwesen und Rechtsordnung*, cit., pp. 31-32.

tensão fiscal diria apenas respeito a aspectos de procedimento e não jurídico-materiais[726].

Em Hensel, a construção do *Tatbestand* de garantia, ao qual se submeteria a actuação do poder estadual e do credor fiscal, é bastante atenuada por uma desvalorização do mesmo *Tatbestand*, quando o autor reconhece a crise do tradicional princípio da legalidade e aceita os amplos poderes conformadores da administração, atribuídos por autorização legislativa quer aos regulamentos quer aos actos tributários em sentido amplo.

Mas nenhum outro autor contemporâneo ou posterior a Hensel desenvolveu como ele a construção do *Tatbestand* de imposto, nem deixou tão importante legado nesta matéria[727]. Já Alberto Xavier chama a atenção

---

[726] V., por exemplo, MIRBT, "Beiträge zur Lehre vom Steuerschuldverhältnis", *FinArch* 1927, I, pp. 9 e ss.; GÜNTHER FELIX, "Steuerrecht und Verwaltungsrecht", cit., pp. 146 e ss.; WERNER FLUME, *Steuerwesen und Rechtsordnung*, cit., pp. 30 e ss.; ERNST BLUMENSTEIN, "Die Steuer als Rechtsverhältnis", *Beiträge zur Finanzwissenschaft, Festgabe für Georg von Schanz zum 75. Geburtstag*, Bd. II, Hrsg. Hans Teschemacher, Tübingen, 1928, pp. 16-17; nos anos trinta, houve também autores que reduziram toda a ordem jurídica ao Direito Público, por razões ideológicas: cf. ARNOLD LIEBISCH, *Steuerrecht und Privatrecht, Ein Beitrag zur Förderung der Rechtseinheit*, Köln, 1933, pp. 2 e ss., 27 e ss., e prefácio (III-IV); esclarecendo que a questão da natureza jurídica da relação obrigacional fiscal está hoje ultrapassada, porque ela tem natureza de Direito Público, mas não exclui o paralelo com a relação obrigacional do Direito Civil, HEINRICH WILHELM KRUSE, *Lehrbuch des Steuerrechts, I*, cit., 1991, pp. 93-95, e nota 11 da p. 93. V. também a referência à discussão que opôs partidários de uma relação jurídica fiscal semelhante à relação obrigacional de Direito Civil e partidários de uma relação jurídica fiscal de Direito Público, em HANS-JÜRGEN PAPIER, *Die finanzrechtlichen Gesetzesvorbehalte...*, cit., p. 156. Ainda hoje encontramos autores que defendem uma forte influência do Direito Civil na Teoria Geral do Imposto (ou Parte Geral do Direito Fiscal), como é o caso entre nós, de DIOGO LEITE DE CAMPOS: V. DIOGO LEITE DE CAMPOS, BENJAMIM SILVA RODRIGUES e LOPES DE SOUSA, *Lei Geral Tributária*, cit., 3.ª ed., pp. 75-76. E DIOGO LEITE DE CAMPOS, "Interpretação das normas fiscais", cit., p. 29: "Está errado, em princípio, afirmar que o Direito fiscal é um direito que pode ter a sua própria definição das instituições civis ou comerciais", e acrescentando que a negação da autonomia do Direito Fiscal é a tendência hoje dominante na doutrina (IDEM, pp. 25-31) – o que, salvo o devido respeito, não é verdade. Basta lembrar que o manual de Direito Fiscal mais lido e traduzido em toda a OCDE (o de TIPKE/LANG, *Steuerrecht*) diz justamente o oposto: V. a 17.ª ed., Köln, 2002, pp. 136-142.

[727] O estudo do *Tatbestand* de Hensel é um ponto de referência, como podemos ver na crítica que lhe faz KLAUS TIPKE, "Von der formalen...", cit., pp. 105 e ss.. E discordamos por isso totalmente do que escreve HARTMUT HAHN, que não entende a construção de Hensel, e a reduz a um conceito de *Tatbestand* tautológico e incompleto: "Também a investigação do conceito de *Tatbestand* aplicado na literatura não contribui nada para a questão

para a ausência de estudos dedicados ao assunto de forma sistemática e consistente[728].

Pelo contrário, a afirmação de um princípio fechado de tipicidade (tipicidade de garantia através de uma reserva absoluta – ou quase – de lei), embora muitas vezes sem uma base de construção dogmática e sem grandes fundamentações, é quase unânime na doutrina do pós Segunda Guerra, como reacção à ausência de legalidade do período nacional socialista[729]. O equilíbrio e a profundidade que encontramos em Hensel nos anos vinte, são também raros nos escritos do imediato pós-guerra[730].

Esse mesmo contraste existe nas edições do manual de Bühler, antes e no pós-guerra: assim, as posições deste autor, no seu manual de 1927, são relativamente próximas das de Hensel, quanto à admissibilidade da abertura da norma. Segundo Bühler, o princípio da tipicidade implicava que a administração fiscal não devia ter em mãos cláusulas gerais para a exigência de impostos, mas, ao mesmo tempo, o autor contrapõe a opinião dominante defensora de um princípio da legalidade da administração mais restrito no Direito Fiscal do que no restante domínio administrativo, à prática legislativa da época, que demonstrava o ruir daquela concepção legalista. A ideia de que cada acto fiscal ablativo teria de se fundamentar numa disposição legal específica e não genérica, e a inexistência de discricionariedade começou a ser contrariada pela prática legislativa anterior à primeira guerra mundial, situação que se agravara no final da guerra[731].

---

do conteúdo do princípio da tipicidade (...) aquilo que Hensel e Kruse e a demais literatura dizem sobre o *Tatbestand* fiscal não é mais nada senão uma definição de *Tatbestand*; estas afirmações encontram-se a propósito de qualquer *Tatbestand* de qualquer parte da ordem jurídica": *Die Grundsätze der Gesetzmässigkeit...*, cit., pp. 23-24.

[728] ALBERTO XAVIER, *Conceito e natureza...*, cit., pp. 263-264; *Os Princípios da legalidade e da tipicidade...*, cit., pp. 57-58.

[729] Com algumas excepções, como é o caso de ARMIN SPITALER, "Die Bindung der Finanzverwaltung an das Gesetz", *FR*, 1954, pp. 2 e ss., que critica as concepções positivistas no Direito Fiscal, nomeadamente, a de Flume, concepções essas que já teriam sido ultrapassadas no Direito Administrativo; e de GERHARD WACKE ("Gesetzmässigkeit und Gleichmässigkeit...", cit. (1947), pp. 22 e ss.), mas este autor desenvolveu a "doutrina do tipo" durante o nacional-socialismo. Outros autores defendiam, a par da tipicidade, a interpretação "segundo considerações económicas", conduzindo à abertura da tipicidade: por ex., VON WALLIS, "Die 'Beurteilung von Tabeständen' iS des § 1 Abs. 3 StAnpG", *FR*, 1965, 268-271.

[730] V. nota anterior.

[731] OTTMAR BÜHLER, *Lehrbuch des Steuerrechts in zwei selbständigen Bänden, Allgemeines Steuerrecht, I*, Berlin, 1927, pp. 64, 65 e ss. e 122.

Em 1951, Bühler refere-se a um princípio da tipicidade associado ao da legalidade, o qual teria caracterizado o Direito Fiscal alemão desde o final do século XIX (silenciando o período nacional-socialista). O princípio da legalidade exigiria um aprofundamento continuado do Direito Fiscal, muito maior do que no caso do Direito de Polícia, sendo neste ramo permitida a utilização de cláusulas gerais, o que seria proibido no Direito Fiscal: o princípio da legalidade fiscal conduziria à "tipicidade de cada uma das exigências fiscais"[732], excluindo os desagravamentos[733]. Em nenhum outro ramo do Direito Público, o princípio da tipicidade seria tão exigente como no Direito Fiscal, e cada uma das disposições legais teria o significado de uma norma-dever dirigida aos contribuintes ou à administração[734]. Estas afirmações tão peremptórias contrastam com a pobreza da fundamentação do *Tatbestand* de garantia, mas na edição de 1959 do manual (agora trabalhada por Strickrodt), a elaboração do *Tatbestand* de garantia retoma algum fôlego, e distingue-se em alguns aspectos das edições anteriores[735].

Assim, encontramos uma preocupação clara em equacionar a tipicidade juntamente com a igualdade fiscal. Resulta dessa ponderação conjunta uma nítida prevalência da tipicidade, mas o autor faz importantes concessões.

Em primeiro lugar, admitindo que a multiplicidade de situações da vida nem sempre pode ser convenientemente diferenciada por lei, caberia à administração um espaço de discricionariedade para estabelecer tais

---

[732] OTTMAR BÜHLER, "Finanzgewalt im Wandel...", cit., p. 4; *Steuerrecht, I*, cit., 1951, p. 3.

[733] OTTMAR BÜHLER, *Steuerrecht, I*, cit., 1951, pp. 38-39.

[734] OTTMAR BÜHLER, *Steuerrecht, I*, cit., 1951, pp. 38-39.

[735] V,. adiante, as referências à posição de Bühler e de Strickrodt, a propósito do princípio da determinação (OTTMAR BÜHLER/GEORG STRICKRODT, *Steuerrecht...*, I, 3.ª ed., cit., 1960, pp. 215 e ss.). Ainda assim, em 1951, podemos encontrar os corolários deste princípio da tipicidade fechado no conteúdo dos regulamentos, o qual não podia alterar o conteúdo da lei, mas complementá-lo, podendo a legalidade desses mesmos regulamentos ser objecto de controlo judicial: OTTMAR BÜHLER, *Steuerrecht, I*, cit., 1951, pp. 40-42. Saliente-se também que, ao contrário da doutrina dominante, Bühler reconhece, aqui bem como na edição de 1927 do manual (pp. 35 e ss.), e tal como Hensel, que os actos pararegulamentares têm efeitos junto dos cidadãos. Estes devem orientar-se pelos actos pararegulamentares, os quais têm um papel complementar à lei, embora não possam alargar as obrigações fiscais. Eles podem também ser impugnados junto dos tribunais (IDEM, pp. 41-42).

diferenciações, discricionariedade essa sujeita aos limites gerais, internos e externos[736].

Em segundo lugar, a administração disporia de uma margem de livre apreciação (que os autores não parecem distinguir da discricionariedade em sentido estrito) relativa a considerações de proporcionalidade, as quais limitariam a legalidade[737]. Todavia, "as fortes exigências da legalidade e da tipicidade no Direito Fiscal proibiriam sempre um tratamento menos favorável" para o sujeito passivo, do que o que resultaria da lei[738].

E em terceiro lugar, Strickrodt admite medidas de equidade, a tomar no âmbito da lei, as quais poderiam concretizar-se através de montantes forfetários (tipificantes e globalizantes[739]) e de acordos fiscais – embora a sua compatibilidade com a reserva de lei devesse ser averiguada caso a caso[740].

Com excepção destas situações, o autor proclama uma tipicidade muito fechada, pois rejeita a utilização pelo legislador de conceitos jurídicos indeterminados, com base na previsibilidade da carga de imposto, e princípios de segurança jurídica e Estado de Direito[741]: "cada norma de tributação apresenta uma medida que não pode ser substituída pela lógica, natureza das coisas, ou ponderações de justiça", e cada *Tatbestand* de imposto decorre do comando do legislador[742], devendo ser evitadas lacunas legais, de modo que as exigências de previsibilidade da carga fiscal estejam asseguradas não só do ponto de vista dos órgãos de aplicação da lei, como do ponto de vista do contribuinte[743].

Repare-se que autores como Kruse e Tipke, que defendem igualmente um princípio de tipicidade fiscal muito fechado, não se opõem à consagração de conceitos jurídicos indeterminados pelas leis fiscais,

---

[736] OTTMAR BÜHLER/GEORG STRICKRODT, *Steuerrecht...*, I, 3.ª ed., cit., 1960, pp. 214-215. Num curto artigo já citado atrás, também ARMIN SPITALER defende um espaço de liberdade do fisco, incluindo de discricionariedade, desde que conferido por lei (e respeitando esta), não distinguindo a actividade da administração fiscal em relação à restante administração, devendo também o fisco orientar-se pelo princípio da proporcionalidade: ARMIN SPITALER, "Die Bindung der Finanzverwaltung an das Gesetz", *FR*, 1954, pp. 2-4.
[737] BÜHLER/STRICKRODT, *Steuerrecht...*, I, 3.ª ed., cit., 1960, p. 219.
[738] BÜHLER/STRICKRODT, *Steuerrecht...*, I, 3.ª ed., cit., 1960, p. 214.
[739] Sobre estes conceitos, V. o último capítulo deste trabalho.
[740] BÜHLER/STRICKRODT, *Steuerrecht...*, I, 3.ª ed., cit., 1960, pp. 219-220.
[741] BÜHLER/STRICKRODT, *Steuerrecht...*, I, 3.ª ed., cit., 1960, p. 217.
[742] BÜHLER/STRICKRODT, *Steuerrecht...*, I, 3.ª ed., cit., 1960, pp. 216-217.
[743] BÜHLER/STRICKRODT, *Steuerrecht...*, I, 3.ª ed., cit., 1960, pp. 216-217.

embora considerem inconstitucionais os conceitos jurídicos muito indeterminados e as cláusulas gerais – uma vez que nestes casos o montante de imposto já não é previsível nem calculável – e critiquem a permissividade do Tribunal Constitucional alemão. Como desenvolveremos já de seguida, embora o Tribunal Constitucional alemão exija que o *Tatbestand* de imposto seja "suficientemente determinado e delimitado segundo o conteúdo, objecto, fim e medida", de modo que a carga fiscal seja previsível e calculável num determinado grau pelo contribuinte, na prática não declarou até hoje nenhuma norma fiscal inconstitucional por razões de indeterminação[744].

Neste périplo pela evolução doutrinária do conceito de tipicidade fiscal – e sem prejuízo do destaque que daremos à posição de Alberto Xavier –, cabe ainda uma referência a dois autores que muito marcam as novas gerações de fiscalistas: Klaus Tipke e Klaus Vogel[745].

No caso de Klaus Tipke, também ele se continua a referir a um princípio da tipicidade dos impostos, e dividindo as proposições jurídicas em previsão e estatuição acentua que, apesar da designação (*Tatbestandsmässigkeit*), a tipicidade se aplica a uma e a outra parte da norma: não só à previsão (*Tatbestand*), mas também às consequências jurídicas (*Rechtsfolge*). O ênfase que Tipke coloca nesta afirmação parece significar um alheamento do *Tatbestand* de garantia belinguiano.

Sem embargo, Tipke defende que o conteúdo do princípio da tipicidade fiscal se deve orientar pelo do Direito Penal, e que deve respeitar ao sujeito e objecto do imposto, à determinação da matéria tributável, à taxa de imposto e aos benefícios fiscais: estes elementos devem basear-se em lei formal[746] (o que no caso alemão significa lei do Parlamento, mas nos casos italiano e português abrange, como vimos, todos os actos legislativos); mais do que isso, Tipke considera, tal como entre nós Alberto Xavier, que as exigências da tipicidade fiscal são ainda maiores do que as da tipicidade penal, porque neste caso o juiz tem discricionariedade quanto à fixação da moldura penal[747].

---

[744] HEINRICH WILHELM KRUSE, *Lehrbuch des Steuerrechts, I*, cit., 1991, pp. 55-56; KLAUS TIPKE, *Die Steuerrechtsordnung, I*, cit., 2.ª ed., pp. 138-139; KLAUS TIPKE/JOACHIM LANG, *Steuerrecht*, cit., 17.ª ed., p. 102.

[745] A maior parte da doutrina alemã situa-se nesta linha da tipicidade fechada: V. por ex. também HEINZ PAULICK, *Lehrbuch des allgemeinen Steuerrechts*, Köln, Berlin, Bonn, München, 1977, pp. 73-75.

[746] KLAUS TIPKE, *Die Steuerrechtsordnung, I*, cit., 2.ª ed., pp. 128-129.

[747] KLAUS TIPKE, *Die Steuerrechtsordnung, I*, cit., 2.ª ed., p. 128.

Como já referimos, o autor critica o Tribunal Constitucional por nunca ter declarado inconstitucionais leis fiscais indeterminadas, uma vez que violariam o princípio da tipicidade[748], mas faz algumas cedências, com base em vários preceitos da *AO* que conferem discricionariedade à administração.

Desde logo, o § 5 da *AO* faz referência à discricionariedade da administração tributária concedida por lei, e a ser exercida segundo o fim e os limites por esta determinados. Assim, Tipke admite discricionariedade em caso de renúncia a cobrança de receitas ou de outras pretensões fiscais por razões de equidade (§§ 163 e 227 da *AO*), admite-a quando a administração simplifica a lei por razões técnicas (não cobrança de receitas que não atinjam um determinado montante – § 156 da *AO*) e admite-a quanto à escolha do património a executar, em caso de responsabilidade fiscal solidária[749] – ou seja não considera inconstitucionais as citadas disposições da *AO* que concedem discricionariedade. Em contrapartida, defende a inconstitucionalidade dos contratos fiscais[750], tal como a maioria fiscalista alemã, no que é contrariado por Joachim Lang nas últimas edições do Manual Tipke/Lang, o qual entende que os contratos fiscais não podem violar a lei, tal como os actos tributários, mas que não existe nenhuma proibição geral de recurso à forma contratual, neste ramo de Direito[751].

Tipke faz ainda referência à "obrigatoriedade de execução da lei fiscal" como decorrência da tipicidade, mas aceita que o princípio do inquisitório a que está submetida a administração fiscal, nos termos do § 85 da *AO*, sofra limitações decorrentes do procedimento massificado, e que a lei seja aplicada através de actos pararegulamentares tipificantes, por razões de igualdade e de praticabilidade[752] – embora o autor não se refira expressamente a uma discricionariedade ou a uma margem de livre apreciação, tentaremos demonstrar adiante que a tipificação administrativa é justamente exercida no âmbito de uma margem de livre apreciação.

A tipicidade fiscal em Tipke é, como se pode perceber, muito fechada, e, para além de o autor não reconhecer a discricionariedade admi-

---

[748] KLAUS TIPKE, *Die Steuerrechtsordnung, I*, cit., 2.ª ed., p. 138.
[749] KLAUS TIPKE, *Die Steuerrechtsordnung, I*, cit., 2.ª ed., pp. 130-132.
[750] KLAUS TIPKE, *Die Steuerrechtsordnung, I*, cit., 2.ª ed., p. 132 e ss.
[751] KLAUS TIPKE/JOACHIM LANG, *Steuerrecht*, cit., 17.ª ed., pp. 101-102.
[752] KLAUS TIPKE, *Die Steuerrechtsordnung, I*, cit., 2.ª ed., pp. 131-132.

nistrativa quanto a aspectos relevantes que interfiram com os elementos essenciais do imposto ou a quantificação deste, também não faz qualquer referência a uma margem de livre apreciação concedida por conceitos jurídicos indeterminados.

É certo que Tipke reconhece a inevitabilidade da utilização de conceitos jurídicos indeterminados e de cláusulas gerais pelas leis de imposto e defende ainda que o legislador deve regular o essencial e não os detalhes. O autor tece fortes críticas à complexidade e falta de qualidade das leis fiscais, recomendando normas legais claras, sem contradições internas, compreensíveis, com consequências previsíveis[753]. Se juntarmos todos estes argumentos e propostas do autor, verificamos que a admissibilidade – inevitabilidade – dos conceitos jurídicos indeterminados e de uma aplicação da lei por actos pararegulamentares implica a abertura do *Tatbestand* de garantia, isto é, que a tipicidade da lei fiscal não é tão fechada como Tipke sugere e que a administração tributária disporá de alguma margem de livre apreciação na aplicação da lei. É por isso estranho que Tipke, como outros fiscalistas, não questione, tal como a doutrina administrativa o faz, as consequências decorrentes da aplicação de conceitos jurídicos indeterminados, arrumando liminarmente o problema através da dicotomia interpretação *versus* inconstitucionalidade – só no comentário Tipke/ /Kruse da *Abgabenordnung,* mais especificamente, no comentário ao § 5, relativo à aplicação discricionária da lei pelo fisco, são confrontados os conceitos jurídicos indeterminados e os conceitos discricionários. E seguindo a maioria da doutrina administrativa, os conceitos jurídicos indeterminados são relegados para a aplicação vinculada por contraposição aos conceitos discricionários[754].

Isto é, segundo os manuais de Direito Fiscal, ou os conceitos jurídicos indeterminados são densificáveis por interpretação e nada têm a ver com a discricionariedade ou com uma margem de livre apreciação administrativa[755], ou são inconstitucionais e os tribunais constitucionais deveriam pronunciar-se nesse sentido.

---

[753] Na segunda edição, o autor mostra-se ainda mais compreensivo com a complexidade da lei fiscal do que na primeira: cf. KLAUS TIPKE, *Steuerrechtsordnung, I,* cit., 1.ª ed. (1993) pp. 174-176; e 2.ª ed. (2000), pp. 140-145.

[754] KLAUS TIPKE/H.W. KRUSE, Tipke/Kruse, *AO/FGO Kommentar,* § 5, 1999, pp. 7--12 (pp. 1 e ss.).

[755] Assim também recentemente, DIETER BIRK, § 5 AO, Hübschmann, Hepp, Spitaler, AO/FGO *Kommentar,* II, Köln, 2000. BIRK só excepcionalmente admite uma margem

Uma das excepções a realçar é Klaus Vogel, que, em 1966 e em 1988, não distinguindo nesta matéria o Direito Fiscal do Direito Administrativo, se refere quer à margem de livre apreciação administrativa em caso de aplicação de leis indeterminadas, quer à discricionariedade do fisco quando concedida por lei[756]. Em "Gesetzgeber und Verwaltung" ele defende a aprovação de circulares como forma de concretização da discricionariedade atribuída por lei, as quais deveriam ser vinculativas se não fossem desvantajosas para o sujeito passivo; e defende ainda a aprovação de circulares concretizadoras e harmonizadoras da interpretação de leis indeterminadas, no quadro de uma margem de livre apreciação[757]. Mas Klaus Vogel evoluiu numa outra direcção, considerando actualmente que as exigências de tipicidade e de determinação da lei fiscal são tão elevadas que conduzem à autonomização do princípio da legalidade fiscal em relação ao princípio da legalidade administrativa[758].

Trataremos da margem de livre apreciação no capítulo seguinte.

Três notas a acabar: Em primeiro lugar, a lei, no Direito Fiscal tal como no Direito Administrativo, deixa de ser um limite à actuação da administração e passa a ser também o impulso para que esta actue. Assim, "legalidade significa, no Direito Fiscal, não apenas que um imposto não pode ser criado sem fundamento legal, mas também que a administração está fundamentalmente obrigada a lançar impostos quando um *Tatbestand* fiscal está preenchido"[759]. Em segundo lugar, a concepção da tipicidade

---

de livre apreciação decorrente dos conceitos jurídicos indeterminados e que no Direito Fiscal está associada à celebração de acordos ou contratos fiscais: pp. 31 e ss.. Já a discricionariedade quanto aos elementos do *Tatbestand* de garantia é considerada proibida (pp. 20 e ss.).

[756] "Gesetzgeber und Verwaltung" (1966), *Der offene Finanz...*, cit., pp. 263 e ss.; "Vergleich und Gesetzmässigkeit...", cit., pp. 313 e ss..

[757] "Gesetzgeber und Verwaltung" (1966), *Der offene Finanz...*, cit., pp. 263 e ss.. Num sentido muito próximo, em 1954, ARMIN SPITALER, "Die Bindung der Finanzverwaltung an das Gesetz", cit., pp. 2-4.

[758] KLAUS VOGEL/CHRISTIAN WALDHOFF, *Grundlagen des Finanzverfassungsrechts, Sonderausgabe des Bonner Kommentars zum Grundgesetz (Vorbemmerkungen zu Art. 104 a bis 115 GG)* Heidelberg, 1999, pp. 307 e ss..

[759] KLAUS TIPKE/JOACHIM LANG, *Steuerrecht*, cit., 17.ª ed., p. 100; KLAUS TIPKE, "Gesetzmässigkeit der Verwaltung und Treu und Glauben", *StuW*, 1958, p. 744, a propósito da validade do princípio da boa fé no Direito Fiscal, e da sua compatibilização com o princípio da legalidade; ou, nas palavras de HEINRICH WILHELM KRUSE, *Gesetzmässige Verwaltung...*, cit., p. 106: "O princípio da tipicidade exige que um imposto só possa ser criado com base na lei. O princípio da legalidade exige que a administração esteja obrigada

fechada que encontramos em Tipke começa a ser substituída por uma concepção de tipicidade mais aberta pela jurisprudência e por Joachim Lang, no Manual, que abandona uma concepção positivista do Direito Fiscal. A propósito dos contratos fiscais, recorda Lang a jurisprudência recente do Supremo Tribunal Financeiro, segundo a qual, "o Direito Fiscal não é de forma alguma um Direito totalmente programado pela lei... que dê origem a uma única solução correcta. Em casos de difícil averiguação das situações da vida, nomeadamente, casos de avaliação indirecta, procedimentos de avaliação, e de prognoses orientadas para o futuro, o BFH admite *entendimentos bilaterais vinculativos*, designados de acordos sobre os factos"[760].

Em jeito de nota final, e como já se disse anteriormente, o desenvolvimento dogmático do princípio da tipicidade depois da segunda guerra mundial é tendencialmente substituído, sob o impulso do Tribunal Constitucional alemão, pelo princípio da determinação ou densidade legal.

Mas – também já o dissemos – continuamos a encontrar referências ao princípio da tipicidade dos impostos, em acórdãos do mesmo tribunal. Nestes acórdãos, o princípio da tipicidade aparece como um limite à interpretação do tribunal, que não pode elaborar novos *Tatbestände* nem ampliar os legalmente consagrados: a tipicidade exprime a prevalência do legislador ("a decisão primária do legislador") em matéria fiscal[761].

---

a lançar impostos com origem na lei". Esta mesma obrigação de actuação, resultante da lei, existe quando a lei atribui discricionariedade à administração quanto ao conteúdo da decisão. É o caso da famosa norma do § 131 da *AO*, que permitia à administração agir segundo a equidade (HEINRICH WILHELM KRUSE, IDEM, pp. 107-108). Também de certa forma retirando essa consequência do princípio da legalidade fiscal, embora indirectamente, ao dizer que a administração fica vinculada ao "se" e ao "como" da ablação, HANS-JÜRGEN PAPIER, *Die finanzrechtlichen Gesetzesvorbehalte...*, cit., pp. 155 e ss.. Por outro lado, esta questão era por vezes relacionada com o momento do nascimento da obrigação tributária, problema a que Papier faz referência nas páginas seguintes (156 e ss.). Fazendo uma leitura diferente da nossa, em relação ao que Tipke e Kruse dizem nos trabalhos acabados de citar, ALBERTO XAVIER, *Conceito e natureza...*, cit., pp. 265-266.

[760] KLAUS TIPKE/JOACHIM LANG, *Steuerrecht*, cit., 17.ª ed., p. 102; assim também, como dissemos, DIETER BIRK § 5 AO, Hübschmann, Hepp, Spitaler, AO/FGO *Kommentar*, cit., pp. 31 e ss..

[761] V. acórdão do *BVerfGE* 13, pp. 318, 328, sobre contratos entre cônjuges a que nos voltaremos a referir a propósito da relação entre *Tatbestand* e *Typus*.

3.3. Continuação: *O* Tatbestand *de garantia e o carácter absoluto ou relativo da reserva de lei – a categoria dogmática e a referência ao ordenamento jurídico-constitucional*

3.3.1. *O* Tatbestand *de garantia delimitado pelo ordenamento jurídico--constitucional: crítica às posições que relacionam a tipicidade com a reserva absoluta de lei fiscal*

A referência à tipicidade aparece, nos primeiros acórdãos do Tribunal Constitucional alemão no pós Segunda Guerra e ainda hoje em muitos autores, ligada a uma reserva exclusiva de lei parlamentar. A tipicidade é uma decorrência do princípio do Estado de Direito[762] e exige do Parlamento a determinação das características essenciais do *Tatbestand* de imposto (sujeito passivo, objecto de imposto, respectivas base e taxa), por se tratar de uma questão de ordem jurídico-política. Estariam assim proibidas as autorizações legislativas quanto aos elementos do *Tatbestand* de garantia, cabendo aos regulamentos (o Governo federal tem competências regulamentares, mas não legislativas) desenvolver apenas os pormenores técnicos – decorreria do princípio da tipicidade fiscal que os regulamentos podem desenvolver a lei, mas não substituí-la[763]. E embora o art. 80.º da *GG* exija que as autorizações legislativas observem certos requisitos (determinação do conteúdo, fim e extensão da autorização), estas exigências só se aplicam quando a autorização é admitida[764].

---

[762] V. por todos, Drüen, Tipke/Kruse, *AO/FGO Kommentar*, § 3, 2003, pp. 28-29, pontos 33 e 33A; Klaus Vogel/Christian Waldhoff, *Grundlagen des Finanzverfassungsrechts...*, cit., pp. 307 e ss.; "Vorbemmerkungen zu Art. 104a-115", cit., pp. 384 e ss., espec. 390.

[763] Assim, Drüen, Tipke/Kruse, *AO/FGO Kommentar*, § 3, 2003, pp. 30-31, pontos 37-38.

[764] Neste sentido, Johannes A. Brinkmann, *Tatbestandsmässigkeit der Besteuerung...*, pp. 11-12, 124-127, 129; assim, defendendo uma reserva absoluta de lei, por exemplo, Klaus Vogel/Christian Waldhoff, *Grundlagen des Finanzverfassungsrechts...*, cit., pp. 307 e ss.; "Vorbemmerkungen zu Art. 104a-115", cit., pp. 384 e ss., espec. 390--391; Klaus Vogel, "Grundzüge des Finanzrechts des Grundgesetzes", cit., 1990, pp. 47 e ss.; "Vergleich und Gesetzmässigkeit der Verwaltung im Steuerrecht", cit., pp. 310 e ss., espec. 312-313; Hans-Jürgen Papier, *Die finanzrechtlichen Gesetzesvorbehalte...*, cit., pp. 93 e ss. (§5). Num sentido menos fechado, considerando admissíveis os regulamentos autorizados, bem como cláusulas gerais e conceitos jurídicos indeterminados, mesmo quanto aos elementos essenciais do imposto, e uma jurisprudência que os desenvolva através de princípios jurídicos, Rudolf Weber-Fas, "Finanzgerichtsbarkeit...", cit., pp. 1950-

Desta forma, o princípio da tipicidade dos impostos permitiria (supostamente) introduzir uma nota distintiva fundamental entre a legalidade fiscal e a legalidade administrativa[765]. É esta, por exemplo, a posição de Heinrich Kruse. Tentando evitar a redundância de significados entre legalidade e tipicidade, Kruse vem-nos dizer que a tipicidade é um aspecto da legalidade (encontrando-se numa relação de especialidade): a tipicidade diz respeito à relação jurídica obrigacional de imposto, e pressupõe uma lei em sentido formal (enquanto à legalidade bastaria qualquer norma), realizando-se através da proibição da analogia destinada ao alargamento do *Tatbestand* legal de imposto[766].

-1951; reconduzindo a legalidade fiscal à legalidade administrativa, WILHELM HARTZ, "Steuerrecht und allgemeines Verwaltungsrecht, Gedanken über Möglichkeiten einer Rechtsvereinfachung durch Rechtsvereinheitlichung", *Staatsbürger und Staatsgewalt*, Jubilaumsschrift, I, Hrsg., Helmut R. Külz, Richard Naumann, Karlsruhe, 1963, pp. 240--241; LERKE OSTERLOH, *Gesetzesbindung und Typisierungsspielraum...*, cit., Parte II, § 5, nomeadamente, pp. 160 e ss.; implicitamente, a propósito do Imposto pessoal, e embora quanto aos detalhes da disciplina legal, PAUL KIRCHHOF, "Das Hervorbringen von Normen und sonstigen Recht durch die Finanzbehörden, Zugleich zu: Papier, Die finanzrechtlichen Gesetzesvorbehalte und das grundgesetzliche Demokratieprinzip, 1973", *StuW*, 1975, n.º 4, pp. 360 e ss.; "Einleitung", Kirchhof, *EStG Kompakt Kommentar*, 3.ª ed., Heidelberg, 2003, pontos 36-40, pp. 8-9. Defendendo que o Parlamento pode conceder autorizações ao Governo sobre todas as matérias, ao abrigo do art. 80.º da *GG*, THEODOR MAUNZ, Maunz-Dürig, art. 80.º, *Grundgesetz Kommentar, III*, München, 1991, ponto 8, p. 11.

[765] Em relação à fundamentação constitucional da reserva de lei fiscal, ela não se afasta da fundamentação geral da reserva de lei. A maioria da doutrina considera que também ela decorre do (e integra o) princípio do Estado de Direito, e de normas sobre direitos fundamentais, nomeadamente, da liberdade de actuação (art. 2.º da *GG*) e da garantia da propriedade privada (art. 14.º da *GG):* V. as referências em DOURADO/PROKISCH, "Das steuerrechtliche Legalitätsprinzip...", cit. pp. 40-41. Manifestando uma posição original, PAPIER defendeu que a consagração constitucional de uma reserva de lei para as despesas orçamentais implicava a existência de uma reserva de lei para o lado das receitas: HANS--JÜRGEN PAPIER, *Die finanzrechtlichen Gesetzesvorbehalte...*, cit., p. 27; e considerando supérflua a consagração constitucional da reserva de lei por ela decorrer automaticamente do Estado de Direito, e porque a administração está vinculada às disposições sobre os direitos fundamentais (sendo suficiente), KLAUS VOGEL, "Gesetzgeber und Verwaltung", cit., pp. 260-261.

[766] HEINRICH WILHELM KRUSE, *Gesetzmässige Verwaltung...*, cit., pp. 109-110. V. esta referência também em KLAUS TIPKE (*Die Steuerrechtsordnung*, I, 2.ª ed., cit., p. 128), mas o autor reconhece as autorizações legislativas ao executivo, desde que sejam suficientemente determinadas (IDEM, p. 129). E DRÜEN, Tipke/Kruse, *AO/FGO Kommentar*, § 3, 2003, pp. 28-29, pontos 33 e 33A.

Nesta linha de orientação muito garantista, Hans-Jürgen Papier defende que a tipicidade seria ainda mais do que uma legalidade substancial. Com efeito, os deveres de determinação e delimitação legal dos elementos do *Tatbestand* (o qual contém autorizações para actos administrativos ablativos), que permitiriam ao contribuinte antever a sua carga fiscal directamente através da lei, emanavam do princípio da legalidade – apesar do Tribunal Constitucional alemão entender ocasionalmente que estas características decorriam do princípio da tipicidade dos impostos[767]. E do princípio da tipicidade decorreria a proibição de quaisquer poderes de conformação administrativa, incluindo a proibição da discricionariedade. A tipicidade é definida através da proibição de discricionariedade "de escolha" e "de decisão", e é desta forma autonomizada do princípio da legalidade[768]. Segundo Papier, o princípio da tipicidade fiscal é uma manifestação do princípio da determinação no Direito Fiscal, relacionado com as especiais exigências que a legalidade assume neste ramo de Direito[769].

Esta posição muito garantista que encontramos em Alberto Xavier (a esta dedicaremos algumas páginas adiante), e de certa forma, em Gomes Canotilho e Vital Moreira[770], pressupõe uma concepção de aplicação da norma meramente subsuntiva e automática – Papier, tal como Alberto Xavier, faz referência a uma ablação através da aplicação imediata (automática) da lei[771] – que, desde já, rejeitamos[772].

---

[767] *BVerfGE*, 19, p. 267; noutros acórdãos, o Tribunal reconduz estas características à legalidade: 8, p. 72 (espec. p. 76); 274, p. 325; 9, p. 137 (espec., p. 149); 13, p. 160-161; 17, pp. 313-314; 20, pp. 157-158; V. a crítica em HANS-JÜRGEN PAPIER, *Die finanzrechtlichen Gesetzesvorbehalte...*, cit., pp. 154 e ss..

[768] HANS-JÜRGEN PAPIER, *Die finanzrechtlichen Gesetzesvorbehalte...*, cit., pp. 154 e ss.. O autor (IDEM, p. 155) cita OTTO MAYER que distinguia entre actos administrativos ablativos com base na lei (princípio da legalidade) e ablações feitas directamente através da lei (princípio da tipicidade): V. OTTO MAYER, *Deutsches Verwaltungsrecht*, cit., 3.ª ed., pp. 316-317.

[769] HANS-JÜRGEN PAPIER, "Der Bestimmtheitgrundsatz", cit., pp. 63-65.

[770] GOMES CANOTILHO e VITAL MOREIRA, *Constituição...*, cit., 3.ª ed., comentário ao ex-art. 115, ponto III, p. 502.

[771] No mesmo sentido, OTTO MAYER, *Deutsches Verwaltungsrecht*, cit., 3.ª ed., pp. 316-317; HANS-JÜRGEN PAPIER, *Die finanzrechtlichen Gesetzesvorbehalte...*, cit., p. 155; ALBERTO XAVIER, *Os Princípios da legalidade e da tipicidade...*, cit., pp. 87-89; 92-96.

[772] Podemos adoptar a definição de interpretação jurídica de F. VIOLA/G. ZACCARIA, *Diritto e interpretazione, Lineamenti di teoria ermeneutica del diritto*, Roma, Bari, 2004: "operações intelectuais de apreensão, crítica [Hirsch] e conjunto de selecções e de juízos dirigidos a clarificar conteúdos expressos na linguagem e a atribuir significados aos enun-

De qualquer forma, entre nós, a "reserva absoluta de lei formal", e já invocada durante a vigência da Constituição de 1933 por Alberto Xavier, diz respeito quer às competências legislativas do Parlamento, quer às competências legislativas do Governo. Além do mais, a relação entre tal "reserva absoluta de lei formal", e a admissibilidade de regulamentos, não é identicamente interpretada pela doutrina que defende tal reserva. Recorde-se que, enquanto Gomes Canotilho e Vital Moreira rejeitam os regulamentos quanto aos elementos enumerados no art. 103.º n.º 2 da CRP[773] (e aqui a "reserva absoluta" aproxima-se do significado que lhe é atribuído pela doutrina italiana[774]), o mesmo não acontece com Alberto Xavier, que utiliza a expressão para proibir a discricionariedade dos actos administrativos[775].

Por outro lado, e algo contraditoriamente, a verdade é que nunca foi considerada inconstitucional a utilização de conceitos indeterminados nas

---

ciados linguísticos"; como qualquer interpretação, a interpretação jurídica depende da pré-compreensão individual influenciada pela cultura e pela história (pp. 105-111); os autores apontam ainda as características da interpretação jurídica: a interpretação implica necessariamente a possibilidade de várias interpretações (o que resulta desde logo da distinção consensual entre disposição e norma); a interpretação é sempre interpretação de algo preciso ("qualquer coisa" distinta da actividade interpretativa, com um significado capaz de ser interpretado); e a interpretação não pode prescindir das intenções tanto do autor do texto a interpretar como do sujeito que interpreta: pp. 115-125. V., por todos, a crítica à concepção de interpretação positivista em RONALD DWORKIN, *Taking rights seriously*, Cambridge, Massachussets, 1978 (1977), pp. 24 e ss.; para uma síntese da discussão entre Dworkin e os positivistas, V. por exemplo, KLAUS GÜNTHER, *The Sense of appropriateness*, ..., cit., pp. 269 e ss.. E sobre um pensamento orientado para os valores, na aplicação do Direito, KARL LARENZ/CLAUS-WILHELM CANARIS, *Methodenlehre...*, cit., pp. 37 e ss.. V. Já adiante a crítica mais desenvolvida a esta concepção de ALBERTO XAVIER.

[773] V. atrás o capítulo dedicado à legalidade fiscal no ordenamento italiano.

[774] V., M. MAZZIOTTI DI CELSO/G.M. SALERNO, *Manuale...*, cit., 2002, pp. 90-92 e ss. (pp. 87 e ss.); e por exemplo, GIORGIO MARINUCCI/EMILIO DOLCINI, *Corso di Diritto Penale, I*, cit., 3.ª ed., pp. 31, 104-105; como referem os autores, a propósito do Direito Penal, uma coisa é a reserva de lei formal (i.e. do Parlamento) contraposta à reserva de acto legislativo (onde são equiparados a lei parlamentar e os actos legislativos do Governo); outra coisa é o chamado "carácter tendencialmente absoluto da reserva de lei", em que é proibido o reenvio pela lei a regulamentos ou outros actos normativos (não legais) do Governo (a não ser no caso de remissões para actos que se limitem a especificar, no plano técnico, elementos fundamentais já determinados por lei – e daí a designação de reserva "tendencialmente" absoluta).

[775] ALBERTO XAVIER, *Conceito e natureza...*, cit., pp. 358-359. V., mais desenvolvidamente, a posição de ALBERTO XAVIER no capítulo sobre a margem de livre apreciação.

leis fiscais – nem na Alemanha[776], nem em Itália –, e embora em Portugal o tenha sido num caso isolado[777], eles são em regra admitidos, como vimos no primeiro capítulo[778]. E como aqueles postulam uma concretização pelos órgãos de aplicação, torna-se irrealista defender a reserva absoluta de lei formal.

Também encontramos estudos que tentam demonstrar que a tipicidade fiscal postula uma reserva absoluta de lei formal, através do argumento histórico. O facto de o princípio do consentimento dos impostos, anterior à monarquia constitucional, exigir o acordo dos representantes do povo para a aprovação dos impostos, e de as fases constitucionais ulteriores não introduzirem rupturas, mas desenvolvimentos do princípio, implicaria uma autonomização do princípio da legalidade fiscal em relação à legalidade administrativa, no sentido do reforço do primeiro. A continuidade histórica da legalidade fiscal teria permitido desenvolver a esfera de liberdade pessoal, a segurança jurídica e, em geral, uma protecção efectiva de uma tributação arbitrária, não garantida por qualquer outro princípio constitucional[779].

Esta interpretação da tipicidade fiscal empobrece o seu alcance, e é inadequada por confundir a delimitação de competências dos órgãos de soberania (reserva de lei competencial) e a concretização dessa mesma reserva de lei – mesmo que ambos os princípios tenham que ser definidos a partir da Constituição, enquanto o *Tatbestand* de garantia é uma categoria dogmática, a configuração da reserva de lei na perspectiva competencial é inevitavelmente traçada segundo o ordenamento constitucional.

E é justamente interessante referir a este propósito o caso italiano, pois, a conjugação feita entre o âmbito do *Tatbestand* de garantia e o da

---

[776] Como já se disse atrás: V. por todos, JOHANNES A. BRINKMANN, *Tatbestandsmässigkeit der Besteuerung...*, cit., p. 9; KLAUS TIPKE/JOACHIM LANG, *Steuerrecht*, cit., 17.ª ed., pp. 102-103.

[777] V. acórdão do TC n.º 233/94, citado e analisado no primeiro capítulo.

[778] V. sobre o assunto, JOSÉ CASALTA NABAIS, *O Dever fundamental...*, cit., pp. 368-385.

[779] JOHANNES A. BRINKMANN, *Tatbestandsmässigkeit der Besteuerung...*, cit., pp. 75--77 (e pp. 27 e ss.). Segundo o autor, existe uma desconfiança generalizada quanto à eficiência da proibição da arbitrariedade no Direito Fiscal, não sendo o princípio da igualdade, contido no art. 3.º da *GG*, suficiente para o assegurar: IDEM, pp. 87-88. Assim também o princípio de justiça material não é um critério adequado à repartição dos impostos, pois o princípio da justiça só consegue ser garantido formalmente, cabendo ao legislador preencher o seu conteúdo (IDEM, pp. 96-97).

reserva de lei parlamentar é no sentido da autonomização das duas figuras, aproximando-se do entendimento que defendemos neste trabalho relativamente aos dois princípios.

Como vimos, segundo o art. 23.º da Constituição italiana, os impostos devem ser criados "com base na lei". Dissemos ser entendimento unânime que lei é qualquer acto legislativo, o que significa que todos e quaisquer elementos dos impostos – portanto, mesmo os que fazem parte do *Tatbestand* de garantia – são delegáveis aos decretos-legislativos do Governo[780].

E como vimos também, embora se distinga entre reserva de lei absoluta ou relativa, essa distinção tem um sentido diferente do utilizado no ordenamento português, aproximando-se parcialmente do significado que lhe pode ser atribuído no ordenamento alemão, pois diz respeito à relação entre acto legislativo e regulamento.

Os elementos que estão sujeitos à reserva de lei não figuram na Constituição, mas lembre-se que, segundo a maioria da doutrina e o entendimento do Tribunal Constitucional, a reserva de lei fiscal, consagrada no art. 23.º da Constituição, é uma reserva absoluta quanto à definição de certos elementos do imposto e relativa quanto a outros – pode, pois, haver intervenção dos regulamentos em matéria fiscal. Isto é, nem todos os elementos do imposto estão sujeitos à mesma "rigidez" da reserva. São feitas algumas distinções, e prevalece na doutrina o entendimento, segundo o qual, o sujeito passivo e o objecto do imposto devem ser directamente disciplinados por actos legislativos[781], cabendo quanto a esses elementos uma margem muito limitada de intervenção regulamentar, normalmente restringida às finanças locais devido à componente democrática destes regulamentos[782]. A jurisprudência utiliza uma fórmula mais permissiva,

---

[780] A delegação de todos os elementos do imposto ao decreto-legislativo é justificada com base em diferentes argumentos, entre os quais, o histórico: GASPARE FALSITTA, *Manuale...*, *Parte Generale, I*, cit., 3.ª ed., p. 135.

[781] Eles são entendidos, historicamente, como os pressupostos que revelam a capacidade contributiva: M. ANTONIETTA GRIPPA SALVETTI, *Riserva di legge...*, cit., p. 37 (pp. 35 e ss.).

[782] V., por todos, GASPARE FALSITTA, *Manuale...*, *Parte Generale, I*, cit., 3.ª ed., pp. 134-138; V., por ex., para uma interpretação mais exigente da densificação, ANDREA FEDELE, "La Riserva di legge", cit., pp. 177-178; ADRIANO DI PIETRO, "Regolamenti tributari", cit., p. 1; "I Regolamenti, le circolari...", cit., pp. 341 e ss.; M. ANTONIETTA GRIPPA SALVETTI, *Riserva di legge...*, cit., pp. 35 e ss..

aceitando que a lei fixe os princípios, critérios directivos e limites sobre o sujeito e o facto[783].

Quanto aos restantes elementos essenciais dos impostos (determinação e quantificação da base tributária), diz-nos Andrea Fedele que só aparentemente existe uma divergência entre doutrina e jurisprudência, pois ambas entendem que os elementos individualizadores da prestação de imposto devem ser estabelecidos por acto legislativo[784]. Citando o autor, "para ser «individualizadora», a disciplina destes elementos do imposto deve ser tão completa que torne o acto normativo primário imediatamente aplicável, mesmo que o seu texto seja formulado através de uma predeterminação de princípios ou critérios directivos" (...) devendo "excluir-se... a legitimidade das delegações em fonte secundária que impliquem intervenções significativas sobre a determinação do «critério de repartição» de encargos públicos" – Andrea Fedele inclui neste *Tatbestand* os benefícios fiscais ("isenções e reduções de carga fiscal")[785].

Seja como for, apenas os elementos do imposto sujeito passivo e facto tributário são objecto de reserva absoluta[786].

Assim, são identificados dois grupos de elementos constitutivos do *Tatbestand* de garantia, um dos quais (o do sujeito e objecto de imposto) deve ser obrigatoriamente determinado por acto legislativo (e que significa, como referimos, a possibilidade da sua delegação em decreto legislativo), sendo eventualmente admitida a intervenção regulamentar só para aspectos técnicos (ou de execução).

No respeitante ao outro grupo – o dos outros elementos que influenciam a repartição da carga fiscal, tais como a base tributável e a taxa de imposto, eles podem ser delegados em regulamentos, mas existem diferentes interpretações quanto às exigências de densificação da autorização legislativa: em regra, defende-se que essas exigências são decrescentes consoante se trate de elementos integrantes da base tributária, da determinação quantitativa da prestação de imposto (procedimentos de avaliação de bens e rendimentos) e de elementos de mero procedimento[787].

---

[783] IDEM.
[784] ANDREA FEDELE, "La Riserva...", cit., pp. 177-178.
[785] ANDREA FEDELE, "La Riserva...", cit., p. 178.
[786] É o que nos diz qualquer manual de Direito Fiscal italiano, como vimos atrás, e encontramos essa referência em ANDREA FEDELE, "La Riserva...", cit., p. 177, nota 2 bis.
[787] V., apresentando as posições do Tribunal Constitucional e da doutrina de forma mais pormenorizada, M. ANTONIETTA GRIPPA SALVETTI, *Riserva di legge...*, cit., pp. 42 e ss..

Nenhum preceito constitucional sugere esta interpretação – trata-se de qualificação doutrinária e jurisprudencial, como dissemos. Além disso, as exigências de densificação são, em princípio, maiores no caso de autorizações legislativas em regulamentos, do que no caso de autorizações em decretos legislativos[788].

Está aqui subjacente um labor dogmático que, através de uma triagem dos elementos do *Tatbestand* de garantia, ordenou uns como mais essenciais do que outros. Esta selecção parece estar relacionada com um entendimento mais flexível do *Tatbestand* de garantia – e aparentemente, só os elementos directamente disciplinados por lei[789] comporiam esse *Tatbestand*.

Todavia, através de uma leitura mais cuidada da doutrina, verificamos que são elementos da *fattispecie tributária* (*Tatbestand* de garantia) os que correspondem às designadas "normas de imposição", mesmo que nem todos sejam directamente disciplinados por acto legislativo: sujeito activo e sujeitos passivos (originários e não originários), pressuposto de facto, critérios de determinação da base tributável e critérios para o cálculo do débito[790]. E mesmo que alguns destes elementos sejam desenvolvidos por regulamentos, cabe à lei parlamentar determinar a orientação política da concretização por via regulamentar[791].

Partindo do papel orientador da lei parlamentar, o *Tatbestand* de garantia dos impostos é conformado, indiferentemente, pela lei parlamentar ou pelos actos do executivo com força de lei. A referência e a admissibilidade da "reserva relativa" (por contraposição à "reserva absoluta") contemplam o reenvio do tratamento de certa disciplina aos outros actos normativos do Governo, isto é, aos regulamentos[792].

É certo que a limitação da reserva absoluta aos elementos do *Tatbestand*, sujeito passivo e objecto do imposto, pode ocasionar efeitos perversos, na medida em que, na realidade, simplifique a delegação ou remissão

---

[788] V., por todos, GASPARE FALSITTA, *Manuale...*, *Parte Generale, I*, cit., 3.ª ed., pp. 136-138; ANDREA FEDELE, "La Riserva di legge", cit., pp. 178 e ss..

[789] Mas como vimos, não é unânime que os regulamentos não possam intervir em matéria de sujeito passivo e de objecto de imposto, e seja como for, a prática legislativa afasta-se muito desta "proibição" – ou "reserva absoluta de acto legislativo".

[790] Assim, por todos, ANDREA FEDELE, "La Riserva di legge", cit., pp. 178-179 (177 e ss.); ADRIANO DI PIETRO, "Regolamenti tributari", cit., 1998, p. 1.

[791] ANDREA FEDELE, "La Riserva di legge", cit., pp. 178-179 (177 e ss.); ADRIANO DI PIETRO, "Regolamenti tributari", cit., 1998, p. 1.

[792] V. o capítulo que dedicámos à legalidade fiscal no ordenamento italiano.

legislativa dos restantes elementos do *Tatbestand* de garantia, quer em decretos legislativos quer em regulamentos, abstendo-se o legislador parlamentar de introduzir os princípios orientadores devidos (como vimos, e já após a entrada em vigor da lei n.º 400/88, que estabelece o regime geral dos regulamentos, o Governo tem inclusivamente utilizado os decretos legislativos para delegar certas matérias essenciais em regulamentos, mesmo quando a lei de autorização do decreto-legislativo não prevê tal delegação).

Mas o que nos interessa sobretudo demonstrar é que também em Itália não há coincidência entre reserva absoluta e elementos do *Tatbestand* de garantia, podendo a densidade legal quanto aos elementos deste *Tatbestand* variar de grau.

Tudo ponderado, diríamos que os elementos do *Tatbestand* de garantia podem ser disciplinados quer por lei parlamentar quer por decreto legislativo e os aspectos técnicos podem ser desenvolvidos por regulamento; de qualquer forma, o *Tatbestand* de garantia não pode dizer respeito apenas aos elementos sujeito e objecto de imposto, o que significa que a lei parlamentar de autorização deve conter as directrizes políticas sobre todos os elementos relacionados com o montante final de imposto a pagar.

Afirmar, por um lado, que o *Tatbestand* de garantia do imposto é constituído por todos os elementos que influenciam o montante de imposto a pagar[793] não impede que, ao mesmo tempo, não fique sujeito a reserva exclusiva de lei parlamentar nenhum elemento do mesmo (insista-se que, em Itália, também a determinação do pressuposto de facto e o sujeito passivo podem ser fixados por decreto legislativo, equiparado a lei para efeitos do art. 23.º da Constituição), desde que as autorizações legislativas não esvaziem o conceito, o que se resolve com autorizações legislativas contendo princípios e orientações.

Também no que diz respeito à Constituição portuguesa, são elementos do *Tatbestand* de garantia, como vimos, o sujeito, objecto, base tributável e taxa do imposto, podendo eles ser conformados por lei parlamen-

---

[793] Também em Espanha, o art. 8.º da Ley General Tributaria, contendo uma ampla lista de aspectos substantivos e procedimentais dos impostos sujeitos a reserva de lei, identifica na alínea a) os elementos do *Tatbestand* de garantia: "La delimitación del hecho imponible, del devengo, de la base imponible y liquidable, la fijación del tipo de gravamen y de los demás elementos directamente determinantes de la cuantía de la deuda tributaria, así como el establecimiento de presunciones que no admitan prueba en contrario.".

tar ou decreto-lei autorizado do Governo: todos os elementos do art. 103.º n.º 2 da CRP relacionados com a quantificação do imposto.

E ficou também assente que o sentido da autorização legislativa a que se refere o art. 165.º n.º 2 da CRP deve dizer respeito aos elementos definidos no art. 103.º n.º 2 (objecto da autorização).

Acrescentámos ainda que os parâmetros de densidade exigível às leis de autorização estão todos consagrados na constituição fiscal, sendo esta um limite mínimo à livre conformação da autorização legislativa. É na constituição fiscal que devemos buscar os critérios delimitadores do objecto e do sentido ou densidade das autorizações legislativas – i.e., o significado de orientação política. Assim, o *sentido* da autorização deve abranger todos os aspectos da disciplina que tenham consequências ao nível dos princípios da constituição fiscal material. O decreto-lei autorizado deve então disciplinar todos os elementos do *Tatbestand* de garantia, o que não impede o desenvolvimento dos aspectos técnicos dos mesmos por decreto-lei não autorizado ou regulamento.

Pelo exposto, é possível encontrar um mínimo denominador comum para o *Tatbestand* de garantia, ainda que conjugado com a possibilidade de autorizações legislativas parlamentares, e apesar das diferenças entre os ordenamentos constitucionais.

Refiram-se ainda dois argumentos a favor da não sobreposição total da reserva de lei e do *Tatbestand* de garantia:

– Um deles, podemos encontrá-lo, recorrendo de novo ao ordenamento italiano. O art. 23.º da Constituição italiana estabelece uma reserva de lei para diversos tipos de "imposições patrimoniais", não autonomizando a reserva de lei fiscal. Ora, segundo a doutrina, coexistem diversas graduações da disciplina da reserva de lei, consoante as "imposições" em causa, isto é, em termos de densidade da reserva de lei, verifica-se "uma rigidez diversa da própria reserva"[794].

– O outro argumento vale para todos os Estados unitários com poder local e regiões autónomas, entre os quais se encontra o nosso, e está relacionado com o princípio democrático dos Estados de Direito, na sua vertente de descentralização administrativa territorial, e desconcentração política territorial, as quais implicam autonomia financeira. Assim, as autarquias locais e as regiões autóno-

---

[794] ANDREA FEDELE, "La Riserva di legge", cit., p. 170.

mas, por terem poder tributário próprio, seja na forma mais ampla, de poder de criação de impostos, ou na forma mais restrita – de competência para criar taxas, uma margem de livre apreciação quanto à densificação dos critérios de determinação e quantificação da matéria tributável dos impostos, concessão de benefícios fiscais, e direito a receitas fiscais próprias –, podem conduzir a uma "complexa articulação dos perfis funcionais da reserva e portanto a uma diversa graduação do seu «rigor»"[795] em relação ao que está previsto para a administração central.

3.3.2. *O* Tatbestand *de garantia enquanto categoria dogmática de vocação supra-ordenamental: esboço de um conceito (conclusões)*

a) O conceito de *Tatbestand*, incluindo o de garantia, é uma categoria dogmática, no sentido em que se trata de uma regra (normativa) produzida pela ciência jurídica, com objectivos metodológicos determinados[796], ainda que referenciada ao Direito vigente. O *Tatbestand* de garantia, embora pressuponha a reserva de lei, distingue-se assim dela – sendo esta um instituto jurídico (que disciplina esferas de operatividade de actos normativos) cujo regime é induzido expressa ou implicitamente de (cada) um ordenamento constitucional, e que não é produzido pela doutrina ou pelos tribunais, com objectivos de sistematização e outros de carácter metodológico.

b) Aceitando que uma das finalidades da actividade dogmática é a investigação e o desenvolvimento ordenado de características estruturais de um ramo de Direito[797], referenciadas ao Direito vigente, cabe saber se a categoria de *Tatbestand* de garantia deve ser utilizada para fundamentar uma reserva absoluta (ou até relativa) de lei parlamentar em matéria fiscal.

---

[795] Neste sentido, para a Itália, ANDREA FEDELE, "La Riserva di legge", cit., p. 171.

[796] "A dogmática é, entre outras coisas, uma actividade ordenadora, relacionada com a aplicação, que se ocupa em tornar mais claras, mais compreensíveis, mais manejáveis, as regras do Direito vigente": MAIWALD, *Apud*, BJÖRN BURKHARDT, "Geglückte und folgenlose Strafrechtsdogmatik – Hauptreferat", *Die deutsche Strafrechtswissenschaft vor der Jahrtausendwende*, Albin Eser, WINFRIED HASSEMER, Björn Burkhardt (Hrsg.), München, 2000, p. 114, nota 10.

[797] Pois ela consiste num método de averiguação e produção de um "sistema de conceitos, instituições, princípios e regras que ambicionam o reconhecimento geral": BJÖRN BURKHARDT, "Geglückte und folgenlose Strafrechtsdogmatik", cit., p. 114.

Que a tipicidade dos impostos é utilizada para concretizar a reserva de lei, não temos dúvidas: é essa uma das suas principais funções como categoria dogmática a utilizar no Direito Fiscal; também à afirmação de que essa concretização é a substância da legalidade fiscal, não temos nada a opor. Tal concretização opera através da identificação dos elementos essenciais dos impostos, como vimos.

A tipicidade fiscal pode também auxiliar o intérprete a delimitar as competências legislativas e regulamentares quanto aos diferentes elementos dos impostos (distinguindo entre os que fazem parte do *Tatbestand* de garantia e os que não fazem parte dele).

Mas a identificação dos elementos dos impostos que devem estar (que estão) sujeitos a reserva de lei, é independente de eles poderem ou não ser mais ou menos desenvolvidos por decretos-leis autorizados e por fontes normativas secundárias. A maior ou menor intervenção do Governo-legislador e da administração na matéria depende de cada forma de Governo, e varia ao longo dos tempos. A tipicidade é assim compatível com reservas absolutas e reservas relativas de lei parlamentar.

A tipicidade exige porém, que os elementos do *Tatbestand* de garantia do imposto sejam sempre definidos por lei parlamentar (no sentido em que a orientação política sobre os mesmos seja determinada pelo Parlamento, tal como definimos para o caso português no primeiro capítulo), mesmo que o desenvolvimento dos mesmos seja deixado a outras fontes normativas.

c) A questão que se coloca, de seguida, para resolvermos cabalmente o problema da relação entre o *Tatbestand* de garantia e a delimitação de competências em matéria fiscal, é a seguinte: a categoria dogmática *Tatbestand* de garantia, embora partindo de cada ordenamento, tem pretensões supra-nacionais? Ou limita-se a abstrair os elementos essenciais do imposto em cada ordenamento constitucional?

Estas questões estão relacionadas com a estruturação do Direito Fiscal. Se considerarmos que este ramo de Direito é, actualmente, uma ciência com carácter supra-nacional porque assenta em algumas estruturas lógico-objectivas (por exemplo, modelo de imposto que serve de base à construção dogmática do *Tatbestand*[798]: facto tributário, sujeito activo,

---

[798] Como refere JESÚS-MARIA SILVA SANCHEZ a propósito do modelo de delito: in, *La Expansión del derecho penal, Aspectos de la política criminal en las sociedades postindustriales*, 2.ª ed., Madrid, 2001, p. 90. E também em "Strafsystematik deutscher

sujeito passivo, base tributária, taxa proporcional ou progressiva, sujeito passivo originário e sujeito passivo não originário, etc.), embora com conteúdo normativo (valorativo)[799], então, ao *Tatbestand* de imposto pode ser atribuído esse carácter supra-nacional. Ele não é plenamente universal, porque não se pode autonomizar das representações valorativas condicionadas pelo espaço e pelo tempo. Se pensarmos em Albert Hensel (que constrói o *Tatbestand* de imposto) e mais recentemente em Klaus Tipke (que dedicou a sua vida académica, no essencial, à construção de um "sistema do Direito Fiscal", dividindo-o em sistema externo e interno, inspirando-se em Canaris, e atribuindo ao sistema interno carácter valorativo[800]), não é descabido afirmar que este ramo de Direito já tem pretensões supra-nacionais: e as legislações fiscais nacionais, a aproximação por harmonização comunitária ou acórdãos do TJCE sobre o princípio da não-discriminação, e os grupos de trabalho da OCDE em matéria fiscal assim o demonstram.

Ora bem, a categoria de *Tatbestand*, inclusivamente, na sua versão de garantia, pode ser elaborada com esse objectivo.

Com efeito, podemos construir um *Tatbestand* de garantia válido pelo menos para os ordenamentos de Direito europeu continental (no sentido em que estes ordenamentos assentam sobre uma mesma comunidade cultural e de valores – sobre um "horizonte valorativo comum"[801]). Podemos ir ainda mais longe e considerar que o respeito pelo *Tatbestand* de garantia é um sinal que identifica um Estado de Direito na ordem jurídica internacional[802].

Prägung: Unzeitgemäß?", *Goldtdammer's Archiv*, 2004, n.º 12, pp. 680 e ss., referindo-se a uma "protodogmática".

[799] Sobre esta discussão na ciência do Direito Penal, e neste sentido, JESÚS-MARIA SILVA SANCHEZ, *La Expansión del derecho penal...*, cit., pp. 90 e ss..

[800] V., por tudo, *Die Steuerrechtsordnung*, I, cit., 2.ª ed., parte II, § 4 e parte III, §§ 7, 8 e 9.

[801] Neste sentido, para a ciência do Direito Penal, JESÚS-MARIA SILVA SANCHEZ, *La Expansión del derecho penal...*, cit., pp. 92-94.

[802] Segundo os artigos 115.º, n.º 1, al. p) e 116.º al. d) da Constituição da República Democrática de Timor-Leste, o Governo tem competências legislativas, desde que certa matéria não seja da reserva absoluta de competência legislativa parlamentar. O art. 96.º, n.º 1 da CRTL enumera as matérias sujeitas a reserva relativa de lei e o n.º 2 prevê autorizações legislativas ao Governo que determinem o objecto, sentido, extensão e prazo, tal como o nosso art. 165.º, n.º 2 da CRP. As matérias fiscais, porém, não constam da lista do art. 96.º, n.º 1, ao contrário do que acontece com as matérias criminais. O art. 95.º (que contém as matérias sujeitas a reserva absoluta de competência, faz referência à "política

Embora o conceito de *Tatbestand* de garantia nos permita em última análise delimitar o alcance da reserva de lei fiscal e exigências de determinação no Direito Fiscal português, ao recorrermos à categoria de *Tatbestand*, pretendemos demonstrar que os elementos dos impostos sujeitos a reserva de lei coincidem nos ordenamentos do pós Segunda Guerra que pertencem à nossa comunidade de valores. Para chegarmos a resultados comuns (desde logo, e principalmente válidos para o nosso ordenamento, mas de vocação supra-nacional), é preferível delinear a categoria "*Tatbestand*", abstraindo da delimitação de competências em matéria de reserva de lei tal como está configurada em cada ordenamento constitucional.

d) Feitas estas observações metodológicas, podemos, em jeito de conclusão, caracterizar o *Tatbestand* de garantia do seguinte modo:

1. O *Tatbestand* de garantia permite[803] orientar a interpretação da reserva de lei fiscal, em cada ordenamento, de forma a desenvolver algumas das suas características estruturais (é a *função constitutiva* do *Tatbestand*); das características estruturais da reserva de lei fiscal faz (deve fazer) parte um conteúdo que serve as suas finalidades; uma dessas finalidades é não esvaziar a ligação entre a reserva de lei e os princípios do Estado de Direito e da democracia, em que o Parlamento assume a função de principal agente de orientação política (*função de Estado de Direito*); o conteúdo da reserva de lei é assim sistematizado e estabilizado pelo conceito de *Tatbestand* de garantia (as funções anteriores servem por

---

fiscal" (n.° 2, al. p)). Desde a independência, procede-se à actualização de um Regulamento da UNTAET (n.° 18/2000) e de uma Directiva através de lei, os quais continham até 2003 todo o regime fiscal (substantivo e processual, não aduaneiro e aduaneiro) de Timor-Leste. Todavia, em 2003 e 2004 foi aprovada legislação aduaneira (Decretos-leis n.os 9/2003 e 10/2003, ambos de 24.6, e Decretos-leis n.os 9/2004, 10/2004 e 11/2004, de 11.5 – todos no sítio da internet www.unmiset.org/legal/index-e.htm) por decreto-lei, sem existir qualquer Lei parlamentar sobre a política aduaneira que pudesse ser desenvolvida por estes decretos-leis. Eles serão inconstitucionais e poderão colocar em risco algum investimento internacional, por porem em causa os princípios da segurança jurídica e previsibilidade do imposto – e em última análise, a caracterização de Timor-Leste como um Estado de Direito.

[803] Seguindo e adaptando a caracterização e finalidades da dogmática do Direito Penal, indicadas por BJÖRN BURKHARDT, "Geglückte und folgenlose Strafrechtsdogmatik...", cit., pp. 112-119.

seu turno a *função de concretização* da legalidade fiscal); a interpretação e aplicação da reserva de lei fiscal é consequentemente facilitada porque se refere a elementos já identificados e reconhecidos.
2. A função constitutiva do *Tatbestand* revela-nos um núcleo comum a todos os ordenamentos onde está consagrada a reserva de lei fiscal, de elementos que fazem parte (devem fazer parte) do *Tatbestand* de garantia, elaborados pela doutrina e pela jurisprudência; em alguns desses ordenamentos, tais como o alemão e o italiano, não existe nenhuma norma constitucional correspondente ao nosso art. 103.º da CRP; esse núcleo comum diz respeito aos elementos que interferem com o montante de imposto a pagar.
3. O conteúdo da reserva de lei fiscal deve ser consagrado de forma clara e tanto quanto possível determinada, de forma que os resultados da sua aplicação pela administração e tribunais sejam previsíveis (o princípio da determinação é o elemento quantitativo do *Tatbestand* de garantia).
4. Embora as *funções* identificadas no número 1 permitam estabelecer mais rigorosamente as relações competenciais do Parlamento e do Governo-legislador e da administração, na medida em que impedem o esvaziamento da reserva de lei, não se deve recorrer à tipicidade para fundamentar a própria reserva de lei na vertente das competências.
5. Consequentemente, a questão de saber se a reserva de lei fiscal é uma reserva absoluta de lei formal do Parlamento (no sentido de proibição de autorizações legislativas), ou se admite autorizações legislativas concedidas a outro ou outros órgãos com competência normativa, não se confunde com o princípio da tipicidade[804]; isto é, a reserva absoluta de lei parlamentar, a existir, decorrerá das disposições constitucionais relativas às competências[805].

---

[804] V., na doutrina alemã, GERHARD WACKE, "Gesetzmässigkeit und Gleichmässigkeit...", cit., pp. 25-29: invocando o § 2 da *AO*, o autor considera que o princípio da legalidade dos impostos faz parte da legalidade administrativa e não implica reserva de lei formal, e ainda que o princípio da tipicidade, no mesmo sentido de garantia que tem no Direito Penal, é o conteúdo do primeiro.

[805] Cabendo às normas constitucionais delimitar as competências normativas, se o princípio da legalidade por elas definido não exige uma reserva absoluta de lei parlamentar, essa reserva absoluta não pode decorrer da tipicidade. Como já se referiu anterior-

6. Embora a tipicidade seja caracterizada pelo Tribunal Constitucional alemão através dos princípios da determinação, mensurabilidade, previsibilidade e calculabilidade dos impostos[806], não decorre daí necessariamente que estes princípios excluam as autorizações legislativas parlamentares; mais do que isso, defendemos – como teremos oportunidade de desenvolver nos próximos capítulos – que os referidos princípios não devem apenas ser garantidos pela lei parlamentar[807], mas que para eles contribui uma tipificação progressiva da lei através de regulamentos, actos pararegulamentares e até uma jurisprudência tipificante[808].
7. Também discordamos que a coexistência da tipicidade com uma concretização progressiva das leis parlamentares fiscais por actos legislativos do Governo e actos regulamentares e pararegulamentares conduza à sua absorção pelo princípio da legalidade administrativa[809].
8. A legalidade e a tipicidade são, pois, princípios distintos, com funções próprias, embora interligadas.
9. A utilização do princípio da tipicidade para fundamentar uma reserva absoluta de lei parlamentar (ponto de partida não demonstrado), distinta da legalidade administrativa, por vezes com base em argumentos da história constitucional[810], e em princípios actualmente invocados para fundamentar a legalidade administra-

---

mente, para Kruse, os pressupostos de previsibilidade e calculabilidade exigidos pelo princípio da legalidade seriam assegurados por qualquer norma (não sendo necessário que se trate de lei formal) enquanto o princípio da tipicidade dos impostos exigiria que esses pressupostos fossem assegurados por norma legal: HEINRICH WILHELM KRUSE, "Gesetzmässige Verwaltung...", cit., pp. 112-113. Já HANS-JÜRGEN PAPIER, criticando esta posição de Kruse, defende uma reserva "vinculativa" de lei formal. Caberia às leis formais configurar autorizações para actos administrativos ablativos, sendo supérfluo recorrer ao princípio da tipicidade: *Die finanzrechtlichen Gesetzesvorbehalte...*, cit., p. 154.

[806] *BVerfGE* 13, pp. 153 e 160.

[807] Nem podem, devido à inevitabilidade dos conceitos jurídicos indeterminados, como veremos a seguir.

[808] V., no início deste capítulo, o conceito de tipificação, e para mais desenvolvimentos, V. o último capítulo.

[809] Defendendo essa absorção, JOHANNES A. BRINKMANN, *Tatbestandsmässigkeit der Besteuerung...*, cit., p. 3.

[810] Como faz JOHANNES A. BRINKMANN, *Tatbestandsmässigkeit der Besteuerung...*, cit., pp. 3, 11,12 e ss., e 27 e ss.. O autor não demonstra o ponto de partida, como aliás também Kruse não o faz.

tiva[811], não consegue atingir os resultados pretendidos. Pelo contrário, empobrece-o como categoria dogmática universal e tem o efeito perverso de o reconduzir (de o identificar com o) ao princípio da legalidade fiscal – sem ficar demonstrado que esta se distingue da legalidade administrativa.

10. Considerado em toda a sua amplitude (já não limitado à função de garantia), o princípio da tipicidade não é, em nenhum dos sistemas jurídicos que estudámos, um princípio constitucional, mas uma categoria dogmática, com diversas funções. Enquanto correspondência da situação da vida à lei, a tipicidade tem por base o *Tatbestand* (ponto de partida do juiz para a valoração do caso), o qual, por seu turno, tem sempre como fonte a lei. Como vimos também, os conceitos de tipicidade e de *Tatbestand* ultrapassam o domínio do Direito Fiscal.

11. Nem a reserva de lei na vertente formal ou das competências, mesmo que seja uma reserva exclusiva parlamentar, nem um princípio da tipicidade (tendencialmente fechada) conseguem impedir alguma indeterminação legal e uma maior ou menor margem de liberdade por parte dos órgãos que interpretam/aplicam a lei, como está demonstrado pela teoria do Direito e veremos a seguir. A questão está em saber o que significa indeterminação legal e se a última palavra na interpretação e aplicação da lei indeterminada cabe à administração ou aos tribunais, e em que casos devemos aceitar uma margem de livre apreciação administrativa (e, eventualmente, discricionariedade administrativa). Só trataremos deste ponto nos capítulos seguintes.

12. Por outro lado, mesmo na sua vertente concretizadora da legalidade, a tipicidade também não esgota a legalidade, e o princípio da legalidade não é necessariamente violado se não se optar por uma tipicidade (quase) fechada ou por uma (intensa) determina-

---

[811] Como é o caso da argumentação com base no princípio da democracia, a que Brinkmann também recorre (JOHANNES A. BRINKMANN, *Tatbestandsmässigkeit der Besteuerung*..., cit., pp. 116 e ss.). É certo que ao invocar a democracia, Brinkmann tem presente a continuidade histórica do papel dominante do Parlamento em matéria fiscal. Mas dizer que este princípio exige que as decisões essenciais (nomeadamente, de orientação política como é o caso dos impostos) sejam tomadas pelo Parlamento, porque o procedimento legislativo está vinculado competencial, formal e materialmente à Constituição (p. 119), não fundamenta especialmente o princípio da tipicidade, mas também o da legalidade, como o próprio autor reconhece (p. 116).

ção legal[812]. E partindo novamente do paralelismo entre princípio da legalidade e reserva de lei formal (em que prevalece o aspecto da competência e do procedimento legislativo) e tipicidade e reserva de lei substancial, a tipicidade pode ser secundarizada, se outro princípio constitucional prevalecer na elaboração da norma fiscal ou na sua aplicação ao caso concreto[813].

Finalmente, diga-se que o descrédito quanto ao princípio da tipicidade fiscal e à sua utilidade enquanto categoria dogmática, é também o resultado de uma outra corrente doutrinária e jurisprudencial que simplificou demasiado o significado de *Tatbestand*.

Assim, encontramos amiúde, na doutrina e na jurisprudência alemãs, a seguinte definição de *Tatbestand*: "o princípio da tipicidade diz-nos que os impostos só podem ser infligidos, quando o *Tatbestand*, ao qual a lei liga a obrigação de imposto, é concretizado"[814]. Aliás, praticamente com a formulação acabada de citar, quer na Alemanha, quer em Espanha, o princípio da tipicidade consta da própria legislação fiscal[815].

---

[812] Num sentido próximo para o Direito Penal, ALBERTO GARGANI, *Dal Corpus delicti...*, cit., p. 31, e GIULIANNO VASSALI, "Nullum crimen sine lege", *Dig. Sc. Pen.*, VIII, Milano, 1994, p. 282. V., adiante, as consequências decorrentes da interpretação/aplicação administrativa e judicial de conceitos jurídicos indeterminados utilizados pelo legislador no *Tatbestand* de garantia.

[813] V., por todos, por exemplo, TIMOTHY A. ENDICOTT, *Vagueness in law*, cit., pp. 185 e ss.. E no Direito Fiscal, o princípio da capacidade contributiva postula a abertura da tipicidade, através do recurso a conceitos jurídicos indeterminados. Por exemplo GERHARD WACKE, em 1947, justificava e defendia as cláusulas gerais anti-abuso com base no argumento da igualdade do caso concreto (embora, em caso de conflito, fizesse prevalecer o princípio da legalidade e tipicidade fiscal sobre qualquer outro): ou seja, nem todos os autores alemães do pós-guerra defenderam um princípio de tipicidade (totalmente) fechado: "Gesetzmässigkeit und Gleichmässigkeit...", cit., pp. 30 e ss..

[814] KLAUS TIPKE/HEINRICH WILHELM KRUSE, *Reichsabgabenordnung – Kommentar*, 7. ed., Köln, 1963/75, ponto 25 do comentário ao § 3 da *AO*; HEINRICH WILHELM KRUSE, *Steuerrecht, Allgemeiner Teil*, 3.ª ed., München, 1973, p. 39; JOHANNES A. BRINKMANN, *Tatbestandsmässigkeit der Besteuerung...*, cit., p. 1. Repare-se que, em 1958, a definição que já citámos de KLAUS TIPKE aparece, na sua formulação, mais claramente ligada ao princípio da legalidade ("Gesetzmässigkeit der Verwaltung und Treu und Glauben", cit., p. 744).

[815] Na Alemanha, o § 1 da *RAO* de 1918, introduziu uma referência ao *Tatbestand*, através da definição de imposto, e que corresponde a do § 3 da actual *AO*, anteriormente mencionado: assim, "a submissão a imposto resultaria da correspondência de um facto a um *Tatbestand* ao qual a lei liga a capacidade de prestação"; e segundo o § 81 da *RAO*

Embora esta definição seja entendida, pelos autores que a adoptam, como expressão do princípio da legalidade administrativa[816], a verdade é que ela traz alguns problemas: por um lado, a sua extrema simplicidade tem legitimado acusações quanto a uma eventual inutilidade e tautologia. Por outro lado, se se entender, por exemplo, que os §§ 3 e 38 da AO se referem, separadamente, à verificação do *Tatbestand* e à "obrigação de prestação"[817], pode-se também considerar que a AO utiliza a expressão *Tatbestand* no sentido de "pressuposto" ou "a causa dos efeitos jurídicos" por contraposição aos "efeitos jurídicos"[818]. Ou seja, se entendermos que se pretende, com as referidas definições, dizer apenas que a realização das consequências jurídicas (fiscais) tem como pressuposto o preenchimento do *Tatbestand* (fiscal), nada se acrescenta, pois em todos os ramos de Direito, são estas as componentes da "estrutura lógica da proposição jurídica completa"[819].

Assim, estas definições doutrinárias e legais têm conduzido à crise do princípio da tipicidade dos impostos[820].

---

que corresponde ao actual § 38 da *AO*, as pretensões fiscais têm origem "logo que o *Tatbestand*, ao qual a lei ligue a obrigação de prestação, seja concretizado". Em Espanha, o art. 2.º, n.º 1, primeira frase, da *LGT*, integra essa formulação na definição de imposto.

[816] Criticamente, HEINRICH WILHELM KRUSE, "Gesetzmässige Verwaltung...", cit., p. 109.

[817] Como já referimos anteriormente, o § 3 da *AO* estabelece que os impostos são prestações monetárias que são infligidas por uma entidade de Direito Público para obtenção de receitas, e que correspondem a um *Tatbestand* ao qual a lei liga a obrigação de prestação (§ 3 da *AO*); por seu turno, nos termos do § 38 da *AO*, as pretensões resultantes de uma relação obrigacional tributária nascem quando o *Tatbestand*, ao qual a lei liga a obrigação de imposto, é realizado.

[818] É este o entendimento de KLAUS TIPKE (*Die Steuerrechtsordnung*, I, cit., 2.ª ed., p. 128) quanto ao significado de tipicidade da tributação: "A exigência de um imposto pressupõe que um *Tatbestand* legal, ao qual um imposto está ligado como consequência, está preenchido". O autor critica o conceito de tipicidade afirmando que, "porém, também a consequência jurídica deve resultar da lei" (Idem).

[819] KARL LARENZ/CANARIS, *Methodenlehre...*, cit., 3.ª ed., pp. 73 e ss.. Como referimos, a expressão *Tatbestand* tem um significado amplo, comum a todos os ramos de Direito, sendo entendido como "o elemento de facto", "a causa de efeitos jurídicos": ALBERTO GARGANI, *Dal Corpus delicti...*, cit., p. 41.

[820] Para uma referência a este problema, HARTMUT HAHN, *Die Grundsätze der Gesetzmässigkeit...*, cit., pp. 20-25.

4. O *Tatbestand* sistemático

4.1. *O* **Tatbestand** *sistemático de imposto e a sua instrumentalidade em relação ao* **Tatbestand** *de garantia*

O desenvolvimento dogmático do *Tatbestand* sistemático (ou descritivo) também nunca foi tão profundo como no Direito Penal, apesar das influências belinguianas, e apesar da sua importância inegável na sistematização do Direito obrigacional fiscal.

Considerada isoladamente, a noção de *Tatbestand* de Hensel – "conjunto dos pressupostos abstractos contidos nas normas fiscais materiais, cuja concretização (concretização do *Tatbestand*) dá origem a determinadas consequências jurídicas"[821], ou "imagem reflexo da relação obrigacional fiscal concreta"[822], pressupostos esses que o autor depois enumera – é uma noção sistemática formal. Por outro lado, no seu manual, o autor incluiu a matéria do *Tatbestand* na parte destinada à relação fiscal obrigacional. Provavelmente fê-lo também por razões sistemáticas (de análise da obrigação do imposto), mas essa sistematização continuava a ter por finalidade a juridificação dos impostos.

O maior interesse da perspectiva sistemática residiu na sua função organizatória e ligação à função garantista, ligação essa que encontramos, ainda hoje, com frequência.

A maior crítica que se lhe pode dirigir é o carácter técnico e positivista que reveste (tal como a função garantista), pois essa perspectiva sistemática é, normalmente, acompanhada da ideia que existem apenas limites formais de tributação – quanto ao resto, o legislador teria poderes ilimitados[823].

---

[821] ALBERT HENSEL, *Steuerrecht*, cit., 2.ª ed., p. 43; 3.ª ed., p. 57. Como referimos, entendemos esta definição de *Tatbestand* como uma definição sistemática e não como faz Alberto Xavier, como um mero "atributo do facto ou factos da vida, que exprimiria a sua conformidade com o modelo abstracto descrito na norma e que seria indispensável para a produção do efeito jurídico mais característico da norma tributária" (ALBERTO XAVIER, *Conceito e natureza...*, cit., p. 265). Além disso, como também acabámos de referir, entendemos que o *Tatbestand* em Hensel tem, fundamentalmente, o significado de *Tatbestand* de garantia.

[822] IDEM, ALBERT HENSEL, *Steuerrecht*, cit., 2.ª ed., p. 43; 3.ª ed., p. 57.

[823] V. as críticas à tradição positivista do Direito Fiscal e a esta ideia de que "os impostos não suportariam senão limites de carácter formal, polarizados sobretudo no prin-

Embora o *Tatbestand* de garantia, seja assim designado ou não, tenha estado desde sempre no centro das discussões, também esta vertente sistemática (caracterização da obrigação fiscal, através da identificação dos seus elementos essenciais – e comuns) suscita alguma polémica, nomeadamente por parte dos defensores de um "*Tatbestand* material" de imposto. À perspectiva formal é normalmente contraposta uma perspectiva ligada a uma ideia de justiça fiscal, que deveria ser trazida para o primeiro plano[824].

Curiosamente, no Direito Fiscal, o ponto de partida – e de certo modo seguindo um percurso inverso ao do Direito Penal – é o *Tatbestand* sistemático de imposto, e deste se chega ao *Tatbestand* de garantia, existindo, quanto aos elementos essenciais, coincidência entre os dois conceitos de *Tatbestand*.

Quanto à caracterização do *Tatbestand* sistemático, Hensel enumera como elementos essenciais do mesmo, os anteriormente identificados pela ciência financeira. Esses elementos correspondem aos que actualmente encontramos em qualquer manual de Direito Fiscal (por vezes com variantes), enumerados como elementos constitutivos da relação obrigacional fiscal, e submetidos a reserva de lei: o sujeito activo e o sujeito passivo ou "lado pessoal do *Tatbestand*", o facto tributário ou "lado material do *Tatbestand*"[825], o cálculo da matéria tributável ou apuramento do "valor

---

cípio da legalidade fiscal na sua versão de reserva material de lei formal": JOSÉ CASALTA NABAIS, *O Dever fundamental*..., cit., pp. 316 e ss.; e as críticas detalhadas ao *Tatbestand* formal de imposto de Hensel, que faz KLAUS TIPKE, em "Von der formalen...", cit., pp. 105 e ss. (embora essas críticas digam especialmente respeito a outro *Tatbestand* formal: as classificações de impostos, a que faremos referência neste ponto).

[824] É essa a proposta de KLAUS TIPKE, "Von der formalen...", cit., pp. 108 e ss..

[825] Ao objecto do imposto ou lado material do *Tatbestand* é normalmente atribuída a função de condicionar o nascimento da obrigação de imposto ("facto gerador de imposto"): isto é, só quando os factos descritos na norma são efectivamente preenchidos, assistimos ao nascimento da pretensão de imposto (embora se trate de um juízo provisório, pois é ainda necessário verificar o chamado "lado mensurável" do objecto de imposto). O *Tatbestand* material é assim, simultaneamente, fundamento da origem e fundamento da obrigação de imposto: V., para um desenvolvimento, HARTMUT HAHN, *Die Grundsätze der Gesetzmässigkeit*..., cit., pp. 160 e ss. (162-165, 169). Nesta identificação entre objecto de imposto e *Tatbestand* de imposto, encontramos subjacente a concepção objectiva de Beling em relação ao *Tatbestand* (lado jurídico formal do *Tatbestand* de imposto, como lhe chama HARTMUT HAHN, IDEM, p. 165), e, indirectamente, o *Tatbestand* de garantia; V. ALBERT HENSEL, *Steuerrecht*, cit., 2.ª ed., pp. 42 e ss.; 3.ª ed., pp. 56 e ss..

fiscal" e a taxa de imposto[826]. A identificação dos elementos essenciais do *Tatbestand* tem, como funções principais, sistematizar a obrigação jurídica de imposto, orientar o procedimento tributário[827] e também densificar a reserva de lei. Através dos elementos essenciais são descritas pormenorizadamente, na lei, as situações típicas da vida, relevantes para efeitos fiscais e para o apuramento do montante final de imposto a pagar.

A configuração destes elementos foi contemporânea da introdução de impostos sobre o rendimento real e de carácter pessoal, pois a complexidade destes exigia uma sistematização. Tal como no Direito Penal Beling ordenou as características de uma actuação que pudesse ter como consequência a pena, também no Direito Fiscal o apuramento da obrigação de imposto, sem essa ordenação, não seria jurídico, mas arbitrário e errante – não seria possível reconhecer quais os pressupostos necessários para a sujeição a imposto de um facto[828].

Além dos elementos essenciais, Hensel nomeia ainda outros. É o caso das situações da vida que constituem excepções ao conjunto de pressupostos constitutivos do *Tatbestand*, ou seja, dos benefícios fiscais, e são ainda os casos da responsabilidade fiscal e das cláusulas gerais anti-abuso que alargam o *Tatbestand*[829].

A cláusula geral anti-abuso não se integra no conceito de *Tatbestand* fechado, nem de *Tatbestand* de garantia em sentido estrito, uma vez que o seu âmbito ultrapassa necessariamente (por natureza) o do facto típico lite-

---

[826] ALBERT HENSEL, *Steuerrecht*, cit., 2.ª ed., pp. 45-46; 3.ª ed., pp. 58 e ss.. O autor inclui nesses elementos "a relação entre o sujeito passivo e o facto tributário (a atribuição do facto ao sujeito)", que é dispensável referir, pois essa relação presume-se. Estes elementos foram aceites pela doutrina posterior, até aos dias de hoje, e é assim que os encontramos também sistematizados nos códigos de imposto. V., por exemplo, HARTMUT HAHN, *Die Grundsätze der Gesetzmässigkeit...*, cit., pp. 102 e ss..

[827] À semelhança do *Tatbestand* sistemático de Beling, os lados subjectivo e material do *Tatbestand* de imposto são apenas indícios de tributação, devendo ser depois verificados os pressupostos de capacidade contributiva, quando se procede ao apuramento da matéria colectável: V. a menção a estes pressupostos em HARTMUT HAHN, *Die Grundsätze der Gesetzmässigkeit...*, cit., pp. 164-165. Consideramos esta noção sistemática, quando vista isoladamente, perfeitamente insuficiente para caracterizar o *Tatbestand* fiscal. Mas repare-se que as potencialidades do conceito de *Tatbestand* são enormes: é o que verificamos quando, por exemplo, HARMUT HAHN nos diz que do conceito de *Tatbestand* resulta a proibição de um imposto de capitação (IDEM, p. 168).

[828] V., para a referência ao problema no Direito Penal, CLAUS ROXIN, *Strafrecht...*, I, cit., 3.ª ed., pp. 225 e ss..

[829] ALBERT HENSEL, *Steuerrecht*, cit., 2.ª ed., pp. 43-46; 3.ª ed., p. 61.

ralmente descrito no *Tatbestand* legal, mas poderá fazer parte de um *Tatbestand* de imposto sistemático, aberto, e, fundamentalmente, normativo (por não ser meramente descritivo, nem formal).

Desde logo, a integração da cláusula geral anti-abuso no *Tatbestand* sistemático permite trazê-la para a relação jurídica fiscal, dar-lhe um conteúdo jurídico-ético[830], e o facto de ela estar prevista na lei, tem como fim ultrapassar as objecções ligadas à reserva de lei.

Também as formas de extinção da relação obrigacional de imposto, os abatimentos, os pagamentos por conta, os reembolsos ao contribuinte e a utilização do mesmo *Tatbestand* por impostos diferentes são integrados por Hensel no *Tatbestand* sistemático[831].

4.2. O Tatbestand *sistemático como um* Tatbestand *formal ou não normativo: crítica a esta concepção*

Hensel ordena ainda os *Tatbestände* em categorias, desenvolvendo a noção sistemática de *Tatbestand*. Assim, perante a vigência de um "sistema" múltiplo de impostos[832], organiza-os por grupos ou tipos legais, segundo técnicas diferenciadas de *Tatbestände*[833]. Esta mesma técnica de sistematização encontramo-la hoje em qualquer manual de Direito Fiscal, sendo utilizada com à-vontade e frequência pelo contribuinte cidadão--comum.

Diz-nos Tipke, num artigo em que critica as classificações dos impostos, que essas classificações "devido à sua ligação ao técnico-formal,

---

[830] No sentido de ARTHUR KAUFMANN, "Analogie und 'Natur der Sache'...", cit., p. 9 (ainda que o *Tatbestand* valorativo em Hensel seja muito tímido).

[831] ALBERT HENSEL, *Steuerrecht*, cit., 2.ª ed., pp. 46-48; 3.ª ed., pp. 60-62.

[832] A referência ao "sistema", entre aspas, é feita por Tipke, pois, como é sabido, o autor entende que o Direito Fiscal é um caos ou conglomerado de vários impostos e propõe um sistema, nomeadamente através de uma perspectiva material dos *Tatbestände* fiscais: KLAUS TIPKE, "Von der formalen...", cit., pp. 105 e ss..

[833] Assim, o autor faz referência aos impostos sobre o consumo cujo *Tatbestand* coloca determinados produtos no comércio; impostos de transacções, cujo lado material do *Tatbestand* consiste num negócio jurídico; o imposto geral sobre o volume de negócios, cujo *Tatbestand* principal abrange cada prestação de uma empresa; impostos que estão ligados a determinados concursos de uma empresa (por exemplo, a lotaria); impostos sobre o rendimento e o património, que se podem dividir em impostos reais e pessoais: V. ALBERT HENSEL, *Steuerrecht*, cit., 1927, pp. 58-61; e *Steuerrecht*, cit., 1933, pp. 75-79. V. a referência e crítica em KLAUS TIPKE, "Von der formalen...", cit., pp. 105-106.

(são) tão pouco (úteis) quanto uma organização dos impostos de A a Z"[834].

Diz-nos ainda que essas classificações doutrinárias dos diferentes impostos, embora pretendam sistematizar o "conteúdo de um ordenamento" (jurídico fiscal), apenas reproduzem e encobrem o caos vigente nesse ordenamento[835], descrevem os elementos do *Tatbestand*, não os explicam[836].

Ora, entendemos que tanto as classificações dos impostos, como a configuração dos vários pressupostos abstractos ou dos elementos do *Tatbestand* sistemático, não são meramente descritivas, pois têm subjacente um determinado significado normativo.

Aliás, o próprio Tipke vem admitir que as classificações não são neutras: por exemplo, "... a diferença entre impostos directos e indirectos... diz respeito não só à diferente técnica de tributação mas também a questões de justiça fiscal. As questões de justiça fiscal dizem sempre respeito àqueles que suportam o imposto e não àqueles que por razões de técnica fiscal são considerados devedores fiscais. Além disso dever-se-ia distinguir entre aqueles impostos que – como o imposto sobre o volume de negócios e os impostos especiais de consumo – são pensados como impostos que se repercutem economicamente – e os impostos sobre as empresas – que não são pensados como impostos de repercussão, mas... que são repercutidos sempre que possível"[837].

Por outro lado, quer os elementos do *Tatbestand* sistemático quer as classificações dos impostos facilitam a tarefa interpretativa, através da apreensão sistematizada da obrigação de imposto.

---

[834] KLAUS TIPKE, "Von der formalen...", cit., p. 106. E que foi efectivamente elaborada sob orientação do ministério alemão das finanças federais para informação dos cidadãos (Idem).

[835] KLAUS TIPKE, "Von der formalen...", cit., p. 107. Segundo Tipke, "uma doutrina puramente formal do *Tatbestand*, com as suas ligações técnico-positivistas, não revela este estado das coisas, encobre-o" (Idem). Tipke menciona Hensel e outros autores que também procedem a idêntica sistematização dos impostos (é o caso de Rasenack, Crezelius, Kirchhof, Kruse, Höhn): IDEM, pp. 106-107. Poderíamos citar inúmeros autores que, nos seus manuais, em diversos ordenamentos, incluindo o português, sistematizam de forma idêntica os impostos.

[836] *Idem* (KLAUS TIPKE, "Von der formalen...", cit.) p. 107: para estas concepções formais, como o legislador detém uma ampla margem de discricionariedade, não é preciso explicar o porquê das classificações (por que razões há impostos directos e indirectos, pessoais e reais, sobre o património e sobre o tráfego, etc.).

[837] KLAUS TIPKE, "Von der formalen...", cit., p. 108.

No domínio do Direito Fiscal Inter-estadual, por exemplo, o *Tatbestand* sistemático permite a comparação de conceitos e categorias do Direito interno. Quando, para efeitos de aplicação de um acordo de dupla tributação, averiguamos se há identidade do objecto, do sujeito e dos impostos, utilizamos a orientação que nos é dada pelo *Tatbestand* sistemático[838].

Além disso, embora o *Tatbestand* sistemático, em si mesmo, possa servir qualquer conteúdo, ele só tem sentido por exprimir uma concreta normatividade. Se entendermos, como entendemos, que os *Tatbestände* de imposto são normativos, o *Tatbestand* sistemático, em qualquer das duas vertentes mencionadas (elementos essenciais ou classificação de impostos), continua a desempenhar a sua função descritiva carregada de normatividade.

Retomando o exemplo dos acordos de dupla tributação, a averiguação da identidade dos impostos, para efeitos de aplicação de um acordo bilateral, não exclui o conteúdo valorativo de cada um dos dois tipos legais de imposto objecto de comparação – pelo contrário, esse conteúdo é pressuposto da identidade, não bastando a denominação formal do imposto. Assim se justifica a catalogação de determinados ordenamentos como paraísos fiscais, os quais têm muitas vezes *Tatbestände* sistemáticos de imposto formalmente idênticos aos dos ordenamentos com tributação "normal".

Um outro exemplo, este de Direito Comunitário, é-nos dado pelo caso Epson Europe BV[839]. No pedido de decisão prejudicial, apresentado pelo STA ao TJCE, ao abrigo do art. 177.º do Tratado da CE (actual art. 234.º), estava em causa a interpretação do regime transitório aplicável ao Estado português, dos arts. 5.º n.º 4 e 2.º alínea c) da Directiva sociedades-mães e sociedades afiliadas. Isto é, cabia saber se a percentagem máxima de retenção na fonte, sobre lucros distribuídos por afiliadas portuguesas a sociedades-mães de um outro Estado membro, dizia respeito ao IRC e ao imposto sobre sucessões e doações por avença (ISSD), ou se dizia respeito apenas ao IRC, se se entendesse que o imposto sobre sucessões e doações não estava compreendido no âmbito objectivo da directiva. As alegações das partes em litígio e da Comissão, bem como as conclu-

---

[838] Como refere e admite KLAUS TIPKE ("Von der formalen...", cit., p. 107) que nos dá justamente o exemplo do Direito Fiscal Internacional.
[839] Caso Ministério Público e Fazenda Pública contra Epson Europe BV, processo C-375/98, de 8.6.2000.

sões do advogado-geral e os fundamentos do Tribunal, centraram-se na qualificação do *Tatbestand* do imposto sobre sucessões e doações por avença. Cabia, fundamentalmente, saber se o ISSD era um imposto sobre o rendimento, caso em que estaria abrangido pela directiva, ou se era um imposto sobre o património, caso em que não estaria abrangido por ela[840]. Os intervenientes do processo recorreram às sistematizações formais das categorias de imposto para tentarem demonstrar o seu ponto de vista e ganhou a argumentação que demonstrou a normatividade subjacente à classificação formal.

Ora bem, se se procedesse a um desenvolvimento da dogmática fiscal, no sentido da elaboração pormenorizada do *Tatbestand* sistemático de um qualquer imposto – por exemplo, se para efeitos do imposto sobre o rendimento em qualquer ordenamento, se tentasse definir o objecto do imposto (v.g. todo o resultado económico pretendido ou uma actividade produtiva dirigida à obtenção de rendimento) –, seria possível desenvolver uma Teoria Geral desse imposto através de conceitos comuns, o que conduziria a uma interpretação mais uniforme[841], não só no ordenamento interno, como no plano inter-estadual.

Resulta do que escrevemos até aqui que o *Tatbestand* sistemático não só tem utilidade, como é indispensável, embora o possamos considerar um *Tatbestand* de sobreposição ou instrumental.

4.3. *O* **Tatbestand** *sistemático de* ALBERT HENSEL *como um* **Tatbestand** *carregado de normatividade*

Acrecentemos ainda algumas linhas sobre a introdução do *Tatbestand* sistemático no Direito Fiscal.

---

[840] Foi a seguinte a pergunta que o STA colocou ao TJCE: «O art. 5.º, n.º 4, da Directiva 90/435/CEE, do Conselho, de 23 de Julho, relativa ao regime fiscal comum aplicável às sociedades-mães e sociedades afiliadas de Estados-Membros diferentes, na parte em que fixa os limites derrogatórios de 15% e de 10% para Portugal, deve ser interpretado no sentido de esses limites se reportarem, tão-só, à tributação em imposto sobre o rendimento das pessoas colectivas (em Portugal)? *Ou abrange qualquer tributação do rendimento das acções, incidente sobre os dividendos, independentemente do diploma legal em que esteja prevista?*» (itálico nosso).

[841] É este o sentido da tese de JÖRG BEHRENDS, "Die Lehre vom Steuertatbestand...", cit., pp. 84 e ss..

É verdade que, se o *Tatbestand* de garantia do imposto nasceu sob influência belinguiana (mesmo que no Direito Fiscal a garantia não seja tão forte), o mesmo aconteceu com o *Tatbestand* sistemático. Numa primeira leitura, para Hensel, e para a grande maioria da doutrina actual, o *Tatbestand* sistemático seria, tal como o *Tatbestand* de garantia, avalorativo. Aparentemente, o conteúdo do *Tatbestand* não teria relevância, seria matéria de política financeira, bastando que os elementos do *Tatbestand* sejam aprovados por lei[842]. Como já referimos, ao mesmo tempo que descrevem a obrigação de imposto e permitem identificar elementos comuns a todas as obrigações de imposto em concreto, uma função primordial destes elementos é a de assegurarem a legalidade fiscal, pois os elementos do *Tatbestand* "devem descrever exactamente uma situação da vida, de forma que a tributação prossiga os motivos político-financeiros do legislador"[843]. Os *Tatbestände* sistemáticos permitem, assim, garantir um princípio constitucional formal.

Como escreveu Casalta Nabais, "colocando-se no que consideram uma certa linha de continuidade do estado liberal, alguns autores actuais, partindo de uma total desvinculação ou neutralidade ética do direito fiscal, concluem que o legislador pode decidir, mais ou menos arbitrariamente, os factos tributários..."[844]. E, com efeito, enquanto pioneiro na sistematização do Direito Fiscal segundo os parâmetros do Estado de Direito (liberal), Hensel parece deixar à discricionariedade do legislador os tipos legais de imposto, bem como o conteúdo dos elementos essenciais de imposto[845] – e é isso que fazem actualmente os seus seguidores directos ou indirectos.

Mas, numa perspectiva de conjunto, a configuração, por Hensel, dos pressupostos abstractos do *Tatbestand*, não é tão formal e positivista como parece à primeira leitura – pelo contrário. Desde logo, apesar das suas críticas agudas ao *Tatbestand* de Hensel, Klaus Tipke cita-o, numa passagem aparentemente contraditória: os "elementos do *Tatbestand* devem descrever com exactidão uma relação da vida julgada como fiscalmente relevante, de forma a que a tributação corresponda com sucesso aos motivos

---

[842] V. Klaus Tipke, "Von der formalen...", cit., p. 106.
[843] Albert Hensel, *Steuerrecht*, 2.ª ed., p. 46; 3.ª ed., p. 60.
[844] José Casalta Nabais, *O Dever fundamental*..., cit., p. 316.
[845] Segundo Hensel, "O legislador é livre quanto à apresentação das normas do *Tatbestand*; assim são pensáveis, à discrição, muitos *Tatbestände* fiscais individuais": *Steuerrecht*, cit., 2.ª ed., p. 43 e 3.ª ed., p. 57.

político-financeiros do legislador". É claro, diz-nos Tipke, que é o legislador a definir "o que é uma relação da vida fiscalmente relevante", mas Tipke não diz tudo. De facto, como já referimos anteriormente, Hensel defende, nos anos vinte, uma "inevitável" aceitação de amplos poderes administrativos de concretização da lei do Parlamento[846], o que significa que o Direito Fiscal não vive do *Diktum* do legislador. O autor refere-se ainda à tensão entre lei formal e justiça material como a "questão fundamental" da época, em especial para este ramo de Direito[847]; e refere-se a "cláusulas gerais" e a "cláusulas especiais", considerando que algumas delas atribuem discricionariedade à administração, e que a sua interpretação deveria ser feita segundo o fim da norma[848]. O fim da lei não é o fim do legislador.

Além disso, na complexidade que caracteriza o discurso do autor, o *Tatbestand* sistemático ganha carácter valorativo através da aplicação tipológica da norma, que deve ser feita, em "*Abänderung des Steuertatbestandes*"[849], por referência ao princípio da igualdade (a referência à tipicidade vital e à ideia de Direito, diríamos nós, usando a linguagem de Kaufmann[850]). A referência expressa à tipicidade vital não é feita neste estudo, mas já o é, em "*Verfassungsrechtliche Bindungen des Steuergesetzgebers...*"[851], em que o autor refere que o Direito Fiscal, enquanto "Direito", deve conformar as características económicas essenciais: "cada *Tatbestand* de imposto contém tipos jurídicos simples que em regra são suficientes para abranger a vida económica na sua conformação normal relativamente aos pontos que são entendidos como essenciais para a tributação"[852-853].

---

[846] ALBERT HENSEL, "Die Abänderung des Steuertabestandes...", cit., pp. 40-41 e ss.. Quanto ao primeiro aspecto, Hensel faz uma comparação com o Direito de Polícia e com o próprio Direito Penal e Processual Penal.

[847] ALBERT HENSEL, *Steuerrecht,* cit., 2.ª ed., pp. 34-35, 3.ª ed., p. 48.

[848] ALBERT HENSEL, *Steuerrecht,* cit., 2.ª ed., pp. 34-39, 3.ª ed., pp. 48-52 e ss..

[849] ALBERT HENSEL, "Die Abänderung des Steuertabestandes...", cit., pp. 49-50 e ss..

[850] V. adiante o significado de *Typus* e de tipicidade vital para ARTHUR KAUFMANN.

[851] ALBERT HENSEL, "Verfassungsrechtliche Bindungen des Steuergesetzgebers. Besteuerung nach der Leistungsfähigkeit – Gleichheit vor dem Gesetz", *Vierteljahresschrift für Steuer und Finanzrecht,* 1930, pp. 441-493.

[852] ALBERT HENSEL, "Verfassungsrechtliche Bindungen...", cit., p. 474.

[853] Negando também o carácter meramente formal ao *Tatbestand,* HARTMUT HAHN, *Die Grundsätze der Gesetzmässigkeit...,* cit., pp. 173-174 (e 170). V., também, pp. 183 e ss., em que o autor discute se o objecto de imposto é um determinado conceito de ren-

E, acima de tudo, em "*Verfassungsrechtliche Bindungen des Steuergesetzgebers...*", o autor estabelece os limites de discricionariedade do legislador perante o art. 134.º da Constituição de Weimar, segundo o qual, "todos os cidadãos, sem distinções, contribuem para todos os encargos públicos segundo o estabelecido por lei, tendo em conta os seus meios". Desta disposição, retira Hensel dois princípios materiais – "dois postulados de justiça" – vinculativos para o legislador (i.e., justiciáveis), e que portanto lhe restringem a liberdade de conformação: o princípio da capacidade contributiva e o princípio da generalidade[854]. Identificados os princípios, Hensel concretiza-os, retirando as consequências deles decorrentes para o legislador fiscal, na sua "conformação material do sistema fiscal, tendo em conta a vontade da Constituição"[855]. Estamos pois longe do *Diktum* do legislador, e do formalismo de que Tipke o acusa, sendo certo que Hensel não elimina a discricionariedade do legislador.

O pensamento de Hensel é pois bem mais complexo do que Tipke faz crer. E, como muitas vezes acontece, podemos dizer que o *Tatbestand* sistemático desenvolvido depois de Hensel, e autonomizado do enquadramento que este lhe dá, é mais formal e positivista do que o *Tatbestand* de Hensel – ou é desvalorizado ou identificado com um *Tatbestand* de garantia fechado.

Finalmente, o *Tatbestand* fiscal sistemático henseliano é simultaneamente um *Tatbestand* abstracto, no sentido em que o procedimento tributário só tem início com a relação que se estabelece entre sujeito activo e sujeito passivo[856-857].

---

dimento ou apenas aquele descrito na lei (o *Tatbestand* objectivo). Está presente nestas páginas, embora sem ser assim designada expressamente, a relação entre o *Tatbestand* e o *Typus*.

[854] ALBERT HENSEL, "Verfassungsrechtliche Bindungen...", cit., pp. 442-443 e ss..

[855] ALBERT HENSEL, "Verfassungsrechtliche Bindungen...", cit., pp. 445-446; V., em relação à justiça do imposto, pp. 445 e ss.; e em relação à generalidade, pp. 458 e ss.. Este último princípio deve ser pensado em relação com o primeiro, e por cada lei de imposto.

[856] ALBERT HENSEL, *Steuerrecht*, cit., 2.ª ed., p. 47, referindo-se à "relação obrigacional fiscal" no sentido de procedimento tributário.

[857] Neste contexto, foi muito importante a discussão sobre o momento do nascimento da obrigação de imposto. Cabe saber se basta a verificação legal da relação fiscal (a concretização do *Tatbestand*, como desde logo a *Abgabenordnung* de 1919 parece ter esclarecido – § 81 n.º 1, primeira frase) ou se é necessária a notificação, pela administração fiscal, do imposto a pagar (ALBERT HENSEL, *Steuerrecht*, cit., 2.ª ed., p. 47). Em França, por exemplo, o objecto do imposto era o conjunto de condições fixadas na lei para o nascimento de uma obrigação fiscal. GASTON JÈZE, "Jurisprudence Judiciaire", *Revue de*

É também o *Tatbestand* sistemático de Hensel que está na origem do conceito de "*fattispecie* de imposto" em Itália. Também aqui, a reserva de lei fiscal encontra um desenvolvimento teórico ligado ao Direito Constitucional, e a *fattispecie tributária* serve propósitos de sistematização da relação jurídica fiscal.

Mas a construção da *fattispecie*, apesar de ter expressamente por referência o conceito de *Tatbestand* de Hensel anteriormente citado ("complexo de pressupostos abstractos, contidos nas normas de Direito Fiscal material, de cuja concreta existência (realização da *fattispecie*), derivam determinadas consequências jurídicas"[858]), é realizada em confronto com a noção de *fattispecie* jurídica, em sede de Teoria Geral, isto é, com a noção desenvolvida para as relações de Direito Privado.

Tomando como referência o artigo de Luigi Ferlazzo Natoli, podemos sintetizar, como principais características da *fattispecie tributária*, segundo a doutrina italiana, as seguintes: o conceito de *fattispecie tributária* não se distingue, quanto à estrutura, do conceito de *fattispecie* da Teoria Geral; a Teoria Geral é a Teoria Geral do Direito Civil, não sendo feita nenhuma menção à *fattispecie* do Direito Penal; por isso, nos diz o autor

---

Science Financière, 1937, p. 607. Este problema está relacionado com a discussão da natureza do acto tributário (V. ALBERT HENSEL, em "Die Abänderung des Steuertatbestandes...", cit., p. 80) e com a discussão entre as teorias declarativistas e constitutivas. Assim, apesar de na Alemanha a questão se considerar resolvida pelos §§ 3 e 38 da *AO*, os quais consagrarão "a eficácia declarativa do acto tributário", isso não aconteceu noutro países. Em Portugal, o problema é discutido na tese de doutoramento por ALBERTO XAVIER, *Conceito e natureza...*, pp. 399 e ss.. O autor contrapõe o conteúdo (vinculado) do acto tributário, à eficácia do mesmo, para demonstrar que ele não é meramente declarativo. V. a referência e a crítica à discussão, por se desviar dos problemas principais, em M. ANTONIETTA GRIPPA SALVETTI (*Riserva di legge...*, cit., pp. 37-38), embora alguma doutrina italiana tenda a superá-la através do conceito de procedimento que melhor traduz, actualmente, o apuramento da dívida de imposto. O pressuposto de facto, seguido de diversas actuações intermédias (tais como as declarações de rendimentos e os mecanismos de controlo das mesmas), dirigidas à tributação definitiva e vinculativa (concretizada pelo aviso de acertamento, acordo entre o contribuinte e a administração nos casos previstos na lei ou decisão resultante de recurso administrativo), são momentos estruturalmente autónomos. Em todo o caso, se para o estudo do procedimento tributário, é necessária a identificação dos elementos do *Tatbestand*, o conceito de procedimento não se confunde com o de *Tatbestand* ou *fattispecie* de formação sucessiva, pois este último postula sempre a consideração unitária dos seus elementos: V. a referência a esta discussão, em LUIGI FERLAZZO NATOLI, "La Fattispecie tributaria", cit., pp. 576-578, nota 12.

[858] Conceito adoptado por LUIGI FERLAZZO NATOLI, "La Fattispecie tributaria", *Trattato di Diritto Tributario, Anuario*, cit., p. 570.

que a diferença entre a *fattispecie tributária* e a *fattispecie* civil não diz respeito à estrutura, nem aos elementos constitutivos, mas ao facto de, nas relações de Direito Privado, o conteúdo e a medida da prestação serem determinados pelas partes por um acordo de vontade, o que não acontece na *fattispecie tributária*, pois o conteúdo e a medida da obrigação fiscal decorrem da lei[859]; a comparação da *fattispecie tributária* com a civil faz perder a ligação do conceito ao aspecto da garantia, mas não à lei como base, como ponto de partida para identificação dos elementos da *fattispecie*; pode-se por isso considerar válido o entendimento segundo o qual a lei (quer a lei civil ou a lei fiscal, tal como a lei penal), a "concreta experiência do Direito positivo"[860], é o ponto de partida para a formulação da *fattispecie* – e assim, o ponto de partida para a elaboração de uma Teoria Geral do imposto; a *fattispecie tributária* pode dar origem a um conjunto de consequências e não apenas a uma consequência típica, a qual reduziria o alcance da noção de *fattispecie*. Quanto à individualização da *fattispecie tributária*, ela é constituída por elementos objectivos (pressuposto de facto também designado por *fattispecie de imposição*) e subjectivos (sujeitos activo e passivo). A caracterização destes elementos é efectuada através de classificações, com objectivos de validade relativa a determinados tipos de impostos[861], e tomando como referência a relação jurídica de Direito Civil.

---

[859] LUIGI FERLAZZO NATOLI, "La Fattispecie tributaria...", cit., pp. 569-570.

[860] LUIGI FERLAZZO NATOLI, "La Fattispecie tributaria...", cit., p. 572. Acrescenta ainda o autor: "O conceito de *fattispecie* determina-se assim sobre bases objectivas. Ele é definido pelo complexo de elementos de facto que uma ou mais proposições normativas correlacionadas tomam em consideração unitariamente, com referência a um determinado núcleo de experiência prática, isto é, a um interesse determinado ou a uma pluralidade de interesses relacionados" (IDEM, p. 572).

[861] LUIGI FERLAZZO NATOLI, "La Fattispecie tributaria...", cit., pp. 579-581 e ss.: por exemplo, a doutrina italiana distingue pressuposto de facto, da situação-base e da fattispecie tributável, podendo esta última ser objecto de ulteriores distinções. Assim, encontramos as classificações de *fattispecie* substitutivas, equiparadas, suplementares, sobrepostas, alternativas, condicionais – entre nós poderíamos dar como exemplo de uma *fattispecie* sobreposta e condicional, a derrama. As substitutivas são as *fattispecie* que resultam da aplicação de um benefício fiscal ou de uma isenção sem objectivos extrafiscais; noutro exemplo, a ampliação da *fattispecie* típica é apresentada como uma resposta a comportamentos elisivos (*fattispecie* suplementar). Temos também a estrutura variável da fattispecie de imposição que pode ser constituída pela declaração do contribuinte, por aviso de "acertamento" dos serviços ou de rectificação da declaração (GASPARE FALSITTA, *Corso istituzionale...*, cit., pp. 175 e ss., *Manuale..., Parte Generale, I*, cit., pp. 382 e ss.).

Nunca é de mais relembrar que a dogmática italiana da relação jurídica fiscal tem estado sempre muito próxima da do Direito Civil (nomeadamente, da relação jurídica obrigacional), ao contrário do que acontece na Alemanha, quer na cátedra de Colónia, sob influência de Klaus Tipke, quer no caso de outras universidades que, não tendo autonomizado o ensino do Direito Fiscal das cátedras de Direito Público Constitucional e Administrativo, o abordam quase sempre na perspectiva destes ramos de Direito e com a metodologia dos mesmos.

Este diálogo com o Direito Privado faz com que a ligação da noção henseliana de *Tatbestand* ao Estado de Direito, e, por conseguinte, a sua vertente garantista, não tenha encontrado grande eco na doutrina italiana. Em vez do realce devido à reserva de lei, emerge uma *fattispecie* objectiva, por ter base legal, mas cujas proposições normativas são eleitas, não por exigências de garantia, antes "por referência a um determinado núcleo de experiência prática, isto é, a uma pluralidade de interesses [públicos e privados] estreitamente coligados"[862].

Mas a noção de *fattispecie* de imposto não é uma noção avalorativa, pelo contrário. Por um lado, ela contribui para a sistematização do Direito Fiscal material, para a elaboração de uma "Teoria Geral do imposto", constituindo uma das duas partes desta "Teoria Geral": a *fattispecie* geradora do imposto é a primeira dessas partes. Enquanto parte da Teoria Geral do imposto, a *fattispecie tributária* é o ponto chave da interpretação[863]. Mas acima de tudo, a *fattispecie*, enquanto conjunto de pressupostos, que incluem elementos objectivos e subjectivos, é condicionada pela existência de capacidade contributiva: todos os pressupostos são uma manifestação desta mesma capacidade, não sendo por acaso que os primeiros artigos das leis de imposto dizem respeito ao facto tributário[864]. Recorrendo à concepção de alguma doutrina italiana, segundo a qual a *fattispecie* de

---

[862] LUIGI FERLAZZO NATOLI, "La Fattispecie tributaria...", cit., p. 572. Esses interesses, que para Ferlazzo Natoli são determinantes para a autonomia da *fattispecie* de imposto, não são, porém, por ele concretamente identificados – se esquecermos por ora que o conceito de *fattispecie* do autor gira todo ele em redor da capacidade contributiva. As referências expressas de Ferlazzo Natoli aos interesses dirigem-se a justificar a autonomia da *fattispecie tributária* ("a autonomia resiste dentro dos confins da tutela acordada ao interesse identificado", pois existem "interesses de vária ordem (públicos e privados) e de diversa relevância (principais e acessórios)"). Seja como for, os interesses em jogo são ainda o substrato de uma interpretação teleológica do Direito: IDEM, 608-610.
[863] LUIGI FERLAZZO NATOLI, "La Fattispecie tributaria...", cit., p. 575.
[864] LUIGI FERLAZZO NATOLI, "La Fattispecie tributaria...", cit., pp. 600 e ss..

imposto é de formação sucessiva (trata-se, no fundo, de uma acepção dinâmica do *Tatbestand* sistemático ou analítico desde Beling a Hensel), se não existe facto tributário é porque não existe manifestação de capacidade contributiva, e, por conseguinte, não existe à partida *fattispecie*. Daí que, como veremos adiante, no capítulo dedicado às tipificações, as presunções inilidíveis quanto à existência de facto tributário, sejam inadmissíveis (e inconstitucionais).

A *fattispecie tributária* é, portanto, um modelo das proposições jurídicas (classificáveis em elementos objectivos e subjectivos) necessárias para o nascimento da obrigação fiscal, obedecendo a comandos constitucionais, e por isso não-neutra, mas dotada de normatividade[865].

5. A normatividade do *Tatbestand* de imposto: caracterização

O carácter normativo do *Tatbestand* de imposto permite afastar a concepção positivista do Direito Fiscal, pois ele deve exprimir uma ideia de Direito (i.e. de justiça)[866], não bastando "um conteúdo formal ligado

---

[865] Perante a diversidade de elementos de facto susceptíveis de integrarem uma *fattispecie tributária*, a identificação de uma única *fattispecie tributária* que agregue as variações dos múltiplos tipos de imposto, implica a simplificação de elementos componentes. É por isso abandonada a referência ao efeito típico e aceite como válida uma pluralidade de efeitos decorrentes da *fattispecie:* LUIGI FERLAZZO NATOLI, "La Fattispecie tributaria...", cit., pp. 571-572. Como a *fattispecie* pode ser abordada numa perspectiva dinâmica (ela é constituída por vários elementos que são diversos momentos, ainda que não autonomizáveis, pois, ao contrário do procedimento tributário, ela determina-se pelos seus efeitos, e não segundo os seus diferentes momentos lógicos: IDEM, pp. 571-572, nota 12, e p. 583), a sua conjugação com a noção de capacidade contributiva (elemento condicionante), faz com que o "estudo da *fattispecie tributária* envolv(a)" o estudo "do acertamento tributário, da subjectividade jurídica e, mais em geral, da interpretação da lei" (IDEM, p. 570).

[866] KARL LARENZ em *Derecho justo, Fundamentos de ética jurídica*, Madrid, 1985, trad. do alemão por Luis Díez-Picazo, p. 39, refere-se à ideia de Direito como "o princípio fundamental de todo o Direito em relação com o qual os nossos «princípios de Direito justo» são já princípios de segundo grau"; a ideia de Direito é "o sentido fundamental do Direito como algo de devido" enquanto os princípios do Direito justo "são determinações mais detalhadas no seu conteúdo da ideia de Direito no que se refere às possíveis regulações, as quais por sua parte podem servir como pensamentos directores e causas de justificação. Encontram-se no ponto intermédio entre a ideia de Direito como fundamento último da normatividade do Direito e as regulações concretas do Direito positivo"; V., entre nós,

à necessidade de o estado, na prossecução dos seus fins, utilizar exclusivamente certos meios ou formas jurídicas, em que predomina a lei formal"[867]. Já referimos anteriormente que Klaus Tipke critica a concepção henseliana de *Tatbestand*, por considerá-la meramente formal (avalorativa). Tipke contrapõe a esse conceito, que designa por *Tatbestand* formal, um conceito de *Tatbestand* material, e desenvolve-o a partir do princípio da capacidade contributiva, enumerando um conjunto de impostos que seriam compatíveis com o referido princípio. A esta concepção de Tipke, não chamaremos nós *Tatbestand*. Com efeito, o conceito de *Tatbestand* – seja ele unitário ou múltiplo segundo as diferentes funções desempenhadas – implica sempre, como ponto de partida, uma descrição legal[868], e é este elemento formal que desencadeia as diversas construções (técnicas ou sistemáticas) de *Tatbestände*[869-870]. A descrição das características essenciais que resultam de uma actuação típica criminosa (*Tatbestand* sistemático), bem como a descrição exacta de um comportamento proibido pela lei penal (*Tatbestand* de garantia), e ainda as características do tipo real de propriedade, são elaboradas pela doutrina a partir da lei, o que não

---

para uma discussão e caracterização dos princípios jurídicos, JOSÉ LAMEGO, "Discussão sobre os princípios jurídicos", *Revista Jurídica*, 1985, n.º 4, pp. 103 e ss., espec. 113-114, no que diz respeito à "ideia de Direito".

[867] CASALTA NABAIS, *O Dever fundamental...*, cit., p. 317. No mesmo sentido, KLAUS TIPKE, *Die Steuerrechtsordnung, I*, cit., 2.ª ed., pp. 290 e ss..

[868] Como nos diz para o Direito Fiscal, ALBERTO XAVIER, *Os Princípios da legalidade e da tipicidade...*, cit., p. 72 (e pp. 70-71): segundo o autor, a tipicidade tributária é sempre de origem legal (seja lei em sentido formal ou lei em sentido material); essa função da lei como ponto de partida, é sempre pressuposto do conceito de *Tatbestand*.

[869] O *Tatbestand* é ele próprio expressão formal de uma determinada valoração (de capacidade contributiva ou de ilícito, por exemplo): para o Direito Penal, CAVALEIRO DE FERREIRA, *A Tipicidade...*, cit., p. 68.

[870] Mesmo tendo em conta a multiplicidade de significados dada ao *Tatbestand*, "que, pelo menos terminologicamente, não cessou de alargar a sua influência" (como nos diz CAVALEIRO DE FERREIRA, *A Tipicidade...*, cit., p. 56), e que na doutrina penalista pós-belinguiana, assumiu significações funcionais, como referimos anteriormente. Podemos dizer, ainda com CAVALEIRO DE FERREIRA, que a utilização da expressão se orienta na doutrina penal em dois sentidos: "Em sentido estricto tipo é a descrição do facto impressa na lei penal... Por outro lado, a crítica da teoria de Beling reduziu a tipicidade... a modo de expressão, ainda que imperfeito, da anti-juridicidade... E generalizando perante a identidade de função o emprêgo do vocábulo, é legítimo falar de tipo com referência a qualquer categoria que a lei formula de harmonia com as necessidades duma boa técnica, ou que a doutrina elabora de harmonia com as exigências de uma melhor sistematização científica": *A Tipicidade...*, cit., pp. 57-58.

significa que a análise em si seja lógico-formal[871]. A materialidade proposta por Tipke dirige-se ao legislador, é uma sugestão de política legislativa, não parte da lei. A esta concepção, contrapomos a normatividade omni-presente nos *Tatbestände* sistemático e de garantia, que, como já referimos, e desenvolveremos de seguida, não são tão formais como Tipke faz crer.

O reconhecimento do carácter normativo do *Tatbestand* de imposto ilustra a existência de um movimento paralelo (embora muito posterior) ao da evolução do entendimento da tipicidade penal, em que "à análise jurídico-formal sucede uma análise normativa"[872]. Também a concepção belinguiana de *Tatbestand*, como esquema descritivo do comportamento, que só é avaliado num momento seguinte, pelo juízo de ilicitude, foi afinal contrariada pelo reconhecimento de características normativas presentes no *Tatbestand* – já não se aceita, portanto, que a "tipicidade em si não cont(enha) nenhuma valoração quanto à qualidade normativa do comportamento como ilícito"[873]. E aquele conceito belinguiano nunca foi designado por "*Tatbestand* formal", mas antes por *Tatbestand* avalorativo, o qual conduziu à distinção – actualmente em crise – entre "elementos descritivos do *Tatbestand*" e "elementos normativos" do mesmo[874]. Segundo esta distinção, o preenchimento do *Tatbestand* seria um indício de ilicitude, que se averiguava através dos elementos descritivos (avalorativos) do mesmo ("homem", "coisa", "edifício"). Estes diferenciavam-se dos elementos que conteriam uma valoração ilícita e que seriam "verdadeiros elementos da ilicitude"[875]. A distinção entre elementos descritivos e normativos, introduzida por Max Ernst Mayer[876], conduziu à negação dos

---

[871] Neste sentido, para o Direito Penal, CAVALEIRO DE FERREIRA, *A Tipicidade*..., cit., p. 68.

[872] CAVALEIRO DE FERREIRA, *A Tipicidade*..., cit., p. 68 (e ss., espec., p. 72).

[873] KARL ENGISCH, "Die normativen Tatbestandselemente...", cit., p. 129 (estamos a referir os autores que consideram a tipicidade como um indício da ilicitude, separando-a portanto desta última. Ver a crítica a esta distinção – e à doutrina do tipo-indiciador – em FIGUEIREDO DIAS, *O Problema da consciência da ilicitude*..., cit., pp. 73 e ss.). V. também CAVALEIRO DE FERREIRA, sobre a "tipicização da anti-juridicidade" posterior a Beling: *A Tipicidade*..., cit., pp. 54-55 e 65 e ss..

[874] V. a referência ao problema em CLAUS ROXIN, *Strafrecht*..., *I*, cit., 3.ª ed., pp. 229, 252-254.

[875] V. a referência em CLAUS ROXIN, *Strafrecht*..., *I*, cit., 3.ª ed., p. 229.

[876] Que no fundamental segue o pensamento de Beling: "é o escritor que mais fielmente segue o pensamento de Beling" – CAVALEIRO DE FERREIRA, *A Tipicidade*..., cit., p. 66 (e pp. ss.).

primeiros: ou seja, o *Tatbestand* é todo ele normativo, não contendo elementos avalorativos (embora também se possa dizer que todos os elementos do *Tatbestand* são um misto de elementos normativos e descritivos)[877]. Assim, mesmo considerando os diversos conceitos de *Tatbestand* que foram sendo elaborados no Direito Penal consoante as suas funções, as características normativas são encontradas em todos eles, e são essas características que exprimem o significado anti-social do crime[878].

Transpondo estas considerações para o Direito Fiscal, podemos afirmar que mesmo o chamado *Tatbestand* formal de imposto (na terminologia de Tipke), que inclui os *Tatbestände* sistemático e o de garantia, resultava de uma determinada valoração (em Hensel, a da construção de um Direito Fiscal de um Estado de Direito). E como defendia Strickrodt no pós-guerra, o *Tatbestand* procurava concretizar a vontade política legislativa e evitar abusos na aplicação da norma[879]. Mas esta concepção é hoje insuficiente, e dá lugar ao objectivo de realização de um Direito Fiscal materialmente correcto, para o qual devem contribuir quer o legislador quer os órgãos de aplicação da norma. Assim, a utilização do conceito de tipicidade de imposto, para efeitos de mera técnica subsuntiva, ou a tipicidade enquanto correspondência do caso concreto a uma lei fiscal – isto é, a tipicidade enquanto técnica de aplicação da lei – é insuficiente para dar um sentido à reserva de lei fiscal. Na verdade, para este fim, não basta uma qualquer análise relacional dos elementos da categoria de imposto traduzida numa técnica de subsunção que nos daria um juízo provisório de tributação[880].

---

[877] CLAUS ROXIN, *Strafrecht...*, cit., p. 230 e 253 (V. também pp. 229, 252-254). V., entre nós, CAVALEIRO DE FERREIRA, *A Tipicidade...*, cit., pp. 78-80.

[878] KARL ENGISCH, "Die normativen Tatbestandselemente...", cit., p. 127.

[879] OTTMAR BÜHLER e GEORG STRICKRODT, *Steuerrecht...*, I, cit., 3.ª ed., 1960, p. 214.

[880] Entre nós, JOSÉ DE SOUSA BRITO utiliza o referido conceito de tipicidade de crime nessa perspectiva ("Sentido e valor da análise do crime", cit.): "correspondência do caso concreto à previsão da lei incriminadora" (p. 92), "a análise do crime é uma técnica de subsunção" (pp. 75-76) e a tipicidade antecipa o resultado final da análise, mas a autêntica análise começa depois (p. 100), "uma técnica de aplicação da lei penal" (p. 68-A), uma "organização do trabalho de subsunção" (p. 94, e pp. 75, 76 e ss., 92-100). Como já referimos anteriormente, ALBERTO XAVIER (*Conceito e natureza...*, cit., p. 270) considera este sentido de tipicidade ("conformidade aos pressupostos constitutivos da previsão legal") insuficiente para o Direito Fiscal, por não o distinguir do que acontece na restante ordem jurídica, e por corresponder à noção mais geral de "previsão ou hipótese legal" de "conjunto de pressupostos de que a lei faz depender uma consequência jurídica". No entanto, esta

É assim que o *Tatbestand* de garantia (e referimo-nos apenas à incidência subjectiva e objectiva, à base tributária e à taxa de imposto) bem como o *Tatbestand* sistemático são configurados pelo legislador segundo uma ideia de Direito e tendo em conta os limites materiais constitucionais. E também a aplicação do *Tatbestand* de imposto, respeitando as regras gerais de interpretação, entre as quais o elemento teleológico, deve ter presente essas valorações, não se reduzindo a uma mera técnica lógico-subsuntiva. Por exemplo, a chamada "contemplação numa perspectiva económica" (*wirtschaftliche Betrachtungsweise*), é uma contemplação teleológica, em que o princípio da capacidade contributiva é especialmente considerado[881].

No Direito Penal, os elementos normativos são elementos legais cujo ponto de partida é o bem jurídico (o bem jurídico é o pensamento orientador do *Tatbestand*) e necessitam de ser valorados pelo intérprete para averiguar a existência de um crime[882]. A normatividade dos *Tatbestände* de imposto está presente não só na descrição legal dos elementos indiciadores de capacidade contributiva e conducentes ao apuramento de imposto a pagar, como decorre ainda de outros limites constitucionais materiais. Assim, o *Tatbestand* de imposto parte da norma, e a norma da capacidade contributiva e de outros limites constitucionais[883].

Se entendermos o imposto como um dever fundamental, como faz Casalta Nabais, podemos dizer que ele tem correspondência numa descrição legal carregada de normatividade e que constitui o *Tatbestand*, o que permite atingir um equilíbrio entre a existência e cumprimento do referido dever e a salvaguarda dos direitos fundamentais afectados pelo imposto; na verdade, quando o legislador configura o *Tatbestand*, está sujeito, e

---

concepção de tipo não é tão neutra como à primeira vista parece, pois contrapõe-se à aplicação individualizadora e também ao conceito abstracto, e parece ter subjacente o conceito de tipo real ou frequente.

[881] Por todos, KLAUS TIPKE/JOACHIM LANG, *Steuerrecht*, cit., 17.ª ed., pp. 142 e ss.. KLAUS TIPKE, *Die Steuerrechtsordnung*, III, 1.ª ed., Köln, 1993, p. 1289.

[882] Na perspectiva belinguiana, hoje ultrapassada, e que considerava o *Tatbestand* meramente objectivo, discutia-se se eles seriam elementos fundamentadores da ilicitude; nesse caso, não seriam verdadeiros elementos do *Tatbestand* mas da ilicitude: V. a referência em KARL ENGISCH, "Die normativen Tatbestandselemente...", cit., p. 135.

[883] Como nos diz HANS-HEINRICH JESCHECK, "o *Tatbestand* parte da norma e a norma parte do bem jurídico": *Lehrbuch des Strafrechts..., Allgemeiner Teil*, cit., 4.ª ed., p. 231. Para uma construção valorativa do *Tatbestand* de imposto, segundo a "situação da vida económica", que não só está na base do *Tatbestand* como deve orientar a interpretação, WERNER APRATH, "Zur Lehre vom Steuerlichen Tatbestand", cit., pp. 129 e ss..

continuando a seguir Casalta Nabais, não só a limites constitucionais formais[884] como também a limites constitucionais materiais[885].

A Constituição portuguesa de 1976 introduziu, nos arts. 103.º e 104.º, um conjunto de princípios ou limites materiais que nos permitem, aparentemente com alguma facilidade, caracterizar os elementos normativos essenciais dos *Tatbestände* de garantia e sistemático de imposto e mesmo diferentes categorias de *Tatbestände* – ao contrário do que acontece em grande parte das outras constituições que não têm normas expressamente relacionadas com a matéria dos impostos.

Os limites materiais, no seu conjunto, permitem traçar as fronteiras e o conteúdo normativo do *Tatbestand* de imposto[886]. Assinale-se, ainda, que os elementos normativos do *Tatbestand* não fazem parte apenas do ordenamento português, embora possam existir algumas particularidades em cada ordenamento. Com efeito, a elaboração dogmática do conceito de *Tatbestand* fiscal permitiu a identificação, hoje reconhecida nos sistemas fiscais ocidentais de economia de mercado, "daquelas características do *Tatbestand* que não podem ser deixadas de fora, sem que desapareça a obrigação fiscal"[887].

---

[884] São geralmente identificados, como limites formais, o princípio da legalidade, o princípio da segurança jurídica – e a não retroactividade –, o princípio da protecção de confiança, os limites que decorrem das convenções bilaterais de dupla tributação e do Direito Comunitário originário e derivado.

[885] CASALTA NABAIS, *O Dever fundamental...*, cit., pp. 315 e ss.. Na construção do autor, "os limites formais da tributação prendem-se, por um lado, com os requisitos relativos ao sujeito, mormente com os concernentes ao poder de tributar e, por outro, com os requisitos relativos à forma *lato sensu*, que engloba tanto a forma *stricto sensu* como o procedimento do estabelecimento dos impostos. Ou seja, numa palavra, os limites formais da tributação referem-se ao *quem* tributa e ao *como* tributa. Por seu turno, os limites materiais têm a ver com o objecto e o conteúdo do poder tributário, ou seja, que aspectos da vida dos cidadãos e das empresas podem cair na mira do *ius incidendi et collectandi* e dentro de que limites ou, numa palavra, sobre o *quê* dos impostos" (pp. 315-316).

[886] Vejam-se os contributos de PAUL KIRCHHOF: "Staatliche Einnahmen", *Handbuch des Staatsrechts, IV*, cit., pp. 137 e ss. (pontos 109 e ss.); "Steuern im Verfassungsrecht", *Symposium zu Ehren von* KLAUS VOGEL *aus Anlaß seines 65. Geburtstags, mit Beiträgen von P. Kirchhof, D. Birk, M. Lehner*, München, 1996, pp. 246-249 (salientando que o imposto tem de respeitar o cerne do sucesso económico do sujeito passivo, a igualdade, proteger o casamento e família e o direito à herança). Relacionando a igualdade fiscal, com as liberdades fundamentais da *GG*, nomeadamente porque estas proíbem a "tributação excessiva", PAUL KIRCHHOF, "Der Grundrechtsschutz des Steuerpflichtigen, Zur Rechtsprechung des Bundesverfassungsgerichts im vergangegenen Jahrzehnt", *AöR*, 2003, pp. 34 e ss..

[887] V. HARTMUT HAHN, *Die Grundsätze der Gesetzmässigkeit...*, cit., p. 91.

Outra questão, relacionada com esta, é a do alcance desses limites constitucionais para o legislador: se este encontra limites constitucionais, que lhe permitem configurar um Direito Fiscal materialmente correcto, deve reconhecer-se, como faz grande parte da doutrina, que não há apenas um sistema de impostos materialmente correcto[888-889], como entre nós podemos concluir através da leitura do acórdão n.º 57/95 do Tribunal Constitucional. Digamos que a tangencial maioria vencedora entendeu que dos arts. 103.º e 104.º decorria uma ampla margem de discricionariedade legislativa (frequentemente invocada na fundamentação do acórdão), ao contrário dos restantes juízes que votaram vencidos. Apesar da grande divisão de opiniões manifestada no referido acórdão, podemos observar que a unicidade do imposto pessoal não impediu o legislador de criar um imposto utilizando a técnica cedular, e estabelecendo a dedução de diferentes despesas e montantes consoante a categoria em causa[890], e que a progressividade não o impediu de retirar da mesma os rendi-

---

[888] KLAUS TIPKE ("Von der formalen...", cit., p. 108 e ss.), na sua feroz crítica a um conceito formal de *Tatbestand* no Direito Fiscal, contrapõe-lhe uma doutrina material do *Tatbestand*. Mas na verdade, essa materialidade não elimina um vasto campo de discricionariedade legislativa.

[889] Neste sentido, HEINRICH-WILHELM KRUSE, *Lehrbuch des Steuerrechts, I,* cit., 1991, pp. 46-47; e muitos outros, citados por KLAUS TIPKE que não aceita este ponto de vista ("Von der formalen...", cit., p. 108).

[890] Esta técnica – em si mesma considerada – permite ao legislador considerar as diferentes categorias de rendimentos isoladamente até ao momento dos abatimentos; isto é, permite-lhe tratar distintamente as despesas relacionadas com a obtenção do rendimento líquido, e, em última análise, desconsiderar o rendimento real; permite-lhe também retirar da progressividade alguns dos rendimentos. O problema consiste em saber quais os limites dessa conformação legislativa, ou seja, quais os limites decorrentes da "unicidade e progressividade do imposto pessoal". Trata-se aqui da utilização da técnica dos tipos legais (ou tipificação) a que nos referiremos adiante e que conduz por vezes a discriminações (V. JOSEF ISENSEE, *Die typisierende Verwaltung...*, cit., p. 53). A argumentação utilizada pelo acórdão, no sentido de demonstrar que os rendimentos do trabalho por conta de outrem são favorecidos em relação às restantes categorias de rendimentos, porque podem beneficiar de deduções específicas que não têm tradução em custos efectuados, é perfeitamente insuficiente, como foi referido nos votos de vencido. Além disso, a impossibilidade de dedução de outras despesas ou custos, e a desvantagem (iniquidade) do tratamento fiscal desta categoria em relação à categoria B, ficou por demais demonstrada ao longo dos anos de aplicação do IRS, tendo em conta as receitas cobradas de uma e outra categoria. Trata-se de matéria que não estava na discricionariedade do legislador, pois implica um tratamento desigual de situações comparáveis, ao contrário do que nos diz o acórdão, a pp. 1194 e ss..

mentos de capitais e as mais-valias de residentes obtidos em território português[891].
Mas os arts. 103.º n.º 1 e 104.º da CRP contêm exigências que concretizam a normatividade do *Tatbestand* de imposto e que não devem ser ignoradas pelo legislador, sob pena da inconstitucionalidade[892-893].

---

[891] Relembre-se que o Tribunal não se pronunciou sobre a constitucionalidade da tributação proporcional dos rendimentos de capitais e das mais-valias, por entender que "as alterações suportadas pelas normas daqueles dois artigos" (74.º e 75.º do CIRS) "são de tal modo profundas que não deve conhecer-se da questão da sua conformidade com a Constituição" (acórdão n.º 57/95, de 16.2.1995, *Textos de jurisprudência fiscal constitucional*, vol. I, tomo I, org. Eduardo Paz Ferreira, Rogério M. Fernandes Ferreira, Olívio A. Mota Amador, Lisboa, 1997, p. 1167). Este entendimento do Tribunal é muito contestável, pois, apesar das alterações ocorridas, não foi introduzido um conteúdo normativo inovatório, nomeadamente, quanto à questão em análise: i.e., os referidos rendimentos continuaram a ser tributados por taxas proporcionais liberatórias, salvo opção do titular do rendimento pelo englobamento. Neste sentido, V. os votos de vencido dos conselheiros Fernanda Palma (pp. 1223-1225), Guilherme da Fonseca (pp. 1229-1233).

[892] Embora, por exemplo, o imposto único possa ser concretizado através do sistema sintético, ou através do sistema cedular. O sistema sintético puro, em que o legislador adopta uma cláusula geral definindo os rendimentos tributáveis, não é prático, pois carece por um lado de determinação jurídica, e exige, por outro lado, um grande desenvolvimento dogmático para colmatar a escassez de desenvolvimento legal: V. JOACHIM LANG, *Reformentwurf zu Grundvorschriften des Einkommensteuergesetzes,* Münsteraner Symposium, Bd. II, Köln, 1985, pp. 22, 29-31 e ss.; o caso português não é único. Também na Alemanha, por exemplo, o sistema sintético originário deu progressivamente lugar ao sistema cedular, em que se admitem diferentes montantes de deduções, diferentes montantes de isenções (ou exclusões), diferentes modalidades de compensação de perdas, e inclusivamente, diferentes taxas: GEORG CREZELIUS, *Steuerrecht II,* München, 1994, pp. 32 e ss. (espec., pp. 37-38).

[893] O imposto único não pode ser configurado de forma a transformar o imposto único e progressivo em impostos cedulares. É para nós claro que o sistema cedular só pode ser utilizado pelo legislador português para introduzir tratamentos distintos entre as categorias de rendimentos, se justificados pela distinta natureza das mesmas. Admitamos que o legislador, para efeitos de apuramento da matéria tributável, nomeadamente para prevenir comportamentos elisivos, não quis considerar conjunta e indiferenciadamente os rendimentos obtidos e as despesas para a sua obtenção, mas antes fazer corresponder as deduções a certas categorias de rendimentos. Nesse caso, justifica-se que sejam deduzidas as despesas para a obtenção dos rendimentos das categorias A, B e C (por exemplo), mas não para a obtenção de rendimentos de capitais, por se entender que a obtenção destes não implica custos relevantes. Mas a técnica cedular não justifica o tratamento diferenciado das despesas necessárias à obtenção de rendimentos de trabalho dependente e independente. V., neste sentido, os votos de vencido de Fernanda Palma

A pretensão fiscal não pode pois resultar de uma escolha legislativa arbitrária ou sem quaisquer limites, e o acórdão n.° 57/95 do nosso Tribunal Constitucional foi demasiado permissivo. Mas não é defensável o entendimento, segundo o qual, a normatividade do *Tatbestand* de imposto elimina a discricionariedade do legislador[894].

Autores houve, e pensamos em Werner Flume, que já no final dos anos 60 defenderam uma (quase) total liberdade de conformação legislativa, associada a um *Tatbestand* fechado, mas não avalorativo. Segundo Flume, embora a criação de impostos estivesse sujeita à ideia de Direito, ela continha uma "relevante componente de discricionariedade quer para a escolha do *Tabestand*, quer para a avaliação do imposto ao qual o *Tatbestand* está ligado"[895].

(pp. 1227-1228), Guilherme da Fonseca (pp. 1239-1240), Armindo Ribeiro Mendes (pp. 1252-1254) e Antero Alves Monteiro Dinis (pp. 1267-1271). Essa diferenciação traduz-se numa violação clara ao princípio da tributação do rendimento líquido e à exigência constitucional do imposto único (e progressivo) sobre o rendimento. Violação essa também resultante da tributação proporcional dos rendimentos de capitais e das mais-valias. Neste sentido, os votos de vencido de Guilherme da Fonseca (pp. 1230-1233, citando amiúde a *Constituição Anotada* (3.ª ed.) de GOMES CANOTILHO e de VITAL MOREIRA), Armindo Ribeiro Mendes (pp. 1249-1251) e Antero Alves Monteiro Dinis (pp. 1258-1267). A tributação dos rendimentos de capitais e das mais-valias é um dos exemplos em que a realidade constitucional (a *praxis* constitucional), pressionada pela abertura da economia portuguesa no contexto da Comunidade Europeia e da globalização, e a necessidade da sua sobrevivência, se afasta do Direito Constitucional (cf., no entanto, o art. 101.°, da CRP, que poderá ser aqui invocado): Sobre este fenómeno corrente de contradição entre realidade constitucional e Direito constitucional, DIETRICH JESCH, *Gesetz und Verwaltung*, cit., p. 75.

[894] V. KLAUS TIPKE, "Von der formalen…", cit., pp. 108 e ss.. Tipke critica os autores que defendem a liberdade do legislador na conformação dos impostos. É verdade que existem limites materiais a essa liberdade de conformação (V., por ex., PAUL KIRCHHOF, "Der Grundrechtsschutz…", cit., pp. 1-51). Por isso, também é excessivo defender, como faz Kruse, que "a pretensão fiscal é mais ou menos arbitrariamente ligada a uma situação da vida que apareça adequada ao legislador…" (*Lehrbuch…*, I, cit., 1991, p. 46). Mas, se estas posições são extremas, a verdade é que outros autores referem apenas a discricionariedade do legislador, não se percebendo por que razão Tipke os critica. Por outro lado, sendo certo, como diz Tipke, que o Direito Fiscal também está sujeito a princípios e a uma materialidade e que o legislador também responde a questões materiais da ordem estadual, social e económica; se é certo que as soluções alternativas têm limites materiais, já é exagerado dizer que esta ordem "está amplamente predeterminada" ("Von der formalen…", cit., p. 108).

[895] WERNER FLUME, "Gesetzliche Steuertatbestand…", cit., p. 286.

Essa discricionariedade seria muito mais ampla do que no Direito Civil, pois, enquanto a lei civil estabelece uma consequência adequada (justa, justificada) à situação da vida prevista no *Tatbestand* (se o vendedor fornecer ao comprador mercadoria defeituosa, o caso deve ser regulado pelo Direito), o mesmo não aconteceria no Direito Fiscal. Neste, a manifestação da capacidade contributiva (a que Flume parece chamar também *Tatbestand* de imposto) só seria tributada se o legislador assim o quisesse[896]. Com efeito, segundo Werner Flume, "[a] tributação em si não tem nada a ver com o *Tatbestand* de imposto. O *Tatbestand* de imposto nunca exige uma regulação, uma criação de imposto. Em vez disso, a tributação é apenas, como se diz, "ligada" ao *Tatbestand* de imposto como se se tratasse de um elemento estranho a este"[897].

O autor partiu desta noção de *Tatbestand* para defender uma actividade vinculada de aplicação da lei fiscal, retirando ao intérprete – administração e tribunal – qualquer liberdade de conformação, e para negar a aplicação analógica da lei fiscal em caso de resultado mais gravoso. No entanto, a verdade é que, para Flume, o *Tatbestand* ao qual o legislador "liga" a tributação não é avalorativo, pois, como nos diz o autor, a liberdade de conformação legislativa está limitada pelo princípio da igualdade e da coerência do Direito Fiscal[898].

Da nossa Constituição decorre uma menor liberdade de conformação do *Tatbestand* do que a propugnada por Flume, mas ainda assim maior do que a defendida por Tipke.

Mais recentemente, o facto de a tributação das empresas dever incidir, fundamentalmente, sobre o seu rendimento real (art. 104.º n.º 2), não impediu o legislador de introduzir o regime simplificado de tributação, recorrendo ao método da tipificação, regime esse justificado para contrabalançar uma carga fiscal suportada em grande parte pelos rendimentos de trabalho dependente. O mesmo art. 104.º n.º 2 prevê a tributação do património, mas no final dos anos noventa discutiram-se, por exemplo, os objectivos político-económicos dessa tributação, nomeadamente, se ela devia compreender os bens imobiliários e os mobiliários e quais as suas implicações sobre a habitação própria e

---

[896] WERNER FLUME, "Gesetzliche Steuertatbestand...", cit., p. 286.
[897] WERNER FLUME, "Gesetzliche Steuertatbestand...", cit., p. 286.
[898] WERNER FLUME, "Gesetzliche Steuertatbestand...", cit., pp. 289 e ss..

mobilidade respectiva, o parque habitacional, sua conservação e requalificação[899-900].

Assim, as propostas de normatividade do *Tatbestand*, elaboradas por Tipke, baseadas num conceito de "sistema fechado" do Direito Fiscal, que vincularia o legislador, e dominado quase exclusivamente pela capacidade contributiva, são demasiado simplificadoras. São conhecidas as tentativas do autor, no sentido de construir esse "sistema fechado", dirigido à "unidade da ordem jurídica fiscal". Tal unidade é realizada através da afirmação da primazia dos princípios da justiça material, nomeadamente, através do princípio da capacidade contributiva. É partindo dos princípios de justiça, que Tipke analisa a legitimidade de cada um dos impostos existentes na ordem jurídica alemã, concluindo que "as pessoas" (singulares e colectivas) só poderiam ser tributadas pelo rendimento, auferido ou utilizado, devendo a repartição da carga fiscal assentar na capacidade contributiva[901-902].

---

[899] Ponto 18.º da Resolução do Conselho de Ministros n.º 119/97, de 14 de Julho (orientações políticas do XIII Governo Constitucional). V., neste contexto, o mandato atribuído pelo ministro das finanças SOUSA FRANCO, à Comissão da Reforma da Tributação do Património, presidida pelo Dr. Henrique Medina Carreira. Segundo SOUSA FRANCO, "O património fiscalmente relevante é actualmente constituído por toda a manifestação de riqueza exteriorizada quer pela propriedade, quer pelo uso e fruição de certos bens, imóveis ou móveis sujeitos a registo, bem como pelos actos de aquisição onerosa ou gratuita daqueles bens que se encontram igualmente sujeitos a tributação em sede própria" (*Projecto de reforma da tributação do património, Apresentação*, CCTF, Lisboa, 1999, n.º 182, p. 7). Ora, se o projecto previa de facto a tributação do referido conceito abrangente de património, a verdade é que foi, em seguida, posto de parte, pelo Ministro que sucedeu a SOUSA FRANCO, devido às pressões contra a inclusão da incidência sobre a propriedade de bens mobiliários.

[900] V., a este propósito, a discussão na Alemanha, por ocasião da declaração da inconstitucionalidade do imposto sobre o património alemão, devido à iniquidade das normas de apuramento da base tributária: PAUL KIRCHHOF, "La Influencia de la constitución alemana en su legislación tributaria", *Garantías constitucionales del contribuyente*, Valencia, 1998, pp. 25 e ss..

[901] KLAUS TIPKE, "Von der formalen...", cit., pp. 108 e ss.. V., supra, o conceito de rendimento para efeitos da capacidade contributiva (JOACHIM LANG, *Reformentwurf...*, cit., pp. 68-69 e ss.).

[902] Mais razoável é, por exemplo, a posição de KLAUS VOGEL, que nos diz o seguinte, a propósito do sistema constitucional alemão: "nas grandes diferenciações das leis fiscais, por exemplo, entre categorias de rendimento, sujeitos de imposto sobre o rendimento pessoal e sobre o rendimento das pessoas colectivas, grandes e pequenas empresas, etc., o legislador dispõe de grande liberdade. Mas as diferenciações de pormenor... são

Tem razão o autor, quando diz que a finalidade de obtenção de receitas não justifica uma tributação iníqua, nem uma repartição arbitrária. Esta proibição está assegurada pelo nosso art. 103.° n.° 1 da CRP, onde a repartição justa dos rendimentos e da riqueza é expressamente mencionada. No entanto, o princípio da capacidade contributiva, constituindo um limite material ao legislador, pode ser concretizado de diversas formas, uma vez que, como é consensual entre nós, os objectivos do sistema fiscal, assinalados pela Constituição de 1976, de "repartição justa dos rendimentos e da riqueza" dizem respeito aos impostos no seu conjunto e não isoladamente[903].

Com estas delimitações normativas do *Tatbestand*, torna-se claro que a concretização do sistema fiscal se afasta, cada vez mais, dos objectivos simplificadores que Tipke propõe. Por outro lado, a normatividade de *Tatbestand* que apresentamos decorre dos princípios jurídico-constitucionais, e não de um imperativo ético supra-constitucional e supostamente anti-positivista[904].

---

frequentemente questionáveis sob o ponto de vista da repartição da carga fiscal": KLAUS VOGEL, "Der Verlust des Rechtsgedankens im Steuerrecht als Herausforderung an das Verfassungsrecht", *Steuerrecht und Verfassungsrecht,* DStJG, Bd. 12, Hrsg. Karl Heinrich Friauf, Köln, 1989, p. 135.

[903] V. por todos, GOMES CANOTILHO/VITAL MOREIRA, *Constituição...,* 3.ª ed., cit., anotação ao art. 106.°, ponto I, p. 457. Lembre-se que na versão inicial, o art. 106.°, n.° 1 da CRP, definia da seguinte forma as finalidades do sistema de impostos: "O sistema de impostos será estruturado por lei, com vista à repartição igualitária da riqueza e dos rendimentos e à satisfação das necessidades financeiras do Estado". Sobre o significado e crítica a esta "repartição igualitária", V. TEIXEIRA RIBEIRO, *A Reforma Fiscal,* Coimbra, 1989, pp. 98 e ss.. Para o autor o Estado deveria procurar igualar a fortuna e respectivos rendimentos, e para isso teria de recorrer não só ao sistema fiscal como também à redistribuição de despesas públicas. A repartição igualitária teria ainda como fundamento o art. 81.° a) da CRP, segundo o qual ao Estado caberia "Promover o aumento do bem-estar social e económico do povo, em especial das classes mais desfavorecidas". Ainda segundo TEIXEIRA RIBEIRO, como as premissas em que assenta esta norma (associação positiva entre riqueza ou rendimento e bem-estar; utilidade decrescente da riqueza e do rendimento; idênticas curvas de utilidade) não são válidas, e a repartição igualitária incompatível com o desenvolvimento (objectivo este também consagrado constitucionalmente), o que se pretendia era a diminuição das desigualdades (pp. 100-108).

[904] Sobre o imperativo ético kantiano de Tipke que obriga o Estado a distribuir a carga fiscal de forma "moralmente correcta", V. JOACHIM LANG, "Über das Ethische der Steuertheorie von KLAUS TIPKE", *Die Steuerrechtsordnung in der Diskussion,* FS für KLAUS TIPKE, Hrsg. Joachim Lang, Köln, 1995, pp. 3 e ss..

Finalmente, repita-se com Casalta Nabais que, "dominado por fenómenos de massa, o direito dos impostos está particularmente condicionado pelo princípio da praticabilidade, de onde resulta que os limites materiais da tributação não possam ser levados tão longe quanto *prima facie* seria defensável"[905]. Mas, em contrapartida, é em nome da normatividade do *Tatbestand* que, por seu turno, é justificada alguma abertura ao *Tatbestand* de garantia.

---

[905] CASALTA NABAIS, *O Dever fundamental...*, cit., p. 694 (V. pp. 497-502): o autor faz referência às presunções legais, nomeadamente, nos casos em que existe "a assunção de regras da experiência comum como regras da tributação, verificando-se assim a construção de normas jurídicas (ou de tipos legais) com o (eventual) recurso a ficções legais" (p. 501): há, nestes casos, uma restrição do princípio da capacidade contributiva pelo princípio da praticabilidade e pelo objectivo de controlar a evasão fiscal.

CAPÍTULO IV
O princípio da tipicidade fiscal e a determinação da lei

1. O princípio da determinação

1.1. *A posição de* ALBERTO XAVIER

Embora o âmbito do *Tatbestand* de garantia do imposto (isto é, dos elementos essenciais do imposto) seja mais ou menos consensual, como defendemos atrás, já o grau de densidade legal exigida tem sido objecto de grandes controvérsias, variando consoante os períodos político-constitucionais e as correntes e posições metodológicas dos autores.

Com efeito, os princípios do exclusivismo e da determinação do *Tatbestand*, tal como Alberto Xavier os caracterizou, e que vamos analisar adiante, e tal como, por exemplo, na Alemanha, também alguns autores o fazem, com o significado de uma densidade (ou determinação) legal absoluta e exclusiva, não eram aceites na Alemanha dos anos vinte por Hensel ou por Bühler[906], e, tendo embora caracterizado a dogmática do Direito Fiscal do pós Segunda Guerra[907], são actualmente questionados – como já referimos.

---

[906] V., por todos, HANS-JÜRGEN PAPIER, *Die finanzrechtlichen Gesetzesvorbehalte...*, cit., pp. 22 e ss..

[907] V., HANS-JÜRGEN PAPIER, IDEM, pp. 27 e ss.; HARTMUT HAHN, *Die Grundsätze der Gesetzmässigkeit...*, cit., pp. 68-69: segundo HAHN, "quando a norma legal a aplicar contém conceitos jurídicos indeterminados, o juiz não tem de preencher esses conceitos, nem tem a obrigação de tornar a norma aplicável, através da «valoração da realidade económica empresarial» (...) o legislador tem... a tarefa de descrever claramente na lei os pressupostos de tributação. Se isso não acontecer, o princípio da legalidade exige a priva-

Cabe a Alberto Xavier um dos desenvolvimentos mais profundos da tipicidade fiscal e respectiva caracterização e densificação. O autor apresentou a discussão do princípio da tipicidade, referindo-se a três concepções do mesmo no âmbito do Direito Fiscal, introduzidas pela doutrina alemã[908], e que considerou insuficientes.

Assim, para Alberto Xavier, seria insuficiente encarar a tipicidade partindo da vida para a norma – observação da conformidade do facto ao *Tatbestand* –, bem como encará-la na perspectiva da actividade da administração fiscal, segundo a qual, a concretização da previsão normativa significa uma autorização de cobrança pela administração. Uma terceira perspectiva, que o autor também considerou insuficiente, diria respeito ao próprio conteúdo das normas, à descrição minuciosa das "circunstâncias de facto de que depende o tributo", mediante uma formulação precisa de cada um dos seus elementos, sendo inadmissíveis as cláusulas gerais e a discricionariedade. Alberto Xavier considera que essa perspectiva não explica "todo o complexo mecanismo da tipologia legal" e não responde "ao problema de saber se o imperativo da legalidade arrasta necessariamente consigo o da tipicidade"[909].

As perspectivas apresentadas por Alberto Xavier constituem aspectos parciais da tipicidade, mas complementares. Enquanto quer a conformidade do facto ao *Tatbestand* quer a concretização da previsão normativa como um sinal verde dirigido à administração dizem respeito à realização em concreto do facto tributário (facto típico), a descrição minuciosa das "circunstâncias de facto de que depende o tributo" considera o facto tributário idealmente, em abstracto (*Tatbestand* abstracto). Todas estas perspectivas de *Tatbestand* correspondem à teorização de Beling e fazem parte do conceito de *Tatbestand* de garantia[910], perspectiva essa adoptada por Alberto Xavier, pelo que não entendemos as críticas feitas pelo autor.

Com efeito, em Alberto Xavier, o *Tatbestand* de imposto é, fundamentalmente, um *Tatbestand* de garantia, pois o autor relaciona o princípio da tipicidade com o da legalidade, cabendo ao primeiro concretizar

---

ção, em tal caso, de exigências fiscais válidas" (IDEM, p. 68). Ou seja, a ausência de clareza e inequivocidade legal quanto à subsunção das situações tributáveis, implicam a sua não tributação.

[908] ALBERTO XAVIER, *Conceito e natureza...*, cit., pp. 263 e ss., e 269 e ss..
[909] ALBERTO XAVIER, *Conceito e natureza...*, cit., pp. 271 e 273.
[910] V. CAVALEIRO DE FERREIRA, *A Tipicidade...*, cit., pp. 14-15.

o segundo[911]. Ao estabelecer essa relação, Alberto Xavier aproxima o princípio da tipicidade de uma legalidade em sentido substancial, atribuindo-lhe o carácter de produto de uma técnica legislativa, ou seja, construindo a tipicidade a partir da lei ou da "origem legal"[912]. Por outro lado, o *Tatbestand* de garantia é caracterizado, em *Conceito e natureza do acto tributário*, pelos elementos enumerados pelo autor (origem legal, objecto – factos e efeitos –, selecção, *numerus clausus*, exclusivismo e determinação), bem como pelas consequências que deles retira para configurar a natureza do acto tributário[913] – embora no estudo posterior, *Os Princípios da legalidade e da tipicidade da tributação*, a origem legal e o objecto apareçam no capítulo denominado "*Tipicidade e norma tributária*", e os restantes elementos, no capítulo "*Corolários do princípio da tipicidade*". Em ambos os estudos, as características enunciadas conduzem o *Tatbestand* de imposto a um "tipo rigorosamente fechado", e à proibição, dirigida ao legislador, de recorrer a cláusulas gerais e a conceitos jurídicos indeterminados, no que diz respeito aos elementos essenciais de imposto consagrados constitucionalmente (cf. o art. 70.° § 1 da CRP de 1933)[914].

A característica "origem legal"[915] permite salientar que o *Tatbestand* é uma construção que parte da lei, mas significa também que o *Tatbestand* de garantia é uma concretização do princípio da legalidade e não o contrário[916], não nos interessando aqui desenvolver este aspecto.

---

[911] ALBERTO XAVIER, *Os Princípios da legalidade e da tipicidade...*, cit., pp. 69-70: "O princípio da tipicidade não é, ao contrário do que já uns sustentaram, um princípio autônomo do da legalidade: antes *é a expressão mesma deste princípio quando se manifesta na forma de uma reserva absoluta de lei*, ou seja, sempre que se encontra construído por estritas considerações de segurança jurídica".

[912] ALBERTO XAVIER, *Conceito e natureza...*, cit., p. 310 e, fazendo referência a outros autores alemães que entendem o princípio da tipicidade fiscal como uma exigência dirigida ao legislador no sentido de não utilizar cláusulas gerais e de formular precisamente cada um dos pressupostos da obrigação fiscal, sob pena de inconstitucionalidade, IDEM, pp. 266 e ss.. V., também, do Autor, *Os Princípios da legalidade e da tipicidade...*, cit., pp. 70-72.

[913] ALBERTO XAVIER, *Conceito e natureza...*, cit., pp. 320-335.

[914] ALBERTO XAVIER, *Os Princípios da legalidade e da tipicidade...*, cit., pp. 84--85; 94-95.

[915] ALBERTO XAVIER, *Conceito e natureza...*, cit., pp. 310-311; ALBERTO XAVIER, *Os Princípios da legalidade e da tipicidade...*, cit., pp. 70-72.

[916] Como nos diz o autor em *Os Princípios da legalidade e da tipicidade...*, cit., pp. 69-70.

Quanto ao objecto do *Tatbestand* de garantia, Alberto Xavier inclui nele quer os factos (previsão) quer os efeitos (estatuição) ("todos os elementos", "os elementos essenciais" do imposto)[917]. Segundo o autor, objecto de tipificação são "todos os elementos necessários à fixação do *quantum* da prestação tributária", dos quais fazem parte os factos tributáveis e também a medida dos tributos[918]. Esta medida resulta não só da consagração legal da taxa ou taxas de imposto aplicáveis, como também daquilo que designa por matéria tributável, isto é, todos os elementos de quantificação da dívida de imposto, tais como deduções à colecta[919]. Embora não concordemos com os corolários que o autor retira do "objecto" do princípio da tipicidade (por exemplo, que "o órgão de aplicação do direito deve ter na lei predeterminado o conteúdo da decisão"[920]), concordamos inteiramente com o âmbito do "objecto" da tipicidade, como resulta do que escrevemos nas páginas anteriores.

A terceira característica enunciada pelo autor é a *selecção dos elementos essenciais* que devem fazer parte do *Tatbestand* de imposto[921]. Alberto Xavier refere-se à selecção, "quer dos factos quer dos efeitos", os quais conduzem à "especificação do conceito geral a que o tipo se reporta, pela criação de uma pluralidade de modelos que representam todos eles expressões parciais de uma única realidade, de que o conceito é a síntese"[922]. Desta definição resulta que a característica *"selecção"* não é, rigorosamente, um aspecto do *Tatbestand* de garantia do imposto, mas constitui uma técnica legislativa. Com efeito, o autor relaciona a selecção com a técnica da "tipologia"[923], e, assim, podemos dizer que a selecção corresponde ao momento da aproximação da ideia jurídica e das possíveis situações da vida futuras, e conduz à descrição da tipicidade vital pelo legislador[924], tendo em conta os limites materiais constitucionais. Ainda

---

[917] ALBERTO XAVIER, *Conceito e natureza...*, cit., pp. 312 e ss..
[918] ALBERTO XAVIER, *Conceito e natureza...*, cit., p. 317.
[919] ALBERTO XAVIER, *Conceito e natureza...*, cit., pp. 318-319.
[920] ALBERTO XAVIER, *Conceito e natureza...*, cit., p. 317.
[921] ALBERTO XAVIER, *Conceito e natureza...*, cit., pp. 320-322; e *Os Princípios da legalidade e da tipicidade...*, cit., pp. 83 e ss..
[922] ALBERTO XAVIER, *Conceito e natureza...*, cit., p. 321. ALBERTO XAVIER segue aqui a linha de OLIVEIRA ASCENSÃO, *A Tipicidade...*, cit., pp. 33 e ss..
[923] Também na linha de OLIVEIRA ASCENSÃO, *A Tipicidade...*, cit., pp. 37 e ss...
[924] Embora ALBERTO XAVIER tenha uma concepção distinta da de Kaufmann quanto ao processo de obtenção de Direito (lógico-subsuntivo), a verdade é que o momento da selecção corresponde ao processo legiferativo que encontramos descrito em ARTHUR

segundo Alberto Xavier, é o princípio da capacidade contributiva que "fornece ao legislador o quadro geral das situações tipificáveis"[925], conferindo assim, o autor, normatividade ao *Tatbestand* de garantia[926].

Além do mais, para Alberto Xavier, a "tipologia", utilizada no momento da selecção, é o reverso da utilização de cláusulas gerais, sendo estas últimas proibidas[927] – a "tipologia" é taxativa. Mas parece-nos ainda que a selecção se distingue do *Tatbestand*, existindo alguma sobreposição de planos distintos: em última análise, a técnica legal da "tipologia" taxativa a utilizar em relação aos factos tributários seleccionados conduz tendencialmente a um *Tatbestand* fechado, mas enquanto técnica a utilizar pelo legislador no momento da selecção, a "tipologia" antecede o *Tatbestand*[928]. Por outro lado, poderíamos ver uma referência ao aspecto de garantia na obrigatoriedade do legislador em seleccionar (isto é, consagrar legalmente) quer os pressupostos (factos) quer a estatuição (efeitos). Mas o autor autonomizou esse elemento, designando-o por "objecto da tipicidade", como acabámos de referir.

Assim, parece-nos que a *selecção* é, fundamentalmente, o momento em que o legislador escolhe os elementos a consagrar na norma, tendo em conta os limites materiais constitucionais, e a técnica legal dessa consagração – técnica dos tipos ou tipologias, no sentido anteriormente esclarecido e diferente do sentido de *Tatbestand*. Nos capítulos que dedicamos

---

KAUFMANN (*Grundprobleme der Rechtsphilosophie*, cit., pp. 112 e ss., espec., p. 114), não esclarecendo ALBERTO XAVIER, se a selecção implica o recurso à tipicidade vital.

[925] ALBERTO XAVIER, *Conceito e natureza...*, cit., p. 320. Muitos outros autores relacionam a concretização do princípio da legalidade com o princípio da igualdade ou da capacidade contributiva, como já referimos.

[926] ALBERTO XAVIER, *Os Princípios da legalidade e da tipicidade...*, cit., pp. 83 e 74-77: segundo o autor, "objecto de tipificação é pois e sempre a capacidade contributiva, cujas expressões a lei delimita pela formulação de modelos ou tipos" (p. 77); e mais: "O conceito de *facto tributário* caracteriza-se, assim, por um requisito formal e por um requisito material:...o segundo (consiste) na capacidade contributiva" (p. 77).

[927] ALBERTO XAVIER, *Os Princípios da legalidade e da tipicidade...*, cit., pp. 83-85, 86-87.

[928] Mas o autor distingue entre a tipologia ligada ao princípio da selecção e a tipologia taxativa, ligada ao *numerus clausus*: "O princípio da selecção impõe a construção dos tributos por tipos, mas nada nos diz acerca dos caracteres de que se deve revestir essa tipologia. Ora, de entre as várias modalidades possíveis de tipologia...a tipologia tributária é taxativa" (ALBERTO XAVIER, *Os Princípios da legalidade e da tipicidade...*, cit., p. 86). Mas a verdade é que o autor tinha contraposto a tipologia decorrente da selecção às cláusulas gerais (IDEM, pp. 84-85).

ao tipo, pensamento tipológico e tipificação, voltaremos a fazer referência e esta técnica legal.

O *numerus clausus* em matéria fiscal seria exigido, segundo Alberto Xavier, pelo princípio *nullum tributum sine lege*[929]. Os pontos de partida são muito garantísticos, através da defesa de uma reserva absoluta de lei formal[930] e do *numerus clausus* dos *Tatbestände* de imposto. Este último delimitaria o poder regulamentar cerceando a sua conduta, e proibiria a analogia, pois a tipicidade taxativa conduziria a uma plenitude lógica da ordem jurídica[931]. Ao *numerus clausus* acresceria o princípio do exclusivismo, caracterizado por "uma valoração definitiva das situações jurídicas que são (...) objecto" do *Tatbestand*[932].

Quanto à determinação, diz Alberto Xavier que o conteúdo da decisão deve estar "rigorosamente determinado na lei", que a "reserva absoluta de lei impõe que a lei contenha não só o fundamento da conduta da Administração, mas também o próprio critério da decisão que, desta sorte, se obtém por mera dedução da norma"[933], conduzindo à proibição dos conceitos jurídicos indeterminados[934].

Temos as maiores reservas que os elementos exclusivismo e determinação, assim definidos, entre si interligados e complementares, caracterizem (ou devam ou sequer possam caracterizar) a tipicidade fiscal, uma vez

---

[929] ALBERTO XAVIER, *Conceito e natureza*..., cit., p. 324; e *Os Princípios da legalidade e da tipicidade*..., cit., pp. 86-87.
[930] ALBERTO XAVIER, *Conceito e natureza*..., cit., pp. 284 e ss (espec.pp. 285-286).
[931] ALBERTO XAVIER, *Conceito e natureza*..., cit., pp. 324-325.
[932] ALBERTO XAVIER, *Conceito e natureza*..., cit., p. 326. E ainda, *Os Princípios da legalidade e da tipicidade*..., cit., pp. 89 e ss..
[933] ALBERTO XAVIER, *Conceito e natureza*..., cit., pp. 328-329; e *Os Princípios da legalidade e da tipicidade*..., cit., pp. 92 e ss..
[934] Analisando o ex-art. 106.º, n.º 2, adoptando uma posição muito próxima da concepção de legalidade e tipicidade fiscal de ALBERTO XAVIER, com proibição de conceitos jurídicos indeterminados "na factualidade típica dos impostos", e exclusão da discricionariedade, DIOGO LEITE DE CAMPOS, *Lições de Direito Fiscal, Sumários desenvolvidos*..., cit., Coimbra, 1982, pp. 73 e ss.. Embora, quase no pólo oposto, o Professor refira logo a seguir que os conceitos são sempre mais ou menos indeterminados e que a aplicação é sempre criação; recomenda por isso a utilização de conceitos com um conteúdo já bem definido, em vez de conceitos novos (IDEM, p. 75). LEITE CAMPOS afasta, em regra, a discricionariedade, mas admite a margem de livre apreciação quanto a alguns conceitos jurídicos muito indeterminados, fora da zona dos "elementos típicos dos impostos": o único critério a valorar na sua interpretação seria o do interesse público, e refere-se a uma "liberdade meramente científica" sempre controlável pelos tribunais (IDEM, p. 76).

que, não só o legislador não pode fazer valorações definitivas das situações, através de uma suposta predeterminação legal do conteúdo das decisões[935], como o papel valorativo (e, dentro dos limites constitucionais, de conformação e desenvolvimento da lei) por quem a aplica é, em maior ou menor grau, incontornável[936]. Assim, também não aceitamos que o

---

[935] Segundo ALBERTO XAVIER, "O princípio da tipicidade actua integralmente na norma tributária, em todos os seus elementos, na previsão ou hipótese e na estatuição ou injunção" (*Conceito e natureza...*, cit., pp. 316-317); Adiante abordaremos a questão de saber se no Direito Fiscal existe um *numerus clausus* ou princípio da taxatividade, e o seu alcance. Mas, pode dizer-se, desde já, que não se pode pretender que o facto tributável se adeque completamente ao *Tatbestand* legal de imposto e que a lei formal contenha uma "descrição completa" e uma "valoração definitiva" das situações jurídicas objecto de regulação (como defende ALBERTO XAVIER, *Conceito e natureza..., cit.*, pp. 324 e 326); Assim, numa perspectiva muito céptica quanto à determinação legal (que aliás não é a nossa), V., H. L. A. HART, *The Concept of law*, cit., p. 125: o primeiro défice é a nossa relativa ignorância dos factos a regular pela lei, e o segundo, a relativa indeterminação da finalidade prosseguida pela lei, uma vez que "o conjunto de combinações de circunstâncias que o futuro pode trazer" não pode ser previsto pelo legislador; V. a nota seguinte.

[936] A "predeterminação legal do conteúdo das decisões", defendida por ALBERTO XAVIER (*Conceito e natureza...*, cit., pp. 316-317), resulta de um entendimento de aplicação da lei puramente subsuntivo e silogístico. Ora, o *numerus clausus* e o exclusivismo e determinação entendidos em termos absolutos, como defende ALBERTO XAVIER, são de rejeitar, porque pressupõem uma actividade de aplicação do Direito puramente lógico--dedutiva, concepção essa que não aceitamos. Sem falarmos agora das relações entre a administração fiscal e os tribunais, das quais trataremos no capítulo seguinte, a discussão metodológica contemporânea predominante, que ocorre em volta de uma aplicação valorativa da lei por parte da jurisprudência e também da teoria da argumentação ou teoria do discurso, discute a maior ou menor autonomia da aplicação face ao texto da lei, os processos hermenêuticos adequados ao conhecimento das valorações do legislador, a necessidade de, em certos casos, o juiz substituir a sua valoração à do legislador, e a valoração adicional admissível perante conceitos jurídicos indeterminados e cláusulas gerais. Como se sabe, a grande maioria dessas correntes metodológicas, ao tomarem como inevitável a existência de ponderações valorativas na aplicação da lei, inclusivamente as ponderações subjectivas, excluem ou reduzem ao mínimo o papel da subsunção lógica na aplicação da lei, e discutem a possibilidade de uma fundamentação racional da valoração, de forma a conseguir alguma "objectivação" na aplicação da lei. Além de considerarem que nenhuma formulação linguística é em si definitiva, indicam a pré-compreensão do intérprete (formulada por Esser), como a condição para compreender a norma: V. por todos, JOSEF ESSER, *Precomprensione...*, cit., pp. 134-137; RONALD DWORKIN, *Law's empire*, cit., por ex., caps. V e VI; F. VIOLA/G. ZACCARIA, *Diritto e interpretazione...*, cit., por ex., pp. 105 e ss., 129 e ss., 141 e ss., 435 e ss.; KLAUS GÜNTHER, *The Sense of appropriateness...*, cit., pp. 273 e ss.; V. também, ARTHUR KAUFMANN, "Analogie und 'Natur der Sache'...", cit., pp. 8 e ss., 11-13 e 29-33: a norma tem de ser sempre confrontada com a situação da vida

princípio da determinação, tão importante na verdade para caracterizar o *Tatbestand* de garantia (i.e. para assegurar a reserva de lei fiscal), signifique que "o órgão de aplicação do direito deva descobrir imediata, directa e exclusivamente o conteúdo que, deste modo, é lógica e conceitualmente unívoco"[937], resultante de um suposto *numerus clausus*, exclusivismo e determinação do tipo legal[938].

Como referimos anteriormente, a tipicidade diz respeito aos elementos do *Tatbestand* de imposto, mas isso não significa uma predeterminação absoluta de todas as situações da vida a abarcar pela disposição legal – irrealizável em qualquer ramo de Direito, e também, como veremos, indesejável. Desde logo, a predeterminação através de uma tipificação ("tipologia", nas palavras de Alberto Xavier) taxativa, suscita dúvidas sobre a sua compatibilidade com o princípio da capacidade contributiva. Por outro lado, as tipificações legais, como veremos, podem ser desenvolvidas pela administração (e pelos tribunais). Assim, a determinação está associada à tipicidade fiscal, mas no mesmo sentido em que é tratada pela teoria da essencialidade, ou seja, num sentido de legalidade substancial.

É certo que podemos entender que os elementos *numerus clausus* dos impostos, exclusivismo e determinação, tal como caracterizados por Alberto Xavier, só vinculam o intérprete na medida do possível, e que, por serem postulados pela reserva de lei, seriam o resultado de uma tendencial proibição da utilização de cláusulas gerais e de conceitos jurídicos indeterminados. No entanto, com este conteúdo, os referidos elementos perdem razão de ser.

Como resulta do que temos vindo a escrever desde o primeiro capítulo, e insistiremos ao longo da tese, o princípio da determinação não pode

---

em concreto, deve ser sempre justificada materialmente, e o seu sentido nunca é fixo (p. 30); e no mesmo sentido WINFRIED HASSEMER, *Tatbestand und Typus*..., cit., pp. 112 e ss. e 154 e ss.; KARL LARENZ/CLAUS-WILHELM CANARIS, *Methodenlehre*..., cit., pp. 25 e ss., 37 e ss., 187 e ss., 290 e ss.; V. também CLAUDIO LUZZATI, *L'Interprete e il legislatore, Saggi sulla certeza del Diritto*, Milano, 1999, pp. 84 e ss., 87 e ss., 155 e ss., e os autores da Teoria Geral que citamos sobre os conceitos jurídicos indeterminados.

[937] Como defende ALBERTO XAVIER, *Conceito e natureza*..., cit., p. 334 (e pp. 316-317).

[938] ALBERTO XAVIER, *Conceito e natureza*..., cit., pp. 323-335. Para uma crítica *de jure constituendo* aos *numerus clausus*, OLIVEIRA ASCENSÃO, *A Tipicidade*..., cit., pp. 76 e ss.: o autor defende o sistema do *numerus apertus* para os Direitos Reais, porque "o *numerus clausus* é um colete de forças imposto à vida" (p. 76). O autor defende também que o *numerus clausus* não é incompatível com tipos (*Tatbestände*) abertos (pp. 63-65).

nem deve excluir o recurso aos conceitos jurídicos indeterminados nem a interpretação teleológica e até uma margem de livre apreciação, com as inevitáveis pré-compreensões do intérprete, pelo que a conjugação dos referidos elementos exclusivismo, *numerus clausus* e determinação, como elementos da tipicidade, não é aceitável. Nesse sentido apontam argumentos de Direito Constitucional (de repartição de competências normativas entre poderes), argumentos da Teoria do Direito e Filosofia da linguagem (sobre a inevitabilidade dos conceitos jurídicos indeterminados e o significado da interpretação) que desenvolveremos adiante, e argumentos relacionados com a função actual da reserva de lei no Direito Fiscal, tendo em conta ainda os princípios da praticabilidade e da igualdade possível (a que dedicamos um capítulo adiante).

Ainda assim, o desenvolvimento das características da tipicidade enumeradas por Alberto Xavier é bem mais flexível e moderado do que as afirmações de princípio anteriormente analisadas parecem indicar, pois, só os elementos essenciais do imposto estão sujeitos a reserva de lei formal, e, embora, segundo o autor, o princípio da tipicidade tenha sempre origem legal, essa origem pode ser regulamentar[939]. O *numerus clausus*, o exclusivismo e a determinação caracterizam, assim, não só a lei, como também o regulamento quando estamos perante elementos essenciais do imposto (elementos do *Tatbestand*), e o acto tributário não está sujeito a essas restrições, quando estamos perante elementos acessórios ao *Tatbestand*[940].

Ao ter como objecto de estudo a natureza jurídica do acto tributário, Alberto Xavier preocupa-se em eliminar qualquer margem de livre decisão administrativa na aplicação individualizada da lei fiscal, mas admite uma ampla margem de discricionariedade na concretização normativa da lei formal. A posição do autor não se afasta muito, ao fim e ao cabo, do que resulta das modernas práticas de tipificação quer legal, quer administrativa, questionadas mas legitimadas por grande parte da doutrina e da jurisprudência, através do princípio da praticabilidade. Alberto Xavier atribui assim um papel de garantia a todos os actos normativos.

Embora não concordando totalmente com o significado, âmbito e corolários que Alberto Xavier retira do princípio da tipicidade fiscal, concordamos que é fundamental entender os poderes da administração fiscal

---

[939] ALBERTO XAVIER, *Conceito e natureza...*, cit., p. 311.
[940] É o que resulta da p. 327 (ALBERTO XAVIER, *Conceito e natureza...*, cit.).

(vinculação e margem de livre decisão) através do referido princípio, como salienta o autor[941], e continua a ser necessário elaborá-lo e consolidá-lo, pois ele está muito mais desenvolvido noutros ramos de Direito, de que são exemplo o Direito Penal e os Direitos Reais[942].

1.2. O princípio da determinação como elemento quantitativo do Tatbestand de garantia

A tipicidade, enquanto princípio-garantia, caracteriza-se pela definição legal dos elementos essenciais do imposto de modo suficientemente determinado[943], cabendo sempre ao Parlamento a orientação política sobre os mesmos. A determinação é o elemento quantitativo da tipicidade. Se a sua configuração apresenta semelhanças no Direito Penal e no Direito Fiscal, o alcance da tipicidade fiscal tem de ser desenhado segundo os princípios aplicáveis aos impostos.

Mas os limites da determinação são definidos pela Teoria do Direito segundo a orientação metodológica adoptada, e portanto esses limites não se distinguem nos diferentes ramos de Direito. Isto significa também que valem para o Direito Fiscal (algumas d)as considerações feitas pela dogmática penalista e dos direitos fundamentais.

---

[941] Embora o autor (ALBERTO XAVIER, *Conceito e natureza...*, cit.) se refira ao que designa por "discricionariedade pura", "discricionariedade de acção, constitutiva ou volitiva" (p. 339), anteriormente coloca a questão de forma mais ampla: "a relevância da vontade dos órgãos de aplicação do direito na produção dos efeitos jurídicos do acto tributário, pelo que concerne ao seu conteúdo" (p. 273).

[942] Como já referia ALBERTO XAVIER, *Conceito e natureza...*, cit., p. 269, não se tendo alterado substancialmente a situação desde então.

[943] Assim também, *mutatis mutandis* para o Direito Penal (definição legal dos elementos essenciais do (tipo de) crime): por todos, MARIA FERNANDA PALMA, *Direito Penal, Parte Geral,* Lisboa, 1994, pp. 94 e ss.; JORGE DE FIGUEIREDO DIAS, *Direito Penal, Parte Geral, I,* cit., p. 173 e p. 268. Utilizamos o termo determinação e não determinabilidade, como faz ALBERTO XAVIER (*Conceito e natureza...,* cit., pp. 328 e ss.), por ser a tradução correcta de *Bestimmtheit* (determinabilidade corresponderia à *Bestimmtbarkeit*). V., porém, JOSÉ CASALTA NABAIS, *O Dever fundamental...,* cit., p. 355 (que se refere a um "princípio da determinabilidade"), e nota 496 da mesma página; MANUEL AFONSO VAZ, *Lei e reserva de lei* (pp. 298 e ss. e 366 e ss.) e VIEIRA DE ANDRADE referem-se à "determinidade" (*Direito Administrativo e Fiscal (Lições ao 3.° ano do Curso de 1995-96),* Coimbra, Parte II, pp. 17 e ss.). Tratar-se-ia de preceitos que "fornecem, autonomamente, todos os elementos e critérios necessários e suficientes para a sua aplicação directa como norma" (MANUEL AFONSO VAZ, IDEM, p. 366).

Vejamos então como caracterizar o princípio da determinação no Direito Fiscal.

Ele obriga o legislador, no sentido em que este deve tornar previsíveis as consequências jurídicas no caso concreto (o princípio da determinação assegura a previsibilidade). Ou seja, seguindo Timothy Endicott em *"Vagueness in law"*, se uma comunidade ou, mais especificamente, uma matéria forem disciplinados por lei, esta, se for determinada, constitui um constrangimento para a actuação governamental (opondo-se à actuação ditatorial), assegura o tratamento igualitário de casos semelhantes devido à sua generalidade, e assegura ainda a previsibilidade das decisões governamentais (incluindo as administrativas e as judiciais)[944], porque disciplina os direitos e obrigações dos cidadãos.

A determinação é um ideal não completamente atingível, nomeadamente porque como referimos no ponto seguinte, a linguagem jurídica é constituída por conceitos vagos e indeterminados (mais ou menos vagos e indeterminados).

Podemos dizer com Coleman e Leiter que a lei é determinada quando o conjunto de argumentos legais permite justificar as decisões judiciais (ou as decisões dos órgãos que aplicam a lei)[945].

Ora, a governação de uma comunidade afastar-se-á do ideal de um Estado de Direito (será arbitrária) se houver um défice elevado de constrangimento legal, de igualdade assegurada por lei e de previsibilidade das decisões tomadas por quem aplica a lei[946].

Isto significa que se uma matéria está sujeita a reserva de lei, a lei tem de ser, em princípio, tão determinada quanto possível, porque só assim atinge as três finalidades referidas por Endicott (embora, como referimos no primeiro capítulo, a própria legalidade recomende por vezes leis menos determinadas, alargando o número de situações que podem cair na auréola do conceito, porque assim atingirão resultados mais precisos, tendo em conta o objecto que as leis pretendem abarcar no seu

---

[944] A referência ao "constrangimento governamental" e "previsibilidade de actuação governamental" abrange Governo e tribunais. A igualdade atingida por lei é defendida também por ex., como já lembrámos, por JOHN RAWLS, *A Theory of justice*, Cambridge, Massachussets, 1971, p. 237, e RONALD DWORKIN, *Law's empire*, London, 1986, pp. 95-96.

[945] JULES L. COLEMAN/BRIAN LEITER, "Determinacy, Objectivity, and Authority", cit., p. 236 (pp. 235 e ss.).

[946] TIMOTHY ENDICOTT, *Vagueness in law*, cit., pp. 186-187.

âmbito – as enumerações taxativas podem conduzir a resultados imprecisos e absurdos, contrários ao Estado de Direito e assim às finalidades que a legalidade pretende assegurar: demos o exemplo dos "outros rendimentos de capitais", da "cessão da posição contratual" e da procuração conferindo poderes de alienação de imóvel com "cláusula de renúncia ao direito de revogação"[947].

Ou, por outras palavras, a determinação é recomendável com base na ideia de que a justificação das decisões judiciais (i.e. para que as decisões possam ser justificadamente coercivas) pressupõe que elas sejam garantidas unicamente pelo conjunto de argumentos legais (e não pelo recurso a outra classe de argumentos, i.e., a argumentos extralegais ou exteriores ao bloco de legalidade), de forma que o indivíduo possa ter oportunidade de conformar o seu comportamento à lei[948] – para Coleman e Leiter, são argumentos extralegais, designadamente, "normas culturais e práticas comungadas" pelas partes em litígio[949].

---

[947] E demos também como exemplo o conceito de "tortura proibida", de "motim" e de um tipo de rendimento para efeitos de incidência objectiva.

[948] JULES L. COLEMAN/BRIAN LEITER, "Determinacy, Objectivity, and Authority", cit., pp. 235-237. Repare-se que diferente da aplicação de conceitos jurídicos indeterminados é a analogia ou conformação jurídica (*Rechtsfortbildung*) que implica a interpretação "para além do sentido da lei": por isso não estudamos aqui a problemática da *Rechtsfortbildung* no Direito Fiscal, tratada pela doutrina alemã: por ex. KLAUS TIPKE (Hrsg.), *Grenzen der Rechtsfortbildung durch Rechtsprechung und Verwaltungsvorschriften im Steuerrecht*, Köln, 1982.

[949] JULES L. COLEMAN/BRIAN LEITER, "Determinacy, Objectivity, and Authority", cit., pp. 239-240. Num sentido muito próximo, TIMOTHY ENDICOTT, embora o autor não se refira expressamente a argumentos extralegais; o autor começa por dizer que se a decisão do aplicador da lei não se basear na argumentação legal, é à primeira leitura, um "acto de vontade sem constrangimento"; mas segundo o autor, a lei tem capacidade para providenciar a resolução da sua própria indeterminação. Assim, a lei atribui aos tribunais um papel criativo para resolver as disputas não solucionadas pela própria lei – e estes têm o dever legal de tomar sempre uma decisão, devem respeitar o procedimento e a disciplina estabelecidos na lei, fundamentar as suas decisões, decidir de forma clara e coerente, decidir conforme teria decidido o legislador, e o facto de serem independentes justifica que tenham a última palavra face ao juízo da administração: *Vagueness in law*, cit., pp. 188 e ss., espec. 197 e ss.. Repare-se que para Dworkin, "normas culturais e práticas partilhadas" pelas partes em litígio não seriam argumentos extralegais, mas elementos que contribuem para uma interpretação segundo a "integridade política" e "coerência", para a formação de "princípios de moralidade" (Dworkin), fazendo parte da pré-compreensão do intérprete (Esser): R. DWORKIN, *Law's empire*, cit., pp. 154 e ss. 160-161 e ss. espec. 164 e ss. e capítulo seg. (cap. VI); recorde-se que para Dworkin, a integridade política "pressupõe que a comu-

Assim, e tendo desde já em conta a inevitabilidade de alguma indeterminação legal, digamos que, considerada isoladamente, a reserva de lei fiscal postula leis determinadas, no sentido em que os casos típicos ou paradigma devem estar previstos na lei, de forma que a aplicação da lei a todos os casos semelhantes, seja feita através do conjunto de argumentos legais.

1.3. Alguns corolários do princípio da determinação

Alguma doutrina distingue entre determinação e taxatividade[950], considerando que a primeira se autonomiza do momento da aplicação e relacionando apenas a taxatividade com a aplicação da lei, com o "lado dinâmico da tipicidade". A taxatividade significaria a sujeição do intérprete à lei, no sentido em que este não pode criar impostos (ou qualificar factos como tributários) ou crimes – ofensas a bens juridicamente tutelados (ou qualificar factos que caracterizem um crime) – não previstos na lei, nem recorrer à analogia[951]. Estes autores defendem um *Tatbestand* de garantia (muito) fechado, em que nem a administração nem os tribunais se podem substituir à vontade do legislador, devendo

---

nidade como um todo pode ter como objectivo a atingir os princípios da justiça... ou um procedimento ou processo correcto, tal como pode ter como objectivo atingir as suas convicções ou ideais ou projectos..." (p. 167); JOSEF ESSER, *Precomprensione...*, cit., pp. 54 e ss. (que ao contrário de Dworkin se refere à discricionariedade do juiz, nos casos de indeterminação legal); V. ainda comentando o pensamento de Dworkin e Esser, KLAUS GÜNTHER, *The Sense of apropriateness...*, cit., pp. 276 e ss..

[950] Embora alguns autores façam decorrer a determinação directamente do princípio da legalidade da tributação, determinação essa também exigida pelo princípio do Estado de Direito (e da segurança jurídica): KLAUS TIPKE, *Die Steuerrechtsordnung...*, *I*, cit., 2.ª ed., p. 137. Mas a verdade é que o autor cita o *BVerfGE*, e este faz decorrer do princípio da tipicidade dos impostos uma determinação tão grande quanto possível: (pp. 138-139).

[951] Assim, ALBERTO XAVIER, *Conceito e natureza...*, p. 292. E também neste sentido, OLIVEIRA ASCENSÃO, *A Tipicidade...*, cit., p. 58 (pp. 57 e ss.): a tipologia taxativa, segundo OLIVEIRA ASCENSÃO exclui toda a forma de analogia. Já a tipologia delimitativa só exclui o recurso à analogia, se no caso concreto assim o exigirem razões de segurança jurídica (IDEM, pp. 58-61). Mesmo os autores que não utilizam estas duas designações (determinação e taxatividade), e mesmo atribuindo-lhes um alcance nem sempre idêntico (por exemplo quanto à proibição da analogia), consideram que a tipicidade diz respeito tanto ao momento de legiferação como ao de aplicação: por exemplo, OTTMAR BÜHLER e GEORG STRICKRODT, *Steuerrecht, I*, cit., 3.ª ed., p. 214 (e p. 215 *in fine*).

a justiciabilidade apoiar-se na vontade deste, expressa na lei; e os órgãos de aplicação não podem "substituir a opinião do legislador pela sua própria opinião"[952].

Determinação e taxatividade estão interligadas e devem ser correctamente apreendidas. Tendo em conta o nosso entendimento de determinação e indeterminação, preferimos não recorrer ao termo taxatividade. Digamos apenas que da legalidade fiscal e da determinação legal resulta uma proibição tendencial da discricionariedade, e da analogia[953] (ou "interpretação proibida", como refere Fernanda Palma, a qual ocorre quando o fundamento e critério jurídico da decisão ultrapassam o sentido possível

---

[952] Neste sentido, a propósito da relação legislador/tribunais, embora apresentando um discurso contraditório em páginas posteriores, OTTMAR BÜHLER e GEORG STRICKRODT, *Steuerrecht, I*, cit., 3.ª ed., p. 217. Decidiram também neste sentido de "tipicidade fechada", os acórdãos dos tribunais alemães do pós-guerra: por exemplo, do Supremo Tribunal Administrativo de Hamburgo (Bf III 8/53, DVBl, 1954, p. 260); do Tribunal Constitucional, *BVerfG* 8, p. 76. V. HEINRICH WILHELM KRUSE, *Gesetzmässige Verwaltung...*, cit., pp. 117-118.

[953] Admitindo a analogia, KLAUS TIPKE, "Rechtfertigung des Themas; Ziel der Tagung", *Grenzen der Rechtsfortbildung durch Rechtsprechung und Verwaltungsvorschriften im Steuerrecht*, Hrsg. KLAUS TIPKE, Köln, 1982, pp. 1 e ss.; "Über teleologische Auslegung, Lückenfeststellung und Lückenausfüllung", *Der Bundesfinanzhof und seine Rechtsprechung, Grundfragen – Grundlagen*, FS für Hugo von Wallis, Hrsg. Franz Klein e KLAUS VOGEL, Bonn, 1985, pp. 133-135; também a favor da analogia, RAINER WALZ, *Steuergerechtigkeit und Rechtsanwendung, Grundlinien einer relativ autonomen Steuerrechtsdogmatik*, Heidelberg, Hamburg, 1980, pp. 136 e ss.. V. ainda a discussão entre TIPKE ("Rechtfertigung des Themas), e K.H. FRIAUF, "Möglichkeiten und Grenzen der Rechtsfortbildung im Steuerrecht", *Grenzen der Rechtsfortbildung...*, cit., pp. 53 e ss. (opondo-se à analogia); cf. H.W. KRUSE, "Steuerspezifische Gründe und Grenzen der Gesetzbindung", *Grenzen der Rechtsfortbildung...*, cit., pp. 71 e ss., e *Lehrbuch..., I*, cit., 1991, pp. 25-28, defendendo uma interpretação muito próxima da letra da lei; contra a analogia, V. ainda por todos, KLAUS VOGEL/CHRISTIAN WALDHOFF, *Grundlagen des Finanzverfassungsrechts*, cit., pp. 313-315; "Vorbemmerkungen zu Art. 104 a-115", cit., pp. 392-394; KLAUS VOGEL/WALTER, *Bonner Kommentar...*, cit., pp. 66-67; KLAUS VOGEL, "Grundzüge des Finanzrechts des Grundgesetzes", cit., pp. 47 e ss.; "Vergleich und Gesetzmässigkeit der Verwaltung im Steuerrecht", cit., pp. 310 e ss.; HANS-JÜRGEN PAPIER, "Der Bestimmtheitsgrundsatz", cit., pp. 72-74. Acentuando as obrigações de determinação que incumbem ao legislador, e defendendo leis simples e determinadas, PAUL KIRCHHOF, "Vertrauenschutz im Steuerrecht – Eröffnung der 28. Jahrestagung und Rechtfertigung des Themas", *Vertrauenschutz im Steuerrecht*, Heinz-Jürgen Pezzer (Hrsg.), Köln, 2004, pp. 1 e ss.. Defendendo a estabilidade da lei, como pressuposto da estabilidade na aplicação da mesma, DIETER BIRK, "Kontinuitätsgewähr und Vertrauenschutz", *Vertrauenschutz im Steuerrecht*, cit., pp. 19 e ss..

do texto[954]), mas não são excluídas a interpretação teleológica[955] nem a interpretação extensiva e a margem de livre apreciação (explicaremos no próximo capítulo o nosso entendimento de margem de livre apreciação). O intérprete, podendo retirar da lei o critério de qualificação de um facto tributário, não deve ir para além dele aplicando o critério legal analogicamente[956].

---

[954] MARIA FERNANDA PALMA, *Direito Penal, Parte geral*, cit., pp. 110-111. A interpretação admitida é assim a que começa pela "descoberta do sentido literal e comunicacional do texto jurídico [que] corresponde à obtenção [de uma] regra válida para os casos hipotéticos imediatamente apreensíveis"... e nunca prescinde "da relevância do texto jurídico, como ente autonomamente significativo, devido ao valor comunicativo e de garantia que ele confere (IDEM, p. 110). O sentido possível do texto é "o sentido no texto, ou das palavras no texto jurídico, e não das palavras isoladamente"; "é o sentido comunicacional perceptível... e não qualquer sentido lógico não sustentável pela linguagem social" (IDEM, p. 114).

[955] É famosa a posição de KLAUS VOGEL, excluindo a interpretação teleológica das leis fiscais, porque a "finalidade" da lei é sempre uma finalidade externa à mesma (efeito "extra-jurídico" que poderá ser atingido mesmo sem uma norma jurídica) e no caso das "normas fiscais" s.s., a finalidade é sempre a obtenção de receitas, e por isso não pode ser utilizada na interpretação: "Die Besonderheit des Steuerrechts", *DStZ/A*, 1977, p. 9; "Vergleich und Gesetzmässigkeit der Verwaltung im Steuerrecht", cit., pp. 312-314; VOGEL/WALDHOFF, *Vorbemmerkungen zu...*, pp. 388-390. Já aceitando a interpretação teleológica das normas fiscais, recorrendo ao critério do princípio da capacidade contributiva, o seu sucessor, MORIS LEHNER, "Wirtschaftliche Betrachtungsweise und Besteuerung nach der wirtschaftlichen Leistungsfähigkeit, Zur Möglichkeit einer teleologischen Auslegung der Fiskalzwecknormen", *Die Steuerrechtsordnung, FS für* KLAUS TIPKE, Köln, 1995, pp. 241 e ss., 245 e ss.. Aceitando também a interpretação teleológica das normas fiscais, embora considerando que a capacidade contributiva é apenas um princípio orientador, a par da finalidade de obtenção de receitas, KLAUS-DIETER DRÜEN, "Zur Rechtsnatur des Steuerrechts und ihrem Einfluß auf die Rechtsanwendung", *FS für H.W. Kruse zum 70. Geburtstag*, Hrsg. Walter Drenseck, Roman Seer, Köln, 2001, pp. 206-211.

[956] Considerando a proibição da analogia um corolário do princípio da determinação legal, WINFRIED HASSEMER, *StGB, Reihe Alternativkommentar*, I, *Gesamtherausgeber Dr. h. c. Rudolf Wassermann*, comentário ao § 1, Neuwied, 1990, (pontos 70 e ss.), p. 158; e *Einführung in die Grundlagen des Strafrechts*, 2.ª ed., München, 1990, pp. 269-274: neste último, o autor, apesar de proclamar a necessidade de se defender a proibição da analogia *in malam partem*, apresentando a letra da lei como o limite à interpretação, mostra o seu cepticismo em relação a este limite, tendo em conta que a interpretação é um procedimento circular, em espiral, e portanto é analógico (espec., pp. 272-274). Entre nós, V., por todos, a referência à proibição da analogia pelo art. 1.º, n.º 3 do Código Penal, e a relação desta proibição com a reserva de lei, em MARIA FERNANDA PALMA, *Direito Penal, Parte geral*, cit., pp. 97-98 e ss..

Lembra Fernanda Palma que "[s]e os tribunais pudessem utilizar a analogia formulariam normas incriminadoras que deixariam de ser objecto de controlo democrático"[957]: o mesmo argumento vale para o Direito Fiscal, a não ser que o próprio legislador autorize o recurso à analogia através de cláusulas gerais anti-abuso, como defende também Casalta Nabais[958], e nos precisos termos em que a autorize (sendo certo que nem sempre a aplicação de uma cláusula geral anti-abuso implica a integração analógica de uma lacuna, legitimando apenas, em caso de dúvida, uma interpretação de conceitos jurídicos importados do Direito Civil, segundo as finalidades do Direito Fiscal, nomeadamente, fazendo prevalecer a "substância" sobre a "forma").

Continuando a citar Fernanda Palma, e equiparando expressamente os princípios da determinação e da tipicidade, escreve a professora: "A violação dos princípios da determinação e da tipicidade não se dá, consequentemente, logo que o legislador utiliza conceitos menos precisos ou que o intérprete excede um sentido puramente lógico-formal das palavras. Tal violação dá-se quando a possibilidade de compreensão e controlo do desvalor expresso no tipo legal de crime deixa de existir... A violação da reserva de lei começará onde a linguagem normativa permitir a total manipulação do conceito para fins incontroláveis e onde for impossível uma percepção da descrição legal pelos seus destinatários coincidente com os resultados de uma interpretação teleológica"[959]. Embora a analogia seja tendencialmente proibida no Direito Fiscal, e seja também difícil delimitar as suas fronteiras com as da interpretação extensiva, a primeira "não deve, porém, ser confundida com a aplicação de raciocínios analógicos na aplicação da lei..."[960], e não se deve deduzir da reserva de lei fiscal a proibição da interpretação extensiva "apenas porque é difícil delimitá-la da analogia à luz dos critérios tradicionais da interpretação"[961-962].

---

[957] MARIA FERNANDA PALMA, *Direito Penal, Parte geral*, cit., p. 98.
[958] JOSÉ CASALTA NABAIS, *O Dever fundamental...*, cit., pp. 382 e ss., espec., 392-394.
[959] MARIA FERNANDA PALMA, *Direito Penal, Parte geral*, cit., pp. 96-97.
[960] MARIA FERNANDA PALMA, *Direito Penal, Parte geral*, cit., p. 98: acrescenta a autora: da lei "penal". V. IDEM, pp. 98 e ss..
[961] MARIA FERNANDA PALMA, *Direito Penal, Parte geral*, cit., p. 103.
[962] Como nos diz Fernanda Palma, a forma de manter o controlo e a segurança jurídica exigidos pela reserva de lei passa pela "superação da distinção entre interpretação extensiva e analogia, conduzindo o pensamento jurídico para uma fronteira mais pro-

Já fizemos referência aos argumentos que exigem a determinação da lei e que a associam ao Estado de Direito. Desenvolveremos adiante os receios que existem na doutrina liberal quanto à substituição do legislador pelos tribunais na tomada de decisões.

Por agora diga-se que, no Direito Fiscal, quando acaba a interpretação teleológica das leis indeterminadas, e por os conceitos jurídicos serem vagos ou indeterminados, começa a margem de livre apreciação do Governo-legislador ou eventualmente da administração (neste caso, como veremos nos próximos capítulos, normalmente quanto à determinação/ /avaliação e quantificação da matéria tributável)[963].

Mas o princípio da tipicidade fiscal não é violado nesse momento, desde que a orientação política quanto aos elementos essenciais do imposto seja dada pelo Parlamento, e o Governo-legislador concretize as autorizações parlamentares quanto a esses elementos essenciais, de forma que, a partir daí a carga fiscal seja previsível e (quase) calculável, podendo ainda os aspectos técnicos (incluindo a disciplina de outros domínios não originariamente jurídicos, tal como a fixação do tempo médio de duração de um automóvel ao serviço de uma empresa para efeitos de determinação do valor amortizável) ser concretizados por regulamento.

Quanto à determinação exigível ao Governo-legislador, digamos que, tratando-se de elementos do *Tatbestand* de garantia, a margem de liberdade concedida pelos conceitos jurídicos indeterminados de um decreto--lei autorizado, se deve limitar aos "casos difíceis" (caso 4 de Coleman/

---

funda entre interpretação permitida e proibida": MARIA FERNANDA PALMA, *Direito Penal, Parte geral,* cit., p. 104. V. WINFRIED HASSEMER, *Kommentar zum Strafgesetzbuch, Reihe Alternativkommentar, I,* cit., comentário ao § 1, p. 158.; V. a reafirmação da proibição da analogia *in malam partem* devido à reserva de lei, e as dúvidas sobre a eficácia desta proibição, a partir do momento em que se reconhece que a interpretação da norma é um procedimento analógico: WINFRIED HASSEMER, *Einführung...,* cit., 2.ª ed., pp. 269-274.

[963] Se a autorização legislativa contiver conceitos muito indeterminados, "conceitos-tipo", a margem de livre apreciação pode ser reconduzida a "uma conformação jurídica", expressão utilizada pela doutrina do pensamento tipológico ao qual que dedicamos os últimos capítulos. Para o pensamento tipológico, não se pode utilizar a propósito dos conceitos-tipo o critério do "sentido possível das palavras" como limite da interpretação admissível. Segundo Leenen, é tal a vaguidade da lei, que os autores se referem nestes casos a uma "ordenação ao tipo legal" e não a uma "subsunção": DETLEF LEENEN, *Typus und Rechtsfindung, Die Bedeutung der typologischen Methode für die Rechtsfindung dargestellt am Vertragsrecht des BGB,* Berlin, 1971, pp. 172-173 e ss.. Mas como voltaremos a referir, o significado que esta doutrina confere à indeterminação legal é muito mais amplo do que o significado de indeterminação por nós adoptado.

/Leiter), devendo a disciplina dos casos típicos ser estabelecida pelo decreto-lei de modo a que o *an* e o *quantum* sejam previsíveis.

Se assim for, os casos típicos a que se dirige a norma cabem no núcleo do conceito jurídico (e portanto quanto à subsunção dos casos típicos ao decreto-lei autorizado estaremos ainda dentro da interpretação teleológica).

Se os "casos difíceis", que implicam uma margem de liberdade na sua aplicação, constituírem um número insignificante, o decreto-lei autorizado não viola os princípios da tipicidade e da determinação. Se se tratar da disciplina de uma nova matéria, nomeadamente quanto às regras de determinação da matéria tributável, o número de "casos difíceis" pode ser maior do que no caso da disciplina de uma matéria estabilizada.

Como vimos, a jurisprudência do Tribunal Constitucional português, a partir do acórdão n.º 756/95, não considera inconstitucional a utilização de conceitos jurídicos indeterminados pela lei fiscal. É importante mencionar que o relator do mencionado acórdão, para o qual os acórdãos posteriores ainda remetem, foi o penalista, Conselheiro José de Sousa e Brito, que destacou a tensão existente entre os princípios da tipicidade e da igualdade fiscal.

Já o Tribunal Constitucional alemão recorre a formulações muito exigentes do princípio da tipicidade fiscal, embora tenha evoluído para posições menos rígidas. Seja como for, a defesa de um princípio de tipicidade fechada (ligado à calculabilidade do imposto, decorrente imediatamente da lei parlamentar) por parte do *BVerfG,* foi sempre inconsequente, pois nunca foi declarada a inconstitucionalidade de uma lei fiscal com base na sua indeterminação. O *BVerfG* invoca hoje com frequência o princípio da determinação. Segundo o Tribunal, uma lei que introduzisse um imposto e delegasse a normação dos seus elementos essenciais ao regulamento, violaria o princípio do Estado de Direito: "Do princípio de Estado de Direito resulta que a autorização ao órgão competente para regulamentar deve ser tão determinada, que deve ser reconhecido e previsível directamente da autorização e não do regulamento aquilo que pode ser exigido ao cidadão"[964]. E também na doutrina, que seguiu este entendimento juris-

---

[964] *BVerfGE* 7, p. 302. Como já dissemos, HEINRICH WILHELM KRUSE introduz uma distinção entre legalidade e tipicidade: assim, enquanto qualquer tipo de norma garante os pressupostos de previsibilidade e calculabilidade exigidos pelo princípio da legalidade (não sendo necessário que se trate de lei formal) já o princípio da tipicidade dos impostos exigiria que esses pressupostos fossem assegurados por norma legal (assim, seriam por

prudencial, ainda predomina a ideia de que a "determinação do *Tatbestand* de imposto" coloca fortes exigências ao legislador, mais fortes do que as exigidas a outras autorizações ablativas de Direito Administrativo[965].

Por vezes, com menos rigidez, o Tribunal limita-se a afirmar que a Constituição exige a consagração legal "[d]os elementos essenciais (...) com exactidão suficiente", competindo "à administração e aos tribunais (...) responder a questões duvidosas com a ajuda dos métodos de interpretação reconhecidos", e que a reserva de lei não significa reserva absoluta (i.e. exclusiva) de lei parlamentar. Nestes acórdãos, o Tribunal não está a afastar o princípio da tipicidade dos impostos[966] – quanto muito, afasta um certo entendimento desse princípio.

Mas a rejeição do entendimento da tipicidade fechada foi ainda mais longe. O próprio entendimento da determinação identificada com a previsibilidade dos efeitos imediatamente através da lei, foi, na prática, abandonado. É o caso da imputação de lucros (nomeadamente, no caso das multinacionais), e da regulação da subcapitalização[967], que exigem desenvolvimentos regulamentares e até pararegulamentares, no âmbito de uma considerável margem de livre apreciação. Trata-se, novamente, da manifestação das contradições entre a afirmação quase leviana de princípios resultantes de supostas exigências constitucionais e a realidade constitucional (conjugada com os limites técnicos da regulação)[968]. Na verdade, também na Alemanha, como em Itália, e em Portugal, encontramos inúmeros conceitos jurídicos indeterminados ao nível da lei formal, concretizados depois por regulamento governamental e também pelos próprios tribunais[969].

---

exemplo proibidos o costume, cláusulas gerais como a boa fé e os regulamentos inovadores do *Tatbestand*): "Gesetzmässige Verwaltung...", cit., p. 112. Ver já nas páginas seguintes, a crítica a esta afirmação tão peremptória.

[965] KLAUS VOGEL, "Grundzüge des Finanzrechts...", cit., § 87, pontos 68, 70 e ss..

[966] Como terá acontecido na evolução da jurisprudência do Tribunal Constitucional alemão: V. ANA PAULA DOURADO/RAINER PROKISCH, "Das steuerrechtliche Legalitätsprinzip...", cit., pp. 39, 40 e ss.. Cf. ainda HEINRICH WILHELM KRUSE, "Gesetzmässige Verwaltung...", cit., pp. 111-112.

[967] V. estes exemplos e outros, não considerados inconstitucionais pelo *BVerfG*, em KLAUS TIPKE, *Die Steuerrechtsordnung...*, I, cit., 2.ª ed., pp. 138-139.

[968] Neste sentido, HANS-JÜRGEN PAPIER, "Das Bestimmtheitgrundsatz", cit., p. 61.

[969] V., por exemplo, KRUSE/DRÜEN, Tipke/Kruse, *AO/FGO Kommentar*, 2001, § 4, pontos 54-79, pp. 21 e ss.; LERKE OSTERLOH, *Gesetzesbindung und Typisierungsspielräume bei der Anwendung der Steuergesetze*, Baden-Baden, 1992, por ex., pp. 66 e ss.; HANS-

Assim, é reconhecida a necessidade de uma "actividade jurídica criativa dos tribunais"[970] e também do executivo para concretizar os conceitos jurídicos indeterminados das normas fiscais[971], que desvaloriza a discussão sobre a reserva absoluta de lei parlamentar, e que, ao mesmo tempo (surpreendentemente), é escamoteada aqui e ali por alguma jurisprudência que continua a referir-se ao *Diktum* do legislador". Este contributo do desenvolvimento regulamentar e jurisprudencial pode ser utilizado posteriormente pelo legislador, i.e., para um desenvolvimento legal das matérias – embora este tenha o inconveniente de sobrecarregar as leis fiscais. A resignação perante a necessidade desta cooperação entre os três poderes estaduais implicou também o abandono da ideia – reconhecida como irrealista – que a tipicidade fechada ou a determinação pormenorizada e exclusiva permitiria ao contribuinte laico compreender a lei e prever a carga de imposto que sobre ele recairia[972].

Seja como for, o *BVerfG* admite desde 1951 as autorizações legislativas do Parlamento ao Governo, ao abrigo do art. 80, I, da *GG*[973]. Pelo contrário, a doutrina alemã defendia maioritariamente, ainda em 1973, uma

---

-BERNHARD BROCKMEYER, "Typisierungen im Einkommensteuerrecht durch die Rechtsprechung, *Steuerrechtsprechung, Steuergesetz, Steuerreform, FS für Klaus Offerhaus zum 65. Geburtstag*, Hrsg. Paul Kirchhof e outros, Köln, 1999, pp. 22 e ss..

[970] Neste sentido quanto à concretização dos conceitos jurídicos indeterminados, e sintetizando a posição do BFH, que procura conciliar as exigências da reserva de lei com os ensinamentos de Larenz sobre a interpretação das normas jurídicas, LOTHAR WOERNER, "Die Steuerrechtsprechung zwischen Gesetzeskonkretisierung, Gesetzesfortbildung und Gesetzeskorrektur", *Grenzen der Rechtsfortbildung...*, cit., pp. 28 e ss..

[971] Neste sentido, por exemplo, HARTMUT HAHN, *Die Grundsätze der Gesetzmässigkeit...*, cit., p. 33 (pp. 31 e ss.). O autor recorre ao exemplo das normas sobre o balanço fiscal, lembrando que elas não são definidas pela lei fiscal, e muito menos de forma detalhada. Porém, elas são determinantes para o apuramento do montante de imposto a pagar. No mesmo sentido, questionando a admissibilidade de conceitos indeterminados em normas decisivas para o apuramento do montante de imposto (e considerando que eles não violam o princípio da legalidade fiscal), J.L. SALDANHA SANCHES, *A Quantificação da obrigação tributária...*, cit., pp. 268 e ss.. Referindo-se às circulares do fisco como necessárias para esclarecer e estabilizar a interpretação administrativa das leis, mas rejeitando que elas sejam "regras discricionárias", CHRISTOPH TRZASKALIK, "Steuerverwaltungsvorschriften aus der Sicht der Rechtsschutzes", *Grenzen der Rechtsfortbildung...*, cit., pp. 318-319, 320-322 e ss..

[972] Neste sentido, KLAUS TIPKE, *Die Steuerrechtsordnung...*, I, cit., 2.ª ed., pp. 140 e ss..

[973] HANS-JÜRGEN PAPIER, *Die Finanzrechtlichen Gesetzesvorbehalte...*, cit., pp. 93 e ss..

reserva absoluta de lei em matéria fiscal. A partir do momento em que a aplicabilidade do art. 80, I, da *GG* ao Direito Fiscal foi reconhecida pela doutrina, esta passou a entender que a exigência da determinação implica a regulação, por lei, dos aspectos essenciais dos impostos com suficiente precisão. Mas a lei já não precisa de decidir todos os pormenores da disciplina, porque na maior parte dos casos, pela posição que ocupa, não lhe será possível fazê-lo[974].

2. Técnicas de regulação legal: a tipificação e os conceitos jurídicos indeterminados e a sua adequação ao Direito Fiscal

Para darmos mais um passo quanto às exigências da determinação da lei fiscal, devemos ainda confrontar as duas técnicas opostas de regulação a que o legislador tem acesso: o "tipo e a individualidade no Direito" no sentido de Heinrich Henkel. A tipificação (ou formação jurídica de tipos) é a contemplação generalizadora e igualizadora – segundo características coincidentes de grupos – predominante na ordem jurídica, pouco interessada na individualidade (esta é assegurada pelo recurso aos conceitos jurídicos indeterminados)[975], e que portanto garante de certa forma o constrangimento na aplicação, a previsibilidade dos resultados e a igualdade.

---

[974] V. por todos, KLAUS TIPKE, *Die Steuerrechtsordnung...*, I, cit., 2.ª ed., pp. 143--144; KLAUS TIPKE/JOACHIM LANG, *Steuerrecht*, cit., 17.ª ed., pp. 100-103. *BVerfGE*, 21, p. 215; 3, p. 243.

[975] V. HEINRICH HENKEL, *Introducción a la Filosofia...*, cit. pp. 575 e ss.; no mesmo sentido, OLIVEIRA ASCENSÃO, *A Tipicidade...,* cit., pp. 36-37. Também Bühler e Strickrodt fazem a ligação entre a tipicidade (e a legalidade) e o princípio da igualdade, mas num sentido diferente de Henkel e também de Pawlowski. Enquanto Henkel se refere a um princípio de igualdade formal garantido pela generalidade da lei, Bühler e Strickrodt instrumentalizam a tipicidade legal à justiça. A tipicidade não deveria ser um princípio meramente formal, mas deveria ser utilizada para construir um Direito Fiscal material justo (OTTMAR BÜHLER e GEORG STRICKRODT, *Steuerrecht, I,* cit., 3.ª ed., p. 214). Esta concepção é pois também diferente da de Pawlowski que recorre à noção de tipo real para se conseguir atingir a igualdade, ultrapassando assim a tipicidade legal formal. Mas já é compatível com o entendimento de lei de ARTHUR KAUFMANN, que defende que a lei tem sempre uma relação com a ideia de Direito: seja com "os princípios gerais de Direito" (no sentido de Erik Wolf), seja com princípios éticos jurídicos (no sentido de Larenz), seja com "máximas de actuações justas" (no sentido de Wieacker), ou seja, "exigências fundamentais da justiça": ARTHUR KAUFMANN, "Analogie und 'Natur der Sache'...", p. 9.

Por esta razão, também para o Direito Fiscal, é mais adequado o recurso à tipificação do que aos conceitos jurídicos indeterminados[976].

Mas a tipificação no Direito Fiscal é ainda recomendável como técnica predominante pelo facto de este ramo de Direito incidir sobre "manifestações de massa" – a legislação fiscal deve ser "generalizadora, tipificadora e globalizante", pondo de lado as particularidades (fiscalmente irrelevantes) do caso individual[977].

E na verdade, o legislador fiscal recorre frequentemente a tipificações generalizadoras e simplificadoras da realidade subjacente. Quando o legislador escolhe as taxas de imposto a aplicar e quais os escalões do imposto pessoal sobre o rendimento, ele parte de estimativas e presunções generalizadoras (parte de tipos reais normativos)[978]: as taxas progressivas assentam na presunção de que os rendimentos mais elevados propiciam uma utilidade marginal decrescente, e por isso são sujeitos a uma carga de imposto que aumenta mais do que proporcionalmente; o legislador presume que os rendimentos dentro do mesmo escalão oferecem uma mesma utilidade linear; presume ainda que o valor correspondente ao mínimo de existência é igual para todos (presume que as necessidades individuais correspondem às necessidades médias). As deduções de imposto também são normalmente tipificadas. Por exemplo, as despesas relacionadas com a capacidade contributiva ou com o "nível de existência garantida", tais como pensões de alimentos, são dedutíveis com base em considerações de "despesa típica". Também a tipificação globalizante das despesas dedutíveis para obtenção de rendimentos tem por base o tipo social empresarial. E por aí adiante.

---

[976] Como refere o próprio HEINRICH HENKEL, *Introducción a la Filosofia...*, cit., p. 588. No mesmo sentido, PAUL KIRCHHOF, "Der verfassungsrechtliche Auftrag zur Steuervereinfachung", in *Steuervereinfachung, FS für Dietrich Meyding zum 65. Geburtstag*, Hrsg. Wilhelm Bühler, Paul Kirchhof e Franz Klein, Heidelberg, 1994, pp. 9 e 13. Embora a tipificação possa não ser suficiente para garantir as exigências da segurança jurídica postuladas pela reserva de lei. Com efeito, embora se possa dizer que a tipicidade de Henkel conduz tendencialmente a tipos fechados, por um lado, essa conclusão não é forçosa, por outro lado, ela não impede a tipificação pela administração ou pelos tribunais. Se considerarmos que a tipificação pode ter fronteiras fluidas (isto é, se optar por descrever tipos vitais), ela contrapõe-se ao *Tatbestand* determinado.

[977] PAUL KIRCHHOF, "Der verfassungsrechtliche Auftrag...", cit., p. 9 (pp. 5 e ss.). *BVerfGE*, 11, p. 254; 17, p. 23; 63, p. 121; 71, p. 157; 82, pp. 151 e ss.; 84, p. 359.

[978] V. este e os exemplos seguintes dados, a propósito do Direito alemão, por PAUL KIRCHHOF, "Der verfassungsrechtliche Auftrag...", cit., pp. 6-8, e ainda outros exemplos dados nas pp. 15-16.

Esta tipificação a que nos referimos, em que o tipo é minuciosamente descrito, conduz tendencialmente a *Tatbestände* (ou tipos legais) fechados[979], assegurando maior certeza jurídica. Mas os resultados atingidos podem não ser os mais justos, nomeadamente quando a tipificação consiste em fixar montantes máximos e mínimos, dentro de cujos limites o facto tributário fica automaticamente sujeito a um regime determinado – embora esta questão seja mais complexa do que parece, pelo que a discutiremos nos últimos capítulos da tese.

Além disso, quando a técnica da tipificação legal é utilizada não só para caracterizar o tipo ("o habitual"), como também para regular situações da vida excepcionais, ela deixa de estar ligada ao princípio da previsibilidade. Por outro lado, a rigidez da tipificação afasta-a dos tipos reais normativos (ou estruturais) subjacentes, conduzindo a regimes contrários à igualdade e tornando-os permeáveis aos comportamentos elisivos[980].

Alternativamente, o legislador fiscal pode optar apenas por enunciar um tipo económico, sem o descrever. Assim, além do recurso à tipificação, que quando é fechada pode violar o princípio da igualdade, o legislador opta frequentemente pela abertura do *Tatbestand* de garantia, utilizando conceitos jurídicos indeterminados, que lhe permitem uma maior diferenciação normativa e a procura de uma maior justiça no caso concreto[981].

---

[979] A tipificação não tem de conduzir sempre a um *Tatbestand* fechado: se o legislador considerar que a tributação ou isenção de determinados rendimentos ou sujeitos só deve ser atribuída segundo a ponderação de circunstâncias diversas, dificilmente esgotáveis na norma legal, ele pode recorrer à construção de tipos, como se faz hoje em vários domínios sujeitos a reserva de lei – desde os direitos fundamentais ao Direito Penal orientando com o grau de determinação possível, a aplicação da lei, e reconhecendo implicitamente o papel complementar do intérprete. Esta técnica decorre ela mesma da impossibilidade de o conceito abranger todas as situações tributáveis. V. a menção a este conceito de tipo – construção de tipos pelo legislador – como forma de medir em várias escalas a penalidade em José de Sousa Brito, em "Sentido e valor da análise do crime", cit., pp. 115, 116, 117, ss., onde o autor faz referência a Zimmerl (*Strafrechtliche Arbeitsmethode de lege ferenda*, 1931, pp. 31, 67, 132-135, 138-139). Segundo Zimmerl, os tipos devem garantir pontos de apoio à valoração judicial, e "são abstracções conscientes, que escolhem o caso mais simples em que se pode pensar", cabendo ao juiz completar a lei. Individualizar é assim completar (Apud, Sousa e Brito, Idem, pp. 117 e 118).

[980] Josef Isensee, "Vom Beruf unserer Zeit...", p. 10-11. "Verwaltungsraison gegen Verwaltungsrecht. Antinomien der Massenverwaltung in der typisierenden Betrachtungsweise des Steuerrechts", *StuW*, 1973, n.º 3, p. 204.

[981] É este o sentido que decorre das várias páginas do artigo de Josef Isensee, "Vom Beruf unserer Zeit...", cit., p. 9 e ss.; "Verwaltungsraison...", cit., pp. 199 e ss..

Há muito que são reconhecidas as vantagens em combinar a tipificação da regulação normativa, "fazendo referência à tipicidade dos fenómenos da vida"[982], e a regulação individualizadora, através da utilização de conceitos jurídicos indeterminados. Ao mesmo tempo que se opõem, estes métodos complementam-se reciprocamente[983]. A opção pela regulação individualizadora implica, como refere Oliveira Ascensão, "o abandono de certas limitações típicas que eram sintoma de uma rigidez que o direito actual superou"[984]. Ora, a análise da dogmática do Direito Fiscal mostra que já nos anos vinte se reconhece (e inegavelmente nas últimas décadas), aqui, tal como nos outros ramos de Direito, a utilidade da conjugação dos dois métodos referidos[985].

Por outro lado, a tipificação, mesmo que feche tendencialmente o *Tatbestand*, não significa a exclusão de conceitos jurídicos indeterminados.

Estão hoje teorizadas as relações entre o Direito e a linguagem, e as utilizações que o legislador deve fazer da ou das linguagens que encontra e constrói. A determinação total não é conciliável com a natureza da linguagem utilizada pelo Direito, a pormenorização legal, se aconselhada pela reserva de lei, aumenta as lacunas, e pode ser contraproducente, por escamotear os aspectos essenciais do objecto regulado[986].

---

[982] Caraterizando assim o tipo jurídico, KARL ENGISCH, *Die Idee der Konkretisierung...*, cit., por ex., pp. 275-276.

[983] Como já dizia HENKEL, para todo o pensamento jurídico, *Introducción a la Filosofia...*, cit., p. 586; V. também Henkel citado no "Estudio preliminar" a Engisch, p. 60); Cf,. também, ARTHUR KAUFMANN ("Analogie und 'Natur der Sache'...", cit., p. 37), mesmo para áreas fortemente caracterizadas por ideias e preocupações de segurança jurídica.

[984] OLIVEIRA ASCENSÃO, em *A Tipicidade...*, cit., p. 37. Neste estudo de 1968, o autor, citando Henkel, já chamava a atenção para esses dois movimentos opostos, mas simultâneos, que ocorriam também na nossa legislação, dando exemplos da eliminação de tipos jurídicos pelo legislador, que se traduziu numa maior margem de manobra ao intérprete.

[985] Para conhecer o estado das coisas acerca da tipificação e interpretação e aplicação dos conceitos jurídicos indeterminados, V., por todos KRUSE/DRÜEN, Tipke/Kruse, *AO/FGO Kommentar...*, cit., § 4, pp. 385-398.

[986] JOSÉ DE SOUSA BRITO, "A Lei penal na constituição", *Estudos sobre a Constituição*, vol. 2, Lisboa, 1978, pp. 244; para o Direito Fiscal, PAUL KIRCHHOF, "Der verfassungsrechtliche Auftrag...", cit., pp. 12-13; HARTMUT HAHN, *Die Grundsätze der Gesetzmässigkeit...*, cit., pp. 180-181 (a propósito do imposto sobre o consumo): o problema da falta de clareza na elaboração dos *Tatbestände* de imposto tem-se vindo a agra-

Refere Arthur Kaufmann que os conceitos gerais e abstractos que respondem às exigências de determinação constitucional de forma óptima são apenas os que estabelecem quantidades ou números[987]. Não concordamos totalmente com esta afirmação, mesmo que Kaufmann simplifique intencionalmente a questão, i.e., mesmo que pretenda dizer que a determinação total é inatingível. Mas como vimos, os fins actualmente prosseguidos pela legalidade fiscal – de previsibilidade de decisão num Estado de Direito – podem recomendar a utilização de conceitos relativamente indeterminados ou vagos, que abram o *Tatbestand*, em lugar da enumeração taxativa[988] – caso em que a determinação absoluta não satisfaria as exigências constitucionais "de forma óptima".

Seja como for, encontramos alguns exemplos de conceitos numéricos nas disposições fiscais. A matéria tributável do imposto sobre o rendimento das pessoas singulares cai necessariamente num determinado escalão, ou é excluída de tributação por não atingir o nível mínimo de existência; podem ser também estabelecidos montantes fixos de dedução de despesas ou à matéria tributável.

Em todos os outros casos, a linguagem jurídica (os conceitos jurídicos em sentido amplo, sejam eles conceitos-tipo ou outros) não consegue

---

var no Direito Fiscal, com a formulação de inúmeros *Tatbestände* auxiliares que pretendem alargar os pressupostos de tributação; cf. ainda, KLAUS TIPKE, *Die Steuerrechtsordnung...*, I, cit., 2.ª ed., pp. 140 e ss.; CHRISTIAN WALDHOFF, "Vertrauenschutz im Steuerrechtsverhältnis", *Vertrauenschutz im Steuerrecht*, cit., pp. 129 e ss.; K. VOGEL/C. WALDHOFF, *Grundlagen des Finanzverfassungsrechts...*, cit., pp. 316 e ss.; DIETER BIRK, "Kontinuitätsgewähr und Vertrauenschutz", cit., pp. 9 e ss..

[987] ARTHUR KAUFMANN, *Rechtsphilosophie*, cit., pp. 124-125.

[988] Aliás, no Direito Penal, HANS WELZEL que (ainda) aceitava a distinção rígida entre *Tatbestände* fechados e abertos, dizia que subjacente às exigências de determinação da lei penal, estava o entendimento segundo o qual "a própria lei deveria descrever criativamente cada uma das características do comportamento ilícito (o *Tatbestand*)" mas nem sempre se encontrava esse "*Tatbestand* fechado". "Há muitos [*Tatbestände*] em que a lei só descreve uma parte das suas características, deixando a complementação das restantes características ao juiz, dando-lhe apenas uma orientação" [*Tatbestände* abertos], o que acontece frequentemente nos crimes negligentes e nos crimes de omissão imprópria; "nos crimes negligentes, em geral, só está descrito na lei o resultado (a lesão ou o perigo do bem jurídico); a acção proibida, pelo contrário, tem que ser estabelecida pelo juiz de acordo com o critério... 'do cuidado devido no âmbito da relação'. Nos crimes impróprios de omissão... deixa-se aberto o âmbito da autoria e tem que ser completado pelo juiz mediante o critério da "posição de garante": HANS WELZEL, *Das Deutsche Strafrecht*, cit., 11.ª ed., pp. 49-50. Welzel não defendia a inconstitucionalidade de tais *Tatbestände* abertos (nem a doutrina penalista defende essa inconstitucionalidade).

definir a "essência de um fenómeno" mas apenas descrevê-lo, e a aplicação da norma não é uma alternativa de "sim ou não", mas um "mais ou menos"[989].

Ainda segundo Kaufmann, a linguagem técnica e a linguagem corrente combinam-se para a elaboração da linguagem técnica jurídica, não podendo a primeira sobreviver sem a interacção com a segunda. Por um lado, a linguagem jurídica não pode sobrevalorizar a linguagem corrente, pois deve dar mais atenção ao aspecto da operatividade do Direito do que ao da informação que caracteriza a linguagem corrente[990]. A exactidão da linguagem jurídica contrapõe-se neste sentido à popularidade de uma linguagem mais próxima da linguagem corrente, mas a abstracção completa, o sentido único e exacto e a unidimensionalidade conduziriam à eliminação das ligações com a realidade: é por isso aconselhável a bidimensionalidade da linguagem do Direito utilizada pelo legislador[991].

Como salienta Kaufmann, "o tema Direito e linguagem tem muitas dimensões, nomeadamente, a relação da linguagem do Direito com a cultura jurídica, o silêncio da linguagem do Direito, as relações entre a linguagem técnica e a linguagem corrente, a diferença entre a linguagem legal e a da jurisprudência, os aspectos sintácticos, semânticos e hermenêuticos da linguagem do Direito"[992-993].

---

[989] ARTHUR KAUFMANN, *Rechtsphilosophie*, cit., p. 125 (trata-se novamente do pensamento analógico ou tipológico de aplicação da norma).

[990] ARTHUR KAUFMANN, *Grundprobleme der Rechtsphilosophie*, cit., pp. 101-102, 106: segundo o autor, embora ambas as linguagens, corrente e jurídica sejam bidimensionais, a linguagem corrente é "comparativamente visível, a outra comparativamente abstracta; ... a primeira é mais rica em conteúdo e tem por isso o valor informativo maior, a segunda é mais forte na forma e tem por isso um valor operativo maior. Ambas devem influenciar-se, não devem desfazer-se as situações da vida diária e o mundo normativo do Direito, sem qualquer relação." (p. 102).

[991] ARTHUR KAUFMANN, *Grundprobleme der Rechtsphilosophie*, cit., pp. 107, 109 in fine e 110. A ligação entre a linguagem abstracta e a linguagem corrente deve ser especialmente desenvolvida, segundo Kaufmann, por quem aplica a lei (pp. 111 e ss.); V. também, *Rechtsphilosophie*, cit., pp. 114-115 e ss..

[992] ARTHUR KAUFMANN, *Grundprobleme der Rechtsphilosophie*, cit., p. 96; V. também, *Rechtsphilosophie*, cit., pp. 107 e ss...

[993] Segundo o autor, não se pode falar de uma linguagem jurídica, mas sim de uma linguagem do legislador e de uma linguagem do juiz, mais concreta do que a anterior e contendo um elemento de persuasão: ARTHUR KAUFMANN, *Grundprobleme der Rechtsphilosophie*, cit., pp. 95-96.

Como resulta do que já dissemos anteriormente e como desenvolveremos no próximo capítulo, ainda assim, nos sistemas jurídicos maduros, a indeterminação normalmente diz respeito aos "casos atípicos", aos "casos difíceis", i.e., aos casos que se encontram na auréola do conceito, pois os "casos típicos" (a maior parte das situações da vida a que se dirige o preceito) são abrangidos pelo núcleo da norma.

Todas estas observações se aplicam ao Direito Fiscal: mais uma vez se comprova que a determinação da lei fiscal, mesmo quanto aos elementos do *Tatbestand* de garantia, não tem de ser, nem pode ser uma determinação legal absoluta, exclusiva.

Como a linguagem cada vez mais técnica não pode ser apreendida pelo contribuinte laico, pois não se pode pretender que este consiga prever imediatamente, através de uma lei determinada, a sua carga fiscal[994], a necessidade de uma "previsão decorrente imediatamente da lei" deixou de ser um argumento válido.

Por outro lado, porque a actividade de legiferação, no momento de *selecção* dos factos tributários e da regulação do regime jurídico, implica a ponderação de "relações da vida diferenciadas", segundo princípios de justiça, e outros limites materiais, não é possível a construção legal dos *Tatbestände* fiscais baseada na (completa) simplificação. Por vezes, não é também exequível consagrar múltiplas variantes num mesmo *Tatbestand* – pelo contrário, as inúmeras ponderações a ter em conta, recomendam a atribuição legal de uma margem de liberdade[995]. Todas as matérias relacionadas com direitos fundamentais e princípios materiais constitucionais, assim como o princípio da proporcionalidade, obrigam o legislador a avaliar os contornos da situação individual[996]. Encontramos portanto, no Direito Fiscal, esta tendência individualizadora que se contrapõe à tipificação[997].

Neste quadro, a administração fiscal tem uma tarefa de conformação das situações da vida em concreto, através de uma margem de livre apre-

---

[994] Neste sentido, embora sem se referir especificamente aos meios de desenvolvimento admitidos, KLAUS TIPKE, *Die Steuerrechtsordnung*..., I, cit., 2.ª ed., pp. 142-144.

[995] Neste sentido, embora de forma não muito consequente, ou até mesmo incoerente com o que defendem a seguir e sem especificar quais as matérias sujeitas a livre apreciação administrativa: OTTMAR BÜHLER e GEORG STRICKRODT, *Steuerrecht, I*, cit., 3.ª ed., p. 215.

[996] PAUL KIRCHHOF, "Der verfassungsrechtliche Auftrag...", cit., p. 13.

[997] PAUL KIRCHHOF, "Der verfassungsrechtliche Auftrag...", cit., p. 13.

ciação, nomeadamente, quanto à determinação e quantificação da matéria tributável (e, segundo alguns autores, através do recurso ao princípio da proporcionalidade[998]). E quer a administração fiscal quer os tribunais têm de determinar o sentido da lei, o qual não é fixo, mas altera-se consoante a situação da vida em concreto: o significado da lei resulta, não do conceito definível em abstracto, mas da "«natureza» da situação da vida a regular pela lei"[999] e da sua pré-compreensão[1000-1001].

---

[998] OTTMAR BÜHLER e GEORG STRICKRODT, *Steuerrecht, I*, cit., 3.ª ed., p. 219. É porém de rejeitar o recurso ao princípio da proporcionalidade na aplicação do Direito Fiscal, por ser impossível confrontar a obrigação de imposto individual e as despesas estaduais: neste sentido, JOSEF ISENSEE, "Vom Beruf unserer Zeit...", cit., p. 9; "Verwaltungsraison...", cit., pp. 203-205.

[999] ARTHUR KAUFMANN, "Analogie und 'Natur der Sache'...", cit., pp. 30-31. O autor utiliza um exemplo do Direito Penal (o significado de "arma"). O sentido de arma no Direito Penal dependeria do entendimento cultural e temporalmente determinado de arma (por exemplo, arma química). O que não significa que a interpretação seja apenas a interpretação do caso, sendo possível a descoberta prévia [predeterminação] do sentido literal e comunicacional do texto, da "regra válida para os casos hipotéticos imediatamente apreensíveis" (M. F. PALMA, *Direito Penal, Parte Geral*, cit., p. 110 (pp. 109 e ss.). V. ainda, por ex., F. VIOLA/G. ZACCARIA, *Diritto e interpretazione*..., cit., pp. 105 e ss., 115 e ss..

[1000] Segundo JOSEF ESSER, "a pré-compreensão com base na questão de ordenamento actual, é mais do que uma simples condição para compreender, é a premissa para compreender", o jurista compreende o texto como "modelo directivo que tem um sentido para a sua decisão", e "o acto de aplicação depende da possibilidade de compreensão e esta última da ideia que se tem da aplicação. Este círculo, que, tendo em conta o que se disse, se pode entender como círculo aplicativo de uma interpretação dogmática, é precisado pela nossa ideia da influência exercida pelas representações finais da decisão sobre a aplicação do Direito: são tomados em antecipação os resultados possíveis e tendo em conta estes, verifica-se a compreensibilidade do texto" (JOSEF ESSER, *Precomprensione*..., cit., p. 135). "Aquele que aplica o Direito não pode subtrair-se à necessidade de aplicação e de decisão a que é sujeito. O seu interrogar da norma subjaz a esta pré-compreensão, ligada à decisão da situação conflitual, a qual se manifesta na pré-compreensão, não como situação pessoal daquele que procura protecção jurídica, mas como «típica situação do caso singular» que exige um tratamento normativo satisfatório para além da decisão singular" (IDEM, p. 136).

[1001] Segundo ESSER, quando o *Tatbestand* é indeterminado, a aplicação da norma depende, fundamentalmente, do "juízo de experiência do juiz"; isto acontece no caso da utilização de conceitos jurídicos indeterminados, os quais precisam de uma integração valorativa, bem como no caso de o legislador renunciar à elaboração de um núcleo conceptual e recorrer a cláusulas gerais ou a normas em branco. O julgamento é neste último caso completamente livre em relação ao *Tatbestand*, e o juiz "exercita uma jurisprudência do caso singular no sentido mais restrito do termo, segundo uma direcção normativa

Por outro lado, se é verdade que o *Tatbestand* reúne a informação seleccionada e classifica a realidade, devendo ter presente as necessidades do intérprete ("o valor da informação é tanto maior quanto mais claramente a relação com a realidade estiver expressa no *Tatbestand*"), também é certo que o *Tatbestand* não pode ser substituído pela "decisão do caso concreto", porque então já estamos num sistema do "Direito do caso"[1002], nem pode pretender eliminar o processo interpretativo[1003-1004].

É por isso muitas vezes adoptado, como solução de compromisso, o método dos exemplos padrão[1005]. Através do recurso à técnica dos exemplos padrão (descrições exemplificativas), em vez de utilizar apenas "conceitos descritivos claros" que permitiriam a subsunção, o legislador contribui também para uma maior eficácia do pensamento tipológico

---

ad hoc" (JOSEF ESSER, *Precomprensione...*, cit., pp. 54-55). V. o comentário, a esta posição, de KLAUS GÜNTHER: "Segundo JOSEF ESSER, o acto de aplicação da lei está impregnado de um juízo de pré-compreensão que integra todas as normas num sistema teleológico aberto guiado por princípios... Esser é aqui orientado pelo modelo de pensamento de *case law*" (*The Sense of appropriateness...*, cit., p. 276*)*. No Direito Fiscal, como desenvolveremos no capítulo sobre a margem de livre apreciação, a abertura da norma dirige-se não só aos tribunais como à administração.

[1002] É isto que nos diz WINFRIED HASSEMER, a propósito das funções do *Tatbestand* (*Tatbestand und Typus...*, cit., pp. 154-155). O autor contrapõe o sistema do "Direito do caso" ao "sistema legal dos *Tatbestände*" (p. 155).

[1003] Assim, WINFRIED HASSEMER, *Tatbestand und Typus...*, cit., p. 155.

[1004] Admitindo a existência de *Tatbestände* abertos no Direito Penal, quando o legislador recorre a conceitos jurídicos indeterminados, CLAUS ROXIN, *Strafrecht, Allgemeiner Teil, I*, cit., 3.ª ed., pp. 245-246. No mesmo sentido, tendencialmente, OLIVEIRA ASCENSÃO, *A Tipicidade...*, cit., pp. 61-65. Assim, quanto aos tipos fechados e abertos, diz-nos o autor: "...o legislador tem de encerrar na descrição típica todos os elementos relevantes para a produção do efeito prático que se prossegue com a tipificação, mas não precisa de encerrar nela tudo o que é necessário para a produção do efeito jurídico. Quando assim acontecer, o tipo representará um quadro ou descrição fundamental, que não exclui outros elementos juridicamente relevantes que lhe sejam exteriores. O facto ou a situação em causa pode ter pois um conteúdo extratípico, e por isso dizemos que o tipo é aberto. Isto nada tem que ver, repita-se, com a qualificação da tipologia como taxativa, exemplificativa ou delimitativa (...) se determinada descrição típica é completada por regras supletivas, temos os elementos suficientes para poder afirmar a existência de um tipo aberto" (pp. 63-64). Acrescenta o autor: "A qualificação sob este aspecto dos tipos penais oferece particulares dificuldades. A tendência seria no sentido de os qualificar como tipos fechados (...) parece que quaisquer elementos ou constam do tipo ou não podem ser considerados relevantes. E todavia, dentro do conceito de tipo aberto que adoptámos, talvez se pudesse chegar a outra posição" (pp. 64-65).

[1005] ARTHUR KAUFMANN, "Analogie und 'Natur der Sache'...", cit., p. 39.

(valorativo)[1006], e para uma aplicação mais uniforme da norma. O intérprete é, desta feita, orientado numa direcção que lhe permite reflectir sobre as características do *Tatbestand* e desenvolver a relação entre ele e a situação da vida[1007]. Na configuração das regras de incidência do Direito Fiscal, esta técnica é muito utilizada.

Se os conceitos jurídicos indeterminados a que o legislador recorre para descrever um elemento essencial do imposto, conferirem uma margem de livre apreciação nos termos identificados no próximo capítulo, coloca-se então o problema de saber qual o órgão de aplicação do Direito (administração ou tribunal) com poderes decisórios finais, mas, nesse momento, já o princípio da tipicidade é insuficiente para resolvermos o problema. Um exemplo conhecido é o da remissão dos códigos de imposto sobre o rendimento para princípios contabilísticos ou da consagração nesses códigos de imposto dos referidos princípios. Trata-se de conceitos jurídicos indeterminados cuja constitucionalidade não pode ser posta em causa, por falta de alternativa para o legislador, e cuja concretização tem sido feita pela jurisprudência (e pela administração) através da identificação de grupos de casos, isto é, através da tipificação, de forma a diminuir o grau de incerteza jurídica[1008]. Saber se essa tipificação compete apenas aos tribunais ou também à administração, e qual o âmbito de controlo judicial neste caso, é a questão a que vamos responder no capítulo seguinte.

[1006] HANS-MARTIN PAWLOWSKI, "Tatbestand" und "Typuslehre bei der Festlegung und Fortbildung rechtlicher Normen", *Rechtstheorie*, 1999, n.º 30, pp. 280-281. Sendo certo que a escolha dos exemplos pressupõe discricionariedade e grande experiência legislativa: WINFRIED HASSEMER, *Tatbestand und Typus*..., cit., p. 159.

[1007] WINFRIED HASSEMER, *Tatbestand und Typus*..., cit., p. 158. Os exemplos padrão permitem ao intérprete a aplicação do pensamento tipológico ou analógico, pois exigem-lhe que contraponha o caso concreto aos exemplos (IDEM, p. 159). Embora, repare-se, HASSEMER não aceite que a interpretação do *Tatbestand* e decisão do caso concreto se faça por subsunção, mas sempre por analogia, através do desenvolvimento recíproco do *Tatbestand* e da situação da vida: IDEM, p. 160.

[1008] V. J.L. SALDANHA SANCHES, *A Quantificação da obrigação tributária*..., cit., pp. 270-273: o autor defende neste caso a inevitabilidade da utilização de cláusulas gerais (considerando-as distintas dos conceitos jurídicos indeterminados) e dá a entender que existe sempre controlo judicial (p. 273).

3. A teoria da essencialidade

É a ausência de uma disposição na Constituição alemã, contendo um princípio geral de reserva de lei ou de reserva de competência do Parlamento[1009] (para além das reservas específicas previstas), que motiva a construção de teorias que fundamentem o alcance e a intensidade da reserva de lei. Trata-se de saber que domínios são abrangidos pela reserva de lei, e, por outro lado, qual o grau de densificação exigido.

O Tribunal Constitucional alemão abandonou a concepção de uma reserva de lei confinada aos domínios da administração ablativa num acórdão de 6 de Maio de 1958[1010] e construiu a partir da década de sessenta, mais sistematicamente a partir dos anos setenta, a teoria da essencialidade para responder a estas questões. Mas a referida teoria não dá ao intérprete uma fórmula segura, limitando-se a traçar linhas orientadoras dirigidas ao legislador. Desde logo, a identificação dos domínios sujeitos a reserva de lei é feita pela relação desses domínios com os direitos fundamentais, pelo que o fundamento da reserva de lei não é a teoria da essencialidade[1011]. Esta ajuda a concretizar a reserva de lei, determinando quão "significativa, importante, fundamental e intensiva é uma disciplina [legal] na perspectiva dos direitos fundamentais", mas não é a sua fonte[1012].

Segundo o Tribunal, são matérias essenciais todas as que interfiram com direitos fundamentais, as que são necessárias para a realização desses direitos, e ainda as que tenham efeitos relevantes para a comunidade, ou que digam respeito a questões controversas[1013]. E quanto mais essencial é um assunto, mais precisa e mais diferenciada deve ser a regulação correspondente[1014]. A essencialidade identifica-se assim parcialmente com o princípio da determinação.

[1009] V., entre nós, em SÉRVULO CORREIA, *Legalidade...*, cit., nota 59, pp. 37-41, um resumo sobre o entendimento da jurisprudência e das várias correntes doutrinárias quanto à existência (âmbito e conteúdo) de um princípio geral de reserva de lei, apesar da *Grundgesetz* não conter explicitamente esse princípio.

[1010] *BVerfGE* 8, pp. 155 e ss., espec., p. 167.

[1011] V., por ex., MICHAEL NIERHAUS, "Bestimmtheitsgebot und Delegationsverbot des Art. 80 Abs. 1 Satz 2 GG", *Verfassungsstaatlichkeit, FS für Klaus Stern zum 65. Geburtstag,* Hrsg. Joachim Burmeister, München, 1997, p. 722 (720 e ss.).

[1012] HARTMUT MAURER, *Allgemeines Verwaltungsrecht,* 14.ª ed., München, 2002, p. 117, pontos 11 a) e 11 b).

[1013] HARTMUT MAURER, *Allgemeines Verwaltungsrecht,* cit., 14.ª ed., pp. 117 e 118.

[1014] V. HARTMUT MAURER, *Allgemeines Verwaltungsrecht,* cit., 14.ª ed., pp. 117 e 118.

O destaque para o carácter redundante da fórmula utilizada pela teoria da essencialidade, para o carácter demasiado geral e dependente da análise casuística, é usual nos autores que criticam a teoria[1015]. Na sua concepção inicial, a teoria da essencialidade parecia limitar-se à reserva de lei parlamentar sem possibilidades de delegação, e a concepção da essencialidade parecia muito retórica, criticável por não assegurar a previsibilidade das decisões dos tribunais e ligada a critérios de importância política substitutivos do critério dos direitos individuais[1016].

Para além da vaguidade da fórmula, a teoria da essencialidade introduzia uma nova regra – a da reserva absoluta de lei do Parlamento – considerada até então excepcional pelo Tribunal, isto é, aplicável só aos casos expressamente previstos na *GG*. Embora, como vimos, a maioria da doutrina alemã defendesse uma reserva absoluta de lei em matéria fiscal, não era essa a posição do Tribunal Constitucional.

A incapacidade da tradicional reserva de lei em conter a banalização de autorizações legislativas, antes e durante o início de vigência da *GG*, expressas ou encobertas (através de leis contendo inúmeros conceitos jurídicos indeterminados e cláusulas gerais), e a não declaração de inconstitucionalidade dessas autorizações, nomeadamente pela não observância dos requisitos do art. 80, I, 2 da *GG*, deram lugar a uma posição mais radical do *BVerfG*[1017], o que pode suscitar algumas críticas. Por que não declarar

---

[1015] V., por exemplo, MICHAEL KLOEPFER, "Der Vorbehalt des Gesetzes im Wandel", *JZ*, 1984, ns. 15-16, pp. 688-689; HARTMUT MAURER, *Allgemeines Verwaltungsrecht*, cit., 14.ª ed., p. 117. Cf. MICHAEL NIERHAUS: A teoria da essencialidade deveria servir para delimitar com maior rigor as exigências de determinação e a proibição de delegação, ambas decorrentes do art. 80, I, 2 da GG. E ainda segundo Nierhaus, seria mais fácil "se o art. 80, I, 2 GG não se apresentasse como a caracterização, complementação e concretização da teoria da essencialidade, mas inversamente construísse o fundamento de legitimação constitucional para um desenvolvimento, generalização e até superação da doutrina da reserva de lei, na direcção de uma reserva parlamentar relacionada com a essencialidade" ("Bestimmtheitsgebot und Delegationsverbot...", cit., p. 731); e M. NIERHAUS, *Bonner Kommentar*, 1999, anotação ao art. 80, pontos 133 e ss. (89 e ss.), pp. 54 e ss. (34 e ss.).

[1016] Como exemplo destas posições críticas, v. MICHAEL KLOEPFER, "Der Vorbehalt des Gesetzes im Wandel", cit., pp. 688-689. Ainda assim o próprio autor admite estarem subjacentes critérios alargados de intervenções ablativas, e efeitos na realidade dos direitos fundamentais.

[1017] A teoria da essencialidade é a este propósito entendida por FRITZ OSSENBÜHL ("Vorrang und Vorbehalt des Gesetzes",cit., p. 338 § 43) como o cumprimento de uma função político-constitucional pelo *BVerfG*: o autor dá o exemplo do Direito escolar (e a sua reforma) como um dos domínios de regulação abrangidos pela função política do Parlamento,

a inconstitucionalidade de autorizações legislativas não suficientemente densificadas, em vez de proibir essas mesmas delegações?

Actualmente, podemos resumir assim, utilizando as palavras de Hartmut Maurer, a fórmula da teoria da essencialidade: "Segundo o grau da essencialidade, existe uma sequência de níveis, que vai desde o nível dos assuntos realmente essenciais, que devem ser regulados pelo próprio legislador, seguindo-se o nível dos assuntos pouco, mas ainda essenciais que, com base numa autorização legal podem ser tratados por regulamentos (art. 80, I, 2 da *GG*), e, finalmente, existe o nível dos assuntos já não essenciais que podem ser regulados pela própria administração (através de actos pararegulamentares)"[1018]. Portanto, a teoria da essencialidade veio afastar, no caso das "matérias essencialíssimas", o recurso ao art. 80, I, 2 da *GG* (que admite as autorizações legislativas para regulamentos, desde que o conteúdo, finalidade e alcance da autorização sejam definidos pela lei autorizadora), e cuja aplicação pelo legislador não sofria até então restrições[1019]. Mas permite as autorizações legislativas em matérias (pouco) essenciais, excluindo qualquer reserva nas matérias não essenciais, numa lógica gradativa.

Na Alemanha, a teoria da essencialidade veio acelerar o afastamento da concepção tradicional da reserva de lei confinada aos actos ablativos da liberdade e propriedade, e agora considerada insuficiente[1020].

---

e que era constantemente delegado ao executivo: trata-se de um caso da ineficácia da aplicação do princípio da reserva de lei, quer na sua vertente "ablação da liberdade e propriedade", quer na sua vertente mais ampla de "reserva de lei total". Assim, segundo o autor, a teoria da essencialidade teve como função político-constitucional acabar com este estado de coisas.

[1018] HARTMUT MAURER, *Allgemeines Verwaltungsrecht*, cit., 14.ª ed., p. 118.

[1019] FRITZ OSSENBÜHL, "Vorrang und Vorbehalt des Gesetzes", cit., p. 337; MICHAEL KLOEPFER, "Der Vorbehalt des Gesetzes...", cit., p. 690. Uma das críticas feitas à teoria da essencialidade por KLOEPFER (pp. 690-691), é dirigida a esta proibição de delegação parlamentar no caso das matérias essenciais, pois o art. 80 I 2 da *GG* assegura que a intervenção do Governo através de regulamentos (*Rechtsverordnungen*) ou das entidades autónomas (*autonomen Körperschaften*) através de *Satzungen* seja autorizada por lei do Parlamento, pelo que a ideia de domínio do Parlamento, subjacente à teoria da essencialidade já era assegurada pela doutrina tradicional da reserva de lei, e até mais bem assegurada, pois dava maior liberdade decisória ao Parlamento e garantia ao mesmo tempo a actividade regulamentar e das entidades autónomas. Por outro lado, a exclusiva competência do Parlamento em determinadas matérias, ultrapassa o sentido histórico da reserva de lei, relacionado com a inerente justiça dessa fonte normativa (IDEM).

[1020] Embora haja quem considere desnecessária a teoria da essencialidade para sujeitar as subvenções relevantes para efeitos de direitos fundamentais, a reserva de lei

Mas, além disso, a metodologia utilizada, não se afastando da que o mesmo Tribunal Constitucional aplica para avaliar os casos de margem de livre apreciação, permite uma identificação progressiva das matérias sujeitas a reserva de lei parlamentar, através da arrumação de grupos de casos, e do aperfeiçoamento dos critérios de essencialidade[1021]. A essencialidade é um critério auxiliar para avaliar a admissibilidade de uma margem de livre apreciação administrativa.

Por outro lado ainda, a fórmula em si, conjugada com a sua amplitude, torna susceptível a aplicação do raciocínio que lhe subjaz aos vários níveis de relacionamento (formal) entre os poderes e às exigências de densificação das normas. Ou seja, o conteúdo da teoria prova ser riquíssimo, embora a situação óptima ainda não tenha sido atingida, e até mesmo não devamos esperar demasiado dela. A avaliação "em função do significado, peso, fundamentalidade, radicalidade ou intensidade do comando jurídico para a comunidade e o cidadão"[1022] é um critério demasiado impreciso.

Pode-se dizer que a teoria da essencialidade pretende modernizar a justificação tradicional sobre as matérias sujeitas a reserva de lei do Parlamento, substituindo a fórmula "intervenção ablativa na liberdade e propriedade", pela "importância de uma regulação para os direitos fundamentais", mas esta evolução, no sentido da ligação da essencialidade da matéria à relevância para efeitos de aplicação de direitos fundamentais[1023], ainda não é satisfatória.

(do Parlamento), bastando as reservas de lei relativas aos direitos fundamentais: MICHAEL KLOEPFER, "Der Vorbehalt des Gesetzes...", cit., p. 690. E a verdade é que, por outro lado, os defensores da "reserva total de lei", como Jesch e Rupp, já tinham abandonado o âmbito tradicional.

[1021] MICHAEL KLOEPFER ("Der Vorbehalt des Gesetzes...", cit., p. 692), apesar de ser muito crítico em relação à teoria da essencialidade, considerando que, em última análise, essencial é aquilo que o *BVerfG* considera como tal, e que por isso a teoria da essencialidade é uma dissimulação de uma decisão judicial livre, reconhece que a construção de grupos de casos em que se diferenciam domínios de matérias, é um método positivo, que ajuda a esclarecer o conceito de "essencialidade". Também considerando que a racionalização das fronteiras entre o essencial e o não essencial só tem sido conseguido pela construção de grupos de casos nos diferentes domínios de matérias, FRITZ OSSENBÜHL, "Vorrang und Vorbehalt des Gesetzes",cit., p. 339, § 44.

[1022] V. SÉRVULO CORREIA, *Legalidade*...,cit., p. 40, nota 56.

[1023] V., entre nós, SÉRVULO CORREIA, IDEM, para a referência a este critério. E, entre outros, FRITZ OSSENBÜHL, "Vorrang und Vorbehalt des Gesetzes", cit., p. 339 § 44, MICHAEL KLOEPFER, "Der Vorbehalt des Gesetzes...", cit., p. 692. Os autores fazem refe-

A vaguidade da fórmula é justificada por alguns como uma provocação à doutrina para colaborar na tarefa de concretização da mesma[1024], mas, na prática, a sua aplicação pelo Tribunal Constitucional significou um alargamento da reserva de lei parlamentar e uma indefinição quanto à caracterização de uma matéria como essencial. Repare-se que, em última análise, como a relação Estado-cidadão implica sempre uma interferência nos direitos fundamentais, todas as medidas estariam sujeitas a reserva de lei do Parlamento[1025].

E, se observarmos a aplicação da teoria da essencialidade ao longo dos anos, concluímos que o alargamento das matérias sujeitas a reserva de lei correspondeu ao alargamento da fórmula "interferência na liberdade e propriedade". Na verdade, até certa altura, o *BVerfG* considerou, em regra, que a matéria é relevante para os direitos fundamentais quando há uma interferência do tipo ablativo[1026], tendo posteriormente alargado esta fórmula[1027].

Mas a teoria da essencialidade tem qualidades inegáveis.

Desde logo, embora induzida das regras constitucionais de repartição de competências da *Grundgesetz*, a teoria pode ser autonomizada das mesmas e utilizada para outras finalidades.

Uma delas, como já dissemos, é permitir explicar a relação entre os diferentes órgãos intervenientes, com poderes normativos, quando estamos perante matérias sujeitas a reserva de lei. O raciocínio que submete as exigências de determinação à essencialidade das matérias pode ser aplicado a todos (ao nosso, entre outros) os ordenamentos.

---

rência ao carácter tautológico da fórmula utilizada frequentemente pelo *BVerfG* "no domínio relevante para os direitos fundamentais, em regra, essencial significa essencial para a realização dos direitos fundamentais". V., ainda, por todos, referindo a ligação da "essencialidade" à realização dos direitos fundamentais, JARASS/PIEROTH, *GG Kommentar*, 7.ª ed., München, 2004, anotação ao art. 20.º, pontos 46 e ss., pp. 547 e ss.; KONRAD HESSE, *Grundzüge des Verfassungsrechts der Bundesrepublik Deutschland*, 19.ª ed., Heidelberg, 1993, p. 208.

[1024] HANS HERBERT V. ARNIM, SPEYER, "Zur Wesentlichkeitstheorie des Bundesverfassungsgerichts", *DVBL*, 1987, p. 1241.

[1025] CARL-EUGÈNE EBERLE, "Gesetzesvorbehalt und Parlamentsvorbehalt – Erkenntnisse und Folgerungen aus der jüngeren Verfassungsrechtsprechung", *DÖV*, 1984, p. 485.

[1026] Neste sentido, CARL-EUGÈNE EBERLE, "Gesetzesvorbehalt und Parlamentsvorbehalt...", cit., p. 486.

[1027] JÖRN IPSEN, *Staatsrecht I*, 10.ª ed., Neuwied e Kriftel, 1998, pp. 195 e 204, testemunha que a "interferência nos direitos fundamentais" vai além da intervenção ablativa.

E é a "fórmula escorregadia"[1028] que contém virtualidades e que, mesmo em ordenamentos jurídicos como o português, em que existem normas sobre reserva de competência e normas com exigências de densificação (por ex., art. 103.º n.º 2 da CRP), pode ser aplicada, pois ela atinge o âmago do princípio da legalidade quando impede a separação entre reserva de competência, tipicidade e necessidades de determinação[1029].

O relacionamento da problemática da reserva de lei com a problemática da discricionariedade e da margem de livre apreciação parecem-nos hoje evidentes e, como a existência de normas constitucionais sobre reservas de competência não responde expressamente ao problema do grau de densificação, elas devem ser interpretadas segundo o raciocínio da essencialidade. Mesmo o princípio da tipicidade fiscal contido no art. 103.º n.º 2 da CRP, enumerando os elementos do *Tatbestand* que devem ser definidos por lei, deve ser interpretado segundo o método da essencialidade – quer na identificação de elementos mais essenciais do que outros, quer quanto ao elemento quantitativo determinação –, pois os aí mencionados elementos incidência, taxa, benefícios fiscais e garantias do contribuinte (para além de todos os outros que interfiram no montante final de imposto a pagar), podem ser delegados ao Governo-legislador (art. 165.º n.º 1 i) da CRP) e ainda desenvolvidos por regulamento e acto pararegulamentar.

Assim, para cumprir os objectivos da reserva de lei fiscal, não basta a identificação do *Tatbestand* de garantia. Os vários níveis de concretização normativa (legislativo, administrativo e até judicial) podem (devem) ser orientados pelo critério da essencialidade.

A teoria da essencialidade exige uma determinação suficiente, proibindo tendencialmente a concessão de discricionariedade e limitando também tendencialmente a utilização de conceitos jurídicos muito indeterminados, mas, ao contrário do que alguns críticos podem fazer crer[1030], não

---

[1028] Como lhe chama HARTMUT MAURER, *Allgemeines Verwaltungsrecht*, cit., 14.ª ed., p. 118.

[1029] É exactamente neste ponto que a teoria da essencialidade tem mais virtudes. Esta exigência de uma "densidade de regulação legal mais intensa" nas matérias sujeitas a reserva de lei parlamentar, é também descrita por Ossenbühl, como um dos cernes da teoria da essencialidade, FRITZ OSSENBÜHL, "Vorrang und Vorbehalt des Gesetzes", cit., pp. 337-338. Por isso, não compreendemos as críticas de MICHAEL KLOEPFER ("Der Vorbehalt des Gesetzes...", cit., p. 691) a esta conexão entre reserva de lei (do Parlamento) e conceitos discricionários e indeterminados.

[1030] É o caso de MICHAEL KLOEPFER, "Der Vorbehalt des Gesetzes...", cit., p. 691.

impede a utilização destes, tal como não impede o desenvolvimento normativo de certas matérias pela administração, ou seja, uma repartição de poderes decisórios e de concretização entre o Parlamento, Governo-legislador e a administração.

A alegada fragilidade da teoria pelo facto de ela não nos dar o *ratio* essencialidade da matéria/intensidade legislativa, de forma exacta, sugerindo apenas uma relação proporcional do tipo "quanto mais importante a matéria, mais densificada a lei", aparece-nos antes como uma vantagem, coerente com a flexibilidade necessária para analisar estas questões.

Apesar das críticas que são dirigidas à teoria, a doutrina tem colaborado no sentido de encontrar parâmetros de essencialidade, por exemplo, através da graduação do nível de interferência com os direitos fundamentais. Trata-se de estabelecer valores-limite para a essencialidade das medidas e para a correspondente reserva do Parlamento[1031].

Para além da ligação da essencialidade à garantia de realização dos direitos fundamentais e da própria separação de poderes, ela desenvolveu-se no sentido das considerações jurídico-funcionais de que trataremos a seguir a propósito da margem de livre apreciação em caso de aplicação de conceitos jurídicos indeterminados, pois o *BVerfG* não só abrange na problemática da reserva de lei os tribunais, para além do Parlamento e do executivo, como inclui a estrutura dos órgãos, composição, ocupação, modo de funcionamento e procedimento nos elementos fundamentais para decidir sobre o alcance da reserva de lei (e a função que os poderes constitucionais devem ter no caso em análise)[1032].

A maior crítica que se pode fazer à teoria jurisprudencial da essencialidade é a não aplicação dos critérios desenvolvidos em abstracto. Com efeito, a exigência de determinação da lei permaneceu no plano teórico, e só em casos extremos ou excepcionais de incompletude conduziu à declaração de inconstitucionalidade[1033]. Em matéria fiscal,

---

[1031] CARL-EUGÈNE EBERLE, "Gesetzesvorbehalt und Parlamentsvorbehalt...", cit., pp.

[1032] Neste sentido, considerando mesmo que a teoria da essencialidade deu um impulso às considerações jurídico-funcionais, FRITZ OSSENBÜHL, "Vorrang und Vorbehalt des Gesetzes", cit., pp. 340-341, § 48.

[1033] Muito criticável é o facto de, afinal, o *BVerfG* ser demasiado permissivo relativamente às mencionadas exigências de densificação, nomeadamente quanto ao conteúdo das autorizações legislativas, em matéria fiscal e noutras matérias de reserva legislativa, o que, além de ser contrário ao proclamado em abstracto, é aparentemente incoerente com a introdução generalizada da reserva de lei do Parlamento. Mas é só aparentemente incoe-

o *BVerfG* nunca considerou inconstitucional qualquer norma com base na sua indeterminação[1034]. Trata-se de um resultado paradoxal, no sentido em que o objectivo de garantir a segurança jurídica, que esteve na base da teoria da essencialidade, é posto em causa pela total incerteza quanto à aplicação da exigência de determinação pelo Tribunal Constitucional federal[1035-1036].

---

rente, pois, como refere MICHAEL KLOEPFER ("Der Vorbehalt des Gesetzes...",cit., p. 693), a generalização da reserva de lei do Parlamento permite desviar a atenção do problema das exigências de densificação das autorizações legislativas.

[1034] JOSÉ CASALTA NABAIS, *O Dever fundamental...*, cit., pp. 355-356.

[1035] Neste sentido, tecendo fortes críticas ao *BVerfG*, e ilustrando essas críticas através de acórdãos do mesmo tribunal, HANS-JÜRGEN PAPIER e HANS MÖLLER, "Das Bestimmtheitsgebot und seine Durchsetzung", *AöR*, 1997, pp. 196-198. Ainda assim, o Tribunal constitucional federal alemão já entendeu que o legislador, no domínio dos direitos fundamentais, não pode deixar uma margem de discricionariedade à administração, e deve ele próprio decidir sobre o assunto: PETER BADURA, "Gestaltungsfreiheit und Beurteilungsspielraum der Verwaltung, bestehend aufgrund und nach Massgabe des Gesetzes", *FS für Otto Bachof zum 70. Geburtstag*, Hrsg. Günter Püttner e outros, München, 1984, pp. 170-171. Também HANS JÜRGEN PAPIER/JOHANNES MÖLLER, "Das Bestimmtheitsgebot...", cit., pp. 182 e ss., salientam que a garantia dos direitos fundamentais jurídico-objectivos bem como a protecção dos direitos fundamentais jurídico--subjectivos postulam leis determinadas que permitam um controlo judicial, e por isso, o controlo judicial da determinação da lei é considerado como elemento fundamental do controlo da protecção dos direitos fundamentais. A garantia dos direitos fundamentais é entendida como um dos aspectos do Estado de Direito. Em todo o caso, e como já foi referido anteriormente, a orientação do *BVerfG* não é linear: V. também a nota seguinte.

[1036] Mas alguma doutrina alarga a margem de livre decisão administrativa aos direitos fundamentais, sugerindo um critério de "protecção dinâmica" dos mesmos: Por ex., PETER BADURA, "Gestaltungsfreiheit und Beurteilungsspielraum...", cit., p. 176. Também JÜRGEN PAPIER e JOHANNES MÖLLER em "Das Bestimmtheitsgebot...", cit., pp. 185-186, consideram que as matérias sujeitas a alterações rápidas ou imprevisíveis podem justificar o recurso a conceitos jurídicos indeterminados, devido à "exigência de protecção dinâmica dos direitos fundamentais". Aliás, como lembram os autores, na p. 186, o próprio *BVerfG* reconheceu que a cláusula legal "estádio da ciência e da técnica" (§ 7 da AtG) atribuía uma margem de livre apreciação à administração.

TÍTULO III

A abertura do princípio da tipicidade através de conceitos jurídicos indeterminados

CAPÍTULO V

Os conceitos jurídicos indeterminados e a discricionariedade administrativa: os primórdios da discussão no Direito Fiscal

1. A atribuição de uma margem de livre apreciação administrativa através da abertura do *Tatbestand*

1.1. Colocação do problema: o significado de indeterminação legal

Embora a determinação exacta dos contornos do princípio da legalidade fiscal, inclusivamente, quanto às competências do governo, da administração e dos tribunais, dependa de cada ordenamento constitucional, localizado espacial e temporalmente, existem convergências e influências inegáveis entre alguns ordenamentos, como acabámos de ver a propósito do conceito de *Tatbestand* de garantia do imposto.

Podemos encontrar essas convergências e influências a propósito do significado e âmbito da discricionariedade e da margem de livre apreciação administrativa e da relação destas com o princípio da legalidade, tal como demonstram as análises de Direito Administrativo Comparado, realizadas por alguns dos nossos vultos do Direito Administrativo: lembrem-se as teses de Afonso Queiró, Rogério Soares, Gonçalves Pereira e Sérvulo Correia. Em todos estes estudos, podemos observar as semelhanças de regimes e a universalidade das categorias dogmáticas, de que são exemplo a discricionariedade e a margem de livre apreciação administrativa concedida por conceitos jurídicos indeterminados[1037].

[1037] AFONSO RODRIGUES QUEIRÓ, "O Poder discricionário da Administração", cit., por ex., pp. 259 e ss.. Diz o autor na p. 262: "o ponto de partida histórico da questão do

Também a alteração das funções desempenhadas pelos órgãos de soberania, em parte estimulada pela inadequação (insuficiência) da lei geral e abstracta, a qual não consegue prever de forma cabal as situações da vida, é um fenómeno comum aos Estados de Direito do século XX[1038], e com repercussões sobre a margem de livre decisão administrativa.

É certo que há também diferenças de relevo entre os vários sistemas. Costuma ser apontado, por exemplo, que na nossa monarquia liberal os regulamentos emanados em nome do monarca já estavam sujeitos a

---

poder discricionário é a instauração do sistema da divisão de poderes... A universalidade do problema restringe-se... aos sistemas jurídicos modelados na «categoria», digamos no arquétipo do Estado de Direito no qual a Administração... está de qualquer modo submetida à lei". V., ainda, pp. 203 e ss., 267 e ss., 333 e ss., 371 e ss. e o capítulo III, pp. 391 e ss.; e ainda a discussão acerca do significado e limites da discricionariedade em *Reflexões sobre a teoria do "desvio de poder" em Direito Administrativo*, Coimbra, 1940, pp. 13 e ss. (capítulos II e III); ROGÉRIO EHRHARDT SOARES, *Interesse público, legalidade e mérito*, Coimbra, 1955, pp. 66 e ss.; ANDRÉ GONÇALVES PEREIRA, *O Erro e a ilegalidade no acto administrativo*, Lisboa, 1962, pp. 19 e ss.; JOSÉ MANUEL SÉRVULO CORREIA, *Legalidade...*, cit., pp. 33 e ss., 179 e ss e 473 e ss.. O mesmo aliás, o demonstra A. CASTANHEIRA NEVES, em "O Problema da discricionariedade", *Digesta – Escritos acerca do direito, do pensamento jurídico, da sua metodologia e outros, I*, Coimbra, 1995, pp. 483 e ss. *(reprodução do para 15 da* Questão-de-facto – Questão-de-direito*)*.

[1038] V., sobre o assunto, na perspectiva anglo-saxónica da "rule of law", ou de quais as características que deve ter a lei para orientar efectivamente a conduta humana num Estado de Direito, embora algumas dessas características nem sempre se verifiquem (tais como a clareza, a ausência de contradição entre as leis, a estabilidade e a aplicação consistente das leis, ou seja, o respeito pela "preferência de lei") e mesmo que se verifiquem, não garantem que a lei seja uma "boa lei", ANDREI MARMOR, "The Rule of law and its limits", cit., pp. 1-43. A crise referida em texto já tinha sido denunciada em 1927 por ALBERT HENSEL, "Die Abänderung des Steuertabestandes...", cit., pp. 39, 40 e ss.; no mesmo sentido entre nós, por exemplo, ROGÉRIO SOARES, *Interesse público...*, cit., (1955) p. 81: "a Administração há-de ganhar em elasticidade de movimentos o que perdeu em insindicabilidade. O legislador se é agora sempre e para todos os actos da Administração, a primeira causa, cada vez com mais frequência remete àquela a busca da solução mais adequada perante o caso concreto". Fazendo, ao longo de toda a tese, referência ao conflito entre segurança jurídica e equidade, que se traduz na correspondente opção entre vinculação e discricionariedade, AFONSO QUEIRÓ, por ex., pp. 63 e ss. e 428-429. Mas na verdade, aos regulamentos sempre foi atribuída a tarefa de desenvolver e executar a lei fiscal e de resolver dúvidas de aplicação da mesma: "A propria lei e seu regulamento suscitam duvidas na sua applicação: tanto a confecção do regulamento, como a decisão das duvidas são actos proprios do poder executivo, e devem estar a cargo de um só individuo (...) de um funccionario superior, secretario ou director, immediato ao ministro" (ANTONIO DOS SANCTOS PEREIRA JARDIM, *Programma das prelecções...*, cit., p. 75).

reserva de lei, ao contrário do que acontecia nas monarquias constitucionais alemãs, onde o executivo tinha um poder de normação originário, sempre que não restringisse a liberdade e a propriedade individuais, estas sim submetidas a reserva de lei[1039]. E, por outro lado, também podemos verificar que enquanto os impostos eram efectivamente sujeitos a reserva de lei nas monarquias constitucionais alemãs e na República de Weimar, no ordenamento português, a reserva de lei fiscal não foi levada muito a sério até à constituição de 1976, apesar das críticas da doutrina: na verdade, entre nós, e como já escrevemos no primeiro capítulo, a reserva de lei fiscal não foi satisfatoriamente observada durante as monarquias constitucionais, nem durante a primeira República, nem durante o Estado Novo, como nos dizem Armindo Monteiro e Soares Martinez[1040]: durante estes vários períodos foram criados impostos por decretos, decretos-regulamentares, portarias e despachos.

Mas, se compararmos o âmbito da reserva de lei nas constituições democráticas do pós Segunda Guerra, alemã, italiana e portuguesa, é comum o alargamento da mesma a quase todas as áreas de actuação administrativa, ainda que delegável aos governos; além disso, verificamos que em nenhum dos referidos ordenamentos se extinguiu a necessidade de elaboração doutrinária e jurisprudencial do âmbito e limites da margem de livre decisão administrativa, incluindo a tributária[1041-1042]: pelo contrário,

---

[1039] V., por todos, J.M. SÉRVULO CORREIA, *Legalidade...*, cit., pp. 182 e ss. e AFONSO QUEIRÓ, "O Poder discricionário...", cit., pp. 267-271. Em França, no século XIX, também não havia discricionariedade administrativa no sentido de liberdade de iniciativa em relação ao legislativo, mas apenas no sentido de insindicabilidade judicial (AFONSO QUEIRÓ, IDEM, pp. 333-335 e ss.); também entre nós, "durou por muito tempo [a distinção] entre administração contenciosa e administração pura" (AFONSO QUEIRÓ, IDEM, p. 393).

[1040] V., por todos, PEDRO SOARES MARTINEZ, *Curso de Direito Fiscal*, cit., 1960, pp. 95-96 e ss.; ARMINDO MONTEIRO, "Introdução ao estudo do Direito Fiscal", cit., 1950, pp. 154-167 e ss.; *Direito Fiscal,... Segunda Parte*, cit., 1951, pp. 11 e ss.. V. ainda referências ao papel das cortes no consentimento dado aos impostos durante a idade média e durante o antigo regime, consentimento esse que nem sempre foi procurado, nem o foi em relação a todos os tributos, ANTONIO SANCTOS PEREIRA JARDIM, *Programma das prelecções...*, cit., pp. 87 e ss., 100-104, 110, 158 e ss.. E nas lições de Marnôco e Sousa, podemos ler que os impostos durante o século XIX (no tempo de Mousinho da Silveira e posteriormente) e no princípio da I República, eram criados por decreto: MARNÔCO E SOUSA, *Finanças, Apontamentos coligidos de harmonia com as preléçõis feitas pelo Exm.º Sr. Dr. Marnôco e Sousa ao curso do 3.º ano jurídico de 1913-1914,* por Martinho Simões, Ambrósio Neto e José Fortes, Coimbra, 1913-1914, pp. 412 e ss..

[1041] A legalização das matérias estaduais pelas constituições dos Estados de Direito não significou, ao contrário do que uma minoria da doutrina pretendeu, a eliminação da

o alargamento das intervenções legislativas dos Estados sociais de Direito do pós Segunda Guerra e a juridificação crescente da actividade administrativa dificultam essa delimitação[1043].

Por outro lado, verifica-se que a sobrecarga legislativa parlamentar, nos Estados de Direito do século XX, pode conduzir à inactividade política do Parlamento e/ou a leis insuportavelmente pesadas[1044]. Isso é evidente nas matérias tributárias, onde é reconhecido que a lei não consegue ter em consideração diferenças essenciais das situações da vida a tributar[1045].

Os princípios constitucionais formais e materiais que regem o Direito Fiscal encontram-se não poucas vezes em relação de tensão. Recorde-se mais uma vez que o nosso Tribunal Constitucional, no acórdão n.º 756/95, não considerou inconstitucional a norma do art. 12.º n.º 6 do Código de Imposto de Capitais, que incluía na incidência objectiva, "quaisquer outros

---

discricionariedade administrativa: era esta a opinião de HANS HEINRICH RUPP, *Grundfragen der heutigen Verwaltungsrechtslehre, Verwaltungsnormen und Verwaltungsrechtsverhältnis*, 2.ª ed., Tübingen, 1991, pp. 177 e ss.; para Rupp, a discricionariedade é inconstitucional, por ser contrária ao Estado de Direito, sendo por isso um instituto obsoleto (espec. pp. 200-221); v. a crítica em FRITZ OSSENBÜHL, "Ermessen, Verwaltungspolitik und unbestimmter Rechtsbegriff", *Die öffentliche Verwaltung*, 1970, pp. 84 ss. Em Portugal como em Itália, a juridificação da discricionariedade deu origem a um novo instituto – a discricionariedade técnica: V., por todos, GIORGIO PELAGATTI, "Valutazioni techniche dell'amministrazione pubblica e sindacato giudiziario. Un'analisi critica dei recenti sviluppi della dottrina giuspubblicistica", *RTDP*, 1992, pp. 160 e ss..

[1042] Entende, por exemplo, a doutrina alemã que a constituição de Bona alargou a reserva de lei do Parlamento a todas as áreas de actuação administrativa – ou às áreas essenciais da vida comunitária – incluindo as da administração prestadora: V., por todos, FRITZ OSSENBÜHL, "Vorrang und Vorbehalt des Gesetzes", cit., pp. 324 e ss.; DIETRICH JESCH, *Gesetz und Verwaltung*, cit., pp. 222 e ss., 226 e ss.. A argumentação de Jesch baseia-se no princípio democrático e no entendimento que, contrariamente ao que acontecia durante a monarquia constitucional, em que o executivo tinha um papel dirigente, agora esse papel caberia ao Parlamento, como órgão mais elevado do Estado, e postularia uma autorização legislativa específica e determinada para a actuação do executivo: IDEM, pp. 213 e ss.; Cf. FRITZ OSSENBÜHL, IDEM, § 18: Ossenbühl critica este entendimento referindo que o governo também tem uma legitimação democrática. V., entre nós, J.M. SÉRVULO CORREIA, *Legalidade...*, cit., pp. 182 e ss. (para o caso português), e para a Alemanha, pp. 82, 84 e ss., 88 e ss., 94-95.

[1043] V., por todos, GIORGIO PELAGATTI, "Valutazioni techniche...", cit., pp. 158 e ss..
[1044] Como já assinalava ROGÉRIO E. SOARES, *Interesse público...*, cit., p. 79.
[1045] Para a situação do pós Segunda Guerra, V. OTTMAR BÜHLER e GEORG STRICKRODT, *Steuerrecht, I*, cit., 3.ª ed., pp. 214-215 e 219-220.

rendimentos derivados da simples aplicação de capitais não compreendidos na Secção A". Segundo o Tribunal, apesar de ficar diminuída a previsibilidade, "o emprego deste tipo de conceitos [amplos e por vezes indeterminados, é de] louvar [por prosseguir o] cumprimento do mandato de igualdade em sentido material, não permitindo o aparecimento constante de refúgios de evitação fiscal" que seriam estimulados por uma lei mais determinada (ponto 4.1.).

Assim, a abertura do *Tatbestand* legal fiscal é inevitável, por não ser exequível ao legislador prever as múltiplas situações da vida. E a participação do executivo na elaboração dos regimes jurídicos, nomeadamente, através de delegações legislativas[1046] ou de remissões para a densificação de conceitos indeterminados, torna-se fundamental na construção de um Direito Fiscal de um Estado de Direito.

Além disso, grande parte da Teoria do Direito do século XX (nomeadamente, os representantes da jurisprudência analítica e os críticos à mesma) concluiu que "a lei é possivelmente, se não inevitavelmente indeterminada", no sentido em que, com frequência, dela não emana um resultado único excluindo outros[1047-1048]. A questão está em saber se

---

[1046] Sobre o papel fundamental dos regulamentos, v., MICHAEL KLOEPFER, *Der Vorbehalt des Gesetzes im Wandel*, cit., p. 689.

[1047] V., por todos, JULES L. COLEMAN/BRIAN LEITER, "Determinacy, Objectivity, and Authority", cit., pp. 226-227: como referem os autores, na nota 54, "só o cidadão comum, alguns juristas e os estudantes de Direito do primeiro ano do curso, têm uma concepção da lei como sendo determinada"; e sobre a "textura aberta da lei" e "o núcleo da mesma" com um "significado estável", H.L.A. HART, *The Concept of law*, cit., pp. 123 e ss. e 140; V. ainda, RONALD DWORKIN, *Taking rights seriously*, cit., pp. 24 e ss., defendendo que existe virtualmente sempre uma resposta correcta, a atingir através de uma interpretação construtiva assente não só nas regras (que são "aplicáveis"), como também nos princípios (que fornecem um "argumento" e que são "tidos em consideração") e na prática legal de uma comunidade; para Dworkin, a interpretação não consiste na aplicação das "palavras" (pp. 24-45); e TIMOTHY A. O. ENDICOTT, *Vagueness in law*, cit., por ex., pontos 3 (nomeadamente, pp. 31-33, 63 e ss., 74-75) e pontos 8 e 9, defendendo que a "vaguidade da linguagem" é relevante para a interpretação (e para uma teoria da interpretação) e conduz frequentemente à indeterminação dos requisitos da lei e portanto à indeterminação da interpretação, podendo colocar em perigo o princípio da legalidade e o Estado de Direito (i.e., a *rule of law*).

[1048] Por exemplo, HART, em 1961, relativizando a "determinação legal", e referindo-se à "textura aberta das normas", aproxima o precedente dos sistemas anglo-saxónicos, da lei dos sistemas continentais: partindo do princípio que as regras devem comunicar "padrões gerais de conduta" e não dirigir-se a cada indivíduo separadamente, Hart lembra que "há dois mecanismos principais, à primeira vista muito diferentes um do outro, [que]

a indeterminação legal põe em risco alguns dos objectivos prosseguidos pelo "liberalismo legal" – nomeadamente, a previsibilidade dos resul-

---

têm sido usados para a comunicação de tais padrões de conduta gerais, antes das ocasiões em que têm de ser aplicados. Um faz um uso máximo e o outro um uso mínimo das palavras... O primeiro é tipificado por aquilo que chamamos legislação e o segundo por precedente" (*The Concept of law*, cit., p. 121). E dá em seguida um exemplo dos dois: "Um pai antes de ir à igreja diz ao seu filho: «Todos os homens e rapazes devem tirar o chapéu antes de entrar na Igreja». Outro pai, destapando a cabeça ao entrar na igreja diz: «Vê: esta é a forma correcta de nos comportarmos nestas ocasiões" (IDEM, p. 121). E continua Hart: "Muito do Direito deste século consistiu na percepção progressiva (e por vezes exagerada) do facto importante que a distinção entre as incertezas de comunicação do exemplo autoritário (precedente) e as certezas da comunicação da linguagem geral autoritária (a lei) é muito menos firme do que este contraste ingénuo sugere" (p. 122). O problema é que quer o precedente, quer a lei se têm de aplicar a uma "enorme massa de casos individuais", e "num qualquer momento da sua aplicação, eles provarão ser indeterminados; eles terão aquilo que foi designado por textura aberta" (p. 124). Repare-se que Hart também diz que é possível, em certa medida, o próprio legislador optar por aprovar leis mais ou menos indeterminadas, consoante o objecto de regulação (este pode recomendar que a concretização seja feita pela administração): pp. 127-128. Actualmente, a filosofia da linguagem discute a indeterminação semântica e a sua influência na objectividade legal. Em resposta aos representantes do "cepticismo semântico" (para quem, como é o caso de Kripke, a lei é sempre e inevitavelmente indeterminada, porque a linguagem seria sempre indeterminada), recorda MATTHIAS KLATT ("Semantic normativity and the objectivity claim of legal argumentation", cit., p. 116) que o "conceito de normatividade semântica [se] baseia [...] na assunção de que é impossível dizer qualquer coisa com significado a não ser que seja possível utilizar as palavras de forma errada", sendo por isso possível distinguir entre o uso correcto e o uso incorrecto dos conceitos e proposições, cabendo saber o que significa "correcção" e quais as condições para a atingir. É o conceito normativo do significado (a "normatividade semântica") de Brandom está no centro das discussões actuais. Diz MATTHIAS KLATT que, segundo Brandom, a nossa prática discursiva tem uma estrutura normativa implícita (as normas estão implícitas na prática social – "princípio da instituição sócio-prática da normatividade"), devendo a filosofia explicitá-la. O conteúdo semântico é então desenvolvido nas práticas normativas, e o significado linguístico consiste em deduções materiais; "as deduções são materiais se a sua correcção depender de um conteúdo conceptual não lógico das premissas e das conclusões. Assim, a distinção entre deduções válidas e não válidas segue em primeiro lugar, o conteúdo". O vocabulário lógico pode ser utilizado para explicitar o conteúdo conceptual", por exemplo através do condicional: V. MATTHIAS KLATT, "Semantic normativity...", cit., pp. 117-118 e ss.. Seguindo ainda Brandom, diz-nos Klatt que "[n]a prática normativa há duas regras deônticas que são usadas para avaliar a correcção de uma afirmação, a obrigação ou comprometimento (commitment) e o direito a (entitlement)... Uma pessoa pode perguntar pelas obrigações e direitos de um acto discursivo, quer relativamente às circunstâncias apropriadas ao acto discursivo quer relativamente às consequências do mesmo... Obrigações e direitos, circunstâncias e consequências das afirmações estão internamente relacionadas na prática da

tados na aplicação da lei, a estabilidade da lei e em última análise a democracia (a autoridade da lei)[1049]: trataremos destes últimos problemas adiante.

Por conseguinte, a indeterminação legal não pode ser eliminada, não só porque por vezes a opção por uma maior determinação conduz a respostas e resultados mais imprecisos e não manejáveis[1050] (como seria o caso da enumeração taxativa dos rendimentos de capitais, que deixaria necessariamente de fora rendimentos que cabem no conceito), como também porque a linguagem jurídica é indeterminada. Pode haver leis mais ou menos determinadas, mas a eliminação da indeterminação legal não é possível[1051].

Como vimos nos capítulos anteriores, a constitucionalidade da utilização de conceitos jurídicos indeterminados pelo legislador fiscal já não é verdadeiramente posta em causa, e tendo nós concluído que a utilização

---

linguagem. É exactamente esta estrutura dedutiva do significado que estabelece o conteúdo das proposições". Cabe aos linguistas registarem os resultados deônticos (eles são "scorekeepers"), sendo possível dizer o que é correcto e incorrecto numa determinada comunidade linguística (MATTHIAS KLATT, "Semantic normativity...", p. 119). Uma afirmação é semanticamente clara se respeitar os quatro critérios relevantes de Brandom – comprometimento, direito a, circunstâncias e consequências – (IDEM, p. 121). Em resumo, "[s]egundo o conceito normativo de significado...[este] existe nas deduções materiais, cuja correcção é avaliada por normas implícitas, socialmente instituídas" (IDEM, p. 121). Defendendo este conceito normativo de significado, é possível argumentar-se a favor de uma "validade intersubjectiva do significado das normas", baseada na objectividade do significado das normas não totalmente dependente do discurso semântico, como faz MATTHIAS KLATT, IDEM, p. 123 (embora sem negar que a interpretação da lei está sujeita a limites semânticos e que há indeterminação, expressa através de "diferentes graus de clareza semântica": p. 122). Num sentido próximo, embora sem estabelecer que o significado das normas é prévio ao aspecto semântico, JULES L. COLEMAN/BRIAN LEITER, "Determinacy, Objectivity, and Authority", cit., pp. 219-223 e 241 e ss..

[1049] É o que discutem JULES L. COLEMAN/BRIAN LEITER, "Determinacy, Objectivity, and Authority", cit.; e ANDREI MARMOR, "The Rule of law...", cit.; TIMOTHY A. O. ENDICOTT, Vagueness in law, cit., nomeadamente, pontos 8 e 9. Também estes problemas já eram discutidos por H.L.A. HART, The Concept of law, cit., pp. 132 e ss.. (135 e ss.).

[1050] Assim, referindo-se a leis vagas, que geram por vezes resultados indeterminados, porque a sua aplicação se depara com casos de fronteira: TIMOTHY A. O. ENDICOTT, Vagueness in law, cit., nomeadamente, pp. 29 e ss. e 188-190 e ss.. Ainda segundo o autor, "uma palavra vaga é aplicada correctamente a objectos que são suficientemente similares, quanto a aspectos relevantes, ao [objecto] paradigma a que ela se aplica" [que ela teve em vista]: IDEM, p. 32.

[1051] Assim, TIMOTHY A. O. ENDICOTT, Vagueness in law, cit., p. 190.

desses conceitos implicava uma abertura do *Tatbestand* de imposto, cabe agora averiguar quais as consequências dessa abertura, tendo em conta as relações entre administração fiscal e tribunais[1052].

Rejeitamos assim o entendimento sumário, segundo o qual, as exigências de determinação da lei fiscal abrangeriam "os pressupostos ablativos e o conteúdo" dos mesmos, sem qualquer espaço de livre apreciação administrativa, e existiria uma proibição de "atribuição de liberdade de decisão quanto à consequência jurídica", isto é, uma proibição de "discricionariedade de actuação no sentido de discricionariedade de decisão ou de escolha por parte da administração"[1053].

[1052] Embora uma parte da doutrina bem como alguns acórdãos ainda nos anos cinquenta e sessenta, entendessem, na Alemanha, que, perante conceitos indeterminados, não deveria haver substituição do legislador nem pela administração, nem pelos tribunais: ou seja, as leis pouco claras e equívocas deveriam implicar a não tributação: Urt. V. 12.6.1959 – IV 92/57, EFG 1969, p. 412; FRITZ BUBENZER, "Die Abgrenzung des Steuertatbestandes", *StuW*, 1951, pp. 689 ss.; WERNER FLUME, "Gesetzlicher Steuertatbestand...", cit., (1967//68), pp. 286 e ss., 292-293 e ss.; cf., sobre o assunto, HARTMUT HAHN, *Die Grundsätze der Gesetzmässigkeit...*, cit., pp. 68-69.

[1053] Era o que defendia OTTO MAYER no princípio do século (*Deutsches Verwaltungsrecht*, cit., 3.ª ed., pp. 316 e ss.). E ainda mais recentemente, por exemplo, HANS--JÜRGEN PAPIER, que citamos no texto (*Die finanzrechtlichen Gesetzesvorbehalte...*, cit., p. 155). Segundo o autor, e como tínhamos já referido anteriormente, o princípio da tipicidade exige que as ablações (incluindo as limitações de direitos fundamentais) sejam feitas *"através* da lei e não apenas *com fundamento* na lei". "A administração já não deve poder ser autorizada a decidir ela própria sobre a proporcionalidade e equidade da ablação, verificada nos seus pressupostos e no seu contexto normativo": IDEM, p. 155. Também KLAUS TIPKE/JOACHIM LANG consideram proibida a discricionariedade quanto ao *Tatbestand* de garantia dos impostos (elementos essenciais), embora distingam entre "verdadeira discricionariedade" ("discricionariedade da estatuição") e conceitos jurídicos indeterminados: *Steuerrecht*, cit., 17.ª ed., pp. 154-155. Em Itália, muitos autores rejeitam quase liminarmente a discricionariedade, incluindo qualquer margem de livre apreciação administrativa, resultante de conceitos jurídicos indeterminados, na determinação da base tributária e do montante dos impostos (v., por exemplo, RAFFAELLO LUPI, *Diritto tributario, Parte generale*, cit., 7.ª ed., p. 55; FRANCO GALLO "La Discrezionalità nel Diritto Tributario", *Trattato di Diritto Tributario, Annuario*, Padova, 2001, pp. 951 e ss.). Tal deve-se, como referem aliás Lupi e Gallo nos textos citados, à definição de discricionariedade adoptada – veja-se a definição de M. S. GIANNINI (*Diritto Amministrativo, II*, 3.ª ed., Milano, 1993, p. 49), "ponderação comparativa de vários interesses secundários com vista a atingir um interesse primário" [interesse público]. Ou seja, se a lei contém conceitos indeterminados, nas matérias do *Tatbestand* de garantia, existirá controlo judicial. Se em certas matérias, excepcionalmente, não existir esse controlo judicial (como é o caso, em Itália, do procedimento administrativo de fiscalização), muitos autores não denominam tal insindicância de discri-

Se o *Tatbestand* de garantia não tem de ser e não pode ser totalmente determinado por lei, cabe então saber se os conceitos jurídicos indeterminados remetem para o Governo e a administração fiscal a tomada de decisões, ficando nesse caso os tribunais limitados a um controlo negativo, tal como dos vícios de procedimento e de fundamentação, ou se a lei atribui a decisão final aos tribunais, competindo-lhes uma justiciabilidade positiva do acto tributário, i.e., de conteúdo.

O facto de os arts. 20.º n.º 1 e n.º 5, e 268.º n.º 4 da CRP, tal como o art. 19.º n.º 4 da *GG*, garantirem aos administrados uma tutela jurisdicional efectiva dos seus direitos ou interesses, e a impugnação de quaisquer actos administrativos que os lesem, tem conduzido a que uma grande parte da doutrina portuguesa e alemã entendam que a aplicação de conceitos jurídicos indeterminados pela administração é uma questão de interpretação, totalmente controlável pelos tribunais – a interpretação de conceitos jurídicos indeterminados é reconhecida como uma tarefa judicial típica –, e que por isso a sua aplicação ao caso individual deve conduzir a um único resultado juridicamente correcto[1054].

Mas como vamos perceber ao longo deste capítulo, a resposta a esta questão é tudo menos simples e unívoca, não só porque a tutela judicial de direitos ou interesses prevista constitucionalmente não proíbe o legislador de conceder discricionariedade à administração, como também porque se

---

cionariedade nem de discricionariedade técnica. Por exemplo, FRANCO GALLO refere que no caso da fiscalização, a insindicabilidade se deve "à geral observação que no ordenamento tributário italiano faltam normas que na fase instrutória atribuam uma qualquer relevância e, portanto, uma real tutela ao interesse privado do contribuinte" (IDEM, p 953). Só existiria discricionariedade, no sentido de "ponderação de interesses", quanto a "situações jurídicas subjectivas", como por exemplo, direito à inviolabilidade do domicílio, à confidencialidade, "que só incidentalmente fazem parte da actividade de controlo (IDEM, p. 954). Cf., no mesmo sentido, FRANCO GALLO, "Discrezionalità nell'accertamento tributario e sindacabilità delle scelte dell'ufficio", *RDFSDF,* 1992, pp. 655 e ss.. E entre nós, V., também no sentido da proibição da discricionariedade, mas admitindo a margem de livre apreciação, ALBERTO XAVIER, *Manual de Direito Fiscal, I,* cit., pp. 125-126 e 127 e ss.; e considerando proibida a discricionariedade, implicitamente, por se referir a uma tipicidade (totalmente) fechada, PEDRO SOARES MARTINEZ, *Direito Fiscal,* cit., 10.ª ed., p. 108.; e ANTÓNIO MARCOS, *O Direito dos contribuintes à segurança jurídica,* Porto, 1997, pp. 139, 159-160 (pp. 135-167).

[1054] V., por todos, quanto à doutrina alemã, SCHMIDT-ASSMANN, Maunz-Dürig, *GG Kommentar,* München, 2003, art. 19 n.º 4, pp. 116-117; ECKHARD PACHE, *Tatbestandliche Abwägung und Beurteilungsspielraum,* cit., pp. 11 e 36-37 e ss.; HARTMUT MAURER, *Allgemeines Verwaltungsrecht,* cit., 14.ª ed., pp. 153-157.

os conceitos legais forem muito indeterminados, o controlo judicial da aplicação dos mesmos pela administração fica inevitavelmente enfraquecido ou conduz à substituição de um juízo não exclusivamente baseado em argumentos legais por outro juízo não exclusivamente baseado em argumentos legais[1055]. Quanto a este último aspecto, já vimos anteriormente, que da reserva de lei decorre um mínimo de densidade exigível às leis fiscais. E é certo, como escreve Mariano Bacigalupo, que o direito à tutela judicial efectiva (como um dos objectos do processo contencioso administrativo) dos direitos e interesses legítimos do administrado tem uma dupla dimensão: o controlo judicial da legalidade administrativa (incluindo os limites da discricionariedade), "esgotando todas as potencialidades (materiais e processuais) inerentes ao controlo jurídico"[1056], e o controlo da constitucionalidade da atribuição de competências discricionárias, de forma que o juiz do contencioso administrativo possa exercer a sua tutela judicial efectiva.

Reformulemos então um pouco a pergunta a que procuramos responder neste capítulo: a questão está em saber se os conceitos legais indeterminados, *que não violem as exigências constitucionais de determinação mínima das leis fiscais,* nos termos definidos nos capítulos anteriores, "remetem para o Governo e a administração fiscal a tomada de decisões, ficando nesse caso os tribunais limitados a um controlo negativo, tal como dos vícios de procedimento e de fundamentação, ou se a lei atribui a decisão final aos tribunais, competindo-lhes uma justiciabilidade positiva do acto tributário, i.e., de conteúdo".

Para lançarmos as bases da discussão que empreenderemos ao longo deste capítulo, e independentemente das várias definições de conceitos

---

[1055] V., por todos, na metodologia, TIMOTHY A. O. ENDICOTT, *Vagueness in law*, cit., ponto 9. A propósito da constituição alemã, inclinando-se para aceitar a discricionariedade e a margem de livre apreciação quando da interpretação da lei decorrer a atribuição de tais poderes à administração, SCHMIDT-ASSMANN, Maunz-Dürig, *GG Kommentar*, cit., art. 19 n.º 4, pp. 118 e ss.; dizendo que o art. 19.º IV não deve ser sobrevalorizado, porque os parâmetros legais são pressupostos do controlo judicial da administração mas não são exigidos, HARTMUT MAURER, "Rechtstaatliches Prozessrecht", cit., p. 476; E também SCHMIDT-ASSMANN, "Die Kontrolldichte der Verwaltungsgerichte", *DVBl.*, 1997, p. 283. Mas como vimos anteriormente, da reserva de lei decorre um mínimo de densidade exigível às leis fiscais.

[1056] MARIANO BACIGALUPO *La Discrecionalidad administrativa (estructura normativa, control judicial y límites constitucionales de su atribución)*, Madrid, 1997, pp. 221--222 e ss., e todo o capítulo II), p. 221.

jurídicos indeterminados de que daremos notícia, deixamos aqui o sentido que nós atribuímos ao longo do texto aos conceitos jurídicos determinados e aos conceitos jurídicos indeterminados.

Para os nossos propósitos podemos recorrer à definição de Baptista Machado, sendo certo que, em última análise, só os conceitos numéricos são absolutamente determinados[1057-1058]: ora bem, são conceitos "determinados" aqueles "que formam por assim dizer as estruturas arquitectónicas consolidadas da ordem jurídica, as quais permitem a construção de um sistema científico e caucionam a certeza e a segurança do Direito; por outro lado, conceitos "indeterminados" e cláusulas gerais [são os] que constituem por assim dizer a parte *movediça* e *absorvente* do mesmo ordenamento, enquanto servem para ajustar e fazer evoluir a lei no sentido de a levar ao encontro das mudanças e das particularidades das situações da vida"[1059].

Acompanhando a discussão actual da Teoria analítica do Direito, podemos desenvolver um pouco mais estes conceitos, aceitando os ensinamentos de Jules Coleman e Brian Leiter: recordemos que estamos perante leis determinadas quando o conjunto de argumentos legais permite, com carácter de exclusividade, justificar a decisão judicial (ou a decisão do órgão que aplica a lei). E que a determinação é recomendável com base na ideia de que a justificação das decisões judiciais (para que as decisões possam ser justificadamente coercivas), implica que elas sejam garantidas unicamente pelo conjunto de argumentos legais (e não pelo recurso a outra classe de argumentos, i.e., a argumentos extralegais ou exteriores ao bloco de legalidade), de forma que o indivíduo possa ter

---

[1057] V., por exemplo, KARL ENGISCH, *Introdução ao pensamento jurídico*, 3.ª ed., Lisboa, 1977 (1964), p. 173. Neste sentido, referindo-se à "estrutura porosa das normas", J.C. VIEIRA DE ANDRADE, *O Dever da fundamentação expressa de actos administrativos*, Coimbra, 1992, pp. 366-367; cf. PHILIP HECK, *Interpretação da lei e jurisprudência dos interesses*, Coimbra, 1947 (1914), pp. 181, 213-214, sobre o núcleo e a auréola do conceito.

[1058] Embora possa acontecer que eles não forneçam uma resposta unívoca; i.e., há casos em que o recurso a números não significa a opção por um conceito unívoco, e que eles sejam utilizados como orientação para a interpretação (por ex., idade inferior a 14 anos para descrever tendencialmente a pertença a um escalão etário): V. AUGUSTO SILVA DIAS, «*Delicta in se*» e «*delicta mere prohibita*»..., cit., pp. 405-406.

[1059] J. BAPTISTA MACHADO, *Introdução ao Direito*..., cit., p. 113. V., também H.L.A. HART, e os conceitos de "textura aberta da norma" e de "núcleo" da norma, embora este autor aborde a questão numa perspectiva dinâmica, e distinguindo entre os casos fáceis e os casos difíceis: *The Concept of law*, cit., pp. 124 e ss.

oportunidade de conformar o seu comportamento à lei[1060] – para Coleman e Leiter, são argumentos extralegais, por exemplo, "normas culturais e práticas partilhadas" pelas partes em litígio[1061].

Por seu turno, a indeterminação legal pode ser entendida como uma indeterminação de argumentos legais e como uma indeterminação de causas. Isto é, no primeiro caso, a lei é indeterminada quando o conjunto de argumentos legais disponíveis é insuficiente para justificar os resultados a que se chega; no segundo caso, a lei é indeterminada quando é inadequada para explicar o resultado a que chega o órgão que a aplica (a lei é inadequada como causa dos resultados judiciais ou dos órgãos de aplicação da mesma)[1062]. É a primeira categoria de indeterminação que nos preocupa neste trabalho (e é também a ela que Coleman e Leiter dedicam a sua análise).

Coleman e Leiter identificam quatro formulações para a indeterminação de argumentos legais, por ordem decrescente, em que a última

---

[1060] JULES L. COLEMAN/BRIAN LEITER, "Determinacy, Objectivity, and Authority", cit., pp. 235-237.

[1061] JULES L. COLEMAN/BRIAN LEITER, "Determinacy, Objectivity, and Authority", cit., pp. 239-240. Num sentido muito próximo, TIMOTHY ENDICOTT, embora o autor não se refira expressamente a argumentos extralegais; o autor começa por dizer que se a decisão do aplicador da lei não se basear na argumentação legal, é à primeira leitura, um "acto de vontade sem constrangimento"; mas segundo o autor, a lei tem capacidade para providenciar a resolução da sua própria indeterminação. Assim, a lei atribui aos tribunais um papel criativo para resolver as disputas não solucionadas pela própria lei – e estes têm o dever legal de tomar sempre uma decisão, devem respeitar o procedimento e a disciplina estabelecidos na lei, fundamentar as suas decisões, decidir de forma clara e coerente, decidir conforme teria decidido o legislador, e o facto de serem independentes justifica que tenham a última palavra face ao juízo da administração: *Vagueness in law*, cit., pp. 188 e ss., espec. 197 e ss..

[1062] JULES L. COLEMAN/BRIAN LEITER, "Determinacy, Objectivity, and Authority", cit., pp. 212 e ss..

Num sentido paralelo ao da "indeterminação de argumentos legais", ENDICOTT refere-se a decisões não sujeitas a constrangimento legal, nem previsíveis, nem consistentes com o princípio da igualdade, o que não é contrário ao Estado de Direito e ao princípio da legalidade, desde que tais decisões não sejam muito frequentes (*Vagueness in law*, cit., pp. 186 e ss.). Aceitando a indeterminação semântica ("a falta de clareza semântica"), quando houver dúvidas sobre pelo menos uma das quatro fórmulas de Brandom, resultando do grau de indeterminação a distinção entre casos fáceis e difíceis, mas considerando que a objectividade da decisão judicial é possível, porque a objectividade do significado das normas é independente do discurso semântico-analítico, MATTHIAS KLATT, "Semantic normativity...", cit., pp. 121-123.

constitui a forma de indeterminação mais frequente (e nesse sentido, mais preocupante):

(1) O conjunto de argumentos legais nunca é adequado para garantir nenhum resultado[1063];
(2) O conjunto de argumentos legais é suficiente para garantir um qualquer resultado[1064];
(3) O conjunto de argumentos legais nunca garante (ou justifica) um e só um resultado num caso particular;
(4) O conjunto de argumentos legais nunca garante (ou justifica) apenas um e só um resultado em casos importantes ou difíceis"[1065].

[1063] Esta consequência pode derivar de sistemas legais pobres (lacunas relativas a casos novos não disciplinados; mas, num sistema legal maturo as lacunas genuínas não existem, quando muito, haverá uma fraca relação entre a lei e a questão a julgar) ou muito ricos (porque o conjunto de regras e de princípios dão origem a resultados conflituantes, mas também neste caso não haverá verdadeira indeterminação com frequência, pois esta só surge quando um julgamento racional não pode ser defendido contra um outro tipo de julgamento): JULES L. COLEMAN/BRIAN LEITER, "Determinacy, Objectivity, and Authority", cit., pp. 226-227 e ss..

[1064] Se se entender que não há factos objectivos para determinar o sentido de uma lei (cepticismo semântico associado a Wittgenstein), as fontes legais seriam inconsistentes ou contraditórias, e verificar-se-ia a indeterminação das 2.ª, 3.ª e 4.ª formulações. Mas como dizem Coleman e Leiter, o significado da linguagem (também da linguagem legal) não nos é dado por factos ("não há factos sobre significados que sejam completamente independentes de como nós estamos dispostos a construir significados" – JULES L. COLEMAN/BRIAN LEITER, "Determinacy, Objectivity, and Authority", cit., p. 222), mas pelo significado atribuído ou permitido pela nossa comunidade: IDEM, pp. 220-221e ss.. Assim, perante conceitos indeterminados, é possível determiná-los progressivamente (o seu "significado não é radicalmente indeterminado"), com base no comportamento público fixado por crenças e compreensões (p. 222). Também se as leis fossem formalmente contraditórias entre si (o que é raro, segundo Coleman e Leiter), todos os resultados seriam possíveis e verificar-se-iam as indeterminações do tipo 2), 3) e 4) (IDEM, pp. 223-224). V. também a crítica ao cepticismo semântico, referindo-se à "prática linguística de uma comunidade" e à estabilidade relativa da linguagem em MATTHIAS KLATT, "Semantic normativity...", cit., pp. 120-123.

[1065] JULES L. COLEMAN/BRIAN LEITER, "Determinacy, Objectivity, and Authority", cit., p. 215. Na Teoria do Direito, costuma-se distinguir "casos fáceis" de "casos difíceis", e muitos autores consideram que só nestes casos há verdadeira indeterminação legal, suscitando-se então a questão da (falta de) autoridade da lei. Para RONALD DWORKIN (*Taking rights seriously*, cit., pp. 81 e ss.) existe sempre uma única resposta correcta, mas o autor distingue entre casos fáceis e difíceis: os "casos fáceis" são indubitavelmente resolvidos por argumentos legais ou "de princípio", mas para Dworkin, também os "casos difíceis"

Basta verificar-se a quarta formulação para estarmos perante leis indeterminadas (colocando, segundo os indeterministas, um "problema sério à autoridade da lei"), pois verificar-se-á "discricionariedade judicial" ou por parte do órgão que aplica a lei indeterminada[1066].

Discute-se actualmente se para Dworkin a quarta formulação significa a indeterminação genuína ainda que de rara verificação[1067], ou se o

---

são resolvidos por argumentos de princípio e não políticos. Para tal, Dworkin recorre ao juiz Hércules, "um jurista de capacidades super-humanas", que aceitando resolver os casos principais através de lei incontroversas, casos fáceis (p. 105), também desenvolve os casos difíceis – não regulados por lei e em que ele tem de recorrer a princípios constitucionais contraditórios, e utilizar a partir daí um processo de argumentação "muito semelhante ao processo do jogador de xadrez" (p. 107): "Ele deve desenvolver uma teoria da constituição, na forma de um conjunto complexo de princípios e de políticas que justificam aquele esquema de governo, tal como o jogador de xadrez é conduzido a desenvolver uma teoria sobre as características do seu jogo. Ele deve desenvolver essa teoria referindo-se alternadamente à filosofia política e ao detalhe institucional" (p. 107). V. ainda, por exemplo, MANUEL ATIENZA, Tras la justicia, Una introducción al Derecho y al razonamiento jurídico, Barcelona, 1993: "Um caso é fácil quando, aplicando os critérios do que chamei «racionalidade formal», o resultado é uma decisão não controvertida. Um caso é, pelo contrário, difícil quando, ao menos em princípio, pode receber mais do que uma resposta correcta: o caso coloca a necessidade de harmonizar entre si valores ou princípios que estão em conflito, e apresentam-se diversas soluções capazes de atingir um equilíbrio, e que não sacrificam nenhuma exigência que forme parte do conteúdo essencial dos princípios ou dos valores últimos do ordenamento". Por racionalidade formal, entende o autor a decisão jurídica justificada (p. 176), o que se verifica se e só se: "1) respeita os princípios de consistência (no sentido em que não comete erros do tipo lógico, de universalidade e de coerência; 2) não ilude a utilização como premissa de alguma fonte do Direito de carácter vinculativo; 3) não desconhece a existência de factos provados na forma devida, e 4) não utiliza como elementos decisivos da fundamentação critérios éticos, políticos, etc., não previstos especificamente (ainda que o possam estar genericamente), pelo ordenamento jurídico (p. 174). A decisão fora da racionalidade formal não é arbitrária, existindo um meio-termo que pode ser designado de razoabilidade (pp. 174-175). Os "casos fáceis" e "difíceis" são discutidos desde o "Conceito de Direito" de Hart: H.L.A. HART, The Concept of law, cit., pp. 124 e ss. (120 e ss.). V,. ainda, MATTHIAS KLATT, "Semantic normativity...", cit., pp. 115 e ss..

[1066] V., por ex., H.L.A HART, The Concept of law, cit., pp. 132-133 e ss. (132--137 e ss.).

[1067] Segundo Coleman e Leiter, Dworkin terá mudado a sua posição em Law's Empire, considerando que os fundamentos de uma comunidade liberal não são atingidos se não existir uma única resposta certa em todos os casos: JULES L. COLEMAN/BRIAN LEITER, "Determinacy, Objectivity, and Authority", cit., pp. 214-215, nota 23. Mas esta interpretação não é corroborada por outros autores: V., por exemplo, TIMOTHY ENDICOTT, Vagueness in law, cit., p. 63. E RONALD DWORKIN, Taking rights..., cit., pp. 81 e ss.; e Law's empire, cit., cap. 3.

autor continua a defender que existe sempre uma (a) resposta certa. Sem entrarmos nessa discussão, se considerarmos que o grau de indeterminação legal é frequentemente elevado, os "casos difíceis", i.e., os casos que não cabem no núcleo da disposição legal, serão muito mais frequentes do que Dworkin sugere[1068], colocando em crise o tradicional entendimento garantista da reserva de lei fiscal.

Assim, podemos afirmar com Coleman e Leiter que "a indeterminação é um problema quando sugere que o exercício de um julgamento racional [com base numa argumentação exclusivamente legal] não pode ser defendido contra um diferente exercício de julgamento"[1069].

E "por vezes os conflitos entre normas serão suficientemente grandes e os argumentos suficientemente fortes em todos os sentidos para justificar que a pretensão não tenha um resultado único excluindo o outro"[1070]. Pode ainda acontecer que, "mesmo que as normas a aplicar a um caso não sejam conflituantes, a relação justificativa entre as normas e qualquer resultado que um juiz possa atingir, seja demasiado fraca para se dizer que as normas garantem o resultado"[1071-1072].

Resulta também dos parágrafos anteriores que a diferença entre conceitos jurídicos determinados e indeterminados é quantitativa e não qualitativa[1073-1074].

[1068] Assim, por exemplo, TIMOTHY ENDICOTT, *Vagueness in law*, cit., pp. 31 e ss., 69-75 e 185 e ss..

[1069] JULES L. COLEMAN/BRIAN LEITER, "Determinacy, Objectivity, and Authority", cit., p. 227. Ou, segundo uma concepção ligeiramente diferente, a vaguidade da lei causa problemas porque nesse caso a lei não seria "clara, coerente, prospectiva e estável", e portanto não seria capaz de orientar o comportamento dos seus destinatários (Joseph Raz): TIMOTHY ENDICOTT, *Vagueness in law*, cit., p. 185.

[1070] JULES L. COLEMAN/BRIAN LEITER, "Determinacy, Objectivity, and Authority", cit., p. 227.

[1071] JULES L. COLEMAN/BRIAN LEITER, "Determinacy, Objectivity, and Authority", cit., pp. 227-228.

[1072] Nesse caso, na teoria da interpretação de Endicott, a vaguidade da lei pode conduzir, em alguns casos, a uma aplicação livre de constrangimento, de consistência ou de previsibilidade e portanto a uma impossibilidade de a comunidade ser governada pela lei: TIMOTHY ENDICOTT, *Vagueness in law*, cit.., pp. 186-187. Mas a vaguidade só é problemática para o autor, quando existe indeterminação no sentido de COLEMAN/LEITER (embora ENDICOTT não os cite a este propósito): assim, para o autor, a "vaguidade só constitui um défice se conduz à arbitrariedade no quarto sentido – o abandono da argumentação legal" (p. 203).

[1073] Assim, MATTHIAS KLATT, "Semantic normativity...", cit., pp. 121-122; TIMOTHY ENDICOTT, *Vagueness in law,* cit.., pp. 31 e ss., 188 e ss. (191). Neste sentido, no

Diga-se ainda que os chamados tipos legais, aos quais faremos referência no próximo capítulo, por eles fazerem parte da legislação fiscal, são frequentemente indeterminados, no sentido (4) de Coleman/Leiter, e que neste caso a sua interpretação e aplicação pela administração e pelos tribunais se faz através de argumentos legais e extralegais, no sentido de Coleman/Leiter.

Diga-se por último que o pensamento ou método tipológico, a que também dedicaremos o próximo capítulo, e segundo o qual a aplicação da lei se faz por comparação entre o caso concreto e o tipo (empírico) a ela subjacente (sendo a lei mais ou menos indeterminada), implicará em si mesmo o recurso a argumentos extralegais no sentido de Coleman/Leiter, nos "casos difíceis", se a indeterminação da lei for elevada (por ex., se a lei consagrar como sujeitos passivos de IRC os "estabelecimentos estáveis de sociedades não residentes" sem os definir, ou se permitir a dedução de "custos indispensáveis" às empresas). De qualquer forma, o método tipológico ou a procura do tipo (tipo médio, tipo frequente) que a lei pre-

---

Direito Administrativo, por exemplo, DIETRICH JESCH, "Unbestimmter Rechtsbegriff und Ermessen", *AöR*, 1957, pp. 167-168 e 177-178; e *Gesetz und Verwaltung*, cit., 2.ª ed., pp. 225; HORST EHMKE, "«Ermessen» und «unbestimmter Rechtsbegriff» im Verwaltungsrecht", *Recht und Staat in Geschichte und Gegenwart*, Tübingen, 1960, n.ºs 230-231, p. 29; HANS-JOACHIM KOCH, *Unbestimmte Rechtsbegriffe und Ermessensermächtigungen im Verwaltungsrecht, Eine logische und semantische Studie zur Gesetzesbindung der Verwaltung*, Frankfurt am Main, 1979, pp. 34 e ss.; HANS-UWE ERICHSEN, "Die sog. unbestimmten Rechtsbegriffe als Steuerungs- und Kontrollmaßgaben im Verhältnis von Gesetzgebung, Verwaltung und Rechtsprechung", *DVBl.*, 1985, p. 22.; NORBERT ACHTERBERG, *Allgemeines Verwaltungsrecht*, 2.ª ed., Heidelberg, 1986, p. 342.

[1074] Apesar de distinguir os conceitos indeterminados dos determinados por um critério quantitativo, Koch acrescenta as seguintes regras e condições para estarmos perante um conceito indeterminado, as quais podemos aceitar como correctas: Dando o exemplo do conceito "insusceptível de confiança", HANS-JOACHIM KOCH dá-nos duas regras semânticas retiradas da linguagem comum, que nos permitem caracterizar o conceito jurídico indeterminado: "R1: Quando alguém nos últimos 10 anos tiver sido condenado três vezes por conduzir em estado de embriaguez, esse alguém não é de confiança; R2: Quando alguém conduza um táxi há cinco anos, sem ter sido alvo de reclamações, esse alguém é de confiança". A partir destas duas regras, retira Koch as seguintes conclusões: "1) Há uma condição suficiente para conferir ou negar o predicado «insusceptível de confiança»; 2) As duas condições R1 e R2 não podem ser realizadas ao mesmo tempo. Assim, é excluído que um indivíduo fosse simultaneamente considerado «de confiança» e «insusceptível de confiança», i.e. um "candidato tanto-como-também"; 3) É possível que haja indivíduos que não preencham nenhuma das duas condições. São os candidatos neutros da expressão «insusceptível de confiança»".

tende disciplinar é um elemento orientador da interpretação, diminuindo a subjectividade do intérprete nos casos de indeterminação legal[1075], podendo contribuir para a progressiva determinação da lei.

Tenhamos por agora – i.e., ao longo deste capítulo – em mente os conceitos enunciados, de indeterminação legal.

1.2. A relação entre os conceitos jurídicos indeterminados e a discricionariedade administrativa

i) Um dos pressupostos para resolvermos a questão das competências decisórias do fisco e dos tribunais na aplicação e densificação de conceitos jurídicos indeterminados, é a arrumação destes em relação à discricionariedade, problema tão controverso que já foi elevado à categoria de *quaestio diabolica* do Direito Administrativo[1076], e mais recentemente a *quaestio perpetua*[1077]. Trata-se de uma delimitação que não está de todo solucionada, que assenta em caminhos erróneos seguidos pela doutrina, e que divide opiniões. Uma das dificuldades consiste na própria definição de conceito jurídico indeterminado.

Toda a discussão na doutrina e jurisprudência administrativa se reflectiu na doutrina e jurisprudência fiscal, com a agravante de o Direito Fiscal tentar por vezes alhear-se do Direito Administrativo e da Teoria do Direito, sob o manto da reserva de lei ou de uma reserva de lei com exigências mais rigorosas do que em qualquer outro domínio.

Ilustremos o problema com excertos de alguns acórdãos da 2.ª secção do STA, que nos dão uma pequena imagem da confusão reinante: no acórdão de 23 de Setembro de 1998, processo n.º 21515, diz o Tribunal que o recurso hierárquico previsto no (entretanto revogado) art. 112.º do CIRC

[1075] Assim, FRANZ BYDLINSKI, *Juristische Methodenlehre und Rechtsbegriff*, Wien, New-York, 1991, 2.ª ed., pp. 548-549 e ss..

[1076] Pela primeira vez, por Zorn, "Kritische Studien zur Verwaltungsgerichtsbarkeit", *VerwArch*, 1894, II, p. 82, Apud, ECKHARD PACHE, *Tatbestandliche Abwägung...*, cit., p. 4, nota 19; HANS WOLFF, OTTO BACHOF, ROLF STOBER, *Verwaltungsrecht I*, 11.ª ed., München, 1999, p. 440; FRITZ OSSENBÜHL, "Tendenzen und Gefahren der neueren Ermessenslehre", *Die öffentliche Verwaltung*, 1968, p. 619. E entre nós a mesma referência em AFONSO R. QUEIRÓ, *Reflexões sobre a teoria do "desvio de poder"...*, cit., p. 5.

[1077] FRITZ OSSENBÜHL, *Verwaltungsvorschriften und Grundgesetz*, Berlin, Zürich, 1968, p. 313 (pp. 312-313); também citado por ECKHARD PACHE, *Tatbestandliche Abwägung und Beurteilungsspielraum...*, cit., p. 4.

(admitido em resultado de correcções quantitativas nos valores constantes das declarações dos contribuintes) "só diz respeito às correcções de natureza quantitativa aos valores declarados pelo contribuinte no uso da chamada discricionariedade técnica ou margem de livre apreciação. Não se integra em tal quadro legal, a apreciação da indispensabilidade comprovada de custos ou perdas para a realização dos proveitos ou ganhos sujeitos a IRC ou manutenção da fonte produtora nos termos do art. 23.º do CIRC. Tal indispensabilidade é um conceito jurídico indeterminado, e embora necessitado de preenchimento, o poder da Administração é rigorosamente vinculado, não há margem de livre apreciação, não há que formular juízos de oportunidade mas de tipo cognoscitivo, porque tal indispensabilidade é rigorosamente controlada pelo Tribunal, não estando em causa qualquer saber técnico, juízo de imediação ou valoração pessoal daqui emergente ou quaisquer outros elementos imponderáveis. Assim, a sua legalidade deve ser apreciada nos termos do art. 11.º do CIRC". No mesmo sentido se pronunciou o STA num acórdão de 20 de Setembro de 2000, processo n.º 20128[1078].

Em sentido diferente, num acórdão de 23 de Abril de 1997, processo n.º 20168, a interpretação de "despesas de representação exageradas" para efeitos do art. 41.º n.º 1 al. g) do CIRC foi considerada como fazendo parte da discricionariedade técnica do fisco, sem prejuízo do controlo de "eventuais erros grosseiros ou manifestos".

E a propósito da fixação da matéria tributável por métodos indiciários em IVA, diz-nos o STA no acórdão de 2 de Outubro de 1996, processo n.º 18733, que os "tribunais tributários podem proceder ao controlo total do erro na determinação da matéria colectável por parte do Fisco, ainda que este se tenha servido de presunções ou estimativas para apurar o *quantum* da matéria colectável. Discricionariedade técnica é a utilização pelo legislador de categorias técnicas e científicas, de conhecimentos científicos não jurídicos ou de conhecimentos artísticos ou profissionais. A utilização desta discricionariedade técnica pelo Fisco tem lugar na fixação dos factos tributários e não na interpretação e aplicação da norma tributária material".

[1078] Segundo o Tribunal, não há discricionariedade técnica ou margem de livre apreciação, quando o fisco procede à "análise da existência ou suficiência da prova documental dos processos referidos no art. 37.º do CIRC, para o efeito de os respectivos créditos serem considerados incobráveis e, assim, custos ou perdas de exercício".

Este acórdão é posterior à alteração do art. 86.º n.º 1 do Código do IVA, cuja redacção originária restringia a impugnação judicial ao vício de preterição de formalidades legais. Durante a vigência desta redacção – até ao Decreto-Lei n.º 198/90 – o mesmo Tribunal justificou tal preceito, com base na existência de uma "discricionariedade técnica, no que se refere à fixação do imposto, pelo que a insindicabilidade nessa matéria leva à irrevisibilidade pelos tribunais, salvo em caso de erro grave e manifesto, a qual se funda na existência de se não justificar a substituição de um juízo problemático por outro não menos problemático"[1079].

Saber se da aplicação de conceitos legais indeterminados pela administração fiscal resulta uma margem de livre apreciação ou discricionariedade técnica ou, pelo contrário, vinculação à lei, totalmente controlável pelos tribunais fiscais, e em que medida, na primeira alternativa, a margem de livre apreciação ou a discricionariedade técnica se distinguem da discricionariedade em sentido estrito, eis as questões a que nos propomos responder neste capítulo e que não têm sido encaradas devidamente pelos estudiosos do Direito Fiscal.

Como referimos no capítulo anterior, uma parte significativa da doutrina fiscalista rejeita a existência de discricionariedade em relação aos elementos do *Tatbestand* de garantia, e, perante a utilização de conceitos jurídicos indeterminados pelo legislador, ora reconduz a questão a um mero problema de interpretação, ora considera que eles são inconstitucionais, se o grau de indeterminação for muito elevado – embora com honrosas excepções[1080].

Enquanto no Direito Administrativo se discute desde o século XIX a relação entre a discricionariedade e os conceitos jurídicos indeterminados, a atitude no Direito Fiscal tem sido a de negar relevância ao problema,

---

[1079] Cf. acórdão da 2.ª Secção do STA, de 30.5.1990, processo n.º 12014.

[1080] Para além de CASALTA NABAIS e de SALDANHA SANCHES, entre nós (JOSÉ CASALTA NABAIS, *Direito Fiscal*, 2.ª ed., Coimbra, 2003, pp. 138-143; J.L. SALDANHA SANCHES, *A Segurança jurídica no Estado social de Direito, conceitos indeterminados, analogia e retroactividade no Direito Tributário*, CCTF, Lisboa, 1985, n.º 140, pp. 296 e ss.), é o caso de KLAUS VOGEL, que já em 1966 se referia à discricionariedade da administração fiscal, concedida por lei, e à margem de livre apreciação, sempre que a interpretação de conceitos jurídicos indeterminados não conduzisse a uma única solução interpretativa: "Gesetzgeber und Verwaltung" (1966), *Der offene Finanz- und Steuerstaat...*, cit., pp. 263--267; e "Vergleich und Gesetzmässigkeit...", cit., p. 313. E de ARMIN SPITALER que aproximava a tarefa do Fisco da da restante administração: "Die Bindung der Finanzverwaltung an das Gesetz", *FR*, 1954, pp. 2 e ss..

com base num entendimento de tipicidade fechada, enquanto se assiste à avalanche de remissões legais, directas ou indirectas – justamente, através de conceitos indeterminados – para outras fontes normativas.

É certo que em Itália e em Portugal a doutrina e em especial a jurisprudência recorreram à figura da discricionariedade técnica para, de modo tão ambíguo como a própria expressão utilizada, concederem um espaço de liberdade ao fisco, isento de controlo judicial.

Como demonstraremos adiante, apesar das oscilações jurisprudenciais e doutrinárias quanto à caracterização do fenómeno, a discricionariedade técnica é utilizada no Direito Fiscal a propósito da interpretação administrativa de conceitos jurídicos indeterminados – ora, os conceitos utilizados nas leis fiscais são em grande parte (bastante) indeterminados, mas são jurídicos e integram o património deste ramo de Direito[1081].

Isto mesmo já dizia Albert Hensel nos anos vinte, a propósito do edifício conceptual, da interpretação e da importação de conceitos pelo Direito Fiscal: "o *Tatbestand* legal [fiscal] é a roupagem jurídica de uma situação económica que o legislador considerou valer a pena tributar", assente em tipos económicos e também de Direito Privado, mas não se pode falar "em conceitos económicos", pois essa designação "sugere que não se trata de conceitos jurídicos"[1082].

Na verdade, só excepcionalmente o legislador utiliza conceitos técnicos não jurídicos (i.e. não totalmente juridificados) e remete a averiguação de alguns elementos do *Tatbestand* sistemático de imposto a peritos – por exemplo no caso da avaliação de prédios urbanos e rústicos.

Assim, deparamo-nos com um estado de coisas tão espantoso quanto contraditório: a discussão sobre a margem de livre apreciação decorrente de conceitos jurídicos indeterminados desenvolvida durante o século XX

[1081] Nos anos 20, na Alemanha, com a aprovação da primeira Lei Geral Tributária (1919), discutiu-se a autonomização dos conceitos das leis fiscais em relação aos conceitos do Direito Privado e não se colocava em dúvida que tivessem natureza jurídica: V., por todos, a favor da autonomização dos conceitos de Direito Fiscal, KURT BALL, *Einführung in das Steuerrecht,* cit., 4.ª ed., pp. 98-101; discutiu-se também a autonomização do Direito Fiscal em relação ao Direito Administrativo, e o papel de charneira da *Abgabenordnung*: profetizava Hensel (mas enganou-se) que os princípios consagrados na *AO* fariam com que passasse a ser o Direito Fiscal a contribuir para o desenvolvimento dogmático do Direito Administrativo geral – ALBERT HENSEL, "Der Einfluss des Steuerrechts...", cit., pp. 76 e ss., 84 e ss.. Em sentido contrário, e a propósito da relação jurídica fiscal, V., por ex., ARNOLD LIEBLICH, *Steuerrecht und Privatrecht...,* cit., pp. 27 e ss..

[1082] ALBERT HENSEL, "Der Einfluss des Steuerrechts...", cit., pp. 90-91.

na doutrina administrativa alemã e com elevada repercussão em Portugal, quase não encontra eco na doutrina fiscal alemã[1083] nem na latina. No entanto, em Portugal, a 2.ª secção do STA, para além da discricionariedade técnica utiliza, com um sentido equivalente a esta, a margem de livre apreciação para justificar a insindicância de algumas decisões do fisco.

Como defenderemos adiante, a figura da discricionariedade técnica não deveria ser utilizada, sendo preferível enquadrar a insindicância judicial das decisões do fisco na temática da margem de livre apreciação concedida por conceitos jurídicos indeterminados. Na sequência do capítulo anterior, vamos pois, averiguar quais as consequências da utilização por lei de conceitos jurídicos indeterminados, cabendo nomeadamente saber se eles contêm uma autorização legal de discricionariedade administrativa.

ii) A origem da discricionariedade administrativa e o seu significado desde as monarquias constitucionais até aos dias de hoje foram amplamente analisados pela nossa doutrina, existindo estudos de Direito Comparado tão completos – por exemplo, os de Afonso Queiró e de Sérvulo Correia, este na perspectiva da preferência e da reserva de lei – que não se justifica uma reapreciação da matéria.

Também a relação entre os conceitos jurídicos indeterminados e a discricionariedade foi pormenorizadamente analisada por Afonso Queiró.

Embora queiramos evitar repetições desnecessárias, a relação entre os conceitos jurídicos indeterminados e a discricionariedade não pode ser estudada no Direito Fiscal autonomamente, pois existe nesta matéria uma relação de especialidade entre este ramo de Direito e o Direito Administrativo. Assim, para que o leitor possa mais facilmente acompanhar-nos, eis os traços gerais do percurso que vamos seguir ao longo deste capítulo:

Primeiro, vamos enquadrar o estudo sobre conceitos jurídicos indeterminados na dogmática do Direito Administrativo e da Teoria do Direito.

Segundo, propomo-nos abordar o tema indicando, até ao pós Segunda Guerra, alguns pontos-chave que escolhemos para caracterizar a referida dogmática, e deixando o maior desenvolvimento para o período iniciado com o artigo de Otto Bachof de 1955 ("discussão metodológica"), o qual separa os conceitos jurídicos indeterminados da discricionariedade.

[1083] Caso diferente é o de KLAUS VOGEL como dissemos: "Gesetzgeber und Verwaltung", cit., pp. 263 e ss.; "Vergleich und Gesetzmässigkeit der Verwaltung im Steuerrecht", cit., pp. 310 e ss..

Terceiro, quanto à análise da problemática pelos autores do Direito Fiscal, vamos dar relevo às posições de Albert Hensel e de Bühler nos anos vinte, porque eles contribuem decisivamente para a edificação deste ramo de Direito e porque o grau de elaboração que dão a esta matéria justifica esse destaque. Em relação a muitos aspectos, as posições de Hensel e de Bühler enquadram-se na discussão dos administrativistas, sendo inclusivamente precursoras de caminhos e soluções encontrados para o problema no Direito Administrativo do pós Segunda Guerra e no Direito Fiscal actual.

Quarto, vamos referir a posição da nossa doutrina fiscal sobre a discricionariedade e os conceitos jurídicos indeterminados, destacando a posição de Alberto Xavier (1972), a qual ainda hoje tem grande peso na doutrina e jurisprudência portuguesas.

Quinto, dentro da linha tendencialmente cronológica que adoptamos neste capítulo, vamos discutir os conceitos jurídicos indeterminados na óptica jurídico-funcional, por contraposição à óptica metodológica de cariz bachofiano.

Sexto, e por último, vamos fazer a crítica à categoria dogmática da discricionariedade técnica.

iii) Deve-se começar por referir que a construção dogmática da discricionariedade, a sua relação com a indeterminação dos conceitos e a evolução do significado que lhe é atribuído pela doutrina, são muito influenciadas pelo Direito Constitucional das monarquias alemãs e pelo lugar que nelas ocupava a lei e a administração (não obstante o carácter universal (dogmático) da discricionariedade e dos conceitos jurídicos indeterminados)[1084]: a constituição e as leis ordinárias constituíam, nestas monarquias, apenas um limite e não o fundamento de actuação da administração, fundamento esse que provinha ainda da graça divina, pelo que governo e administração, no que diz respeito às matérias não reservadas à lei, estavam desvinculados da mesma, pertencendo-lhes uma margem de discricionariedade[1085].

[1084] É que por exemplo em França e nos ordenamentos de influência francesa, a teoria dos actos discricionários aparece ligada aos "actos de pura administração", às "matérias não contenciosas", as quais correspondiam às matérias que não ofendessem ilegitimamente direitos dos cidadãos: AFONSO QUEIRÓ, "O Poder discricionário...", cit., pp. 336 e ss.. O decisivo era pois a relação entre a administração e os tribunais e não tanto entre a lei e a administração.

[1085] V. HANS HEINRICH RUPP, " 'Ermessen'...", cit., pp. 460-461.

Como assinala Hans Heinrich Rupp, o elemento histórico foi decisivo para caracterizar a discricionariedade administrativa como um espaço de livre apreciação[1086].

É neste contexto que os conceitos jurídicos indeterminados no Direito Administrativo começam por ser identificados com os conceitos discricionários, e o grau de discricionariedade é medido pelo grau de indeterminação legal: pelo facto de o executivo ter um amplo espaço de manobra, mesmo quando a lei formal passou a condicionar todos os actos administrativos, só disciplinava os aspectos gerais[1087].

A discricionariedade era entendida como um direito de escolha e uma realidade estranha ao Direito, e podia ter lugar, do ponto de vista da estrutura da norma, não só na previsão, bem como na estatuição[1088].

A identificação entre conceitos jurídicos indeterminados e discricionariedade estava relacionada com a diferença estabelecida entre aplicação lógico-subsuntiva do Direito e actuação administrativa livre do Direito[1089]. Em contrapartida, os tribunais exerciam "uma actividade essencialmente vinculada, fiadora da certeza do direito e da segurança dos direitos subjectivos"[1090].

Ou seja, a distinção entre aplicação de Direito e discricionariedade, que caracteriza a doutrina tradicional, significou também um tratamento diferenciado entre a discricionariedade administrativa (como actividade não-jurídica e sim técnica ou de oportunidade) e a actividade dos tribu-

---

[1086] HANS HEINRICH RUPP, " 'Ermessen'...", cit., pp. 460-461.

[1087] Como já assinalou entre nós, AFONSO QUEIRÓ, "O Poder discricionário...", cit., pp. 306 e ss.; V. também a excelente síntese sobre o assunto apresentada no despacho saneador de um acórdão, pelo juiz FERNANDO AZEVEDO MOREIRA, e publicado: "Conceitos indeterminados: sua sindicabilidade contenciosa", *Revista de Direito Público*, 1985, n.º 1, pp. 42 e ss..

[1088] Assim, WALTER JELLINEK, *Gesetz, Gesetzanwendung und Zweckmässigkeitserwägung, zugleich ein System der Ungültigkeitsgründe von Polizeiverordnungen und – Verfügungen, Eine Staats- und Verwaltungsrechtliche Untersuchung*, Tübingen, 1913, pp. 30 e ss., 36-40, 132 e 188-189. E *Verwaltungsrecht*, 3.ª ed., Berlin, 1931, pp. 28 e ss..

[1089] Por todos, AFONSO QUEIRÓ, "O Poder discricionário...", cit., pp. 267 e ss., 282 e ss. e 292 e ss.. A discricionariedade como domínio de liberdade não regulado por lei, tem ainda um sentido mais preciso, de espaço de acção na ausência da lei, e portanto independente dos conceitos indeterminados constantes na lei: V., IDEM, pp. 227 e ss. e as referidas 267 e ss.; V. também HANS HEINRICH RUPP, *Grundfragen...*, cit., p. 199 e ss. e a posição crítica do autor, nas páginas seguintes.

[1090] AFONSO QUEIRÓ, "O Poder discricionário...", cit., p. 211. V., também, CASTANHEIRA NEVES, "O Problema da discricionariedade", cit., pp. 531-532 e ss..

nais[1091], não só na Alemanha, mas também nos sistemas de influência francesa, como é o caso de Portugal e da Itália[1092].

Na doutrina alemã, este entendimento é enquadrado na "linha de Jellinek", pois o autor negava aos tribunais a possibilidade de qualquer juízo criativo, só o reconhecendo à administração, o que é aliás (aparentemente) contraditório[1093]. Jellinek é muito influenciado pelas correntes positivista e da jurisprudência dos conceitos, as quais, sempre que a lei fosse menos clara, lacunar ou indeterminada, caracterizavam a actividade administrativa como discricionária e de criação jurídica. Com elementos insufi-

---

[1091] Tendo ambas sido criticadas entre nós por CASTANHEIRA NEVES ("O Problema da discricionariedade", cit., pp. 531-532 e ss.), embora o autor acabe por resolver a questão numa perspectiva funcional (IDEM, pp. 594-596). Para uma síntese do princípio da legalidade no Estado de Direito liberal, referindo-se à vinculação do juiz à lei, e ao esforço no sentido de subordinar, progressivamente, a administração à lei, cf. JORGE REIS NOVAIS, *Contributo para uma teoria do Estado de Direito, do Estado de Direito liberal ao Estado social e democrático de Direito,* Coimbra, 1987, pp. 90 e ss..

[1092] Neste último caso, não havia discricionariedade no sentido de livre iniciativa da administração em relação ao legislativo, e muito menos havia discricionariedade judicial, mas salientava-se a independência entre administração e tribunais, pelo que estes últimos estavam impedidos de fiscalizar a actividade administrativa, cabendo apenas à administração fiscalizar a legalidade e oportunidade dos seus próprios actos. Para protecção dos particulares, começou a distinguir-se entre as matérias contenciosas (sujeitas à fiscalização pelos tribunais administrativos, e em Portugal a partir de 1835, pelos tribunais comuns) e as matérias de administração pura ou graciosa, apreciadas pela própria administração: V., por todos, AFONSO QUEIRÓ, *O Poder discricionário...,* cit., pp. 334-335 e ss.; 392-393 e ss., e MARIA JOÃO ESTORNINHO, *A Fuga para o Direito Privado, Contributo para o estudo da actividade do direito privado da administração pública,* Coimbra, 1996, pp. 29-31; M.S. GIANNINI, *Diritto Amministrativo, II,* cit., 3.ª ed., pp. 52-54. Como se pode ler em ANTONIO DOS SANCTOS PEREIRA JARDIM, *Programa das prelecções...,* cit., p. 65, a Carta constitucional, ao estabelecer a divisão de poderes, ofereceu as bases para que as garantias dos contribuintes fossem objecto das leis de processo. Em Itália, a influência das instituições francesas repercutiu-se na distinção entre administração vinculada e discricionária. Estava-se perante a "administração vinculada" quando "o particular invocava contra ela a lesão de um direito, isto é «invocava uma expressa violação da lei em seu apoio», e então a controvérsia «assumia o carácter de juízo e requeria-se que fosse definida com um critério legal e com formas jurídicas». Esse juízo era atribuído a magistrados do contencioso administrativo se o direito ofendido o fora por um acto de poder público" (AFONSO QUEIRÓ, *O Poder discricionário...,* cit., pp. 371 e ss.). Sobre as relações entre a administração pública e o Direito no Estado absoluto, MARIA JOÃO ESTORNINHO, *A Fuga para o Direito Privado...,* cit., pp. 23 e ss..

[1093] Considerando tal entendimento contraditório, HANS H. RUPP, "'Ermessen'... ", cit., pp. 457-459.

cientes, o legislador não poderia exigir que a aplicação da lei respeitasse a sua vontade, e a administração afinal não prosseguiria uma tarefa de interpretação ou aplicação, mas de criação jurídica ou discricionária[1094].

A discussão acerca de conceitos verdadeiramente discricionários, e de conceitos vagos e indeterminados mas susceptíveis de controlo judicial, tem origem no final do século XIX, e desenvolve-se, desde então, através de um conflito permanente sobre a qualificação do conceito[1095]. Passou-se a entender que, em regra, os conceitos jurídicos indeterminados entravam no domínio da "aplicação do Direito", só admitiam, portanto, uma única decisão correcta e a sua distinção dos conceitos discricionários decorria da interpretação da intenção legislativa[1096]. Este movimento de juridificação crescente da actuação administrativa, foi acompanhado pela elaboração progressiva de limites à discricionariedade[1097].

Ao longo deste processo, como nos diz Castanheira Neves, a discricionariedade administrativa tem sido abordada segundo três variantes: ou como realidade distinta da aplicação do Direito, por se orientar por conceitos metajurídicos[1098]; ou – trata-se da posição maioritária ainda hoje

---

[1094] HANS H. RUPP, " 'Ermessen'...", cit., pp. 458-459.

[1095] V., por todos, FRITZ OSSENBÜHL, "Tendenzen und Gefahren...", cit., p. 619; e "«Ermessen» und «unbestimmter Rechtsbegriff» im Verwaltungsrecht", *Recht und Staat in Geschichte und Gegenwart*, n.os 230-231, Tübingen, 1960, pp. 23-35.

[1096] FRITZ OSSENBÜHL, "Tendenzen und Gefahren...", cit., p. 619; AFONSO QUEIRÓ, "O Poder discricionário...", cit., pp. 282 e ss.. Na verdade, a distinção entre conceitos jurídicos indeterminados e conceitos discricionários tem sido objecto de inúmeras propostas ou tentativas, todas elas apresentando debilidades: distinção entre discricionariedade livre e vinculada (O. Mayer), de juízo e de actuação, normas de decisão material e normas de actuação (Flume), limitação da discricionariedade a certas expressões legais, tais como "pode" (Laun); distinção entre conceitos jurídicos na previsão das normas e conceitos discricionários na estatuição (Bachof), etc.: HORST EHMKE, "«Ermessen»...", cit., pp. 24 e ss..

[1097] Praticamente todos os estudos sobre discricionariedade e manuais de Direito Administrativo fazem referência a este aspecto: V., por exemplo e por todos, a referência em AFONSO QUEIRÓ, "O Poder discricionário...", cit., pp. 279 e ss.; e CASTANHEIRA NEVES, "O Problema da discricionariedade", cit., p. 561.

[1098] Ainda neste sentido, C.H. ULE, "Zur Anwendung unbestimmter Rechtsbegriffe im Verwaltungsrecht", *Forschungen und Berichte aus dem öffentlichen Recht, Gedächtnisschrift für* WALTER JELLINEK, Hrsg. Otto Bachof, Martin Drath, Otto Gönnenwein, Ernst Walz, Bd. 6, München, 1955, pp. 311-312; DIETRICH JESCH, "Unbestimmter Rechtsbegriff...", cit., p. 208. O entendimento da discricionariedade como uma "margem de liberdade reservada à criação jurídica", para citar a expressão de Rupp, enquadra-se na mesma linha: v. HANS HEINRICH RUPP, " 'Ermessen'...", cit., p. 461. E V. ainda, sobre o assunto e crítica ao mesmo, CASTANHEIRA NEVES, "O Problema da discricionariedade", cit., p. 532.

– como realidade que apenas partilha uma "intenção ampla da realização do Direito (...) porque não lhe é alheia uma vinculação jurídica (...) e na medida em que é uma função chamada à realização (...) de uma certa ordem jurídico-positiva", mas os aspectos subjectivos na decisão sobrepõem-se aos vinculativos[1099]; ou ainda como realidade pertencente à aplicação do Direito, pois esta também não escaparia às ponderações subjectivas[1100].

Mas, como comenta Hans Heinrich Rupp, não se entende, numa perspectiva de Teoria do Direito (ou metodológica), como é que ocorreu a separação entre conceitos jurídicos indeterminados e discricionariedade, porque, "ou se segue o método positivista de Merkl e Kelsen, e em cada conceito discricionário ou indeterminado há uma 'autorização' para a conformação jurídica no caso concreto quer por parte da administração quer por parte do juiz – toda a concretização de proposições jurídicas abstractas implica um espaço de 'determinação autónoma' –, ou se segue uma interpretação tópica da lei e é destruída toda a doutrina da discricionariedade"[1101-1102]. Recorde-se que nem Merkl nem Kelsen distinguem entre aplicação e discricionariedade, sendo unitário o processo de aplicação do Direito, apenas vinculado pelos "determinantes" da norma de grau superior: a aplicação vinculada só se distingue da discricionária por uma questão de grau, trata-se de uma diferença apenas quantitativa, e por isso a discricionariedade

---

[1099] CASTANHEIRA NEVES, "O Problema da discricionariedade", cit., p. 565 (e pp. 536 e ss.); V. neste sentido, por exemplo, AFONSO QUEIRÓ, "O Poder discricionário...", cit., pp. 440-444 e 462-463 e ss.; *Reflexões sobre a teoria do "desvio de poder"...*, cit., capítulo III, pp. pp. 52 e ss.; MARCELLO CAETANO, *Manual de Direito Administrativo, I*, 10.ª ed., Coimbra, 1984, pp. 31, 214-216; ROGÉRIO SOARES, *Interesse público...*, cit., §§ 2.º (por ex., pp. 78 e ss.) e 5.º, ANDRÉ GONÇALVES PEREIRA, *Erro e ilegalidade...*, cit., pp. 22 ss. (pp. 24 e ss.) e 53 ss. e 220 ss.. J.M. SÉRVULO CORREIA, *Noções de Direito Administrativo, I*, Lisboa, 1982, pp. 176-177; DIOGO FREITAS DO AMARAL, *Direito Administrativo, II*, Lisboa, 1988, pp. 142-144.

[1100] V. CASTANHEIRA NEVES, "O Problema da discricionariedade", cit., pp. 557-566. É esta a posição de HANS HEINRICH RUPP, *Grundfragen...*, cit., 201 e ss.. Neste sentido, na mais recente edição do manual, DIOGO FREITAS DO AMARAL, *Curso... II*, 2001, pp. 79 e ss.. Cf., também – embora de modo não tão radical quanto CASTANHEIRA NEVES –, JOSÉ CARLOS VIEIRA DE ANDRADE, *O Dever da fundamentação...*, cit., pp. 366 e ss.; "O Ordenamento jurídico administrativo", *Contencioso administrativo*, Braga, 1986, p. 47.

[1101] HANS HEINRICH RUPP, *Grundfragen...*, cit., p. 197; " 'Ermessen'...", cit., pp. 458-459.

[1102] ADOLF MERKL, *Allgemeines Verwaltungsrecht*, Wien, Berlin, 1927, pp. 142 e ss.; V. HANS HEINRICH RUPP, *Grundfragen...* cit., p. 197.

administrativa em nada se distingue da discricionariedade do juiz[1103]. Esta posição, a ser adoptada pela doutrina administrativa, implicaria em última análise deitar por terra a construção da discricionariedade, razão pela qual, como Rupp assinala, a doutrina alemã não seguiu esta via[1104].

Seja como for, queremos recordar com esta síntese que a juridificação da discricionariedade administrativa é um processo cuja evolução, mais ou menos linear, ocorre desde o final do século XIX, prolongando-se pelo século XX. Ela é paralela à substituição do entendimento que equiparava a lei à razão[1105] (tomou-se consciência da insuficiência da lei), à substituição da jurisprudência dos conceitos pelas correntes axiológicas de interpretação e à aproximação entre discricionariedade administrativa (restrição progressiva do âmbito desta) e discricionariedade judicial[1106].

Por outras palavras, à medida que a lei, nas monarquias constitucionais alemãs, se vai impondo em todos os domínios da actividade administrativa, e a discricionariedade é estudada no quadro da "*jurisprudência teleológica*" ou da "*jurisprudência dos interesses*"[1107], a "posição [da administração] passou a assemelhar-se à dos tribunais em geral, os quais, antes de tomarem as suas decisões, têm de interpretar a lei"[1108]: a aplicação de grande parte dos conceitos jurídicos indeterminados passou a ser considerada, progressivamente, aplicação do Direito, isto é, actividade interpretativa, e a discricionariedade é a partir de certa altura relegada para os efeitos jurídicos[1109].

[1103] HANS HEINRICH RUPP, *Grundfragen...*, cit., p. 198; ADOLF MERKL, *Allgemeines Verwaltungsrecht*, cit., pp. 140-142 e ss. (pp. 140-157); HANS KELSEN, *Teoria Geral do Estado*, Coimbra, 1938, trad. de Fernando de Miranda, pp. 109-117 e ss.; *Teoria pura do Direito*, 6.ª ed., Coimbra, 1984 (1960), trad. de JOÃO BAPTISTA MACHADO, pp. 465 (464 e ss.).

[1104] HANS HEINRICH RUPP, *Grundfragen...*, cit., p. 198.

[1105] Para uma síntese desta evolução, e crítica dos defensores do "controlo total" da actividade administrativa, HANS HEINRICH RUPP, *Grundfragen...*, cit., pp. 169-191. Sobre lei e razão, V., por todos, entre nós, ROGÉRIO E. SOARES, *Direito Público e sociedade técnica*, Coimbra, 1969, pp. 56 e ss.; NUNO PIÇARRA, *A Separação dos poderes como doutrina e princípio constitucional, Um contributo para o estudo das suas origens e evolução*, Coimbra, 1989, pp. 63 e ss., 125 e ss. e 155 e ss.; MANUEL AFONSO VAZ, *Lei e reserva da lei...*, cit., pp. 86 e ss.; LUÍS S. CABRAL DE MONCADA, *Lei e regulamento*, cit., pp. 115 e ss.; e ainda, DIETRICH JESCH, *Gesetz und Verwaltung*, cit., pp. 9-29.

[1106] V. AFONSO QUEIRÓ, "O Poder discricionário...", cit., p. 211.

[1107] AFONSO QUEIRÓ, "O Poder discricionário...", cit., p. 229.

[1108] AFONSO QUEIRÓ, "O Poder discricionário...", cit., p. 228.

[1109] AFONSO QUEIRÓ, "O Poder discricionário...", cit., p. 229. Mas o fenómeno da juridificação crescente da discricionariedade é comum à França, Itália e Portugal, se não

Além disso, a partir do momento em que a actividade administrativa é chamada para o domínio do Direito, a discricionariedade é uma faculdade concedida pelo legislador, que se abstém de regular uma matéria para conferir à administração a resolução da situação em concreto[1110], a qual deve ser devidamente fundamentada[1111].

Segundo Castanheira Neves[1112], o entendimento ainda hoje dominante da discricionariedade caracteriza-a pelo fundamento legal (a discricionariedade é sempre atribuída por lei), pela ausência de vinculação jurídica imediata e exclusiva, por contraposição a um esquema lógico--subsuntivo de aplicação – vinculada – do Direito (ou mesmo, por contraposição à aplicação do Direito), pela ausência de conteúdo jurídico (embora se mova no quadro da ordem jurídica) e, consequentemente, pela impossibilidade de determinação conceptual ("em geral e abstracto") do conteúdo, e por uma equivalência de validade jurídica independentemente do conteúdo em concreto das decisões[1113]; distinta da discricionariedade é o arbítrio, pois este "seria a negação pura e simples da ideia de Direito", enquanto a discricionariedade deveria orientar-se para a realização do bem público, dentro dos limites da lei[1114-1115].

---

devido a um alargamento da reserva de lei, devido a uma diminuição progressiva das matérias consideradas domínio da "administração pura" e subtraídas a controlo judicial (quando nomeadamente deixou de se limitar a possibilidade de recurso contencioso à "violação de um direito subjectivo"): V. IDEM, quanto à França, pp. 335 e ss., quanto a Itália, pp. 371 e ss., e quanto a Portugal, pp. 391 e ss.. Também é comum o entendimento de que aos tribunais, no século XIX, não era reconhecida qualquer discricionariedade na aplicação da lei: IDEM, pp. 269-270, 277-278, 337 e ss.. HANS HEINRICH RUPP, *Grundfragen...*, cit., pp. 196-197.

[1110] CASTANHEIRA NEVES, "O Problema da discricionariedade", cit., p. 558.

[1111] V., por ex., HANS WOLFF, O. BACHOF, *Verwaltungsrecht I*, 9.ª ed., 1974, p. 198; M.S. GIANNINI, *Diritto Amministrativo, II*, cit., 3.ª ed., pp. 46 e ss..

[1112] V. as características a seguir enumeradas, em CASTANHEIRA NEVES, "O Problema da discricionariedade", cit., pp. 534-542 e ss..

[1113] Por exemplo, Jesch entendia a discricionariedade como uma "discricionariedade volitiva de actuação" e os conceitos discricionários como os "conceitos que autorizam a administração a (adoptar) decisões discricionárias", ou seja, a adopção de uma medida permitida ou a escolha entre diferentes medidas permitidas: V. DIETRICH JESCH, "Unbestimmter Rechtsbegriff...", cit., p. 204; e, de facto, ainda hoje, V. por todos, por exemplo, HARTMUT MAURER, *Allgemeines Verwaltungsrecht*, cit., 8.ª ed., pp. 108-109; 14.ª ed., pp. 131-132.

[1114] Assim, por exemplo, HORST EHMKE, "«Ermessen»...", cit., p. 47. E cf. ainda, por exemplo, ROGÉRIO EHRHARDT SOARES, *Interesse público...*, cit., p. 226; e KLAUS TIPKE//JOACHIM LANG, *Steuerrecht*, cit., 17.ª ed., p. 155.

Porém, ao contrário da leitura radical que Castanheira Neves faz, a discricionariedade administrativa já não é actualmente apresentada por contraposição à vinculação da administração à lei, mas sim enquadrada por critérios legais acessórios à decisão de oportunidade, e caracterizada como uma actividade complementar e como um instituto acessório à lei[1116]. Assim, a discricionariedade administrativa é, nas palavras de Ossenbühl, a "escolha de critérios de decisão essenciais (...) determinados e dirigidos normativamente"[1117].

Na base desta evolução esteve um novo conceito de legalidade, entendido agora como "exigência positiva de conformação das decisões administrativas com a lei", como fundamento de decisão, e já não como mero limite negativo à actuação administrativa[1118].

É a atitude de crescente desconfiança da doutrina, da jurisprudência e do legislador em relação à discricionariedade e à sua compatibilização com o Estado de Direito que acelera o processo de juridificação da dis-

---

[1115] V. esta concepção, ainda, por exemplo, em DIETRICH JESCH, "Unbestimmter Rechtsbegriff...", cit, 204-211 ss.; V. também, criticando a juridificação da discricionariedade, que conduz à sua descaracterização, HARTMUT MAURER, Allgemeines Verwaltungsrecht., cit., 14.ª ed., pp. 152-153. CASTANHEIRA NEVES, além de enumerar estas características, tece duras críticas à concepção subjacente – "O Problema da discricionariedade", cit., pp. 534-542 e ss.: ao arrepio da "doutrina tradicional", e identificando-a com a "concepção legalista da juridicidade", CASTANHEIRA NEVES aproxima a discricionariedade administrativa da judicial e ambas da interpretação/aplicação da lei: IDEM. Tal como expostas por CASTANHEIRA NEVES, estas características remontam ao séc. XIX, como podemos ler em AFONSO QUEIRÓ, "O Poder discricionário...", cit., pp. 268-271.

[1116] V., por todos, entre nós, J.C. VIEIRA DE ANDRADE, O Dever da fundamentação..., cit., pp. 366 e ss.. E também caracterizando assim a discricionariedade, HORST EHMKE, "«Ermessen»...", cit., (1960), pp. 42 e ss.; FRITZ OSSENBÜHL, "Tendenzen und Gefahren...", cit., p. 619; e "Ermessen...", cit., p. 87. E ECKHARD PACHE, Tatbestandliche Abwägung und Beurteilungsspielraum, cit., pp. 19-26 e ss. (espec. 24-26).

[1117] FRITZ OSSENBÜHL, "Ermessen...", cit., p. 87; Verwaltungsvorschriften..., cit., pp. 318 e ss.. Citando Merkl, diz-nos Ossenbühl em 1968 (Verwaltungsvorschriften..., cit., p. 319), que até ao Estado de Direito se entendia que a discricionariedade não tinha origem na delimitação da liberdade de um órgão, mas na renúncia à limitação da actuação desse órgão; no âmbito do Estado de Direito, dever-se-ia pelo contrário considerar que a discricionariedade é realização normativa, tem carácter directivo, e por isso o seu exercício implica uma orientação segundo as directivas legais, a ratio legis, o sentido e o fim da lei: IDEM, p. 319. Cf. ADOLF MERKL, Allgemeines Verwaltungsrecht, cit., pp. 140 e ss..

[1118] V. DAVID DUARTE, Procedimentalização, participação e fundamentação: para uma concretização do princípio da imparcialidade administrativa como parâmetro decisório, Coimbra, 1996, p. 339 (pp. 337 e ss.).

cricionariedade[1119]. Por isso, curiosamente, a consideração da discricionariedade como um modo de realização do Direito, e não como uma prerrogativa extraconstitucional herdada da monarquia, é, como salienta também Ossenbühl, fundamental para refrear o ataque dos tribunais à margem de livre decisão administrativa[1120].

Mas, ao mesmo tempo que se aprofunda este processo de juridificação da discricionariedade, os defensores da autonomização dogmática dos conceitos indeterminados em matéria administrativa, relativamente à discricionariedade, contribuem para acentuar a perspectiva legalista tradicional: baseando-se na distinção explorada por Bachof, entre avaliação dos pressupostos da norma (actividade de carácter interpretativo, que fixa os fundamentos de actuação administrativa), e escolha de entre as idênticas possibilidades jurídicas de actuação oferecidas pela estatuição normativa[1121], situam a discricionariedade no domínio da criação jurídica ("actuação volitiva"), enquanto os conceitos indeterminados são deslocados para a aplicação do Direito (margem de livre apreciação "cognitiva")[1122-1123].

[1119] V., por exemplo, HANS WOLFF, OTTO BACHOF, *Verwaltungsrecht I*, cit., 9.ª ed., p. 195; e DOMINIQUE LAGASSE, *L'Erreur manifeste d'appréciation en droit administratif, Essai sur les limites du pouvoir discrétionnaire de l'administration*, Bruxelles, 1986, por ex., pp. 243 e ss., 250-251 e ss., 271 e ss. e 364 e ss.. E a referência entre nós, por ex., de ROGÉRIO E. SOARES, "Princípio da legalidade...", cit., pp. 173 e ss..

[1120] FRITZ OSSENBÜHL, "Tendenzen und Gefahren...", cit., entre outras páginas, p. 626.

[1121] OTTO BACHOF, "Beurteilungsspielraum, Ermessen und unbestimmter Rechtsbegriff im Verwaltungsrecht", cit., 1955, p. 98.

[1122] V., entre muitos outros, além de OTTO BACHOF ("Beurteilungsspielraum...", cit., pp. 98 e ss., e HANS WOLFF, O. BACHOF, *Verwaltungsrecht I*, cit., 9.ª ed., pp. 190, 194, 195), C.H. ULE, "Zur Anwendung unbestimmter Rechtsbegriffe...", cit., pp. 311-312; e entre nós, ALBERTO XAVIER, *Manual de Direito Fiscal*, Lisboa, 1981, pp. 128 e ss.. Refira-se ainda que encontramos, de entre os autores que aceitam esta distinção, tendências evolutivas no sentido de uma concepção não legalista. Foi o caso de Jesch que, apesar de aceitar a correspondência entre conceitos indeterminados e *Tatbestand*, e discricionariedade e estatuição, critica a distinção de Bachof entre interpretação do conceito e subsunção dos factos ao conceito, e assim também a jurisprudência dos conceitos: DIETRICH JESCH, "Unbestimmter Rechtsbegriff...", pp. 173-176, 178-193. Enquanto os autores citados aceitam uma margem de livre apreciação administrativa dos conceitos jurídicos indeterminados – apesar de os deslocarem para a aplicação do Direito – queremos sobretudo acentuar que esta deslocação tem como consequência o não reconhecimento de tal margem de livre apreciação, por parte de muitos outros autores. Pelo contrário, os conceitos jurídicos indeterminados conduziriam à aplicação vinculada: V. por todos, por exemplo, HARTMUT MAURER, *Allgemeines Verwaltungsrecht*, cit., 14.ª ed., pp. 153 e ss.; ECKHARD PACHE,

Esta autonomização dogmática de conceitos discricionários e indeterminados teve outra consequência: a caracterização doutrinária dos conceitos discricionários enquanto conceitos legais abertos deixou de fazer sentido, pois, a partir deste momento, só um número limitado de expressões mais ou menos evidentes quanto ao seu significado traduziria a autorização para uma actuação discricionária ("pode", "está autorizada", "é justificada", etc.) – nem sempre, mas nalguns casos a identificar pela interpretação da norma[1124].

Por outro lado, são reconhecidas autorizações legais de discricionariedade, que não estão especificamente ligadas aos conceitos ditos discricionários, mas que são identificáveis por estarem relacionadas com tarefas públicas cuja última palavra se considera dever caber à administração – por ex., discricionariedade dos serviços de vigilância na defesa do perigo, discricionariedade no planeamento[1125]. Também se distinguem

---

Tatbestandliche Abwägung..., cit., pp. 23 e ss. e 35 e ss.; DOMINIQUE LAGASSE, *L'Erreur manifeste...*, cit., pp. 515-516, e nota 5 da p. 516; e entre nós, AFONSO QUEIRÓ, "Os Limites do poder discricionário das autoridades administrativas", *Estudos de Direito Administrativo*, Coimbra, 1968, pp. 8-10; e no Direito Fiscal, KLAUS TIPKE/HEINRICH WILHELM KRUSE, Tipke/Kruse, *AO/FGO Kommentar*, § 5, 1999, pp. 7 e ss.; KRUSE, Tipke/Kruse, *AO/FGO Kommentar*, § 5, 2004, pp. 6-7, pontos 17 e 18; KLAUS TIPKE/JOACHIM LANG, *Steuerrecht*, cit., 17.ª ed., pp. 154-156.

[1123] A observação de que os critérios e normas subjacentes à decisão discricionária revestem natureza metajurídica, sendo valorados e aplicados com essa natureza, ou seja, não podem ter sido juridificados de forma a preencherem e determinarem o conteúdo da norma, está relacionada, como referimos antes, com uma distinção de fundo entre a discricionariedade e a aplicação do Direito: DIETRICH JESCH, "Unbestimmter Rechtsbegriff...", p. 208.

[1124] Neste sentido, HANS RUPP, "'Ermessen'...", cit., pp. 461-463. E recentemente ainda, ECKHARD PACHE, *Tatbestandliche Abwägung...*, cit., p. 25. Embora em 1998, CHRISTIAN WEITZEL venha enumerar diferentes "modos de estruturação" de discricionariedade que só aparentemente vão além das referidas fórmulas (*Justiziabilität des Rechtsermessens, Zugleich ein Beitrag zur Theorie des Ermessens*, Berlin, 1998, pp. 31-32: normas com a estrutura de disposições-poder [que] permitem encontrar ou não uma determinada consequência; outras normas [que] colocam expressamente várias consequências jurídicas à escolha; normas que descrevem uma consequência jurídica através de conceitos jurídicos indeterminados ou características que poderiam respeitar a diferentes consequências jurídicas e também consequências à escolha; normas cuja ordenação de consequências jurídicas se dirige ao cidadão e simultaneamente conferem discricionariedade à administração; normas que não conferem nenhuma pretensão jurídica ao cidadão quanto a uma determinada decisão.

[1125] HANS WOLFF, O. BACHOF, *Verwaltungsrecht I*, 1974, 9.ª ed., p. 197. Esse tipo de discricionariedade é designado de "liberdade de conformação no planeamento": ECKHARD

graus de discricionariedade – desde a discricionariedade fraca, atribuída por normas de dever-ser (*Sollvorschriften*) aplicáveis aos casos típicos, à discricionariedade de escolha e à discricionariedade de conclusão[1126]. Mas, no essencial, a autonomização dos conceitos jurídicos indeterminados face aos discricionários estimulou a discussão em torno dos primeiros: da sua identificação e das consequências da sua utilização por lei.

A concepção de que a discricionariedade só ocorreria quanto às possibilidades oferecidas pela estatuição normativa, é actualmente objecto de vozes críticas[1127], e expressão de uma mudança quanto ao entendimento sobre a aplicação da lei[1128]. Por exemplo, quando se entende que os critérios de discricionariedade significam a ponderação de razões materiais contidas na norma, muitas vezes traduzidas por conceitos indeterminados, está-se a estabelecer uma relação entre interpretação dos conceitos indeterminados e exercício da discricionariedade[1129].

Sem embargo, na continuação da tradição positivista do século XIX, e nomeadamente devido à grande influência que o artigo de Bachof ainda tem na doutrina administrativa, continua em grande parte a ser aceite a

---

PACHE, *Tatbestandliche Abwägungen...*, cit., pp. 30-33; V., também a referência entre nós, em VIEIRA DE ANDRADE, *Direito Administrativo, Sumários desenvolvidos*, 2.º Ano, 1.ª Turma, 2004/2005, p. 32; e desenvolvidamente sobre a discricionariedade de planeamento, KOCH, RUBEL, HESELHAUS, *Allgemeines Verwaltungsrecht*, 3.ª ed., München, 2003, pp. 221 e ss..

[1126] V., por exemplo, HANS WOLFF, O. BACHOF, *Verwaltungsrecht I*, cit., 9.ª ed., pp. 196-197.

[1127] Como voltaremos a referir e a desenvolver, é o caso de WALTER SCHMIDT, *Einführung in die Probleme des Verwaltungsrechts*, München, 1982, pp. 47 e ss; J. M. SÉRVULO CORREIA, *Legalidade...*, cit., pp. 482-486; J.C. VIEIRA DE ANDRADE, *O Dever da fundamentação...* cit., pp. 371-372 e ss.; cf. a referência à discussão em FRITZ OSSENBÜHL, "Ermessen...", cit., p. 86. É razoável entender com VIEIRA DE ANDRADE (Idem) e Ossenbühl que a discricionariedade ocorre quer por incompletude do *Tatbestand* quer por incompletude da estatuição, em que a actividade concretizadora de um dos lados da norma tem repercussões no outro dos lados. Trata-se segundo Ossenbühl de uma questão de "gosto terminológico e sistemático" (IDEM, p. 86). Aliás, a crítica já tinha sido feita por HORST EHMKE, "«Ermessen»...", cit., pp. 23 e ss., embora a opinião de Ehmke fosse na época minoritária, como ele próprio refere no artigo. E claro, por CASTANHEIRA NEVES, "O Problema da discricionariedade", cit., pp. 584 e ss..

[1128] Embora a recente *Habilitationsschrift* de ECKHARD PACHE que temos vindo a citar mantenha a correspondência entre a discricionariedade e a estatuição normativa localizando os conceitos jurídicos indeterminados na previsão normativa: *Tatbestandliche Abwägung...*, cit., pp. 24 e ss. e 36 e ss..

[1129] Expressamente neste sentido, FRITZ OSSENBÜHL, "Ermessen...", cit., pp. 87-88.

correspondência entre os dois tipos de livre apreciação administrativa e as duas partes da proposição jurídica, bem como a possibilidade de o conceito indeterminado ora implicar uma interpretação (vinculada) ora implicar uma margem de livre apreciação[1130].

Já o dissemos, e repetimos aqui de novo, que todo este processo conduziu ao longo do século XX, à aproximação das actividades administrativa e judicial.

Desde logo, as concepções em redor da hegemonia da lei procuraram, como nos diz Castanheira Neves, uma caracterização conjunta das actividades administrativa e judicial[1131]. É o caso da doutrina mais garantista da legalidade fiscal, segundo a qual, a reserva de lei e o princípio da tipicidade excluem "qualquer subjectivismo" na aplicação da lei, desde a discricionariedade administrativa à integração analógica[1132]. Esta linha de pensamento está muito presente em Alberto Xavier, ao considerar que a actividade de aplicação da lei fiscal está sujeita à reserva absoluta de lei, no sentido em que a lei contém o próprio critério de decisão do caso concreto, limitando-se a administração e os tribunais a deduzir da lei a decisão, através de um acto subsuntivo[1133].

Todavia, e contrastando com a posição representada entre nós por Castanheira Neves, de aproximação metodológica da discricionariedade administrativa e judicial, a abordagem da doutrina administrativa – especialmente da que defende a existência de uma margem de livre apreciação administrativa conferida por conceitos jurídicos indeterminados – é fundamentalmente centralizada no comportamento da administração, como se

---

[1130] É o caso do Manual de Bachof continuado pelo seu sucessor: HANS WOLFF, O. BACHOF, STOBER, *Verwaltungsrecht I*, cit., 11.ª ed., por ex., pp. 446-448. Como já se disse, KLAUS TIPKE/HEINRICH WILHELM KRUSE, Tipke/Kruse, *AO/FGO Kommentar*, § 5, 1999, pp. 7 e ss., defendem que no Direito Fiscal, a aplicação de conceitos jurídicos indeterminados, localizados na previsão normativa, é sempre vinculada. IDEM, KRUSE, Tipke/ /Kruse, *AO/FGO Kommentar*, § 5, 2004, pp. 6-7, pontos 16-18.

[1131] CASTANHEIRA NEVES, "O Problema da discricionariedade", cit., pp. 563-564. É o caso de HANS HEINRICH RUPP, *Grundfragen...*, cit., pp. 201 e ss..

[1132] ALBERTO XAVIER, *Conceito e natureza...*, cit., pp. 292-293; para KLAUS TIPKE, a analogia só é proibida quando diz respeito a "lacunas queridas pelo legislador", e a "conformação jurídica que se desvie da lei" (desvio de poder) mas não o é a concretização de cláusulas gerais e de conceitos jurídicos indeterminados, nem a analogia de lacunas involuntárias: *Steuerrechtsordnung, I*, cit., 2.ª ed., pp. 178-179. Mas quanto à reserva de lei e à tipicidade, o autor tem um conceito muito fechado da mesma, como referimos no capítulo anterior: IDEM, pp. 120 e ss..

[1133] ALBERTO XAVIER, *Conceito e natureza...*, cit., pp. 292-293.

o problema da conformação e criação jurídica pelo órgão de aplicação da lei fosse um problema exclusivo da administração e não dissesse também respeito aos tribunais[1134]. Em alguns dos trabalhos pioneiros, encontramos a preocupação de fundamentar a diferença entre a aplicação de conceitos jurídicos indeterminados pela administração e a aplicação desses conceitos pelos tribunais, nos outros ramos de Direito, nomeadamente, no Direito Civil e no Direito Penal[1135]. Mas, sendo verdade que essa preocupação justificativa ainda se mantém em muitos dos trabalhos actuais, a fundamentação parece-nos genericamente insuficiente, e muitas vezes é dado como ponto assente que os conceitos jurídicos indeterminados contidos nas leis administrativas constituem uma realidade com características distintas.

Ora, como vimos anteriormente, a utilização de conceitos jurídicos indeterminados é um mecanismo de abertura do *Tatbestand* de garantia, e significa a delegação, maior ou menor, da regulação de uma matéria por parte do legislador, nos órgãos de aplicação da lei: recorrendo às palavras de Josef Esser, "a característica comum é a autorização legal àquele que aplica o Direito de formar por si, (...) a premissa maior (...) por meio de uma intervenção através de parâmetros não positivados, concepções de tráfego, juízos de valor..."[1136]. Significa também, como referimos, a substituição da regulação legal tipificada (geral) de casos idênticos a favor de uma regulação individualizada ou tipificada pelas instâncias de aplicação do Direito.

Assim, a necessidade de preencher com valorações próprias os conceitos jurídicos indeterminados e as dificuldades encontradas nessa tarefa pelos órgãos administrativos, apresentam-se igualmente aos tribunais administrativos e fiscais. Citando, novamente, Josef Esser, perante conceitos jurídicos indeterminados ou cláusulas gerais, cabe ao juiz apreciar

---

[1134] Essa abordagem da discricionariedade também a encontramos entre nós (V., por exemplo J.M. SÉRVULO CORREIA, *Legalidade*..., cit., pp. 473 e ss..); e em Itália, V. por todos, M. S. GIANNINI, *Diritto Amministrativo, II*, cit., 3.ª ed., pp. 45 e ss. e 54 e ss.. Salientando criticamente este aspecto, HANS H. RUPP, " 'Ermessen'...", cit., pp. 456-458. E também, embora a propósito do (defendendo o) controlo em princípio ilimitado dos conceitos jurídicos indeterminados (por contraposição à discricionariedade), ECKHARD PACHE, *Tatbestandliche Abwägung*..., cit., pp. 37-38; e HANS-UWE ERICHSEN, "Die sog. Unbestimmten Rechtsbegriffe...", cit., pp. 22 e ss..

[1135] É o caso de C.H. ULE, "Zur Anwendung unbestimmter Rechtsbegriffe...", cit., pp. 319-322, e de DIETRICH JESCH, "Unbestimmter Rechtsbegriff...", cit., pp. 178-203.

[1136] JOSEF ESSER, *Precomprensione*..., cit., p. 55.

todas as circunstâncias do caso concreto relevantes para a equidade da decisão, "de tal modo que ele, na realidade, já não subsume, mas exercita uma jurisprudência do caso singular, no sentido mais restrito do termo, segundo uma orientação normativa *ad hoc*", baseada em "parâmetros convencionais presentes, éticos ou socialmente adequados"[1137].

Como nos diz Castanheira Neves, o controlo crescente da discricionariedade esbate a distinção metodológica entre as supostas actividades vinculada e discricionária. Assim, por exemplo, os critérios de objectivação da discricionariedade judicial – nomeadamente, quanto à determinação da pena, no domínio da "discricionariedade vinculada", através de diversos princípios e concretizações dos princípios, como sejam o "princípio geral da vinculação jurídica, da intenção ao direito e à justiça", o "princípio da pena justa", a exigência de uma fundamentação acrescida, a própria jurisprudência tipificante, os pressupostos objectivos[1138] – não nos permitirão já dizer que esta é um domínio privilegiado de decisão subjectiva, mas antes "um processo de concretização estruturado" e também aplicação do direito, apesar de se manterem ponderações subjectivas na decisão[1139]. Em última análise, a chamada discricionariedade judicial, que numa primeira fase foi recusada, mas posteriormente aceite de uma forma limitada[1140], prova que a actividade de aplicação do Direito pelos tribunais não é uma actividade lógico-subsuntiva. A vinculação é uma questão de grau, não existindo, todavia, na prática, os dois extremos: nem

---

[1137] "O *Tatbestand* com referência a parâmetros extrapositivos, e necessitando de uma integração valorativa, pode basear-se em parâmetros convencionais presentes, éticos ou socialmente adequados. Este segundo caso é claríssimo quando se faz referência àquilo que é reconhecido nos costumes do tráfico, mais ainda aos parâmetros que o tráfego considera necessários (...). Para designar esses parâmetros difundiu-se hoje a expressão "padrões" (*standards*)": JOSEF ESSER, *Precomprensione*..., cit., p. 55 (e pp. ss.).

[1138] CASTANHEIRA NEVES, "O Problema da discricionariedade", cit., pp. 586 e ss..

[1139] CASTANHEIRA NEVES, "O Problema da discricionariedade", cit., pp. 543-545, 549. A discricionariedade seria, para CASTANHEIRA NEVES, "o ponto de convergência (pelo menos) de duas concepções distintas [da] aplicação do Direito": IDEM, p. 543.

[1140] Embora sem ser negado à actividade judicial o carácter de aplicação do Direito sujeita a critérios objectivos e vinculativos. Como diz CASTANHEIRA NEVES, citando Larenz, "a decisão judicial, e diferentemente do que possa pensar-se para a decisão administrativa, deverá servir tão só a *realização do direito*": "O Problema da Discricionariedade", cit., pp. 574-575; lembre-se que houve uma fase em que alguns autores defenderam uma discricionariedade pura na actividade judicial, IDEM, pp. 566 e ss. (568-569 e ss.).

a aplicação lógico-subsuntiva é realizável, nem o é a discricionariedade sem limites[1141].

A semelhança metodológica entre aplicação administrativa e judicial é ignorada ou implicitamente negada pela doutrina administrativa que defende uma margem de livre apreciação administrativa não controlada pelos tribunais e concedida por conceitos jurídicos indeterminados.

Mesmo não aceitando a posição adoptada por esta doutrina, cabe saber se o controlo da actividade administrativa decorrente da sua juridificação, com a consequente negação de actos puramente discricionários e de actos puramente vinculados, e o facto também irrecusável de que a aplicação judicial do Direito não é uma actividade meramente lógico-subsuntiva, são suficientes para equiparar as duas actividades[1142].

É exactamente quando chegamos a este ponto da discussão, que os considerandos metodológicos se tornam insuficientes. E isto, independentemente de adiante propormos um critério metodológico de distinção entre os conceitos jurídicos indeterminados e os conceitos discricionários em sentido estrito.

Mesmo que distingamos entre conceitos discricionários e conceitos jurídicos indeterminados, quando estudamos a discricionariedade administrativa e a margem de livre apreciação da administração fiscal atribuída por conceitos jurídicos indeterminados – estamos a contrapor funções ou competências – a legislativa e o grau de densificação a que o Parlamento está obrigado, a governativa e administrativa e o grau de vinculação a que estão submetidas, e a jurisdicional, e o controlo que deve realizar[1143].

A esta conclusão já chegou entre nós Castanheira Neves, para excluir o controlo judicial de certas questões ou domínios de actividade adminis-

---

[1141] Uma vez que a discricionariedade administrativa também não é, por natureza, de carácter subsuntivo, o que interessa negar é a caracterização da actividade de aplicação do Direito como uma actividade lógico-subsuntiva. Se houver acordo quanto a este ponto, já não é preciso separar a actividade de aplicação do Direito da actividade discricionária: CASTANHEIRA NEVES, "O Problema da discricionariedade", cit., pp. 549-551 e ss., 562 e ss..

[1142] Este controlo significa a aceitação de que a lei é inevitavelmente indeterminada, característica que se acentuou no pós Segunda Guerra: sobre a indeterminação cada vez maior da lei, referindo-se a uma margem de liberdade semântica e pragmática na aplicação da lei (sem distinguir entre tribunais e administração), esta última relacionada com ponderação de interesses políticos e económicos, mas opondo-se à ideia de uma indeterminação total do Direito, KURT SEELMANN, *Rechtsphilosophie*, München, 1994, pp. 94-96.

[1143] Já assim HORST EHMKE, "«Ermessen»...", cit., pp. 45 e ss., embora o autor unifique a discricionariedade e a margem de livre apreciação: "a discricionariedade não é um modo deficiente de aplicação da lei, mas pertence à essência da administração" (p. 45).

trativa. Citando Jesch, Rupp e Ehmke, nos últimos parágrafos do seu capítulo dedicado à discricionariedade, diz-nos Castanheira Neves que o controlo judicial da actividade administrativa seria em certos casos excluído "pela diferente posição deles" (administração e tribunais), pela "inconveniência", pela "diferente atitude", ou "para garantir uma relativa autonomia exigida pela especificidade da função administrativa"[1144]. Estas razões dirigem-se à forma de relacionamento constitucional entre os órgãos, à caracterização da função administrativa, à eventual reserva da administração, e não constituem razões metodológicas.

2. As opiniões precursoras no Direito Fiscal: a posição de ALBERT HENSEL no contexto da *Abgabenordnung*

2.1. *A discussão (ou a ausência dela) sobre as exigências de determinação da lei fiscal e sobre a aceitação da discricionariedade na Alemanha e em Portugal no final do século XIX e princípios do século XX*

As opiniões precursoras na doutrina (embora não completamente isoladas) sobre o papel da lei, dos regulamentos e da discricionariedade no Direito Fiscal, a recomendação da tipificação administrativa dos conceitos muito indeterminados, os comentários a uma legislação fiscal também precursora em matéria de discricionariedade e um discurso científico muito profundo, embora reflectindo dúvidas e contradições, fazem de Hensel um autor de referência para a abordagem do nosso tema.

Nos seus trabalhos dos anos vinte, Hensel chama a atenção para a crise do Direito Público (*"Rechtsnot"*) que afecta o Direito Penal e Processual Penal, o Direito de Polícia "e até o Direito Fiscal", "ramo de actividade pública onde o domínio da norma está tão solidamente assente, quer no domínio da regulação da previsão normativa quer no domínio das consequências jurídicas"[1145].

Já nessa época, e como se referiu anteriormente[1146], o autor assinala a inadequação das leis gerais e abstractas às necessidades de regulação do

---

[1144] CASTANHEIRA NEVES, "O Problema da discricionariedade", pp. 595-596.
[1145] ALBERT HENSEL, "Die Abänderung des Steuertatbestandes...", cit., p. 44.
[1146] V. o capítulo sobre o princípio da tipicidade no Direito Fiscal.

caso concreto, defendendo numa linha kelseniana[1147] a tipificação progressiva dos conceitos jurídicos indeterminados, caminho que entendemos ser, actualmente, o mais indicado para assegurar o princípio da legalidade e a previsibilidade da lei fiscal (embora, como já dissemos anteriormente, não adoptemos a concepção de Kelsen sobre interpretação/aplicação da lei e discricionariedade); Hensel assinala também a contradição existente entre o defendido como supostamente ideal para o Estado de Direito, para a administração ablativa (disciplina legal, aplicação subsuntiva das leis pela administração e controlo judicial dessa aplicação) e para a criminalização de condutas, e a realidade que emana da *praxis* (executiva) e da jurisprudência[1148].

Assim, ao mesmo tempo que anuncia que a ideia orientadora de Estado de Direito deve estar presente no Direito Fiscal, Hensel refere-se à crise que afecta o mesmo Estado de Direito, e à transformação do conceito de lei[1149], muito relacionada com a alteração das concepções do fim do imposto, do Direito policial ou do fim das penas[1150].

A lei do Parlamento já não consegue desempenhar o papel de previsibilidade e de publicidade, sendo necessário recorrer a cláusulas gerais, cujo âmbito alargado e indeterminado permite a sua vigência para o futuro; ao mesmo tempo, as cláusulas gerais colaboram decisivamente para a inversão das funções na construção do Estado de Direito: cabe agora à administração experimentar no caso concreto se uma medida determinada (por exemplo, medida de polícia) será aprovada pelo tribunal ou se este considera que o preenchimento feito pela administração competia ao legislador[1151].

[1147] Como já AFONSO QUEIRÓ assinalou em "O Poder discricionário...", cit., p. 329, nota 1.

[1148] ALBERT HENSEL, "Die Abänderung des Steuertatbestandes...", cit., pp. 40-43. Também neste sentido, embora sem desenvolver tanto, OTTMAR BÜHLER, *Allgemeines Steuerrecht*, cit., 1927, pp. 65 e ss..

[1149] ALBERT HENSEL, *Steuerrecht,* Berlin, 1927, Vorwort zur zweiten Auflage.

[1150] ALBERT HENSEL, "Die Abänderung des Steuertatbestandes...", cit., pp. 42-43. Repare-se que no Direito Administrativo e no Direito Constitucional se discutia, pelo contrário, se no Estado de Direito, caracterizado pela submissão da administração à lei, havia lugar para a discricionariedade, fenómeno típico do Estado Administrativo: V., por todos, sobre esta discussão, AFONSO R. QUEIRÓ, *Reflexões sobre a teoria do desvio de poder,* cit., pp. 5 e ss..

[1151] ALBERT HENSEL, "Die Abänderung des Steuertatbestandes...", cit., p. 41. No mesmo ano, e a demonstrar as contradições e hesitações que caracterizam algumas das

Na sua época, no Direito Fiscal, Hensel não defendeu sozinho estas ideias. Bühler, no mesmo ano em que Hensel publica, expõe a discrepância entre a posição maioritária e tradicional, representada por Otto Mayer, e a realidade que se estava a desenvolver desde há algum tempo: a ordem estabelecida da legalidade desmoronava[1152-1153]. Na base destas posições estava a *Abgabenordnung* (1919), e o seu autor, Enno Becker, que sistematizou as diferentes categorias de regulamentos em matérias fiscais[1154]. Na verdade, a sistematização que é dada ao Direito Fiscal por Albert Hensel não é original, mas tem forte apoio na *Abgabenordnung* e nos próprios escritos de Enno Becker, de cujas posições Hensel não se afasta no essencial[1155].

Pelo contrário, Otto Mayer exigia uma forte legalidade para o Direito Fiscal, e entendia contrários à mesma os regulamentos sem autorização

---

posições de Hensel, o autor vem caracterizar o *Tatbestand* de garantia como um *Tatbestand* fechado, próximo do Direito Penal, em que a aplicação da lei fiscal pela administração não permitira qualquer discricionariedade em desfavor do sujeito passivo (uma vez que, segundo o § 81 da AO, o nascimento do facto tributário decorreria imediatamente da lei: "Der Einfluß des Steuerrechts...", cit., pp. 80-81 e ss.). Todavia, adiante, Hensel refere-se à discricionariedade e aos limites à mesma: IDEM, pp. 84-85.

[1152] OTTMAR BÜHLER, *Allgemeines Steuerrecht,* cit., 1927, p. 65. A maior parte da doutrina alemã não compreendeu bem a transformação que atingia o Direito Fiscal, defendendo, numa época de grave crise financeira, soluções intermédias que não tiveram seguimento: por ex., JOHANNES POPITZ defendia uma reserva de lei fiscal fechada, cabendo apenas à administração uma margem de livre apreciação quanto às taxas dos impostos: "Gegenwartsprobleme der Steuergesetzgebung und Steuerverwaltung", *Vierteljahresschrift für Steuer- und Finanzrecht,* 1927, pp. 5-7 e ss.; cf., ainda, GEORG STRUTZ (*Grundbegriffe des Steuerwesens,* Berlin, 1918, pp. 36-37), que defendia o princípio da determinação da lei, de forma a garantir a previsibilidade da mesma e os princípios de Adam Smith de justiça, generalidade e igualdade.

[1153] Já depois da Segunda Grande Guerra, Bühler faz referência à influência que o "poder financeiro" (administração financeira) tem no desenvolvimento político-constitucional, contrapondo assim realidade constitucional e constituição (OTTMAR BÜHLER, *Steuerrecht,* I, cit., 1951, p. 2).

[1154] BECKER, "Grundfragen aus den neuen Steuergesetzen", *StuW,* 1926, pp. 241 e ss..

[1155] Cf. o citado artigo de BECKER, "Grundfragen...", cit., pp. 241 e ss.. A importância da *AO* para a sistematização do Direito Fiscal, é expressamente referida por ALBERT HENSEL, que prevê e sugere que o Direito Fiscal tome a dianteira do Direito Administrativo, cabendo a este aproveitar os avanços dogmáticos do primeiro, nomeadamente, quanto à discricionariedade e limites à mesma: "Der Einfluß des Steuerrechts...", cit., pp. 66-101.

legislativa e as autorizações legislativas genéricas, e considerava proibida a discricionariedade[1156].

Em Portugal, o Direito Fiscal é tradicionalmente incluído nas Finanças Públicas – disciplina introduzida no plano do curso de Direito em Coimbra, em 1865, sob a designação de "sciencia e legislação de fazenda" –, e só autonomizado, em Coimbra, no período de 1922 a 1928 e posteriormente em 1945[1157]. Até ao "Conceito e natureza do acto tributário" de Alberto Xavier (1972), o referido princípio não foi estudado nas suas diferentes vertentes e implicações (obrigações de determinação da lei, margem de discricionariedade ou de livre apreciação administrativa, controlo judicial).

A discussão dogmática em torno do Direito Fiscal que se iniciou na Alemanha com a aprovação da *Abgabenordnung*[1158], e com repercussões em Itália, só é ligeiramente aflorada por Armindo Monteiro, nas suas lições de 1949[1159].

Para entendermos melhor por que não houve ecos contemporâneos de tais discussões em Portugal, podemos recuar à segunda metade do século XIX e ao primeiro programa sobre Finanças Públicas, que incluía as matérias tributárias: o *Programma* de "Ciência e legislação da fazenda" de 1866-67, de Pereira Jardim, cujo esforço e mérito em dar

---

[1156] OTTO MAYER, *Deutsches Verwaltungsrecht*, cit., 3.ª ed., pp. 81 e ss. e 316-318; V. também a referência a esta posição em OTTMAR BÜHLER, *Allgemeines Steuerrecht*, cit., 1927, p. 65.

[1157] Sobre a "história breve do ensino do direito fiscal", JOSÉ CASALTA NABAIS, "Notas breves sobre o ensino do Direito Fiscal na Faculdade de Direito de Coimbra", *Boletim da Faculdade de Direito da Universidade de Coimbra*, vol. LXXVIII, Coimbra, 2002, pp. 518 e ss..

[1158] Repare-se que também na Alemanha, só em 1915, foi autonomizada a disciplina de Direito Fiscal em Berlim, com L. Waldecker, e, segundo KLAUS TIPKE, só se pode falar em ciência do Direito Fiscal, desde o fim da I guerra mundial. O primeiro manual é de Myrbach-Rheinfeld em 1906, e no final do século XIX, o estudo dos impostos estava integrado no Direito Financeiro: V. KLAUS TIPKE, *Die Steuerrechtsordnung, I*, cit., 1.ª ed., pp. 27-29 e ss. (a segunda edição deste volume (2000, p. 24), limita-se a remeter para a primeira edição); V. EKKEHART REIMER e CHRISTIAN WALDHOFF, "Steuerrechtliche Systembildung und Steuerverfassungsrecht..." cit., pp. 26-27.

[1159] ARMINDO MONTEIRO, "Introdução ao estudo do Direito Fiscal", cit., 1950, por ex., pp. 120-121. PEDRO SOARES MARTINEZ que nas lições de 1960 cita na bibliografia a 3.ª ed. do manual de ALBERT HENSEL (1933) (tradução italiana de 1956), não recorre aos ensinamentos deste, quando trata da legalidade tributária: *Curso de Direito Fiscal...*, cit., 1960, pp. 93 e ss..

alguma sistematização científica à matéria das receitas tributárias deve aliás ser assinalado[1160].

Pereira Jardim define a "sciencia financeira" em "sentido lato" como "a parte da philosophia moral e politica que expõe os princípios e leis que regem a fixação das despezas communs de um Estado, a auctorisação, escolha, repartição, arrecadação e emprego dos meios necessarios para as satisfazer e sua contabilidade"; e "em sentido stricto" como "a sciencia particular, que expõe os principios que regulam a fixação das despesas do Estado e acquisição e emprego dos meios necessarios para as satisfazer"[1161]. E partindo desta definição, dedica uma grande parte do seu *Programma* aos impostos[1162], referindo também a reserva de lei fiscal e os regulamentos complementares e de execução[1163].

É certo que, na segunda metade do século XIX, e por toda a parte, os impostos eram estudados, consoante a perspectiva de análise, por várias ciências: para além de alguns problemas serem enquadrados pelo Direito

---

[1160] V. o prefácio de JOSÉ SILVESTRE RIBEIRO a ANTONIO DOS SANCTOS PEREIRA JARDIM, *Programma...*, cit., pp. VI e ss.. Apesar de o regulamento de 6 de Junho de 1854 executando a lei de 13 de Agosto de 1853 ter criado a cadeira de "legislação sobre fazenda", ela só foi instituída em 1865 (cf. também JOSÉ CASALTA NABAIS, "Notas breves...", cit., p. 521). Em 1863 e em 1864, Pereira Jardim leccionou conjuntamente com o "direito eclesiástico português", "administração geral", i.e. "princípios de administração económica e financeira": ANTONIO DOS SANCTOS PEREIRA JARDIM, *Programma...*, cit., pp. 49-50; e "Discurso de abertura no anno lectivo de 1867 a 1868", *Programma...*, p. XIII. Acrescente-se todavia, que as lições que temos de Pereira Jardim não constituem a 1.ª nem a segunda edição, pois, para além de incluírem o discurso de abertura do ano lectivo de 1867-68, elas contêm referências a legislação de 1870 (Decreto de 4 de Janeiro de 1870: Regulamento Geral da Administração da Fazenda pública, que o autor designa, por lapso, Regulamento Geral da Contabilidade Pública. Este último data de 1863): V. p. 60 do *Programma...*, cit..

É de mencionar também a regência da disciplina por Assis Teixeira, a quem tem sido atribuída "a primeira tentativa para construir cientificamente o nosso direito fiscal": V. JOSÉ CASALTA NABAIS, "Notas breves...", cit., p. 521.

[1161] ANTONIO DOS SANCTOS PEREIRA JARDIM, *Programma...*, cit., pp. 4-5.

[1162] Em 377 páginas, a matéria fiscal ocupa mais de metade do *Programma*: ela é tratada nas pp. 60 e ss., 74 e ss., e da p. 99 até à p. 319.

[1163] ANTONIO DOS SANCTOS PEREIRA JARDIM, *Programma...*, cit., pp. 70 e ss., que inclusivamente faz referência à "decisão das duvidas" por "actos proprios do poder executivo" (que) "devem estar a cargo de um só individuo" ... "para que tudo (...) se faça devidamente, com rapidez e uniformidade" (IDEM, p. 75): mas o autor nunca se refere à vinculatividade ou discricionariedade dos actos.

Administrativo[1164], as receitas tributárias eram normalmente estudadas pela ciência das finanças[1165].

E é verdade também que Pereira Jardim enquadra o Direito Financeiro no Direito Público. Diz-nos Pereira Jardim que "a relação... das finanças com a economia politica e com o direito publico é mais intima [do que a das ciências sociais com estas], porque d'elles deduz principios de demonstração: na parte economica, da economia politica; no organismo dos serviços, do direito publico"[1166].

Mas, embora a reserva de lei fiscal seja apresentada no quadro da divisão de poderes, e a relação entre a lei e dos regulamentos fiscais seja abordada, o autor não procede a uma análise profunda destas questões, e a sistematização das matérias obedece aos critérios da "ciência das Finanças", pois os impostos são estudados na vertente das receitas orçamentais ("da auctorisação de meios" "do modo de prover os serviços de fazenda"[1167]). Esta sistematização de matérias é recorrente nas lições do século XX[1168] e implicou uma secundarização do Direito Fiscal[1169].

[1164] V. a referência ao princípio do século XX em JOSÉ CASALTA NABAIS, "Notas breves...", cit., p. 523, e nota 23 da mesma página.

[1165] Isso acontecia também nos Estados germânicos: V. ANTONIO DOS SANCTOS PEREIRA JARDIM, Programma..., cit., p. 3.

[1166] ANTONIO DOS SANCTOS PEREIRA JARDIM, Programma..., cit., p. 16 e cf. p. 38.

[1167] ANTONIO DOS SANCTOS PEREIRA JARDIM, Programma..., cit., pp. 60 e ss., 74 e ss., e espec., 99 e ss..

[1168] V., por exemplo, MARNÔCO E SOUSA, Finanças..., cit. (1913-1914): Despesas públicas; crédito público, imposto, orçamento e contabilidade pública; Prefácio de Anselmo de Andrade, a MARNÔCO E SOUSA, Tratado de Sciência das Finanças, I, Coimbra, 1916, onde se faz referência à divisão em 4 partes da nova edição da monografia do autor: Despesas públicas, crédito público, receitas públicas e administração financeira (o vol. II com a parte das receitas e da administração financeira não chega a sair por falecimento do professor); SILVA PINTO, ASSUMPÇÃO MATTOS, SEMTOB DREIBLATT SEQUERRA e MIGUEL QUADROS, Alunos da FDL, Ciência das Finanças e Direito Fiscal, em rigorosa harmonia com as doutas prelecções do Exm.º Prof. Doutor Fernando Emídio da Silva ao curso jurídico 1931-32, Lisboa, 1931 (cujo índice está dividido em despesas públicas; crédito público; receitas públicas, apêndice sobre dívida pública portuguesa; e parte prática sobre orçamentos e política monetária). A parte relativa às receitas públicas – parte III – contém a noção de imposto e a sua justificação, é dado um desenvolvimento à justiça fiscal e capacidade contributiva e ainda aos tipos de impostos (dentro de um capítulo III da parte III designado de "economia tributária") e aos métodos de determinação da matéria colectável; no ano lectivo de 1933-34, as lições do mesmo professor incluem um capítulo sobre os impostos em Portugal: JOSÉ DUARTE DE ARAGÃO TEIXEIRA e FILIPE BRAZ RODRIGUES, Alunos da FDL, Ciência das Finanças e Direito Fiscal, em rigorosa harmonia com

Por outro lado, se na Alemanha a *Abgabenordnung* foi a base do desenvolvimento científico do Direito Fiscal, em Portugal as lições de Direito Financeiro e Fiscal debruçavam-se sobre os Regulamentos Gerais da Contabilidade Pública (por exemplo os de 1863, 1870, 1881 e de 1930) e da Administração da Fazenda Pública (1870). Os primeiros disciplinavam a contabilidade legislativa, administrativa e judicial, isto é, a fixação das despesas e a autorização das receitas, o exame da execução, as operações de arrecadação e aplicação dos rendimentos do Estado, e a responsabilidade individual dos "gerentes dos dinheiros públicos" – constituíram o antecedente das "leis de enquadramento orçamental"[1170]; os segundos, antecedendo o processo das contribuições e impostos, diziam respeito à organização e competências dos serviços, formas de cobrança, fiscalização dos actos da receita e despesa, responsabilidade disciplinar e criminal[1171], e não disciplinavam a relação jurídica entre o fisco e o contribuinte.

Assim, a relação jurídica tributária (direitos e deveres do sujeito passivo e da administração fiscal), que está no centro da *AO* de 1919 e das leis gerais tributárias actuais (veja-se, para além da nossa LGT, o Modelo do CIAT e a lei geral tributária espanhola de 2003), é totalmente deixada de parte na nossa legislação de finais do século XIX e princípios do século XX.

---

as doutas prelecções do Exm.º Prof. Doutor Fernando Emídio da Silva ao curso jurídico 1933-34, Lisboa, 1933; em 1935, os capítulos sobre matéria fiscal estão incluídos na parte III designada de "teoria geral do imposto", o que traduz uma maior dignidade dada à matéria, mas não necessariamente maior dignidade jurídica (é introduzido um número sobre dupla tributação e fraude fiscal, mas a abordagem é económica): AFONSO HENRIQUES, CONSUELO FIGUEIRA e TEIXEIRA JARDIM, *Ciência das Finanças e Direito Fiscal, segundo as prelecções do Exm.º Prof. Doutor Fernando Emídio da Silva,* Lisboa, 1935. Nas lições de Direito Fiscal de ARMINDO MONTEIRO de 1926, são de salientar as páginas dedicadas à organização do contencioso fiscal: ABEL HIGGS e FERNANDO DOS SANTOS PINTO da FDL, *Direito Fiscal, Apontamentos coligidos segundo as prelecções do Exm.º Senhor Dr. Armindo Monteiro ao 3.º ano jurídico de 1925-26, I,* Lisboa, 1926. E refiram-se as lições de SOARES MARTINEZ, *Direito Fiscal, Apontamentos das lições do Sr. Prof. Soares Martinez ao 3.º ano jurídico da FDL,* Lisboa, 1953, onde é citada a tradução italiana de ALBERT HENSEL (1933) e a sua formulação de relação jurídica tributária.

[1169] Assim, JOSÉ CASALTA NABAIS, "Notas breves...", cit., pp. 520 e ss..

[1170] V. *Reforma da lei do enquadramento orçamental, trabalhos preparatórios e anteprojecto,* Lisboa, 1998 (grupo de trabalho nomeado pelo ministro das finanças, Prof. Doutor SOUSA FRANCO e presidido pelo Mestre Jorge Costa Santos), pp. 217 e ss..

[1171] V. "Regulamento geral da administração da fazenda publica, Decreto de 4 de Janeiro de 1870", *Collecção de legislação fiscal relativa ás principaes contribuições directas, á contabilidade publica e á organização e administração da fazenda publica,* org. pelo Dr. Antonio Assis Teixeira de Magalhães, 2.ª ed., Coimbra, 1884, pp. 912 e ss..

Acrescente-se ainda que o próprio contencioso fiscal (judicial) não foi verdadeiramente autonomizado do procedimento administrativo até à constituição de 1976, pois, não só os recursos fiscais contenciosos (i.e. judiciais) eram comummente julgados por órgãos da administração, ou os juízes nomeados por livre escolha do ministro das finanças, como certas decisões administrativas (ou "a questão principal" destas) não eram susceptíveis de recurso contencioso[1172-1173] – enquanto na Alemanha de

---

[1172] Por exemplo, no regulamento de 26 de Abril de 1870 ("Regulamento do Ministério da Fazenda"), as entidades competentes para as questões contenciosas, não têm qualquer autonomia dos órgãos da administração. Segundo o art. 78.º desse regulamento, são consideradas questões contenciosas "as reclamações contra os actos ou resoluções das auctoridades a quem pertence a administração da fazenda publica, quando tiverem por fundamento a offensa ou violação de direitos adquiridos por virtude das leis, decretos, regulamentos ou contractos celebrados com o governo". A decisão de tais questões, nos termos do art. 74.º do mesmo diploma, "continuarão a pertencer aos conselhos das direcções geraes, constituidos pelo respectivo director geral, que presidirá ás sessões, e pelos chefes de repartição"; exceptuam-se das questões contenciosas, nos termos do § único do art. 78.º, "1.º As questões fundadas em titulos de propriedade ou posse, questão da competencia dos tribunaes judiciaes; 2.º As reclamações extraordinarias, permittidas pelo decreto de 29 de dezembro de 1849, sobre impostos directos, que por unanimidade das informações obtidas se conheça terem sido indevidamente repartidos ou lançados. A decisão d'estas reclamações pertence ao ministro ou ao respectivo director geral, quando esteja para isso auctorisado; 3.º Os processos sobre tomadias ou arrestos por contrabando ou descaminho, os quaes continuarão a ser resolvidos conforme as disposições do artigo 3.º e seus §§ do referido decreto". E finalmente, nos termos do art. 79.º, "Das decisões do ministro não póde haver recurso para o conselho d'estado senão nos casos de incompetencia ou excesso do poder. § único. N'estes recursos o conselho d'estado só conhece da incompetencia e excesso, e não delibera sobre a questão principal". Como se sabe, ainda no âmbito dos impostos cedulares sobre o rendimento que antecederam a reforma fiscal de 1988, algumas das decisões do fisco também não eram susceptíveis de recurso contencioso, inclusivamente, já no âmbito de vigência da CRP de 1976, a qual garante o recurso contencioso (ou melhor, impugnação judicial) de todos os actos administrativos: era o caso, no âmbito do código da contribuição industrial, das decisões sobre os limites de custos ou perdas considerados indispensáveis para a realização de proveitos ou ganhos, pela DGCI; sobre as reintegrações e amortizações; sobre o método a utilizar, autorizado pela DGCI, para calcular os encargos de reintegração e amortização; sobre quais as contribuições das empresas para seguros dos trabalhadores, dedutíveis; sobre o preço de mercado das existências; sobre a forma de aplicação do critério valorimétrico, quando houvesse mudança deste; sobre o critério de determinação dos resultados da liquidação de existências; e sobre as correcções ao lucro tributável em caso de relações especiais entre contribuintes. Em todos estes casos, era admitido recurso hierárquico para o ministro das finanças, mas do despacho deste não havia recurso (art. 138.º do CCI). V., ainda, ABEL HIGGS e FERNANDO DOS SANTOS PINTO da FDL, *Direito Fiscal, Apontamentos coligidos segundo as prelecções*

Hensel, as questões fiscais eram julgadas por tribunais especializados que gozavam de autonomia do fisco.

Ou seja, a margem de discricionariedade da administração tributária portuguesa, atribuída pelas leis fiscais, era extremamente ampla, questão esta não explorada pela nossa doutrina até à tese de Alberto Xavier.

Só em final dos anos quarenta do século XX, Armindo Monteiro trata da reserva de lei fiscal na óptica da relação jurídica de imposto – como uma relação baseada na lei ("a ideia de legalidade domina toda a vida tributária"[1174]) –, e das competências da administração na aplicação da lei fiscal[1175]. A este propósito, Monteiro faz referência à AO de 1919 e às doutrinas alemã e italiana da autonomia científica do Direito Fiscal: justamente pelo facto de o Direito Fiscal ser dominado pela legalidade, propunha-se a sua autonomia científica. Essa autonomia não é aceite por Monteiro que ainda inclui o Direito Fiscal no Direito Financeiro: "O imposto é um fenómeno financeiro e como tal o direito financeiro o reconhece e trata"[1176].

Em 1949, Armindo Monteiro defende a reserva absoluta de lei parlamentar, não delegável ao governo, e as observações críticas que encontramos, dizem respeito à frequente delegação de tais competências, delega-

---

do Exm.º Senhor Dr. Armindo Monteiro ao 3.º ano jurídico de 1925-26, cit., pp. 50 e ss.. ARMINDO MONTEIRO critica o Decreto 10223 de 27/10/1924 que alterou princípios da Lei n.º 1368 relativa à organização dos tribunais do contencioso das contribuições e impostos, eliminando os recursos para juízes de Direito (tribunais de 2.ª instância e para as relações, que funcionavam como última instância) passando os processos a ser julgados pelo chefe da repartição de finanças, i.e. "este, como se vê, é juiz dos seus próprios actos" (IDEM, p. 51).

[1173] V., sobre esta falta de autonomia, as referências de PEDRO SOARES MARTINEZ, *Manual de Direito Fiscal*, cit., 1984, pp. 338-392. E ainda hoje, ao arrepio do que acontece na Alemanha e em Espanha, mas à semelhança do que acontece em França o procedimento tributário e o processo judicial fazem parte do mesmo código: V. JACQUES GROSCLAUDE/PHILIPPE MARCHESSOU, *Procédures fiscales*, 3.ª ed., Paris, 2004, pp. 9-10 (e para uma ideia das etapas do procedimento e contencioso, V. pp. 228 e ss., 241 e ss., 245 e ss.).

[1174] ARMINDO MONTEIRO, *Direito Fiscal, Da Relação jurídica tributária, III*, cit., 1946-47, p. 146. Também em 1951, a importância que dá à reserva de lei, faz com que ARMINDO MONTEIRO a inclua na própria definição de imposto: *Introdução ao estudo do Direito Fiscal, I*, cit., 1951, pp. 68 e 82-87.

[1175] Também COELHO DO AMARAL, nas suas lições de 1957, tratou da reserva de lei fiscal (competências da lei e dos regulamentos e elementos essenciais sujeitos a reserva de lei), no capítulo dedicado às fontes de Direito Fiscal: *Direito Fiscal, Segundo as prelecções...*, cit., 1957, pp. 26 e ss..

[1176] ARMINDO MONTEIRO, "Introdução...", cit., 1950, p. 120: pp. 48-50, 118-120.

ção essa que o autor entende ser inconstitucional[1177]. O autor tece duras críticas à violação da reserva de lei fiscal, mas elas situam-se, em grande medida, no plano político[1178].

A discussão alemã dos anos vinte, acerca da crise que atravessa a lei, não é de todo aflorada, limitando-se Monteiro a tecer comentários negativos à prática generalizada "de um profundo desprezo pelos princípios do Direito Fiscal": "É certo que este mal não é só português – é talvez da época"[1179].

Tudo isto significa que não só não se acompanhou a discussão científica sobre a autonomia do Direito Fiscal no âmbito do Direito Público, nomeadamente do Direito Administrativo, nem sobre a caracterização da relação jurídica tributária como uma relação baseada na lei e não como uma relação de poder, como também não se discutiu num plano verdadeiramente jurídico (ou de Teoria do Estado) o alcance da reserva de lei fiscal: admitem todas as constituições portuguesas que o regulamento desenvolva e execute as leis fiscais[1180], mas a doutrina nunca discute a margem de livre apreciação ou a eventual discricionariedade atribuída pelos conceitos jurídicos indeterminados ou expressamente por lei, quando esta exclui certas decisões da administração fiscal de recurso contencioso, ou limita este à apreciação da competência e do excesso de poder.

A verdade é que os problemas do Direito Fiscal que Hensel equacionou e antecipou atingiram e atingem também o ordenamento português,

---

[1177] ARMINDO MONTEIRO, "Introdução...", cit., 1950, pp. 170 e ss..

[1178] ARMINDO MONTEIRO, "Introdução...", cit., 1950, pp. 104-109, 118 e ss., 154 e ss..

[1179] ARMINDO MONTEIRO, "Introdução...", cit., 1950, p. 173.

[1180] E assim também, como já referimos, ANTONIO DOS SANCTOS PEREIRA JARDIM, *Programma...*, cit., pp. 70 e ss. [que faz referência à "decisão das duvidas" por "actos proprios do poder executivo" (que) "devem estar a cargo de um só individuo" ... "para que tudo (...) se faça devidamente, com rapidez e uniformidade" (IDEM, p. 75): mas o autor nunca se refere à vinculatividade ou discricionariedade dos actos]. Se quisermos ainda citar JOSÉ JOAQUIM LOPES PRAÇA, *Direito Constitucional Portuguez, II*, Coimbra, 1997 (1879), verificamos que alguns autores criticavam a reserva de lei fiscal, prevista no art. 35.º da Carta Constitucional, por a considerarem desnecessária, bem como desnecessária seria a separação de poderes; LOPES PRAÇA contudo, defende a reserva de lei fiscal, argumentando que o consentimento para o lançamento de tributos deve ser dado pelo povo, pois é sobre ele que "mais directamente pesavam aqueles encargos", sendo "todavia certo que, no estado de abatimento em que se encontra o nosso paiz, similhante prerogativa é de pouco momento" (pp. 143-144).

inclusivamente o ordenamento do Estado Novo, como bem denota a tese de Alberto Xavier.

Por isso mesmo, vamos apresentar e discutir a análise de Hensel acerca do papel da lei, dos regulamentos e dos conceitos indeterminados no Direito Fiscal, análise que tem por base o ordenamento jurídico alemão.

2.2. *A posição de ALBERT HENSEL e dos seus contemporâneos acerca dos conceitos jurídicos indeterminados*

Podemos afirmar que já no princípio do século XX, a "realidade constitucional" lançava os dados para que a distribuição de tarefas segundo a tradicional Teoria do Estado de Direito ficasse rapidamente ultrapassada: cláusulas gerais e delegação normativa passam a ser elementos constitutivos do Estado de Direito.

E a discussão acerca da margem de livre apreciação e da discricionariedade atribuída pelas cláusulas gerais passa a ser uma das questões jurídico-políticas mais importantes para a discussão científica, inclusivamente do Direito Fiscal, "com todos os perigos que essa discricionariedade pode acarretar para o Estado de Direito"[1181].

Um dos aspectos que exprimem mudanças na relação entre poderes, é a colaboração do executivo na definição do conteúdo das leis, através de regulamentos[1182]. Concretizando esta ideia, no § 9 do manual, reservado às "normas jurídicas do Direito Fiscal", Hensel defende a constitucionalidade dos regulamentos do executivo em matéria fiscal, mesmo com base em autorizações genéricas e contendo desenvolvimentos de carácter inovador, mas desde que alguns pressupostos estejam preenchidos: a observância do princípio da preferência de lei (*lex major derogat legi minori*), a observância do fim da lei, a competência, em princípio exclusiva do órgão autorizado por lei (do órgão no qual a lei delegou competências, embora se a lei autorizar, possa haver subdelegação); de um ponto de vista da forma, são exigidas a autorização parlamentar e a publicação dos regulamentos, e quanto ao conteúdo, clareza, a indicação

---

[1181] IDEM, e a propósito de todo o Direito Público, pegando no exemplo do Direito de Polícia, ALBERT HENSEL, "Die Abänderung des Steuertatbestandes...", cit., pp. 41-43.

[1182] Isso já acontecia e era reconhecido entre nós, na segunda metade do século XIX: ANTONIO DOS SANCTOS PEREIRA JARDIM, *Programma...*, cit., pp. 70 e ss..

dos fins que os regulamentos prosseguem e das disposições legais que eles harmonizam[1183].

Com efeito, Hensel admite amplos poderes regulamentares, em alguns casos com funções de desenvolvimento das normas legais (parlamentares), cujo *Tatbestand* não é completo, e necessita de desenvolvimentos devidamente autorizados ao executivo. É assim que Hensel, na sequência das posições da jurisprudência do VI Senado do *RFH*, sanciona a prática do governo do Reich, seguida a partir de Agosto de 1925, o qual utiliza dois instrumentos do tipo regulamentar, como forma de concretizar autorizações legislativas com maior ou menor alcance.

Desde logo, a utilização governativa destes instrumentos (os *Durchführungsbestimmungen* e os *Ausführungsbestimmungen*) é justificada por Hensel numa linha kelseniana, ou numa espécie de *teoria da autorização legislativa* formulada precursoramente pelo VI Senado do *RFH*, para justificar as delegações de competências (as competências regulamentares autorizadas). Com efeito, o conteúdo da norma regulamentar era deduzido do sentido e fim da lei, não sendo necessária uma autorização legal expressa. Do sentido e fim da lei poderia resultar uma autorização para desenvolvimentos regulamentares de conteúdos legais (através dos *Durchführungsbestimmungen*), vinculativos (não controláveis pelos tribunais), por se tratar de uma autorização de preenchimento das incompletudes legais e de esclarecimento da lei, dada ao executivo[1184]. Diferentemente, também se poderia depreender do sentido e fim das autorizações legislativas, a necessidade de serem emitidos os *Ausführungsbestimmungen* quando se pretendia a aprovação de regulamentos internos, sem valor de norma jurídica; estes *Ausführungsbestimmungen* só podiam conter normas jurídicas quando a lei expressamente o dissesse[1185]. Em qualquer dos

---

[1183] V. a referência a todas estas condições em ALBERT HENSEL, *Steuerrecht*, 1927, 2.ª ed., p. 37.

[1184] No mesmo sentido de ALBERT HENSEL, BECKER, "Grundfragen...", cit., pp. 246 e ss.; ENNO BECKER, *Die Grundlagen...*, cit., pp. 139-140: aqui, Becker chama a atenção para uma corrente na jurisprudência do RFH, que considerava vinculativos os regulamentos estabelecendo regimes mais favoráveis do que a lei, com base na igualdade e justiça fiscais (p. 140).

[1185] ALBERT HENSEL, *Steuerrecht*, 2.ª ed., 1927, p. 36. No mesmo sentido, BECKER, "Grundfragen...", cit., pp. 245-246; o autor dá exemplos destes dois tipos de instrumentos, que ilustram o seu carácter tipificante (deduções aos rendimentos de trabalho dependente, delimitação dos sujeitos passivos "pessoas colectivas", avaliação dos bens empresariais): BECKER, "Grundfragen...", cit., pp. 243 e ss..

casos, tinha de ser respeitada a preferência de lei, mas o alcance desse respeito podia ser relativizado se as autorizações legislativas expressas ou implícitas fossem muito amplas, e o *RFH* aceitava generosamente a interpretação evolutiva da lei por parte dos regulamentos[1186].

Além destas, existia um outro tipo de autorizações de natureza indefinida, designado por Hensel de autorizações individuais (*Einzelermächtigungen*), e contidas em muitas leis fiscais materiais e administrativas. Tratava-se de autorizações ao ministro das finanças para emitir normas concretizadoras de regimes legais, orientações genéricas (*Richtlinien*) também densificadoras (por exemplo do conceito de rendimento obtido dentro do território), e outras, cuja natureza regulamentar tinha de ser definida caso a caso[1187].

Hensel invoca ainda o exemplo do § 108 n. 2 da *AO* que concedia competência ao ministro das finanças para, "*em situações com determinadas características*"[1188], isentar ou perdoar um conjunto de dívidas fiscais por razões de equidade. Em princípio, também aos inúmeros regulamentos que na época foram emitidos ao abrigo desta autorização legal (para se evitarem efeitos de prejuízo económico exagerado), era reconhecida força jurídica vinculativa pelo *RFH*, mas este mesmo tribunal negou essa força quando as razões de equidade não fossem perceptíveis[1189].

Também Bühler, em 1927, acentuou as inúmeras obrigações tributárias formais e materiais decorrentes directamente de regulamentos, mencionando muitos dos exemplos que encontramos em Hensel, e sistematizando-os da seguinte forma: regulamentos substituindo totalmente a lei (ou regulando matérias pela primeira vez, ou revogando matérias tratadas

---

[1186] BECKER, "Grundfragen…", cit., pp. 247 e ss..
[1187] ALBERT HENSEL, *Steuerrecht*, 2.ª ed., 1927, p. 36.
[1188] Esta expressão, por nós traduzida, fazia parte do § 108 n.º 2 da AO.
[1189] ALBERT HENSEL, *Steuerrecht*, 2.ª ed., 1927, p. 36 e nota 1 da p. 37. Também ARMINDO MONTEIRO (*Introdução…*, cit.), referindo-se à legislação vigente durante o nacional-socialismo, dá o exemplo das isenções ou diminuições de impostos por parte do ministro das finanças por motivos de equidade, e ainda o exemplo das decisões das autoridades fiscais que podiam ser tomadas com espírito de justiça e de oportunidade, mas num outro contexto, i.e., para questionar se a equidade pode ser considerada fonte de Direito Fiscal: "Parece-nos que, constituindo o Direito, na sua essência, a aplicação possível de formas ideais de justiça, as disposições citadas representam apenas a expressa afirmação de que as normas lhes estão subordinadas (…) Todos os sistemas de direito reflectem, em determinada medida, um conjunto ideal de valores (…) Deste modo é evidente que a aplicação da norma implica espírito de equidade (p. 53): pp. 52 e ss..

em leis anteriores, emitidos por vezes com base em autorizações tão genéricas que impossibilitavam qualquer controlo judicial); regulamentos complementares, subdivididos em regulamentos autorizados a alterarem a lei[1190], regulamentos autorizados a disciplinar questões específicas sem alterarem a lei e regulamentos de desenvolvimento; regulamentos internos (actos pararegulamentares) de desenvolvimento, aos quais podia ser dada força jurídica; regulamentos de organização, alguns dos quais o autor considerava serem regulamentos jurídicos; os chamados regulamentos administrativos, alguns dos quais fornecendo orientações "a serem utilizadas no exercício da discricionariedade livre" e com força de lei[1191].

Mas a própria autorização para o exercício dos poderes de regulação normativa se tornou insuficiente para a adequação da norma ao caso individual, tendo a crescente pressão fiscal conduzido às autorizações de discricionariedade para os casos individuais[1192].

Quanto a este aspecto – a discricionariedade em sentido estrito – Bühler e Hensel já não estão em total sintonia, mas ambos reconhecem a sua existência no Direito Fiscal, o que era negado pela doutrina tradicional[1193].

Como veremos de seguida, Hensel restringe-a a casos delimitados, considerando nefasto que a lei a atribua, e recomendando para esses casos a tipificação por regulamento ou acto pararegulamentar. Por seu turno, Bühler define-a como a "ausência de disposições vinculativas para a actuação administrativa, à qual é deixada a possibilidade de encontrar decisões, segundo parece exigir, nos termos da sua avaliação, o bem-estar social"[1194]. Trata-se aparentemente de um entendimento demasiado amplo de "discricionariedade livre", que é todavia restringido, desde logo

---

[1190] Por exemplo, a lista dos objectos de luxo tributáveis (portanto, alteração da incidência objectiva): OTTMAR BÜHLER, *Allgemeines Steuerrecht*, cit., 1927, p. 40.

[1191] V. OTTMAR BÜHLER, *Allgemeines Steuerrecht*, cit., 1927, pp. 39-45 e ss..

[1192] ALBERT HENSEL, *Steuerrecht*, 2.ª ed., 1927, p. 38; OTTMAR BÜHLER, *Allgemeines Steuerrecht*, cit., 1927, pp. 66 e ss..

[1193] Durante o nacional-socialismo também se admitia a discricionariedade administrativa no Direito Fiscal, com base na *Steueranpassungsgesetz*, que a ela se referia, e aos limites à mesma, tal como a *AO* de 1919: equidade e proporcionalidade e a "visão do mundo nacional-socialista". V. a referência em ROLF KÜHN, que já distinguia entre conceitos discricionários e conceitos jurídicos indeterminados: estes eram "conceitos necessitados de preenchimento valorativo" cuja interpretação constitui uma "pura questão de Direito": *Allgemeines Steuerrecht...*, cit., pp. 40 e ss..

[1194] OTTMAR BÜHLER, *Allgemeines Steuerrecht*, cit., 1927, p. 66.

porque Bühler só reconhece, em regra, autorizações de discricionariedade aos preceitos-poder. Adiante explicaremos a posição do autor sobre esta matéria.

Relativamente ao caso individual, Hensel refere-se a uma "discricionariedade livre", resultante de autorizações legislativas (contidas ou não nas cláusulas gerais), e com o objectivo de adequar a norma à situação económica do caso concreto. E prevê que o "significado [da discricionariedade] crescerá fortemente no futuro, pois quanto maior for a estabilidade do Direito Fiscal na legislação e na administração, também maior será a sua afinação e adequação às necessidades do caso concreto"[1195]. Quanto a esta previsão, Hensel enganou-se, pois o Direito Fiscal de actos-massa do século XX e de princípios do século XXI exige a tipificação e não a individualização – tipificação que ele próprio recomendava na época.

Para Hensel, o ideal seria limitar a discricionariedade do caso concreto às normas de procedimento, isto é, à *Abgabenordnung*[1196]. Com efeito, as normas de procedimento "relativas à administração fiscal" subordinar-se-iam a um "Direito de *Tatbestand*" que tem por fundamento o objectivo (e pretensão) de obtenção de receitas por parte do fisco. Pelo facto de as autorizações de discricionariedade no domínio do Direito de procedimento estarem vinculadas aos fins das normas do *Tatbestand* (que seriam as normas substantivas), a discricionariedade do caso concreto não era entendida como perigosa do ponto de vista do Estado de Direito[1197] (o autor aplica o mesmo raciocínio à interpretação da norma de procedimento, que, como deve ser feito segundo o fim da norma substantiva, e não segundo os próprios fins, não levanta problemas de maior, isto é, não atrofia a protecção jurídica dos sujeitos passivos[1198]).

Esta distinção entre normas procedimentais e normas substantivas para efeitos de sujeição ou não à reserva de lei, como vimos no capítulo I do título I, já não faz sentido actualmente, pois as normas procedimentais e processuais podem pôr em causa as garantias dos contribuintes (e, como

---

[1195] ALBERT HENSEL, "Die Abänderung des Steuertatbestandes...", cit., p. 53.
[1196] O autor estabelece no seu manual uma distinção entre as normas procedimentais e as normas materiais, parecendo negar às primeiras eficácia externa aos serviços, ou pelo menos atribuir-lhes um estatuto de secundariedade ou instrumentalidade, inócuo para efeitos de reserva de lei. ALBERT HENSEL, *Steuerrecht*, 2.ª ed., 1927, pp. 38-41.
[1197] ALBERT HENSEL, *Steuerrecht*, 2.ª ed., 1927, p. 38.
[1198] ALBERT HENSEL, *Steuerrecht*, 2.ª ed., 1927, p. 41.

vimos, a Constituição portuguesa de 1976 sujeita as garantias dos contribuintes a reserva de lei).

Em *"Abänderung des Steuertatbestandes u. Grundsatz d. Gleichheit vor d. Gesetz"* Hensel questiona se algumas das disposições de procedimento tributário que aparentemente conferiam discricionariedade ao fisco (como o § 210 n.º 1 frase 2 da *AO* sobre avaliação indirecta) não deviam antes ser tipificadas por actos pararegulamentares, tornando-se vinculativas[1199].

Ou seja, embora considere que, no caso das normas de procedimento, de que é exemplo o § 210 n.º 1 frase 2 da *AO*, a discricionariedade se manifesta, à partida, com uma amplitude muito maior, também questiona se se trata de verdadeira discricionariedade. Isto é, por um lado, todo o procedimento tributário se caracterizava por uma ampla "actividade livre" da administração financeira; mas o facto de essa actividade estar sempre limitada pelas normas materiais (tendo sempre estas como referência, ou como directivas) – por exemplo, a avaliação indirecta pretende chegar a um resultado próximo da matéria colectável resultante de uma avaliação directa, e portanto deve orientar-se pelos princípios que regulam esta última – recomendava a consagração progressiva de limites à discricionariedade, nomeadamente, através da tipificação[1200].

Por outras palavras, tendo em conta esta íntima conexão entre normas procedimentais e normas materiais, ilustrada pela avaliação indirecta, a discricionariedade das normas procedimentais também deve ser progressivamente limitada.

O autor dá ainda o exemplo do § 202 da *AO*, segundo o qual o fisco tinha poderes para obrigar o sujeito passivo a colaborar no procedimento tributário contra si dirigido. Neste caso, o sujeito passivo podia reclamar junto dos tribunais, os quais controlariam a decisão da administração, mas tratava-se de um controlo dos limites da discricionariedade, isto é, de um controlo do "Direito e da equidade", segundo o estabelecido no § 6 da *AO*[1201].

[1199] ALBERT HENSEL, "Die Abänderung des Steuertatbestandes...", cit., pp. 50-
-52 e ss..

[1200] ALBERT HENSEL, "Die Abänderung des Steuertatbestandes...", cit., pp. 50-53.

[1201] Hensel invoca o § 6 da AO que se referia à discricionariedade administrativa, e segundo o qual "quando devam decidir discricionariamente, os serviços devem actuar segundo o Direito e a equidade": ALBERT HENSEL, "Die Abänderung des Steuertatbestandes...", cit., pp. 50-53.

Seja como for, parece que, para o autor, o controlo judicial destes actos tributários, emitidos ao abrigo do § 202 da *AO*, tinha como justificação o facto de eles serem actos ablativos da esfera de liberdade do cidadão contribuinte[1202]. Repare-se que, tal como aconteceu entre nós até à constituição de 1976, nem todos os actos da administração tributária podiam ser objecto de recurso judicial[1203] – no âmbito da *Abgabenordnung*, só os avisos de pagamento de imposto e as referidas decisões resultantes da colaboração coercivamente imposta ao contribuinte eram susceptíveis de tal recurso.

O autor reconhece que também existem inúmeras autorizações para alteração do *Tatbestand* material, nomeadamente, no âmbito do chamado "Direito de dispensa" (e dá, entre outros, o exemplo da cláusula geral do § 108 n.º 1 que autoriza o ministro das finanças a, através de um acto administrativo, isentar, total ou parcialmente, situações cuja tributação no caso concreto seria injusta). Essas cláusulas de "dispensa", que existiam nas leis dos vários Estados federados alemães, tinham fundamentalmente um aspecto comum: diziam respeito a situações excepcionais, isto é, a situações económicas difíceis, que legitimavam a não tributação do contribuinte (o perdão fiscal), a concessão de facilidades no pagamento do imposto ou a modificação da taxa de imposto. Segundo Hensel, como no caso do perdão fiscal ou concessão de facilidades de pagamento a discricionariedade atribuída à administração é sempre orientada a favor do contribuinte, as preocupações relacionadas com a segurança jurídica ficam desvalorizadas[1204] – mas o próprio autor menciona outros exemplos em que a discricionariedade pode ser exercida contra o contribuinte.

Não devemos esquecer que as autorizações de discricionariedade dadas à administração fiscal para perdoar ou diminuir dívidas fiscais (caso em que a discricionariedade funcionava a favor do contribuinte)[1205], ocor-

---

[1202] ALBERT HENSEL, "Die Abänderung des Steuertatbestandes...", cit., pp. 52-53.

[1203] Como já se referiu atrás, ainda durante a vigência da CRP de 1976, o art. 138.º § 3 do Código da Contribuição Industrial proibia o recurso contencioso da determinação da matéria colectável em certos casos: por exemplo, ao abrigo do art. 51.º-A do mesmo código (correcção da matéria colectável em caso de relações especiais). Fundamentava-se tal proibição na discricionariedade técnica administrativa, tendo o STA considerado inconstitucional tal preceito: Acórdão da 2.ª Secção do STA, de 4.12.1991, rec. 13676.

[1204] ALBERT HENSEL, "Die Abänderung des Steuertatbestandes...", cit., pp. 45 e 48.

[1205] A lei autorizava também a administração a não executar o imposto quando se verificasse que a cobrança não teria qualquer sucesso ou que os custos com essa cobrança

riam numa altura de crise económica na Alemanha (e estavam com ela relacionadas[1206]) e que, a par dessas autorizações, era possível tributar situações de elisão fiscal, com base numa interpretação segundo uma perspectiva económica[1207].

Mas, se a discricionariedade permitia, em regra, dar um tratamento mais favorável às situações em concreto, e por isso não era perigosa sob um ponto de vista da segurança jurídica, Hensel questiona ainda se essa discricionariedade não põe em causa o princípio da igualdade. Nos exemplos que dá sobre o "Direito de dispensa"[1208], Hensel destaca o perdão fiscal (autorizado pela referida cláusula geral do § 108), considerando que ele só é legítimo quando expressamente autorizado por lei (quer a sua existência quer o seu alcance)[1209]. Como referimos anteriormente, o autor entende que a discricionariedade é adequada à prossecução da igualdade material (e deve necessariamente respeitar a igualdade, funcionando este

---

seriam desproporcionados relativamente ao montante de receita obtido (§ 107 da AO): V. em ALBERT HENSEL, "Die Abänderung des Steuertatbestandes...", cit., p. 48.

[1206] Perante as grandes oscilações na situação económica dos sujeitos passivos, a única forma de respeitar o princípio da capacidade contributiva era através da discricionariedade administrativa que permitia ponderar a situação em concreto: ALBERT HENSEL, "Die Abänderung des Steuertatbestandes...", cit., pp. 76 e ss.. Cf. sobre o problema do Direito Fiscal alemão no pós Primeira Guerra, sobre a moralização do cidadão contribuinte e luta contra a evasão fiscal, JOHANNES POPITZ, "Finanzmilitarismus?" *Festgabe für Dr. jur. h.c. Otto Liebmann*, Berlin, 1920, pp. 232-241. E num outro artigo – em sentido contrário ao defendido por Hensel, POPITZ critica os amplos poderes conferidos à administração, inclusivamente os poderes de conformação exercidos por regulamentos: "Gegenwartsprobleme...", cit., pp. 5 e ss.. Em sentido oposto, ALBERT HENSEL contradiz a ideia que a "época das leis da inflação" não seria a mais propícia para a sistematização e construção científica do Direito Fiscal, pois algumas delas provavam ser mais duradouras do que pareceria. Para Hensel, a construção do Direito Fiscal, como ramo especial do Direito Administrativo não dependia apenas da estabilidade das leis, mas de uma organização administrativa uniforme e do controlo da administração tributária por tribunais especializados, elementos que se verificavam na época: "Der Einfluß des Steuerrechts...", cit., pp. 67-68 e ss..

[1207] V., por exemplo, entre muitos, MAX LION, "Steuerrechtliche Wirtschaftsbegriffe, Zugleich ein Beitrag zur Lehre von der Gesetzauslegung und – umgehung", *Vierteljahresschrift für Steuer- und Finanzrecht,* 1927, pp. 158 e ss..

[1208] *"Dispensationrecht"*, que se distingue do "privilégio fiscal" (benefício fiscal) porque este está previsto na lei, enquanto o primeiro implica discricionariedade administrativa (ALBERT HENSEL, "Die Abänderung des Steuertatbestandes...", cit., p. 54).

[1209] ALBERT HENSEL, "Die Abänderung des Steuertatbestandes...", cit., pp. 56 *in fine* e ss.: para o autor, seria suficiente uma cláusula geral de autorização de discricionariedade, a qual foi introduzida em 1919 (p. 59).

princípio como um limite), enquanto a igualdade garantida por lei é uma igualdade meramente formal[1210]. Por conseguinte, o princípio da igualdade substancial (ou da capacidade contributiva no caso dos impostos), conseguido pela autorização de discricionariedade, substitui o princípio da igualdade formal, assegurado pela legalidade ou reserva de lei.

Segundo Hensel, um critério importante para se respeitar a igualdade substancial no exercício da discricionariedade, seria a consideração da carga fiscal no seu conjunto, incluindo por conseguinte, os impostos sobre o consumo ou a despesa e os impostos municipais[1211]. Por isso, mesmo que os objectivos extrafiscais de carácter político-económico possam ou devam ser tidos em conta na aplicação da lei, eles não devem prevalecer sobre o princípio da igualdade num Estado de Direito[1212]. O autor vem por fim designar a autorização decorrente do §108 n.º 1 (o perdão fiscal), como um "acto de competência reservada ao governo de tipo especial" e não como "uma pura medida administrativa"[1213].

Hensel estudou ainda a discricionariedade a propósito das chamadas normas de "escolha de *Tatbestand*". Estas atribuíam, por vezes, uma amplíssima discricionariedade à administração. Por exemplo, a administração estava autorizada a permitir o pagamento do imposto em prestações, se o imposto a pagar fosse desproporcional à capacidade contributiva do sujeito passivo. A extrema indeterminação do conceito capacidade contributiva para efeitos de concretização do imposto a pagar, é um exemplo de lei que, segundo Hensel, não assegura os requisitos mínimos de segurança jurídica (e por isso contrária à constituição), pois não oferece quaisquer indícios ou critérios que sirvam de base a uma tipificação por parte da administração ou dos tribunais, não sendo assim respeitados nem a reserva de lei nem o princípio da igualdade[1214].

[1210] "As autorizações de discricionariedade para a alteração do *Tatbestand*, renunciam ao princípio normativo-formal da igualdade, para melhor poderem garantir as preocupações da igualdade material" ALBERT HENSEL, *Steuerrecht*, 2.ª ed., 1927, p. 38; e "Die Abänderung des Steuertabestandes...", cit., pp. 64, 65 e ss..

[1211] ALBERT HENSEL, "Die Abänderung des Steuertatbestandes...", cit., pp. 68-70.

[1212] A propósito dos perdões fiscais atribuídos por municípios, e do perigo que eles podem constituir para o Estado de Direito, ALBERT HENSEL, "Die Abänderung des Steuertatbestandes...", cit., p. 75 (v. pp. 72 e ss.).

[1213] ALBERT HENSEL, "Die Abänderung des Steuertatbestandes...", cit., p. 128.

[1214] Esta norma foi vivamente criticada por Hensel, mas também pelo RFH: "Die Abänderung des Steuertatbestandes...", cit., pp. 98-100. A esta norma, Hensel contrapõe um exemplo modelo em que a atribuição legal de discricionariedade é acompanhada de um

A abordagem do problema da discricionariedade, através dos exemplos do perdão fiscal e das normas de "escolha do *Tatbestand*", permite-nos, desde já, retirar algumas conclusões.

Enquanto no Direito Administrativo (e também no Direito Fiscal até essa altura) a discussão sobre reserva de lei dizia respeito às interferências ablativas na liberdade e propriedade[1215], Hensel e de certa forma também Bühler vêm introduzir o problema da reserva de lei (ou, de forma mais ampla, do princípio da legalidade) quanto à administração não ablativa ou administração prestadora. Se tomarmos como exemplo o perdão fiscal, este só pode ser atribuído no caso concreto se expressamente autorizado por lei, mesmo que esta o faça através de cláusulas gerais ou conceitos jurídicos indeterminados. Em segundo lugar, a preferência de lei, a generalidade e a igualdade perante a lei têm de ser respeitados para que o perdão fiscal seja conforme ao Estado de Direito (nomeadamente, para que não seja um favor atribuído individualmente)[1216]. Além disso, em regra, a atribuição discricionária de benefícios fiscais, e ao contrário do que defendia o Supremo Tribunal Financeiro, deveria ser controlada judicialmente, porque nem sempre a aplicação discricionária das normas respeitantes a um benefício fiscal significa uma melhoria na situação do contribuinte, nomeadamente, se o benefício fiscal for recusado pela administração[1217], e porque, como se referiu, o princípio da igualdade na aplicação da lei podia ser violado[1218]. Mas se estas regras valem para o perdão fiscal (e outros benefícios fiscais em relação aos quais a administração tenha discricionariedade), o mesmo deve acontecer quanto às outras situações em que o fisco disponha de autorizações legais de discricionariedade.

Ou seja, acrescentaríamos que, se a resolução do caso, segundo as circunstâncias individuais, assegura por vezes a igualdade (individualização em vez da aplicação do tipo legal), noutros casos – a maioria – tal igualdade só consegue ser assegurada por uma aplicação tipificante da lei:

---

conjunto de critérios orientadores da administração (a norma que prevê a alteração do *Tatbestand* de imposto (da matéria colectável) se existir uma grande discrepância entre o rendimento declarado e as despesas – § 49 da *Einkommensteuergesetz*: IDEM, pp. 100 e ss..

[1215] V., por todos, SÉRVULO CORREIA, *Legalidade...*, cit., p. 80.

[1216] ALBERT HENSEL, "Die Abänderung des Steuertatbestandes...", cit., pp. 60-62.

[1217] ALBERT HENSEL, "Die Abänderung des Steuertatbestandes...", cit., pp. 128-129. No mesmo sentido, OTTMAR BÜHLER, *Allgemeines Steuerrecht*, cit., 1927, p. 70.

[1218] Embora Hensel chegue à conclusão que neste caso do perdão fiscal só há discricionariedade quanto à medida do perdão ("Die Abänderung des Steuertatbestandes...", cit., pp. 78-82).

aprovando regulamentos e actos pararegulamentares que limitam progressivamente a discricionariedade.

Por conseguinte, o princípio da igualdade não deve substituir o da legalidade, sendo ambos complementares[1219]. O perdão fiscal ou o direito de dispensa concedidos discricionariamente constituem bons exemplos para infirmar a tese segundo a qual a ponderação do caso concreto permite (sempre e por si) atingir a igualdade substancial, e hoje é um dado adquirido que os benefícios fiscais podem violar o princípio da igualdade.

Ao tratar do problema das autorizações legislativas de discricionariedade, Hensel menciona os "pressupostos indeterminados" ou "conceitos jurídicos indeterminados" ("iniquidade", "estado de coisas", "razões de equidade") contidos na lei. Para Hensel, a existência ou não de uma autorização legislativa para o exercício da discricionariedade resultaria da interpretação da norma. Essa autorização poderia decorrer da palavra "pode", conjugada com pressupostos normativos ("quase totalmente") indeterminados: a autorização de discricionariedade resultante da referida conjugação, opunha-se a "conceito jurídico"[1220-1221], mas não podia resultar de uma renúncia do legislador a uma regulação mínima, devendo este estabelecer os critérios orientadores da discricionariedade.

À partida, seríamos tentados a afirmar que no pensamento de Hensel a discricionariedade não se opunha à aplicação do Direito. Além de não distinguir entre discricionariedade e conceitos jurídicos "muito indeterminados" ou cláusulas gerais, o papel preponderante na concessão da discricionariedade parecia ser atribuído aos conceitos jurídicos muito indeterminados (mais do que ao termo "pode")[1222].

[1219] É isso que resulta da argumentação da p. 65 de "Die Abänderung des Steuertatbestandes...", cit..

[1220] ALBERT HENSEL, "Die Abänderung des Steuertatbestandes...", cit., pp. 44, 45, 50.

[1221] Por outro lado, a actividade administrativa na sua pureza não era ainda entendida como actividade submetida ao Direito, e, para Hensel, a discricionariedade exercida através de regulamento, tinha a importante função de estabelecer a ligação entre a actividade administrativa e o poder de conformação normativo: ALBERT HENSEL, "Die Abänderung des Steuertatbestandes...", cit., p. 45.

[1222] Com efeito, parece resultar *a contrario* do discurso argumentativo de Hensel que, se a autorização através da palavra "pode" fosse restringida por pressupostos determinados, não existiria discricionariedade (porque "o exercício da discricionariedade está dependente de uma série de pressupostos" que o poderiam limitar mais – até excluir a discricionariedade se os conceitos fossem determinados – ou menos – se os conceitos fossem indeterminados, o exercício da discricionariedade estaria intimamente ligado a esses pres-

Todavia, Hensel exprime muitas dúvidas sobre o significado dos conceitos jurídicos indeterminados e contradiz-se ao longo do artigo que temos vindo a citar (*"Die Abänderung d. Steuertatbestandes..."*). Assim, a meio do trabalho, ele vem defender que muitos conceitos jurídicos indeterminados diriam afinal respeito à verificação de pressupostos legais, e nesse caso, à administração não cabia qualquer discricionariedade na apreciação da sua existência ou inexistência[1223] – os conceitos jurídicos indeterminados teriam então uma natureza distinta da discricionariedade, aproximando-se do sentido bachofiano[1224]. Só os conceitos muito indeterminados (por exemplo, o pagamento do imposto desproporcional à capacidade contributiva do contribuinte, do art. 1.º § 1 da 2.ª *Steuernotverordnung* de 23 de Dezembro de 1923) não poderiam conduzir à determinação dos pressupostos, pois não davam qualquer linha orientadora nem à administração nem aos tribunais.

Hensel traz os conceitos jurídicos indeterminados para o campo das "questões de direito", da "subsunção", distingue a "verificação dos pressupostos" da "possibilidade de escolha", e verificamos que afinal não consegue ultrapassar a dicotomia aplicação de direito/discricionariedade.

Coloca-se então a questão de saber se todo o discurso em redor das virtudes e imprescindibilidade das cláusulas gerais para o Estado de Direito contemporâneo, a tipificação das mesmas quer pelos tribunais quer pela administração, como forma de garantir a segurança jurídica do contribuinte, fica esvaziado quando a aplicação dos conceitos jurídicos inde-

---

supostos indeterminados – p. 44 *in fine*). E vice-versa, se a norma contivesse conceitos jurídicos indeterminados, seria irrelevante que a estatuição normativa contivesse, aparentemente, um comando (por exemplo, "O ministro das finanças deve perdoar ou reembolsar, total ou parcialmente, o imposto cuja cobrança seria iníqua segundo a situação das coisas" (§ 9 da lei de imposto sobre os juros das casas): ALBERT HENSEL, "Die Abänderung des Steuertatbestandes...", cit., pp. 44-45 e 60.

[1223] ALBERT HENSEL, "Die Abänderung des Steuertatbestandes...", cit., pp. 82, 102--103. Embora Hensel cite Jellinek, a verdade é que para este autor, a questão não estava relacionada directamente com o grau de indeterminação. Jellinek conferia sim, especial relevo à interpretação; ou seja, nem todos os conceitos indeterminados implicam discricionariedade, pois essa discricionariedade decorre de autorização legal: V. WALTER JELLINEK, *Gesetz, Gesetzanwendung und Zweckmässigkeitserwägung*, cit, pp. 39-40; WALTER JELLINEK, *Verwaltungsrecht*, 3.ª ed., cit., p. 32.

[1224] Na verdade, a terminologia "discricionariedade na alteração do *Tatbestand*" aproxima-se aqui da doutrina bachofiana e pós bachofiana da margem de livre apreciação (que se refere ao *Tatbestand* enquanto conjunto de pressupostos normativos – "o elemento de facto", "a causa de efeitos jurídicos" – por contraposição à estatuição).

terminados é reduzida a uma actividade vinculada de carácter subsuntivo. Pouco restaria já para o domínio da discricionariedade e dos limites à mesma, controláveis pelos tribunais, e inútil se tornaria a tipificação.

Tudo visto, Hensel distingue a aplicação tipificante, por norma geral e abstracta, de conceitos jurídicos indeterminados e de cláusulas gerais, da aplicação individualizada de conceitos jurídicos indeterminados.

No primeiro caso, a tipificação por regulamentos e actos pararegulamentares implica competências decisórias – conformadoras – da administração fiscal, e o controlo judicial é limitado.

No segundo caso, Hensel questiona se a sua aplicação é discricionária e conclui que não. O problema é que quando Hensel opõe a aplicação do Direito à discricionariedade, considerando que a primeira é vinculada, não deve simultaneamente defender que a tipificação de conceitos jurídicos indeterminados e de cláusulas gerais é conformadora, i.e., que a última palavra cabe à administração fiscal.

Para Hensel, o elemento chave da delegação de poderes decisórios e de perda de importância da reserva de lei é o princípio da igualdade substancial, nas suas funções de controlo da actividade administrativa, e de garantia de democraticidade e segurança jurídica, aproximando-se do que defende mais tarde na Teoria Geral Henkel (o conceito jurídico indeterminado é mais adequado para assegurar a igualdade)[1225], e do que defende actualmente também na Teoria Geral Pawlowski (o pensamento tipológico através do vai vem entre tipo real e *Tatbestand* permite o tratamento idêntico de casos idênticos e uma abertura do *Tatbestand*)[1226].

Destacando as incongruências existentes na legislação e na doutrina, e desvalorizando o *Tatbestand* de garantia[1227], Hensel defende as virtudes das cláusulas gerais e das delegações legislativas para regulamentos e actos pararegulamentares tipificantes[1228]. Só estas autorizações, com a sua

---

[1225] V. supra.

[1226] V. supra. HANS-MARTIN PAWLOWSKI, " 'Tatbestand' und 'Typuslehre'...", cit., pp. 263 e ss..

[1227] Não totalmente porque o autor se preocupa sempre com a importância da norma (fiscal) e da sua função no Estado de Direito: V. por exemplo, p. 41, ponto 4 (ALBERT HENSEL, *Steuerrecht*, 2.ª ed., 1927).

[1228] ALBERT HENSEL, *Steuerrecht*, 2.ª ed., 1927, p. 37 e "Die Abänderung des Steuertatbestandes...", cit., p. 41. Apesar de tudo, não concordamos com os corolários que Hensel retira para o Direito de Polícia, pois parece esvaziar de conteúdo a reserva de lei, considerando que cabe ao Estado decidir se a matéria deve ser regulada de forma detalhada ou de forma ampla.

indeterminação, permitiriam ao legislador e às leis cumprir a sua função de aplicação para o futuro, abrangendo um número de casos relevante, ao contrário das leis pormenorizadas, cujo detalhe faria perder de vista o objectivo da previsibilidade e conhecimento das mesmas por parte dos destinatários. O "instituto das autorizações legislativas" tinha um âmbito já muito amplo, o que era "inevitável"[1229].

Já quanto ao reconhecimento da discricionariedade da administração fiscal – no sentido de poderes de conformação administrativa exercidos casuisticamente – Hensel mostra hesitações, acabando por negar tal discricionariedade na maior parte dos exemplos que dá.

Talvez por considerar a discricionariedade – a aplicação do conceito jurídico indeterminado ao caso individual – indesejável, Hensel introduz no seu discurso elementos contraditórios.

Podemos mencionar aqui e ali pequenas concessões do autor à discricionariedade, embora no cômputo geral tenham pouco significado: ao contrário do que defendiam os tribunais, Hensel admitia a existência de discricionariedade, se o termo "pode" fosse utilizado conjugadamente com conceitos jurídicos indeterminados relativamente aos pressupostos de aplicação da norma (cuja existência ficasse demonstrada). Em regra, os tribunais fiscais consideravam que uma disposição autorizadora se transformava numa disposição vinculativa se se demonstrasse que os pressupostos se verificavam no caso concreto (por exemplo, carga fiscal iníqua), e a palavra "pode" significava então apenas uma delimitação dos meios jurídicos a utilizar[1230].

Desta forma, os tribunais fiscais já defendiam o que os tribunais administrativos e alguma doutrina actualmente defendem a propósito de certas disposições legais: em alguns casos, em que conceitos indeterminados se combinam com preceitos-poder, as chamadas *Koppelungvorschriften* conduzem a decisões vinculadas, porque a verificação dos pressupostos (indeterminados) da previsão normativa transforma o preceito-poder num preceito-dever[1231-1232].

[1229] ALBERT HENSEL, *Steuerrecht*, 2.ª ed., 1927, p. 37.

[1230] V. ALBERT HENSEL, "Die Abänderung des Steuertatbestandes...", cit., p. 79.

[1231] Todavia, actualmente, as *Koppelungsvorschriften* tanto têm sido consideradas totalmente vinculadas, como totalmente discricionárias, ou ainda vinculadas quanto à aplicação dos conceitos indeterminados e discricionárias quanto à estatuição legal. Neste sentido, citando a jurisprudência, HARTMUT MAURER, *Allgemeines Verwaltungsrecht*, cit., 14.ª ed., pp. 150-152.

A atracção da discricionariedade para dentro do Direito é pois, nesta altura, um movimento com oscilações, bem ilustrado pelo pensamento de Hensel. Ao mesmo tempo que ao exercício da discricionariedade são introduzidos limites jurídicos e por isso judicialmente controláveis, ela ainda não é totalmente autonomizada dos conceitos jurídicos indeterminados, mas Hensel para lá caminha.

Podemos afirmar que a exigência mínima de critérios legais orientadores da discricionariedade (de limites à mesma) e a recomendação da tipificação mostram uma vontade de trazer a discricionariedade para o Direito – embora Hensel não seja muito claro a este respeito.

O significado de reserva de lei que defendemos para o Direito Fiscal, no actual contexto constitucional (e de realidade constitucional), em que o legislador não pode prescindir de conceitos jurídicos indeterminados, nem de delegações ao executivo, já Hensel o propunha como inevitável na sua época, e previa que esse seria o caminho no futuro. Trata-se de uma relativa inversão das funções desempenhadas pelos órgãos de soberania nessa mesma "reserva de lei" – em vez de ser o legislador a regular pormenorizadamente uma matéria, é o governo e a administração que a desenvolvem e esperam que os tribunais sancionem ou não as suas decisões[1233].

Também com Hensel, defendemos que o princípio da legalidade fiscal não impede a margem de livre apreciação que resulta inevitavelmente das cláusulas gerais e conceitos jurídicos indeterminados.

Essa margem de livre apreciação deve ser exercida, preferencialmente, por normas gerais e abstractas e não casuisticamente.

Muito importante para os objectivos que prosseguimos nesta tese, é a ligação (instrumentalização) que Hensel estabelece entre o princípio da legalidade e o princípio da igualdade substancial, como uma forma de reencontro e intercomunicação estabelecida pelo órgão administrativo de aplicação da norma, entre o *Tatbestand* fechado e o tipo real.

Queremos ainda fazer uma referência final aos difíceis equilíbrios que Hensel propõe, que correspondem a uma elaboração da dogmática

---

[1232] Hensel argumentou também, contrapondo o nascimento da obrigação tributária no âmbito da relação obrigacional fiscal, o qual resultava da realização do *Tatbestand* de imposto, e portanto directamente da lei (§ 81 da AO), à necessidade de um acto tributário para que o benefício fiscal (i.e. o perdão fiscal) fosse atribuído: esta exigência comprovava a discricionariedade, assim como, diz o autor, a medida da pena em caso de crime não decorre automaticamente da lei, mas tem de ser concretizada pela sentença: ALBERT HENSEL, "Die Abänderung des Steuertatbestandes...", cit., p. 80.

[1233] ALBERT HENSEL, "Die Abänderung des Steuertatbestandes...", cit., pp. 41-42.

fiscal sem precedentes e que por vezes parecem – mas não são – incompatíveis.

Sem tirarmos mérito ao autor, a procura desses equilíbrios (que aliás também procuramos atingir actualmente) é certamente estimulada pela época económica e politicamente controversa em que Hensel viveu. Aliás ele próprio o refere, ao dizer que a situação da Alemanha do Pós-Guerra foi um motivo para uma viragem decisiva da técnica legislativa fiscal (isto é da abertura do *Tatbestand* legal fiscal) e do significado sociológico e jurídico-político da tributação no seu conjunto[1234].

Assim, perante a leitura conjugada não apenas dos diversos trabalhos de Hensel como dos próprios parágrafos do seu manual, podemos admitir, com Alberto Xavier, que Hensel introduz no Direito Fiscal um *Tatbestand* de garantia[1235], mas a verdade é que ele defende ao mesmo tempo uma delegação de tarefas do legislador nos órgãos que aplicam a lei – aspecto não devidamente salientado por Alberto Xavier. Isto é, repare-se que a primeira elaboração no Direito Fiscal de um *Tatbestand* de garantia é depois relativizada pela admissão de amplas margens de livre conformação administrativa. Tem também de ser compatibilizado o que Hensel defende a propósito da discricionariedade, a qual, como dissemos, deveria, segundo o autor e idealmente, limitar-se às normas de procedimento, e o que defende a propósito da interpretação dessas normas. Segundo Hensel, a interpretação das normas de procedimento está submetida aos direitos do contribuinte (parece, à primeira vista, que às normas de procedimento caberia assegurar a segurança jurídica, quando a propósito da discricionariedade o autor tinha dito o contrário)[1236]. Na verdade, não existe contradição, pois, quer a discricionariedade no caso das normas de procedimento quer a interpretação das mesmas estão limitadas pelos fins das normas materiais, sendo as primeiras instrumentais, e portanto, não diminuindo as garantias do contribuinte. Apesar de o autor aceitar que a interpretação do *Tatbestand* das normas fiscais, nomeadamente dos conceitos importados de outros ramos de Direito, seja feita segundo o objectivo económico da norma fiscal, introduz limites muito restritivos a essa interpretação económica, afastando-se de autores contemporâneos como Ball

---

[1234] ALBERT HENSEL, "Die Abänderung des Steuertatbestandes…", cit., p. 63.
[1235] ALBERTO XAVIER, *Conceito e natureza do acto tributário*, cit., pp. 264-265.
[1236] V. por exemplo, sobre o último aspecto, ALBERT HENSEL, *Steuerrecht*, 2.ª ed., 1927, p. 41.

e Becker e da jurisprudência do Supremo Tribunal Financeiro. De entre esses limites, que mencionámos anteriormente, destaque-se que Hensel atribui a última palavra ao tribunal superior na interpretação teleológica de cláusulas gerais.

Defendendo as virtudes da abertura do *Tatbestand* de garantia para o Direito Fiscal (agora conjugada com os limites legais do § 6 da *RAO*), e relacionando-a com o problema do desenvolvimento do Direito do caso concreto, Hensel anunciou uma nova etapa neste ramo de Direito. Para o autor (e portanto, no final na década de vinte), essa nova etapa assentava nos contributos fundamentais quer da administração quer dos tribunais para a estabilização do Direito Fiscal ao nível legislativo e de aplicação da norma[1237-1238]. Isto é, a mudança no equilíbrio dos três poderes, passava pela desvalorização do legislativo, tendo em conta os ganhos decorrentes da abertura do *Tatbestand* legal fiscal.

A posição de Bühler sobre a discricionariedade não é, como dissemos, totalmente coincidente com a de Hensel, aproximando-se mais da futura doutrina bachofiana.

Assentando em pressupostos diferentes de Hensel, Bühler identifica o princípio da igualdade com o princípio da legalidade (o primeiro é assegurado pelo segundo): o autor utiliza o exemplo do perdão fiscal para argumentar que a discricionariedade coloca fundamentalmente em risco o princípio da igualdade, e que por isso deve ser evitada, pois é na generalidade da lei que reside a garantia do princípio da igualdade[1239].

Bühler rejeita a "discricionariedade livre" proveniente de conceitos legais indeterminados, comparando a sua aplicação pela administração tributária com a actividade de aplicação dos mesmos pelos tribunais. A discricionariedade é atribuída, segundo Bühler, pela expressão "pode" ou

---

[1237] V. ALBERT HENSEL, "Die Abänderung des Steuertatbestandes...", cit., p. 53.

[1238] V. nota 4 do capítulo sobre a tipicidade: como refere HEINRICH HENKEL (*Introducción a la Filosofía...*, cit., pp. 580-583), a abertura da norma confere uma opção a quem a aplica: ou os conceitos jurídicos indeterminados são aplicados ao caso individual, ponderando as suas particularidades, ou são tipificados, de forma que a norma seja novamente aplicável a um grupo de casos. É esta última opção que Hensel defende ao longo dos seus trabalhos.

[1239] OTTMAR BÜHLER, *Allgemeines Steuerrecht*, cit., 1927, p. 68. Como já referimos anteriormente, na ed. do manual de 1959, Strickrodt já afirma que o princípio da justiça material e o da legalidade e *Tatbestand* de garantia, estão muitas vezes numa relação de tensão: OTTMAR BÜHLER/GEORG STRICKRODT, *Steuerrecht,I*, cit., 3.ª ed., p. 218.

outra semelhante[1240], antecipando também ele a discussão que se segue ao artigo de Bachof, no Direito Administrativo e Fiscal.

Embora o autor não proceda expressamente à arrumação dos conceitos jurídicos indeterminados na previsão e discricionariedade na estatuição, é isso que resulta da limitação da discricionariedade a expressões do tipo "pode". É isso que resulta também quando o autor, não sendo conclusivo quanto aos efeitos das normas mistas (*Koppelungsvorschriften*), refere que a conjugação, numa mesma norma, de conceitos jurídicos indeterminados e da expressão "pode" torna a norma vinculativa, quanto à apreciação dos pressupostos, e discricionária quanto à estatuição, se ainda permanecer a possibilidade de escolha[1241].

No entanto, tal como Hensel, Bühler refere que certos conceitos muito indeterminados, como interesse público ou a capacidade contributiva, implicam discricionariedade, e que são produto de uma época económica conturbada (embora já houvesse anteriormente normas fiscais autorizando a discricionariedade). Sem introduzir as diferenciações de Hensel que indicam uma tentativa de trazer a discricionariedade para a aplicação do Direito, Bühler opõe as duas realidades[1242]. Quando os conceitos jurídicos indeterminados atribuem discricionariedade, já não estamos no âmbito da aplicação.

Para Bühler, a maior ou menor discricionariedade atribuída pelos conceitos mais ou menos indeterminados depende não só da interpretação da norma como dos critérios orientadores tipificados por actos normativos ou judicialmente, que delimitam a referida discricionariedade. Por isso, perante o caso extremo da lei que se refere à "capacidade contributiva" sem outros elementos típicos, é difícil negar discricionariedade, pois os tribunais não têm pontos de orientação que permitam substituir o amplo juízo permitido à administração[1243].

Acrescente-se finalmente que o § 6 da *RAO* estabeleceu, pela primeira vez no ordenamento jurídico alemão, limites ao exercício da discri-

---

[1240] OTTMAR BÜHLER, *Allgemeines Steuerrecht*, cit., 1927, pp. 66 e ss..

[1241] OTTMAR BÜHLER, *Allgemeines Steuerrecht*, cit., 1927, p. 66. Embora na nota 7 da p. 67, Bühler aceite a discricionariedade das normas mistas (*Koppelungvorschriften*) e critique a posição dos tribunais que, como já dissemos, considera essas normas vinculativas, porque ela significaria o "fim da arte de interpretação".

[1242] OTTMAR BÜHLER, *Allgemeines Steuerrecht*, cit., 1927, pp. 66-67.

[1243] Foi neste sentido que se pronunciou o *Reichsfinanzhof*, a propósito da norma contida no art. 1 § 1 da 2.ª *Steuernotverordnung* de 23 de Dezembro de 1923.

cionariedade, limites esses que legitimaram um razoável controlo dos tribunais, e que reduziram no Direito Fiscal a distinção entre actividade discricionária e actividade vinculada[1244]. Não existindo nenhuma cláusula semelhante no Direito Administrativo geral, Hensel recomendou aos administrativistas o estudo do exemplo do Direito Fiscal[1245]. Assim, nos termos do referido § 6, "quando, pelo sentido da lei, os serviços têm de encontrar as decisões segundo a sua discricionariedade, têm de a realizar segundo o Direito e a equidade". O Direito e a equidade funcionam, por conseguinte, como orientações e limites para a actividade da administração fiscal, ficando embora preservado o núcleo da discricionariedade, se e enquanto não existir tipificação administrativa ou judicial. Além do controlo da má utilização da discricionariedade em sentido estrito, pode ser controlada a iniquidade e a desproporcionalidade (aquilo que Bühler sintetiza através da palavra "arbitrariedade")[1246].

[1244] Como refere expressamente OTTMAR BÜHLER (*Allgemeines Steuerrecht*, cit., 1927, p. 69). V. também BECKER, "Grundfragen...", pp. 250 e ss.. Diz-nos Becker que muitas vezes o RFH, embora reconhecendo que a interpretação do ministro das finanças na concretização da lei fiscal, constituía uma das interpretações possíveis da mesma, a substituía pela própria interpretação, comportamento que o autor critica: IDEM, pp. 249-250.
[1245] ALBERT HENSEL, "Die Abänderung des Steuertatbestandes...", cit., p. 53.
[1246] OTTMAR BÜHLER, *Allgemeines Steuerrecht*, cit., 1927, p. 69. Sobre os limites à margem de livre conformação dos regulamentos, V. também BECKER, "Grundfragen...", cit., pp. 247-248 e ss.. Becker falava mesmo em discricionariedade na concretização dos regulamentos de execução: V., IDEM, pp. 249 e ss..

CAPÍTULO VI

A margem de livre apreciação administrativa em confronto com a(s) discricionariedade(s) administrativa(s)

SECÇÃO I
A autonomização (controversa) da margem de livre apreciação administrativa em relação à discricionariedade: orientações dogmáticas

1. A orientação metodológica no Direito Administrativo: a relevância da estrutura da proposição jurídica

A separação doutrinal dos conceitos jurídicos indeterminados e da discricionariedade administrativa consumou-se no fim da Segunda Guerra[1247], dominada por ponderações metodológicas de índole positivista[1248], embora as justificações constitucionais e processuais adminis-

---

[1247] Embora não tenha sido unanimemente aceite, como já se referiu e se explica melhor neste capítulo. Aos conceitos discricionários foi dado o sentido de conceitos jurídicos indeterminados com margem de livre apreciação, passando a discricionariedade para uma discricionariedade de estatuição e reduzindo-se os conceitos discricionários a poucas expressões, como mencionámos anteriormente: V. Fritz Ossenbühl, "Tendenzen...", cit., p. 619.

[1248] No sentido em que "toda e qualquer questão no âmbito global do pensamento jurídico, reveste o carácter de questão dogmática, a ter de exibir como solução um critério que, directa ou indirectamente, se deduza de uma determinação jurídico-positiva ou «legal»": V. Castanheira Neves, "A Distinção entre questão-de-facto e a questão--de-direito e a competência do supremo tribunal de justiça como tribunal de «revista»" *Digesta, Escritos acerca do Direito, do pensamento jurídico, da sua metodologia e outros*,

trativas não estivessem ausentes[1249]. Na década de cinquenta, a discussão da matéria ocupou um lugar de enorme destaque no Direito Administrativo, sendo de realçar os artigos de Bachof, Ule e Jesch. Eles têm em comum o facto de sugerirem a autonomização dos conceitos jurídicos indeterminados em relação à discricionariedade administrativa (autonomização que ainda hoje é discutida no Direito Administrativo), e de entenderem que a aplicação dos mesmos concede, em certos casos, uma margem de livre apreciação administrativa.

A distinção entre os conceitos jurídicos indeterminados e os conceitos discricionários pretende dar à matéria um tratamento científico rigoroso e, nesse sentido, tem a virtude de autonomizar técnicas jurídicas que podem constituir diferentes modos de atribuir competências decisórias finais à administração.

Os tribunais contribuíram para este esforço de construção dogmática, pois as divergências na jurisprudência quanto ao controlo judicial dos conceitos jurídicos indeterminados obrigaram a uma reflexão da doutrina sobre a classificação dos mesmos e sobre as suas implicações quanto à repartição de competências administrativas e judiciais. Assim, enquanto o BVerwG alemão não verificava a "existência dos pressupostos" dos conceitos jurídicos indeterminados, denominava-os de "conceitos discricionários" e controlava apenas os vícios da discricionariedade, os tribunais dos Estados federados e os tribunais austríacos sujeitavam os conceitos jurídicos indeterminados a controlo, considerando que só podia haver "uma decisão correcta"[1250].

Foi com essa preocupação de rigor metodológico-formal que os conceitos jurídicos indeterminados foram deslocados para a previsão legal e a discricionariedade em sentido estrito para a estatuição, o que é hoje contestado por um sector importante da doutrina administrativa e desde sempre pelos autores da Teoria do Direito[1251]. Mas a distinção

---

I, Coimbra, 1995, p. 484, a propósito da ultrapassada (i.e. errónea) distinção entre questão--de-facto e questão-de-direito.

[1249] HANS H. RUPP, "Ermessen"..., cit., p. 461, refere-se a todas elas atribuindo-lhes o mesmo peso, o que não é correcto, pois as ponderações metodológicas, relativas à estrutura da norma, foram predominantes.

[1250] Como podemos ver através das referências de OTTO BACHOF ("Beurteilungsspielraum, Ermessen und unbestimmter Rechtsbegriff im Verwaltungsrecht", *JZ*, 1995, n.º 4, p. 97) e de DIETRICH JESCH ("Unbestimmter Rechtsbegriff...", cit., p. 165), que começam os seus artigos citando as posições dos tribunais.

[1251] V., por todos, J.M. SÉRVULO CORREIA, *Legalidade*..., cit., pp. 479 e ss.; J.C. VIEIRA DE ANDRADE, *O Dever da fundamentação*..., cit., pp. 366 e ss.. HEINRICH HENKEL,

entre margem de livre apreciação e discricionariedade teve rapidamente um enorme êxito entre a doutrina administrativa, e poucas vozes se pronunciaram contra a transformação do conceito discricionário em conceito jurídico indeterminado[1252]. No Direito Fiscal, o famoso Comentário à *Abgabenordnung* de Tipke/Kruse ainda hoje aceita essa distinção, embora não as consequências que foram propostas na década de cinquenta[1253].

Ao contrário dos autores que desde meados do século XIX defendiam a autonomização dos conceitos jurídicos indeterminados em relação à discricionariedade, na década de cinquenta, essa autonomização não era acompanhada por uma transferência de poderes decisórios para os tribunais, pois a administração continuaria a dispor de uma margem de livre apreciação.

Ou seja, as consequências retiradas da autonomização dos conceitos jurídicos indeterminados equivaliam a uma alteração metodológica formal, e segundo alguns críticos, a uma má arrumação, a uma "falsa representação"[1254].

Clarifiquemos desde já a nossa posição quanto a alguns dos aspectos em discussão, juntando-nos, por exemplo, a Karl Engisch: os conceitos discricionários são uma subespécie de conceitos indeterminados (nem todos os conceitos indeterminados conferem discricionariedade, pois isso tem de ser decidido por interpretação, caso a caso), e tanto se podem situar na hipótese legal como na estatuição[1255].

Introducción a la Filosofia..., cit., p. 580, ao tratar dos conceitos jurídicos indeterminados e do significado que estes têm como método de ponderação do individual, refere-se expressamente aos "conceitos jurídicos indeterminados no pressuposto de facto e na consequência jurídica da lei"; no mesmo sentido KARL ENGISCH, *Introdução...*, cit., 3.ª ed., pp. 184-188.

[1252] HANS PETERS, *Die Verwaltung als eigenständige Staatsgewalt*, Krefeld, 1965, p. 23, foi dos poucos autores a pronunciarem-se contra essa transformação; assim, também HORST EHMKE, "«Ermessen»...", cit., pp. 32, 35 e ss., 42 e ss. e ERNST FORSTHOFF, *Lehrbuch des Verwaltungsrechts, I, Allgemeiner Teil*, 9.ª ed., München, Berlin, 1966, p. 85, nota 2, recusaram a doutrina da margem de livre apreciação (Forsthoff argumenta que não há uma terceira via, e que a aplicação do Direito não é meramente silogística). Referindo-se também a este aspecto, FRITZ OSSENBÜHL, "Tendenzen...", cit., p. 621.

[1253] KLAUS TIPKE/HEINRICH WILHELM KRUSE, Tipke/Kruse, *AO/FGO Kommentar*, § 5, 1999, pp. 7 e ss.; KRUSE, Tipke/Kruse, *AO/FGO Kommentar*, § 5, 2004, pp. 4-6 e ss..

[1254] Segundo a expressão de FRITZ OSSENBÜHL, "Tendenzen...", cit., p. 620.

[1255] Numa classificação mais pormenorizada, para Engisch, os conceitos discricionários são uma classe de conceitos indeterminados normativos, e estes implicam sempre

A discricionariedade implica uma ponderação subjectiva da administração segundo as circunstâncias do caso individual[1256] e a "discricionariedade na hipótese legal" ou a "discricionariedade na consequência jurídica" resulta de uma divisão artificial da proposição jurídica, pois no primeiro caso a consequência jurídica também "é deixada à discricionariedade das autoridades competentes" (veja-se o célebre caso judicial dos anos 50 em que podia ser concedida uma licença se houvesse "interesse do tráfico público"), e "sempre que estejamos perante uma discricionariedade na consequência jurídica, assume-se implicitamente que – dentro de certos limites – os *pressupostos* da determinação da consequência jurídica constituem uma hipótese legal discricionária"[1257].

A doutrina da margem de livre apreciação associada aos conceitos indeterminados na previsão da norma, que ainda hoje encontra representantes, sofre do mesmo defeito que a doutrina da discricionariedade técnica que separa "o juízo técnico" do "momento de decisão"[1258], e que a doutrina que defende a vinculação da administração sempre que os conceitos jurídicos indeterminados se localizem na previsão da norma: todas dividem artificialmente a proposição jurídica para efeitos de interpretação e aplicação da lei ao caso concreto.

Uma vez que não reconduzimos todos os conceitos jurídicos indeterminados aos conceitos discricionários – os segundos são uma subespécie

---

uma "valoração individual autónoma" (é sempre necessário o preenchimento valorativo no caso concreto). Nestes conceitos normativos incluem-se sempre também "os chamados "preceitos-poder", que implicitamente conferem ao órgão aplicador do Direito o poder de fazer uma valoração pessoal... O «podem» não é aqui uma possibilidade fáctica, mas uma autorização... [que] contém ao mesmo tempo uma referência a actos de valoração": KARL ENGISCH, *Introdução*..., cit., pp. 184-185. V., ainda, KARL ENGISCH, "Die normativen Tatbestandselemente...", cit. p. 152.

[1256] Queremos aqui, especialmente, contrapor conceitos discricionários aos outros indeterminados que podem e devem ser progressivamente densificados, quer pela administração quer pelos tribunais: voltaremos adiante a este assunto.

[1257] KARL ENGISCH, *Introdução ao pensamento jurídico*, cit., p. 186 (pp. 184 e ss.). Continuemos a citar o autor: "A custo fará qualquer diferença o dizer-se: «No caso de se mostrar necessário e conveniente, no interesse do serviço público, substituir um funcionário», ou dizer-se antes: «Um funcionário pode ser substituído no interesse do serviço público», se bem que na primeira formulação se tivesse de falar de discricionariedade na hipótese ou tipo legal e na última de discricionariedade na estatuição ou consequência jurídica» (IDEM, p. 186). No mesmo sentido HORST EHMKE, "«Ermessen»...", cit., p. 28; J.M. SÉRVULO CORREIA, *Legalidade*..., cit., pp. 320 e ss. e 479 e ss.; J.C. VIEIRA DE ANDRADE, *O Dever da fundamentação*..., cit., p. 372.

[1258] M.S. GIANNINI, *Diritto Amministrativo, II*, cit., 3.ª ed., p. 57.

dos primeiros – cabe averiguar quais as competências administrativas decorrentes dos conceitos jurídicos indeterminados não discricionários. É o que faremos ao longo das páginas seguintes.

Elas vão servir para demonstrarmos que a margem de livre apreciação, sempre que estejamos perante conceitos jurídicos indeterminados não discricionários, ocupa um lugar importante no Direito Fiscal, fazendo sentido neste ramo de Direito distingui-la da discricionariedade, devido à importância que nele assume o princípio da legalidade.

1.1. *O conceito de margem de livre apreciação em BACHOF e a teoria da defensibilidade de ULE*

Em *Beurteilungsspielraum, Ermessen und unbestimmter Rechtsbegriff im Verwaltungsrecht*, Bachof lança a discussão em torno da autonomia dos conceitos jurídicos indeterminados em relação aos conceitos discricionários. Embora, como referimos, tal discussão viesse a ser feita desde meados do século XIX, o artigo de Bachof assinala o início de uma nova fase. A proposta de uma metodologia nova, baseada na estrutura da proposição jurídica, ainda que sem esquecer as ponderações constitucionais, é feita nas poucas páginas do artigo de Bachof, certamente com o objectivo mais ou menos consciente de provocar uma discussão que, prolongada até aos dias de hoje, não é de todo sintética, nem conclusiva.

Com a flexibilização do entendimento da reserva de lei fiscal nas últimas décadas e o crescente reconhecimento de uma margem de livre conformação administrativa e judicial na aplicação das leis fiscais, a discussão em redor das consequências dos conceitos jurídicos (legais) indeterminados chegou recentemente ao Direito Fiscal, e ainda paira uma grande influência da doutrina administrativa dos anos 50, como veremos no capítulo referente à tipificação das leis fiscais através de regulamentos e actos pararegulamentares.

Pode-se dizer que o grande mérito de Bachof é o de pretender identificar "manifestações heterogéneas" de atribuição legal de espaços administrativos de livre decisão. É certo que já se fazia a distinção entre a discricionariedade de actuação ou discricionariedade volitiva e a discricionariedade de cognição ou de avaliação (esta seria relativa à "apreciação dos pressupostos de actuação"), mas Bachof ambiciona ir mais longe, desde logo defendendo que no segundo caso não se deve falar de discricionariedade, mas de "margem de livre apreciação", porque não está em causa a "escolha entre múltiplas formas de actuação juridicamente possíveis", acontecendo que "as diferentes possibilidades da sua conduta [da administração] são em si... consequência (em princípio vinculativa) das diferentes possibilidades de apreciação"[1259-1260].

Embora se possa, tendencialmente, classificar o tipo de discricionariedade concedida por lei (fundamentalmente de "escolha entre alternativas", de que são exemplo os benefícios fiscais a atribuir ao investimento de natureza contratual – art. 39.º n.º 2 do EBF – ou fundamentalmente uma "margem de livre apreciação dos pressupostos" – de que é exemplo o mesmo art. 39.º, no seu n.º 1, que faz referência às situações em que podem ser concedidos os benefícios), reconhece-se actualmente, como lembram Sérvulo Correia e Vieira de Andrade, que "não é possível uma separação absoluta entre "hipótese" e "estatuição" da disposição legal, entre "cognição" e "volição", ou entre "subsunção" e "interpretação"[1261], e portanto, não é possível a correspondência entre conceitos jurídicos indeterminados e previsão, e discricionariedade e estatuição[1262], ao contrário do que pretendia Bachof.

[1259] OTTO BACHOF, "Beurteilungsspielraum...", cit., p. 98. A construção jurídica de Bachof é entendida pela maioria – doutrina e tribunais – como um progresso na Ciência do Direito; progresso ainda para aqueles, i.e., para os tribunais, porque permite-lhes fundamentar o controlo de tudo o que não é discricionariedade na estatuição normativa, e assim cumprir o comando constitucional de protecção jurídica efectiva (art. 19.º 4 da GG): Cf. MATTHIAS HERDEGEN, "Beurteilungsspielraum und Ermessen im strukturellen Vergleich", JZ, 1991, p. 747.

[1260] É curioso notar que Bachof, depois de se referir à discricionariedade judicial como uma modalidade de discricionariedade, rapidamente a afasta para se dedicar à "discricionariedade de acção", denotando a tendência crescente de um discurso administrativista sobre os conceitos jurídicos indeterminados e sobre a discricionariedade, isolado da teoria geral ou de outros ramos de Direito: OTTO BACHOF, "Beurteilungsspielraum...", cit., p. 98.

[1261] SÉRVULO CORREIA, Legalidade..., cit., pp. 482-485; J. C. VIEIRA DE ANDRADE, Direito Administrativo, Sumários, cit., pp. 30-31. Mas já o dizia, por exemplo, HORST EHMKE em 1960; "«Ermessen»...", cit., p. 28.

[1262] SÉRVULO CORREIA, Legalidade..., cit., pp. 472-473. Em sentido contrário, ANDRÉ GONÇALVES PEREIRA, Erro e ilegalidade..., cit., 1962, pp. 265 e ss.. GONÇALVES PEREIRA entende que no caso da "qualificação jurídica dos pressupostos", mesmo que a "fattispecie normativa esteja redigida em termos vagos", o intérprete não tem discricionariedade e deve "descobrir" "uma única solução", e eventuais dificuldades que tenha nunca se confundem com discricionariedade: IDEM, pp. 266-267; e também, AFONSO QUEIRÓ, "Os limites do poder discricionário...", cit., pp. 8 e ss..

Ora, Bachof fundamenta a margem de livre apreciação numa outra distinção igualmente errónea – a da separação entre interpretação em abstracto e subsunção da situação da vida ao *Tatbestand* legal. Segundo o autor, enquanto a interpretação abstracta dos conceitos jurídicos indeterminados estaria totalmente sujeita a fiscalização judicial, já o mesmo não acontecia com a aplicação de um conceito jurídico indeterminado à situação da vida em concreto – isto é, a subsunção da situação da vida à lei. Neste caso, não há apenas uma solução correcta, mas diferentes pontos de vista aceitáveis[1263], e "o controlo total [judicial] significaria substituir um juízo subjectivo por outro juízo subjectivo"[1264]. Por isso, devia ser reconhecida à administração uma margem de livre apreciação.

Como explica entre nós José Lamego, desde Gadamer que "a interpretação não se acaba num conhecer, mas é um agir mediador, potenciando as possibilidades da «coisa»", a "«compreensão» [é] ... produção de sentido, ... saber constitutivamente ligado à situação particular"[1265].

Assim, a referida distinção entre interpretação e subsunção era já negada pela doutrina penal e da Teoria do Direito contemporânea de Bachof, como aliás é devidamente referido por Ule[1266], e ainda melhor explicado por Jesch[1267], pelo que tal distinção resulta dos equívocos por nós assinalados nas páginas anteriores, relativos à colocação da discricionariedade como uma actividade exterior ao Direito, por contraposição à interpretação de conceitos jurídicos indeterminados, totalmente vinculada.

[1263] OTTO BACHOF, "Beurteilungsspielraum...", cit., p. 99. Ainda no mesmo sentido, HANS WOLFF, OTTO BACHOF, *Verwaltungsrecht I*, cit., 9.ª ed., pp. 188-189; e a 11.ª ed., com ROLF STOBER, 1999, pp. 443, 444 e 446; e entre nós, J.M. SÉRVULO CORREIA (*Noções...*, I, cit., pp. 181-182). Todavia, SÉRVULO CORREIA, reconduz, neste manual, a "livre determinação de alguns pressupostos" expressos por conceitos vagos e indeterminados, à discricionariedade, enquanto outros conceitos jurídicos indeterminados são vinculativos, não conferindo qualquer liberdade de escolha: tudo resultaria da interpretação da lei (IDEM, pp. 182-186).

[1264] OTTO BACHOF, "Beurteilungsspielraum...", cit., p. 99.

[1265] JOSÉ LAMEGO, *Hermenêutica e jurisprudência*, Lisboa, 1990, pp. 194-195 (pp. 193 e ss.). No mesmo sentido, já DIETRICH JESCH, "Unbestimmter Rechtsbegriff...", cit., pp. 186 e ss. (184 e ss.).

[1266] CARL HERMANN ULE, "Zur Anwendung...", cit., pp. 319 e ss..

[1267] DIETRICH JESCH, "Unbestimmter Rechtsbegriff...", cit., pp. 165 e ss., 186 e ss.. Diz-nos ainda Jesch, citando Engisch, que quanto mais indeterminados são os conceitos jurídicos, menos é possível distinguir entre a "subsunção teórica" e a "verificação dos factos": IDEM, pp. 193-194.

Os conceitos jurídicos indeterminados são arrumados por Bachof em duas categorias: os conceitos valorativos e os conceitos de experiência. Enquanto os primeiros são utilizados pelo legislador sempre que ele não possa regular a situação ao pormenor, delegando à administração a formulação de tais juízos no caso concreto, os conceitos de experiência devem também conferir uma margem de livre apreciação à administração, porque na prática as decisões a tomar não serão unívocas, e é a administração a possuir os conhecimentos técnicos necessários para ser responsabilizada pelas decisões a tomar[1268].

Há várias fragilidades (incoerências mais ou menos subterrâneas) no artigo de Bachof que contribuíram para diferentes tomadas de decisão da doutrina e da jurisprudência sobre esta matéria. Assim, o autor diz, por um lado, que a margem de livre apreciação é excepcional, e que o legislador deve, tanto quanto possível, atribuí-la expressamente. Contudo, a identificação de conceitos valorativos e de experiência, cuja aplicação ao caso individual é retirada ao controlo dos tribunais, resulta, segundo o mesmo Bachof, da interpretação e não de uma atribuição expressa de margem de livre decisão. Por outro lado, a crescente complexidade da sociedade e do confronto de interesses económicos e políticos ao longo do século XX tornaram evidente um "Direito em transformação, cada vez mais indeterminado"[1269], como já previa Albert Hensel para o Direito Fiscal[1270], e uma consequente perda de controlo do legislador quanto às consequências da indeterminação, pelo que a referida exigência de atribuição expressa da margem de livre apreciação é inconsequente.

Por outro lado ainda, defende Bachof que os tribunais devem controlar os limites da margem de livre apreciação, devendo fundamentar por que a reconhecem, o que parece introduzir uma repartição de competências entre a administração e tribunais, a favor destes últimos, quanto à identificação dos conceitos que atribuem a margem de livre apreciação.

O ponto de partida da tese de Ule sobre os conceitos jurídicos indeterminados, assenta também na equívoca localização da discricionariedade numa zona exterior ao Direito e na tendência ainda minoritária na época,

---

[1268] OTTO BACHOF, "Beurteilungsspielraum...", cit., pp. 99-100 e ss..
[1269] KURT SEELMANN, *Rechtsphilosophie,* cit., p. 95 (pp. 94-96).
[1270] V. o número deste capítulo dedicado a ALBERT HENSEL.

e que reage à linha de Jellinek, de juridificação dos conceitos indeterminados através da sua deslocação para uma zona de vinculação jurídica[1271].
É certo que Ule nos diz que a administração não está totalmente livre quando lhe é concedida discricionariedade, mas restringe essa vinculação às "tarefas gerais" que sobre ela incidem e que a impedem de actuar a bel-prazer e arbitrariamente. O autor vai um pouco mais longe, admitindo que a lei possa fixar pressupostos condicionantes da actuação administrativa, mas na sua essência a discricionariedade implica a escolha livre das decisões previstas na lei[1272].

A análise do movimento de juridificação da actividade administrativa é sintetizada pelo autor, através de uma frase magistral: "O conceito jurídico indeterminado é o local onde o Estado-administração e o Estado de Direito se encontram"[1273]. Assim, a utilização de conceitos jurídicos indeterminados pelo legislador significa a "renúncia do tratamento de certas matérias em favor da administração", é a "expressão das tendências de um Estado-administração" que entram em colisão com a ordem do legislador e do Estado de Direito[1274]. Como nos diz ainda o autor, o Estado de Direito preconiza o controlo judicial da actividade da administração, e o problema dos conceitos jurídicos indeterminados nasce quando se criam os tribunais administrativos independentes[1275].

Consciente portanto da importância do controlo judicial da administração para o Estado de Direito, Ule vai todavia reconhecer uma margem de livre apreciação à administração, quanto aos conceitos jurídicos indeterminados, em termos que podemos resumir da seguinte forma:

– Primeiro, os conceitos jurídicos indeterminados são inevitáveis, como aliás já se podia verificar no século XIX, mas assistia-se a uma tendência de crescente recurso a tais conceitos, no domínio das leis orientadoras da economia[1276];
– Segundo, os conceitos jurídicos indeterminados situam-se no meio termo entre a discricionariedade e os conceitos determinados,

---

[1271] CARL HERMANN ULE, "Zur Anwendung...", cit., p. 311 (pp. 309 e ss.).
[1272] CARL HERMANN ULE, "Zur Anwendung...", cit., p. 311.
[1273] CARL HERMANN ULE, "Zur Anwendung...", cit., p. 314.
[1274] IDEM.
[1275] IDEM.
[1276] CARL HERMANN ULE, "Zur Anwendung...", cit., p. 315.

encontrando-se a administração relativamente vinculada e relativamente livre[1277];
- Terceiro, Ule classifica ainda os conceitos jurídicos indeterminados em descritivos e normativos, considerando que no Direito Administrativo, a maior parte dos conceitos indeterminados são normativos;
- Quarto, atento aos estudos das outras áreas do Direito, Ule percebe também que os conceitos jurídicos indeterminados implicam uma conformação jurídica, uma criatividade, por parte de quem os aplica, relativamente objectivável, por se basearem em valores e "concepções da sociedade"; no caso do Direito Administrativo – e acrescentemos, também no Direito Fiscal – cabe porém saber quem tem a última palavra: se a administração, se os tribunais[1278]. Na linha de outros autores como Haas e Jarosch, Ule vem então defender que a concretização dos "conceitos normativos" deixa um espaço de livre apreciação à administração, relacionado com o seu "domínio originário de actuação", com as suas "ponderações administrativas adequadas", e que se essa concretização for defensável, por não violar os limites legais, os tribunais não se devem substituir ao juízo administrativo: é a chamada "*Vertretbarkeitstheorie*" literalmente traduzível por "teoria da representabilidade"[1279]. Na dúvida, os tribunais devem seguir o entendimento e conformação administrativos, quando estes sejam defensáveis, com base nas situações da vida verificadas[1280]. É aos tribunais que compete estabelecer as fronteiras da defensibilidade, concordando que a solução administrativa é uma das possíveis e cabe-lhes também tipificar progressivamente os conceitos jurídicos indeterminados[1281].

[1277] CARL HERMANN ULE, "Zur Anwendung...", cit., pp. 315-316.
[1278] CARL HERMANN ULE, "Zur Anwendung...", cit., por exemplo, pp. 314, 315, 317 e ss., espec. 322 e ss..
[1279] CARL HERMANN ULE, "Zur Anwendung...", cit., pp. 316-317 e ss., 325 e ss..
[1280] CARL HERMANN ULE, "Zur Anwendung...", cit., p. 326.
[1281] CARL HERMANN ULE, "Zur Anwendung...", cit., cf. pp. 309-310 e 326.

1.2. Considerações críticas à posição de ULE: aproximação ao nosso conceito de margem de livre apreciação no Direito Fiscal, por contraposição à discricionariedade

Há vários aspectos da construção de Ule, com os quais não concordamos:

Não concordamos com a arrumação dos conceitos jurídicos indeterminados na hipótese legal e a consequente distinção, por esta via, da discricionariedade – até porque ela é, tal como em Bachof, inconsequente nos resultados (com a única diferença de que Ule recomenda a tipificação pelos tribunais, como acabámos de referir). Consideramos também que as classificações do género qualitativo de conceitos jurídicos indeterminados (por exemplo, fácticos ou descritivos vs. normativos) não permitem distinguir entre conceitos sujeitos a controlo judicial e conceitos que atribuem uma margem de livre apreciação. Ora bem, a distinção entre conceitos determinados e indeterminados é quantitativa e não qualitativa, como demonstram os autores da Teoria do Direito, embora nem todos os conceitos jurídicos indeterminados sejam conceitos discricionários: a discricionariedade resulta da interpretação da lei, a qual exige a ponderação individual do caso concreto pela administração – voltaremos a estes aspectos.

Seja como for, os conceitos jurídicos indeterminados, como forma de abertura do *Tatbestand* legal de garantia, conferem uma margem de livre apreciação a quem aplica a lei. E entendemos que a justificação para o não controlo judicial de uma margem de livre decisão administrativa do fisco – seja ela concedida por conceitos jurídicos indeterminados ou expressões linguísticas que expressamente concedam uma margem de discricionariedade –, é exactamente a teoria da defensibilidade (*Vertretbarkeitstheorie*) de Ule[1282].

[1282] Curiosamente, KLAUS VOGEL que defende uma reserva absoluta de lei do parlamento em matéria fiscal e rejeita a interpretação teleológica das "normas fiscais" s.s., defende uma "discricionariedade administrativa" com base na defensibilidade (e não a designa de margem de livre apreciação): perante a incompletude da lei fiscal, que em nada se distingue da incompletude das outras leis, a administração é mais livre na aplicação da mesma do que os tribunais porque "ela toma decisões políticas e as leis podem conceder-lhe discricionariedade": "Vergleich und Gesetzmässigkeit...", cit., p. 311.

Na verdade, não há outras razões válidas que justifiquem uma margem não controlável judicialmente das decisões do fisco – e sejam elas razões de irrepetibilidade de produção dos factos ou de responsabilização administrativa pelas soluções adoptadas – a não ser as razões de praticabilidade, que justificam e recomendam que essa margem de livre apreciação seja exercida no sentido tipificante e não individualizador, como a seu tempo explicaremos. Simplesmente, o princípio da praticabilidade é por seu turno uma derivação da defensibilidade das decisões administrativas.

No final do seu artigo, Ule parece não aplicar totalmente a sua construção às matérias sujeitas a reserva de lei, considerando que no caso da administração ablativa, os conceitos jurídicos indeterminados vinculavam a administração[1283]. As tensões existentes nessa época, a que temos feito repetida menção – entre o Direito e o não-Direito –, revelam-se também neste aspecto. Ainda há pruridos em aceitar que na administração ablativa não haja controlo judicial total – o que não corresponde hoje, como veremos, às posições do *BFH* e do *BVerfG* em matéria fiscal, nem às posições da 2.ª secção do STA, embora estas últimas pequem pela quase total ausência de controlo das decisões administrativas e pela insuficiente fundamentação. De qualquer modo, Ule vem ainda dizer que, no caso das matérias sujeitas a reserva de lei, o legislador pode utilizar conceitos jurídicos indeterminados, mas já não pode conceder discricionariedade[1284].

Dos três autores que elegemos como representantes do entendimento dado aos conceitos jurídicos indeterminados (no Direito Administrativo) no imediato pós guerra, é Jesch quem revela maior domínio do problema, relacionando-o com o entendimento dado aos conceitos jurídicos indeterminados nos outros ramos de Direito, e afirmando claramente que a indeterminação é um problema quantitativo e não qualitativo[1285]. No entanto, Jesch insere-se na linha da doutrina administrativa sua contemporânea em relação a aspectos cruciais, como por exemplo a localização dos conceitos jurídicos indeterminados na hipótese legal e a localização da verdadeira discricionariedade na estatuição, sendo a discricionariedade identificada através de "preceitos-poder", e sendo

---

[1283] CARL HERMANN ULE, "Zur Anwendung…", cit., pp. 328-330.
[1284] CARL HERMANN ULE, "Zur Anwendung…", cit., pp. 329.
[1285] DIETRICH JESCH, "Unbestimmter Rechtsbegriff…", cit., pp. 165 e ss..

relegada para o plano dos critérios metajurídicos[1286] – embora sujeita a limites externos e internos[1287].

1.3. A indeterminação dos conceitos jurídicos como um problema de graduação e não como um problema qualitativo: a posição de JESCH

Jesch desenvolve a sua tese em torno da distinção de Heck, entre o núcleo e a auréola do conceito jurídico, onde cabe ao núcleo garantir a estabilidade da ordem jurídica[1288]. Os conceitos jurídicos indeterminados caracterizam-se então pelo facto de a auréola ser "muito grande e difusa e o núcleo extraordinariamente pequeno"[1289], cabendo aos órgãos de aplicação do Direito, nomeadamente através de uma jurisprudência constante, proceder ao progressivo alargamento e estabilização do núcleo dos conceitos. Todavia, as fronteiras entre as duas esferas nunca estão estabilizadas mas em permanente tensão: o próprio núcleo dos conceitos muda ao longo dos tempos, com o dinamismo da ordem jurídica, nomeadamente, com as alterações e rupturas constitucionais e as alterações das concepções sociais e económicas[1290].

Os conceitos discricionários são representados por Jesch, por analogia com os indeterminados, através de círculos concêntricos em que o núcleo é o cerne do conceito e a partir daí temos a autorização de discricionariedade (entre o primeiro e o segundo círculo), o domínio de discri-

---

[1286] DIETRICH JESCH, "Unbestimmter Rechtsbegriff...", cit., pp. 205 e ss., 208 e ss.. Diz-nos o autor que enquanto "na interpretação há uma ligação entre conceito jurídico e conceito extrajurídico, tornando-se este "juridificado", "na actividade discricionária administrativa a valoração de critérios e normas extrajurídicos não serve de modo nenhum a construção de conceitos jurídicos...[mas] os critérios extrajurídicos e normas são aplicados e valorados imediatamente": IDEM, p. 209.

[1287] DIETRICH JESCH, "Unbestimmter Rechtsbegriff...", cit., p. 209.

[1288] PHILIP HECK, Interpretação da lei..., cit., pp. 213-214. DIETRICH JESCH, "Unbestimmter Rechtsbegriff...", cit., pp. 171-172 e ss.. V. também a referência a Heck em KARL ENGISCH, Introdução..., cit., trad. da 3.ª ed. por Baptista Machado: Baptista Machado traduziu "hof" (Begriffshof) por halo conceitual (3.ª ed., p. 173).

[1289] DIETRICH JESCH, "Unbestimmter Rechtsbegriff...", cit., p. 177 (pp. 171 e ss.).

[1290] DIETRICH JESCH, "Unbestimmter Rechtsbegriff...", cit., p. 183. Não concordamos porém com a afirmação do autor, segundo a qual a problemática da interpretação jurídica só começa no domínio da auréola, sendo o juiz um "autómato da subsunção" quando interpreta o núcleo do conceito: IDEM, p. 182.

cionariedade (entre o segundo e o terceiro círculo) e as fronteiras da discricionariedade (entre o terceiro e o quarto círculo)[1291]. Mas estes círculos não se tocam com os círculos dos conceitos jurídicos indeterminados, embora a indeterminação esteja algo surpreendentemente presente "nas fronteiras da discricionariedade"[1292].

Em jeito de síntese dos pontos de partida sobre a problemática dos conceitos jurídicos indeterminados, eis alguns dos traços que demarcam Jesch de Bachof: Jesch reconhece um papel criativo aos tribunais na aplicação do Direito, ainda que delimitado pelos valores de uma determinada época e cultura e pelas linhas gerais do ordenamento jurídico[1293]; não distingue entre interpretação em abstracto e aplicação da lei ao caso concreto, realçando inclusivamente a sua interdependência e a importância da mesma para a concretização da auréola do conceito, isto é, para a determinação progressiva do conceito[1294].

Mas, tal como Bachof – como já se disse –, arruma expressamente os conceitos jurídicos indeterminados na hipótese legal, por contraposição aos conceitos discricionários[1295]. Assim, por um lado Jesch afirma que é da competência dos tribunais concretizarem os conceitos jurídicos indeterminados. Mas questiona se não se justificará que uma "zona de aplicação do Direito" pela administração se subtraia ao controlo judicial[1296].

Ora, a margem de livre apreciação administrativa no entendimento de Jesch não assenta tanto na indeterminação do conceito, como nos "imponderáveis não partilháveis" das situações da vida subsumíveis ao conceito[1297]. Segundo Jesch, é o conceito jurídico indeterminado que provoca tais imponderáveis: "O problema do conceito jurídico indeterminado é um problema de imponderáveis não partilháveis, porque a abrangência da situação conjunta não é [susceptível] de registo escrito"[1298]. Mas na verdade, segundo a concepção de Jesch, a margem de livre apreciação administrativa não decorre da indeterminação do conceito, mas de certas maté-

---

[1291] DIETRICH JESCH, "Unbestimmter Rechtsbegriff...", cit., p. 210.
[1292] O que nos parece contraditório ou pelo menos não tem qualquer relação com o problema dos conceitos jurídicos indeterminados e poderes decisórios administrativos: DIETRICH JESCH, "Unbestimmter Rechtsbegriff...", cit., p. 211.
[1293] DIETRICH JESCH, "Unbestimmter Rechtsbegriff...", cit., pp. 169 e ss..
[1294] DIETRICH JESCH, "Unbestimmter Rechtsbegriff...", cit., pp. 184-185 e ss..
[1295] DIETRICH JESCH, "Unbestimmter Rechtsbegriff...", cit., pp. 204 e ss., 208 e ss..
[1296] DIETRICH JESCH, "Unbestimmter Rechtsbegriff...", cit., pp. 229 e ss..
[1297] DIETRICH JESCH, "Unbestimmter Rechtsbegriff...", cit., pp. 195-196.
[1298] DIETRICH JESCH, "Unbestimmter Rechtsbegriff...", cit., p. 203.

rias em que a última palavra deve ser da responsabilidade da administração, à semelhança do que defende actualmente a jurisprudência alemã: o autor refere expressamente os domínios especiais em que a administração está em melhor posição do que os tribunais para dar a última palavra e acrescenta ainda as dificuldades práticas em o tribunal considerar todos os factos[1299].

Nenhuma das duas justificações serve o Direito Fiscal. Citando Jesch, "[porque] esta situação da vida na prática só é limitadamente comunicável, a decisão sobre a situação da vida também só é limitadamente controlável"[1300]. Não se pode dizer que haja "imponderáveis não partilháveis" nas situações da vida subsumíveis às leis fiscais, semelhantes ao Direito de Polícia ou da Energia, pois os conceitos jurídicos indeterminados delas constantes requerem apenas uma concretização progressiva, em primeiro lugar, por parte da administração de forma a assegurar uma aplicação uniforme da lei – garantindo a previsibilidade e a igualdade na aplicação -, e, se a administração o não fizer, devem os tribunais estabilizar o significado de tais conceitos jurídicos indeterminados, como acontece na generalidade dos ramos de Direito.

Acrescente-se por fim que, com Ule, Jesch considera vinculativos os conceitos jurídicos indeterminados em matérias ablativas, recomendando uma concretização progressiva dos mesmos. Em princípio, haverá nestes casos controlo judicial, pois assim o exigem o princípio da legalidade da administração e o princípio da protecção dos direitos (art. 19.º n.º 4 da *GG*)[1301]. No entanto, a protecção concedida por este artigo acaba por ser relativa, uma vez que, segundo Jesch, ele não estabelece em que medida os direitos são protegidos, cabendo uma grande liberdade ao legislador determinar se e em que medida eles são garantidos[1302].

Se o art. 19.º n.º 4 da *GG* não garante expressamente que a administração ablativa seja totalmente controlada, já garante que essa actuação se baseie numa autorização legal[1303]. De qualquer forma, e ainda quanto à administração ablativa, os tribunais devem sempre apreciar casuisticamente a eventual margem de livre apreciação administrativa, a qual não pode ser genericamente concedida por lei – apenas poderá ser justificada

---

[1299] DIETRICH JESCH, "Unbestimmter Rechtsbegriff...", cit., pp. 230-231.
[1300] DIETRICH JESCH, "Unbestimmter Rechtsbegriff...", cit., p. 196.
[1301] DIETRICH JESCH, "Unbestimmter Rechtsbegriff...", p. 243.
[1302] DIETRICH JESCH, "Unbestimmter Rechtsbegriff...", p. 244.
[1303] DIETRICH JESCH, "Unbestimmter Rechtsbegriff...", pp. 245-246.

por dificuldades práticas de controlo[1304]. É de salientar que, no artigo que temos vindo a citar, Jesch ainda não rompe com a posição doutrinária, segundo a qual, a administração prestadora não era abrangida pela reserva de lei[1305]. Nas últimas linhas do artigo, Jesch defende que a margem de livre apreciação decorre da interpretação, emanando do Estado de Direito uma presunção contrária à mesma[1306].

O desenvolvimento que se seguiu à autonomização da margem de livre apreciação em relação à discricionariedade não foi previsto, mas era inevitável: a jurisprudência acompanhada pela maioria da doutrina passou a considerar que os conceitos jurídicos indeterminados, segundo uma interpretação conforme à constituição e os modernos métodos interpretativos, poderiam ser completamente controlados e não justificavam uma margem de livre apreciação administrativa[1307]. A caracterização dos conceitos discricionários como conceitos jurídicos (indeterminados) tornou--os vulneráveis ao controlo judicial[1308].

Assim, a maioria da doutrina tradicional, embora aceitando esta distinção, apenas reconheceu a discricionariedade administrativa quanto à estatuição da norma, negando a existência de qualquer tipo de discricionariedade ao nível da previsão, na qual estariam os conceitos jurídicos indeterminados[1309]. Ao distinguir também entre aplicação do Direito (no sentido de actividade lógico-subsuntiva) e discricionariedade, essa dou-

---

[1304] DIETRICH JESCH, "Unbestimmter Rechtsbegriff...", cit., pp. 240 e ss. (240-241 e 242-243), 245-246.

[1305] DIETRICH JESCH, "Unbestimmter Rechtsbegriff...", p. 246; cf., em 1968, abrangendo na reserva de lei também a administração prestadora, DIETRICH JESCH, *Gesetz und Verwaltung*, cit., pp. 204-205 e 226 e ss..

[1306] DIETRICH JESCH, "Unbestimmter Rechtsbegriff...", cit., pp. 248-249.

[1307] V. HANS H. RUPP, "Ermessen"..., cit., p. 461; FRITZ OSSENBÜHL, "Tendenzen...", cit., pp. 620 e ss.. Ambos os autores, ao mesmo tempo que mencionam as consequências inesperadas da doutrina da margem de livre apreciação, consideram-nas inevitáveis. Ambos criticam fortemente a referida doutrina, embora seguindo caminhos diferentes e tirando diferentes conclusões sobre os conceitos jurídicos indeterminados.

[1308] FRITZ OSSENBÜHL, "Tendenzen...", cit., p. 620.

[1309] Segundo Rupp, a partir do momento em que se dá a separação metodológica entre discricionariedade e conceitos jurídicos indeterminados, passa a ser válida a tese de que os conceitos jurídicos indeterminados são completamente controláveis pelos tribunais, segundo as novas metodologias de interpretação: HANS H. RUPP, "*Ermessen*"..., cit., p. 461. No entanto, como veremos de seguida, a discussão seguiu um sentido diferente, ainda que não linear; ainda hoje, defendem esta correspondência, por ex., PETER BADURA, "Gestaltungsfreiheit und Beurteilungsspielraum...", cit., p. 185.

trina assumia uma posição inconsistente – defendendo dois extremos –, parecendo-nos hoje evidente que a aplicação dos conceitos jurídicos indeterminados exige sempre o recurso a valorações com argumentos extralegais (pelo facto de os argumentos legais serem insuficientes), por parte do intérprete-aplicador da lei, o que foi assinalado pelos trabalhos da Teoria do Direito[1310]. Portanto, deste ponto de vista, o suposto aperfeiçoamento metodológico quanto à caracterização dos conceitos jurídicos indeterminados a partir da década de cinquenta exigiu e significou também um esforço, de um outro sector da doutrina, de conferir ao executivo poderes decisórios últimos, relativamente a conceitos cuja autonomização da discricionariedade indicaria, quanto aos primeiros, a mera existência de um problema interpretativo.

Assim, só uma parte da doutrina aceita que dos conceitos jurídicos indeterminados decorra uma margem de livre apreciação[1311], o que não impede que este conceito Bachofiano funcione como elemento catalisador e central da discussão. No entanto, a partir daí as dificuldades avolumam-se: torna-se complexo definir conceito jurídico indeterminado, retirar consequências unívocas quanto aos poderes decorrentes desses conceitos, fundamentar a margem de livre apreciação, e o recurso à constituição torna-se inevitável, pois a argumentação metodológica é insuficiente[1312].

Repare-se ainda que, só aparentemente, o objectivo dos autores que autonomizam a margem de livre apreciação é o de demonstrar que a utilização de conceitos jurídicos indeterminados por lei concede à administração poderes idênticos aos que resultam da discricionariedade. Esta conclusão seria algo apressada, pois, logo nos trabalhos mais significativos da década de cinquenta, verificamos argumentações aparentemente contraditórias[1313],

---

[1310] V., por todos, CASTANHEIRA NEVES, *Questão-de-facto – Questão-de-direito*, cit., p. 416; HEINRICH HENKEL, *Introducción a la Filosofia...*, cit., pp. 579 e ss.; KARL LARENZ/CLAUS-WILHELM CANARIS, *Methodenlehre...*, cit., 3.ª ed., pp. 133-137 (cf. p. 136), 153 e ss., e 188 e ss.; KURT SEELMANN, *Rechtsphilosophie*, ..., cit., pp. 94-96, 117 e ss.; 122-125; LUIS RECASÉNS SICHES, *Experiencia jurídica, naturaleza de la cosa y lógica "razonable"*, México, 1971, pp. 537 e ss.; JOSÉ LAMEGO, *Hermenêutica e jurisprudência*, ..., cit., pp. 181 e ss..

[1311] Com efeito, a maioria da doutrina considerava que dos conceitos jurídicos indeterminados não decorria uma liberdade para a administração, mas vinculação: v. CARL HERMANN ULE, "Zur Anwendung...", cit., pp. 311 e 316; e HORST EHMKE, "«Ermessen»...", cit., p. 23 e a doutrina citada por este na nota 1.

[1312] V., por ex., DIETRICH JESCH, "Unbestimmter Rechtsbegirff...", cit., pp. 165 e ss..

[1313] Como é o caso dos artigos de Bachof, Ule e Jesch.

e uma grande cautela quanto aos poderes atribuídos à administração pelos conceitos jurídicos indeterminados. Diríamos que a preocupação em distinguir conceitos jurídicos indeterminados de Direito Administrativo e conceitos jurídicos indeterminados dos outros ramos de Direito, que encontramos em alguns autores da década de cinquenta, impede conclusões muito arrojadas a favor do executivo e da administração, pelo facto de as próprias justificações encontradas não permitirem tais conclusões generosas.

Com efeito, é muito problemática a distinção metodológica entre conceitos jurídicos indeterminados dos "outros ramos de Direito", caracterizáveis como verdadeiros conceitos jurídicos, determináveis pela interpretação do juiz através do conjunto de valorações existente numa determinada cultura e sociedade – e portanto, em última análise, com um "único significado correcto", até no caso de cláusulas gerais como a boa fé e a fraude à lei[1314] – e os conceitos jurídicos indeterminados do Direito Administrativo, que teriam diferente natureza jurídica, por implicarem a existência de "imponderáveis não partilháveis" (Jesch) pela administração. É essa distinção que procuram Ule e Jesch, por diferentes caminhos, ambos insatisfatórios[1315].

[1314] Embora no Direito Penal se discutisse, desde há algum tempo, qual o papel do juiz na determinação do grau de penalidade. Isto é, se o grau de penalidade, medido em várias escalas, segundo critérios de graduação dos elementos do crime, não implicava uma margem de liberdade do juiz; embora não estejamos perante um problema resultante de conceitos jurídicos indeterminados, podemos estar perante uma medida legal da pena relativamente indeterminada e que deve ser individualizada pelo juiz: v. JOSÉ DE SOUSA BRITO, "Sentido e valor...", cit., pp. 100 e ss.. E no Direito Penal continua-se a discutir os limites da interpretação face à proibição da analogia (V., por todos, A. CASTANHEIRA NEVES, "O Princípio da legalidade criminal, O seu problema jurídico e o seu critério dogmático", *Estudos em homenagem ao Prof. Doutor Eduardo Correia, BFDUC*, 1984, pp. 307 e ss., espec., 334 e ss. e 410 e ss.), problema que também se coloca no Direito Fiscal, mas sobre o qual não nos pronunciaremos. Ou seja, estamos a partir do princípio que a aplicação dos conceitos jurídicos indeterminados não ultrapassa o domínio da interpretação *stricto sensu*.

[1315] CARL HERMANN ULE, "Zur Anwendung...", cit., pp. 321-323; DIETRICH JESCH, "Unbestimmter Rechtsbegriff...", 165 ss. ULE, por exemplo, menciona os contributos de civilistas e penalistas acerca dos conceitos normativos (i.e. conceitos jurídicos indeterminados), entre os quais o trabalho de Engish sobre a essência do conceito normativo no Direito Penal. Neste trabalho, Engish faz referência ao necessário juízo valorativo complementar do juiz, sempre que a disposição legal contenha um conceito normativo, juízo esse que não permite uma desvinculação relativa, por não assentar numa validade subjectiva, mas sim em referências valorativas do próprio ordenamento (KARL ENGISCH, "Die normativen Tatbestandselemente...", cit., pp. 136 e ss. 142 e ss. e 150 e ss.). Essas valora-

Assim, é mais ou menos indiferente que os conceitos jurídicos indeterminados sejam caracterizados como conceitos normativos, por contraposição aos fáctico-descritivos, sendo necessário no primeiro caso um juízo de valor baseado em "experiências gerais da vida", em "parâmetros extrajurídicos", na "mundivisão", e concretizado por um conceito intermédio, em que os juízos subjectivos prevaleceriam sobre os objectiváveis ou entretanto objectivados[1316]; ou que o sejam como conceitos mais indeterminados que os outros, porque a auréola do conceito é mais ampla que o cerne do mesmo[1317]. Com esta última classificação dos conceitos jurídicos indeterminados, Jesch pretende distingui-los dos conceitos discricionários: enquanto aqueles seriam concretizados através de um conceito intermédio – tal como em Ule – juridificador dos critérios extranormativos, os conceitos discricionários seriam sempre conceitos metajurídicos que como tal permaneceriam[1318].

Não se entende, nesta análise estrutural, a diferença entre os conceitos jurídicos indeterminados do Direito Administrativo, relativamente aos dos outros ramos de Direito, pelo que, colocada nestes termos, a questão só pode ser resolvida pelo Direito Constitucional[1319].

ções objectivas também podem ser procuradas, naturalmente, para a interpretação dos conceitos jurídicos indeterminados de Direito Administrativo, e, embora se encontrem autores que dão maior prevalência às valorações individuais-subjectivas (que são inevitáveis), não se percebe por que hão-de estas prevalecer no Direito Administrativo (ou no Direito Fiscal), se o mesmo não acontece nos outros ramos de Direito. O facto avançado por ULE, segundo o qual, a administração não se encontra na mesma posição que o administrado, pois é ela que aplica a norma, enquanto a aplicação de um conceito jurídico indeterminado no Direito Civil é assunto que apenas respeita às partes de um contrato, não parece ser um argumento aceitável: só seria relevante se utilizado para defender a necessidade de controlo judicial do conceito jurídico indeterminado aplicado pela administração para defender o particular, e não o contrário. Também é pouco convincente referir, como faz Jesch com base no conceito de *imponderáveis não partilháveis*, que no caso dos tribunais de revisão civis ou penais existe uma limitação de prova, enquanto em matérias administrativas, a limitação de prova atinge as próprias instâncias judiciais que avaliam a matéria de facto. Essa insuficiência de argumentos é reconhecida pelos próprios autores quando recorrem à perspectiva constitucional. E podemos até observar que, afinal, os poderes decisórios, i.e., livres de controlo judicial só são defendidos para situações excepcionais.

[1316] Assim, CARL HERMANN ULE, "Zur Anwendung...", cit., pp. 318-325.
[1317] Assim, DIETRICH JESCH, "Unbestimmter Rechtsbegriff...", cit., pp. 172-178.
[1318] DIETRICH JESCH, "Unbestimmter Rechtsbegriff...", cit., 172-173, 204-211, 230.
[1319] Assim por exemplo, FRITZ OSSENBÜHL, "Rechtsquellen und Rechtsverbindungen der Verwaltung", *Allgemeines Verwaltungsrecht,* Hrsg. Hans-Uwe Erichsen und Dirk Ehlers, 12.ª ed., Berlin, 2002, pp. 208, 216 e ss..

Nos trabalhos que se seguem aos de Bachof, Ule e Jesch, as dificuldades em definir os conceitos jurídicos indeterminados reflectem-se numa renúncia a essa definição, optando a doutrina e os tribunais por identificar grupos exemplificativos de conceitos indeterminados[1320], ou por discutir o problema da margem de livre apreciação sem entrar na definição de tais conceitos[1321]. Tendencialmente, para os autores que reconhecem a figura da margem de livre apreciação administrativa, os conceitos jurídicos indeterminados são caracterizados pela dificuldade da delimitação dos sentidos possíveis, sendo recorrente a identificação de tais conceitos pelo "cerne estável" e pela "auréola difusa" (Heck) ou pelo vasto domínio de "candidatos neutros" (Koch)[1322].

Verifica-se também que esses estudos doutrinários propõem um alargamento da margem de livre apreciação, contrário à orientação dos tribunais, e que se afastam muito dos trabalhos daqueles três autores. A azáfama desta orientação metodológica nunca levou a resultados conclusivos, e os autores acabam por apontar, como critério decisivo, a finalidade da lei: caberá indagar se a finalidade desta era atribuir poderes decisórios à administração, não controláveis judicialmente[1323].

[1320] V., por exemplo, PETER BADURA, "Gestaltungsfreiheit und Beurteilungsspielraum...", cit., pp. 172 e ss.. Referindo este aspecto, ULRICH BATTIS, "Unbestimmte Rechtsbegriffe im Wirtschaftsrecht", *Strafrecht, Unternehmensrecht, Anwaltsrecht, FS für Gerd Pfeiffer,* Hrsg. Otto von Gamm, Peter Raisch, Klaus Tiedemann, Köln, Berlin, Bonn, München, 1988, pp. 875.

[1321] V., por exemplo, ALBERT BLECKMANN, "Spielraum der Gesetzesauslegung und Verfassungsrecht", *JZ,* 1995, pp. 685-689. Bleckmann discute a constitucionalidade da indeterminação, perante as exigências da tutela de confiança dos administrados, adoptando a "teoria da defensibilidade" da interpretação administrativa para justificar a não substituição da decisão administrativa pelos tribunais. Por seu turno, por exemplo, WINFRIED BROHM, "Ermessen und Beurteilungsspielraum im Grundrechtsbereich", *JZ,* 1995, pp. 369 e ss., discute a discricionariedade e a margem de livre apreciação administrativa no domínio dos direitos fundamentais, referindo a aproximação das duas categorias, justificando o espaço de livre decisão com "as prerrogativas de avaliação administrativas", com a "defensibilidade da interpretação administrativa", "devido à elevada complexidade da situação a decidir, à incerteza das prognoses, maiores conhecimentos especializados dos serviços, avaliações extremamente pessoais ou representações valorativas plurais": IDEM, p. 370.

[1322] V. a referência a este aspecto em ULRICH BATTIS, "Unbestimmte Rechtsbegriffe...", cit., pp. 875-876.

[1323] Como aliás já considerava WALTER JELLINEK em *Gesetz, Gesetzanwendung und Zweckmässigkeitserwägung,* cit, pp. 39-40; e em *Verwaltungsrecht,* cit., 3.ª ed., p. 32.

Um dos resultados destas concepções doutrinárias sobre a margem de livre apreciação concedida pelos conceitos jurídicos indeterminados, foi o estímulo à afirmação de um Estado judicialista – fenómeno que tem vindo a crescer na Alemanha, como entre nós assinalou Sérvulo Correia[1324]. Disso é exemplo o artigo de Ule, onde o autor refere que a liberdade de decisão atribuída pela lei através de conceitos jurídicos indeterminados, deve, num Estado de Direito, ser limitada pelo controlo judicial[1325-1326].

Dizia-nos Fritz Ossenbühl, passados vinte anos sobre o artigo de Bachof, "que o problema das autorizações para a margem de livre apreciação não representa um mero problema metodológico, nenhuma questão de teoria da interpretação ou hermenêutica, mas um *problema de legitimação da última palavra no caso concreto*"[1327].

Ossenbühl chama a atenção para o fracasso das tentativas definitórias e classificatórias dos conceitos jurídicos indeterminados, e propõe a abordagem da questão no quadro da divisão de poderes: o caminho correcto não seria a elaboração de uma tipologia de conceitos jurídicos indeterminados, mas de uma tipologia de decisões reservadas ao executivo[1328]. Todavia, a questão não está ainda resolvida, pois continuamos a encontrar manuais que classificam qualitativamente os conceitos jurídicos indeterminados[1329].

[1324] J.M. SÉRVULO CORREIA, *Legalidade...*, cit., pp. 77 e 117.

[1325] CARL HERMANN ULE, "Zur Anwendung...", cit., p. 314.

[1326] Mas, se em Ule a visão judicialista merece realmente destaque, pois cabe, segundo ele, ao tribunal estabelecer as fronteiras da margem de livre apreciação, Bachof e Jesch acentuam o papel responsável do legislador, que não pode arbitrariamente recorrer a conceitos jurídicos indeterminados, em matérias ablativas, sob pena de pôr em causa o princípio da legalidade material, apesar de ele próprio ter uma margem de liberdade. Em regra, é pois à lei que cabe atribuir, expressamente, uma margem de livre apreciação, embora o controlo judicial se mantenha quanto às fronteiras da mesma. Caso contrário, essa liberdade é excepcional, devendo os tribunais fundamentar, cuidadosamente, a sua aceitação, nomeadamente quando o controlo é impraticável: por ex., quanto aos conceitos de experiência: OTTO BACHOF, "Beurteilungsspielraum...", cit., pp. 99-100; DIETRICH JESCH, "Unbestimmter Rechtsbegriff...", cit., p. 230.

[1327] FRITZ OSSENBÜHL, "Vom unbestimmten...", cit., p. 310.

[1328] FRITZ OSSENBÜHL, "Vom unbestimmten...", cit., pp. 310, 311 e ss..

[1329] É o caso do Manual de HANS WOLFF, O. BACHOF, *Verwaltungsrecht I*, cit., 1974 (conceitos jurídicos indeterminados segundo o local e o tempo e conceitos-tipo: p. 188); e dos mesmos autores e de STOBER em 1999, pp. 444-445: conceitos empíricos, conceitos-tipo e conceitos de normas técnicas, em que só os conceitos do primeiro grupo são totalmente controláveis pelos tribunais.

Como veremos, a questão da margem de livre apreciação administrativa começa por ser uma questão metodológica, porque a distinguimos da discricionariedade em sentido estrito, para efeitos da forma de actuação permitida à administração (segundo o caso individual ou segundo o caso típico). Mas num segundo momento, ela deve ser abordada no âmbito da delimitação de funções administrativa e judicial, para que se perceba quando e até onde pode ou deve haver densificação dos conceitos jurídicos indeterminados pelos tribunais.

A nossa posição terá fundamentalmente em conta as exigências do Direito Fiscal, isto é, dos princípios da legalidade fiscal, previsibilidade e calculabilidade dos impostos, no âmbito do Estado de Direito de finais do século XX e princípios do século XXI, da integração europeia e da globalização.

2. A posição da jurisprudência alemã

Os tribunais alemães, na década de cinquenta, começaram por distinguir discricionariedade e conceitos jurídicos indeterminados, negando a estes consequências semelhantes às da discricionariedade, isto é, considerando que a interpretação/aplicação de conceitos jurídicos indeterminados só admite uma solução juridicamente correcta, e por isso é totalmente controlável pelos tribunais[1330], tendo porém reconhecido que, devido à experiência da administração, na prática, em muitos casos, não fazia sentido substituir a decisão desta por uma nova decisão judicial[1331]. Foram inicialmente utilizadas formas laboriosas de contornar o problema, nomeadamente, a da expulsão de certos conceitos jurídicos indeterminados para a estatuição da proposição jurídica (ou seja, transformando "conceitos jurídicos indeterminados" em "conceitos discricionários") – partindo-se da referida separação da proposição jurídica em previsão e estatuição – ou através da distinção entre "avaliação da situação da vida dada" (em que o tribunal controla totalmente se ocorreram no caso con-

---

[1330] V. CARL HERMANN ULE, "Zur Anwendung...", cit., p. 313: os tribunais entendiam que os conceitos jurídicos indeterminados eram "conceitos jurídicos" e não "autorizações para decisões discricionárias".

[1331] V., sobre esta evolução da jurisprudência na década de cinquenta, DIETRICH JESCH, "Unbestimmter Rechtsbegriff...", cit., pp. 212, 213 e ss..

creto os pressupostos legais) e o "domínio da planificação do tráfego económico e político" (controlo judicial limitado))[1332].

Ainda na década de cinquenta, o *Bayerisch VGH* e o *BVerwG* consideravam que a interpretação e aplicação de um conceito jurídico indeterminado não colocava uma questão de discricionariedade administrativa, mas tratava-se sempre de uma questão de direito e de uma questão de facto[1333]. Esporadicamente, houve algumas decisões, na Alemanha e na Áustria, no sentido de reconhecer a figura da margem de livre apreciação, nomeadamente, no domínio do Direito escolar: numa decisão judicial, a propósito da correcção de exames, em vez da qualificação de um conceito como discricionário, reconheceu-se a sua extraordinária indeterminação e o controlo judicial limitado[1334]. Ao contrário da discricionariedade, em que à administração é atribuída a possibilidade de escolha entre várias decisões, os conceitos jurídicos indeterminados possibilitariam um desenvolvimento relativamente livre dos seus contornos pela administração, dentro das fronteiras traçadas na lei[1335].

Por outro lado, a jurisprudência tinha uma posição muito crítica acerca da utilização pelo legislador de autorizações legislativas muito amplas, v.g., utilizando conceitos jurídicos muito indeterminados, tendo a jurisprudência exigido a "determinabilidade" e a "mensurabilidade" dos conceitos utilizados, considerando incompatíveis com a constituição as autorizações com conceitos jurídicos indeterminados que tornassem a sua utilização "imprevisível"[1336]. Os argumentos invocados residiam, nomeadamente, no art. 80 I 2 da *GG* e no princípio de Estado de Direito consagrado na *Grundgesetz*, e eram reforçados quando se tratava de normas/ /actos ablativos da liberdade e propriedade: os poderes da administração relativos a decisões com interferência na liberdade e propriedade deveriam ser limitados e suficientemente determinados.

[1332] V. Dietrich Jesch, "Unbestimmter Rechtsbegriff...", cit., pp. 214, 215, 219-220.

[1333] V. Dietrich Jesch, "Unbestimmter Rechtsbegriff...", cit., p. 220. Como dissemos anteriormente, em 1938, no Direito Fiscal, Rolf Kühn, distinguia entre conceitos discricionários e conceitos jurídicos indeterminados: "conceitos necessitados de preenchimento valorativo" cuja interpretação constitui uma "pura questão de Direito": *Allgemeines Steuerrecht...*, cit., pp. 40 e ss..

[1334] V. Dietrich Jesch, "Unbestimmter Rechtsbegriff...", cit., pp. 227-228.

[1335] V. Dietrich Jesch, "Unbestimmter Rechtsbegriff...", cit., p. 229.

[1336] V. Dietrich Jesch, "Unbestimmter Rechtsbegriff...", cit., pp. 238-239.

Apesar da censura à utilização de conceitos jurídicos indeterminados em matérias ablativas, os tribunais optaram por controlar a aplicação de tais conceitos, em vez de os declarar inconstitucionais[1337]. Como referimos anteriormente, nenhuma lei fiscal foi até hoje declarada inconstitucional por ser indeterminada. Outras vezes, como se referiu anteriormente, continuando a distinguir entre a discricionariedade e os conceitos jurídicos indeterminados, os tribunais aceitaram a incontrolabilidade prática destes últimos, continuando a recomendar ao legislador que, tanto quanto possível, evitasse a utilização de conceitos jurídicos indeterminados, especialmente nas referidas matérias ablativas.

Por conseguinte, a margem de livre apreciação só era admitida em casos excepcionais e a jurisprudência alemã, ainda hoje, só excepcionalmente a reconhece[1338].

No Direito Fiscal, como veremos desenvolvidamente no capítulo respeitante à tipificação, tem vindo a aumentar o reconhecimento de uma margem de livre apreciação, exercida através de actos pararegulamentares, em que a administração fiscal concretiza e simplifica as normas legais de imposto, evitando a apreciação individual das situações. E os tribunais alemães têm aceitado esta prática com base na defensibilidade das soluções administrativas.

3. Evolução da discussão

Como temos vindo a referir, a autonomização da margem de livre apreciação administrativa em relação à discricionariedade, proposta por Bachof, mas com consequências semelhantes a esta, desencadeou uma discussão em torno dos conceitos jurídicos indeterminados e das competências administrativas não controláveis judicialmente, que se prolonga até aos dias de hoje. Assim, persistem inúmeras discussões quanto a

---

[1337] V. DIETRICH JESCH, "Unbestimmter Rechtsbegriff...", cit., pp. 238-239.

[1338] Decisões sobre exames finais nas faculdades ou semelhantes (exames escolares); avaliações de funcionários; decisões de comissões representadas por peritos e interessados sobre questões técnicas, valorativas ou morais; decisões de prognose; decisões sobre questões de serviço (necessidades de serviço): V. por exemplo, HARTMUT MAURER, *Allgemeines Verwaltungsrecht*, cit., 14.ª ed. pp. 144-150; HANS J.-WOLFF, OTTO BACHOF, ROLF STOBER, *Verwaltungsrecht I*, cit., 1999, 11.ª ed. pp. 449-452.

aspectos fundamentais, nomeadamente quanto ao tratamento sistemático da margem de livre apreciação administrativa, quanto aos pressupostos da sua aceitação e quanto ao alcance do controlo judicial[1339]. Transparece, por vezes, dos escritos mais recentes, um desespero resultante do impasse em que mergulha esta matéria e, no Direito Fiscal, só aparentemente as dificuldades são resolvidas através da defesa de uma tipicidade legal fechada[1340].

Na verdade, mesmo autores como Alberto Xavier, que, aparentemente, defendem um conceito de *Tatbestand* de garantia muito fechado – em abstracto porque afinal, como se disse, o autor não relaciona a tipicidade fechada com a reserva de lei parlamentar e nem sequer com a reserva de lei formal – e que negam a discricionariedade da administração tributária, distinguem entre uma "verdadeira discricionariedade" e um outro tipo de decisões do fisco subtraídas ao controlo judicial, e concedidas por conceitos jurídicos indeterminados[1341].

Haveria assim, também no Direito Fiscal, uma margem de livre apreciação administrativa, frequentemente designada em Portugal por discricionariedade técnica, não controlada pelos tribunais, porque a administração teria os conhecimentos técnicos adequados para decidir, o mesmo não acontecendo com os tribunais.

E mesmo a doutrina que defende que os conceitos jurídicos indeterminados consagrados na previsão das normas fiscais implicam uma "vinculação jurídica estrita" – é, tendencialmente, o caso do comentário de Kruse ao § 5 da *Abgabenordnung* alemã, relativo à discricionariedade

---

[1339] Ver estes aspectos sistematizados por FRITZ OSSENBÜHL, "Vom unbestimmten Gesetzesbegriff zur letztverbindlichen Verwaltungsentscheidung", *DVBl*, 1974, p. 309. E em JOSÉ CARLOS VIEIRA DE ANDRADE, *Direito Administrativo, Sumários...*, cit., pp. 27-30.

[1340] Os próprios administrativistas referem por vezes o caso das normas fiscais, que por serem de carácter ablativo, não podem ter conceitos discricionários, nem "muito indeterminados", mas sim "critérios de avaliação objectivos": DIOGO FREITAS DO AMARAL, *Direito Administrativo, II*, cit., 1988, pp. 105-107, 116; *Curso..., II*, cit. (2001), pp. 74-75; HANS WOLFF, OTTO BACHOF, *Verwaltungsrecht I*, cit., 9.ª ed., p. 196; curiosamente, Wolff e Bachof defendem a existência desses critérios legais de avaliação objectivos não só quanto aos impostos, mas também quanto a contribuições e taxas, o que não é defendido pela maioria dos fiscalistas; contraditoriamente, os mesmos autores, em página anteriores (p. 194), tinham defendido a aceitação pelos tribunais de formas de avaliação fiscal pelos serviços, dentro de margens de tolerância: no caso de factos hipotéticos, presunções e avaliações.

[1341] ALBERTO XAVIER, *Manual...*, cit., pp. 128 e ss..

da administração fiscal[1342] – não arruma a discussão, pois os argumentos invocados são insuficientes[1343].

3.1. A posição de ALBERTO XAVIER (1972) e as contradições imanentes à mesma: as raízes alemãs da década de cinquenta, em especial, a influência de JESCH

Dentro do quadro positivista lógico-subsuntivo que caracteriza o seu pensamento, Alberto Xavier aborda o problema dos conceitos jurídicos indeterminados no Direito Fiscal partindo da distinção entre a "discricionariedade verdadeira" ou "pura" ou "de acção", conferida em regra por preceitos-poder, e a "discricionariedade subsuntiva, cognitiva, vinculada ou técnica"[1344].

No âmbito desta dicotomia, o autor considera proibida a "discricionariedade verdadeira", sempre que ela possa influenciar a existência e o montante da obrigação fiscal, e quer ela resulte de uma livre escolha quanto à oportunidade de conduta, à forma adoptada ou ao conteúdo do acto tributário. Esta proibição de discricionariedade é o resultado da suposta tipicidade legal fechada, em que a lei, como já tivemos ocasião de citar e de comentar, teria um monopólio da "ponderação dos interesses envolvidos pela tributação, [d]a valoração dos critérios e medida dos tri-

---

[1342] KLAUS TIPKE/HEINRICH WILHELM KRUSE, Tipke/Kruse, *AO/FGO Kommentar*, § 5, 1999, pp. 7 e ss.. Tendencialmente, porque os autores parecem admitir uma margem de livre apreciação, porque "o ponto de vista, a qualificação e a proximidade dos factos [por parte da administração] e a situação em concreto levam a admitir diferentes avaliações e valorações": IDEM, p. 9. No comentário de Março de 2004, de KRUSE ao mesmo artigo, é mais clara a rejeição da margem de livre apreciação: V. pp. 7-9 (pontos 16-24).

[1343] Ao arrepio da doutrina e da jurisprudência dominante, ROLF-DETLEV SCHOLTZ, Koch/Scholtz, (*AO Kommentar*, § 5, 5.ª ed., Köln, Berlin, Bonn, München, 1996), juiz do *BFH*, aceita a discricionariedade no Direito Fiscal, com o fundamento que as leis e regulamentos não podem prever todas as situações; o autor não distingue a discricionariedade do Direito Fiscal da discricionariedade do Direito Administrativo geral, qualificando-a como uma discricionariedade de consequências e distinguindo-a da margem de livre apreciação. Os conceitos indeterminados são sujeitos a controlo judicial total, mas pode ser reconhecida uma margem de livre apreciação: pp. 103-106 e ss..

[1344] ALBERTO XAVIER, *Conceito e natureza...*, cit., pp. 339, incluindo nota 4, e ss. (pp. 337 e ss.). O autor também diz que "a forma revestida pelo preceito não é decisiva para caracterizar os conceitos nele usados como discricionários, antes essa qualificação há-de decorrer, caso a caso, de uma completa investigação do alcance da norma": IDEM, p. 341.

butos" e faria "uma valoração definitiva das realidades sobre que versa, a qual exclui qualquer elemento a ela estranho, especialmente a vontade da administração"[1345]. À administração fiscal estaria proibido criar "elementos extra-típicos", acrescentando "pressupostos acessórios", "modificar qualquer elemento do tipo legal" ou "fixar ou concretizar um dado elemento do tipo legal, ainda que dentro dos limites demarcados na própria lei"[1346].

Uma das inconsistências de Alberto Xavier é o facto de, ao mesmo tempo que defende uma tipicidade fechada, nos termos que temos vindo a citar, admitir que os regulamentos desenvolvam livremente os aspectos disciplinados por lei, e nomeadamente, sejam eles a fixar "factores de correcção dos rendimentos inscritos nas matrizes prediais, ... [ ]as taxas de reintegração e amortização..., [ ]as taxas das provisões para cada ramo de actividade, ... a determinação em abstracto da matéria colectável... [e ainda] deliberações de certas entidades públicas menores que têm por objecto instituir um tributo previsto na lei ou fixar a taxa de um imposto... dentro dos limites legalmente consentidos"[1347].

Para justificar essa admissibilidade, o professor inclui os regulamentos na função tributária abstracta ou primária, contrapondo-a à concreta ou secundária[1348], considerando que o desenvolvimento de princípios legais por parte de regulamentos e de outros "actos genéricos", não viola a tipicidade fechada nem a proibição de discricionariedade (embora considerando que os actos genéricos fazem parte de uma "zona de livre valoração administrativa... restringida pelo princípio da legalidade", este exerceria "em relação a cada uma delas [zona dos actos administrativos e zona dos actos genéricos] uma função e uma eficácia autónoma"[1349]), o que não se entende.

[1345] ALBERTO XAVIER, *Conceito e natureza...*, cit., pp. 342-343 (cf. pp. 341 e ss.). Assim, as leis fiscais regulariam minuciosamente "os momentos em que os actos hão-de ser praticados e a forma que hão-de revestir", e, caso contrário, a administração "poderia influir na existência e no quantitativo da obrigação tributária" o que violaria a tipicidade fiscal, segundo a qual a lei "contém em si mesma uma valoração definitiva das realidades sobre que versa": pp. 341-342.

[1346] ALBERTO XAVIER, *Conceito e natureza...*, cit., p. 344.

[1347] ALBERTO XAVIER, *Conceito e natureza...*, cit., pp. 355-356.

[1348] ALBERTO XAVIER, *Conceito e natureza...*, cit., pp. 358-359 (pp. 355 e ss.). Cf., por todos, para um esclarecimento do carácter secundário dos regulamentos, J. M. SÉRVULO CORREIA, *Noções..., I*, cit., p. 96 (pp. 95 e ss.); AFONSO R. QUEIRÓ, *Lições..., I*, cit., pp. 489, 435-441, 409 e ss..

[1349] ALBERTO XAVIER, *Conceito e natureza...*, cit., p. 359.

Por outro lado, Alberto Xavier restringe a "discricionariedade verdadeira" ao acto tributário, com a justificação de que o instituto da discricionariedade foi concebido a propósito do acto administrativo[1350] e por isso já não se aplicaria aos regulamentos. Segundo Alberto Xavier, só "existiria discricionariedade quanto ao conteúdo se a lei autorizasse a Administração, na prática do acto tributário, a exercer uma liberdade de escolha referente a qualquer dos elementos que concorrem para, em abstracto, definir a prestação tributária individual"[1351]. E acrescenta que tal autorização seria inconstitucional, porque "de harmonia com o princípio da tipicidade a lei fiscal contém em si mesma uma valoração definitiva das realidades sobre que versa, a qual exclui qualquer elemento a ela estranho, especialmente a vontade da Administração"[1352].

É certo que a discricionariedade foi concebida para o acto administrativo porque está relacionada com uma ponderação pessoal do caso concreto[1353]. Nas palavras de Afonso Queiró, "a discricionariedade... consiste numa faculdade de livre apreciação sobre a conveniência e a oportunidade do acto, sobre a sua execução, a sua forma ou o seu conteúdo. O poder discricionário do agente permite, pois, uma apreciação dele sobre os motivos que o levam a agir, sobre as circunstâncias em que exercerá a sua competência ou o modo por que o fará"[1354].

Também Karl Engisch relaciona a discricionariedade com a valoração pessoal: "o conceito de poder discricionário apresenta uma nota pes-

---

[1350] ALBERTO XAVIER, *Conceito e natureza...,* cit., p. 359.
[1351] ALBERTO XAVIER, *Conceito e natureza...,* cit., p. 342.
[1352] ALBERTO XAVIER, *Conceito e natureza...,* cit., pp. 342-343.
[1353] V., por todos, KARL ENGISCH, *Introdução...,* cit., p. 183; KARL LARENZ/CLAUS--WILHELM CANARIS, *Methodenlehre der Rechtswissenschaft,* cit., 3.ª ed., p. 117; HARTMUT MAURER, *Allgemeines Verwaltungsrecht,* cit., 14.ª ed., p. 132; JÖRN IPSEN, *Allgemeines Verwaltungsrecht,* 2.ª ed., Köln, Berlin, Bonn, München, 2001, pp. 152-157; KARIN LAUB, *Die Ermessenreduzierung in der Verwaltungsgerichtlichen Rechtsprechung,* München, 2000, pp. 5-9; ULLA HELD-DAAB, *Das freie Ermessen, Von den vorkonstitutionellen Wurzeln zur positivistischen Auflösung der Ermessenslehre,* Berlin, 1996, pp. 21-23; NORBERT ACHTERBERG, *Allgemeines Verwaltungsrecht,* cit., 2.ª ed., p. 345; M.S. GIANNINI, *Diritto Amministrativo, II,* cit., 3.ª ed., p. 48; KLAUS TIPKE/HEINRICH WILHELM KRUSE, Tipke//Kruse, *AO/FGO Kommentar,* § 5, 1999, p. 3; KRUSE, Tipke/Kruse, *AO/FGO Kommentar,* § 5, 2004, pp. 2-3, ponto 2.
[1354] AFONSO QUEIRÓ, "O poder discricionário...", cit., pp. 401-402. V. também o mesmo entendimento implícito em MARCELLO CAETANO, *Manual...,* *I,* cit., 1984, pp. 31, 483 e ss., 490-491. E em DIOGO FREITAS DO AMARAL, *Direito Administrativo, II,* cit., 1988, pp. 110-111, embora o autor admita expressamente a autovinculação, se a lei o permitir: IDEM, pp. 148-150; assim também em *Curso..., II,* cit. (2001), pp. 94-97.

soal. Não se trata de uma simples indeterminação e valoração, mas de uma valoração pessoal"[1355] – em que mesmo casos idênticos "podem ser julgados diferentemente por diferentes funcionários, sem que isto signifique uma violação do Direito"[1356] – por contraposição à "valoração objectiva válida, com um só sentido", de certos conceitos jurídicos indeterminados[1357-1358].

Mas uma coisa é a lei conferir um poder discricionário para que a administração decida de acordo com as exigências e condicionalismos de cada circunstância – e nesse caso a administração não pode limitar a sua liberdade, por meio de regulamentos, como diz Afonso Queiró, pois a "discricionariedade, em tais hipóteses, é para ser utilizada individualmente, a fim de satisfazer as exigências da razoabilidade e da eficácia nas particulares circunstâncias de cada caso concreto"[1359]; e outra coisa é negar que haja regulamentos elaborados no âmbito de uma margem de livre apreciação conferida à administração pela abertura da

---

[1355] KARL ENGISCH, Introdução..., cit., 3.ª ed., p. 183. E adiante: "... é deixada à competência do órgão aplicador do Direito a descoberta da decisão correcta do caso concreto segundo a sua concepção pessoal do que é conveniente, necessário e justo": IDEM, p. 187. Num sentido próximo, KARL LARENZ/CLAUS-WILHELM CANARIS, Methodenlehre..., cit., 3.ª ed., p. 116: em caso de discricionariedade, "a administração deve ter a possibilidade de tomar uma de entre as várias medidas permitidas por lei, segundo as circunstâncias concretas, tempo e local, ou de não actuar, e é orientada mais por critérios de oportunidade do que de legalidade". E também, no mesmo sentido quanto ao conceito de discricionariedade, AFONSO QUEIRÓ, em anotação ao "Acórdão de 23 de Outubro de 1980", RLJ, 1981, n.º 114, pp. 157 e ss., 160 e 168-169. Mas AFONSO QUEIRÓ aceita a "discricionariedade técnica", em relação à interpretação de certos conceitos indeterminados, e portanto conclui que quer a discricionariedade verdadeira quer a discricionariedade técnica são, quanto ao juízo de mérito, insindicáveis (IDEM).

[1356] KARL ENGISCH, Introdução..., cit., 3.ª ed., p. 182.

[1357] Assim, KARL ENGISCH, Introdução..., cit., 3.ª ed., p. 184. E ainda, KARL LARENZ/CLAUS-WILHELM CANARIS, Methodenlehre..., cit., 3.ª ed., p. 117. Já não concordamos porém com esta última afirmação: os conceitos indeterminados não discricionários atribuem uma margem de livre apreciação a quem os aplica e não têm um só sentido – ou podem não o ter, tudo dependendo do grau de indeterminação e do caso concreto a que se apliquem.

[1358] Mas, como já dissemos anteriormente, para Engisch – ao contrário do que defende ALBERTO XAVIER –, o conceito discricionário é uma categoria dentro dos conceitos indeterminados e dos conceitos normativos (conceitos «carecidos de um preenchimento valorativo» no caso concreto), não se autonomizando totalmente destes: KARL ENGISCH, Introdução..., cit., 3.ª ed., pp. 183 e 177.

[1359] AFONSO QUEIRÓ, Lições..., I, cit., p. 448. No mesmo sentido, DIOGO FREITAS DO AMARAL, Direito Administrativo, II, cit. (1988), p. 150. Curso...II, cit. (2001), p. 86.

lei[1360], nomeadamente nos casos exemplificados por Alberto Xavier, uma vez que se trata de aspectos técnicos e de modalidades de aplicação da lei "livremente escolhidos pela Administração, contanto que estejam numa relação teleológica com o objectivo da boa execução da lei"[1361].

Ora, por um lado, a discricionariedade pode ser concedida por conceitos jurídicos indeterminados, e não só por preceitos-poder, os quais aliás são também "conceitos normativos", no sentido de Karl Engish, e nesse sentido discricionários[1362] – o próprio Alberto Xavier nos diz que

---

[1360] Referindo-se expressamente à discricionariedade nestes casos, AFONSO QUEIRÓ, *Lições...*, *I*, cit., p. 449. No mesmo sentido, J. BAPTISTA MACHADO, *Introdução ao Direito...*, cit., pp. 115-116. Baptista Machado não relaciona exclusivamente a discricionariedade com a avaliação individual do caso, mas começa por contrapor "princípio da legalidade" a "princípio da oportunidade", divisão com a qual não concordamos, como decorre do que já escrevemos até aqui. Os conceitos indeterminados ainda estariam no domínio do princípio da legalidade e portanto "os agentes do Estado... devem[-se] conformar estritamente à lei", uma vez verificados os pressupostos, e a decisão a tomar é vinculada (IDEM, pp. 114-115). Baptista Machado identifica ainda o "poder discricionário" com o "princípio da oportunidade": "Assim acontece quando o legislador, para viabilizar uma adaptação acertada e oportuna da decisão às particularidades do caso concreto e às decisões e orientações políticas do Governo ou da administração, se limita a autorizar o órgão ou agente a adoptar certas condutas, a conceder ou a denegar autorizações ou até a praticar determinadas intervenções, indicando apenas o escopo ou finalidade da decisão a adoptar, mas sem vincular o órgão ou agente a uma obrigação determinada" (IDEM, pp. 115-116).

[1361] AFONSO QUEIRÓ, *Lições...*, *I*, cit., p. 449. Sobre esta polémica, da discricionariedade concedida por lei e do seu exercício por acto geral e abstracto, no sentido da autovinculação futura da administração, sem se ponderar o caso concreto: V. Ac. do STA, 2.ª secção, de 24.3.87, Rec. n.º 16970, em que o tribunal considera que as circunstâncias em que pode ser concedido um benefício fiscal em contribuição industrial (art. 44.º do CCI) não podem ser estabelecidas por despacho do Secretário de Estado dos Assuntos Fiscais, mas têm de ser apreciadas individualmente, porque a lei confere discricionariedade. É muito contestável esta decisão, pois há todo o interesse, quer por razões de reserva de lei, quer por razões de igualdade fiscal, em concretizar (tipificar) as condições estabelecidas por lei, sendo além disso muito questionável que a finalidade do art. 44.º do CCI fosse a de uma apreciação individual de circunstâncias, e nesse sentido, a concessão de discricionariedade em sentido estrito. Se o fosse, a reserva de lei constitucional recomenda que sejam os órgãos de aplicação do Direito a fechar os pressupostos normativos que, pela sua indeterminação, concedem discricionariedade. O despacho era assim um instrumento adequado à tipificação dos pressupostos.

[1362] Como nos diz KARL ENGISCH, *Introdução ao pensamento jurídico*, cit., 3.ª ed., pp. 184-185: "O «podem» não é aqui uma possibilidade fáctica, mas uma autorização – e, como a autorização contém ao mesmo tempo uma referência a actos de valoração, esse

"a forma revestida pelo preceito não é decisiva para caracterizar os conceitos nele usados como discricionários, antes essa qualificação há-de decorrer, caso a caso, de uma completa investigação do alcance da norma"[1363]; mas, mesmo que alguns conceitos indeterminados não atribuam discricionariedade em sentido estrito, porque resulta da interpretação da lei que não se pretende uma "valoração pessoal" da administração, dirigida às exigências e condicionalismos de cada caso concreto, a densificação de conceitos indeterminados por regulamento implica sempre uma margem de livre apreciação, e assim uma "valoração pessoal", orientada pelo tipo e não pelo caso individual.

E mesmo quando da lei fiscal pareça resultar a atribuição de discricionariedade, o princípio da legalidade fiscal postula que a administração deve exercê-la, em regra, por regulamento ou acto pararegulamentar, assegurando assim uma aplicação igual da lei em casos idênticos e abdicando dessa discricionariedade para futuro – como defendia Hensel, e como defenderemos adiante, no capítulo dedicado à tipificação no Direito Fiscal[1364]. Mas deve-se sempre averiguar, perante uma disposição legal em concreto, se a discricionariedade por ela conferida pode ser totalmente eliminada pelo regulamento ou acto pararegulamentar densificador – uma vez que a discricionariedade é dirigida em primeiro lugar para o caso concreto.

Tudo isto significa que a admissibilidade ou proibição da discricionariedade em sentido amplo – incluindo a margem de livre apreciação administrativa – não deve ser averiguada apenas a propósito do acto tributário, uma vez que se os conceitos jurídicos discricionários forem aplicados por regulamento, acto pararegulamentar ou actos administrativos intermédios, a questão da legitimidade da discricionariedade coloca-se em termos idênticos – nomeadamente, a questão de saber se a lei fiscal pode conceder tal discricionariedade e se a administração fiscal pode exercê-la através de regulamentos ou de actos pararegulamentares.

«podem» tem, pois, um significado genuinamente normativo" (p. 185). Para Engisch os conceitos são normativos em sentido restrito, quando "é sempre precisa uma *valoração* para [os] aplicar, no caso concreto", e portanto são conceitos discricionários: KARL ENGISCH, *Introdução ao pensamento jurídico*, cit., 3.ª ed., pp. 177-179.

[1363] ALBERTO XAVIER, *Conceito e natureza...*, cit., p. 341.
[1364] Neste sentido para o Direito Administrativo, por exemplo, HARTMUT MAURER, *Allgemeines Verwaltungsrecht*, cit., 14.ª ed., p. 135-136; e entre nós, JORGE MANUEL COUTINHO DE ABREU, *Sobre os regulamentos administrativos...*, cit., pp. 175 e ss..

Mas as inconsistências de Alberto Xavier vão mais longe quando afinal, a propósito da aplicação de conceitos jurídicos indeterminados, reconhece ao fisco, ao jeito de Jesch, uma margem de livre apreciação resultante da "limitada possibilidade de comunicação dos elementos de facto para a decisão"[1365], e implicando a irrevisibilidade da decisão pelos tribunais. Na verdade, em páginas anteriores, Alberto Xavier parecia identificar a "discricionariedade cognitiva" com uma "simples operação de aplicação do direito (subsunção)"[1366], o que era coerente com o seu entendimento de "tipicidade legal fechada", mas adiante ficamos a perceber que o autor a identifica com a margem de livre apreciação do fisco, embora continue a dizer que ela se autonomiza da discricionariedade[1367].

Para o efeito, Alberto Xavier analisa os dois grupos de casos que a 2.ª instância dos tribunais tributários e a secção de contencioso tributário do STA se abstêm de controlar. Trata-se por um lado das quantificações da matéria tributável – mais concretamente, da determinação do lucro real presumido em contribuição industrial, ou do quantitativo das despesas do grupo A do mesmo imposto – e por outro lado das deliberações das comissões de avaliação. Os tribunais portugueses, nessa época como ainda hoje, reconduziam o problema da quantificação à discricionariedade técnica, e sem se afastar muito desse raciocínio, Alberto Xavier fundamenta a margem de livre apreciação nos "complexos juízos técnicos e na utilização de máximas de experiência de que os órgãos jurisdicionais se acham em regra desprovidos"[1368], e ela diria respeito, em síntese, às "questões de facto que envolvam juízos de avaliação segundo critérios técnicos"[1369].

De tudo isto resulta que afinal a lei não tem o exclusivo da valoração dos factos tributários, que utiliza conceitos jurídicos indeterminados

---

[1365] ALBERTO XAVIER, *Conceito e natureza...*, cit., pp. 366-367 (pp. 364 e ss.). No seu *Manual...*, cit., pp. 128-129, ALBERTO XAVIER entende que "a margem de livre apreciação é a esfera de liberdade que cabe ao órgão de aplicação do direito na concretização de um conceito indeterminado ou na fixação e valoração dos factos que constituem o objecto do processo tributário gracioso" (p. 128), e que "do ponto de vista da lei válida é apenas uma das soluções: a solução justa, objectiva, verdadeira" (p. 128); e continua, caracterizando a margem de livre apreciação no Direito Fiscal como uma "«liberdade científica», conferida não para a escolha de uma de entre várias decisões possíveis, mas para a determinação da única solução querida por lei" (pp. 128-129).

[1366] ALBERTO XAVIER, *Conceito e natureza...*, cit., p. 339, nota 4.
[1367] ALBERTO XAVIER, *Conceito e natureza...*, cit., p. 371.
[1368] ALBERTO XAVIER, *Conceito e natureza...*, cit., p. 374.
[1369] ALBERTO XAVIER, *Conceito e natureza...*, cit., p. 380.

aos quais é preciso adicionar uma valoração no caso concreto, pelo que a posição de Alberto Xavier só se consegue explicar através da distinção que ele parece adoptar, entre questão-de-facto e questão-de-direito, distinção essa ultrapassada e devidamente criticada por Castanheira Neves poucos anos antes[1370].

Quanto à fundamentação da margem de livre apreciação, através de "complexos juízos técnicos e máximas de experiência não partilháveis", critérios indicados por outros autores, de que é exemplo Dietrich Jesch, ela não é aceitável.

Sem embargo das linhas que dedicaremos mais à frente à discricionariedade técnica, queremos deixar claro que se não aceitarmos a distinção entre questão-de-direito e questão-de-facto, e entre interpretação abstracta e interpretação concreta, não faz sentido dizer que a administração fiscal se encontra em melhor posição do que os tribunais, na interpretação e aplicação da norma ao caso concreto.

Além disso, como diz Sérvulo Correia, "a premissa da impossibilidade processual do controlo mereceria ser afastada definitivamente porque conduz em linha recta à recusa do controlo da existência material de pressupostos de facto, quando o mesmo dependa do uso de meios técnicos. Mas o erro de facto nos pressupostos é fonte de ilegalidade e o tribunal não pode fugir ao seu exame sob pena de violar a garantia constitucional de recurso contencioso com fundamento em ilegalidade"[1371].

E diga-se finalmente que na interpretação e aplicação das normas fiscais só em raros casos existe o recurso a "meios técnicos" – por exemplo, em alguns dos casos em que se recorre a comissões de avaliações, tal como na avaliação patrimonial de prédios, mas já não, em geral, na quantificação de rendimentos e despesas.

[1370] A. CASTANHEIRA NEVES, "A Distinção entre a questão-de-facto e a questão--de-direito e a competência do supremo tribunal de justiça como tribunal de 'revista'", *Digesta...,* I, cit., pp. 483 e ss.., 488 e ss., 495 e ss.: "O «facto» e o «direito», a «matéria de facto» e a «matéria de direito», a «questão de facto» e a «questão de direito», são, pois, nesta perspectiva, conceitos cujos conteúdos significativo e objectivo-intencional... têm o seu fundamento e critério decisivos nas directas intenções normativas do direito positivo, e unicamente nelas (...). São conceitos determinados *juridicamente – no seio* do direito e *pelo direito*". V. também KARL ENGISCH, *El Ambito de lo no juridico,* Cordoba, 1960 [1952], pp. 72 e ss..

[1371] SÉRVULO CORREIA, *Legalidade...* cit., pp. 476-477.

3.2. A evolução da jurisprudência alemã e os critérios de orientação do controlo judicial

Como temos vindo a repetir, a discussão à volta da margem de livre apreciação tem assentado em equívocos.

No que diz respeito à evolução da jurisprudência alemã sobre esta matéria, é utilizada crescentemente desde a década de sessenta, uma afirmação de princípio para justificar o controlo judicial dos conceitos indeterminados, e que encontramos também nos acórdãos do *BFH*, a propósito das matérias fiscais: a de que só pode haver uma decisão juridicamente correcta, porque o artigo 19.º n.º 4 da *GG* (semelhante ao nosso art. 268.º n.º 4 da CRP) garante a impugnação judicial de quaisquer actos administrativos que lesem os direitos ou interesses legalmente protegidos[1372].

No entanto, esta asserção sofre atenuações e não tem implicado a eliminação da margem de livre apreciação. No caso do Direito Fiscal, destaca-se a margem de livre apreciação reconhecida às tipificações através de actos pararegulamentares, nomeadamente, as que, densificando conceitos jurídicos indeterminados, estabelecem montantes quantitativos certos ou máximos para as deduções fiscais[1373].

Seja como for, podemos verificar quão díspare é a interpretação que a jurisprudência alemã e portuguesa fazem de dois preceitos constitucionais semelhantes: enquanto no primeiro ordenamento, no pós Segunda Guerra, o objectivo de atingir um "Estado de Direito perfeito" conduziu a afirmações como a citada ("uma só decisão correcta"), a interpretação da Constituição portuguesa de 1976 – que também consagra um Estado de Direito através de uma ruptura constitucional – não impediu que os tribunais tributários – nomeadamente, a 2.ª secção do STA – continuem a refe-

---

[1372] V., por todos, para o Direito Fiscal, KLAUS TIPKE/HEINRICH WILHELM KRUSE, Tipke/Kruse, *AO/FGO Kommentar*, § 5, 1999, p. 3. No comentário de 2004, KRUSE refere-se a um controlo ilimitado das decisões da administração fiscal, rejeitando a existência de conceitos indeterminados no Direito Fiscal (que identifica como conceitos normativos, i.e., conceitos valorativos que implicam elementos subjectivos) e consequentemente uma margem de livre apreciação, com a excepção de decisões de comissões de avaliações de exames, que não têm relevância para o Direito Fiscal material: pp. 6-9, pontos 16-24.

[1373] Embora se possa discutir se não estamos perante discricionariedade, orientada para o caso típico e assim exercida por acto geral e abstracto: neste sentido, KLAUS TIPKE//HEINRICH WILHELM KRUSE, Tipke/Kruse, *AO/FGO Kommentar*, § 5, 1999, p. 3 (ponto 2) e p. 11, ponto 28; e KRUSE, *AO/FGO Kommentar*, 45, cit., 2004, pp. 2-3, ponto 2.

rir-se ou a admitir a insindicabilidade de conceitos indeterminados no âmbito das leis fiscais: entre outras justificações para tal ausência de controlo, é invocada uma suposta discricionariedade técnica[1374].

Mas esta situação não se verifica apenas no quadro das leis fiscais, pois também no Direito Administrativo geral, os mesmos argumentos têm justificado a ausência de controlo judicial da aplicação administrativa de conceitos jurídicos indeterminados[1375].

Na Alemanha, à referida fundamentação, apoiada no art. 19.º n.º 4 da *GG*, junta-se, recentemente, no Direito Constitucional e no Direito Administrativo geral, uma argumentação constitucional ligada aos direitos fundamentais, como por exemplo, a ponderação de direitos fundamentais e a intensidade de ablação desses direitos, as quais condicionam o alcance do controlo judicial[1376].

Para dar uma ideia da evolução da jurisprudência nesta matéria, cabe referir que durante toda a década de sessenta, o *BVerwG* só excepcionalmente reconheceu uma margem de livre apreciação administrativa[1377]

[1374] V. a referência à jurisprudência e os argumentos por esta aduzidos para justificarem a ausência de controlo judicial: ANA PAULA DOURADO, "Poder de cognição do juiz tributário", cit., pp. 35 e ss.; JOSÉ CASALTA NABAIS, *O Dever fundamental...*, cit., pp. 383--384 e nota 579: embora o nosso tribunal constitucional tenha declarado inconstitucionais autorizações legislativas por serem insuficientemente indeterminadas: Idem.

[1375] V., por todos, criticamente, FERNANDO AZEVEDO MOREIRA, "Conceitos indeterminados...", cit., pp. 22 e ss.. Cf., ainda, reconduzindo a aplicação dos conceitos indeterminados à discricionariedade, MARIA FRANCISCA PORTOCARRERO, "Discricionariedade e conceitos imprecisos: ainda fará sentido a distinção? Acórdão do Supremo Tribunal Administrativo (1.ª Secção) de 20.11.1997, p. 39512", *Cadernos de Justiça Administrativa*, 1998, n.º 10, pp. 35 e ss.. E distinguindo entre discricionariedade e discricionariedade técnica conferida por conceitos jurídicos indeterminados, AFONSO QUEIRÓ, "Acórdão de 23 de Outubro de 1980. Anotação", cit., pp. 157 e ss., 160 e 168-169; "Acórdão de 11 de Março de 1982. Anotação", *RLJ*, 1981, n.º 115, pp. 358 e ss. e 363.

[1376] V. JAN-R SIECKMANN, "Beurteilungsspielräume und richterliche Kontrollkompetenzen", *DVBl*, 1997, p. 105. O mesmo se passa entre nós, em que doutrina e tribunais mesmo no domínio dos direitos fundamentais, aceitam uma abertura da lei e uma margem de livre apreciação ou discricionariedade: cf. SÉRVULO CORREIA, *Legalidade...*, cit., pp. 338 e ss.; JORGE NOVAIS, *As Restrições aos direitos fundamentais...*, cit., pp. 823 e ss., espec. 826 e ss. e 842 e ss.; JOSÉ CASALTA NABAIS, *O Dever fundamental...*, cit., pp. 383-384; J.C. VIEIRA DE ANDRADE, *Os Direitos fundamentais...*, cit., 3.ª ed., pp. 347 e ss., 352 e ss..

[1377] É o caso de avaliações de funcionários e de exames: V. KONRAD REDEKER, "Fragen der Kontrolldichte verwaltungsgerichtlichen Rechtsprechung", *DÖV*, 1971, p. 757. Também FRITZ OSSENBÜHL se refere à eliminação da margem de liberdade administrativa traduzida por conceitos indeterminados, na década de sessenta, relacionando-a com a altivez dos juízes e a confiança exagerada na justiça: "Tendenzen und Gefahren...", cit., pp. 620-621.

proveniente dos conceitos indeterminados, o que significou um aumento do controlo judicial, e ao mesmo tempo veio pôr em causa a existência do instituto Bachofiano.

Um forte sector criticou esta jurisprudência e a sobrevalorização dada ao art. 19.º n.º 4 da GG[1378]. E na verdade podemos dizer que a medida da protecção dada pelo art. 19.º n.º 4 da GG resulta da medida da vinculação, a qual decorre por seu turno de outras normas constitucionais e da lei, mas não do referido art. 19.º[1379]: a densidade de controlo caracteriza o equilíbrio entre a tarefa de protecção jurídica decorrente do art. 19.º n.º 4 da GG e o respeito pela tarefa do poder executivo, sendo especialmente reconhecido o controlo judicial limitado da discricionariedade e da margem de livre apreciação[1380]. A mesma argumentação se aplica ao nosso art. 268.º n.º 4 da CRP.

Portanto, o art. 19.º n.º 4 da GG não foi entendido pela doutrina como argumento bastante para impedir a margem de livre decisão administrativa.

Em 1972, ao contrário do que vinha defendendo até aí, o $BVerwG$ considerou que a Comissão de apreciação de escritos perigosos para a juventude tinha poderes decisórios finais. Alguma doutrina, celebrando o acórdão, aproveitou para reforçar a campanha a favor da margem de

---

[1378] Segundo HARTMUT MAURER, *Allgemeines Verwaltungsrecht*, cit., 14.ª ed., pp. 142-143 e ss., a maioria da doutrina aceitou a margem de livre apreciação decorrente de conceitos jurídicos indeterminados.

[1379] Como refere FRITZ OSSENBÜHL, "Vom unbestimmten...", cit., p. 312. HELMUT SCHULZE-FIELITZ, Dreier, *GG Kommentar, I*, Tübingen, 1996, Art. 19, pontos 87-88, pp. 1155-1156.

E diz-nos HORST EHMKE que a interpretação do art. 19.º, n.º 4 da GG pela referida jurisprudência pressupõe um "sistema de protecção jurídica sem lacunas". A GG exige um "óptimo para o Estado de Direito", mas a ele "pertence o reconhecimento da necessária liberdade de actuação da administração para a execução das tarefas estaduais": "«Ermessen»...", cit., pp. 49-51.

[1380] Assim também a doutrina actual: HELMUT SCHULZE-FIELITZ, Dreier, *GG Kommentar, I*, cit., ponto 88, p. 1155; PETER MICHAEL HUBER, Mangoldt/Klein, *Das Bonner GG Kommentar, I*, 4.ª ed., München, 1999, Art. 19, pontos 512-518, pp. 2322-2324; HANS-JÜRGEN PAPIER, "Rechtsschutzgarantie gegen die öffentliche Gewalt", *Handbuch des Staatsrechts der BRD, Freiheitsrechte, VI*, Isensee/Kirchhof, Heidelberg, 2001, pontos 62 e ss., pp. 1259 e ss.; IBLER, Friauf/Höfling, *Berliner Kommentar zum GG, I*, Berlin, 2003, Art. 19, pontos 255-287, pp. 159-181: o autor aceita a discricionariedade administrativa, acentuando a necessidade de um controlo judicial tão intenso quanto possível, e aceita a margem de livre apreciação com base na "defensibilidade" da decisão.

livre apreciação[1381]. Pressionado ou não pela doutrina, e também sob a influência da administração[1382], a verdade é que, na década de oitenta, o *BVerwG* alargou o número de casos de livre apreciação administrativa. Mas, ainda hoje, continua a admiti-la excepcionalmente, em grupos de casos por ele identificados, de acordo com uma metodologia tópica[1383].

E, nesses casos, continua a distinguir entre "decisões de ponderação" (não controláveis) e "pressupostos de ponderação" (controláveis) – na mesma linha do *BVerfG*[1384].

Assim, embora com oscilações, é reconhecida uma margem de livre apreciação administrativa em relação às correcções de exames e decisões semelhantes[1385], às avaliações de funcionários públicos, às deliberações valorativas de comissões constituídas por peritos ou por representantes dos diversos interesses em jogo, às decisões de prognose e de valoração do risco, nomeadamente no Direito do Ambiente e Económico, e às decisões de política administrativa. Inclusivamente, assiste-se nos últimos anos a uma restrição, por parte do Tribunal Constitucional alemão, dos casos em que a margem de livre apreciação era aceite, por exemplo das correcções de exames, em que o tribunal opõe à margem de livre apreciação do examinador, um direito de resposta do examinando, e distingue entre "valorações específicas à prova" (aqui é reconhecida margem de livre apreciação) e "controlo da exactidão científica" (à qual não é concedida margem de livre apreciação)[1386].

[1381] V., por todos, FRITZ OSSENBÜHL, "Zur Renaissance der administrativen Beurteilungsermächtigung", *DÖV*, 1972, pp. 401 e ss..

[1382] HELMUT SCHULZE-FIELITZ, "Neue Kriterien für die verwaltungsgerichtliche Kontrolldichte bei der Anwendung unbestimmter Rechtsbegriffe", *JZ*, 1993, p. 773.

[1383] V. SCHMIDT-EICHSTAEDT, "Der Konkretisierungsauftrag der Verwaltung beim Vollzug öffentlich-rechtlicher Normen", *DVBl*, 1985, pp. 645-646.

[1384] Mas, segundo opinião doutrinária, não é de excluir que alguns pressupostos de ponderação justifiquem uma margem de liberdade administrativa. É esta a posição de Sieckmann, que expõe e critica a posição do *BVerwG*, dando como exemplo o caso do acórdão sobre escritos perigosos para a juventude (V. JAN-R. SIECKMANN, "Beurteilungsspielräume...", cit., pp. 103 e 106): as avaliações factuais do *Bundesprüfstelle* são tratadas como avaliações de peritagem e não como simples alegações dos interessados.

[1385] Às decisões sobre exames era atribuída, até há pouco, margem de livre apreciação, tendo sido entretanto decidido, como se referiu anteriormente, que os exames estaduais de Direito e exames de Medicina podiam ser parcialmente controlados pelos tribunais: V., por ex., entre muitos outros, HARTMUT MAURER, *Allgemeines Verwaltungsrecht*, 14.ª ed., cit., p. 147 e ss..

[1386] Trata-se de dois acórdãos de 1991: V. HARTMUT MAURER, *Allgemeines Verwaltungsrecht*, 14.ª ed., cit., pp. 147-150.

E em matéria fiscal é reconhecida uma margem de livre apreciação administrativa, sempre que actos pararegulamentares tipificam de forma globalizante as deduções admitidas para efeitos de impostos sobre o rendimento[1387].

É interessante referir um despacho saneador da 1.ª secção do STA, que já temos vindo a citar em nota de pé de página, em que o juiz Fernando Azevedo Moreira segue também um critério tópico para identificar casos que podem excepcionalmente subtrair-se ao controlo judicial, casos esses que coincidem parcialmente com os identificados pela jurisprudência alemã. Assim, "isentos de censura judicial" seriam "os actos praticados por certos órgãos autónomos da Administração (júris de exames ou de avaliação de conhecimentos pedagógicos ou científicos, comissões de apreciação de filmes ou de publicações)", por se tratar de valorações "eminentemente pessoais"; os actos que envolvessem, na linha de Jesch "imponderáveis não partilháveis", tal como o despedimento de um funcionário público; os casos "denominados de discricionariedade técnica" que deveriam ser reconduzidos à margem de livre apreciação, e cujas fronteiras devem ser traçadas pelos tribunais supremos; e ainda os casos em que "se verifica uma *conexão particularmente íntima ou intrínseca...* entre o exercício de uma competência discricionária e o seu pressuposto vinculado", tal como acontece nas intervenções de polícia[1388].

Este é um caminho possível, para identificar os casos de livre apreciação administrativa. Em matérias fiscais, a intervenção de comissões independentes de avaliação da matéria tributável, poderia caber no primeiro caso identificado por Fernando Azevedo, e a atribuição de alguns benefícios fiscais poderia caber no terceiro caso.

Na Alemanha, os casos mencionados têm sido agrupados pela doutrina de diversas formas, de acordo com o objecto, existindo alguma correspondência entre as diferentes classificações: há autores que os agrupam

---

[1387] Quase todos os autores que tratam desta matéria, no Direito Administrativo, enumeram os casos de margem de livre apreciação aceites pelo Tribunal Constitucional alemão: Para além de HARTMUT MAURER e de WOLFF/BACHOF/STOBER, que já citámos, V. HELMUT SCHULZE-FIELITZ, "Neue Kriterien für die verwaltungsgerichtliche Kontrolldichte...", cit., pp. 772-773; JAN-R SIECKMANN, "Beurteilungsspielräume...", cit., p. 101. Também entre nós estes casos já foram enumerados por SÉRVULO CORREIA, *Legalidade...*, cit., p. 126. V., ainda, para o Direito Fiscal, KLAUS TIPKE/HEINRICH WILHELM KRUSE, Tipke/Kruse, *AO/FGO Kommentar*, § 5, 1999, pp. 9-10 e 11, pontos 23 e 29; KRUSE, Tipke/Kruse, *AO/FGO Kommentar*, § 5, 2004, pp. 8-9, ponto 23; LERKE OSTERLOH, *Gesetzesbindung und Typisierungsspielräume...*, cit., pp. 492 e ss..

[1388] FERNANDO AZEVEDO MOREIRA, "Conceitos indeterminados...", cit., pp. 68-77.

em decisões de valoração, (algumas) decisões de ponderação, decisões de planeamento e decisões de prognose; outros referem-se a decisões que têm como objecto a avaliação de pessoas, de coisas e de processos sociais[1389]; outros ainda classificam-nos como decisões insubstituíveis, valorações vinculativas, decisões de prognose e decisões conformadoras[1390].

Se quiséssemos elaborar, a partir deste grupo de casos, um critério para definir conceito jurídico indeterminado, autónomo do conceito discricionário, não conseguiríamos atingir o objectivo. Já seria possível averiguarmos se se trata de conceitos discricionários, com o significado que adoptamos: portanto, conceitos jurídicos que exigem uma valoração e aplicação pessoal e casuística por parte da administração.

Seja como for, o que identifica a margem de livre apreciação administrativa é o tipo de matérias a decidir pela administração, sendo diversas as razões que justificam que lhe seja atribuído um poder decisório final.

Por exemplo, a margem de livre decisão na correcção de exames e provas semelhantes é justificada por um elemento de carácter pragmático (i.e. de dificuldades práticas), que aparece ligado ao da irrepetibilidade, e ao do carácter pedagógico e/ou técnico-científico (este argumento aplica-se também ao Direito dos funcionários), embora este seja autonomizável (sob a forma, por exemplo, da "especial perícia da administração"). A margem de livre apreciação corresponde *grosso modo* neste caso àquilo que no Direito português, francês e italiano é ou foi designado por discricionariedade técnica.

Também o reconhecimento da margem de livre apreciação das comissões independentes pelo acórdão do *BVerwG* de 1972, e que é reconhecida a título excepcional no Direito Fiscal, quanto às comissões de avaliação de provas[1391], se aproxima da figura da discricionariedade técnica.

[1389] Segundo a classificação de WALTER SCHMIDT, *Einführung in die Probleme des Verwaltungsrechts*, cit., pp. 39-40. No que diz respeito à avaliação do perigo de coisas, foi excepcionalmente admitida margem de livre apreciação no caso dos "escritos perigosos para a juventude" (*BVerwGE*, 39, 197), tendo sido maioritariamente negada a propósito do "perigo das grandes construções", o que é muito controverso, como faz notar o autor (p. 40).

[1390] Segundo a classificação de FRITZ OSSENBÜHL, "Vom unbestimmten...", cit., pp. 311-313.

[1391] Veja-se KLAUS TIPKE/HEINRICH WILHELM KRUSE, Tipke/Kruse, *AO/FGO Kommentar*, § 5, 1999, p. 10, ponto 24; e KRUSE, Tipke/Kruse, *AO/FGO Kommentar*, § 5, 2004, p. 9, ponto 24: em caso de comissões de avaliação independentes, o controlo judicial limita-se a verificar a observância dos critérios gerais de avaliação, eventuais ponderações

Embora a fundamentação do *BVerwG* não seja muito clara, a ideia que lhe está subjacente é a da "decisão material óptima"[1392] devido à constituição plural das comissões[1393]. Em termos gerais, questiona-se se as deliberações destas comissões devem ser vinculativas devido à multiplicidade de interesses nelas representados e argumentos conexos[1394], caso em que o controlo judicial teria como objecto o Direito de organização e procedimento das referidas comissões[1395], ou se é fundamental a relação entre a comissão e a matéria em análise. Nesta última hipótese, só as "valorações especiais" exigidas pela matéria significariam uma "autorização legal de livre apreciação administrativa", e portanto, nem todas as comissões teriam uma margem de livre apreciação[1396].

É o Tribunal Constitucional alemão, com uma argumentação baseada na protecção de direitos fundamentais, que tem adoptado desde a década

---

estranhas ao assunto, e a observância do princípio da proporcionalidade e de disposições procedimentais.

[1392] IDEM. FRITZ OSSENBÜHL, "Zur Renaissance...", cit., p. 404: como refere Ossenbühl, esta ideia não é de forma alguma nova, remontando a Otto Bähr (Apud, *Der Rechtstaat*, 1864, pp. 60 e ss.), tendo-se perdido como resultado de uma sobresignificação dada ao art. 19.º, n.º 4 da *GG*.

[1393] O *BVerwG* referiu-se à estrutura ou constituição especial das comissões, mais concretamente à multiplicidade de representantes sociais e à presunção de que estes representantes teriam conhecimentos especializados sobre a matéria a avaliar: V. a análise desta decisão e dos argumentos invocados pelo tribunal em FRITZ OSSENBÜHL: "Zur Renaissance...", cit., p. 404. Cf., ainda, JAN-R SIECKMANN, "Beurteilungsspielräume..." cit., p. 107.

[1394] Além de FRITZ OSSENBÜHL, "Zur Renaissance...", cit., p. 404, KONRAD REDEKER, "Fragen...", cit., p. 760, entende que a constituição de comissões está relacionada com a aplicação de conceitos indeterminados sem conteúdo jurídico e que o facto de o legislador as constituir, significa um indício de que o controlo judicial deve ser limitado, pois, caso contrário seria supérflua a sua constituição, e contraditório que o tribunal, por seu turno, pudesse recorrer aos seus peritos para substituir a primeira decisão.

[1395] Neste sentido, HANS-JÜRGEN PAPIER, "Zur verwaltungsgerichtlichen...", cit., pp. 626-627. O autor considera menos relevantes os pressupostos de admissão da margem de liberdade decisória, objectivo-materiais, e entende que o legislador deveria realçar, quando fosse o caso, a constituição das comissões (a independência dos seus membros e a garantia da neutralidade) e a "avaliação subjectiva". O legislador deveria passar-lhes "atestados de insuspeição", embora não lhes possa conferir uma margem de liberdade ilimitada, pois tem de respeitar o art. 19.º, n.º 4 da *GG*. Por conseguinte, segundo Papier, só alguns elementos da decisão podem beneficiar de uma margem de livre apreciação administrativa. Além disso, Papier entende que nos casos em que reconheça a certas comissões poderes decisórios, deve regular a constituição, composição e procedimento das mesmas.

[1396] Neste sentido, FRITZ OSSENBÜHL, "Vom unbestimmten...", cit., p. 313.

de noventa um papel restritivo. O controlo judicial ilimitado, sempre que estejam em causa direitos fundamentais, é, digamos assim, uma adaptação da teoria da essencialidade que, tendo sido inicialmente pensada para as relações entre lei do Parlamento e administração, é desta feita utilizada para justificar o controlo judicial de decisões administrativas que não se limitam à execução da lei[1397].

Perante o caminho seguido pela jurisprudência, a perspectiva metodológica da doutrina, centrada na identificação e definição de conceito jurídico indeterminado e na sua localização na norma, não dispunha dos instrumentos adequados para enquadrar dogmaticamente as decisões jurisprudenciais, ou seja, para lhes atribuir alguma sistematização científica.

O acolhimento jurisprudencial, hesitante e restritivo da figura doutrinária da margem de livre apreciação, não correspondeu além do mais, aos quadros elaborados pela mesma doutrina. O que verificamos, assim, é a adaptação da orientação doutrinária ao método da jurisprudência, embora

---

[1397] Podemos retomar a este propósito o exemplo das deliberações da Comissão de apreciação de escritos perigosos para a juventude, como um dos alvos do controlo do *BVerfG*. Com efeito, o tribunal recorre à liberdade de criação do art. 5.º § 3/1 da *GG* para negar a classificação de um romance como "perigoso para a juventude", distanciando-se da posição do *BVerwG*. Apesar de, no mesmo acórdão, o *BVerfG* afirmar não se ter pronunciado sobre a margem de livre apreciação, a leitura que dele se faz é outra. Entende-se, de facto, que este acórdão é um dos marcos na restrição da margem de livre apreciação (ou no alargamento do controlo judicial). Na mesma linha de fundamentação, o *BVerfG* recorreu ao art. 12.º § 1 da *GG* para justificar maiores exigências nos parâmetros das provas, de forma a poder controlá-los: a margem de livre apreciação é deixada para valorações específicas da prova, mas não para questões técnicas. Ainda enunciado como um exemplo desta orientação, é o acórdão do *BVerfG* relativo à admissibilidade de escolas privadas, em que através do art. 7.º § 5 da *GG*, o *BVerfG*, embora admitindo um controlo judicial limitado do "especial interesse pedagógico", recusou-o quanto à interpretação do conceito, tendo desta feita limitado o alcance da margem de livre apreciação: V. todos estes exemplos enunciados por JAN-R SIECKMANN, "Beurteilungsspielräume...", cit., pp. 102-103. No Direito Fiscal, não se tem sentido a pressão do controlo das circulares administrativas, que, no exercício de uma margem de livre apreciação concedida por lei, tipificam (quantificam) as deduções fiscais admitidas: em 1993, sem pôr em causa tais circulares tipificantes, o *BVerfG* considerou que elas só eram admitidas se respeitassem o fim da lei e o princípio da igualdade, e declarou a inconstitucionalidade de circulares que tipificavam as remunerações obtidas a título de actividades acessórias, exercidas num órgão social de uma empresa por iniciativa do empregador, e consideradas por lei despesas profissionais de reembolso, dedutíveis: cf., comentando o acórdão, MONIKA JACHMANN, "Zur Anwendung typisierender Verwaltungsvorschriften im Steuerrecht, Zugleich eine Anmerkung zum Beschluß des Bundesverfassungsgerichts vom 28.6.1993 – 1 BvR 390/89", *StuW*, 1994, pp. 347 e ss..

este aspecto nunca seja mencionado, e uma parte da doutrina reivindique um âmbito maior para a margem de livre apreciação administrativa.

Assim, à jurisprudência que restringe os casos de livre apreciação administrativa, a doutrina contrapõe não só a antiga máxima da substituibilidade desnecessária de juízos problemáticos, no sentido em que as decisões podem ser muito diferentes, mas nenhuma delas errada, como também uma panóplia de critérios que deveriam orientar o controlo judicial.

E no quadro de uma discussão jurídico-funcional, que caracterizaremos de seguida, assiste-se a uma recuperação da teoria da defensibilidade de Ule, que permite reconhecer uma margem de livre apreciação sempre que existam na lei conceitos indeterminados e a aplicação administrativa seja defensável; ou através de uma outra formulação, diz-se que o tribunal "não deve substituir o juízo administrativo, se não existir uma dúvida razoável"[1398-1399].

Quanto aos parâmetros orientadores do controlo judicial, eles ainda não colocariam em perigo a margem de livre apreciação administrativa: controlo do procedimento, da tomada de conhecimento dos factos, da ponderação de princípios constitucionais e de outros princípios do ordenamento, de factores estranhos ao caso, de decisões claramente contraditórias ou erradas, validade de pressupostos fácticos e jurídicos, audição dos interessados[1400-1401].

[1398] Esta antiga máxima, que remonta a Jellinnek, Steindorff, Jarosch, Bachof, Ernst-Werner Fuss entre outros (V. FRITZ OSSENBÜHL, "Tendenzen und Gefahren..." cit., p. 620), continua a ser defendida na orientação jurídico-funcional: entre muitos outros, V. por ex. FRITZ OSSENBÜHL, IDEM, e mais recentemente, JAN-R SIECKMANN, "Beurteilungsspielräume...", cit., p. 105; e, no mesmo sentido para o Direito Fiscal, LERKE OSTERLOH, *Gesetzesbindung und Typisierungsspielräume*..., cit., pp. 172-184, 196-199.

[1399] A "substituibilidade desnecessária" é além do mais avessa à figura incómoda dos peritos, por estes significarem a desresponsabilização do executivo. No entanto, ainda aqui, as limitações fácticas podem determinar a intensidade do controlo. V., neste sentido, JAN-R SIECKMANN, "Beurteilungsspielräume...", cit., p. 104.

[1400] V., entre outros, HANS WOLFF, OTTO BACHOF, *Verwaltungsrecht I*, cit., 1974, pp. 190, 193-194. Esta correcção do procedimento significa o respeito pela "preferência de lei" e corresponde grosso modo à "rule of law" dos ordenamentos anglo-saxónicos: V., por exemplo, DAVID LYONS, *Ethics and the rule of law*, Cambridge, London, New York, New Rochelle, Melbourne e Sydney, 1984, pp. 194-208. Diz-nos Lyons, na p. 200 que a "rule of law" contém dois elementos essenciais: "as decisões devem ser tomadas de acordo com a lei em vigor e tendo em conta o mérito das alternativas". Cf. ainda por exemplo, um artigo publicado no *Boletim da Faculdade de Direito da Universidade de Coimbra*, Coimbra, 2001 (Antonio-Carlos Pereira Menaut, "Rule of law y Estado de Derecho"), pp. 75-77 e ss.. Além disso, continuam a ser controlados os limites ao exercício da margem de livre

Mas estes critérios – e entre eles os limites da discricionariedade, aplicados à margem de livre apreciação – foram, em bom rigor, elaborados em diálogo pela jurisprudência e pela doutrina, e até mesmo, derivados da grande pressão judicialista, nomeadamente da parte do supremo tribunal administrativo alemão. Tem-se tentado a sua sedimentação ao longo das décadas, com o objectivo de delimitar as fronteiras da margem de livre apreciação administrativa, e dar algum rigor e estabilidade ao instituto, evitando ao mesmo tempo um controlo da decisão em si mesma.

Alguns autores propõem a legalização de alguns dos mencionados critérios orientadores da justiciabilidade, e até mesmo a consagração legal da margem de livre apreciação relativamente às decisões valorativas e de prognose, ou, indo ainda mais longe, sugerem a consagração legal da doutrina da defensibilidade[1402-1403]. Não só estas propostas não foram con-

---

apreciação à semelhança do que acontece com a discricionariedade. V. o resumo desses limites, nomeadamente dos internos e estruturais, e as restantes classificações doutrinárias em ROBERT ALEXY, "Ermessensfehler", *JZ*,1986, pp. 711-712 (702 e ss.). E ainda, em ALBERT BLECKMANN, *Ermessensfehlerlehre, Völker- und Europarecht, vergleichendes Verwaltungsrecht*, Köln, Berlin, Bonn, München, 1997, pp. 200-214.

[1401] Refira-se ainda o dever judicial de averiguar se a administração teve em consideração o estádio máximo de conhecimentos sobre um assunto extra-jurídico, no momento da decisão. Se este critério nos parece imprescindível, e se revela uma aproximação aos critérios utilizados pela jurisprudência nos outros ramos de Direito, quando estão em causa conceitos jurídicos indeterminados, a verdade é que, em tais situações, pode não restar qualquer margem de livre apreciação administrativa – a não ser em certos casos (por exemplo, os casos de prognose, ou de matérias extra-jurídicas de avaliação, tal como, o valor de mercado de imóveis ou dos preços de transferência, para efeitos fiscais). Adiante, a propósito da discricionariedade técnica, voltaremos a este assunto. V. ainda a referência à distinção entre decisão de prognose (não controlável judicialmente) e decisão relacionada com o estado da ciência e da técnica (controlável judicialmente), proposta na Alemanha pela "Comissão independente do Estado federal para a unificação do Direito e da Administração", em SCHMIDT-EICHSTAEDT, "Der Konkretisierungsauftrag...", cit., p. 649.

[1402] SCHMIDT-EICHSTAEDT, "Der Konkretisierungsauftrag...", cit., pp. 648-649; criticando a consagração legal de tal cláusula, ou de outras soluções de carácter geral: GUNNAR FOLKE SCHUPPERT, "Self-restraints der Rechtsprechung – Überlegungen zur Kontrolldichte in der Verfassungs – und Verwaltungsgerichtsbarkeit", *DVBL*, 1988, p. 1197; no mesmo sentido, nomeadamente referindo que Schmidt-Eichstaedt não respeita a tradicional atribuição da margem de livre apreciação só no terceiro nível de aplicação dos conceitos jurídicos indeterminados, alargando-a ao nível de interpretação, HANS-JÜRGEN PAPIER, "Zur verwaltungsgerichtlichen...", cit., pp. 623-624. Papier avança os argumentos da insegurança jurídica que resultaria das diferentes interpretações dos serviços, e do art. 19 n.º 4 da *GG* que assegura que a última palavra sobre a interpretação de uma lei ou regulamento seja da competência dos tribunais, para criticar a proposta de Schmidt-Eichstaedt.

sagradas legalmente[1404], como a implacável acção da jurisprudência malogra esta vontade de elaboração dogmática, com o controlo apertado da actuação administrativa, como mencionámos, sendo questionável se faz ainda sentido falar na Alemanha, da existência de uma margem de livre apreciação administrativa.

Ironicamente, é no Direito Fiscal – onde as exigências de determinação legal seriam, em princípio, muito elevadas – que essa margem de livre apreciação tem vindo a ser crescentemente reconhecida pelos tribunais. Como veremos, ela é utilizada para tipificar (quantificar) os pressupostos de um grupo específico de normas legais indeterminadas: as normas dos códigos de imposto sobre o rendimento que prevêem a dedução de despesas ou custos e que não concretizam os montantes de dedução admissível. Como também teremos oportunidade de desenvolver, essa margem de livre tipificação é tácita ou expressamente reconhecida com base na teoria da defensibilidade.

4. A orientação jurídico-funcional

A jurisprudência constante que acabámos de analisar foi decisiva para os avanços na caracterização da margem de livre apreciação.

Desde logo, ficou demonstrado que a abordagem metodológica da margem de livre apreciação administrativa e dos conceitos jurídicos indeterminados baseada na divisão da proposição jurídica, é insuficiente para justificar a margem de livre apreciação administrativa: o impasse a que se tinha chegado, os resultados perversos a que conduziu, a pressão do controlo judicial acrescido e o aumento de actividades administrativas de conformação que postulam uma margem de livre decisão administrativa, exigiam um novo caminho.

Ou seja, a margem de livre apreciação administrativa não se reconduz a um (mero) "problema de reconhecimento" dos conceitos jurídicos

---

[1403] HANS HEINRICH RUPP ("'Ermessen", "unbestimmte...", cit., p. 464) critica a teoria da defensibilidade, considerando-a insustentável em teoria e também na prática, por ser demasiado permissiva e estimular o subjectivismo.

[1404] V., por ex., WALTER SCHMIDT, entre outros: o autor faz referência ao § 2 III n. 2 VwVfG que inclui as "provas de prestação, qualificação e semelhantes, relativas a pessoas", na discricionariedade administrativa (WALTER SCHMIDT, Einführung..., cit., p. 45).

indeterminados: pois, se nos outros ramos de Direito, os tribunais contribuem para a concretização dos mesmos, por que razão não o haveriam de fazer no Direito Administrativo[1405-1406]?

Assim, a margem de livre apreciação administrativa passa a ser fundamentada por um discurso jurídico-funcional, o qual pretende exactamente demonstrar que tal espaço de liberdade ultrapassa a questão hermenêutica, e diz respeito a uma repartição constitucional de competências entre administração e tribunais.

Recorrendo às palavras de Ossenbühl, a "perspectiva jurídico-funcional não procura desintegrar o processo de interpretação e decisão nas suas componentes, analisá-lo com exactidão, para estabelecer onde acaba a compreensão e começa a valoração; a perspectiva jurídico-funcional pergunta antes, se este órgão, tendo em conta a sua composição, a sua legitimação, o seu procedimento, (...) as suas capacidades de funcionamento..., é adequado para formular a decisão"[1407].

Há neste discurso uma ruptura com a concepção tradicional de aplicação do Direito, que contrapunha a actividade vinculativa à aplicação discricionária, e o reconhecimento de que a fronteira entre conceitos discricionários, conceitos indeterminados (uns discricionários e outros vinculativos) e conceitos determinados não podia ser traçada com rigor. E está subjacente o entendimento de que a aplicação da lei mais ou menos indeterminada implica sempre uma actividade de densificação, e por isso, necessariamente, mais ou menos conformadora.

[1405] V., por todos, FRITZ OSSENBÜHL, "Rechtsquellen und Rechtsbindungen der Verwaltung", cit., 12.ª ed., p. 208.

[1406] Ainda assim, parece que a maioria da doutrina não entende que os conceitos jurídicos indeterminados sejam totalmente controláveis pelos tribunais: V. a referência em HARTMUT MAURER, *Allgemeines Verwaltungsrecht*, cit., 14.ª ed., p. 141. Mas defendendo o seu controlo, KARL LARENZ/CLAUS-WILHELM CANARIS, *Methodenlehre der Rechtswissenschaft*, cit., 3.ª ed., p. 117; KARL ENGISCH, *Introdução...*, cit., p. 184; A.M. MENEZES CORDEIRO, *Da Boa fé no Direito Civil, II*, Coimbra, 1984, pp. 1176 e ss., espec. 1181, nota 232. No mesmo sentido para grande parte dos conceitos indeterminados ("conceitos meramente descritivos", como "à noite", "conceitos indeterminados de valor", como "local apropriado", "todos aqueles conceitos indeterminados de valor cuja concretização envolva juízos mais especificamente jurídicos"), FERNANDO AZEVEDO MOREIRA, "Conceitos indeterminados...", cit., pp. 65-67. Cf., ainda, J.J. GOMES CANOTILHO e a classificação dos conceitos jurídicos indeterminados no texto constitucional: *Constituição dirigente e vinculação do legislador, contributo para a compreensão das normas constitucionais programáticas*, Coimbra, 1982, pp. 430 e ss..

[1407] FRITZ OSSENBÜHL, "Rechtsquellen und Rechtsbindungen der Verwaltung", cit., 12.ª ed., p. 219.

É por isso que neste momento, distinga-se ou não a discricionariedade da margem de livre apreciação, e reconheça-se um âmbito maior ou menor a esta última, o âmbito de decisão administrativa pode ser identificado como "uma área de conformação autónoma num contexto jurídico mais ou menos densificado"[1408]: ou seja, em toda a actuação administrativa, como actividade de aplicação da lei, há necessidade de densificação de conceitos jurídicos, os quais são mais ou menos indeterminados, não sendo possível opor vinculação a discricionariedade, e tornando-se mais relevante identificar matérias e interesses do que os conceitos[1409].

Não concordamos com todos os pressupostos e conclusões da teoria jurídico-funcional: as justificações funcionais não podem prescindir das metodológicas, pois, assumindo que a aplicação da lei pode revelar-se num qualquer momento indeterminada – se ou quando aparecer um caso difícil – a distinção entre conceitos discricionários e restantes conceitos indeterminados é relevante para concluirmos se a densificação da lei é reservada à administração, ou se pode ser realizada também pelos tribunais, como acontece em todos os ramos de Direito onde não se interpõe a administração.

Esta distinção – uma (qualquer) distinção – continua a ser particularmente relevante no Direito Fiscal, para definirmos o alcance do princípio da legalidade, porque é inconveniente que a "densificação" dos conceitos legais indeterminados seja realizada em cada momento, para cada sujeito passivo.

Neste ramo de Direito, cabe saber se não deve o fisco densificar a lei segundo o tipo (tipo médio ou tipo frequente, como referimos no capítulo dedicado ao pensamento tipológico), e, caso a administração não o faça, se não podem os tribunais substituir-se a esta, elaborando uma densificação que tenha em conta o tipo e não o caso individual[1410].

[1408] J.C. VIEIRA DE ANDRADE, *O Dever da fundamentação*..., cit., p. 372.

[1409] J.C. VIEIRA DE ANDRADE, *O Dever da fundamentação*..., cit., pp. 368 e ss.. Em sentido contrário, opondo interpretação/vinculação a discricionariedade, PAULO OTERO, *Conceito e fundamento da hierarquia administrativa*, Coimbra, 1992, pp. 196-198; e de certa forma, MARIA LUÍSA DUARTE ("A Discricionariedade administrativa e os conceitos jurídicos indeterminados", *BMJ*, 1987, n.º 370, pp. 48-59 e 63 e ss. 66 e ss.), embora a autora admita a margem de livre apreciação "por razões de natureza processual ou de excessiva abstracção dos conceitos" (p. 70).

[1410] Considerando que o "poder discricionário" abrange a decisão segundo as "particularidades do caso concreto" e as "decisões e orientações políticas do governo e da administração" – portanto, através de regras gerais e abstractas, J. BAPTISTA MACHADO, *Introdução*..., cit., p. 115.

Feita esta ressalva, cabe aos argumentos funcionais justificar que a concretização (segundo o caso individual ou segundo o tipo) realizada pelo fisco deve ser aceite pelos tribunais – para explicar que os juízos do fisco não devem ser substituídos pelos juízos dos tribunais –, como explicaremos ao longo deste ponto.

Mas a orientação jurídico-funcional não é a única que encontramos, actualmente, sobre esta matéria. Assim, podemos arrumar essas orientações em quatro grupos:

– Os autores que, na senda do Tribunal Constitucional alemão, só excepcionalmente aceitam uma margem de livre apreciação resultante de conceitos jurídicos indeterminados localizados na previsão da norma[1411].

Ou seja, só se houver obstáculos factuais ou jurídicos insuperáveis, o controlo judicial deve ser restringido pelo legislador, pois a conformação administrativa não pode pôr em causa a garantia constitucional de controlo judicial da actividade administrativa[1412]; esta parte da doutrina continua portanto a distinguir as figuras da discricionariedade e da margem de livre apreciação, por elas revelarem situações com diferente configuração fáctica e jurídica[1413].

[1411] V., por exemplo, KRUSE, Tipke/Kruse, *AO/FGO Kommentar*, §5, 2004, pp. 6-7; ROLF-DETLEV SCHOLTZ, Koch/Scholtz, *AO Kommentar,* § 5, cit., 1996, p. 105; HARTMUT MAURER, *Allgemeines Verwaltungsrecht*, cit., 14.ª ed., pp. 135-157; DIETER SCHMALZ, *Allgemeines Verwaltungsrecht und Grundlagen des Verwaltungsrechtsschutzes*, 3.ª ed., Baden-Baden, 1998, pp. 70 e ss.. FRANZ-JOSEPH PEINE, *Allgemeines Verwaltungsrecht*, 4.ª ed., Heidelberg, 1998, pp. 49 e ss.; HEIKO FABER, *Verwaltungsrecht*, 4.ª ed., Tübingen, 1995, pp. 106-113; IBLER, Friauf/Höfling, *Berliner Kommentar...,* Art. 19.º, cit., pp. 160--162: todos os autores citados nesta nota aceitam a posição da jurisprudência, ou seja, só excepcionalmente e nos casos identificados pelos tribunais, existe uma margem de livre apreciação administrativa. Entre nós, também para AFONSO QUEIRÓ ("Os Limites do poder discricionário...", cit., pp. 8-9) e ANDRÉ GONÇALVES PEREIRA (*Erro e ilegalidade...*, cit., pp. 268 e ss), a qualificação jurídica dos pressupostos está relacionada com a interpretação e nunca com a discricionariedade. V. também as referências a estas posições, em SÉRVULO CORREIA, *Legalidade...*, cit., pp. 109-110.

[1412] V. por todos, HARTMUT MAURER, *Allgemeines Verwaltungsrecht*, cit., 14.ª ed., p. 153-157.

[1413] V. por todos, HARTMUT MAURER, *Allgemeines Verwaltungsrecht*, cit., 14.ª ed., pp. 130 e ss.. E entre nós, JOSÉ CASALTA NABAIS, *O Dever fundamental...,* cit., pp. 378--380. Embora CASALTA NABAIS distinga entre verdadeiros conceitos indeterminados – os que implicariam uma avaliação ou valoração da situação concreta – e os conceitos indeterminados "ditos classificatórios", e cite SÉRVULO CORREIA para sustentar esta posição,

– Os autores que procuram na "realidade constitucional" da articulação entre funções a justificação para a margem de livre apreciação, desde que a interpretação administrativa seja "defensável"[1414].

– Os autores que, como entre nós Sérvulo Correia e Vieira de Andrade, rejeitam a localização estanque dos conceitos jurídicos indeterminados na previsão legal e dos conceitos discricionários na estatuição e, consequentemente, reconduzem a margem de livre apreciação à figura mais ampla da discricionariedade, também com base em justificações jurídico-funcionais[1415-1416].

---

distingue também entre discricionariedade e margem de livre apreciação, parecendo entender, pelos exemplos que dá, que a discricionariedade decorre de vocábulos como "pode" e semelhantes: *O Dever fundamental...*, cit., por ex., pp. 378-379. Por alguns desses exemplos, percebe-se que aceita a posição tradicional segundo a qual os conceitos indeterminados se encontrariam na previsão normativa e a discricionariedade na estatuição (V. pp. 379--380): veja-se o exemplo das correcções de custos padrões para efeitos da valorimetria de existências (actual art. 26.º n.ᵒˢ 2 e 3 do CIRC). Também distinguindo a discricionariedade (ligada à estatuição da proposição jurídica) da aplicação de conceitos jurídicos indeterminados (localizados na previsão da proposição jurídica), embora considerando que a discricionariedade é proibida quanto aos elementos do *Tatbestand* de garantia, e que a aplicação de conceitos jurídicos indeterminados é vinculada, DIETER BIRK, § 5 AO, Hübschmann, Hepp, Spitaler, AO/FGO *Kommentar*, cit., pp. 20 e ss., 25 e ss.. O autor admite porém uma "margem de livre actuação" nos contratos fiscais (pp. 31 e ss.).

[1414] V., por todos, HANS WOLFF, OTTO BACHOF, ROLF STOBER, *Verwaltungsrecht I*, cit., 11.ª ed., p. 448 (os autores referem-se a uma "reserva de função"). FRITZ OSSENBÜHL, "Rechtsquellen und Rechtsbindungen der Verwaltung", cit., 12.ª ed., pp. 216-219; NORBERT ACHTERBERG (*Allgemeines Verwaltungsrecht*, cit., 2.ª ed., pp. 342-343), entende que a última palavra na interpretação de conceitos jurídicos indeterminados cabe aos tribunais; mas se a "interpretação da administração se apoiar na averiguação de factos e na valoração dos mesmos e se for também isenta de vícios numa perspectiva jurídica, os tribunais excederiam a sua tarefa de protecção jurídica se quisessem considerar outros aspectos jurídicos no seu entendimento dos conceitos indeterminados" e por isso deveriam adoptar uma atitude de contenção ou *judicial self-restraint*. Todavia, logo a seguir, Achterberg demarca--se da doutrina da margem de livre apreciação, rejeitando-a, nomeadamente, rejeitando a teoria da defensibilidade (IDEM, pp. 343-344).

[1415] J. M. SÉRVULO CORREIA, *Legalidade...*, cit., pp. 128 e ss.; e 482-486 (embora SÉRVULO CORREIA parta de um discurso metodológico, sob forte influência da construção de WALTER SCHMIDT: IDEM, pp. 473 e ss.); em "Separation of powers...", cit., pp. 100 e ss., SÉRVULO CORREIA insiste porém, nos argumentos funcionais para justificar que os tribunais não devem substituir a decisão tomada pela administração (as decisões de prognose são próprias da função administrativa; só a administração tem responsabilidade política; a lei atribui uma reserva a favor da administração, quando lhe confere margem de livre decisão); e ainda mais radicalmente, VIEIRA DE ANDRADE, *O Dever da fundamentação...*, cit., pp.

São neste caso invocados como elementos comuns à discricionariedade em sentido estrito e à chamada margem de livre apreciação,

---

371-372 e ss.; V. DIOGO FREITAS DO AMARAL, acompanhando em parte SÉRVULO CORREIA e em parte KARL ENGISCH, quanto à distinção entre conceitos indeterminados cuja concretização envolve apenas operações de interpretação da lei, e verdadeiros conceitos indeterminados, e reconduzindo a margem de livre aplicação decorrente de alguns destes à discricionariedade (e defendendo que esta está relacionada com as funções da administração (*Curso... II,* cit. (2001), pp. 108 e ss., 79 e ss. e 84 e ss.); a perspectiva funcional estará subjacente à argumentação de DAVID DUARTE, mas aparece muito esbatida, sobressaindo a perspectiva metodológica, de caracterização de "várias técnicas" de atribuição de discricionariedade em sentido amplo: DAVID DUARTE, *Procedimentalização, participação e fundamentação...*, cit., pp. 352 e ss.; e ainda, entre outros, WALTER SCHMIDT, *Einführung...*, cit., pp. 47 e ss; GERD SCHMIDT-EICHSTAEDT, "Der Konkretisierungsauftrag...", cit., p. 647; GUNNAR FOLKE SCHUPPERT, "Self-restraints der Rechtsprechung...", cit., pp. 1198 e ss.; cf. ainda, fundindo quase totalmente a discricionariedade e a margem de livre apreciação, incluindo ambas sob a figura da "margem de livre conformação administrativa", pois reconhece que a discricionariedade da estatuição implica a "valoração concretizadora" de elementos da previsão, e que os vícios de ambas são idênticos, embora defenda também que a discricionariedade se distingue "quantitativamente" da margem de livre apreciação (no primeiro caso, as directivas legais seriam mais amplas) e que na margem de livre apreciação a última palavra sobre a "interpretação em abstracto do conceito indeterminado" cabe aos tribunais (o que é incoerente com o controlo idêntico dos vícios da discricionariedade e da margem de livre apreciação), MATTHIAS HERDEGEN, "Beurteilungsspielraum und Ermessen...", cit., pp. 747. Embora tenha abandonado essa posição, FRITZ OSSENBÜHL foi, em 1968, um crítico da transformação do conceito discricionário em conceito jurídico indeterminado, considerando que se tratava de uma "falsa arrumação" da matéria da discricionariedade, com consequências graves de controlo judicial indevido ("Tendenzen...", cit., pp. 619 e ss.). KLAUS VOGEL não se referia à distinção entre margem de livre apreciação e discricionariedade, mas admite em 1988 discricionariedade do fisco com base nas funções políticas da administração: a administração é mais livre na aplicação da mesma do que os tribunais porque "ela toma decisões políticas e as leis podem conceder-lhe discricionariedade": "Vergleich und Gesetzmässigkeit...", cit., p. 311; KOCH, RUBEL, HESELHAUS, *Allgemeines Verwaltungsrecht,* cit., 3.ª ed., pp. 208-217 e ss. (os autores começam por definir conceitos jurídicos indeterminados, na senda de Heck, segundo um critério quantitativo, i.e., mais ou menos indeterminados: pp. 208-209).

[1416] A posição de SÉRVULO CORREIA insere-se no pensamento de WALTER SCHMIDT: para Schmidt, a margem de livre decisão (que inclui a discricionariedade) está dependente da potencialidade da norma em regular mais ou menos intensamente uma questão. Esta aptidão determinará o limite mínimo de margem de livre decisão e manifesta-se em diferentes níveis, legal e regulamentar. O *iter* decisório é caracterizado como um "processo causal nivelado" do tipo "se-então" e de "escolhas entre alternativas dos processos causais possíveis", excluindo uma visão determinista dos processos de decisão, e tornando-os dependentes de "esclarecimentos causais e de prognoses". A prognose e o risco na decisão administrativa estão relacionados com a assimetria entre as possibilidades que se apresen-

o mesmo objectivo de concretização de "normas abertas", as ponderações valorativas na actuação administrativa e a idêntica tipologia dos

tam ao decisor e o tempo disponível para a sua concretização. A lei é, neste contexto, o primeiro nível decisório, autoritária e simplificadora das alternativas hipotéticas, sendo imprescindível no contexto da "evolução social" deixar uma margem de decisão ao executivo: WALTER SCHMIDT, *Einführung...*, cit., pp. 47, 51-52. As diferentes manifestações de margem de livre decisão são arrumadas, para efeitos de análise do conflito entre administração (primeiro decisor) e tribunais (segundo decisor), em dois grupos: decisões sobre pessoas, coisas e processos sociais, por um lado, i.e., decisões de prognose; e decisões de conflitos de interesses, tomadas através de um esquema do tipo custo-benefício, por outro lado. A partir das decisões de prognose, relacionadas com a tradicional margem de livre apreciação e das decisões de conflitos de interesse, relacionadas com a discricionariedade em sentido estrito, o autor vai desenvolver uma concepção própria, que encontra eco em SÉRVULO CORREIA (*Legalidade...*, cit., pp. 473-500) – cf. BERNARDO DINIZ DE AYALA, *O (Défice de) controlo judicial...*, cit., pp. 160-162, que segue SÉRVULO CORREIA. Na tese de W. Schmidt, a margem de livre apreciação já não aparece ligada ao conceito indeterminado, mas ao conceito de prognose, pois, enquanto o significado dos primeiros pode ser aferido pelas regras de interpretação (critérios teorético-discursivos), estas não são bastantes para determinar o significado dos conceitos de prognose, relacionados com as situações da vida, que exigem um raciocínio teorético-causal. São os conceitos de prognose, relacionados com a incerteza da situação a avaliar, que permitem distinguir a margem de livre apreciação das questões de interpretação da norma. Segundo WALTER SCHMIDT, "as prognoses têm como objectivo avaliar as possibilidades futuras e probabilidades, e a possibilidade de outros desenvolvimentos, e por isso estabelecer fundamentos para opções, que por seu turno podiam fundamentar uma decisão relacionada com o futuro" (IDEM, pp. 150--151). A utilização do conceito de prognose para fundamentar algumas manifestações da livre apreciação administrativa, não é uma inovação schmidtiana (Já OTTO BACHOF, em *Verfassungsrecht, Verwaltungsrecht, Verfahrensrecht in der Rechtsprechung des Bundesverwaltungsgerichts*, 2.ª ed., 1964, pp. 229-232, defendia que, perante uma autorização de livre apreciação, o tribunal não devia substituir a administração quanto aos aspectos não determinados, por critérios jurídicos de controlo. Nestes casos, a livre apreciação dada à administração deveria ser reconhecida, especialmente, nos casos de avaliações de prognose). Mas já o é a substituição do "conceito indeterminado" pelo "conceito de prognose", baseada na indeterminação da situação da vida (ao jeito de Jesch) e não na indeterminação da norma. Trata-se de duas formas de indeterminação cuja competência decisória última pertence a órgãos distintos: no primeiro caso aos tribunais, no segundo à administração. SÉRVULO CORREIA, em *Legalidade...*, cit., pp. 128-130, chama a atenção para a influência de Wolff no pensamento de WALTER SCHMIDT, pois Wolff distingue entre conceitos classificatórios e conceitos tipo, ligando os primeiros a uma indeterminação discursiva e os segundos a uma indeterminação de carácter prognóstico (avaliação de desenvolvimentos futuros): V. HANS WOLFF, OTTO BACHOF, *Verwaltungsrecht I*, cit., 10.ª ed., p. 192; também Badura, embora num artigo posterior à monografia de WALTER SCHMIDT, inclui a prognose nas manifestações da margem de livre decisão administrativa (PETER BADURA, "Gestaltungsfreiheit...", cit., pp. 178 ss.). V. a posição de WALTER SCHMIDT (*Einführung...*, cit.),

vícios: e por isso, incluídas num mais vasto "espaço de livre conformação"[1417].

Para Sérvulo Correia, por exemplo, a discricionariedade implica sempre o preenchimento da previsão da norma com elementos valorativos, extrajurídicos, pela administração, e, por outro lado, a arbitrária colocação de comandos discricionários na estatuição ou na previsão da norma, permite mostrar a artificialidade da distinção. Se, em muitos casos, o legislador concede discricionariedade à administração, através dos chamados preceitos-poder localizados na estatuição normativa, em muitos outros, essa atribuição é dada na previsão, por conceitos jurídicos indeterminados – a aplicação destes é constitutiva das normas discricionárias[1418].

Outras vezes, a norma contém, simultaneamente, conceitos indeterminados na previsão e uma "autorização de discricionariedade" na esta-

---

nas pp. 61-62. Finalmente, quanto à actividade de aplicação da lei pela administração e pelos tribunais, diz-nos WALTER SCHMIDT o seguinte: enquanto o primeiro decisor (a administração) ao preencher a margem de livre decisão atribuída por uma autorização normativa, prepara reciprocamente a norma e a situação da vida, o que implica (ainda) uma indiferenciação entre interpretação e aplicação (p. 58), já o controlo judicial é analisado em três passos, em que a interpretação em abstracto e a interpretação em concreto são consideradas separadamente: o de saber se a situação em análise é uma situação de prognose (preparação da situação da vida), e portanto, a "hipótese causal não é falsificável segundo considerações jurídicas"; se a norma autoriza os fins e os meios segundo a interpretação do primeiro decisor; e se a subsunção em concreto da situação à norma também não ultrapassou os limites da discricionariedade (IDEM, pp. 63-64).

[1417] J.M. SÉRVULO CORREIA, Legalidade..., cit., pp. 481 e ss.; "Separation of powers...", cit., pp. 95 e ss.; J.C. VIEIRA DE ANDRADE, O Dever da fundamentação..., cit., pp. 371-372. Recorrendo às palavras de GOMES CANOTILHO: "A linha essencial da argumentação pode resumir-se assim: por um lado, os conceitos indeterminados não significam apenas dificuldades subjectivas na descoberta de uma única solução justa pressuposta por lei, antes significam uma «abertura» objectiva da lei no sentido de uma concretização criadora; por outro lado, o exercício do poder discricionário não equivale a uma liberdade desvinculada, mas sim uma actuação sempre vinculada a princípios e normas jurídicas" (J.J. GOMES CANOTILHO, Constituição dirigente..., cit., p. 233).

[1418] J.M. SÉRVULO CORREIA, Legalidade..., cit., pp. 481 e ss., considerando que a discricionariedade implica sempre uma tarefa de complementação da previsão normativa e que por vezes o legislador inclui conceitos indeterminados na previsão normativa como critérios de discricionariedade; abarcando a discricionariedade em sentido restrito e os espaços "de criação concretizadora do conceito" em vastos "espaços de escolha dependentes de selecções de factos, de apreciações, de juízos de prognose e, sobretudo, de ponderações"; e no mesmo sentido, cf. GERD SCHMIDT-EICHSTAEDT, "Der Konkretisierungsauftrag...", cit., p. 647; e GUNNAR FOLKE SCHUPPERT, "Self-restraints...", cit., p. 1199.

tuição. Neste caso, os conceitos indeterminados podem funcionar como directivas legais da decisão discricionária[1419], não eliminando essa mesma discricionariedade, ao contrário do que já defendeu a jurisprudência alemã. Devido à sua indeterminação (ou condensação, na terminologia de Ossenbühl), os próprios conceitos contêm alguns elementos de discricionariedade, no sentido metodológico, e por isso, nas normas de acoplamento, eles contribuem necessariamente para reforçar a margem de livre decisão[1420].

[1419] Assim, SCHMIDT-ASSMANN, *Maunz/Dürig, GG Kommentar*, München, 2003, Art. 19, pp. 117-123; FRITZ OSSENBÜHL, em "Ermessen..." (1970), cit., pp. 87-88, apesar de entender que a discricionariedade está ligada, em regra, à estatuição, defende que certos conceitos jurídicos indeterminados, por serem muito condensados (como é o caso de "bem-estar", "interesse público", etc.), constituem directivas legais da discricionariedade. Ou seja, para o autor eles não contêm autorizações de discricionariedade, nem a eliminam, mas aparecem ligados a uma discricionariedade de estatuição, e devem ser tomados em conta nessa decisão. V., ainda, FRITZ OSSENBÜHL, "Tendenzen und Gefahren..." (1968), cit., p. 626.

[1420] As normas de acoplamento são justamente um dos melhores exemplos dos prejuízos causados pela doutrina da margem de livre apreciação. Segundo a jurisprudência alemã, o preenchimento dos pressupostos da previsão normativa indeterminada vincula a decisão, e as palavras consideradas pelos tribunais como directivas de discricionariedade ("pode", "é autorizada", e outras expressões semelhantes) perdem esse atributo: por conseguinte, o controlo judicial deveria abranger toda a proposição jurídica (os dois elementos, previsão e estatuição): V., entre outros, MATTHIAS HERDEGEN, "Beurteilungsspielraum...", cit., p. 749; SCHMIDT-EICHSTAEDT, "Der Konkretisierungsauftrag...", cit., p. 647. Esta posição pode ser ilustrada pela sentença do BVerwG, a propósito da seguinte norma: "projectos especiais de construção podem ser consentidos no caso concreto, quando a sua prossecução ou utilização não prejudique interesses públicos". Segundo o tribunal, se não se opuserem interesses públicos ao projecto, já não é possível a negação da autorização (esta sentença é citada por Maurer e o sentido da decisão apoiado pelo autor: HARTMUT MAURER, *Allgemeines Verwaltungsrecht*, cit., 14.ª ed., pp. 150-152). Esta interpretação dos tribunais é uma decorrência da divisão da proposição jurídica em previsão/conceito jurídico indeterminado e estatuição/discricionariedade. Se a discricionariedade só pode abranger as circunstâncias e ponderações valorativas não fixadas na previsão, no caso das Koppelungvorschriften é inevitável a transformação da norma discricionária numa norma vinculada (como salienta criticamente FRITZ OSSENBÜHL, depois de se terem transformado os conceitos discricionários em conceitos jurídicos (indeterminados), transformam-se normas discricionárias – as Koppelungvorschriften – em normas vinculadas): "Tendenzen und Gefahren...", cit., p. 622. E de nada serve defender que a cada um dos lados da proposição jurídica devem ser aplicadas as suas regras próprias, i.e., interpretação vinculada da previsão e discricionariedade da estatuição. Com efeito, uma vez que a previsão absorve todas as ponderações, não há lugar para o estabelecimento de critérios administrativos próprios (V. FRITZ OSSENBÜHL, "Tendenzen und Gefahren...", cit., p. 622, aludindo a estas conse-

Repare-se que embora a jurisprudência alemã recuse normalmente uma margem de livre apreciação concedida por conceitos jurídicos indeterminados na previsão normativa, encontramos por vezes decisões jurisprudenciais em sentido contrário. Criticada por alguns, devido a uma alegada insustentabilidade teórica, foi a decisão do mesmo tribunal acerca do para 131 da AO, no sentido de considerar que a indeterminação da previsão normativa "iniquidade de cobrança [do imposto] segundo a situação do caso concreto", significava, excepcionalmente, uma atribuição de discricionariedade: "pode haver isenção de imposto..."[1421]. Este exemplo demonstra que a separação entre conceitos indeterminados localizados na previsão normativa e conceitos discricionários na estatuição é inconsistente e que o reconhecimento de uma discricionariedade atribuída por conceitos jurídicos indeterminados significa o fracasso da distinção entre controlo limitado e ilimitado[1422].

– Refira-se ainda a doutrina da autorização normativa, segundo a qual, qualquer diminuição da densidade do controlo judicial e a correspondente margem de liberdade administrativa só existem na medida em que é concedida por lei à administração a competência para ter a última palavra[1423].

Ora, como a autorização pode ser implícita, ela resultará da interpretação da disposição legal em concreto. Mas, como frequentemente não existe na lei um sinal ou uma forma clara (i.e., expressa) de traduzir a autorização legislativa de livre apreciação (bem como de discricionariedade), cabe em última análise aos tribunais determinar se, e de que forma, existe essa liberdade de apreciação, qual o seu âmbito, e se existem vícios na actuação administrativa[1424].

---

quências, e ilustrando-as através de outros exemplos). O resultado é contrário à necessária flexibilidade da ordem jurídica, em domínios de competência administrativa, como é o caso do ordenamento e do planeamento e do Direito Fiscal, onde a igualdade e a praticabilidade na aplicação de actos-massa, exigem essa flexibilidade.

[1421] V. HARTMUT MAURER, *Allgemeines Verwaltungsrecht,* cit., 14.ª ed., pp. 151-152.
[1422] Assim, WALTER SCHMIDT, *Einführung...*,cit., pp. 60-61.
[1423] FRITZ OSSENBÜHL, "Rechtsquellen und Rechtsbindungen der Verwaltung", cit., 12.ª ed., p. 220; PETER BADURA, "Gestaltungsfreiheit...", cit., pp. 167 e ss.; "Das normative Ermessen...", cit., pp. 25 e ss.. SCHMIDT-ASSMANN, Maunz-Dürig, *GG* Kommentar, cit., art. 19, n.º 4, pp. 118-119, pontos185-196.
[1424] HANS H. RUPP, "Ermessen"..., cit., p. 463: o autor critica esta doutrina a propósito da discricionariedade em sentido estrito; também céptico em relação às capacidades da doutrina, JAN R.-SIECKMANN, "Beurteilungsspielräume...", cit., pp. 102-103. Sieckmann

Em boa verdade, quer a defensibilidade da decisão, quer a recondução da margem de livre apreciação à figura da discricionariedade, quer a teoria da autorização normativa não prescindem – não se autonomizam – das explicações jurídico-funcionais.

Vamos por isso caracterizar o método jurídico-funcional, tentando demonstrar que os conceitos jurídicos indeterminados implicam uma margem de livre conformação da administração – e do fisco –, margem essa que deve ser aceite pelos tribunais, sempre que o bloco de legalidade seja respeitado.

No quadro do discurso jurídico-funcional, a classificação de conceitos, o grau de indeterminação, as distinções Heckianas entre "cerne do conceito" e "auréola do conceito", perdem relevância, deslocando-se a discussão para outras questões[1425]. Segundo esta orientação, fica também de certa forma ultrapassada a delimitação das fronteiras da margem de livre apreciação por referência às fronteiras da justiciabilidade (o critério da justiciabilidade possível), por se entender que a margem de livre apreciação exprime uma problemática mais abrangente, de relacionamento entre poderes[1426]. Em vez dos conceitos, é a relação entre as aptidões,

---

recomenda os "critérios de adequação orgânica", ou seja, devem ter a palavra final os órgãos cujo equipamento e procedimento sejam mais adequados.

[1425] V., entre nós, o exemplo do juiz FERNANDO AZEVEDO MOREIRA, "Conceitos indeterminados...", cit., pp. 40-42. Diz-nos Fernando Moreira: «A indeterminação dos conceitos apenas nos confronta com questões formais ou de estrutura. De estrutura do próprio conceito e de estrutura do processo lógico de aplicação do mesmo a uma dada situação de facto. Mas já não nos diz nada sobre o tipo de relações ou situações jurídicas que descreve, nem, portanto, sobre a natureza material das decisões que sustenta. Ora para quem entender... que o fundamento da outorga à Administração do poder de decidir em última instância sobre uma questão de facto e de direito reside na especificidade da "materia decidendi", na particular idiossincrasia da relação jurídico-administrativa que não tolera um controlo de "dupla administração, não poderá aceitar... como critério dessa especificidade material, uma categoria classificatória..."» (IDEM, p. 41-42). Mas adiante percebemos que o autor concilia uma perspectiva metodológica com uma perspectiva funcional, e que continua a distinguir entre "conceito[s] inserto[s] na previsão de uma norma a que vai subsumir-se uma situação de facto" (não discricionários) e conceitos discricionários, e entre questão de facto e de direito. E que acaba por admitir a margem de livre apreciação, excepcionalmente, através da identificação de casos, como faz a jurisprudência alemã: V., IDEM, pp. 60 e ss..

[1426] FRITZ OSSENBÜHL, em "Vom unbestimmten...", cit., p. 311, menciona este aspecto como um aspecto ultrapassado pela discussão jurídico-funcional, exactamente por a problemática ser mais ampla. Temos que entender esta afirmação com cautela, pois o alcance do controlo judicial continua a ser objecto de discussão – é mesmo um dos aspec-

experiência e conhecimentos da administração e as matérias objecto de decisão que é ponderada, bem como a composição de instâncias administrativas decisórias e correspondente independência – como é o caso das comissões[1427].

A indeterminação dos conceitos é o ponto de partida, por ser através deles que as situações da vida são juridificadas[1428], mas eles não são decisivos para o reconhecimento da margem de liberdade decisória.

---

tos principais da discussão – como o próprio autor refere na p. 310. Por isso, temos algumas dúvidas em defender, com Ossenbühl, que o critério da justiciabilidade possível se baseava nas "ponderações metodológicas de conhecimento teórico", e também por isso estaria ultrapassado: IDEM, p. 311. Segundo o autor refere, a justificação dada pelos tribunais para controlarem limitadamente as decisões de exames (as chamadas "decisões insubstituíveis") assenta na "impossibilidade de rever as situações na sua individualidade e no seu conjunto". Trata-se, ainda segundo Ossenbühl, de uma argumentação do tipo metodológico, desmentida pela decisão dos "escritos perigosos para a juventude", pois neste caso o tribunal tinha possibilidades fácticas de controlar a decisão da Comissão. Mas por exemplo, não é claro que os peritos designados pelos tribunais possam substituir-se sempre aos peritos da administração – nomeadamente aos examinadores – ou que esta substituição seja mera escolha enquadrada pela problemática da divisão de poderes (Ossenbühl parece inclinar-se, algo apressadamente, embora deixe a questão em aberto, neste último sentido – IDEM, p. 311). Na verdade, parece-nos razoável a distinção feita pelos tribunais entre "carência de possibilidades de controlo" e "carência de competência de controlo" podendo uma ou outra verificar-se: esta fundamentação foi adoptada num caso sobre o valor das decisões de órgãos administrativos especiais, em que os critérios de avaliação (ou conceitos indeterminados) a aplicar são extrajurídicos: V. FRITZ OSSENBÜHL, IDEM, p. 312. No Direito Fiscal, os peritos dos tribunais podem substituir-se aos do fisco, colocando-se a questão em termos de defensibilidade da escolha administrativa e de divisão de poderes.

[1427] V., por todos, HANS WOLFF, OTTO BACHOF, ROLF STOBER, *Verwaltungsrecht I*, cit., 11.ª ed., pp. 448 e ss.; e KONRAD REDEKER, "Fragen...", cit., p. 760. Segundo Redeker, nos casos em que os conceitos legais indeterminados não têm conteúdo jurídico-normativo, referindo-se a domínios estranhos ao jurista, e exigindo decisões valorativas, são normalmente constituídas comissões. Nestas comissões intervêm peritos com poderes decisórios, o que constitui um indício de um controlo judicial limitado. No procedimento de revisão de fixação da matéria colectável por métodos indirectos, previsto nos arts. 91.º e 92.º da LGT portuguesa, existe uma margem de livre apreciação (sem prejuízo do direito de impugnação da determinação da matéria tributável por tais métodos indirectos – art. 95.º, n.º 2 c) da LGT), mas ela terá de ser fundamentada na defensibilidade da decisão e não nos "domínios extrajurídicos". Os "domínios estranhos ao jurista" a que se refere Redeker, têm correspondência nas "matérias técnicas" e na "discricionariedade técnica", segundo a dogmática francesa, italiana e portuguesa.

[1428] HANS WOLFF, OTTO BACHOF, ROLF STOBER (*Verwaltungsrecht I*, cit., 11.ª ed., pp. 443-447, espec. 444-446) reconduzem os "verdadeiros" conceitos jurídicos indeterminados – i.e., aqueles que conferem uma margem de livre apreciação administrativa – aos

Ou seja, considera-se que a única solução possível é a identificação casuística de matérias que não estão sujeitas a controlo judicial, passando para segundo plano a definição de conceitos jurídicos indeterminados. Estes são identificados em grande parte dos casos através de um critério quantitativo de indeterminação, associado à localização dos conceitos jurídicos indeterminados na previsão normativa[1429].

A orientação jurídico-funcional baseia-se na observação da realidade constitucional, a qual conduz à redefinição das funções, nomeadamente, à atribuição de poderes mais alargados ao executivo.

Tal como a orientação metodológica, a orientação funcional também não permite a delimitação de fronteiras seguras, mas não é esse o seu objectivo. Inversamente, a localização do problema nas competências decisórias, facilita uma abertura desejada – i.e. uma visão dinâmica – à emergência de novos casos de livre apreciação administrativa.

Com a orientação jurídico-funcional, emergem também problemas novos. Desde logo, encontramos classificações doutrinárias de manifestações de livre decisão cada vez mais variadas, e uma ausência de consenso sobre as mesmas. E por outro lado, a atitude restritiva do Tribunal Constitucional alemão, que só admite, em princípio, a discricionariedade em sentido estrito, terá influenciado uma parte da doutrina a reconduzir todos os fenómenos de livre decisão à discricionariedade.

De qualquer forma, é inegável que a transferência da discussão que existia à volta do conceito jurídico indeterminado para a problemática da decisão teve diversas vantagens a nível da discussão dogmática, nomeadamente, deixou de ser importante autonomizar o momento da subsunção relativamente ao momento da interpretação[1430].

---

conceitos-tipo e aos conceitos extrajurídicos (conceitos técnicos), embora entendam como conceitos-tipo todos os conceitos muito indeterminados, tais como "razão importante", ou "interesse público": conceitos cujo "conteúdo determina apenas um domínio de factos, interesses ou valores, mas não o objecto desse domínio". V. ainda, por exemplo, FRITZ OSSENBÜHL, "Rechtsquellen und Rechtsbindungen der Verwaltung", cit., 12.ª ed., p. 215, que dá como exemplos de conceitos jurídicos indeterminados os respeitantes a "valorações pessoais", "elementos subjectivos de carácter artístico ou pedagógico", "prognoses", "normas metajurídicas".

[1429] Assim, por exemplo, FRITZ OSSENBÜHL, "Rechtsquellen und Rechtsbindungen der Verwaltung", cit., 12.ª ed., p. 215.

[1430] Neste sentido, FRITZ OSSENBÜHL, em "Vom unbestimmten...", cit., p. 311. Embora ainda haja autores que, enquadrando-se numa orientação jurídico-funcional, defendem expressamente que a margem de livre apreciação só diz respeito ao momento da subsunção: HANS-JÜRGEN PAPIER, "Zur verwaltungsgerichtlichen...", cit., p. 625. Por

Com efeito, se é recomendável identificar decisões em vez de conceitos (por exemplo, decisões de planeamento em vez de conceitos indeterminados de planeamento, decisões de prognose, em vez de conceitos indeterminados de prognose, e por aí fora[1431]), não importa acentuar a diferença entre os momentos de interpretação e subsunção.

Pelo contrário, as explicações dos anos cinquenta eram, como vimos anteriormente, fundamentalmente metodológicas. Elas baseavam a sua investigação na estrutura da proposição jurídica. Eram doutrinas classificatórias dessa estrutura, com pretensões de rigor na demarcação de fronteiras[1432]. Ainda assim, apesar de os critérios encontrados serem normalmente muito amplos, os autores recorriam aos argumentos funcionais (por exemplo, ao art. 19.º n.º 4 da *GG*) para, num segundo momento, limitarem os poderes decisórios administrativos.

O discurso jurídico-funcional parece-nos essencialmente correcto, mas como não tem uma base evidente no texto da Constituição, e sim na evolução das relações entre os três órgãos de soberania, tem algumas dificuldades de sedimentação.

A margem de livre decisão deve ter como modelo de análise a realidade constitucional e a observação dinâmica das funções do Estado, centralizada no papel da administração, pois a abertura da lei através de

---

outro lado, dentro da evolução do pensamento individual a que fizemos referência, FRITZ OSSENBÜHL, em "Zur Renaissance...", cit., pp. 401 e ss., ocupa grande parte do artigo a argumentar com base nessa distinção (interpretação/controlo judicial vs. subsunção/ /margem de livre apreciação). Para Ossenbühl, no momento da interpretação existe apenas uma "única solução legal", as decisões não são substituíveis, não há várias soluções igualmente correctas ou legais (pp. 402-403). Os conceitos jurídicos indeterminados são "conceitos de delegação", que devem ser concretizados ou completados, no momento da interpretação, implicando um "domínio de tolerância interpretativa" e cuja última palavra nesse domínio cabe ao juiz (p. 403). Relativamente à interpretação não se deverá utilizar as categorias certo ou errado, mas legal ou ilegal (p. 403). Quanto ao momento da subsunção da lei ao caso individual, Ossenbühl defende que a conexão do conceito indeterminado com o contexto da decisão e a responsabilidade, conjugados com os conhecimentos especializados, podem justificar a margem de livre apreciação administrativa, e limitar o controlo judicial com base na teoria da defensibilidade (pp. 402-403 e 404 e ss.).

[1431] Como propõe FRITZ OSSENBÜHL, em "Vom unbestimmten...", cit., p. 311. Conjugando critérios para identificar conceitos jurídicos indeterminados e grupos de casos aos quais deve ser reconhecida uma margem de livre apreciação, HANS WOLFF, OTTO BACHOF, ROLF STOBER, *Verwaltungsrecht I*, cit., 11.ª ed., pp. 444-452.

[1432] V., por todos, FRITZ OSSENBÜHL, "Rechtsquellen und Rechtsbindungen der Verwaltung", cit., 12.ª ed., pp. 216-217.

conceitos indeterminados, bem como a identificação destes não permitem ao intérprete decidir se a última palavra, na densificação dos mesmos, cabe à administração – inclusive, ao fisco – ou aos tribunais (ao contrário do que defende a teoria da autorização normativa).

Ora bem, no quadro dessa observação dinâmica da legitimidade, capacidades, formas e procedimentos da administração, a actuação desta aparece nitidamente reforçada no pós Segunda Guerra, no nosso (especialmente no quadro da Constituição de 1976) e nos vários ordenamentos jurídicos próximos do nosso – digamos mesmo que, por influência do Direito Comunitário e da crescente indeterminação da lei, em todos os ordenamentos dos Estados-membros da Comunidade Europeia[1433].

Tal deve-se aos novos domínios de intervenção do Estado social de Direito, que, por serem cada vez mais especializados e estarem sujeitos a mudanças frequentes, não podem ser eficaz nem douradouramente regulados por lei – e ora recomendam a tipificação, como sucede no Direito Fiscal e em toda a administração de massas, ora recomendam a ponderação do caso individual[1434].

Quer o inegável alargamento da reserva de lei do Parlamento para além do domínio das intervenções ablativas quer a administração de massas postulam remissões ao executivo para este concretizar as leis, em diferentes e progressivos níveis de intervenção.

Na argumentação metodológica, a tradicional distribuição das funções legislativa e executiva não era posta em causa pela margem de livre apreciação, pois esta resultava da identificação de sinais na proposição jurídica que não conduziam à alteração substancial de tarefas definidas constitucionalmente. Justamente em sentido contrário a este, deve--se adoptar uma atitude mais flexível quanto à tradicional distribuição das funções do Estado, tendo em conta todas as mudanças ocorridas, quer ao nível das tarefas estaduais, da forma de Estado e das próprias

---

[1433] V., sobre esta vinculação relativa da administração, e a influência do Tribunal de Justiça das Comunidades Europeias na complexificação da tarefa de aplicação da lei, EBERHARD SCHMIDT-AßMANN, *Das allgemeine Verwaltungsrecht als Ordnungsidee*, Berlin, Heidelberg, New York, 1998, pp. 43-50.

[1434] Num sentido próximo do nosso, JOSÉ CASALTA NABAIS, *O Dever fundamental...*, cit., pp. 368 e ss.; cf. a construção de HANS WOLFF, OTTO BACHOF, ROLF STOBER, (V*erwaltungsrecht I*, cit., 11.ª ed., pp. 443 e ss.), os quais conjugam uma argumentação metodológica (identificam os conceitos jurídicos indeterminados que conferem margem de livre apreciação) com a orientação funcional, invocando ainda o critério da defensibilidade.

constituições[1435-1436] e tendo ainda em conta o grande protagonismo que o Tribunal de Justiça das Comunidades Europeias tem vindo a assumir[1437].

[1435] PETER MICHAEL HUBER, Mangoldt/Klein, *Das Bonner GG Kommentar, I*, Art. 19, cit., pontos 512-518, pp. 2322-2324; HELMUT SCHULZE-FIELITZ, Dreier, *GG Kommentar, I*, Art. 19, cit., ponto 88, p. 1155; HANS-JÜRGEN PAPIER, "Rechtsschutzgarantie...", cit., pontos 62 e ss., pp. 1259 e ss.; WOLF-RÜDIGER SCHENKE, *Bonner Kommentar zum GG*, 1982, Art. 19.º pontos 306 e ss., pp. 163 e ss.; em sentido ligeiramente diferente, i.e., acentuando a exigência de controlo judicial tão intenso quanto possível, embora aceite a discricionariedade e a margem de livre apreciação quando a decisão administrativa seja "defensável", IBLER, Friauf/Höfling, *Berliner Kommentar zum GG, I*, Berlin, 2003, Art. 19, pontos 255 e ss., pp. 159 e ss.. Adoptando uma atitude céptica quanto a essa distribuição tradicional de funções, JORGE REIS NOVAIS, *As Restrições aos direitos fundamentais...*, cit., pp. 827 e ss.. É curioso notar que estes aspectos foram normalmente utilizados pela doutrina para argumentar a favor de um alargamento da reserva de lei para além da fórmula "ablação na liberdade e propriedade": V. MICHAEL KLOEPFER, em "Der Vorbehalt des Gesetzes im Wandel", cit., pp. 686-687, que sistematiza estes aspectos e destaca, a propósito das alterações a nível constitucional, ocorridas com a introdução da *GG*, a vinculação imediata dos poderes legislativo e executivo aos direitos fundamentais (art. 1, III, *GG*), e a sua relação com a reserva de lei parlamentar em caso de limitação desses mesmos direitos, a qual limita a liberdade de actuação do legislador (p. 687); e o clássico DIETRICH JESCH, *Gesetz und Verwaltung*, cit., pp. 171 e ss..

[1436] A propósito da reserva de lei para os direitos fundamentais, defendem HANS-JÜRGEN PAPIER e JOHANNES MÖLLER ("Das Bestimmtheitsgebot...", cit., pp. 200-201) que o grau de determinação deve ser apurado segundo as matérias em causa, podendo estabelecer-se diferenciações, se se justificar. Como corolário do aspecto anterior, o legislador só pode diminuir o grau de determinação exigido em abstracto, perante razões válidas. Estas razões poderão ser, por exemplo, razões de técnica jurídica, a novidade da matéria a regular e alterações rápidas a que está sujeita, e comportamentos previsíveis de elisão fiscal (IDEM, pp. 185-186). Os autores apontam como razões inválidas para uma menor densificação, o comodismo e o recurso a fórmulas amplas de compromisso, devido a receios de um confronto político. Neste artigo, os autores, tal como o *BVerfG*, revelam uma concepção dualista relativamente às competências de densificação, limitando-as ao legislador e aos tribunais. Com efeito, embora considerando que os princípios de divisão de poderes, reserva de lei e garantia de protecção jurídica exigem que o legislador formule normas determinadas, admitem que os tribunais através de uma jurisprudência constante, colaborem nessa tarefa, pois a flexibilidade da jurisprudência, muito maior do que a do legislador, dá-lhe vantagens neste domínio (IDEM, pp. 189-192). A concretização dos conceitos pelos tribunais significaria, para Papier e Möller, uma excepção aos princípios referidos, construção esta que consideramos muito pouco rigorosa. Em todo o caso, os autores estabelecem três grupos de situações em que as exigências de determinação se tornam menores (IDEM, pp. 185-187): quando as matérias a regular estão sujeitas a alterações rápidas ou de forma não prevista; quando não é possível uma regulação unitária precisa sobre uma determinada matéria, que só poderia ser deli-

Apesar de o Tribunal Constitucional alemão continuar a invocar o princípio do Estado de Direito, o princípio democrático e as características diferenciadas do procedimento legislativo, como fundamento da reserva de lei parlamentar, as duas primeiras justificações têm sido abaladas pela doutrina, que tenta provar a capacidade da administração para, em pé de igualdade com o Parlamento, garantir a realização desses princípios[1438].

---

mitada se os domínios que a compõem fossem tratados parcialmente; as normas fiscais devido ao problema da elisão fiscal.

A tarefa de colaboração dos tribunais requer que eles clarifiquem o sentido da norma, pois, caso contrário, o ideal de uma lei determinada torna-se ainda mais longínquo. Por outro lado, em abstracto, a actividade judicial de concretização pode ir além da interpretação da lei propriamente dita e, perante conceitos muito indeterminados, implicar uma construção jurídica ou aperfeiçoamento jurídico (*Rechtsfortbildung*) dos critérios de decisão pelos tribunais. O único problema diz então respeito ao grau de (in)determinação da norma legal e à averiguação da sua constitucionalidade. Decorre dos princípios invocados por Papier e Möller que, para eles, o legislador e os tribunais não estão em pé de igualdade quanto aos deveres de densificação. Nomeadamente, o princípio da segurança jurídica (e da previsibilidade da actuação estadual) pode ser posto em causa por uma jurisprudência que só ao fim de muito tempo concretize um conceito ou por uma jurisprudência inconstante. O legislador deve estar sempre atento, e perante a actividade de desenvolvimento judicial, cabe-lhe intervir subsequentemente. No entanto, nunca referem o papel da administração nessa actividade, nem sequer avançam razões que justifiquem o afastamento da administração da actividade de densificação.

Segundo PETER BADURA, ("Gestaltungsfreiheit...", cit., p. 170; cf. "Das normative Ermessen beim Erlaß von Rechtsverordnungen und Satzungen", *Gedächtnisschrift für Wolfgang Martens*, Hrsg. Peter Selmer und Ingo von Münch, Berlin, New York, 1987, pp. 25 e ss.) e HANS-JÜRGEN PAPIER ("Zur verwaltungsgerichtlichen...", cit., p. 622), os parâmetros das competências decisórias – pró-executivas ou pró-judiciais – têm de ser claramente dados pelo legislador, e, na sua ausência, nomeadamente perante conceitos jurídicos indeterminados, cabe à administração decidir, se não houver parâmetros orientadores do juiz. No entanto, a dogmática constitucional e de direitos fundamentais, desenvolvida pelos tribunais, é criticada por Papier por relativizar a força decisória da lei (HANS-JÜRGEN PAPIER, "Zur verwaltungsgerichtlichen...", cit., p. 623).

[1437] V., por exemplo, EBERHARD SCHMIDT-AßMANN, *Das allgemeine Verwaltungsrecht...*, cit., pp. 43-50; ANA PAULA DOURADO, "Do Caso Saint-Gobain ao caso Mettallgesellschaft: o âmbito do princípio da não discriminação do estabelecimento estável no Tratado da Comunidade Europeia e a cláusula da nação mais-favorecida", *Planeamento e concorrência fiscal internacional*, Lisboa, 2003, pp. 91 e ss.. Embora este protagonismo do tribunal venha especialmente pôr em causa o papel da reserva de lei na relação com os tribunais.

[1438] Assim, JORGE REIS NOVAIS, *As Restrições aos direitos fundamentais...*, cit., pp. 835 (827 e ss.); defendendo que mesmo os regulamentos independentes – embora fora das matérias ablativas –, não são contrários ao princípio democrático, J.M. SÉRVULO

A incapacidade da lei em regular matérias cada vez mais especializadas e outras que não se deixam facilmente conformar, é um aspecto que não deve ser menosprezado[1439]. Por seu turno, a legitimidade democrática dos governos, ainda que indirecta, assegura a observância do princípio da democracia, e, por isso, este princípio só por si já não justifica uma reserva exclusiva de lei parlamentar[1440].

No ordenamento constitucional português é ainda mais claro do que no ordenamento alemão, que o princípio do Estado de Direito e o princípio democrático não estão associados apenas à lei do Parlamento. De facto, na Constituição de 1976, e como já referimos no primeiro capítulo da tese (citando Sérvulo Correia), "assiste-se a um policentrismo institucional caracterizado pela distribuição dos poderes de direcção política pela Assembleia, pelo Presidente da República e pelo Governo. E sendo a função de direcção política... uma função tendencialmente normativa, ela divide-se fundamentalmente pelos dois órgãos com poderes normativos incondicionados: o Parlamento e o Governo, com alguma primazia do primeiro, dado o primado da sua competência legislativa"[1441].

Mas como também já defendemos no primeiro capítulo e no capítulo dedicado à tipicidade dos impostos, apesar deste policentrismo institucional, o princípio do Estado de Direito e o princípio democrático exigem que a orientação política quanto aos elementos essenciais dos impostos seja definida por lei parlamentar, sob pena de ausência de constrangimento dos

---

CORREIA, *Legalidade...*, cit., pp. 208 e ss.. Para uma exposição e crítica aos argumentos avançados pelo Tribunal Constitucional federal alemão, para justificarem a reserva de lei do Parlamento, e que de seguida referiremos, V. CARL-EUGÈNE EBERLE, "Gesetzesvorbehalt und Parlamentsvorbehalt...", cit., pp. 488-490; HANS HERBERT V. ARNIM, SPEYER, "Zur Wesentlichkeitstheorie...", cit., pp. 1242-1243.

[1439] Como é o caso do Direito Fiscal e do planeamento: sobre este último, WINFRIED BROHM, "Die staatliche Verwaltung als eigenständige Gewalt und die Grenzen der Verwaltungsgerichtsbarkeit", *DVBL*, 1986, p. 328. Alguns autores salientam a inevitabilidade de utilização legal dos referidos conceitos, resultante das novas funções do legislador no Estado social de Direito, nomeadamente, funções de fiscalização de grandes construções de carácter técnico, de planeamento e ordenamento do território e da construção urbana, de administração económica: PETER BADURA, "Gestaltungsfreiheit...", cit., p. 169; WINFRIED BROHM, "Die staatliche Verwaltung...", cit., p. 328; V., também neste sentido, HANS WOLFF, OTTO BACHOF, *Verwaltungsrecht I*, cit., 1974, pp. 189-190.

[1440] Assim, JORGE REIS NOVAIS, *As Restrições aos direitos fundamentais...*, cit., pp. 838 e ss..

[1441] J.M. SÉRVULO CORREIA, *Legalidade...*, cit., pp. 214-215. Cf. JORGE MIRANDA, *Manual...* V, cit., 3.ª ed., pp. 180 e ss. e 185 e ss..

governos (incluindo administração e tribunais), ausência de igualdade e ausência de previsibilidade (as três regras de Endicott cuja ausência, se se revelar em grau elevado, implica arbitrariedade[1442]).

O decreto-lei autorizado pode então concretizar os elementos essenciais dos impostos (os elementos do *Tatbestand* de garantia, anteriormente identificados). Ainda assim, a segurança jurídica e a divisão de poderes, princípios fundamentais do Estado de Direito, não exigem actualmente a regulação exclusiva (no sentido de reserva absoluta) por lei parlamentar, nem sequer por lei formal[1443].

Com efeito, garantida a definição política parlamentar do *Tatbestand* de garantia e uma determinação suficiente do mesmo por decreto-lei autorizado, a previsibilidade e calculabilidade da actuação administrativa e da própria aplicação judicial da norma na sua tarefa de controlo, também é assegurada por um regulamento administrativo que desenvolva a disci-

---

[1442] TIMOTHY ENDICOTT, *Vagueness in law*, cit., pp. 186 e ss. (186-192). Entendendo também que num "Estado democrático-constitucional a lei parlamentar é, ainda, a expressão privilegiada do princípio democrático (daí a sua supremacia) e o instrumento mais apropriado e seguro para definir o regime de certas matérias", J.J. GOMES CANOTILHO, *Direito Constitucional...*, cit., 7.ª ed., pp. 256 e 724-726.

[1443] V., neste sentido, a propósito da CRP de 1976, J.M. SÉRVULO CORREIA, *Legalidade...*, cit., pp. 197-198 e ss., 213. No sentido da teoria jurisprudencial da essencialidade, HANS-JÜRGEN PAPIER/JOHANNES MÖLLER ("Das Bestimmtheitsgebot...", cit., pp. 177-181) entendem que o princípio do Estado de Direito fundamenta a obrigação da determinação legal, nomeadamente, através dos subprincípios da separação de poderes e segurança jurídica. Segundo os autores, a separação de poderes não é assegurada se as decisões essenciais não forem tomadas pelo Parlamento, ou seja, se este utilizar conceitos indeterminados que signifiquem uma delegação de competências. Curiosamente, os autores analisam a questão segundo o confronto entre o Parlamento e os tribunais, considerando que, perante leis indeterminadas, o executivo fica sujeito à determinação e controlo dos tribunais, substituindo-se estes ao legislador e transferindo-se a relação legislação-execução das leis (a vinculação da administração à lei fica assim vazia), para o pólo execução-determinação dos parâmetros da decisão e controlo pelos tribunais, o que, segundo os autores, para além de não ser conforme à separação de poderes, não permitiria assegurar a protecção judicial garantida pelo art. 19.° 4 da *GG*, e portanto poria em causa a segurança jurídica do cidadão. Esta consequência resultaria do facto de as leis indeterminadas não permitirem que o cidadão-administrado conheça os critérios de controlo judicial (pp. 177-181). No mesmo sentido, JULES L. COLEMAN/BRIAN LEITER, "Determinacy, objectivity, and authority", cit., pp. 229 e ss., que demonstram que a previsibilidade dos resultados legais e a democracia não são postos em causa pela indeterminação legal, desde que as decisões judiciais assentem em argumentos não só legais mas também extralegais, construídos no âmbito da comunidade de valores e explicados por uma "teoria informal popular": pp. 234-235 e ss..

plina legal[1444]. A publicidade da lei formal não é muito maior do que a do regulamento, e o prazo de maior vigência que caracterizava a lei é um elemento ultrapassado.

Desde que o Parlamento cumpra a sua função de direcção política em matéria fiscal, nos termos por nós definidos anteriormente, concordamos com a análise das teorias jurídico-funcionais.

Elas recordam ainda que, para além de as constituições estabelecerem uma repartição de poderes que ultrapassa em muito a repartição clássica tripartida, a iniciativa legislativa é frequentemente tomada pelo Governo, que também define o conteúdo das leis.

Acrescente-se que muitos dos autores que se referem à crise da lei, e que desvalorizam o princípio do Estado de Direito e o princípio democrático como fundamentos da reserva de lei, entendem, contudo, que o procedimento legislativo parlamentar, sendo uma das manifestações da função democrática, constitui justificação para reservar certas matérias ao Parlamento, relacionadas com a esfera jurídica individual e com decisões políticas fundamentais: elas devem ser objecto de discussão e da procura de consenso[1445].

[1444] Indo um pouco mais longe quanto aos poderes administrativos, J.M. SÉRVULO CORREIA, *Legalidade...*, cit., pp. 208 e ss., espec. 213-215 e ss.; e ainda mais longe, JORGE REIS NOVAIS, *As Restrições aos direitos fundamentais...*, cit., pp. 835 e ss. (827 e ss.). Esta opinião que defendemos não é unânime, nem sequer maioritária nos autores do Direito Administrativo (cf., por exemplo, VITAL MOREIRA, *Administração autónoma e associações públicas*, cit., pp. 189-190; e HANS-JÜRGEN PAPIER e JOHANNES MÖLLER, "Das Bestimmtheitsgebot...", cit., pp. 190-191), mas é sustentada pelos autores da Teoria liberal analítica. V., por todos, por exemplo, JULES L. COLEMAN/BRIAN LEITER, "Determinacy, objectivity, and authority", cit., pp. 229 e ss.; e H.L.A. HART, *The Concept of law*, cit., pp. 121-150.

[1445] Neste sentido, MICHAEL KLOEPFER, "Der Gesetzesvorbehalt im Wandel", cit., pp. 694-695: para o autor, a garantia da esfera jurídica individual só justifica a reserva de lei do Parlamento, se estiverem simultaneamente em causa decisões políticas fundamentais; cabem nas "decisões políticas fundamentais" as que tenham efeitos de longo prazo, como revisões constitucionais, modificações de competências dos órgãos constitucionais, a distribuição de poderes políticos, económicos e sociais entre o Estado e a sociedade e os direitos fundamentais como estrutura de conformação objectiva do sistema político. E realçando também o procedimento como uma vantagem da lei parlamentar, CLOTILDE NYSSENS, "Comment s'établit la règle de droit aujourd'hui? Le point de vue d'une assistante parlementaire", *Élaborer la loi aujourd'hui, mission impossible?*, dir. Benoît Jadot e François Ost, Bruxelles, 1999, pp. 107 e ss.. Também a "rule of law" dos ordenamentos anglo-saxónicos assenta em grande medida nesta ideia de "justiça (imperfeita) procedimental": DAVID LYONS, *Ethics and the rule of law*, cit., pp. 194 e ss.; ANDREI MARMOR, "The rule of law...", cit., pp. 5 e ss...

Assim, ao procedimento são reconhecidas virtudes que diferenciam a lei do Parlamento do decreto-lei e do regulamento, e que justificam a reserva de lei parlamentar: a colaboração nesse procedimento de diferentes interessados, nomeadamente da oposição, que pode introduzir os seus pontos de vista, o demorado processo de formação de vontade, em comissões especializadas e em sessões plenárias, a grande publicidade de que é objecto a discussão[1446], são factores que contribuem para a correcção da decisão tomada[1447] e que têm uma função promotora do consenso e da "integração do Estado"[1448].

Este aspecto da "correcção da decisão" é apresentado por Arnim e Speyer como o problema central desta discussão, e, consequentemente, como resultado do procedimento legislativo e como finalidade da reserva de lei parlamentar, uma vez que, segundo os autores, o princípio do Estado de Direito e o princípio democrático perdem relevância. A correcção da decisão é aferida por um conjunto de valores fundamentais que não se limitam ao conteúdo, e abrangem o equilíbrio desse mesmo conteúdo, a participação na sua elaboração e a clareza sobre a legalidade da decisão[1449].

Mas a afirmação de que as "decisões correctas" resultam do procedimento legislativo, não é um princípio absoluto. Essa adequação está relacionada com a matéria em causa, e com a exigência da publicidade do procedimento legislativo, já que, em certos casos, a maior flexibilidade e rapidez do procedimento administrativo pode ser vantajosa[1450].

É este justamente o caso do Direito Fiscal, quanto ao desenvolvimento técnico das matérias. Este desenvolvimento não deve sobrecarregar a lei, nem deve estar sujeito ao complexo processo de formação da von-

---

[1446] V. a referência a estes aspectos em HANS HERBERT V. ARNIM, SPEYER, "Zur Wesentlichkeitstheorie...", cit., pp. 1242, 1244; CARL-EUGÈNE EBERLE, "Gesetzesvorbehalt und Parlamentsvorbehalt...", cit., pp. 489-490. V. a descrição do procedimento legislativo parlamentar português em JORGE MIRANDA, Manual... V, cit., 3.ª ed., pp. 241 e ss.; J.J. GOMES CANOTILHO, Direito Constitucional..., cit., 7.ª ed., pp. 871 e ss..

[1447] Segundo a expressão utilizada por HANS HERBERT V. ARNIM, SPEYER, "Zur Wesentlichkeitstheorie...", cit., p. 1243, e que o autor, como refere na nota 29, foi buscar a Hans Ryffel, Rechts- und Staatsphilosophie, 1969, pp. 203 e ss..

[1448] MICHAEL KLOEPFER, "Der Vorbehalt des Gesetzes im Wandel", cit., p. 687.

[1449] HANS HERBERT V. ARNIM, SPEYER, "Zur Wesentlichkeitstheorie...", cit., p. 1244.

[1450] HANS HERBERT V. ARNIM, SPEYER, "Zur Wesentlichkeitstheorie...", cit., pp. 1245-1246; o autor cita a este propósito uma decisão do BVerfG sobre armamento ("Nachrüstung").

tade política do Parlamento, sendo suficiente e recomendável que decretos-leis, regulamentos e orientações genéricas, todos objecto de publicação, concretizem progressivamente os elementos essenciais definidos na lei – na autorização legislativa e no decreto-lei autorizado.

Tendo devidamente em conta as atenuações e ressalvas introduzidas aos fundamentos tradicionais da reserva de lei parlamentar e formal, e em resumo, pode ainda dizer-se que a actividade do Parlamento, Governo-legislador e Governo-administração e tribunais se diferencia pelo grau de legitimação democrática mais ou menos directa e pela vocação dos mesmos[1451].

Digamos que há uma actividade de orientação política exercida por lei formal, e uma actividade complementar da administração e dos tribunais. Enquanto a actividade complementar administrativa é uma actividade de densificação jurídica matizada com elementos de carácter político, os tribunais têm o Direito como único critério decisório, e a ele se deve limitar o controlo que os tribunais exercem sobre a actuação administrativa[1452].

Mas no caso dos conceitos jurídicos – legais – indeterminados em matéria fiscal, e devido à previsibilidade da carga fiscal associada à

[1451] WINFRIED BROHM, "Verwaltung und Verwaltungsgerichtsbarkeit...", cit., p. 271. Cf. JORGE MIRANDA, Manual... V, cit., 3.ª ed., pp. 12 e ss., 19 e ss., 22 e ss..

[1452] Muitos autores insistem na clarificação das funções executiva e judicial. Função de aplicação da lei, aquela, função de controlo, esta. A delimitação de funções com esta configuração é uma particularidade da doutrina administrativa – i.e. relativa apenas ao Direito Administrativo, incluindo o Direito Fiscal, sempre que estejam em causa relações de índole administrativa – que pretende derivar da utilização legal dos conceitos jurídicos indeterminados, consequências diferentes para os tribunais administrativos e para os outros tribunais. Essa característica resultaria da interposição do executivo entre o destinatário da lei e os tribunais: a este compete uma segunda intervenção, e portanto, uma intervenção de controlo. V., por ex., HANS WOLFF, OTTO BACHOF, ROLF STOBER, Verwaltungsrecht I, cit., 11.ª ed., pp. 446-448; SCHMIDT-EICHSTAEDT, "Der Konkretisierungsauftrag der Verwaltung...", cit., p. 645; PETER BADURA, "Gestaltungsfreiheit und Beurteilungsspielraum der Verwaltung...", cit. p. 170. Além disso, a administração acompanha e especializa-se na resolução dos novos problemas e tem uma actividade virada para o futuro, tendo pois vantagens relativamente aos tribunais: WINFRIED BROHM, "Die staatliche Verwaltung als eigenständige Gewalt...", cit., pp. 327-328, 330. Segundo FRITZ OSSENBÜHL ("Tendenzen und Gefahren...", cit., p. 626), o objectivo do controlo dos tribunais administrativos deve ser o de atingir um óptimo e não o máximo, de forma a conciliar o interesse de protecção jurídica do cidadão com o interesse da obtenção dos serviços prestados pela administração. Ainda assim, o autor considera que, em casos extremos, a última decisão cabe ao juiz (IDEM, pp. 626-627).

reserva de lei, se o Governo e a administração fiscal não os densificarem progressivamente, compete aos tribunais fazê-lo, através de uma jurisprudência constante[1453-1454].

[1453] Assim, já em 1975, RUDOLF WEBER-FAS, "Finanzgerichtsbarkeit...", cit., pp. 1950-1951. Já as matérias de carácter "extrajurídico" (política do tráfego, política social, política do desenvolvimento), e que por vezes implicam tarefas dinâmicas de conformação do futuro, devem caber ao legislador e à administração, permanecendo os tribunais como garante da ordem jurídica, ainda que se lhes reconheça uma participação activa de conformação e desenvolvimento da ordem jurídica, e não de mera subsunção automática do caso individual à lei. Trata-se de um problema de responsabilização pelas consequências, que os tribunais não podem assumir, e por isso não devem interferir em decisões que se inserem por vezes numa concepção política global de determinado sector. Neste sentido, KONRAD REDEKER, "Fragen...", cit., pp. 759 e ss.. Redeker, apesar de fazer um discurso jurídico-funcional, dimensionado segundo a legitimidade e a responsabilização dos órgãos de soberania, conjuga esta posição de base com um discurso metodológico, procurando identificar os conceitos jurídicos indeterminados atribuidores de uma margem de livre apreciação submetida a um controlo de defensibilidade. Para Redeker, só os conceitos jurídicos indeterminados de conteúdo não jurídico, e que muitas vezes têm também um carácter dinâmico, conferem essa margem de livre apreciação, impossibilitando uma tarefa de controlo judicial total sobre a interpretação e aplicação (subsunção) dos mesmos ao caso concreto, desde que a defensibilidade da decisão administrativa seja sustentável. Esses conceitos pertencem, segundo o autor, somente a dois domínios: o domínio de decisão das comissões e o domínio do planeamento (pp. 758-762). Outros autores reconhecem a competência dos tribunais para, caso a caso, decidirem se o conceito jurídico indeterminado atribui uma margem de livre apreciação: GUNNAR FOLKE SCHUPPERT, "Self-restraints...", cit., p. 1199.

[1454] Diz-nos ainda WINFRIED BROHM ("Verwaltung und Verwaltungsgerichtsbarkeit als Steuerungsmechanismen in einem polyzentrischen System der Rechtserzeugung", DÖV, 1987, p. 269), que, actualmente, a divisão de tarefas não resulta tanto de diferenças essenciais da actividade de cada órgão de soberania, mas da diversa formação estrutural (organizatória e procedimental) de cada um deles. V., contudo, a referência à "adequação funcional" que "pressupõe que o órgão ou órgãos de soberania são, do ponto de vista estrutural, constitucionalmente idóneos e adequados para o exercício de funções que, a título específico ou primário, lhes são atribuídas, em J.J. GOMES CANOTILHO, Direito Constitucional..., cit., 7.ª ed., p. 558 (cf. pp. 541 e ss., 551 e ss.). Outros autores destacam "as possibilidades fácticas de controlo" como o ponto de partida da delimitação do controlo dos tribunais: JAN R.-SIECKMANN, "Beurteilungsspielräume...", cit., p. 105. Comum a todas as argumentações jurídico-funcionais é o facto de centrarem a atenção na actividade administrativa, e de considerarem que o reconhecimento de uma margem de livre decisão administrativa traz múltiplas vantagens: maior experiência e perícia, maior proximidade dos problemas a resolver, irrepetibilidade de algumas decisões para efeitos de controlo judicial, responsabilidade da administração enquanto poder soberano autónomo, a semelhança entre o procedimento administrativo e o judicial, o princípio da optimização dos direitos fundamentais: JAN-R. SIECKMANN, "Beurteilungsspielräume...", cit., pp. 102, 106-107.

A orientação jurídico-funcional também relativiza as exigências de determinação da lei parlamentar, o que é consequência do método utilizado, isto é, da observação da realidade constitucional. Uma das notas a realçar nos Estados sociais de Direito, é a crise do funcionamento dos mesmos. Na Alemanha, a distribuição das competências entre a administração e os tribunais é fruto do alargamento da protecção judicial que se seguiu ao regime nazi, e alguma doutrina considera que os tribunais expandiram, inadvertidamente, os seus poderes, através de uma jurisprudência elaborada[1455].

Mas é inevitável repensar o papel da administração e dos tribunais, no quadro actual das novas tarefas estaduais, e conduzir uma análise funcional simultaneamente valorativa e descritiva[1456].

Da orientação jurídico-funcional fazem parte estudos da ciência da administração, que analisam a organização e actuação administrativa no Estado de Direito contemporâneo. Esses estudos foram especialmente divulgados na década de oitenta[1457], propõem uma análise realista do género das "Alltagstheorie", e apresentam uma nova imagem da administração: administração conformadora, dinâmica e interlocutora, em vez da administração vinculada[1458].

Além do relacionamento da administração com os outros órgãos de soberania, a estrutura burocrática e a organização interna – estática e dinâmica – são objecto de atenção por parte dos referidos estudos. As mudanças que se verificaram nessa estrutura e organização, cuja rigidez estava tradicionalmente ligada às exigências de previsibilidade e determinabilidade do Estado de Direito[1459], legitimam e justificam uma nova concepção de funções dos órgãos soberanos. O abandono da organização unitária, hierarquizada e centralizada, bem como dos princípios de repartição e especialização de competências, a substituição da decisão unilateral, autoritária, por decisões negociadas formal ou informalmente com os particulares, aproximadas do modelo de actuação de Direito Privado, a graduação da vinculação traduzida em diversas formas e funções de discricionariedade, alteraram substancialmente a estrutura administrativa,

---

[1455] V. WINFRIED BROHM, "Die staatliche Verwaltung...", cit., pp. 322-324.
[1456] V. WINFRIED BROHM, "Die staatliche Verwaltung...", cit., pp. 323-324.
[1457] Por exemplo: HERMANN HILL, "Rechtsstaatliche Bestimmtheit..." cit., pp. 885 e ss.; WINFRIED BROHM, "Die staatliche Verwaltung als eigenständige Gewalt...", cit., pp. 321 e ss..
[1458] Assim, HERMANN HILL, "Rechtsstaatliche Bestimmtheit...", cit., p. 890.
[1459] V. HERMANN HILL, "Rechtsstaatliche Bestimmtheit...", cit., p. 885.

incluindo a da administração fiscal[1460]. As formas de descentralização vertical e horizontal multiplicam os centros de decisão das sociedades actuais, contribuindo para a optimização da actuação administrativa e para tornar obsoleta a concepção de Estado unitário, da qual saiu o princípio da reserva de lei e outros princípios afins[1461].

Estas alterações, que ocorreram especialmente no domínio dos incentivos estaduais à economia, das valorações políticas e decisões técnicas, e ainda com grande relevo no Direito Fiscal – não só porque se tornou um Direito de actos-massa, mas também porque os espaços de livre circulação postulam que os Estados procedam bilateral ou multilateralmente a troca de informações, celebrem acordos amigáveis e negoceiem com os contribuintes no quadro dos preços de transferência – têm sido acompanhadas por leis de conteúdo flexível.

Com efeito, nestes domínios, a utilização de conceitos jurídicos indeterminados e de cláusulas abertas que permitem uma decisão adequada ao caso concreto, ponderada e desenvolvida no momento, pela administração, é uma técnica a que o legislador recorre conscientemente[1462].

Os administrativistas contam, no seu rol de exemplos clássicos de discricionariedade, com uma disposição fiscal: o § 131 da *AO* que permite aos serviços tributários isentarem de imposto um contribuinte, por razões de justiça no caso concreto – i.e. de equidade. Mas alguma doutrina defende, anacronicamente, que, em matérias ablativas, como é o caso das leis de receitas, e outras que interfiram na esfera de direitos fundamentais, os pressupostos não podem ser indeterminados, nem pode ser atribuída discricionariedade[1463]: como se o Direito Fiscal fosse constituído por normas do tipo classificatório e estável[1464].

[1460] V. sobre este asssunto (nomeadamente sobre a crise do acto administrativo e a "relação jurídica como novo conceito central do Direito Administrativo"), por todos, VASCO PEREIRA DA SILVA, *Em Busca do acto administrativo perdido*, Coimbra, 1996, pp. 99 e ss. e 149 e ss.; JOSÉ CASALTA NABAIS, *Contratos fiscais...*, cit., pp. 48 e ss., 97 e ss. e 104 e ss.; MARIA JOÃO ESTORNINHO, *A Fuga para o Direito Privado...*, cit., pp. 91 e ss..

[1461] WINFRIED BROHM, "Verwaltung und Verwaltungsgerichtsbarkeit...", cit., p. 269.

[1462] Como defende, embora mais amplamente, HERMANN HILL, "Rechtsstaatliche Bestimmtheit...", cit., pp. 888 e 889.

[1463] V., por ex., HANS WOLFF, OTTO BACHOF, *Verwaltungsrecht I*, cit., 9.ª ed., pp. 192, 193, 196.

[1464] É isto que dizem, precipitadamente, HANS WOLFF, OTTO BACHOF, STOBER, *Verwaltungsrecht I*, cit., 11.ª ed., 1999, p. 442.

Nada de mais (escandalosamente) errado, como qualquer estudioso, teórico ou prático, do Direito Fiscal, pode comprovar[1465]. A discussão no Direito Fiscal não deve por isso assentar em premissas diferentes, mas deve acompanhar a do Direito Administrativo e do Direito Constitucional. Na verdade, também no Direito Fiscal não se pode já dizer que a lei formal seja o melhor instrumento para garantir a segurança jurídica, o conhecimento inequívoco e claro do seu conteúdo, a estabilidade, e tão pouco a justiça material[1466].

Como insistiremos no capítulo dedicado à tipificação das leis fiscais, os objectivos destas leis não são absolutos e frequentemente não são unívocos, devendo os referidos objectivos ser desenvolvidos pelo Governo e pela administração, quer através de regulamentos, quer através de actos pararegulamentares. Por outro lado, como já foi recordado no primeiro capítulo deste trabalho, entre nós os códigos de imposto e leis de procedimento e processo tributário são aprovados por decreto--lei autorizado, pelo que a influência do executivo se alarga às próprias autorizações legislativas, preparadas hoje frequentemente pela burocracia ministerial[1467].

Neste contexto, nomeadamente quanto às normas de determinação/ /avaliação e quantificação da matéria tributável, os conceitos legais indeterminados frequentemente possibilitam diversas soluções de concretização. Verificando-se a indeterminação referida no caso 4 de Coleman/ /Leiter, os tribunais devem controlar o procedimento e o resultado das soluções encontradas e desenvolvidas pelo Governo-legislador e pelo Governo-administração, mas não devem substituir o conteúdo, desde que este seja defensável[1468]. Mas no Direito Fiscal, os tribunais devem ainda colaborar para densificar o conteúdo, sendo preferível o tratamento segundo o caso típico às ponderações do caso individual.

[1465] E já agora, citemos por todos, para demonstrar a universalidade do problema, um autor anglo-saxónico: JOHN AVERY JONES, "Tax law: rules or principles", *Fiscal Studies*, 1996, pp. 63-89.

[1466] Como defendia ALBERTO XAVIER em *Conceito e natureza...*, cit., pp. 310, 311 e ss.. Relativamente ao aspecto da justiça material, remetemos para o capítulo relativo ao princípio da tipicidade e à contraposição do mesmo às técnicas individualizadoras.

[1467] Esta preparação burocrática e interferência governamental nas leis do Parlamento passa-se em todo o lado e também na Alemanha: MICHAEL KLOEPFER, "Der Vorbehalt des Gesetzes im Wandel", cit., p. 687.

[1468] Assim, embora partindo de um diferente conceito de indeterminação, HERMANN HILL, "Rechtsstaatliche Bestimmtheit...", cit., p. 895.

A preocupação realista das várias correntes jurídico-funcionais (i.e. de observação da realidade constitucional, por contraposição à simples normatividade constitucional) orienta-as para uma atitude geral de flexibilização. Para além da flexibilização das tarefas, também a contraposição entre actividade discricionária e actividade vinculada é substituída por um esquema graduado de maior ou menor vinculação e de maior ou menor densidade de controlo judicial, tal como é defendido pela teoria jurisprudencial da essencialidade.

Em última análise, também o procedimento administrativo deveria ser flexível, e em certos casos discricionário[1469]. A combinação de um procedimento formal, claro e determinado com aspectos de maior indeterminação, informalidade e espontaneidade surge, nesta linha de orientação, como o procedimento ideal[1470], inclusivamente na administração ablativa.

[1469] HERMANN HILL, em "Rechtsstaatliche Bestimmtheit...", cit., p. 891, defende um procedimento discricionário tal como decorre dos §§ 10 e 22 da *Verwaltungsverfahrensgesetz*.

[1470] FRITZ OSSENBÜHL também defende que não se deve exigir que as deliberações vinculativas de comissões sejam compensadas/acompanhadas por uma fundamentação muito pormenorizada, pois trata-se de matérias extrajurídicas (por ex. do domínio da ética e da cultura) que não se deixam fundamentar racionalmente (!): V. FRITZ OSSENBÜHL, "Vom unbestimmten...", cit., pp. 312-313. Esta posição é questionável, pois todas as decisões devem ser fundamentadas, e como já referimos a argumentação extralegal também faz parte do conjunto de argumentos que fundamentam a decisão, desde que relacionada com os valores sociais e culturais de uma comunidade; além disso, se forem bem fundamentadas as decisões sempre permitem um melhor controlo dos limites internos e externos de actuação administrativa (como defendem os tribunais: V. idem). Sobre a dificuldade em formalizar o procedimento administrativo, devido à "infinidade de procedimentos", V. ROGÉRIO E. SOARES, *Direito Administrativo, Lições ao curso complementar de ciências jurídico-políticas da Faculdade de Direito de Coimbra, 1977/78*, Coimbra, 1978, pp. 151 e ss.. Embora no Direito Fiscal talvez seja mais fácil a formalização dos procedimentos do que no Direito Administrativo, centrando-se as leis gerais tributárias no procedimento de liquidação, cujas fases estão mais bem identificadas do que as do procedimento relativos aos actos administrativos (V. a referência a essa dificuldade, a propósito dos procedimentos administrativos, ROGÉRIO E. SOARES, IDEM, p. 153), também existem vários procedimentos (KLAUS TIPKE/JOACHIM LANG, *Steuerrecht*, cit., 17.ª ed., pp. 767 e ss., e por isso as mesmas dificuldades atingem este ramo de Direito. Não é por acaso que as várias Leis Gerais Tributárias que existem, nomeadamente, a portuguesa, a moçambicana, as espanholas, a alemã e o Modelo do CIAT, têm uma estrutura diferente umas das outras, e nem sempre satisfatória. Por exemplo, enquanto a Ley General Tributaria espanhola de 1963 não dedicava nenhum título ou capítulo autonomamente ao procedimento tributário, a Ley 58/03 de 17 de Dezembro, que aprova a nova LGT dedica o título III à "aplicação dos tributos" o qual contém a disciplina de vários procedimentos tributários (liquidação, gestão

Isto é, a separação entre procedimento rígido para a administração ablativa e procedimento discricionário para a administração prestadora está ultrapassada, pois também o Direito, a administração e a relação administração/administrado não são domínios diferentes e estanques[1471]. Por isso, matérias como os direitos fundamentais não escapam a esta lógica de abertura da disposição legal e de ponderação individualizada na decisão[1472].

Nesta linha de pensamento, a eliminação ou redução deste modelo de organização informal e flexível é contraproducente e oposta às necessidades contemporâneas[1473]. Também dentro desta linha, encontramos quem realce a crise da justiça, seja céptico sobre as medidas e reformas processuais, mesmo que se orientem no sentido da simplificação processual, e reclame um menor papel dos tribunais[1474].

Todavia, a caracterização da administração como órgão eficiente, próxima do cidadão e num futuro breve transformada em "cidadão com roupas de funcionário"[1475], se já é muito optimista para Estados como a Alemanha, tem pouco a ver com o funcionamento da nossa administração.

Seja como for, e no mesmo sentido que grande parte dos autores que defendem uma argumentação jurídico-funcional, digamos que o modelo flexível de procedimento não é o mais adequado para o Direito Fiscal.

Aqui, a liberdade de apreciação deve ser compensada com um procedimento mais rigoroso, de forma a garantir a protecção dos direitos (e interesses) dos sujeitos passivos[1476] – sem embargo de alguma discricionariedade inevitável na aplicação de normas procedimentais, e não obstante se poder admitir alguma flexibilização em certos casos bem delimitados – quer na fase pré-litigiosa (é caso dos acordos prévios sobre preços

---

tributária, inspecção, cobrança, procedimento relativo a responsáveis e sucessores tributários e as normas comuns a todos eles).

[1471] Cf. HERMANN HILL, em "Rechtsstaatliche Bestimmtheit...", cit., pp. 891-892.

[1472] Cf. JORGE REIS NOVAIS, As Restrições aos direitos fundamentais..., cit., por ex., pp. 827 e ss.; e HERMANN HILL, em "Rechtsstaatliche Bestimmtheit...", cit., p. 894.

[1473] Neste sentido, HERMANN HILL, "Rechtsstaatliche Bestimmtheit...", cit., pp. 886 e 887. Criticável é a relação que o autor pretende estabelecer entre a incapacidade da lei, enquanto filtro das situações da vida, em regular o caso concreto, e uma suposta actividade administrativa complementar, com carácter indispensável, e não sujeita a controlo pelos tribunais. Na verdade, essa incapacidade da lei é um fenómeno que ocorre em todos os ramos de Direito, e é frequentemente ultrapassada pelo desenvolvimento jurisprudencial.

[1474] Assim, WINFRIED BROHM, "Die staatliche Verwaltung...", cit., pp. 324-325.

[1475] HERMANN HILL, "Rechtsstaatliche Bestimmtheit...", cit., p. 895.

[1476] Para a administração ablativa, cf. PETER BADURA, "Gestaltungsfreiheit...", cit., pp. 176-177; WINFRIED BROHM, "Die staatliche Verwaltung...", cit., p. 331.

de transferência) quer na fase das reclamações e impugnações contenciosas (dê-se novamente o exemplo dos preços de transferência e ainda o caso das avaliações indirectas quando o contribuinte reaja às decisões da administração).

Assim, a flexibilidade no procedimento tributário deve ter carácter residual, pois a generalização de um procedimento discricionário, dirigido ao caso singular, seria mais permeável à pressão dos grandes contribuintes e produziria desigualdades pouco recomendadas no Direito Fiscal[1477]. É a este propósito criticável a redacção e a interpretação que tem sido dada ao art. 78.º n.ᵒˢ 3 e 4 da LGT, embora estas alíneas já tenham sido objecto de maior concretização legal, com o objectivo de reduzir a margem de livre apreciação da administração.

Portanto, a margem de livre apreciação no Direito Fiscal deve ser acompanhada por garantias que satisfaçam o Estado de Direito, dadas legalmente, através de normas tão rigorosas quanto possível de procedimento e organização[1478]. Só com estas garantias se deve reconhecer a margem de livre apreciação. Nem sempre o procedimento, nomeadamente, o procedimento tributário, teve uma função compensatória da discricionariedade resultante das normas materiais de imposto.

Recorde-se que foi Hensel quem destacou a importância a dar ao procedimento tributário, o qual era em muitos aspectos discricionário. Enquadrando a avaliação indirecta nas normas de procedimento – o que aliás continua a suceder nas várias legislações de procedimento tributário – permitida pelo § 210 n.º 1, frase 2, da *Einkommensteuergesetz* de 1925 ("na medida em que os serviços tributários não consigam verificar ou calcular a matéria tributável, devem presumi-la; para esse efeito devem

---

[1477] Sobre as funções do procedimento administrativo, garantindo a melhor prossecução do interesse público, através de decisões imparciais, mas ao mesmo tempo contribuindo para a burocratização, sendo por isso recomendável alguma flexibilização, tendo em conta "a perspectiva «global» da actuação administrativa" e a participação e colaboração dos interessados: MARIA JOÃO ESTORNINHO, *A Fuga para o Direito Privado*, cit., pp. 241 e ss., 249 e ss.; DAVID DUARTE, *Procedimentalização, participação e fundamentação...*, cit., pp. 86, 94-95, 98-105. A propósito do contrato administrativo, fazendo referência ao princípio da imparcialidade garantido pelo procedimento administrativo, SÉRVULO CORREIA, *Legalidade...*, cit., pp. 379-380; e sobre a importância do procedimento, o qual garante a ponderação de interesses, no plano urbanístico, FERNANDO ALVES CORREIA, *O Plano urbanístico e o princípio da igualdade*, Coimbra, 1997, pp. 247 e ss..

[1478] Neste sentido, para o Direito Administrativo geral, PETER BADURA, "Gestaltungsfreiheit...", cit., p. 177.

ser tomadas em conta todas as circunstâncias que sejam significativas"), o autor chamou a atenção para o facto de a avaliação indirecta resultar neste caso do procedimento em concreto, procedimento esse caracterizado por uma margem de discricionariedade. Essa margem de discricionariedade era, na época, segundo Hensel, muito maior no caso das normas de procedimento do que no caso das normas materiais[1479].

Por conseguinte, a discricionariedade no procedimento era apenas limitada pela vinculação deste aos fins das normas fiscais materiais, enquanto a discricionariedade no Direito Fiscal material sempre tinha como objectivo a solução correcta, de acordo com o princípio da igualdade[1480]. Ainda assim, também aqui, o papel dos regulamentos e regulamentos internos (actos pararegulamentares) orientadores dos serviços administrativos, deveria ter relevância[1481].

Tendo em conta todos os argumentos apontados pelas doutrinas jurídico-funcionais, e em jeito de síntese, o posicionamento da lei e da administração, inclusivamente em matérias sujeitas a reserva de lei, caracteriza-se actualmente por uma graduação relativamente flexível. Isto é, aceita-se a graduação da intensidade da reserva de lei em vez de vinculação estrita, o que traz vantagens relevantes ao modelo de decisão[1482]. E reconhece-se que ao legislador não podem ser feitas grandes exigências (para além de estabelecer os fundamentos decisórios de Direito material), no âmbito de áreas muito especializadas e sujeitas a progressos rápidos dos conhecimentos, e a multiformes situações de vida – fala-se a este propósito numa "protecção dinâmica de direitos fundamentais"[1483].

[1479] ALBERT HENSEL, "Die Abänderung des Steuertatbestandes...", cit., pp. 51-52.
[1480] ALBERT HENSEL, "Die Abänderung des Steuertatbestandes...", cit., pp. 51-52.
[1481] ALBERT HENSEL, "Die Abänderung des Steuertatbestandes...", cit., p. 52.
[1482] Neste contexto, o chamado "Estado legislativo" não traduz a existência de uma sobrenormação com efeitos prejudiciais, pois os regimes legais são completados por diferentes instrumentos, muitos dos quais flexíveis, como é o caso das comissões que apreciam recursos sobre avaliação indirecta, das transacções entre Estados contratantes de acordos de dupla tributação, das transacções com os chamados grandes contribuintes, dos contratos de Direito Público, do Direito Privado administrativo, e de formas de actuação estadual informal, o que permite garantir um importante espaço de livre conformação administrativa: neste sentido, com o qual concordamos em absoluto, para o Direito Administrativo geral, v. MICHAEL KLOEPFER, "Der Vorbehalt des Gesetzes im Wandel", cit., p. 689.
[1483] PETER BADURA, "Gestaltungsfreiheit...", cit., p. 175.

5. As matérias técnicas, de planificação e ordenamento, como exemplos de tipificação administrativa por regulamentos e actos pararegulamentares e de reconhecimento judicial da margem de livre apreciação: uma prática idêntica à da tipificação fiscal

A dificuldade legislativa em regular cabalmente matérias técnicas, de segurança técnica, de planificação e ordenamento (e também de Administração económica), tem provocado um interessante debate sobre a margem de livre apreciação, decorrente da utilização de conceitos jurídicos indeterminados, e exercitada de uma forma semelhante àquela a que assistimos no Direito Fiscal (na Alemanha, em Itália e em Portugal). Como já referimos, de entre os poucos casos de margem de livre apreciação reconhecidos pelos tribunais alemães, inclusivamente, pelo Tribunal Constitucional alemão, constam os mencionados.

Alguns argumentos fundamentam a margem de livre apreciação: ausência de critérios jurídicos que possam servir de base a um controlo judicial, objecto ou matéria de carácter político, e o "grau de controlo possível" ou "exigível", argumento pragmático, que também justifica uma densificação legal reduzida. Em última análise, pode ser invocado o papel da lei no Estado social contemporâneo, que deixa à administração a conformação jurídica de certas matérias.

Embora só este último argumento possa ser invocado para o caso das matérias fiscais, a verdade é que, como veremos, o modo de concretização da margem de livre apreciação tem sido idêntico num e noutro caso: isto é, Governo e administração densificam progressivamente os conceitos jurídicos indeterminados, através de regulamentos e actos pararegulamentares, exercendo aquilo que no próximo título designaremos por margem de livre tipificação[1484].

Com efeito, assim como no Direito Fiscal são os regulamentos e actos pararegulamentares a tipificarem os aspectos mais técnicos da legislação, no âmbito de uma margem de livre apreciação, no planeamento eco-

---

[1484] Os planos urbanísticos em si, embora difíceis de classificar, são considerados regulamentos administrativos pela maioria da doutrina e jurisprudência no Direito Comparado: FERNANDO ALVES CORREIA, *O Plano urbanístico e o princípio da igualdade*, cit., pp. 222; IDEM, sobre a importância da participação e a "exigência de formas adequadas de participação na planificação urbanística" como forma de "*compensação* da amplitude do poder discricionário na planificação urbanística", pp. 259 e ss..

nómico, a chamada avaliação de prognose é desligada do caso concreto e direccionada para a planificação política de conjunto[1485].

Todavia, no Direito do planeamento, a liberdade de conformação administrativa exige especialmente a resolução de um conflito de interesses[1486], enquanto no Direito Fiscal só relativamente à atribuição de benefícios fiscais se poderá falar em conflito de interesses. No domínio do planeamento, à exclusividade ou predominância de valorações extrajurídicas que orientam a administração conformadora, e ao carácter político-económico das decisões, deve ser acrescentado um outro critério que também não está normalmente presente na aplicação da lei fiscal, a não ser nas disposições que atribuem benefícios fiscais: o da prognose das avaliações (prognose na qualificação de um acontecimento futuro, ou de um desenvolvimento social), elemento presente nas matérias de planificação e ordenamento do território[1487]. Por estar associada a uma incerteza temporal, a prognose, enquanto fundamento de decisões, deve ser da responsabilidade da administração e não dos tribunais[1488].

Por outro lado, a escolha entre alternativas é, em todas estas matérias, muitas vezes realizada em diferentes fases temporais do processo de decisão, numa gradação cada vez mais pormenorizada[1489], isto é, no sentido da densificação tipificante.

O controlo judicial deve ser limitado, quer quanto ao aspecto do planeamento e suas repercussões no futuro, quer quanto ao aspecto de prognose, e deve orientar-se, dentro dessa limitação, por critérios distintos[1490].

[1485] V. PETER BADURA, "Gestaltungsfreiheit...", cit., p. 182.

[1486] V. WALTER SCHMIDT, Einführung..., cit., p. 41.

[1487] O elemento de prognose, seja como meio auxiliar de decisões orientadas para o futuro, seja como elemento a ponderar numa decisão conformadora do futuro, tem como objectivo avaliar as probabilidades de desenvolvimentos de uma situação: WALTER SCHMIDT, Einführung..., cit., pp. 49-50.

[1488] Como faz PETER BADURA, "Gestaltungsfreiheit...", cit., pp. 178-179. É a incerteza temporal e não a margem de livre apreciação concedida legalmente que justifica o poder decisório da administração: IDEM, pp. 179-180.

[1489] V. a referência a esta forma de aplicação/decisão, relacionada com a escolha entre alternativas, em WALTER SCHMIDT, Einführung..., cit., pp. 38-39.

[1490] Badura sugere para o controlo da prognose, a verificação dos factos, da plausabilidade de critérios utilizados, e da elaboração da decisão de forma metódica e adequada, tendo em conta a matéria subjacente – PETER BADURA, "Gestaltungsfreiheit...", cit., p. 179. Uma das formas de controlo sugeridas é a da prova meio-fim, relacionada com uma análise de custo-benefício, uma vez que ao Direito do Planeamento está subjacente a resolu-

Tal como no domínio dos impostos, a resposta administrativa, exercida no âmbito da margem de livre apreciação, é válida se for defensável, com base em critérios de plausabilidade e tiver sido conduzida de forma irrepreensível e adequada[1491-1492].

Em relação às matérias técnicas de planeamento e de ordenamento do território, como nos outros casos de utilização de conceitos jurídicos indeterminados, a questão pode ser discutida em diferentes níveis[1493]: o nível de densificação exigido ao legislador, a admissibilidade de concretização/desenvolvimento efectuados através de regulamento administrativo, a admissibilidade de actos pararegulamentares padronizadores dos actos administrativos, a restante margem de livre apreciação deixada ao acto administrativo; além disso, o procedimento administrativo de formação dos planos urbanísticos é considerado, também entre nós, fundamental para a "aquisição dos factos, interesses e circunstâncias objectivamente relevantes", "justa ponderação dos interesses" em presença, e "individualização das soluções ou alternativas possíveis"[1494].

Uma das cláusulas utilizadas pelo legislador alemão nas suas directivas orientadoras da administração, no âmbito do Direito da segurança técnica é o "estado da ciência e da técnica".

A concepção dominante neste caso (e contrariamente ao que os tribunais têm defendido em Portugal, França e Itália a propósito do que desig-

---

ção de um conflito de interesses. Assim, são de controlar a aptidão dos meios, a sua necessidade e adequação (proporcionalidade): WALTER SCHMIDT, Einführung..., cit., pp. 55-56.

[1491] Defendendo esta posição no âmbito do Direito do Planeamento, PETER BADURA, "Gestaltungsfreiheit...", cit., p. 179.

[1492] Para além da área do planeamento económico em sentido amplo (incluído aqui o planeamento urbanístico), não tem sido reconhecida uma margem de livre apreciação noutros casos de avaliação de processos sociais, que aliás também implicam um elemento de prognose na avaliação. É o caso da avaliação da perigosidade de uma multidão de manifestantes ou da autorização para construções técnicas no âmbito do Direito Atómico. Neste último caso, o controlo judicial é, em princípio, total. Esse controlo só tem sido limitado, se houver alterações legais no tratamento da matéria, prevalecendo então as avaliações de peritos ou comissões administrativas: V. WALTER SCHMIDT, Einführung..., cit., p. 41; PETER BADURA, "Gestaltungsfreiheit...", cit., p. 181. Para WALTER SCHMIDT, as avaliações de provas/exames, e as avaliações internas nos serviços, também contêm um elemento de prognose, porque "o resultado certifica a qualificação para o exercício de uma profissão futura" ou, no caso das avaliações nos serviços, o resultado certifica a qualificação para uma promoção ou outros fins.

[1493] Como faz PETER BADURA, "Gestaltungsfreiheit...", cit., p. 172.

[1494] FERNANDO ALVES CORREIA, O Plano urbanístico e o princípio da igualdade, cit., pp. 247-248 e ss..

nam de discricionariedade técnica), é o de um controlo total pelos tribunais, o que não nos parece surpreendente: quer esteja consagrada na lei, quer decorra de um parâmetro de controlo de criação jurisprudencial, "o estado da ciência e da técnica" significa em si mesmo a eliminação de uma margem de liberdade administrativa, pois pode bem ser controlado judicialmente com a ajuda de peritos na matéria – a não ser em situações de prognose.

No entanto, a administração pode concretizar o "estádio da ciência e da técnica" através de actos pararegulamentares, pois as valorações de fronteira não são, também neste caso, simples. Trata-se de uma concretização semelhante à dos montantes admitidos para amortizações de imposto, ou à determinação do valor patrimonial dos prédios com base em coeficientes de localização ou de "qualidade construtiva" ou de "localização excepcional", tal como prevêem actualmente os nossos impostos sobre o património: também aqui estamos perante critérios técnicos.

No Direito Administrativo, tem sido salientada a incongruência entre a frequente concretização de matérias através de actos pararegulamentares e a indiferença da construção dogmática perante tal facto[1495].

Ora, é justamente de assinalar que uma excelente construção dogmática desta densificação pararegulamentar de conceitos legais indeterminados tem estado no centro das atenções do Direito Fiscal, desde a década de setenta – sob a designação de tipificação das leis fiscais –, e a doutrina administrativa parece ainda não se ter apercebido – lamentavelmente – de tal fenómeno.

Os actos pararegulamentares, aos quais é dada força jurídica inequívoca no Direito Fiscal, aparecem cada vez mais como uma solução de compromisso, apropriada à flexibilização de tarefas no Estado de Direito contemporâneo[1496]. Na verdade, eles asseguram uma regulação ainda ao nível do geral e abstracto por decisores especializados nas matérias que são objecto de conformação, garantindo as exigências de determinação do Estado de Direito, e são um exemplo da actividade administrativa conformadora e complementar da lei.

[1495] O *BVerwG* é a este propósito criticado por designar os actos pararegulamentares de "avaliações antecipadas de peritos", e escamotear dessa forma a componente política destas decisões, embora o *BVerwG* tenha utilizado essa analogia com o fim de atribuir vinculatividade ao acto pararegulamentar: PETER BADURA, "Gestaltungsfreiheit...", cit., p. 175; também neste sentido, WINFRIED BROHM, "Verwaltung und Verwaltungsgerichtsbarkeit...", cit., p. 267; V. também, do mesmo autor, "Die staatliche Verwaltung...", cit., p. 327.

[1496] Transmitindo esta ideia, entre outros, WINFRIED BROHM, "Verwaltung und Verwaltgunsgerichtsbarkeit...", cit., p. 265.

Tal como o *BFH* no caso da tipificação fiscal, os tribunais administrativos têm aceitado a concretização efectuada pelos actos pararegulamentares, considerando-os vinculativos não só para a administração como também para os particulares, apesar de se discutir em abstracto a força jurídica destes actos[1497].

Diga-se uma vez mais que, neste como em todos os casos em que é reconhecida uma margem de livre apreciação administrativa, a utilização dos conceitos jurídicos indeterminados é o ponto de partida para averiguarmos a atribuição dessa margem de livre apreciação, mas a resposta decisiva é dada no plano das competências[1498]. Como veremos, para justificar a margem de livre tipificação fiscal invocam-se os princípios da praticabilidade e da igualdade os quais são assegurados pela tipificação administrativa e por isso esta não deve ser substituída pela tipificação judicial, desde que seja defensável.

6. Conclusão: conceitos discricionários e conceitos jurídicos indeterminados. A margem de livre apreciação como um problema metodológico e jurídico-funcional: clarificação da nossa posição

O objectivo de reconhecer poderes decisórios ao executivo, na aplicação de conceitos jurídicos indeterminados, deve ser fundamentado com um discurso essencialmente jurídico-funcional, mas sem prescindir da abordagem metodológica.

Na verdade, e em primeiro lugar, a questão da identificação, e interpretação/aplicação dos conceitos jurídicos indeterminados e das cláusulas

---

[1497] V. PETER BADURA, "Gestaltungsfreiheit...", cit., p. 175.

[1498] É este ponto de vista que defendemos e que se pode encontrar indirectamente defendido em PETER BADURA, "Gestaltungsfreiheit...", cit., p. 176; também considerando que certas matérias de cariz político, como a planificação, ou outras decisões dependentes de desenvolvimentos futuros, devem ser avaliadas pela administração, mas que frequentemente não atribuem uma "margem de livre apreciação", mas antes discricionariedade: HANS WOLFF, OTTO BACHOF, *Verwaltungsrecht I*, cit., 9.ª ed., p. 192. Os autores mencionam ainda um exemplo clássico de um conceito jurídico indeterminado contido numa norma fiscal – no § 131 da *Abgabenordnung*: iniquidade. A possibilidade de os serviços fiscais isentarem um contribuinte por razões de equidade, deve ser entendida, segundo Wolff e Bachof, como discricionariedade e não como uma margem de livre apreciação (pp. 192-193).

gerais é metodológica, e qualquer compêndio de Teoria do Direito trata esta questão como tal. Sempre que estamos perante conceitos jurídicos indeterminados, há uma tarefa dirigida ao aplicador da lei e que exige uma valoração adicional – seja essa valoração realizada pela administração ou pelos tribunais[1499]. Recorrendo ao pensamento tipológico, o intérprete da lei fiscal tem de reconstituir o tipo subjacente à lei para avaliar se o caso individual é recondutível ao tipo e assim, à norma (vai-vem entre tipo e norma): quanto mais indeterminada for a norma, maior é a margem de livre apreciação de quem a aplica[1500].

Como referimos anteriormente, se uma lei for determinada, constitui um constrangimento para a actuação governamental (opondo-se à actuação ditatorial), assegura o tratamento igualitário de casos semelhantes devido à sua generalidade, e assegura ainda a previsibilidade das decisões governamentais (incluindo as administrativas e as judiciais)[1501].

E lembramos, citando novamente Coleman e Leiter, que a determinação é recomendável com base na ideia de que a justificação das decisões judiciais (para que as decisões possam ser justificadamente coercivas) implica que elas sejam garantidas unicamente pelo conjunto de argumentos legais (e não pelo recurso a outra classe de argumentos, i.e., a argumentos

---

[1499] V. por exemplo, KARL LARENZ/CLAUS-WILHELM CANARIS, *Methodenlehre der Rechtswissenschaft*, cit., 3.ª ed., pp. 109 e ss., e 117 (pp. 114 e ss.). Para além das suas Lições, acima citadas, AFONSO QUEIRÓ aceita esta distinção em anotação ao "Acórdão de 23 de Outubro de 1980", cit., pp. 157 e ss., 160, 168-169. Mas AFONSO QUEIRÓ aceita a "discricionariedade técnica", em relação à interpretação de certos conceitos indeterminados, e portanto conclui que quer a discricionariedade técnica quer a discricionariedade técnica são, quanto ao juízo de mérito, insindicáveis ("Acórdão de 23 de Outubro de 1980", cit., pp. 168-169). O autor distingue "conceitos discricionários indeterminados" de "categorias técnicas ou científicas": estas últimas "não significam, *em teoria, pelo menos*, nenhuma directa atribuição pelo legislador à Administração activa de uma liberdade de escolha entre dois ou mais procedimentos igualmente legais ou juridicamente equivalentes – nenhuma directa atribuição de um poder discricionário. Significam, sim, a atribuição à Administração de uma competência exclusiva para *interpretar* a lei e a negação consequente aos tribunais do contencioso administrativo da competência para procederem à revisão dessa interpretação e à qualificação operada no seguimento dela pela autoridade administrativa" (p. 168).

[1500] V. adiante o capítulo dedicado ao pensamento tipológico.

[1501] TIMOTHY ENDICOTT, *Vagueness in law*, cit., pp. 186-187. A referência ao "constrangimento governamental" e "previsibilidade de actuação governamental" abrange Governo e tribunais. A igualdade atingida por lei é defendida também por ex., como já lembrámos, por JOHN RAWLS, *A Theory of justice*, Cambridge, Massachussets, 1971, p. 237, e RONALD DWORKIN, *Law's empire*, London, 1986, pp. 95-96.

extralegais ou exteriores ao bloco de legalidade), de forma que o indivíduo possa ter oportunidade de conformar o seu comportamento à lei[1502].

E que a vaguidade ou indeterminação do conceito conduz à indeterminação dos resultados, quando "o conjunto de argumentos legais nunca garante (ou justifica) apenas um e só um resultado em casos importantes ou difíceis"[1503].

[1502] JULES L. COLEMAN/BRIAN LEITER, "Determinacy, Objectivity, and Authority", cit., pp. 235-237.

[1503] JULES L. COLEMAN/BRIAN LEITER, "Determinacy, Objectivity, and Authority", cit., p. 215. Na Teoria do Direito, costuma-se distinguir "casos fáceis" de "casos difíceis", e muitos autores, como Dworkin, consideram que só nestes casos há verdadeira indeterminação legal, suscitando-se então a questão da (falta de) autoridade da lei: RONALD DWORKIN, *Taking rights seriously*, cit., pp. 81 e ss.: os "casos fáceis" são indubitavelmente resolvidos por argumentos legais ou "de princípio" (segundo o princípio da coerência do ordenamento jurídico), mas para Dworkin, também os "casos difíceis" são resolvidos por argumentos de princípio e não políticos. Para tal, Dworkin recorre ao juiz Hércules, "um jurista de capacidades super-humanas", que aceitando as leis principais incontroversas (p. 105), também desenvolve os casos difíceis – não regulados por lei e em que ele tem de recorrer a princípios constitucionais contraditórios, e utilizar a partir daí um processo de argumentação "muito semelhante ao processo do jogador de xadrez (p. 107): "Ele deve desenvolver uma teoria da Constituição, na forma de um conjunto complexo de princípios e de políticas que justificam aquele esquema de governo, tal como o jogador de xadrez é conduzido a desenvolver uma teoria sobre as características do seu jogo. Ele deve desenvolver essa teoria referindo-se alternadamente à filosofia política e ao detalhe institucional" (p. 107). V. ainda, por exemplo, MANUEL ATIENZA, *Tras la justicia, Una introducción al Derecho y al razonamiento jurídico*, Barcelona, 1993: "Um caso é fácil quando, aplicando os critérios do que chamei «racionalidade formal», o resultado é uma decisão não controvertida. Um caso é, pelo contrário, difícil quando, ao menos em princípio, pode receber mais do que uma resposta correcta: o caso coloca a necessidade de harmonizar entre si valores ou princípios que estão em conflito, e apresentam-se diversas soluções capazes de atingir um equilíbrio, e que não sacrificam nenhuma exigência que forme parte do conteúdo essencial dos princípios ou dos valores últimos do ordenamento". Por racionalidade formal, entende o autor a decisão jurídica justificada (p. 176), o que se verifica se e só se: "1) respeita os princípios de consistência (no sentido em que não comete erros do tipo lógico), de universalidade e de coerência; 2) não ilude a utilização como premissa de alguma fonte do Direito de carácter vinculativo; 3) não desconhece a existência de factos provados na forma devida, e 4) não utiliza como elementos decisivos da fundamentação critérios éticos, políticos, etc., não previstos especificamente (ainda que o possam estar genericamente), pelo ordenamento jurídico (p. 174). A decisão fora da racionalidade formal não é arbitrária, existindo um meio-termo que pode ser designado de razoabilidade (pp. 174-175). V. também STEPHEN GUEST (RONALD DWORKIN, cit., pp. 160 e ss.) para quem, nos "casos difíceis", a identificação da resposta legal não é atingível claramente, mas há proposições jurídicas que "pairam" à volta, como se fossem claras (p. 162). Os

Também a distinção entre conceitos discricionários e outros conceitos jurídicos indeterminados é metodológica.

Seguindo aqui parcialmente Karl Engisch e Larenz, lembramos que os conceitos discricionários são também conceitos indeterminados – são uma categoria destes – mas há algumas diferenças de relevo. Assim, enquanto os conceitos discricionários conferem uma autorização à administração para ponderar as circunstâncias do caso concreto, cabendo-lhe o juízo subjectivo de mérito, dentro dos limites da lei e do Direito[1504], os restantes conceitos jurídicos indeterminados não postulam um juízo de mérito do caso individual por parte de quem os aplica. Saliente-se que esta distinção nada tem a ver com a localização dos conceitos na previsão ou estatuição da proposição jurídica.

Isto significa que a mera identificação dos conceitos discricionários – isto é, se por interpretação da lei concluirmos que há uma autorização de discricionariedade administrativa – é bastante para sabermos que a última palavra sobre a matéria é da administração, sem prejuízo do controlo judicial dos limites à discricionariedade. Por outras palavras, não é necessário recorrer a argumentos funcionais, i.e., sobre distribuição de competências, para identificar a discricionariedade.

"casos fáceis" e "difíceis" são discutidos desde o "Conceito de Direito" de Hart: H.L.A. HART, *The Concept of law*, cit., pp. 124 e ss. (121 e ss.), onde o autor discute a textura aberta das leis e a sua relativa indeterminação (embora a expressão seja posterior, de Dworkin). V. ainda, MATTHIAS KLATT, "Semantic normativity...", cit., pp. 115 e ss..

[1504] Assim, KARL ENGISCH, *Introdução...*, cit., p. 183; KARL LARENZ, CLAUS-WILHELM CANARIS, *Methodenlehre der Rechtswissenschaft*, cit., 3.ª ed., p. 117; ALBERTO XAVIER, *Conceito e natureza...*, cit., pp 342 e 359; J.J. GOMES CANOTILHO, *Constituição dirigente...*, cit., p. 234; AFONSO QUEIRÓ, *Lições...*, cit., p. 448; e em anotação ao "Acórdão de 23 de Outubro de 1980", cit., pp. 157 e ss., 160, 168-169; e ainda em "Teoria dos regulamentos", 2.ª parte, *RDES*, 1986, n.º 1, pp. 10-11; todavia, o autor chama a atenção para o facto de os regulamentos autónomos emitidos, por exemplo, pela administração autárquica, o serem no exercício de uma competência discricionária; ROGÉRIO SOARES, *Interesse público...*, cit., pp. 217-218. Afastamos a definição da discricionariedade como uma ponderação de interesses concorrentes. Trata-se, nas palavras de M.S. GIANNINI, de "ponderação comparativa de diversos interesses secundários com vista a um interesse primário" (*Diritto Amministrativo, II*, cit., 3.ª ed., p. 49). É esta a concepção de J.M. SÉRVULO CORREIA *(Legalidade...*, cit., pp. 479-480) e de J.C. VIEIRA DE ANDRADE (*O Dever da fundamentação...*, cit., p. 372). Se ela serve para o Direito Administrativo geral, não serve para o Direito Fiscal, porque o interesse público prosseguido pelas normas fiscais é sempre o mesmo (o de arrecadar receitas) e não pode ser esse o interesse prosseguido na aplicação dos conceitos discricionários, sob pena de se porem em risco os direitos e garantias dos sujeitos passivos.

Mas o mesmo não acontece com os restantes conceitos jurídicos indeterminados: neste caso, embora exista uma liberdade de conformação dos mesmos por quem os aplica – e portanto, discricionariedade em sentido amplo ou margem de livre apreciação[1505] – eles não postulam um juízo subjectivo da administração, segundo as circunstâncias do caso concreto.

E por isso, têm (alguma) razão os tribunais e a doutrina que rejeitam um estatuto diferenciado destes conceitos – repita-se, dos conceitos, em si – no Direito Administrativo (incluindo o Direito Fiscal) e nos outros ramos de Direito, como é o caso do Direito Civil e do Direito Penal.

Porém, uma vez que no Direito Administrativo e no Direito Fiscal a administração se interpõe entre a lei e os tribunais, cabe averiguar quais são as consequências que daqui resultam para a aplicação dos conceitos jurídicos indeterminados não discricionários: nomeadamente, sobre a forma como devem ser aplicados e sobre quem tem a última palavra.

Primeiro: como conceitos indeterminados que são, a sua aplicação implica um maior ou menor espaço de livre apreciação, consoante o grau de indeterminação[1506].

Segundo: mas ao contrário do que acontece com os conceitos discricionários, nada obriga a que os restantes conceitos indeterminados sejam aplicados segundo as circunstâncias do caso concreto, podendo mesmo ser conveniente a sua concretização por norma geral e abstracta ou por uma jurisprudência constante, de modo a reduzir a indeterminação e a margem de livre apreciação quer administrativa quer até judicial[1507].

[1505] V., por todos, J.C. VIEIRA DE ANDRADE, *O Dever da fundamentação...*, cit., pp. 369 e ss..

[1506] Assim, por exemplo, KARL LARENZ/CLAUS-WILHELM CANARIS (*Methodenlehre der Rechtswissenschaft*, cit., 3.ª ed., p. 114 e ss.), apesar de considerarem que a margem de livre apreciação resultante do preenchimento valorativo dos conceitos se distingue da discricionariedade por a primeira se orientar pela legalidade e não pela oportunidade (não concordamos com esta afirmação) e porque a margem de livre apreciação pode ser restringida por um processo judicial de concretização progressiva (p. 117) (mas já concordamos com esta última).

[1507] Defendendo a progressiva densificação jurisprudencial dos conceitos jurídicos indeterminados não discricionários, e a "redução da margem de livre apreciação", KARL LARENZ/CLAUS-WILHELM CANARIS (*Methodenlehre der Rechtswissenschaft*, cit., 3.ª ed., p. 117); pelo contrário KARL ENGISCH considera que os conceitos jurídicos indeterminados não discricionários exigem uma valoração que não é pessoal, mas "objectivamente válida, com um só sentido" (*Introdução...*, cit., p. 184).

É exactamente o que acontece no Direito Fiscal, devido aos princípios da legalidade, e da praticabilidade e da igualdade possível que regem a actividade da administração de massas, como veremos no capítulo dedicado à tipificação[1508].

Terceiro: a aplicação de conceitos jurídicos indeterminados não discricionários em matéria fiscal implica ponderações conformadoras que são feitas, em primeiro lugar, pelo Governo ou pela administração fiscal. Isto significa que a questão de saber se estas ponderações podem ou devem ser substituídas pelo juízo dos tribunais tem de ser respondida através de argumentos funcionais – isto é da distribuição de competências entre administração e tribunais. Os argumentos metodológicos tornam-se aqui inoperantes.

Temos então de distinguir a este propósito duas situações: no que diz respeito ao objecto e sujeito passivo de imposto, a aplicação do conceito jurídico indeterminado ao caso concreto pode suscitar a dúvida entre o sim e o não: é sujeito passivo/não é sujeito passivo; é rendimento tributável/não é rendimento tributável (lembrem-se os acórdãos sobre tributação de juros decorridos antes da expressa referência a estes rendimentos no art. 6.º do CIRS[1509]). Neste caso, a questão é a de saber até onde vai a interpretação permitida e onde começa a interpretação proibida (ou analogia). Podemos estar perante o caso 1 de Coleman/Leiter (nos casos de fronteira a lei não dar nenhuma resposta à pergunta: "os juros decorridos cabem no âmbito de incidência dos rendimentos de capitais?"), ou perante o caso 4, na fronteira entre candidatos neutros/candidatos negativos. A última palavra é da competência do juiz e não da administração.

Além disso, neste caso tem de haver sempre uma consideração do caso individual e da sua correspondência ao "caso típico", porque normalmente não valem os argumentos da administração de massas. Diremos então que sempre que a resposta estiver na fronteira do sim ou não, quanto à incidência em sentido restrito, não se coloca uma questão de margem de livre apreciação administrativa (relacionada com o caso 4 de Coleman//Leiter).

[1508] No Direito Administrativo geral, a competência para a decisão final está frequentemente ligada à responsabilização do órgão decisor pelas consequências provenientes da norma ou acto. V., por exemplo, neste sentido, KONRAD REDEKER, "Fragen...", cit., pp. 759-760.

[1509] Por ex., acórdão do STA, proc. n.º 026764, de 10/04/2002.

Quanto às regras de determinação da matéria tributável e quantificação da mesma, nomeadamente, quanto às deduções de encargos, a administração de massas e os princípios da igualdade possível e da praticabilidade[1510] justificam uma margem de livre apreciação administrativa que se oriente pelo contribuinte ou pelo caso típico, quando os conceitos jurídicos indeterminados, no caso 4 de Coleman/Leiter permitirem mais do que uma decisão legalmente correcta (por exemplo, "custos necessários", "custos razoáveis", "custos indispensáveis")[1511].

Assim, se o Governo ou o fisco, ao interpretarem e aplicarem o conceito jurídico indeterminado – e não autonomizamos os dois momentos – observarem os critérios de interpretação das normas fiscais e todo o bloco de legalidade, eles fazem uma "interpretação defensável" – como nos diz Ule – e por isso o tribunal deve reconhecer uma margem de livre apreciação ou discricionariedade em sentido amplo, e não deve substituir o seu juízo ao do Governo ou da administração. O tribunal deve controlar a decisão destes nos mesmos termos em que o faz quando eles aplicam conceitos discricionários (fiscalizando os limites internos e externos à margem de livre apreciação).

Caso contrário, para além de o legislador ter abdicado de disciplinar em pormenor a situação da vida, o tribunal, ao propor uma interpretação diferente da do fisco, e mesmo que também ela seja correcta, aumentará a insegurança jurídica.

Esta margem de livre apreciação deve ser especialmente reconhecida quanto às matérias identificadas topicamente pela jurisprudência e pela doutrina, com base em critérios de repartição de competências (nomeadamente, de responsabilização da administração pela decisão tomada – pense-se no caso dos benefícios fiscais – e tendo em conta o princípio da praticabilidade).

[1510] V. o nosso entendimento destes princípios no capítulo dedicado à tipificação.

[1511] O caso 1 de Coleman/Leiter pode ocorrer, por exemplo, quanto à definição de "custo" para efeitos de CI ou de IRC (é custo/não é custo): e a nossa jurisprudência tem concretizado o conceito, não existindo referência a uma margem de livre apreciação administrativa ou à "discricionariedade técnica". Mas ainda aqui admitimos que o conceito de custo, por ser bastante indeterminado, e estar relacionado com o procedimento de actos--massa, fosse tipificado por regulamento ou acto pararegulamentar, dentro de uma margem de livre apreciação administrativa. Esta tipificação garantiria a previsibilidade por parte do sujeito passivo e seria tão ou mais vantajosa que uma concretização jurisprudencial, por ser mais rápida.

Quarto: no Direito Fiscal, devido ao princípio da legalidade e aos princípios de previsibilidade e calculabilidade que lhe estão associados, o Governo-legislador ou a administração não só podem como devem concretizar os conceitos jurídicos indeterminados por decreto-lei ou regulamento, recorrendo aos casos típicos (ao tipo médio, normalmente, ou ao tipo frequente) e autovinculando-se. E se a lei remeter para acto normativo a densificação, o problema sobre a forma de aplicação do conceito indeterminado fica resolvido à partida.

Por isso também, quanto às regras de incidência em sentido restrito acima mencionadas, vale a seguinte regra-orientação: apesar de caber ao tribunal a última palavra sobre se um caso individual está abrangido pela regra de incidência, o conceito jurídico indeterminado pode ser progressivamente concretizado por acto normativo ou por uma jurisprudência constante, concretização essa que se orienta pelo caso típico. Se a concretização for realizada por decreto-lei ou regulamento para um conjunto de casos, o tribunal deve reconhecer uma margem de livre apreciação ao Governo e à administração. Mas quanto a este conjunto de regras, é preferível manter uma certa abertura normativa, do que proceder a uma densificação que conduza à tipicidade fechada, para permitir o controlo do abuso de formas legais (i.e. de comportamentos elisivos).

Quinto: diríamos que dois dos elementos da interpretação das normas fiscais (das normas de arrecadação de receitas) – a capacidade contributiva e a praticabilidade – postulam que os conceitos discricionários sejam excepcionais. Ou seja, em regra, os conceitos indeterminados podem ser tipificados e não precisam de ser aplicados individualmente, segundo as circunstâncias do caso.

Sexto: a argumentação funcional diz-nos que os tribunais devem respeitar a tipificação do Governo ou da administração, desde que seja defensável.

Todavia, e em sétimo lugar, não é de rejeitar que, se a interpretação defensável do fisco se orientar pelo caso individual, e o tribunal entender e justificar que deveriam ter sido ponderados os casos típicos – porque por exemplo, não há certezas quanto aos elementos individuais apresentados (documentação de despesas e sua qualificação, valor do imóvel) –, este possa substituir a decisão administrativa por uma decisão segundo o tipo médio e desconsiderar os elementos individuais que tinham sido ponderados pelo fisco. Esta tipificação jurisprudencial será estabilizada por uma jurisprudência constante.

Esta tipificação deveria ser feita, por exemplo, nos casos de correcções à matéria tributável em impostos sobre o rendimento, ou da aplicação de métodos indirectos em caso de violação de deveres de cooperação, ou dos métodos de atribuição do valor patrimonial a imóveis, de modo a densificar progressivamente os critérios orientadores dessas correcções, segundo tipos médios.

E embora a tipificação judicial não seja desejável se o legislador remeter mais ou menos expressamente a densificação de conceitos e regimes ao Governo ou à administração (o que normalmente acontece quanto às normas de determinação ou quantificação da matéria tributável), a jurisprudência concretizadora dos conceitos legais pode colmatar o vazio normativo, e contribuir para a progressiva determinação dos conceitos jurídicos indeterminados, enquanto não forem aprovados regulamentos ou actos pararegulamentares.

A previsibilidade e calculabilidade dos impostos recomendam a tipificação, e uma jurisprudência constante permite diminuir as incertezas que decorrem da aplicação administrativa individualizada dos conceitos jurídicos indeterminados.

Oitavo, a tipificação dos tribunais quanto às normas de determinação e quantificação da matéria tributável é tendendialmente subsidiária, como defenderemos novamente no capítulo que trata desta forma de aplicação de conceitos jurídicos indeterminados. Esta posição tem subjacente o entendimento de que o Governo e a administração estão em melhor posição para completar as leis do Parlamento, quanto às referidas determinação e quantificação da matéria tributável, recorrendo aos casos típicos, e só se estes não o fizerem ou se o fizerem ilegalmente, caberá ao tribunal tipificar. Ou seja, a conformação administrativa, *maxime* no âmbito do Direito Fiscal, por estar orientada para actos-massa, para a aplicação da lei no futuro e para domínios de actuação no seu conjunto, tem preferência sobre a dos tribunais, cujo procedimento está orientado para o caso concreto.

Por conseguinte, aos tribunais caberiam actualmente as funções de garantia, de arbitragem de conflitos, e também de desenvolvimento do Direito (de princípios constitucionais, de harmonização de legislação contraditória)[1512] sempre que a administração não o faça previamente, cabendo-lhes preferencialmente a eles a concretização dos conceitos de incidência em sentido restrito (objecto e sujeito passivo do imposto),

---

[1512] Assim: WINFRIED BROHM, "Verwaltung und Verwaltungsgerichtsbarkeit...", cit., p. 271; KARL LARENZ/CLAUS-WILHELM CANARIS (*Methodenlehre der Rechtswissenschaft*, cit., 3.ª ed., p. 117), quanto ao papel dos tribunais na progressiva determinação dos conceitos indeterminados, o que não pode acontecer se os conceitos forem discricionários.

sempre que as garantias individuais (a reserva de lei) devam prevalecer sobre as dificuldades da administração de massas, e ao mesmo tempo seja desejável manter a abertura do *Tatbestand* para permitir evitar o abuso de formas legais.

Pode entender-se ainda que a concretização dos conceitos de incidência (objecto e sujeito), quando resolvem a questão binária sim/não, é uma questão prévia à da administração de actos-massa (normalmente, porque em certos casos, como o da qualificação de um não-residente como destinatário de uma convenção de dupla tributação, ou como destinatário de um benefício fiscal, colocam-se problemas típicos da administração de massas – pensem-se nos reembolsos de retenções de imposto sobre dívida pública portuguesa subscrita por não-residentes).

Acrescente-se ainda que os tribunais deverão reconhecer uma margem de livre tipificação administrativa que quantifique montantes – ou seja, uma tipificação que elimine totalmente uma margem de livre apreciação – nos termos a definir no capítulo IX.

Em conclusão, a margem de livre apreciação administrativa é simultaneamente um problema metodológico, de teoria da interpretação jurídica ou do conhecimento, e em grande dose, uma questão de legitimidade jurídico-funcional quanto ao órgão que tem a última palavra[1513].

Mas, para afastar todas as dúvidas sobre a não inconstitucionalidade dos *Tatbestände* de imposto abertos, nos termos acabados de expor, cabe ainda analisar o problema sob uma outra óptica: a de saber se as finalida-

---

[1513] Podemos observar também nesta área, um paralelismo entre a evolução da doutrina e a evolução do pensamento individual dos autores, embora essa evolução individual nem sempre seja linear: é o caso de FRITZ OSSENBÜHL, que, em "Tendenzen und Gefahren...", cit., (1968) pp. 619 e ss., prefere colocar a discussão ao nível da problemática da divisão de poderes, afastando-se da perspectiva definitória e da estrutura da norma, e criticando fortemente o ataque do terceiro poder à administração; neste artigo, o autor relaciona a discricionariedade administrativa com as áreas de competência própria da administração, criticando a deslocação da conformação do ordenamento administrativo para os tribunais, ao mesmo tempo que a responsabilidade pelas consequências da decisão se mantém na administração. O autor rejeita assim, que a divisão da proposição jurídica implique diferentes consequências, mas sem indicar as áreas de competência da administração; em "Vom unbestimmten...", cit. (1974) nas pp. 310-311, defende expressamente uma argumentação jurídico-funcional, criticando a argumentação metodológica, argumentação essa que não é ainda formulada claramente em "Ermessen, Verwaltungspolitik und unbestimmter Rechtsbegriff", cit., pp. 84 e ss.. No entanto, neste artigo de 1970, ao contrário do que defende em 1968, o autor já entende que a discricionariedade é, basicamente, para ele, uma discricionariedade de estatuição (p. 87).

des prosseguidas pela reserva de lei em democracia não são postas em causa pela indeterminação.

Para o efeito, vamos novamente recorrer a Coleman e a Leiter, para demonstrar que a indeterminação não constitui um verdadeiro problema para o liberalismo político (enquanto teoria política normativa).

Recordemos que se os argumentos legais não forem a causa exclusiva dos resultados, a lei é indeterminada: i.e., o "conjunto de argumentos legais... é causalmente indeterminado se for inadequado para explicar ou prever os resultados a que o juiz chega", para "justificar um resultado único, prevê-lo ou explicá-lo[1514].

Quais são então os problemas associados à indeterminação legal?

Em primeiro lugar, a existência de respostas correctas para as controvérsias legais faz parte da prática legal das culturas jurídicas liberais, embora se possa objectar que a maioria dos juristas tem consciência que a lei não é determinada[1515].

Em segundo lugar, num Estado de Direito, especialmente em matérias sujeitas a reserva de lei, entende-se que os "resultados legais" devem ser determinados, uma vez que se exige que os indivíduos se comportem segundo a lei[1516].

[1514] Referindo-se apenas ao juiz, JULES L. COLEMAN/BRIAN LEITER, "Determinacy, Objectivity, and Authority", cit., p. 230. Em sentido próximo, TIMOTHY ENDICOTT, *Vagueness in Law*, cit., pp. 185 e ss. (188 e ss.).

[1515] JULES L. COLEMAN/BRIAN LEITER, "Determinacy, Objectivity, and Authority", cit., p. 228.

[1516] JULES L. COLEMAN/BRIAN LEITER, "Determinacy, Objectivity, and Authority", cit., p. 229. Mesmo nos países anglo-saxónicos, onde a reserva de lei não tem o significado dos ordenamentos jurídicos continentais, a "rule of law" ou "governação por/ /autorizada por lei" tem um conteúdo que deve ser respeitado, e que faz com que a lei em si mesma tenha virtudes independentemente da nossa apreciação moral sobre a mesma (ANDREI MARMOR, "The rule of law...", cit., pp. 38-43). Esse contéudo, i.e., as condições para que a "rule of law" seja efectiva e oriente o comportamento humano foram enumeradas por Lon Fuller (The Morality of law, Yale, 1964, 1969, *apud*, ANDREI MARMOR, cit., p. 5, nota 9), como recorda Marmor: generalidade, promulgação, não retroactividade, clareza, não contradição, comandos não impossíveis, estabilidade e aplicação consistente (coerência entre o disposto na lei e a sua aplicação). Como demonstra Marmor, estas condições nem sempre são observadas, podendo faltar uma ou outra, e variando o grau em que cada uma delas é observada: IDEM, pp. 5 e ss.. Entendendo que a "rule of law" é garantida desde que os procedimentos legislativos sejam justos, independentemente da justiça dos resultados (a "justiça imperfeita procedimental" de Rawls), porque eles estimulam a obediência à lei, DAVID LYONS, *Ethics and the rule of law*, cit., pp. 194 e ss..

Em terceiro lugar, uma vez que os "resultados legais" são executáveis coercivamente, eles só são justificados quando garantidos por lei[1517].

Em quarto lugar, a democracia seria incompatível com a indeterminação, porque ela pressupõe que são as legislaturas eleitas que formam juízos, os aprovam e os vêem seguidos pelos tribunais[1518].

A estas objecções respondem Coleman e Leiter, defendendo que a indeterminação não deve ser entendida como um problema em si, desde que a previsibilidade, a estabilidade e a fundamentação racional da decisão possam ser asseguradas[1519].

Ora, embora o chamado Realismo Legal coloque a ênfase na previsibilidade da lei, para argumentar que a autoridade legal postula a determinação da lei, para que os indivíduos possam conformar os seus comportamentos à mesma e para que a coercibilidade tenha uma justificação democrática, respondem Coleman e Leiter que essa previsibilidade não tem de ser assegurada exclusivamente pelos argumentos legais, pois, como os Realistas admitem, as decisões judiciais são em regra previsíveis – essa previsibilidade resulta de conhecimentos de psicologia, políticos e culturais que no seu conjunto constituirão uma "teoria social-científica do julgar" ou, pelo menos, como defendem Coleman e Leiter, uma "teoria 'popular' social-científica da decisão"[1520] – "teoria informal do comportamento judicial" ... "que a maioria dos juristas e muitos cidadãos parecem ter"[1521]. Exemplo actualíssimo da previsibilidade da decisão judicial, conjugada com a

---

[1517] JULES L. COLEMAN/BRIAN LEITER, "Determinacy, Objectivity, and Authority", cit., p. 229.
[1518] JULES L. COLEMAN/BRIAN LEITER, "Determinacy, Objectivity, and Authority", cit., p. 229.
[1519] Referindo-se apenas ao juiz, JULES L. COLEMAN/BRIAN LEITER, "Determinacy, Objectivity, and Authority", cit., pp. 228-240. Já no mesmo sentido acerca da previsibilidade das decisões judiciais, H.L.A. HART, *The Concept of law*, cit., pp. 138-150. E também ANDREI MARMOR, "The rule of law...", cit., pp. 11-15: diz Marmor que o problema da previsibilidade relativamente às leis indeterminadas ("leis demasiado genéricas e vagas porque não orientam a conduta humana", p. 13), está relacionado com o problema de saber "quem decide", pois as "leis raramente são deixadas na sua forma muito genérica ou vaga; em última instância alguma instituição [administração ou tribunais] deverá especificar mais pormenorizadamente o que é que exige a lei e a questão é então basicamente de escolha institucional" (p. 14).
[1520] JULES L. COLEMAN/BRIAN LEITER, "Determinacy, Objectivity, and Authority", cit., p. 233.
[1521] JULES L. COLEMAN/BRIAN LEITER, "Determinacy, Objectivity, and Authority", cit., p. 235 (pp. 230-235).

interpretação do princípio da não-discriminação de factores de produção em matéria fiscal, é a jurisprudência do TJCE. Esta jurisprudência leva Avery Jones a defender a simplificação da lei fiscal no Reino Unido e que os respectivos tribunais actuem segundo o modelo do TJCE: segundo Avery Jones, o desenvolvimento de princípios pela jurisprudência inglesa traria mais certeza ao contribuinte do que a complexa legislação em vigor[1522].

E o mesmo se diga quanto à coercibilidade: se para ser justificada, ela deve ser garantida por um conjunto de argumentos legais, ela não tem de ser exclusivamente garantida por essa classe de argumentos, podendo, em caso de "empate na utilização da classe de argumentos legais", o órgão que aplica a lei recorrer a outra classe de argumentos, e que estão na discricionariedade desse órgão[1523]: assim, referindo-se sempre ao juiz, dizem Coleman e Leiter, que "pode considerar-se parte da nossa prática legal existente que, quando os argumentos legais são indeterminados, um juiz tem autoridade para invocar argumentos extralegais aplicáveis para resolver uma disputa"[1524].

Finalmente, quanto ao argumento segundo o qual a democracia exige a determinação legal, também a ele se pode responder que, se as decisões coercivas – administrativas e judiciais – devem ser constrangidas por lei, elas não têm de ser exclusivamente garantidas por lei, ou por leis que assegurem resultados únicos[1525].

Também Timothy Endicott defende que se a decisão não for sempre constrangida por lei, "não há necessariamente arbitrariedade no sentido pejorativo do termo"[1526]. O Estado de Direito e a legalidade serão atingidas algures no meio-termo entre a anarquia e o excesso de regulação[1527]. Endicott dá alguns exemplos de "vaguidade" linguística que podem suscitar indeterminação na aplicação da lei, e que não põem em causa a lega-

---

[1522] JOHN AVERY JONES, "Tax Law: Rules or Principles", cit., pp. 63-89.

[1523] Assim, referindo-se sempre ao juiz, JULES L. COLEMAN/BRIAN LEITER, "Determinacy, Objectivity, and Authority", cit., pp. 235-238.

[1524] JULES L. COLEMAN/BRIAN LEITER, "Determinacy, Objectivity, and Authority", cit., p. 239. Só se o conjunto de argumentos extralegais também conduzir a um empate, não existindo "normas culturais" nem "práticas partilhadas" por ambas as partes que permitam considerar um resultado mais justo do que outro, é que a decisão será injusta, mas os nossos sistemas impõem ao juiz que decida sempre a favor de uma das partes.

[1525] JULES L. COLEMAN/BRIAN LEITER, "Determinacy, Objectivity, and Authority", cit., pp. 240-241.

[1526] TIMOTHY ENDICOTT, *Vagueness in law,* cit., p. 187.

[1527] TIMOTHY ENDICOTT, *Vagueness in law,* cit., p. 195.

lidade: é o caso (da proibição) da "tortura", estabelecida no art. 3.º da Convenção Europeia dos Direitos Humanos; do direito ao julgamento com base em queixa-crime "dentro de um prazo razoável", previsto no art. 6.º da mesma Convenção; e do célebre regulamento da música no Reino Unido, a que fizemos referência na Introdução, que autoriza a polícia a exigir que os organizadores de festas silenciem os seus equipamentos de som; segundo esse regulamento, "música inclui sons total ou predominantemente caracterizados pela emissão de uma sucessão de repetidos *beats*"[1528]. Nos primeiros dois exemplos, um maior detalhe teria o efeito perverso de eliminar da previsão normativa situações que deveriam ser por ela abrangidas ou de incluir algumas situações que não deveriam estar incluídas (a razão de ser da lei seria posta em causa): a enumeração taxativa dos casos de tortura ou o estabelecimento de prazos rígidos para a apresentação de queixa-crime, não serviria melhor o princípio da legalidade e o Estado de Direito do que a utilização dos conceitos "vagos"[1529]. O terceiro exemplo permite demonstrar que as tentativas de determinação legal não evitam os casos de fronteira cuja resolução compete ao aplicador da lei com base em argumentos extralegais.

Além disso, ainda segundo Endicott, mesmo que a lei seja indeterminada, ela providencia a resolução dessa indeterminação para os casos-fronteira (i.e. quando ocorre a indeterminação na aplicação da lei), conferindo aos tribunais um papel criativo, no sentido em que lhe cabe obrigatoriamente resolver disputas para as quais a lei não tem uma resposta, sujeitando-os a um procedimento e disciplina, conferindo-lhes independência. Nesses casos de indeterminação, cabe aos tribunais decidir de modo claro e fundamentado. Assim, em geral, a vaguidade da lei não é um défice para o Estado de Direito, desde que a lei seja capaz de orientar o comportamento dos seus destinatários, desde que a lei (e por conseguinte quem a aplica) reflicta as razões em que se deveria ter baseado[1530].

Como argumenta Andrei Marmor, o pluralismo que caracteriza as sociedades democráticas e o Estado de Direito é favorecido por leis menos claras ou mais flexíveis – i.e. indeterminadas – uma vez que nestas sociedades a legislação é frequentemente um compromisso delicado entre diferentes pontos de vista e objectivos[1531]. Digamos que a densificação das

---

[1528] TIMOTHY ENDICOTT, *Vagueness in law*, cit., p. 57, p. 189.
[1529] TIMOTHY ENDICOTT, *Vagueness in law*, cit., pp. 189-190.
[1530] TIMOTHY ENDICOTT, *Vagueness in law*, cit., pp. 187-203.
[1531] Cf. ANDREI MARMOR, "The rule of law...", cit., pp. 26-27 (e 12-15).

leis (por exemplo, por regulamentos e actos pararegulamentares), que ajustam a lei às necessidades e circunstâncias dos casos típicos numa certa conjuntura, permite uma maior estabilidade das leis.

Em conclusão, quer a previsibilidade, quer a justificação da coerção, quer a democracia são objectivos que podem ser assegurados por leis não totalmente determinadas, e por uma actividade densificadora das leis fiscais indeterminadas, quer por parte da administração quer por parte dos tribunais.

E se o argumento democrático (da representatividade do Parlamento ou do Governo) recomenda ainda assim que os actos legislativos sejam tão determinados quanto possível, para que a coercibilidade da ordem jurídica tenha origem no legislador, a densificação de conceitos jurídicos indeterminados pela administração e pelo juiz não significa que estes não estejam constrangidos pelo comando legal (apesar da indeterminação dos conceitos)[1532].

SECÇÃO II
A discricionariedade técnica

No início deste capítulo, enunciámos alguns acórdãos recentes da segunda secção do STA, em que o Tribunal por vezes considera que, na aplicação de métodos indirectos, a determinação quantitativa da matéria

---

[1532] JULES L. COLEMAN/BRIAN LEITER, "Determinacy, Objectivity, and Authority", cit., pp. 240-241. Adoptando um conceito de "objectividade modesta" das decisões, os autores entendem que esta é possível, apesar da indeterminação legal: "os factos legais são modestamente objectivos quando o facto legal é aquilo que os juízes sob condições epistemológicas ideais considerariam ser um facto legal" (p. 271). Este conceito de objectividade existirá na nossa prática jurídica, em que o "juiz ideal" deve estar "1) totalmente informado sobre: a) toda a informação factual relevante; e b) todas as fontes do Direito (leis e jurisprudência); 2) [ser] totalmente racional, por exemplo, respeitando as regras da lógica; 3) [ser] livre de preconceitos pessoais a favor ou contra qualquer uma das partes; 4) ter o máximo de empatia e imaginação, quando os casos o requerem, por exemplo, pesando os interesses em jogo; e 5) [ser] conversador e sensível ao saber cultural e social informal, do tipo essencial à argumentação analógica, em que as diferenças e as distinções devem ser marcadas como «relevantes» ou «irrelevantes»": IDEM, pp. 271-272. Segundo Coleman e Leiter, uma decisão judicial que respeite as citadas condições, determina o que é a lei naquele momento (é modestamente objectiva): p. 272.

tributável pela administração é do domínio da sua discricionariedade técnica ou margem de livre apreciação, o que não acontece com a aplicação de conceitos indeterminados tais como "indispensabilidade" [de custos ou perdas para a realização dos proveitos sujeitos a IRC (art. 23.º do CIRC)][1533]. Conceitos como este seriam conceitos "necessitado[s] de preenchimento", mas o poder do fisco seria "rigorosamente vinculado" do "tipo cognoscitivo" e totalmente controlável pelos tribunais, "não estando em causa qualquer saber técnico, juízo de imediação ou valoração pessoal (...) ou quaisquer outros elementos imponderáveis"[1534].

Ora decide o STA em sentido exactamente inverso, isto é, que a aplicação de conceitos jurídicos indeterminados faz parte da discricionariedade técnica do fisco (por exemplo "despesas de representação exageradas" do art. 41.º n.º 1 g) do CIRC[1535], ou se voltarmos à Contribuição Industrial, "indispensabilidade de custos ou perdas"[1536]), e que a determinação da matéria tributável por métodos indirectos é objecto de controlo judicial total[1537].

A jurisprudência da secção de contencioso tributário do STA não se afasta nesta matéria da jurisprudência da primeira secção do mesmo Tribunal. Como nos diz Sérvulo Correia, "a jurisprudência portuguesa tem designado, ao longo dos anos, sob a ideia de discricionariedade técnica, duas realidades distintas: de um lado, o emprego de verdadeiros conceitos jurídicos indeterminados na previsão da norma para referir a valoração de um elemento da situação concreta, e do outro, aqueles casos em que o legislador se limita a prever a emissão de juízos de «*accertamento*» de um facto verificável com base em conhecimentos e instrumentos científicos e técnicos de aplicação exacta"[1538].

[1533] Cf. Acórdão da 2.ª Secção do STA, de 23 de Setembro de 1998, proc. n.º 21515.

[1534] Idem; e no Acórdão da 2.ª Secção do STA, de 20 de Setembro de 2000, processo n.º 20128, também por nós anteriormente citado, diz-nos o Tribunal que não há discricionariedade técnica ou margem de livre apreciação, quando o fisco procede à "análise da existência ou suficiência da prova documental dos processos referidos no art. 37.º do CIRC, para o efeito de os respectivos créditos serem considerados incobráveis e assim custos ou perdas do exercício".

[1535] Acórdão de 23 de Abril de 1997, proc. n.º 20168.

[1536] V., sobre a atitude passiva do STA quanto ao controlo da aplicação deste conceito indeterminado pelo Fisco e quanto à ausência de densificação jurisprudencial do mesmo, António Moura Portugal *A Dedutibilidade dos custos...*, cit., pp. 231 e ss..

[1537] Acórdão da 2.ª Secção do STA, de 2 de Outubro de 1996, proc. n.º 18733.

[1538] J.M. Sérvulo Correia, *Legalidade...*, cit., p. 477; David Duarte, *Procedimentalização...*, cit., p. 360, nota 331. V., também, Fernando Azevedo Moreira, "Con-

Encontramos uma definição relativamente recente de discricionariedade técnica, dada pela segunda secção do STA, que parece cobrir só uma das situações em que tal conceito é utilizado, e sobre a qual nos debruçaremos: "Discricionariedade técnica é a utilização pelo legislador de categorias técnicas e científicas, de conhecimentos científicos não jurídicos ou de conhecimentos artísticos ou profissionais. A utilização desta discricionariedade técnica pelo Fisco tem lugar na fixação dos factos tributários e não na interpretação e aplicação da norma tributária material"[1539].

A citação não se afasta, no essencial, do entendimento da doutrina administrativa italiana e de alguma doutrina portuguesa sobre a matéria[1540]. Mas a segunda parte da mesma ilustra a proximidade do conceito de discricionariedade técnica do conceito Bachofiano de margem de livre apreciação, que a remete para os pressupostos da norma, excluindo-a da estatuição e que autonomiza a interpretação em abstracto da aplicação da norma ao caso individual[1541].

---

ceitos indeterminados...", cit., pp. 22 e ss.. Segundo o douto juiz, que no despacho saneador aqui publicado critica a recondução frequente dos conceitos indeterminados à discricionariedade técnica, a posição do STA tem-se caracterizado "por duas constantes: a) por uma recusa de princípio em sindicar os actos administrativos de aplicação de um conceito legal indeterminado; e b) por uma oscilação (acompanhada de alguns desacertos teóricos) no tocante às premissas em que faz assentar aquela conclusão" (IDEM, p. 26). Cf., as anotações de AFONSO QUEIRÓ a dois acórdãos onde está em causa a interpretação de "aptidão profissional", tendo o Tribunal entendido que a administração tinha discricionariedade técnica para decidir: Acórdão de 23 de Outubro de 1980...", cit., pp. 157 e ss., 160, 168-169; "Acórdão de 11 de Março de 1982..." cit., pp. 358 e ss. e 363. Este âmbito da discricionariedade técnica tem correspondência com o âmbito da discricionariedade técnica segundo a jurisprudência italiana (GIORGIO PELAGATTI, "Valutazioni tecniche dell'amministrazione pubblica...", cit., pp. 158 e ss.), embora em Itália, actualmente, esta figura já não seja aplicada às matérias tributárias.

[1539] Acórdão da 2.ª Secção do STA, de 2 de Outubro de 1996, processo n.º 18733.

[1540] V., por todos, o estudo de MIGUEL NOGUEIRA DE BRITO, "Sobre a discricionariedade técnica", Revista de Direito e Estudos Sociais, 1994, n.ºs 1-2-3, pp. 35 e ss. e 47 e ss.; AFONSO QUEIRÓ, Lições..., cit., pp. 582-583. GIORGIO PELAGATTI, "Valutazioni tecniche...", cit., pp. 162 e ss..

[1541] OTTO BACHOF, "Beurteilungsspielraum...", cit., p. 99. Também estabelecendo a distinção lógico-subsuntiva entre "juízos técnicos de existência" de "juízos técnicos valorativos", J.M. SÉRVULO CORREIA, Legalidade..., cit., p. 478; e ainda mais nitidamente, separando interpretação de conceitos indeterminados situados na previsão da norma e juízos discricionários, J.J. GOMES CANOTILHO, "Fidelidade à República ou fidelidade à NATO?", Estudos em homenagem ao Prof. Doutor Afonso Rodrigues Queiró, Coimbra, 1984, pp. 185-190. Estabelecendo a mesma distinção, embora concluindo pela vinculação

A utilização indiferenciada da discricionariedade técnica e da margem de livre apreciação, pelos tribunais fiscais portugueses, para fundamentar a irrevisibilidade judicial, já acontecia nos anos sessenta, em dois grupos de casos, identificados por Alberto Xavier: na aceitação pelo fisco do quantitativo de custos e perdas declarado pelo contribuinte ou na determinação dos mesmos pelo fisco "dentro dos limites tidos como razoáveis", em contribuição industrial e em imposto de transacções; neste caso, o controlo judicial restringia-se à qualificação de um facto como custo ou perda[1542]; e na determinação da matéria tributável por comissões tributárias, determinação essa que era insusceptível de impugnação judicial, cabendo apenas impugnação com fundamento em preterição de formalidades legais[1543].

O levantamento de acórdãos do STA sobre esta matéria, desde 1976 até ao final dos anos oitenta, já foi por nós feito: verifica-se, desde então e até aos acórdãos mais recentes, uma jurisprudência errante que ora considera os pressupostos de facto totalmente vinculados, reconhecendo discricionariedade técnica ou uma margem de livre apreciação para o caso das quantificações, ora entende que é justamente a avaliação de pressupostos de facto que confere essa discricionariedade técnica ou margem de livre apreciação, ora entende ainda – embora com menos frequência – que uns e outros são controláveis[1544].

E recorde-se que a qualificação dos custos fiscais, quer ainda no âmbito de vigência do CCI quer para efeitos de IRC, passou a ser considerada vinculada – e no quadro do IRC, o STA tem desenvolvido um meritório trabalho de delimitação do conceito, procurando diferenciar custos de exercício de outras variações patrimoniais (tais como as saídas em dinheiro a favor dos titulares de capital) fazendo prevalecer uma interpretação teleológica da lei fiscal e rejeitando o abuso de formas jurídicas, reconhecendo progressivamente valor jurídico-fiscal ao balanço comercial e interpretando a inscrição de um bem na contabilidade não segundo parâmetros de correcção formal, mas atendendo aos fins da lei[1545].

---

do fisco num e noutro "momento", KLAUS TIPKE/HEINRICH WILHELM KRUSE, Tipke/Kruse, *AO/FGO Kommentar, §5*, 1999, pp. 7 e ss..

[1542] ALBERTO XAVIER, *Conceito e natureza...*, cit., pp. 361-363.
[1543] ALBERTO XAVIER, *Conceito e natureza...*, cit., pp. 363-364.
[1544] ANA PAULA DOURADO, "Poder de cognição do juiz tributário", *Fisco*, 1990, n.º 19, pp. 37-39.
[1545] No âmbito de vigência do CCI, V. ALBERTO XAVIER, *Conceito e natureza...*, cit., p. 363; e quanto ao IRC, V., por todos, ANTÓNIO MOURA PORTUGAL, *A Dedutibilidade*

Como primeira nota, assinalemos que a utilização indiferenciada pela nossa jurisprudência dos conceitos de discricionariedade técnica e de margem de livre apreciação revela a intenção de autonomizar a ausência de controlo judicial que ocorre nos casos referidos, da "verdadeira" discricionariedade.

Por outro lado, o pressuposto comum da irrevisibilidade jurisdicional nestas situações é a utilização por lei de conceitos jurídicos (muito) indeterminados (veja-se o caso do art. 88.º a) da LGT, relativo à aplicação dos métodos indirectos pelo director de finanças da área de residência do sujeito passivo, a propósito da correcção da matéria tributável por violação de deveres de contabilidade), pelo que os preconceitos no Direito Fiscal em relação à figura da discricionariedade, como que obrigam a encontrar uma justificação alternativa para tal irrevisibilidade.

Digamos que em vez de optarem por um controlo da legalidade (até onde ele seja possível) na aplicação administrativa da lei fiscal, os tribunais fiscais portugueses recorrem a um expediente que lhes permite justificar a ausência de controlo.

Lembre-se que os preconceitos relativos à discricionariedade não são exclusivos da doutrina e da jurisprudência fiscal, mas estão subjacentes ao próprio aparecimento da discricionariedade técnica. Esta, tal como a margem de livre apreciação, é uma construção dogmática que aparece no momento em que a discricionariedade "verdadeira" deixa de ser entendida como uma actividade livre, para ser cada vez mais controlada pelos tribunais[1546].

---

dos custos..., cit., pp. 129 e ss., 157-159, 159 e ss., 185-187; e ainda ANTÓNIO LOBO XAVIER, "O Princípio contabilístico da prevalência da substância sobre a forma e o princípio da consideração económica dos factos tributários: a classificação contabilística dos bens do activo; significado e critério das imobilizações; o relevo do objecto social", *RDES*, 1995, pp. 168 e ss., espec., 184-188. Entendendo que o STA se afastava da interpretação teleológica, J.L. SALDANHA SANCHES, "Anotação ao acórdão do STA (2.ª secção) de 21 de Abril de 1994", *Fisco*, 1994, n.º 69, p. 76; também o TCA tem discutido a noção e qualificação de custo, não invocando qualquer discricionariedade técnica do fisco, margem de livre apreciação ou discricionariedade em sentido restrito: V. VIEIRA DE ALMEIDA E ASSOCIADOS, "Ajudas de custo – análise de jurisprudência", análise do acórdão do TCA de 4.5.04, proc. n.º 832/03, *Fiscalidade*, 2004, n.ºs 19/20, p. 275 e ss..

[1546] Pronunciando-se sobre esta "coincidência", GIORGIO PELAGATTI, "Valutazioni tecniche...", pp. 161-165 e ss..

Isto é, a discricionariedade técnica aparece associada à crise do Estado de Direito liberal e à nova configuração na relação de poderes, e a uma crescente importância das regras técnicas na actuação administrativa[1547].

Curiosamente, apesar da influência das dogmáticas francesa, italiana e alemã na 2.ª Secção do STA, quanto ao problema em análise, não há uma verdadeira correspondência entre a fundamentação do STA e a doutrina e jurisprudência tributárias desses países.

Recorde-se que, em matéria fiscal, e em regra, o Tribunal Constitucional alemão e o *BFH* só reconhecem margem de liberdade de apreciação, no caso das deliberações tomadas por comissões e no caso das tipificações de despesas fiscais dedutíveis[1548], e a maior parte da doutrina ou ignora ou rejeita tal liberdade de apreciação.

E em Itália e em França não se reconhece neste momento, discricionariedade técnica em matéria fiscal, não se fazendo sequer, normalmente, qualquer menção a esta figura[1549].

Tendo em conta que nos pontos anteriores a margem de livre apreciação foi por nós analisada, e uma vez que a jurisprudência fiscal portuguesa ainda se refere à discricionariedade técnica, cumpre agora averiguar se tal conceito é aplicável ao Direito Fiscal.

Repita-se que, segundo a definição da secção de contencioso tributário do STA, "discricionariedade técnica é a utilização pelo legislador de

---

[1547] GIORGIO PELAGATTI, "Valutazioni tecniche...", cit., pp. 158-165.

[1548] V., por todos, KLAUS TIPKE/HEINRICH WILHELM KRUSE, Tipke/Kruse, *AO/FGO Kommentar*, § 5, 1999 p. 10, ponto 24, p. 11, ponto 28; e LERKE OSTERLOH, *Gesetzesbindung und Typisierungsspielräume*..., cit., pp. 454 e ss..

[1549] Em Itália, já se considerou, nos anos cinquenta e sessenta, que a actividade das comissões de avaliação de prédios para efeitos de determinação da base tributável dos impostos sobre o património era exercida no âmbito de uma discricionariedade técnica: V. ENRICO DE MITA, "Riserva di legge e discrezionalità tecnica", cit., pp. 115-123. E também se defendia que a fixação da taxa do imposto pelo ministro das finanças era exercida no quadro de uma discricionariedade técnica, por ser ainda uma actividade de integração da lei, permitindo a sua aplicação, não podendo ser fixada à partida: ANTONIO BERLIRI, "Fondamento e contenuto dell'art. 23 Cost.", *Studi in onore di A.D. GIANNINI*, Milano, 1961, pp. 216 e ss.. Mas no Direito Administrativo, ainda se faz referência à figura: V. por ex., PIETRO VIRGA, *Diritto Amministrativo, Atti e ricorsi, 2*, 5.ª ed., Milano, 1999, pp. 9-10 (considerando que está presente um juízo técnico de ciências exteriores ao Direito e não totalmente justiciável). E DARIA DE PRETIS (*Valutazione Amministrativa e discrezionalità tecnica*, Padova, 1995), criticando e reconduzindo a discricionariedade técnica à discricionariedade: por ex., Parte III, cap. I.

categorias técnicas e científicas, de conhecimentos científicos não jurídicos ou de conhecimentos artísticos ou profissionais"[1550]. Também Alberto Xavier, como já dissemos atrás, fundamenta a margem de livre apreciação do fisco nos "complexos juízos técnicos e na utilização de máximas de experiência de que os órgãos jurisdicionais se acham em regra desprovidos"[1551], e ela diria respeito, em síntese, às "questões de facto que envolvam juízos de avaliação segundo critérios técnicos"[1552].

Desde logo, cumpre dizer que os conceitos utilizados pelo legislador fiscal, mesmo que importados de outros ramos de Direito, devem ser interpretados segundo a teleologia do Direito Fiscal – "o legislador cunha os seus próprios *Tatbestände*"[1553]. Este entendimento é confirmado pela conjugação dos n.os 1 a 3 do art. 11.º da LGT, embora não seja fácil conciliar os referidos números deste artigo[1554]. Sendo assim, cabe saber se tem sentido falar-se, no Direito Fiscal, em conceitos técnicos não jurídicos que impediriam o controlo judicial.

Nos exemplos que demos, nomeadamente quanto à aplicação de métodos indirectos por parte da administração fiscal, a lei utiliza conceitos jurídicos (muito) indeterminados, e a sua "tecnicidade" nunca poderia ser explicada por "elementos imponderáveis" ligados a "questões de facto"[1555], a uma grande experiência ou à responsabilização política do fisco na matéria (isto é, na aplicação da lei fiscal), pois para além de já termos criticado a distinção entre "questão de facto" e "questão de Direito",

---

[1550] Acórdão da 2.ª Secção do STA, de 2 de Outubro de 1996, processo n.º 18733.
[1551] ALBERTO XAVIER, *Conceito e natureza...*, cit., p. 374.
[1552] ALBERTO XAVIER, *Conceito e natureza...*, cit., p. 380.
[1553] KLAUS TIPKE, *Die Steuerrechtsordnung, I*, cit., 2.ª ed., p. 100 (pp. 94-101); cf. ainda KLAUS TIPKE/JOACHIM LANG, *Steuerrecht*, cit., 17.ª ed., pp. § 5, pontos 50 e ss.. e 56 e ss. e 65 e ss. (pp. 136 e ss. e 142-144). ALBERTO XAVIER, *Manual de Direito Fiscal, I*, cit., I, pp. 171 e ss.; PEDRO SOARES MARTINEZ, *Direito Fiscal*, cit., 10.ª ed., pp. 140 e ss.; J.L. SALDANHA SANCHES, *Manual...*, cit., 2.ª ed., pp. 104, 111 e ss.; JOSÉ CASALTA NABAIS, *Direito fiscal*, cit., 2.ª ed., pp. 213-214; Cf., em sentido contrário entre nós (embora de forma moderada), DIOGO LEITE DE CAMPOS, BENJAMIM S. RODRIGUES e JORGE LOPES DE SOUSA, *Lei Geral Tributária...*, 3.ª ed., pp. 74 e ss.; e de forma radical, DIOGO LEITE DE CAMPOS, "Interpretação das normas fiscais", cit., pp. 19 e ss..

[1554] Cf., por exemplo, novamente, em sentido contrário (embora de forma moderada), DIOGO LEITE DE CAMPOS, BENJAMIM S. RODRIGUES e JORGE LOPES DE SOUSA, *Lei Geral Tributária...*, cit., 3.ª ed., pp. 74 e ss.), e de forma radical, DIOGO LEITE DE CAMPOS, "Interpretação das normas fiscais", cit., pp. 19 e ss..

[1555] Como propõe J.J. GOMES CANOTILHO, "Fidelidade à República...", cit., pp. 192 e ss., a propósito de conceitos como "perfil militar" ou "adequação ao cargo" (p. 193).

a aplicação das leis fiscais (dos conceitos jurídicos indeterminados) não se caracteriza por juízos políticos – com excepção das normas que atribuem benefícios fiscais – ao contrário do que acontece, por exemplo, com as questões do Direito do Ambiente ou da energia, e do planeamento do território, onde a componente política é muito forte e justifica, como vimos, o reconhecimento de uma margem de livre apreciação administrativa.

Tratando-se de conceitos jurídicos, mesmo que (muito) indeterminados ou discricionários, cabe aos tribunais fiscais controlar a aplicação dos mesmos (art. 268 n.º 4 da CRP), sem prejuízo de aceitarem a decisão do fisco, se defensável.

E em regra, os conceitos jurídicos indeterminados utilizados no Direito Fiscal, não implicam o recurso a outros domínios científicos ou técnicos (é o caso dos "custos e perdas... dentro dos limites tidos como razoáveis", "preços de transferência", "regimes de tributação favorável"); mas mesmo que isso aconteça ocasionalmente (pensemos em algumas regras do CIRC, tais como o método das quotas constantes ou o método das quotas degressivas para o cálculo de reintegrações e de amortizações de elementos do activo imobilizado corpóreo, ou outro método autorizado pela Direcção-Geral dos Impostos, e no art. 11.º n.º 2 da LGT), administração e tribunais estão em pé de igualdade quanto ao domínio de matérias extrajurídicas, não valendo aqui os critérios de responsabilidade política pela decisão escolhida. Podemos subscrever parcialmente o que nos dizem Tipke e Kruse no comentário à *Abgabenordnung*: os tribunais fiscais estão sempre em posição de controlar a aplicação dos conceitos jurídicos indeterminados, pois as decisões administrativas tributárias não revestem uma complexidade semelhante às decisões de prognose que justificam a discricionariedade administrativa em muitas áreas de actuação, nem às decisões de planeamento administrativo[1556].

E podemos voltar a citar Sérvulo Correia, a propósito da justificação dos nossos tribunais administrativos (e fiscais) para o reconhecimento da discricionariedade técnica: "a premissa da impossibilidade processual do controlo mereceria ser afastada definitivamente porque conduz em linha recta à recusa do controlo da existência material de pressupostos de facto,

---

[1556] KLAUS TIPKE/HEINRICH WILHELM KRUSE, *AO/FGO Kommentar*, § 5, p. 10, ponto 24 e pp. 11-12, pontos 27-29. Se voltarmos ao clássico Tipke/Lang, lembremos que estes autores recusam qualquer tipo de discricionariedade atribuída por conceitos jurídicos indeterminados – os quais devem ser concretizados por interpretação: KLAUS TIPKE//JOACHIM LANG, *Steuerrecht*, cit., 17.ª ed., p. 154.

quando o mesmo dependa do uso de meios técnicos. Mas o erro de facto nos pressupostos é fonte de ilegalidade e o Tribunal não pode fugir ao seu exame sob pena de violar a garantia constitucional de recurso contencioso com fundamento em ilegalidade"[1557].

Concordamos, como temos vindo a referir ao longo deste capítulo, que os tribunais podem controlar a aplicação dos conceitos jurídicos indeterminados, mas devem também reconhecer uma margem de livre apreciação se a interpretação do fisco for aceitável[1558].

Isto significa, em primeiro lugar, que o problema não é, em regra, a dificuldade de controlo da aplicação de conceitos jurídicos indeterminados, por estes estarem supostamente relacionados com matérias técnicas do domínio extrajurídico e por isso de difícil compreensão pelos tribunais: não é o caso[1559].

[1557] SÉRVULO CORREIA, Legalidade..., cit., pp. 476-477. Enquanto o autor, na sua tese de doutoramento reconhece uma margem de livre apreciação de todos os conceitos "verdadeiramente indeterminados", nas "Noções...", apelando também à contradição dos termos "discricionariedade" e "técnica" considerava a aplicação de conceitos técnicos, em regra, vinculada, porque se trataria sempre de "interpretação da lei" ou de um "juízo cognoscitivo", de um "juízo de existência de factos" ou de um "juízo de probabilidade": "Noções...", cit., pp. 178-180. Em França e na Bélgica, o controlo do exercício da discricionariedade – ou a diminuição do reconhecimento de "poderes discricionários" – fez-se pelo aumento do controlo do "erro manifesto de apreciação", identificado frequentemente com o "controlo mínimo" "exercido na fronteira da legalidade e da oportunidade": V. DOMINIQUE LAGASSE, L'Erreur manifeste d'appréciation..., cit., pp. 9-11, 233, 243 e ss., 271 e ss. 363 e ss.: o controlo do erro manifesto de apreciação (que ocorre quando há uma "contradição aparente e inexplicável com actos e decisões administrativas anteriores" e "alteração dos factos" – p. 515) é uma forma de travar o expansionismo da discricionariedade administrativa, através de uma solução de compromisso, em que o juiz não deixa a administração totalmente livre quando lhe é atribuída discricionariedade, mas sem entravar exageradamente o seu poder de livre apreciação. Relacionando a margem de livre apreciação administrativa com "razões de impraticabilidade processual", com "limitadas possibilidades de fiscalização contenciosa", MARIA LUÍSA DUARTE, "A Discricionariedade administrativa...", cit., p. 59.

[1558] No mesmo sentido, reconhecendo uma margem de livre apreciação, embora com base no conceito de "juízos técnicos valorativos ou de probabilidade", os quais constituem "prognoses": SÉRVULO CORREIA, Legalidade..., cit., p. 478. E explicando o controlo do erro manifesto de apreciação como um controlo mínimo, embora referindo-se aos limites à discricionariedade e não aceitando uma livre apreciação administrativa decorrente de conceitos jurídicos indeterminados, mas de apreciações de factos por contraposição às apreciação do Direito, DOMINIQUE LAGASSE, L'Erreur manifeste d'appréciation..., cit., por ex. pp. 243 e ss., 363 e ss..

[1559] Poderá ser esse o caso em algumas matérias do Direito Administrativo, onde são necessários juízos de prognose: V. J.M. SÉRVULO CORREIA, Legalidade..., cit., pp. 476

Em segundo lugar – e aqui já vamos para além de Tipke/Kruse – tendo em conta que o grau de indeterminação do conceito dá uma margem de livre conformação ampla aos órgãos de aplicação do Direito – administração e tribunais – o controlo judicial é um controlo dos limites internos e externos na aplicação do mesmo, tal como acontece com a discricionariedade, devendo o tribunal abster-se de substituir o juízo do fisco, se este for defensável. É certo que os tribunais fiscais portugueses invocam ocasionalmente como limite à margem de livre apreciação do fisco, o "erro manifesto"[1560], mas não só não fazem referência aos outros limites internos e externos que compõem o bloco de legalidade, como, em grande parte dos acórdãos, não encontramos referências bastantes ao controlo do erro manifesto[1561].

Como diz Gomes Canotilho, "a figura da discricionariedade técnica tende hoje, porém, a transformar-se no «Cavalo de Tróia» do arbítrio administrativo"[1562]. E "não obstante ser razoável admitir as reticências do juiz administrativo em se substituir às decisões da administração... por

---

e ss.. Não concordamos porém com o professor, quanto à distinção que estabelece entre juízos técnicos de existência e juízos técnicos valorativos, como decorre de tudo o que escrevemos até aqui. Referindo-se também "à apreciação da existência material dos factos (pressupostos)" a qual seria totalmente vinculada, porque o "agente deve servir-se de critérios puramente naturalísticos, objectivos" (ANDRÉ GONÇALVES PEREIRA, Erro e ilegalidade..., cit., pp. 265 e ss.). E mais adiante: "quando há lugar à qualificação técnica não pode normalmente o tribunal que só lida com a técnica jurídica, apreciar se as regras de uma e outra arte foram bem aplicadas, e por isso em regra é definitiva a qualificação operada pelo agente, a quem a lei atribui então a qualidade de perito. Aqui não há discricionariedade perante a lei e, no entanto, a fiscalização contenciosa é impossível" (ANDRÉ GONÇALVES PEREIRA, IDEM, p. 268). Em sentido contrário, quanto à impossibilidade de controlo judicial, J.M. SÉRVULO CORREIA, Legalidade..., cit., pp. 476-477. Todavia, concordamos com os autores que referem que o erro na apreciação dos "factos" deve ser um limite à insindicabilidade judicial, mas não podemos dizer que os "factos" sejam "puros", pois eles são sempre juridicamente valorados.

[1560] Também o fazem no Direito Administrativo geral, e também aqui essa "excepção" na insindicabilidade judicial é insuficiente: cf. J.M. SÉRVULO CORREIA, Legalidade..., cit., pp. 476 e ss.. V. novamente, por todos, DOMINIQUE LAGASSE, L'Erreur manifeste d'appréciation..., cit., sobre o desenvolvimento dogmático em França e na Bélgica, deste limite ao exercício da discricionariedade.

[1561] O mesmo acontece no Direito Administrativo geral, como se pode ver, por exemplo, nas anotações a dois acórdãos por AFONSO QUEIRÓ: "Acórdão de 23 de Outubro de 1980...", cit., pp. 157 e ss.; "Acórdão de 11 de Março de 1982...", cit., pp. 358 e ss..

[1562] J.J. GOMES CANOTILHO, "Fidelidade à República...", cit., p. 196. No mesmo sentido, GIORGIO PELAGATTI, "Valutazioni tecniche...", cit., pp. 160-161.

considerar que esta, em razão da sua hierarquia e organização funcional, está melhor colocada para julgar das necessidades do seu funcionamento, há também limites a esta «declinação de competência» ou «auto-suspensão de juízos» dos tribunais", os quais, ainda segundo o autor, deveriam controlar o erro manifesto e a observância dos restantes limites legais e constitucionais[1563].

Justamente pelo facto de os conceitos utilizados nas leis fiscais serem conceitos cunhados pelo Direito Fiscal – mesmo que importados – só ocasionalmente poderá existir necessidade de recorrer a peritos fora da administração fiscal: pense-se, para efeitos de impostos estáticos e dinâmicos sobre o património, nas competências da "comissão nacional de avaliação de prédios rústicos" (art. 49.º do CIMI), da "junta de avaliação municipal" (art. 51.º do CIMI), da "comissão nacional de avaliação de prédios urbanos" (art. 62.º do CIMI) e dos "peritos locais" (art. 64.º do CIMI) e "regionais" (art. 66.º do CIMI) que intervêm na avaliação dos imóveis e dão pareceres sobre a mesma; e nas correcções à matéria tributável em IRC ou IRS, por virtude de relações especiais entre sujeitos passivos (cf. art. 58.º n.º 11 do CIRC), relativamente ao montante cobrado pela alienação de imóveis, por uma empresa que se dedica à compra e venda de tais bens, e que para efeitos de Direito Civil estão qualificados como terrenos rústicos, mas que o fisco qualifica como terrenos para construção. A determinação do valor de mercado dos imóveis poderá exigir o recurso a peritos.

Mas se as comissões de avaliação para efeitos de impostos sobre o património são constituídas por peritos de diversas áreas, o que significa que os critérios fiscais de avaliação do património têm como referência custos e valores de mercado, também os tribunais podem – devem – recorrer a peritos para tomar conhecimento desses dados "objectivos"[1564].

É verdade que mesmo nestes casos poderão existir diversas opiniões, fundamentadas, mas então – quanto muito – podemos dizer que a "discri-

---

[1563] J.J. GOMES CANOTILHO, "Fidelidade à República...", cit., pp. 196-197 e ss..

[1564] Neste sentido, J.M. SÉRVULO CORREIA, *Legalidade*..., cit., pp. 476 e ss.; em sentido contrário, ANDRÉ GONÇALVES PEREIRA, *Erro e ilegalidade*..., cit., p. 268; e DIOGO FREITAS DO AMARAL (*Direito Administrativo, II*, cit. (1988), p. 173 – pp. 168 e ss.), que se refere no caso da avaliação dos impostos patrimoniais por comissões, a uma "liberdade probatória" não controlável judicialmente, no âmbito de uma "discricionariedade imprópria"; cf. ALBERTO XAVIER, *Conceito e natureza*..., cit., pp. 374 e ss.; e ainda, BERNARDO DINIZ DE AYALA (*O (Défice de) controlo judicial*..., cit., p. 112) que, referindo-se às comissões de avaliação da sisa como actuando no âmbito de liberdade probatória, considera afinal (!) que há vinculação jurídica.

cionariedade técnica" é um dos casos de margem de livre apreciação do fisco, a reconhecer pelo tribunal; sendo certo que não é necessário recorrer à figura da discricionariedade técnica – e não é sobretudo conveniente tendo em conta a prática judicial de total insindicância da decisão[1565].

A antipatia da doutrina em relação à "discricionariedade técnica" está associada à ambiguidade da expressão: à primeira leitura, existe uma contradição na atitude judicial de abstenção de controlo de conceitos que, sendo técnicos, deveriam ser inequívocos – se o juízo é técnico ou científico, não se rege por critérios de oportunidade, e por isso existe uma pseudo-discricionariedade[1566].

Por outro lado, mesmo autores como M. S. Giannini, que admitem que a expressão "discricionariedade técnica" assenta num "erro histórico da doutrina"[1567], condescendem em utilizá-la pelo facto de a mesma já ter "entrado no uso comum". E realmente, como já se viu com o exemplo das avaliações para efeitos de correcção da matéria tributável, o entendimento de juízo técnico é mais dúbio do que parece.

Segundo Giannini, "se em abstracto os juízos técnicos deverão ser sempre juízos de existência, em concreto eles podem tornar-se juízos de probabilidade, hipotéticos, numa palavra, podem aproximar-se dos juízos

---

[1565] Tipke/Kruse consideram estas deliberações tomadas por comissões independentes como o único caso de margem livre apreciação em matéria fiscal (de controlo judicial limitado): KLAUS TIPKE/HEINRICH WILHELM KRUSE, Tipke/Kruse, *AO/FGO Kommentar*, § 5, 1999, p. 10, ponto 24. Entre nós, continuando a distinguir entre discricionariedade e discricionariedade técnica, V. AFONSO QUEIRÓ, "Acórdão de 23 de Outubro de 1980. Anotação...", cit., pp. 160, 168-169; "Acórdão de 11 de Março de 1982...", cit., p. 363.

[1566] M. S. GIANNINI, *Diritto Amministrativo, II*, cit., 3.ª ed., p. 55. V. a discussão, incongruências e hesitações na doutrina italiana, em GIORGIO PELAGATTI, "Valutazioni tecniche...", cit., pp. 158 e ss.. A crítica está também amplamente feita entre nós: V., por todos, ANDRÉ GONÇALVES PEREIRA, *Erro e ilegalidade...*, cit., pp. 268 e ss.; DIOGO FREITAS DO AMARAL, *Direito Administrativo, II*, cit., (1988), pp. 166 e ss.. Mas quer Gonçalves Pereira quer FREITAS DO AMARAL consideram que os tribunais não controlam a decisão administrativa: ambos distinguem entre discricionariedade e falta de controlo judicial. Estaríamos perante uma situação de "discricionariedade imprópria": V. DIOGO FREITAS DO AMARAL, *Direito Administrativo, II*, cit., p. 173 (pp. 168 e ss.); ALBERTO XAVIER, *Conceito e natureza...*, cit., pp. 374 e ss.. V. ainda a crítica em J.J. GOMES CANOTILHO, "Fidelidade à República...", cit., pp. 191 e ss.. Segundo GOMES CANOTILHO, emitir um "juízo técnico" é emitir um "juízo de existência", "não comporta qualquer discricionariedade" (pp. 191--192). E cf. FREITAS DO AMARAL, que em 2001 (*Curso... II*, cit., p. 82), entende a discricionariedade imprópria como uma manifestação de "verdadeira autonomia por parte da Administração".

[1567] M. S. GIANNINI, *Diritto Amministrativo, II*, cit., 3.ª ed., pp. 56-57.

de avaliação próprios do poder discricionário"[1568]. É o caso da aplicação de "cânones das chamadas ciências não exactas, como as ciências económicas, financeira, literária, artística, em todas as suas variedades"[1569].

E na linha de Giannini, Afonso Queiró distingue entre "conceitos técnicos, cujo conteúdo é determinável com recurso à generalidade das disciplinas científicas chamadas exactas... e das ciências humanas não exactas. (...) Se a lei recorre a conceitos próprios das ciências não exactas, há que distinguir entre aquelas sobre cujos resultados há um consenso mais ou menos universal ou pelo menos prevalecente e aquelas outras no domínio de cujas aquisições se verifica mais dissenso do que consenso. (...) No último caso, deverá entender-se que o legislador quis deixar à autoridade administrativa, de forma incontrolável, a formulação de juízos técnicos respectivos e a consequente decisão a tomar na base deles"[1570].

Se é assim, a segunda dificuldade é definir o que são matérias técnicas e juízos técnicos, e depois, saber até onde pode ir o controlo judicial. Se o juízo técnico da administração se aproxima do juízo de oportunidade, cabe saber por que se afirma que ele é um juízo técnico distinto da discricionariedade em sentido estrito.

Em bom rigor, ainda não houve resposta satisfatória a esta questão. Os estudos italianos sobre a matéria já identificaram diferentes fases relativas ao entendimento da discricionariedade técnica, a qual é sempre contraposta ao juízo de mérito que caracteriza a discricionariedade: assim, a discricionariedade técnica foi inicialmente entendida como uma decisão relativa a conceitos jurídicos indeterminados; passou a ser entendida como

---

[1568] M. S. GIANNINI, *Diritto Amministrativo, II*, cit., 3.ª ed., pp. 56-57.

[1569] Diz-nos o autor: "Estabelecer se uma vila é de uma "beleza invulgar", se uma estrada ou uma localidade constituem um "complexo que comporta um aspecto característico com valor estético ou tradicional", significa formular juízos que podem ser de opinião": M. S. GIANNINI, *Diritto Amministrativo, II*, cit., 3.ª ed., p. 57. No mesmo sentido, cf. GIORGIO PELAGATI ("Valutazioni techniche dell'Amministrazione Pubblica e sindacato giudiziario...", cit., pp. 158 e ss.), que chama a atenção para a "influência da técnica sobre a acção administrativa, uma das tendências que caracterizam a actividade de poderes públicos na época contemporânea" (p. 159). Isto verifica-se porque o Estado do séc. XX intervém nas estruturas sócio-económicas, regulando-as e por isso importando os conceitos das áreas técnicas de intervenção. Simplesmente tais intervenções são dotadas de uma "insuprimível politicidade" e por isso o juízo técnico não é tão objectivo como pode parecer (Idem). Simplesmente, estes casos são muito raros no Direito Fiscal.

[1570] AFONSO QUEIRÓ, *Lições...*, cit., p. 583. Com uma formulação próxima, DAVID DUARTE, *Procedimentalização...*, cit., pp. 360-361.

uma escolha feita na base de regras técnicas, a qual se traduz em conhecimentos neutros, assépticos, a-políticos; na década de oitenta foi formulada uma teoria dos poderes administrativos reservados para a avaliação técnica, que se baseia na divisão dos juízos técnicos em juízos de existência (controláveis pelos tribunais) e juízos valorativos ou de probabilidade (não controláveis pelos tribunais); e finalmente encontramos autores que defendem uma aproximação da discricionariedade técnica à discricionariedade "verdadeira", devido ao fenómeno de "tecnicização das escolhas discricionárias"; a última palavra caberia em ambos os casos à administração, o que se justificaria pela divisão de competências entre administração (ainda representativa democraticamente) e os tribunais, no Estado social de Direito do pós Segunda Guerra[1571].

Como podemos verificar, as dificuldades que existem na identificação de conceitos jurídicos indeterminados que conferem uma margem de livre apreciação, não são menores quando se opta pela identificação de conceitos técnicos, pelo que a tendência é em ambos os casos de reconhecer um papel determinante à relação entre poderes.

Além disso, pelos exemplos da jurisprudência administrativa, verificamos que, enquanto em França, o domínio da discricionariedade técnica é balizado em função da matéria e das entidades que se pronunciam sobre a mesma (por exemplo comissões de constituição plural)[1572], em Portugal e em Itália é impossível definir os domínios técnicos, pois quer no Direito Fiscal quer no Direito Administrativo geral, o "juízo técnico" tende a confundir-se com um espaço de livre apreciação administrativa, resultante da indeterminação dos conceitos jurídicos[1573].

Esta mesma concepção, encontramo-la em Gomes Canotilho, que, embora entenda que os conceitos jurídicos indeterminados apenas suscitam problemas de interpretação, admite a figura da discricionariedade

---

[1571] A primeira fase é referida por DARIA DE PRETIS, *Valutazione amministrativa...*, cit., pp. 131 e ss.; cf. as seguintes fases em GIORGIO PELAGATI "Valutazioni techniche..." cit., pp. 162 e ss..

[1572] MIGUEL NOGUEIRA DE BRITO, "Sobre a discricionariedade técnica", cit., p. 48, a propósito da jurisprudência francesa.

[1573] Em Itália e em Portugal, são mais variados os casos de discricionariedade técnica, que diríamos estarem ligados aos conceitos jurídicos indeterminados na previsão normativa (trataremos deste aspecto no texto): para uma enumeração dos exemplos da 1.ª Secção do STA, MIGUEL NOGUEIRA DE BRITO, "Sobre a discricionariedade técnica", cit., pp. 57-58, nota 69; e para a jurisprudência italiana, M. S. GIANNINI, *Diritto Amministrativo, II*, cit., 3.ª ed., pp. 56-58.

técnica, relativamente a "juízos de valoração efectuados pelas autoridades administrativas mediante a aplicação de *standards* pretensamente técnicos" relacionados com "imponderáveis não partilhados"[1574]: isto é, Gomes Canotilho admite a insindicância judicial de decisões administrativas que apliquem tais "conceitos pretensamente técnicos", embora não inclua a discricionariedade técnica na verdadeira discricionariedade.

Mas esta discussão só ocorre no Direito Administrativo – com repercussões no Direito Fiscal. Na verdade, sempre que a lei penal, por exemplo, opera com critérios técnicos e delega numa fonte normativa secundária o desenvolvimento dos mesmos (substância estupefaciente, denominações de origem dos queijos, colorantes alimentares), a doutrina e o Tribunal Constitucional italiano reconhecem um espaço de "verdadeira" discricionariedade administrativa. Dizem-nos Marinucci e Dolcinni que seria mais perigosa a integração da disciplina legislativa pelo juiz, no caso concreto[1575].

Do que vimos até aqui, podemos agora afirmar que a partir do momento em que alguma doutrina administrativa reconhece que os juízos técnicos são valorativos, o que permite distinguir a discricionariedade "técnica" de "verdadeira" são a divisão artificial da proposição jurídica, as correspondências "momento cognitivo" – "conceito jurídico indeterminado" – "previsão da norma", "momento volitivo" – "preceito-poder" – "estatuição da norma" e o entendimento lógico-subsuntivo da interpretação: tal e qual como essa divisão da proposição jurídica foi desenvolvida pela doutrina da margem de livre apreciação[1576].

Para demonstrarmos que temos razão, nada mais elucidativo do que citarmos as palavras de M.S. Giannini: enquanto "a discricionariedade se refere de facto a um poder e implica juízo e vontade no conjunto; a discricionariedade técnica refere-se a um momento cognoscitivo, e implica só

[1574] J.J. GOMES CANOTILHO, "Fidelidade à República...", cit., pp. 192 e ss..

[1575] GIORGIO MARINUCCI, EMILIO DOLCINI, *Corso di Diritto Penale, I*, cit., 3.ª ed., pp. 104-106.

[1576] Esta semelhança entre a discricionariedade técnica construída pela doutrina e jurisprudência italiana e a margem de livre apreciação dos conceitos indeterminados na doutrina alemã, é aliás mais nítida nos primórdios da dogmática sobre a discricionariedade técnica do que posteriormente: V. MIGUEL NOGUEIRA DE BRITO, "Sobre a discricionariedade técnica", cit., pp. 35-37; DARIA DE PRETIS, *Valutazione amministrativa...*, cit., pp. 121 e ss.; e ainda, PILAR ALGUACIL MARÍ, *Discrecionalidad técnica en la comprobación tributaria de valores, La Problematica de su control judicial*, Valencia, 1999, pp. 34 e ss..

juízo: aquilo que diz respeito à vontade vem depois e pode coenvolver ou não coenvolver uma separada avaliação discricionária"[1577]. Embora a definição de discricionariedade de Giannini diga respeito à "ponderação de interesses secundários para atingir um interesse primário"[1578], não fazendo aqui uma ligação expressa à estrutura da proposição jurídica, o autor acaba por estabelecer essa relação quando distingue a discricionariedade "técnica" da "verdadeira", e nos exemplos que dá de uma e de outra: "Por exemplo, a norma pode dispor que quando se conclua que uma substância é tóxica, a autoridade... poderá avaliar se é oportuno dispor a retirada do comércio, ordenar a destruição, proibir o uso, permitir um uso com cautelas especiais, etc.; a norma pode ainda contudo dispor que, determinada a toxidade da substância, se ordene a sua destruição"[1579]. No primeiro caso teríamos discricionariedade técnica conjugada com discricionariedade verdadeira, e no segundo, discricionariedade técnica conjugada com vinculação.

Como referimos, também Gomes Canotilho, depois de afirmar que os "juízos técnicos" são "juízos de existência" e não discricionários, acaba por reconduzir a discricionariedade técnica à margem de livre apreciação resultante dos "elementos imponderáveis", isto é a uma margem de livre apreciação resultante dos conceitos indeterminados situados na previsão da norma, também por contraposição à discricionariedade[1580].

Eis pois a resposta à pergunta que acima colocámos – acerca da distinção entre "discricionariedade técnica" e "verdadeira discricionariedade": tendencialmente, são a referida correspondência entre conceito jurídico indeterminado e juízo técnico cognoscitivo e discricionariedade e juízo volitivo no "momento posterior" e uma jurisprudência algo indecisa quanto ao controlo dos juízos "técnicos", que explicam ainda a autonomização da discricionariedade técnica – argumentos meramente formais, que dividem artificialmente a proposição jurídica, e sem consequências de regime, dada a insindicabilidade judicial das decisões da administração.

[1577] M. S. GIANNINI, *Diritto Amministrativo, II*, cit., 3.ª ed., p. 56.
[1578] M. S. GIANNINI, *Diritto Amministrativo, II*, cit., 3.ª ed., p. 49. E diz ainda o autor: "Os interesses secundários a ponderar são públicos, colectivos e privados e não devem ser necessariamente tutelados pelo ordenamento; basta que existam de facto; o interesse primário é sempre um interesse público".
[1579] M. S. GIANNINI, *Diritto Amministrativo, II*, cit., 3.ª ed., p. 56 (v. ainda p. 57).
[1580] J.J. GOMES CANOTILHO, "Fidelidade à República...", cit., pp. 191 e ss..

É preferível pelas razões apontadas reconduzir o que entre nós é designado judicialmente como discricionariedade técnica à margem de livre apreciação, com todas as consequências: sujeição do juízo administrativo aos mesmos limites da discricionariedade, sendo aconselhável a tipificação dos conceitos indeterminados – "técnicos" ou não – por regulamento, acto pararegulamentar ou pelos tribunais.

Deixemos uma nota final: numa perspectiva de Direito Comparado, são de assinalar os diversos caminhos e respostas que são dados aos poderes de livre conformação do fisco, apesar de o ponto de partida da maioria da doutrina e da jurisprudência ser idêntico, assentando num entendimento lógico-subsuntivo da aplicação da norma.

Enquanto na Alemanha, perante a referência do § 5 da *AO* à discricionariedade do fisco, a doutrina dominante aceita limitadamente essa discricionariedade, nomeadamente quanto a alguns aspectos do procedimento, mas rejeita a margem de livre apreciação, em Portugal a discricionariedade do fisco é rejeitada, mas aceite a discricionariedade técnica.

E tanto em França como em Itália, a discricionariedade na determinação da matéria tributável por métodos directos é, em regra, negada e nenhuma referência é feita actualmente à discricionariedade técnica em matéria de impostos[1581].

[1581] Em França, a reserva de lei fiscal prevista no art. 34.°, n.° 2 da Constituição de 1958, é interpretada como proibindo regulamentos autónomos. Mas os actos pararegulamentares têm, como nos restantes ordenamentos que estudámos (para além do nosso, o alemão, o italiano e o espanhol), uma enorme importância, substituindo-se à aplicação individualizada da lei. Também assume importância a aplicação de métodos indirectos na determinação da base tributária. Por exemplo, é definido, à partida, por lei e também pela administração com colaboração de representantes dos agricultores, o lucro agrícola. Isto é feito com base num coeficiente, que determina o "lucro médio por hectar". A determinação desse lucro é feita por duas fases, uma "colectiva" (tipificante, segundo o contribuinte médio), e outra "individual": na fase "colectiva" são identificadas "categorias de exploração em função das suas diferenças de produtividade". "Estas avaliações são submetidas à comissão departamental dos impostos directos e dos impostos sobre volume de negócios que tem uma inteira liberdade de apreciação e que não tem de ouvir o contribuinte". A decisão da comissão tem carácter regulamentar embora o contribuinte possa recorrer para a chamada "comissão central", composta por magistrados do Conselho de Estado, do Tribunal de Contas e do Tribunal de Cassação. Da decisão da "comissão central" cabe recurso para o Conselho de Estado com base em excesso de poder. Na fase individual aplicam-se os coeficientes apurados na fase anterior a cada contribuinte, de modo forfetário, havendo recurso para a chamada "comissão departamental": em todos estes casos, temos uma margem de livre apreciação administrativa não sindicada pelo Conselho de Estado, embora os

Em Itália, Raffaello Lupi, por exemplo, entende que em situações de obscuridade, de imprecisão ou de lacunas legislativas, o fisco não se pode substituir ao legislador. A aplicação da lei fiscal nestes casos pertenceria ainda e sempre às "manifestações de juízo"; e traduzir-se-ia em "actos que dirimem, de modo potencialmente vinculativo, incertezas sobre o andamento dos factos ou sobre a interpretação de determinadas disposições legislativas"[1582].

O autor já reconhece porém discricionariedade na aplicação do método indirecto ("método indutivo ou sintético"), o qual pode ser utilizado em caso de violação de alguns deveres de cooperação, devidamente enumerados na lei[1583]. Verificados os pressupostos da aplicação do "método sintético", a administração tem uma ampla margem na determinação do rendimento tributável, podendo prescindir total ou parcialmente da contabilidade do sujeito passivo, recorrer a presunções e utilizar dados e informações, independentemente do modo como foram recolhidos. Diz-nos Falsitta que na utilização da discricionariedade, o fisco pode recorrer a índices e coeficientes médios respeitantes ao sector de actividade económica do contribuinte. Nós diríamos existir aqui uma margem de livre apreciação e não discricionariedade, segundo o conceito que adoptámos.

Isto é, na aplicação do "método sintético", poderia/deveria haver – e há – uma densificação dos conceitos jurídicos indeterminados por normas gerais e abstractas (regulamento). Repare-se que elas são consideradas vinculativas também para os tribunais, a não ser que sejam ilegais. É o que se passa não só nestes casos, como ainda em relação às pequenas e médias empresas, com um volume de negócios inferior a um determinado montante, em que o ministro das finanças elabora os coeficientes presuntivos,

---

manuais de D. Fiscal não façam nenhuma referência à discricionariedade fiscal ou à discricionariedade técnica: V., por todos, JACQUES GROSCLAUDE, PHILIPPE MARCHESSOU, *Droit fiscal général*, Paris, 1997, pp. 20 e 31 e ss.; *Procédures fiscales*, cit., 3.ª ed., pp. 70 e ss..

Os autores italianos que negam a discricionariedade no Direito Fiscal adoptam o conceito de discricionariedade do Direito Administrativo (ponderação de interesses em conflito), e por isso se entende a posição desses autores: RAFFAELLO LUPI, *Diritto Tributario Parte generale*, cit., 7.ª ed., pp. 54 e ss.; FRANCO GALLO, "Discrezionalità nell'accertamento...", cit., pp. 655 e ss.; e "La Discrezionalità nel Diritto Tributario", cit., pp. 952 e ss..

[1582] RAFFAELLO LUPI, *Diritto Tributario Parte generale*, cit., 7.ª ed., p. 55.

[1583] V., por exemplo, GASPARE FALSITTA, *Manuale..., Parte Generale*, cit., 3.ª ed., pp. 267 e ss..

com base em parâmetros médios por sectores, segundo as características, dimensões, instrumentos utilizados, e o "contributo directo da mão-de--obra"[1584].

Também em França, a tipificação dos métodos indirectos por comissões plurirepresentadas implica uma margem de livre apreciação.

Perante a concretização que tem sido feita, em Itália e em França dos conceitos indeterminados para aplicação de métodos indirectos de tributação, não se pode dizer, em muitos desses casos, que ainda exista uma margem de livre apreciação. A partir do momento que os conceitos indeterminados são tipificados (densificados) segundo "tipos médios" de contribuintes, e inclusivamente se reconhece a vinculatividade dessas tipificações administrativas, os conceitos passam a ter um grau elevado de determinação.

Se fossem verdadeiros conceitos discricionários, como vimos, isto não seria admissível.

Acrescente-se ainda que, em Itália, para além desta referência isolada à discricionariedade na fixação de métodos indirectos, encontramos uma maior aceitação da discricionariedade em vários momentos do procedimento, sempre que não estejamos perante elementos do *Tatbestand* de garantia[1585].

Seja como for, não encontramos nenhuma referência à discricionariedade técnica nos manuais e textos de Direito Fiscal italianos e franceses recentes.

[1584] GASPARE FALSITTA, *Manuale... Parte Generale*, cit., 3.ª ed., pp. 257-259 e 270-271.

[1585] V., por exemplo, PASQUALE RUSSO, *Manuale..., Parte Generale,* cit., 2002, pp. 267 e ss.; FRANCO GALLO, "Discrezionalità nell'accertamento...", cit., pp. 658 e ss.; e "La Discrezionalità nel Diritto Tributario", cit., pp. 955 e ss..

TÍTULO IV

A exigência de simplificação das leis fiscais
e a aplicação tipificante dos conceitos jurídicos
indeterminados como instrumento concretizador
do *Tatbestand* de garantia: o recurso ao tipo
e a desconsideração das particularidades do caso

CAPÍTULO VII

A indeterminação dos tipos legais de imposto e o pensamento tipológico ou método de comparação de casos, como instrumento hermenêutico de progressiva densificação dos tipos legais

1. O tipo na ciência jurídica e a indeterminação legal

Já atrás nos referimos ao *"Typus"* como um "concreto relativo", com um núcleo estável, mas com fronteiras fluidas[1586-1587-1588].

[1586] ARTHUR KAUFMANN, "Analogie und 'Natur der Sache'...", cit., p. 37.

[1587] O Typus está também relacionado com o pensamento tipológico, como explicaremos adiante, pois está subjacente à legiferação bem como ao processo de obtenção do Direito por quem aplica a lei (ARTHUR KAUFMANN, "Analogie und 'Natur der Sache'...", cit., pp. 9 e ss. (29 e ss.).

[1588] JOSÉ OLIVEIRA ASCENSÃO refere-se a "tipo" ou "tipo legal", e limita a noção de *Tatbestand* à "previsão" ou "hipótese normativa"; no entanto, não há correspondência do nosso *Tatbestand* ao tipo legal de OLIVEIRA ASCENSÃO, pois enquanto a origem do *Tatbestand* está relacionada com o princípio da legalidade, e portanto com preocupações de garantia, o tipo legal em OLIVEIRA ASCENSÃO está próximo das tendências concretizadoras do século XX, explanadas no trabalho de referência de KARL ENGISCH (*Die Idee der Konkretisierung...*, cit.), uma vez que OLIVEIRA ASCENSÃO caracteriza esse "tipo legal" como uma representação mais próxima do concreto, do que o conceito: *A Tipicidade...*, cit., p. 22: "É próprio da situação intelectual contemporânea a oposição a um pensamento meramente conceitual, que representaria uma violentação da realidade, pela sua demasiada abstracção. Por isso o tipo, como forma própria de apreensão da realidade, suscita um vivo interesse. Com efeito, por mais variados que sejam os prismas através dos quais se encare o tipo, este será de qualquer modo mais concreto do que o conceito". Trata-se pois, mais do que uma técnica legal-formal com funções de garantia e sistematização, de uma técnica (legal-formal), ou de um método de interpretação, em que o tipo legal ou jurídico é descoberto por construção doutrinária ou jurisprudencial. Em qualquer dos casos, o tipo legal

O tipo é um método de pensamento, utilizado por diversas ciências, e está relacionado com as próprias tendências concretizadoras que acompanharam a doutrina desde as primeiras décadas do século XX[1589-1590]. Engisch falou, a este propósito, em 1953, numa autêntica moda à volta da forma de pensamento ligada ao tipo, nas várias ciências[1591-1592].

---

está relacionado com objectivos de concretização, apresentando-se como uma alternativa ao conceito de classe, tal como em Engisch. No entanto, poderíamos dizer que o tipo legal de OLIVEIRA ASCENSÃO se aproxima do *Tatbestand*, quando se autonomiza do concreto real, isto é não tem de corresponder a tipos empíricos, e pode ser fechado (o autor fala em tipos fechados ou tipologias taxativas). Pelo contrário, em Engisch, e em Larenz, como na maioria dos autores que utilizam o tipo por contraposição ao conceito de classe, a maior "concretização" do tipo jurídico, e respectiva vantagem, emana da sua ligação aos tipos reais. O tipo legal não é inventado, mas descoberto, decalcado da realidade. "Os tipos não são simples «reproduções», e ainda menos modelos livremente construídos: são como que *concentrados* de realidade jurídica, e nessa qualidade *formas significantes referidas à realidade da vida jurídica*, da qual surgiram e na qual continuam a manifestar-se constantemente sob a forma de contratos «concretos»: KARL LARENZ, *Metodologia...*, cit., trad. da 2.ª ed., p. 533 (530 e ss., e 534 e ss.). V. adiante nota 31.

[1589] KARL ENGISCH, *Die Idee der Konkretisierung...*, cit., capítulos VI e VIII.

[1590] Tendências para "o real, para o total, para o específico, para o individual, para o determinado, para o intuitivo" (como sintetiza no seu *"Estudio preliminar"* à tradução da monografia de Engisch, *La Idea de concrecion...*, cit., J.J. GIL CREMADES, p. 52; e como refere o próprio KARL ENGISCH, *Die Idee der Konkretisierung...*, cit., pp. 131-132); essa tendência para a concretização está relacionada com a observação da antinomia existente entre a abstracção jurídica e a análise jurídica e, fundamentalmente, entre o conceito jurídico e a totalidade concreta do caso, antinomia essa analisada por vários autores e onde o pensamento jurídico desintegrador é considerado prejudicial: V. KARL ENGISCH, IDEM, pp. 132-134 e a crítica nas pp. 141 e ss., especialmente, 142 e ss.. Esta tendência caracterizou também a dogmática a partir de 1933, mas de uma forma mais radical, no sentido de um ponto de vista integrador, que atenta claramente contra a segurança jurídica, e não meramente concretizador. Assim, o ponto de vista integrador pretende opor-se não só ao conceito abstracto como ao tipo, pois ambos se afastariam da realidade integrada, desfigurando-a. Esta perspectiva da época nazi na Alemanha, com todos os resultados perversos que teve, nem por isso conduziu ao abandono posterior das tendências concretizadoras (KARL ENGISCH, IDEM, p. 134-135, 141, 142 e ss.: para Engisch, "a reflexão integradora e a análise conceptual não significam uma contradição irreconciliável" – p. 144 in fine).

[1591] KARL ENGISCH, *Die Idee der Konkretisierung...*, cit., p. 237, refere que o conceito de tipo "se converteu num conceito de moda em todas as ciências".

[1592] Em 1971, diz-nos Leenen que além de continuar a existir uma atracção pelo "pensamento por Typen", desenvolveu-se um crescente desconforto em torno do mesmo: DETLEF LEENEN, *Typus und Rechtsfindung, Die Bedeutung der typologischen Methode für die Rechtsfindung dargestellt am Vertragsrecht des BGB,* Berlin, 1971, pp. 17 e ss.. Este desconforto deve-se ao facto de a palavra ser utilizada indiscriminadamente, de exis-

No Direito, a doutrina clássica do tipo relaciona-o com a ideia de concretização normativa, mais próxima da realidade do que o conceito geral e abstracto (ou conceito de classe)[1593], enquanto estudos mais recentes criticam a distinção entre tipo e conceito de classe, por ser, supostamente, inconsequente, e destacam as virtudes do tipo como instrumento hermenêutico (é o chamado pensamento tipológico, desenvolvido por Kaufmann e Hassemer, ou método de comparação de tipos, proposto por Zippelius e apadrinhado por Bydlinski).

Consoante o objecto relevante nas diferentes ciências, o conceito de tipo é subdividido em múltiplos outros conceitos (tipo empírico, tipo real, tipo ideal, tipo frequente, tipo médio, tipo normativo), alguns dos quais podem servir de base ou caracterizar o tipo jurídico.

Comecemos por delinear um esboço de tipo jurídico, seguindo Karl Engisch num trabalho de referência sobre o assunto (*Die Idee der Konkretisierung im Recht und Rechtswissenschaft unserer Zeit*, 1968 [1953]), e que influenciou autores como Karl Larenz.

Engisch apresenta-o como um "termo médio entre o individual e o abstracto"[1594], e mais concreto que o conceito geral e abstracto[1595], "relação de coordenação e especificação"[1596], não inventado mas encontrado na (a partir da) realidade[1597], com vocação para o total[1598], para "a uni-

---

tir uma multiplicidade de entendimentos sobre o conceito de "tipo", e da utilidade do método ou pensamento tipológico (assim, DETLEF LEENEN, IDEM, pp. 19-24). Apesar destas críticas, vamos tentar demonstrar a utilidade do "tipo" e do "pensamento tipológico" para o Direito Fiscal.

[1593] V., por exemplo, KARL LARENZ, *Metodologia...*, cit., trad. da 2.ª ed., pp. 524-526.

[1594] KARL ENGISCH, *Die Idee der Konkretisierung...*, cit., pp. 262-263. Estas características são apontadas por todos os autores que defendem a "concepção clássica do tipo": V., por exemplo também, DETLEF LEENEN, *Typus und Rechtsfindung...*, cit., pp. 34 e ss.. Refere ARTHUR KAUFMANN, em *Grundprobleme der Rechtsphilosophie*, cit., p. 113, a propósito do processo de obtenção do Direito, que "o tipo constrói o intermédio (o alto médio) entre o geral e o especial, é um concreto por comparação, um universal in re".V., também, *Rechtsphilosophie*, cit., p. 127.

[1595] KARL ENGISCH, *Die Idee der Konkretisierung...*, cit., pp. 270 e 271; o tipo também é geral e abstracto, mas é comparativamente mais concreto do que o conceito; e J.J. GIL CREMADES, *"Estudio preliminar"* à *"La Idea de concrecion..."*, de KARL ENGISCH, cit., p. 53.

[1596] V. KARL ENGISCH, *Die Idee der Konkretisierung...*, cit., p. 251 (referindo-se e citando Heyde, e salientando que o tipo específico corresponde fundamentalmente ao tipo ideal).

[1597] KARL ENGISCH, *Die Idee der Konkretisierung...*, cit., pp. 239 e 241 (citando H. Maier, Engisch diz, na p. 241, que o tipo se refere aos objectos reais, enquanto o conceito

dade cheia de sentido"[1599], embora tenha por conteúdo as estruturas individuais[1600], características que favorecem a sua utilização pelo Direito, em muitas situações dificilmente apreensíveis pelas notas limitadas do conceito.

Se existe consenso sobre (quase todas) estas características do tipo no Direito, ele tem sido porém utilizado com múltiplos significados e para diversos fins[1601], alguns dos quais daremos conta em seguida.

Defende Engisch, em *Die Idee der Konkretisierung...*, que o tipo legal seja utilizado quando as situações da vida devam ser reguladas de forma pormenorizada, embora, ao mesmo tempo, com contornos mais flexíveis, adaptáveis à graduação de características, tal como existem na rea-

---

aos objectos possíveis, não pressupondo a sua existência real) e J. J. GIL CREMADES, "*Estudio preliminar*" à *La Idea de concrecion...*, de KARL ENGISCH, cit., p. 54. Para ARTHUR KAUFMANN ("Analogie und 'Natur der Sache'...", cit., p. 37) o tipo (o intermédio entre o geral e o especial) também é aberto e orientado para a vida ou "realidade". Consideramos, com ARTHUR KAUFMANN ("Analogie und 'Natur der Sache'...", cit., pp. 37-38) que o tipo se aproxima da vida, da evidência do concreto mas não se confunde com eles, pois ele é "o meio entre a ideia de Direito e a situação da vida"; é portanto não ontológico, e embora "transcenda o sistema em que está formulado, na medida em que ele se refere a uma realidade exterior a esse sistema", não existe antes dessa referência, constitui-se com ela, nomeadamente, com os "casos" ou "concretizações do tipo" (WINFRIED HASSEMER, *Tatbestand und Typus...*, cit., pp. 112-113). E ainda KARL LARENZ, *Metodologia...*, trad. da 2.ª ed., cit., pp. 530-534; e DETLEV LEENEN, *Typus und Rechtsfindung...*, p. 179, referindo que o *Typus* é sempre normativo. V. adiante.

[1598] Sobre o concreto enquanto total, e as suas origens clássicas aristotelianas mas fundamentalmente caracterizado por Hegel (para quem o verdadeiro é o todo e o abstracto é um aspecto parcial isolado), KARL ENGISCH, *Die Idee der Konkretisierung...*, cit., p. 132. O autor questiona, porém, mais à frente (pp. 271, 272 e 274, 275), a importância da totalidade no tipo (tipo como um "todo dotado de sentido"), como forma de o distinguir do conceito, criticando dessa forma Larenz, e considerando que o tipo tende para a ordenação de características, afastando-se do total.

[1599] KARL ENGISCH, *Die Idee der Konkretisierung...*, cit., p. 135.

[1600] Com efeito, embora ocupando uma posição intermédia entre o conceito geral e o individual, relativamente ao seu conteúdo, o tipo caracteriza-se pelas "estruturas individuais e típicas" (FREYER) por uma individualidade relacionada com a ligação ao concreto, com a "individualização do real" (DILTHEY), com a "participação na individualização", "captação dos conjuntos individuais históricos" (MAX WEBER) (uma vez mais citando outros autores, nomeadamente Dilthey, Freyer e Max Weber, V. KARL ENGISCH, *Die Idee der Konkretisierung...*, cit., pp. 260 e ss.).

[1601] V., por todos, para um resumo do assunto, LOTHAR KUHLEN, *Typuskonzeption in der Rechtstheorie*, Berlin, 1977, e, especialmente, FRANZ BYDLINSKI, *Juristische Methodenlehre und Rechtsbegriff*, cit., pp. 543-552.

lidade. Neste sentido, o tipo contrapõe-se ao conceito geral e abstracto que isolaria as notas singulares, reduzindo-as, e, por se ter afastado do real, o conceito seria mais rígido, e a sua aplicação reger-se-ia, tendencialmente, pelos métodos subsuntivos[1602].

Por isso, e ainda neste sentido, a realidade abarcável pelo conceito é necessariamente incompleta e menor do que a realidade abrangida pelo tipo[1603-1604]. "O tipo não se define, descreve-se", de onde resulta que os factos se referem, se aparentam ao tipo, sem terem que se subsumir ao mesmo por identificação, enriquecendo-o sempre que dele se afastam[1605]. Como o tipo legal tem por base a realidade valorada, ele é tendencialmente aberto.

[1602] Embora esta afirmação não seja totalmente correcta, se considerarmos, com ARTHUR KAUFMANN, que a aplicação da lei é sempre analógica ou tipológica (recorre ao Typus subjacente): *Grundprobleme der Rechtsphilosophie*, München, 1994, pp. 111 e ss.; "Analogie und 'Natur der Sache'...", cit..

[1603] Em sentido contrário, Jehring, distinguindo entre elementos abstractos – que podem corresponder ao conceito abstracto – e elementos independentes – que podem corresponder ao tipo ou construção tipificada (V. KARL ENGISCH, *Die Idee der Konkretisierung...*, cit., pp. 128-129): "Os elementos abstractos têm, necessariamente maior aplicabilidade, porque não estão ligados a uma única relação; ... [o]s independentes, pelo contrário afectam sempre uma relação concreta, estão designadamente delimitados no espaço". V. porém KARL ENGISCH, IDEM, pp. 131 e ss. (espec.133-134); J.J. Gil Cremades, "Estudio preliminar" à *La Idea de concrecion...*, de KARL ENGISCH, cit., p. 54, ARTHUR KAUFMANN, "Analogie und 'Natur der Sache'...", cit., p. 73; KARL LARENZ, *Metodologia...*, cit., trad. da 2.ª ed., p. 190.

[1604] Não pretendemos com esta comparação substituir o pensamento e construção jurídica conceptual por uma construção jurídica tipificadora, como pretenderam alguns autores (V. a referência e a crítica, em Engisch, *Die Idee der Konkretisierung...*, pp. 139 e ss.). Trata-se de encontrar, para certas finalidades do Direito Fiscal, i.e. para assegurar alguns princípios deste ramo de Direito, nomeadamente, para disciplinar as relações entre legislador, administração e tribunais, a melhor opção de construção jurídica (através de conceitos determinados ou de tipos abertos ou indeterminados) e de obtenção do Direito (através ou não de tipos vitais) – portanto, sem negar que os conceitos abstractos têm uma função de racionalização, segurança jurídica e clarificação.

[1605] J. J. Gil Cremades, *"Estudio preliminar" à La idea de concrecion...*, de KARL ENGISCH, cit., p. 55, 57; V. a referência à descrição como processo de individualização, de B. Russell, enquanto "função enunciativa que leva consigo uma verdadeira enunciação só para valor de um argumento", em KARL ENGISCH, *Die Idee der Konkretisierung...* cit, p. 196. V. também KARL LARENZ/CLAUS-WILHELM CANARIS, *Methodenlehre...*, cit., 3.ª ed., pp. 298--302; e KARL LARENZ, *Metodologia...*, cit., trad. da 2.ª ed., pp. 542 e ss.; ARTHUR KAUFMANN, "Analogie und 'Natur der Sache'...", cit., p. 48, e *Grundprobleme...*, cit., pp. 111 e ss.; WINFRIED HASSEMER, *Tatbestand und Typus...*, cit., pp. 114 e ss. ("o sentido das palavras diz apenas (grosseiramente) o que o tipo abrange de certeza e o que de certeza não abrange", cabendo ao processo de interpretação averiguar o tipo entendido no seu todo – p. 115).

Mas o tipo legal aberto pode ser "transformado" pelo legislador em tipo fechado, "com a fixação de determinadas notas que passem a considerar-se, a partir desse momento, como imprescindíveis em todos os casos"[1606]. Este procedimento ocorre com frequência quando há exigências de determinação legal, cabendo saber se ainda se pode falar, nesses casos, de tipo[1607-1608]. Percebe-se das linhas anteriores que a ideia de concretização normativa ligada ao tipo jurídico pode ser utilizada pelo legislador, ou seja, o legislador pode descrever uma situação da vida através de um tipo legal, com contornos fluidos, em vez de utilizar apenas conceitos de classe, pois estes, por se afastarem muito da realidade, simplificando-a, podem ser insuficientes para apreender a complexidade do ser[1609].

Neste sentido – que continua a ser o sentido de Engisch em *Die Idee der Konkretisierung...* – os tipos legais integram-se no *Tatbestand*, são parte componente dele, nomeadamente, no caso do Direito Fiscal, são parte componente dos *Tatbestände* sistemático e de garantia do imposto.

Quer para Engisch quer para a chamada "doutrina clássica do tipo", da qual fazem parte Radbruch, H.J. Wolff e Larenz, o tipo legal é uma "espécie de conceito" – e ele tem sido designado por isso também de "conceito-tipo", ou de "conceito indeterminado"[1610]. Eis as características do conceito-tipo e do conceito de classe, segundo a doutrina clássica do tipo, e sintetizadas por Lothar Kuhlen:

"O tipo seria mais concreto do que o conceito de classe.

Enquanto os conceitos de classe demonstrariam uma tendência para o 'esvaziar de sentido', os conceitos-tipo seriam plenos de sentido, 'estruturas de sentido'.

[1606] KARL LARENZ, *Metodologia...*, cit., trad. da 2.ª ed., p. 544.

[1607] V. KARL LARENZ, *Metodologia...*, cit., trad. da 2.ª ed., pp. 543 e ss..

[1608] Na verdade, quando estamos perante tipos legais fechados, por reduzirem muito ou eliminarem a indeterminação das fronteiras que caracteriza os tipos legais, alguns autores consideram-nos "conceitos gerais". V. a referência a essas posições, em OLIVEIRA ASCENSÃO, *A Tipicidade...*, cit., pp. 30-33. Segundo OLIVEIRA ASCENSÃO, desde que permaneça um maior grau de concretização e de especificação do que a do conceito, poderemos falar em tipos legais. Ainda segundo OLIVEIRA ASCENSÃO, o tipo legal é uma "especificação do conceito através de uma pluralidade de espécies", e "a essência de cada tipo jurídico é a de um conceito de espécie" (IDEM, pp. 39 e 46-48).

[1609] KARL LARENZ, *Metodologia...*, cit., trad. da 2.ª ed., p. 520.

[1610] V., por todos, LOTHAR KUHLEN, *Typuskonzeption...*, cit., que sintetiza e critica a posição destes autores. Cf., por ex., e para começar, pp. 16-22.

Se o conceito abstracto apresenta uma soma de características, o tipo apresenta um todo.

Os conceitos-tipo seriam, diferentemente dos conceitos de classe, abertos, i.e., as características conceptuais particulares seriam evitáveis na aplicação do conceito.

As características de um conceito de classe seriam imutáveis, fixas, as do conceito-tipo em contrapartida, ao menos parcialmente, niveláveis.

Os conceitos de classe e os conceitos-tipo deveriam ser aplicados a situações da vida de forma diferenciada, i.e., distinguir-se no 'procedimento de ordenação'. Uma situação da vida seria subsumível ou não subsumível a um conceito de classe. Em contrapartida, uma situação da vida poderia ser mais ou menos ordenada a um tipo.

Os conceitos de classe seriam definíveis, os conceitos-tipo (...) não, sendo apenas possível descrevê-los.

A aplicação de conceitos abstractos a situações da vida exigiria a igualdade destas, [enquanto] elas seriam de ordenar a um tipo com base nas semelhanças entre as mesmas"[1611].

A partir deste conjunto de traços, e citando Radbruch, Wolff, Larenz e Leenen (entre outros) Kuhlen corrige o significado de conceito-tipo para a doutrina clássica, defendendo que, na óptica desta, eles são conceitos indeterminados e que não se opõem aos "conceitos de classe" no verdadeiro sentido de Hempel/Oppenheim: na verdade, com os traços indicados os conceitos-tipo podem ser ou "conceitos de classe" ou "conceitos de ordem" no sentido de Hempel/Oppenheim[1612-1613].

[1611] LOTHAR KUHLEN, *Typuskonzeption...*, cit., p. 16. Entre nós, PEDRO PAIS DE VASCONCELOS não se afasta desta concepção clássica, pois acentua a diferença de formação e operação de uns e outros. Segundo o autor, conceitos gerais abstractos e tipos distinguem-se "acentuadamente" quanto à "formação e operação": enquanto o primeiro é formado "por abstracção do que há de incomum na pluralidade designada", na "formação dos tipos, pelo contrário, a realidade referida ou designada é aglomerada, é enquadrada, sem abstracção do incomum" ... Por isso, os tipos não se relacionam em pirâmide como os conceitos gerais abstractos, mas sim horizontalmente, em séries e em planos": PEDRO PAIS DE VASCONCELOS, *Contratos atípicos*, Coimbra, 1995, pp. 37 e ss. (pp. 32 e ss.).

[1612] Como explica KUHLEN, para Hempel/Oppenheim, os conceitos de classe ou qualitativos são predicados de um só lugar, de uma só classe que exclui a outra (legal/ilegal, furto/não furto) (cf. LOTHAR KUHLEN, *Typuskonzeption...*, cit., pp. 34 e ss. e 43 e ss.); por seu turno, os conceitos de ordem, de relação ou comparativos "deixam-se caracterizar como conceitos de relação que possibilitam verificações comparativas no sentido de um mais ou menos. Tais conceitos de relação são predicados de dois ou mais lugares como por exemplo, 'mais quente do que', 'mais escuro do que'. Com eles, não queremos distribuir

Basta lermos alguns dos exemplos de tipos dados por Larenz na segunda edição do seu manual ("servidor de posse", "serviços da maior relevância", "prodigalidade", "delinquente habitual perigoso"[1614]), e a ligação que Larenz/Canaris fazem na 3.ª edição desse manual, entre os tipos jurídicos e os "*standards*" (estes, na doutrina anglo-saxónica, designam os conceitos jurídicos indeterminados) para percebermos que Kuhlen tem razão: Segundo Larenz/Canaris, as expressões "costumes do tráfego", "usos comerciais", "moral social" a que recorre o legislador são *standards* e estes são tipos empíricos médios ou de frequência utilizados por lei[1615].

Portanto, numa certa concepção de determinação e de indeterminação legal, as características apontadas pela doutrina clássica ao conceito-

---

[um certo domínio] por classes mas atingir uma determinada ordem de elementos. Também a distinção de estrutura lógica defendida pela doutrina clássica do tipo, entre conceitos de classe e conceitos-tipo não existe" (p. 35). Assim, embora a mesma doutrina clássica (representada por Radbruch, Wolff e Larenz) pretenda que os conceitos-tipo sejam conceitos de ordem (ou comparativos ou de relação), por contraposição aos conceitos de classe, ambos no sentido de Hempel-Oppenheim, Kuhlen demonstra que Radbruch e os restantes representantes da doutrina clássica do tipo desvirtuaram o sentido de conceito de ordem, tal como definido por Hempel/Oppenheim. Com o significado que lhe é atribuído pela doutrina clássica, pode o conceito-tipo ser um conceito de classe ou um conceito de ordem, embora indeterminado, característica que qualquer daqueles dois pode apresentar. Na verdade, os tipos podem ser conceitos de classe ou de ordem, consoante um objecto corresponda a um tipo T ("tipo T" ou "tipicamente T"), caso em que tipo e classe são sinónimos, e se tivermos ordens seriais com dois pólos, o tipo é um conceito de ordem, porque um objecto lhe pode corresponder mais ou menos ("x apresenta características mais fracas do tipo T do que y"): LOTHAR KUHLEN, *Typuskonzeption...*, cit., pp. 43-47; CARL G. HEMPEL/PAUL OPPENHEIM, *Der Typusbegriff im Lichte der neuen Logik. Wissenschaftstheoretische Untersuchungen zur Konstitutionsforschung und Psychologie*, Leiden, 1936, Apud, LOTHAR KUHLEN, *Typuskonzeption...*, cit., pp. 43-48. Em suma, Kuhlen defende então que o conceito-tipo para a doutrina clássica é frequentemente um conceito de classe indeterminado: *Typuskonzeption...*, cit., pp. 62, 64, 76-79. E entre nós, também explicando a diferença entre conceito de classe e conceito de ordem para Hempel/Oppenheim, e o desenvolvimento dos conceitos de ordem por seguidores, PEDRO PAIS DE VASCONCELOS, *Contratos atípicos*, cit., pp. 27 e ss..

[1613] No mesmo sentido, dizendo expressamente que a "investigação de Kuhlen" sobre a indeterminação dos conceitos-tipo na doutrina clássica se confirma, FRANZ BYDLINSKI, *Juristische Methodenlehre...*, cit., pp. 544-555.

[1614] KARL LARENZ, *Metodologia...*, cit., trad. da 2.ª ed., p. 526.

[1615] KARL LARENZ/CLAUS-WILHELM CANARIS, *Methodenlehre...*, cit., p. 293. E também os exemplos e a construção de DETLEV LEENEN vão no mesmo sentido: *Typus und Rechtsfindung...*, cit., pp. 178 e ss..

-tipo e ao conceito de classe fazem dos segundos conceitos determinados e dos primeiros conceitos indeterminados[1616].

Recorde-se porém que, segundo a concepção que adoptamos de conceitos determinados e indeterminados, os conceitos de classe correspondem antes ao núcleo estabilizado de uma disposição legal (a que se subsumem os "candidatos positivos"[1617]) e os conceitos-tipo podem ser mais ou menos (in)determinados e serão também em regra determinados quanto ao núcleo da disposição e só serão normalmente indeterminados no caso (4) de Coleman/Leiter (aos conceitos-tipo subsumir-se-ão os candidatos positivos e haverá um número mais ou menos elevado de candidatos neutros, consoante o grau de indeterminação do tipo, mas esse número de candidatos neutros será maior do que nos conceitos de classe).

Tendo em conta que Kuhlen e a própria doutrina clássica do tipo parecem adoptar uma concepção mais ampla de indeterminação do que a nossa (é o caso dos exemplos citados da segunda edição do manual de Larenz), acrescente-se que o próprio Larenz, na segunda edição do seu manual, estabelece essa ligação entre tipo e indeterminação, ao referir, nas páginas dedicadas à indeterminação legal e à discricionariedade de juízo por parte do juiz, que o conceito de "bosque" (§ 308 do Código Penal) é um tipo: "... embora se procure defini-lo por via interpretativa, permanece um resto de indeterminação, por aí se exigir uma certa extensão espacial que não se pode determinar de modo mais preciso. No fundo não se trata aqui de um conceito, mas sim de um tipo, que por oposição ao conceito não está fixado em «elementos»"[1618]. Ainda segundo o autor, "[p]or detrás de muitos conceitos objectivos relativamente indeterminados, como os de «mata» ... «enfermidade mental» e «deficiência mental» ... e outros análogos, dissimula-se um tipo de frequência empírico» que pode ser descrito e ilustrado com exemplos, mas não propriamente definido"[1619].

Refira-se novamente que, tendo em conta o significado que adoptámos de indeterminação, os conceitos de "bosque", "mata", "enfermidade

---

[1616] Assim também, como já referimos, FRANZ BYDLINSKI, *Juristische Methodenlehre...*, cit., pp. 544-555.

[1617] V. WINFRIED HASSEMER sobre a subsunção à lei dos candidatos positivos, negativos e neutros quando o intérprete encontra "conceitos vagos": *Einführung...*, cit., 2.ª ed., p. 181.

[1618] KARL LARENZ, *Metodologia...*, cit., trad. da 2.ª ed., p. 325.

[1619] KARL LARENZ, *Metodologia...*, cit., trad. da 2.ª ed, p. 526. E mais à frente, nas pp. 546 a 548, o autor volta a mencionar a conveniência e necessidade de recurso ao tipo empírico para se interpretar um conceito indeterminado.

mental" e "deficiência mental", só serão indeterminados no caso (4) de Coleman/Leiter (nos "casos difíceis"), e os casos difíceis poderão até ser escassos.

Por seu turno, alinhados com esta doutrina clássica, Wolff/Bachof identificam os conceitos jurídicos indeterminados com os conceitos-tipo, contrapondo-os aos conceitos de classe, e fazem referência à interpretação segundo o tipo subjacente, a qual não seria por isso tão vinculada como a interpretação dos conceitos de classe: "como conceitos jurídicos ou conceitos legais indeterminados, entendem-se os conceitos que não são abrangidos nem local nem temporalmente por classes determinadas de objectos, mas que são conceitos-tipo, aos quais subjazem situações da vida diferentes, mas com características semelhantes. O seu conteúdo determina apenas um domínio de factos, interesses ou valores, mas não o objecto deste domínio"[1620]. E dão como exemplos, "razão importante", "desconfiança", "interesse público"[1621]. E continuam: "Através dos conceitos indeterminados, a interpretação jurídica não é portanto tão univocamente vinculada como no caso de conceitos de classe que determinam mais precisamente o seu objecto. A vinculação abrange apenas o tipo inerente"[1622].

Embora possamos aceitar a doutrina clássica do tipo em alguns dos seus traços, não existe uma diferença de estrutura lógica entre tipo legal e conceito, como demonstra Lothar Kuhlen na sua investigação, e ao contrário do que propunha a doutrina clássica. A maior ou menor vinculação na aplicação da lei é uma questão de grau de indeterminação legal, como já defendemos atrás, e não de estrutura lógica dos conceitos.

Por isso, importa-nos antes considerar que os tipos legais, tal como definidos nos seus traços gerais por essa doutrina, são tendencialmente abertos e nesse caso indeterminados – exprimem ou podem exprimir uma indeterminação legal no sentido (4) de Coleman/Leiter.

Podemos recorrer agora a Karl Larenz para os caracterizar mais detalhadamente. Larenz pretende caracterizar qualquer tipo jurídico, e se na verdade a sua construção parte das relações contratuais de Direito Privado, ela serve também o Direito Fiscal, até porque este ramo de Direito, como Direito de sobreposição, assenta sobre relações típicas de Direito Privado[1623].

[1620] HANS J. WOLFF/OTTO BACHOF, *Verwaltungsrecht I*, cit., 9.ª ed., p. 189.
[1621] HANS J. WOLFF/OTTO BACHOF, *Verwaltungsrecht I*, cit., 9.ª ed., p. 189.
[1622] HANS J. WOLFF/OTTO BACHOF, *Verwaltungsrecht I*, cit., 9.ª ed., p. 190.
[1623] Neste sentido, expressamente, KARL ENGISCH, *Die Idee der Konkretisierung...*, pp. 280-281 (e H.J. WOLFF, MAUNZ e BÜHLER, citados por Engisch).

Como nos diz Larenz, "o tipo apresenta-se na ciência jurídica, em primeiro lugar, como instrumento de descrição dos elementos do facto previsto pela norma, e, em segundo lugar, como forma ordenadora da interpretação e da explanação das relações jurídicas"[1624]. E, mais adiante, "para nós, o principal significado de que o tipo se reveste para a ciência jurídica reside na sua função como instrumento de compreensão e de explanação das relações jurídicas (e em particular das relações contratuais), encaradas essas relações como fenómenos que se reiteram de um modo determinado"[1625].

Assim, para Larenz, o tipo mais importante para a ciência jurídica, é o "tipo estrutural jurídico", que apreende as relações jurídicas típicas[1626]. Enquanto o tipo real "contém uma valoração jurídica da situação da vida que se encontra na realidade vital", o tipo estrutural "é orientado para alcançar os institutos jurídicos ou as relações jurídicas típicas, em especial as relações contratuais" – o tipo estrutural permite dar uma concepção fundamental das relações contratuais que se desenvolveram na vida jurídica[1627]. Este tipo estrutural jurídico é o "resultado de um processo intelectual que generaliza e «concentra» os seus traços «essenciais». Não são simples «reproduções», e ainda menos modelos livremente construídos; são como que *concentrados* de realidade jurídica, e nessa qualidade *formas significantes referidas à realidade da vida jurídica...*"[1628].

Para além do tipo estrutural, Larenz refere a importância do tipo real normativo para o Direito. Segundo Larenz/Canaris, "a lei utiliza estes tipos para caracterizar um grupo de pessoas tendo em conta o seu papel social" ("encargo da vigilância de animais", "representante comercial", "funcionário dirigente"): estes tipos têm subjacente elementos empíricos e elementos normativos[1629]. No Direito Fiscal, encontramos também tipos reais normativos, que podemos reconduzir sem mais especialidades aos conceitos jurídicos indeterminados no sentido (4) de Coleman/Leiter.

Os tipos legais correspondem a tipos empíricos: eles referem-se à realidade, embora se trate sempre de uma realidade valorada, i.e., normativa. Estes podem dizer respeito a situações da vida não valoradas ex-

---

[1624] KARL LARENZ, *Metodologia...*, cit., trad. da 2.ª ed., p. 526.
[1625] KARL LARENZ, *Metodologia...*, cit., trad. da 2.ª ed., p. 527.
[1626] KARL LARENZ, *Metodologia...*, cit., trad. da 2.ª ed., p. 527.
[1627] KARL LARENZ, *Metodologia...*, cit., trad. da 2.ª ed., pp. 527 e ss.
[1628] KARL LARENZ, *Metodologia...*, cit., trad. da 2.ª ed., p. 533.
[1629] KARL LARENZ/CLAUS-WILHELM CANARIS, *Methodenlehre...*, cit., 3.ª ed., p. 294.

clusivamente pelo Direito (por exemplo, interesse económico, casa de morada), ou unicamente à realidade da vida jurídica: "a própria regulamentação legal tem como fundamento uma representação dos contratos que *de facto* se celebram na vida jurídica, com um determinado sentido e conteúdo, e de modo essencialmente uniforme. Os tipos que o legislador regula não são por ele «inventados», mas apenas «descobertos» – ou dizendo melhor, «decalcados» – nos seus aspectos essenciais"[1630].

Também Henkel nos diz que a "formação jurídica de tipos [é] apoiada na tipicidade previamente dada pela vida", na "tipicidade vital" "... isto é: nas suas características [da vida] que coincidem com as espécies ou grupos e que por isso se repetem sempre. Os homens sempre que participam nas relações sociais não aparecem ao Direito, em princípio, na ilimitada multiplicidade da sua individualidade pessoal, mas na sua sociabilidade". (...) "Os comportamentos e os objectos de actuação das partes e as circunstâncias do acontecimento da vida em que se realiza a sua relação social interessam ao Direito pelo geral, como fenómenos típicos..."[1631].

Ainda segundo Henkel, a formação jurídica de tipos constitui o "instrumento predominante de que se serve o legislador"[1632] – o tipo já não é aqui contraposto ao conceito geral e abstracto[1633], mas à (impossível) apreensão por lei dos traços individuais de factos e situações, afirmação certamente válida no caso do legislador fiscal, como perceberemos ao longo deste capítulo.

Por outras palavras – as de Arthur Kaufmann –, a "tarefa do legislador é descrever tipos",[1634] – tipos vitais (Henkel), ou tipos empíricos

---

[1630] KARL LARENZ, *Metodologia...*, cit., trad. da 2.ª ed., pp. 531; cf. pp. 530-532 e 272.

[1631] HEINRICH HENKEL, *Introducción a la Filosofia...*, cit., p. 575. No mesmo sentido, entre nós, PEDRO PAIS DE VASCONCELOS, *Contratos atípicos*, cit., pp. 21-24, 45; AUGUSTO SILVA DIAS, *«Delicta in se» e «delicta mere prohibita»* ..., cit., pp. 397 e ss...

[1632] HEINRICH HENKEL, *Introducción a la Filosofia...*, cit., pp. 575-576. E mais: "O legislador parte de tipos que se dão regularmente. No Direito Civil, por exemplo, trata os tipos básicos da acção (por exemplo, declaração de vontade, aviso, acção ilícita), os tipos reguladores do contrato (por exemplo, compra e venda, arrendamento, contrato de serviços), os tipos de uniões jurídicas (associação, sociedade), os tipos de regime económico matrimonial; ... no Direito Penal, sobretudo, os tipos de delitos (burla, lesões, falsidade) permitem ver com especial clareza a essência da formação jurídica de tipos" (IDEM, p. 576). V., também, PEDRO PAIS DE VASCONCELOS, *Contratos atípicos...*, cit., pp. 21-24.

[1633] Como também nota DETLEF LEENEN, *Typus und Rechtsfindung...*, cit., p. 25.
[1634] ARTHUR KAUFMANN, *Grundprobleme der Rechtsphilosophie*, cit., pp. 114 e ss..

(Larenz), os quais são em qualquer caso tipos normativos (Kaufmann), no sentido em que são sempre valorados pelo Direito.

O princípio da legalidade do Direito Fiscal, como já referimos no capítulo anterior e tornaremos a defender adiante, recomenda que os tipos legais (indeterminados) sejam progressivamente estabilizados (determinados, tendencialmente fechados) pela administração e tribunais, justamente com o recurso aos tipos empíricos – tipos frequentes e tipos médios – subjacentes.

É verdade que o tipo enquanto critério de valor, pode ser um paradigma, uma "imagem-fim para a qual devemos tender", e nesse caso não pretende apreender um modo de ser, não pretende reproduzir um arquétipo. Em última análise podem existir tipos que não têm correspondência com a realidade dos factos: são os tipos ideais de Max Weber[1635], tais como a economia de mercado livre ou economia totalmente dirigida.

Em regra, e enquanto não são fechados, os tipos legais referem-se (de forma mais ou menos imediata) a tipos empíricos, que estão na base da actividade de legiferação; neste caso, também o intérprete deve recorrer aos tipos empíricos subjacentes à norma, com o objectivo de uma interpretação e aplicação mais correcta da lei (interpretação tipológica).

Aceitando ainda que os tipos legais se caracterizam também pela indeterminação, esta interpretação tipológica é particularmente útil, como explicaremos adiante.

Com os parágrafos anteriores queremos manifestar o nosso interesse no tipo para entendermos os limites da determinação dos *Tatbestände* de imposto, não só no momento da sua formulação como também no momento da sua aplicação.

Como técnica legislativa, os tipos legais interessam-nos pelo facto de a lei da Assembleia da República e os decretos-leis autorizados do Governo disciplinarem através deles os aspectos essenciais e mais duradouros do regime fiscal, permitindo pela sua abertura relativa que os decretos-leis, regulamentos e actos pararegulamentares os concretizem progressivamente, densificando os aspectos técnicos das matérias fiscais. O Direito Fiscal recorre amiúde à técnica dos tipos legais, que descrevem situações da vida típicas ou tipos empíricos, como foi assinalado por

---

[1635] MAX WEBER, *Economía y sociedad. Esbozo de sociología comprensiva*, Madrid, 1964 (1956, 4.ª ed.), pp. 9 e ss., 16-18; *Fundamentos da sociologia*, Porto, 1983, pp. 226 e ss..

vários autores da Teoria do Direito, de que são exemplo, como já referimos, Engisch, H.J. Wolff e Henkel.

Por isso, os tipos também nos interessam pelo facto de estarem relacionados com um tipo empírico subjacente, permitindo uma concretização susceptível de fundamentação racional pelo órgão que efectua tal concretização, nomeadamente através do tipo frequente ou do tipo médio (custos médios de um determinado sector de actividade, por exemplo).

É justamente de referir que a doutrina clássica estabelece uma importante ligação entre tipo legal e tipo empírico, ou seja, entre mera técnica legislativa formal e ligação às situações da vida, ligação essa que é a ponte entre a técnica legislativa (entre a indeterminação) e o tipo como instrumento hermenêutico[1636]. Este aspecto não é devidamente apreendido pelos críticos da doutrina clássica do tipo.

Por outras palavras, o tipo legal é em regra indeterminado, e o intérprete pode, com recurso aos legítimos instrumentos hermenêuticos, interpretar a lei ou densificá-la com base num tipo empírico, fazendo este parte do acervo dos legítimos instrumentos hermenêuticos.

Decorre do que acabamos de escrever que nos interessa realçar a função hermenêutica do tipo, a qual tem especial relevância para percebermos quais as consequências da indeterminação da lei fiscal no momento da sua aplicação.

Em resumo, o significado de tipo é importante para o Direito Fiscal, porque, como acabámos de mencionar, o legislador recorre frequentemente a tipos empíricos para construir os *Tatbestände* de garantia e sistemático – os tipos estão na génese do *Tatbestand*[1637-1638-1639]. Neste sen-

---

[1636] V. novamente, por ex., por todos, KARL ENGISCH, *Die Idee der Konkretisierung...*, cit., p. 276. E entre nós, PEDRO PAIS DE VASCONCELOS, *Contratos atípicos...*, cit., pp. 45, 49 e ss., 85 e ss..

[1637] No Direito Fiscal interessam as actuações económicas típicas, ou, como nos diz HARTMUT HAHN, "os *Tatbestände* fiscais descrevem actuações económicas": *Die Grundsätze der Gesetzmässigkeit...*, cit., p. 196. Os factos tributários, enquanto objecto do imposto não são o resultado de uma actuação do contribuinte orientada para esse efeito, mas para outro fins, que não são imediatamente jurídicos (estamos no âmbito das "actuações livres"): HARTMUT HAHN, *Die Grundsätze der Gesetzmässigkeit...*, cit., p. 161. V. a propósito dos tipos reais normativos no Direito Fiscal e da realidade económica subjacente, MARTIN STRAHL, *Die typisierende Betrachtungsweise...*, cit., pp. 258-262.

[1638] Como já escrevia ALBERT HENSEL em "Verfassungsrechtliche Bindungen des Steuergesetzgebers", cit., pp. 474-475. HENSEL relaciona expressamente o *Tatbestand* de imposto com os tipos jurídicos: "Cada *Tatbestand* de imposto contém tipos jurídicos simplificados, que, em regra, são suficientes (pelo menos devem ser suficientes), para abran-

tido, como diz Hassemer, embora a propósito do Direito Penal, os *Tatbestände* são "tipos e não regras de remissão imanentes ao sistema"[1640]. Isto é, o legislador fiscal, para tornar mais clara a ligação entre o *Tatbestand* de imposto e os tipos empíricos, descreve-os, ou seja, utiliza a técnica dos tipos legais ou tipificações[1641].

---

ger a vida económica na sua conformação normal, relativamente aos pontos que são entendidos como essenciais para a tributação": IDEM, p. 474.

[1639] ALBERT HENSEL, *Steuerrecht*, 2.ª ed., 1927, p. 39; "Die Abänderung des Steuertatbestandes...", cit., p. 49.

[1640] A propósito do Direito Penal, WINFRIED HASSEMER, *Tatbestand und Typus...*, cit., p. 150: embora, também segundo o autor, a tarefa de elaboração de leis não signifique encontrar tipos preexistentes, mas a construção desenvolvida de tipos originários (resultantes do processo de desenvolvimento numa perspectiva axiológica e de realidade) segundo concepções especiais de sistemas de *Tatbestände* jurídicos (IDEM, p. 154). Parece-nos haver em Hassemer uma espécie de círculo vicioso. Recusando que os tipos fechados de crimes sejam tipos, KARL LARENZ, *Metodologia...*, cit., trad. da 2.ª ed., pp. 544-545, e nota 47.

[1641] É por isso que muitos autores utilizam a palavra tipo (*Typus*) e não *Tatbestand*, para falar dos "tipos legais" (tipos de crimes, tipos de contratos, tipos de sociedades, tipos de direitos reais, tipos fiscais): mas esta utilização tem um significado e função diferentes do significado e função de *Tatbestand*. Em regra, os tipos legais ou tipos jurídicos estruturais têm uma correspondência aos tipos empíricos. Se essa correspondência não for total e imediata, ela será parcial e mediata, ou, pelo menos, a sua origem última terá a ver com a realidade da vida jurídica: "a própria regulamentação legal tem como fundamento uma representação dos contratos que *de facto* se celebram na vida jurídica, com um determinado sentido e conteúdo, e de modo essencialmente uniforme. Os tipos que o legislador disciplina não são [em regra] por ele «inventados», mas apenas «descobertos» – ou dizendo melhor, 'decalcados» – nos seus aspectos essenciais" (KARL LARENZ, *Metodologia...*, cit., trad. da 2.ª ed., p. 531; cf. pp. 530-532; KARL LARENZ/CLAUS-WILHELM CANARIS, *Methodenlehre...*, cit., 3.ª ed., pp. 42-43). Assim, OLIVEIRA ASCENSÃO diz-nos: "devemos ter em conta referências que nos levariam a concluir pela existência de um tipo especificamente jurídico. Por exemplo, na recente *Introdução à Filosofia* de Henkel, dão-se, como exemplos, os tipos de actos jurídicos, de contratos, de associações, de regimes de bens, de actos processuais, de crimes". À corrente que defende que os tipos legais não são tipos (HANS WOLFF e Koller, por exemplo), responde OLIVEIRA ASCENSÃO, mencionando o estudo de Engisch: "O tipo chamou a sua atenção por aparecer associado a todas as manifestações do concreto. (...) [D]e tipo pode falar-se, e fala-se, numa pluralidade de acepções, consoante a forma de concretização que se tem em vista. Em todos os casos o tipo pode ser caracterizado como algo mais concreto do que o conceito; e em todos os casos podem fazer-se utilizações do tipo no direito ou na ciência jurídica" (OLIVEIRA ASCENSÃO, *A Tipicidade...*, cit., pp. 31-32 e ss.). O tipo tem de ser geral, mas também um "especial, isto é, um geral que pode ser diferenciado, de determinado modo, de outro geral com o qual tem alguma coisa em comum. Com razão sublinha Engisch que o tipo «visa um específico» ... Sem-

O legislador fiscal português utilizou a técnica dos tipos legais, por exemplo, na definição de algumas das categorias de rendimentos das pessoas singulares, e nas próprias definições de residência e de fonte. Normalmente, o *Tatbestand* de imposto é formado por tipos jurídicos estruturais (contrato de trabalho, contrato de compra e venda, contrato de mútuo, direito de propriedade, prestação de serviços, filial, sucursal, operações de carácter empresarial, etc.), que estão na base das regras de incidência, mas também por tipos reais normativos (sujeito passivo residente, boa fé, casa de morada, fraude à lei) – no sentido (ou num sentido próximo) de Larenz/Canaris[1642].

Sem embargo de, no capítulo dedicado à tipificação, darmos mais exemplos de tipos legais fiscais, ficam aqui, por serem sugestivos e ajudarem a compreender a problemática em análise, alguns exemplos desses tipos, indeterminados no sentido (4) de Coleman/Leiter. Eles ilustram bem a importância da relação entre tipo empírico e tipo legal na interpretação da lei.

---

pre..., o tipo se nos apresenta como uma forma ou figura especial. «Típico» é aquilo que é peculiar de um tipo, aquilo que faz a sua especialidade... As puras generalidades não são tipos": KARL LARENZ, *Metodologia*..., cit., trad. da 2.ª ed., pp. 528-529. O tipo legal é "mais rico de conteúdo do que o conceito (abstracto correspondente)", e "os aspectos particulares do tipo não estão meramente justapostos, sem relação entre si, mas intimamente unidos por um nexo profundo", de tal forma que permitem descobrir a "essência do tipo": KARL LARENZ, *Metodologia*..., cit., trad. da 2.ª ed., pp. 530-531. Também no Direito Fiscal se pode, com este sentido, falar de um tipo de rendimento da poupança, por exemplo: tipo, porque "a norma não se contentou com previsões ou determinações gerais, com conceitos (...) modelou tipos" (OLIVEIRA ASCENSÃO, *A Tipicidade*..., cit., p. 34). Diferente é a noção de *Tatbestand*: quando utilizamos a expressão *Tatbestand* interessa-nos traçar as fronteiras da legalidade fiscal (do conjunto de elementos dos impostos sujeitos à reserva de lei, ou seja do *Tatbestand* de garantia) e sistematizar o procedimento que conduz ao apuramento do montante de imposto a pagar – OLIVEIRA ASCENSÃO refere-se a "tipologia taxativa" (*A Tipicidade*..., cit., pp. 50-52), no sentido de enumerações taxativas, mas os contornos das tipologias ficam aquém do *Tatbestand* de garantia que é mais exigente e complexo; assim, o *Tatbestand* é uma construção doutrinária, com base legal-formal, que incorpora tipos legais (tipos legais de rendimentos, por exemplo), os quais, por seu turno, devem basear-se em tipos empíricos; por outro lado, embora o *Tatbestand* de garantia ou sistemático deva ter por base tipos, mesmo que mediatos, a função do *Tatbestand* diferencia-se da do tipo, e, portanto, as duas figuras são conjugáveis, mas não se sobrepõem.

[1642] KARL LARENZ/CLAUS-WILHELM CANARIS, *Methodenlehre*..., cit., pp. 294-295 e ss.. V. neste sentido e dando inúmeros exemplos no Direito Fiscal, MARTIN STRAHL, *Die typisierende Betrachtungsweise*..., cit., pp. 237-247 e ss. e 313-314.

Dois deles dizem respeito à incidência de IRC sobre entidades residentes que não são sociedades comerciais ou civis sob forma comercial, nem cooperativas nem empresas públicas, e "que exerçam, a título principal, uma actividade de natureza comercial, industrial ou agrícola" (art. 3.º, n.º 1, al. a), do CIRC); e à incidência de IRC sobre as mesmas entidades que não exerçam a título principal tal actividade.

Na primeira situação, as referidas entidades são tributadas pelo lucro, enquanto na segunda situação são tributadas pelo rendimento global. Neste caso, por exemplo tratando-se de associações, não são sujeitos a IRC os subsídios e incrementos patrimoniais obtidos a título gratuito destinados à directa e imediata realização dos fins estatutários (art. 49.º, n.º 3, do CIRC).

Pensemos numa associação cultural que exerce uma actividade de ensino de uma língua estrangeira. Decidir se esta entidade exerce ou não a título principal uma actividade de natureza comercial implica "subsumi--la", ou "ordená-la" ao tipo "actividade de natureza comercial" ou ao tipo "actividade de natureza não comercial". O art. 3.º, n.º 4, do CIRC concretiza um pouco mais o primeiro tipo, dizendo que são "consideradas de natureza comercial, industrial ou agrícola todas as actividades que consistam na realização de operações económicas de carácter empresarial, incluindo as prestações de serviços". Mas o "carácter empresarial" das operações é também um tipo legal, ainda indeterminado. Cumpre ao intérprete decidir se a actividade de ensino de uma língua estrangeira realizada no quadro de um acordo cultural corresponde ou não ao tipo "empresa", comparando-a com outras actividades empresariais – actividade de ensino do português, prestada por qualquer entidade em território português sem relação com um qualquer acordo cultural, actividades teatrais, conferências sobre literatura estrangeira, actividades de associações desportivas e recreativas – e, tratando-se de operações empresariais, se elas são principais ou acessórias.

Um outro exemplo é o do conceito-tipo de residência. Já dissemos que o legislador, ao formular os tipos legais ou jurídicos, descobre-os em regra na tipicidade vital, exerce sobre eles um juízo normativo, e pode afastar-se menos ou mais dessa tipicidade vital e em última análise fechar o tipo. Por exemplo, em caso de dupla residência, para efeitos de aplicação de uma convenção de dupla tributação, essas convenções estabelecem, entre outros critérios, que o destinatário pessoa singular, é residente no Estado onde tem o centro de interesses vitais (art. 4.º, n.º 2, a), do MOCDE), ou que permanece habitualmente num território (art. 4.º, n.º 2, c), do MOCDE). Trata-se de tipos de frequência abertos. Aberto é também o tipo que considera residente em território português o indivíduo que dispõe em 31 de Dezembro habitação em condições que façam supor a intenção de a manter e ocupar como residência habitual neste território. Pelo contrário, quando o legislador determina que sujeito passivo residente é o que permanece em território português por um período de tempo superior a 183 dias, embora se baseie num tipo frequente, fecha o tipo legal, e este perde as características do conceito-tipo. É também o caso da residência presumida de pessoas singulares que deslocalizem a sua residência para um território sujeito a um regime fiscal claramente mais favorável. Afastados do tipo empírico, no sentido em que esse tipo terá sido mas já não é um tipo frequente ou um tipo médio, são por exemplo as concretizações do elemento de conexão fonte dos rendimentos de pensões (local de pagamento) ou dos rendimentos de capitais (entidade pagadora).

Já dissemos também que nem sempre na base dos *Tatbestände* e dos tipos legais tem de existir um tipo empírico[1643]. O legislador cria nesse caso um *Tatbestand* meramente normativo (*Tatbestand* de dever-ser)[1644]. Ele pode, para o efeito, formular conceitos e criar regimes sem qualquer ligação a tipos empíricos[1645]; ou recorrer a um tipo empírico (pré-exis-

---

[1643] OLIVEIRA ASCENSÃO chama tipo real ao que nós designamos por tipo empírico, utilizando a terminologia de Larenz, mas com a diferença de que o tipo real para OLIVEIRA ASCENSÃO parece ser um tipo ontológico, enquanto entendemos com ARTHUR KAUFMANN que ele é sempre normativo. Ainda assim, OLIVEIRA ASCENSÃO defende que nem sempre existem tipos reais na base da tipificação (*A Tipicidade*..., cit., pp. 27 e ss.); segundo o autor, os preceitos jurídicos podem conter e contêm elementos que escapam total ou parcialmente a um "tipo real", como, por exemplo, quando a norma legal "precede a verificação prática de determinada situação" (p. 28); e, por vezes, apesar de ser introduzida uma regulação jurídica, pode nunca surgir o "tipo real", se a norma não tiver aplicação (p. 29).

[1644] V. a referência aos "*Normativentatbestände*" no Direito Penal, em KARL ENGISCH, "Die normativen Tatbestandselemente im Strafrecht", cit., 127 e ss..

[1645] Na acepção de tipo de OLIVEIRA ASCENSÃO, o legislador poderia também formular tipos legais, sem qualquer conexão com a realidade. Com efeito, para o autor, o tipo jurídico "é por natureza algo diverso do tipo real (embora possa conjugar-se com ele)": *A Tipicidade*..., cit., p. 33. Assim, embora OLIVEIRA ASCENSÃO comece por definir o tipo como algo mais concreto do que o conceito, e portanto, ligado a uma realidade subjacente, vem depois separar o tipo jurídico do tipo empírico subjacente, considerando suficiente para a definição de tipo legal, uma maior especificação ou concretização do que a existente no conceito (IDEM, pp. 31-32, 34, 37-38). Diz-nos, na p. 34, o autor: "os tipos" (legais) "determinam-se por referência a um conceito que concretizam. Também o tipo jurídico, como todo o tipo, é algo de mais concreto que o conceito". Tipos legais são, pois, para OLIVEIRA ASCENSÃO, "figuras legais", e além disso, pode não se verificar "a indeterminação

tente), mas por ele valorado de uma forma tão distinta, que desaparece qualquer afinidade com a substância do tipo empírico.

Exemplo perfeito do primeiro caso, é o tradicional regime fiscal diferenciado de estabelecimentos estáveis de sociedades não residentes e de filiais de sociedades-mães não residentes, sendo certo que os tipos empíricos subjacentes aos tipos legais filial e estabelecimento estável são praticamente idênticos. O Tratado da CE reconheceu essa identidade de tipos, ao proibir a discriminação entre filiais e sucursais, e é com base no Tratado e nessa identidade de tipos que o Tribunal de Justiça das Comunidades Europeias tem posto em causa a diferenciação de regimes fiscais nos últimos anos, posição já reflectida na mais recente alteração à directiva sociedades-mães/filiais[1646].

Relacionado com este exemplo está a questão de saber se o *Tatbestand* legal, que não tem apoio na tipicidade vital, perde as vantagens da regulação baseada em tipos empíricos, mais próxima do concreto e por isso menos artificial.

---

de fronteiras que caracteriza o tipo", pois caso contrário "de tipos legais propriamente ditos raramente ou nunca se poderia falar" (IDEM, p. 33). Assim, OLIVEIRA ASCENSÃO aceita como fazendo parte dos tipos legais, os tipos fechados (IDEM, pp. 32-33) e estes poderiam corresponder mesmo ao que nós designamos por *Tatbestände*, utilizando a denominação dos autores do Direito Fiscal e do Direito Penal. Resumindo, para OLIVEIRA ASCENSÃO, o tipo legal poderá ter por base o tipo real (empírico), mas essa ligação não é obrigatória, e a tipicidade pode aparecer ligada à rigidez da norma e do regime (IDEM, por exemplo, pp. 36-37). Mas o autor, mais adiante, vem também caracterizar o tipo legal, como tendo subjacente "uma série ou catálogo de figuras", "uma pluralidade", isto é, o tipo legal dá sempre origem às tipologias jurídicas, e segundo OLIVEIRA ASCENSÃO, estas não esgotam a realidade (IDEM, p. 40). Na tipologia jurídica, segundo o autor, parte-se da norma para a vida (IDEM, pp. 38-39): diríamos que as tipologias jurídicas parecem corresponder *grosso modo* ao que nós designamos por *Tatbestände*. Finalmente, deixemos mais uma nota sobre o significado de tipo legal para OLIVEIRA ASCENSÃO: como o autor rejeita a utilização do conceito de *Tatbestand*, que historicamente aparece ligado ao princípio da legalidade, o conceito de tipo legal a que recorre é muito amplo, pois pode ser concretizado por "tipologias taxativas" (*Tatbestände* fechados) ou "tipologias exemplificativas" (*Tatbestände* abertos): IDEM, pp. 50-52, 63-65. Também parecendo rejeitar a necessidade de uma correspondência entre tipo legal e tipo empírico, RUI PINTO DUARTE, *Tipicidade e atipicidade dos contratos*, Coimbra, 2000, pp. 98 e ss., espec. 100-107.

[1646] Directiva do Conselho, 2003/123/CE, de 22.12, que altera a Directiva 90/435/CEE.

2. O tipo como instrumento hermenêutico: o pensamento tipológico ou o método de comparação de tipos

Como defende Kaufmann, no Direito, o tipo que está na base da actividade de legiferação bem como de conformação do Direito, é sempre o tipo normativo, "o meio termo entre a justiça normativa e a justiça material", "entre a ideia de Direito e a situação da vida", mantendo todas as características do tipo concreto-relativo[1647].

Assim, quando nos referimos a tipos reais e a tipos estruturais no Direito Fiscal, consideramos que esses tipos são, simultaneamente, tipos normativos, no sentido de Kaufmann.

O pensamento tipológico pode ser aqui esquematizado da seguinte forma, conjugando Larenz e Kaufmann: o legislador, ao exercer a sua actividade, recorre ao tipo empírico (Larenz), mas apreende-o sempre de forma valorativa (Kaufmann), apreende-o através de tipos legais estruturais ou de tipos reais normativos (Larenz), afastando-se mais ou menos do tipo empírico.

Assim, o *Tatbestand* aparentemente (i.e. relativamente) estático[1648], baseado num tipo empírico normativo (ideia de Direito)[1649], dá lugar a uma aplicação que recorre novamente ao tipo[1650]: é um vai-vem entre ser e dever ser na aplicação do Direito, que permite verificar uma maior ou menor adequação da realidade à norma[1651].

[1647] ARTHUR KAUFMANN, "Analogie und 'Natur der Sache'...", cit., p. 38.

[1648] Com efeito, "a norma é sempre apenas um *critério* para muitos *possíveis* casos, mas nunca a decisão de um caso *real*, a lei, e não realidade, mas apenas a possibilidade do Direito – para que se torne Direito, necessita de um elemento de construção " – ARTHUR KAUFMANN, "Analogie und 'Natur der Sache'...", cit., pp. 8-9.

[1649] "A legislação é a aproximação à ideia de Direito e a possíveis situações futuras da vida": ARTHUR KAUFMANN, "Analogie und 'Natur der Sache'...", cit., p. 35.

[1650] "A obtenção do Direito é a aproximação à norma legal e à situação real da vida": ARTHUR KAUFMANN, "Analogie und 'Natur der Sache'...", cit., p. 35. Para WINFRIED HASSEMER, "as possibilidades de conformação do *Tatbestand* assentam no meio termo entre o pólo da informação que resulta do ponto de vista do Direito Penal sobre a realidade, e a abertura ao desenvolvimento... Compreender a situação da vida significa reconhecê-la como concretização do *Tatbestand*, como um *Typus*" (*Tatbestand* und *Typus*..., cit., p. 156).

[1651] ARTHUR KAUFMANN, *Grundprobleme*..., cit., pp. 112-113. Subjacente a este procedimento está a ideia que a criação e obtenção do Direito decorrem de uma unidade de relações (correspondência de dever ser e ser, pensamento analógico): ARTHUR KAUFMANN,

Portanto, e repetindo, o tipo normativo de Arthur Kaufmann, enquanto "ponto intermédio entre a ideia de Direito e a situação da vida", entre a "justiça normativa e a justiça material"[1652], deve estar presente no momento da legiferação fiscal, bem como no momento da sua aplicação. Ele é, tal como em Winfried Hassemer, um instrumento hermenêutico, dirigido à avaliação da situação da vida que lhe corresponde "mais ou menos"[1653].

"Analogie und 'Natur der Sache'...", cit., p. 14. Por isso, a correspondência absoluta "em todos os seus elementos" do facto ao *Tatbestand* legal não é possível (ao contrário do que propõe ALBERTO XAVIER, *Conceito e natureza*..., cit., p. 323 (pp. 322-325). Podemos encontrar em Kaufmann, duras críticas aos pensamentos do Direito Natural e positivista, ambos racionalistas e defensores da completude lógica e ausência de lacunas da ordem jurídica. Para Kaufmann, as operações silogísticas só são possíveis após terem sido realizadas outras operações de pensamento (as analógicas entre a situação da vida, a norma e a ideia de Direito). Desta forma, o método jurídico não é um método lógico-formal em primeira linha, mas teleológico (ARTHUR KAUFMANN, "Analogie und 'Natur der Sache'...", cit., pp. 11-13).

[1652] ARTHUR KAUFMANN, "Analogie und 'Natur der Sache'...", cit., p. 38. Repare-se que, para Kaufmann, o processo de realização do Direito é composto por três níveis: o primeiro pelos princípios jurídicos gerais e abstractos, suprapositivos e supra-históricos (a ideia de Direito); o segundo pela lei em vigor, formal-positiva (a norma jurídica), e o terceiro pelo Direito histórico, concretizado, material-positivo (a decisão jurídica): IDEM, pp. 9 e 10.

[1653] WINFRIED HASSEMER, *Tatbestand und Typus*..., cit., pp. 112, 115. E também em DETLEV LEENEN, *Typus und Rechtsfindung*..., cit., pp. 177 e ss.. Também AUGUSTO SILVA DIAS recorre ao tipo como um instrumento hermenêutico: "O tipo é, em suma, um esquema interpretativo da experiência mundivivencial, por meio do qual nos orientamos no mundo": *«Delicta in se» e «delicta mere prohibita»*..., cit., p. 400 (e pp. ss.).

Curiosamente, entre nós, RUI PINTO DUARTE separa o pensamento tipológico (que designa de *Typuslehre*) do pensamento analógico, rejeitando que o primeiro seja suficiente para a aplicação de um regime legal a um caso concreto (por exemplo, quando se trata de saber se um contrato é ou não regulado por um determinado regime típico); desde logo, o autor rejeita que as normas jurídicas possam ser aplicadas, na maior parte dos casos, de forma gradativa e contínua (*Tipicidade e atipicidade dos contratos*, cit., pp. 101-102), depois entende que o pensamento tipológico não pode ser aplicado quando o legislador resolve fechar um tipo (nesse caso não se poderá ter um entendimento aberto do tipo). Quanto a este ponto, não discordamos totalmente do autor (isto é, é controverso se perante um tipo fechado se pode ainda falar de tipo e de aplicação pelo recurso ao tipo subjacente), mas já não entendemos como nas páginas seguintes (pp. 116-121), Pinto Duarte vem defender o pensamento analógico como método de aplicação do Direito, sendo que pensamento analógico e pensamento tipológico, para Kaufmann são uma e a mesma coisa. A analogia faz-se através do tipo (comparação entre tipo legal normativo e do tipo empírico normativo subjacente à norma). O tipo é o instrumento da analogia. O pensamento analógico ou tipológico implica quer para Kaufmann, quer para Hassemer, entre outros, a con-

O recurso a tipos empíricos no Direito Fiscal é especialmente importante, porque não se deve separar radicalmente entre o *Tatbestand* enquanto pura descrição de situações da vida, e uma normatividade das manifestações da capacidade contributiva: digamos que esta normatividade do *Tatbestand* tem por base o tipo empírico[1654].

Tendo em conta que o objectivo último da construção legal dos *Tatbestände* é a tributação efectiva de relações da vida, entendemos com Kaufmann, que "[o] sucesso e insucesso da legislação bem como da conformação do Direito dependem da correcta apreensão dos tipos".

É certo que é difícil formular tipos legais e *Tatbestände* completamente adequados ao tipo empírico[1655]. Kaufmann também chama a atenção para este aspecto com as seguintes palavras: "A nossa incerteza actual – incerteza jurídica – não diz respeito em primeira linha ao facto de as leis serem pior concebidas conceptualmente, do que no passado: o que se passa em vez disso, é que nós já não temos certezas sobre os tipos subjacentes aos conceitos legais. [ ] Nós já não temos a certeza sobre o que é um "vendedor respeitável", um "juiz justo", um "pai de família exemplar" (...), vivemos um tempo de mudanças e os tempos de mudanças são tempos de ruptura e por isso de incerteza. Os tipos e conformações transmitidos perderam progressivamente a sua força de convicção"[1656]. Aliás, estes problemas já eram assinalados por Hensel em 1927, que se refere à insuficiência da "consulta do material legal"[1657], e o problema agravou-se desde então até aos dias de hoje.

---

tinuidade e o carácter gradativo entre o caso concreto e a norma aplicável, e conduzem à própria abertura de *Tatbestände* fechados, de forma a atingir uma maior justiça (como refere o próprio Pinto Duarte, IDEM, na p. 100); em Kaufmann, em Hassemer, em Larenz, o vai-vem entre o caso concreto e a norma é um vai-vem entre o tipo real subjacente ao caso concreto (também normativo) – pois o Direito apreende a realidade por tipos e não na sua individualidade – e o tipo configurado pelo legislador (tipo legal normativo).

[1654] A propósito do Direito Penal e do fracasso do entendimento "clássico", segundo o qual o *Tatbestand* é pura descrição da situação da vida, ARTHUR KAUFMANN, "Analogie und 'Natur der Sache'...", cit., pp. 36-37.

[1655] Ainda assim, compete exactamente ao *Tatbestand* essa tarefa de informação e classificação da realidade, fazendo-o através da sua tipicidade, de uma forma tão exacta quanto possível, devendo facilitar o papel do intérprete na compreensão do texto legal (WINFRIED HASSEMER, *Tatbestand und Typus*..., cit., pp. 154 e ss.).

[1656] "Analogie und 'Natur der Sache'...", cit., pp. 38-39. Longe de ter melhorado, a aceleração das relações sociais e económicas tem-se agravado desde então, pelo que a observação de Kaufmann permanece, mais do que nunca, actual.

[1657] ALBERT HENSEL, *Steuerrecht*, cit., 2.ª ed., p. 39.

Uma das soluções encontradas pelo Direito Fiscal para este problema foi a consagração de cláusulas gerais antiabuso.

Uma dificuldade acrescida na ligação à tipicidade vital resulta de os factos tipificáveis no *Tatbestand* não serem só os tipos empíricos apreendidos valorativamente pelo legislador, porque, como dissemos, o Direito Fiscal importa tipos jurídicos estruturais e tipos reais normativos de outros ramos de Direito. Ou seja, temos uma relação entre *Tatbestand* fiscal e tipo empírico mediatizada e embora a mediatização pressuponha a existência do tipo empírico, existe o risco de se perder a ligação ao mesmo[1658].

Tendo consciência destas dificuldades, continuemos a citar Kaufmann: embora a linguagem jurídica pretenda a exactidão e seja uma linguagem abstracta, é a abertura ou ligação à situação da vida que torna efectiva qualquer regulação legal, uma vez que a aplicação da norma se faz através de um "pensamento tipológico e portanto analógico" ("adequação da situação da vida à norma" e "adequação da norma à situação da vida")[1659].

O procedimento de aplicação é "analógico", no sentido em que consiste numa comparação de casos: assim, o caso *decidendo* deve ser comparado na sua semelhança com casos previamente decididos, à luz da norma. A aplicação não é apenas a integração da situação da vida na

---

[1658] Sobre este aspecto, V. KARL ENGISCH, *Die Idee der Konkretisierung...*, cit., pp. 290 e ss.. Como já referimos anteriormente, estes tipos mediatizados podem ser designados por tipos estruturais, sendo os tipos estruturais "estruturas especiais de quadros jurídicos", que espelham a estrutura fundamental das relações contratuais; eles permitem averiguar se as relações contratuais factuais podem ser ordenadas ao "quadro conjunto" (ao tipo estrutural) através do pensamento tipológico: KARL LARENZ/CLAUS-WILHELM CANARIS, *Methodenlehre...*, cit., 3.ª ed., por ex., pp. 295 e ss., 298 e 301. Cf., ainda, MARTIN STRAHL, *Die typisierende Betrachtungsweise...*, cit., pp. 240 e ss..

[1659] ARTHUR KAUFMANN, *Grundprobleme...*, cit., pp. 111-113. Também HANS-MARTIN PAWLOWSKI, no artigo que já citámos ("*Tatbestand*" und "Typuslehre"...), entende o tipo como instrumento de pensamento jurídico, de carácter analógico, ou seja, comparativo; V. também, *Einführung in die juristische Methodenlehre*, 2.ª ed., Heidelberg, 2000, pp. 120 e ss.. E considera MARTIN STRAHL que o recurso ao tipo enquanto instrumento heurístico flexibiliza os *Tatbestände* fiscais, permitindo não só a ordenação da situação da vida ao *Tatbestand* (no sentido de Kaufmann), como a consideração das alterações das relações da vida no decorrer dos tempos e a consideração da alteração da conformação do Direito (através de novos conhecimentos). Tendo em conta que os tipos reais subjacentes ao *Tatbestand* fiscal são relações e actuações económicas, sujeitas a rapidíssimas mudanças, o pensamento tipológico traz muitas vantagens ao Direito Fiscal (*Die typisierende Betrachtungsweise...*, cit., p. 279).

norma, como é também a integração da norma na situação da vida, pois a norma pretende ter validade[1660].

Por isso, a própria eficácia dos *Tatbestände* legais resulta em grande medida da sua correspondência a tipos empíricos subjacentes, e, no Direito Fiscal, o legislador deve ter presente essa consideração para que o objectivo último da cobrança de receitas seja atingido.

Na perspectiva de Kaufmann toda a aplicação do Direito implica o pensamento tipológico, um pouco ao estilo anglo-saxónico do *case law*. E a identificação do tipo que corresponde ao núcleo da disposição a interpretar mais não é do que a identificação da *ratio legis*[1661].

Também adoptando a problemática metodológica do tipo, "quando e na medida em que ele é adequado para promover dividendos jurídicos controláveis racionalmente"[1662], diz-nos Bydlinski que os "'tipos empíricos' ou 'de frequência', que descrevem as conformações do caso normal no 'domínio da norma' da disposição legal a interpretar, (...) jogam um papel importante na averiguação indutiva da '*ratio legis*'"[1663]: veja-se o caso do tratamento fiscal dos estabelecimentos estáveis de não-residentes nos Estados-membros da CE interpretado pelo TJCE à luz do princípio da não-discriminação entre filiais e sucursais.

Mas a interpretação tipológica tem especial utilidade na aplicação de tipos legais cujo elevado grau de indeterminação multiplica os casos que pertencem à auréola do tipo (candidatos neutros ou *casos difíceis*): isso pode acontecer a propósito do próprio conceito de estabelecimento estável, quer real quer pessoal, da qualificação de rendimentos como royalties ou de prestação de serviços, como juros ou dividendos ou como juros decorridos ou mais-valias, ou a propósito da fusão realizada por razões económicas válidas – ou porque esses tipos legais ainda são muito indeterminados ou porque embora estivessem temporariamente estabilizados voltam a ficar indeterminados. Nestes casos, a identificação da *ratio legis* implica frequentemente uma margem de livre apreciação (Bydlinski refere-se às "valorações pessoais do juiz").

[1660] V. ainda a adopção deste entendimento no Direito Fiscal, em JOSEF ISENSEE, *Die typisierende Verwaltung...*, cit., pp. 60 e ss..

[1661] Neste sentido ARTHUR KAUFMANN, "Analogie und 'Natur der Sache'...", cit., pp. 29 e ss.. E num sentido muito próximo, HANS-MARTIN PAWLOWSKI, *Einführung...*, cit., 2.ª ed., pp. 120-123.

Para uma crítica, FRANZ BYDLINSKI, *Juristische Methodenlehre...*, cit., pp. 543-548.

[1662] FRANZ BYDLINSKI, *Juristische Methodenlehre...*, cit., p. 543.

[1663] FRANZ BYDLINSKI, *Juristische Methodenlehre...*, cit., p. 543.

É justamente para estas situações que consideramos, com Bydlinski, ser útil o método tipológico – ele é um método concretizador do tipo legal[1664].

Bydlinski designa este método, na senda de Zippelius[1665], de "método de comparação de tipos", o qual não se afasta no essencial do pensamento tipológico de Kaufmann: segundo Bydlinski, a comparação entre o caso problemático que não pertence ao cerne do tipo mas à auréola, com os casos que pertencem indubitavelmente ao tipo (ao seu cerne), para que se conclua se ele deve ser incluído ou não no tipo, permite uma fundamentação racional da decisão e um controlo da legalidade da mesma e do tratamento igual de situações comparáveis – assinale-se que os "casos típicos" devem ser descritos pelo órgão decisor, que deve também confrontar a situação em análise com esses casos típicos, e apontar as características da situação individual que correspondem ao tipo[1666].

Este recurso ao pensamento tipológico conduz à progressiva densificação da lei, método que costuma ser designado por tipificação ("Typisierung"), embora também haja um sentido amplo e um sentido mais restrito deste conceito, como discutiremos no próximo capítulo.

[1664] Já se disse que Kaufmann distingue no processo de realização do Direito três níveis: o primeiro nível é designado por "ideia do Direito", e é composto pelos princípios gerais e abstractos, suprapositivos e supra-históricos; o segundo nível ("norma jurídica") é o da lei em vigor, formal, positiva, concretizada; o terceiro nível ("decisão jurídica") é o do Direito histórico, material-positivo, concreto. Ora, para o autor, a realização do Direito deve ter em conta todos os níveis considerados, afastando o autor quer o "decisionismo" quer o "normativismo", e defendendo uma combinação entre os dois pontos de vista (ARTHUR KAUFMANN, "Analogie und 'Natur der Sache'...", cit., pp. 9-10). Também OLIVEIRA ASCENSÃO nos diz, citando depois em nota de rodapé ARTHUR KAUFMANN, que "todos os autores, de Radbruch a Engisch, acentuam... a importância desta orientação" (dos tipos) "para efeitos da interpretação da lei: se há correspondência entre a figura legal e um tipo real, a análise deste fornece-nos elementos preciosos para esclarecer os aspectos que o legislador não regulou claramente" (*A Tipicidade...*, cit., p. 26). Outra questão, que OLIVEIRA ASCENSÃO também refere no parágrafo seguinte, é a do recurso ao tipo para integrar lacunas, pois esta poderá ser proibida pela reserva de lei. Em todo o caso, o problema é sempre o da relação entre *Tatbestand*, tipo legal (que OLIVEIRA ASCENSÃO aqui designa por "tipologia legal") e tipo empírico subjacente (IDEM, pp. 26-27). V. ainda WINFRIED HASSEMER, *Tatbestand und Typus...*, cit., pp. 112 e ss. e 153 e ss..

[1665] Também Zippelius utiliza o pensamento tipológico para "fechar" "questões abertas" (REINHOLD ZIPPELIUS, *Juristische Methodenlehre*, 7.ª ed., München, 1999, pp. 59 e ss., 63 e ss.), embora os conceitos-tipo sejam conceitos jurídicos vagos ou indeterminados: IDEM, p. 20.

[1666] FRANZ BYDLINSKI, *Juristische Methodenlehre...*, cit.., p. 548.

Se quisermos dar um exemplo de tipificação judicial (ou de concretização do tipo legal fiscal através do pensamento tipológico), podemos mencionar o "ponto de vista do tráfego" (*Verkehrsanschauung*)[1667], argumento frequentemente utilizado pela jurisprudência fiscal alemã. Citemos um acórdão do 10.° Senado do *BFH* sobre a determinação do conceito de "empresa industrial": "Para a delimitação entre empresa industrial e a esfera não tributável deve-se ter em conta o quadro conjunto da actuação e o ponto de vista do tráfego. Em casos de dúvida é determinante se a actividade, no caso de cair no domínio industrial, corresponde ao quadro que, segundo o ponto de vista do tráfego, integra uma empresa industrial e é estranha a uma administração de bens privada"[1668]. Recorre-se aqui à tipicidade vital para interpretação de um conceito indeterminado e que é pressuposto de tributação.

Adiante, ao tratarmos em pormenor da tipificação, daremos vários outros exemplos.

Mas acrescente-se ainda que o pensamento tipológico é um instrumento destinado a atingir a igualdade substancial, no sentido em que a ligação permanente ao tipo, por quem aplica a lei (o vai-vem entre o *Tatbestand* legal e o tipo subjacente), permite ponderar os casos individuais[1669].

O tipo, como a matéria base da construção de *Tatbestände* de imposto, que permite a ligação destes às concretas manifestações de capacidade contributiva, possibilita ainda o desenvolvimento de outras funções importantes, muito utilizadas pelo legislador fiscal e pela administração e também pelos tribunais – a "tipificação" num sentido mais restrito (no sentido do tipo fechado), de que trataremos no capítulo seguinte, e que aspira à aplicação eficaz da lei tributária, ou seja, à efectiva arrecadação de receitas.

[1667] A referência ao "ponto de vista do tráfego" ou aos "costumes do tráfego" e aos respectivos parâmetros, como forma de "integração valorativa" dos *Tatbestände* indeterminados, é feita por Josef Esser, *Precomprensione*..., cit., p. 55.

[1668] V. o tratamento desta questão por Rolf Eckhoff, *Rechtsanwendungsgleichheit im Steuerrecht, Die Verantwortung des Gesetzgebers für einen gleichmässigen Vollzug des Einkommensteuerrechts*, Köln, 1999, pp. 75 e ss., espec., 75-77.

[1669] É este o sentido do artigo de Hans-Martin Pawlowski, "*Tatbestand*" und "Typuslehre"..., cit., pp. 263-286. Hans J. Wolff distingue os tipos penais dos fiscais, porque enquanto no Direito Penal, eles servem a igualdade, justamente porque permitem a consideração do caso individual, no Direito Fiscal, a doutrina do tipo foi orientada no sentido da consideração dos traços gerais, conduzindo à tipificação (aos tipos fechados): "Typen im Recht und in Rechtswissenschaft", *Studium Generale*, 1952, pp. 203-204.

A tipificação fecha o tipo legal e é contraposta por Heinrich Henkel à justiça do caso individual, por se tratar de uma contemplação generalizadora, que recorre a um método de comparação de casos típicos: trata-se de uma contemplação do caso concreto dirigida à valoração das características típicas, abstraindo da individualidade, "orientada para o tratamento igual de casos segundo características coincidentes"[1670]. Para Henkel, a individualidade do caso, que também tem relevância no Direito, é dada pela utilização de conceitos indeterminados, cuja abstracção postula a "penetração na individualidade do caso"[1671]. Neste sentido, a tipificação pode contrariar o princípio da igualdade substancial, se impedir que sejam tomados em consideração os aspectos particulares de um caso individual, isto é, se se tornar uma tipicidade fechada.

Resulta do exposto que o pensamento tipológico ordena os objectos (casos singulares) ao tipo através da comparação de semelhanças, mas não implica necessariamente a assimilação desse objecto pelo caso típico e a desconsideração das suas particularidades relevantes. Por outras palavras, o pensamento tipológico pode ser dirigido alternativamente, para dois sentidos inversos: para a generalização (tipificação), em que a partir daí são desconsideradas as particularidades do caso e valorizadas as semelhanças – ou seja, uma vez realizada a tipificação, deixa de ser aplicado o pensamento tipológico[1672]; ou para a individualização, em que o pensamento tipológico (o vai-vem entre a norma e o tipo) é constantemente utilizado[1673].

Diga-se por agora que, por um lado, o Direito Fiscal normalmente contempla os aspectos típicos do caso concreto – tal como acontece nos

---

[1670] HEINRICH HENKEL, *Introducción a la Filosofia...*, cit., pp. 574 (e ss., nomeadamente, 578-579). Henkel utiliza esta contraposição "contemplação generalizadora vs. individualizadora", para demonstrar que, em regra, "a ordem jurídica não se interessa por individualidades, mas tão-somente pelo típico" (pp. 574-575), e por isso o Direito "aprende (as) relações sociais não na sua singularidade inabarcável, mas na sua tipicidade vital, isto é: nas suas características que coincidem com as espécies ou grupos e que, por isso, sempre se repetem" (p. 575).

[1671] HEINRICH HENKEL, *Introducción a la Filosofia...*, cit., p. 580 (V. pp. 579 e ss.).

[1672] Designado por MARTIN STRAHL (*Die typisierende Betrachtungsweise...*, cit., p. 315) como "sentido dominante de tipificação", e utilizado pelos tribunais alemães – embora com crescente cautela – para evitar tratar igualmente casos que o não são (IDEM, pp. 36 e ss.).

[1673] V. neste sentido, MARTIN STRAHL, *Die typisierende Betrachtungsweise...*, cit., pp. 275 e ss. e 315-316.

outros ramos de Direito; e, além disso, como a regulação do Direito Fiscal é uma regulação massiva, também a "natureza da matéria a regular" aponta, em regra, para o recurso ao método tipificante[1674]. Assim, em geral, o Direito Fiscal apreende as relações sociais na sua tipicidade vital[1675], e os tipos legais fiscais afastam-se do caso individual, quando são (tendencialmente) fechados, mas também neste ramo de Direito existe uma tensão entre regulação tipificante e individualizadora.

Na jurisprudência do Supremo Tribunal Financeiro alemão, a referência ao tipo aparece em 1926. O conceito de "sócios tácitos" (*Stillergesellschafter*), contido no Código de imposto sobre o rendimento das pessoas singulares, foi interpretado restritivamente pelo tribunal, com referência ao tipo empírico subjacente, no contexto do método de interpretação segundo a "consideração económica"[1676]. Logo a partir de 1927, o tipo começa a ser utilizado em dois sentidos aparentemente opostos pela jurisprudência fiscal alemã, o que ainda hoje acontece. Por um lado, os tribunais recorriam "à concepção de tráfego dominante" para a aplicação da lei (dos tipos legais) ao caso individual, desconsiderando (alguns) aspectos particulares deste; por outro lado, fecharam os tipos legais, construindo tipos jurídicos fechados (tipificação).

Mas, como veremos adiante, a propósito da tipificação administrativa e judicial, o recurso ao tipo empírico (tipo médio de empresa, custos médios, etc.) na aplicação da lei indeterminada, é uma forma de completar as exigências constitucionais relativas ao *Tatbestand* de garantia.

Para estes efeitos, o pensamento tipológico não se identifica totalmente com a interpretação teleológica porque a subsunção de um candidato neutro aos tipos empírico e legal implica frequentemente o recurso a argumentos extralegais, no sentido de Coleman e Leiter, nomeadamente nos "casos difíceis" (o caso 4 de indeterminação de Coleman e Leiter que atrás citámos), porque a indeterminação legal não permite garantir só um resultado através de argumentos legais. Repare-se que o tipo empírico não

---

[1674] HEINRICH HENKEL, *Introducción à la Filosofia...*, cit., pp. 587 e 588, dando exactamente como exemplo da regulação massiva adequada ao tratamento geral típico, o Direito Fiscal; e HANS J. WOLFF, "Typen im Recht...", cit., pp. 203-204, embora Wolff entenda que se o caso individual se afastar das características do tipo legal fechado pela jurisprudência (tipificação pela jurisprudência), nenhum princípio constitucional legitima a desconsideração das particularidades do caso.

[1675] Assim para o Direito em geral, HEINRICH HENKEL, *Introducción à la Filosofia...*, cit., p. 575 (e pp. 571 e ss.).

[1676] JOSEF ISENSEE, *Die typisierende Verwaltung...*, cit., p. 27.

é a realidade ontológica mas construída. Mas, como referiremos adiante, ainda assim, a identificação do tipo e da pertença do candidato ao tipo é um argumento racionalmente controlável.

Assim, se os tribunais recorrem às "concepções dominantes do tráfego", ao "caso normal", em suma, ao tipo empírico, para a interpretação de tipos legais indeterminados e respectiva aplicação ao caso concreto, e, aos poucos, elaboram uma jurisprudência constante, acabando por fechar o tipo legal, eles contribuem para assegurar o *Tatbestand* de garantia.

Deste ponto de vista, o recurso ao tipo empírico num primeiro momento, e a construção de um tipo jurídico (mais) fechado num momento posterior, não são procedimentos contraditórios. Assim, encontramos uma construção progressiva de tipos jurídicos pelos tribunais, durante toda a década de trinta, densificando conceitos legais indeterminados e que marcam ainda hoje alguns dos tipos jurídicos fiscais na Alemanha: é o caso das relações de trabalho entre cônjuges, entre pais e filhos, o quarto de trabalho do juiz em casa, os almoços dos funcionários públicos fora de casa, os custos de transporte do trabalhador entre casa e o local de trabalho, a compra de livros técnicos, doenças profissionais, entre outros[1677]. Na década de cinquenta, o novo Supremo Tribunal Financeiro retoma o "repertório dos tipos" do seu antecessor.

No entanto, não deve omitir-se o facto de a tipificação judicial na década de trinta ter prosseguido um objectivo anunciado publicamente por Enno Becker: o de colocar a interpretação ao serviço de uma maior arrecadação de receitas, numa conjuntura de emergência económica e de necessidade financeira[1678]. E é também conhecido que a "visão do mundo" nacional-socialista foi, durante o terceiro *Reich*, a caricatura do pensamento tipológico, também no Direito Fiscal, pois foi consagrada como o critério mais relevante de interpretação das leis de imposto[1679].

[1677] Todos enumerados por JOSEF ISENSEE, *Die typisierende Verwaltung...*, cit., p. 31. Referindo-se ao caso do quarto de trabalho do juiz, HANS J. WOLFF, "Typen im Recht...", cit., p. 203.

[1678] JOSEF ISENSEE, *Die typisierende Verwaltung...*, cit., p. 50; ENNO BECKER, "Zur Rechtsprechung", *StuW*, 1931, pp. 433-437.

[1679] JOSEF ISENSEE, *Die typisierende Verwaltung...*, cit., p. 51; OTTMAR BÜHLER, "Finanzgewalt im Wandel der Verfassungen", cit., p. 11 (V. pp. 8 e ss.). V., ainda, entre muitos outros, GERHARD WACKE, "Die Beurteilung von Tatbeständen – ein neuer Grundbegriff", *StuW*, 1936, pp. 833 e ss.; THEODOR MAUNZ, "Die steuerrechtliche Typenlehre", *ZAfDR*, 1937, pp. 680-683; SIEGMUND DANNBECK, "Konkretes Ordnungsdenken und steuerrechtliche Typenlehre", *ZAfDR*, 1938, pp. 808-811. V. as referências em MAAßEN,

No período do nacional-socialismo, o § 4 da *AO* de 1919 (§ 9 da *AO* de 1931) foi substituído pelo famoso § 1 da *StAnpG*, que estabelecia que as normas fiscais deviam ser interpretadas segundo o "conceito de visão do mundo do nacional-socialismo" (o artigo referia-se a "visão do povo", "fim" e "significado económico" da lei e "desenvolvimento das relações"[1680]), o que significava, nas palavras de Bühler, "mais um procedimento administrativo intuitivo do que legalmente fundamentado", e conduziu a um "aumento do fiscalismo" (por exemplo, entendeu-se que da "visão do mundo" vigente derivava uma "obrigação de lealdade fiscal dos compatriotas") do qual ainda se ressentia a administração fiscal em 1951[1681].

Foi também com base no "conceito de visão do mundo do nacional-socialismo" que se recorreu ao princípio da igualdade como fundamento de tributação[1682-1683].

A mais destacada doutrina alemã criticava, no início da década de trinta, o recurso exagerado do Direito Fiscal aos tipos e à "nova teoria dos tipos"[1684]. Mas, já nesta época o tipo era utilizado em múltiplas direcções, e é curioso notar que as críticas apontadas também eram relativamente contraditórias.

Algumas tinham a ver com o tipo legal tendencialmente aberto que ofereceria exagerados poderes de decisão aos tribunais, e fazia depender a segurança jurídica não tanto da lei e de métodos de interpretação inequívocos, mas da ponderação do caso concreto, aproximando-se da jurisprudência do caso anglo-saxónica[1685]; outras críticas tinham a ver com os

---

"Arten des steuerlichen Ermessens und Rechtschutz gegen Ermessensentscheidungen", *Bericht über den V. Fachkongreß der Steuerberater der BRD*, Hrsg. Armin Spitaler, Steuerberater-Jahrbuch 1953/54, Köln, 1962, pp. 193 e ss..

[1680] Encontramos aqui a influência do pensamento tipológico, pois "as normas fiscais não deverão ser interpretadas segundo critérios meramente formais e isolados, mas segundo a realidade a que se referem, isto é, tendo em conta os acontecimentos económicos subjacentes": assim, JOSEF ISENSEE, *Die typisierende Verwaltung...*, cit., p. 83.

[1681] OTTMAR BÜHLER, *Steuerrecht, I*, cit., 1951, pp. 68-69. V. a crítica também em HANS J. WOLFF, "Typen im Recht...", cit., pp. 203-204.

[1682] OTTMAR BÜHLER, *Steuerrecht, I*, cit., 1951, p. 69.

[1683] Apesar da crítica a uma utilização abusiva do artigo sobre interpretação segundo a concepção do mundo de vida nacional-socialista (§ 1 da StAnpG), Bühler considerou válidos os princípios in *dubio pro fisco* e as orientações do § 4 da *AO*, desde que utilizados comedidamente: OTTMAR BÜHLER, *Steuerrecht, I*, cit., 1951, p. 68.

[1684] V. a referência em JOSEF ISENSEE, *Die typisierende Verwaltung...*, cit., p. 27.

[1685] Assim por exemplo, ALBERT HENSEL, *Steuerrecht*, 1933, Berlin, p. 54, nota 3.

tipos legais que fechavam o Direito à realidade subjacente (portanto, à tipicidade vital): "a sistematização estranha à vida, a juridificação da economia, a ameaça à autonomia privada, a impossibilidade de conter em tipos a diferenciação da vida da sociedade..."[1686]. Outras ainda estavam relacionadas com a utilização do tipo pelos tribunais para desconsiderar o caso individual a favor do caso normal: o combate à evasão fiscal começou a ser feito pelo método da "consideração económica", o qual é uma concretização do método tipológico[1687] ou um argumento extralegal de duvidosa legitimidade.

Max Lion caricaturava a total apreensão da vida através de tipos pelo Direito Fiscal, "existindo já o tipo de mulher casada, (...) de vizinha, (...) de porteiro, (...) os tipos correspondentes, pelo menos, às principais ocupações e estabelecimentos, (...) e ainda deveriam ser desenvolvidos os acordos típicos e conformações jurídicas que segundo a concepção dominante devessem ter lugar"[1688].

Uma outra expressão do pensamento tipológico foi representada pelo "ordinalismo concreto" de Carl Schmitt, que vê no Direito "a ordem vital que se realiza no ser, que continuamente se renova numa execução viva"[1689]. O ordinalismo concreto, que aparece historicamente conotado com o nacional-socialismo alemão, rejeita o formalismo jurídico conceptual, pois "a norma pressupõe uma situação normal e tipos normais", e "só domina a situação desde que o tipo concreto subjacente não tenha desaparecido"[1690]. Ora, o Direito Fiscal aparece a Carl Schmitt como o campo ideal para a realização do pensamento ordinalista concreto, tendo em conta que este ramo de Direito tinha sido um domínio "sagrado do positivismo

---

[1686] JOSEF ISENSEE, *Die typisierende Verwaltung...*, cit., p. 30.

[1687] Cf. JOSEF ISENSEE, *Die typisierende Verwaltung...*, cit., p. 30; ENNO BECKER, "Zur Rechtsprechung", *StuW*, 1931, p. 949.

[1688] MAX LION, "Gesetzerlaubte Steuerersparungen", *StuW*, 1931, p. 632.

[1689] Assim, KARL LARENZ, *Metodologia...*, cit., trad. da 2.ª ed., p. 194, nota 21. Segundo Larenz, a expressão «ordinalismo concreto» é ambígua em Carl Schmitt, porque "pode ser interpretada unicamente no sentido do que em cada momento se pratica, do puro factual, portanto de modo sociológico: mas pode também ser interpretada no sentido de um ordenamento que, por estar *por essência* colocado no ser, se realiza sempre nele mais ou menos perfeitamente, e que encerra em si um conteúdo significativo ético ou metafísico – interpretação esta, portanto, ontológico-naturalista." CARL SCHMITT, *Sobre los tres modos de pensar la ciencia jurídica*, Madrid, 1996 (1934), trad. de Montserrat Herrero, por ex., pp. 9-26.

[1690] CARL SCHMITT, *Sobre los tres modos...*, cit., pp. 70 e ss.; cf. JOSEF ISENSEE, *Die typisierende Verwaltung...*, cit., pp. 77 e ss..

do Estado de Direito liberal", e neste contexto, o referido § 4 da *RAO*, ao introduzir o método de "interpretação segundo considerações económicas", teria acabado com a "autarquia do conteúdo da lei em si mesmo determinado"[1691]. A construção autónoma de conceitos, através da ligação à realidade económica e social, e da emancipação dos conceitos do Direito Civil, permitiria ao Direito Fiscal abrir-se à realidade concreta, evitando ao mesmo tempo o formalismo e a elisão fiscal[1692].

Queremos deixar claro que rejeitamos que o pensamento tipológico seja equiparado à "interpretação segundo considerações económicas" ou que sirva para forçar a abertura de tipos legais fechados ou conceitos determinados ou *Tatbestände* de garantia estabilizados (tendencialmente fechados) – a não ser que apareça um "caso difícil" no sentido (4) de Coleman/Leiter, pois um conceito pode ser até um certo momento determinado e voltar a ficar indeterminado, perante um "caso difícil".

Por isso, para além de rejeitarmos, como seria de esperar, a utilização dada ao tipo pelo ordinalismo concreto, queremos ainda esclarecer que há significados e funções atribuídas ao tipo dos quais nos afastamos. É o caso do entendimento de Hans-Martin Pawlowski revelado num artigo em que contrapõe o *Tatbestand* de garantia ao tipo (Typus).

Para Pawlowski, a doutrina do *"Tabestand"* propõe uma descrição tão pormenorizada quanto possível dos factos na previsão legal, como forma de assegurar a igualdade jurídica de tratamento das situações substancialmente iguais no sentido aristoteliano[1693]. Assim, a tipicidade (*Tatbestandsmässigkeit*) serviria os propósitos das matérias sujeitas a reserva de lei. No entanto, segundo Pawlowski, essa técnica, que pretende esgotar os "factos reais" na lei, conduz a resultados perversos, por excluir necessariamente realidades substancialmente idênticas não previstas pelo legislador, e a lei revela-se afinal um instrumento limitado a assegurar a igualdade formal[1694].

[1691] CARL SCHMITT, *Sobre los tres modos...*, cit., p. 70; cf. JOSEF ISENSEE, *Die typisierende Verwaltung...*, cit., pp. 78-79.

[1692] CARL SCHMITT, *Sobre los tres modos...*, cit., pp. 71-72; cf. JOSEF ISENSEE, *Die typisierende Verwaltung...*, cit., p. 79.

[1693] HANS-MARTIN PAWLOWSKI, " 'Tatbestand' und 'Typuslehre'...", cit., p. 264.

[1694] No Direito Fiscal, com um sentido próximo do de Pawlowski, GERHARD WACKE, começou por defender que, em regra, a igualdade está contida no *Tatbestand* fiscal e nos princípios da legalidade e da tipicidade. Mas acrescenta que a imobilidade do *Tatbestand* não permite atingir a igualdade económica exigida por um princípio dinâmico da legalidade. Essa igualdade substancial só é atingida através de uma desigualdade

O princípio da tipicidade não deveria, portanto, impedir o recurso a uma aplicação com base num raciocínio de igualdade substancial, ou, o que é o mesmo, com base no pensamento tipológico ou analógico. Com efeito, a igualdade substancial volta a ser garantida pelo recurso ao "Typus" enquanto forma de pensamento que "elimina a separação rígida entre situação da vida e valoração", o qual ultrapassa o âmbito do *Tatbestand* (e por isso também a separação rígida entre o *Typus* contido na previsão e a estatuição da norma)[1695].

Esta mesma preocupação de recorrer ao tipo de forma a garantir a aplicação da norma fiscal é-nos transmitida por vários autores que se ocupam da relação entre o princípio da tipicidade e o da igualdade.

O recurso ao tipo, enquanto instrumento hermenêutico de abertura do *Tatbestand* fiscal, evitaria que este se afastasse da realidade (do domínio da actuação económica) e permitiria ultrapassar a inflexibilidade do *Tatbestand*, através da consideração das particularidades do caso e da sua adaptação à evolução do tipo subjacente[1696].

Para nós, o tipo como instrumento hermenêutico, não serve, só por si, para abrir *Tatbestände* fechados, embora possa contribuir para tal, se acompanhado de outros argumentos legítimos. É o que se passa com o conceito de estabelecimento estável, cujo *Tatbestand* sistemático de imposto (toda a disciplina de tributação de estabelecimentos estáveis de não

---

formal (perante o *Tatbestand*), por comparação de características idênticas (ou efeitos económicos idênticos) das situações da vida por referência a cada *Tatbestand* de imposto: *Gesetzmässigkeit und Gleichmässigkeit...*, cit., pp. 30-31 e 36-37.

[1695] E também as "fronteiras entre descrição do *Tatbestand* e valoração: HANS-MARTIN PAWLOWSKI, "'Tatbestand' und 'Typuslehre'...", cit., pp. 267, 268 (e pp. 264 e ss.). Para Pawlowski, a igualdade substancial não é atingida directamente pela comparação da situação da vida com o *Tatbestand* da norma, mas através de uma "valoração idêntica de casos e de grupos de casos semelhantes" (p. 268). O autor considera que a jurisprudência dos valores permitiu e estimulou o recurso ao "Typus" e ao pensamento tipológico, nomeadamente quando exige, para além da descrição do *Tatbestand*, a fundamentação da decisão apresentada como correcta segundo os fins e valores (pp. 271-272 e ss. (275)). No mesmo sentido para o Direito Fiscal, MARTIN STRAHL, *Die typisierende Betrachtungsweise...*, cit., pp. 275 e ss. e 315-316.

[1696] Assim, MARTIN STRAHL, *Die typisierende Betrachtungsweise...*, cit., pp. 311, 314-315. Preocupado com a compatibilização entre legalidade e igualdade, GERHARD WACKE também faz referência à aplicação da norma segundo o princípio da igualdade, servindo os "efeitos económicos" de cada tipo de imposto como referência para avaliar a igualdade de situações da vida perante o *Tatbestand*: (*Gesetzmässigkeit und Gleichmässigkeit...*, cit., p. 37).

residentes), estava estabilizado, mas que é aberto através do tipo (identificação entre o tipo empírico estabelecimento estável e filial) ao qual neste caso se chega pelo princípio da não-discriminação do art. 43.º do Tratado da CE.

E como já dissemos, situação diferente da enunciada por Pawlowsky é a do caso que se situa na auréola de um tipo legal (ou de um conceito), e que vem demonstrar que afinal este não está totalmente determinado/ /fechado ou que volta a ficar indeterminado.

Queremos porém salientar que, tendo em conta o princípio da legalidade e os limites à interpretação admissível da lei fiscal, o pensamento tipológico interessa-nos para densificar os tipos legais abertos e não para abrir *Tatbestände* fechados, que se afastaram de tipos empíricos. Se este afastamento for indesejável, cabe ao legislador tornar a aproximar ambos.

CAPÍTULO VIII

A exigência jurídico-constitucional de simplificação da tributação e as tipificações legais

1. Preliminares

Embora a preocupação com as exigências de densidade mínima das leis fiscais tenha surgido nos anos vinte do século passado, ela desenvolve-se no pós Segunda Guerra, com a tomada de consciência das frequentes autorizações legislativas do Parlamento, das remissões expressas ou implícitas de desenvolvimentos de disciplinas legais para regulamentos e da necessidade de uniformização da interpretação por actos pararegulamentares.

Tendo em conta que a densificação progressiva das leis fiscais por fontes normativas primárias e secundárias caracteriza o princípio da legalidade fiscal na segunda metade do século XX e princípio do século XXI, o âmbito e limites das exigências de determinação legal só são totalmente apreendidos, se averiguarmos e reconhecermos o papel que o Governo--legislador, a administração fiscal e os tribunais desempenham nesta matéria. Foi o que fizemos nas páginas anteriores, onde ilustrámos o complexo relacionamento entre legislador, fisco e tribunais, e as suas obrigações face ao princípio da legalidade fiscal. Neste capítulo concluiremos a análise desse relacionamento, demonstrando com argumentos essencialmente metodológicos e dogmáticos (onde se salienta o conceito de tipificação[1697]) que a tipicidade fiscal e a determinação devem ser atingidas de modo progressivo e através da colaboração dos três poderes, cabendo em última análise aos tribunais conformar o significado dos conceitos legais indeterminados.

[1697] Que definimos no início do capítulo III e que voltaremos a definir adiante.

Percebemos também já, nomeadamente através dos capítulos I e II, que a actividade administrativa não se reduz ao acto tributário[1698] e que a utilização de conceitos legais indeterminados, tendo em conta a reserva de lei fiscal, também coloca dúvidas quanto à margem de livre apreciação de que podem dispor os regulamentos (e como veremos agora desenvolvidamente, também coloca dúvidas quanto à margem de livre apreciação administrativa na emissão dos actos pararegulamentares).

A este propósito, deve-se realçar a perda de importância do acto tributário. Ela exprime as alterações que afectaram a relação jurídica de imposto, mas insere-se também no contexto das autorizações legislativas e remissões da lei formal para outros actos normativos e da consequente mudança das relações entre o papel da lei e da administração.

Sendo o acto tributário fruto de procedimentos de massa, a actuação relevante do Fisco desloca-se para o exercício de competências normativas e de controlo da aplicação da norma fiscal pelo sujeito passivo.

Assim, quando a lei parlamentar de autorização não é suficientemente determinada, ou deixa alguma margem de livre apreciação, o Governo e a administração exercem, com habitualidade, as suas competências normativas de densificação e de tipificação dos pressupostos legais, preparando a aplicação da lei fiscal ao caso concreto.

Por outro lado, também devido ao procedimento massificado, em grande parte dos sistemas fiscais contemporâneos a lei fiscal tem de contar com mais um destinatário – o sujeito passivo, seja ele originário ou não originário (destacando-se, de entre estes, o substituto)[1699]. Neste contexto, cabe à administração exercer funções de controlo da actuação do sujeito passivo, quanto ao cumprimento dos deveres fiscais que sobre este incidem. O termo italiano "accertamento", por nós importado, e que dizia respeito às actividades da administração com

---

[1698] Sobre a crise do acto administrativo e as suas causas, V. a tese de VASCO PEREIRA DA SILVA, *Em Busca do acto administrativo perdido*, cit., por ex., pp. 73 e ss., 85 e ss., 135 e ss., 149 e ss.

[1699] Em França, o lucro das empresas não está definido na lei fiscal, e o seu apuramento resulta, segundo a jurisprudência permanente do Conselho de Estado, "da acção da gestão normal", segundo a qual, "determinadas liberdades de decisão e margens de livre apreciação empresariais não podem ser controladas por outras avaliações da administração financeira ou dos tribunais fiscais. Só podem ser controladas as fronteiras da discricionariedade empresarial" (V. HARTMUT HAHN, *Die Grundsätze der Gesetzmässigkeit...*, cit., p. 35).

vista ao apuramento da matéria tributável, continua a ser utilizado em Itália[1700], mas há quem lhe atribua um sentido bastante diverso: o "accertamento" é agora a actividade da administração destinada a controlar as declarações e outros deveres fiscais do sujeito passivo, ou pelo menos inclui esta actividade[1701].

Em Portugal, o Código da Contribuição Industrial de 1963 dispunha que a tributação do rendimento das empresas fosse efectuada com base na declaração do sujeito passivo, tendo então começado, segundo defende Saldanha Sanches, a desvalorização do acto tributário e da tradicional caracterização do procedimento tributário como um procedimento de "accertamento", no sentido em que o lançamento e a liquidação eram figuras centrais no procedimento tributário e na relação jurídica de imposto[1702-1703] – seja como for, não há dúvida que a reforma dos anos

---

[1700] No sentido de avaliação e quantificação da obrigação fiscal, ou tão simplesmente, de "aplicação da norma substantiva fiscal", V., por ex., ANDREA FEDELE, "L'Accertamento tributario ed i principi costituzionali", *L'Accertamento tributario, Principi, metodi, funzioni,* Giornata di studi per ANTONIO BERLIRI a cura di ADRIANO DI PIETRO, Milano, 1994, pp. 27 e ss.; NICOLÒ POLLARI, "Natura, funzione e struttura del procedimento di accertamento", *L'Accertamento in materia di imposte dirette e indirette dopo la "Riforma Visco",* Padova, 2000, pp. 5-8, 18 e ss.; STEFANO GRASSI, STEFANO COSIMO DE BRACO, *La Trasparenza amministrativa nel procedimento di accertamento tributario, I rapporti tra fisco e contribuente,* Padova, 1999, p. 74 (e pp. ss.); e a referência a esse significado, em crise, em SALVATORE LA ROSA, "Caratteri e funzioni dell'accertamento tributario", *L'Accertamento tributario...,* cit., pp. 35-36.

[1701] Fazendo referência a este significado de *accertamento* embora discordando dele, e fazendo referência aos múltiplos significados de *accertamento:* SALVATORE LA ROSA, "Caratteri e funzioni dell'accertamento tributario", *L'Accertamento tributario...,* cit., pp. 35-37 e ss.. O conceito tradicional de "accertamento", devido ao diminuto papel da administração, hoje em dia, na "actuação da norma fiscal", está em crise, e para LA ROSA, tratar-se-á, portanto, de um conceito historicamente datado. Referindo-se à importância em Itália da actividade administrativa de "vigilância e controlo" do contribuinte, desde os anos 70, devido à "fiscalidade de massa", mas considerando-a exterior ao *accertamento:* GIOVANNI MARIELLA, "I Controlli ed i poteri istruttori", *L'Accertamento in materia...,* pp. 351 e ss..

[1702] V., J.L. SALDANHA SANCHES, *A Quantificação da obrigação tributária...,* cit., pp. 32 e ss..

[1703] Mas não é a reserva de lei fiscal que tem contribuído para a decadência do acto tributário, ao contrário do que parece defender SALDANHA SANCHES. Embora a reserva de lei fiscal signifique uma limitação da intervenção autoritária da administração no Direito Fiscal, não constitui fundamento para libertá-la das suas tarefas de aplicação da lei fiscal pois, como demonstrámos nos capítulos anteriores, o legislador fiscal tem deixado à administração, desde a segunda metade do século XX, uma ampla margem de livre apreciação,

oitenta contribuiu decisivamente para a secundarização do acto tributário. Ainda assim, não se deve esquecer que o papel do sujeito passivo na declaração dos seus rendimentos e a importância dos substitutos tributários não são os mesmos em todos os sistemas fiscais (incluindo os sistemas que mais influência têm sobre o nosso).

Enquanto o reconhecimento da margem de livre apreciação administrativa é o resultado de uma mudança na concepção da legalidade fiscal[1704], a transferência de funções administrativas para o sujeito passivo resulta fundamentalmente da massificação do procedimento tributário. Mas este fenómeno de massificação também vai influenciar a relação de forças entre legislador, administração e tribunais.

No contexto dos procedimentos de massa e consequente desvalorização do acto tributário, os conceitos jurídicos indeterminados podem ser entendidos como um elemento indispensável a uma maior margem de manobra da administração e dos tribunais, isto é, para poderem escolher entre a consideração do caso individual ou o referido caminho da tipificação[1705], mas também favorecem o sujeito passivo.

Por exemplo, o "princípio das entidades independentes" relativo à tributação de empresas associadas, é dirigido tanto ao sujeito passivo como à administração fiscal (e tribunais, se for caso disso), no sentido em que dá ao sujeito passivo alguma margem de manobra para apresentação das contas relativas às transacções empresariais internas, e per-

---

mesmo que a administração opte por concretizá-la através da tipificação normativa, que, como veremos neste capítulo, está relacionada com a execução possível da lei, tendo em conta a limitação de meios de que dispõe a administração. J.L. SALDANHA SANCHES, *A Quantificação da obrigação tributária...*, cit., pp. 40-41.

[1704] Como referem entre nós, por exemplo, JOSÉ CASALTA NABAIS, *O Dever fundamental...*, cit., por exemplo, pp. 334-335; VASCO PEREIRA DA SILVA, *Em Busca do acto...*, cit., pp. 85 e ss.; JOSÉ CARLOS VIEIRA DE ANDRADE, *O Dever da fundamentação...*, cit., pp. 166-167, 366 e ss..

[1705] Como explica HEINRICH HENKEL, a utilização de conceitos jurídicos indeterminados (excluídas as cláusulas gerais que postulam num primeiro momento, sempre a contemplação individualizadora) pelo legislador significa uma escolha deste no sentido da consideração do caso individual, devido à pobreza de características do conceito que impede a subsunção resultante de um processo generalizador-abstracto; por seu turno, esta utilização permite ao aplicador da lei fazer uma opção entre a consideração individualizadora e a tipificação, ou seja, em vez do percurso até ao individual, é possível a contemplação no "sector do especial-típico" e o tratamento igual de casos semelhantes de forma a garantir maior segurança jurídica (*Introducción a la Filosofia...*, cit., pp. 580-583).

mite à administração controlar a observância do princípio quer ponderando o caso individual quer através da tipificação regulamentar e pararegulamentar[1706].

Um outro exemplo, entendido como o mais ilustrativo da concessão de tarefas ao sujeito passivo, é o da elaboração do balanço e da conta de resultados. Como nos diz Saldanha Sanches, "em nenhuma outra situação, coloca a lei fiscal tão extensos e tão complexos deveres de cooperação ao sujeito passivo"[1707], transmitidos por cláusulas gerais tais como os "princípios contabilísticos geralmente aceites" ou os "sãos princípios da contabilidade". Eles têm por base conceitos como a razoabilidade e outros que permitam assegurar a correspondência entre a realidade e os registos contabilísticos[1708].

Como vimos, é usual invocar a tensão que existe entre o recurso aos conceitos jurídicos indeterminados e as necessidades de previsibilidade da lei fiscal, normalmente relacionadas com o princípio da tipicidade e exigências de determinação da lei fiscal. E considera-se tradicionalmente que as especiais exigências de determinação e clareza da lei fiscal se destinam a proteger o sujeito passivo (leigo), e não os outros aplicadores da lei (administração e tribunais).

Mas nos casos referidos dos preços de transferência e da elaboração do balanço e da conta de resultados, os conceitos jurídicos indeterminados podem favorecer o sujeito passivo, dando-lhe maior margem negocial perante a administração[1709], e dão alguma flexibilidade à administração para poder escolher o modo de aplicação da lei. Também a ideia do sujeito passivo médio, associado ao sujeito passivo leigo, já não corresponde a todos os tipos de sujeito passivo, uma vez que alguns deles, como por exemplo os que devem dispor de contabilidade organizada, são actualmente acompanhados por contabilistas e consultores fiscais, a quem os conceitos jurídicos indeterminados podem trazer vantagens para efeitos de poupanças ficais.

[1706] V., em sentido contrário, o caso *Reuter Portuguesa Limitada*, STA, 4.12.1974, in Acórdãos Doutrinais, n.º 166, pp. 1278-1291.

[1707] J.L. SALDANHA SANCHES, *A Quantificação da obrigação tributária...*, cit., p. 273.

[1708] J.L. SALDANHA SANCHES, IDEM, *A Quantificação da obrigação tributária...*, cit., pp. 270-273.

[1709] OTTMAR BÜHLER e GEORG STRICKRODT, *Steuerrecht...*, cit., 3.ª ed., pp. 218-219.

Em resumo, no Direito Fiscal contemporâneo, os conceitos jurídicos indeterminados não podem ser liminarmente entendidos como contrários aos interesses dos sujeitos passivos, e a tónica da margem de livre apreciação administrativa desloca-se para actuações administrativas relacionadas com a concretização de preceitos legais indeterminados, como o recurso ao tratamento tipificado de situações semelhantes (convertidas assim em situações juridicamente idênticas) e para o controlo das relações patológicas, de que é exemplo o controlo da elisão fiscal. Por seu turno, como defendemos neste capítulo, na ausência de leis suficientemente determinadas, e quando a administração também não recorre às suas competências normativas para densificá-las, cabe aos tribunais essa tarefa, utilizando, para tal, os métodos de interpretação e de conformação do Direito.

2. A complexidade da legislação fiscal, a exigência jurídico--constitucional de simplificação da tributação e a tributação do rendimento real: considerações introdutórias

Outra questão, relacionada com os princípios da determinação e da previsibilidade, é a da hipertrofia normativa. Ela aparece conjugada com a falta de qualidade da legislação, devido, por exemplo, a má técnica, a dispersão normativa ou ausência de sistematicidade[1710].

[1710] Um dos exemplos mais ilustrativos é a legislação fiscal italiana que reúne um conjunto de erros de técnica legislativa (V. GASPARE FALSITTA, *Manuale...*, cit., 3.ª ed., pp. 91-95): a hiperprodução de leis fiscais (a produção normativa em Itália é aproximadamente vinte vezes superior à dos outros Estados-membros da CE; a ausência de ponderação e de cuidado com a inserção sistemática harmoniosa no corpo legislativo vigente (ausência de coerência e de racionalidade legislativa); reenvios de umas normas para outras, com indicação do n.º das leis e data de publicação, o que dá origem a frequentes situações de abrogação ("homeomorfismo legislativo" ou "ocultação da mensagem a comunicar"); legislação casuística, com detalhe e "exclusividade" de *Tatbestände*, com o objectivo de assegurar a certeza do Direito, mas provocando o efeito inverso, pois não existe qualquer *ratio* unificadora subjacente que permita auxiliar uma interpretação teleológica, ou extensiva; utilização não uniforme de vocábulos, através do recurso a sinónimos. Outro exemplo é o da legislação fiscal alemã, por seu turno considerada "a mais complicada da Europa": aprovações errantes, que vigoram a curto prazo, sem qualidade e sem permitir a "absorção das regras pela consciência jurídica", e uma avalanche de legis-

Ora, se, como vimos, o *Tatbestand* simples e completamente determinado, acessível ao sujeito passivo médio, não é um objectivo realizável, tem sido muito debatida a complexidade dos regimes legais fiscais, e a necessidade da sua simplificação[1711].

Com efeito, o Direito Fiscal dos nossos dias é frequentemente caracterizado como um Direito que impõe demasiados deveres ao sujeito passivo, sem lhe proporcionar um entendimento das normas. Mesmo que a resolução deste problema não deva implicar o acesso completo da lei fiscal ao sujeito passivo laico, nomeadamente devido ao necessário tecnicismo da linguagem jurídica, a complexidade das normas fiscais dificulta, neste momento, uma interpretação correcta mesmo por parte do especialista[1712]. E é esta situação que põe em perigo, segundo a melhor doutrina, "a pertença do Direito Fiscal ao Estado de Direito, e assim a sua pretensão de validade e aceitação"[1713]. O Direito Fiscal para ser um Direito justo tem de ser compreendido, e o caos actual que o caracteriza justifica a máxima proposta por Joachim Lang: "Justiça fiscal através da simplificação fiscal"[1714]. Casalta Nabais e Saldanha Sanches já trouxeram esta discussão até nós, referindo-se ao irrealismo metodológico da "tipicidade

---

lação: MONIKA JACHMANN, "Grundthesen zu einer Verbesserung der Akzeptanz der Besteuerung, insbesondere durch Vereinfachung des Einkommensteuerrechts", *StuW*, 1998, n.º 3, pp. 193 e ss.. Algumas destas críticas podem fazer-se a todos os ordenamentos fiscais da OCDE, inclusivamente o nosso, ao qual faremos algumas referências críticas adiante.

[1711] V., entre nós, a discussão do problema por JOSÉ LUÍS SALDANHA SANCHES, *A Quantificação da obrigação tributária...*, cit., pp. 174 e ss. (e mais na perspectiva da administração de massas, do que da complexidade legislativa, pp. 169 e ss.). Embora haja autores, como por exemplo GEORG CREZELIUS, que entendem que, segundo a concepção fundamental de democracia, e tendo em conta que o princípio da legalidade jurídico-formal está ao serviço de uma justiça material, a simplificação não é um objectivo desejável: "Steuervereinfachung und Steuerstaat", *Steuervereinfachung, FS für Dietrich Meyding zum 65. Geburtstag*, cit., pp. 70 (e ss.).

[1712] Como defende KLAUS TIPKE, *Die Steuerrechtsordnung...*, I, cit., 2.ª ed., pp. 142-145 ("também o legislador fiscal deve tanto quanto possível preocupar-se em fazer leis tanto quanto possível claras, determinadas, em si mesmas completas (isentas de contradições), compreensíveis, de sentido unívoco, formuladas com exactidão, previsíveis tanto quanto possível nas suas consequências" – p. 143) e também, por exemplo, JOSEF ISENSEE, "Vom Beruf unserer Zeit für Steuervereinfachung", *StuW*, 1994, n.º 1, p. 7.

[1713] PAUL KIRCHHOF, "Der verfassungsrechtliche Auftrag...", cit., p. 3. No mesmo sentido, MONIKA JACHMANN, "Grundthesen zu einer Verbesserung"..., *StuW*, 1998, n.º 3, cit., p. 195.

[1714] KLAUS TIPKE/JOACHIM LANG, *Steuerrecht*, cit., 17.ª ed., § 4, p. 96.

fechada da previsão legal" e às consequências anti-sistemáticas de tal método[1715].

Ou seja, a discussão sobre o grau de densidade exigível para as leis fiscais, não pode actualmente ser isolada deste fenómeno de contornos quase opostos, em que o problema já não resulta da falta de determinação da lei fiscal, mas da conjugação de uma multiplicidade de técnicas. Encontramos, por um lado, a determinação exagerada, em que o legislador estabelece diferenciações normativas de grande pormenor, através da utilização de catálogos exemplificativos ou exemplos-padrão para definir as categorias de rendimentos, e em que constrói *Tatbestände* através da ligação entre cláusulas gerais e a casuística, e normas de aplicação residual, recorrendo a proposições jurídicas incompletas, umas explicativas, outras restritivas e outras remissivas. E encontramos, ao mesmo tempo, uma preocupação em simplificar os *Tatbestände*, baseando alguns dos seus elementos em tipos empíricos, novamente assumindo a veste de proposições jurídicas incompletas (ora explicativas, ora remissivas), que fecham os tipos legais[1716].

No primeiro caso, as enumerações pretendem ser exaustivas e nunca o são, e as diferenciações de grupos de casos e outros detalhes legais encobrem a *ratio* da norma fiscal ablativa. A previsão legal detalhada de regimes de tributação gerais, especiais e excepcionais, preenchendo aparentemente os requisitos da tipicidade de garantia, elimina os corolários que se dizia serem-lhe inerentes – a previsibilidade e a calculabilidade do montante de imposto a pagar – e põe em causa o objectivo da segurança jurídica que lhe estaria associado.

Chega-se então à conclusão que o princípio da legalidade, como instrumento de "calculabilidade" da decisão, e expressão da democra-

---

[1715] JOSÉ CASALTA NABAIS, *O Dever fundamental...*, cit., pp. 334-336; JOSÉ LUÍS SALDANHA SANCHES, "Conceito de rendimento no IRS", *Fiscalidade*, 2001, n.os 7-8, pp. 36--38. V. ainda, do autor, o *Manual...*, cit., 2.ª ed., pp. 41-44.

[1716] Sobre as tipificações na lei fiscal, PAUL KIRCHHOF, "Besteuerung nach Gesetz", *FS für H.W. Kruse zum 70. Geburtstag,* Hrsg. W. Drenseck e Roman Seer, Köln, 2001, pp. 21-22; para uma caracterização do procedimento legislativo como um procedimento valorativo, analógico, de síntese entre a ideia de Direito e a situação da vida (valorada), e com recurso aos exemplos-padrão como um meio utilizado pelo legislador para descrever os tipos normativos, ARTHUR KAUFMANN, "Analogie und 'Natur der Sache'...", cit., pp. 8 e ss. (espec., 20-21). Sobre as proposições jurídicas como parte de uma regulação, e as suas diferentes configurações, KARL LARENZ/CLAUS-WILHELM CANARIS, *Methodenlehre...*, cit., 3.ª ed., pp. 71 e ss. e 78 e ss..

cia[1717], exige leis simples[1718-1719]. Além disso, se as diferenciações legais, regulamentares e jurisprudenciais forem exageradas, também o princípio da igualdade é afectado, pois a administração fiscal já não conseguirá controlar todas as decisões nem aplicá-las ao caso concreto, porque ela decide segundo procedimentos de massa[1720].

Embora a discussão em torno da complexidade do Direito Fiscal diga normalmente respeito à legislação, há quem entenda que a aplicação das normas pelos tribunais faz parte do mesmo problema[1721]: cabendo aos tribunais delimitar a esfera negativa de tributação, e não existindo consenso quanto aos critérios de interpretação das normas fiscais, a aplicação jurídica tanto poderia contribuir para a simplificação como para uma maior complexidade do Direito Fiscal[1722]. Assim, a adopção de um método de interpretação positivista contribuiria para soluções menos complicadas, enquanto um método dirigido para a justiça material conduziria a uma maior complexidade de regimes[1723].

[1717] Pois "a lei é condição necessária embora não suficiente para um Direito tributário válido e «justo» no plano dos conteúdos": JOSEF ISENSEE, "Vom Beruf unserer Zeit...", StuW, 1994, n.º 1, cit., p. 7.

[1718] Por todos: JOSEF ISENSEE, "Vom Beruf unserer Zeit...", StuW, 1994, n.º 1, cit., pp. 6-7. E ainda, a discussão dos vários Autores em Steuervereinfachung, FS für Dietrich Meyding..., cit..

[1719] Ou melhor, em termos ideais deveriam ser conjugados os dois objectivos da calculabilidade e simplificação. Mas não vamos tão longe quanto Isensee que defende que a elaboração de leis que estabeleçam "todas as características do Tatbestand de modo tão preciso que o cidadão seja posto na situação de calcular até ao centésimo a sua eventual obrigação tributária e o imposto resultante", é um objectivo ao qual o legislador se deve aproximar; de qualquer forma, diz-nos Isensee, logo a seguir, que o legislador deve fazê-lo desde que seja simultaneamente respeitada a simplificação, por seu turno exigida pelo princípio democrático e pelo Estado de Direito: JOSEF ISENSEE, "Vom Beruf unserer Zeit...", StuW, 1994, n.º 1, cit., pp. 6-7. Não podemos esquecer que a justiça fiscal pode, por seu turno, ser incompatível com a calculabilidade através da lei parlamentar, e a simplificação deve, nesse caso, ser prosseguida através da colaboração entre legislador e administração, como veremos adiante.

[1720] V., entre muitos, FRANZ KLEIN, "Entscheidungen des Bundesfinanzhofs-Beiträge zur Komplisierung oder zur Vereinfachung des Steuerrechts?.", Steuervereinfachung, FS für Dietrich Meyding, cit., p. 74; KLAUS TIPKE/JOACHIM LANG, Steuerrecht, cit., 17.ª ed., § 4, p. 96.

[1721] Neste sentido, GEORG CREZELIUS, "Steuervereinfachung und Steuerstaat", cit., p. 65 (e ss.).

[1722] Neste sentido, GEORG CREZELIUS, "Steuervereinfachung und Steuerstaat", cit., p. 65.

[1723] GEORG CREZELIUS, "Steuervereinfachung und Steuerstaat", cit., pp. 65-67.

Nesta perspectiva, as exigências constitucionais impostas ao legislador fiscal, nomeadamente, os limites formais e materiais característicos das matérias ablativas clássicas, não recomendariam uma simplificação das normas fiscais. Pelo menos, seria preferível essa complexidade (enquanto resultado do processo democrático pluralista dirigido às soluções de compromisso), conciliando densidade normativa com *Tatbestände* fechados, à transferência do poder decisório para os tribunais[1724].

E também o papel da administração fiscal e o seu contributo para a simplificação é questionado[1725], já que ela pode escolher entre aplicar a lei ao caso individual, ponderando as características do mesmo, ou, em vez disso, tipificar, isto é, estabelecer critérios normativos de aplicação da lei, densificando conceitos legais indeterminados, nomeadamente através de regulamentos e de circulares.

Repare-se que a esta discussão está subjacente a preocupação de tributar o rendimento real como índice de capacidade contributiva, e portanto, igualmente exigido pelas constituições dos Estados de Direito do pós Segunda Guerra, pelo Estado fiscal, mas esta exigência acarreta esforços sem precedentes à administração. Ou, como dizem sinteticamente Tipke/Lang, "a luta para eliminar o caos fiscal e para simplificar (...) o Direito Fiscal, partem de uma tensão entre a simplificação e a justiça do caso individual"[1726].

Assim sendo, o problema do grau de determinação legal exigível deve ter em conta os princípios constitucionais da tipicidade (*Tatbestandsmässigkeit*) e igualdade na tributação, as técnicas de regulação legal disponíveis e a sua complementaridade, e ainda a questão da simplificação, enquanto pressuposto da realização da tipicidade e, simultaneamente, da igualdade. Quanto à exigência da simplificação, discutiremos neste capítulo até que ponto ela se dirige não só ao legislador, como também aos órgãos de aplicação do Direito[1727].

[1724] GEORG CREZELIUS, "Steuervereinfachung und Steuerstaat", cit., pp. 70-72.

[1725] V. por ex., KLAUS ALTEHOEFER, "Steuervereinfachung in Gesetzgebung und Praxis", *Steuervereinfachung, FS für Dietrich Meyding...*, cit., pp. 168-171.

[1726] KLAUS TIPKE/JOACHIM LANG, *Steuerrecht*, 17.ª ed., cit., ponto 131, p. 96.

[1727] Neste último sentido, entre muitos, FRANZ KLEIN, "Entscheidungen des Bundesfinanzhofs, Beiträge zur Komplizierung oder zur Vereinfachung des Steuerrechts?", *Steuervereinfachung, FS für Dietrich Meyding...*, cit., pp. 73 e ss. e HANS GEORG RUPPE, "Steuergleichheit als Grenze der Steuervereinfachung", *Steuervereinfachung,* cit., pp. 30 e ss.; DIETRICH MEYDING, "Vereinfachender Gesetzesvollzug durch die Verwaltung", *Steuervereinfachung,* cit., pp. 219 e ss..

As causas da complexidade do sistema estão diagnosticadas. São elas[1728] a crescente sofisticação da economia, dando origem a uma multiplicidade de relações jurídicas, seguidamente conformadas pela lei fiscal e traduzindo-se numa situação jurídica mais complexa para o sujeito passivo; a multiplicidade de fins sociais prosseguidos pela lei fiscal de uma forma mais ou menos conjuntural (desde o incentivo à aquisição de casa própria, ao capitalismo popular, ou à subscrição de fundos de pensões para diminuir o peso da segurança social) – que se associam ao objectivo clássico da arrecadação de impostos; os comportamentos de elisão fiscal, através da manipulação de pressupostos normativos que originam intervenções do legislador com vista a "tapar buracos legais", e que conduzem a novas discussões jurídicas sobre os limites do planeamento fiscal; e ainda, a elevada carga fiscal que dá origem a inúmeras excepções aos regimes regra; estas, supostamente exigidas pela capacidade contributiva, tal como definida por alguns grupos de interesses, põem em causa a transparência e a coerência do sistema, não sendo possível identificar as desigualdades geradas, de tal forma que seria preferível unificar o *Tatbestand* e reduzir, no conjunto, a carga fiscal[1729].

Entre nós, as causas mencionadas têm provocado, fundamentalmente, alterações legislativas constantes, bem como a proliferação de regimes especiais e excepcionais, tornando-se difícil encontrar uma justificação para o regime aplicável a certas categorias de rendimentos. A legislação não é, em termos comparativos, muito pormenorizada[1730] – pelo contrário, precisa de ser densificada. Ainda assim, não resistimos citar Armindo Monteiro, que, em 1951, caracterizou assim os "sistemas fazendários de todos os países": "... as normas tributárias estão dispersas

---

[1728] Todas apontadas, entre outros, por PAUL KIRCHHOF, "Der verfassungsrechtliche Auftrag...", cit., pp. 12-14; RUDI MÄRKLE, "Steuervereinfachung durch die Verwaltung", *Steuervereinfachung, FS für Dietrich Meyding*..., cit., pp. 117-118; JOSEF ISENSEE, "Vom Beruf unserer Zeit...", *StuW*, 1994, n.º 1, cit., p. 5; DIETER POHMER, "Steuervereinfachung und 'gerechte' Steuerlastverteilung", *Steuervereinfachung, FS für Dietrich Meyding*..., cit., pp. 21 e ss.; FRANZ-CHRISTOPH ZEITLER, "Vereinfachung des Steuerrechts – eine Utopie?", *Steuervereinfachung, FS für Dietrich Meyding*..., cit., pp. 90-91; ERHARD GEYER, "Einfachere Steuergesetze für Bürger und Verwaltung", *Steuervereinfachung, FS für Dietrich Meyding*..., cit., p. 145; JOHN AVERY JONES, "Tax law: Rules or principles", cit., pp. 63-89.

[1729] Como propõe, por exemplo, e entre muitos, JOSEF ISENSEE, "Vom Beruf unserer Zeit...", *StuW*, 1994, n.º 1, cit., pp. 5-6.

[1730] Embora comece a sofrer desse mal: v., JOSÉ LUÍS SALDANHA SANCHES, "Conceito...", *Fiscalidade*, 2001, n.ºs 7 e 8, cit., p. 37 (pp. 36 e ss.).

por centenas ou talvez milhares de diplomas. Aquilo que devia ser simples e acessível a todos os cidadãos – o conhecimento da sua posição de contribuintes – levanta, pela complicação do direito, problemas de difícil solução. Ninguém pode julgar-se seguro, por mais clara que esteja a sua consciência, contra inesperadas arremetidas do Fisco, que às vezes provocam largas ruínas... O Fisco envolve-se num véu de mistério, agindo muitas vezes na sombra, a coberto de frondosa ramaria de disposições de toda a espécie, enlaçadas umas nas outras, a desafiarem, com lastimável frequência, a honestidade, a boa fé, o bom senso e a boa vontade"[1731].

Regressando ao ordenamento jurídico-fiscal em vigor, assistiu-se na última década a uma densificação progressiva, embora tímida, por remissão expressa ou implícita para regulamentos[1732].

Com a aprovação da Lei Geral Tributária e do Código de Procedimento e Processo Tributário, em 1998, e a expressa referência às orientações genéricas (regulamentos e circulares de interpretação), foram expressamente criadas as bases legais para um segundo e terceiro níveis de concretização de regimes, os quais podem contribuir para a estruturação do ordenamento, de um modo claro, evitando os referidos problemas de ininteligibilidade da legislação fiscal[1733]. A aprovação de circulares pela nossa administração fiscal não é uma prática recente[1734], mas a sua caracterização como regulamentos internos, meramente dirigidos à administração e sem conhecimento oficial do administrado – o que aconteceu pelo

---

[1731] ARMINDO MONTEIRO, *Introdução...*, I, cit., 1951, p. 161.

[1732] Na Alemanha, em obediência ao princípio da tipicidade, a densificação dos regimes foi sendo completada até aos mais pequenos pormenores na própria lei, a qual por exemplo enumera quais as despesas de viagens de trabalhadores independentes dedutíveis, e as profissões correspondentes ao trabalho independente, e esta prática conduziu ao caos actual, por todos reconhecido. Como nos lembra GEORG CREZELIUS, o § 52 tem 80 "alíneas com letra pequena", e são estas "disposições com letra pequena" que complicam o sistema e o tornam caótico: "Steuervereinfachung...", cit., p. 63.

[1733] Também em Itália encontramos circulares com algumas características das nossas orientações genéricas (*"ordine generali"*) e outras, diga-se já agora, com características das nossas informações vinculativas (*"ordine particulari"*), mas as primeiras não vinculam o sujeito passivo nem os tribunais, nem a administração: V., por exemplo, GASPARE FALSITTA, *Manuale... Parte generale*, cit., 3.ª ed., pp. 69-73. E por essa razão, elas não têm contribuído para a simplificação do Direito Fiscal.

[1734] Como lembra JOSÉ LUÍS SALDANHA SANCHES, *A Quantificação da obrigação tributária...*, cit., pp. 170 e 203. Já nos anos sessenta, o Boletim da Ciência e Técnica Fiscal publicava as "resoluções administrativas" (informações ou pareceres dos funcionários da administração sancionados por despacho do secretário ou subsecretário de Estado do orçamento), mas não se reconheciam efeitos externos às mesmas.

menos até ao código de processo tributário de 1991 –, não lhes conferia a relevância adequada[1735].

A reforma fiscal de 1988-1989, tendo alterado radicalmente o sistema de tributação do rendimento, mas sem introduzir uma verdadeira tributação pessoal (única e progressiva), à revelia do projecto da Comissão de Reforma presidida por Pitta e Cunha, ainda não está estabilizada. Tal como foi concretizado – com as idiossincracias já apontadas em capítulo anterior e prontamente muito criticadas pelo presidente da Comissão de Reforma, no momento em que o Código do IRS estava prestes a ser aprovado[1736-1737] –, o imperativo constitucional da tributação pessoal e do rendimento

---

[1735] O art. 74.º do CPT de 1991, previa as "instruções escritas da administração fiscal", com carácter genérico, que já vinculavam a administração.

[1736] PAULO DE PITTA E CUNHA, na sequência das críticas que vinha fazendo ao sistema vigente (V. nota seguinte), de onde se destacava a crítica à "introdução da progressividade em estruturas cedulares" ("Bases da reforma – exposição de motivos do projecto de reforma fiscal (Parte geral)", em *A Reforma fiscal*, Lisboa, 1989, p. 86), propunha o alargamento das bases, conjugado com a moderação das taxas (IDEM, pp. 87-89), ainda que o rendimento no imposto pessoal apresentasse um tratamento analítico (IDEM, pp. 95-96), e defendia a concepção de rendimento como acréscimo patrimonial: V. também "O Imposto único sobre o rendimento: reflexão sobre algumas linhas propostas", *A Reforma fiscal*, cit., pp. 101-110 e "A Reestruturação do sistema de tributação do rendimento em Portugal no contexto mundial de reformas fiscais", *A Reforma fiscal*, cit., pp. 131-158. No entanto, diz-nos ainda o Professor, "tendo aceite, praticamente sem alterações, a proposta da Comissão..., o Governo viria a chamar a si a elaboração do projecto complementar sobre as taxas e deduções, e aí, na versão última..., introduziu alterações de redacção que traduzem divergências fundamentais com respeito aos pontos de vista da Comissão... As alterações em causa consistem na sujeição a taxas liberatórias da *totalidade* dos rendimentos das categorias E e G...o que significa eximir à globalização estas duas categorias inteiras e submetê--las, na prática, a impostos separados com taxa proporcional..." ("A Unicidade do imposto no cerne da reforma fiscal", *A Reforma fiscal*, cit., p. 165). Para uma síntese das críticas às soluções contidas na Lei n.º 106/88, de 17 de Setembro que introduziu a reforma dos impostos sobre o rendimento, V. "A Reforma fiscal", *A Reforma fiscal*, cit., pp. 197 e ss.. Em 1994-1995, PAULO DE PITTA E CUNHA faz um balanço da reforma, apontando como principais aspectos negativos, que se agravaram desde a reforma, a "expansão do número de taxas liberatórias" no CIRS e "a recusa da globalização, expressa no alastramento do campo de incomunicabilidade das perdas" ("O Andamento da reforma fiscal", *A Fiscalidade dos anos 90 (Estudos e pareceres)*, Coimbra, 1996, p. 74 – pp. 63 e ss.). Além disso, o Professor, Presidente da Comissão da Reforma, lamenta as alterações constantes e avulsas, ano após ano, recomendando "para melhor compreensão da evolução do sistema fiscal, que a lei do Orçamento de Estado tivesse a precedê-la um relatório explicativo das soluções adoptadas" (IDEM, p. 69).

[1737] PAULO DE PITTA E CUNHA, *A Reforma fiscal*, cit.: o autor criticava vivamente a descaracterização da reforma fiscal dos anos 60 que deveria ter caminhado para o imposto

real, por satisfazer até essa data, e não mais prorrogável devido à adesão à CEE, provocou também efeitos perversos, por associar o objectivo da tributação justa à tributação quase sem fronteiras do rendimento real[1738]. Quando nos referimos a tributação sem fronteiras do rendimento

único e progressivo, tendo-se assistido, pelo contrário, à introdução da progressividade no Imposto Profissional, discriminando-se os rendimentos de trabalho, *"produzindo-se a cedularização crescente do sistema"* ("A Tributação do rendimento na perspectiva de uma reforma fiscal", *A Reforma fiscal*, cit., p. 24 e pp. 22 e ss.), e o imposto complementar, que deveria ter sido o precursor do imposto único sobre o rendimento, constituía "uma das mais débeis fontes de receita, ao nível de 3% das cobranças fiscais totais de 1983" ("O Início dos trabalhos da reforma", *A Reforma fiscal*, cit., p. 72); Portugal era "em plena fase de integração nas Comunidades Europeias... o único país da OCDE a manter a «compartimentação» como característica dominante do seu esquema de tributação do rendimento" ("Bases da Reforma...", *A Reforma fiscal*, cit., p. 90); o Professor propunha, em 1980, a imediata transformação do imposto complementar em imposto principal, com "supressão da progressividade a nível das cédulas", "a redução das taxas marginais mais elevadas da tributação do rendimento pessoal, a actualização dos limites dos escalões e o alargamento da base de tributação, não só pela inclusão de zonas actualmente não abrangidas, como pela revisão da própria abordagem do conceito de rendimento", "a generalização, quanto possível, da tributação do lucro real no plano da contribuição industrial" ("A Reforma fiscal portuguesa dos anos 80", *A Reforma fiscal*, cit., p. 52), entre outras medidas que poderiam introduzir-se a curto prazo. O Professor já vinha criticando os impostos cedulares, a evolução da reforma de 1962-63, com a redução do peso atribuído ao imposto complementar, e ainda mais a introdução da progressividade nestes impostos no quadro da CRP de 1976: PAULO DE PITTA E CUNHA, "A Tributação do rendimento na perspectiva de uma reforma fiscal", *Separata da CTF*, 1979, n.º 226-228; cf., também, do próprio autor da reforma dos anos 60, criticando a sua evolução: J.J. TEIXEIRA RIBEIRO, "A Contra-reforma fiscal", *BCE*, vol. 11, 1968, pp. 115 e ss.; o Professor critica a subversão da reforma fiscal de 1962-63, resultante da legislação dos impostos locais que alterou a distribuição da carga fiscal através das taxas introduzidas – subvertendo o objectivo de onerar mais os rendimentos de capitais do que os de trabalho – e da suspensão por tempo indefinido do imposto sobre indústria agrícola, a eliminação da obrigatoriedade periódica do exame à escrita dos contribuintes do grupo A da contribuição industrial (tributados segundo o lucro real) e ainda a introdução de taxas diferentes para diferentes salários, como acontecia antes da reforma: J.J. TEIXEIRA RIBEIRO, "As Alterações ao código do imposto profissional (Mais aspectos da contra-reforma), *Separata do BCE*, vol. XII, 1970; V. também JOSÉ CASALTA NABAIS, "O Quadro constitucional da tributação das empresas", *Nos 25 anos da Constituição da República Portuguesa de 1976*, Lisboa, separata, pp. 29-30.

[1738] Também criticando vivamente a consagração irrestrita da tributação do rendimento real na reforma de 1988, JOSÉ CASALTA NABAIS, "O Quadro constitucional...", cit., pp. 32-33. Admitindo a introdução de métodos forfetários para os pequenos contribuintes, embora salientando que o caminho não deve estar na generalização dessas formas, mas na melhoria da eficácia da administração fiscal, PAULO DE PITTA E CUNHA, "O Sistema fiscal

real, não estamos a criticar a prevalência do agora chamado "método directo" de determinação da base tributária[1739]. Esta prevalência afigu-

---

no limiar do século XXI", *Estudos em homenagem ao Professor Doutor Pedro Soares Martinez, Ciências Jurídico-económicas*, II, Coimbra, 2000, pp. 34-35.

[1739] Equiparamos assim "rendimento real" a "tributação directa", "individualizada", e baseada na contabilidade e outros deveres de declaração do sujeito passivo, noção que nos parece estar próxima da de A.L. SOUSA FRANCO, *Finanças Públicas e Direito Financeiro*, II, 4.ª ed., Coimbra, *1993*, pp. 153-154, pois o autor distingue a "matéria colectável real" da "presumida" que opõe à "real e directa" (p. 153). Quer JOSÉ CASALTA NABAIS (*O Dever fundamental...*, cit., pp. 501-502), quer JOSÉ XAVIER DE BASTO ("O Princípio da tributação do rendimento real e a lei geral tributária", *Fiscalidade*, 2001, n.º 5, p. 9), adoptam a noção de TEIXEIRA RIBEIRO, *Lições de Finanças Públicas*, 5.ª ed., Coimbra, 1995, pp. 306-307 e ss.: Diz-nos TEIXEIRA RIBEIRO que "rendimento real é aquele que se apura ou se presume o contribuinte obteve. É, por exemplo, o lucro que a fábrica deu (rendimento real efectivo) ou se supõe que a fábrica tenha dado (rendimento real presumido)". E "rendimento normal significa uma de duas coisas: – o rendimento médio de uma série de anos, que um agente económico poderia obter operando em condições normais; ... o rendimento médio de determinado ano, que poderia obter-se em condições normais" (IDEM, p. 307). Desta forma, os autores reconduzem alguma da tributação indirecta à tributação real, com excepção da tributação "segundo indicadores objectivos" que assentam em rendimentos médios, os quais são reconduzidos ao "rendimentos normais", tal como faz TEIXEIRA RIBEIRO. Trata-se de uma classificação discutível, como podemos ver em Xavier de Basto, pois é mesmo incoerente com a definição que o autor dá de rendimento real: "Tributar o rendimento real significa atingir a matéria colectável realmente auferida pelo sujeito passivo. Todavia, o rendimento real tanto pode ser determinado de forma efectiva – declaração do sujeito passivo, baseada em registos contabilísticos e devidamente controlada para assegurar a sua aproximação à verdade – como pode ser determinado de forma presumida, quando seja de todo inadequado para determinar o material fornecido pelo sujeito passivo. Tanto num caso como noutro, estamos dentro do princípio da tributação do rendimento real. O que varia é o grau de confiança que merecem os elementos fornecidos pelo sujeito passivo – a sua declaração, os seus registos contabilísticos." (V. "O Princípio da tributação do rendimento real...", cit., p. 9; também aceitando esta classificação acriticamente, ANTÓNIO MOURA PORTUGAL, "A Vinculação da administração fiscal no recurso à avaliação indirecta da matéria colectável: reflexões sobre um caso de facturas falsas", *Fiscalidade*, 2001, n.ºs 7-8, p. 108). E no mesmo sentido, ALBERTO XAVIER, *Conceito e natureza...*, cit., pp. 368-369. Não é por acaso que há tal coincidência de opiniões entre a doutrina portuguesa. Ela tem por base o regime da contribuição industrial e o entendimento que dele se fazia por contraposição à tributação do lucro normal. Mas a verdade é que a diferença entre tributar o lucro real ou não, é exactamente a de tributar segundo os dados da declaração e os registos contabilísticos apresentados e eventualmente fiscalizados (tributar o rendimento individualmente avaliado) ou não – sendo certo que, como discutimos já adiante, a noção de rendimento real não corresponde a uma noção empírica, mas jurídica, e, portanto, valorada. Por outro lado, a partir do momento em que é rejeitada a tributação segundo os dados da declaração, a liquidação terá sempre de assentar em valores típicos ou normais, e assim

rava-se totalmente adequada, até porque já estava prevista a aplicação de "métodos indiciários" em caso de violação dos deveres de cooperação do sujeito passivo (sujeito passivo de IRC e sujeito passivo de IRS das então categorias B, C e D), à semelhança do § 162 da AO[1740] – e embora não se faça entre nós referência ao facto de tal violação comportar a diminuição da medida do ónus da prova (objectivo)[1741], essa será uma consequência da aplicação dos métodos indiciários ou indirectos, tal como entendem a doutrina e jurisprudência alemãs, a propósito do § 162 da AO[1742-1743].

---

a "tributação presumida" distingue-se da "normal" por uma questão de grau. Já concordamos com a crítica que Xavier de Basto faz aos pressupostos para a aplicação das alíneas c), d) e e), cuja delimitação em relação à alínea b) suscita muitas dúvidas – de qualquer forma parece-nos que as alíneas c), d) e e) devem ser interpretadas como casos especiais em relação à alínea b) (ou seja, em qualquer das situações prevista pelas alíneas c), d) e e) não é possível comprovar e quantificar directa e exactamente os elementos indispensáveis à tributação segundo a contabilidade ou escrita. Citando Xavier de Basto e colocando a tónica da crítica dos métodos indirectos na tributação que se baseia no rendimento-padrão, JOSÉ LUÍS SALDANHA SANCHES, "Conceito de rendimento no IRS", cit., p. 44. V., ainda, para um exemplo da indefinição que anda entre nós em redor da noção de rendimento real – o que não é, aliás, desejável –, PEDRO SOARES MARTINEZ, Manual de Direito Fiscal, Coimbra, 1984, pp. 491-492: o autor refere-se a tributação do "lucro real ou presumido como tal", a propósito da tributação do Grupo A da Contribuição Industrial, embora logo adiante distinga a tributação deste grupo da dos grupos B e C, em que "a matéria colectável continua a ser o lucro; mas, como se trata aqui de sujeitos passivos cuja contabilidade, mesmo quando existe, é rudimentar, esse lucro presume-se, embora na base de declarações dos contribuintes". Para uma síntese acerca da reforma fiscal de 1958/65 e a introdução da tributação pelo lucro real, cf. LUÍS MENEZES LEITÃO, "Evolução e situação da reforma fiscal", CTF, 1997, n.º 387, pp. 16 e ss..

[1740] Atribuindo-se desta forma uma elevada margem de discricionariedade administrativa, a qual veio a ser limitada pelos parâmetros de aplicação dos métodos indirectos, indicados na LGT.

[1741] JOSÉ LUÍS SALDANHA SANCHES embora não referindo esta questão, em tudo o resto se aproxima do entendimento que é dado ao § 162 da AO, nomeadamente, o facto de o recurso aos mesmos ter de ser uma ultima ratio: Princípios estruturantes da reforma fiscal, Lisboa, 1991, pp. 103-109; e A Quantificação da obrigação tributária..., cit., pp. 394 e ss..

[1742] Para o Direito alemão, KLAUS TIPKE/JOACHIM LANG, Steuerrecht, 16.ª ed., pp. 845-846 e 17.ª ed., pp. 786-787.

[1743] O que não significa que a violação dos deveres de cooperação implique ou deva implicar o recurso automático a métodos indirectos, pois as correcções efectuadas pelo fisco podem consistir apenas na não aceitação de montantes que constam de certas facturas. Como diziam os artigos 38.º, n.º 2 do CIRS e 51.º, n.º 2 do CIRC e os actuais 87.º b) e 88.º da LGT, a aplicação dos métodos indiciários ou indirectos só pode verificar-se quando não seja possível a comprovação e quantificação directa e exacta dos elementos indispen-

Quando nos referimos a tributação do rendimento real sem fronteiras, estamos especialmente a pensar na admissibilidade generosa (leia-se, quase ilimitada) de deduções (individualmente consideradas) de encargos conexos com a actividade empresarial[1744], ou seja numa tributação assente na ideia de capacidade contributiva ligada à individualização, que, associada à insuficiente fiscalização dos sujeitos passivos, não atinge os resultados pretendidos e tem efeitos muito negativos na perspectiva da construção do Direito Fiscal de um Estado de Direito[1745].

Como nos diz Klaus Tipke, em comentário ao princípio da investigação contido no § 88 da AO (semelhante ao nosso art. 58.º da LGT embora mais densificado), mesmo que a legislação seja muito complexa – facto que a administração não domina – a administração tem a responsabilidade do esclarecimento dos factos relevantes para a tributação, embora goze de discricionariedade quanto à forma e alcance das averiguações, devendo escolher os meios adequados e proporcionais[1746]. O dever de esclarecimento do sujeito passivo é complementado pelo dever de fiscalização da

---

sáveis à correcta determinação do lucro tributável: V. Acórdão do STA de 24 de Janeiro de 2001, Recurso n.º 24959, e anotação ao mesmo por ANTÓNIO MOURA PORTUGAL, "A Vinculação da administração fiscal no recurso à avaliação indirecta...", cit., pp. 105-112. Num outro acórdão, faz-se referência a uma correcção da liquidação e aplicação de métodos indiciários devido a custos "indevidamente documentados", mas parece ter havido apenas uma correcção da liquidação (não consideração das facturas) e não a aplicação de tais métodos: V. Acórdão do STA de 16 de Fevereiro de 2000, Recurso n.º 24133, e anotação de JOSÉ LUÍS SALDANHA SANCHES, "Custos mal documentados e custos não documentados: o seu regime de dedutibilidade", *Fiscalidade*, 2000, n.º 3, pp. 79-81 e 85 e ss.. V. também, no sentido que defendemos, ANTÓNIO MOURA PORTUGAL, *A Dedutibilidade dos custos na jurisprudência fiscal portuguesa*, Coimbra, 2004, p. 207 e o acórdão do STA de 27.10.1999, recurso n.º 23768.

[1744] Ainda assim, o conceito utilizado pelo art. 23.º, n.º 1 do CIRC (custos "que comprovadamente forem indispensáveis para a realização dos proveitos ou ganhos") é mais determinado do que o do anterior Código da Contribuição Industrial, como refere J.L. SALDANHA SANCHES, no contexto de uma apreciação ainda demasiado optimista quanto à aplicação de tal conceito: *Princípios estruturantes da reforma fiscal*, cit., pp. 74 e ss..

[1745] As oscilações do nosso legislador entre a previsão de uma fiscalização obrigatória quinquenal de todos os sujeitos passivos do grupo A da contribuição industrial e de uma fiscalização exercida de modo discricionário (nas versões de 1981 e de 1985 do art. 11.º do CCI, respectivamente), já demonstravam a insensibilidade do legislador em relação ao domínio do problema da administração de massas: V. JOSÉ LUÍS SALDANHA SANCHES, *A Quantificação da obrigação tributária...*, cit., p. 170-171.

[1746] KLAUS TIPKE, § 88 AO, Tipke/Kruse, *AO/FGO Kommentar*, 2002, pontos 1-2, pp. 22-23.

administração e, segundo "ensina uma experiência centenária, as questões fiscais não conseguem ter sucesso sem fiscalização"[1747]. Continua Tipke: "A verdadeira moral nos impostos, do ponto de vista da administração, encontra-se na aplicação igual da lei, o que corresponde à necessidade de controlo"[1748]. Portanto, a tributação do rendimento real só pode ser assegurada com fiscalização adequada. O problema é que os meios da administração se tornaram insuficientes para realizar cabalmente a fiscalização do universo dos sujeitos passivos.

Ou seja, é necessário conciliar os objectivos da tributação do rendimento real, da simplificação legislativa e da eficiência na aplicação da lei – i.e. eficiência na arrecadação de receitas –, tudo isto respeitando a legalidade e a igualdade, o que não é fácil.

Se lançarmos um olhar ao Direito comparado, para estudarmos o modo como outros ordenamentos reagiram aos problemas decorrentes da tributação do rendimento real e sua aplicação administrativa, verificamos que, mais cedo ou mais tarde, o princípio da tributação do rendimento real começou a ser interpretado, pelo legislador, administração e tribunais, com sábia moderação – embora também encontrando resistências por parte da doutrina[1749].

Em Itália, por exemplo, desde os anos oitenta, a euforia em volta da tributação do rendimento real cede o passo aos métodos indirectos de tributação ("acertamento sintético" e "acertamento mediante coeficientes presuntivos"), em casos de suspeita de fuga ao imposto (em caso de sinais exteriores de riqueza por exemplo) e por ficar demonstrada a incapacidade de tributação dos rendimentos das profissões liberais e empresariais. A sua aplicação não se limita aos casos de violação de deveres de cooperação,

---

[1747] KLAUS TIPKE, § 88 AO, Tipke/Kruse, *AO/FGO Kommentar*, 2002, pontos 7-8, pp. 26-27.

[1748] KLAUS TIPKE, § 88 AO, Tipke/Kruse, *AO/FGO Kommentar*, 2002, ponto 9, p. 27.

[1749] V., para uma referência ao Direito Comparado, o "Relatório da comissão para o desenvolvimento da reforma fiscal" [1996], *Cadernos de Ciência e Técnica fiscal*, Lisboa, 2002, pp. 314-330. Uma outra perspectiva, defendida por muitos autores, implica a simplificação dos próprios impostos, com eliminação de alguns deles, e a atribuição de um peso semelhante aos impostos directos e indirectos, perspectiva esta relacionada com uma menor intervenção do Estado Social: V., por todos, MONIKA JACHMANN, "Grundthesen zu einer Verbesserung...", *StuW*, 1998, n.º 3, cit., pp. 199 e ss.; JOACHIM LANG, "Steuergerechtigkeit durch Steuervereinfachung", *Steuervereinfachung, FS für Dietrich Meyding...*, cit., pp. 33- -48; GEORG CREZELIUS, "Steuervereinfachung...", cit., pp. 61-72. V. ainda, WOLFGANG SCHÖN, "Vermeidbare und unvermeidbare Hindernisse der Steuervereinfachung", *StuW*, 2002, n.º 1, pp. 23 e ss..

mas abrange as situações em que os rendimentos declarados são inferiores aos índices aprovados em regulamento e as pequenas empresas dispensadas de deveres de contabilidade[1750]. Também em Espanha, os métodos indirectos estão consagrados nas leis gerais tributárias de 1963 e de 2003 (artigos 47.º e 50.º, e 50.º e 53.º, respectivamente), os quais se aplicam em caso de violação de deveres de cooperação[1751]. E também desde essa época verificamos em ambos os países uma crescente importância dos regulamentos e das circulares interpretativas, com o objectivo de esclarecer as leis fiscais, e com um alcance que frequentemente vai para além da interpretação, e que configura uma verdadeira delegação legislativa[1752].

Na Alemanha, para além dos métodos indirectos, previstos, como já referimos, no § 162 da AO, a jurisprudência começa, na década de cinquenta, a tipificar conceitos legais como "dedução de despesas profissionais", contrariando a suposta dedução, segundo a lei, das despesas "efectiva" e "individualmente" ocorridas[1753]. Isto é, começa a identificá-las ou a estabelecer um montante fixo das mesmas para todos os sujeitos passivos de uma determinada categoria ou profissão, recorrendo às "despesas típicas" de uma determinada profissão, segundo um "tipo médio" de sujeito passivo.

[1750] V., para o caso italiano, sobre o "acertamento sintético" e os "coeficientes presuntivos", quer para fins de imposto sobre o rendimento, quer de IVA: FRANCESCO TESAURO, *Istituzioni di Diritto Tributario, I*, cit., 4.ª ed., pp. 209 e ss. e 217 e ss.; GASPARE FALSITTA, *Manuale...Parte generale...*, cit., pp. 252 e ss. e 267 e ss..

[1751] Como nos diz J.L. SALDANHA SANCHES (*A Quantificação da obrigação tributária...*, cit., pp. 400 e ss.), a aplicação de métodos indirectos de avaliação, como resultado da violação dos deveres de cooperação, "é um aspecto comum das legislações tributárias": V. a bibliografia estrangeira indicada pelo autor. V. também, sobre a administração de massas e a necessidade de simplificar o Direito Fiscal em Espanha, ANTONIO M. CUBERO TRUYO, *La Simplificación del ordenamiento tributario (desde la perspectiva constitucional)*, Madrid, 1997. Em Espanha, os chamados "textos refundidos" (uma das modalidades de decretos-legislativos, i.e., delegados, desse ordenamento) têm como função clarificar, sistematizar e tornar compreensíveis as leis fiscais vigentes: V. ANTONIO M. CUBERO TRUYO, IDEM, pp. 105 e ss..

[1752] Para a Itália, V., por exemplo, SALVATORE SAMMARTINO, "Le circolari interpretative delle norme tributarie emesse dall'amministrazione finanziaria, *Studi in onore di* VICTOR UCKMAR, *II*, Padova, 1997, pp. 1077 e ss.; e também sobre o crescente papel dos regulamentos em matéria fiscal, o já muito citado, ADRIANO DI PIETRO, "I Regolamenti, le circolari...", cit., pp. 335 e ss.; para o ordenamento espanhol, V., por exemplo, EUSEBIO GONZALEZ, "La Interpretacion de las normas tributarias por la administracion, *Studi in onore di* VICTOR UCKMAR, *II*, cit., pp. 653 e ss..

[1753] V., por exemplo, HANS-JÜRGEN PAPIER, *Die finanzrechtlichen Gesetzesvorbehalte...*, cit., pp. 202 e ss..

Esta prática alarga-se, em seguida, às circulares da administração tributária[1754]. Actualmente, a tipificação, como método de concretização pelo recurso a um tipo empírico, a que recorrem legislador, administração e tribunais, é associada directamente à necessidade de simplificação do ordenamento fiscal; de tal forma que as normas tipificantes já aparecem como um grupo de normas do Direito Fiscal. Assim, além das normas de fim fiscal ou de repartição da carga fiscal, e das normas de fim social ou normas de finalidades extrafiscais, encontramos as normas de simplificação fiscal, subdivididas em normas tipificantes e normas tipificantes *forfetárias*[1755].

Em Portugal, em meados dos anos noventa, perante a erosão das bases tributárias, surgem as primeiras propostas para a introdução de métodos indirectos, que vão além dos indiciários porque não se limitam aos casos de violação de deveres de cooperação, e que encontram fortes obstáculos políticos; mas acaba por ser introduzida na LGT a disciplina geral de tais métodos e respectivo procedimento de aplicação. Com a introdução destes métodos, e especialmente se os indicadores objectivos de base técnico-científica vierem a ser aprovados e aplicados, assiste-se à limitação de alguns dos dogmas subjacentes à tributação do lucro real com base na contabilidade e deveres de cooperação do sujeito passivo.

Enquanto a sua regulamentação não ocorre, paira uma indefinição acerca dos princípios basilares de repartição da carga fiscal (englobamento, progressividade, aumento ou redução drástica de taxas), com enormes oscilações do discurso político, que introduziu, em certa altura, uma fugaz ameaça de tributação dos capitais segundo os princípios de pessoalidade e progressividade, num espaço de livre circulação de factores de produção, e numa altura em que os outros Estados-membros da UE optavam por políticas de concorrência fiscal, entre as quais, a tributação proporcional dos rendimentos de capitais e até a sua isenção.

Aliás, a evolução da tributação dos rendimentos empresariais e da poupança durante a década de noventa é toda marcada pela consagração de regimes incoerentes – de que são exemplos a introdução de múltiplas

---

[1754] O mesmo se passa em França: determinação tipificada ("forfetária") da base fiscal quer por lei quer por comissões constituídas para o efeito (V., por todos, JACQUES GROSCLAUDE e PHILIPPE MARCHESSOU, *Procédures fiscales*, 3.ª ed., Paris, 2004, pp. 70 e ss.).

[1755] V. KLAUS TIPKE/JOACHIM LANG, *Steuerrecht*, 17.ª ed., cit., pontos 130-132, pp. 95-96; e ainda, por exemplo, o manual da disciplina de Direito Fiscal em Düsseldorf: www.jura.uni-düsseldorf.de

taxas de IRC e a criação do regime da zona franca da Madeira e de Santa Maria dos Açores em vez da descida significativa da taxa padrão do imposto, ou a tributação dos rendimentos de poupança de não residentes, recorrendo ao argumento de que Portugal é importador líquido de capitais, e, ao mesmo tempo, a introdução de regimes de excepção, ligados, por exemplo, à colocação das poupanças na referida zona franca.

A discussão mais recente em torno da simplificação fiscal legislativa volta a introduzir o tema do imposto proporcional sobre o rendimento (*flat tax*). A República Eslovaca que optou recentemente por este sistema, é apontada como um exemplo a estudar, por aplicar uma taxa única de 19% aos impostos sobre o rendimento das pessoas singulares e colectivas e ao IVA[1756].

Como explica Amaral Tomaz, uma *flat tax* não é o mesmo que uma *single-rate tax*. A primeira "... consiste numa ampla reforma da tributação dos rendimentos das pessoas singulares e colectivas norteada pelos princípios de eficiência, simplicidade e equidade do sistema fiscal. Com essa reforma ampla procura igualmente evitar-se a dupla tributação dos rendimentos produzidos e distribuídos. Os rendimentos tais como juros, dividendos, lucros, rendimentos em espécie (*"fringe benefits"*), etc., recebidos por famílias, não são tributados dado que já o foram na esfera empresarial. Por outro lado, os investimentos efectuados pelas empresas são considerados como custo fiscal no ano em que ocorrem e não à medida em que são reintegrados. Em contrapartida, os juros pagos passam a não ser considerados como custo fiscal, com o objectivo de aumentar a eficiência da formação de capital em detrimento do endividamento. [ ] Já uma *single-rate tax*, ou *flat-rate tax*, não constitui mais do que uma etapa no processo que possa conduzir a uma reforma alargada"[1757].

[1756] V. a referência em JOÃO JOSÉ AMARAL TOMAZ, "A Redescoberta do imposto proporcional (*Flat tax*)" nos *Estudos em homenagem ao Dr. José Guilherme Xavier de Basto*, no Prelo, pp. 2 e 19-20 do artigo. Resume AMARAL TOMÁS, na p. 19: "No sistema anterior a tributação progressiva das pessoas singulares era assegurada por taxas de 10% a 38%; As pessoas colectivas eram tributadas à taxa de 25%; Com a entrada em vigor da *flat tax* foram eliminadas muitas deduções e abatimentos que vinham vigorando até então; A não tributação dos rendimentos mais baixos é assegurada através de um abatimento pessoal standard de 80.832 coroas eslovacas por contribuinte...; Este abatimento é complementado com um abatimento do mesmo montante pelo cônjuge...; Os dependentes dão origem... a um crédito de imposto de 5.052 coroas por ano, por cada um; Eliminação dos impostos sobre sucessões e doações."

[1757] JOÃO JOSÉ AMARAL TOMAZ, "A Redescoberta do imposto proporcional...", cit., p. 3.

Esta simplificação do sistema fiscal é fundamentalmente uma simplificação legislativa que terá repercussões nos outros níveis de concretização, no sentido em que qualquer desenvolvimento regulamentar não será tão detalhado como no caso de um sistema fiscal complexo, nem caberá, em primeira linha, aos regulamentos ou actos pararegulamentares, e nem sequer aos tribunais, a tarefa da simplificação – pelo menos, essa simplificação não será tão premente. Embora a *flat tax* seja justificada por um conjunto de razões, incluindo a equidade fiscal, a verdade é que as principais vantagens estão relacionadas com a simplicidade e a eficiência, passando para segundo nível o princípio da capacidade contributiva[1758], o que poderá suscitar problemas de constitucionalidade[1759].

Resumidamente, ao mesmo tempo que é necessário aperfeiçoar e completar os regimes fiscais legais, o fundamento jurídico-político de alguns tem sido abandonado.

Por outro lado, se a complexidade dos nossos regimes legais fiscais não resulta (ainda) de uma densificação excessiva, também é verdade que o exemplo das legislações fiscais mais complexas nos serve para compreender que a pormenorização e o desenvolvimento exagerado são contraproducentes.

3. **As técnicas legislativas usadas no Direito Fiscal: a estrutura das proposições jurídicas dos códigos de imposto, através do exemplo dos impostos sobre o rendimento**

A melhor forma para conhecermos o regime aplicável de um imposto é a procura do *Tatbestand* sistemático, tal como o definimos atrás. Mas uma outra leitura paralela ou sobreposta à do *Tatbestand* pode ser dirigida

---

[1758] Como lembra JOÃO JOSÉ AMARAL TOMAZ, "A Redescoberta do imposto proporcional...", cit., p. 2.

[1759] Tendo em conta a referência ao imposto pessoal único e progressivo na nossa Constituição, a introdução de um *flat-rate tax* seria certamente inconstitucional: V. por exemplo a este propósito, J.J. TEIXEIRA RIBEIRO, "Reconstituição, sob tópicos pormenorizados, de uma lição feita em 17 de Outubro de 1987, ao Curso da Faculdade de Direito de Coimbra, 1962-1967, aquando da reunião deste para comemorar os 20 anos de formatura", *BCE*, vol. XXX, Coimbra, 1987, pp. 171-184; e ANÍBAL DE ALMEIDA, "Desigualdade de progressividade (em complemento de uma lição recente de J.J. TEIXEIRA RIBEIRO), *BCE*, vol. XXXII, Coimbra, 1989, pp. 233-239.

à estrutura linguística e lógica das "proposições jurídicas" – no sentido de Larenz[1760] – que o compõem. Digamos que o *Tatbestand* é o primeiro nível de leitura (é um revestimento, um índice, uma apreensão esquemática do conteúdo), os tipos são o segundo nível, enquanto ligação às situações da vida e as classificações ou a estrutura das proposições jurídicas (enquanto expressões linguísticas de determinadas técnicas legislativas) constituem a matéria prima disposta de um determinado modo – são o terceiro nível, o nível molecular, o nível morfológico.

A análise das classificações das proposições jurídicas apresentadas por Karl Larenz interessa-nos, porque as leis de impostos se caracterizam pela utilização constante de algumas dessas proposições (é o caso das proposições jurídicas incompletas, explicativas, restritivas e remissivas) e porque o método tipificante, como método que prossegue objectivos de simplificação do Direito Fiscal, e a que vamos dedicar este capítulo, recorre em grande medida às designadas proposições remissivas (das quais fazem parte, por seu turno, algumas "técnicas presuntivas").

Ou seja, as necessidades de simplificação e de obtenção eficiente de receitas no Direito Fiscal, têm conduzido à utilização crescente de técnicas presuntivas (que englobam as presunções *iuris tantum*, presunções *iuris et de iure* e as ficções, entre outras)[1761], as quais estão na base da tipificação. Ou dito ainda de outro modo, as técnicas presuntivas consagram previsões legais simples e fechadas (tipificações legais fechadas), especialmente através de quantificações inilidíveis, que têm por base um tipo empírico, e que suscitam alguma desconfiança na doutrina jus-tributarista.

Interessa-nos por todas estas razões caracterizar as proposições jurídicas usadas nas leis de imposto (compondo o *Tatbestand* sistemático),

---

[1760] Utilizamos aqui a expressão "proposição jurídica" no sentido de Larenz e não no sentido de Kelsen. Larenz utiliza a expressão "proposição jurídica" com o significado de "norma jurídica": "isto justifica-se porque a norma jurídica, linguisticamente, pode ser expressa apenas como uma proposição" (ou oração) (*Satz*) "ou um conjunto de proposições": KARL LARENZ/CLAUS-WILHELM CANARIS, *Methodenlehre*..., cit., 3.ª ed., p. 71, nota 1. Pelo contrário, Kelsen reserva a expressão "proposição jurídica" para a ciência do Direito, que faz afirmações ou descrições sobre o conteúdo ou a validade das normas jurídicas: idem. V., também, sobre o sentido de proposição jurídica em Kelsen, CARLOS E. AL-CHOURRÓN/EUGENIO BULYGIN, *Introducción a la metodología de las ciencias jurídicas y sociales*, 1.ª ed., 3.ª reimpressão, Ciudad de Buenos Aires, 1998, pp. 173 e ss..

[1761] V., por exemplo, JEAN DABIN, *La Technique de l'élaboration du Droit positif, spécialement du Droit privé*, Bruxelles, Paris, 1935, pp. 240 e ss.; DIEGO MARÍN-BARNUEVO FABO, *Presunciones y técnicas presuntivas en Derecho tributario*, Madrid, 1996.

e fazer uma referência à legitimidade do recurso às "presunções". Vamos recorrer especialmente às leis de imposto sobre o rendimento para ilustrar esta caracterização. Uma vez compreendido este problema, será mais fácil situar a discussão e admissibilidade do método tipificante.

A introdução do CIRS e do CIRC, associada à tributação do rendimento global, enquanto rendimento acréscimo, rendimento líquido e manifestação da capacidade económica ("real"), foi acompanhada das construções legislativas supostamente mais adequadas para o efeito, isto é, da construção de *Tatbestände* sistemáticos sobre tipos (estruturais), mediatizando a capacidade económica. Os *Tatbestände* de imposto são tipos estruturais económicos, ou situações da vida tipificadas carreadas de avaliação económica – já o dissemos atrás. Os *Tatbestände* sistemáticos, na legislação dos impostos sobre o rendimento em vigor, são então compostos por uma escala ordenada entre uma descrição de tipos relativamente aberta à concretização, e a descrição de tipos simplificadora e fechada (tipificações), de forma a tentar respeitar simultaneamente os princípios de justiça e de legalidade fiscais. É difícil identificar o predomínio de um ou outro método na nossa legislação, sendo certo que a tendência do legislador dos CIRS e CIRC é a de concretizar os tipos e, assim, de os fechar[1762].

Seja como for, encontramos exemplos das duas técnicas legislativas quer nas normas de incidência, quer nas normas de determinação da matéria tributável. As normas de incidência, especialmente vocacionadas à descrição de tipos (a descrição do rendimento e das categorias de rendimento), são acompanhadas, neste momento, de presunções *iuris tantum* que permitem à administração ou ao tribunal decidir segundo a prova de um facto conexo (que o legislador supõe de mais fácil e ligeira comprovação, também designada de "prova indirecta") evitando a necessidade de prova do facto presumido ("indução obrigatória de factos desconhecidos, a partir de factos conhecidos")[1763], ou de proposições de determinação

---

[1762] Sobre a conformação do tipo legal fiscal, embora traçando um rumo um pouco diferente do que estamos a seguir (talvez mais optimista), e a propósito do conceito de rendimento no IRS, J.L. SALDANHA SANCHES, "Conceito de rendimento no IRS", cit., pp. 34 e ss., espec., 36 e ss.. V. também do autor, *A Quantificação da obrigação tributária...*, cit., pp. 174 e ss..

[1763] É o caso do art. 6.º do CIRS que elimina incertezas em relação à sujeição de certos actos ou negócios (letras, livranças, capitais entregues em depósito, lançamentos em contas correntes de sócios) à categoria dos rendimentos de capitais, presumindo que se trata de contratos de mútuo. V. ANTÓNIO DOS SANTOS JUSTO, *A «Fictio iuris» no Direito*

quantitativa, sem admissibilidade de prova em contrário[1764] – ambas servem para fechar, tendencialmente, o tipo legal (neste caso, a categoria de rendimento).

Nas normas de determinação da matéria tributável coabitam, pacificamente, a descrição de tipos e as tipificações, de modo relativamente autónomo.

Se seguirmos as classificações de Karl Larenz (e, entre nós, de Oliveira Ascensão, embora elas não sejam totalmente coincidentes), facilmente verificamos que a configuração do *Tatbestand* sistemático de imposto recomenda a utilização, pelo legislador, de um conjunto de proposições jurídicas incompletas, quer explicativas (que Oliveira Ascensão classifica de proposições jurídicas não normativas e que divide em classificações e definições legais[1765]) (como é o caso da noção de sujeito passivo, objecto de imposto – em especial as categorias de rendimentos – deduções, abatimentos, deduções à colecta e praticamente todas as normas sobre determinação da matéria tributável) quer restritivas (que para Oliveira Ascensão constituem normas não autónomas a par das regras ampliativas e das remissivas[1766])[1767]. Na caracterização de quase todos os elementos citados (i.e., nos sujeito e objecto do imposto e na determinação da matéria tributável), encontramos proposições restritivas, por motivos de clareza da lei, e também as disposições que atribuem os benefícios fiscais são proposições jurídicas restritivas, em confronto com as regras de incidência.

Por um lado, o facto de o *Tatbestand* só poder ser apreendido por um conjunto ordenado de proposições jurídicas, relacionadas entre si, numa "recíproca delimitação" e num "jogo concertado", "produz(indo) uma regulação"[1768], aconselha a referida sequência de proposições explicativas

---

Romano, Aspectos gerais, Coimbra, 1983, pp. 100 e ss.; MIGUEL TEIXEIRA DE SOUSA, *As Partes, o objecto e a prova na acção declarativa*, Lisboa, 1995, pp. 210-211; JOÃO DE CASTRO MENDES, *Do Conceito de prova em processo civil*, Lisboa, 1961, pp. 178-180.

[1764] É o caso do art. 4.º, n.º 2 do CIRS, segundo o qual, "a exploração de terra tem carácter manifestamente acessório quando os respectivos custos directos sejam inferiores a 25% dos custos directos totais do conjunto da actividade exercida".

[1765] OLIVEIRA ASCENSÃO, *O Direito, Introdução e teoria geral*, 13.ª ed. refundida, Coimbra, 2005, pp. 516-517.

[1766] OLIVEIRA ASCENSÃO, *O Direito...*, cit., 13.ª ed., pp. 517 e ss..

[1767] KARL LARENZ/CLAUS-WILHELM CANARIS, *Methodenlehre...*, cit., 3.ª ed., pp. 78-80.

[1768] Estas expressões são utilizadas por Larenz, para dizer que a regulação é a finalidade das proposições jurídicas (o autor não faz menção ao conceito de *Tatbestand*): KARL LARENZ/CLAUS-WILHELM CANARIS, *Methodenlehre...*, cit., 3.ª ed., p. 85.

e restritivas, que, só interpretadas como um todo (ou, cada uma por si, como parte do regime), adquirem sentido. Se o legislador não recorresse a este género de proposições jurídicas incompletas, a explanação e interpretação do regime fiscal tornar-se-iam ainda mais difíceis e complexas – ou mesmo impossíveis.

Por outro lado, porque aos *Tatbestände* subjazem tipos, é fácil estabelecermos a ligação entre o que Larenz refere a propósito dos tipos contratuais, e os diferentes elementos do *Tatbestand* sistemático de imposto[1769]. Referindo o exemplo do § 433 do BGB (obrigações do vendedor e do comprador), diz-nos Larenz: "Trata-se, portanto, de uma proposição jurídica aclaratória [explicativa] e de uma descrição de tipos. O mesmo acontece com quase todas as disposições com as quais a lei inicia a regulação de um determinado tipo de contrato, como por exemplo, de locação, de arrendamento, de prestação de serviços ou de empreitada. Delimita o respectivo tipo de contrato mediante a indicação das prestações contratuais típicas a que se obrigam as partes do contrato (...). Por detrás da aparente ordenação de uma consequência jurídica da lei esconde-se uma definição ou descrição de tipos"[1770].

É o que se passa com as normas dos códigos de imposto. Por exemplo, as proposições jurídicas que definem a residência do sujeito passivo de IRC (sede ou direcção efectiva) embora sejam aparentemente proposições dispositivas, comportando consequências jurídicas (se há sede, há residência), só ganham sentido útil quando se percebe que, se há residência, a tributação incide sobre o rendimento universal, sendo necessário

---

[1769] A propósito do § 462 do BGB, diz-nos Larenz que a "previsão desta proposição jurídica é determinada no essencial mediante a remissão para os preceitos citados; só em conexão com eles se trata de uma proposição jurídica completa. As consequências jurídicas de "redibição" e "minoração" serão determinadas mais em pormenor pelas normas jurídicas complementadoras dos §§ 465 e segs.." E continua: "As delimitações, contidas na lei, de tipo de contratos obrigacionais, só têm de facto uma função aclaratória, inclusivamente quando aparecem com as roupagens de ordenações de consequências jurídicas, ou seja, de uma proposição jurídica completa. Se as concebermos como ordenações jurídicas completas, desconheceremos que os deveres contratuais típicos nelas mencionados não resultam só da norma que os refere, mas do conteúdo do contrato concreto e da conexão com a proposição jurídica de que os contratos donde dimanem deveres são, por princípio, juridicamente vinculantes": KARL LARENZ, *Metodologia...*, cit., trad. da 5.ª ed., Lisboa, 1983, p. 307; O mesmo está na 3.ª ed. de KARL LARENZ/CLAUS-WILHELM CANARIS, *Methodenlehre...*, cit., p. 79.

[1770] KARL LARENZ, *Metodologia...*, cit., trad. da 5.ª ed., Lisboa, p. 308. Idem: KARL LARENZ/CLAUS-WILHELM CANARIS, *Methodenlehre...*, cit., 3.ª ed., p. 80.

determinar a matéria tributável de uma determinada forma (e não sujeitar os rendimentos do sujeito passivo a retenção na fonte, por exemplo) e aplicar a taxa de imposto destinada aos residentes. E por aí fora.

Se o legislador não recorresse a estas proposições jurídicas explicativas e restritivas, que no conjunto formam uma regulação com sentido, não conseguiria abarcar a complexidade normativa dos sistemas fiscais actuais. Digamos que proposições jurídicas incompletas, ora explicativas ora restritivas, de forma a descreverem um tipo e a constituírem um *Tatbestand* sistemático (recorde-se que dissemos atrás, com Hassemer, que, num certo sentido, os *Tatbestände* são tipos), são inerentes aos sistemas de impostos dos Estados de Direito.

Além das proposições jurídicas explicativas e restritivas, temos, como já se disse, a consagração de múltiplas presunções *iuris tantum*, bem como de proposições remissivas, uma outra classe de proposições incompletas, onde se situam as ficções legais, e ainda de um conjunto de outras "técnicas presuntivas" que podemos reconduzir a uma função de "presunção-conceito"[1771]. Mas aqui entramos num campo relativamente escor-

---

[1771] Diz-nos Santos Justo que as presunções *iuris tantum* são as "verdadeiras" ou "originárias", com uma função no domínio da prova, enquanto as presunções *iuris et de iure*, assim "barbaramente denominadas", constituem uma deturpação das primeiras, e terão sido introduzidas pelos Glosadores medievais (ANTÓNIO DOS SANTOS JUSTO, *A «Fictio iuris»* ..., cit., pp. 100 e ss.). Segundo o autor (em "A «Fictio Iuris» no Direito Romano", *Boletim da Faculdade de Direito, Universidade de Coimbra*, Suplemento, Vol. XXXII, Coimbra, 1989, cit., pp. 514 e ss.), a presunção, quando não admite prova em contrário, hoje em dia como na Idade Média, é "instrumento da regra nos seus elementos constitutivos", é "causa do seu conteúdo formal", "intervém como guia utilizado pelo legislador para determinar e justificar o âmbito de aplicação e o conteúdo das normas, atrás das quais se mantém como causa e justificação; e a que o intérprete recorrerá para melhor compreender os preceitos legais na sua génese e no seu alcance", apagando o "papel técnico da presunção" que é o da função probatória (IDEM, pp. 514-515). Diz-nos ainda SANTOS JUSTO que é "no domínio da prova dos factos que a *praesumptio* ganha autonomia na época clássica" (*A «Fictio iuris»* ..., cit., 1983, IDEM, p. 101). E reportando-se a essa época define "técnico-juridicamente a *«praesumptio iuris»* ... como a argumentação provável, segundo as «opiniones communes» e sempre sujeita a prova contrária, da existência dum facto incerto a partir do conhecimento dum facto certo" (*A «Fictio iuris» ... Aspectos gerais*, cit., 1983, IDEM, p. 102).

O art. 349.º do Código Civil define (todas) as presunções, como as "ilações que a lei ou o julgador tira de um facto conhecido para firmar um facto desconhecido" e o art. 350.º do mesmo CC diz-nos que as presunções podem ser ilidíveis ou inilidíveis consoante admitam ou não prova em contrário; e na nossa doutrina processualista não encontramos explorada a diferença entre as presunções *iuris tantum* e as *iuris et de iure*, sendo ambas referi-

regadio de classificações, em que, por exemplo, alguns autores situam as ficções legais e as presunções absolutas na categoria de proposições ou normas remissivas, e outros adoptam um conceito de presunção absoluta com fronteiras pouco definidas, ou, pelo menos, amplíssimas[1772].

---

das como presunções legais e diferenciadas das presunções simples, resultantes de uma máxima de experiência avaliada pelo juiz. Todas fazem parte da prova indirecta e do *iter probatorio*. Assim, para CASTRO MENDES, a presunção é a "ligação" entre o facto probatório e o facto principal cuja veracidade ou falsidade tem de ser demonstrada (*Do Conceito de prova...*, cit., pp. 178-179). O mesmo nos diz TEIXEIRA DE SOUSA, que se refere quer às presunções elidíveis quer às inilidíveis, citando os referidos artigos do CC: a "prova por presunções legais (ocorre), quando o facto principal é inferido de um facto probatório". Diz-nos ainda o autor, que "as presunções – tanto as legais como as naturais – não são meios de prova, porque não conduzem à prova do facto presumido... A operação que conduz do facto provado ao facto presumido é apenas gnoseológica: o juiz infere, ou é levado a inferir pela lei ou pela experiência, um facto desconhecido de um outro que é conhecido. É por isso que as presunções não são meios de prova, mas antes meios de dispensa da prova (do facto presumido)": *As Partes, o objecto e a prova...*, cit., p. 210 (V., pp. 210-213 e 225--226). Digamos que as instâncias de aplicação da lei ao caso concreto percorrem um *iter* em que encontram certezas definidas por lei (das quais fazem parte as presunções inilidíveis e as ficções), procuram a "certeza" em relação à ocorrência de certos factos que fazem parte da previsão da norma, através dos meios de prova admitidos, e em caso de dúvida, recorrem às presunções elidíveis e restantes regras de ónus da prova. V. ainda: sobre a incerteza do facto, o *non liquet*, regras de ónus de prova e o instituto do ónus da prova objectivo, que "tem lugar em qualquer processo" e que "impõe ao aplicador do direito uma certa decisão de mérito perante um *non liquet* de facto, estendendo ao caso ou a *facti species* que inclui a verificação desse pressuposto, ou a que inclui a sua não verificação", ou "que determina segundo qual das versões disputadas deve decidir-se quando é incerta a verificação de algum facto pertinente", PEDRO FERREIRA MÚRIAS, *Por uma Distribuição fundamentada do ónus da prova*, Lisboa, 2000, pp. 20-21 e ss..

Adiante fazemos referência às ficções.

[1772] É o caso, por exemplo, de ANTÓNIO DOS SANTOS JUSTO, em "A «Fictio iuris» ...", cit., pp. 514 e ss.. V. a nota anterior e a referência à posição do autor. Repare-se que a definição dada à presunção *iuris et de iure* por SANTOS JUSTO não corresponde à da norma remissiva, mas antes a esta "presunção-conceito". Apontem-se, desde já, os exemplos dados pelo autor (directa ou indirectamente, i.e., citando exemplos de outros autores) de presunções que são ou podem ser inilidíveis: "a incapacidade dos menores" (presumida pela "não-maturidade do espírito"); as "presunções de vontade" seguintes, do Código de Napoleão: os artigos que "enumeram os actos que importam a revogação do testamento, actos esses que são manifestações tácitas de vontade"; a locação "não denunciada... considera-se um novo arrendamento, regra explicada por uma presunção de vontade" (p. 515, notas 4 e 5); e adiante, dá-nos Santos Justo, através de Gény, outro exemplo de "presunção absoluta", este contrário à probabilidade: nos termos do § 20 do BGB, "se várias pessoas pereceram num acidente comum, presume-se que pereceram no mesmo instante". O autor aponta outros exemplos, comentando que "nem todas as *praesumptiones* assim justificadas

Na verdade, se a separação das presunções legais *iuris tantum* das outras presunções, está clarificada na doutrina[1773], já quanto ao universo das presunções absolutas, não existe homogeneidade nas definições. Se quisermos aqui deixar testemunho de um conceito mais amplo e de um conceito mais restritivo de presunção absoluta, para nos aproximarmos do problema da tipificação no Direito Fiscal, podemos dizer desde já, que, em ambos os casos, um largo sector da doutrina que estudou comparativamente as duas figuras, entende que as presunções absolutas não desempenham uma função na prova, porque nada têm a ver com critérios de repartição do ónus da prova[1774].

são verdadeiramente técnicas... (mas constituem) um instrumento do progresso jurídico" (IDEM, p. 522). Também JEAN DABIN (*La Technique*..., cit.) e FRANÇOIS GÉNY (*Science et Technique en droit privé positif*, III, *Élaboration technique du droit positif*, Paris, 1921), autores que podemos considerar "clássicos", e também referidos por Santos Justo, adoptam uma concepção muito ampla de presunção, como veremos já a seguir.

[1773] V., por todos, JOSÉ DE OLIVEIRA ASCENSÃO, *O Direito*..., cit., 13.ª ed., p. 520; ANTÓNIO DOS SANTOS JUSTO, *A «Fictio iuris»* ..., cit., pp. 100 e ss.. JEAN DABIN, *La Technique*..., cit., pp. 238 e ss..

Trata-se de uma separação que não é feita nem pela definição do nosso Código Civil, nem realçada pela nossa doutrina processualista, sendo certo que quando esta se refere às regras de ónus da prova, autonomiza as presunções elidíveis que "invertem o ónus da prova": V., por todos, MIGUEL TEIXEIRA DE SOUSA, *As Partes, o objecto, a prova*..., cit., pp. 224-226. JOÃO DE CASTRO MENDES, *O Conceito de prova*..., cit., pp. 441-442 (e mais claramente em *Direito Processual Civil, II*, Lisboa, 1987, pp. 669-672; cf. os exemplos de regras de "inversão de ónus da prova", todos relativos a presunções elidíveis).

[1774] Embora não haja unanimidade sobre as suas funções no *iter* da prova. Como nos diz, por exemplo, SANTOS JUSTO, alguns autores consideram que as presunções *iuris et de iure* são verdadeiras presunções, argumentando que, "em abstracto subsiste a ideia de prova ligada à probabilidade em que se apoia", ou, dito de outro modo, "enquanto (a irrealidade) não for senão possível, mantém-se verosímil e tanto basta para que a *praesumptio iuris et de iure* seja uma verdadeira presunção" (*A «Fictio iuris»* ..., cit., p. 519); de qualquer forma, diz-nos o autor que a opinião dominante actualmente é no sentido de que as presunções absolutas nada têm a ver com as regras da prova. Diz-nos o Professor de Coimbra: "Temos para nós que a *praesumtio iuris et de iure* não é uma verdadeira presunção no sentido técnico a que nos temos referido (de presunção-prova). É, com efeito, um expediente que, tendo por base uma certa probabilidade ou normalidade, justifica a elaboração de normas jurídicas evitando, deste modo, que a inoportunidade ou inadequação à realidade as condene a letra morta": ANTÓNIO DOS SANTOS JUSTO, *A «Fictio iuris»* ..., cit., p. 520. Como dizíamos na nota anterior, SANTOS JUSTO não define a presunção absoluta como uma norma de remissão, mas reconduz-la antes a uma técnica presuntiva, em que a presunção reside nos motivos do legislador baseados na probabilidade.

Se quisermos ainda citar JEAN DABIN, diz-nos o autor, caracterizando as presunções elidíveis e inilidíveis: "De maneira artificial, a presunção estabelecida pelo Direito suprime

Num sentido muito amplo como o do clássico Jean Dabin, presunção absoluta é qualquer regra que, no seu conteúdo ou nos seus motivos, pode resultar de uma presunção de Direito, e que elimina a questão da prova, tornando o facto certo e indiscutível (presunção-conceito)[1775]. Quer a presunção que está na base do conteúdo (presunção-causa do conteúdo, que implica a substituição de um conceito "pouco preciso" ou "reconhecível",

---

a exigência desta prova particular. Pouco importa, portanto, que a presunção seja emitida de forma definitiva e irrefutável (*iuris et de iure*) ou somente a título provisório, sob reserva da prova em contrário admitida de forma mais ou menos livre (*iuris tantum*): tanto num caso como noutro, um certo facto é considerado verdadeiro fora de toda a verificação equivalente à prova, o que basta para caracterizá-la como presunção de Direito" (*La Technique*..., cit., pp. 237-238). E acrescenta: "o Direito substitui a prova distinta do facto cuja existência está em causa – prova administrativa, caso necessário, por intermédio de presunções ou índices dando uma certeza relativa – por uma norma de uma probabilidade geral, *a priori*, válida para todos os casos que reentram no círculo das condições de aplicação prevista" (JEAN DABIN, *La Technique*..., cit., p. 238); diz-nos também o autor que já a função das presunções é dupla: "ou fica acantonada no domínio da prova, como um dos instrumentos do sistema da prova; ou intervém exteriormente à prova, como um dos meios intelectuais de elaboração do direito" (IDEM, p. 239).

[1775] Segundo JEAN DABIN, há presunções cuja "influência se exerce unicamente na ordem do conceptualismo jurídico, a título de instrumentos de elaboração de conceitos, seja para figurarem no seu interior, seja na base de regras. Por outras palavras, acontece não só o Direito presumir aquilo que, em princípio, deveria ser provado, a saber, a existência *in casu* das condições de aplicação das regras (é a "presunção-prova"), mas que a regra ela própria, no seu conteúdo ou nos seus motivos, seja resultante de uma presunção de Direito (aquilo que poderíamos chamar *de presunção-conceito*)": *La Technique*..., cit., p. 240 (e pp. ss.). A presunção pode ser causa do "conteúdo formal da regra" como acontece no "procedimento de substituição de conceitos" em que o jurista substitui um "conceito insuficientemente manejável por um outro, aproximativo e mais manejável" (por exemplo, em vez da "não-maturidade de espírito", opta-se por um critério categórico "menos de 18 anos"); e acrescenta que embora "filosoficamente, as presunções desta segunda categoria [as inilidíveis] não cessem de resolver um problema de prova, pois que enunciam como certo aquilo que, em si, não é senão provável ou mesmo possível...(a verdade é que)...esta questão de prova elas resolvem-na de foram radical, por eliminação, decretando que jamais, *in concreto*, a questão de prova poderá ser levantada" (IDEM, p. 240). Assim, "a interdição absoluta de prova contrária" (ao facto) (faz com que) "já não haja qualquer traço de prova" (IDEM, p. 242). V., também FRANÇOIS GÉNY, *Science et Technique en droit privé positif*, III, cit., pp. 267-268: Gény chama a atenção para este mesmo sentido muito amplo que impede que a presunção, "susceptível de aplicações demasiado variadas e demasiado heterogéneas, seja objecto de um exame penetrante e fecundo". Por isso o autor conclui que, para reconhecer as particularidades técnicas da presunção, é preciso reconduzi-la ao seu domínio de aplicação originário – ou seja o da prova: IDEM, p. 268.

por outro mais manejável juridicamente)[1776] quer a "latente e não expressa" ("em última análise toda a regra significaria, não só categoria, mas como suporte de categoria, presunção..., procedimento habitual do pensamento jurídico"[1777]), se reconduzem, se virmos os exemplos de Jean Dabin, por uma coincidência feliz, ou por razões não tão fortuitas quanto isso, ao tipo empírico e ao pensamento tipológico.

Num sentido também mais amplo do que o de norma remissiva (ou diferente deste), que, como referimos, é o identificado por Santos Justo no Direito Romano ("Em boa verdade, a *praesumptio iuris et de iure...* não permite deduzir dum facto as consequências de outro"[1778]), as *"praesumptio* explicam geneticamente a elaboração de normas jurídicas a quem transmitem, com a sua probabilidade de normalidade, uma garantia de eficácia – v.g., o Direito estabelece a incapacidade (jurídica) dos menores porque, normalmente, não têm maturidade bastante e carecem de protecção jurídica"[1779]. Referindo-se ao "duplo papel" que tem sido atribuído, por alguns autores, à *praesumptio,* diz-nos Santos Justo que além da função em que a presunção "se revela como verdadeiro expediente técnico" – a função probatória – e que constitui o seu "domínio originário" ou "natural"[1780], a *"praesumptio-«conceito»* intervém como guia utilizado pelo legislador para determinar e justificar o âmbito de aplicação e conteúdo das normas, atrás das quais se mantém como causa e justificação"[1781]; quando a presunção "sai do domínio da prova, só aparece entre os numerosos motivos susceptíveis de justificarem uma regra categoricamente formulada"[1782], "cumprida (aquela) função, a *praesumptio* desaparece, e, se

---

[1776] Diz-nos o autor, a propósito da "presunção que está na base do conteúdo das regras" e que é, necessariamente, inilidível: "Uma análise mais fina quase não valeria a pena para descobrir o traço das presunções de Direito na base de outras formas de definição jurídica, a saber, a forma geral da definição abstracta e as formas mais especiais do número e da enumeração. Porque enfim, quando um conceito é elaborado de uma forma mais ou menos esquemática, é sempre sobre o fundamento do tipo normal; quando um número é fixado, é sempre sobre o fundamento de um médio; quando uma enumeração é feita é sempre sobre o fundamento dos casos habituais" (JEAN DABIN, *La Technique...,* cit., p. 246).

[1777] JEAN DABIN, *La Technique...,* cit., p. 247.

[1778] ANTÓNIO DOS SANTOS JUSTO, "A «Fictio Iuris» ...", cit., p. 547, nota 10.

[1779] ANTÓNIO DOS SANTOS JUSTO, "A «Fictio Iuris» ...", cit., p. 548, contin. da nota 10.

[1780] ANTÓNIO DOS SANTOS JUSTO, "A «Fictio iuris» ...", p. 516.

[1781] ANTÓNIO DOS SANTOS JUSTO, "A «Fictio iuris» ...", p. 515.

[1782] ANTÓNIO DOS SANTOS JUSTO, "A «Fictio iuris» ...", p. 515.

a devemos ter em conta, é tão-só para melhor compreendermos a *ratio* dessas normas"[1783].

De qualquer forma, independentemente de encontrarmos conceitos ora mais restritivos ora mais amplos de presunções inilidíveis, estas "não passam de substanciais regras imperativas de direito", "não criam a prova mas o direito"[1784].

É a este conceito sem fronteiras, de "presunção", ligado à "explicação genética da formação da norma jurídica", e a uma "eficácia *a priori* garantida"[1785], que se referem os críticos actuais das "presunções" no Direito Fiscal – e por isso mesmo, como veremos, sem justificação válida.

Numa perspectiva mais restritiva, as presunções *iuris et de iure* são expedientes técnicos, normas remissivas, tal como as ficções, em que o legislador, para evitar sobrecarregar o enunciado legal, ou repetições deselegantes, remete a consequência jurídica de uma previsão para a consequência estabelecida noutra norma, através de expressões tais como "o mesmo vale para...". Na presunção absoluta, aos elementos equiparados pelo legislador associa-se a mesma consequência jurídica, a qual se apoia na experiência e numa ideia de probabilidade, e o objectivo prosseguido é o de tornar o Direito eficaz, eliminando a prova dos factos que constituem objecto de remissão (e apesar da proibição da contraprova, o facto presumido mantém-se provável)[1786-1787].

[1783] ANTÓNIO DOS SANTOS JUSTO, "A «Fictio iuris» ...", p. 516.

[1784] ANTÓNIO DOS SANTOS JUSTO, *A «Fictio iuris»* ..., cit., 1983, p. 103.

[1785] ANTÓNIO DOS SANTOS JUSTO, *A «Fictio iuris»* ..., cit., p. 105 (pp. 100-105). No mesmo sentido, com exemplos que se reconduzem ao tipo empírico médio ou de frequência, FRANÇOIS GÉNY, *Science et Technique*..., III, cit., pp. 265 e ss.. Gény diz-nos adiante que, pela generalidade deste conceito de presunção, ela "tende... a confundir-se com esta redução simplificadora dos elementos substanciais do Direito" (IDEM, p. 267). Cf., lembrando que a tributação do rendimento real não prescinde de presunções neste sentido amplo: ANTÓNIO CARLOS DOS SANTOS, "A Presunção da veracidade na contabilidade", *Da Questão fiscal à reforma da reforma fiscal*, Lisboa, 1999, p. 90; "Sobre a Colecta mínima", *Da Questão fiscal*..., cit., pp. 129-130; JOSÉ CASALTA NABAIS, "O quadro constitucional...", cit., pp. 22-23; Ac. do Tribunal Constitucional n.° 84/2003, ponto 11.

[1786] OLIVEIRA ASCENSÃO coloca as presunções absolutas dentro das regras remissivas, a par das regras de devolução e das ficções: *O Direito*..., cit., 13.ª ed., pp. 518-520. V. KARL LARENZ, *Metodologia*..., cit., trad. da 2.ª ed., cit., pp. 237 e ss. e 240 e ss. (cf. nota anterior); KARL LARENZ/CLAUS-WILHELM CANARIS, *Methodenlehre*..., cit., 3.ª ed., pp. 81--85. Também classificando as presunções absolutas e ficções como normas de remissão, DIEGO MARÍN-BARNUEVO FABO, *Presunciones y técnicas presuntivas en Derecho Tributario*, Madrid, 1996, pp. 118 e ss. e 248-253. A ideia de probabilidade e eficácia aparece em ANTÓNIO DOS SANTOS JUSTO, *A «Fictio iuris»*..., cit., pp. 519 e 544, espec. nota 4. Para

No que diz respeito às ficções, enquanto técnica utilizada nas leis fiscais, e à sua função, diz-nos Karl Larenz que "as ficções legais têm normalmente por fim a aplicação da regra dada para um facto previsto (F1) a outro facto previsto (F2)... a lei "finge" que F2 é um caso de F1"[1788]. As ficções usadas no Direito Fiscal não apresentam particularidades.

É curioso verificar que elas não se afastam muito das características (e da função) delineadas por Santos Justo em relação à *fictio iuris* do Direito Romano. Desde logo, na definição, reconhecemos os traços da figura, tal como nos é explicada actualmente. Ela era, diz-nos Santos Justo, um "expediente técnico-jurídico através do qual o pretor, com fundamento na

---

OLIVEIRA ASCENSÃO, a diferença entre presunção absoluta e ficção reside apenas "no modo técnico de apresentação" (OLIVEIRA ASCENSÃO, *O Direito...*, cit., 13.ª ed., p. 520); na "presunção absoluta", tal como na ficção, "realiza (-se) praticamente a identificação de antecedentes, característica da ficção, uma vez que se exclui a possibilidade de demonstrar que a realidade é diversa. E...da situação derivarão fatalmente as mesmas consequências que derivam daquela cuja verificação se presume" (Idem); mas também na presunção, na prática, há "identificação de antecedentes... uma vez que se exclui a possibilidade de se demonstrar que a realidade é diversa": OLIVEIRA ASCENSÃO, *O Direito...*, cit., 13.ª ed., pp. 520. Ou, dito de outro modo, a presunção absoluta é "a disposição normativa mediante a qual se considera que a realização de um facto leva inexoravelmente consigo a realização de outro facto distinto, para efeitos de imputar ao primeiro os efeitos jurídicos do segundo": trata-se de uma norma substantiva, em "que se vincula uma consequência jurídica à realização de um pressuposto de facto, embora essa consequência não seja definida expressamente, mas por remissão ao regime jurídico de outro facto distinto" (DIEGO MARÍN-BARNUEVO, *Presunciones...*, cit., pp. 122-123). Também considerando que as ficções e as presunções inilidíveis são regras de remissão, LERKE OSTERLOH, *Gesetzesbindung und Typisierungsspielräume...*, cit., pp. 58-59; e que "a «presunção inilidível» é em verdade apenas um caso particular de ficção (alguns casos de F 2 são idênticos a F 1 outros não)", no sentido em que a ficção legal tem por finalidade a aplicação da regra dada para um facto previsto F 1 a outro facto previsto F 2: KARL LARENZ, *Metodologia*, trad. da 2.ª ed., cit., p. 244, nota 22 (pp. 240 e ss.); JOSEF ESSER, *Wert und Bedeutung der Rechtsfiktionen*, 1940, pp. 50 e ss., *Apud*, KARL LARENZ, IDEM, pp. 244, nota 22. Escreve Larenz que Esser "fala acertadamente duma «ficção em forma de presunção» e lamenta que o «híbrido sistemático» da *praesumptio iuris et de iure* não tenha podido até agora podido ser exterminado" (KARL LARENZ, IDEM, pp. 244, nota 22).

[1787] Em sentido discordante, ANTÓNIO DOS SANTOS JUSTO, "«A Fictio iuris...»", cit., p. 547, nota 10: "Em boa verdade, a *praesumptio iuris et de iure* não é uma ficção nem permite, tão-pouco, deduzir dum facto as consequências de outro". O que aproxima estas presunções das ficções, segundo o professor, é a ideia de eficácia, e o facto de ambas serem instrumento de progresso jurídico (IDEM, p. 548, continuação da nota 10).

[1788] KARL LARENZ *Metodologia...*, cit., trad. da 2.ª ed., p. 240; KARL LARENZ/CLAUS--WILHELM CANARIS, *Methodenlehre...*, cit., 3.ª ed., p. 83.

sua *iurisdictio* ou em cumprimento de uma obrigação legal ou jurisprudencial, ordena ao *iudex* que repute existente (ou inexistente) uma qualidade (jurídica) ou um facto jurídico realmente não existente (ou existente) para que uma determinada relação jurídica beneficie da protecção outorgada pelo *ius civile*"[1789].

Diz-nos ainda Santos Justo, que "a *fictio* é um instrumento do pretor, sabiamente utilizado para que o *ius civile* se aplique, apesar de formalmente imutável, às novas situações jurídicas não previstas nas suas normas. Sendo o pretor a *vivas vox iuris romani*, era o porta-voz dos valores ético-jurídicos reinantes na comunidade romana"[1790]. Estas "(...) soluções eram a expressão perfeita dos novos valores de justiça que passaram a orientar a vida jurídica romana e, dados os condicionalismos justificativos do imobilismo do *ius civile*, encontravam acolhimento no *ius praetorium*"[1791].

Portanto, elas eram "*adversus veritatem (iuris civilis)* por contrariar a realidade jurídica civil, permitindo que o *ius civile* se aplique a uma realidade diferente da prevista nas suas *actiones*." E eram, "ao mesmo tempo, *pro veritate* (...), por tornar possível o advento e a consolidação de novas normas jurídicas, inspiradas em novos e actuais valores ético-jurídicos" transmitindo "a nova realidade jurídica"[1792].

A ficção distingue-se da presunção simples e da presunção absoluta por não se basear "numa probabilidade que normalmente se transforma em verdade", pois "deforma («uma verdade legal») conscientemente", mas, por um lado, também as presunções são "verdades artificiais", e, por outro lado, as três figuras pretendem o progresso jurídico, vencendo a dúvida e a incerteza, e, enquanto instrumentos da paz jurídica, são afinal também expedientes de uma certa verdade[1793-1794].

[1789] ANTÓNIO DOS SANTOS JUSTO, "A «Fictio Iuris» ...", cit., pp. 46-47. Acrescente-se, tão-somente, o que nos diz o autor sobre a relação entre a *fictio* (histórica) e a "realidade jurídica": "...a *fictio iuris* é um expediente do pretor, utilizado para integrar e corrigir o ius civile (...) operava no exterior do *ius civile*. (...) Diremos, assim, que a *fictio* (histórica) é um expediente *adversus veritatem iuris civilis*, por contrariar uma realidade jurídica – a consagrada pelo «direito civil» – e tal só é possível por ser dualista a ordem jurídica romana: por haver, ao lado do *ius civile* o *ius praetorium* que o interpreta, integra e corrige" (IDEM, p. 66).

[1790] ANTÓNIO DOS SANTOS JUSTO, "A «Fictio Iuris» ...", cit., p. 67.

[1791] ANTÓNIO DOS SANTOS JUSTO, "A «Fictio Iuris» ...", cit., p. 68.

[1792] ANTÓNIO DOS SANTOS JUSTO, "A «Fictio Iuris» ...", cit., p. 70.

[1793] Neste sentido, embora situando-se no plano histórico, ANTÓNIO DOS SANTOS JUSTO, "A «Fictio Iuris» ...", cit., pp. 547. E também do autor, *A «Fictio Iuris» ...*, cit., 1983, pp. 106-107.

A ficção é assim um mecanismo de integração, pois possibilita a aplicação do Direito a situações não previstas por ele à partida, e também contribui para a eficiência e para a verdade (evolutiva do Direito)[1795].

Se atentarmos em algumas das nossas cláusulas específicas antiabuso, que são expressas tecnicamente por ficções legais, tal como Larenz as define[1796] e caracteriza, verificamos que se pretende, abertamente, "fingir" (sem admissão de prova em contrário) a ocorrência de certos factos jurídicos, para lhes ser (poder ser) aplicado um regime estabilizado e destinado a cobrir factos jurídicos efectivamente ocorridos. Ou seja, em vez de se alterar o regime geral de tributação, para que ele passe a abranger os casos ficcionados, mantém-se inalterado esse regime, optando-se, antes, pela técnica da ficção: novamente com Larenz, "a lei finge que F2 é um caso de F1".

É o que se passa com as normas antiabuso sobre "sociedades estrangeiras controladas" – ou regras CFC *"controlled foreign companies"* (e não há diferença substancial se estas cláusulas revestirem a forma de ficções ou de presunções) – , as quais eram consideradas até há pouco tempo necessárias e frequentemente recomendadas pela OCDE (mas cuja utilização pelos Estados membros da CE começou a ser questionada pelo TJCE, com base no princípio da não-discriminação[1797]). Entre nós, o art.

[1794] ANTÓNIO DOS SANTOS JUSTO, "A «Fictio Iuris» ...", p. 543. Diz-nos Santos Justo que, no Direito romano, também há semelhanças entre as ficções e as presunções *iuris tantum* que podemos alargar às presunções *iuris et de iure*: ficções e presunções são instrumentos *pro veritate:* a presunção assenta em probabilidades (que podem no caso das presunções elidíveis ser desmentidas, mas se não o forem, mantém-se a "verdade" da norma) e a ficção está ao serviço dos novos valores de justiça; ambas as categorias (Santos Justo refere-se a Roma e só às presunções *iuris tantum*, recorde-se) são expedientes de progresso jurídico; e foram ambas instrumentos de paz jurídica: IDEM, p. 547. E na sua tese de mestrado, desenvolve Santos Justo: "trata-se, na verdade, dum expediente que justifica, com base numa certa probabilidade ou normalidade, adquirida pela experiência, a criação de normas jurídicas, evitando, assim, que a inoportunidade ou inadequação à realidade as condene a letra morta, a algo que ninguém cumpre, numa palavra, tornando possível o nascimento do direito não afastado da vida e dos seus problemas" (ANTÓNIO DOS SANTOS JUSTO, *A «Fictio iuris»* ..., cit., 1983, p. 104).

[1795] ANTÓNIO DOS SANTOS JUSTO, "A «Fictio Iuris» ...", cit., p. 544.

[1796] "A ficção jurídica consiste na equiparação voluntária de algo que sabe desigual – por vezes também em pôr como desigual o que se sabe igual": KARL LARENZ *Metodologia...,* cit., trad. da 2.ª ed., p. 240. KARL LARENZ/CLAUS-WILHELM CANARIS, *Methodenlehre...,* cit., 3.ª ed., p. 83.

[1797] Cf. acórdão do TJCE, de 12.9.2006, caso C-196/04; V. ainda, por todos, RUI DUARTE MORAIS, *A Imputação de lucros de sociedades não residentes sujeitas a um*

60.º do CIRC, relativo à imputação de lucros aos sócios de sociedade não residentes, sujeitas a um regime fiscal privilegiado, estabelece justamente uma ficção, pois equipara os sócios, das sociedades situadas em territórios fiscais privilegiados, aos sócios que efectivamente recebem dividendos. Isto é, continuando a reconhecer, para efeitos fiscais, a personalidade jurídica das pessoas colectivas, em que só a distribuição de lucros de uma sociedade não residente a um residente legitima a tributação dos mesmos pelo território português, o legislador opta por não alterar essa norma, por não introduzir excepções a esse regime, mas ficciona que, no caso de relações com territórios fiscais privilegiados, há sempre distribuição de lucros.

Desta feita, o legislador acentua o juízo de reprovação, e a ficção traduz os "novos valores ético-sociais" (combate ao abuso de formas jurídicas e aos paraísos fiscais) que ombreiam com os antigos (o respeito pela personalidade jurídica); isto é, fica claro que o controlo de sociedades em paraísos fiscais é reprovado pelo ordenamento fiscal[1798]. Tal como na *fictio iuris* do Direito Romano, em que "a hipótese fingida não é mais do que uma informação dada imperativamente ao juiz para reputar verificado(s) o(s) facto(s) fingido(s) e dirigir a sua actividade probatória tão só para os factos constitutivos da hipótese real"[1799], no nosso exemplo, é a qualidade de sócio, o montante da participação e a sujeição da sociedade a um regime fiscal claramente mais favorável, nos termos descritos pelo art. 60.º do CIRC, que têm de ser demonstrados.

Admitindo que as ficções também podem ser desenvolvidas pela jurisprudência, com apoio em princípios, os acórdãos do Tribunal de Justiça das Comunidades Europeias, sobre a não-discriminação dos estabelecimentos estáveis em relação às filiais, por parte dos Estados-membros onde se situam os estabelecimentos estáveis, traduzem um dos melhores exemplos de recurso à ficção.

Assim, ao equiparar as sucursais às filiais, para efeitos de regime fiscal, o Tribunal (recorrendo a um tipo empírico) mais não faz do que uma "invenção", rompendo com os parâmetros de interpretação lógica dos Direitos fiscais nacionais e, especialmente, das normas unilaterais sobre

---

regime fiscal privilegiado, Controlled Foreign Companies, o art. 60.º do CIRC, Porto, 2005, capítulo VI.

[1798] V. este entendimento da *fictio iuris*, como instrumento ao serviço da aplicação dos novos valores, em ANTÓNIO DOS SANTOS JUSTO, "A «Fictio Iuris» ...", cit., pp. 105 (102 e ss., 67-68, 78, 86-87).

[1799] ANTÓNIO DOS SANTOS JUSTO, "A «Fictio Iuris» ...", cit., p. 100.

dupla tributação e distribuição (jurídica) de dividendos, e das normas das convenções de dupla tributação (que estão estruturadas, nomeadamente, sobre a diferença entre rendimentos de pessoas jurídicas residentes – mesmo que os sócios sejam não-residentes – e rendimentos de estabelecimentos estáveis não residentes). Ele "tende a corrigir uma realidade concreta no sentido de tornar possível a aplicação de uma norma a um caso que, em princípio, não é aplicável"[1800] (isto é, ao equiparar as sucursais às filiais, as normas de atenuação da dupla tributação de filiais, passam a ser aplicadas aos estabelecimentos estáveis). O mesmo acontece com as pessoas singulares não-residentes para efeitos fiscais, mas que obtêm a maior parte dos seus rendimentos nos Estados de não-residência, e que, por essa razão, segundo o Tribunal, têm de passar a ser tratados como residentes. Por esta via, o Tribunal de Justiça das Comunidades Europeias está, muito rapidamente, a abalar, mais, a desconstruir, todo o edifício do Direito Fiscal Interestadual construído ao longo do séc. XX com base nos elementos de conexão fonte e residência[1801].

Mas há mais exemplos nos nossos códigos de imposto[1802].

Basta abrir ao acaso um qualquer dos códigos de imposto, por exemplo o CIRC, para descobrirmos inúmeras proposições remissivas, ora ficções ora "presunções absolutas".

Algumas ficções são, simultaneamente, proposições explicativas, alargando definições: o art. 40.º n.º 2 do CIRC, sobre o regime dos custos "... suportados com contratos de seguros de vida, contribuições para fundos de pensões e equiparáveis e outros regimes complementares de segurança social...", considera-os "igualmente custos ou perdas de exercício, até ao limite de 15%... das despesas com o pessoal escrituradas a título de remunerações, ordenados ou salários, respeitantes ao exercício...". Esta norma alarga o conceito de custos ou perdas do art. 23.º, mas poderemos considerá-la também uma remissão (uma ficção legal), porque se vai aplicar o regime de dedução de custos relativamente a "custos ou perdas... comprovadamente indispensáveis para a realização dos proveitos ou ga-

---

[1800] ANTÓNIO DOS SANTOS JUSTO, "A «Fictio Iuris» ...", cit., pp. 86-87: a propósito da posição de Garcia Garrido sobre a *fictio iuris*.

[1801] Cf. sobre a *fictio iuris*, ANTÓNIO DOS SANTOS JUSTO, "A «Fictio Iuris» ...", cit., pp. 77-79, espec., 78.

[1802] No Direito alemão, MONIKA JACHMANN, dá vários exemplos de disposições tipificantes na lei de imposto sobre o rendimento, semelhantes aos nossos: "Grundthesen zu einer Verbesserung...", *StuW*, 1998, n.º 3, cit., p. 204.

nhos sujeitos a imposto ou para a manutenção da fonte produtora", a outras despesas que não cabem na definição do art. 23.°: há uma equiparação (identificação legal) de pressupostos (diferentes), o que implica a sujeição ao mesmo regime.

Outro exemplo é o do art. 43.° n.° 5 do CIRC, semelhante ao art. 2.° n.° 2 a) do CIMT, segundo o qual, considera-se "também transmissão onerosa" (elemento que faz parte da noção de mais-valia) "a promessa de compra e venda ou de troca, logo que verificada a tradição dos bens". Trata-se aqui de equiparar duas realidades jurídicas que são formalmente distintas, mas o legislador, na equiparação, atende, claramente, à teleologia do Direito Fiscal (a ficção configura uma norma específica antiabuso)[1803].

A situação inversa à do art. 60.° do CIRC, ou seja, os pagamentos a entidades não residentes sujeitas a um regime fiscal privilegiado, está consagrada no art. 59.° n.° 1 do CIRC, sendo proibidas as deduções de montantes pagos ou devidos a tais entidades, mas o legislador optou, neste caso, por criar uma regra de ónus da prova (presunção simples)[1804], pois admite que o sujeito passivo prove que os encargos correspondem a operações efectivamente realizadas.

[1803] Repare-se que também os critérios de residência dos arts. 16.°, n.° 2 e 17.°, n.° 4 do CIRS, consagram ficções: não se estabelece propriamente um critério que implique a residência do sujeito passivo (proposição jurídica de determinação), mas ficciona-se que residindo em território português qualquer uma das pessoas a quem incumbe a direcção do agregado familiar, residem as outras. Portanto, considera-se F1 residente (e aplica-se-lhe o regime de tributação que se aplica aos residentes), desde que F2 preencha os requisitos do art. 16.°, n.° 1 do CIRS. Também as normas de preços de transferência estabelecem uma equiparação entre as entidades que tenham "relações especiais" com as entidades independentes (art. 58.° do CIRC), embora aqui seja a própria lei a estabelecer os critérios de mercado que supostamente são aplicados nas relações entre entidades independentes (trata-se portanto, mais correctamente, de "regras de avaliação", do que de remissão para um regime já existente). De qualquer forma, trata-se, reconhecidamente, de uma norma que pretende evitar preços de transferência manipulados.

[1804] A presunção enquanto "verdadeiro expediente técnico, activamente utilizado na realização concreta do Direito... (tem uma)... função probatória que lhe dá vida contínua e incessantemente na realização «*in concreto*» do Direito e, destarte, justifica a sua dimensão técnica de instrumento de *ars iuridica*. Função esta que é o seu domínio originário ou natural: o da prova dos factos e das circunstâncias que servem de *substratum* indispensável às decisões do Direito... Na verdade, nem sempre os factos se nos apresentam claramente e nem todos são susceptíveis de prova directa. E é aqui que a *praesumptio* desempenha a sua função propriamente técnica – a de aliviar a prova: ANTÓNIO DOS SANTOS JUSTO, "A «Fictio iuris» ...", p. 516.

Voltando ao art. 40.º do CIRC, o limite dos 15% em si não constitui uma proposição jurídica remissiva (o montante em si é fixado nesta norma, sem qualquer remissão (equiparação)), e os autores que questionam a fixação de limites ou montantes quantitativos nas normas fiscais, estabelecidos por acto normativo primário ou secundário, incluindo circulares (ou até limites ou somas fixados judicialmente), designam estas técnicas por "presunções inilidíveis", quando não é admitida prova em contrário, ou, indiferentemente, por "ficções de situações da vida não dadas".

Nestes casos, as expressões "presunção absoluta" ou "ficção de uma situação da vida" correspondem ao sentido de "presunção-conceito" ou "presunção explicativa da génese de elaboração da norma", que anteriormente mencionámos.

Trata-se, na verdade, da fixação de limites forfetários, baseada supostamente num tipo médio, que impede a averiguação dos custos suportados pelo sujeito passivo individualmente considerado, ou seja, que impede o aparecimento de incertezas no momento de aplicação da lei, que retira a possibilidade de submeter o montante de tais custos a prova, tornando desnecessária, quanto a esse elemento, a procura de certezas e a resolução de incertezas, com base em presunções *iuris et de jure* e regras de ónus da prova[1805]. E por não se permitir a prova quanto a este aspecto, alguma doutrina convencionou designar esta opção legítima do legislador – por estar dentro da sua margem de livre apreciação – de "presunção inilidível".

Podemos qualificar estas disposições como "regras de avaliação" (dentro da categoria imprecisa das "presunções inilidíveis"), cuja autonomia se justifica devido à importância que este grupo de regras assume nas leis fiscais, mas trata-se de uma classificação que nada tem a ver com a estrutura linguística da regra jurídica. As regras de avaliação são proposições jurídicas de determinação[1806] "que não têm conexão com a prova dos factos, mas que servem de expedientes técnico-financeiros para a medida da capacidade contributiva do sujeito passivo, pelo que não cabe atribuir--lhes a mesma natureza que às regras de presunção... [*iuris tantum*]... cuja finalidade é meramente probatória e que estão orientadas para fins clara-

---

[1805] V., por todos, João de Castro Mendes, *Do Conceito de prova...*, cit., pp. 179--180 e 437-438; Miguel Teixeira de Sousa, *As Partes, o objecto e a prova...*, cit., pp. 257-259.

[1806] No sentido de Karl Larenz (*Metodologia...*, cit., trad. da 2.ª ed., pp. 215 e ss. (223 e ss.)). Karl Larenz/Claus-Wilhelm Canaris, *Methodenlehre...*, cit., 3.ª ed., pp. 74 e ss..

mente distintos"[1807]. Através destas normas, o legislador atribui um valor pré-determinado a certos bens ou direitos, e tê-lo-á escolhido com base em "máximas de experiência", valores de mercado, e outros índices que permitem chegar a um valor médio, representativo. Não se trata aqui de uma "presunção inilidível" no sentido mais restrito de norma remissiva, pois a única "remissão" que existe – e que não tem nada a ver com a estrutura linguística das normas – é (ou deve ser, para que a norma tenha validade, e, em última análise, para que não seja inconstitucional) para o tipo médio de sujeito passivo, no sentido em que o legislador resolveu equiparar todas as situações abrangidas pela previsão legal, usando a mesma bitola (o tal tipo médio). Ou seja, o único "elemento presuntivo" que existe é o facto de o legislador ter escolhido um certo montante como representativo de todos ou um grupo de sujeitos passivos, optando pelo tipo e não pelo individual[1808], e esse tipo funciona como uma presunção não de verdade, mas de eficácia (porque não é considerado possível ou conveniente averiguar os casos individualmente), e de certa forma, como uma "presunção" de que o montante dedutível não é muito injusto nos casos individuais[1809].

Encontramos muitas outras "regras de avaliação" nos códigos de imposto, especialmente na determinação da matéria tributável, mas, se as tomarmos num sentido amplo, não só aí[1810]. Desde as regras sobre o valor

---

[1807] DIEGO MARÍN-BARNUEVO FABO, *Presunciones...*, cit., pp. 173-174. O autor define estas normas como normas que se caracterizam "por dispor sobre o valor por que determinados bens ou direitos devem ser computados na base tributária para efeitos de quantificação da obrigação tributária" (p. 173).

[1808] Mais ou menos neste sentido, mas sem fazer a relação com o tipo, antes preocupando-se em distinguir estas normas das regras de ónus de prova, DIEGO MARÍN-BARNUEVO FABO, *Presunciones...*, cit., p. 174. Diz-nos o autor: "Este equívoco terminológico consistente em qualificar como regras de presunção normas que estabelecem os valores que juridicamente deve atribuir-se a determinados bens e direitos, foi destacado há algum tempo pela doutrina italiana" a qual distinguiu dois significados de "rendimentos presumidos" – ou por contraposição ao rendimento efectivo ou por contraposição ao rendimento determinado com base em provas directas (IDEM, p. 174).

[1809] V. estas ideias sobre a "presunção-conceito" ou presunção como motivação, em ANTÓNIO DOS SANTOS JUSTO, "A «Fictio-iuris» ...", cit., pp. 514-517 e 519-521. E também em ANTÓNIO CARLOS DOS SANTOS, "A Presunção da veracidade na contabilidade", *Da Questão fiscal à reforma da reforma fiscal*, Lisboa, 1999, p. 90; "Sobre a Colecta mínima", *Da Questão fiscal...*, cit., pp. 129-130; JOSÉ CASALTA NABAIS, "O Quadro constitucional...", cit., pp. 22-23; Ac. do Tribunal Constitucional n.º 84/2003, ponto 11.

[1810] Não tem aqui razão DIEGO MARÍN-BARNUEVO, quando diz que "as normas que contêm regras de valoração são as que por antonomásia integram a segunda das catego-

tributável dos prédios, no âmbito da contribuição autárquica e do imposto municipal sobre imóveis, passando pelo "princípio das entidades independentes" aplicável às empresas associadas, os valores das existências a considerar nos proveitos e custos dos sujeitos passivos de IRC, o cálculo das reintegrações e amortizações do exercício segundo o método das quotas constantes (taxas de reintegração e amortização) ou degressivas, os montantes anuais de provisões, nomeadamente, para cobrirem perdas de valor das existências (arts. 34.º n.º 1 b) e 36.º do CIRC), as já referidas percentagens certas ou máximas admitidas como deduções de certos custos (cf. arts. 40.º e 41.º do CIRC), as percentagens de mais-valias tributáveis, o volume total anual de proveitos para aplicação ou não do regime simplificado de determinação do lucro tributável, o "excesso de endividamento" para efeitos de subcapitalização (art. 61.º n.º 3 do CIRC), o período mínimo de tempo de detenção de uma participação para eliminar a dupla tributação económica de lucros distribuídos por uma filial a uma sociedade-mãe, ambas residentes na CE, o montante do crédito de imposto para eliminar duplas tributações, o valor correspondente ao mínimo de existência em IRS, as taxas de imposto, incluindo as de retenção na fonte e os pagamentos antecipados por conta...

---

rias mencionadas" (isto é, da base tributária e já não as do facto tributável) e que "em matéria tributária, as regras de presunção que contribuem para conformar a relação jurídico-tributária incidem necessariamente sobre o facto tributável" (DIEGO MARÍN--BARNUEVO FABO, *Presunciones*..., cit., p. 184): na verdade, por um lado, também as normas de incidência podem estar sujeitas as "regras de valoração" em sentido amplo, tal como a norma que define estabelecimento estável, prevendo um prazo mínimo de 6 meses (ou um ano) de duração de um estaleiro de construção, de instalação ou de montagem, como elemento da própria noção de estabelecimento estável. E há outras que, em si mesmas, não dizem respeito "à determinação da matéria colectável", como é o caso da norma da directiva 90/435/CEE, de 23 de Julho, que nos diz que são sociedades-mães as que detêm, pelo menos 25% do capital das filiais (embora, na sua transposição para o Direito português, todo o regime dos dividendos resultantes destas participações tenha sido incluído no capítulo do CIRC relativo à "determinação da matéria colectável"). E ainda podem ser reconduzidas a esta categoria de "regras de valoração", as das taxas de imposto e as do mínimo de existência, como referimos no texto. Por outro lado, também ao contrário do que nos diz DIEGO MARÍN-BARNUEVO, podemos encontrar verdadeiras normas legais de presunção (i.e. de ónus da prova), a propósito da determinação da matéria tributável, o que nada tem a ver com uma suposta "defeituosa técnica legislativa" (IDEM, p. 184).

4. Fundamentos para o recurso às técnicas presuntivas: aproximação a um conceito de tipificação

Todos estes exemplos significam que o legislador fiscal fez ele próprio opções sobre aspectos relevantes para a determinação do montante de imposto a pagar, e que vão desde a sujeição a imposto, à determinação da matéria tributável e à taxa de imposto. Essas opções são quantificadas pela simples razão de que todo o procedimento tributário visa a quantificação.
Nada que contrarie a reserva de lei fiscal, pelo contrário. As ficções, presunções *iuris tantum* e presunções *iuris et de iure* e todas as outras "presunções-conceito", incluindo as normas de avaliação, têm, também no Direito Fiscal, a importante função de subtrair determinados elementos, de difícil comprovação, à prova ou de reduzir a medida desta. No caso das presunções-conceito e nas ficções, essa subtracção faz-se "por eliminação", "decretando que jamais, *in concreto*, a prova poderá ser questionada"; nas presunções-conceito, o legislador determina "como certo, o que só é provável ou mesmo possível"[1811], enquanto essa probabilidade não está presente nas ficções, como vimos; no caso das presunções simples, evitam-se dificuldades de decisão perante uma situação de *non liquet*. O legislador, quer nas presunções *iuris tantum* quer nas presunções *iuris et de iure*, antecipa "por verdadeiro o que é, talvez, verdadeiro de uma maneira geral, mas só é provável ou mesmo simplesmente possível em cada situação particular"[1812].

Comum a todas estas técnicas, como já se disse atrás, é o facto de o legislador consagrar regimes optando pelo tipo e não pela individualização, de modo a simplificar a tarefa da administração (e do juiz) no momento de aplicação da lei fiscal[1813].

[1811] A propósito da "presunção-conceito": ANTÓNIO DOS SANTOS JUSTO, "A «Fictio Iuris» ...", cit., p. 514, nota 3.

[1812] ANTÓNIO DOS SANTOS JUSTO, "A «Fictio Iuris» ...", cit., pp. 513-514 – embora não seja claro se o autor se está a referir apenas às presunções elidíveis, quanto a este aspecto, o mesmo vale para as inilidíveis, e até para as outras técnicas presuntivas ou "presunções" em sentido amplíssimo.

[1813] Parecendo preferir as tipificações administrativas conjugadas com os tipos legais abertos, às tipificações legais, mas sem questionar a constitucionalidade das "técnicas presuntivas", até porque elas são utilizadas nas tipificações administrativas (V. o exemplo do decreto-regulamentar 2/90 de 12.1, dado pelo autor), JOSÉ LUÍS SALDANHA SANCHES, *A Quantificação da obrigação tributária...*, cit., pp. 174-179. E preferindo as tipificações legais às administrativas, JOSÉ CASALTA NABAIS, *O Dever fundamental...*, cit.,

Estas mesmas funções já eram prosseguidas por estes institutos no Direito Romano, como nos elucida Santos Justo. Diz-nos o professor que as presunções *iuris* (referindo-se às presunções *iuris tantum*) são um "expediente que, tendo por base uma certa probabilidade ou normalidade, justifica a elaboração de normas jurídicas (...)" de modo a "(...) eliminar as obscuridades, os equívocos e as incertezas, defendendo a segurança e a precisão postuladas pela realização prática do Direito... (a) assegurar a justiça, a equidade e o bem comum moral, social e económico... (a) afastar a possibilidade de os litígios se protelarem indefinidamente e de receberem soluções contraditórias, susceptíveis de abalarem a *pax* social e o prestígio da autoridade judicial", em suma "enquanto houver dúvidas, for limitada a capacidade humana de atingir a verdade e se fizer sentir a necessidade de preservar valores de ofensas que desestabilizam a vida humana e comprometem gravemente a sociedade, a *ars juridica* não pode dispensar as *praesumptiones*[1814].

Esta argumentação aplica-se também, *mutatis mutandis*, às presunções *iuris et de iure*, às ficções e às técnicas semelhantes[1815].

Na doutrina e jurisprudência alemãs, como vamos ter oportunidade de discutir mais detalhadamente no próximo número, o recurso por parte do legislador fiscal a estas proposições jurídicas é considerado perfeitamente legítimo. Por exemplo, comentando o § 88 da AO, Klaus Tipke afasta da submissão à prova os "factos ficcionados na lei", mesmo quando são consagrados através de montantes quantificados. Diz-nos Tipke, sem pôr em causa a constitucionalidade desse § 88, que "as ficções das situa-

---

pp. 336-337. Na p. 377, diz CASALTA NABAIS, talvez por adoptar a posição de Isensee (de que a tipificação é ilegal e está relacionada com situações de emergência), que a habilitação legal para a tipificação administrativa só deve ocorrer "relativamente a situações verdadeiramente excepcionais".

[1814] ANTÓNIO DOS SANTOS JUSTO, "A «Fictio Iuris»...", cit., p. 521-522. No mesmo sentido, e de forma mais passional, diz-nos o autor, na sua tese de mestrado (*A «Fictio Iuris»* ..., cit., pp. 110-111): "Só um pensamento desumanizado, prisioneiro do abstracto e da pura lógica, escravo dum racionalismo exacerbado e da sua endeusada técnica, será insensível ao drama que as «praesumptiones» pretendem evitar" (p. 111).

[1815] Se citarmos um outro clássico (FRANÇOIS GÉNY, *Science et Technique*..., III, cit., 262 e ss.), o autor desmistifica a desconfiança em torno destas técnicas, pois alguns autores consideravam-nas expedientes temporários. Diz-nos GÉNY que, "segundo a experiência que nos fornece o direito numa perspectiva histórica e até ao momento, (as presunções e as ficções) fazem parte, de facto, do "material de exploração", indispensável ao jurisconsulto. Por isso mesmo e de um ponto de vista puramente realista, devemos considerá-las impostas pela natureza das coisas..." (p. 264).

ções da vida e montantes forfetários servem para poupar o esclarecimento dos factos"[1816]. Elas servem a prossecução do princípio da igualdade e até a reserva de vida privada, no sentido em que é impossível à administração de massas assegurar uma suficiente fiscalização do universo dos contribuintes, o que conduz a uma elevada probabilidade de evasão fiscal. Por isso, um célebre acórdão do *BVerfG* de 1991, considerou que a tributação dos juros por englobamento, diferentemente do que acontecia com outros rendimentos de capitais que eram tributados na fonte, violava o princípio da igualdade, uma vez que a banca confirmou junto do tribunal, que a insuficiente fiscalização por parte da administração tributária conduzia a uma elevada evasão fiscal[1817]. A legislação que não conduza a uma igual aplicação da mesma é uma legislação que viola o princípio constitucional da igualdade[1818].

Também entre nós Alberto Xavier, e na Alemanha Kruse e Drüen no comentário ao § 4 da *AO*, tratam da questão das tipificações e "presunções inilidíveis" ou "ficções" e não levantam objecções à tipificação pelo legislador[1819]. Os exemplos dados por Alberto Xavier reconduzem-se a casos

---

[1816] KLAUS TIPKE, Tipke/Kruse, *AO/FGO Kommentar*..., cit., § 88, pp. 25-26, ponto 6. No mesmo sentido se pronuncia o autor em *Die Steuerrechtsordnung, I*, cit., 2.ª ed., pp. 132-133. O mesmo acontece no Direito austríaco: V., por exemplo, HANS GEORG RUPPE, "Steuergleichheit als Grenze der Steuervereinfachung", *Steuervereinfachung*, cit., pp. 39 e ss..

[1817] *BVerfGE*, 84, pp. 258 e ss..

[1818] O problema é que, como assinala KLAUS TIPKE, esta medida foi um novo impulso à evasão fiscal, desta feita à fuga de capitais para o Luxemburgo: Tipke/Kruse, *AO/FGO Kommentar*, § 30 a, 2004, pp. 74-75, ponto 4.

[1819] ALBERTO XAVIER, *Direito Fiscal I*, cit., pp. 278-281; KRUSE/DRÜEN, Tipke//Kruse, *AO/FGO Kommentar*, § 4, 2001, pp. 133-137 pontos 385, 389-394. Revelando uma concepção positivista, os autores começam por dividir a tipificação em tipificação na aplicação da norma (a chamada consideração tipificante diria respeito à "qualificação da situação da vida"), e a tipificação pelo legislador (a qual, tal como o conceito de tipo, se encontraria ao nível da "norma de decisão"). Os autores utilizam justamente conceitos opostos aos que encontramos em FRIEDRICH MÜLLER, o qual faz a crítica ao positivismo e aos conceitos de "concretização", e de "norma jurídica" indiferenciada do "texto da norma" (*Discours de la méthodique juridique*, Paris, 1996 (Berlin, 1993), trad. de Olivier Jouanjan, pp. 220 e ss.). Assim, recorde-se que Müller distingue o texto da norma, da norma jurídica e da norma-decisão. A norma jurídica não é descoberta, mas produzida pelo intérprete, num procedimento de concretização, com excepção das normas de quantificação. A norma-decisão é o passo seguinte, é o resultado do procedimento de concretização, é o acto que "individualiza a imputação" da norma jurídica produzida (IDEM, p. 223).

de autonomização de conceitos ou de regime fiscal, em relação aos do Direito Privado. Diz-nos o autor: "Assim, por exemplo, o art. 114.º do C.C.P., ao estabelecer que «quando um prédio, ou parte dele, for arrendado por quantia inferior a dois terços da última renda anual convencionada, ou do valor locativo, e se não encontrava anteriormente em regime de arrendamento, ter-se-á como não arrendado..., salvo se tiver ocorrido uma baixa geral do nível das rendas"[1820].

Por tudo o que dissemos até aqui, não concordamos com a distinção que Casalta Nabais faz entre presunções absolutas e ficções, considerando que estas são admissíveis por assentarem em regras de experiência comum, e afastando essa ideia de probabilidade das presunções absolutas, quando, como vimos, historicamente, a ideia de probabilidade está ligada às presunções e não às ficções[1821]. Em qualquer dos casos, o que temos são, pois, técnicas que exprimem tipos.

As tipificações legais, nomeadamente na variante das quantificações ou montantes forfetários, são expressamente conotadas com a simplificação do Direito Fiscal[1822]. Por isso, em geral, os autores não questionam a constitucionalidade das técnicas presuntivas legais e a grande discussão em redor do tema ocorre a propósito da tipificação na aplicação da norma. Esta última, segundo os autores, "encontra-se ao nível da qualificação da situação da vida, (e) tem por objectivo fingir situações da vida para a tributação"[1823] "segundo a sua forma típica de manifes-

---

[1820] ALBERTO XAVIER, *Direito Fiscal I*, cit., p. 279. O C.C.P. era o Código da Contribuição Predial.

[1821] JOSÉ CASALTA NABAIS, *O Dever fundamental...*, cit., pp. 500-501 (pp. 497 e ss.). Todavia, sem referir a palavra presunções, CASALTA NABAIS fala num mito do rendimento real e num "contínuo em que o elemento real e o elemento normal se combinam em doses diversas: JOSÉ CASALTA NABAIS, "O Quadro constitucional...", cit., p. 22 (e p. 23); cf. Ac. do Tribunal Constitucional n. 84/2003, ponto 11.

[1822] Para um exemplo recente, V. ACHIM ROGMANN, *Die Bindungswirkung von Verwaltungsvorschriften, Zur Rechtslage insbesondere im Wirtschafts-, Umwelt- und Steuerrecht*, Köln, Berlin, Bonn, München, 1998, pp. 203-204. Um dos exemplos mais citados de tipificação (quantificação) legal é o do § 9 a do *EStG*, que estabelece montantes certos de dedução de certas despesas profissionais. V., ainda, ROMAN SEER, "Steuergerechtigkeit durch Steuervereinfachung, Symposium der Deutschen Steuerjuristischen Gesellschafte. V. vom 18. Februar 1995, Bundesfinanzakademie Brühl", *StuW*, 1995, n.º 2, pp. 184 e ss. 187-188 e 191-192; MONIKA JACHMANN, "Grundthesen zu einer Verbesserung...", *StuW*, 1998, n.º 3, pp. 204 e ss..

[1823] Como já dissemos: V. ainda KRUSE/DRÜEN, Tipke/Kruse, *AO/FGO Kommentar*, § 4, 2001, p. 133, ponto 385.

tação"[1824], ignorando o caso individual e, quando não admite prova em contrário, constitui uma "presunção absoluta"[1825]. Dito por outras palavras – as de Osterloh – o método tipificante (referindo-se à aplicação do Direito) é um "operar com ficções e presunções da situação da vida"[1826], as quais "esclarecem a situação da vida típica"[1827-1828].

A utilização do método oposto, de descrição da situação da vida na sua tipicidade aberta, quando se trata das disposições legais de determinação da matéria tributável que apelam à consideração individualizada do sujeito passivo – é, aparentemente, mais próxima do rendimento real, e portanto, da capacidade contributiva, mas ela é também, no Direito Fiscal, mais propícia a comportamentos abusivos[1829].

Mas repare-se que a tipificação legal (fechada) está apenas um degrau acima dos tipos abertos e da chamada "subsunção" do caso individual, pois, como nos diz Engisch, ao tratar da individualização e da subsunção do facto à norma, subsumem-se apenas as "notas essenciais"[1830], e "o caso singular concreto, na totalidade dos seus traços individuais, aparece... como ponto de partida e não como objecto de tratamento jurí-

---

[1824] KRUSE/DRÜEN, Tipke/Kruse, *AO/FGO Kommentar...*, cit., § 4, p. 134, ponto 386.

[1825] IDEM, KRUSE/DRÜEN, Tipke/Kruse, *AO/FGO Kommentar...*, cit., § 4, p. 134, ponto 386.

[1826] LERKE OSTERLOH, *Gesetzesbindung und Typisierungsspielräume...*, cit., p. 58.

[1827] LERKE OSTERLOH, *Gesetzesbindung und Typisierungsspielräume...*, cit., p. 59.

[1828] Também entre nós, sem recorrer ao termo presunção, JOSÉ XAVIER DE BASTO aponta os regimes das provisões e das amortizações como "bons exemplos (de) normalização" do apuramento da matéria tributável. Diz-nos o autor, que a "tributação do rendimento real é compatível, a meu ver, com alguma "normalização" do apuramento da matéria colectável": "O Princípio da tributação do rendimento real...", cit., p. 12.

[1829] Como nos diz entre nós, por exemplo, JOSÉ XAVIER DE BASTO: "O Princípio da tributação do rendimento real...", cit., p. 13: "a diversidade das situações obriga, sob pena de se abrir a porta à evasão, a uma normalização...". Em sentido aparentemente contrário, de que os conceitos jurídicos indeterminados e a atribuição de discricionariedade à administração são necessários para controlar a evasão fiscal, JOSÉ CASALTA NABAIS, *Direito Fiscal*, cit., 2.ª ed., pp. 138-139 e ss.. Trata-se de um sentido só aparentemente contrário, uma vez que nesses casos pode ser recomendável que a administração tipifique. No fundo, trata-se da necessária conjugação de técnicas pelo legislador para prosseguir diferentes objectivos. De qualquer forma, no Direito Fiscal actual, a praticabilidade justifica, em regra, a tipificação, por contraposição ao apuramento do rendimento real individualmente considerado, e essa tipificação ou ocorre ao nível da lei ou da administração.

[1830] KARL ENGISCH, *Die Idee der Konkretisierung...*, cit, p. 199.

dico"[1831]. Ainda assim, é reconhecido que a tendência para a consideração dos tipos não é absoluta, pois, por um lado, esse interesse do Direito pelos casos típicos, está relacionado, fundamentalmente, com a incapacidade de ter em conta o individual, embora muitas vezes o tente: e estas tentativas estão ligadas às preocupações de justiça e equidade[1832].

A tipificação é, portanto, uma característica do Direito, e está relacionada com o tipo e o pensamento tipológico. Como já referimos anteriormente, o legislador também recorre ao tipo para confrontar a sua ideia jurídica (dever ser) com a subsunção de futuras situações da vida (ser) à norma[1833]: a formulação da norma tem por base o tipo, o *"Tertium"* que se "situa entre o dever ser e o ser, entre o especial e o geral"[1834].

A descrição (aberta) da tipicidade das situações da vida postula uma intervenção mais activa da administração e dos tribunais, os quais recorrem ao mesmo método tipológico, "indutivo-dedutivo", no sentido de Arthur Kaufmann, de forma a controlar os comportamentos elisivos: exemplo já famoso entre nós é a recente jurisprudência sobre a tributação dos juros decorridos ou a interpretação judicial da chamada "lavagem de cupões"[1835].

Acabámos de dizer que as tentativas da consideração do "individual" pelo legislador estão relacionadas com preocupações de justiça e equidade.

Mas também no que diz respeito às ficções e às presunções absolutas, a maior parte dos exemplos que mencionámos prosseguem objectivos de justiça fiscal e não o contrário – é o caso das normas antiabuso e da jurisprudência comunitária sobre o estabelecimento estável e a terceira categoria de sujeitos passivos, pessoas singulares. Como vimos, aliás, a figura da *fictio iuris* surgindo por necessidades práticas, tinha mesmo como objectivo repor a justiça em relação a situações que não

---

[1831] KARL ENGISCH, *Die Idee der Konkretisierung...*, cit., p. 200. Sobre as disposições legais fiscais e o facto de consagrarem tipos, IDEM, pp. 280-281.

[1832] KARL ENGISCH, *Die Idee der Konkretisierung...*, cit., pp. 203-204.

[1833] Assim, ARTHUR KAUFMANN, *Grundprobleme der Rechtsphilosophie*, cit., p. 113; V. também KARL ENGISCH, *Die Idee der Konkretisierung...*, cit., pp. 272, 275-277, realçando a dependência dos tipos jurídicos da tipicidade dos fenómenos da vida; a propósito do Direito Fiscal, considerando que toda a regra legal deve tipificar de forma a garantir a igualdade exigida pela constituição, e citando vários acórdãos do Tribunal Constitucional alemão, PAUL KIRCHHOF, "Der verfassungsrechtliche Auftrag...", cit., pp. 9 e ss..

[1834] ARTHUR KAUFMANN, *Grundprobleme der Rechtsphilosophie*, cit., p. 113.

[1835] Acórdão da 2.ª Secção do STA, de 3 de Maio de 2000, rec. n.º 24585.

eram abrangidas pelo Direito[1836]. E embora o Direito Fiscal seja um Direito de sobreposição, uma vez que incide sobre outras instituições e depende de outros ramos de Direito, recorrendo aos tipos estruturais destes, também é verdade que o regime fiscal tem, frequentemente, necessidade de se afastar das regras desses ramos de Direito e de se autonomizar: fá-lo a maior parte das vezes por presunções e ficções[1837].

Todas estas técnicas são instrumentos do legislador para exprimir o Direito, "os princípios jurídicos-gerais" (Erik Wolf), "os princípios ético-jurídicos" (Karl Larenz), "as máximas de uma actuação justa" (Wieacker), portanto, as exigências fundamentais da justiça, dos costumes, do *bonum commune*: se nos referirmos aos três níveis do processo de realização do Direito apontados por Arthur Kaufmann ("o primeiro, o dos princípios gerais-abstractos, supra-positivos e supra-históricos, o segundo,

---

[1836] V. os diversos exemplos estudados por ANTÓNIO DOS SANTOS JUSTO, "A «Fictio iuris» ...", pp. 102 e ss., 105 e ss., 113 e ss., 192 e ss., entre outros. Diz-nos o autor, por exemplo, que a Lex Cornelia "validou o testamento dos romanos falecidos *apud hostes* através da ficção de que o testador «*in hostium potestate non pervenisset*», ou seja, faleceu no momento em que foi capturado pelo inimigo e, portanto, quando ainda era livre". Com esta ficção pretendia-se que o testamento fosse válido, uma vez que o testador devia ter ininterruptamente a "testamenti factio" (desde o momento do nascimento até ao da morte), sem ter perdido a liberdade, para que o testamento fosse válido, e se perdesse a liberdade não tinha a "testamenti factio". A "lex preferiu alterar os factos em vez de modificar o Direito" (IDEM, pp. 102-104).

[1837] Esta ideia de técnicas legislativas de controlo do abuso dos regimes fiscais, encontramos em ALBERTO XAVIER, *Direito Fiscal I*, cit., pp. 278-281; e em J.E. KRING, "Fictions et présomptions en Droit Fiscal", *Les Présomptions et les fictions en droit*, et. pub. par Ch. Perelman e P. Foriers, Bruxelles, 1974, pp. 162 e ss.: diz-nos o autor, dando-nos vários exemplos de *presunções absolutas, ficções e presunções iuris tantum* que todas estas técnicas têm como finalidade combater as lacunas de que o devedor se poderia servir para escapar à aplicação da lei, e que em muitos destes casos (de ficções e presunções absolutas) está subjacente a necessidade de o Direito Fiscal se afastar dos conceitos e regimes do Direito Civil ou dos outros Direitos aos quais se sobrepõe: "É com efeito, frequentemente por via das presunções ou das ficções que se realizam a maior parte das derrogações fiscais às regras civis, comerciais, sociais, e mesmo administrativas" (Idem p. 163): se voltarmos ao caso do estabelecimento estável e da "ficção" que as identifica com as filiais, deixa de ser elemento relevante a personalidade jurídica para efeitos fiscais. Se pensarmos na actual tributação das obrigações de cupão zero como juros decorridos, ficciona-se uma identidade no Direito Fiscal que não corresponde à do Direito Civil. Se pensarmos na não tributação das mais-valias resultantes de operações de fusão – que só serão tributadas quando as acções forem alienadas a terceiros – ficciona-se a não existência de mais-valias: V. alguns destes exemplos, e outros em J.E. KRINGS, IDEM, pp. 164 e ss..

(...) o da lei em vigor, geral-concretizadora, formal-positiva, não supra-histórica, [e] o terceiro, o do Direito concreto, material-positivo, histórico" ou "a ideia de Direito – norma de Direito – decisão de Direito"[1838]), em que o nível superior está sempre presente no momento da realização do Direito[1839], percebemos que o rendimento real não é um facto empírico puro, muito menos ligado ao individual, mas uma situação da vida já valorada[1840]. Diz-nos ainda Kaufmann que "a fórmula mágica da 'força normativa do fáctico' exerceu sempre um encanto... mas... não existe – quando se retiram qualidades verdadeiramente normativas de um facto... nunca se trata de um facto empírico, mas de uma situação da vida já valorada por lei"[1841]; ou, dito de outra forma, o rendimento real é o que o legislador entende, segundo a 'sua' Ideia de Direito, ser o rendimento real, e a capacidade contributiva individual é o que o legislador entende, segundo aquela 'Ideia', ser a capacidade contributiva individual: i.e., o individual é a ideia de Direito aplicada ao individual, e essa ideia do Direito exprime-se, também no Direito Fiscal, frequentemente, pelo tipo[1842].

[1838] ARTHUR KAUFMANN, "Analogie und 'Natur der Sache' "..., cit., pp. 9-10.
[1839] ARTHUR KAUFMANN, "Analogie und 'Natur der Sache' "..., cit., p. 10.
[1840] ARTHUR KAUFMANN, "Analogie und 'Natur der Sache' "..., cit., pp. 10-11. Em sentido semelhante, i.e., distinguindo entre as "realidades naturais ou simplesmente pré-jurídicas; as realidades já com um específico sentido e conformação social...; e, por último, as realidades jurídico-sociais, as instituições jurídico-sociais existentes", A. CASTANHEIRA NEVES, *Curso de introdução ao estudo do Direito*, Lições proferidas a um curso do 1.º ano da Faculdade de Direito de Coimbra no ano lectivo de 1971-72, Coimbra, 1971-72, pp. 419-b, 420-b e ss., 426-b, 407-c – 410-c e ss..
[1841] ARTHUR KAUFMANN, "Analogie und 'Natur der Sache' "..., cit., pp. 10-11.
[1842] É esta preocupação de justiça fiscal que encontramos em J.L. SALDANHA SANCHES ao distinguir os "procedimentos de avaliação indiciária" (actuais métodos de avaliação indirecta) das "antigas presunções". Ao enquadrar o que designa por "prova indirecta, avaliação indirecta, indícios, presunções, e outros métodos de aplicação da lei fiscal e de prova pela administração, numa epígrafe comum "procedimentos de avaliação indiciária", SALDANHA SANCHES (*A Quantificação da obrigação tributária...*, cit.) não tece nenhum juízo de inconstitucionalidade. Diz-nos o Professor: "A principal diferença em relação ao regime anterior – o que tem um importante significado – é a tentativa de definir em termos mais rigorosos o conteúdo e o limite dos poderes que podem ser utilizados pela Administração, para reagir aos incumprimentos do sujeito passivo" (p. 395). "E tudo isto porque num sistema fiscal dotado de alguma racionalidade e num ordenamento jurídico-tributário que salvaguarde os direitos dos sujeitos passivos, a tributação através de elementos de prova indirecta deve ter um carácter marcadamente excepcional" (p. 40). Citando o CIVA, diz-nos SALDANHA SANCHES, que a utilização de presunções neste código (e o autor parece abranger nesta justificação os métodos de avaliação indirecta que anteriormente referiu)

Especificamente, no caso das "normas de avaliação", a fixação, à partida, de montantes quantitativos (e como tal determinados) permite a estas normas de imposto atingir algo que é impossível à maioria das normas jurídicas e à maioria dos ramos de Direito – a determinação da lei –, e que provoca tantas discussões dogmáticas, desde o Direito Administrativo, até ao Direito Fiscal e ao Direito Penal[1843]: no Direito Fiscal, é possível consagrar conceitos (totalmente) determinados, pelo menos, numa parte da norma (a dedução de 10% das despesas de saúde implica determinar o significado de despesas de saúde, mas já não é possível discutir o montante permitido a cada sujeito passivo, mais ou menos saudável, mais ou menos hipocondríaco). A fixação de montantes quantitativos, que tantas discussões evitaria sobre "o grau de determinação exigível" para fins da reserva de lei, e sobre o papel conformador da administração e dos tribunais na aplicação e concretização do Direito[1844], provoca afinal, tantas reacções de indignação por parte de alguma doutrina tributarista, por pôr em causa, supostamente, a capacidade contributiva e a justiça fiscal e os princípios associados de investigação e da verdade material[1845].

---

têm como pressupostos «"haver necessidade de recorrer" a tais métodos "por carência de elementos que permitam apurar claramente o imposto"» (p. 413).

Como nos diz DIEGO MARÍN-BARNUEVO, dando-nos notícia da discussão em Espanha e Itália, e que também teve repercussões entre nós, "tradicionalmente, considerou-se que todas estas técnicas presuntivas tinham em comum a sua incidência na actividade probatória, que determinava a existência de descompensações probatórias a favor da administração que, por seu turno, poderiam dar lugar a obrigações alheadas dos ideais de justiça constitucionalmente reconhecidos": *Presunciones...*, cit., p. 229.

[1843] Na verdade, só os conceitos numéricos são "unívocos em sentido forte"; na classificação de ARTHUR KAUFMANN, no outro extremo estão os conceitos "equívocos", com múltiplos significados, e no meio, os conceitos análogos, que são formas de expressão simbólica, metafórica, e que se reconduzem aos conceitos indeterminados de HECK (com um núcleo determinado e uma auréola indeterminada): "Analogie und 'Natur der Sache'"..., cit., p. 23.

[1844] Uma vez que, como se sabe, só em relação aos conceitos quantificados é possível uma "aplicação" do Direito, próxima de um "acto de transposição desprovido de qualquer valorização", de uma "conclusão lógico-jurídica". Ainda assim, pode haver aqui dificuldades de interpretação, não existindo identidade entre texto de norma e norma: V., por todos, FRIEDRICH MÜLLER, *Discours de la méthodique...*, cit., p. 223 (pp. 220 e ss.).

[1845] Neste sentido, embora a propósito da tipificação judicial, HANS-JÜRGEN PAPIER, *Die finanzrechtlichen Gesetzesvorbehalte...*, cit., pp. 207-209. E no mesmo sentido, embora a propósito da tipificação administrativa, JOSÉ LUÍS SALDANHA SANCHES, *A Quantificação da obrigação tributária...*, cit., pp. 179 e ss..

Entre nós, como em outros países latinos, a antipatia pelas presunções nas leis fiscais, está relacionada com um longo período de tributação dos "rendimentos presumidos normais" de certas categorias, correspondentes a sujeitos passivos de baixa capacidade contributiva, e com o facto de elas reforçarem a já existente supremacia da administração na relação jurídica de imposto.

Na base desta tributação presumida estiveram diversas causas, nomeadamente, uma ponderação de custos-benefícios (custos administrativos com a fiscalização individual vs. receitas cobradas), mas tal método ficou associado a uma ideia generalizada de injustiça fiscal, por agrupar um conjunto de sujeitos passivos com capacidades contributivas bastante diferentes, pelo facto de as presunções adoptadas terem só em conta os tipos médios e não conjugarem elementos de individualização, e por, mesmo no caso das presunções *iuris tantum*, existir um efeito desmoralizador do sujeito passivo que, em termos estatísticos, não conseguia fazer valer as suas razões perante as da administração[1846].

[1846] V. JOSÉ CASALTA NABAIS, *O Dever fundamental...*, cit., pp. 497 e ss.; e "O Quadro constitucional...", cit., pp. 29 e ss.. V. ainda estas razões apontadas pela doutrina tradicional espanhola, em DIEGO MARÍN-BARNUEVO FABO, *Presunciones y técnicas presuntivas...*, cit., pp. 229 e ss.. O autor porém, critica e desmistifica estes receios. V., também, por exemplo, ERNESTO ESEVERRI MARTINEZ, *Presunciones legales y derecho tributario*, Madrid, 1995, p. 33 (pp. 25-43): "...Na perspectiva dos princípios que enformam o nosso Estado de Direito e que a Constituição perfilha, devo assinalar que enquanto as chamadas ficções jurídicas serão contrárias à ordem estabelecida enquanto voltem as costas aos princípios que fundamentam o dever de contribuir conforme aos postulados de justiça – por não responder a critérios de igualdade contributiva, de capacidade económica, por serem contrárias à ideia de generalidade ou procurarem uma desigual distribuição da carga tributária à margem das capacidades económicas individuais –, as presunções serão não conformes ao Direito quando a conexão entre o facto presumido e o efeito estabelecido resulte absurda, incoerente, irracional, arbitrária ou impossível de impugnar, de forma que a lógica correlação entre o facto ocorrido e o provável conduza a uma *probatio diabolica* de impossível consecução". O autor na verdade não admite a aplicação das presunções inilidíveis, quando elas se afastem do tipo: "A presunção absoluta impede ao contribuinte o exercício da prova, mas não proíbe a administração de tomá-la em consideração quando a relação causal entre o facto estabelecido e o presumido não corresponda à realidade" (p. 42). Essa obrigação é exigida, segundo o autor, pelo princípio da verdade material (Idem). Comum aos dois autores é aceitarem em princípio, a consagração de técnicas presuntivas, desde que estas observem os limites constitucionais. No Direito Brasileiro, relacionando as presunções com as necessidades de simplificação do Direito Fiscal, HELENO TAVEIRA TORRES, "Transacção, arbitragem e conciliação judicial como medidas alternativas para resolução de conflitos entre administração e contribuintes – simplificação e eficiência administrativa", *Revista de Direito Tributário*, n.º 86, pp. 53 e ss..

Sem embargo, tal como se caracterizam actualmente os códigos de imposto sobre o rendimento, as tipificações, incluindo as quantitativas, não são contrárias, mas sim imprescindíveis para a realização da igualdade fiscal no Estado de Direito.

A única questão de constitucionalidade que se pode colocar diz respeito às presunções absolutas nas normas de incidência real (presunções absolutas de que o sujeito passivo obteve um determinado rendimento).
É o que cabe indagar de seguida.

5. A legitimidade constitucional da tipificação legal, as vantagens do método e o artigo 73.º da LGT (conclusões)

Referimo-nos no capítulo anterior à descrição de tipos empíricos estruturais como um dos métodos recomendáveis e preferidos do legislador fiscal.

Estamos agora a tratar de uma variante desse método. Como temos vindo a referir, o legislador fiscal, em vez de deixar a concretização tipificante aos órgãos de aplicação da lei, pode ele próprio recorrer à tipificação, afastando-se do caso concreto, e, ao mesmo tempo, fechando (tendencialmente) os tipos legais. Através deste método, além de conseguir "simplificar", obtendo consequências jurídicas uniformes, consegue ainda uma execução da lei menos onerosa, quer para a administração (e tribunais) quer para o sujeito passivo, que, por exemplo, pode ficar dispensado de deveres de cooperação, tais como o dever de esclarecimento e de organização de documentação[1847].

Como nos diz Karl Engish, uma "divisão da ordem social muito detalhada conduz a um "particularismo" do domínio jurídico ou ao caos do Direito". E se o legislador entrar em muitos detalhes toda a ordem jurídica sofre com isso[1848]. As tipificações legais tornam os *Tatbestände* de imposto simplificados, de cunho explícito e avesso aos comportamentos fiscais abusivos.

[1847] JOSEF ISENSEE, "Vom Beruf unserer Zeit...", *StuW*, 1994, n.º 1, cit., pp. 9-10. Apontando a mesma vantagem, mas, neste caso, a propósito da tipificação administrativa: JOSEF ISENSEE, *Die typisierende Verwaltung...*, cit., pp. 144-145.
[1848] KARL ENGISH, *Die Idee der Konkretisierung...*, cit., p. 157.

Mas, como já dissemos nas páginas anteriores, os *Tatbestände* simplificados (e fechados) poderão pôr em causa as exigências materiais constitucionais, nomeadamente, o princípio da igualdade fiscal, que requer a consagração de diferenças normativas. Vejamos se assim é, e vejamos mais concretamente o que significa a tipificação legal em confronto com a tipificação administrativa e judicial.

Como se sabe, a reserva de lei, na tradição do constitucionalismo liberal, continua a ser o instrumento mais eficaz para assegurar a igualdade, por esta aparecer associada à lei geral e abstracta, sendo certo que, embora a generalidade e a abstracção constituam pressupostos de igualdade, elas não são suficientes – porque a legislação fiscal, segundo a praxis contemporânea, já não transmite uma Ideia de Lei geral, avessa a benefícios (ou até privilégios), e portanto não atribui à administração e aos tribunais um critério de decisão de confiança.

Com efeito, e desde logo, essa igualdade só é garantida se for estabelecida por "princípios reconhecíveis e coerentes", e, por isso, as diferenciações introduzindo regimes especiais e excepcionais não são desejáveis: é exactamente o caso dos benefícios fiscais, que são dificilmente eliminados uma vez introduzidos, e que apenas se destinam aos representados por grupos de interesses[1849].

Assim, se a reserva de lei deve servir também a justiça fiscal, e reconhecendo que o legislador dispõe de uma ampla margem de livre conformação, o princípio da igualdade fiscal exige-lhe que estabeleça as condições para uma execução correcta da lei, isto é, que o resultado de facto – a carga fiscal – corresponda ao tipo legal de imposto, sob pena de a execução ser contrária à igualdade, e comportar a inconstitucionalidade da própria lei[1850].

Dentro da sua margem de livre decisão, o legislador conforma os tipos legais fiscais, de modo diversificado, dentro dos limites das técnicas legislativas possíveis, nomeadamente, como já referimos, optando entre

---

[1849] JOSEF ISENSEE, "Vom Beruf unserer Zeit...", *StuW*, 1994, n.º 1, cit., pp. 5-6 e 7-8.

[1850] Assim, PAUL KIRCHHOF, "Besteuerung nach Gesetz", *FS für H.W. Kruse...*, cit., pp. 18-19 (citando o acórdão do *BVerfGE* 84, 239 (272)); "Steuergleichheit durch Steuervereinfachung", *Steuervereinfachung, Hrsg.* Peter Fischer, *DStJG*, Bd. 21, Köln, 1998, pp. 17 e ss.. (9-28); a propósito do ordenamento austríaco, no mesmo sentido: HANS--GEORG RUPPE, "Steuergleichheit als Grenze der Steuervereinfachung", *Steuervereinfachung*, cit., pp. 36 e ss..

regimes mais próximos do tipo médio ou frequente, e regimes mais próximos do caso individual.

Tendo em conta a complexidade dos Direitos Fiscais contemporâneos, que se desdobram não só pelas diferentes manifestações de capacidade contributiva, como pelos diferentes níveis territoriais que se ajustam e sobrepõem (internacional, da Comunidade Europeia, estadual (is), regional e local), podemos afirmar que se torna exigível que a justiça fiscal, assegurada pelos órgãos legislativos e de aplicação da lei, seja pensada na perspectiva do tipo, com um recuar da conformação dos regimes segundo a individualidade.

Isto não significa que o legislador deva abdicar da tributação segundo o rendimento real (no sentido de tributação directa ou tributação com base na declaração do contribuinte) – nem lhe é legítimo tomar essa opção – mas sim, que a tributação do rendimento real não prescinde de tipificações e que a tributação segundo métodos directos, embora prevalecente, deve ser conjugada com métodos indirectos: o legislador tem discricionariedade para, dentro dos limites constitucionais, encontrar um ponto de equilíbrio, como é defendido no acórdão 84/2003 do Tribunal Constitucional e pela doutrina[1851].

A constitucionalidade das tipificações legais, em matéria de impostos, não tem sido posta em causa pelo *BVerfG* que as considera parte da margem de livre conformação legislativa, nomeadamente, se essas tipificações estiverem ligadas à "realidade" (aos tipos empíricos) – o princípio da igualdade não é automaticamente violado pelo recurso ao método tipificante, mesmo quando se trate de "tipificações inilidíveis"[1852]. Por exemplo, chegou ao Tribunal um caso sobre as deduções relativas a despesas profissionais relacionadas com uma divisão de trabalho em casa, em que a administração fiscal, tendo aplicado o § 4 Abs. 5 n. 6 b) da *EStG*, não permitiu que um professor de ginástica deduzisse mais do que o montante de 2400 DM, limite máximo previsto nessa norma (segundo a qual "desde que a utilização empresarial ou profissional do quarto de trabalho

---

[1851] JOSÉ CASALTA NABAIS, "O Quadro constitucional…", cit., p. 32-34; ANTÓNIO CARLOS DOS SANTOS, "Os métodos indiciários e a questão fiscal", *Da Questão fiscal…*, cit., p. 91; Ac. do Tribunal Constitucional n.º 84/2003, ponto 11.

[1852] Assim, PAUL KIRCHHOF, "Besteuerung nach Gesetz", *FS für H.W. Kruse…*, cit., p. 20; cf. WOLFGANG SCHÖN ("Vermeidbare und unvermeidbare…", cit., p. 33) que refere esta posição do Tribunal Constitucional, mas não concorda com ela por pôr em causa a neutralidade fiscal, prejudicando o sujeito passivo.

respeite a mais de 50% da actividade ou se não houver nenhum outro local de trabalho para esta actividade, as despesas são dedutíveis até ao limite de 2400 DM")[1853].

O Tribunal considerou que o referido montante máximo da dedução não era inconstitucional, porque ele "estava dentro do espaço de conformação do legislador e estava ligado à realidade"[1854]. Nós temos uma disposição semelhante, no art. 33.º n.º 5, do CIRS segundo a qual, "o sujeito passivo (que) afecte à sua actividade empresarial e profissional parte do imóvel destinado à sua habitação, os encargos dedutíveis com ela conexas referentes a amortizações ou rendas, energia, água e telefone fixo, não podem ultrapassar 25% das respectivas despesas devidamente comprovadas"[1855].

[1853] PAUL KIRCHHOF, "Besteuerung nach Gesetz", *FS für H.W.Kruse...*, cit., p. 20.
[1854] *BVerfGE* 96, p. 6; 101, p. 309.
[1855] Outros limites deste género são estabelecidos pela nossa lei de IRS (e não só), quanto às deduções de rendimentos de trabalho dependente (art. 25.º do CIRS) (por exemplo, x por cento do valor dos rendimentos brutos da categoria A, com o limite de y €; ou ainda as dedução das quotizações sindicais desde que não excedam 1% por cento do rendimento bruto da categoria, acrescidas de 50%) e quanto à dedução de encargos de rendimentos empresariais e profissionais determinados com base na contabilidade (arts. 28.º e 33.º do CIRS). Assim, quanto a estes últimos, mesmo que se trate de encargos contabilizados como custos ou perdas de exercício, são só dedutíveis até 50%, da totalidade dos encargos suportados com viaturas ligeiras de passageiros, motos e motociclos, utilizados no exercício da actividade empresarial e profissional, com excepção das que sejam afectas à exploração de serviço público de transporte ou destinadas a serem alugadas no exercício da actividade normal do sujeito passivo; as despesas de representação e valorização profissional do sujeito passivo ou de membros do seu agregado familiar que com ele trabalham, são dedutíveis até 10%, no seu conjunto, do total dos proveitos contabilizados, sujeitos e não isentos deste imposto; as despesas de deslocações, viagens e estadas do sujeito passivo ou de membros do seu agregado familiar, que com ele trabalham, são dedutíveis, até 10%, no seu conjunto, do total dos proveitos contabilizados, sujeitos e não isentos de IRS; todas estas despesas, no seu conjunto, não podem exceder 25% do total dos proveitos contabilizados, sujeitos e não isentos de IRS. Há ainda limitações previstas no IRC e aplicáveis a esta categoria de rendimentos. E remete-se para portaria do ministro das finanças a fixação de um número máximo de veículos e respectivo valor por sujeito passivo, mas esta norma leva-nos às tipificações administrativas de que trataremos adiante.

Acabámos de enunciar, no número anterior, muitos exemplos, relacionados com deduções à colecta (30% de certas despesas de saúde, 30% de certas despesas de educação, 25% de encargos com lares até um determinado limite em euros), e podemos acrescentar outro tipo de regras: a tributação em 75%, 60%, 40% ou 30% das mais-valias consoante o período de detenção de partes sociais ou de valores mobiliários (art. 43.º do

Podemos também seguir, nesta matéria, Paul Kirchhof, que fundamenta a sua posição com vários acórdãos do *BVerfG*: O legislador fiscal tem um espaço de liberdade para "regulações generalizadoras, tipificantes e mesmo forfetárias...", "... segundo tipos sociais, abrangendo o individual através do tipo, generalizando o concreto, desconsiderando diferenças... e servindo também deste modo o princípio da igualdade"[1856]. Dentro desse espaço, ele "pode também facilitar a realização, do ponto de vista procedimental/processual, da pretensão fiscal, ponderando, dessa forma, os meios pessoais e financeiros disponíveis do Estado". Diz-nos ainda Kirchhof que "a tipificação do *Tatbestand* pode servir para tornar mais perceptíveis e compreensíveis as situações da vida complexas, de modo a clarificar o fundamento da carga fiscal". "Através da conformação tipificante, o legislador pode escolher tipos inilidíveis", por exemplo, quando, para efeitos do imposto sobre o rendimento só admite a dedução de um montante certo de despesas profissionais ou necessárias à existência[1857].

O princípio da igualdade é satisfeito com a utilização da tipificação nas diversas categorias de normas do *Tatbestand* sistemático de imposto, tal como ilustrámos acima através do CIRC e do CIRS: despesas profissionais, deduções à colecta, taxas proporcionais e progressivas de imposto. A tipificação legal serve mesmo os interesses de uma aplicação igual da lei (porque não põe em perigo a execução igual da lei que se poderia perder nos meandros dos detalhes individuais)[1858].

Como nos diz Monika Jachmann, "a capacidade contributiva individual só pode ser apreendida de forma tipificada". E acrescenta, "a igualdade a garantir no resultado da carga fiscal só é possível porque o legislador se orienta pelo caso regra e constrói os *Tatbestände* segundo quadros típico-sociais, generaliza a individualidade do caso concreto e negligencia as diferenças. Tipificação significa que o legislador abrange

---

CIRS); e ainda, as próprias taxas liberatórias, as taxas dos escalões de progressividade, o montante certo para efeitos de mínimo de existência. Referimos atrás estes e muitos outros exemplos, respeitantes à contribuição autárquica (e imposto municipal sobre imóveis) e ao IRC.

[1856] PAUL KIRCHHOF, "Besteuerung nach Gesetz", cit., p. 20; PAUL KIRCHHOF, "Einleitung", Kirchhof, *EStG Kompakt Kommentar*, cit., pontos 41 e ss., pp. 9-10.

[1857] IDEM.

[1858] E protege ainda a esfera privada do sujeito passivo: PAUL KIRCHHOF, "Besteuerung nach Gesetz", cit., p. 20.

num *Tatbestand* o caso médio e trata os casos diferentes de forma igual, segundo este caso médio"[1859].

Entre nós, a presunção legal que tem provocado maiores discussões doutrinárias e jurisprudenciais ao longo das últimas décadas, é a da chamada "presunção (inilidível) de culpa funcional" dos gerentes e administradores de empresas, conduzindo à responsabilidade tributária subsidiária dos mesmos. Essa "presunção inilidível de culpa funcional" resulta da interpretação do STA do regime legal, e não foi considerada inconstitucional pelo Tribunal Constitucional[1860]. Esta presunção legal também está relacionada com um tipo médio (tipo médio de gestor), mas, ao contrário dos exemplos dados anteriormente, não está relacionada com o apuramento da capacidade contributiva, mas sim com uma responsabilidade por dívida de outrem.

Declarada inconstitucional foi a presunção inilidível do art. 14.º do Código de Imposto de Capitais, na versão de 1982, pelo acórdão do Tribunal Constitucional n.º 348/97, de 29 de Abril. Segundo esse artigo, presumia-se um juro mínimo nos mútuos e aberturas de crédito feitas pelas sociedades aos seus sócios (presunção inilidível), mas já para os mútuos e aberturas de crédito dos sócios à sociedade, das sociedades a terceiros ou entre pessoas singulares, a presunção era elidível, através de sentença judicial, em acção a propor contra o Estado, ou através da declaração do Banco de Portugal, em que se confirmasse a taxa de juro efectivamente praticada ou a sua existência[1861].

O Tribunal Constitucional declarou o art. 14.º do CIC inconstitucional, na parte em que não permitia a elisão da presunção de onerosidade dos mútuos feitos pelas sociedades a favor dos sócios, por violar o princípio da igualdade consagrado no art. 13.º da CRP.

Casalta Nabais, em comentário ao acórdão, vai mais longe e refere-se à violação do princípio da capacidade contributiva, porque a norma em causa "permite a tributação de situações sem qualquer suporte na capaci-

---

[1859] MONIKA JACHMANN, *Steuerrecht, Seite XIV, Teil 1, Allgemeines Steuerrecht*, § 30, p. 15, www.rrz.uni-hamburg./de/jachmann.

[1860] V., entre outros, os acórdãos do Tribunal Constitucional: n.º 328/94 (DR, II Série, 9 de Novembro de 1994); 379/00 (DR II Série, de 5 de Dezembro de 2000); n.º 44/01, de 31 de Janeiro, proc. n.º 486/99 (www.tribunalconstitucional.pt/Acordaos 01/1-100/4401.htm); n.º 247/01, de 23 de Maio, proc. n.º 486/99 (www.tribunalconstitucional.pt/Acordaos01/1-100/4401.htm).

[1861] Cf. ponto 4 do acórdão do Tribunal Constitucional, n.º 348/97.

dade contributiva. Na verdade, ao obstar, em termos absolutos, à possibilidade de o contribuinte provar a eventual insuficiência ou mesmo ausência de manifestações da respectiva capacidade contributiva, uma tal norma pode constituir-se em suporte duma tributação em que está de todo ausente o critério da capacidade contributiva"[1862].

Esta disposição do CIC e a argumentação de Casalta Nabais vão-nos ajudar a estabelecer limites às tipificações. Assim, cabe averiguar se as presunções inilidíveis são permitidas sempre que estejam em causa pressupostos de incidência real de imposto ou a insuficiência e/ou a ausência de manifestações de capacidade contributiva.

A este propósito, cumpre interpretar e determinar o alcance do art. 73.º da LGT, segundo o qual, as "presunções consagradas nas normas de incidência admitem sempre prova em contrário"; relacioná-lo com o art. 74.º da LGT, que estabelece regras de ónus da prova[1863] (para os

---

[1862] JOSÉ CASALTA NABAIS, "Presunções inilidíveis e princípio da capacidade contributiva", Fisco, 1998, n.ºs 84/85, p. 94. Também J.L. SALDANHA SANCHES/ANDRÉ SALGADO DE MATOS, defendem que os pagamentos especiais por conta, segundo o regime estabelecido pelo OE para 2003, são inconstitucionais, porque "a lei não prevê qualquer possibilidade de o sujeito passivo reaver o montante em excesso dos pagamentos por conta, independentemente de qual o seu rendimento real" ("O Pagamento especial por conta de IRC: questões de conformidade constitucional", Fiscalidade, 2003, n.º 15, p. 7). I.e., como das deduções relativas aos pagamentos especiais por conta, não pode resultar um valor negativo (art. 83.º, n.º 7 do CIRC), a diferença que persista entre o montante de imposto apurado e os montantes a título de PEC (o montante em excesso do PEC) não é reembolsada (art. 87.º, n.º 3 do CIRC), independentemente do rendimento real do sujeito passivo (V. IDEM, p. 7); continuam os autores, dizendo que este regime teria por base uma presunção do rendimento, que para ser conforme à Constituição, terá de ser interpretada como elidível: IDEM, pp. 9-12. Sobre o dever de a administração afastar um dos sentidos possíveis de um preceito legal, com fundamento na sua inconstitucionalidade, V. ANDRÉ SALGADO DE MATOS, A Fiscalização administrativa da constitucionalidade, Coimbra, 2004, pp. 189-193 (e ss.).

[1863] Porque o ónus de prova é (também no Direito Fiscal) objectivo, o art. 74.º da LGT tem de ser entendido como critério de decisão que dá "preferência... (a)... uma das versões em detrimento da outra", "como dando vantagem a uma das partes em detrimento da outra" e não, naturalmente, como "ónus de produção da prova": PEDRO FERREIRA MÚRIAS, cit., pp. 19 e ss.. V. JOÃO DE CASTRO MENDES, Do Conceito de prova..., cit., pp. 437 e ss.; Direito Processual Civil, II, cit., pp. 668 e ss.. O art. 74.º da LGT contém regras com a mesma função e sentido do art. 342.º do CC (ambos se baseiam na teoria de Rosenberg), tal como acontece no Direito Civil e Direito Fiscal alemão (cf. KLAUS TIPKE/JOACHIM LANG, Steuerrecht, cit., 17.ª ed., p. 788 – pp. 785 e ss.). Como nos dizem TIPKE/LANG, estas regras devem ser corrigidas pela "teoria das esferas", nomeadamente, se houver violação dos deveres de cooperação quanto às normas fiscais oneradoras, diminui

factos constitutivos de direitos, situações de não sujeição e para o caso de determinação da matéria tributável por métodos indirectos); e com o art. 64.º n.ᵒˢ 1 e 2 do CPPT, que prevê a abertura de um procedimento contraditório próprio, caso o interessado pretenda elidir uma "qualquer presunção prevista nas normas de incidência tributária" e não queira utilizar as vias de reclamação graciosa ou impugnação judicial de acto tributário que se baseie numa presunção.

---

a medida da prova exigível à administração. De qualquer forma, podemos dizer que as regras do art. 74.º têm uma *ratio* (i.e. uma ideia de justiça) ligada a uma concepção garantista da norma fiscal. Mas para além da diminuição da medida da prova de normas oneradoras em caso de violação dos deveres de cooperação, o ónus de prova, enquanto critério de decisão deve depender, também no D. Fiscal, tal como nos diz VIEIRA DE ANDRADE para o Direito Administrativo (*A Justiça administrativa (Lições)*, 6.ª ed., Coimbra, 2004), "de (outras) valorações *normativas* e não de imperativos de pura *lógica*" devendo "determinar-se, na ausência de norma expressa, de acordo com um *quadro de normalidade* concreto ou típico, construído com base nas regras *específicas* do domínio da vida em causa e nos princípios *próprios*..." (p. 455) do ramo de Direito em causa. Tomando o que nos diz VIEIRA DE ANDRADE a propósito do art. 342.º do CC, aplicável ao processo administrativo, também o art. 74.º da LGT (tal como o referido art. 342.º do CC) não pode ser aplicado aos "*meios impugnatórios de actos e normas*, até porque não está em causa directamente um direito substantivo do recorrente..., mas a conformidade com o ordenamento jurídico de uma decisão administrativa de autoridade (é essa a "questão de direito" a resolver) (p. 455). ... Deve, pelo contrário, levar-se em conta, para a construção do *quadro de normalidade* que há-de servir de paradigma normativo para a distribuição das responsabilidades probatórias, a sujeição da Administração aos princípios da legalidade e da juridicidade e, pelo menos no que respeita aos actos desfavoráveis, o dever de fundamentação" (p. 456). E mais: "Isto é, parece que há-de caber, em princípio, à Administração o ónus da prova da verificação dos *pressupostos legais* (vinculativos) da sua actuação, designadamente se agressiva...; em contrapartida, caberá ao administrado apresentar prova bastante da ilegitimidade do acto, quando se mostrem verificados os pressupostos". Em caso de discricionariedade "deve ser o particular a suportar a desvantagem de não ter sido feita a prova... de que, no uso de poderes discricionários, a Administração actuou contra princípios jurídicos fundamentais..." (p. 456): cf. o art. 74.º, n.º 3 da LGT que traduz esta concepção; a afirmação seguinte já é mais difícil de defender perante a tipificação administrativa, que defendemos adiante ser não só legal, como recomendável (o critério da "aparência" pode ser difícil de aplicar): "...a Administração ainda deveria, em rigor, suportar a desvantagem da *falta de aparência de razoabilidade, de imparcialidade, de igualdade, de justiça e de proporcionalidade* dessas decisões, incumbindo ao particular provar o "mau uso" dos poderes discricionários se a decisão não for aparentemente desrazoável" (p. 457). Cf., ainda, DIOGO FREITAS DO AMARAL e outros, *Código do Procedimento Administrativo*, 5.ª ed., Coimbra, 2005, pp. 173-175 (anotações aos arts. 87.º e 88.º). Sobre o ónus da prova no D. Fiscal, J.L. SALDANHA SANCHES, "O Ónus da prova no processo fiscal", *CCTF*, Lisboa, 1987, n.º 151, espec. 128 e ss..

Perante a indefinição do conceito de presunção inilidível, como acabámos de ver nas páginas anteriores, e considerando que essas presunções têm uma função importante a desempenhar no Direito Fiscal, teria sido preferível que a lei geral tributária não tivesse introduzido a referida disposição do art. 73.º. Como vimos, as normas dispositivas dos códigos de imposto são, na sua maior parte, proposições incompletas, com vista à estruturação de um tipo de imposto, e é legítimo, neste ramo de Direito como em qualquer outro, que a conformação do *Tatbestand* estabeleça certezas e não delegue para o momento da aplicação, a prova de todos e cada um dos pressupostos normativos. Assim o exige a reserva de lei, bem como a igualdade na tributação.

Mas uma vez que foi consagrada a referida disposição na LGT, cabe retirar da mesma um sentido útil.

Assim, entendemos que o art. 73.º da LGT deve ser interpretado em conformidade com o art. 104.º n.ᵒˢ 1 e 2 da CRP. Isto significa que ele deve ser interpretado como uma recomendação ao "legislador" (de acto legislativo, regulamento e acto pararegulamentar), no sentido de utilizar, tanto quanto possível, presunções *iuris tantum*, evitando as presunções inilidíveis (e as ficções), de forma que a tributação incida sobre a capacidade contributiva e, fundamentalmente, sobre o rendimento real, como exige a Constituição.

Mais do que isso, resulta da conjugação de ambas as disposições, uma proibição de recurso às presunções inilidíveis quanto à obtenção do rendimento (incidência real, no sentido mais restrito do termo): isto é, como já vimos a propósito do acórdão do Tribunal Constitucional n.º 348/97, não se pode presumir a existência em si de rendimentos, porque dessa forma prescindir-se-ia em absoluto do pressuposto básico da capacidade contributiva.

Mas não vamos tão longe quanto Casalta Nabais, que exige que o contribuinte possa sempre provar a suficiência da capacidade contributiva, pois isso significaria proibir todas as quantificações – avaliações tipificantes de prédios, regras *CFC* ("*controlled foreign companies*"), mínimo de existência, montantes tipificantes de deduções, entre muitas outras.

Além das quantificações tipificantes (presuntivas) do rendimento, também as ficções e presunções que permitem alargar o conceito de rendimento para além do significado que lhe seria dado pelo Direito Civil não são à partida proibidas – veja-se o caso da Sisa e do IMT (art. 2.º n.ᵒˢ 1 e 2 do CIMT), em que para efeitos de incidência dos impostos se considera que são transmissões a título oneroso do direito de propriedade ou de figuras parcelares desse direito "as promessas de aquisição e de alienação, logo que verificada a tradição para o promitente adquirente". E veja-se o CIVA, em que o legislador necessita de recorrer às ficções e presunções nas normas de incidência, pelo facto de os conceitos de Direito Civil se revelarem insuficientes, para fins fiscais (veja-se a concretização legal do conceito de "transmissão de bens" e de "bens corpóreos" no art. 3.º do CIVA). No caso dos impostos sobre o património, não se deve também (não se pode) proibir as regras de avaliação fixadas à partida para indicar o valor tributável da riqueza, devido à tributação massificada.

O legislador também não pode recorrer a presunções inilidíveis, ficções e a todas as técnicas presuntivas semelhantes, sempre que (a partir do momento em que) a utilização das mesmas ponha em causa a prevalência da tributação do rendimento real, como por exemplo aconteceria se os impostos sobre o rendimento se baseassem de forma predominante em métodos indirectos de tributação ou o legislador os colocasse em pé de igualdade com o método directo.

Assim, o legislador pode recorrer legitimamente às técnicas presuntivas, se forem violados os deveres de cooperação dos sujeitos passivos e sempre que um conceito autónomo do Direito Fiscal seja exigido por força do princípio da capacidade contributiva, desde que não ponha em causa a referida predominância da tributação do rendimento real. Exemplo desta última afirmação são as proposições utilizadas na formulação de muitas cláusulas específicas antiabuso, como é o caso das já referidas regras *CFC* (e não há diferença substancial pelo facto de estas cláusulas revestirem a forma de ficções ou de presunções), as quais, como lembrámos, eram consideradas até há pouco tempo necessárias e frequentemente recomendadas pela OCDE (e cuja utilização pelos Estados membros da CE começou a ser questionada pelo TJCE, com base no princípio da não discriminação).

Por outro lado ainda, o recurso a essas técnicas tipificantes tem de se basear em tipos médios ou frequentes, de modo que haja uma correspondência tão grande quanto possível com a capacidade contributiva "real".

Podemos dar ainda um passo adiante na delimitação da tipificação admissível, se conjugarmos o art. 73.º com o art. 74.º n.º 1 da LGT, e construir uma graduação de "proibição forte", "recomendação de não utilização" e "não proibição".

Já vimos que a "proibição forte" de consagração de presunções *iuris et de iure* diz respeito à própria existência de rendimentos. Quanto à "recomendação de não utilização" de tais presunções, ela deve dirigir-se às normas de incidência oneradoras do sujeito passivo; e a "não proibição" diz respeito às normas de incidência em sentido amplo que permitam chegar ao rendimento líquido ou considerar despesas que diminuam a capacidade contributiva.

Como em relação aos "factos constitutivos dos direitos da administração", o ónus da prova (objectivo) funciona em favor do sujeito passivo (art. 74.º n.º 1 da LGT), só quanto às normas de incidência relacionadas com esses factos constitutivos (especialmente regras sobre a incidência objectiva de imposto, excluindo todas as deduções admitidas ao sujeito passivo) é que deverá ser evitada a técnica das presunções absolutas, porque estas tornam mais frágil a posição do sujeito passivo[1864], colocando eventualmente em perigo a tributação do rendimento real.

Ou seja, as normas de incidência que impliquem dedução de despesas, custos e outros encargos, para a determinação do rendimento líquido ou relacionadas com a capacidade contributiva, e também os benefícios fiscais, enquanto "normas desoneradoras", não estão abrangidas pelo art. 73.º da LGT, nem violam a Constituição, desde que as tipificações "não se afastem da realidade", para utilizar a expressão do *BVerfG*.

A tipificação legal destas "normas desoneradoras", cuja fiscalização individual é muito difícil de assegurar, como melhor veremos adiante a propósito da tipificação administrativa, é recomendada pelos princípios da praticabilidade e da igualdade.

A proibição tendencial das presunções inilidíveis é a opção explícita da lei geral tributária espanhola, segundo a qual, "as presunções estabelecidas na lei podem ser elididas por prova em contrário, excepto nos casos em que aquelas expressamente o proíbam" (art. 108.º n.º 1). De qualquer forma, também a solução espanhola é criticável, pois, como acabámos de ver, a definição e consequente identificação das presunções é tarefa deveras complicada. Por exemplo, se um determinado artigo nos diz que são dedutíveis 10% das despesas de saúde, isso significa que estamos perante uma presunção elidível?

[1864] Quanto às regras de ónus da prova no Direito alemão (semelhantes às do art. 74.º, n.º 1 da LGT), e justificação para a diminuição da medida da prova, devido ao procedimento massificado e violação de deveres de cooperação, V. KLAUS TIPKE/JOACHIM LANG, *Steuerrecht*, cit., 17.ª ed., pp. 785-788. Todavia, também TIPKE/LANG verificam sem questionar, que não necessitam de prova "as situações da vida fingidas na lei, mesmo quando elas contêm quantificações": IDEM, ponto 204, p. 783.

Finamente, e seja como for, entre nós, não tendo a lei geral tributária valor reforçado[1865], o que significa que uma lei ou decreto-lei autorizado podem derrogá-la, coloca-se apenas a questão da hierarquia das fontes ao nível da relação entre actos normativos secundários e LGT.

Sintetizemos ainda alguns critérios acerca da admissibilidade da tipificação legal, incluindo a consagração de presunções elidíveis e inilídiveis, e os limites à mesma:

Os preconceitos em relação às presunções legais, que entre nós estiveram ligados à tributação dos rendimentos "normais" no âmbito dos impostos cedulares, não têm actualmente justificação, como se pode verificar pelos argumentos que vimos indicando[1866].

Também Casalta Nabais, a propósito da reserva de lei fiscal e das exigências de determinação, defende expressamente a tipificação legal, como uma forma recomendável de simplificação da lei fiscal, considerando-a preferível à tipificação administrativa[1867].

Uma vez que nem as leis contendo regimes muito simplificados, impedindo a aproximação ao tipo empírico, nem as leis muito complexas respeitam o princípio da igualdade fiscal, digamos que o legislador pode tipificar e desconsiderar as características individuais do caso, sem violar o princípio da igualdade fiscal, desde que observe um conjunto de pressupostos[1868].

Desde logo, ele deve ter por base tipos empíricos de significado relevante, de forma que as desigualdades resultantes da rigidez da tipificação

---

[1865] Neste sentido, e a propósito da aplicação da lei tributária no tempo: José Casalta Nabais, *Direito Fiscal*, cit., 2.ª ed., pp. 224-225, nota 149, *in fine;* e João Menezes Leitão, "Aplicação temporal da alteração legislativa introduzida pelo DL n.º 197/2001, de 29 de Junho ao Regime do Crédito Fiscal ao Investimento em I&D (DL n.º 292/97, de 22 de Outubro). Sujeito passivo com período especial de tributação", *CTF*, 2002, n.º 406, p. 462.

[1866] Como já referimos, na sua tese de doutoramento, José Luís Saldanha Sanches refere-se às presunções, sem questionar a sua constitucionalidade: *A Quantificação da obrigação tributária...*, cit., pp. 412-413. E V. a nota seguinte.

[1867] José Casalta Nabais, *O Dever fundamental...*, cit., pp. 336-337 (V., pp. 334--337) e 375-377. Embora sem ser muito claro, Saldanha Sanches também não parece opor-se às tipificações legais, embora pareça preferir as tipificações administrativas. O autor parece tratar a tipificação administrativa como uma opção do legislador, que orientaria mais ou menos expressamente a aplicação tipificante: *A Quantificação da obrigação tributária...*, cit., pp. 174-179.

[1868] Identificados por Paul Kirchhof, "Der verfassungsrechtliche Auftrag...", cit., pp. 9-10; e Josef Isensee, *Die typisierende Verwaltung...*, cit., p. 167.

legal só atinjam um número de pessoas proporcionalmente pequeno, e "de modo a conferir uma vantagem ao sujeito passivo poupado e uma desvantagem ao sujeito passivo esbanjador"[1869].

Por outro lado, a violação da igualdade não deve ser muito intensa[1870]. Se tomarmos como exemplo o mínimo de existência para efeitos fiscais, concluímos que não se averiguam as necessidades individuais em cada ano fiscal, mas que se encontra um valor correspondente às "necessidades médias", valor esse aplicado a todos os sujeitos passivos. A tipificação só é admissível neste caso se a avaliação "tiver em conta as necessidades elementares de todos os sujeitos passivos na medida do possível" (isto é, por exemplo, considerando as diferenças de preços de bens essenciais em todo o território nacional)[1871].

Por outro lado ainda, a lei tipificante não é inconstitucional se, apesar de restringir o princípio da igualdade no caso concreto, encontrar justificação na ideia de igualdade baseada no tipo médio, por ser a única igualdade possível. Isensee, por exemplo, legitima a restrição ao princípio da igualdade do caso concreto, se esta for compensada por uma diminuição dos custos de execução[1872], o que já é um argumento mais duvidoso, e suscitou muitas críticas. De qualquer forma, a restrição da igualdade será inconstitucional sempre que viole, simultaneamente, outro limite constitucional material, de que é exemplo o princípio da não discriminação dos cônjuges (ou a protecção constitucional do casamento)[1873].

Digamos que a faceta negativa da igualdade – o princípio de não discriminação – não pode ser, em qualquer caso, violada[1874]. Recorde-se que foi este justamente o argumento invocado pelo Tribunal Constitucional português, a propósito da presunção inilidível do mútuo oneroso no acór-

---

[1869] PAUL KIRCHHOF, "Besteuerung nach Gesetz", cit., p. 21.

[1870] Trata-se aqui do princípio da igualdade a ter em conta pelo legislador que procede à tipificação e não da admissão da violação do princípio da igualdade na aplicação da lei ao caso concreto: PAUL KIRCHHOF, "Der verfassungsrechtliche Auftrag...", cit., p. 10. V. os acórdãos citados por Kirchhof: *BVerfGE* 26, pp. 275 e ss.; 82, p. 186; 84, p. 360; 87, p. 255; 13, p. 341; 31, p. 133.

[1871] V. o desenvolvimento em PAUL KIRCHHOF, "Der verfassungsrechtliche Auftrag...", cit., p. 16.

[1872] JOSEF ISENSEE, "Vom Beruf unserer Zeit...", *StuW*, 1994, n.º 1, cit., p. 9-10. *BVerfGE* 13, p. 341.

[1873] JOSEF ISENSEE, 312; *Die typisierende Verwaltung...*, cit., p. 170; *BVerfGE* 6, p. 83; LERKE OSTERLOH, *Gesetzesbindung und Typisierungsspielräume...*, cit., pp. 335 ss..

[1874] JOSEF ISENSEE, *Die typisierende Verwaltung...*, cit., p. 170.

dão n.º 348/97, que se aplicava aos empréstimos das sociedades aos sócios, mas não aos empréstimos das sociedades a terceiros nem dos sócios às sociedades.

E em termos gerais, podemos afirmar com Franz Klein que "as fronteiras de uma quantificação globalizante (*Pauschalierung*) e tipificação admissíveis são atingidas quando a simplificação fiscal já não está numa relação proporcional com a desigualdade da carga fiscal resultante da tipificação"[1875].

Se quisermos ainda tomar como exemplo de tipificação legal o afastamento da tributação do rendimento real e a consagração de métodos indirectos de tributação, podemos exigir com Casalta Nabais, a graduação e a proporcionalidade e, tanto quanto possível, a possibilidade de prova em contrário por parte do sujeito passivo submetido aos métodos tipificantes (indirectos), embora este último pressuposto nem sempre possa ser exigido ao legislador[1876].

O maior ou menor rigor na tipificação exigível ao legislador varia também, consoante se trate da regulação de novas situações da vida ou da regulação de matérias em que o legislador já tem muita experiência. Neste último caso, a tipificação deve ser mais pormenorizada do que no primeiro, embora em ambos os casos, o legislador não deva perder a ligação à realidade subjacente[1877]. Mais do que isso, parece-nos recomendável que a regulação de novas matérias seja feita através de *Tatbestände* tendencialmente abertos[1878], deixando o desenvolvimento (tipificação) das mesmas à administração e aos tribunais.

Se o legislador não recorre ele próprio a tipificações, fechando os tipos legais de imposto, mas utiliza conceitos jurídicos indeterminados, atribui uma margem de livre apreciação às instâncias aplicadoras do Direito, e são estas que recorrem, cada vez mais frequentemente, a tipificações – sendo muitas vezes preferível, como já dissemos, a aplicação tipificante do que as tipificações legais.

Uma vez que, como veremos de seguida, a administração fiscal é uma administração de actos-massa, em que o procedimento tributário se baseia na declaração de imposto do sujeito passivo, as "técnicas presun-

---

[1875] Franz Klein, "Entscheidungen des Bundesfinanzhofs...", cit., p. 79.
[1876] V. José Casalta Nabais, "O Quadro constitucional...", cit., pp. 38-39.
[1877] Paul Kirchhof, "Der verfassungsrechtliche Auftrag...", cit., p. 10.
[1878] Pronunciando-se em sentido contrário, Paul Kirchhof, "Der verfassungsrechtliche Auftrag...", cit., p. 10.

tivas", *rectius* as tipificações são inevitáveis e até mesmo recomendáveis. E se a administração não o faz, são os tribunais que vão fechando os tipos legais, tipificando.

Para além do problema da constitucionalidade das tipificações legais, cabe valorar as vantagens do método. Ora, como referimos anteriormente, a tipificação legislativa, enquanto método que permite respeitar e concretizar o princípio da tipicidade, é recomendável se não for utilizada como um instrumento que serve qualquer conteúdo: ou seja, se não for utilizada para estabelecer excepções e regimes especiais, contribuindo para a dispersão e complexidade da lei fiscal.

Estando agora claro que as técnicas presuntivas são técnicas formais, parte da estrutura das proposições jurídicas, e a matéria-prima das tipificações, é neste método que nos vamos concentrar, porque é ele que nos permite estabelecer a relação entre os tipos legais de imposto, o pensamento tipológico – como método de elaboração e de interpretação da lei – e o princípio da reserva de lei e competências conformadoras da administração e tribunais (enquanto o conceito de presunção está apenas conotado com o desrespeito da capacidade contributiva e do rendimento real).

A grande discussão, actualmente, anda em redor da legitimidade do recurso ao método tipificante, por parte da administração e dos tribunais. Enquanto a tipificação legal – se por acaso se substituísse aos chamados métodos de avaliação directa da base tributária, tornando-se dominante – pode pôr em causa uma certa concepção (mais ou menos irrestrita) de tributação segundo o rendimento real, individualmente considerado, e portanto uma certa concepção do princípio da tributação da capacidade contributiva, a desconfiança (jurídica) em torno da tipificação administrativa e judicial está relacionada com três aspectos: observância do princípio da legalidade nas vertentes de reserva e preferência de lei, observância do princípio da igualdade fiscal e, relacionada com estes dois, observância dos princípios da investigação e verdade material dirigidos à averiguação do caso individual.

Em jeito de síntese, e tendo em conta os problemas e constrangimentos enunciados até aqui – a necessidade de simplificação do Direito Fiscal e as técnicas legislativas (normativas) disponíveis, respeitando sempre os princípios da reserva de lei e da igualdade fiscal – colocam-se-nos as seguintes possibilidades:

– Ou a simplificação é assegurada por lei formal, que procede à tipificação, estabelecendo "técnicas presuntivas" diversas, entre as quais montantes quantitativos ("regras de avaliação"), em diferentes tipos de normas (desde os parâmetros de avaliação dos bens sujeitos a impostos sobre o património, aos montantes certos ou percentuais de deduções à matéria tributável e de deduções à colecta nos impostos sobre o rendimento, até à quantificação dos critérios utilizados nos métodos indirectos, passando necessariamente pelas taxas de imposto), diminuindo as dificuldades administrativas de determinação da matéria tributável individual, no procedimento tributário massificado;

– Ou a lei formal, também prosseguindo objectivos de simplificação, fixa o essencial dos regimes, de forma a observar a tipicidade e a igualdade, e remete o desenvolvimento dos mesmos para a administração e tribunais; a simplificação da lei fiscal pode aqui ser feita por recurso ao tipo subjacente, fechando-o tendencialmente, ou, no pólo oposto, ao tipo aberto, à indeterminação legal. Os princípios materiais fiscais das constituições dos Estados de Direito recomendam a utilização, pelo legislador, de conceitos indeterminados que permitam a consideração do caso individual na aplicação, mas esta aplicação individual não é totalmente possível nos procedimentos administrativos de massa de que é exemplo o procedimento tributário. Por estas duas razões, aos órgãos de aplicação cabe então proceder a concretizações tipificantes, densificando progressivamente, estabelecendo mais diferenciações e assim garantindo a previsibilidade e calculabilidade, e também o princípio da justiça fiscal (é o caso, entre nós, do regime dos preços de transferência)[1879]; e, sendo o procedimento de aprovação das normas secundárias mais célere do que o procedimento legislativo, o âmbito das tipificações pode ser alterado ao longo dos tempos;

– Ou a simplificação legislativa é um objectivo secundário, tendo em conta as exigências de tipicidade e igualdade, devendo por isso as leis densificar e diferenciar tanto quanto possível os regimes fiscais; aqui o objectivo primordial da intervenção administrativa ou

---

[1879] Na Alemanha começou-se recentemente a autonomizar as "circulares concretizadoras de normas" e a defender a vinculação dos tribunais às mesmas. Elas assentam nos princípios de experiência e conhecimentos específicos da administração e desenvolvem-se no âmbito de uma margem de livre apreciação: KRUSE/DRÜEN, Tipke/Kruse, *AO/FGO Kommentar*, § 4, 2001, p. 32, ponto 85. As circulares concretizadoras podem ser também tipificantes: KRUSE/DRÜEN, IDEM, e MONIKA JACHMANN, "Zur Anwendung typisierender Verwaltungsvorschriften...", cit., pp. 352 e ss..

judicial é simplificar, procedendo então a tipificações. Assim, no caso de leis formais complexas, por estarem dispersas e estabelecerem um determinado regime de forma assistemática, a administração ou os tribunais, se esta não o fizer, podem recorrer à tipificação com o objectivo da simplificação:

Esta tipificação corre o risco de ser ilegal se não respeitar todas as diferenciações exigidas por lei, ou inconstitucional, se por exemplo violar os princípios da igualdade ou da reserva de lei.

Se considerarmos que a densificação, estabelecendo diferenciações, também é feita por recurso ao tipo, e portanto também constitui uma tipificação, pode dizer-se que, enquanto a tipificação utilizada com tais objectivos de densificação deve ser analisada à luz da reserva de lei (competência para densificar em matéria de reserva de lei), já a tipificação "simplificadora" coloca problemas de reserva de lei e também de preferência de lei. Mas entre uma e outra existe uma diferença aparente[1880].

Com efeito, a designação "tipificação simplificadora", que encontramos na doutrina alemã, ilude: como esclareceremos adiante, não se trata de simplificar os pressupostos da lei, sob pena de a tipificação administrativa (e/ou judicial) ser ilegal[1881]. Trata-se, dizem os autores, de uma "avaliação simplificadora das situações da vida"[1882], mas, principalmente – essa é a principal objecção –, trata-se de simplificar o procedimento tributário (embora não seja este o objecto de regulação imediata das regras tipificantes[1883]).

A tipificação administrativa e judicial implica a substituição da apreciação individual do caso (segundo o princípio da investigação que postula

---

[1880] Apesar de em KRUSE/DRÜEN, encontrarmos a referência distinta a circulares de interpretação de normas, a circulares de concretização de normas e a circulares tipificantes, a verdade é que estas últimas não se distinguem verdadeiramente das anteriores: digamos que os autores que as distinguem são os que restringem o conceito de tipificação às quantificações, e identificam regulamentos de interpretação com regulamentos meramente executivos (valores médios de deduções, etc.), e a consideram ilegal, como é o caso de KRUSE e DRÜEN: Tipke/Kruse, *AO/FGO Kommentar*, § 4, 2001, pp. 34-35, ponto 87.

[1881] Neste sentido LERKE OSTERLOH, *Gesetzesbindung und Typisierungsspielräume...*, cit., p. 68.

[1882] Por exemplo, JOSEF ISENSEE, *Die typisierende Verwaltung*, cit. pp. 15 e ss., HANS JOACHIM ARNDT, *Praktikabilität und Effizienz*, Köln, 1983, p. 52, MONIKA JACHMANN, "Zur Anwendung typisierender Verwaltungsvorschriften...", cit., p. 349.

[1883] V. LERKE OSTERLOH, *Gesetzesbindung und Typisierungsspielräume...*, cit., p. 500.

a consideração das (todas as) circunstâncias juridicamente relevantes do caso individual) por uma apreciação das características típicas da situação da vida contida na previsão legal, da qual emerge um muro intransponível – o regulamento ou o acto pararegulamentar – entre a situação individual e a disposição legal. Os autores que condenam a tipificação administrativa e judicial confundem – talvez de forma inconsciente, ou, até quem sabe, não tão inconsciente quanto isso – os dois planos: a simplificação da lei e a recusa da apreciação do caso individual aparecem enovelados no mesmo discurso de ilegalidade.

Seja como for, transmitamos por agora o *Leitmotiv* da aplicação tipificante: como método de aplicação da lei, ela desconsidera as particularidades da situação individual e contribui para a aplicação igual da lei, e portanto, para a simplificação, no seu conjunto, do Direito Fiscal.

Em qualquer dos casos, a tipificação administrativa poderá ser prosseguida, entre nós, através de regulamentos e circulares contendo orientações genéricas de interpretação, como prevêem os arts. 55.º do CPPT e 68.º da LGT. A discussão da tipificação administrativa na Alemanha diz sobretudo respeito às circulares e não abrange os regulamentos, como teremos oportunidade de assinalar, mas isso deve-se ao facto de os regulamentos alemães constituírem o segundo nível normativo, logo a seguir à lei, uma vez que o Governo não tem competências legislativas. Por seu turno, a tipificação judicial que teve bastante importância na Alemanha não tem sido exercida entre nós.

Considerando que quer o princípio da tipicidade quer o princípio da igualdade fiscal não são assegurados por regimes legais demasiado complexos, como demonstra a discussão existente à volta das leis fiscais alemãs e italianas, a simplificação é um critério que não deve ser colocado em segundo plano. Com efeito, tomando como exemplo as leis fiscais alemãs, encontramos nos códigos de imposto sobre o rendimento artigos que contêm dezenas de alíneas concretizando e diferenciando as situações da vida tributáveis, de tal modo que o regime aplicável é de difícil, senão impossível, apreensão, o mesmo acontecendo com as leis italianas, que estão dispersas por infindáveis diplomas com múltiplas remissões cruzadas.

Por conseguinte, parece-nos recomendável a utilização conjugada pelo legislador das diferentes categorias de proposições jurídicas anteriormente enunciadas (explicativas, restritivas e remissivas), de modo a conseguir um equilíbrio entre os diferentes princípios constitucionais fiscais, não devendo ser descurado o objectivo da simplificação.

Por essa razão, se a tipificação for progressivamente assegurada através das competências legislativas e regulamentares do Governo, e finalmente, através de regulamentos ministeriais e de circulares, o problema da legitimidade democrática só diz respeito a este último nível, nos casos em que não é o ministro das finanças a aprová-las, e admitindo que não existe orientação política do mesmo[1884]. Na ausência de tipificação administrativa, cabe aos tribunais, não como primeira escolha, mas subsidiariamente, contribuir para a interpretação estabilizada de conceitos legais indeterminados, de forma a salvaguardar a previsibilidade ligada à reserva de lei[1885] – mas na verdade, alguns autores manifestam reservas quanto à transferência de poderes de conformação aos órgãos judiciais, invocando a falta de legitimidade democrática dos mesmos e, por conseguinte, a violação do princípio da legalidade fiscal[1886].

A desejável simplificação da lei deve ser correctamente entendida, pois, se a escolha do legislador em pormenorizar, fechando os *Tatbestände*, pode ter efeitos contraproducentes na segurança jurídica e também na igualdade fiscal, também a opção legislativa em recorrer a conceitos (muito) indeterminados ou a cláusulas gerais, pode não conduzir à igualdade. Com efeito, justamente devido à sua extrema simplicidade e afastamento das características da situação da vida, aparecerão muitas dúvidas no momento da aplicação das cláusulas gerais[1887]. Quando são utilizadas cláusulas gerais ou conceitos jurídicos (muito) indeterminados pelo legislador, o problema da densificação, conjugado com o da simplificação fiscal, transfere-se em demasia para o campo da aplicação do Direito: isto é, para a administração e para os tribunais.

Digamos que, não sendo recomendáveis nem as tipificações legais exaustivas e fechadas, nem a proliferação de disposições legais (muito) indeterminadas, o ideal será a combinação entre tipos legais tendencial-

---

[1884] Sobre a tendência no modelo ocidental liberal da Administração Pública, de inverter a regra da subordinação da administração às instâncias políticas (*inversão da subordinação*), e o debate em torno da autonomia das instâncias administrativas, FERNANDO PAULO DA SILVA SUORDEM, *O Princípio da separação de poderes e os novos movimentos sociais, A administração pública no Estado moderno: entre as exigências de liberdade e organização*, Coimbra, 1995, pp. 70 e ss..

[1885] Neste sentido, HANS-WOLFGANG ARNDT, *Praktikabilität...*, cit., 1983, pp. 99-100.

[1886] Assim, GEORG CREZELIUS, "Steuervereinfachung...", cit., pp. 69-72 (espec. 71-72).

[1887] Como refere JOSEF ISENSEE, "Vom Beruf unserer Zeit...", *StuW*, 1994, n.º 1, cit., p. 8 (pp. 7-9).

mente fechados quando os tipos empíricos subjacentes estão identificados e estabilizados, e os tipos legais tendencialmente abertos, cabendo neste caso aos regulamentos ou portarias fazer os desenvolvimentos necessários. A remissão legal, expressa ou através de conceitos indeterminados, para desenvolvimentos posteriores, não dificulta necessariamente a interpretação do regime, podendo até contribuir para reduzir a lei ao conteúdo essencial. Em regra, será aconselhável a delegação de matérias de carácter (mais) técnico e não de orientação política, até porque são objecto de permanentes alterações.

Neste caso, a tipificação administrativa, ou seja, a aprovação de regulamentos e circulares, desenvolvendo esses aspectos mais técnicos dos regimes legais, traduzindo o exercício de uma margem de livre apreciação concedida por lei, concretizada na opção de tipificar (traçar normas gerais e abstractas), fechando essa margem de livre apreciação por contraposição a um exercício casuístico da mesma, e contribuindo para uma aplicação uniforme da lei, é um método legítimo e recomendável, também no nosso ordenamento, dentro dos pressupostos e limites a traçar no capítulo seguinte.

CAPÍTULO IX

A aplicação tipificante das leis fiscais: "estado de necessidade" da administração fiscal, princípio da praticabilidade e margem de livre apreciação

SECÇÃO I
A aplicação tipificante: considerações genéricas

1. O conceito de aplicação tipificante no Direito Fiscal

Para situar o leitor, assinalemos que, como vimos pelos exemplos dados dos CIRS e CIRC, em grande parte dos casos as tipificações em matéria fiscal dizem respeito a quantificações.

Enquanto as quantificações legislativas, como acabámos de ilustrar, dizem respeito a diversos elementos do *Tatbestand* sistemático de imposto (mínimo de existência, deduções à matéria tributável e abatimentos, taxas de imposto e deduções à colecta), no caso das tipificações administrativas ou judiciais, essas quantificações dizem normalmente respeito a deduções à matéria tributável[1888], e concretizam os conceitos legais indeterminados – vimos anteriormente exemplos de tipificações "exactas" ou tipificações-limite, e constantes da própria lei de imposto, mas o mesmo podem fazer a administração e os tribunais.

Dizendo o mesmo por outras palavras: as tipificações administrativas ou judiciais fixam limites, muitas vezes quantitativos, às deduções de des-

---

[1888] A esta forma de tipificação dá-se o nome, na Alemanha, de "tipificação forfetária" (Pauschalierung): V., por exemplo, MONIKA JACHMANN, *Steuerrecht, Seite XIV, Teil 1, Allgemeines Steuerrecht*, § 30, p. 15, www.rrz.uni-hamburg./de/jachmann; e KLAUS TIPKE/JOACHIM LANG, *Steuerrecht*, cit., 17.ª ed., ponto 132, p. 96.

pesas pelo sujeito passivo, segundo um tipo médio, e esses limites podem ir do zero (inadmissibilidade de dedução) até uma determinada percentagem ou montante fixo, mas nunca chegam aos cem por cento.

Isto significa que é desconsiderado o caso individual (as despesas efectivamente realizadas) o qual, potencialmente, e em última análise, atingiria os cem por cento do rendimento bruto, anulando o rendimento tributável.

Queremos também desde já assinalar que o método de aplicação (administrativa ou judicial) tipificante, no Direito Fiscal, pode ser utilizado em dois sentidos.

Num sentido mais amplo, a tipificação significa o fechar (tendencial) do tipo legal aberto (a concretização de conceitos legais indeterminados), através do recurso aos tipos empíricos subjacentes (normalmente ao tipo médio, utilizando a técnica das presunções e ficções, como acabámos de ver), e pode ser conduzida pelos tribunais em todos os ramos de Direito, ou por regulamentos administrativos sempre que na aprovação destes seja utilizado o mesmo método. O tipo empírico é encontrado através da interpretação teleológica, a qual inclui a utilização dos "princípios da experiência"[1889].

Assim, a consideração tipificante da jurisprudência alemã, a partir da década de cinquenta[1890], enquadra-se até certo ponto neste primeiro sen-

---

[1889] Sobre os princípios da experiência e a importância da "experiência jurídica" na produção do Direito, pelo legislador e pelos tribunais (e por qualquer órgão de aplicação do Direito), V., por exemplo, LUIS RECASÉNS SICHES, *Experiencia jurídica, naturaleza de la cosa y Lógica "razonable"*, cit., pp. 100 e ss.. Defende o autor que a produção do Direito "não se desenvolve de cima para baixo, por via de deduções, mediante a construção de um sistema. Pelo contrário, e inclusivamente na produção legislativa, tal produção ocorrerá na direcção oposta: i.e., a produção do Direito arranca da experiência jurídica" (p. 103), isto é, "... da experiência de problemas práticos de convivência e de cooperação inter-humanas, problemas que pedem um tratamento adequado e uma solução, pelo menos relativa, de acordo com critérios de justiça e de valor. Esses problemas práticos podem... (consistir) em colisões, em disputas, que requerem uma solução eficaz; e precisamente... (precisam de) ser resolvidos de *modo executivo*, quer dizer, não apenas resolvidos no plano da teoria, mas ao nível da realidade efectiva, de modo terminante e peremptório, de maneira firme e decisória, impositiva, executiva. V. adiante, uma referência mais desenvolvida a estes princípios, a propósito da tipificação judicial.

[1890] No sentido actualmente utilizado pela doutrina alemã, o método tipificante surgiu com a jurisprudência desse país nos anos cinquenta, e só mais tarde foi adoptado pela administração: V., por exemplo, HANS-JÜRGEN PAPIER, *Die finanzrechtlichen Gesetzesvorbehalte...*, cit., pp. 202 e ss..

tido de tipificação, embora tenha, por um lado, sido dirigida ao problema específico da identificação das despesas profissionais, dedutíveis em imposto pessoal sobre o rendimento e tenha, por outro lado, evoluído para a ausência de confronto entre a situação individual e a regra tipificante.

No que diz respeito ao primeiro aspecto (o do objecto da tipificação), diz-nos Georg Crezelius que a consideração tipificante dos tribunais "ocorre especialmente nos casos em que se tocam as esferas do orçamento da vida pessoal, irrelevante para efeitos do imposto sobre o rendimento (§ 12 n.º 1 da *EStG*), e as despesas relevantes para efeitos do (mesmo) imposto (...), sejam despesas empresariais (§ 4 alínea 4 da *EStG*), sejam despesas de representação (§ 9 frase 1 da *EStG*) ou despesas especiais (§ 10 alínea 1 da *EStG*)"[1891]. É o caso das despesas com vestuário profissional, livros técnicos para uma tese de mestrado, dicionários e outros instrumentos técnicos como gravadores, despesas relativas ao quarto de trabalho em casa, contratos de trabalho entre cônjuges. A jurisprudência procedeu a uma tipificação do género de despesas relevantes para fins fiscais, poupando o esclarecimento individual e proibindo, em última análise, a dedução de algumas destas despesas[1892].

Enquanto este método tipificante continue a implicar o confronto entre o caso individual e a lei (e portanto, entre o caso individual, a tipificação judicial e a lei), não nos afastamos da tipificação que ocorre em qualquer ramo de Direito.

Isto significa que, se o caso concreto não corresponder aos pressupostos juridicamente relevantes da tipificação, porque se afasta (significativamente) de todos os outros casos individuais que estiveram na base de tal tipificação (isto é, porque se afasta significativamente do tipo), ele tem de ser considerado na sua individualidade, e afastada a solução tipificada.

A tipificação fiscal é porém utilizada num sentido mais radical, a propósito das circulares da administração tributária e também de alguma jurisprudência alemã, o qual desvirtua um pouco o significado da tipificação na Teoria do Direito.

Neste último sentido, embora suportando a pesada herança nacional-socialista, pois as raízes da tipificação no Direito Fiscal são sempre localizadas, mesmo pelos defensores do método, em Enno Becker, e na sua

---

[1891] GEORG CREZELIUS, *Steuerrechtliche Rechtsanwendung*..., cit., p. 211.
[1892] GEORG CREZELIUS, *Steuerrechtliche Rechtsanwendung*..., cit., pp. 211 e ss.. V. outros exemplos em HANS-JÜRGEN PAPIER, *Die finanzrechtlichen Gesetzesvorbehalte*..., cit., pp. 202 e ss..

"interpretação segundo as considerações económicas"[1893], a discussão do aplicação tipificante diz respeito à consagração de "presunções inilidíveis", proibindo as deduções de certas despesas, ou fixando montantes--limite ou exactos de deduções (as *Pauschalierungen*)[1894].

Isto é, a tipificação consagra a inadmissibilidade da consideração, para efeitos fiscais, de certas situações da vida teoricamente relevantes para apurar a capacidade contributiva e diminuir o rendimento líquido tributável, como por exemplo a não dedutibilidade de certos custos (não reconhecimento de um determinado vestuário – fraque de um chefe de mesa de um restaurante – como profissional; não dedutibilidade de livros por parte de um assistente universitário que prepara um *Doktorarbeit*); a relevância de um montante certo dos mesmos (dedução de 10% dos custos); ou a relevância até um montante certo dos mesmos (dedução até 10% dos custos).

Mas não é em regra aceite a prova em contrário de que o caso individual se afasta do caso típico ponderado pelo legislador, pela administração ou pelos tribunais.

Este sentido de tipificação é próprio do Direito Fiscal e de duvidosa legalidade e constitucionalidade (especialmente tendo em conta o princípio da reserva de lei) porque, se é legítimo, como método, que os órgãos de aplicação, *maxime* os tribunais, recorram ao tipo para confrontarem os aspectos análogos entre os diferentes casos particulares e os subsumirem à lei, já não é admissível que não analisem os aspectos relevantes do caso particular, e apliquem cega, ilimitada e incondicionalmente a regra tipificante.

Para além das presunções inilidíveis, e cabendo ainda neste segundo sentido (mais restritivo) de tipificação, verificamos o recurso a tipificações através de presunções elidíveis, o que significa que a possibilidade de afastamento da regra tipificante depende do sujeito passivo. Portanto, a regra de decisão tipificante, administrativa ou judicial, é afastada, se os aspectos juridicamente relevantes do caso individual não forem análogos

---

[1893] V., por todos, LERKE OSTERLOH, *Gesetzesbindung und Typisierungsspielräume...*, cit., pp. 24 e ss.; KRUSE/DRÜEN, Tipke/Kruse, *AO/FGO Kommentar*, § 4, 2001, pp. 134-135, ponto 388.

[1894] De facto, já na Alemanha dos anos vinte os regulamentos tipificavam as deduções a certas categorias de rendimentos: BECKER, "Grundfragen...", cit., pp. 243-244; JOHANNES POPITZ, "Gegenwartsprobleme...", cit., pp. 5-7; e V. ainda o capítulo sobre a margem de livre apreciação concedida por conceitos jurídicos indeterminados.

aos dos casos que originaram a tipificação[1895], resultado a que se chega através da prova por parte do sujeito passivo, de que o seu caso não cabe na regra. O recurso a esta técnica resultou de uma evolução da anterior e ela é utilizada não só pelos tribunais, como também pela administração. Aliás, como vimos, também o legislador pode tipificar através de regras de ónus de prova, permitindo, por conseguinte, que o sujeito passivo prove que a sua situação se afasta do caso típico considerado pelo legislador.

Este segundo sentido de tipificação (abrangendo as presunções inilidíveis e as elidíveis) é criticado, não a propósito dos benefícios daí eventualmente resultantes para o sujeito passivo, mas porque lhe são retiradas as vantagens de um método individualizador de apuramento da carga fiscal, que lhe permitiria deduzir certas despesas, em última análise, ilimitadamente.

Acrescente-se ainda que a conexão entre o conceito de tipificação fiscal e a quantificação de determinados elementos do *Tatbestand* sistemático de imposto, está relacionada com as características muito próprias deste ramo de Direito, isto é, com a necessidade de quantificar a capacidade económica para efeitos de apuramento do imposto a pagar.

De qualquer forma, o problema da reserva de lei, da margem de livre tipificação da administração e dos poderes de conformação dos tribunais coloca-se em relação ao sentido amplo e ao sentido mais restritivo de tipificação.

Vamos continuar a dedicar-nos, neste capítulo, ao estudo da caracterização, da legitimidade e das vantagens e desvantagens do método tipificante que, enquanto método, e como vimos, pode ser utilizado quer pelo legislador quer pelos órgãos que aplicam a lei.

A tipificação administrativa vai constituir o centro da nossa atenção, por ser mais problemática a constitucionalidade e a legalidade do método da tipificação quando utilizado pela administração, e por considerarmos que a tipificação administrativa tem vantagens inegáveis nos ordenamentos fiscais actuais, contribuindo para a simplificação e eficiência do Direito Fiscal.

[1895] V., por todos, a propósito do método de aplicação do Direito pelo juiz, A. CASTANHEIRA NEVES, *Curso de introdução*..., cit., pp., 422-j e ss..

2. A tipificação como um procedimento conjunto do legislador e da administração: a ligação do *Tatbestand* sistemático aos tipos empíricos

Neste contexto, de tipificação conjunta, acrescentemos ainda algumas observações finais quanto às vantagens deste método simplificador dos *Tatbestände* de imposto.

Como nos diz Isensee, corroborando os argumentos do *BVerfG*, "são os sintomas da tributação em massa que justificam um procedimento por tipificação e global, *forfetário*, não só da parte do legislador, mas também da parte da administração, no interesse da unidade e coerência do sistema, assim como da sua praticabilidade"[1896]. E ainda: "a interpretação constitucional acolhe a ideia que o Direito Fiscal, no interesse do sujeito passivo e da economia do Estado, seja fundado sobre a execução o mais rápida possível da lei, e que as fiscalizações prolongadas devam constituir excepções, por razões práticas"[1897].

A tipificação administrativa, como veremos já em seguida, é orientada por critérios pragmáticos, devendo a administração escolher os meios de execução da lei de entre os disponíveis, de forma a atingir os objectivos pretendidos e uma execução eficaz e uniforme[1898].

Se estiverem preenchidos os requisitos da igualdade fiscal (em especial, na vertente de não discriminação), não é a escolha da tipificação em vez da individualização, quer pelo legislador quer pelo fisco, que pode suscitar problemas de constitucionalidade.

Em ambos os casos se exige ainda que a generalização tipificante "corresponda à realidade" (aos tipos empíricos), de modo que o funda-

---

[1896] JOSEF ISENSEE, "Vom Beruf unserer Zeit...", *StuW*, 1994, n.º 1, cit., p. 11; *BVerfGE* 78, pp. 227, 229). No mesmo sentido, sintetizando os argumentos da discussão tida no *FS für Dietrich Meyding*, cit., WILHELM BÜHLER/ERNST GEORG SCHUTTER, "Einfachere Steuern für Bürger und Finanzamt", pp. 197 e ss.; V., também, por ex., nesse *Festschrift*, o estudo de PAUL KIRCHHOF, "Der verfassungsrechtliche Auftrag...", cit., p. 16.

[1897] IDEM, JOSEF ISENSEE, "Vom Beruf unserer Zeit...", *StuW*, 1994, n.º 1, cit., p. 11. *BVerfGE* 78, p. 229.

[1898] JOSEF ISENSEE, "Vom Beruf unserer Zeit...", *StuW*, 1994, n.º 1, cit., p. 11. Como nos diz ainda o autor, "a tipificação está ao serviço da economia de meios administrativos", e a aplicação da lei não deixa de ter um "preço de actuação calculável" (por alto), embora se trate de um "valor ideal" que "não se deixa exprimir com indicações de preços e números": IDEM, p. 11-12.

mento da carga fiscal, abrangendo uma categoria de sujeitos passivos, seja justo[1899].

Esta ligação aos tipos empíricos é primordial por uma outra razão: os comportamentos elisivos são favorecidos por regimes complexos e muito detalhados, e também por tipificações fechadas e alheadas dos tipos empíricos. Na verdade, esses comportamentos procuram os nichos não previstos por lei. Repare-se que um dos argumentos do *BVerfG* para justificar a tipificação administrativa (fechando os tipos legais), é o de prevenir a elisão fiscal[1900]. Assim, é preferível um "*Tatbestand* [legal] simples, cuja *ratio* seja compreensível por todos e que seja definido em ligação ao resultado económico"[1901]: isto é, em ligação com um tipo, encontrado em função de critérios de capacidade contributiva[1902]. A necessidade de assegurar a ligação das normas fiscais aos seus próprios fins, opõe-se a uma ideia de *Tatbestand* completamente determinado por lei, formal e fechado.

Resulta da interpretação do *BVerfG* que o *Tatbestand* de imposto, mesmo quando importa conceitos do Direito Civil, deve ser interpretado segundo as suas próprias finalidades[1903]. Assim, se a conformação de uma situação da vida conduzir a um resultado que justifique a tributação, ou seja, se as finalidades da norma fiscal estiverem preenchidas, haverá lugar a tributação – mesmo que esta interpretação se desvie da interpretação da norma segundo o Direito Civil[1904]. Esta interpretação segundo as finalidades da norma fiscal, bem como a actuação de uma cláusula geral antiabuso só serão eficazes se a conformação legal do *Tatbestand* for simples, e se ele corresponder a tipos empíricos (ainda que apreendidos normativamente, como temos repetido). Nas palavras de Paul Kirchhof, "o Direito Fiscal simples é também na maior parte das vezes o inevitável"[1905].

[1899] A propósito da tipificação legislativa, PAUL KIRCHHOF utiliza a expressão "*Realitätsgerecht*": "Der verfassungsrechtliche Auftrag...", cit., p. 16.

[1900] JOSEF ISENSEE, *Die typisierende Verwaltung*..., cit., p. 167..

[1901] PAUL KIRCHHOF, "Der verfassungsrechtliche Auftrag...", cit., p. 19.

[1902] Neste sentido, embora sem recorrer ao conceito de tipo, a propósito da interpretação da norma fiscal, KLAUS TIPKE/JOACHIM LANG, *Steuerrecht*, 17.ª ed., § 5, p. 137 e 142-144.

[1903] Ou, numa outra formulação do *BVerfG*, a norma fiscal deve ser interpretada "segundo a perspectiva do Direito Fiscal": PAUL KIRCHHOF, "Der verfassungsrechtliche Auftrag...", cit., p. 17.

[1904] PAUL KIRCHHOF, "Der verfassungsrechtliche Auftrag...", cit., pp. 16-20.

[1905] PAUL KIRCHHOF, "Der verfassungsrechtliche Auftrag...", cit., p. 16.

Em conclusão, nem o princípio da legalidade nem o princípio da igualdade postulam a especialização cada vez maior da legislação fiscal ou sequer a individualização por parte da administração fiscal; pelo contrário, essa especialização no sentido da individualização de casos, através de legislação cada vez mais abundante e incompreensível, põe em perigo a estabilidade do *Tatbestand* legal e a igualdade de execução da mesma[1906].

Ponderados os prós e os contra, as tipificações legislativa, administrativa e também judicial, embora com os limites assinalados, e conjugadas com conceitos indeterminados, são um meio importante para a simplificação do Direito Fiscal, distribuindo a competência da "determinação" das normas fiscais pelos três órgãos de soberania.

SECÇÃO II
A aplicação tipificante pela administração fiscal

1. **Colocação do problema**

Embora os conceitos jurídicos indeterminados postulem uma concretização por quem aplica a norma, essa concretização pode ser realizada por tipificação, num segundo ou terceiro nível normativo, ou no sentido da individualização. A individualização e a diferenciação são exigidas pela capacidade contributiva (e para a protecção em geral dos direitos fundamentais individuais[1907]) e não põem necessariamente em causa o princípio da tipicidade dos impostos. Mas, devido ao procedimento massificado, não é possível generalizar a aplicação individualizada, nomeadamente, através da utilização da cláusula geral antiabuso: este instrumento é utilizado nas situações de controlo administrativo e judicial, em que há dúvidas sobre a actuação do sujeito passivo e surge um conflito. Também devido à massificação do universo de sujeitos passivos, é de senso comum que a fiscalização não pode generalizar-se a todos e cada um dos sujeitos

---

[1906] Como nos diz PAUL KIRCHHOF, "Der verfassungsrechtliche Auftrag...", cit., p. 12.

[1907] V. a referência em JOSEF ISENSEE, *Die typisierende Verwaltung...*, cit., p. 51.

passivos, na prossecução incondicional dos princípios do inquisitório e da verdade material.

Cabe, assim, à administração densificar os conceitos legais indeterminados, utilizando a tipificação – interpretando a lei através do recurso aos casos típicos, e fechando, progressivamente, os *Tatbestände* mais abertos, através de regulamentos e circulares. Tais circulares não se orientam já pelo caso concreto, mas pelo caso típico[1908]. A caracterização das circulares como fonte de Direito, o seu efeito vinculativo e a protecção jurídica do administrado não são problemas específicos do Direito Fiscal, mas de todos os domínios do Direito Administrativo, embora se reconheça, na Alemanha, que "ao longo dos anos se desenvolveu uma determinada dinâmica própria sobre as questões do efeito vinculativo das circulares da administração fiscal"[1909].

Na verdade, as administrações fiscais dos diversos ordenamentos jurídicos da OCDE, têm vindo a aprovar regulamentos ou circulares tipificantes, estabelecendo quantificações diversas, tais como limites às deduções de despesas empresariais ou profissionais, valores e quoficientes para concretizar avaliações indirectas, recolhendo jurisprudência constante, entre muitas outras práticas[1910].

[1908] HARTMUT MAURER, *Allgemeines Verwaltungsrecht*, cit., 14.ª ed., pp. 135-136 (embora o autor distinga a discricionariedade da margem de livre apreciação atribuída por conceitos jurídicos indeterminados, e quanto a estes defenda que a apreciação administrativa deve ser feita caso a caso ("subsunção") e que não se aplica à "interpretação abstracta" dos mesmos: IDEM, pp. 156-157). Também defendendo a autovinculação aos "regulamentos internos", entre nós, JORGE MANUEL COUTINHO DE ABREU, *Sobre os Regulamentos administrativos...*, cit., pp. 175 e ss..

[1909] ACHIM ROGMANN, *Die Bindungswirkung von Verwaltungsvorschriften*, cit, pp. 202-203. Repare-se que já ENNO BECKER defendia a vinculação às circulares densificadoras de conceitos jurídicos indeterminados (tipificantes) pelo fisco e pelos tribunais: DR. BECKER, "Grundfragen..."cit., (1926), pp. 252 e ss..

[1910] Para o caso alemão, V., por todos, LERKE OSTERLOH, *Gesetzesbindung und Typisierungsspielräume...*, cit., pp. 451 e ss.. No caso italiano, tal como entre nós, são os regulamentos a concretizar os métodos indirectos de tributação estabelecendo os coeficientes técnicos para que remete a lei: V., por todos, GASPARE FALSITTA, *Manuale... Parte generale*, cit., 3.ª ed., pp. 257 e ss.. FRANCESCO TESAURO, *Istituzioni di Diritto Tributario*, 4.ª ed., cit., pp. 211 e ss.; PASQUALE RUSSO, *Manuale... Parte generale*, cit., 4.ª ed., pp. 302 e ss.; RAFFAELLO LUPI, *Diritto Tributario, Parte generale*, 7.ª ed., cit., pp. 226 e ss.; BALDASSARE SANTAMARIA, *Diritto Tributario, Parte generale*, 3.ª ed., cit., pp. 179 e ss.. Em Itália não é reconhecido efeito vinculativo às circulares, como se disse atrás e se repete adiante. V. a referência à importância das circulares no Reino Unido, que na prática são

O problema é que a tipificação, como veremos de seguida, é um método de aplicação da lei que, por ter como referência o tipo empírico frequente, muitas vezes parece simplificar (reduzir) os pressupostos legais. Embora seja um método jurídico de elaboração e aplicação da lei, a tipificação apresenta contornos específicos no Direito Fiscal. Mais do que isso, embora de vocação universal, a tipificação aparece como um conceito muito ligado, no Direito Fiscal, à praxis administrativa e judicial alemã, existindo uma tendência na literatura germânica para a construção e estudo do conceito, como se se tratasse de um fenómeno exclusivo deste ramo de Direito.

Esta aproximação tem a desvantagem de isolar a categoria da tipificação no Direito Fiscal, tornando, por vezes, as abordagens dogmáticas pouco lúcidas – especialmente por parte dos autores (a maioria) que consideram a tipificação ilegal e por isso inadmissível; e tem a vantagem de atender aos contornos específicos que assume neste ramo de Direito, nomeadamente, por estar relacionada com a incapacidade de a administração aplicar a lei aos casos individuais, suscitando problemas de legalidade e igualdade na aplicação da mesma.

Torna-se necessário, tendo conta a "situação de emergência" em que se encontra a administração, justificar e enquadrar a tipificação administrativa, atendendo às suas características de concretização e de simplificação do tipo legal, e compatibilizá-la com a reserva e a preferência de lei e o princípio de igualdade. Coloca-se, por isso, a questão da constitucionalidade da tipificação administrativa e judicial, a qual passa desde logo pela precisa identificação do método, isto é, pela sua definição e caracterização.

É sobre a tipificação administrativa que recai a nossa atenção nas próximas páginas, embora a tipificação judicial seja ocasionalmente mencionada.

---

consideradas vinculativas, em: ADRIAN J. SHIPWRIGHT, "Attività di accertamento tributario e discrezionalità dell'amministrazione", *RDFSF*, 1995, I, pp. 126 e ss.. E V. ainda a referência ao importante papel das circulares nos EUA e nos Países Baixos, em CARLO ROMANO, *Advance Tax Rulings and Principles of Law – Towards a European Tax Rulings System?*, Amsterdam, 2002, pp. 149 e ss., 188-191 (embora Romano tenha como objecto de investigação as informações vinculativas, caracteriza o outro tipo de *Rulings* e *Regulations* da administração, nos EUA, Países Baixos e Itália).

2. As definições depreciativas da tipificação administrativa, a relação da tipificação com o princípio da investigação, a definição do Supremo Tribunal Financeiro alemão e a contraposição entre tipificação ilegal e margem de livre tipificação

Como já referimos anteriormente, tal como o legislador, a administração e os tribunais podem tipificar, abarcando situações enquadráveis num tipo – no sentido em que o Direito se interessa normalmente por casos típicos e não pelos detalhes individuais mínimos, e por isso tende para a tipificação[1911].

E também já referimos atrás, que o conceito de tipificação pode ser entendido de modo mais restritivo, afastando-se do tipo empírico (embora partindo dele), e tendendo para a consagração de tipos jurídicos fechados (e de *Tatbestände* fechados). É nesse sentido mais restritivo que se fala em tipificação fiscal, administrativa e judicial, embora a primeira tenha desenvolvido características próprias pelo procedimento seguido (adopção de regulamentos e circulares, tendo sido entre nós autonomizadas as orientações genéricas que são, em muitos casos, tipificantes), e pela enorme frequência com que ocorre.

No Direito Fiscal, a consagração de tipos jurídicos fechados pela administração, coloca o problema da constitucionalidade dessa actuação, desde logo no plano formal da relação de competências entre lei e regulamento ou lei e acto pararegulamentar. Ou seja, se a lei estabelece os pressupostos de tributação num *Tatbestand* relativamente aberto (*dedução de despesas profissionais, isenção dos lucros obtidos na zona franca da Madeira e de Santa Maria dos Açores* na redacção da lei até ao Orçamento de Estado para 2005[1912]), cabe saber se é legítimo à administração e/ou

---

[1911] Neste sentido, HEINRICH HENKEL, *Introducción a la Filosofia...*, cit., pp. 574 e ss., nomeadamente, 578-579; e também KARL ENGISCH, *Die Idee der Konkretisierung...*, cit, pp. 199 e ss. Engisch verifica essa tendência, mas critica essa concepção do Direito, considerando que ela conduz à "dissolução do pensamento jurídico" (203); para Engisch, "devemos ocupar-nos também no Direito, e inclusivamente no Direito normativo, da individualidade do caso concreto"(203) e refere entre outros exemplos, o reconhecimento da autonomia privada (da regulação individual) pelo Direito contratual, e o reconhecimento pela doutrina da necessidade de individualização das penas no Direito Penal.

[1912] Até 2005, a matéria era disciplinada legalmente apenas pelo art. 33.º do EBF, cuja redacção mais recente do n.º 20 dizia: "As entidades a que se refere a alínea c) do n.º 1 [as instituições de crédito e as sociedades financeiras, relativamente aos rendimentos

aos tribunais fechá-lo, inclusivamente através de quantificações que reduzem a possibilidade da consideração das particularidades do caso admitida pelo tipo legal (redução do "potencial de diferenciação" da norma legal – na expressão divulgada pela doutrina[1913]).

Uma grande parte da doutrina alemã rejeita a tipificação administrativa (e judicial) – embora se verifique uma aceitação crescente da mesma, de que é exemplo o manual de Tipke/Lang nas mais recentes edições[1914] –, por entender que ela implica a diminuição da medida da prova, remetendo-a para um problema de (ausência de) "averiguação da situação da vida", averiguação essa que seria exigida quer pelo princípio da igualdade na tributação, quer pelo princípio do inquisitório (e da verdade material), relacionado com o primeiro, quer ainda pelo princípio da legalidade (preferência de lei). O ponto de partida desta análise é a consideração de que a tipificação reduz o âmbito de aplicação da norma legal, em desfavor de um grupo de sujeitos passivos e favorecendo outro grupo, violando, portanto, o princípio da igualdade.

São estes os argumentos que suscitam a discussão da doutrina alemã, em torno de um conjunto de definições pejorativas de tipificação administrativa fiscal. É assim que a tipificação é descrita como uma "avaliação simplificadora das situações ficcionadas da vida", ou uma "ficção de uma situação da vida não dada para finalidades de tributação", como uma "simulação da situação da vida para a tributação", ou um "problema que

---

da respectiva actividade aí exercida e desde que respeitem os pressupostos das subalíneas dessa al. c)], que não exerçam em exclusivo a sua actividade nas zonas francas, devem organizar a contabilidade, de modo a permitir o apuramento dos resultados das operações realizadas no âmbito das zonas francas, para o que podem ser definidos procedimentos por portaria do Ministro das Finanças". As portarias n.º 360/2002, de 5 de Abril, e 555/2002, de 4 de Junho, tipificaram o montante de deduções e de lucros obtidos na zona franca e fora dela. O art. 33.º – A introduzido pelo OE para 2005 vem revogar o regime da segunda portaria, estabelecendo no n.º 1 que "[p]ara efeitos do disposto do n.º 20 do artigo anterior considera-se que pelo menos 85% do lucro tributável da actividade global das entidades a que se refere a alínea c) do n.º 1 daquele preceito resulta de actividades exercidas fora do âmbito institucional das zonas francas da Madeira e da ilha de Santa Maria". Pelo n.º 4 do mesmo artigo, percebemos que a presunção do n.º 1 é elidível.

[1913] Entre outros, JOSEF ISENSEE, *Die typisierende Verwaltung...*, cit., p. 182; *StuW*, 1973, pp. 199-200; HANS-WOLFGANG ARNDT, *Pratikabilität...*, cit., pp. 48, 51.

[1914] KLAUS TIPKE/JOACHIM LANG, *Steuerrecht*, cit., 17.ª ed., p. 140: Lang coloca a praticabilidade e a aplicação tipificante como um dos métodos (ou meios auxiliares) de interpretação para atingir o fim da norma fiscal (pp. 135 e ss.). V. também JOACHIM LANG, *Die Bemessungsgrundlage...*, cit., pp. 146-156.

ocorre ao nível da situação da vida", em que se procede a uma "redução do conteúdo da norma legal", e se adopta um método que "já não é aplicação da lei"[1915].

As críticas provenientes destes autores dirigem-se quer à tipificação administrativa quer à tipificação judicial.

A tipificação é caracterizada como um método errado de averiguação das situações da vida, que substitui a averiguação individual. A administração e os tribunais deveriam averiguar a situação da vida ("a situação da vida que efectivamente ocorreu") e decidir em conformidade com a lei (§§ 3/I e 88 da *AO* e 76 da *FGO*). Ora, tendo em conta os deveres de investigação, avaliação e medida da prova, repartição do ónus da prova e pressupostos para a aplicação de métodos indirectos, em que todas as circunstâncias relevantes para o caso individual devem ser ponderadas[1916], a tipificação é associada à amputação ilegal de todo este procedimento, nomeadamente, à redução/eliminação da investigação e da medida da prova[1917]. Quanto muito, existiria uma margem de livre apreciação ("discricionariedade vinculada", segundo o § 86 da *AO*) quanto à forma e alcance do procedimento ("se e quando", nos termos do mesmo § 86 da *AO*), mas já não quanto à investigação "de todas as circunstâncias relevantes"[1918].

Em última análise, seria também violado o princípio da igualdade na tributação, não valendo razões de simplificação do Direito, de comodidade jurídica ou outras[1919].

[1915] V. por todos, KRUSE/DRÜEN, Tipke/Kruse, *AO/FGO Kommentar*, § 4, 2001, pp. 134-136, pontos 386-392. Repare-se que KRUSE no seu manual, considera a tipificação necessária por motivos de praticabilidade na aplicação da lei, uma vez que o Direito Fiscal é um "Direito de casos-massa", e considera que a tipificação não viola o princípio da igualdade: HEINRICH-WILHELM KRUSE, *Lehrbuch des Steuerrechts, I*, cit., 1991, p. 49.

[1916] KLAUS TIPKE, Tipke/Kruse, *AO/FGO Kommentar*, § 88, 2002, pp. 23 e ss..

[1917] Assim, KRUSE/DRÜEN, Tipke/Kruse, *AO/FGO Kommentar*, § 4, 2001, pp. 133 e ss., pontos 385 e ss.; GEORG CREZELIUS, *Rechtsanwendung...*, cit., pp. 213 e ss.; aceitando já a tipificação, embora ao mesmo tempo exija um princípio irrestrito de investigação, H.W. KRUSE, *Steuerrecht...*, pp. 49, 322-323 ss.; cf., para um resumo dos argumentos, LERKE OSTERLOH, *Gesetzesbindung und Typisierungsspielräume...*, cit., pp. 51 e ss..

[1918] Assim, KLAUS TIPKE, § 88 AO, KLAUS TIPKE/WILHELM KRUSE, *AO/FGO Kommentar...*, cit., p. 24.

[1919] Assim, KRUSE/DRÜEN, Tipke/Kruse, *AO/FGO Kommentar*, § 4, 2001, p. 137; GEORG CREZELIUS, *Steuerrechtliche Rechtsanwendung...*, pp. 213-214; cf., para um resumo dos argumentos, LERKE OSTERLOH, *Gesetzesbindung und Typisierungsspielräume...*, cit., pp. 51 e ss..

Sem o mencionar expressamente, este sector da doutrina rejeita competências de conformação jurídica à administração e tribunais[1920-1921], e, seguramente, relaciona o princípio da igualdade fiscal com a tributação do rendimento real, pois esta seria concretizada pelo princípio do inquisitório consagrado no § 88 da *AO*, o qual não assentaria sobre "ficções" das situações da vida tributáveis[1922].

Esta qualificação do fenómeno, que consideramos inexacta, resulta do facto, por nós atrás assinalado, de a maioria da doutrina isolar a tipificação fiscal da Teoria do Direito, concentrando-se sobre os resultados da mesma – a tipificação administrativa ao fechar o *Tatbestand* legal de imposto, ao apresentar um "modelo pré-fabricado" da situação fiscal, opõe-se, sem dúvida, a uma avaliação individualizada das situações fiscais, porque torna irrelevantes as características individuais eventualmente abrangidas pelo âmbito da norma legal[1923].

Assim sendo, são duas as questões relevantes: uma é a de saber se existe uma margem de livre tipificação atribuída por lei[1924]. Deste problema trataremos adiante, a propósito da caracterização do método tipificante.

A outra questão é a de saber se existe um dever irrestrito de investigação de todas as despesas e de todas as receitas do caso individual, nos

---

[1920] Como se pode ver nas conclusões que GEORG CREZELIUS retira sobre a aplicação tipificante: Diz o autor: a tipificação "impede não apenas a interpretação da lei (...), mas poupa ao juiz também a fundamentação do procedimento analógico e de conformação jurídica. A tipificação é assim, em muitos casos, analogia ou conformação jurídica encapotada. Assim a tipificação prova ser – na medida em que a situação da vida real não seja subsumível – aplicação do Direito sem lei, o que o princípio da legalidade (art. 20.º, n.º 3 da *GG*) proíbe" (*Steuerrechtliche Rechtsanwendung...*, p. 217).

[1921] Fazendo também esta observação, LERKE OSTERLOH, *Gesetzesbindung und Typisierungsspielräume...*, cit., pp. 63 e ss.. Curiosamente, como ainda agora referimos, no Manual de Tipke/Lang, Lang apresenta a tipificação como um dos elementos relevantes de interpretação da lei fiscal: cf. KLAUS TIPKE/JOACHIM LANG, *Steuerrecht*, cit., 17.ª ed., p. 140.

[1922] Também mencionando que os princípios da investigação e da verdade material e a tributação do lucro real não recomendam a tipificação administrativa, mas não os considerando impeditivos da mesma, JOSÉ LUÍS SALDANHA SANCHES, *A Quantificação da obrigação tributária...*, CCTF, cit., pp. 179-180.

[1923] Assim, LERKE OSTERLOH, *Gesetzesbindung und Typisierungsspielräume...*, cit., p. 53.

[1924] Respondendo afirmativamente, LERKE OSTERLOH, *Gesetzesbindung und Typisierungsspielräume...*, por exemplo, pp. 46, 65, 70.

termos do princípio do inquisitório e da verdade material, ou se estes podem sofrer limitações, decorrentes da ponderação de princípios constitucionais que legitimem uma margem de livre tipificação conferida por lei.

O princípio do inquisitório, tal como está configurado na nossa lei geral tributária (artigo 58.º), prossegue dois objectivos (a satisfação do interesse público e a descoberta da verdade material) que conferem à administração alguma discricionariedade, i.e., da interpretação de ambos pode resultar uma aplicação de grau variável do princípio do inquisitório. Assim, se a "administração tributária deve, no procedimento, realizar todas as diligências necessárias à satisfação do interesse público e à descoberta da verdade material", o interesse público pode exigir que essas diligências sejam definidas, à partida, por regulamentos ou circulares aplicáveis, uniformemente, aos factos tributários. E se a verdade material não puder ser atingida pela averiguação individual dos sujeitos passivos, o princípio da investigação também pode sofrer uma limitação justificada.

Se tivermos em conta os quatro procedimentos autónomos, mas interligados, de avaliação, de liquidação, de cobrança e de execução, e se aplicarmos o princípio da investigação aos três primeiros, verificamos que estes estão em grande parte dependentes dos deveres de cooperação dos sujeitos passivos.

Como nos diz Joachim Lang, o procedimento tributário não pode hoje ser prosseguido com sucesso pela actividade unilateral da administração. A tarefa administrativa depende de uma colaboração recíproca entre administração e sujeito passivo. Os deveres de cooperação do sujeito passivo corresponsabilizam-no no esclarecimento dos factos: deveres de cooperação e procedimento de avaliação individual e directa são duas faces da mesma medalha, sendo certo que, nesta "comunhão de responsabilidades", a administração permanece como a "fiel depositária do interesse comum"[1925]. De qualquer forma "quanto menos colabore o sujeito passivo, menos pontos seguros estão, em regra, à (...) disposição (da administração) para proceder ao esclarecimento dos factos por si própria (autoritariamente)"[1926]. É assim que, como consequência (que não deve ser automática) da violação dos deveres de cooperação[1927], surgem os regi-

---

[1925] Assim, KLAUS TIPKE/JOACHIM LANG, Steuerrecht..., 17.ª ed., p. 729. V. também, JOACHIM LANG, Die Bemessungsgrundlage..., cit., pp. 150 e ss..

[1926] KLAUS TIPKE/JOACHIM LANG, Steuerrecht..., 17.ª ed., p. 729.

[1927] É o que estabelece o artigo 87.º alíneas b) e c) da nossa LGT (com excepção do regime simplificado de tributação, referido na alínea a) do mesmo artigo); o § 162 da

mes de avaliação indirecta que encontramos hoje nos ordenamentos que nos são próximos, e independentemente do nome que revistam, correndo o ónus da prova (ou o risco do *non-liquet*) relativamente à quantificação, contra o sujeito passivo[1928]. Dito de outro modo, a "lei orienta a redução da medida da prova segundo a *responsabilidade das esferas*"[1929], e redula a uma "probabilidade tão elevada quanto possível", quando o défice do esclarecimento dos factos é imputável à falta ou insuficiência de cooperação pelo sujeito passivo[1930].

Para além dos casos de falta de cooperação do sujeito passivo, já dissemos atrás que a consideração do caso individual pode sofrer limitações através da tipificação legal. O mesmo se aplica aos princípios da investigação e da verdade material, no caso da tipificação administrativa e judicial. Assim, em regra, não podendo a administração investigar individualmente o universo dos sujeitos passivos residentes ou com estabelecimento estável no território, o princípio da praticabilidade pode exigir a tipificação administrativa. E a segurança jurídica pode justificar a tipificação judicial.

Klaus Tipke que, no comentário por si dirigido, vê Drüen opôr-se à tipificação administrativa (quer esta se manifeste por "presunções inilidíveis" ou por "presunções elidíveis"), aceita as circulares de esclarecimento, tendo em conta que "o pessoal dos serviços financeiros não é suficiente para esclarecer a fundo todos os casos fiscais"[1931]. Digamos que Klaus Tipke aceita as circulares que tenham uma função semelhante à das nossas orientações genéricas. Nas palavras de Tipke, "as despesas de esclarecimento devem estar assim numa relação adequada com o 'resul-

---

AO alemã e o artigo 50.º da LGT espanhola, bem como a legislação de impostos sobre o rendimento e o IVA em Itália.

[1928] Cf. artigo 74.º, n.º 3 da LGT; para o Direito alemão, KLAUS TIPKE/JOACHIM LANG, *Steuerrecht...*, 17.ª ed., p. 729 e 787-788; o artigo 52.º, n.º 2 da LGT espanhola só admite recursos e reclamações, em relação à aplicação do método indirecto, mas não quanto à quantificação. Diz-nos Lang, para o Direito alemão, que a "violação dos deveres de cooperação não justifica uma aplicação automática das estimativas". A administração tributária deve recorrer a todos os meios a que tem acesso para tentar avaliar a matéria tributável do sujeito (IDEM, p. 845).

[1929] KLAUS TIPKE/JOACHIM LANG, *Steuerrecht...*, 17.ª ed., § 22, p. 787 (o itálico é nosso; no original está em negrito).

[1930] KLAUS TIPKE/JOACHIM LANG, *Steuerrecht...*, 17.ª ed., § 22, p. 787.

[1931] KLAUS TIPKE, § 88 da AO, ponto 7, pp. 326 e ss.. Repare-se que com a tipificação o fisco fica também desonerado da fundamentação: FRANZ KLEIN, "Entscheidungen des Bundesfinanzhofs...", cit., pp. 470-471.

tado fiscal' ". Os serviços financeiros têm, pois, na utilização do princípio do inquisitório, uma margem de discricionariedade para escolher os factos relevantes para a decisão. Eles podem resolver situações de incerteza antecipadamente, por circulares, de modo a poupar tempo ao sujeito passivo (princípio da previsibilidade).

Nos termos do §88 da *AEAO*, cabe aos serviços financeiros tomar as medidas necessárias para esclarecer os factos relevantes para a decisão, e determinar a forma e o alcance das averiguações segundo as circunstâncias do caso concreto. E, segundo o mesmo § 88, "eles devem fazê-lo, segundo o princípio da proporcionalidade, de modo que a consideração das relações do caso concreto implique uma ablação tão pequena quanto possível na esfera jurídica dos participantes ou de terceiros".

Diz-nos ainda Klaus Tipke, a propósito do § 88 da *AEAO*, que, sem prejuízo das acções de fiscalização adequadas, os serviços podem, para o caso regra, partir do princípio que os dados fornecidos pelo sujeito passivo ao fisco, estão correctos[1932]. Os princípios constitucionais que orientam a administração nos procedimentos tributários, e na interpretação do princípio da investigação são, justamente, a legalidade, e, com ela, a igualdade da carga fiscal. Ora bem, estes dois princípios não são satisfeitos através de um procedimento de avaliação e liquidação individualizado, segundo uma aplicação irrestrita do princípio da investigação. Podemos fazer as mesmas observações a propósito do nosso regime (art. 58.º da LGT).

Klaus Tipke acentua a necessidade de uma fiscalização determinada e eficiente como instrumento de persuasão de comportamentos abusivos, e como forma de transmitir confiança no sistema ao sujeito passivo cumpridor. Mas não defende – não podia (e quem pode defender tal coisa?) – uma fiscalização universal permanente do conjunto dos sujeitos passivos, recomendando antes o controlo dirigido aos casos em que os elementos da declaração fiscal são inconclusivos ou contraditórios, e uma selecção de problemas-chave, para os sujeitar a um controlo abrangente[1933].

[1932] KLAUS TIPKE, § 88 da AO, *Tipke/Kruse, AO/FGO Kommentar*..., cit., ponto 7, pp. 326 e ss..

[1933] KLAUS TIPKE, § 88 da AO, *Tipke/Kruse, AO/FGO Kommentar*..., cit., ponto 7, pp. 327-328. A título de curiosidade, em Cabo-Verde, essa fiscalização (embora interna) está a ser dirigida (desde 2004) a todas as empresas, pessoas singulares e colectivas (um universo de 40 mil contribuintes), relativamente aos anos fiscais de 1999 e seguintes, e as "liquidações confirmativas" estão a ser enviadas no limite do prazo de caducidade (5 anos): cf. art. 50.º, n.º 1 do Regulamento do IUR de 1996, segundo o qual, "A matéria colectável

Em conclusão, o princípio da investigação não é incompatível com o método tipificante a utilizar pela administração.

Mas a tipificação não traz apenas vantagens para a administração. O distanciamento da administração da esfera privada individual, e, por conseguinte, a diminuição dos deveres de informação, de documentação e de outros deveres de cooperação (todos associados à simplificação da prova pelo sujeito passivo) constituem vantagens para o sujeito passivo[1934-1935].

Estas vantagens podem ser entendidas como compensações relevantes da restrição ao princípio da investigação associado à tributação do rendimento real, sendo certo que o sujeito passivo pode preferir os encargos decorrentes dos deveres de cooperação, do que ser tributado pelo método tipificante. O nosso regime simplificado de tributação, a que fazemos referência adiante, a ser concretizado por tipificação administrativa, e que deixa ao sujeito passivo a opção pelo regime geral, é um exemplo em que o legislador considera os prós e os contras da tipificação.

Por outro lado, não se deve caracterizar a tipificação como um "método errado", pois não existe nenhuma oposição entre interpretação e averiguação da situação da vida[1936-1937].

---

apurada com base na escrita só se considera definitivamente fixada depois de confirmada pelos Serviços de Inspecção Tributária".

[1934] Neste sentido, JOSEF ISENSEE, *Die typisierende Verwaltung...*, cit., pp. 144-145; FRANZ KLEIN, "Entscheidungen des Bundesfinanzhofs...", cit., pp. 80-81; PAUL KIRCHHOF, "Einleitung", *EStG Kompakt Kommentar*, cit., pontos 41-48, pp. 9-10.

[1935] Além da tipificação, os acordos de facto estabelecidos entre a administração e os sujeitos passivos, relativamente à fixação da matéria tributável (i.e. a problemas de avaliação), são normalmente entendidos como uma prática que contribui para a simplificação do Direito Fiscal. Eles são judicialmente entendidos necessários por razões práticas, pois permitem arrumar as incertezas no domínio factual, nomeadamente no caso das avaliações, através de um entendimento recíproco. Nos casos de difícil averiguação dos factos, os acordos permitem não só reduzir os esforços das partes envolvidas, como o estabelecimento da paz jurídica, sendo por isso aceites pelos tribunais como vinculativos: V. FRANZ KLEIN, "Entscheidungen des Bundesfinanzhofs...", cit., pp. 79-80.

[1936] Sobre o "sentido da lei" como fazendo parte não só da própria lei, mas também da situação da vida em concreto, V. ARTHUR KAUFMANN, "Analogie und 'Natur der Sache'...", cit., pp. 29 e ss., espec. 32 e ss.; e ainda sobre a lei como critério de múltiplas possibilidades, contendo uma Ideia de Direito (princípios de Direito), e a decisão jurídica como concretização de uma norma jurídica, IDEM, pp. 9 e ss..

[1937] Mesmo autores que defendem (legitimam) a tipificação, como por exemplo, LERKE OSTERLOH, que relaciona a tipificação tributária com a interpretação (legítima),

Esta imagem depreciativa da tipificação constitui também uma reacção à interpretação ligada ao tipo defendida por Enno Becker (interpretação segundo considerações económicas «*wirtschaftliche Betrachtungsweise*»), que foi erroneamente utilizada com o objectivo de arrecadação, a qualquer custo, de receitas fiscais, e que deu origem, durante o período de ascensão e governação nacional-socialista, à supremacia de elementos interpretativos tais como as "situações factuais reais", a "concepção do povo", a "concepção da vida real", e ao pensamento ordinalista concreto: todos estes tópicos de interpretação tinham em comum a atribuição de especial relevância à "consideração económica", e a critérios extrajurídicos "de facto", "naturais"[1938].

Mas a ligação da tipificação a Enno Becker é deturpada, a partir do momento em que se entende que o método a utilizar em ambos os casos passa pela criação de um elemento estranho à aplicação da norma, ou seja, de uma "situação fictícia", de um "padrão-modelo" que separa a norma do caso individual, e que nada tem a ver com a interpretação – como se o tal padrão-modelo, o caso-tipo não fosse o resultado da interpretação da norma legal[1939]. Se é certo que os tópicos da "concepção do povo" e "da vida real" são juridificados com o objectivo de subjugar o indivíduo ao colectivo, o "tipo médio" a aplicar pela norma administrativa ou pela jurisprudência tipificante é o resultado da interpretação da norma legal. A tipificação, administrativa e judicial, embora possa ter motivações diferentes, é um método de interpretação e de aplicação da lei, que implica, segundo a leitura do pensamento tipológico, um vai-vem entre norma e situação da vida típica, e isto parece não ser bem compreendido, mesmo por autores que legitimam a tipificação.

Apesar da resistência da maioria da doutrina – enquanto uma outra parte se ocupa na justificação e enquadramento jurídico do fenómeno –, a prática da tipificação administrativa tem-se acentuado, ao longo das últi-

---

contrapõe – erradamente – a interpretação à averiguação da situação da vida segundo um modelo pré-dado, a-jurídico, considerando esta última perspectiva inadmissível como se averiguação da situação da vida e interpretação não fizessem parte do mesmo problema. LERKE OSTERLOH, *Gesetzesbindung und Typisierungsspielräume...*, cit., pp. 55-56.

[1938] V. a referência em LERKE OSTERLOH, *Gesetzesbindung und Typisierungsspielräume...*, cit., pp. 55, 68-69: a autora também situa a origem da tipificação na "consideração económica e tipificante" de Enno Becker.

[1939] Repare-se que mesmo Osterloh, que reconduz a tipificação à aplicação da lei, não entende a tipificação de Enno Becker: LERKE OSTERLOH, *Gesetzesbindung und Typisierungsspielräume...*, cit., pp. 54-56.

mas décadas, com a aquiescência do *BFH*, que reconhece uma margem de livre tipificação à administração fiscal, limitando-se a não aceitar a aplicabilidade das circulares quando elas conduzem a um "erro manifesto" na tributação.

Se a tipificação administrativa não tem diminuído, e, pelo contrário tem até aumentado e obtido apoio doutrinário, já o mesmo efeito não se verifica em relação à tipificação judicial. Um exemplo famoso é o do não reconhecimento judicial de contratos de trabalho entre cônjuges, para efeitos fiscais, decidido pelo *RFH* em 1930, e baseado na "concepção da generalidade das pessoas" de que a relação conjugal assentava na "posição natural" da "dependência da mulher em relação ao homem". Decidir em sentido contrário seria "negar as relações de facto da vida real" e a "concepção do povo"[1940].

O *BFH* manteve a orientação do *RFH*, mas substituiu a argumentação deste último pela referência à "essência do casamento" e à "visão social específica do mundo", à "concepção do tráfego", e só em 1962 foi obrigado a abandonar a jurisprudência constante em relação a tais contratos de trabalho, por acórdão do *BVerfG*[1941]. Mas tal acórdão não contém uma crítica ao método tipificante em si: os tópicos interpretativos apontados não foram objecto de censura pelo Tribunal Constitucional, nem a tipificação foi considerada ilegal. O *BVerfG* declarou a jurisprudência em causa inconstitucional por a considerar contrária ao princípio da igualdade (na vertente de não discriminação das pessoas casadas)[1942].

A primeira definição de tipificação do *BFH*, desligada das conotações nacional-socialistas, data de 1950. Segundo um acórdão de 1950, a tipificação implicaria a "desconsideração das circunstâncias dadas em cada caso que, em si mesmas, seriam de considerar", tendo o tribunal afirmado, simultaneamente, que "o tratamento individual de cada caso conduziria a resultados incomportáveis quer para os sujeitos passivos no seu conjunto quer para a administração"[1943].

[1940] V. a descrição desta doutrina em LERKE OSTERLOH, *Gesetzesbindung und Typisierungsspielräume...*, cit., pp. 68 (67 e ss.).

[1941] Repare-se que enquanto actualmente a tipificação está ligada à interpretação teleológica, a jurisprudência dos anos vinte e trinta não estabelecia essa relação: V. LERKE OSTERLOH, *Gesetzesbindung und Typisierungsspielräume...*, cit., pp. 68-69.

[1942] LERKE OSTERLOH, *Gesetzesbindung und Typisierungsspielräume...*, cit., pp. 70-71.

[1943] V. LERKE OSTERLOH, *Gesetzesbindung und Typisierungsspielräume...*, cit., pp. 26 e 40.

A definição em si mesma deve ser criticada, pois, saber se as circunstâncias desconsideradas o deveriam ter sido, depende da interpretação da norma legal, e se desta resultasse a relevância de tais circunstâncias, então a tipificação seria ilegal[1944]. Mas os argumentos aduzidos ao longo das décadas pelo *BFH* para legitimar e caracterizar a aplicação tipificante parecem-nos, em geral, correctos, evidenciando o reconhecimento de uma margem de livre apreciação administrativa, apesar das críticas da doutrina – mesmo daquela que defende a tipificação, mas que segue um outro caminho de justificação, como é o caso de Hans-Wolfgang Arndt[1945].

Os argumentos do *BFH*, a favor da tipificação, resultam, em resumo, das seguintes ponderações[1946], todas elas razoáveis: as circulares exprimem uma sedimentação de experiências dos serviços que devem ser tidas em conta (o mesmo acontecendo com os pareceres dos peritos); se o sujeito passivo e administração fiscal estiverem de acordo quanto à aplicação do estabelecido numa circular, o tribunal não se deve opor ao mesmo; é utilizada também, amiúde, a fórmula "as circulares de simplificação servem a simplificação no interesse de todos os participantes e fomentam a igualdade na tributação"; e, finalmente, as circulares conteriam "uma estimativa defensável realizada pelos serviços financeiros que serve a igualdade da tributação e, portanto, deviam ser aplicados, desde que no caso concreto não conduzam a um resultado manifestamente errado".

Pode-se desde já dizer que foram muito raros os casos em que o tribunal se afastou das circulares tipificantes.

A partir da definição dada pelo *BFH*, podemos delinear três fases na abordagem do fenómeno pela doutrina alemã.

Uma até à monografia de Isensee, em que a tipificação é rejeitada liminarmente pela doutrina, o que ainda assim não provoca o abandono do método pela administração fiscal, que, pelo contrário, tem intensificado a utilização do mesmo até aos dias de hoje.

A segunda, justamente, a partir da tese de Isensee (1976), que caracteriza a tipificação como uma "simplificação ilegal" dos *Tatbestände* defi-

---

[1944] V. a crítica a este aspecto da definição, no sentido por nós apontado, em LERKE OSTERLOH, *Gesetzesbindung und Typisierungsspielräume*..., cit., p. 40.
[1945] V. As críticas aduzidas por HANS-WOLFGANG ARNDT, em *Praktibilität*..., cit., pp. 23 e ss..
[1946] V. esta síntese das posições do *BFH* em HANS-WOLFGANG ARNDT, *Praktibilität*..., cit., pp. 22-23, 47-48.; ARNDT RAUPACH, "Steuervereinfachung durch die Rechtsprechung?", *Steuervereinfachung*, cit., pp. 182-185.

nidos por lei, mas a justifica através da incapacidade de a administração cumprir as suas tarefas em domínios de actos-massa, e que, encontrando--se no âmbito do Estado social de Direito numa permanente "situação de emergência ou "estado de necessidade", não tem outra alternativa senão a de tipificar.

Entre a segunda e a terceira fase, na realidade, ainda muito próxima de Isensee, a tese de Arndt (1983), que tenta interpor entre o "estado de necessidade" da administração e a "simplificação ilegal", o tópico da praticabilidade. O desígnio das ponderações de praticabilidade é o de legitimar, juridicamente, a resposta ao "estado de necessidade" da administração, mesmo quando a tipificação se situa para lá dos métodos dominantes de interpretação (incluindo os elementos da interpretação teleológica) e do respeito pela preferência e reserva de lei[1947]. Na linha da praticabilidade, encontra-se também Joachim Lang, que acentua a ponderação do princípio da proibição do excesso como fronteira imanente ao princípio do Estado de Direito (no sentido em que a tributação individualizada não conduz, frequentemente, a uma tributação justa, mas a um resultado excessivo)[1948].

E uma terceira fase, suscitada pela tese de Osterloh (1992), que reage ainda à posição de Isensee (e à de Arndt), no sentido em que procura caracterizar a tipificação como um método (perfeitamente) legal de interpretação/aplicação das normas legais, cuja justificação são, ainda, os actos-massa. Para Osterloh, a legitimidade jurídica resulta da margem de livre apreciação (tipificação) administrativa, pois a administração, ao tipificar, interpreta a lei e aplica-a dentro dos parâmetros autorizados pelo Direito, e portanto, respeita-a e não a viola[1949].

As linhas gerais do conceito de tipificação, por nós adoptado, estão na linha da tese de Lerke Osterloh, e recuperam ainda resultados das análises de Isensee e de Arndt.

Assim, recapitulando o conceito de aplicação tipificante que vimos adoptando, ela consiste na densificação normativa de conceitos legais relativamente (mais ou menos) indeterminados (no sentido do caso (4) de

---

[1947] HANS-WOLFGANG ARNDT, *Praktibilität...*, cit., por ex., pp. 86 e ss..

[1948] JOACHIM LANG, *Die Bemessungsgrundlage der Einkommensteuer, Rechtssystematische Grundlagen steuerlicher Leistungsfähigkeit im deutschen Einkommensteuerrecht*, Köln, 1986, pp. 146-156.

[1949] LERKE OSTERLOH, *Gesetzesbindung und Typisierungsspielräume...*, cit., por ex., pp. 63 e ss., 74 e ss., 78 e ss., e 88-89, 170 e ss. e §§ 5 e 6.

Coleman/Leiter), através do recurso a um tipo empírico médio, densificação essa que conduz a um tipo jurídico tendencialmente fechado.

Mas cabe investigar ao longo deste capítulo se a tipificação administrativa fiscal decorre de um espaço de livre apreciação de conceitos legais indeterminados ou se, o facto de implicar, frequentemente, a simplificação no procedimento de aplicação da lei, postula outro tipo de justificação.

Analisaremos este aspecto, dando-lhe a importância devida, mas queremos recordar que um dos factores que dificultam, na doutrina alemã, o juízo de legalidade e de constitucionalidade das circulares tipificantes, é o entendimento de que as exigências de determinação da lei fiscal não deixam qualquer espaço para margens de livre apreciação. Só Lerke Osterloh veio defender que a tipificação é o resultado da abertura da lei, enquanto a doutrina anterior entendia que com a tipificação se verificava uma simplificação do próprio regime legal e por isso uma actuação ilegal.

Não será por acaso que, quer a doutrina que considera a tipificação administrativa e judicial ilegal e inconstitucional, quer o *BFH*, quer mesmo Josef Isensee – que conduziu a primeira grande investigação revolucionária (com *"Die typisierende Verwaltung..."*) sobre as causas, o significado e a legitimação do fenómeno –, adoptaram o mesmo conceito de tipificação.

Segundo Isensee, a tipificação seria o "tratamento igual de casos jurídicos que deviam ser resolvidos de modo diferente", a "não consideração de uma exigência de diferenciação"[1950]. Metodologicamente, este conceito aplicar-se-ia a qualquer nível normativo, sempre que a norma igualizasse e globalizasse, violando distinções normativas previamente estabelecidas e que deveriam ser respeitadas: ou porque essas distinções foram estabelecidas por uma norma de nível hierárquico superior (a lei estabelece distinções que o regulamento omite, igualizando, a Constituição estabelece distinções que o legislador ignora, etc.); ou porque, numa determinada matéria, existe um regime geral que estabelece diferenciações e, ao mesmo tempo, regimes especiais igualizando (tributação segundo o rendimento real e tributação segundo métodos indirectos). Isensee designa o primeiro caso por tipificação vertical, e o segundo, por tipificação horizontal[1951].

Neste sentido, a tipificação é a criação de tipos legais, regulamentares ou até jurisprudenciais que, por presumirem certos pressupostos de

---

[1950] JOSEF ISENSEE, *Die typisierende Verwaltung...*, cit., p. 97.
[1951] JOSEF ISENSEE, *Die typisierende Verwaltung...*, cit., p. 97.

tributação, se afastam não só de uma tributação individualizadora, dirigida ao apuramento do rendimento real e da capacidade contributiva, como do próprio tipo empírico que legitima um tratamento jurídico igualitário de um grupo de casos.

A consequência mais grave deste entendimento de tipificação, é o facto de a tipificação administrativa ser então, por natureza, ilegal – ela é justificada por uma "competência de emergência" e por isso caracterizar-se-ia como uma "ilegalidade necessária".

É este "estado de necessidade" que confere à tipificação administrativa, *maxime* à tipificação da administração fiscal, características especiais, relacionadas com a execução de actos-massa que condicionam necessariamente a actividade.

Assim, a tipificação não seria uma normal aplicação da lei; desde logo, as motivações da tipificação sobrepor-se-iam às motivações subjacentes à lei, pois a administração introduziria valorações autónomas, em vez de realizar as valorações contidas na lei[1952]. Nas palavras de Isensee, enquanto "a interpretação diz respeito ao sentido imanente da norma, a tipificação" (diria respeito) "à finalidade de execução transcendente à norma"[1953]. E, diz-nos o autor logo a seguir, "a tipificação evita deliberadamente atingir o grau total de individualização do caso exigido por lei", pois a diferenciação legal é sacrificada a favor da simplificação da execução[1954]. E, mais adiante, "a tipificação não preenche as lacunas da lei, mas altera o seu conteúdo"[1955].

Como já assinalámos anteriormente, existe uma confusão de planos por parte dos autores: ao considerarem que a tipificação se afasta do grau de individualização do caso exigido por lei, os autores confundem o problema da margem de livre apreciação na aplicação da lei – quer no sentido da aplicação da lei ao caso individual quer no sentido da densificação dos conceitos indeterminados, por regulamento ou acto pararegulamentar – e os princípios que regem a averiguação dos factos no procedimento administrativo e no processo judicial tributário – o princípio do inquisitório e da verdade material – que postulam a averiguação de todas as circunstâncias relevantes para o caso.

[1952] JOSEF ISENSEE, *Die typisierende Verwaltung...*, cit., p. 131.
[1953] JOSEF ISENSEE, *Die typisierende Verwaltung...*, cit., p. 131.
[1954] JOSEF ISENSEE, *Die typisierende Verwaltung...*, cit., p. 131.
[1955] JOSEF ISENSEE, *Die typisierende Verwaltung...*, cit., p. 129.

O que tinha de ser demonstrado é que estes dois princípios impedem que a administração tributária (e os tribunais) eliminem a margem de livre apreciação resultante dos conceitos legais indeterminados, estabelecendo, através de regras administrativas (ou da jurisprudência) tipificantes, uma interpretação uniforme da lei fiscal, eliminando incertezas, tendo por base, por exemplo, princípios de experiência (tipos médios, tipos frequentes), e deixando de submeter certos pressupostos legais ao esclarecimento individual.

Como vimos anteriormente, não há dúvida que o legislador pode evitar que certos factos – os tais "factos fingidos" ou "presumidos" – sejam esclarecidos: os autores que criticam a tipificação administrativa ou judicial não questionam a tipificação legal que "serve (...) a poupança dos esclarecimentos fiscais"[1956].

Aqui deixamos traçadas as duas perspectivas mais relevantes na discussão da tipificação administrativa fiscal: estaremos perante o exercício de uma margem de livre apreciação dentro dos limites da lei, ou antes perante uma execução administrativa ilegal? Para melhor entendermos o problema e desenvolvermos a nossa argumentação, é necessário averiguarmos as causas que estão na origem da opção administrativa em tipificar.

Na análise que se segue, vamos incluir as seguintes modalidades de tipificação administrativa, tal como têm sido objecto de estudo na doutrina:

– Tipificação nuclearmente concretizadora dos pressupostos legais – e, portanto, actuando no espaço de livre apreciação;
– Tipificação destinada à simplificação dos pressupostos contidos no *Tatbestand* legal de imposto – sendo discutível que actue dentro do espaço de livre apreciação, segundo os parâmetros orientadores da interpretação;
– Tipificação conduzida por regulamentos;
– Tipificação efectuada por circulares (cabendo saber se a utilização deste instrumento, em vez dos regulamentos, tem consequências em termos de vinculação dos tribunais);
– Tipificação concretizadora ou simplificadora, por regulamentos ou circulares, que não admite a demonstração de que o caso individual se

---

[1956] Como já referimos, KLAUS TIPKE, Tipke/Kruse, *AO/FGO Kommentar*..., cit., § 88, pp. 25-26, ponto 6.

afasta do caso típico previsto na norma secundária (designada por tipificação categórica ou material);
– Tipificação concretizadora ou simplificadora, por regulamentos ou circulares, que admite a refutação da disciplina a aplicar ao caso individual, por ser possível demonstrar que este se afasta do caso típico regulado pela norma secundária (designada por tipificação hipotética ou formal). Mesmo que o regulamento ou circular tipificantes da lei admitam a sua não aplicação, se o sujeito passivo provar que não se encontra abrangido pelo caso típico (tipificação formal), não se altera a natureza do regulamento ou circular.

Vamo-nos ocupar já de seguida, e autonomamente, da classificação da tipificação em material e formal, sendo as restantes classificações incluídas na análise da tipificação ao longo do capítulo.

3. A tipificação material e a tipificação formal

A distinção entre tipificação material e tipificação formal tem sido sempre o ponto de partida da discussão doutrinária e jurisprudencial em redor do método de aplicação tipificante: a tipificação que opera com presunções inilidíveis é confrontada com a tipificação que opera com presunções elidíveis[1957].

Dizem-nos Kruse e Drüen que, "por meio da consideração tipificante, os RFH, OFH e a seguir também o *BFH* fingiam existir a situação da vida na sua forma de manifestação típica", ignorando conscientemente o caso individual e não permitindo prova em contrário, razão pela qual esta tipificação se designa por 'material'"[1958]. Quando se passou a admitir prova em contrário da tipificação, desenvolvimento que resultou de um acórdão

---

[1957] V., por todos, JOSEF ISENSEE, *Die typisierende Verwaltung*..., cit., pp. 32-33; LERKE OSTERLOH, *Gesetzesbindung und Typisierungsspielräume*..., cit., pp. 26 e ss., e 78 e ss.; GEORG CREZELIUS, *Steuerrechtliche Rechtsanwendung und allgemeine Rechtsordnung, Grundlagen für eine liberale Besteuerungspraxis*, Herne, Berlin, 1983, pp. 210 e ss.; MONIKA JACHMANN, "Zur Anwendung typisierender Verwaltungsvorschriften...", *StuW*, 1994, n.º 4, cit., pp. 349 e ss.; JOSÉ LUÍS SALDANHA SANCHES, *A Quantificação da obrigação tributária*..., CCTF, cit., p. 183.

[1958] KRUSE/DRÜEN, Tipke/Kruse, *AO/FGO Kommentar*..., cit., § 4 AO, p. 134, ponto 386.

do *BFH*[1959], designou-se tal tipificação de formal[1960].

Encontramos estes conceitos na doutrina e na jurisprudência fiscais, com mais ou menos variações, sendo certo que a posição quanto à legalidade e constitucionalidade das duas práticas implica a consideração dogmática ora unitária ora separada das duas classificações[1961].

Repare-se que Isensee critica as designações de "material" e "formal", por sugerirem "que a tipificação material diz respeito ao Direito Fiscal obrigacional e a tipificação formal ao Direito Fiscal procedimental. Na verdade, ambas as formas de decisão-klischee respeitam à relação obrigacional fiscal".

Podemos dizer que a distinção entre uma e outra forma de tipificação é relevante para efeitos de enquadramento das mesmas, como resulta da actual posição do *BFH* (que considera a tipificação formal um problema de ónus da prova) e da posição da doutrina. Muitos sectores – talvez a maioria – não levantam objecções à tipificação formal, enquanto "modalidade enfraquecida da tipificação material"[1962], mas em contrapartida consideram a tipificação material ilegal[1963].

Enquanto a tipificação material seria contrária à reserva de lei – por significar o exercício de amplos poderes de apreciação pelos órgãos de aplicação da lei fiscal, e a recusa da subsunção do caso individual à norma –, e à própria igualdade – porque cabe à lei estabelecer os critérios deste princípio –, a tipificação formal, ao admitir a prova em contrário pelo sujeito passivo, "parecia ter um lugar legítimo no domínio das regras da avaliação da prova e da distribuição do ónus da prova"[1964], sendo portanto reconduzida à "teoria do ónus da prova"[1965].

Deste modo, por exemplo, embora na tipificação formal "também se

---

[1959] *BStBl.* 51, p. 42.
[1960] Kruse/Drüen, Tipke/Kruse, *AO/FGO Kommentar...*, cit., § 4 AO, p. 134, ponto 386.
[1961] V., por todos, Josef Isensee, *Die typisierende Verwaltung...*, cit., pp. 32-33 e nota 39.
[1962] Lerke Osterloh, *Gesetzesbindung und Typisierungsspielräume...*, cit., pp. 78-80.
[1963] V. as referências em Lerke Osterloh, *Gesetzesbindung und Typisierungsspielräume...*, cit., p. 27, nota 19.
[1964] Lerke Osterloh, *Gesetzesbindung und Typisierungsspielräume...*, cit., p. 79.
[1965] V., por todos, Hans-Wilhelm Kruse, Tipke/Kruse, *AO/FGO Kommentar*, § 4, 2001, pontos 135-136; V. a referência também em Hans-Jürgen Papier, *Die finanzrechtlichen Gesetzesvorbehalte...*, cit., p. 207, embora não seja essa a posição do autor.

'presum(a)' que a situação da vida corresponde à sua manifestação típica (...), como se admite a prova em contrário, (e ela) (...) passou a ser relevante do ponto de vista da teoria do ónus da prova, ... o *BFH* deixou de se referir a esta técnica como "tipificação"[1966]. Relevância do ponto de vista da teoria do ónus da prova, ou entendimento da tipificação formal como uma "prova *prima-facie*", cujo ónus funciona em desvantagem do sujeito passivo[1967], eis as consequências retiradas desta categoria de tipificação.

As objecções à tipificação formal baseiam-se na restrição infligida aos princípios da investigação e da verdade material e ainda ao ónus da prova objectivo, princípios que regem o procedimento e o processo tributário – são por isso objecções semelhantes às dirigidas à utilização de presunções por parte do legislador. Esses princípios, que decorreriam da própria reserva de lei (embora sejam válidos em todo o Direito Público), fariam com que o ónus da prova em caso de *non-liquet* funcionasse em desfavor da administração, e a tipificação formal trazia consigo a regra contrária[1968].

Já vimos anteriormente que o próprio legislador pode recorrer a tipificações, e a esse propósito defendemos a não inconstitucionalidade quer das presunções elidíveis quer das presunções inilidíveis, dentro dos limites do Estado de Direito. Já referimos também que a violação dos deveres de cooperação legitima restrições ao princípio da investigação e da verdade material – legitima, nomeadamente, a aplicação de métodos de avaliação indirecta.

Ora, assim como estes princípios podem sofrer restrições ao nível da lei, também o legislador pode autorizar directa ou indirectamente os órgãos de aplicação da lei a tipificar, quer através da tipificação material, quer através da tipificação formal[1969], criando neste caso regras de ónus da prova em desfavor do sujeito passivo – nomeadamente, no caso das dis-

---

[1966] KRUSE/DRÜEN, Tipke/Kruse, *AO/FGO Kommentar*..., cit., § 4, p. 134, ponto 386. V., também, LERKE OSTERLOH, *Gesetzesbindung und Typisierungsspielräume*..., cit., pp. 26, 27 e 80; e HANS-JÜRGEN PAPIER, *Die finanzrechtlichen Gesetzesvorbehalte*..., cit., p. 207.

[1967] V. por exemplo, entre muitos, GEORG CREZELIUS, *Steuerrechtliche Rechtsanwendung*..., cit., p. 210; LERKE OSTERLOH, *Gesetzesbindung und Typisierungsspielräume*..., cit., por exemplo, p. 79.

[1968] Neste sentido (e contra a tipificação formal), HANS-JÜRGEN PAPIER, *Die finanzrechtlichen Gesetzesvorbehalte*..., cit., p. 207-209.

[1969] Como defende LERKE OSTERLOH, ao longo da sua tese, referindo-se a uma *Typisierungsspielraum: Gesetzesbindung und Typisierungsspielräume*..., cit., por exemplo,

A aplicação tipificante das leis fiscais: "estado de necessidade"... 671

posições desoneradoras do sujeito passivo[1970].

Porque não nos interessa desenvolver todos os casos de aplicação tipificante, vamos concentrar a nossa argumentação em redor dos regulamentos e circulares tipificantes, que no caso alemão estabelecem frequentemente quantificações generalizadoras, e neste caso, em regra, admitem a prova individual em contrário. Não nos vamos pois centrar na distinção entre tipificação material e formal, mas vamos explicar e debater as opiniões mais relevantes sobre o fenómeno no seu conjunto, deixando desde já claro que em ambas as modalidades estamos perante um método de interpretação e concretização da lei[1971-1972].

Assim, o nosso ponto de partida assenta na observação de que quer a tipificação material quer a formal são métodos que têm por base as mesmas causas, e que têm idêntica legitimação. Ambas emanam da situação de emergência criada pela administração de massas e ambas procuram realizar, segundo um princípio de praticabilidade, uma execução tão justa quanto possível da lei (ponderando os princípios da igualdade e da proibição do excesso) quando, dentro da margem de livre apreciação por ela conferida, as instâncias de aplicação percepcionam que a aplicação individualizada não conduziria a um convencimento suficiente sobre o preenchimento do *Tatbestand* legal[1973]. Por conseguinte, a tipificação formal

---

pp. 74-78, 82-83. No mesmo sentido, MONIKA JACHMANN, "Zur Anwendung typisierender Verwaltungsvorschriften...", *StuW*, 1994, n.º 4, cit., p. 350.

[1970] LERKE OSTERLOH, *Gesetzesbindung und Typisierungsspielräume...*, cit., pp. 459-460; no mesmo sentido, MONIKA JACHMANN, "Zur Anwendung typisierender Verwaltungsvorschriften...", *StuW*, 1994, n.º 4, cit., p. 349. Repare-se que a diminuição da medida da prova resulta aqui do facto de a jurisprudência alemã considerar, de acordo com a teoria de Rosenberg, que no caso das normas desoneradoras do sujeito passivo, o ónus da prova objectivo funciona, na dúvida, contra esse sujeito passivo: V. KLAUS TIPKE/JOACHIM LANG, *Steuerrecht*, cit., 17.ª ed., pontos 216-217, pp. 787-788. E ainda, a propósito da tipificação formal e da diminuição da medida da prova, LERKE OSTERLOH, "Unzutreffende Besteuerung...", cit., p. 345.

[1971] Neste sentido, LERKE OSTERLOH, *Gesetzesbindung und Typisierungsspielräume...*, cit. pp. 63 e ss. e 82-83. E no mesmo sentido também, de forma clara e sucinta, MONIKA JACHMANN, "Zur Anwendung typisierender Verwaltungsvorschriften...", cit., p. 349.

[1972] Ao dizermos isto, não estamos a tomar posição na contraposição que é feita pela doutrina entre interpretação e averiguação da situação da vida, uma vez que elas estão relacionadas. Não concordamos pois com JACHMANN quando faz esta contraposição: MONIKA JACHMANN, "Zur Anwendung typisierender Verwaltungsvorschriften...", cit., p. 349.

não está orientada para a "averiguação da situação da vida individual", não é um "instrumento auxiliar da descoberta da verdade" do caso, mas partilha os fundamentos e finalidades da tipificação material[1974].

Só que enquanto na tipificação formal "os critérios de decisão generalizadores são deduzidos da alta probabilidade da correspondência entre a situação da vida concreta individual e a situação da vida típica... [admitindo-se prova em contrário]... a tipificação material resulta de uma ponderação segundo a qual se negligenciam as diferenças pensáveis entre a situação típica e a concreta, no interesse de uma execução da lei praticável"[1975]. E, por exemplo quanto às circulares sobre deduções de despesas profissionais, enquanto a tipificação formal contém, nas palavras de Lerke Osterloh, uma "diminuição da medida da prova", a tipificação material não emana de uma regra de medida da prova, vai além da "probabilidade suficiente" de que o caso individual se reconduza ao tipo, o que não quer dizer que os montantes tipificados não tenham uma justificação.

É justamente às causas e à legitimação da aplicação tipificante que dedicamos as próximas páginas.

4. Do "estado de necessidade" da administração fiscal (JOSEF ISENSEE) ao princípio da praticabilidade (HANS-WOLFGANG ARNDT)

Como nos diz Isensee, a tipificação administrativa é uma reacção aos objectivos legislativos de pessoalização dos impostos sobre o rendimento[1976]: "À pressão individualizadora do legislador, o aplicador da lei responde com a contra-pressão tipificante, procurando, através de esquemas supra-individuais, a conformação da multiplicidade de casos da vida"[1977].

A tipificação é pois, já há muito, entendida como inevitável face às

---

[1973] V., por todos, LERKE OSTERLOH, *Gesetzesbindung und Typisierungsspielräume...*, cit., por exemplo, pp. 81-82, 322-325.

[1974] LERKE OSTERLOH, *Gesetzesbindung und Typisierungsspielräume...*, cit., por exemplo, p. 82 e adiante, tratando conjuntamente de ambas as tipificações, pp. (500) 501 e ss..

[1975] Para usar as palavras de LERKE OSTERLOH (*Gesetzesbindung und Typisierungsspielräume...*, cit., p. 82).

[1976] JOSEF ISENSEE, *Die typisierende Verwaltung...*, cit., p. 52.

[1977] JOSEF ISENSEE, *Die typisierende Verwaltung...*, cit., p. 52.

relações entre o Estado e o cidadão[1978]. São invocadas razões de urgência e de praticabilidade para justificarem a desconsideração da situação individual e o seu entendimento à luz da tipificação, pois a averiguação dos casos em concreto exigiria uma investigação muito profunda do sujeito passivo e das suas intenções, sendo estas muito dificilmente comprováveis[1979], tornando os custos desajustados.

A tipificação administrativa é pois motivada por razões específicas, como salientou pela primeira vez Josef Isensee, que a caracterizou como uma metodologia singular, própria dos procedimentos de massa. Como referiu provocatoriamente, "a tipificação é a fúria da administração do Estado de Direito"[1980].

Isensee, que, como já dissemos, desenvolveu a questão da legitimidade da "perspectiva tipificante" da administração tributária, justificou-a, não como uma tendência subjacente a toda a regulação normativa, mas como um problema "de emergência na execução" dos procedimentos de massa administrativos, como acontece no Direito Fiscal[1981]. Segundo Isensee, a tipificação "não é um conceito apriorístico, nem uma figura jurídica dogmática, mas um fenómeno da realidade administrativa"[1982] (não concordamos com esta caracterização isolacionista da figura, como decorre do que escrevemos anteriormente), que surge por não haver outra opção[1983].

Ou seja, a tipificação surge por razões de praticabilidade, "onde as exigências de execução legal ultrapassam as forças reais da administração"[1984], tendo em conta que a tributação diz respeito, pelo menos nos Estados da OCDE, a todas as manifestações da vida com relevância económica.

Se tivermos em consideração que os meios da administração são limitados, torna-se inevitável que o caso singular perca a sua individualidade face ao caso típico[1985].

Perante os princípios em presença, a administração deve procurar, se

---

[1978] Por ex., acórdão do *BFH*, de 24.11.1950.
[1979] JOSEF ISENSEE, *Die typisierende Verwaltung...*, cit., p. 36.
[1980] JOSEF ISENSEE, *Die typisierende Verwaltung...*, cit., p. 17.
[1981] JOSEF ISENSEE, *Die typisierende Verwaltung...*, cit., p. 171.
[1982] JOSEF ISENSEE, *Die typisierende Verwaltung...*, cit., p. 21.
[1983] JOSEF ISENSEE, *Die typisierende Verwaltung...*, cit., p. 155.
[1984] JOSEF ISENSEE, *Die typisierende Verwaltung...*, cit., p. 171.
[1985] JOSEF ISENSEE, *Die typisierende Verwaltung...*, cit., p. 155.

não uma solução óptima de execução da lei, pelo menos uma solução cujas despesas sejam comportáveis. Esta escassez de meios significa que o princípio da eficiência deve ser um princípio orientador da actividade administrativa. Ele está também na base da tipificação porque esta permitirá "o máximo grau de eficiência na obtenção de uma determinada finalidade, tendo em conta os meios existentes"[1986]. Isto não quer dizer que a eficiência seja o objectivo fundamental por que se deve reger a administração, mas que, sem pôr em causa a legalidade, ela deve procurar uma solução economicamente viável[1987].

As razões da tipificação administrativa identificadas por Isensee são irrecusáveis. Eles correspondem em grande parte à observação da *praxis* jurídica aceite pelo *BFH* e abalaram a discussão da doutrina alemã em torno do fenómeno da tipificação. Em síntese, essas razões estão directamente relacionadas com o programa de execução normativa e seus interesses, tais como a simplificação da tarefa de execução, a clarificação normativa, a diminuição de despesas de execução e, em suma, a praticabilidade[1988].

Não se pode negar que o fenómeno da tipificação surge à revelia das orientações legais, que apontam, no século XX, e entre nós desde a reforma de 1988, para a tributação do rendimento real; estas orientações não ponderam as dificuldades (ou mesmo a impossibilidade) da máquina fiscal em assegurar o cumprimento desses objectivos, e conduzem afinal a um nível de evasão fiscal muito elevado. Ao tentar dar cumprimento à lei, aplicando-a aos casos individuais, de forma a garantir uma tributação segundo o rendimento real e a capacidade contributiva (por exemplo, permitindo as deduções "das despesas necessárias à obtenção dos rendimentos" e abatimentos relacionados com despesas pessoais reconhecidas pelo Estado Social de Direito), a administração não consegue dominar os casos massa, e cai inevitavelmente na inércia. Estas consequências perversas,

---

[1986] JOSEF ISENSEE, *Die typisierende Verwaltung...,* cit., p. 162.

[1987] JOSEF ISENSEE, embora caracterize a tipificação como ilegal, procura depois compatibilizá-la com o princípio da legalidade: *Die typisierende Verwaltung...,* cit., p. 165. A relevância do princípio da eficiência, na vertente crua da economicidade (ponderação de custos administrativos versus receitas cobradas), tem sido desenvolvida por alguma doutrina: V., por exemplo, MONIKA JACHMANN, "Grundthesen zu einer Verbesserung...", *StuW*, 1998, n.º 3, cit., pp. 195-196; WOLFGANG SCHÖN, "Vermeidbare und unvermeidbare Hindernisse...", cit., pp. 25-26.

[1988] JOSEF ISENSEE, *Die typisierende Verwaltung...,* cit., p. 99, 159 ss..

que reconhecemos terem atingido a realidade fiscal portuguesa do final dos anos noventa e princípio do século XXI, já tinham sido sistematizadas por Josef Isensee, em 1976 (antes da nossa reforma fiscal)[1989].

Disposições legais excessivamente complicadas, falta de praticabilidade das mesmas, e falta de adaptação das leis às mudanças económicas são, pois, algumas das razões há muito apontadas como causa da discrepância entre as tarefas administrativas exigidas pelo legislador e a capacidade de resposta da administração fiscal[1990]: "O dever ser legal dirigido à administração encontra obstáculo na sua real capacidade"[1991].

Tendo em conta o dilema em que se encontra a administração, ao ter de ponderar o cumprimento dos comandos legais e os meios pessoais e materiais de que dispõe, a tipificação aparece como uma solução, ainda que imperfeita, pois, ao fechar os pressupostos legais, diminui o potencial âmbito de aplicação da lei[1992].

As causas da tipificação administrativa são magistralmente traçadas por Isensee, mas a sua tese principal é a de que a tipificação administrativa é ilegal, porque a execução se defronta, no cumprimento das tarefas ordenadas por lei, com o obstáculo da escassez de meios, elemento este que não foi ponderado devidamente pelo legislador (segundo Isensee "os meios de que a administração dispõe não se adaptam às tarefas impostas pelo legislador")[1993].

Ora, esta relativização da legalidade – pois, segundo Isensee, em caso de conflito entre legalidade e efectividade da execução administrativa, deve prevalecer esta última (existindo uma ilegalidade necessária) – constituiu o motivo principal da rejeição da sua tese por parte da maioria da doutrina alemã[1994].

Repare-se que, para Isensee, a tipificação não é autorizada por lei, não há nenhuma margem de livre tipificação. Pelo contrário, ela viola o comando legal que determinaria a execução individual, situando-se numa

---

[1989] JOSEF ISENSEE, *Die typisierende Verwaltung...*, cit., p. 157.
[1990] JOSEF ISENSEE, *Die typisierende Verwaltung...*, cit., p. 156.
[1991] JOSEF ISENSEE, *Die typisierende Verwaltung...*, cit., p. 158.
[1992] Assim para JOSEF ISENSEE, *Die typisierende Verwaltung...*, cit., pp. 171 e ss., e 157.
[1993] JOSEF ISENSEE, *Die typisierende Verwaltung...*, cit., pp. 171-172.
[1994] Por todos, LERKE OSTERLOH, pp. 42-44; KRUSE/DRÜEN, Tipke/Kruse, *AO/FGO Kommentar*, § 4, Köln, 2001; GEORG CREZELIUS, *Steuerrechtliche Rechtsanwendung...*, cit., p. 215 e ss..

"zona cinzenta de ilegalidade necessária", que deve ser reconhecida constitucionalmente[1995], como única saída possível do dilema em que se encontra a administração: ou ficar paralisada ou actuar dentro da capacidade existente com o máximo de economia de meios, não desistindo da legalidade, mas reduzindo-a ao possível (à adequação ao caso-típico)[1996].

Esta legitimação da actuação administrativa não é estendida por Isensee aos tribunais que estão sempre subordinados a uma legalidade restrita.

Como conclui Osterloh, Isensee introduz uma distinção dificilmente aceitável: "do ponto de vista do *resultado* da actuação administrativa, a decisão" (de tipificação) "é ilegal e é por isso controlável pelos tribunais (...). Do ponto de vista da *actuação* da administração, a decisão é legítima"[1997-1998].

Isto significa que, se é do "estado de necessidade" da administração que Isensee retira, directamente, a margem de livre tipificação administrativa, e não, portanto, da lei[1999], então Isensee expulsa o princípio da legalidade, e a lei perde o seu significado constitucional de instrumento democrático e do Estado de Direito[2000]: como nos diz Osterloh, "onde termina a execução administrativa legal, começa um executivo portador de competências originárias, não legitimadas por lei"[2001].

Neste contexto, o argumento da praticabilidade tem sido associado à discussão, no domínio do Direito Fiscal, mas normalmente, de forma pouco profunda. Isensee invoca-o sob múltiplas denominações, mas opondo-o sempre à legalidade, como quando, por exemplo, se refere ao confronto entre "razão administrativa" e "Direito Administrativo"[2002].

Mas o princípio da praticabilidade é desde logo, e tal como no restante Direito Administrativo, mencionado como elemento válido de interpretação pela jurisprudência (ele é um elemento relevante da interpretação

---

[1995] JOSEF ISENSEE, "Verwaltungsraison gegen Verwaltungsrecht...", cit., pp. 199 e 205 e ss..

[1996] JOSEF ISENSEE, *Die typisierende Verwaltung...*, cit., p. 172.

[1997] LERKE OSTERLOH, *Gesetzesbindung und Typisierungsspielräume...*, cit., p. 49.

[1998] Em qualquer caso isto significaria que a ilegalidade da consequência é da responsabilidade do legislador: V. a crítica em LERKE OSTERLOH, *Gesetzesbindung und Typisierungsspielräume...*, cit., p. 49.

[1999] JOSEF ISENSEE, *Die typisierende Verwaltung...*, cit., p. 171.

[2000] Assim, LERKE OSTERLOH, *Gesetzesbindung und Typisierungsspielräume...*, cit., p. 43.

[2001] LERKE OSTERLOH, *Gesetzesbindung und Typisierungsspielräume...*, cit., p. 43.

[2002] JOSEF ISENSEE, "Verwaltungsraison gegen Verwaltungsrecht...", cit., p. 199.

teleológica da norma fiscal[2003]).

Enquanto até 1972 o argumento da praticabilidade era invocado com alguma frequência pelo *BFH*, como um "tópico de interpretação essencial" autónomo, e que poderia implicar uma interpretação contra a letra de lei, desde então, ele só é invocado dentro das possibilidades de interpretação, como elemento relevante em caso de dúvida perante vários significados possíveis[2004]. Por outro lado, as ponderações de praticabilidade são entendidas como sendo domínio da competência técnico-administrativa e não do tribunal[2005].

De qualquer forma, e resumindo, digamos que, em geral, a doutrina e os tribunais aceitam o argumento da praticabilidade para justificar uma execução administrativa motivada por argumentos administrativo-económicos (do género, ponderação receitas/despesas), para determinar uma execução administrativa de uma forma "simples", quando há várias interpretações possíveis, e para uma realização conjunta atempada das tarefas da administração[2006]. Segundo Hans-Wolfgang Arndt, todos estes casos podem ser reconduzidos a uma interpretação teleológica da lei, não sendo necessário autonomizá-los. A praticabilidade tem sido ainda invocada como razão material para a ausência de diferenciações por parte da própria lei.

Arndt procura ir além desta utilização da praticabilidade, conferindo--lhe o alcance de tópico argumentativo, integrado sistematicamente na discussão da tipificação administrativa fiscal.

Considerando insuficientes as anteriores abordagens, por não res-

---

[2003] HANS-WOLFGANG ARNDT, *Praktikabilität und Effizienz*, 1983, pp. 24-25 ss.. Sobre a invocação da praticabilidade, no sentido da aceitação de que as tarefas da administração sejam realizadas, no seu conjunto, e a sua recondução a "uma interpretação teleológica fiel à letra da lei", pp. 37 (34 e ss.). Neste sentido também, KLAUS TIPKE/JOACHIM LANG, *Steuerrecht,* cit., 17.ª ed., pp. 140-141.

[2004] HANS-WOLFGANG ARNDT, *Praktikabilität und Effizienz*, 1983, pp. 24-29, 34. Já não concordamos porém, que a administração possa tipificar contra a letra da lei, com base no princípio da praticabilidade, como chegaram a defender os tribunais alemães (IDEM, pp. 26-27). V., entre nós, aceitando que o princípio da praticabilidade e o "estado de necessidade" justificam a tipificação administrativa, embora preferindo a tipificação legal, JOSÉ CASALTA NABAIS, *O Dever fundamental...*, cit., pp. 336-337. V. ainda, do autor, *Contratos fiscais...,* cit., p. 109, nota 299.

[2005] HANS-WOLFGANG ARNDT, *Praktikabilität...*, cit., p. 27. Para o autor trata-se de uma contradição.

[2006] V. HANS-WOLFGANG ARNDT, *Praktikabilität...*, cit., pp. 33 e ss.; implicitamente, WOLFF-BACHOF, *Verwaltungsrecht I*, cit., 9.ª ed. pp. 166 e ss..

ponderem à questão essencial da justificação das circulares tipificantes contrárias à lei (violando a reserva e a preferência de lei)[2007], a questão a que o autor procurou responder foi, exactamente, a de saber se a praticabilidade, como tópico argumentativo, não poderá legitimar essas circulares.

Isto é, segundo Arndt, cabe saber se as ponderações de praticabilidade podem legitimar, de forma autónoma, as tipificações que simplificam os pressupostos da lei[2008].

Assim, cabe saber se a praticabilidade é um tópico com força jurídica intrínseca, e não um mero elemento da interpretação teleológica, que justifique as tipificações de simplificação, isto é, as que vão além dos parâmetros admitidos de interpretação – repare-se que para Arndt, metodologicamente, a aplicação tipificante seria sempre uma aplicação simplificadora da lei[2009].

Se assim for, a praticabilidade poderá justificar uma limitação do princípio da legalidade[2010], o que, em última análise, tornaria irrelevante que essa limitação tenha origem no próprio legislador, que seja ele, no quadro das suas competências legislativas reservadas, a conformar pressupostos e consequências de forma mais ou menos aberta[2011]: o autor distingue assim entre o tópico da praticabilidade usado no quadro da interpretação teleológica dominante; e o tópico da praticabilidade usado para simplificar a norma legal pela administração (fazendo a ponte entre norma-programa ou tipicidade legal e possibilidade de realização geral da norma)[2012]. É nesta tarefa de intermediação, de resolução de um conflito, que a praticabilidade desenvolve a sua força total, que vai além da inter-

---

[2007] Que o autor considera as circulares de simplificação contrárias à preferência e reserva de lei, e que essa mesma ilegalidade seria tacitamente aceite pelo *BFH*, é expressamente referido ao longo da monografia: por ex., pp. 30, 36, 37, 38, 44, 50, 53 (HANS--WOLFGANG ARNDT, *Praktikabilität*..., cit.). Para o autor, quer a chamada tipificação material quer a chamada tipificação formal (que admite prova em contrário) merecem a mesma censura de violação da reserva e preferência de lei: cf., IDEM, p. 53-54.

[2008] HANS-WOLFGANG ARNDT, *Praktikabilität und Effizienz*..., cit., pp. 8 e ss., 44 e ss., e 52 e ss..

[2009] HANS-WOLFGANG ARNDT, *Praktikabilität und Effizienz*..., cit., p. 52.

[2010] Também no sentido de Isensee: V. os comentários de LERKE OSTERLOH, *Gesetzesbindung und Typisierungsspielräume*..., cit., p. 42.

[2011] Destacando esta competência como fundamental para legitimar a tipificação, LERKE OSTERLOH, *Gesetzesbindung und Typisierungsspielräume*..., cit., p. 46.

[2012] HANS-WOLFGANG ARNDT, *Praktikabilität*..., cit., pp. 87 (85 e ss.).

pretação teleológica dominante[2013].

Esta é a forma pela qual Arndt tenta ultrapassar as objecções levantadas à tese de Isensee. Arndt não introduz uma ruptura com Isensee, mas, pelo contrário, parte dos pressupostos e das conclusões deste – a tipificação "simplificadora" resulta de uma situação de emergência da administração de massas, só pode ser exercida nesse contexto de emergência, e consiste numa aplicação da lei que parte de um *Tatbestand* de abstracção e não da situação da vida real[2014]. Ao negar o potencial da diferenciação normativa contida na lei, a tipificação traduz uma aplicação "falsificada" da mesma: "A tipificação não conduz a uma delimitação do *Tatbestand* fiel à lei, mas a uma adequação aos custos de uma parte do programa normativo"[2015].

Se a tipificação não traduz "fielmente" a lei, então ela é, tal como em Isensee, necessariamente, ilegal. Só podemos entender a crítica que Arndt dirige a Isensee, de que a posição deste autor "contraria a lógica jurídica e o Direito", não pelo facto de Isensee defender a ilegalidade da tipificação, mas por relativizá-la quando ela provém da administração, e não admitir a tipificação judicial.

A construção de Isensee, ao separar a legalidade da administração da legalidade dos tribunais conteria uma contradição imanente: Se a administração pode ver justificada a tipificação, e os tribunais, pelo contrário devem controlar as situações individuais perante a lei, não lhes sendo permitido tipificar, como podem eles fiscalizar os direitos subjectivos dos sujeitos passivos, se a ilegalidade da tipificação administrativa é sanada[2016]?

Mas, na verdade, Arndt não dedica muitas páginas à tipificação judicial. Assim, quanto ao papel dos tribunais nesta problemática, Arndt defende, já nas suas conclusões, e em poucas linhas, que, enquanto órgãos de controlo, eles devem apenas ponderar se as vantagens da tipificação administrativa não são ultrapassadas pelas desvantagens[2017] – o que mais não é do que o controlo segundo a proporcionalidade e o reconhecimento de uma ampla margem de livre apreciação administrativa (o que é contraditório com toda a sua fundamentação em redor do princípio da praticabilidade, como veremos já a seguir). E acrescenta que, na ausência de tipifi-

---

[2013] HANS-WOLFGANG ARNDT, *Praktikabilität*..., cit., pp. 86-88
[2014] HANS-WOLFGANG ARNDT, *Praktikabilität*..., cit., pp. 45 e 92-93.
[2015] HANS-WOLFGANG ARNDT, *Praktikabilität*..., cit., p. 51 (e p. 52).
[2016] HANS-WOLFGANG ARNDT, *Praktikabilität*..., cit., p. 60 (58-60).
[2017] HANS-WOLFGANG ARNDT, *Praktibilität*..., cit., pp. 98-99.

cação administrativa, os tribunais não devem esperar por ela e devem eles próprios tipificar, não como regra de actuação, mas desde que se verifiquem os pressupostos para tal (i.e., se a praticabilidade assim o determinar)[2018]: aqui sim, o autor distancia-se de Isensee.

Arndt, nas páginas onde ainda procura o seu caminho de fundamentação, considera que a tipificação, ao tratar de forma igual casos diferentes, negando, portanto, as diferenças jurídicas dos mesmos, não pode ser fundamentada pelo princípio da igualdade – e, ao contrário do § 42 da AO, que pretende combater a elisão fiscal, a tipificação faz correcções cegas, de forma genérica[2019]. Mas, nas suas conclusões, proclama, como veremos, que a tipificação se justifica pela prevalência da igualdade sobre a legalidade.

Arndt aceita, insistimos, o argumento principal da Isensee, de que a simplificação comporta uma ilegalidade necessária: "não é nenhum exagero dizer que o trabalho da administração fiscal é não só facilitado pelas circulares de simplificação, mas até possibilitado por elas"[2020], apesar de elas alterarem, falsificarem o conteúdo da norma legal.

No entanto, enquanto para Isensee a ilegalidade inevitável é uma parte nuclear da sua tese (o Tribunal Constitucional tem que se resignar com a "ilegalidade necessária", só é exigida "a maior proximidade possível com a constituição" e não "uma total concordância com ela"[2021]), para Arndt, o "estado de necessidade" e a ilegalidade constituem ainda pontos de partida, sendo insuficientes para legitimar juridicamente o fenómeno da tipificação.

Para este efeito, o autor vai tentar dar outras roupagens jurídicas ao "estado de necessidade", buscando um argumento extra-sistemático, ao modo de Viehweg, e trazendo-o para o sistema[2022]. Trata-se do tópico da praticabilidade que, se prevalecer, converte a interpretação da lei numa interpretação conforme à constituição.

São vários os passos seguidos por Arndt. O ponto de partida é a veri-

---

[2018] HANS-WOLFGANG ARNDT, *Praktibilität...*, cit., pp. 98-100.
[2019] HANS-WOLFGANG ARNDT, *Praktikabilität...*, cit., pp. 48-49.
[2020] HANS-WOLFGANG ARNDT, *Praktikabilität...*, cit., p. 50.
[2021] JOSEF ISENSEE, *Die typisierende Verwaltung*, cit., pp. 173 (171 e ss.).
[2022] THEODOR VIEHWEG, *Tópica y jurisprudencia*, Madrid, 1964 (1963), trad. de Luis Diez-Picazo Ponce de Leon, pp. 49 e ss.. Sobre o significado e a crítica à tópica de VIEHWEG: os «tópicos» jurídicos e as suas funções no contexto total da fundamentação científico-jurídica, KARL LARENZ, *Metodologia...*, cit., trad. da 2.ª., pp. 179-186 e ss..

ficação de que o fim de todas as leis (e portanto, também o das leis fiscais) é o de serem aplicadas e executadas, cabendo, em primeiro lugar ao legislador a conformação das suas normas de modo praticável. A praticabilidade deve ser também relacionada com o princípio da adequação, o qual exige leis proporcionais aos seus fins – por exemplo, os encargos fiscais não devem ser exagerados – não devendo as leis ser conformadas de forma inadequada, tendo em conta os fins a atingir. E em geral, também uma lei que não é susceptível de execução, uma lei não praticável por fracassar na realização dos seus fins, é inadequada.

Ao contrário de Lerke Osterloh, que censura as leis prosseguindo "objectivos contraditórios"[2023], para Hans-Wolfgang Arndt, as normas fiscais contêm sempre a tarefa de uma aplicação que deve respeitar a tipicidade legal (e, neste sentido, a aplicação deve ser tendencialmente individualizadora), e, ao mesmo tempo, o comando de uma execução conjunta atempada[2024]: "O legislador procura realizar esta exigência constitucional" (da igualdade na aplicação da norma) "através de uma descrição do *Tatbestand* tão exacta quanto possível, e o aplicador da norma procura retirar as consequências, através de uma aplicação individualizadora tão exacta quanto possível. Esta tipicidade (*Tatbestandsmässigkeit*), entendida ao nível da conformação legal e da aplicação da mesma, não é um direito em si, mas um meio para o fim da realização da norma igual e não arbitrária"[2025].

O verdadeiro conflito existiria, então, para Arndt, entre legalidade e igualdade e entre legalidade e execução atempada, conflito esse solucionado pelo tópico da praticabilidade. Sempre que a tarefa de execução da lei ultrapassa a capacidade administrativa, cabe saber se a "intenção da lei e a tarefa de execução constitucional" vão no sentido de que, ainda assim, a norma seja realizada segundo o caso individual, "segundo a medida do possível", ou no sentido de autorizar uma "redução do programa da lei", de forma a poder realizá-la conjuntamente[2026]. Ao se referir à "intenção da lei", o autor está a mencionar a *Abgabenordnung*.

Assim, por um lado, a exigência de uma execução conjunta, regular

---

[2023] Ao contrário de Arndt, para Osterloh cabe ao legislador evitar contradições, não podendo ao mesmo tempo exigir uma execução de lei que observe a legalidade e a igualdade: LERKE OSTERLOH, *Gesetzesbindung und Typisierungsspielräume...*, cit., p. 47.
[2024] HANS-WOLFGANG ARNDT, *Praktibilität...*, cit., pp. 81 ss..
[2025] HANS-WOLFGANG ARNDT, *Praktibilität...*, cit., pp. 85-86.
[2026] HANS-WOLFGANG ARNDT, *Praktibilität...*, cit., p. 82.

e atempada resultará do § 3 da AO (segundo o qual os impostos são prestações em dinheiro que devem ser lançados para obter receitas sempre que os factos se subsumam aos pressupostos da lei) e do § 85 da AO (segundo o qual os serviços financeiros devem liquidar os impostos de forma regular, uniforme)[2027]. Em jeito de parênteses, repare-se que, com uma redacção ainda mais explícita, os artigos 55.º e 57.º n.ºs 1 e 5 da LGT referem-se aos princípios da celeridade e diligência, pelo que estes argumentos também podem ser tecidos a propósito do nosso ordenamento. E estas exigências também resultam dos princípios constitucionais, pois, não sendo possível averiguar individualmente todas as situações que caem no âmbito da previsão legal, a actuação administrativa seria arbitrária[2028].

A proibição de arbítrio é uma manifestação do princípio de Estado de Direito, o qual tem como expressão principal o princípio da igualdade, que se realiza pela legalidade. Esta é pois um instrumento da igualdade e, numa situação de conflito, cabe ao princípio da praticabilidade servir de intermediário, resolvendo o dilema a favor da igualdade possível (proibição de arbítrio), reduzindo o alcance da legalidade[2029].

Portanto, segundo Arndt, a intenção da AO e também da Constituição é a de que a execução atempada prevaleça sobre a tipicidade na aplicação da lei fiscal. Isto é, se só a execução tipificante permitir uma execução atempada e igual da lei, esta deve prevalecer sobre um entendimento restritivo da legalidade[2030].

Por outro lado, se os tribunais reconhecem o princípio da praticabilidade quando ele é invocado pela administração, então, uma vez que quer a administração quer os tribunais estão sujeitos à lei, segundo o art. 20.º n.º 3 da GG (cf. arts. 266.º n.º 2 e 203.º da CRP), os tribunais devem também considerar o referido tópico, porque a interpretação deve ser unitária[2031].

Para Arndt, a praticabilidade justifica as actuações do fisco através de

---

[2027] HANS-WOLFGANG ARNDT, *Praktibilität...*, cit., p. 84.
[2028] Assim, para a GG, HANS-WOLFGANG ARNDT, *Praktibilität...*, cit., pp. 85 e ss..
[2029] Assim, HANS-WOLFGANG ARNDT, *Praktibilität...*, cit., pp. 85 e ss..
[2030] HANS-WOLFGANG ARNDT, *Praktibilität...*, cit., pp. 81 ss..
[2031] HANS-WOLFGANG ARNDT, *Praktikabilität...*, cit., pp. 27-28. Através da construção de grupos de casos, as tipificações permitem uma interpretação unitária da lei e assim uma execução equitativa da mesma, devolvendo ao sujeito passivo a previsibilidade e calculabilidade do montante de imposto a pagar, objectivos que, como vimos, não são actualmente assegurados por lei: FRANZ KLEIN, "Entscheidungen des Bundesfinanzhofs...", cit., p. 81.

circulares de simplificação contrárias à letra da lei, o que significa que o tópico da praticabilidade pode ser usado contra a letra da lei, também pelos tribunais[2032-2033].

Tendo em conta os argumentos de Arndt, que acabámos de resumir, podemos concluir que a praticabilidade é, desde logo, um desenvolvimento ou um aperfeiçoamento do "estado de emergência" da administração.

Por isso referimos atrás que Arndt não entra em ruptura com Isensee, que aceita praticamente todos os pressupostos deste autor, rejeitando apenas a diferença estabelecida entre tipificação administrativa – legítima – e tipificação judicial – ilegítima.

Por outro lado, Arndt não ultrapassa a crítica principal a que está sujeita a tese de Isensee: isto é, ambos procuram uma legitimação externa para a actuação administrativa contrária à lei. Ora, a maior parte da doutrina não atribui valor idêntico ao "estado de necessidade", à "praticabilidade", e ao princípio da legalidade.

Este último aspecto pode ser por nós desvalorizado, porque se trata de uma posição de fundo da doutrina dominante em relação à reserva de lei fiscal, isto é, de um certo entendimento da reserva de lei fiscal (que se identificaria com o *Diktum* do legislador).

Mas não há dúvida que apelidando a tipificação administrativa de ilegal, as observações e argumentos de Isensee e Arndt para a tornarem conforme à Constituição, caem por terra. Desde logo, é sabido que a administração não beneficia, actualmente, de nenhum espaço de movimentação extralegal, e que a margem de livre apreciação tem sempre origem na lei, na interpretação da mesma – é uma concessão da lei.

Além do mais, é certo que as ponderações dos princípios podem exigir uma restrição na aplicação de um deles, como acontece, por exemplo, na relação entre autonomia local e reserva de lei fiscal.

Mas uma coisa é a importância dada ao princípio da igualdade com o afrouxamento do princípio da legalidade, na sua faceta de reserva de lei, porque o legislador dá uma margem de livre apreciação ao fisco para ser

---

[2032] HANS-WOLFGANG ARNDT, *Praktikabilität*..., cit., p. 29.
[2033] Repare-se que ao contrário do *BFH*, o *BVerwG* não reconhece nenhum dos argumentos utilizados pelo *BFH* (nomeadamente, argumentos de praticabilidade) que legitimam as circulares tipificantes, mas já o *BVerfG* invocou com frequência, argumentos de praticabilidade no Direito da Segurança Social, em que os problemas relacionados com a administração de massas se colocam, tal como no Direito Fiscal: HANS-WOLFGANG ARNDT, *Praktibilität*..., cit., p. 30.

este a ponderar a igualdade, e, ao fazê-lo, é o próprio legislador a diminuir as exigências de determinação legal. Do ponto de vista do órgão que aplica a lei, não há conflito entre princípios, mas a atribuição de uma margem de livre apreciação[2034], cabendo à administração dentro dessa margem, ponderar a igualdade através do tipo e a igualdade individual.

Outra coisa é a ilegalidade da norma administrativa tipificante por não observar a preferência de lei: a ilegalidade não é aceitável, porque os referidos artigos 266.° n.° 2 e 203.° da CRP e 20.° n.° 3 da *GG* contêm "princípios-garantia", ou "princípios em forma de norma jurídica" e a estes é "atribuída uma densidade de autêntica norma jurídica e uma força determinante, positiva e negativa"[2035]: eles consagram directamente garantias, e o legislador está "estreitamente vinculado na sua aplicação"[2036]. Mas além disso, a preferência de lei deriva do esquema relacional hierárquico entre as fontes de Direito, segundo o art. 112.° da Constituição, o qual conduz à não aplicação das normas de hierarquia inferior contrárias às normas de hierarquia superior[2037].

Assim, a preferência de lei significa que a lei tem uma "função de limite" (dimensão negativa do princípio da preferência de lei) "que impede não só as violações ostensivas das normas legais, mas também os «desvios» ou «fraudes» à lei através da via interpretativa"[2038].

Arndt não separa estes dois aspectos da legalidade. E é esta confusão de planos que não é devidamente entendida por Osterloh, quando a autora considera que, em caso de leis que não sejam explícitas quanto às exigências de legalidade e de igualdade na execução (leis contraditórias), a própria lei seria inconstitucional, e portanto, a figura da "interpretação con-

---

[2034] Quanto muito, é o próprio legislador a ponderar a reserva de lei e a igualdade, aplicando um raciocínio de "concordância prática". Sobre estas características, a propósito dos princípios estruturantes, mas que seriam aqui aplicáveis à reserva de lei e à igualdade, J.J. GOMES CANOTILHO, *Direito Constitucional*..., cit., 7.ª ed., pp. 1173-1175.

[2035] V., por todos, J.J. GOMES CANOTILHO, *Direito Constitucional*..., cit., 7.ª ed., pp. 1167. O princípio da preferência de lei concretiza, por seu turno, o "princípio estruturante" do Estado de Direito: Cf. IDEM, pp. 1166-1167, 1182-1183.

[2036] J.J. GOMES CANOTILHO, *Direito Constitucional*..., cit., 7.ª ed., p. 1167. À preferência de lei não se aplica portanto a "concordância prática", em caso de conflito com outros princípios: V. J.J. GOMES CANOTILHO, IDEM, pp. 1182-1183.

[2037] J.J. GOMES CANOTILHO, *Direito Constitucional*..., cit., 7.ª ed., pp. 700-701. JORGE MIRANDA, *Manual*... V, cit., 3.ª ed., pp. 223 e ss.; PAULO OTERO, *Conceito e fundamento da hierarquia administrativa*, cit., pp. 381-385.

[2038] J.J. GOMES CANOTILHO, *Direito Constitucional*..., cit., 7.ª ed., pp. 722-723; JORGE MIRANDA, *Manual*... V, cit., 3.ª ed., pp. 219 e ss..

forme à Constituição" não seria suficiente para legitimar a tipificação (ilegal) – não seria possível "cicatrizar a ilegalidade com argumentos de não inconstitucionalidade"[2039].

A verdade é que a tipificação não pode expandir-se através de uma interpretação ilegal. A tipificação, seja ela administrativa ou judicial, é, por definição, um método de interpretação e aplicação da lei, de conformação jurídica, de concretização de conceitos legais, e por isso mesmo eles constituem a sua matéria-prima. Se a tipificação contrariar o sentido da lei é ilegal (viola a preferência de lei), e sendo ilegal, não há princípio constitucional que a salve.

Ora bem, a escolha que se coloca à administração entre individualizar e tipificar decorre das possibilidades técnico-normativas da lei a aplicar em concreto – se os conceitos legais são (muito) determinados não há espaço para tipificar, porque não há alternativas a ponderar – e, abrindo a lei espaço à tipificação, essa escolha decorre da ponderação dos princípios adequados à situação.

Vimos anteriormente que o direito do sujeito passivo à aplicação individualizada da lei está relacionado com o princípio constitucional da capacidade contributiva, na vertente de tributação do rendimento real, e com os princípios legais da investigação e da verdade material, que concretizam os anteriores. De grau constitucional e legal são também os princípios de actuação administrativa segundo a praticabilidade, eficiência e proporcionalidade, os quais podem prevalecer sobre os anteriormente referidos (nomeadamente sobre o princípio da tributação do rendimento real), até porque o princípio da capacidade contributiva pode afinal desaconselhar a tributação do rendimento real, e aconselhar a aplicação tipificante.

O conteúdo em si da tipificação não pode ser ilegal: é dentro dos parâmetros de interpretação e da margem de livre apreciação que ela se desenvolve.

No fundo, Arndt desenvolve duas facetas do princípio da praticabilidade, porque não reconhece a legítima abertura da disposição legal concedendo uma margem de livre apreciação às instâncias de aplicação do Direito.

A praticabilidade na sua força máxima, como princípio constitucio-

---

[2039] Nem se entende o argumento da autora, que acrescenta que, nesse caso, a ilegalidade resultante da tipificação seria da responsabilidade do legislador: trata-se de um argumento inconsequente – LERKE OSTERLOH, *Gesetzesbindung und Typisierungsspielräume...*, cit., p. 47.

nal que resolve a tensão entre justiça possível/execução atempada e justiça individualizada, promove a decisão de tipificação. Mas ela é ainda elemento da interpretação teleológica que orienta a interpretação da norma legal em concreto e o conteúdo da norma administrativa tipificante. E além disso, o princípio da praticabilidade tem de ser avaliado conjuntamente com os outros princípios constitucionais, nomeadamente com o princípio da igualdade[2040] ou com o princípio da proibição do excesso[2041].

Também num sentido próximo deste que apontamos, Lerke Osterloh chama a atenção para o facto de a indeterminação legal ser pressuposto da tipificação, e de que a simplificação do Direito Fiscal (e não da disposição legal em concreto) e a igualdade serem critérios objectivos de interpretação legítima a tomar em conta pela tipificação[2042].

5. Caracterização do método tipificante: ponto de ordem

Fundamentalmente, as teses de Isensee e de Arndt trazem contributos válidos para percebermos o fenómeno da tipificação, mas são ainda insatisfatórias.

Desde logo, quer Arndt quer Isensee desconhecem o verdadeiro significado do método tipificante, autonomizando-o explicita e erroneamente da interpretação, e considerando que o facto de ele recorrer ao caso típico, ao tipo médio, significa a violação da lei, por reduzir o alcance desta.

É por não entender o alcance do método tipificante que a maioria da doutrina fiscalista alemã identifica tipificação com simplificação (no sentido de execução da lei que restringe, altera o alcance desta e que *modifica* os princípios da preferência e da reserva de lei[2043]).

Como já se disse de início, se a simplificação pode constituir um

---

[2040] V. RAINER WALZ, *Steuergerechtigkeit...*, cit., p. 174.
[2041] Como faz JOACHIM LANG, *Die Bemessungsgrundlage...*, cit., pp. 150-151.
[2042] Considerando que a indeterminação da lei positiva é uma condição para a tipificação: LERKE OSTERLOH, *Gesetzesbindung und Typisierungsspielräume...*, cit., por exemplo, nas pp. 70 e 78. Nos seus "sumários" de Direito Fiscal, Arndt já não se refere à ilegalidade da tipificação, mas justifica esta com base no princípio da igualdade, e refere a sua utilização sempre que o legislador utilize conceitos indeterminados: HANS-WOLFGANG ARNDT, *Steuerrecht*, 2.ª ed., Heidelberg, 2001, p. 43.
[2043] HANS-WOLFGANG ARNDT, *Praktibilität...*, cit., 1983, p. 62. Repare-se que a forma como Osterloh descreve o método tipificante de Enno Becker também mostra

resultado benéfico para a actividade administrativa, porque a tipificação torna a lei mais determinada, identificando conjuntos de casos abrangidos pelo seu âmbito normativo, e por isso conduz a uma aplicação uniforme por parte de toda a administração, é pouco correcto definir a tipificação administrativa como uma simplificação desligada do modo de actuar jurídico – como se o Direito não fosse por natureza tipificante, e portanto simplificador da realidade.

A tipificação é, no Direito Fiscal, a determinação mais precisa dos pressupostos contidos na lei, porque existe uma margem de livre apreciação por ela atribuída[2044], utilizada pela administração ou pelos tribunais nesse sentido tipificante e de autovinculação.

Como método de aplicação da lei, a tipificação deve ser desdobrada em dois momentos relevantes, que não são devidamente autonomizados por Isensee. No momento da tipificação, ou seja, quando a administração elabora regulamentos ou circulares desenvolvendo as normas legais, ela parte dos tipos empíricos, nomeadamente, dos tipos de frequência[2045], "tal como são dados na experiência da vida"[2046]. O mesmo se passa

---

o desconhecimento das actuais tendências que explicam a interpretação justamente através da identificação de um *Typus* (tipo médio, tipo frequente) que terá sido consagrado na solução normativa e que por isso está subjacente ao vai-vem entre caso individual e norma. Com efeito, a autora descreve o método de Enno Becker, identificando três níveis autónomos (interpretação da norma, subsunção e valoração da situação da vida ou preparação normativa adicional segundo o critério do § 1 da StAnpG) em que o terceiro nível constituiria o campo de aplicação da consideração económica e tipificante, mostrando o desconhecimento das actuais leituras da interpretação pelo método tipológico: LERKE OSTERLOH, *Gesetzesbindung und Typisierung...*, cit., pp. 54-56. Em sentido diferente, JOACHIM LANG contrapõe a tipificação administrativa ao dever de investigação dos casos individuais, e sendo certo que relaciona a tipificação com uma legalidade mais flexível, refere-se apenas à reserva de lei e não à preferência de lei, pois rejeita expressamente a construção de Isensee: *Die Bemessungsgrundlage...*, cit., pp. 150 e ss..

[2044] Como referimos anteriormente, para Isensee, a tipificação é manifestação de uma discricionariedade atribuída por uma "situação de emergência" e não por lei: JOSEF ISENSEE, *Die typisierende Verwaltung...*, cit., p. 172. É por isso uma posição diferente da que defendemos.

[2045] KARL LARENZ, *Metodologia...*, cit., trad. da 2.ª ed., p. 522; KARL LARENZ//CLAUS-WILHELM CANARIS, *Methodenlehre...*, cit., 3.ª ed., pp. 293 e ss.. É neste sentido, de consideração dos tipos empíricos, e do caso individual, que MARTIN STRAHL utiliza o termo "tipificação", em toda a sua tese, que já citámos noutro capítulo: *Die typisierende Betrachtungsweise...*, cit..

quando os tribunais tipificam. Na actividade tipificante, tal como em qualquer método de aplicação da lei, procura-se a correspondência entre o tipo empírico subjacente à norma e a norma (o *Tatbestand* normativo) e o tipo legal nela contido. Também na tipificação administrativa ou judicial, o tipo jurídico (contido no regulamento ou desenvolvido pela jurisprudência) é elaborado a partir das características comuns à maioria dos casos. Não nos parece por isso muito aconselhável dizer que a tipificação é a "ficção de uma situação da vida não dada"[2047], a "aplicação da lei a situações da vida fingidas", seja ela constituída por "presunções elidíveis ou inilidíveis"[2048]. Trata-se de expressões correctas se pensarmos nas técnicas normativas, na estrutura das proposições jurídicas a que nos referimos atrás. Mas como são frequentemente associadas a um "método antijurídico", devem ser utilizadas com muita cautela.

A elaboração tipificante de regulamentos ou de acórdãos não se afasta, na sua natureza, do pensamento tipológico, ao contrário do que defende Isensee[2049], embora, enquanto método, tenha objectivos pragmáticos e não meramente hermenêuticos[2050] que são contrários aos objectivos do pensamento tipológico.

Com efeito, a tipificação administrativa é dirigida à consagração de tipos fechados, de modo a servirem como modelos de aplicação da norma

---

[2046] JOSEF ISENSEE (*Die typisierende Verwaltung...*, cit., p. 34) cita aqui o *BFH*, para caracterizar a tipificação: ela assenta nas circunstâncias e relações "usuais", "habituais"; é curioso porém, que Isensee pretenda negar quaisquer afinidades entre a tipificação e o pensamento tipológico, afirmando que a tipificação é o tratamento igual daquilo que é desigual (por ex., p. 97); nestas páginas, como noutras, o autor contradiz-se. V., por todos, novamente, para além de KARL LARENZ (cf. nota anterior), HANS-MARTIN PAWLOWSKI, *Einführung in die juristische Methodenlehre, Ein Studienbuch zu den Grundlagenfächern Rechtsphilosophie und Rechtssoziologie*, 2.ª ed., Heidelberg, 2000, pp. 120-123; FRANZ BYDLINSKI, *Juristische Methodenlehre...*, cit., 2.ª ed., pp. 543 e ss.; ARTHUR KAUFMANN, "Analogie und 'Natur der Sache'", cit., pp. 8 e ss., 14 e ss., 26 e ss. e espec., 29 até ao fim.

[2047] Como diz LERKE OSTERLOH, *Gesetzesbindung und Typisierungsspielräume...*, cit., pp. 26-27.

[2048] LERKE OSTERLOH, *Gesetzesbindung und Typisierungsspielräume...*, cit., p. 27: repita-se que a autora distingue entre uma "tipificação material" que estabeleceria "presunções inilidíveis", e uma "tipificação formal" que estabeleceria "presunções elidíveis".

[2049] JOSEF ISENSEE, *Die typisierende Verwaltung...*, cit., pp. 58 e ss. e 68-69. Embora o autor conceda, nas pp. 73 e ss. (e na 34, por ex.) que o "cliché" utilizado pela tipificação tem origem no "tipo empírico".

[2050] E quanto a este ponto damos toda a razão ao autor: JOSEF ISENSEE, *Die typisierende Verwaltung...*, cit., p. 73.

aos factos tributários individuais.

A sua função é permitir a emissão de actos-massa, todos eles decalcados do modelo estabelecido pelo regulamento tipificador. Portanto, a tipificação "parte do princípio que as relações em que o caso a decidir assentam, correspondem ao habitual na vida"[2051]. Este é o segundo momento: Ou seja, a partir do momento em que ocorre a tipificação (num determinado momento histórico-temporal) através de regulamentos, de circulares, ou da jurisprudência, a aplicação dos casos individuais posteriores já não é feita através do vai-vem entre o caso individual e o tipo empírico (por comparação de casos) e a norma legal, portanto entre a realidade – valorada – e a norma legal. Como nos diz Isensee, não é a situação da vida individual que é analisada à luz do *Tatbestand* porque o intérprete recorre à "situação da vida confeccionada", isto é, ao "caso normal fictício"[2052]. O intérprete recorre aos grupos de casos organizados previamente, tais como "doenças profissionais", "quarto de trabalho em casa", "almoço do trabalhador fora de casa", e abstém-se de indagar se se verifica no caso concreto a correspondência ao tipo legal. Enquanto o pensamento tipológico aspira ao "desenvolvimento total do conteúdo da norma, e não à simplificação da norma por razões externas de praticabilidade", "a tipificação é pragmática"[2053]. "Ela distancia o aplicador da lei do caso concreto da vida e fabrica um formalismo mecânico (...), que o pensamento tipológico destruiu (...). Enquanto o pensamento tipológico quer limitar a validade do *Tatbestand* ao caso "normal", a tipificação frustra essa limitação, porque produz, com um truque de técnica administrativa, a impressão da correspondência do caso "anormal" ao *Tatbestand*, e substitui através da aplicação da lei, o modelo do caso normal"[2054].

Não se pode pois aqui falar de uma "situação da vida típica", no seu sentido de tipo vital ou de tipo empírico, pois trata-se de um tipo jurídico estático, de uma "situação da vida klischee", à qual cada caso individual corresponde obrigatoriamente. Em última análise, o aplicador da lei, através da tipificação, "tem o domínio dos factos", e portanto manipula-os e "co-determina o acesso à consequência legal"[2055], afastando-se do quadro de representação do tipo previamente dado por lei[2056].

[2051] JOSEF ISENSEE, *Die typisierende Verwaltung*..., cit., p. 34.
[2052] JOSEF ISENSEE, *Die typisierende Verwaltung*..., cit., p. 58.
[2053] JOSEF ISENSEE, *Die typisierende Verwaltung*..., cit., p. 73.
[2054] JOSEF ISENSEE, *Die typisierende Verwaltung*..., cit., p. 77.

Embora Isensee tenha, no fundamental, caracterizado bem a tipificação como método de aplicação da lei, a verdade é que alguns dos traços por ele apontados deixam algumas dúvidas. Com efeito, segundo Isensee, na aplicação tipificante, prescindir-se-ia em última instância da interpretação, nomeadamente da interpretação teleológica. A tipificação colocaria "uma fechadura à diferenciação de casos", "garantindo o eterno retorno do igual", "dispensando a comparação de casos" segundo a interpretação tipológica ou analógica[2057], e portanto impedindo o contacto com o tipo empírico – pelo menos até que uma determinada tipificação seja destruída e seja elaborado um novo regulamento tipificante, ou alterada a jurisprudência constante, assente na evolução do tipo empírico entretanto ocorrida; ou até que se opte por considerar o caso individual[2058].

As afirmações de Isensee só são totalmente correctas se tivermos como pólos de comparação a lei formal de imposto e o caso concreto. Na verdade, existindo tipificação administrativa, o vai-vem entre a norma legal e o caso já não ocorre, porque entre a lei e a situação da vida se interpõem um regulamento, ou um acto pararegulamentar que interpretaram e fecharam (mais) o tipo legal.

Assim, o objectivo prosseguido pelo método tipificante opõe-se ao objectivo do método tipológico, mas, embora não possam ser utilizados simultaneamente, os métodos são conjugáveis.

Desde logo, porque, como já referimos, no momento da elaboração de regulamentos e de actos pararegulamentares ou de decisões judiciais tipificantes, o intérprete parte do tipo empírico frequente, subjacente à lei, tal como acontece no pensamento tipológico.

Além disso, os tribunais alemães têm reconhecido o confronto entre o caso individual e o tipo, ao estabelecerem como limite da aplicação do acto pararegulamentar tipificante a "tributação manifestamente errada". Ou seja, a interpretação tipológica como método de aplicação do Direito continua a ser válida no confronto entre o caso individual e o regulamento

---

[2055] JOSEF ISENSEE, *Die typisierende Verwaltung...*, cit., p. 58.
[2056] JOSEF ISENSEE, *Die typisierende Verwaltung...*, cit., p. 77.
[2057] JOSEF ISENSEE, *Die typisierende Verwaltung...*, cit., p. 62-63. O autor recorre ainda à comparação com a chamada "interpretação abstracta" discutida no Direito Penal, onde se discutia se "instrumento perigoso" para efeitos do § 223a da StGB era o instrumento em si mesmo (abstractamente) considerado ou a utilização perigosa em concreto de um qualquer instrumento, que em si mesmo pode parecer inofensivo: pp. 66-67.
[2058] JOSEF ISENSEE, *Die typisierende Verwaltung...*, cit., p. 63.

ou acto pararegulamentar tipificantes, e até na apreciação da legalidade do regulamento ou acto pararegulamentar.

Pode assim dizer-se que, como o tipo jurídico se tornou muito fechado (o juiz não pode deduzir as despesas eventualmente ocorridas pela realização do trabalho numa divisão da sua casa de morada), o grau de indeterminação dos pressupostos legais foi reduzido, mas a interpretação teleológica não é eliminada: já não cabe indagar se as despesas estão relacionadas com as funções de juiz, porque elas, sejam privadas ou relacionadas com o trabalho, não podem ser deduzidas, se realizadas fora do gabinete do tribunal (e por isso a interpretação do termo despesas profissionais, isto é, a diferenciação entre tipos de despesas profissionais ou pessoais, e a caracterização de funções judiciais para esse efeito, deixou de ter relevância); mas cabe obviamente interpretar quer o termo juiz ou funções judiciais, quer o termo despesas, – o problema é que foi reduzido o âmbito da previsão normativa ("despesas relacionadas com as funções de juiz") e concomitantemente reduzida a possibilidade individual de dedução de despesas efectivamente relacionadas com o trabalho.

Isensee tem porém razão, no sentido em que o pensamento tipológico se dirige sempre à avaliação de casos individuais para os subsumir ao tipo legal, enquanto a tipificação escamoteia essa indagação individual.

Por outro lado, significando a tipificação a prevalência do caso normal sobre o caso individual, já vimos que encontramos duas modalidades possíveis da mesma: ou essa prevalência é absoluta, ou assume a forma de uma presunção elidível quando a situação do sujeito passivo apresenta características específicas e as demonstra[2059]. Assim, as observações de Isensee fazem sentido para a tipificação material e não para a tipificação formal.

De qualquer forma, o facto de o segundo momento – e determinante – da tipificação reduzir o confronto dos casos individualmente considerados com o tipo legal, implica desde já duas consequências: à administração é legítimo tipificar porque e sempre que da lei decorra uma margem de livre

---

[2059] LERKE OSTERLOH, *Gesetzesbindung und Typisierungsspielräume...*, cit., pp. 26--27, para quem a distinção é muito importante, por ter diferente legitimidade constitucional, e que utiliza a terminologia de "tipificação material" (que estabelece presunções inilidíveis) e "tipificação formal" (que estabelece presunções elidíveis). Já dissemos atrás que Isensee designa por tipificação categórica a tipificação que prevalece sempre sobre eventuais desvios do caso individual, e por tipificação hipotética, a tipificação que estabelece uma presunção elidível (JOSEF ISENSEE, *Die typisierende Verwaltung...*, cit., pp. 32-33).

apreciação (devido, por exemplo, à utilização de conceitos legais indeterminados); aos tribunais, pelo contrário, cabe sempre controlar a legalidade do acto administrativo e, através dele, da tipificação administrativa; e eles próprios podem tipificar, densificando os conceitos legais indeterminados por identificação do tipo, mas só podem aplicar essa regra tipificante se, a propósito de cada situação individual, verificarem que esta se reconduz ao tipo. Por conseguinte, no caso dos tribunais, a tipificação não pode colocar "uma fechadura à diferenciação de casos", nem "dispensa(r) a comparação de casos", a que se refere Isensee.

Ocupemo-nos agora de Arndt. É por não reconhecer que existe, à partida, uma margem de livre apreciação conferida por lei à administração[2060], que a praticabilidade como mero elemento de interpretação se torna insuficiente para o autor, e que essa praticabilidade não pode ser utilizada como argumento, exclusivamente pela administração (a praticabilidade teria de legitimar também a tipificação judicial). É também por separar tipificação de interpretação que Arndt precisa de isolar o tópico da praticabilidade, de não o associar ao espaço de livre decisão administrativa, de o contrapor à legalidade.

Esta negação da margem de livre apreciação administrativa surpreende, pois o autor refere expressamente que a tipificação não é domínio exclusivo do Direito Fiscal, que ela é uma prática comum na administração de massas, desde o Direito da Segurança Social ao Direito de Polícia. Inclusivamente, o autor esquematiza quatro situações que têm suscitado a tipificação, "a concretização do Direito segundo critérios do facticamente possível"[2061]: autorizações legislativas (genéricas) para a simplificação da lei (por exemplo, para, através de regulamentos, a administração interpretar e aplicar normas legais sobre tarifas aduaneiras); autorizações legislativas para tipificações regulamentares "orientadas para a situação da vida" (o caso dos regulamentos de polícia, em cada Estado federado, que devem definir o conceito legal indeterminado "perigo abs-

---

[2060] Mais à frente, quando questiona se haveria ganhos de democraticidade na atribuição aos regulamentos da competência para tipificar (em vez de esta ser conduzida por circulares), o autor vem dizer que não: pelo contrário, a tipificação ao abrigo de autorizações legislativas implicaria uma margem de livre apreciação não controlável pelos tribunais, livre apreciação essa de que as circulares não dispunham: o autor relaciona então a existência de margem de livre apreciação, com o instrumento normativo, o que é, no mínimo, questionável: HANS-WOLFGANG ARNDT, *Praktibilität...*, cit., pp. 89-90.

[2061] HANS-WOLFGANG ARNDT, *Praktibilität...*, cit., pp. 65 e ss..

tracto", identificando as situações em que tal perigo ocorre, e libertando a polícia de uma definição casuística. O autor faz ainda o paralelo deste exemplo com as seguintes tipificações: tipificação, por regulamento, e para efeitos fiscais, das despesas profissionais com a alimentação); cláusulas gerais com referência silenciosa ao "facticamente possível" (que segundo a jurisprudência dominante são suficientes para a emissão de regulamentos de polícia); e aquilo que designa por "outra jurisprudência tipificante" e que mais não é do que tipificação administrativa reconhecida em outros domínios do Direito Administrativo – por exemplo o Direito do Ambiente e Urbanismo – e aceite pelos tribunais.

Manifestando-se contra a aprovação de regulamentos tipificando as cláusulas gerais, porque estes irão "modificar o conteúdo material" da mesma, enquanto a interpretação para o caso concreto implica a ponderação de todos os pressupostos[2062], Arndt esquece que a aplicação administrativa individual vai implicar juízos concretizadores da cláusula, no exercício de uma ampla liberdade de apreciação. E ao afirmar que a tipificação no Direito Fiscal não parte de cláusulas gerais mas de conceitos legais relativamente determinados, tais como despesas profissionais, esquece que, do ângulo oposto, eles são relativamente indeterminados. Aliás ele próprio o admite logo a seguir, dizendo que a diferença entre cláusulas gerais e conceitos "relativamente determinados" é mais quantitativa do que qualitativa[2063].

Arndt tem intenções equívocas ao dar todos estes exemplos, pois pretende demonstrar que a tipificação, não sendo objecto de uma "reserva geral", também não é uma manifestação isolada[2064]. Mas, ao mesmo tempo, continua a dizer que a tipificação altera e reduz o alcance da lei, modifica a preferência e a reserva de lei[2065].

No fundo, sob a capa da "alteração do conteúdo material da norma legal", existiria uma resistência à concretização do conceito legal indeterminado, a qual feita por norma geral e abstracta implica uma autovinculação da administração e uma eliminação da margem de livre apreciação originariamente atribuída por lei. Só que a posição de Arndt é contrária aos interesses da própria reserva de lei, porque torna o resultado menos previsível para o sujeito passivo. Mas não é esse o objectivo do autor. Logo a

---

[2062] HANS-WOLFGANG ARNDT, *Praktibilität*..., cit., p. 68.
[2063] HANS-WOLFGANG ARNDT, *Praktibilität*..., cit., pp. 70-71.
[2064] HANS-WOLFGANG ARNDT, *Praktibilität*..., cit., pp. 70-71.
[2065] HANS-WOLFGANG ARNDT, *Praktibilität*..., cit., pp. 71-72.

seguir ele faz prevalecer a praticabilidade sobre a legalidade, aceitando todos os pressupostos de Isensee, como referimos anteriormente: falta de capacidade administrativa para a individualização e resultados que se afastariam ainda mais do Direito se fosse tentada a aplicação individualizada, e, no fim, uma "reserva da aplicação individual possível"[2066].

Permita-se-nos mais uma nota: repare-se que a tipificação administrativa e judicial, assim como a tipificação legal (atente-se no caso anteriormente referido das cláusulas específicas antiabuso que são tipificações legais, e que normalmente revestem a forma de ficções) implica a desconsideração das conformações jurídicas privadas dos sujeitos passivos por parte do Direito Fiscal, tal como acontece com as cláusulas gerais antiabuso e, de certa forma, com a "interpretação segundo considerações económicas". Georg Crezelius utiliza esta comparação entre a tipificação e a interpretação segundo considerações económicas, tal como foi desenvolvida nos anos vinte e trinta, para criticar o método tipificante[2067-2068].

A tipificação é ainda um método com características diversas e semelhantes do método utilizado pelas cláusulas gerais antiabuso que, no momento da caracterização da situação abusiva, pretendem chegar ao âmago do caso individual, embora através do tipo. Mas, como as cláusulas gerais antiabuso, devido à administração de massas, só podem ser usadas excepcionalmente – isto é, nas situações de controlo individual – a tipificação e as cláusulas gerais são dois métodos complementares, que fecham o círculo da actividade de aplicação da lei pela administração.

Tal como o método tipológico de aplicação da lei (que se pode reconduzir em grande parte, como vimos, à interpretação (teleológica)) – em

---

[2066] HANS-WOLFGANG ARNDT, *Praktibilität...*, cit., p. 93.

[2067] V. estas observações em GEORG CREZELIUS, *Steuerrechtliche Rechtsanwendung...*, cit., pp. 216-218. Não tem razão o autor, quando diz, na página 216, que no caso da interpretação segundo considerações económicas se atinge o "ser" ou o "núcleo" económico da situação da vida, enquanto na tipificação se atinge o "dever ser" usual, o "caso normal". Na verdade, em ambos os casos funciona o método tipológico, e o tipo frequente (o caso normal) está presente. O que se passa na tipificação material, porém – como vimos – é que o confronto entre o tipo frequente e o caso individual (quase) deixa de ser feito. O autor também não tem razão, quando diz que na tipificação está em causa um problema das relações entre o Direito Fiscal e o Direito Civil (IDEM, pp. 216-217), pois o que se trata é da concretização de conceitos legais (indeterminados) e não da "interpretação autónoma" de conceitos importados do Direito Civil – embora esta possa ser uma preocupação por parte das instâncias de aplicação do Direito.

[2068] E adiante, compara também a actuação da cláusula geral antiabuso com o método tipificante: IDEM, pp. 228-229.

toda a sua coerência –, também a interpretação segundo considerações económicas (também hoje reconduzida à interpretação teleológica da lei fiscal[2069]) e as cláusulas gerais antiabuso se aproximam do caso individual, enquanto a tipificação implica a recondução (quase) implacável da situação da vida individual à situação típica ficcionada[2070]. Nas palavras de Crezelius, que podemos alargar ao raciocínio que desencadeia a aplicação da cláusula antiabuso, "os dois métodos... [o da interpretação segundo considerações económicas e a tipificação] estão em conflito recíproco, e são apenas semelhantes quanto aos efeitos"[2071].

Comparando a interpretação segundo considerações económicas, a actuação da cláusula geral antiabuso e a tipificação, Crezelius conclui com Isensee que esta última é a mais gravosa de todas, pois a primeira atende à situação da vida em concreto, a segunda só conduz à aplicação do regime ficcionado em caso de comportamento abusivo, enquanto a terceira é, nas palavras de Isensee, uma "actuação defensiva do abuso fiscal sem limites"[2072]. Vejamos se assim é.

6. Variações em torno de LERKE OSTERLOH

Como vimos, mesmo os autores interessados em explicar, sem preconceitos, a tipificação, tais como Isensee e Arndt, não relacionam cabalmente este método da administração tributária com o método de construção de tipos e o desprezo pelas características individuais irrelevantes juridicamente, próprio da conformação jurídica, e portanto, comum a todos os ramos de Direito.

Recapitulemos: a tipificação em si não é um problema de prova, nem um método de averiguação da situação da vida, mas um método de interpretação (e aplicação) da lei por parte da administração e dos tribunais, que identifica o tipo contido na disposição legal (i.e., nos conceitos indeterminados utilizados na lei), e deixa de fora os elementos individuais irrelevantes da norma a aplicar, no âmbito de uma margem de livre apre-

---

[2069] V., por todos, KLAUS TIPKE/JOACHIM LANG, Steuerrecht, cit., 16.ª ed., pp. 155-157.
[2070] GEORG CREZELIUS faz esta observação muito acertada, relativamente à interpretação segundo considerações económicas e tipificação: Steuerrechtliche Rechtsanwendung..., cit., p. 216.
[2071] GEORG CREZELIUS, Steuerrechtliche Rechtsanwendung..., cit., p. 216.
[2072] JOSEF ISENSEE, Die typisierende Verwaltung..., cit., p. 94.

ciação[2073].

Assim, quando os tribunais se pronunciam sobre a dedutibilidade das despesas profissionais, considerando que só estão em causa as "roupas de trabalho típicas", estão a desconsiderar os elementos individuais do caso, por os qualificarem de juridicamente irrelevantes para efeitos de aplicação da norma[2074].

As "considerações tipificantes" de Enno Becker conduziam, em última instância, à desconsideração das situações individuais, por a submeterem à ditadura do "espírito do povo" tornando o pensamento ligado ao tipo muito perigoso. Já Karl Engisch chamou a atenção para essa perversão, e por isso recusou que o tipo substituísse totalmente o papel do conceito na Ciência jurídica[2075].

Mas actualmente o método tipificante é um desenvolvimento do método tipológico: é um método de interpretação de cada disposição ou regime "individualmente" considerados, em que o tipo médio ou tipo de frequência é extraído da norma e não do Direito no seu conjunto, razão pela qual os preconceitos em relação à "consideração tipificante" perdem a sua razão de ser.

Os críticos da tipificação – para além de considerarem que ela viola a lei, porque a simplifica – destacam ainda a ausência de fundamentos jurídicos – i.e. de referências ou autorizações legais – para o recurso à tipificação[2076]. Com este argumento, tem sido muito acentuada a crítica feita à jurisprudência tipificante do *BFH*, que restringiu as deduções relacionadas com o vestuário de trabalho e permitidas por lei, ao "vestuário típico" tal como definido e delimitado pelo tribunal. A doutrina censura a

---

[2073] Estranhamente, LERKE OSTERLOH, que caracteriza a tipificação como um método de aplicação da lei (por ex., pp. 59-61), separa, ao mesmo tempo, as questões da interpretação e da averiguação da situação da vida, como se a primeira não implicasse esta: *Gesetzesbindung und Typisierungsspielräume...*, cit., pp. 56 e 60 (56 e ss). A mesma crítica nos merece MONIKA JACHMANN ("Zur Anwenung typisierender Verwaltungsvorschriften...", cit., pp. 349 e ss.). Pode pressupor-se que esta distinção errónea resulta da influência do Direito Administrativo em que doutrina e tribunais também estabelecem estas distinções.

[2074] Este exemplo é dado, com este sentido, por LERKE OSTERLOH, *Gesetzesbindung und Typisierungsspielräume...*, cit., pp. 53-54. E adiante, IDEM, pp. 73-74.

[2075] KARL ENGISCH, *Die Idee der Konkretisierung...*, cit., pp. 148 e ss..

[2076] V., por todos, KRUSE/DRÜEN, Tipke/Kruse, *AO/FGO Kommentar*, § 4, 2001, pp. 34-36, pontos 91-92; HANS-JÜRGEN PAPIER, *Die finanzrechtlichen Gesetzesvorbehalte...*, cit., pp. 202 e ss.: para o autor, a reserva de lei impediria a aplicação tipificante, embora,

jurisprudência do tribunal pelo facto de a lei não fazer uma referência expressa ao "vestuário profissional *típico*", o que põe em causa o princípio da legalidade[2077].

Por este exemplo se vê que não se trata de uma censura à não "apreciação da situação da vida" – a interpretação implica o confronto entre a disposição legal e a situação da vida – mas afinal de uma crítica à conformação judicial (ao *Rechtsfortbildung*), por ela ir contra a ideia tradicional de que o Direito Fiscal viveria do "Diktum do legislador"[2078]. A mesma posição – de que existiria uma reserva de lei "absoluta" em matéria fiscal – está presente na censura aos regulamentos/circulares administrativos tipificantes e aos poderes administrativos de conformação.

É Lerke Osterloh que vem introduzir uma nova fase nesta discussão, com a sua *Habilitation*, que já vimos citando, "*Gesetzesbindung und Typisierungsspielräume bei der Anwendung der Steuergesetze*", publicada em 1992.

Criticando as teses de Isensee e de Arndt, e reconduzindo a aplicação tipificante a um problema de interpretação, Osterloh começa por desmistificar a intensidade da reserva de lei exigida para o Direito Fiscal.

Segundo Osterloh, nem as facetas da reserva de lei ligadas às funções democráticas e de Estado de Direito, nem as características gerais da disciplina do Direito Fiscal (obrigacional) justificam uma especial intensidade da reserva de lei fiscal[2079].

Chamando a atenção para a incongruência entre as afirmações de princípio da doutrina (de uma "determinação especialmente exigente" no caso das leis de imposto), e a tolerância do *BVerfG* quanto aos conceitos indeterminados nas leis fiscais (o *BVerfG* aceita os "conceitos suficientemente determinados") – tolerância esta que tem vindo por seu turno a influenciar, lentamente, a doutrina[2080] – Osterloh defende não existir no

---

curiosamente, se esteja a referir apenas à tipificação judicial, uma vez que não se opõe às circulares tipificantes (pp. 120-124).
Cf. LERKE OSTERLOH, *Gesetzesbindung und Typisierungsspielräume*..., cit., p. 63.

[2077] V. as referências em LERKE OSTERLOH, *Gesetzesbindung und Typisierungsspielräume*..., cit., pp. 62 e ss..

[2078] Bom exemplo dessa posição é a de HANS-JÜRGEN PAPIER, *Die finanzrechtlichen Gesetzesvorbehalte*..., cit., pp. 202 e ss.. Identificando o problema e criticando esta tradicional postura em relação ao Direito Fiscal, LERKE OSTERLOH, *Gesetzesbindung und Typisierungsspielräume*..., cit., p. 63.

[2079] LERKE OSTERLOH, *Gesetzesbindung und Typisierungsspielräume*..., cit., pp. 140 e ss., 166.

Direito Fiscal nenhuma exigência de "intensidade especial do conteúdo" da lei ou "determinação legal o mais elevada possível"[2081]: não só porque sendo o Tribunal Constitucional tão permissivo, se tornam irrelevantes as reacções doutrinárias de indignação, como também o facto de o legislador sistematicamente recorrer a conceitos (muito) indeterminados, prova a distância entre a interpretação doutrinária das exigências constitucionais e a realidade constitucional[2082].

Relembre-se que chegámos a conclusões semelhantes nos capítulos anteriores: nem a repartição constitucional de competências em matéria fiscal, nem as exigências de garantia, nem a metodologia jurídica postulam uma "total" determinação da lei parlamentar, que proíba, consequentemente, a indeterminação da mesma.

Na perspectiva metodológica, ou seja, das possibilidades da linguagem jurídica, está por demais demonstrado que esta é uma linguagem relativamente vaga e indeterminada, constituída por conceitos com significados múltiplos, e mesmo quando um conceito até uma certa data não levanta dúvidas na sua aplicação, pode tornar-se indeterminado com as alterações sociais[2083]. A indeterminação da linguagem pode provocar "indeterminação nos resultados" (indeterminação ou não previsibilidade na sua aplicação) no caso 4 de Coleman/Leiter, como vimos. Na perspectiva constitu-

---

[2080] Com uma formulação adaptada, esta considera os conceitos legais indeterminados inconstitucionais "quando não são susceptíveis de aplicação, de execução e de fiscalização: HANS-JÜGERN PAPIER, "Der Bestimmtheitsgrundsatz", cit., p. 61.; KLAUS TIPKE//JOACHIM LANG, Steuerrecht, cit., 16.ª ed., p. 111 (pp. 110-111); mais recentemente, adoptando a perspectiva de Osterloh e do BVerfG, ACHIM ROGMANN, Die Bindungswirkung von Verwaltungsvorschriften..., cit., p. 215.

[2081] LERKE OSTERLOH, Gesetzesbindung und Typisierungsspielräume..., cit., p. 166 (V. 139 e ss., onde a autora analisa criticamente a tese de Papier e a admissibilidade das delegações aos regulamentos do Governo).

[2082] LERKE OSTERLOH, Gesetzesbindung und Typisierungsspielräume..., cit., pp. 141--142. Também JOSÉ CASALTA NABAIS defende que as exigências de determinação da lei podem ser atenuadas por diversas razões, nomeadamente, pela luta contra a evasão e a fraude fiscal, e quando, por exemplo, deva ser considerado o princípio da praticabilidade: O Dever fundamental..., cit., pp. 373 e ss.; Direito Fiscal, cit., 2.ª ed., pp. 138 e ss..

[2083] No Direito Penal, distinguindo entre 4 categorias de conceitos indeterminados (ou antes, de conceitos de significado múltiplo): conceitos vagos (com candidatos positivos e neutros), conceitos porosos ("coisas de diminuto valor" na relação com as alterações do valor do dinheiro, "escritos pornográficos" na sua relação com as mudanças de valores), conceitos necessitados de valoração ("bons costumes") – embora nos pareça muito difícil distinguir estas duas últimas categorias –, e conceitos que caracterizam disposições de

cional, também vimos que o entendimento actual da reserva de lei fiscal (do *Tatbestand* de garantia) e da distribuição de competências entre Parlamento, Governo e administração não se opõe a tal indeterminação nem a desenvolvimentos regulamentares e eventualmente judiciais da lei. Se a lei fiscal é indeterminada, se os seus pressupostos e conteúdo não são formulados de modo suficientemente claro, de tal forma que o sujeito passivo não reconhece imediatamente, a partir dela, a sua situação jurídica, não podendo assim orientar a sua conduta por ela, então há um lugar importante para os regulamentos ou circulares tipificantes[2084].

Isto mesmo defende Hans-Jürgen Papier, cuja posição reclamando exigências especiais na determinação da lei fiscal é famosa, e foi por nós

---

humor: WINFRIED HASSEMER, *Kommentar zum Strafgesetzbuch, I*, cit., § 1, pontos 37-41, pp. 147-148. Como já vimos, também os autores do Direito Administrativo, que afastam os conceitos legais indeterminados da discricionariedade, mesmo os que os reconduzem à figura da margem de livre apreciação, ou pelo menos, à delegação legislativa nas instâncias de aplicação da lei, referem que praticamente todos os conceitos jurídicos são mais ou menos indeterminados: V., por todos, FRITZ OSSENBÜHL, "Rechtsquellen und Rechtsbindungen der Verwaltung", cit., pp. 182-183; reconhecendo isso mesmo, pois estabelecem distinções entre verdadeiros conceitos indeterminados (os que concederiam uma margem de livre apreciação) e os outros, HANS WOLFF/OTTO BACHOF/ROLF STOBER, *Verwaltungsrecht I*, 10.ª ed., cit., pp. 362 e ss..

[2084] V., ANA PAULA DOURADO/RAINER PROKISCH, "Das steuerrechtliche Legalitätsprinzip...", cit., pp. 73 e ss.. No mesmo sentido, JOSÉ CASALTA NABAIS, *O Dever fundamental...*, cit., pp. 334-337 e 375-377, embora, como já referimos, o autor não desenvolva muito o problema e "prefira" a tipificação legislativa à administrativa, considerando esta excepcional, no âmbito de uma "competência de emergência". E referindo-se ao papel das circulares como uma fonte importante na concretização da reserva de lei, contribuindo para a simplificação desta, JOSÉ LUÍS SALDANHA SANCHES, *Manual...*, cit., 2.ª ed., pp. 41-44. Também no Reino Unido se entende que as *Rulings* – algumas das quais têm carácter geral e abstracto (as *Statements of Practice* e as *Inland Revenue Interpretation*) – são exercidas no âmbito de uma discricionariedade em sentido amplo, e embora se entendesse que elas não eram vinculativas, a "criação de legítimas expectativas" aos contribuintes tem conduzido progressivamente à sua vinculatividade: V., por ex., ADRIAN J. SHIPWRIGHT, "Attività di accertamento tributario...", cit., pp. 126 e ss.. V. a referência ao importante papel das circulares nos EUA e nos Países Baixos, em CARLO ROMANO, *Advance Tax Rulings...*, cit., pp. 149 e ss., 188-191. Também HANS-WOLFGANG ARNDT considera que o papel das circulares na Alemanha é tão importante, pois o sujeito passivo deve tomar conhecimento delas, assim como da jurisprudência, que pouco interessa discutir se são ou não fontes de Direito: *Grundzüge des Allgemeinen Steuerrechts*, München, 1988, pp. 22 e ss.. E já em 1966, KLAUS VOGEL defendia as circulares tipificantes e vinculativas no quadro de uma margem de livre apreciação, ou de discricionariedade quando o regime das circulares fosse vantajoso para o sujeito passivo: "Gesetzgeber und Verwaltung", cit., pp. 264 e ss..

atrás recordada. Assim, até para Papier, as exigências de determinação da lei fiscal não são incompatíveis com a utilização simultânea de conceitos jurídicos indeterminados, nem com a consequente autorização (delegação) aos regulamentos e circulares para interpretarem e concretizarem a lei. O mesmo se aplica às tipificações quantitativas, que concretizam conceitos legais indeterminados. Papier introduz todavia duas distinções: por um lado, entre as normas da relação obrigacional fiscal – as quais estariam sujeitas a exigências especiais de determinação – e "as normas que estabelecem deveres acessórios" ou que dizem respeito à "imposição e execução das pretensões fiscais"[2085] – este segundo grupo já poderia ser objecto de delegação legislativa; por outro lado, e parecendo contradizer-se (i.e., parecendo adoptar um critério distinto), admite que mesmo no caso das disposições relativas ao *Tatbestand* de garantia, os conceitos legais indeterminados possam ser concretizados pela administração e tribunais quanto à auréola dos mesmos, valendo quanto ao núcleo desses conceitos uma reserva absoluta de lei[2086].

A par das considerações metodológicas e constitucionais dos conceitos jurídicos indeterminados, considerámos também no capítulo sobre o pensamento tipológico, que toda a interpretação é tipológica, e que, quantos mais conceitos indeterminados a lei utilizar, ou ainda mais, se a lei for constituída por tipos – como é o caso da lei fiscal – o intérprete tem de recorrer ao tipo a ela subjacente. Dos conceitos legais indeterminados, das competências do Governo e da administração em matéria fiscal, e do entendimento que perfilhamos sobre a interpretação da lei, resultam margens de livre apreciação e poderes de conformação, eventualmente também quanto à escolha entre uma aplicação individualizada e uma aplicação tipificante da mesma.

Finalmente, defendemos que as necessidades de simplificação da lei fiscal também recomendam o recurso a tipos legais abertos (relativamente indeterminados), com autorização do desenvolvimento das matérias fiscais mais técnicas ao Governo e à administração.

[2085] HANS-JÜRGEN PAPIER, *Die finanzrechtlichen Gesetzesvorbehalte*..., cit., pp. 120--124. O autor não dá exemplos destas regras sobre "imposição e execução das pretensões fiscais", mas pressupomos que se refere às normas procedimentais.

[2086] HANS-JÜRGEN PAPIER, *Die finanzrechtlichen Gesetzesvorbehalte*..., cit., pp. 120--124. Aqui há uma contradição notória com a posição que defende a propósito da tipificação judicial. Segundo o autor, como já referimos, a tipificação judicial é ilegal, violando a reserva de lei: IDEM, pp. 202 e ss..

Quanto a Osterloh, a autora assenta a sua argumentação na repartição das tarefas constitucionais, onde cabe à lei em primeiro lugar definir caminhos, mas, se o não fizer, cabe aos tribunais controlar se a administração, ao tipificar, interpretou correctamente a lei, e desenvolver parâmetros que, com base numa análise casuística, delimitem a sua esfera de competências conformadoras, tipificantes e de fiscalização da legalidade, em relação às competências tipificantes da administração[2087]: "a determinação legal e a indeterminação legal, a lei fechada e a abertura da lei à margem de livre decisão das instâncias aplicadoras devem ser avaliadas, também no Direito Fiscal, como um meio para o cumprimento das tarefas constitucionais"[2088]. Assim, as tarefas de protecção da segurança jurídica bem como da justiça material, a exercer por órgãos legitimados democraticamente, só exigem uma *determinação suficiente* da lei. É isso que resulta da jurisprudência do Tribunal Constitucional alemão, como aliás já referimos.

Diz então Osterloh que a concepção de uma reserva de lei fiscal com exigências especiais, e que ainda circula entre a doutrina, precisa de ser revista[2089].

Esta posição significa o reconhecimento de que o legislador fiscal tem uma margem de livre conformação, podendo submeter os órgãos de aplicação a diversos pressupostos e intensidade de vinculação à lei, quer através de autorizações expressas de margens de livre apreciação, quer através de conceitos legais indeterminados[2090]. Recorde-se que tais conceitos podem ter um significado determinado no Direito Privado, mas assumir contornos de difícil precisão no Direito Fiscal (lucro de serviços financeiros, lucro para efeitos de pagamentos especiais por conta, indicadores do rendimento médio de determinados sectores de actividade, despesas profissionais, pensão de alimentos, preços de transferência).

Tudo isto significa que pode ser concedida por lei uma margem de livre tipificação, não existindo nenhuma proibição constitucional no sen-

---

[2087] Isto resulta das pp. 170-184 e adiante, pp. 504-505: LERKE OSTERLOH, *Gesetzesbindung und Typisierungsspielräume*..., cit..

[2088] LERKE OSTERLOH, *Gesetzesbindung und Typisierungsspielräume*..., cit., pp. 166-167.

[2089] LERKE OSTERLOH, *Gesetzesbindung und Typisierungsspielräume*..., cit., p. 167.

[2090] LERKE OSTERLOH, *Gesetzesbindung und Typisierungsspielräume*..., cit., pp. 46 e 65.

tido de uma aplicação generalizadora da lei[2091], e que a administração ou os tribunais ao optarem por ela (como alternativa à individualização), não estão, automaticamente, a infringir a lei.

Osterloh faz então uma crítica ao "quadro unitário" da análise da tipificação com inspiração em Isensee, que reconduz esta a uma ilegalidade automática, quando afinal cabe analisar a (i)legalidade da tipificação caso a caso[2092].

Ao rejeitar a posição da "ilegalidade necessária" de Isensee e não ultrapassada por Arndt, como vimos, é Osterloh que dá o verdadeiro salto para um enquadramento dogmático e constitucionalmente adequado à tipificação. Continuando a citá-la, "o preenchimento de margens de livre decisão e, com isso, o exercício de um poder de decisão relativamente autónomo através de instâncias aplicadoras, não pode ser entendido e avaliado como contrariedade ou perigosidade, mas como uma forma de decisão legal"[2093].

Tal como acontece sempre que no âmbito da interpretação da lei são utilizados e desenvolvidos princípios jurídicos de conteúdo mais ou menos vago por parte dos órgãos de aplicação, a decisão no sentido de tipificar implica não só a interpretação da disposição em causa, mas também a ponderação de diferentes princípios[2094].

Ao optar pela tipificação, essas instâncias de aplicação do Direito devem ponderar princípios como a igualdade, a calculabilidade, a simplificação e a praticabilidade (nomeadamente, confrontando a igualdade individual com a praticabilidade na execução), e o apelo a tais princípios "pertence também aqui aos métodos legítimos de concretização e conformação da lei, porque e na medida em que a lei ordinária não ordene ela própria, segundo a sua letra e sentido, medidas unívocas"[2095].

Se há espaço para ponderar estes princípios, ainda que tal ocorra sempre no âmbito da interpretação (teleológica e analógica/tipológica) – o que

---

[2091] LERKE OSTERLOH, *Gesetzesbindung und Typisierungsspielräume...*, cit., p. 75.
[2092] LERKE OSTERLOH, *Gesetzesbindung und Typisierungsspielräume...*, cit., p. 63.
[2093] LERKE OSTERLOH, *Gesetzesbindung und Typisierungsspielräume...*, cit., p. 167.
[2094] LERKE OSTERLOH, *Gesetzesbindung und Typisierungsspielräume...*, cit., p. 75.
[2095] LERKE OSTERLOH, *Gesetzesbindung und Typisierungsspielräume...*, cit., pp. 75, 167. DIETER BIRK também aceita que a praticabilidade justifique uma execução igual de casos que na realidade são desiguais: *Steuerrecht*, cit., 7.ª ed., p. 61. O autor cita também a posição neste sentido do Tribunal Constitucional: *BVerfGE* 44, pp. 283 e ss. (espec. 288).

não foi apreendido nem por Isensee, nem por Arndt – então, existe necessariamente uma indeterminação da lei[2096].

A aplicação tipificante só é inconstitucional se for contrária ao "programa de execução" traçado na lei[2097], uma vez que nesse caso existe um atropelo de competências, isto é, a violação da preferência de lei. Repare-se que já em 1968, Fritz Ossenbühl defendeu uma margem de livre tipificação através de actos pararegulamentares ("regulamentos internos" que apenas vinculariam a administração[2098]) referindo também que a única condição da sua validade era o respeito pela preferência de lei[2099]: "regulamentos internos" gerais de procedimento (que esclarecessem, desenvolvendo o procedimento administrativo)[2100]; "regulamentos internos" de simplificação no Direito Fiscal, de forma a racionalizar o procedimento fiscal, onde se incluíam os "regulamentos internos" de avaliação indirecta e as globalizações quantitativas (*Pauschalierungen*)[2101]; "regulamentos internos" de avaliação da matéria tributável (dos impostos)[2102]. Infelizmente, este estudo parece não ter influenciado a doutrina fiscalista.

De qualquer forma, se a indeterminação legal fosse censurável constitucionalmente, então os regulamentos/circulares de tipificação não seriam ilegais, mas seriam abrangidos pela inconstitucionalidade[2103].

Ao contrário de Isensee, que, como vimos, só legitima a tipificação administrativa, para Lerke Osterloh, a tipificação judicial e a tipificação administrativa não só se reconduzem a um mesmo método de interpretação, como têm ambas, por definição, o objectivo de prosseguir uma aplicação simplificada da lei. Assim, "a tipificação material significa a delimitação da situação da vida relevante para a decisão, segundo critérios de decisão generalizadores mais simples", cuja adopção não está relacionada exclusivamente com as dificuldades da administração tributária, mas com

---

[2096] LERKE OSTERLOH, *Gesetzesbindung und Typisierungsspielräume...*, cit., p. 75.
[2097] Como já decidiu o *BVerfG*: LERKE OSTERLOH, *Gesetzesbindung und Typisierungsspielräume...*, cit., p. 168. DIETER BIRK, *Steuerrecht*, cit., 7.ª ed., p. 61.
[2098] FRITZ OSSENBÜHL, *Verwaltungsvorschriften...*, cit., p. 357.
[2099] FRITZ OSSENBÜHL, *Verwaltungsvorschriften...*, cit., pp. 330 e ss., 343 e ss.: embora a jurisprudência só excepcionalmente reconhecesse uma margem de livre apreciação administrativa.
[2100] FRITZ OSSENBÜHL, *Verwaltungsvorschriften...*, cit., pp. 344-346.
[2101] FRITZ OSSENBÜHL, *Verwaltungsvorschriften...*, cit., pp. 346-348.
[2102] FRITZ OSSENBÜHL, *Verwaltungsvorschriften...*, cit., pp. 348-349.
[2103] Assim, LERKE OSTERLOH, *Gesetzesbindung und Typisierungsspielräume...*, cit., pp. 66 (e 78).

legítimos fins gerais de praticabilidade[2104].

A tipificação não pode por conseguinte ser utilizada apenas como uma técnica formal, mas a opção pela mesma deve ser fundamentada pelos referidos princípios. A tipificação que coloque os funcionários da administração perante tarefas de fiscalização incomportáveis ou que exija de um grupo de sujeitos passivos com resultados insignificantes em termos de receitas fiscais, deveres de cooperação exagerados, falha nos seus objectivos de simplificação e praticabilidade, e conduz simultaneamente à violação do princípio da igualdade na tributação[2105].

Portanto, a aplicação tipificante está relacionada com uma aplicação 'simplificada' da lei fiscal, facto que não modifica a resposta a dar quanto à legalidade e constitucionalidade do método. Quer a tipificação seja realizada pelo fisco quer o seja pelos tribunais, a tarefa de interpretação e aplicação da lei é simplificada (a densificação resulta aqui em simplificação), porque passa a basear-se no tipo jurídico consagrado pelo regulamento ou acto pararegulamentar.

Quando realizada pela administração, a tipificação é exercida no âmbito de uma liberdade de apreciação e conformação da lei, que decorre implicitamente desta, devendo respeitar não só os limites legais, como os princípios constitucionais[2106]: a margem de livre apreciação não tem de ser concedida expressamente, caso a caso, nem é necessária uma autorização genérica para a tipificação, ao lado, por exemplo, do princípio do inquisitório ou das presunções elidíveis[2107] (seja como for, como já atrás defendemos, o legislador deve decidir sobre todas as questões fundamen-

---

[2104] LERKE OSTERLOH, *Gesetzesbindung und Typisierungsspielräume...*, cit., pp. 73-74.

[2105] LERKE OSTERLOH, *Gesetzesbindung und Typisierungsspielräume...*, cit., p. 77.

[2106] Neste sentido, LERKE OSTERLOH, *Gesetzesbindung und Typisierungsspielräume...*, cit., pp. 73 e ss.; MONIKA JACHMANN, "Zur Anwendung typisierender Verwaltungsvorschriften...", cit., pp. 348 e ss.. Rejeitando que as circulares tipificantes sejam "regras discricionárias", porque estas implicam a ponderação do caso individual, mas não fazendo referência à margem de livre apreciação", CHRISTOPH TRZASKALIK, "Steuerverwaltungsvorschriften aus der Sicht des Rechtsschutzes", *Grenzen der Rechtsfortbildung...*, cit., pp. 318-319, 320-322 e ss.. Também em Itália, onde se distinguiu durante algum tempo entre a discricionariedade administrativa e a discricionariedade técnica (a que existiria no Direito Fiscal, e "que pressupõe a realização de avaliações de conhecimentos técnicos, e em que, uma vez completas tais avaliações, a autoridade administrativa fica vinculada" às mesmas (GASPARE FALSITTA, *Manuale... Parte generale*, cit., 3.ª ed., p. 400), Falsitta considera que os conceitos legais indeterminados, que adoptam "valores médios ordinários", concedem discricionariedade à administração: IDEM, p. 399.

tais de orientação política, competindo à administração a regulação dos detalhes[2108].

Saliente-se também que a ausência de capacidade administrativa para a execução individualizada da lei, não resulta de uma norma legal, mas de um conjunto delas, que tornam a actividade administrativa demasiado complexa[2109].

Além disso, o "estado de necessidade" em que se encontra a administração não resulta apenas da necessidade de conformação das normas legais fiscais, como nos diz Isensee, mas, como já vimos, do mito em redor da tributação do rendimento real individual. Assim, o problema não reside na atitude do Parlamento, e a utilização de conceitos indeterminados pelo legislador não significa um alheamento das "condições reais" da execução da norma[2110].

Tendo em conta os meandros e percalços políticos que acompanham os procedimentos legislativos fiscais nas últimas décadas, como referimos no início deste capítulo, e que pouco ou nada têm a ver com o legislador racional, é natural que caiba à administração, aos tribunais, e até à Comissão Europeia, um papel de fiscalização-conformação da lei.

Por exemplo, o nosso legislador, distraído sobre as implicações do regime da zona franca da Madeira e de Santa Maria dos Açores na concorrência fiscal interestadual e na justiça fiscal intra-estadual, começou por ver a sua conduta reprimida, ao abrigo do Direito Comunitário, não acontecendo o mesmo, imediatamente, ao nível nacional. As portarias tipificantes n.º 360/2002, de 5 de Abril, e 555/2002, de 4 de Junho, relativas à repartição de custos e de lucros entre a zona franca da Madeira e de Santa Maria dos Açores e o restante território nacional, foram o meio expedito (e tardio) que o Governo encontrou para impedir os abusos possibilitados por uma legislação que não contempla as capacidades administrativas de aplicação correcta do regime.

A qualificação do regime legal da zona franca como prática prejudicial para efeitos do Código de Conduta está também directamente relacio-

---

[2107] Neste sentido, LERKE OSTERLOH, *Gesetzesbindung und Typisierungsspielräume...*, cit., pp. 64 e ss..

[2108] Assim também, HANS-WOLFGANG ARNDT, *Praktikabilität...*, cit., p. 80.

[2109] Neste sentido, LERKE OSTERLOH, *Gesetzesbindung und Typisierungsspielräume...*, cit., p. 44; e JOSEF ISENSEE, *Die typisierende Verwaltung...*, cit., pp. 156-158, 172 e ss..

[2110] LERKE OSTERLOH parece defender esta concepção, mas logo adiante diz ser impossível declarar inconstitucional esta actuação do legislador: *Gesetzesbindung und Typisierungsspielräume...*, cit., pp. 43-44.

nada com a incapacidade de controlo administrativo dos investimentos desmaterializados (vejam-se os critérios do Código de Conduta para declarar uma medida fiscal como potencialmente prejudicial), embora implique, em última análise, o próprio desmantelamento do regime.

A responsabilização do legislador pela criação de regimes que, pela indeterminação da técnica legislativa, podem atropelar princípios constitucionais, como o da igualdade fiscal, talvez fosse uma consequência ideal, mas, como nos diz Osterloh, tratar-se-ia de "um apelo a um legislador perfeito que não existe e que talvez nem devesse existir, na medida em que as instâncias de aplicação do Direito estão mais preparadas e capacitadas a procurarem soluções justas e adequadas"[2111].

Repare-se ainda que, segundo a jurisprudência constante do *BVerfG*, só em casos extremos foi declarada inconstitucional uma lei por ser considerada inexequível (o meio estabelecido na lei foi considerado "objectivamente inútil", "objectivamente inadequado", "simplesmente inadequado"[2112]), e nenhum desses casos está relacionado com a execução das leis fiscais.

Digamos então que a administração, tal como o legislador, deve conciliar a aprovação de regulamentos e circulares fechando progressivamente os tipos legais através de regimes que se guiam pelo tipo médio ou frequente (que permitem a certeza jurídica e uma igualdade normativa), com a ponderação do caso individual segundo considerações de justiça fiscal viradas para o rendimento real, enquanto manifestação mais próxima da capacidade contributiva.

Pelo facto de a administração estar mais próxima da informação sobre os contornos do tipo, e por isso poder adaptar, de forma mais rápida, a norma às alterações do tipo (por exemplo, a fixação anual dos referidos métodos técnico-científicos sobre o rendimento médio dos sectores de actividade por parte da administração fiscal, ou os regulamentos que desenvolvem o regime dos preços de transferência), reiteramos neste ponto do capítulo que a tipificação administrativa é aconselhável para prosseguir a certeza jurídica e a igualdade.

Em relação ao Direito Administrativo geral, defende David Duarte que a autovinculação só é admissível desde que a norma de autovincula-

---

[2111] LERKE OSTERLOH, *Gesetzesbindung und Typisierungsspielräume...*, cit., p. 51.
[2112] V. HANS-WOLFGANG ARNDT, *Praktikabilität...*, cit., p. 17, que cita os acórdãos do *BVerfG* (*BVerfGE* 16, pp. 147 e ss., espec. p. 181; 17, pp. 306 e ss., espec. p. 317; 19, pp. 119 e ss., espec. p. 127).

ção não feche a discricionariedade nem "a necessidade de acesso à situação", o que exigiria que "os pressupostos hipotéticos dessa norma secundária [não] estejam... formulados como exclusivos para a aplicação do efeito normativo previsto na estatuição da norma primária"[2113].

Uma vez que, como temos vindo a defender, os conceitos jurídicos indeterminados no Direito Fiscal conferem, em regra, margem de livre apreciação e não discricionariedade, no sentido em que não existe um comando legal dirigido à administração fiscal para que esta avalie as circunstâncias do caso individual, não há obstáculos a que a margem de livre apreciação seja "fechada" – pelo contrário. Lembre-se que esta margem de livre apreciação diz normalmente respeito às regras de determinação/ /avaliação e quantificação da matéria tributável, e por isso o princípio da praticabilidade legitima o tratamento igual de um conjunto de situações.

Por outro lado, os fundamentos que David Duarte invoca para a legitimação da autovinculação – princípios da igualdade e da protecção de confiança[2114] – valem para o Direito Fiscal e são reforçados pelo facto de estarmos perante uma administração de massas.

A margem de livre apreciação implicará seguramente a aceitação, por parte dos tribunais, da opção administrativa por regulamentos e circulares tipificantes abordando unitariamente a margem de liberdade atribuída. E eventualmente implicará também que os tribunais respeitem as soluções substantivas que emanam do desenvolvimento de critérios e de programas de decisão[2115].

Antes de darmos alguns exemplos de regulamentos e de circulares tipificantes, e de enumerarmos, em jeito de conclusão, o conjunto dos pressupostos e os limites da tipificação administrativa, fica esclarecido até este ponto que ela decorre de uma margem de livre apreciação concedida por lei aos órgãos de aplicação no seu conjunto e não é, portanto, ilegal por inerência.

7. A tipificação e a margem de livre apreciação administrativa

---

[2113] DAVID DUARTE, "Alguns problemas relativos à autovinculação administrativa", *Cadernos de Justiça Administrativa*, 1997, n.º 6, p. 10.
[2114] DAVID DUARTE, "Alguns problemas relativos à autovinculação administrativa", cit., p. 8.
[2115] Neste sentido, para o caso das circulares, HARTMUT MAURER, *Allgemeines Verwaltungsrecht*, 14.ª ed., cit., p. 135.

7.1. *As circulares e regulamentos tipificantes: alguns casos*

Um dos modelos característicos de circulares tipificantes na Alemanha diz respeito às despesas profissionais, tipificadas por grupos profissionais. São estabelecidos montantes máximos de deduções, por exemplo para os artistas, sendo possível normalmente ao sujeito passivo demonstrar que efectuou despesas superiores às tipificadas e sendo consideradas como "desviantes" do tipo as despesas que se afastem significativamente do montante estabelecido[2116]. Uma circular semelhante existe para as despesas de viagem, tendo o *BFH* decidido – interpretando uma disposição da mesma circular – não aplicar o montante tipificado quando essa aplicação no caso concreto conduzisse a uma "tributação manifestamente errada"[2117].

Os grupos de casos escolhidos pelas circulares contêm descrições de situações da vida típicas, às quais se chegou através de médias estatísticas[2118].

Há dois traços que caracterizam as circulares sobre despesas profissionais dedutíveis: um é o facto de elas dizerem respeito a normas desoneradoras do sujeito passivo; o outro é o de que, normalmente, a renúncia à análise do caso individual só acontece quando ela favorece o sujeito passivo, podendo este, no caso inverso, demonstrar que a solução tipificada não se lhe aplica (tipificação formal).

A jurisprudência já antiga do *BFH* vai no sentido de aceitar a solução do acto pararegulamentar tipificante – de o considerar vinculativo –, dentro de uma margem de livre apreciação administrativa, desde que essa solução não seja "manifestamente incorrecta" ou desde que seja "defensável"[2119]. Em alguns casos, por considerar a solução tipificante "manifestamente incorrecta", o *BFH* já substituiu a tipificação administrativa por uma tipificação própria[2120]. Adiante ilustraremos, de forma mais desen-

---

[2116] V. Lerke Osterloh, *Gesetzesbindung und Typisierungsspielräume*..., cit., p. 453.
[2117] Lerke Osterloh, *Gesetzesbindung und Typisierungsspielräume*..., cit., p. 453.
[2118] Lerke Osterloh, *Gesetzesbindung und Typisierungsspielräume*..., cit., p. 453.
[2119] V., por todos, Kruse/Drüen, Tipke/Kruse, *AO/FGO Kommentar*, § 4, 2001, p. 33, ponto 87; Lerke Osterloh, *Gesetzesbindung und Typisierungsspielräume*..., cit., pp. 492 e ss.; Monika Jachmann, "Zur Anwendung typisierender...", pp. 347 e ss..

volvida, esta posição.

Também encontramos "tipificações materiais". Disto é exemplo a circular que estabelecia um máximo de "excesso de despesas de alimentação" dedutíveis, por parte de quem está fora de casa por razões profissionais durante mais de 12 horas diárias. Aí verificamos que a administração, com o apoio do *BFH* que nunca levantou objecções à tipificação administrativa, passou de uma circular tipificante admitindo prova em contrário (até 1986), para uma tipificação, a partir de 1987, que excluía a prova individual de despesas mais elevadas. O *BFH* justificou tal regime com base na simplificação da prova por parte do sujeito passivo[2121-2122]. Mas em geral o *BFH* tem legitimado a tipificação considerando-a um método de avaliação indirecta[2123]. A discussão em redor desta tipificação material deu origem à sua consagração através da lei[2124].

No caso das "despesas de alimentação", a administração também tipificou as deduções admitidas, tendo o *BFH* concordado com a solução administrativa, por entender que existia uma relação adequada entre as despesas e o rendimento líquido do agregado.

Houve na verdade, neste caso, uma colaboração recíproca entre a administração e o *BFH* na concretização progressiva do conceito. O *BFH* entendeu serem tais despesas dedutíveis até à chamada "fronteira de sacrifício", correspondente à "relação adequada entre o rendimento líquido (do sujeito passivo e do seu agregado familiar) e as despesas de alimentação", baseando-se numa tipificação (quantitativa) administrativa, a qual foi aceite pelo *BFH*, por respeitar tal relação adequada[2125]. Assim, a "lei deixa(va) em aberto diferentes possibilidades de decisão, de forma que, no interesse de uma execução equitativa da lei, o desenvolvimento de orien-

---

[2120] V. o caso comentado por LERKE OSTERLOH em "Unzutreffende Besteuerung durch typisierende Verwaltung und Gesetzgebung", *StuW*, 1993, n.º 4, pp. 342 e ss..

[2121] LERKE OSTERLOH, *Gesetzesbindung und Typisierungsspielräume*..., cit., p. 457.

[2122] Pela controvérsia que suscitam as tipificações materiais, Osterloh anuncia que só vai estudar o caso das circulares tipificantes que admitem prova individual em contrário: *Gesetzesbindung und Typisierungsspielräume*..., cit., p. 460.

[2123] LERKE OSTERLOH, *Gesetzesbindung und Typisierungsspielräume*..., cit., pp. 461 e ss. e 500 e ss..

[2124] ACHIM ROGMANN, *Die Bindungswirkung von Verwaltungsvorschriften*..., cit., p. 205.

[2125] LERKE OSTERLOH, *Gesetzesbindung und Typisierungsspielräume*..., cit., p. 497.

tações genéricas mais precisas para determinadas relações adequadas não só [era] admissível, como [era] exigível"[2126].

Para além das tipificações relativas a normas desoneradoras, encontramos um outro grupo de tipificações relativas à delimitação de rendimentos tributáveis por contraposição a montantes dedutíveis ou isentos. Por exemplo, uma circular, restringindo a previsão legal, estabeleceu que as remunerações auferidas em actividades acessórias que um indivíduo exerce num órgão de uma empresa, por iniciativa da entidade patronal, não são tributadas até um determinado montante tipificado. Invocando a lei, que não estabelece quaisquer restrições quantitativas, um empregado de uma instituição bancária pretendeu que as suas remunerações auferidas como gerente fossem totalmente isentas, mas a administração recusou tal pretensão, ao abrigo da referida circular. O *BFH* aceitou a decisão da administração, considerando que as circulares que contenham uma avaliação com base na experiência administrativa devem ser observadas pelos tribunais, desde que não conduzam a "resultados falsos", cabendo à administração decidir em caso de dúvida[2127].

Todavia, no seu acórdão de 28 de Junho de 1993, o *BVerfG* entendeu que a circular violava o princípio da igualdade, mas esta decisão não significa a recusa, em geral, de efeito jurídico vinculativo às circulares[2128].

E é exactamente com base na violação do princípio da igualdade que o *BVerfG* tem considerado algumas tipificações – administrativas e judiciais – inconstitucionais[2129], mas na verdade, o *BVerfG* nunca declarou as tipificações em si inconstitucionais.

Os regulamentos e as circulares tipificantes começam a multiplicar-se em Portugal, e, como já referimos, dizem respeito à determinação da matéria tributável. Estas tipificações incluem as quantificações (veja-se o caso do decreto-regulamentar sobre reintegrações e amortizações do activo imobilizado de sujeitos passivos de IRC), embora o seu âmbito não

---

[2126] LERKE OSTERLOH, *Gesetzesbindung und Typisierungsspielräume...*, cit., pp. 497--498. A autora cita os acórdãos do *BFH*: *BFH* BStBl II 1984, 522 (524, 525); cf. *BFH* BStBl II 1984, 187 (190).

[2127] V., para um comentário a este caso, MONIKA JACHMANN, "Zur Anwendung typisierender Verwaltungsvorschriften...", cit., pp. 347 e ss..

[2128] V., novamente, MONIKA JACHMANN, *Idem*, pp. 347 e ss..

[2129] V., por exemplo, a propósito dos "contratos de trabalho" entre membros do agregado familiar, LERKE OSTERLOH, *Gesetzesbindung und Typisierungsspielräume...*, cit., pp. 391 e ss..

seja tão delimitado como o das *Pauschalierungen* (quantificações) alemãs[2130], que dizem respeito, essencialmente, às despesas empresarias e profissionais dedutíveis.

Por outro lado, também ao contrário do que acontece na Alemanha, as tipificações – especialmente, as quantitativas – são predominantemente realizadas por regulamento, com base em remissão legal expressa ou implícita, e embora encontremos actos pararegulamentares tipificantes (em especial, sob a forma de despachos), de que daremos alguns exemplos, predominam as circulares e ofícios-circulados de esclarecimento do regime legal, ou seja, interpretativos, mas sem reflectir o exercício de uma margem de livre apreciação de conceitos indeterminados.

Além disso, apesar de a tipificação administrativa ser um fenómeno que se desenvolve entre nós desde a reforma fiscal dos finais de oitenta, não tem sido questionada a constitucionalidade da mesma, e não existe uma jurisprudência constante sobre a mesma.

Vejamos alguns exemplos recentes de tipificações:

Nos termos do art. 98.º do CIRC, os sujeitos passivos que exerçam a título principal uma actividade de natureza comercial, industrial ou agrícola, e não estejam abrangidos pelo regime simplificado de tributação, devem efectuar um "pagamento especial por conta" em Março, ou em duas prestações, em Março e Outubro. Na redacção dada pelo orçamento de Estado para 2003, o montante do pagamento especial é igual à diferença entre o valor correspondente a 1% dos respectivos proveitos e ganhos do ano anterior, com o limite mínimo de € 1 250 e o máximo de € 200 000, e o montante dos pagamentos por conta efectuados no ano anterior.

Um despacho ministerial (n.º 1553/03-XV) vem adiar o prazo de entrega dos referidos pagamentos, bem como regular situações específicas, nomeadamente, os sectores que estão sujeitos a impostos especiais sobre o consumo.

Nestes sectores, pretende-se considerar como proveito sobre o qual incidirá o cálculo do pagamento antecipado, apenas o proveito líquido de imposto. Assim, os proveitos de um revendedor de automóveis, para efeitos dos pagamentos antecipados, não resultam do valor total das vendas,

---

[2130] Fixadas pelas chamadas "AfA (Tabellen)", isto é "Abschreibungen für Abnutzung", ou seja, montantes referentes à utilização de um bem, e que são anualmente fixados.

mas do valor da venda subtraído do imposto automóvel[2131].

O regime contido neste despacho configura uma tipificação que densifica o termo "proveito" constante do CIRC, densificação essa que se insere na actividade de interpretação normativa, prevista explicitamente no art. 68.º da LGT.

O conceito de "proveito" é um exemplo claro de um conceito indeterminado no Direito Fiscal, podendo ter múltiplos significados, e devendo, por isso, ser definido. Se a lei não o faz (ou se o faz apenas em certa medida), nada impede que seja um regulamento ministerial ou um acto pararegulamentar a concretizá-lo, sendo mesmo recomendável o esclarecimento do conceito por esta via, de modo a existir uma aplicação uniforme do mesmo por parte da administração.

Para além de estar em jogo um conceito muito indeterminado, podemos afirmar que a densificação, tal como foi efectivada em concreto pelo despacho, obedece a uma interpretação teleológica dos "proveitos" que servem de base ao cálculo dos pagamentos antecipados de imposto, uma vez que estes seriam ainda mais onerosos para os sectores mencionados se não fossem deduzidos os montantes referidos.

Este despacho tipificante esclarece assim o conteúdo da lei para os

---

[2131] Diz-nos uma parte do despacho: "1. Nos proveitos e ganhos a considerar no cálculo do pagamento especial por conta não se incluem as seguintes rubricas: a) A variação da produção; b) Os trabalhos para a própria empresa; c) Os ganhos resultantes da aplicação do método de equivalência patrimonial; d) A restituição de impostos não dedutíveis; e) A redução de provisões não dedutíveis; f) O excesso na estimativa para impostos. 2. Não são igualmente considerados proveitos e ganhos, no cálculo do pagamento especial por conta, os rendimentos excluídos de tributação nos termos dos artigos 11.º, 45.º e 46.º do Código do IRC. 3. Para efeitos do disposto do n.º 5, nos sectores de revenda de combustíveis, de tabacos, de veículos sujeitos ao imposto automóvel e de álcool e bebidas alcoólicas podem não ser considerados, no cálculo do pagamento especial por conta, os impostos abaixo indicados, quando incluídos nos proveitos: a) Impostos especiais sobre o consumo (IEC); b) Imposto automóvel (IA). 4. Para efeitos do disposto na alínea a) do número anterior, quando não for possível determinar os impostos efectivamente incluídos nos proveitos, poderão ser deduzidas as seguintes percentagens: a) 50%, nos proveitos relativos à venda de gasolina; b) 40%, nos proveitos relativos à venda de gasóleo; c) 60%, nos proveitos relativos à venda de cigarros; d) 10%, nos proveitos relativos à venda de cigarrilhas e charutos; e) 30%, nos proveitos relativos à venda de tabacos de corte fino destinados a cigarros de enrolar; f) 30%, nos proveitos relativos à venda dos restantes tabacos de fumar; 5. Em relação às organizações de produtores e aos agrupamentos de produtores do sector agrícola que tenham sido reconhecidos ao abrigo de regulamentos comunitários, os proveitos das actividades para as quais foi concedido o reconhecimento são excluídos da aplicação do pagamento especial por conta.

referidos sectores de actividade, através de uma descrição do *Tatbestand*, recorrendo aos casos típicos a subsumir à lei. Não se trata, por conseguinte, de um problema de averiguação da situação da vida, mas da construção normativa de tipos que deixa de fora características individuais que não são relevantes para a decisão[2132], e que assim contribui para atingir a igualdade na aplicação da lei, e portanto a igualdade fiscal.

Assim, pode-se dizer que os regulamentos ou os actos pararegulamentares tipificantes "serve[m] a legalidade da administração porque evita[m] que o funcionário escolha uma interpretação errada para decidir o caso concreto"[2133] e "se a lei admite várias alternativas de avaliação e actuação para a administração, isto implica necessariamente um direito de escolha da administração entre estas alternativas"[2134].

Segundo exemplo: o art. 41.º (actual art. 33.º) do Estatuto dos Benefícios Fiscais, aprovado por decreto-lei autorizado ao abrigo do art. 165.º n.º 1 al. i) da CRP, isenta de IRC os lucros das entidades instaladas na zona franca da Madeira, incluindo filiais e sucursais de sociedades residentes no restante território português, actuando na área dos serviços, incluindo os financeiros, desde que não efectuem transacções entre si, de forma a manter a chamada cortina de aço que caracteriza o regime fiscal das chamadas zonas *offshore*.

A inclusão das referidas filiais e sucursais no âmbito subjectivo de isenção foi uma decisão político-legislativa arriscada, no sentido em que se tornaria quase impossível controlar o abuso de normas fiscais, por parte das associadas sujeitas a imposto, tendo em conta o tipo de actividade (desmaterializada) em causa – o que aliás, ficou amplamente demonstrado pelos resultados apresentados, por exemplo, pelas instituições financeiras privadas com sede em território português. Tendo sido discutido o método mais eficaz para evitar a utilização abusiva do regime fiscal em questão, o Governo aprovou a portaria n.º 555/02 determinando, *a forfait*, que, dos lucros obtidos pelas referidas entidades, 20% seriam imputados ao espaço da zona franca, e portanto isentos, e 80% ao restante território português, e portanto, tributados. A circular n.º 3 de 7 de Fevereiro de 2003 veio

---

[2132] Neste sentido, MONIKA JACHMANN, "Zur Anwendung typisierender Verwaltungsvorschriften...", cit., p. 349.

[2133] MONIKA JACHMANN, "Zur Anwendung typisierender Verwaltungsvorschriften...", cit., p. 349.

[2134] MONIKA JACHMANN, "Zur Anwendung typisierender Verwaltungsvorschriften...", cit., pp. 349-350.

esclarecer a aplicação da portaria[2135]. O Orçamento de Estado para 2005 introduziu o art. 33.º-A no EBF que consagra, no essencial, o regime da portaria (embora tendo sido alteradas as percentagens para 15% e 85%). Estas constituem presunções elidíveis de imputação territorial do rendimento, como resulta do art. 33.º-A, n.º 4[2136].

Exemplo de ofício-circulado tipificante é o n.º 20064, de 12 de Março de 2002, da Direcção de Serviços do IRS sobre as energias renováveis (deduções à colecta). Este ofício-circulado vem concretizar o con-

---

[2135] Aqui transcrevemos uma parte da circular:
Tendo-se suscitado dúvidas quanto ao seu real alcance e sentido, importa divulgar o seguinte entendimento ministerial:
1. Nos termos do n.º 1 da Portaria n.º 555/2002, de 4 de Junho, para efeitos do artigo 33.º do Estatuto dos Benefícios Fiscais deverá considerar-se que 80% do lucro tributável da actividade global das instituições de crédito e sociedades financeiras que não exerçam em exclusivo a sua actividade nas zonas francas da Madeira e da Ilha de Santa Maria é resultante de actividades exercidas fora do âmbito institucional daquelas zonas, pelo que não beneficiará da isenção de Imposto sobre o Rendimento das Pessoas Colectivas (IRC) prevista naquela norma.
2. Resulta de uma adequada interpretação da Portaria em causa que o objectivo que se lhe encontra subjacente consiste na limitação da imputação de lucro tributável à actividade desenvolvida no âmbito das zonas francas, na impossibilidade prática de determinar com rigor as operações que, de facto, foram praticadas através da estrutura afecta às zonas francas. No mesmo sentido, concorre a circunstância de a desmaterialização das operações poder em alguns casos, tornar difícil a criação de uma estrutura física instalada compatível com o requisito da direcção efectiva das operações a partir das zonas francas.
3. Para estes efeitos, e por força das regras gerais e do n.º 3 da Portaria em análise, haverá que determinar o lucro tributável global, o lucro tributável da sucursal na zona franca e o lucro tributável da instituição de crédito ou sociedade financeira excluindo a sucursal na zona franca.
O lucro tributável apurado na sucursal da zona franca, isento de IRC nos termos e nas condições do artigo 33.º do Estatuto dos Benefícios Fiscais, não poderá ser superior:
– ao lucro tributável apurado por referência à actividade efectivamente realizada no âmbito daquela sucursal e determinado com base na contabilidade; e
– a 20% do lucro tributável apurado no âmbito da actividade global da instituição de crédito ou sociedade financeira.

[2136] Segundo este n.º 4, "[p]ara as entidades que exercem predominantemente a sua actividade nas zonas francas da Madeira e da Ilha de Santa Maria, pode o Ministro das Finanças e da Administração Pública, após requerimento dos interessados devidamente fundamentado e onde se demonstre o exercício predominante, fixar por despacho a percentagem do lucro tributável da actividade global que resulta de actividades exercidas fora do âmbito institucional das referidas zonas francas".

ceito legal de energias renováveis, para além do que já tinha sido previsto na Portaria n.º 727/91 de 29 de Julho. Assim, a portaria referia-se a formas de energia renováveis como a radiação solar, directa ou difusa, bem como a energia contida nos resíduos florestais ou agrícolas e a energia eólica, e o ofício-circulado acrescenta "os equipamentos novos a gás natural, até 100 kw de potência, para co-geração, por microturbinas, de energia eléctrica e/ou térmica, incluindo os equipamentos complementares indispensáveis ao seu funcionamento", e exclui da dedução à colecta prevista no artigo 85.º n.º 2 do Código do IRS, os equipamentos cujo funcionamento dependa de outros combustíveis, tais como as caldeiras para aquecimento central, abastecidas por gasóleo[2137].

Há inúmeros outros casos de regulamentos tipificantes, por remissão legal mais ou menos expressa[2138].

Um dos exemplos mais interessantes de tipificação é o do regime de amortizações e reintegrações do activo imobilizado, porque a tipificação ocorre nos dois níveis – legislativo (arts. 29.º e 30.º do CIRC) e regulamentar (decreto-regulamentar n.º 2/90 de 12 de Janeiro) – ilustrando uma boa prática legislativa de simplificação. Tratando-se de uma matéria muito técnica, quer a definição dos elementos do activo objecto de reintegração e amortização, quer a sua valorimetria, o período de vida útil, os métodos de cálculo, e as taxas aplicáveis são tipificados pelo decreto-regulamentar.

Em suma: a questão de saber em que medida a lei fiscal deixa espaço

---

[2137] E outro exemplo de circular tipificante (em sentido amplo) é a Circular n.º 7/ /2001, de 14 de Março, segundo a qual, aos designados "rendimentos acessórios" eram aplicáveis as regras de tributação dos actos isolados previstos no artigo 30.º, podendo, portanto, ao seu valor ilíquido ser deduzidas as despesas necessárias à sua obtenção devidamente comprovadas, com as limitações decorrentes do artigo 33.º. Este entendimento veio a ter consagração expressa no n.º 6 do art. 31.º com a revisão dos Códigos efectuada através do Decreto-Lei n.º 198/2001, de 3 de Junho de 2001. Recordemos ainda o despacho tipificante do secretário de estado dos assuntos fiscais, de 5 de Junho de 1998, divulgado pela circular n.º 2/99, de 19.2 (cf. art. 56.º, n.º 3 do CPPT), relativo ao art. 80.º-F do CIRS, sobre os encargos aceites com a frequência de estabelecimento de ensino: Assim, segundo tal despacho, "são aceites como despesas com a educação os encargos suportados com a frequência de estabelecimentos de ensino de línguas, teatro, música, canto e outros, desde que esses estabelecimentos estejam integrados no Sistema Nacional de Educação ou reconhecidos como tendo fins análogos pelos ministérios competentes, conforme se encontra consagrado no artigo 9.º, n.º 10 do CIVA".

[2138] Um deles é o da fixação das tabelas de retenção na fonte de IRS dos titulares de rendimentos com residência fiscal nas Regiões Autónomas dos Açores e da Madeira, a qual é feita por despacho do secretário regional do plano e das finanças das regiões autónomas.

para uma regulamentação simplificada da lei, deve ser respondida pelos critérios de interpretação, e sempre que o legislador estabelecer um quadro legal, deixando a regulação dos detalhes à administração, existe uma margem de livre apreciação, nos termos que desenvolvemos a seguir.

7.2. Considerações conclusivas

7.2.1. Pressupostos de atribuição de uma margem de livre tipificação administrativa: a busca da melhor solução para a aplicação da lei indeterminada

Considerámos até aqui, que a tipificação fiscal é expressão de uma margem de livre apreciação e consiste na densificação normativa de conceitos legais relativamente indeterminados, através do recurso a um tipo empírico médio, densificação essa que conduz a um tipo jurídico tendencialmente fechado. Fizemos também a crítica às posições que marcaram a discussão do método tipificante das leis fiscais.

Se ponderarmos agora, no seu conjunto, os elementos que entendemos serem contributos relevantes dessas diversas investigações, podemos concluir que a decisão de tipificar deriva de um conjunto de pressupostos.

Devemos distinguir dois momentos na utilização da margem de livre apreciação, pela administração fiscal, ambos permitidos pela existência de conceitos legais indeterminados.

O primeiro, de fundo, resulta da opção entre tipificar ou individualizar a aplicação da lei. Ou seja, a margem de livre tipificação resulta, simultaneamente, de uma indeterminação legal no sentido do caso 4 de Coleman/Leiter (condição necessária, mas não suficiente, para a atribuição de uma margem de livre tipificação administrativa) e da incapacidade de aplicar a lei indeterminada directa e individualmente no contexto de uma administração de massas.

A opção de base entre execução individualizada (provavelmente arbitrária) e execução conjunta e atempada, segundo considerações possíveis da igualdade, não decorre apenas (nem principalmente) do preceito legal mais ou menos indeterminado – uma vez que este poderia ser concretizado, quando se ponderasse o caso concreto, como acontece quando se aplica a norma fiscal a uma situação individual e quando se aplicam as cláusulas gerais antiabuso.

Assim, enquanto a indeterminação da lei é um pressuposto neutro para a tipificação, a incapacidade ou "situação de emergência", assumindo a forma de "princípio da praticabilidade", é um peso na balança a favor da tipificação.

Como a incapacidade de aplicação individualizada não é só uma situação de facto, mas também uma incapacidade de aplicação equitativa, não arbitrária, da lei, os princípios da igualdade, nas vertentes da proibição de arbítrio (da igualdade possível), da previsibilidade e da calculabilidade na execução da lei recomendam a tipificação administrativa[2139]. O mesmo se diga dos princípios da eficiência, praticabilidade e simplicidade que constam do artigo 46.º do CPPT.

Podemos recorrer ao exemplo da dedução das "despesas de alimentação", e contrapor a prova individual documentada para efeitos de dedução das mesmas ao rendimento bruto, à tipificação administrativa das deduções admitidas, segundo um grupo profissional.

A dedução tipificada pode parecer contrária ao princípio da capacidade contributiva, uma vez que é a mera pertença a um grupo que determina o montante de dedução, e não são tidas em conta as despesas efectivamente despendidas. Estar-se-iam a prosseguir apenas os interesses do fisco – de economia de meios[2140] – em detrimento de limites materiais constitucionais à tributação.

Mas esta conclusão é precipitada. Na verdade, reconhece-se que a prova individual documentada não só é muito onerosa para o sujeito passivo, como de credibilidade limitada numa variedade de casos. O pressuposto para a veracidade das declarações documentadas exigiria um sujeito passivo zeloso que recolhesse todas as facturas de alimentação à hora de almoço, quer se trate de facturas de supermercado ou de restaurantes, com pormenores sobre o local, data, hora e tipo de refeição, identificação do vendedor e do beneficiário, e conservasse tais provas de forma adequada. Mas o sujeito passivo zeloso não é de modo nenhum o tipo médio de sujeito passivo, e as falsas declarações não repugnam a muitos sujeitos

---

[2139] Assim, V. LERKE OSTERLOH, *Gesetzesbindung und Typisierungsspielräume...*, cit., pp. 460-461, 498-499 e 508 e ss.; e o artigo da autora, em que fundamenta esta posição a propósito de um caso judicial: "Unzutreffende Besteuerung...", cit., por exemplo, pp. 344 e ss.; V. também, MONIKA JACHMANN, "Zur Anwendung typisierender Verwaltungsvorschriften...", pp. 349 e ss. (cf. p. 351: neste sentido também o *BFH*. O *BFH* refere-se a "despesas de averiguação difícil" para legitimar a tipificação "correcta"); e ACHIM ROGMANN, *Die Bindungswirkung von Verwaltungsvorschriften...*, cit., pp. 214 e ss.

[2140] Suscitando esta questão, LERKE OSTERLOH, *Gesetzesbindung und Typisierungsspielräume...*, cit., pp. 469-470.

passivos[2141].

Se passarmos para os exemplos das pessoas colectivas e entidades equiparadas sujeitas a imposto de sociedades, nomeadamente, as instituições financeiras sujeitas ao regime da zona franca da Madeira, o problema geral dos preços de transferência no caso das multinacionais, as amortizações e reintegrações de bens do activo imobilizado, entre muitos outros, o problema ainda se coloca com maior acuidade, não necessariamente – ou não tanto – devido a falsas declarações, mas devido à massificação do procedimento tributário e à interpretação de conceitos legais do Direito Fiscal importados do Direito Privado ou de outras áreas[2142].

A conclusão a retirar é então bastante evidente: no universo imenso dos sujeitos passivos, o controlo da situação individual atinge resultados ainda menos próximos da realidade (ou até mesmo arbitrários) do que as soluções tipificantes, ainda que estas impliquem o tratamento fiscal igual de situações individuais diferentes[2143]. As dúvidas levantadas no controlo da prova documental conduziriam então, frequentemente, à aplicação dos métodos de avaliação indirecta, solução excepcional que não deve ter preferência sobre a tipificação. A tipificação administrativa destina-se assim também, tal como as tipificações legais, a evitar situações de *non liquet*, objectivo perfeitamente legítimo[2144].

Neste sentido, a justificação da tipificação assenta no facto de o risco do erro na averiguação da situação individual ser inevitável (este risco é portanto também um pressuposto para que a tipificação seja legal

---

[2141] Assim, LERKE OSTERLOH, *Gesetzesbindung und Typisierungsspielräume...*, cit., pp. 470 e ss.; ACHIM ROGMANN, *Die Bindungswirkung von Verwaltungsvorschriften...*, cit., p. 215.

[2142] Também muitos dos casos em que são accionadas cláusulas gerais antiabuso, resultam da indeterminação da norma legal, cabendo depois aos tribunais através de uma jurisprudência constante, tipificar esses conceitos: V. o caso *Macniven v Westmoreland Limited ([2001] UKHL 6)* em que a House of Lords reconduziu o conceito de juros, gerados na transacção (elisiva) em causa, ao conceito legal de "custos sobre o rendimento", fazendo uma "interpretação teleológica e contextualizada... das normas fiscais": GUSTAVO LOPES COURINHA, *A Cláusula geral anti-abuso no Direito Tributário: contributos para a sua compreensão*, Lisboa, 2004, pp. 37-40.

[2143] Assim, LERKE OSTERLOH, *Gesetzesbindung und Typisierungsspielräume...*, cit., pp. 470-471, 473-474; "Unzutreffende Besteuerung...", cit., *StuW*, 1993, n.º 4, p. 346. No mesmo sentido, e citando Osterloh, MONIKA JACHMANN, "Zur Anwendung typisierender Verwaltungsvorschriften...", cit., pp. 349-350, e ACHIM ROGMANN, *Die Bindungswirkung von Verwaltungsvorschriften...*, cit., p. 215.

[2144] LERKE OSTERLOH, *Gesetzesbindung und Typisierungsspielräume...*, cit., p. 472.

e constitucional), e, por isso, a decisão do caso concreto segundo o critério de um valor geral aproxima-se mais de uma aplicação justa, previsível e praticável[2145].

Pode-se ainda contra-argumentar que a lei geral e abstracta, enquanto instrumento constitucional de garantia da igualdade, seria inegavelmente substituída pelos critérios de igualdade da administração, o que seria inconstitucional.

Podem ser apontados vários argumentos, todos eles relacionados, que contradizem esta ideia de inconstitucionalidade. Desde logo, a execução unitária (e portanto igualitária) da lei é mais bem assegurada pela tipificação, tendo em conta a existência de diferentes serviços administrativos integrados, autónomos, desconcentrados e descentralizados, e o princípio da organização hierárquica administrativa[2146]. Essa execução unitária é, por seu turno, exigida, porque a administração é uma "unidade de organização estadual"[2147]. A igualdade de carga fiscal, no contexto de actos tributários de massa, postula a igualdade de execução, e assim, a tipificação. Um exemplo modelo da tipificação orientadora são as orientações genéricas que contribuem para uma interpretação uniforme das leis[2148].

Portanto, como aliás o art. 266.º n.º 1 da CRP expressamente prevê, o princípio da igualdade também rege a actividade administrativa, incluindo a actividade de concretização de normas legais, proibindo tratamentos preferenciais e obrigando ao tratamento igual de situações iguais. Ele não põe em causa o critério de igualdade contido na lei geral e abstracta. E está associado ao princípio da autovinculação da administração, que no nosso caso vigora para as orientações genéricas (art. 55.º do CPPT) e para as informações vinculativas (art. 57.º do CPPT), princípio esse que deixa de valer quando as concretizações normativas ou os actos sejam ilegais[2149].

Trata-se, como temos vindo a insistir, e recorrendo agora às palavras

---

[2145] Assim, LERKE OSTERLOH, *Gesetzesbindung und Typisierungsspielräume*..., cit., pp. 472-473, 475 e 508. A autora defende mesmo a inconstitucionalidade da solução administrativa individualizada quando a averiguação da situação da vida em concreto conduza a resultados injustos: IDEM, p. 512.

[2146] JOSEF ISENSEE, *Die typisierende Verwaltung*..., cit., pp. 134-135.

[2147] JOSEF ISENSEE, *Die typisierende Verwaltung*..., cit., p. 136.

[2148] Assim, para o Direito alemão, a referência às circulares, JOSEF ISENSEE, *Die typisierende Verwaltung*..., cit., pp. 134-135.

[2149] V., por tudo, GOMES CANOTILHO e VITAL MOREIRA, *Constituição*..., cit., 3.ª ed., 1993, anotação ao art. 266.º, ponto VI., p. 924.

do *BVerfG*, da administração da "justiça segundo o tipo", que parte do tipo contido no *Tatbestand* legal[2150]. Além de dever corresponder a um tipo empírico frequente, isto é, representativo[2151-2152], a tipificação materialmente justa deve orientar-se pelo tipo empírico subjacente ao tipo legal: ou seja, na tipificação, a administração não tem uma liberdade de apreciação e conformação exterior à lei, mas deve aplicar esta correctamente.

Por outras palavras, para que esta concretização observe o princípio da igualdade fiscal, os critérios utilizados nos diferentes níveis de concretização administrativa, não podem estabelecer diferenciações que ponham em risco uma igual execução da norma no caso concreto (nem o legislador poderia estabelecer tais distinções)[2153]. As eventuais diferenciações, resultantes da lei e ignoradas pela administração tipificante, desde que insignificantes, são desta forma justificadas[2154].

Por outro lado, o Estado social de Direito postulou até aqui a justiça social e portanto a igualdade material, traduzida pelo imposto progressivo[2155]. A tipificação administrativa enquadra-se na lógica do imposto progressivo, bem como do mínimo de existência e dos escalões de tributação, porque significa o tratamento igual de um grupo de casos de forma esquemática. Mas, como nos diz Isensee, não tem como objectivo principal a justiça material (pois essa tarefa cabe ao legislador), situando-se no meio termo entre o objectivo da justiça e o objectivo da praticabilidade[2156-2157].

Concluindo um pouco mais: embora seja um método interpretativo,

---

[2150] JOSEF ISENSEE, *Die typisierende Verwaltung*..., cit., pp. 136-137, 150, 167. *BVerfGE* 9, p. 13; *BVerfGE* 14, pp. 76 e ss., espec. p. 102.

[2151] Como propõe JOSEF ISENSEE, *Die typisierende Verwaltung*..., cit., p. 175.

[2152] Eles apresentam-se como "o resultado da observação dos inúmeros casos individuais", e, como todas as outras normas tipificadoras, caracterizam a "situação normal": FRANZ KLEIN, "Entscheidungen des Bundesfinanzhofs...", cit., p. 80.

[2153] Assim, PAUL KIRCHHOF, "Der verfassungsrechtliche Auftrag...", cit., p. 11.

[2154] JOSEF ISENSEE, *Die typisierende Verwaltung*..., cit., p. 136.

[2155] JOSEF ISENSEE, *Die typisierende Verwaltung*..., cit., pp. 137-138.

[2156] JOSEF ISENSEE, *Die typisierende Verwaltung*..., cit., pp. 138-139.

[2157] Para além de termos de compatibilizar a tipificação com o princípio da igualdade, também os direitos fundamentais (relacionados com a liberdade individual), nomeadamente na sua faceta de não discriminação, têm de ser respeitados. Com efeito, se entendermos que cada direito fundamental (direito de propriedade privada, direito de iniciativa económica privada, esfera de liberdade do sujeito passivo) proveniente do Estado de Direito liberal, pode ser agredido pelo imposto, a tipificação administrativa pode, no caso concreto, conduzir a um aumento da carga fiscal. Trata-se, portanto, de saber se a tipifica-

a tipificação vai implicar um procedimento administrativo simplificado "razoável, justo, equitativo e praticável"[2158] – baseado no regulamento ou no acto pararegulamentar – em lugar de um procedimento dirigido à averiguação da situação individual, segundo o princípio do inquisitório e de uma tentativa de atingir a verdade material, ou em lugar da ausência de qualquer controlo, tendo em conta as limitações de meios administrativos.

Assim, o princípio da tributação do rendimento real (como manifestação da justiça individual) e os princípios procedimentais do inquisitório e da verdade material recomendam a aplicação individualizada da lei; os princípios da igualdade, da praticabilidade, da previsibilidade e da calculabilidade relacionados com a verificação de uma "situação de emergência" no caso da actividade administrativa, jogam a favor da tipificação.

É possível tipificar porque o conceito legal é suficientemente indeterminado para ser concretizado, mas o factor determinante na escolha do método não é o conceito indeterminado.

A concretização administrativa tipificante é, pois, o resultado da busca da melhor solução para a aplicação da lei. Ela é o resultado da interpretação que, segundo os seus critérios, melhor satisfaz o fim da norma, de acordo com o interesse público específico, com critérios de racionalidade jurídica (princípio da igualdade, proporcionalidade e praticabilidade, por exemplo) e ponderando interesses concorrentes (do tipo custos/ /benefícios, arrecadação de receitas/oneração excessiva do sujeito passivo) – veja-se o exemplo da portaria sobre os lucros a imputar à zona franca da Madeira e de Santa Maria dos Açores – escolhendo, em regra, o tipo médio.

Entre nós, algumas das disposições do CIRS e do CIRC, num movimento de recuo quanto à tributação ilimitada do rendimento real (individualmente considerado), já atendem aos problemas de praticabilidade, como vimos. Mas não são suficientes, nem é recomendável que se estendam demasiado, cabendo antes à administração e tribunais a tarefa de den-

---

ção, pelo facto de se orientar pelo tipo frequente ou pelo tipo normal, não viola a esfera de liberdade do sujeito passivo, em conformar as suas relações económicas, segundo a sua vontade. Mesmo para quem entenda que os impostos são agressões à esfera privada do sujeito passivo – como é o caso da doutrina alemã – como a tipificação não tem como fim imediato essa consequência, podemos entender que a desconsideração de uma determinada conformação jurídica, exercida no âmbito da autonomia privada, se houver motivos relevantes, não é de objectar: JOSEF ISENSEE, *Die typisierende Verwaltung...*, cit., pp. 140 e ss..

[2158] LERKE OSTERLOH, *Gesetzesbindung und Typisierungsspielräume...*, cit., pp. 501-502.

sificação de conceitos, de modo a facilitar a aplicação das leis fiscais.

Como referimos, em termos gerais, a remissão (expressa ou não) da lei fiscal para desenvolvimentos por regulamentos ou circulares não dificulta necessariamente a interpretação do regime, podendo contribuir para reduzir a lei ao conteúdo essencial, simplificando-a, e ficando os aspectos técnicos para as fontes secundárias[2159].

Estes argumentos tanto valem para a tipificação material, como para a tipificação formal.

7.2.2. *O controlo judicial da tipificação administrativa (limites a esse controlo)*

O segundo momento é o do conteúdo da tipificação e do respeito da solução administrativa por parte dos tribunais, e novamente quer no caso da tipificação material quer no caso da tipificação formal.

Ou seja, se a margem de livre apreciação (tipificação) é concedida quer à administração quer aos tribunais, ela não exclui à partida o controlo da solução tipificada, pois cabe aos tribunais a tutela jurisdicional dos direitos ou interesses legalmente protegidos dos administrados (artigo 268.º n.º 4 da CRP e 19.º n.º 4 da *GG*), estando os tribunais apenas sujeitos à lei (artigo 203.º da CRP e 20.º n.º 3 da *GG*).

Como se referiu anteriormente, quer o *BVerwG* quer o *BVerfG* recusam, com base no citado artigo 19.º n.º 4 da *GG*, o argumento que dos conceitos legais indeterminados decorra uma margem de livre apreciação, e só a aceitam em certos grupos de casos, devido ao tipo de matérias e decisões em causa, entendendo que nesses casos a administração está a título excepcional mais vocacionada para decidir do que os tribunais[2160]. O *BVerwG* reconhece tal margem de livre apreciação administrativa "dentro de uma fronteira de tolerância", desde que a "interpretação (administrativa) não seja errada, tenha sido ponderada toda a informação e os factos tenham sido correctamente esclarecidos, sem contradições"[2161].

Nos escritos de Direito Administrativo, encontramos referências

---

[2159] Neste sentido JOSÉ LUÍS SALDANHA SANCHES, *Manual...*, cit., 2.ª ed., pp. 41-44.

[2160] V., por todos, HARTMUT MAURER, *Allgemeines Verwaltungsrecht*, cit., 14.ª ed., pp. 143 e ss., e pp. 153-157. HANS J. WOLFF/OTTO BACHOF/ROLF STOBER, *Verwaltungsrecht I*, 10.ª ed., cit., pp. 366 e ss.; HEIKO FABER, *Verwaltungsrecht*, 4.ª ed., Tübingen, 1995, pp. 112-115.

[2161] HANS WOLFF/OTTO BACHOF, *Verwaltungsrecht I*, 9.ª ed., cit., pp. 190-192.

casuais à tipificação, a propósito dos procedimentos massificados, mas ela não aparece associada à discricionariedade nem a uma margem de livre apreciação administrativa, provavelmente, por os autores não relacionarem a tipificação com o tipo (como um exemplo de conceito indeterminado). Isso é evidente no clássico Wolff/Bachof de 1974, em que, segundo os autores, a administração deve tipificar (está vinculada a fazê-lo) sempre que esteja perante actos-massa por razões de praticabilidade, e este método não é relacionado pelos autores com os conceitos legais indeterminados[2162].

Todavia, logo a seguir, Wolff e Bachof defendem que os "verdadeiros" conceitos indeterminados são os conceitos-tipo – recorde-se que já tínhamos enquadrado Wolff e Bachof na doutrina clássica do tipo, no capítulo VII –, "inevitáveis em toda a ordem jurídica", e resultantes quer da incapacidade do legislador em tratar o seu objecto de regulação de modo mais pormenorizado, quer da intenção em não regular detalhadamente uma matéria específica. Nestes casos, defendem os autores, há uma margem de livre apreciação administrativa, na aplicação concreta dos mesmos, uma vez que eles – embora não conferindo discricionariedade – precisam de ser preenchidos valorativamente, e compete à administração a responsabilidade na aplicação da lei, ficando para os tribunais (apenas) a tarefa de controlo dessa aplicação. Os autores não relacionam os tipos legais com o método tipificante, separando as suas questões e parecendo dar-lhes respostas distintas quanto às competências da administração e dos tribunais.

Na verdade, caindo no erro comum aos administrativistas, de separar a "apreciação da situação da vida" da "interpretação", os autores negam qualquer margem de livre apreciação à "interpretação abstracta"[2163], o que significa, se juntarmos as pontas, que a tipificação, enquanto exercício da margem de livre apreciação de tipos fiscais, através de regulamentos ou

---

[2162] HANS J. WOLFF/OTTO BACHOF, Verwaltungsrecht I, 9.ª ed., cit., pp. 186-188. E também, ainda com menos desenvolvimento, HANS J. WOLFF/OTTO BACHOF/ROLF STOBER, Verwaltungsrecht I, 10.ª ed., cit., p. 362.
[2163] HANS J. WOLFF/OTTO BACHOF, Verwaltungsrecht I, 9.ª ed., cit., pp. 188-191. HANS J. WOLFF/OTTO BACHOF/ROLF STOBER, Verwaltungsrecht I, 10.ª ed., cit., pp. 364--366. Nesta 10.ª ed., há uma crítica à jurisprudência, que, ao admitir a margem de livre apreciação só excepcionalmente "vai longe de mais" no controlo da administração, pois os tribunais deveriam aceitar as decisões da administração, desde que estas fossem "defensáveis": IDEM, pp. 367-368.

circulares, já não será admitida pelos autores.

Em Hartmut Maurer não encontramos o termo tipificação, mas o reconhecimento da possibilidade de a administração usar a discricionariedade aprovando regulamentos, para um tratamento administrativo unitário da administração, o que mais não significa que tipificar[2164]. Todavia, fazendo a mesma separação que Wolff e Bachof, entre averiguação da situação da vida e interpretação abstracta (e distinguindo também entre discricionariedade e margem de livre apreciação), Maurer considera que, no caso dos conceitos legais indeterminados, a margem de livre apreciação tem de ser exercida caso a caso[2165].

Apesar da indiferença do Direito Administrativo à margem de livre tipificação no Direito Fiscal[2166], quer o *BFH* quer o *BVerfG* têm recorrido aos conhecidos limites da discricionariedade (também aplicáveis à margem de livre apreciação) para controlar a tipificação pelo fisco.

A propósito do controlo das circulares tipificantes, e como já referimos, o *BFH* tem reconhecido um espaço de livre apreciação à administração, limitando o controlo ao quadro geral da tipificação e aceitando a solução administrativa tipificante, "no interesse da igualdade e da protecção da confiança"[2167], desde que ela não conduza a uma "tributação manifestamente errada"[2168-2169].

O "erro manifesto" é o princípio mais invocado pelo *BFH*, e é apli-

---

[2164] HARTMUT MAURER, *Allgemeines Verwaltungsrecht*, 14.ª ed., cit., p. 135.

[2165] HARTMUT MAURER, *Allgemeines Verwaltungsrecht*, 14.ª ed., cit., pp. 156-157.

[2166] Curiosamente, o desinteresse dos administrativistas pelo Direito Fiscal, não os leva a incluir nos seus manuais, entre os grupos de casos de margem de livre apreciação aceite pelos tribunais, o caso da tipificação das leis fiscais – embora dêem quase sempre o exemplo do §131 da AO, relativamente às ponderações de "equidade" no caso concreto pela administração fiscal, como um caso de conceito indeterminado que concede discricionariedade à administração: V., por exemplo, HANS WOLFF/OTTO BACHOF, *Verwaltungsrecht I*, cit., 9.ª ed., pp. 192-193.

[2167] É a posição tomada, por exemplo, em relação às despesas profissionais dedutíveis tipificadas. Embora LERKE OSTERLOH nos diga que se trata de uma jurisprudência com algumas oscilações: *Gesetzesbindung und Typisierungsspielräume...*, cit., pp. 492 e ss., e 455 e ss., 459.

[2168] V., por todos, KRUSE/DRÜEN, Tipke/Kruse, *AO/FGO Kommentar...*, cit., § 4, p. 33, ponto 87; LERKE OSTERLOH, *Gesetzesbindung und Typisierungsspielräume...*, cit., pp. 492 e ss.; também de Osterloh, "Unzutreffende Besteuerung...", cit., pp. 348 e ss.; e MONIKA JACHMANN, "Zur Anwendung typisierender Verwaltungsvorschriften...", cit., pp. 347 e ss..

[2169] Também no Direito Administrativo se entende vantajoso que em matérias de planeamento e afins, os actos pararegulamentares estabeleçam valores de fronteira e

cado quer para controlar os desvios do caso concreto à norma tipificante, quer para considerar que o próprio montante tipificado é errado, constituindo uma espécie de salvaguarda para assegurar o princípio da igualdade[2170].

No primeiro caso, "a orientação da verificação da situação da vida por valores médios significa também que é admitida uma determinada margem de desvio possível da realidade, na verificação do caso individual"[2171]. Além disso, o tribunal entende que, existindo dúvidas sobre a subsunção de uma situação individual ao regime da circular, cabe à administração a última palavra, conferindo-lhe aqui também uma margem de livre apreciação[2172].

No segundo caso, o controlo do próprio tipo médio, escolhido pelo fisco, conduz ao afastamento (à não aplicação) da circular pelo tribunal[2173], quando este considera que a quantificação não corresponde a um valor médio defensável ou porque não captou a realidade, ou porque a administração não fez as averiguações devidas, ou porque se afastou da finalidade da lei[2174]. Nestas situações, acontece por vezes o próprio tribunal substituir a tipificação administrativa por uma tipificação judicial, como foi o caso das amortizações de automóveis ligeiros utilizados para a actividade empresarial. A administração estabelecia uma amortização de 4 anos (25% anual) e o tribunal considerou que a norma tipificante conduzia, "em regra", a uma "tributação manifestamente incorrecta", pois decorria dos princípios gerais de experiência que a duração de uso de tal

---

padrões técnicos, desde que não vinculem o caso individual cujas circunstâncias específicas se desviem das situações abrangidas pelo acto pararegulamentar, nem surjam posteriormente novos dados a ter em conta: PETER BADURA, "Gestaltungsfreiheit...", cit., p. 174.

[2170] Para LERKE OSTERLOH, "a tributação manifestamente incorrecta" podia ser substituída pela expressão "quantificação tipificante manifestamente estranha à realidade" ou ao "caso típico médio": LERKE OSTERLOH, "Unzutreffende Besteuerung...", StuW, 1993, n.º 4, cit., p. 349.

[2171] LERKE OSTERLOH, Gesetzesbindung und Typisierungsspielräume..., cit., p. 485; "Unzutreffende Besteuerung...", StuW, 1993, n.º 4, cit., p. 351; MONIKA JACHMANN, "Zur Anwendung typisierender Verwaltungsvorschriften...", cit., p. 351.

[2172] V., por todos, MONIKA JACHMANN, "Zur Anwendung typisierender Vewaltungsvorschriften...", cit., pp. 347 e 351-353; LERKE OSTERLOH, Gesetzesbindung und Typisierungsspielräume..., cit., p. 515.

[2173] Não há uma declaração de ilegalidade do acto pararegulamentar, mas do acto administrativo. Todavia, os tribunais deixarão a partir daí de aplicar o acto pararegulamentar.

[2174] LERKE OSTERLOH, "Unzutreffende Besteuerung...", StuW, 1993, n.º 4, cit., p. 349.

bem não era de 4 mas de 8 anos. Este passou a ser o prazo de amortização tipificado pelo tribunal, admitindo este, todavia, uma amortização anual mais elevada, sujeita a prova[2175].

E para além do princípio da igualdade e da "tributação manifestamente errada", que constituem limites à discricionariedade aplicados a estes casos pelo *BFH*, há outros princípios jurisprudenciais desenvolvidos pelo tribunal, concretizações do "erro manifesto", de que é exemplo a "relação adequada entre despesas e rendimento líquido", a que se fez referência anteriormente.

Repare-se que até há pouco tempo, a maior parte da doutrina fiscal alemã não reconhecia efeito vinculativo às circulares[2176], posição que tem vindo a alterar-se lentamente, no Direito Fiscal, sob grande influência da jurisprudência do *BFH*[2177-2178] – mas no Direito Administrativo esse efeito ainda não é reconhecido, fazendo a doutrina referência a um "como se [fossem fontes de Direito/ vinculativas]"[2179].

O *BVerfG* tem uma posição mais ambígua, pois, por um lado diz que

---

[2175] LERKE OSTERLOH, "Unzutreffende Besteuerung...", *StuW*, 1993, n.º 4, cit., pp. 348 e ss..

[2176] Para as referências bibliográficas, V. ANA PAULA DOURADO/RAINER PROKISCH, "Das steuerrechtliche Legalitätsprinzip...", cit., p. 74, nota 189. V., negando, em regra, efeito jurídico externo às circulares, e dando para isso exemplos em matéria fiscal: HARTMUT MAURER, *Allgemeines Verwaltungsrecht*, cit., 14.ª ed., pp. 624-625, 631-632. Todavia, o autor reconhece para as circulares emitidas no exercício de discricionariedade, tal efeito jurídico externo, e portanto vinculatividade para os administrados e para os tribunais, com base nos princípios da igualdade e protecção de confiança (p. 641 – pp. 663 e ss.). Esta situação parece ocorrer ainda na maior parte dos ordenamentos, embora as "circulares" (*Rulings*), sejam normalmente publicadas e na prática sejam observadas como se fossem vinculativas – ou com base no "precedente" ou "nas expectativas legítimas": é o que se passa nos EUA e de forma ainda mais explícita nos Países Baixos: para uma referência neste sentido, CARLO ROMANO, *Advance Tax Rulings...*, cit., pp. 139, 149 e ss., 188-191.

[2177] V., por exemplo, ACHIM ROGMANN, *Die Bindungswirkung von Verwaltungsvorschriften*, cit., pp. 206 e 212 e ss.; MONIKA JACHMANN, "Zur Anwendung typisierender Verwaltungsvorschriften...", cit., pp. 347 e ss. e 352-353.

[2178] Pelo contrário, em Itália existe consenso no sentido em que as "circulares interpretativas" não vinculam sujeitos passivos, nem tribunais, nem a própria administração, tendo o mesmo valor que as opiniões da doutrina e os precedentes jurisprudenciais. Nem os princípios da protecção da confiança e da boa fé conferem protecção ao sujeito passivo: V., por exemplo, GASPARE FALSITTA, *Manuale... Parte generale*, cit., 3.ª ed., pp. 70 e ss. (espec. 72-73).

[2179] V., por todos, RAINER WAHL, "Verwaltungsvorschriften: Die ungesicherte dritte Kategorie des Rechts", *Festgabe 50 Jahre Bundesverwaltungsgericht*, Hrsg. Eberhard

os tribunais não são vinculados pelas circulares, mas, por outro lado, afirma que eles podem aceitar a interpretação da lei constante das circulares se estiverem convencidos da sua correcção[2180]: Seja como for, pode-se entender que o *BVerfG* não se tem verdadeiramente pronunciado contra a tipificação, desde que ela tenha como objectivo uma execução rápida das leis fiscais, e respeite o fim da lei e o princípio da igualdade, o que significa que, tal como o *BFH*, o Tribunal Constitucional alemão reconhece uma margem de livre tipificação à administração[2181].

Analisemos um pouco mais detalhadamente a jurisprudência do *BFH* sobre a tipificação administrativa.

Já vimos que os princípios da praticabilidade, da igualdade e de uma progressiva densificação normativa assegurando em cascata o princípio da legalidade, justificam a acertada posição por parte do Supremo Tribunal Financeiro alemão, mas, embora o reconhecimento da vinculatividade das circulares tipificantes seja, actualmente, jurisprudência constante, os argumentos invocados pelo tribunal não são totalmente coerentes.

Com base na distinção que encontramos na doutrina administrativa e no *BVerwG*, entre circulares interpretativas e circulares de concretização (estas dizem respeito à concretização de conceitos jurídicos indeterminados, e são ainda distinguidas das circulares orientadoras da discricionariedade)[2182], o *BFH* começou por estabelecer uma distinção entre "circulares interpretativas" (sujeitas a controlo total) e "circulares no domínio da averiguação da situação da vida", aceitando, relativamente a estas, uma margem de livre apreciação administrativa[2183].

Mas, mesmo relativamente a este segundo grupo, encontramos afirmações contraditórias. Segundo o *BFH*, as disposições do segundo grupo de circulares, em si, não vinculariam os tribunais, nem dariam ao sujeito passivo uma pretensão jurídica de aplicação em todos os casos[2184]. Por

---

Schmidt-Assmann, Dieter Sellner, Günter Hirsch, Gerd-Heinrich Kemper, Heinrich Lehman-Grube, Köln, Berlin, Bonn, München, 2003, pp. 585 e ss..

[2180] MONIKA JACHMANN, "Zur Anwendung typisierender Verwaltungsvorschriften...", cit., p. 352.

[2181] V. a sentença de 28.6.1993, comentada por MONIKA JACHMANN, "Zur Anwendung typisierender Verwaltungsvorschriften...", cit., pp. 347 e ss..

[2182] V., por todos, HARTMUT MAURER, *Allgemeines Verwaltungsrecht*, cit., 14.ª ed., pp. 626-628.

[2183] V., sobre esta distinção, LERKE OSTERLOH, *Gesetzesbindung und Typisierungsspielräume...*, cit., pp. 492 e ss.; e ANA PAULA DOURADO/RAINER PROKISCH, "Das steuerrechtliche Legalitätsprinzip...", cit., pp. 74-75.

outro lado, e ao mesmo tempo, o tribunal defendeu desde muito cedo que as tipificações administrativas ("estimativas gerais"), como por exemplo as tipificações quantitativas de despesas profissionais por parte dessas circulares, devem ser em regra respeitadas pelos tribunais, cabendo à administração, em caso de dúvida, a última palavra sobre a aplicação de uma solução tipificante ao caso concreto, desde que o faça "dentro do sentido possível das palavras da circular", e desde que a circular seja compreensível e respeite o princípio da igualdade[2185].

Diz-nos Osterloh que apesar de o *BFH* utilizar diferentes formulações para o controlo das por ele designadas "circulares interpretativas" (estas seriam em princípio, totalmente controladas) e das "circulares de averiguação da situação da vida" (em relação às quais admitiria um espaço de livre apreciação), são seguidas regras muito semelhantes, pois, "em ambos os casos só é controlada judicialmente a moldura geral" na perspectiva da "defensibilidade", que remonta a Ule[2186].

Como já afirmámos noutro lugar, o "controlo total dos aspectos interpretativos" pode ser reconduzido à afirmação da preferência de lei[2187], pelo que não é incompatível com um espaço de livre apreciação.

Ainda segundo Osterloh, a verdadeira diferença no tratamento judicial diz respeito à tipificação de normas legais que desoneram o sujeito passivo (em que o tribunal admite a redução da medida da prova), e à tipificação de normas que oneram o sujeito passivo (que a autora aqui designa de "normas de fundamentação da dívida de imposto"). Por exemplo, a propósito do conceito de "rendimento de trabalho" (e a fronteira superior de regalias profissionais e ofertas ocasionais não tributáveis), o tribunal substituiu a tipificação administrativa por uma tipificação própria, não fazendo qualquer referência às circulares e ao seu efeito vinculativo ou não, mas mencionando apenas uma "alteração dos princípios jurisprudenciais dos

---

[2184] V., por todos, LERKE OSTERLOH, *Gesetzesbindung und Typisierungsspielräume...*, cit., p. 493.

[2185] IDEM, LERKE OSTERLOH, *Gesetzesbindung und Typisierungsspielräume...*, cit., pp. 493-494.

[2186] LERKE OSTERLOH, *Gesetzesbindung und Typisierungsspielräume...*, cit., pp. 494-495.

[2187] ANA PAULA DOURADO/RAINER PROKISCH, "Das steuerrechtliche Legalitätsprinzip...", cit., p. 76. V., por exemplo, a sentença do *BVerfG* comentada por Jachmann: MONIKA JACHMANN, "Zur Anwendung typisierender Verwaltungsvorschriften...", cit., pp. 347 e ss..

tribunais superiores"[2188].

Sendo certo que esta distinção é relativa, no sentido em que a admissibilidade da dedução de maiores ou menores despesas tem consequências na carga final de imposto[2189], ela corresponde ao que já defendemos nas páginas anteriores a propósito do âmbito de tipificações legais inilidíveis constitucionalmente admissível.

Em jeito de conclusão, podemos dizer que existe uma margem de livre tipificação administrativa que não deve ser substituída pelo juízo dos tribunais, desde que ela seja exercida dentro dos parâmetros legais (segundo uma interpretação que respeite o fim da lei e o limite do sentido possível das palavras), desde que se trate da indeterminação prevista no caso 4 de Coleman/Leiter, que normalmente diga respeito à determinação da base tributável e quantificação do imposto, e que se limite tanto quanto possível a normas desoneradoras da carga fiscal – por exemplo tipificações/quantificações de despesas dedutíveis, por regulamento ou acto pararegulamentar. Nesta linha de raciocínio, poderemos ainda aceitar as tipificações relativas a avaliações por entidades independentes – embora aqui o controlo judicial, através de peritos nomeados pelo tribunal deva ir tão longe quanto possível, mas o tribunal não deve substituir as pequenas variações de resultados (i.e., desde que não haja "erro manifesto" na apreciação dos pressupostos) –, e relativas a normas que atribuam benefícios fiscais e que não exijam uma apreciação individual (i.e., discricionária).

As tipificações devem ainda obedecer aos seguintes requisitos[2190]: como a tipificação deve ser orientada no sentido de uma aplicação igual da lei, isso significa que não deve diferenciar entre grupos de casos sem

---

[2188] LERKE OSTERLOH, *Gesetzesbindung und Typisierungsspielräume...*, cit., p. 496 (pp. 494 e 496).

[2189] Neste sentido, LERKE OSTERLOH, *Gesetzesbindung und Typisierungsspielräume...*, cit., p. 458.

[2190] JOSEF ISENSEE e HANS-WOLFGANG ARNDT referem-se a um conjunto de pressupostos e limites à tipificação, mais restritivos do que os por nós adoptados, o que resulta do facto de eles considerarem a tipificação ilegal. Assim, segundo Isensee, a tensão entre a tipificação administrativa, enquanto "solução de emergência", e a vinculação à lei resolve-se através do princípio da proibição do excesso, o qual implicará neste caso os seguintes limites: a tipificação deve limitar-se ao mínimo possível; a redução das diferenciações legais não deve ser inadequada ao que se ganha em termos de praticabilidade; o princípio da economicidade justifica que a tipificação ocorra relativamente aos pequenos casos do procedimento de massas, em que a receita fiscal não deverá ser muito ele-

fundamentos materiais, nem parecem existir grandes vantagens (nomeadamente em termos de igualdade) em criar muitos grupos de tipificação, perdendo-se muito em termos de praticabilidade e em despesas de averiguação; e os tribunais devem reconhecer as soluções administrativas tipificadas, desde que estas não sejam estranhas à realidade (ou seja, aos tipos médios), segundo um juízo de defensibilidade[2191].

Todos os argumentos apontam até aqui para o reconhecimento pelos tribunais de uma margem de livre tipificação administrativa.

Mas há ainda uma razão adicional – e de primordial importância – a favor da vinculatividade das circulares: trata-se da obrigatoriedade de publicação das orientações genéricas administrativas.

Esta obrigatoriedade, tal como acontece entre nós no quadro da LGT, prova que a simplificação não traz apenas vantagens ao fisco mas também aos particulares, que são seus destinatários directos, sendo certo que tal publicação prossegue os objectivos da simplificação e que dela resulta a autovinculação administrativa[2192]. A autovinculação da administração

---

vada, e não justifica por isso muitas despesas administrativas. Para Isensee, a administração está também vinculada aos direitos fundamentais, nomeadamente ao princípio da igualdade e não discriminação, à aplicação correcta da lei, através de uma interpretação correcta; para evitar a pôr em causa a segurança jurídica, a tipificação deve assegurar a generalidade e unidade na execução da lei, garantidas através de orientações emitidas pelos dirigentes máximos dos serviços; essas orientações devem vincular toda a administração e, finalmente, devem ser objecto de publicidade JOSEG ISENSEE, *Die typisierende Verwaltung*..., cit., pp. 174-177. V. também, HANS-WOLFGANG ARNDT, *Praktibilität*..., cit., p. 94: o autor refere-se ao princípio da proporcionalidade, na sua faceta de "adequação de meios aos fins". E entre nós, JOSÉ LUÍS SALDANHA SANCHES, que só parece só aceitar a tipificação formal, *A Quantificação da obrigação tributária*..., CCTF, cit., pp. 188--189. E apresentando as vantagens das circulares administrativas em matéria fiscal, IDEM, pp. 202 e ss..

[2191] V., por todos, LERKE OSTERLOH, *Gesetzesbindung und Typisierungsspielräume*..., cit., pp. 488 e 498. Repare-se que a autora defende ainda que se, no caso concreto, for possível provar sem margem para (grandes) dúvidas que a situação individual se afasta do tipo, ainda que não muito, essa prova deve ser tida em conta pelos tribunais para afastar a aplicação do acto pararegulamentar tipificante (IDEM, p. 489). No entanto, Osterloh recua logo a seguir dizendo que para fundamentar despesas maiores do que as tipificadas, os sujeitos passivos normalmente se documentam muito bem, e que a administração e os tribunais, recolhendo informações detalhadas junto do trabalhador, não devem aceitar os montantes individualizados. Para a autora devem valer nestes casos, critérios de prova como o da "relação adequada entre rendimento e despesas": IDEM, pp. 489-490. Cf., também, FRANZ KLEIN, "Entscheidungen des Bundesfinanzhofs...", cit., pp. 80-81.

decorre de uma pretensão do sujeito passivo a uma aplicação igual da lei, constante do "programa de execução" desta e também, mas não apenas, da Constituição, e por isso, não está na discricionariedade da administração optar pela vinculação ou não vinculação externa das tipificações[2193].

Mas além da autovinculação administrativa, a publicação das circulares tipificantes implica que elas vinculem os tribunais, sob pena de se pôr em causa a confiança dos sujeitos passivos e a calculabilidade da sua carga fiscal[2194].

A introdução dos artigos 68.º da LGT e 55.º e 56.º do CPPT só pode conduzir entre nós ao reconhecimento de uma margem de livre apreciação administrativa das orientações genéricas tipificantes.

Ao contrário da *Abgabenordnung* alemã, que é omissa quanto a regulamentos ou circulares tipificantes, a Lei Geral Tributária portuguesa estabelece um regime para os regulamentos e circulares que parece caber no primeiro grupo identificado pelo *BFH*.

Assim, nos termos da LGT, as orientações genéricas podem ser aprovadas por circulares, regulamentos ou instrumentos de idêntica natureza, dizem respeito à interpretação das normas fiscais que estiverem em vigor no momento do facto tributário, e vinculam a administração tributária (artigo 68.º n.º 4 alínea b) e n.º 5 da LGT).

O artigo 55.º do Código de Procedimento e Processo Tributário é mais detalhado e restritivo, pois limita a categoria de orientações genéricas às circulares (embora estas possam [devam] divulgar despachos, informações ou pareceres comportando orientações genéricas do fisco – art. 56.º n.ºs 3 e 4 do CPPT), atribui a competência exclusiva para a aprovação das mesmas ao dirigente máximo do serviço ou ao funcionário em que ele tiver delegado essa competência – só elas vinculam a administração tributária –, esclarece que elas visam a uniformização da interpretação e aplicação das normas fiscais pelos serviços, e acrescenta que elas

---

[2192] LERKE OSTERLOH, *Gesetzesbindung und Typisierungsspielräume...*, cit., p. 513; ACHIM ROGMANN, *Die Bindungswirkung von Verwaltungsvorschriften...*, cit., p. 215. Como já se disse anteriormente, JORGE MANUEL COUTINHO DE ABREU já defendia em 1987 a autovinculação da administração em relação aos seus regulamentos internos: *Sobre os Regulamentos administrativos...*, cit., pp. 175 e ss..

[2193] Assim, LERKE OSTERLOH, com quem concordamos: "Unzutreffende Besteuerung...", cit., *StuW*, 1993, n.º 4, p. 350-351.

[2194] ANA PAULA DOURADO/RAINER PROKISCH, "Das steuerrechtliche Legalitätsprinzip...", cit., p. 74.

se aplicam (vinculam?) "exclusivamente à administração tributária que procedeu à sua emissão".

O facto de o Código de Procedimento e Processo Tributário omitir a referência aos regulamentos parece significar uma derrogação ao art. 68.º da LGT, mas com efeitos inócuos, pois esse silêncio não proíbe a aprovação de regulamentos tipificantes.

A previsão pela LGT das circulares, qualificando-as como orientações genéricas, e a exigência da sua publicação numa base de dados pelo art. 56.º do CPPT, era recomendável e necessária, tendo em conta que a jurisprudência do Supremo Tribunal Administrativo oscila muito, quer quanto à natureza jurídica das circulares e de outros actos pararegulamentares, quer quanto ao seu âmbito de regulação em confronto com a lei, e ainda quanto à vinculação da administração, dos particulares ou dos tribunais aos mesmos[2195]. Por sua vez, o Tribunal Constitucional também não reconhece as circulares em geral como "normas", considerando-as destituídas de eficácia externa, uma vez que não são publicadas no jornal oficial, e declarando-se incompetente para controlar a sua constitucionalidade, embora alguma doutrina não seja da mesma opinião[2196].

Por conseguinte, a LGT e o CPPT, ao consagrarem a autovinculação

---

[2195] V. Acórdão da 2.ª secção do STA, n.º 16651, de 14.6.1995, relator Castro Martins, em que o tribunal não aplica a circular por ela violar a reserva de lei, ao "interpretar extensivamente" uma disposição legal; Acórdão do pleno da secção do contencioso tributário, n.º 26794, de 27.11.2002, relator Brandão de Pinho, em que o tribunal considerou legal o regime da circular; Acórdão da 2.ª secção do STA, n.º 20404, de 13.11.1996, relator Brandão de Pinho, em que o tribunal decide num certo sentido, e a título de fundamento (idêntico à citação da doutrina) remete para uma circular que faz a mesma interpretação que o tribunal; Acórdão da 2.ª subsecção do CA, n.º 35459, de 14.2.1995, relator Ferreira de Almeida, em que o tribunal considera o "regulamento interno" insusceptível de recurso por não produzir efeitos externos; também considerando que a circular não produz efeitos externos e que por isso não pode ser apreciada em recurso contencioso: acórdão da 2.ª secção, n.º 18297, de 14.6.1995, relator Benjamim Rodrigues, e acórdão da 2.ª secção, n.º 23447, de 6.10.1999, relator Almeida Lopes. E considerando expressamente sindicável pelos tribunais a norma de uma circular, por ter lesado direitos dos administrados: Acórdão da 2.ª secção do CA, n.º 28497, de 5.3.1991, relator Amâncio Ferreira; e por ter havido autovinculação, resultante da aplicação de uma circular pelo presidente de uma câmara municipal, acórdão da 2.ª secção do CA, n.º 26636, de 25.9.1990, relator Castelo Paulo.

[2196] V. Acórdão n.º 1058/96, de 16.10.1996, processo n.º 113/94, Relator Victor Nunes de Almeida (cf. por exemplo, ponto 10 do acórdão). Em sentido contrário, referindo-se a actos pararegulamentares, J.J. GOMES CANOTILHO, *Direito Constitucional...*, cit., 7.ª ed., p. 927 (desde que constituam padrão de comportamentos, criem regras jurídicas

por parte do fisco às circulares, e ao exigirem a sua publicação em base de dados de acesso directo ao público, atribuem-lhe carácter inequívoco de "norma", pois tais circulares constituem padrão de comportamentos, criam regras jurídicas para a decisão de conflitos e são emitidos por um poder normativo legitimado para tal[2197].

Já os regulamentos de execução podem ser tipificantes, desde que respeitem o art. 112.º n.º 5 da CRP, isto é, desde que não façam uma "interpretação autêntica" da lei, como defende a doutrina e o Tribunal Constitucional[2198], sendo portanto inócua a ausência de referência aos mesmos no código de procedimento.

Por seu turno, a referência das disposições da LGT e do CPPT à "interpretação das normas em vigor" por parte das orientações genéricas e à aplicação "exclusiva à administração tributária" que procedeu à sua emissão, tem de ser entendida em conformidade com o art. 112.º n.º 5 da CRP, isto é, no sentido em que as circulares não podem fazer uma interpretação autêntica das leis, sendo a legalidade das mesmas susceptível de controlo judicial, sendo consensual (e por demais evidente) que este preceito constitucional não pode proibir aos regulamentos e actos pararegulamentares que interpretem a lei que executam[2199].

Já dissemos anteriormente que não faz sentido a distinção entre regulamentos ou circulares de interpretação e os de apreciação da situação da vida, e que rejeitamos um entendimento lógico-subsuntivo da interpretação.

A função dos regulamentos/circulares tipificantes é justamente a de

---

para a decisão de conflitos e sejam emitidos por um poder normativo legitimado para tal – IDEM, pp. 936, 932). Parecendo não aceitar a eficácia externa das circulares, JORGE MIRANDA, *Manual..., V*, cit., 3.ª ed., p. 210.

[2197] São os três pressupostos exigidos por J.J.GOMES CANOTILHO, *Direito Constitucional...*, cit., 7.ª ed., p. 932.

[2198] V. acórdão n.º 1/92, de 8.1.1992, processo n.º 299/87, relator Alves Correia. A proibição de interpretação com eficácia externa significa, como já referimos anteriormente, a ilegalidade dos regulamentos (e actos pararegulamentares) que façam "uma interpretação de uma disposição legal que não corresponde[ ] ao sentido que dela extrairia a chamada interpretação doutrinal, não oficial ou científica" (ponto 6), que "façam uma interpretação autêntica" subtraindo-se ao controlo da legalidade. Não são inconstitucionais os desenvolvimentos do regime legal por parte de regulamentos, pois não se substituem à lei (ponto 7). V. J. M. SÉRVULO CORREIA, *Legalidade...*, cit., p. 257, nota 429; AFONSO RODRIGUES QUEIRÓ, "Teoria dos regulamentos", cit., 1981, cit., p. 9.

[2199] V. atrás o capítulo sobre a reserva de lei na constituição portuguesa de 1976 e bibliografia citada.

esclarecer os conceitos utilizados nas leis fiscais. Esse esclarecimento, por ser realizado no âmbito de uma margem de livre apreciação, exprime a autonomia do poder administrativo, a sua actuação "num espaço funcional e materialmente jurídico" de concretização da lei, exercendo funções de complementação[2200]. Todavia, estas observações não impedem que existam circulares que se limitam a resumir o regime legal, traduzindo-o por palavras menos técnicas para o sujeito passivo, e dando por vezes exemplos que esclarecem a lei, não manifestando o exercício de uma margem de livre apreciação de conceitos legais indeterminados.

Em resumo, o facto de as orientações genéricas em Portugal estarem expressamente previstas na LGT e no CPPT é uma razão acrescida para as considerarmos vinculativas[2201].

Se nos termos das leis geral tributária e de procedimento são publicadas e vinculam a administração que as aprovou, os sujeitos passivos contam com a interpretação das leis num determinado sentido, e se os tribunais substituírem a interpretação administrativa – dentro dos parâmetros legais, ainda que com ponderações discricionárias decorrentes dos conceitos legais indeterminados e das referidas ponderações de igualdade e praticabilidade – introduzirão um forte elemento de insegurança na tributação.

Com efeito, as vantagens, bem como a legitimidade constitucional do recurso ao método da tipificação, estão relacionadas com a progressiva estabilidade normativa do *Tatbestand* de imposto (devendo por isso evitar-se as modificações do *Tatbestand*)[2202] e, em última análise, com a reserva de lei.

O caso italiano – em que as circulares de interpretação não vinculam sujeitos passivos, nem tribunais nem a própria administração, não podendo inclusivamente ser invocada a protecção da confiança nem a boa fé, se o acto administrativo for contrário à interpretação dada até um certo momento pela administração ao abrigo de uma circular[2203] –, é um bom

---

[2200] V. J.C. VIEIRA DE ANDRADE, *Direito Administrativo, Sumários*, cit. pp. 31-33. Embora, a propósito dos regulamentos complementares, o autor considere que eles não têm razão de ser entre nós, uma vez que o Governo tem competências legislativas (Idem. p. 49).

[2201] Defendendo a sua vinculatividade desde que não sejam ilegais nem inconstitucionais, JOSÉ LUÍS SALDANHA SANCHES, *Manual...*, cit., 2.ª ed., pp. 42-44.

[2202] *BVerfGE* 87, pp. 348 e ss., espec. p. 361. PAUL KIRCHHOF, "Der verfassungsrechtliche Auftrag...", cit., p. 11.

exemplo de um regime a não seguir.

Seja como for, cabe aos tribunais, em última análise, definir, segundo a interpretação da lei e dos princípios constitucionais, as fronteiras das competências administrativas e judiciais em matéria de tipificação, isto é, os limites do controlo judicial da tipificação administrativa[2204]. Entre a abertura da lei autorizando a tipificação administrativa e o controlo judicial desta, está o "programa de execução da lei" que deve ser respeitado pela administração, não estando a autovinculação resultante da tipificação totalmente dependente da vontade administrativa[2205].

Indo ainda mais longe, pode afirmar-se que se a tipificação legal (elaboração e consagração de *Tatbestände*) é aconselhável por existir reserva de lei, isso significa que da utilização de conceitos indeterminados pelo legislador resulta, para os órgãos de aplicação do Direito, um dever-regra de concretizar tipificando, ou pelo menos, uma recomendação nesse sentido, como temos vindo a defender (e no que toca à administração fiscal), quando se trate da determinação da base tributável e quantificação do imposto. Aliás, na "relação polar recíproca", entre tipo e individualidade, existe uma pressão para que a aplicação dos conceitos indeterminados e das cláusulas gerais se faça de modo comparativo, "no interesse da unidade e continuidade do Direito", analisando os casos individuais numa perspectiva de totalidade, o que conduz, tendencialmente, de novo, ao geral, embora sem se eliminar o individual[2206-2207].

[2203] V., por todos, GASPARE FALSITTA, *Manuale... Parte generale*, cit., 3.ª ed., pp. 68 e ss..

[2204] Neste sentido, LERKE OSTERLOH, *Gesetzesbindung und Typisierungsspielräume...*, cit., p. 505.

[2205] Assim também, LERKE OSTERLOH, "Unzutreffende Besteuerung...", *StuW*, 1993, n.º 4, p. 351.

[2206] HEINRICH HENKEL, *Introducción a la Filosofia...*, cit., pp. 584-586.

[2207] Em jeito de argumento histórico, lembre-se que Hensel, já nos anos vinte, não considerava inconstitucional aquilo que designava de "discricionariedade na alteração do *Tatbestand*" no Direito Fiscal, quer sob o ponto de vista da reserva de lei (porque na maior parte dos casos a autorização da "discricionariedade" – que nós designaríamos antes por margem de livre apreciação – era concedida a favor do sujeito passivo, i.e., tratava-se de uma autorização para aplicação das normas excepcionais de isenção ou de redução de imposto) quer, especialmente, sob o ponto de vista da igualdade material, embora reconhecesse que o exercício da "discricionariedade" segundo o "pensamento económico fundamental" do legislador punha de lado o significado da norma fiscal em concreto: ALBERT

8. Tipificação e métodos indirectos de tributação: limites à sua consagração

A tipificação conduz à diminuição da medida de prova (a formal, que estabelece regras de ónus da prova, ou dito de outra forma, de "medida da prova", pois a tipificação administrativa material vai para além disso[2208]) e à limitação dos princípios da investigação e da verdade material. Por esta razão, ela costuma ser comparada aos métodos indirectos de tributação[2209]. Como dissemos, também o *BFH* legitima a tipificação, considerando-a um método de avaliação indirecta, o que não é necessário, se enquadrarmos tal método na margem de livre apreciação do fisco[2210].

HENSEL, "Die Abänderung des Steuertatbestandes...", cit., pp. 48-50. No entanto, a melhor forma de garantir a igualdade material, seria, segundo Hensel, estabelecer, através de uma concretização progressiva da lei, os pressupostos que permitiriam, no caso concreto, exercer "discricionariedade" (sendo certo que essa concretização, se for muito pormenorizada, como acontece com a tipificação, elimina a discricionariedade). Essa concretização progressiva deveria ser feita através de regulamentos, circulares administrativas e "disposições individuais" (despachos), quer no campo do Direito Fiscal material, quer no campo do Direito Fiscal procedimental: ALBERT HENSEL, "Die Abänderung des Steuertatbestandes...", cit., pp. 50-51. Também devia ser objecto do procedimento de tipificação (embora o autor nunca se refira à palavra "Typisierung", mas antes a uma concretização progressiva), a aplicação das cláusulas excepcionais (por exemplo, o perdão fiscal ou outras formas de diminuição da dívida de imposto): V. ALBERT HENSEL, "Die Abänderung des Steuertatbestandes...", cit., pp. 66, 69, 70. Com efeito, apesar de o autor considerar não existir qualquer problema, no caso das normas de procedimento, quanto à "discricionariedade" e quanto à interpretação segundo os objectivos económicos da norma, também recomenda a tipificação progressiva das normas de procedimento que utilizem conceitos indeterminados, como forma de concretização dos mesmos.

Hensel defendia, por conseguinte, uma tipificação (concretização) progressiva como forma de atingir o equilíbrio entre a reserva de lei (*Tatbestand* determinado) e a abertura do *Tatbestand* (recomendável numa perspectiva de igualdade material), devendo a tipificação, por seu turno, resultar da interpretação da norma geral e abstracta, e respeitar o princípio da igualdade na aplicação da lei ao caso concreto.

[2208] LERKE OSTERLOH, *Gesetzesbindung und Typisierungsspielräume...*, cit., pp. 458-460.

[2209] V., por todos, KLAUS TIPKE/JOACHIM LANG, *Steuerrecht*, cit., pp. 844 e ss.. A par das tipificações (os autores mencionam aqui as circulares tipificantes) e dos métodos indirectos, são enumerados os acordos ou transacções fiscais.

[2210] V., para uma crítica a esta argumentação do *BFH*, por todos, LERKE OSTERLOH, *Gesetzesbindung und Typisierungsspielräume...*, cit., pp. 461 e ss., e 500 e ss.; e MONIKA JACHMANN, "Zur Anwendung typisierender Verwaltungsvorschriften...", cit., pp. 350-351.

Desde logo, os métodos de avaliação indirecta são instrumentos auxiliares, soluções de último recurso, aplicáveis apenas quando a averiguação/fiscalização da situação da vida individual não conduziu a resultados satisfatórios[2211]. A tipificação evita as situações de *non-liquet*. Os métodos de avaliação indirecta pressupõem o *non-liquet*.

Em relação a estes, existe uma inclinação doutrinária no sentido de que eles só devem ser utilizados nos Estados de Direito como *ultima ratio*, isto é, concretamente, quando são violados os deveres de cooperação do sujeito passivo e a tributação conforme à declaração apresentada pelo sujeito passivo fracassa[2212].

O art. 87.º da LGT portuguesa alargou os pressupostos de aplicação de tais métodos para além da violação dos referidos deveres, o que já suscitou comentários críticos[2213] e um acórdão do Tribunal Constitucional, no sentido da não inconstitucionalidade de nenhuma das disposições e regimes fixando métodos indirectos, mas com votos de vencido[2214].

Os artigos 87.º alínea b) e 88.º da LGT prevêem a aplicação de métodos indirectos aos casos de violação de tais deveres ("impossibilidade de comprovação e quantificação directa e exacta dos elementos indispensáveis à correcta determinação da matéria tributável de qualquer imposto") – nada a opor, por conseguinte. Todavia, a alínea d) do artigo 88.º – este artigo densifica o significado de "impossibilidade de comprovação e quantificação directa e exacta da matéria tributável" para efeitos do art. 87.º b) – ao fazer referência à "manifesta discrepância entre o valor declarado e o valor de mercado de bens ou serviços" e a "factos concretamente identificados" que revelem uma capacidade contributiva "significativamente maior do que a declarada", aproxima-se das restantes situações enumeradas no art. 87.º que vamos referir em seguida.

Assim, para além da situação da alínea b) do art. 87.º, o legislador prevê a aplicação dos métodos indirectos nos casos de "regime simplifi-

---

[2211] LERKE OSTERLOH, *Gesetzesbindung und Typisierungsspielräume...*, cit., pp. 461--462. MONIKA JACHMANN, "Zur Anwendung typisierender Verwaltungsvorschriften...", cit., p. 351.

[2212] V., por todos, LERKE OSTERLOH, *Gesetzesbindung und Typisierungsspielräume...*, cit., pp. 83-85, 500-504.

[2213] V. JOSÉ XAVIER DE BASTO, "O Princípio da tributação do rendimento real...", cit., pp. 17 e ss.; JOSÉ CASALTA NABAIS, "O Quadro constitucional...", cit., pp. 35 e ss.; JOSÉ LUÍS SALDANHA SANCHES, "A LGT e a tributação segundo o lucro normal", *Fiscalidade*, 2003, n.º 15, pp. 63-64.

[2214] Acórdão do Plenário do Tribunal Constitucional, n.º 84/2003, de 12 de Fevereiro.

cado de tributação" (art. 87.º a)), afastamento da matéria tributável "sem razão justificada, mais de 30% para menos, ou durante três anos seguidos, 15% para menos" em relação aos indicadores objectivos de actividade de base técnico-científica" (art. 87.º c)), "resultados nulos ou de prejuízos fiscais durante três anos consecutivos, salvo nos casos de início de actividade, em que a contagem deste prazo se faz do termo do terceiro ano, ou em três anos, durante um período de cinco" (art. 87.º e)), e ainda de "manifestações de fortuna" (als. d) e f) do mesmo artigo). Trata-se de uma regulação próxima dos métodos italianos de "determinação indutiva", no caso das pequenas e médias empresas, "acertamento por coeficientes presuntivos" e do "acertamento sintético" ("redditometro"), em caso de afastamento dos rendimentos médios do sector de actividade e de sinais exteriores de fortuna, que mencionámos anteriormente[2215]. Alguma doutrina italiana contesta a *probatio diabolica* que resulta da aplicação destes métodos, porque em caso de afastamento de rendimentos médios do sector de actividade, o ónus da diminuição do património corre em desfavor do contribuinte, mas o regime não foi até agora declarado inconstitucional[2216].

Embora as situações do art. 87.º da LGT, alíneas a), c), d), e) e f), sejam diferentes da situação prevista na alínea b) do mesmo artigo (isto é, não resultem, aparentemente, da impossibilidade de comprovação e quantificação directa e exacta dos elementos indispensáveis à tributação segundo métodos directos), a verdade é que também nestes quatro últimos casos há uma discrepância não justificada entre o declarado e os valores de referência. Não há uma violação de deveres formais, mas os desvios consagrados na lei são indícios (assim valorados pelo legislador) para o fisco de que há uma ocultação – se não houver justificação – material de informações.

[2215] V., por todos, ENRICO DE MITA, "I Coefficienti presuntivi nell'accertamento dei redditi", *L'Accertamento tributario...*, cit., pp. 69 e ss.; AUGUSTO FANTOZZI, "I Coefficienti presuntivi nell'accertamento dei redditi", *L'Accertamento tributario...*, cit., pp. 75 e ss.; FRANCO GALLO, "I Coefficienti presuntivi nell'accertamento dei redditi", *L'Accertamento tributario...*, cit., pp. 81 e ss.; FRANCESCO TESAURO, *Istituzioni di Diritto Tributario*, 4.ª ed., cit., pp. 220 e 211-212; GASPARE FALSITTA, *Manuale... Parte generale*, cit., 3.ª ed., pp. 267 e ss. e 252 e ss.; PASQUALE RUSSO, *Manuale... Parte generale*, cit., 4.ª ed., pp. 308 e ss. e 301 e ss.; RAFFAELLO LUPI, *Diritto Tributario, Parte generale*, 7.ª ed., cit., pp. 226 e ss. e 230 e ss.; BALDASSARE SANTAMARIA, *Diritto Tributario, Parte generale*, 3.ª ed., cit., pp. 171 e ss. e 187 e ss..

[2216] GASPARE FALSITTA, *Manuale... Parte generale*, cit., 3.ª ed., pp. 255-256.

Desta forma, por exemplo, no caso de a matéria tributável ser inferior aos indicadores de actividade "normais", o artigo 89.º n.º 1 da LGT exige que essa aplicação só se possa efectivar se "o sujeito passivo não apresentar na declaração em que a liquidação se baseia, razões justificativas desse afastamento" (e "desde que tenham decorrido mais de três anos sobre o início da sua actividade").

A "razão justificativa" pressupõe desde logo o dever de apresentar a declaração correcta e completamente preenchida com a documentação complementar necessária. Pode acrescentar-se que a apresentação de razões justificativas é em certos casos um dever de cooperação – o dever de esclarecimento – que aqui não foi autonomizado das "justificações" constantes da própria declaração, mas é conferido um direito de audição ao sujeito passivo antes de lhe serem aplicados os métodos indirectos. Na verdade, o art. 60.º da LGT, sob a epígrafe do direito de participação, confere um direito de audição do sujeito passivo antes da decisão de aplicação de métodos indirectos (cf. o § 91 da *AO* alemã, que regula pormenorizadamente o direito de audição[2217]), o qual é uma concretização do princípio do contraditório no procedimento (art. 45.º do CPPT). Esta audição é portanto anterior à aplicação do procedimento de revisão da matéria tributável, previsto nos arts.º 91.º e seguintes da LGT.

O mesmo regime se aplica às alíneas c), d), f) e e) do art. 87.º (se a matéria tributável for inferior aos indicadores de actividade "normais", se houver manifestações de fortuna e se os resultados tributáveis forem nulos ou se se verificarem prejuízos fiscais durante três anos consecutivos, salvo nos casos de início de actividade).

Sintetizando, a diferença entre a aplicação de métodos indirectos por "impossibilidade de comprovação e quantificação directa e exacta dos elementos indispensáveis à correcta determinação da matéria tributável" (art. 87.º alínea b) da LGT) e a aplicação de tais métodos nos casos das alíneas c), d), e) e f), é que enquanto no primeiro caso está em causa a violação dos deveres de contabilidade, nos outros casos há indicadores previstos na lei que desencadeiam a suspeita de alteração ou ocultação de factos tributários, não devidamente apresentados ou justificados na declaração, cabendo ao sujeito passivo provar a correspondência entre os factos decla-

---

[2217] Também em Itália, a aplicação dos "coeficientes presuntivos" postula a notificação do sujeito passivo com um pedido de esclarecimento por parte do mesmo, sob pena de nulidade do "acertamento": V., por exemplo, FRANCESCO TESAURO, *Istituzioni di Diritto Tributario*, 4.ª ed., cit., p. 220.

rados e os que correspondem "à realidade" – cabendo-lhe portanto esclarecer a administração, e se não o fizer, o ónus da prova funciona em seu desfavor. Mas além disso, como também já referimos, quer a "impossibilidade de determinação directa e exacta da matéria tributável" (art. 87.º b) da LGT) quer os indicadores de actividade inferiores aos normais e as manifestações de fortuna e acréscimos patrimoniais não justificados (art. 87.º c), d), e) e f) da LGT) podem ser detectados pela "manifesta discrepância entre o valor declarado" e valores médios, "os valores de mercado", por "factos concretamente identificados através dos quais seja patenteada uma capacidade contributiva significativamente maior do que a declarada" (cf. art. 88.º d) e *ratio* dos arts. 87.º c), d), e) e f)) – e por isso a doutrina não tem razão quando considera que nestes casos das alíneas c), d), e) e f) não há violação de "deveres" ou de "normas" por parte do sujeito passivo. Em todas estas situações, há indícios nas declarações do sujeito passivo de afastamento do tipo, do "rendimento padrão", os quais não são justificados.

Se nestes últimos casos, os valores da discrepância estão quantificados (cf. arts. 89.º e 89.º-A), no caso do art. 87.º b) a densificação é feita pelo art. 88.º – e a alínea d) deste artigo não procede a quantificações, mas utiliza uma panóplia de conceitos vagos ou indeterminados. Portanto, se compararmos os arts. 87.º c), d), e) e f), 89.º e 89.º-A com o art. 88.º d), este contém pressupostos mais indeterminados.

Simplesmente, por comparação entre o art. 88.º e o art. 89.º e 89.º-A, podemos dizer que a violação de deveres é mais difusa nestes dois últimos casos. Por exemplo, enquanto o art. 88.º da LGT autonomiza a violação concreta dos deveres de contabilidade e outros deveres de cooperação "formais" (alíneas a), b) e c)) – inexistência de contabilidade ou declaração, falta ou atraso de escrituração, recusa de exibição – o art. 89.º utiliza um conceito mais indeterminado "não apresentação de razões justificativas", e que consubstancia a violação "material" da lei (obrigação de declaração de todos os rendimentos obtidos num determinado ano fiscal).

O Tribunal Constitucional vem justamente dizer que "ao contribuinte começa por ser dada a possibilidade de justificar o afastamento da sua matéria tributável dos indicadores-padrão (assim podendo evitar a aplicação destes), o que é afinal menos do que exigir-lhe a prova de que não obteve o rendimento correspondente a tais indicadores"[2218].

[2218] Ac. n.º 84/2003 do Tribunal Constitucional, cit., ponto 10.

E acrescente-se que, caso seja aplicado um método indirecto (com excepção do regime simplificado), o sujeito passivo poderá utilizar o procedimento do artigo 64.º do CPPT para elidir presunções, ainda antes de recorrer ao procedimento especial de revisão da matéria tributável fixada com base em tal método (procedimento previsto nos artigos 91.º e seguintes da LGT). Ou seja, o sujeito passivo poderá utilizar o procedimento do art. 64.º do CPPT, se quiser justificar a proveniência das suas "manifestações de fortuna", ou os "resultados inferiores aos normais" ou ainda os "resultados nulos ou prejuízos durante três anos consecutivos ou mais". A desvantagem em recorrer ao art. 64.º do CPPT e ao art. 91.º da LGT, reside no facto de o procedimento estipulado (que pretende substituir a reclamação graciosa e a impugnação judicial) ser, no seu conjunto, moroso.

Os autores que questionam o regime atribuído às alíneas c), d), e) e f) do artigo 87.º da LGT, consideram inconstitucional a tributação segundo "elementos exclusivamente objectivos" ao abrigo do art. 90.º n.º 2 da LGT, o que não acontece com os elementos enumerados no n.º 1 do mesmo artigo[2219].

Casalta Nabais pondera vários argumentos, quando analisa a conformidade deste regime com a Constituição: para o autor, a tributação segundo o rendimento normal é uma solução de último recurso, justificável pela simplicidade e praticabilidade, mas deve ser sempre admitida a possibilidade de o contribuinte demonstrar que não teve o rendimento normal[2220]. Esta posição é perfeitamente compatível com a disciplina resultante dos arts. 74.º n.º 3 e 89.º n.º 1 da LGT, isto é: funciona em desfavor do sujeito passivo o ónus da prova do excesso da quantificação, mas a tributação segundo o rendimento normal é desencadeada porque ele não conseguiu justificar os rendimentos declarados. Se esta justificação não é dada, ele não pode evitar a tributação segundo o método dos rendimentos normais.

Ora, justamente porque a consequência do nosso regime legal é esta, o cerne do problema parece residir no facto de os "indicadores objectivos de base técnico-científica" serem aplicáveis a situações em que a administração não demonstrou ter havido uma violação dos deveres de contabilidade. E, como nos diz Casalta Nabais, tais indicadores serão mais

---

[2219] V., por todos, JOSÉ CASALTA NABAIS, "O Quadro constitucional...", pp. 40-42. JOSÉ XAVIER DE BASTO, "O Princípio da tributação...", pp. 16 e ss..
[2220] JOSÉ CASALTA NABAIS, "O Quadro constitucional...", pp. 35, 39.

afastados do rendimento real individual do que os métodos indirectos previstos no art. 90.º aplicáveis em situações de violação dos referidos deveres[2221].

Mais do que exigir que a aplicação do rendimento normal não poderia decorrer de uma presunção absoluta – tudo dependeria do alcance da presunção –, pois violaria o princípio da capacidade contributiva[2222], parece-nos que o argumento decisivo resulta do confronto entre os métodos aplicáveis em caso de violação de deveres de contabilidade (art. 87.º b)) e em caso de afastamento de rendimentos médios ou padrão (art. 87.º c), d), e) e f)).

Lembre-se que – e já o dissemos acima –, ao abrigo do art. 74.º n.º 3 da LGT, aplicável aos métodos indirectos, o ónus da prova funciona nestes casos em desfavor do sujeito passivo – cabe-lhe "o ónus da prova do excesso da respectiva quantificação" – e é defensável uma diminuição da medida da prova para a chamada "máxima probabilidade"[2223].

Ora, para que as alíneas c), d), e) e f) do art. 87.º da LGT não sejam desconformes à constituição, elas devem ser interpretadas da seguinte forma: a ausência de justificação dos resultados tem de se traduzir numa violação do dever de esclarecimento da administração, o qual é desencadeado pelos afastamentos significativos dos padrões médios (por exemplo, menos 30% da matéria tributável que resultaria da aplicação dos indicadores objectivos) ou em afastamentos reiterados (por exemplo, três anos consecutivos).

Não se deve pois entender que as situações contempladas nas alíneas c), d), e) e f) do art. 87.º da LGT se verifiquem automaticamente, desde que haja "um desvio significativo [em relação] à normalidade", como temem Casalta Nabais e Xavier de Basto. Se assim fosse, haveria sem dúvida um "tratamento fortemente discriminatório dos contribuintes que dispõem de contabilidade organizada e, por conseguinte, fornecem à administração tributária elementos que revelam o seu rendimento real ou um

---

[2221] JOSÉ CASALTA NABAIS, "O Quadro constitucional...", pp. 40-42; JOSÉ XAVIER DE BASTO, "O Princípio da tributação...", pp. 16 e ss..

[2222] Como defende JOSÉ CASALTA NABAIS, "O Quadro constitucional...", p. 39; cf. também a anotação do autor ao acórdão n.º 348/97, de 29 de Abril, do Tribunal Constitucional, "Presunções inilidíveis e princípio da capacidade contributiva", cit., pp. 93-95.

[2223] Neste sentido, para o Direito alemão, KLAUS TIPKE/JOACHIM LANG, *Steuerrecht*, cit, 17.ª ed., pp. 787-788, ponto 216.

rendimento próximo do rendimento real [o caso das als. c) a f) do art. 87.º], face aos contribuintes que não dispõem de contabilidade organizada ou que, dispondo dela, a mesma não merece qualquer confiança" [o caso das als. a) e b) do mesmo art. 87.º][2224].

Mas acrescentemos ainda o seguinte: mesmo se entendermos que todas as situações das alíneas b) a f) do art. 87.º da LGT pressupõem a ausência de confiança na contabilidade organizada, cabe saber se há justificação para aplicar às situações das alíneas c) a f) os indicadores objectivos de base técnico-científica – como acontece no regime simplificado de tributação – e não os métodos indirectos estabelecidos para a alínea b) do mesmo artigo.

Ora, na verdade não parece haver fundamento para tal regime diferenciado. Se o regime simplificado tem de se submeter aos indicadores objectivos ou semelhantes, devido à administração de massas, pois seria impraticável aplicar a cada um dos contribuintes do regime simplificado os elementos previstos pelo art. 90.º n.º 1 da LGT, já o mesmo não se pode dizer quando os contribuintes se afastam injustificadamente dos "rendimentos médios". Embora exista alguma discricionariedade legislativa quanto à concretização dos métodos indirectos, a verdade é que neste caso se estabelece um regime desproporcional e discriminatório para as situações do art. 87.º alíneas c) a f) da LGT, por confronto com o regime aplicável às situações do art. 87.º alínea b) da mesma lei.

Caberia ainda saber se a aplicação dos métodos indirectos em caso de "regime simplificado de tributação" (regime também consagrado em Itália, como referimos), poderia levantar dúvidas de constitucionalidade, mas como este regime é optativo, desaparecem as objecções.

O artigo 53.º do CIRC, ao estabelecer o regime simplificado de determinação do lucro tributável, tipifica e simultaneamente remete o desenvolvimento dessa tipificação para normas administrativas. Assim, a lei tipifica os factos tributários sujeitos ao regime (volume total anual de proveitos não superior a € 149 639,37), bem como os sujeitos passivos abrangidos pelo mesmo ("sujeitos passivos residentes que exerçam, a título principal, uma actividade de natureza comercial, industrial ou agrícola, não isentos nem sujeitos a algum regime especial de tributação, com excepção dos que se encontrem sujeitos à revisão legal de con-

---

[2224] José Casalta Nabais, "O Quadro constitucional...", pp. 41-42; José Xavier de Basto, "O Princípio da tributação...", pp. 16 e ss..

tas"). E acrescenta que o "apuramento do lucro tributável resulta da aplicação de indicadores de base técnico-científica definidos para os diferentes sectores da actividade económica". Esses indicadores são portanto estabelecidos por regulamento administrativo, também de forma tipificada.

Todo este regime legal enunciado – de tributação indirecta – é um exemplo modelo de simplificação legal e administrativa através do método da tipificação. Ele pretende tributar rendimentos que, segundo o regime do lucro real, a administração não conseguia tributar. E não conseguia porque a tributação do rendimento real se aproxima na nossa lei da "individualização do caso", ao permitir a dedução ilimitada de despesas comprovadamente feitas para a obtenção do rendimento.

Este é um exemplo em que a escolha do método legislativo de individualização é contraproducente, por não conseguir realizar a justiça fiscal, pois estimula comportamentos elisivos, dificilmente controláveis por uma administração que se depara com actos-massa. Além do mais, essa individualização do caso resultante da tributação do lucro real, é mais permeável à não declaração de rendimentos, pois a administração não tem meios para detectar as situações irregulares e/ou ilícitas.

Assim, ao optar por tipificar os factos e os sujeitos passivos, que serão tributados segundo os referidos indicadores de base técnico-científica, o legislador conseguirá atingir o objectivo de arrecadação de receitas. Ao mesmo tempo ficam salvaguardados os princípios da determinação e da igualdade, já que o sujeito passivo pode sempre eleger o regime de determinação do lucro real.

Desta forma, eventuais problemas de constitucionalidade relacionados com o princípio da capacidade contributiva ficam salvaguardados. Com efeito, considerando que o legislador e o regulamento se baseiam num tipo médio, e portanto "próximo da realidade", i.e., do rendimento real típico, não é violado o princípio da igualdade[2225].

Retomemos a questão do direito de audição: ele aparece como uma garantia do sujeito passivo que também não é posta em causa pela tipificação administrativa.

[2225] Mas concordamos neste ponto com José Xavier de Basto, para quem, a alínea a) do art. 87.º da LGT não levanta dúvidas de constitucionalidade "desde que tais regimes simplificados... não façam mais do que estabelecer presunções ou indícios que permitam uma aproximação aos valores reais e não se desliguem totalmente dos elementos trazidos pelos sujeitos passivos...": "O Princípio da tributação...", cit., p. 15.

Como dissemos, entre nós, o direito à audição do sujeito passivo antes de serem tomadas decisões pela administração, que possam afectar as suas garantias, está assegurado pelo art. 60.º da LGT[2226-2227], mas não se trata de uma garantia constitucional[2228].

Assim, quer a liquidação (portanto, também a realizada com base em orientações genéricas tipificantes), quer a decisão de tributação por métodos indirectos – caso em que o legislador e a administração recorrem à tipificação –, implicam o direito de audição do sujeito passivo (art. 60.º n.º 1 a) e d) da LGT).

Portanto, estas disposições do art. 60.º não significam a proibição da tipificação, nem a incompatibilidade com a tipificação, mas uma garantia para o sujeito passivo, da observância dos princípios constitucionais por parte de regulamentos administrativos tipificantes[2229]. É na verdade de louvar o referido art. 60.º n.º 1 da LGT, que permite não só dar a importância devida à tributação do rendimento real, como alarga a medida da participação processual individual, como pode ainda contribuir para evitar

---

[2226] A norma refere-se ao direito de audição antes da liquidação, antes do indeferimento total ou parcial dos pedidos, reclamações, recursos ou petições, antes da revogação de qualquer benefício ou acto administrativo em matéria fiscal, antes da decisão de aplicação de métodos indiciários, e antes da conclusão do relatório da inspecção tributária.

[2227] Na Alemanha, o direito de audição vem regulado no § 91 da *AO*. O art. 103 I da *GG* prevê expressamente o direito a uma audição perante o tribunal, mas por um lado, nada diz quanto à administração, e por outro, é discutido o alcance do referido direito perante os tribunais, sendo entendido, por exemplo, como uma "audição jurídica", como um direito processual, mas não define os factos relevantes para a decisão: JOSEF ISENSEE, *Die typisierende Verwaltung...*, cit., pp. 146 e ss. e 151 e ss..

[2228] Também o art. 113.º, n.º 1 do CPPT estabelece o direito de audição, caso o representante da Fazenda Pública suscite questão que obste ao conhecimento do pedido pelo tribunal (no processo de impugnação judicial); os princípios da oralidade e do contraditório em processo penal também são aplicados aos crimes fiscais; a notificação do arguido para produção de defesa, está garantida em processo de contra-ordenação tributária, e pode ser exercida verbalmente (arts. 70.º e 71.º do RGIT); nas execuções fiscais, o executado tem de ser citado sob pena de nulidade processual (arts. 188.º, n.º 1, 189.º, 165.º, n.º 1 a) do CPPT); mas, como se disse no texto, não existe um direito de audição expressamente previsto na constituição, nem perante os tribunais (exceptuando o princípio do contraditório garantido constitucionalmente para o processo criminal – art. 32.º, n.º 5 da CRP), nem perante a administração.

[2229] Referindo-se a direitos fundamentais, e a propósito do controlo judicial da legalidade e do direito de audição constitucionalmente consagrado na *GG*, JOSEF ISENSEE, *Die typisierende Verwaltung...*, cit., pp. 147-148 e ss..

controlos judiciais da legalidade e da constitucionalidade dos métodos indiciários tipificantes[2230].

Não deixa porém de ser verdade que, "quanto mais a administração fiscal se afasta do caso concreto da vida, e se baseia em abstracções, menos significado tem a audição do afectado. Porque se o fundamento da decisão é um padrão jurídico, a participação do interessado torna-se supérflua"[2231].

Quais são então os limites à utilização da tipificação e dos métodos indirectos de tributação?

Nem a tipificação nem os métodos indirectos são contrários aos princípios da investigação e da verdade material – isto é, em última análise, aos princípios constitucionais da tributação do rendimento real, da capacidade contributiva e do Estado de Direito – desde que a tributação não se baseie numa "pura suspeita" de capacidade contributiva[2232].

Como já referimos, o conceito de rendimento real para efeitos do Direito Fiscal não tem de corresponder ao rendimento empírico individual, e as exigências constitucionais de tributação do rendimento real são observadas se não se atingir o limite acabado de referir.

A propósito dos métodos indirectos, a doutrina alemã costuma diferenciar entre uma inadmissibilidade de aplicação dos mesmos quanto aos factos tributários (sendo também utilizada a expressão *Schätzungen dem Grunde nach*) e a admissibilidade em relação às quantificações (*Schätzungen der Höhe nach*)[2233].

Poder-se-ia questionar se as situações sujeitas pelo nosso legislador aos métodos indirectos – com excepção da do artigo 87.º alínea b) – não caem no primeiro grupo de casos, sendo portanto inconstitucional, por se afastar em muito dos parâmetros que exprimem o rendimento real.

Mas, como salienta Joachim Lang, é muito difícil traçar a fronteira entre uma e outra, uma vez que "a cada montante quantitativo (presumido) está também subjacente uma maior ou menor probabilidade de uma situação da vida presumida"[2234]. E a fronteira para a tributação com base numa

---

[2230] É claro que, em contrapartida, o direito de audição individual diminui a flexibilidade da administração JOSEF ISENSEE, *Die typisierende Verwaltung...*, cit., p. 151.

[2231] JOSEF ISENSEE, *Die typisierende Verwaltung...*, cit., p. 148.

[2232] A propósito da avaliação indirecta, JOACHIM LANG: KLAUS TIPKE/JOACHIM LANG, *Steuerrecht*, cit., 17.ª ed., ponto 214.

[2233] V. por todos, KLAUS TIPKE/JOACHIM LANG, *Steuerrecht*, cit., 17.ª ed., ponto 214.

[2234] KLAUS TIPKE/JOACHIM LANG, *Idem*.

pura suspeita (proibida) deve então ser traçada no Estado de Direito – e ainda nos direitos fundamentais da liberdade, segundo Lang[2235]. Continuando a seguir o clássico manual Tipke/Lang, diremos então que os princípios da tributação do rendimento real e da investigação e da verdade material (enquanto concretizadores do primeiro) podem ser restringidos por lei e diminuída a medida da prova, através de tipificações administrativas (ou técnicas presuntivas) e através de métodos indirectos de tributação, com os seguintes limites:

– Nem as tipificações legais nem as administrativas, como já tínhamos referido, podem consagrar presunções inilidíveis sobre a existência dos rendimentos, mas podem tipificar os critérios de avaliação e quantificação da base tributável; a redução da medida da prova que decorre das tipificações administrativas não pode pôr em causa que a tributação se faça, fundamentalmente, com base no rendimento real[2236].

– No caso dos métodos indirectos, a sua aplicação deve depender da violação dos deveres de cooperação, devendo eles incidir sobre a quantificação dos rendimentos, embora neste caso devamos reconhecer com Lang a dificuldade de traçar a fronteira entre a existência e a quantificação dos mesmos[2237].

SECÇÃO III
A aplicação tipificante pelos tribunais

Como já referimos, a aplicação tipificante da lei não é um método exclusivo da administração, embora, como acabámos de ver, tenha neste caso uma justificação e desempenhe uma finalidade própria.

[2235] KLAUS TIPKE/JOACHIM LANG, *Ibidem*.
[2236] V., para uma referência aos limites da tipificação legal, relacionados com o princípio da igualdade, MONIKA JACHMANN, "Grundthesen zu einer Verbesserung...", *StuW*, 1998, n.º 3, pp. 204-205.
[2237] Neste sentido, KLAUS TIPKE/JOACHIM LANG, *Steuerrecht*, cit., 16.ª ed., pp. 844 e ss. (pontos 212 e ss.). Também LERKE OSTERLOH defende, embora a propósito da aplicação tipificante da lei, que as regras de ónus da prova e a avaliação indirecta, em vez da averiguação da situação da vida, devem ser uma *ultima ratio* da tributação justa: *Gesetzesbindung und Typisierungsspielräume...*, cit., por exemplo, pp. 323-324.

Também os juízes tipificam – a tipificação é uma decorrência da sua actividade de aplicação da lei. O Tribunal Federal Financeiro alemão começou nos anos vinte explicitamente a utilizar o método da tipificação ("o método da consideração por tipos"), o qual foi desenvolvido, como já o dissemos anteriormente, durante o terceiro *Reich*[2238], de um modo subvertido.

Se não tivermos em linha de conta esta utilização perversa e historicamente datada dos tipos, a tipificação judicial (que inicia uma nova fase nos anos cinquenta, como dissemos anteriormente), tal como a tipificação legal e administrativa, reflecte a tendência do Direito para o tratamento igual de casos pertencentes ao mesmo tipo empírico.

Por outro lado, na Alemanha, a partir do momento em que uma situação da vida é declarada típica, o princípio da igualdade tem justificado o mesmo tratamento das situações objecto de tipificação, mesmo que um caso concreto se afaste da situação típica, sendo portanto desconsideradas as singularidades[2239].

A tipificação dos tribunais mais não é do que uma faceta da conformação judicial, do chamado *Richterrecht* ou *Rechtsfortbildung*[2240]. O Direito dos juízes é metodologicamente inevitável, uma vez que a lei só é fundamento jurídico da decisão, através da reconstrução do sentido da mesma, a qual resulta da importante contribuição da jurisprudência[2241]. Apesar da reserva de lei, também no Direito Fiscal os tribunais

---

[2238] V., por todos, ALBERT HENSEL, *Steuerrecht*, 3.ª ed., cit., pp. 52 e ss..

[2239] V. JOSEF ISENSEE, *Die typisierende Verwaltung*..., cit., p. 32.

[2240] No Direito Penal, o Direito dos juízes é frequentemente designado de Direito de "índole consuetudinária jurisprudencial": "consuetudinária" em sentido amplo, isto é, "o conjunto de interpretações judiciais concretizadoras da lei", e por isso diferente do "costume fáctico": A. CASTANHEIRA NEVES, "O Princípio da legalidade criminal", cit., pp. 317-20; WINFRIED HASSEMER, *Einführung*..., 2.ª ed., cit., p. 268; cf. JOSÉ DE SOUSA BRITO, "A Lei penal na constituição", cit., pp. 242-243, nota 81.

[2241] A. CASTANHEIRA NEVES, "O Princípio da legalidade criminal", cit., pp. 317-20. Também criticando um entendimento lógico-subsuntivo de aplicação da lei fiscal, embora adoptando uma perspectiva kelseniana de aplicação da lei pelos tribunais – a interpretação é sempre criação de Direito –, e considerando proibida a analogia, devido à reserva de lei, K. H. FRIAUF, "Möglichkeiten und Grenzen der Rechtsfortbildung im Steuerrecht", *Grenzen der Rechtsfortbildung durch Rechtsprechung und Verwaltungsvorschriften im Steuerrecht*, Hrsg. KLAUS TIPKE, Köln, 1982, pp. 52-60. O autor utiliza o termo "Rechtsfortbildung" no sentido de LARENZ/CANARIS (*Methodenlehre der Rechtswissenschaft*, cit., 3.ª ed., pp. 186-190 e ss.): isto é, a "Rechtsfortbildung" pode significar, mas nem sempre significa, o preenchimento de lacunas. Assim, a "Rechtsfortbildung" pode consistir no "desenvolvi-

têm um papel relevante no desenvolvimento dos conceitos legais indeterminados[2242], sempre que a administração não o faça previamente.

Uma vez que o juiz opera através do método misto indutivo-dedutivo (ou pensamento tipológico)[2243], que tem valor criativo (não é desprovido de valoração jurídica)[2244], o Direito dos juízes pode conduzir a "uma generalização material em termos de 'tipificação normativa', ou mesmo uma generalização formal que infira regras gerais das decisões concretas"[2245].

A tipificação judicial, também no Direito dos impostos, é essa generalização de regras, a partir das quais o juiz decide de forma igual para casos futuros (por existirem elementos analógicos entre esses mesmos casos), e desconsidera as particularidades do caso por as considerar juridicamente irrelevantes[2246].

A tipificação tem início com a construção de tipos, e esta, como método de aplicação do Direito, significa – como já vimos no capítulo

---

mento de novos pensamentos jurídicos", que partem do plano inicial da lei, e que o modificam mais ou menos. Neste sentido, ela seria admitida no Direito Fiscal.

[2242] Cf. A. CASTANHEIRA NEVES, "O Princípio da legalidade criminal", cit., p. 320, que vai muito longe, ao defender que no "direito criminal constitutivo", se "terá de negar (...) que a lei seja a única fonte", e em que os tribunais contribuem "decisivamente (para a) (...) determinação e definitiva constituição normativas da própria juridicidade incriminadora e punitiva".

[2243] Que normalmente é entendido como um operar do particular para o particular: A. CASTANHEIRA NEVES, *Curso de introdução...*, cit., pp. 422-j-423-j.; cf. porém ARTHUR KAUFMANN, que ao encontrar uma premissa latente entre os dois casos particulares, a qual é geral (método misto indutivo-dedutivo), e que é nada menos do que a "Identidade da *ratio legis*", nos diz que o caminho para a chave da analogia conduz afinal de um geral para o particular: "a racionalidade da norma deve esconder-se na racionalidade das coisas": "Analogie und 'Natur der Sache'"..., cit., pp. 26-27.

[2244] ARTHUR KAUFMANN, "Analogie und 'Natur der Sache'"..., cit., pp. 26-27.

[2245] A. CASTANHEIRA NEVES, *Curso de introdução...*, cit., p. 423-j.

[2246] Embora neste ramo de Direito os tribunais se defrontem com a particularidade da importação de conceitos jurídicos de outros ramos de Direito e da sua interpretação autónoma, segundo os fins do Direito Fiscal. São assim frequentemente ponderados os resultados económicos, o "objectivo de obtenção de rendimentos" para que se dirigem os actos e contratos de Direito Privado, e a tipificação judicial pode significar a interpretação da disposição legal segundo o fim da norma, desconsiderando por vezes a configuração jurídica pelas partes: V., a propósito dos contratos entre familiares, e não considerando à partida ilegal nem inconstitucional, a tipificação pelos tribunais, LERKE OSTERLOH, *Gesetzesbindung und Typisierungsspielräume...*, cit., por exemplo, pp. 445-448.

anterior – que o juiz se orienta "pelos grupos de casos ou situações da vida, que são documentados pela jurisprudência ou descritos na *investigação dos factos jurídicos*"[2247], que ele não faz uma separação entre norma e situação da vida, do ser e do dever ser[2248]. Não se trata pois de nenhum método característico do Direito Fiscal.

Feitas estas considerações, vejamos como tem sido utilizada a tipificação judicial no Direito Fiscal, colocando dúvidas sobre a observância da reserva de lei.

Entre nós, os tribunais também têm densificado conceitos legais indeterminados, através do controlo da interpretação administrativa dos mesmos (veja-se o significado de "custos" empresariais), e recorrem com menos frequência à figura da "discricionariedade técnica", que legitimava, mais do que uma amplíssima discricionariedade administrativa (recorde-se o caso da dedutibilidade de custos "dentro de limites razoáveis"), a ausência de qualquer controlo judicial da aplicação da lei pelo fisco[2249]. Esta densificação de conceitos legais pelo *STA* caracteriza-se – podemos dizer, frequentemente, – pela preocupação em fixar uma interpretação teleológica das disposições, tendo em conta a autonomia do Direito Fiscal[2250]. Considerando que ao densificar, o tribunal recorre ao tipo, então podemos afirmar que a secção de contencioso tributário do *STA* tem recorrido à tipificação.

Mas no Direito alemão, a tipificação judicial tem ido bastante mais longe.

Explica Georg Crezelius que ela pode revelar-se através de três formas: ou os tribunais fazem uma referência expressa à tipificação material, como denotam as expressões de certos acórdãos – "custos típicos e alojamento no estrangeiro", "fato preto como fato típico de um agente funerário", "uniforme de um gerente de um restaurante de estilo bávaro em

---

[2247] HANS-MARTIN PAWLOWSKI, *Einführung in die juristische Methodenlehre*, cit., 2.ª ed., p. 122.

[2248] HANS-MARTIN PAWLOWSKI, *Einführung in die juristische Methodenlehre*, cit., 2.ª ed., p. 123.

[2249] V. a este propósito, ANTÓNIO MOURA PORTUGAL, *A Dedutibilidade dos custos...*, cit., pp. 128 e ss.. E para exemplos de densificação, IDEM, pp. 104 e ss., 113 e ss., 122 e ss..

[2250] Vejam-se os exemplos referidos por ANTÓNIO MOURA PORTUGAL, *A Dedutibilidade dos custos...*, cit., pp. 132 e ss., 311, nota 707, 312-313. O acórdão do STA, processo n.º 25807, de 6.6.2001, faz referência à discricionariedade administrativa e à praticabilidade, mas estas referências não estão relacionadas com qualquer tipificação administrativa.

Nürnberg, não considerado como fato típico"[2251]; ou a tipificação decorre de uma jurisprudência constante que, em determinada altura, se transforma em tipificação, porque os tribunais abdicam de analisar o caso concreto e aplicam a regra por eles criada de forma universal. Assim, por exemplo, o *BFH* começou por não autorizar a dedução de custos com pós-graduações e mestrados quando estes não tinham influência na carreira profissional do sujeito passivo (é o caso de um médico especialista com uma vida profissional estável de vários anos e que faz então um segundo mestrado) – e portanto não foram considerados custos de formação –, e em determinada altura passou a não autorizar a dedução de custos com pós-graduações e mestrados, sem analisar o caso concreto (embora no final de 2002 tenha novamente alterado a sua jurisprudência, permitindo agora tais deduções de forma ilimitada, considerando que quaisquer custos de formação profissional, estejam relacionados com a progressão na carreira ou com a preparação para uma futura profissão, são dedutíveis[2252]); ou a tipificação é utilizada sem expressa referência ao método por parte do tribunal, mas enquadrada na normal aplicação da lei. Exemplo famoso é o do limite de 15% na distribuição de dividendos de uma sociedade familiar. Um pai que queira partilhar uma sociedade com um filho e oferecer-lhe uma participação como comanditário, e se quiser obter reconhecimento fiscal no acordo de partilha de lucros, deve conformar a participação do seu filho até um máximo de 15%, com base numa interpretação dos §§ 2 I n.º 2 e 15 I n.º 2 da *EStG*, por parte do "grande senado" do *BFH*, "no caminho de uma tipificação que garanta o tratamento idêntico de uma multiplicidade de situações da vida idênticas"[2253] – e embora tais disposições da *EStG* nada digam quanto a uma distribuição "adequada" dos lucros nem façam referência a montantes ou percentagens[2254].

[2251] V. GEORG CREZELIUS, *Steuerrechtliche Rechtsanwendung...*, cit., p. 212, e os acórdãos do *BFH* com estes exemplos, enumerados (p. 212 e nota 12).

[2252] Pode considerar-se que o *BFH* procedeu a uma interpretação actualista de "custos de formação profissional", tendo em conta as mudanças no mercado de trabalho e o elevado desemprego que afecta a economia alemã: assim, ANN-ERIKA JÖRISSEN, "Die neueste Entwicklung der Rechtsprechung des Bundesfinanzhofes zur Abzugsfähigkeit der Aufwendungen für die Berufsausbildung", *FR*, 2004, pp. 268-271; e W. BERGKEMPER, "Werbungskosten: Promotionskosten als Werbungskosten (Änderung der Rechtsprechung)", *FR*, 2004, pp. 411-413.

[2253] É com este exemplo que LERKE OSTERLOH abre a sua tese: *Gesetzesbindung und Typisierungsspielräume...*, cit., p. 23.

[2254] V. estas observações, entre muitos, em GEORG CREZELIUS, *Steuerrechtliche Rechtsanwendung...*, cit., pp. 212-213.

Para além dos três grupos de casos mencionados por Crezelius, ocorre uma quarta situação quando o tribunal substitui a tipificação administrativa pela própria. Uma parte da doutrina alemã é muito crítica em relação às quantificações judiciais – incluindo os entusiastas da tipificação administrativa. O argumento principal é o de que a competência do tribunal é a de julgar os casos individuais e por isso ele não deve em caso algum dedicar-se a procurar valores médios ou concorrer com a administração, elaborando tabelas alternativas. Segundo as vozes críticas, as quantificações tipificantes não poderiam ser identificadas com o desenvolvimento de princípios jurisprudenciais baseados em máximas de experiência[2255] – e portanto, os tribunais não têm competência para tipificar –, embora possamos contra-argumentar que, em certos casos, é mais fácil chegar a um valor médio (veja-se o caso referido do período de amortização de certos bens) do que noutros (veja-se o exemplo do montante dedutível de despesas de alimentação de um trabalhador dependente)[2256]. O que significa que, no primeiro exemplo, quer o controlo judicial da *defensibilidade* da tipificação administrativa quer a própria tipificação judicial em lugar daquela são mais fáceis de concretizar do que no segundo, pelo que, se os pareceres técnicos ou os princípios da experiência forem contrários à solução administrativa, não há objecções à tipificação pelo próprio tribunal, que poderão ser posteriormente transpostas para circulares da administração[2257].

A tipificação judicial esteve desde o seu (re)início, no pós Segunda Guerra, submetida a enorme crítica por parte da doutrina[2258]. Isensee estava convencido em 1976 de que a tipificação judicial tendia a diminuir – ocorreria um enfraquecimento da tipificação material, passando a assumir as vestes de tipificação formal; haveria uma preocupação em não tipificar num sentido oneroso para o sujeito passivo e em limitar o domínio de aplicação da tipificação[2259] – mas não foi exactamente isso que aconteceu, como podemos verificar ao longo das décadas que se seguiram,

---

[2255] V., por todos, JOSEF ISENSEE, *Die typisierende Verwaltung...*, cit., pp. 177 e ss.; ACHIM ROGMANN, *Die Bindungswirkung von Verwaltungsvorschriften...*, cit., pp. 215-216. HANS-JÜRGEN PAPIER, *Die finanzrechtlichen Gesetzesvorbehalte...*, cit., pp. 202 e ss..

[2256] Neste sentido, LERKE OSTERLOH, "Unzutreffende Besteuerung...", cit., p. 349.

[2257] Parecendo inclinar-se para este sentido, embora não seja totalmente clara, LERKE OSTERLOH, "Unzutreffende Besteuerung...", cit., pp. 351-352.

[2258] V. HANS-JÜRGEN PAPIER, *Die finanzrechtlichen Gesetzesvorbehalte...*, cit., pp. 202 e ss.; LERKE OSTERLOH, *Gesetzesbindung und Typisierungsspielräume...*, cit., pp. 78-79.

[2259] JOSEF ISENSEE, *Die typisierende Verwaltung...*, cit., p. 38.

embora na verdade tivesse havido uma substituição considerável da tipificação material pela tipificação formal[2260].

Sintetizando argumentos favoráveis e desfavoráveis à tipificação judicial, digamos que:

Quando a administração não tipifica, poderão os tribunais fazê-lo, de forma a atingir os referidos objectivos de simplificação, previsibilidade e calculabilidade do imposto e também de igualdade fiscal. Assim, perante a existência de conceitos indeterminados, tais como (montantes pagos aos trabalhadores) "predominantemente no interesse da empresa", em que está em causa distinguir se são pagamentos adicionais aos salários e vencimentos ou se esses pagamentos têm como objectivo último favorecer o bom clima empresarial (organização de jantares da empresa, por exemplo), pode o tribunal concretizar ou mesmo quantificar o conceito jurídico indeterminado. Ou seja, aplicando o método tipológico, o tribunal poderá comparar o caso concreto a julgar, que cai no núcleo do conceito "(predominantemente no) interesse da empresa", com os casos que são indubitavelmente cobertos pela norma, e através dessa comparação de "casos típicos" poderá estabelecer um montante a partir do qual todos os pagamentos extra salariais serão considerados rendimentos de trabalho e por conseguinte tributáveis[2261].

Já referimos anteriormente outros casos célebres de tipificação pelos tribunais fiscais alemães: para além do caso de contratos de trabalho e de participação numa sociedade entre membros de uma família (e respectivas remunerações e distribuição de lucros), o problema da delimitação das despesas necessárias para a obtenção de rendimentos de carácter profissional, em relação às despesas de carácter privado (por exemplo, as despesas com livros[2262] ou com vestuário típico da profissão e vestuário que, embora seja utilizado no desempenho da profissão, também o é no dia a dia[2263]).

[2260] LERKE OSTERLOH, *Gesetzesbindung und Typisierungsspielräume...*, cit., pp. 78-79.

[2261] V., sobre o método tipológico, enquanto método de comparação de casos típicos, e muito útil para a interpretação de conceitos (legais) indeterminados: FRANZ BYDLINSKI, *Juristische Methodenlehre...*, 2.ª ed., cit., p. 548 e pp. ss..

[2262] V. o comentário ao célebre caso do dicionário "Grossen Brockhaus" comprado por uma professora de ensino secundário, cuja dedução os tribunais alemães não permitiram, por considerarem que "normalmente" tal livro serve para alargar os conhecimentos pessoais e a cultura geral: JOSEF ISENSEE, "Verwaltungsraison gegen Verwaltungsrecht...", cit., pp. 199 e ss..

[2263] V., por todos, LERKE OSTERLOH, *Gesetzesbindung und Typisierungsspielräume...*, cit., pp. 24-25.

Através da tipificação, o tribunal pretende evitar que, em casos futuros, a administração decida casuisticamente, por exemplo, que em algumas situações entenda que um valor determinado constitui rendimento de trabalho, e noutras considere que esse mesmo valor foi atribuído "predominantemente no interesse da empresa"[2264].

Esta actividade jurisprudencial é útil para a administração que a pode – deve – incorporar nos seus regulamentos ou circulares, ou que, pelo menos já tem orientação para o acto individual. Deste modo também os sujeitos passivos podem planear a sua actividade[2265].

Ao contrário do que defendem os críticos da tipificação (incluindo a judicial), os "princípios gerais de experiência" invocados pelos tribunais quando tipificam, não são "circunstâncias puramente exteriores ao caso" que signifiquem a "renúncia à subsunção da real situação da vida à norma fiscal"[2266-2267]. Os princípios gerais de experiência são a "experiência

---

[2264] V. este exemplo e outro, referidos por FRANZ KLEIN, "Entscheidungen des Bundesfinanzhofs...", cit., pp. 83 e ss..

[2265] V. estes argumentos em LERKE OSTERLOH, *Gesetzesbindung und Typisierungsspielräume...*, cit., p. 76. Também defendendo a tipificação judicial "formal", por razões de simplificação, ARNDT RAUPACH, "Steuervereinfachung durch die Rechtsprechung?", cit., pp. 185-186.

[2266] Esta afirmação de GEORG CREZELIUS é por isso incorrecta: *Steuerrechtliche Rechtsanwendung...*, cit., p. 215. Basta ver, por todos, LUÍS CABRAL DE MONCADA, *Filosofia do Direito e do Estado, Doutrina e crítica*, vol. 2, Coimbra, 1965, pp. 76 e ss. (56 e ss.): "Chama-se *aplicação do direito* à vida, não só ao enquadramento das situações concretas desta, caso por caso, dentro dos preceitos gerais da lei e sua decisão, como também ao posterior desenvolvimento do direito, feito por essa via, para além ainda desses casos e situações" (p. 76); sobre a interpretação jurídica, e a comunicação entre o mundo e a linguagem não-jurídicos e o mundo e a linguagem jurídicos, através do mundo prático-social-humano, A. CASTANHEIRA NEVES, "O Actual problema metodológico da interpretação jurídica", *RLJ*, 1996, n.º 3867, pp. 167-172 (e ns. 3865, pp. 98 ss. e 3866, pp. 134 e ss.).

[2267] Este entendimento (erróneo) de que os princípios da experiência seriam critérios extrajurídicos, está relacionado com o facto de a consideração tipificante ser considerada, por muitos autores, uma derivação da "interpretação segundo considerações económicas" dos anos vinte e trinta, e com os anticorpos que este método de interpretação gerou no pós-guerra. Recorde-se que se entende desde o pós-guerra que tal método foi porta de entrada para critérios extrajurídicos tais como a consideração do "natural", da "concepção do povo", da "vida real", do "sentido de um desenvolvimento jurídico saudável", entre outros: V. LERKE OSTERLOH, *Gesetzesbindung und Typisierungsspielräume...*, cit., pp. 69 e ss.. A própria autora, que não considera a tipificação ilegal nem inconstitucional, como vimos, dá como exemplo de "critério extrajurídico" usado pelos tribunais, as "concepções

jurídica", um "*dado*", "uma experiência quer de *realidades* tal como elas são, e de *valores, de valorações ou ideais...*" como nos diz por exemplo, Luis Recaséns Siches[2268]. Correspondem aos argumentos "extralegais", a que se referem Coleman/Leiter, partilhados numa comunidade cultural – que referimos no capítulo sobre os conceitos jurídicos indeterminados – e que contribuem para a previsibilidade da decisão[2269], e para identificar o tipo de frequência ou médio, subjacente à lei.

O recurso aos princípios gerais da experiência é harmonizável com a forma de pensamento tipológico, uma vez que segundo este método, como vimos, a interpretação da norma implica a "consideração da situação da vida como parte da realidade social"[2270], o tipo "apresenta sempre uma ligação entre os elementos fácticos e normativos"[2271] e as normas jurídicas são "normas de casos" (no sentido de Fikentscher).

Todavia, o problema da administração de massas que afecta a actividade da administração não se aplica aos tribunais, que devem pronunciar-se sobre o caso concreto e, portanto, a tipificação judicial não tem o mesmo fundamento que a tipificação administrativa: a tipificação justifica-se neste caso por razões de uma interpretação uniforme, igualdade na aplicação e, em última análise, segurança jurídica. Mas ela não pode pôr em causa a função de protecção jurídica individual que compete aos tribunais, nomeadamente, sempre que se trate da consideração de um caso atípico[2272].

---

do tráfego", critério a que a jurisprudência recorreria "para desta forma ganhar critérios gerais e objectivos para a avaliação do significado económico da situação da vida, adequado ao Direito Fiscal": IDEM, p. 70.

[2268] Ou um "conjunto de dados, complexíssimo mas unitário, (que) consiste em factos de relações inter-humanas, propriamente sociais, num problema unitário, numa questão de conduta, em que se dá uma tensão dramática, um choque entre diferentes aspirações humanas, e entre estas e as limitações que a realidade impõe, tudo isso na área da vida social": LUIS RECASÉNS SICHES, *Experiencia jurídica...*, cit., pp. 100-101.

[2269] V. JULES L. COLEMAN/BRIAN LEITER, "Determinacy, Objectivity, and Authority", cit., pp. 239-240.

[2270] V. HANS-MARTIN PAWLOWSKI, *Einführung in die juristische Methodenlehre*, 2.ª ed., cit., p. 122 (pp. 121 e ss.).

[2271] HANS-MARTIN PAWLOWSKI, *Einführung in die juristische Methodenlehre*, 2.ª ed., cit., p. 122.

[2272] JOSEF ISENSEE, *Die typisierende Verwaltung, Gesetzesvollzug im Massenverfahren am Beispiel der typisierenden Betrachtungsweise des Steuerrechts*, Berlin, 1976, pp. 178 e ss.; e para uma crítica ao *BFH* que aceita as tipificações da administração fiscal,

Por isso, a tipificação administrativa do conceito indeterminado deve constituir uma presunção de correspondência dos futuros casos individuais à situação típica, mas não deve impedir o controlo judicial e a demonstração de prova em contrário, se for requerida[2273].

Em regra, a prova de que a situação individual se afasta do regulamento ou acto pararegulamentar tipificantes, deve implicar o controlo judicial dos limites à margem de livre apreciação administrativa. Este controlo é independente de a tipificação administrativa ser formal ou material, porque a administração deve sempre respeitar os limites da margem de livre apreciação e os aspectos vinculados da lei – só assim actua legalmente.

Mesmo no caso da tipificação formal, nada impede que o tribunal só afaste o regime tipificante, quando ele conduza a uma tributação individual "manifestamente incorrecta" – como faz a jurisprudência alemã.

Isto significa que, na prática, não há uma grande diferença em termos de protecção judicial do sujeito passivo, entre a tipificação material e a formal, uma vez que ambas resultam do exercício de uma margem de livre tipificação administrativa – sendo, porém, talvez mais fácil ao sujeito passivo afastar a tipificação formal (recorde-se que, entre nós, em caso de "fundada dúvida sobre a existência e quantificação do facto tributário, deverá o acto impugnado ser anulado" (cf., no nosso caso, o artigo 100.º n.º 1 do CPPT).

No que diz respeito à própria actividade de tipificação judicial, o tribunal que, com base na jurisprudência constante, constrói uma regra tipificante, deve sempre averiguar se a situação da vida é análoga às situações que originaram a produção dessa regra. Portanto, a tipificação judicial não pode significar, ou ter por consequência, a "não consideração dos aspectos juridicamente relevantes, e que deviam ter sido considerados".

Preferimos afastar neste caso a classificação da tipificação em material e formal: a primeira é inadmissível; e a criação, por parte do tribu-

---

"desde que não conduza a uma «tributação manifestamente inexacta»", do mesmo autor, "Vom Beruf unserer Zeit...", *StuW*, 1994, n.º 1, cit., pp. 12-13. Em sentido diferente, LERKE OSTERLOH, *Gesetzesbindung und Typisierungsspielräume*..., cit., por exemplo, pp. 53 e 445-448. E considerando que a tipificação material significa uma substituição inadmissível do legislador pelo tribunal: ARNDT RAUPACH, "Steuervereinfachung durch die Rechtsprechung?", cit., pp. 188-189.

[2273] Neste sentido, FRANZ KLEIN, "Entscheidungen des Bundesfinanzhofs...", cit., pp. 82-83 e ss..

nal, de uma regra de ónus da prova em desfavor do sujeito passivo, nem sempre será legal (depende da interpretação da lei). Ou seja, o facto de o tribunal tipificar não significa o afastamento dos princípios da investigação e da verdade material, nem a criação de regras de ónus da prova.

Já referimos amplamente que o fundamento para a tipificação judicial é o princípio da igualdade, e, no nosso caso, da igualdade na tributação. A partir do momento em que os tribunais aplicam a regra tipificante (por exemplo, inadmissibilidade de dedução de despesas com teses pós-licenciatura, ou reconhecimento até ao limite de 15% dos lucros distribuídos numa sociedade familiar) sem verificar se ela se aplica ao caso individual, "a tentativa de justificação por recurso à igualdade na tributação cai no vazio, porque [a tipificação] permite fundamentar igualmente o resultado oposto"[2274]. Ou seja, se o ponto de partida do método tipificante, como todos reconhecem, é o de saber se a situação em concreto (do sujeito passivo) é análoga à dos casos típicos[2275], o tribunal não pode recusar-se a averiguar as especificidades do caso individual. Tem por isso razão Georg Crezelius, quando critica o modo como se tem caracterizado a tipificação judicial na Alemanha, referindo-se a uma "consequência gravíssima": "a jurisprudência, por meio dos critérios gerais da experiência da vida, formulados segundo os seus pontos de vista, elabora características essenciais e determinantes, que tornam a subsunção obrigatória", sem indagar se o caso individual é análogo aos outros e subsumível ao âmbito da norma[2276].

A tipificação dos tribunais não pode também ser justificada com o elevado encargo que constituem, para o sujeito passivo, os deveres de

---

[2274] GEORG CREZELIUS, *Steuerrechtliche Rechtsanwendung*..., cit., p. 214.

[2275] V., por todos, GEORG CREZELIUS, *Steuerrechtliche Rechtsanwendung*..., cit., pp. 213-215; JOSEF ISENSEE, *Die typisierende Verwaltung*, cit., pp. 27 e ss.; a propósito da aplicação do tipo como método de controlo da elisão fiscal, ALBERT HENSEL (*Steuerrecht*, 3.ª ed., cit, pp. 54-55, nota 3): o autor criticava então a posição do BFH segundo o qual, a conformação desviante do tipo, consciente e desejada por parte do sujeito passivo, era sempre irrelevante, com base nas "concepções do tráfego". Para Hensel, esta era uma posição que se aproximava da jurisprudência do caso anglo-saxónica, e perigosa para o sistema jurídico alemão. E sobre o método tipológico, V. as referências gerais dadas no capítulo VII.

[2276] GEORG CREZELIUS, *Steuerrechtliche Rechtsanwendung*..., cit., p. 215 (e p. 214). Mas já não concordamos com a posição geral do autor, contra a tipificação, por considerar que esta constitui uma "analogia encoberta", uma "aplicação do Direito sem lei", que por isso contrariaria a reserva de lei: IDEM, p. 217.

esclarecimento: seria preferível a tipificação à prestação constante destes esclarecimentos. Se estes argumentos podem ser válidos da perspectiva da administração – por lhe ser impossível chamar um a um todos os sujeitos passivos – já não o são para os processos judiciais tributários[2277].

Além disso, a tipificação em qualquer das suas modalidades, não deve ser utilizada como método exclusivo, pois ela "nivela a economia e sufoca a autonomia privada..."[2278].

[2277] Sobre este argumento e refutação do mesmo, GEORG CREZELIUS, *Steuerrechtliche Rechtsanwendung...*, cit., p. 214.

[2278] JOSEF ISENSEE, "Vom Beruf unserer Zeit...", *StuW*, 1994, n.º 1, cit., p. 12.

EPÍLOGO

A afirmação de que o Direito Fiscal vive da palavra do legislador, embora sedutora e conciliável com as exigências do Estado de Direito, e apresentada mesmo como a bandeira deste, trazia consigo a promessa de que os resultados da aplicação da lei fiscal seriam totalmente previstos pelo sujeito passivo.

Essa afirmação era completada pela defesa de uma reserva absoluta de lei em matéria fiscal para os elementos essenciais do imposto, nos ordenamentos de Direito Continental que nos são próximos, especialmente na Alemanha, em Portugal desde a tese de Alberto Xavier, e em Itália para alguns desses elementos. Este entendimento da legalidade fiscal acompanhou o movimento de juridificação da actividade da administração, mas exacerbou as características do princípio geral da legalidade administrativa: se no século XX, e exceptuando os períodos ditatoriais, toda a actividade administrativa passa a estar sujeita à lei, então, no Direito Fiscal, onde a actividade ablativa atinge maior intensidade, as exigências da legalidade serão ainda maiores, distintas e autónomas, absolutas, excluindo qualquer veleidade discricionária na aplicação da lei pelo fisco.

O afastamento da legalidade fiscal em relação à legalidade administrativa é também justificado através da similitude da primeira com a legalidade penal, com o princípio da tipicidade dos crimes, pois também no Direito Fiscal existe um princípio da tipicidade. Mais do que isso, quer Alberto Xavier quer Klaus Tipke afirmam sem pudor e sem verdadeiramente explicar porquê, que a tipicidade fiscal é mais exigente do que a tipicidade penal (ou melhor, apenas porque "verificam" que no Direito Penal, a necessidade de averiguar a culpa do agente introduz um "elemento subjectivo" que conferiria alguma "discricionariedade" ao juiz, enquanto os impostos se traduzem em números, pelo que neste caso não haveria engano possível na aplicação da lei).

Estas posições falharam em diversos planos.

As páginas anteriores permitiram-nos demonstrar que no nosso, como em ordenamentos que nos são próximos, a lei em sentido formal (e ainda menos a lei parlamentar) não é a única fonte de Direito a disciplinar os elementos essenciais dos impostos (não existe uma reserva absoluta de lei fiscal); que há ordenamentos onde os regulamentos assumem tal protagonismo em matéria fiscal, que a crise da legalidade é profunda e põe em causa o Estado de Direito; que as autorizações legislativas e a remissão para regulamentos são fenómenos do pós Segunda Guerra, comuns aos regimes de Direito continental da Europa ocidental; que em alguns ordenamentos, tais autorizações e remissões aparecem simultaneamente relacionados com a perda de competências normativas primárias atribuídas pela Constituição ao Governo, e em todos os ordenamentos, com o Estado social de Direito, com o Estado regulador; que a prática constitucional vai no sentido de uma crescente actividade normativa por parte do Governo-legislador e/ou do Governo-administração; que a tecnicidade das matérias fiscais exige o contributo de peritos cujas soluções (e implicações) não podem ser devidamente julgadas pelos deputados leigos em assuntos tão específicos (a administração integra tais peritos, pelo que lhe cabe fazer a ligação entre os aspectos políticos e os técnicos); que os resultados da aplicação administrativa e judicial da lei fiscal têm uma margem de incerteza que em nada se diferencia dos outros ramos de Direito; i.e., que a indeterminação (relativa) da lei fiscal é inevitável (um *mal* da lei fiscal comum a todas as leis, pois elas revelam sempre alguma indeterminação, inerente à linguagem corrente e à linguagem jurídica); que essa indeterminação é normalmente limitada aos *casos difíceis* (relativamente aos quais os argumentos legais nunca garantem ou justificam um e só um único resultado), pelo que, se se limitar a esses casos, é compatível com o Estado de Direito e não põe em causa a reserva de lei; que a legalidade não é o super-princípio do Direito Fiscal, mas conflitua com outros de igual nível, como aliás está por demais demonstrado, nomeadamente com o princípio da capacidade contributiva, o qual recomenda alguma indeterminação legal; e talvez mais grave do que tudo, que a complexidade da lei fiscal, nomeadamente nos ordenamentos em que ela é muito pormenorizada, é de tal grau, que nem os especialistas na matéria conseguem prever os resultados da sua aplicação, sendo estes por isso indeterminados, pelo que (afinal), a legalidade recomenda leis simples, i.e. não excessivamente detalhadas.

Com a pré-compreensão de que, apesar dos sinais de crise, a legalidade fiscal é essencial ao Estado de Direito, propusemo-nos com este trabalho encontrar o bom caminho para essa legalidade.

Para o efeito, começámos por caracterizar a legalidade fiscal no ordenamento constitucional português em vigor, analisando quer a vertente das competências quer a vertente material.

Dessa análise, podemos concluir que o princípio da legalidade fiscal na Constituição de 1976 se enquadra na tradição do liberalismo, revelando as virtudes e as manifestações de crise que encontramos nos ordenamentos contemporâneos que pertencem à mesma comunidade de valores. A legitimação democrática do Parlamento e do Governo justifica que a orientação política em matéria de impostos seja partilhada por ambos, dominando o Governo a ligação entre os aspectos políticos e as necessidades da administração de massas no contexto da Comunidade Europeia, e assumindo ele a iniciativa legislativa. É nesta moldura que deve ser interpretada a reserva relativa de competências legislativas da Assembleia da República, e as competências legislativas e regulamentares do Governo em matéria de impostos.

Mas para que a legalidade fiscal não seja uma mera legalidade administrativa, uma mera reserva de norma jurídica, defendemos ser necessário que o Parlamento exerça efectivamente as suas funções de orientação política através das leis de autorização legislativa, quando não discipline a matéria por lei directamente. Ela deve conferir tal orientação relativamente aos elementos essenciais dos impostos definidos no art. 103.º, n.º 2 da CRP (incidência em sentido amplo e taxa do imposto), ou pelo menos tomar conhecimento dela através da proposta de lei de autorização legislativa e manifestando desta feita a sua concordância com a orientação política na matéria.

A nossa percepção é a de que a doutrina portuguesa, embora continuando a atribuir funções de garantia à reserva de lei, desvaloriza as exigências de determinação das autorizações legislativas, e desloca o juízo relacional da determinação suficiente para o confronto entre decreto-lei autorizado e acto administrativo ou regulamento.

Não é essa a tradição do pensamento liberal que continua a associar a *previsibilidade* e *objectividade* (no sentido que lhe demos anteriormente) das decisões, o *constrangimento* da vontade dos governos (por oposição às *decisões ditatoriais*) e ainda o *princípio da igualdade*, à lei parlamentar. Como vimos, a coercibilidade das decisões só é legitimada quando os resultados legais são garantidos por lei (parlamentar), e por isso a função garantista e o princípio democrático constituem justificações para a reserva de lei parlamentar, não autónomos, mas intrinsecamente relacionados.

O facto de o Governo ter também legitimidade democrática, não liberta a Assembleia da República das suas obrigações de orientação política nas matérias fiscais, não só porque o Governo representa apenas uma parte dos contribuintes-eleitores, como pelo facto de o procedimento legislativo parlamentar ser público. Mas não sendo a lei parlamentar adequada para esgotar a disciplina das matérias fiscais (pela sua tecnicidade), partilhando a Assembleia da República a orientação política com o Governo, e sendo este capacitado para encontrar as melhores respostas para as questões técnicas, a dificuldade reside então em conciliar as referidas exigências do Estado de Direito com os seguintes aspectos, de forma a evitar que as decisões governamentais sejam *arbitrárias*:

- a impossibilidade de atingirmos uma reserva absoluta de lei parlamentar (desde logo, porque nos ordenamentos onde o Governo tem competências legislativas é ele que mais frequentemente as exerce) e até mesmo a impossibilidade de atingirmos uma reserva absoluta de lei formal (porque a lei é sempre em algum grau indeterminada);
- a necessidade de deixarmos alguma abertura da lei formal (parlamentar ou do Governo) para as ponderações da igualdade e para os desenvolvimentos técnicos por parte de regulamentos, de modo a que a complexidade da lei não tenha o efeito perverso de a tornar incompreensível e os resultados da sua aplicação imprevisíveis.

Além de caracterizarmos a vertente competencial da legalidade fiscal, analisámos, no primeiro capítulo, o significado do art. 103.º, n.º 2, da Constituição, que contém a vertente material dessa legalidade. A esse propósito, identificámos os elementos da relação obrigacional de imposto sujeitos a reserva de lei (abrangidos por essa disposição). Se a função da reserva de lei é tornar os resultados da sua aplicação *previsíveis*, a previsibilidade tem de dizer respeito a todos os elementos que conduzem à identificação do objecto de tributação e do sujeito passivo e ao apuramento do montante do imposto, pois é à quantificação desse montante a pagar que se destina a aplicação da lei fiscal. O facto de a nossa doutrina e tribunais utilizarem a distinção entre "normas de determinação da matéria colectável" "em abstracto" e "em concreto" ou entre "normas substantivas" e "normas processuais", sujeitando as primeiras a reserva de lei, mas excluindo dessa reserva as segundas, tem reduzido indevidamente o alcance da legalidade fiscal e o princípio da tipicidade dos impostos.

Defendemos também que as exigências mínimas de determinação da lei fiscal (no sentido de actos legislativos) não são incompatíveis com leis indeterminadas, nem com regulamentos concretizadores dos aspectos técnicos dessas mesmas leis. Esta nossa posição tem o apoio do Tribunal Constitucional (que já analisou a constitucionalidade de leis fiscais indeterminadas, e a admissibilidade de regulamentos em matéria fiscal). Mas mais do que isso, avançámos critérios detalhados relativamente às exigências de determinação da lei parlamentar e do decreto-lei autorizado do Governo, quanto à incidência objectiva s.s., incidência subjectiva, regras de determinação e quantificação da matéria tributável (ou quantificação do imposto), e relativamente às competências da administração e dos tribunais na aplicação de leis indeterminadas e controlo da mesma.

Essas nossas soluções ponderam as exigências constitucionais quanto à legalidade, os limites identificados pela Teoria do Direito à determinação da linguagem jurídica, as exigências do princípio da capacidade contributiva e a diferença entre dois tipos de indeterminação legal: quando a indeterminação ocorre porque a lei não dá uma qualquer resposta a um caso de incidência objectiva ou subjectiva (é objecto de imposto ou não, é sujeito passivo de imposto ou não) – ou seja, quando a indeterminação corresponde ao caso 1 de Coleman/Leiter –, coloca-se um problema de limites da interpretação admissível e cabe por isso ao tribunal a última palavra sobre esses limites; pelo contrário, quando a indeterminação diz respeito à identificação da matéria tributável e sua quantificação, os argumentos legais não justificam uma e só uma resposta única nos casos difíceis (no sentido do caso 4 de Coleman/Leiter): deve ser então reconhecida uma margem de livre apreciação administrativa pelos tribunais, desde que *defensável,* na linha da *teoria da defensibilidade* de Carl Hermann Ule.

Quisemos, em seguida, confirmar se a complementaridade entre fontes apenas tinha lugar no nosso ordenamento. Embora soubéssemos que a concretização de disciplinas legais por regulamentos é uma prática corrente e cada vez mais frequente nos ordenamentos que nos são próximos (da CE, da OCDE e não só), quisemos estudar pormenorizadamente a distribuição de competências legislativas e regulamentares num outro ordenamento jurídico, para evitarmos retirar conclusões precipitadas quanto à chamada "reserva absoluta de lei fiscal", expressão aliás, importada da doutrina italiana para Portugal.

Analisámos então justamente o *caso italiano*, que nos permitiu reforçar o entendimento de que a reserva absoluta da lei parlamentar ou formal não é exequível em nenhum dos ordenamentos que nos são próximos: pelo contrário, como ilustra o ordenamento italiano, onde o Governo também tem competências legislativas, os regulamentos assumem hoje um papel primordial em matéria de impostos. O *caso italiano* ajudou-nos também a concluir, sem pormos em causa o princípio da competência das fontes, e sem nos aproximarmos da doutrina de Kelsen, que no Direito Fiscal (em Itália, mas também na Alemanha, em Portugal e em outros ordenamentos) se assiste ao desdobramento do acto normativo primário em actos secundários de concretização, à semelhança de um sistema de fontes em cascata, em que os actos normativos de concretização da lei parlamentar devem respeitar as fontes superiores, mas podem simultaneamente ocupar os espaços livres deixados por estas últimas. Os espaços de indeterminação vão sendo preenchidos por diferentes graus normativos, e não por actos individuais de aplicação da lei, com a vantagem de assegurar de forma mais eficaz as funções que competiam tradicionalmente à reserva de lei parlamentar fiscal.

A verdadeira dificuldade reside em evitar a crise da lei parlamentar – e ela é manifesta em Itália, onde vinga um "modelo de dupla delegação" (aqui pululam as autorizações legislativas insuficientemente determinadas para o Governo aprovar actos legislativos e regulamentos em matéria fiscal, podendo estes revogar a disciplina legal) de duvidosa constitucionalidade (e em Itália a crise da lei atinge mesmo os actos legislativos governamentais); e, repetimos, o desafio reside então em dar um sentido ao princípio da legalidade fiscal.

Mas se a caracterização da legalidade fiscal na vertente das competências depende de cada ordenamento constitucional, as conclusões que tirámos nos primeiros capítulos quanto às exigências de determinação da lei fiscal, e consequências da indeterminação da mesma para a administração e tribunais, não podiam deixar de ser provisórias: no caso do ordenamento português, e como já lembrámos, tais conclusões não eram contrárias à jurisprudência do Tribunal Constitucional, mas esta jurisprudência é insuficiente para fundamentar todas as nossas posições: a complexidade da questão – uma verdadeira *quaestio diabolica* do Direito Fiscal que justificou a nossa escolha do tema da tese – exigia que encarássemos as nossas respostas não como conclusões (definitivas), mas como pontos de partida cuja validade deveria ser confirmada através de uma fundamentação convincente nos capítulos seguintes e cujos contornos deveriam ser burilados ao longo da tese.

Por outras palavras, mesmo não sendo inconstitucional a complementaridade entre fontes normativas reguladoras dos elementos essenciais dos impostos, as respostas às exigências mínimas de determinação da lei fiscal, o significado e consequências da indeterminação da mesma, não podiam ser dados apenas pela análise da legalidade na vertente das competências. O significado e consequências da determinação e indeterminação da lei fiscal exigiam o recurso a outros instrumentos metodológicos.

No que diz respeito à vertente material da legalidade fiscal e exigências de determinação da lei, começámos por recuperar o princípio da tipicidade dos impostos e propusemo-nos desenvolver o seu conteúdo dogmático. Recordámos o que Alberto Xavier escreveu em 1972: "Debalde se procurarão desenvolvimentos do princípio expressos num corpo coeso da doutrina, lacuna esta tanto mais grave quanto noutros ramos do Direito... o princípio da tipicidade já foi objecto de ampla elaboração científica" (*Conceito e natureza do acto tributário*, cit., pp. 263-264).

Verificámos que o princípio da tipicidade fiscal continua a ser invocado pela doutrina e pela jurisprudência, nomeadamente na Alemanha e em Portugal, mas que o seu desenvolvimento dogmático continua estagnado. Na Alemanha, ele é assimilado à reserva absoluta de lei fiscal ou a especiais exigências de determinação desta lei; entre nós, a doutrina e o Tribunal Constitucional limitam-se a identificá-lo com o art. 103.º n.º 2 da CRP, por vezes fazendo coincidir a tipicidade com o objecto da reserva de lei fiscal, outras vezes com o princípio da determinação.

Com o objectivo de contribuir para o desenvolvimento dogmático da tipicidade, começámos por demonstrar que a configuração da tipicidade fiscal se inspirou na tipicidade penal de Beling, e esclarecemos que a tipicidade se refere à prédeterminação legal de um modelo ou esquema ideal ou exemplar, i.e., ao *Tatbestand* figura ou aparência de facto (factualidade típica ou *fatispecie*), que contém a descrição do imposto nas suas notas típicas, e que deve constar da lei (ele resulta sempre de uma criação do legislador).

Assim, propomos diferenciar no Direito Fiscal um *Tatbestand* de garantia e um *Tatbestand* sistemático, ambos com carácter valorativo (não neutro), mas com funções autónomas ainda que interligadas.

O *Tatbestand* de garantia ou princípio da tipicidade na função de garantia, permite-nos explicar o princípio da legalidade substancial. Ele caracteriza o Direito Fiscal dos Estados de Direito, porque contribui para a sistematização da relação jurídica de imposto, identificando os elementos estruturais da mesma (a *função constitutiva* da tipicidade), e porque impede o esvaziamento da reserva de lei. Assim, como dissemos, das características estruturais da reserva de lei fiscal faz parte um conteúdo que serve as suas finalidades; e uma dessas finalidades é não esvaziar a ligação entre a reserva de lei e os princípios de Estado de Direito e da democracia, em que o Parlamento é o principal agente de orientação política (*função de Estado de Direito*); ao ser identificado, o conteúdo da reserva de lei fiscal é sistematizado e estabilizado (*função de concretização* da legalidade fiscal).

Ora, a função constitutiva da tipicidade revelou-nos um núcleo comum aos ordenamentos onde está consagrada a reserva de lei fiscal, de elementos da relação jurídica de imposto que estão sujeitos a essa reserva: o objecto e o sujeito passivo do imposto, a determinação e quantificação da matéria tributável.

Tendo em atenção este núcleo comum, demonstrámos ainda que a tipicidade é uma categoria dogmática, que embora parta de cada ordenamento, tem pretensões supra-ordenamentais. Esta conclusão baseia-se no pressuposto, que consideramos válido pelas razões apontadas no texto, de que a Ciência do Direito Fiscal é actualmente uma ciência com carácter supranacional, porque assenta em algumas estruturas lógico-objectivas (facto tributário, sujeito passivo, base tributável, progressividade, proporcionalidade, o próprio conceito de imposto e sua delimitação relativamente a outros tributos). Por isso defendemos que o respeito da tipicidade, na sua função de garantia, identifica um Estado de Direito na comunidade internacional.

Mas também defendemos, ao contrário do que tem propugnado a doutrina alemã que se dedica ao estudo da tipicidade fiscal, e na linha desta, Alberto Xavier, que a tipicidade não implica uma reserva exclusiva de lei quanto aos elementos referidos, pois a definição das competências legislativas e regulamentares em matéria de imposto (a configuração do princípio da legalidade formal) cabe a cada ordenamento: sendo certo que as funções da tipicidade permitem estabelecer mais rigorosamente as relações competenciais do Parlamento, do Governo-legislador e da administração, na medida em que impedem o esvaziamento da reserva de lei, concluímos que não se deve invocar a tipicidade para fundamentar a própria legalidade na vertente das competências. A identificação entre tipicidade e reserva de lei na vertente das competências, empobrece o conceito de tipicidade e torna-o supérfluo.

Assim, da tipicidade decorre que mesmo que o Governo tenha competências legislativas, e as exerça através de autorizações legislativas, cabe ao Parlamento dar a orientação política sobre esse núcleo comum.

Elemento do *Tatbestand* de garantia é a determinação: não identificamos o princípio da tipicidade com o princípio da determinação; entendemos que este é o elemento quantitativo daquele. Ele obriga o legislador porque este deve tornar *previsíveis* as consequências jurídicas no caso concreto.

A determinação da lei significa que o conjunto de argumentos legais permite (é suficiente para) justificar as decisões resultantes da sua aplicação. Só a lei determinada constitui um *constrangimento* para a actuação governamental (i.e., para os órgãos que a aplicam), opondo-se às *actuações ditatoriais*, e permite assegurar a previsibilidade na sua aplicação, e só a lei determinada permite o tratamento igualitário de casos semelhantes. A determinação permite ainda ao indivíduo adequar o seu comportamento à lei.

Mas a determinação da lei não é totalmente atingível, pois, pelo menos nos *casos difíceis*, a lei não fornece critérios para uma única decisão correcta, devendo o Governo e tribunais recorrer a argumentos extralegais.

Ainda assim, a determinação é possível, ao contrário do que o cepticismo semântico defende, pois o significado da linguagem – também da linguagem legal – é atribuído ou permitido pela comunidade (o significado é constituído por crenças e compreensões linguísticas de uma comunidade e pela estabilidade relativa da linguagem). E a indeterminação, nos ordenamentos jurídicos com alguma maturidade, não é tão frequente como os cépticos temem, pois de entre os casos de indeterminação (disciplinas lacunares em sistemas legais pobres, contradições entre as leis em sistemas legais muito ricos ou complexos, e leis que não garantem uma resposta única num caso particular), normalmente, só nos *casos difíceis* encontramos leis cujos argumentos não justificam uma resposta única: é o que se passa, em regra, no nosso ordenamento e no ordenamento alemão (existindo porém o perigo da indeterminação por complexidade legal excessiva); pelo contrário, no ordenamento italiano parecem verificar-se três dos quatro casos de indeterminação, pelo que esse ordenamento parece ir além do que lhe permite a tipicidade fiscal.

Relativamente aos elementos do *Tatbestand* de garantia do imposto, defendemos que a lei deve ser, em regra, tão determinada quanto possível, para que as decisões dos tribunais sejam justificadas e de modo que o indivíduo tenha oportunidade de conformar o seu comportamento à lei.

Ora, nos ordenamentos como o nosso, em que o Governo tem competências legislativas, a determinação da lei deve resultar da actuação conjunta do Parlamento e do Governo nos termos definidos nas conclusões do capítulo I (e no capítulo VIII). Em linhas gerais, cabendo ao Parlamento a orientação política, compete ao Governo-legislador a concretização dos elementos do *Tatbestand* de garantia, relativamente aos casos típicos, devendo a margem de liberdade concedida por conceitos jurídicos indeterminados limitar-se aos *casos difíceis*. Os casos típicos a que se dirige o acto legislativo subsumem-se assim no núcleo do conceito. Se a indeterminação não for muito elevada, a previsibilidade, a estabilidade e a fundamentação racional das decisões podem ainda assim ser garantidas. Quanto às decisões judiciais, a Teoria analítica do Direito admite que elas sejam em regra previsíveis, uma vez que é possível encontrar uma "teoria social-científica do julgar" ou da decisão, uma "teoria informal do comportamento judicial"; no caso do Direito Fiscal, onde se interpõe a administração, para se obter a previsibilidade é recomendável uma concretização progressiva da lei, nomeadamente, por regulamentos.

Ou seja, se a determinação é exigida porque assim garante a previsibilidade, a indeterminação que ainda resultar do decreto-lei autorizado disciplinando os elementos do *Tatbestand* de garantia, deve ser progressivamente diminuída por uma aplicação administrativa de sentido constante, respeitadora do princípio da igualdade, e publicitada. Esta nossa proposta vai ainda no mesmo sentido da teoria da essencialidade, a que dedicámos algumas páginas, e que não advoga uma reserva absoluta de lei para certas matérias, mas antes a sua disciplina por lei quando sejam essencialíssimas, podendo os aspectos menos essenciais dessa matéria ser desenvolvidos por regulamentos.

Quanto à coercibilidade das decisões resultantes da aplicação de leis indeterminadas, ela também é considerada legítima pelo cidadão-administrado (i.e., conciliável com o Estado de Direito) quando o Governo-administração e os tribunais formam as premissas maiores da decisão não só através de argumentos legais, mas ainda através de parâmetros não positivados, concepções do tráfego e juízos de valor aceites na comunidade. No caso da administração, é também recomendável para legitimar essa coercibilidade, que eles se traduzam em (decorram de) normas gerais e abstractas, respeitando desse modo o princípio da igualdade e da publicidade.

E finalmente, quanto ao argumento democrático, que postula a reserva de lei, diga-se que se a decisão administrativa e judicial não forem além da interpretação admitida (defendemos que a analogia é tendencialmente proibida), e se houver várias soluções legalmente possíveis, não há necessariamente arbitrariedade, pois o maior detalhe legal até pode conduzir a resultados indeterminados, por poderem ser contraditórios.

Como dissemos, a tipicidade fiscal não tem apenas funções de garantia, mas também funções de sistematização do Direito Fiscal (*Tatbestand* sistemático). Definido desde 1927, por Albert Hensel, como o conjunto dos pressupostos abstractos contidos nas normas fiscais materiais, cuja concretização dá origem a determinadas consequências jurídicas, ou como a imagem reflexo da relação obrigacional concreta, o *Tatbestand*, que nós designámos de sistemático, contribui decisivamente para a juridificação dos impostos.

O *Tatbestand* sistemático organiza os elementos que indiciam capacidade contributiva em relação ao imposto em concreto, orienta o procedimento de liquidação dos impostos quando efectuado pela administração, bem como a autoliquidação do sujeito passivo; e orienta a administração e os tribunais na sua função de controlo de aplicação da lei, no confronto do caso individual com as disposições normativas.

Ao permitir a apreensão ordenada da obrigação de imposto, ele facilita a tarefa interpretativa e a comparação de conceitos e categorias dos ordenamentos fiscais internos, para efeitos da aplicação de Convenções de dupla tributação e de juízos do Tribunal das Comunidades Europeias, nomeadamente em matéria de não discriminação. A averiguação da identidade de impostos para efeitos de aplicação de uma convenção de dupla tributação, e a averiguação da compatibilidade de um regime fiscal interno com o princípio de não discriminação do Direito Comunitário ou com uma directiva comunitária, demonstram que o *Tatbestand* sistemático não é meramente formal, e embora o legislador tenha discricionariedade para escolher as situações da vida fiscalmente relevantes, elas revelam normalmente tipos frequentes (empíricos, reais e estruturais, no sentido de Larenz/Canaris) de manifestações de riqueza, e são conformadas de acordo com os princípios constitucionais materiais: por isso são valorativos e não neutros ou formais.

O facto de os *Tatbestände* dos impostos (ou a tipicidade fiscal) serem normativos e não axiologicamente neutros, justamente porque assentam e devem assentar sobre tipos empíricos (mediatizados por tipos reais e estruturais), como argumentámos no capítulo VII, sob pena de não atingirem a sua finalidade de obtenção de receitas, permite-nos defender que a tipicidade não seja totalmente fechada (embora possa ser tendencialmente fechada quanto à descrição do objecto de imposto, não impede que essa descrição legal seja completada por cláusulas gerais residuais).

Se concluímos que a vertente material da legalidade fiscal é constituída pelo princípio da tipicidade, que define o objecto da reserva de lei e o grau mínimo de determinação, e se a tipicidade não postula uma determinação total nem uma reserva absoluta de lei fiscal, o segundo eixo da nossa tese, como anunciámos de início, centrou-se na averiguação das consequências da indeterminação legal.

Ou seja, apesar de nos primeiros capítulos termos considerado não inconstitucional o desenvolvimento regulamentar dos aspectos técnicos dos impostos, e apesar de nos parecer que a tipicidade fiscal, na sua vertente de determinação (e tendo em conta que esta se destina a atingir a previsibilidade na aplicação da lei), recomendava uma concretização das leis indeterminadas pelo fisco, através de norma geral e abstracta, cabia ainda saber se da indeterminação legal decorria uma discricionariedade administrativa, ou se se tratava de uma margem de livre apreciação a distinguir da verdadeira discricionariedade, ou ainda, se o princípio da legalidade fiscal, e nomeadamente o art. 268.º, n.ºs 4 e 5, da CRP, exigiam uma aplicação administrativa da lei sempre vinculada e totalmente controlada pelos tribunais.

Ao aceitarmos que a lei vaga e indeterminada conduz a resultados também indeterminados, pelo menos nos *casos difíceis*, que a aplicação da lei é feita com recurso a (alguns) argumentos extralegais, tais como concepções do tráfego e juízos de valor predominantes na comunidade, estamos a aceitar que, dentro da indeterminação admissível, segundo os critérios detalhados por nós propostos e defendidos nos capítulos I e IV, há inevitavelmente alguns elementos de subjectividade na aplicação administrativa.

Exigia-se então a caracterização da actividade administrativa de aplicação de leis indeterminadas para que pudéssemos decidir se, nesses casos, a última palavra deveria caber ao fisco ou aos tribunais.

Embora tivéssemos seguido o percurso da dogmática administrativa sobre esta matéria – a qual aliás foi antecipada por reflexões no Direito Fiscal sobre o assunto, de que demos notícia –, entendemos que as soluções dessa dogmática, além de revelarem muitas fragilidades, que denunciámos, não são completamente adequadas ao Direito Fiscal.

A distinção entre conceitos jurídicos indeterminados e discricionários, dependente da sua localização na proposição jurídica, tal como Bachof propôs nos anos cinquenta do século XX, e que ainda hoje encontra defensores mesmo em Portugal, introduziu distorções na dogmática administrativa, que ainda não foram superadas.

Não é aceitável que os conceitos jurídicos indeterminados só estejam localizados na previsão normativa e que a discricionariedade seja apenas conferida pela estatuição, como propôs Bachof (a discricionariedade, passaria desta feita a ser identificada ou concedida por expressões como "pode", "está autorizada", e outras semelhantes), pois, como vimos, a indeterminação da linguagem jurídica não está confinada a uma parte da disposição legal, e portanto não pode ser estabelecida uma relação entre a estrutura da proposição jurídica e a indeterminação (nomeadamente, a indeterminação de resultados nos *casos difíceis*, relacionada com os conceitos vagos ou indeterminados).

Ou seja, as consequências retiradas dessa autonomização dos conceitos jurídicos indeterminados equivaliam a uma alteração metodológica formal, e segundo alguns críticos, a uma má arrumação, a uma falsa representação. A "discricionariedade na hipótese legal" ou a "discricionariedade na consequência jurídica" resulta de uma divisão artificial da proposição jurídica pois, como tem sido amplamente notado, no primeiro caso, a consequência jurídica também é deixada à discrição das autoridades competentes, e no segundo, a avaliação dos pressupostos integra sempre alguns elementos de discricionariedade que contribuem para a decisão.

Tão pouco é aceitável contrapor, como fez Bachof e seus seguidores (a corrente metodológica), a interpretação em abstracto de um conceito jurídico indeterminado e a sua aplicação à situação concreta – a primeira seria uma mera questão de interpretação e como tal de resposta única, mas a aplicação ao caso concreto requeria ponderações subjectivas (ou seja, o recurso a argumentos extralegais) e a atribuição de uma margem de livre apreciação administrativa, não controlável pelos tribunais. Os únicos critérios que entendemos válidos para concluirmos se há uma *resposta única* na aplicação de uma lei vaga ou indeterminada, estão relacionados com a distinção entre *casos fáceis* e *casos difíceis*, ou entre o núcleo e a auréola do conceito.

Não há, por outro lado, quaisquer vantagens em conferir à indeterminação e à discricionariedade moradas diferentes na proposição normativa, se em ambos os casos se pretende tão só demonstrar que a última palavra cabe (deve caber) à administração: por isso, embora se saiba que a corrente bachofiana surgiu como forma de evitar um controlo judicial total das decisões administrativas, uma vez que se assistia a um processo acelerado de juridificação da discricionariedade, ela conduziu a um resultado perverso mas calculável, i.e., a um controlo judicial crescente das decisões administrativas. O problema não podia ser de mero reconhecimento dos conceitos jurídicos indeterminados: se nos outros ramos de Direito, os tribunais contribuem para a concretização de leis indeterminadas, por que razão não o haveriam de fazer no Direito Administrativo? O aumento da actividade administrativa de conformação tornava ainda mais premente um novo caminho.

A doutrina da margem de livre apreciação associada aos conceitos indeterminados na previsão da norma, que ainda hoje encontra representantes, sofre do mesmo defeito da doutrina da discricionariedade técnica que separa "o juízo técnico" do "momento de decisão" (doutrina que também analisámos e criticámos), e da doutrina que defende a vinculação da administração sempre que os conceitos jurídicos indeterminados se localizem na previsão da norma: todas dividem, expressa ou implicitamente, e de modo artificial, a proposição jurídica para efeitos de interpretação e aplicação da lei ao caso concreto.

A dogmática administrativa só parcialmente conseguiu superar as dificuldades criadas pela concepção bachofiana, na defesa e autonomização de uma margem de livre apreciação administrativa em relação à discricionariedade.

Essa superação foi experimentada pelo recurso a argumentos funcionais. Esta perspectiva procura indagar se a administração, tendo em conta a sua composição, legitimação, procedimento e funcionamento é o órgão adequado para dar a última palavra sobre a aplicação de uma lei indeterminada a um caso concreto.

Como vimos também, alguns defensores da perspectiva funcional rejeitam a divisão entre conceitos jurídicos indeterminados e conceitos discricionários e reconduzem os dois institutos à discricionariedade em sentido amplo ou à margem de livre decisão. Mas a perspectiva funcional (ou alguns dos seus representantes), embora tenha abandonado a tarefa de identificação dos conceitos jurídicos indeterminados, não pode prescindir dela, uma vez que a indeterminação legal é o pressuposto da margem de livre decisão administrativa. A nossa crítica a este posicionamento foi feita na secção I do capítulo VI.

Sem nos preocuparmos em averiguar se tem alguma utilidade a distinção entre margem de livre apreciação e discricionariedade no Direito Administrativo, propomos para o Direito Fiscal essa distinção. Ela é necessária para concluirmos se a densificação da lei é reservada à administração ou se pode ser também prosseguida pelos tribunais como acontece nos ramos de Direito onde aquela não se interpõe.

Para o efeito, começámos por distinguir entre conceitos discricionários e restantes conceitos jurídicos indeterminados, ou entre leis indeterminadas que atribuem discricionariedade e as que albergando conceitos jurídicos indeterminados não atribuem discricionariedade.

Entendemos, assim, que os conceitos discricionários são uma subespécie de conceitos indeterminados (nem todos os conceitos indeterminados conferem discricionariedade, pois isso tem de ser decidido por interpretação, caso a caso), e quer uns quer outros tanto se podem situar na hipótese legal como na estatuição.

A discricionariedade administrativa encerra uma ponderação subjectiva da administração segundo as circunstâncias do caso individual, dentro dos limites da lei e do Direito, e a identificação de conceitos discricionários ou de disposições legais que conferem discricionariedade resulta da interpretação das mesmas, não sendo necessário recorrer a argumentos funcionais (de distribuição constitucional de competências) para identificar essa discricionariedade.

Dito ainda de outra forma, as disposições legais com conceitos vagos ou indeterminados que outorgam à administração competência para decidir segundo as circunstâncias do caso individual – e não sendo os argumentos legais suficientes para justificar uma e só uma decisão correcta, pelo menos nos *casos difíceis* –, atribuem discricionariedade administrativa.

Os restantes conceitos indeterminados – ou as disposições legais indeterminadas no sentido do caso 4 de Coleman/Leiter – não postulam um tal juízo individual: é esta a situação regra no Direito Fiscal, devido à reserva de lei fiscal, que aconselha uma autovinculação administrativa, por norma geral e abstracta, que reduza a indeterminação e a margem de livre apreciação administrativa e judicial.

A margem de livre apreciação no Direito Fiscal significa, pois, um juízo não totalmente justificado por argumentos legais, propiciado pela indeterminação da lei, e que deve em regra ser emitido por norma geral e abstracta, de modo que a administração dê o seu contributo às finalidades prosseguidas pelo princípio da legalidade fiscal.

Consideramos, portanto, que a distinção entre discricionariedade e margem de livre apreciação administrativa é fundamental para assegurar o princípio da legalidade fiscal, para definir o seu alcance, sendo em regra indesejável para efeitos da previsibilidade e constrangimento legitimado, a aplicação casuística das leis indeterminadas.

Os argumentos jurídico-funcionais recomendam que o tribunal aceite a solução encontrada pelo fisco, desde que *defensável*, e desde que estejamos perante uma indeterminação legal correspondente ao caso 4 de Coleman/Leiter. Tal indeterminação ocorrerá em regra, a propósito da determinação e quantificação da matéria tributável, e a margem de livre apreciação quanto a estes aspectos também se justifica por razões ligadas à administração de massas, ao princípio da igualdade possível e à praticabilidade. Não há outras razões que justifiquem tal margem de livre apreciação: não há, designadamente, razões de irrepetibilidade de produção dos factos, nem de responsabilização administrativa pelas soluções adoptadas.

É importante salientar ainda que em caso de margem de livre apreciação do fisco, os tribunais devem controlar os limites internos e externos à mesma, tal como o devem fazer em caso de discricionariedade. O art. 268.º, n.ºs 4 e 5, da CRP, e o princípio do Estado de Direito assim o exigem (embora em Portugal os tribunais se abstenham com demasiada frequência de tal controlo, sob a manta da discricionariedade técnica). Não sendo válidas as razões ligadas à irrepetibilidade da produção dos factos, nem a um especial juízo técnico do fisco – no sentido de um juízo diferente da interpretação e aplicação da lei a uma situação da vida – que legitime a margem de livre apreciação administrativa, o tribunal tem de apreciar a legalidade da decisão do fisco, embora aceitando o resultado (a solução) a que ele chegou, se este for um dos resultados *defensáveis* à luz do conjunto dos argumentos legais (e extralegais também), o que só acontece se todos os limites internos e externos à margem de livre apreciação tiverem sido respeitados.

As conclusões a que chegámos nos capítulos dedicados à distribuição de competências legislativas e regulamentares em matéria fiscal, entre Parlamento, Governo-legislador e Governo-administração, ao princípio da tipicidade e à margem de livre apreciação administrativa concedida por leis indeterminadas, tinham ainda de ser colocadas à prova numa última parte, dedicada ao estudo das exigências de simplificação da lei fiscal, e ao "estado de necessidade" em que se encontra a administração fiscal, por falta de meios suficientes para aplicar a lei de forma individualizada e assegurar de forma irrestrita o princípio da investigação e da verdade material, dirigidos à tributação também irrestrita do rendimento real.

Aqui havia que testar, quer quanto à actividade legislativa, quer quanto à aplicação da lei fiscal indeterminada, as duas opções com que se debate o Direito, e que estão subjacentes a toda a discussão que travámos ao longo da tese: o tipo ou a individualização. Existindo uma tendência para o Direito apreender a realidade segundo os casos típicos (e para aqui tendem as exigências da legalidade fiscal), a individualização não é totalmente excluída das preocupações do legislador (e assim o exige a justiça fiscal). São as tipificações legais (que recorrem a ficções e a presunções) que dão origem aos *Tatbestände* tendenciamente fechados, enquanto a individualização é prosseguida pela indeterminação legal.

Ora bem, conjugando o princípio da tipicidade com as necessidades de simplificação da lei fiscal, percebemos que quanto mais detalhada e pormenorizada é a lei, menos *previsíveis* se tornam os resultados da sua aplicação – ou seja, os objectivos prosseguidos pela legalidade e pela tipicidade não são afinal atingidos – e as legislações fiscais dos Estados da OCDE caracterizam-se actualmente por uma complexidade extrema e contraproducente.

Assim, a legalidade e a tipicidade fiscais recomendam leis simples, que possibilitem uma correcta aplicação da mesma. Como sustentámos, o princípio da legalidade deve servir também a justiça fiscal, e dentro da sua margem de livre conformação, o legislador deve criar as condições para uma aplicação da lei que corresponda às finalidades por ela prosseguidas, sob pena de essa aplicação ser contrária ao princípio da igualdade (se uma lei fiscal respeita os princípios fiscais materiais, nomeadamente, o princípio da capacidade contributiva, uma aplicação incorrecta da lei implica a violação desse princípio). Leis e regimes demasiado complexos (lembre-se o caso 2 de Coleman/Leiter) dão frequentemente origem a resultados contraditórios e a indeterminação de resultados, porque os argumentos legais parecem justificar um qualquer (múltiplos) resultado(s).

Defendemos por isso que, para evitar uma complexidade excessiva, o legislador conjugue a técnica das tipificações legais com alguma indeterminação legal. Ele deve ter por base tipos reais e tipos estruturais (no sentido de Larenz/Canaris) de significado relevante (i.e., correspondendo a tipos médios e/ou frequentes), quando recorre a tipificações legais (servindo-se de presunções e de ficções), de tal modo que, ao guiar-se pelo tipo médio ou frequente, as desigualdades só atinjam um número pequeno de pessoas, que essa violação da igualdade não seja muito intensa, e que não seja violado o princípio da não-discrimininação. Mas, como se disse, o legislador deve combinar as tipificações legais (tipos legais fechados, através de presunções e ficções) com alguma indeterminação, atribuindo uma margem de livre apreciação aos órgãos que aplicam a lei, relativamente a alguns aspectos do regime, de maneira que os objectivos de tributação do rendimento real, ou mais em geral, da capacidade contributiva, sejam efectivados.

Assim, chegados a este ponto, tendo em mente a articulação entre as exigências da legalidade fiscal, igualdade e leis não muito complexas para atingir estes objectivos, estamos em condições de retomar e completar as conclusões dos títulos I e II, relativas às obrigações de determinação da lei fiscal.

No que diz respeito às normas de incidência objectiva s.s., elas devem constituir tipos legais, definindo e enumerando as manifestações típicas de riqueza que cada imposto pretende atingir. Esses tipos legais devem ser tendencialmente fechados, mas não totalmente; podem ser consagradas cláusulas residuais que abram a tipicidade, para permitir a aplicação segundo o pensamento tipológico (aos tipos reais e estruturais subjacentes), e não devem ser exageradamente detalhados. Deste modo ficarão abrangidos os casos típicos, e conseguir-se-á garantir o princípio da igualdade fiscal e prevenir comportamentos elisivos.

No que diz respeito às normas de incidência subjectiva, a enumeração dos sujeitos não tem de ser taxativa, mas exemplificativa, de modo a evitar que determinadas entidades, pela forma jurídica que (não) assumam, escapem do âmbito de incidência.

Quanto às normas de incidência objectiva e subjectiva s.s., as dúvidas de interpretação dirão em regra respeito ao caso 1 de Coleman/Leiter, i.e., o conjunto de argumentos legais não garante nenhum resultado, pelo que se coloca uma questão de limites de interpretação admissível, cabendo aos tribunais a última palavra sobre esses limites.

Quanto à determinação e quantificação da matéria tributável, também cabe à lei parlamentar ou decreto-lei autorizado definir o regime a aplicar para os casos típicos, devendo a indeterminação legal limitar-se aos *casos difíceis*.

Mas temos ainda de acrescentar que neste caso o legislador pode recorrer a tipificações (ficções e presunções), para o apuramento do rendimento segundo os métodos directos de tributação (rendimento real), tendo novamente por base tipos empíricos relevantes: os vários componentes do apuramento do rendimento ou do lucro tributável devem guiar-se pelos casos típicos, podendo os encargos dedutíveis ser quantificados segundo tipos médios ou frequentes, de modo a facilitar uma aplicação igual da lei e a prevenir comportamentos elisivos. Métodos directos de avaliação do rendimento não são inconciliáveis com tipificações: como dissemos, as tipificações têm por base tipos empíricos mediados por tipos reais e estruturais médios ou frequentes, e, como recordámos, a tendência para apreender a realidade segundo o tipo é uma característica do Direito.

Mas tendo em conta que a finalidade prosseguida pelas regras de determinação da matéria tributável e quantificação do imposto segundo métodos directos (tributação do rendimento real) tem de ser colocada à prova no momento da sua aplicação (como acontece com toda a aplicação do Direito), as tipificações legais só devem ser consagradas relativamente a soluções estabilizadas; ou seja, deve ser deixada alguma indeterminação legal, para que a lei não fique sobrecarregada de pormenores e para que a administração ao aplicar a lei ao universo de sujeitos passivos delimite o seu verdadeiro alcance e detecte as imperfeições dos regimes legais (imperfeições que podem resultar de contradições – normalmente aparentes – entre a letra e a finalidade da lei). Desta forma, a administração poderá executar a lei dentro de uma margem de livre apreciação, procedendo à sua concretização, sempre no respeito dos limites da lei, os quais devem ser controlados pelos tribunais. Como a indeterminação das disposições legais respeitantes à determinação e quantificação da matéria tributável, corresponde ao caso 4 de Coleman/Leiter, o tribunal deve aceitar o juízo da administração, desde que *defensável,* controlando os limites da margem de livre apreciação. Se a indeterminação legal tiver finalidades de simplificação do regime, a concretização dessa indeterminação pela administração (e tribunais) não deverá criar muitas distinções, sob pena de interpretação incorrecta da lei.

O legislador também recorre normalmente a tipificações para disciplinar os métodos indirectos de tributação, mas neste caso as tipificações afastam a tributação do rendimento real: os métodos indirectos estão relacionados com a violação dos deveres de cooperação por parte do sujeito passivo, o que não acontece com as tipificações utilizadas no método directo, e por isso, o apuramento do rendimento tributável segundo este método, deve constituir o regime regra.

O método tipificante não pode ser utilizado para as disposições legais relativas à incidência objectiva s.s., no sentido em que não se podem consagrar presunções inilidíveis quanto à própria obtenção do rendimento, sob pena de inconstitucionalidade, mas já não são inconstitucionais as ficções e presunções que alarguem o conceito de objecto de imposto. Estabelecemos ainda, no capítulo VIII, os pressupostos para que as tipificações legais não sejam contrárias ao princípio da capacidade contributiva.

Faltava ainda confirmar uma última questão: a de saber como deve a administração aplicar leis indeterminadas (nomeadamente, quando o legislador não recorre a tipificações).

Novamente se coloca aqui a opção entre o tipo e o individual, i.e., ou a administração (e os tribunais) aplicam a lei indeterminada tendo em conta as circunstâncias relevantes do caso individual (por ex., verificação, contribuinte a contribuinte, das despesas necessárias para a obtenção do rendimento), ou tipificam, concretizando a lei indeterminada, orientando--se pelo tipo médio ou frequente (apreciação das circunstâncias típicas da situação da vida contida na previsão legal), através de normas gerais e abstractas, no caso da administração, ou através de uma jurisprudência constante, no caso dos tribunais.

Concluímos anteriormente que a indeterminação legal não confere verdadeira discricionariedade quando estamos perante elementos essenciais do imposto (elementos constitutivos do *Tabestand* de garantia).

E defendemos que a indeterminação legal deixa uma margem de livre apreciação ao fisco, quando os argumentos legais não são suficientes para justificar uma e só uma decisão correcta, pelo menos nos *casos difíceis*. Essa margem de livre apreciação ocorre então normalmente, repetimos, quanto às normas de determinação e quantificação da matéria tributável. Defendemos também a este propósito que a indeterminação legal não postula a consideração da situação individual; pelo contrário, as finalidades prosseguidas pela legalidade e tipicidade (*maxime*, da previsibilidade) recomendam a tipificação.

Se nos títulos I a III, nos referimos fundamentalmente a uma concretização da lei fiscal indeterminada por regulamentos, no título IV, nomeadamente no capítulo IX, defendemos que as circulares da administração fiscal, e no caso português, em particular as orientações genéricas, devem participar nesse processo de concretização, e que são vinculativas para a administração, tribunais e sujeitos passivos. Finalmente, se a indeterminação legal não for concretizada por regulamento ou acto pararegulamentar, é aconselhável a tipificação através de uma jurisprudência constante.

Mas a tipificação administrativa e judicial parecem ser contrárias ao apuramento do rendimento real e aos princípios do inquisitório e da verdade material, os quais exigem a consideração dos aspectos relevantes da situação individual. Isto significa que a legalidade e a tipicidade embora recomendem – segundo defendemos – a complementaridade entre fontes de Direito, com vista a atingir a *previsibilidade* dos resultados, não são suficientes para legitimar a tipificação administrativa. Isto é, não são suficientes para justificar que a lei indeterminada, que prossiga fins de tributação do rendimento real (e que por ser indeterminada e não conter tipificações, possibilita e desencadeia a actuação dos princípios do inquisitório e da verdade material), seja concretizada ou tipificada por regulamento ou acto pararegulamentar, tipificação essa que impede a consideração dos traços individuais relevantes da situação (pense-se no caso das portarias relativas à distribuição de lucros e de custos entre a zona franca da Madeira e de Santa Maria dos Açores e o restante território português).

Para resolver este conflito entre princípios é necessário invocar o princípio da praticabilidade. Este princípio justifica que a administração escolha os meios adequados de execução da lei, de entre os disponíveis, de forma a atingir os resultados pretendidos pela lei e uma execução eficaz e uniforme.

Na sua força máxima, como princípio constitucional, a praticabilidade resolve a tensão entre a justiça possível e execução atempada, por um lado, e a justiça individualizada, por outro lado, no sentido mais favorável à primeira opção. Ou seja, a praticabilidade promove a decisão no sentido da tipificação administrativa. Mas a praticabilidade é ainda elemento da interpretação teleológica, devendo ser avaliada conjuntamente com o princípio da igualdade e da proibição do excesso.

Ora, a finalidade de todas as leis é que sejam susceptíveis de uma execução correcta, e por isso devem ser ponderadas as condições reais da sua execução. No quadro de uma administração de massas, o fisco é incapaz de aplicar a lei indeterminada directa, individual e atempadamente, com resultados previsíveis, equitativos e não arbitrários.

A administração de massas colocou o fisco num "estado de necessidade", não lhe sendo exigível que a determinação da matéria tributável e a quantificação do imposto implique a fiscalização de todos os sujeitos passivos, um a um, de modo que o exercício da margem de livre apreciação concedida por lei indeterminada, implique um juízo individualizado. O princípio do inquisitório e da verdade material não são assim princípios de aplicação irrestrita. A fiscalização deve ser eficiente como instrumento de persuasão de comportamentos abusivos, e não de aplicação permanente ao universo dos sujeitos passivos, pois esta pretensão, por ser irrealista, conduz à inércia administrativa e à evasão fiscal.

Por isso, quanto à determinação e quantificação da matéria tributável, as leis indeterminadas podem em regra ser concretizadas, e quanto às normas desoneradoras (i.e., deduções, abatimentos e semelhantes), essa concretização pode mesmo envolver tipificações quantitativas. A redução da medida da prova que destas decorre não pode pôr em causa que a tributação incida, fundamentalmente, sobre o rendimento real, e em qualquer caso, a margem de livre tipificação não pode violar a preferência de lei.

No caso das normas de incidência, a indeterminação legal corresponde ao caso 1 de Coleman/Leiter, pelo que não valem os argumentos ligados à administração de actos-massa, prevalecendo a reserva de lei e a capacidade contributiva sobre o princípio da praticabilidade. Assim, a aplicação da lei e a margem de liberdade concedida deverá ser orientada para a avaliação das circunstâncias individuais relevantes permitidas por lei, devendo o tribunal ter a palavra final: não há neste caso nem discricionariedade, nem margem de livre apreciação, mas vinculação. Se porém, a lei for concretizada por acto normativo (por regulamento ou acto pararegulamentar), que não consagre uma tipicidade fechada, o tribunal deve reconhecer uma margem de livre apreciação, desde que a solução da administração seja *defensável*.

Note-se que a tipificação também traz vantagens ao sujeito passivo: para além da previsibilidade da interpretação administrativa, que é assim publicitada, é garantida a não discriminação na aplicação da lei, e o distanciamento da administração da esfera privada individual implica a diminuição dos deveres de informação, documentação e de outros deveres de cooperação associados à simplificação da prova pelo sujeito passivo.

A tipificação não viola o princípio da igualdade, nem o princípio da investigação e verdade material, pois concluímos que a igualdade é mais bem prosseguida pela tipificação (pelo tipo médio ou frequente) do que pela investigação de todo o universo de sujeitos passivos. Admite-se porém que o sujeito passivo afaste as tipificações quantitativas estabelecidas em regulamentos ou actos pararegulamentares, sempre que a lei indeterminada prossiga a tributação do rendimento real, e as tipificações quantitativas conduzam, numa situação individual, a um resultado manifestamente errado.

Tipicidade, determinação da lei, indeterminação e margem de livre apreciação, ou melhor, margem de livre tipificação administrativa. Este foi o nosso percurso para traçar os bons caminhos da legalidade fiscal no Estado de Direito do princípio do século XXI.

A legalidade fiscal tem, como é sabido, inúmeras ramificações, e pode ser trabalhada sob múltiplos ângulos. A tese que propomos oferece, segundo cremos, um *equilíbrio reflexivo* (Rawls) entre as dificuldades criadas pela actual complexidade da legislação fiscal, que torna inoperante a administração de massas e inatingíveis as finalidades de justiça fiscal, e as exigências de garantia inerentes ao Estado de Direito.

LISTA DAS PRINCIPAIS ABREVIATURAS

AO	– Abgabenordnung
AöR	– Archiv des öffentlichen Rechts
BCE	– Boletim de Ciências Económicas
BFDUC	– Boletim da Faculdade de Direito da Universidade de Coimbra
BFH	– Bundesfinanzhof
BVerfG	– Bundesverfassungsgericht
BVerwG	– Bundesverwaltungsgericht
BMJ	– Boletim do Ministério da Justiça
DStjG	– Deutsche Steuerjuristische Gesellschaft
CTF	– Ciência e Técnica Fiscal
CCTF	– Cadernos de Ciência e Técnica Fiscal
DÖV	– Die öffentliche Verwaltung
DStBl	– Deutsches Steuerblatt
DVBl	– Deutsches Verwaltungsblatt
FGO	– Finanzgerichtsordnung
FinArch	– Finanz Archiv
FR	– Finanz Rundschau
GG	– Grundgesetz
JZ	– Juristische Zeitung
RDE	– Revista de Direito Económico
RFDUL	– Revista da Faculdade de Direito da Universidade de Lisboa
RFH	– Reichsfinanzhof
RLJ	– Revista de Legislação e Jurisprudência
RJ	– Revista Jurídica
RDFSDF	– Rivista di Diritto Finanziario e Scienza delle Finanze
Riv. Diritto Trib.	– Rivista di Diritto Tributario
RTDP	– Rivista Trimestrale di Diritto Pubblico
SI	– Scientia Iuridica
StuW	– Steuer und Wirtschaft
ZAfDR	– Zeitschrift der Akademie für Deutsches Recht

BIBLIOGRAFIA

ABREU, JORGE MANUEL COUTINHO DE, *Sobre os Regulamentos administrativos e o princípio da legalidade*, Coimbra, 1987
ACHTERBERG, NORBERT, *Allgemeines Verwaltungsrecht*, 2.ª ed., Heidelberg, 1986
ACOSTA, EUGENIO SIMÓN, "La Legge tributaria", *Trattato di Diritto tributario, Il Diritto tributario e le sue fonti*, dir. Andrea Amatucci, col. Eusebio González García e Walter Schick, vol. I, tomo II, Padova, 1994
ALCHOURRÓN, CARLOS E., EUGENIO BULYGIN, *Introducción a la metodología de las ciencias jurídicas y sociales*, 1.ª ed., 3.ª reimpressão, Ciudad de Buenos Aires, 1998
ALEXY, ROBERT, "Ermessensfehler", *JZ*, 1986
ALGUACIL MARÍ, PILAR, *Discrecionalidad técnica en la comprobación tributaria de valores, La Problematica de su control judicial*, Valencia, 1999
ALMEIDA, ANÍBAL DE, "Desigualdade de progressividade (em complemento de uma lição recente de J.J. TEIXEIRA RIBEIRO)", *BCE*, vol. XXXII, Coimbra, 1989
 — "Sobre a natureza jurídica das «taxas pela realização de infra-estruturas urbanísticas»", *Estudos de Direito Tributário*, Coimbra, 1996
ALMEIDA, VIEIRA DE, E ASSOCIADOS, "Ajudas de custo – análise de jurisprudência", análise do acórdão do TCA de 4.5.04, proc. n.º 832/03, *Fiscalidade*, 2004, n.os 19/20
ALTEHOEFER, KLAUS, "Steuervereinfachung in Gesetzgebung und Praxis", *Steuervereinfachung, FS für Dietrich Meyding zum 65. Geburtstag*, Hrsg. Wilhelm Bühler, Paul Kirchhof e Franz Klein, Heidelberg, 1994
AMARAL, ALEXANDRE PINTO COELHO DO, *Direito Fiscal, Segundo as prelecções feitas ao terceiro Ano Jurídico de 1956-1957 pelo Exm.º Senhor Dr. Alexandre Pinto Coelho do Amaral*, lições coligidas por Miguel Veiga e Manuel de São Payo, Coimbra, 1957
AMARAL, DIOGO FREITAS DO, *Direito Administrativo, II*, Lisboa, 1988
 — *Curso de Direito Administrativo, II*, Coimbra, 2004
AMARAL, DIOGO FREITAS DE, JOÃO CAUPERS, JOÃO MARTINS CLARO, JOÃO RAPOSO, MARIA DA GLÓRIA DIAS GARCIA, PEDRO SIZA VIEIRA, VASCO PEREIRA DA SILVA, *Código do Procedimento Administrativo*, 5.ª ed., Coimbra, 2005
ANDRADE, ANSELMO, Prefácio a MARNÔCO E SOUSA, *Tratado de Sciência das Finanças, I*, Coimbra, 1916
ANDRADE, JOSÉ CARLOS VIEIRA DE, "Autonomia regulamentar e reserva de lei", *Estudos de homenagem ao Prof. Doutor Afonso Rodrigues Queiró, I*, Coimbra, 1984
 — "O Ordenamento jurídico administrativo", *Contencioso administrativo*, Braga, 1986
 — *O Dever da fundamentação expressa de actos administrativos*, Coimbra, 1992

- *Direito Administrativo e Fiscal, Lições ao 3.° ano do Curso de 1995-96* (polic.), Coimbra
- *Direito Administrativo, Sumários desenvolvidos, 2.° Ano, 1.ª Turma, 2004/2005*
- *Os Direitos fundamentais na Constituição Portuguesa de 1976*, 3.ª ed., Coimbra, 2004
- *A Justiça administrativa (Lições)*, 6.ª ed., Coimbra, 2004

APRATH, WERNER, "Zur Lehre vom Steuerlichen Tatbestand", *Gegenwartsfragen des Steuerrechts*, FS für Armin Spitaler, Hrsg. Gerard Thoma, Köln, 1958

ARNIM, HANS HERBERT VON, SPEYER, "Zur Wesentlichkeitstheorie des Bundesverfassungsgerichts", *DVBL*, 1987

ARNDT, HANS-WOLFGANG, *Grundzüge des Allgemeinen Steuerrechts*, München, 1988
- *Steuerrecht*, 2.ª ed., Heidelberg, 2001

ARNDT, HANS JOACHIM, *Praktikabilität und Effizienz*, Köln, 1983

ASCENSÃO, JOSÉ DE OLIVEIRA, *A Tipicidade nos Direitos Reais*, Lisboa, 1968
- *O Direito, Introdução e teoria geral*, 13.ª ed. refundida, Coimbra, 2005

ATIENZA, MANUEL, *Tras la justicia, Una introducción al Derecho y al razonamiento jurídico*, Barcelona, 1993

AYALA, BERNARDO DINIZ DE, *O (Défice de) controlo judicial da margem de livre decisão administrativa*, Lisboa, 1995

BACHOF, OTTO, "Beurteilungsspielraum, Ermessen und unbestimmter Rechtsbegriff im Verwaltungsrecht", *JZ*, 1955, n. 4
- *Verfassungsrecht, Verwaltungsrecht, Verfahrensrecht in der Rechtsprechung des Bundesverwaltungsgerichts*, 2.ª ed., Tübingen, 1964

BACIGALUPO, MARIANO, *La Discrecionalidad administrativa (estructura normativa, control judicial y límites constitucionales de su atribución)*, Madrid, 1997

BADURA, PETER, "Gestaltungsfreiheit und Beurteilungsspielraum der Verwaltung, bestehend aufgrund und nach Massgabe des Gesetzes", *FS für Otto Bachof zum 70. Geburtstag*, Hrsg. Günter Püttner e outros, München, 1984
- "Das normative Ermessen beim Erlaß von Rechtsverordnungen und Satzungen", *Gedächtnisschrift für Wolfgang Martens*, Hrsg. Peter Selmer und Ingo von Münch, Berlin, New York, 1987

BALDUZZI, RENATO e FEDERICO SORRENTINO, "Riserva di legge", *Enciclopedia del Diritto*, vol. XL, 1989

BALL, KURT, *Einführung in das Steuerrecht*, Manheim, Berlin, Leipzig, 1927

BARBIERI, GIOVANNI TARLI, *Le Delegificazioni, 1989/95*, Torino, 1996

BARREIRA, RUI, "Notas sobre o regime fiscal da alienação de acções próprias", *Estudos em Homenagem ao Professor Doutor Pedro Soares Martinez*, Ciências Jurídico-Económicas, II, Coimbra, 2000

BASTO, JOSÉ XAVIER DE, "O Princípio da tributação do rendimento real e a lei geral tributária", *Fiscalidade*, 2001, n.° 5

BASTO, JOSÉ XAVIER DE, J.L. SALDANHA SANCHES, "O Novo regime de reembolsos do IVA – um despacho normativo ilegal", *Fisco*, 1994, n.° 62

BATTIS, ULRICH, "Unbestimmte Rechtsbegriffe im Wirtschaftsrecht", *Strafrecht, Unternehmensrecht, Anwaltsrecht, FS für Gerd Pfeiffer*, Hrsg. Otto von Gamm, Peter Raisch, Klaus Tiedmann, Köln, Berlin, Bonn, München, 1988

BECKER, ENNO, "Grundfragen aus den neuen Steuergesetzen", *StuW*, 1926
- Die Entwicklung des Deutschen Steuerrechts, *StuW*, 1931
- "Zur Rechtsprechung", *StuW*, 1931
- "Von der Selbständigkeit des Steuerrechts. Klare Entwicklung seiner Grundgedanken als Lebensbedingungen des Steuerrechts. Zur wirtschaftlichen Betrachtungsweise", *StuW*, 1932
- "Die Einheitlichkeit des Deutschen Steuerrechts", *StuW*, 1937
- *Die Grundlagen der Einkommensteuer*, München, Berlin, 1940

BECKER/RIEWALD/KOCH, *Kommentar zur Reichsabgabenordnung mit Nebengesetze, I, § 1 da RAO*, 9.ª ed., Köln, Bonn, Berlin, München, 1963

BEHRENDS, JÖRG, *Die Lehre vom Steuertatbestand in bezug auf die Einnahmen aus Vermietung und Verpachtung*, Regensburg, 1999

BELEZA, TERESA, *Direito Penal*, 2.ª ed., Lisboa, 1984

BELING, ERNST, *Die Lehre vom Verbrechen*, Tübingen, 1906
- *Grundzüge des Strafrechts*, Tübingen, 1920
- *Grundzüge des Strafrechts – mit einer Anleitung zur Bearbeitung von Strafrechtsfällen*, 11.ª ed., Tübingen, 1930
- *Die Lehre vom Tatbestand*, Tübingen, 1930

BERGKEMPER, W., "Werbungskosten: Promotionskosten als Werbungskosten (Änderung der Rechtsprechung)", *FR*, 2004

BERLIRI, ANTONIO, "Appunti sul fondamento e il contenuto dell'art. 23 della costituzione", *Studi in onore di A.D. Giannini*, Milano, 1961
- "Fondamento e contenuto dell' art. 23 Cost.", *Studi in onore di A.D. Giannini*, Milano, 1961
- *Corso istituzionale di Diritto Tributario, I*, Milano, 1995

BIRK, DIETER, *Das Leistungsfähigkeit als Maßstab der Steuernormen*, Köln, 1983
- § 5 AO, Hübschmann, Hepp, Spitaler, AO/FGO *Kommentar*, II, Köln, 2000
- "Kontinuätsgewähr und Vertrauensschutz", *Vertrauensschutz im Steuerrecht*, Hans-Jürgen Pezzer (Hrsg.), *DStJG*, Bd. 27, Köln, 2004
- *Steuerrecht*, 7.ª ed., Heidelberg, 2004

BIRNBAUM, "Bemerkungen über einige zum Behufe der Lehre von der Rechtsunkenntniß gemachte Eintheilungen der Verbrechen und Strafgesetze, *Neues Archiv des Criminalrechts*, Bd. IX, 1830

BLECKMANN, ALBERT, "Spielraum der Gesetzesauslegung und Verfassungsrecht", *JZ*, 1995
- *Ermessensfehlerlehre, Völker- und Europarecht, vergleichendes Verwaltungsrecht*, Köln, Berlin, Bonn, München, 1997

BLUMENSTEIN, ERNST, "Beiträge zur Finanzwissenschaft", *Festgabe für Georg von Schanz zum 75. Geburtstag*, II, Hrsg. Hans Teschemacher, Tübingen, 1928
- "Die Steuer als Rechtsverhältnis", *Beiträge zur Finanzwissenschaft, Festgabe für Georg von Schanz zum 75. Geburtstag*, II, Hrsg. Hans Teschemacher, Tübingen, 1928

BRINKMANN, JOHANNES A., *Tatbestandsmässigkeit der Besteuerung und formeller Gesetzesbegriff*, Köln, 1982

BRITO, JOSÉ DE SOUSA E, "Sobre a amnistia", *RJ*, 1986, n.º 6, Nova Série
- "A Lei penal na constituição", *Estudos sobre a Constituição*, vol. 2, Lisboa, 1978

– "Sentido e valor da análise do crime", *Textos de apoio de Direito Penal*, I, Lisboa, 1983/84

BRITO, MIGUEL NOGUEIRA DE, "Sobre a discricionariedade técnica", *RDE*, 1994, n.ᵒˢ 1-2-3

BROCKMEYER, HANS-BERNHARD, "Typisierungen im Einkommensteuerrecht durch die Rechtsprechung des Bundesfinanzhofs, *Steuerrechtsprechung, Steuergesetz, Steuerreform, FS für Klaus Offerhaus zum 65. Geburtstag*, Hrsg. Paul Kirchhof e outros, Köln, 1999

BROHM, WINFRIED, "Ermessen und Beurteilungsspielraum im Grundrechtsbereich", *JZ*, 1995

– "Die staatliche Verwaltung als eigenständige Gewalt und die Grenzen der Verwaltungsgerichtsbarkeit", *DVBL*, 1986

– "Verwaltung und Verwaltungsgerichtsbarkeit als Steuerungsmechanismen in einem polyzentrischen System der Rechtserzeugung", *DÖV*, 1987

BUBENZER, FRITZ, "Die Abgrenzung des Steuertatbestandes", *StuW*, 1951

BÜHLER, OTTMAR, "Der Einfluss des Steuerrechts auf die Begriffsbildung des öffentlichen Rechts", Mitbericht, *Verhandlungen der Tagung der Deutschen Staatsrechtslehrer zu Münster i.W. am 29. und 30. März 1926*, Heft 3, Berlin, Leipzig, 1927

– "Finanzgewalt im Wandel der Verfassungen", *FS für Richard Thoma zum 75. Geburtstag*, Tübingen, 1950

– *Lehrbuch des Steuerrechts in zwei selbständigen Bänden, Allgemeines Steuerrecht*, I, Berlin, 1927

– *Steuerrecht, Grundriss in zwei Bänden, Allgemeines Steuerrecht*, I, Wiesbaden, 1951

BÜHLER, OTTMAR, GEORG STRICKRODT, *Steuerrecht, Allgemeines Steuerrecht*, I, 3.ª ed., Wiesbaden, 1959

– *Steuerrecht, Grundriss in zwei Bänden, Allgemeines Steuerrecht*, I, 3.ª ed., Wiesbaden, 1960

BÜHLER, WILHELM, ERNST GEORG SCHUTTER, "Einfachere Steuern für Bürger und Finanzamt", *FS für Dietrich Meyding zum 65. Geburtstag*, Hrsg. Wilhelm Bühler, Paul Kirchhof e Franz Klein, Heidelberg, 1994

BURKHARDT, BJÖRN, "Geglückte und folgenlose Strafrechtsdogmatik – Hauptreferat", *Die deutsche Strafrechtswissenschaft vor der Jahrtausendwende*, Albin Eser, Winfried Hassemer, Björn Burkhardt (Hrsg.), München, 2000

BYDLINSKI, FRANZ, *Juristische Methodenlehre und Rechtsbegriff*, 2.ª ed., Wien, New-York, 1991

CAETANO, MARCELLO, *Manual de Direito Administrativo*, 2.ª ed., Coimbra, 1947

– *Manual de Direito Administrativo*, 5.ª ed., Coimbra, 1960

– *Direito Administrativo*, I, 10.ª ed. revista e actualizada pelo Prof. Doutor Diogo Freitas do Amaral, Lisboa, 1973

– *Manual de Direito Administrativo*, I, 10.ª ed., Coimbra, 1984

CAMPOS, DIOGO LEITE DE, *Lições de Direito Fiscal, Sumários desenvolvidos das lições ao Curso Complementar da Faculdade de Direito de Coimbra, em 1981/82, do Prof. Doutor Diogo Leite de Campos*, Coimbra, 1982

– "A Determinação administrativa da matéria colectável: fixação de rendimentos e avaliação de bens", *Estudos efectuados por ocasião do XXX Aniversário do Centro de Estudos Fiscais, 1963-1993*, Lisboa, 1993

– "Interpretação das normas fiscais", *Problemas fundamentais do Direito Tributário*, Lisboa, 1999

CAMPOS, DIOGO LEITE DE, BENJAMIM SILVA RODRIGUES, JORGE LOPES DE SOUSA, *Lei Geral Tributária comentada e anotada*, 3.ª ed., Lisboa, 2003

CAMPOS, DIOGO LEITE DE, MÓNICA HORTA NEVES LEITE DE CAMPOS, *Direito Tributário* (Reimpressão), Coimbra, 1997

CANOTILHO, J.J. GOMES, "A Lei do orçamento na teoria da lei", *Estudos em homenagem ao Prof. Doutor J.J. Teixeira Ribeiro, BFDUC, Juridica, II*, Coimbra, 1979

– *Constituição dirigente e vinculação do legislador, contributo para a compreensão das normas constitucionais programáticas*, Coimbra, 1982

– "Fidelidade à República ou fidelidade à NATO?", *Estudos em homenagem ao Prof. Doutor Afonso Rodrigues Queiró*, Coimbra, 1984

– *Direito Constitucional e Teoria da Constituição*, 7.ª ed., Coimbra, 2003

CANOTILHO, J.J. GOMES, VITAL MOREIRA, *Constituição da República Portuguesa Anotada*, vol.II, 2.ª ed., Coimbra, 1985

– *Fundamentos da constituição*, Coimbra, 1991
– *Constituição da República Portuguesa Anotada*, 3.ª ed., Coimbra, 1993

CARLASSARE, LORENZA, "Regolamento (Diritto Costituzionale)", *Enciclopedia del Diritto*, vol. XXXIX, 1988

– "Legalità (principio di)", *Enciclopedia Giuridica*, vol. XVIII, Roma, 1990
– "Legge (riserva di)", in *Enciclopedia Giuridica*, vol. XVIII, Roma, 1990
– *Conversazioni sulla costituzione*, 2.ª ed., Padova, 2002

CARVALHO, AMÉRICO A. TAIPA DE, *Direito Penal, Parte Geral, Questões fundamentais*, Porto, 2003

CELOTTO, ALFONSO, *L'Abuso del decreto-legge, Profili teorici, evoluzione storica e analisi morfologica*, Padova, 1997

CHELI, ENZO, "L'Ampliamento dei poteri normativi dell' esecutivo nei principali ordinamenti occidentali", *Riv. Trim. di Diritto Pubblico*, 1959

CICCONETTI, STEFANO MARIA, *Le Fonti del Diritto italiano*, Torino, 2001

COCOZZA, VINCENZO, *La Delegificazione, Modello legislativo – Attuazione*, Napoli, 1998

COLEMAN, JULES L., BRIAN LEITER, "Determinacy, Objectivity, and Authority", *Law and interpretation, Essays in legal philosophy*, Oxford, New York, 1997 (1995)

CORDEIRO, A.M. MENEZES, *Da Boa fé no Direito Civil, II*, Coimbra, 1984

CORREIA, FERNANDO ALVES, *O Plano urbanístico e o princípio da igualdade*, Coimbra, 1997

CORREIA, J.M. SÉRVULO, *Noções de Direito Administrativo, I*, Lisboa, 1982

– *Legalidade e autonomia contratual nos contratos administrativos*, Coimbra, 1987
– "Separation of powers and judicial review of administrative decisions in Portugal", *RFDUL*, vol. XXXIV, Lisboa, 1993

CORREIA, MARIA LÚCIA AMARAL PINTO, *Responsabilidade do Estado e dever de indemnizar do legislador*, Coimbra, 1998

CORTE-REAL, CARLOS PAMPLONA, *Direito Fiscal, Apontamentos*, Lisboa, 1980

– *Curso de Direito Fiscal, I vol.*, Lisboa, 1982
– "A Reforma fiscal e a inerente dignificação científica do Direito Fiscal", *Colóquio sobre o sistema fiscal, Comemoração do XX aniversário do Centro de Estudos Fiscais*, Lisboa, 1984
– "As Garantias dos contribuintes", *CCTF*, Lisboa, 1986, n.º 147

COSTA, J.M. CARDOSO DA, *Direito Fiscal, Lições ao 3.º ano jurídico de 1967-68*, Coimbra, 1968
- *Curso de Direito Fiscal*, 2.ª ed., Coimbra, 1972
- "Sobre as autorizações legislativas da lei do orçamento", *Estudos em homenagem ao Prof. Doutor Teixeira Ribeiro, Iuridica*, III, BFUDC, Coimbra, 1983
- "O Enquadramento constitucional do Direito dos impostos em Portugal", *Perspectivas constitucionais, Nos 20 anos da Constituição de 1976*, vol. II, Coimbra, 1997

COURINHA, GUSTAVO LOPES, *A Cláusula geral anti-abuso no Direito Tributário: contributos para a sua compreensão*, Lisboa, 2004

COUTINHO, LUÍS PEDRO PEREIRA, "As Duas subtracções. Esboço de uma reconstrução da separação entre as funções de legislar e de administrar", *RFDUL*, 2000, n.º 1
- "Regime orgânico dos direitos, liberdades e garantias e determinação normativa. Reserva de parlamento e reserva de acto legislativo", *RJ*, 2001, n.º 24

CREZELIUS, GEORG, *Steuerrechtliche Rechtsanwendung und allgemeine Rechtsordnung, Grundlagen für eine liberale Besteuerungspraxis*, Herne, Berlin, 1983
- *Steuerrecht, II*, München, 1994
- "Steuervereinfachung und Steuerstaat", *Steuervereinfachung, FS für Dietrich Meyding zum 65. Geburtstag*, Hrsg. Wilhelm Bühler, Paul Kirchhof e Franz Klein, Heidelberg, 1994

CRISAFULLI, VEZIO, "Fonti del Diritto (dir. cost.)", *Enciclopedia del Diritto*, vol. XVII, Varese, 1968
- *Lezioni di Diritto Costituzionale, L'Ordinamento costituzionale italiano*, 4.ª ed., Padova, 1978
- *Lezioni di Diritto Costituzionale, II*, 6.ª ed., Padova, 1993

CUBERO TRUYO, ANTONIO M., *La Simplificación del ordenamiento tributario (desde la perspectiva constitucional)*, Madrid, 1997

CUNHA, PAULO DE PITTA E, *Direito Fiscal, primeiras linhas de um curso*, CCTF, Lisboa, 1975
- "A Tributação do rendimento na perspectiva de uma reforma fiscal", *Separata da CTF*, 1979, n.º 226-228
- "Bases da reforma – exposição de motivos do projecto de reforma fiscal (Parte geral)", em *A Reforma fiscal*, Lisboa, 1989
- "Criação da comissão de reforma fiscal: projecto de preâmbulo de diploma", *A Reforma fiscal*, Lisboa, 1989
- "O Imposto único sobre o rendimento: reflexão sobre algumas linhas propostas", *A Reforma fiscal*, Lisboa, 1989
- "A Reestruturação do sistema de tributação do rendimento em Portugal no contexto mundial de reformas fiscais", *A Reforma fiscal*, Lisboa, 1989
- "A Reforma fiscal", *A Reforma fiscal*, Lisboa, 1989
- "A Reforma fiscal portuguesa dos anos 80", *A Reforma fiscal*, Lisboa, 1989
- "A Unicidade do imposto no cerne da reforma fiscal", *A Reforma fiscal*, Lisboa, 1989
- "O Andamento da reforma fiscal", *A Fiscalidade dos anos 90 (Estudos e pareceres)*, Coimbra, 1996
- "O Sistema fiscal no limiar do século XXI", *Estudos em homenagem ao Professor Doutor Pedro Soares Martinez, Ciências Jurídico-económicas, II*, Coimbra, 2000

D'AMATI, NICOLA, CATERINA COCO, ANTONIO URICCHIO, *Diritto Tributario, I*, 7.ª ed., Bari, 2004

DABIN, JEAN, *La Technique de l'élaboration du Droit positif, spécialement du Droit privé*, Bruxelles, Paris, 1935

DANNBECK, SIEGMUND, "Konkretes Ordnungsdenken und steuerrechtliche Typenlehre", *Zeitschrift der Akademie für Deutsches Recht*, 1938

DE MITA, ENRICO, "Riserva di legge e determinazione della prestazione imposta", *Fisco e Costituzione, Questioni risolte e questione aperte, 1957-1983, I*, Milano, 1984

– "Riserva di legge e determinazione dei presupposti soggettivi", ac. 47/1957, *Fisco e Costituzione, Questioni risolte e questione aperte, 1957-1983, I*, Milano, 1984

– "Riserva di legge e discrezionalità tecnica", *Fisco e Costituzione, Questioni risolte e questione aperte, 1957-1983, I*, Milano, 1984

– "La Riserva di legge nella materia tributaria", ac. 30/1957, *Fisco e Costituzione, Questioni risolte e questione aperte, 1957-1983, I*, Milano, 1984

– "I Coefficienti presuntivi nell' accertamento dei redditi", *L'Accertamento tributario, Principi, metodi, funzioni*, Giornata di studi per Antonio Berliri a cura di Adriano di Pietro, Milano, 1994

DE VERGOTTINI, GIUSEPPE, *Diritto Costituzionale*, 3.ª ed., Padova, 2001

DEMURO, GIANMARIO, *Le Delegificazioni: modelli e casi*, Torino, 1995

DE PRETIS, DARIA, *Valutazione amministrativa e discrezionalità tecnica*, Milano, 1995

DE SIERVO, UGO, "Il Potere regolamentari alla luce dell'attuazione dell'articolo 17 della legge 400 del 1988", *Riv. di Diritto Publico*, 1996

DIAS, AUGUSTO SILVA, *«Delicta in se» e «delicta mere prohibita»: uma análise das descontinuidades do ilícito penal moderno à luz da reconstrução de uma distinção clássica*, Dissertação de doutoramento apresentada na Faculdade de Direito da Universidade de Lisboa em 2003

DIAS, JORGE DE FIGUEIREDO, *O Problema da consciência da ilicitude em Direito Penal*, 2.ª ed., Coimbra, 1978

– *Direito Penal, Parte geral, Questões fundamentais, a doutrina geral do crime*, tomo I, Coimbra, 2004

DIAS, JORGE DE FIGUEIREDO, MANUEL DA COSTA ANDRADE, *Direito Penal, Questões fundamentais, A Doutrina geral do crime*, Coimbra, 1996

DI CELSO M. MAZZIOTTI, G.M. SALERNO, *Manuale di Diritto Costituzionale*, Padova, 2002

DI PIETRO, ADRIANO, "Regolamenti tributari", *Enciclopedia Treccani Giuridicca*, 1998

– "I Regolamenti, le circolari e le altre norme amministrative per l'applicazione della legge tributaria", *Trattato di Diritto Tributario*, dir. Andrea Amatucci, *Anuario*, Padova, 2001

DOURADO, ANA PAULA, "Poder de cognição do juiz tributário", *Fisco*, 1990, n.º 19

– "Inconstitucionalidade do art. 138.º, CCI", *Fisco*, 1992, n.º 40

– "As Deduções de pagamentos a empresas seguradoras não-residentes e a não-discriminação no Direito Comunitário, Anotação ao caso Bachmann, Ac. do TJCE de 28.1.1992, *Fisco*, 1993, n.os 59/60

– "O Princípio da legalidade fiscal na Constituição portuguesa", *Perspectivas constitucionais, nos 20 anos da Constituição de 1976, II*, Coimbra, 1997

- "Do Caso Saint-Gobain ao caso Mettallgesellschaft: o âmbito do princípio da não discriminação do estabelecimento estável no Tratado da Comunidade Europeia e a cláusula da nação mais-favorecida", *Planeamento e concorrência fiscal internacional*, Lisboa, 2003

DOURADO, ANA PAULA, RAINER PROKISCH, "Das steuerrechtliche Legalitätsprinzip im portugiesischen und deutschen Verfassungsrecht", *Jahrbuch des Öffentlichen Rechts der Gegenwart*, Bd. 47, 1999

DRÜEN, KLAUS-DIETER, "Zur Rechtsnatur des Steuerrechts und ihrem Einfluß auf die Rechtsanwendung", *FS für H.W. Kruse zum 70. Geburtstag*, Hrsg. Walter Drenseck, Roman Seer, Köln, 2001
- Tipke/Kruse, *AO Kommentar*, § 3, Köln, 2003

DUARTE, DAVID, "Lei-medida e democracia social", *SI*, 1992, n.os 238-240
- *Procedimentalização, participação e fundamentação: para uma concretização do princípio da imparcialidade administrativa como parâmetro decisório*, Coimbra, 1996
- "Alguns problemas relativos à autovinculação administrativa", *Cadernos de Justiça Administrativa*, 1997, n.º 6

DUARTE, MARIA LUÍSA, "A Discricionariedade administrativa e os conceitos jurídicos indeterminados", *BMJ*, 1987, n.º 370
- "As receitas tributárias das regiões autónomas", *Estudos de Direito Regional*, Lisboa, 1997

DUARTE, RUI PINTO, *Tipicidade e atipicidade dos contratos*, Coimbra, 2000

DWORKIN, RONALD, *Taking rights seriously*, Cambridge, Massachussets, 1978 (1977)
- *Law's empire*, London, 1986

EBERLE, CARL-EUGÈNE, "Gesetzesvorbehalt und Parlamentsvorbehalt – Erkenntnisse und Folgerungen aus der jüngeren Verfassungsrechtsprechung", *DÖV*, 1984

ECKHOFF, ROLF, *Rechtsanwendungsgleichheit im Steuerrecht, Die Verantwortung des Gesetzgebers für einen gleichmässigen Vollzug des Einkommensteuerrechts*, Köln, 1999

EHMKE, HORST, "«Ermessen» und «unbestimmter Rechtsbegriff» im Verwaltungsrecht", *Recht und Staat in Geschichte und Gegenwart*, Tübingen, 1960

ENDICOTT, TIMOTHY, *Vagueness in law*, New York, 2003 (2000)

ENGISCH, KARL, *El Ambito de lo no juridico*, Cordoba, 1960 [1952]
- *Die Idee der Konkretisierung in Recht und Rechtswissenschaft unserer Zeit*, Heidelberg, 1953
- "Die normativen Tatbestandselemente im Strafrecht", *FS für Edmund Mezger zum 70. Geburtstag*, Hrsg. Karl Engisch e Reinhart Maurach, München, Berlin, 1954
- *Introdução ao pensamento jurídico*, 3.ª ed., Lisboa, 1977 (1964)

ERICHSEN, HANS-UWE, "Die sog. unbestimmten Rechtsbegriffe als Steuerungs- und Kontrollmaßgaben im Verhältnis von Gesetzesgebung, Verwaltung und Rechtsprechung", *DVBl*, 1985

ESEVERRI MARTINEZ, ERNESTO, *Presunciones legales y derecho tributario*, Madrid, 1995

ESSER, JOSEF, *Precomprensione e scelta del metodo nel processo di individuazione del diritto, Fondamenti di razionalità nella prassi decisionale del giudice*, traduzioni della Scuola di perfezionamento in diritto civile dell'Università di Camerino a cura di Pietro Perlingieri, 1983 (1972)

ESTORNINHO, MARIA JOÃO, *A Fuga para o Direito Privado, Contributo para o estudo da actividade do direito privado da administração pública*, Coimbra, 1996

FABER, HEIKO, *Verwaltungsrecht*, 4.ª ed., Tübingen, 1995

FALSITTA, GASPARE, *Corso Istituzionale di Diritto Tributario*, Padova, 2003
- "Vicende, problemi e prospettive delle codificazioni tributarie in Italia", *Riv. Diritto Trib.*, 2002, n.º 3

FANTOZZI, AUGUSTO, "I Coefficienti presuntivi nell' accertamento dei redditi", *L'Accertamento tributario, Principi, metodi, funzioni*, Giornata di studi per Antonio Berliri a cura di Adriano di Pietro, Milano, 1994
- *Corso di Diritto tributario*, Torino, 2004, Ristampa aggiornata
- *Diritto Tributario*, 2.ª ed., Torino, 1998

FAVEIRO, VÍTOR, *Noções fundamentais de Direito Fiscal português, Introdução ao estudo da realidade tributária, Teoria Geral do Direito Fiscal*, 1984
- *Noções Fundamentais de Direito Fiscal Português*, II, Coimbra, 1982

FEDELE, ANDREA, "L'Accertamento tributario ed i principi costituzionali", *L'Accertamento tributario, Principi, metodi, funzioni*, Giornata di studi per Antonio Berliri a cura di Adriano di Pietro, Milano, 1994
- "La Riserva di legge", *Trattato di Diritto Tributario, Il Diritto Tributario e le sue fonti*, dir. Andrea Amatucci, col. Eusebio González García e Walter Schick, vol. I, tomo II, Padova, 1994

FELIX, GÜNTHER, "Steuerrecht und Verwaltungsrecht", *FS für Armin Spitaler*, Hrsg. Gerhard Thoma, Köln, 1958

FERREIRA, MANUEL CAVALEIRO DE, *A Tipicidade na técnica do Direito Penal*, Lisboa, 1935

FERREIRA, EDUARDO PAZ, *As Finanças Regionais*, Lisboa, 1985
- "O Redimensionamento dos poderes económicos e financeiros das regiões autónomas pela jurisprudência constitucional", *Estudos de Direito Financeiro Regional*, Ponta Delgada, 1995
- "A Nova lei de finanças das regiões autónomas", *Estudos em homenagem ao Professor Doutor Pedro Soares Martinez*, Ciências Jurídico-Económicas, II, Coimbra, 2002
- "O Poder tributário das Regiões autónomas: desenvolvimentos recentes", *BCE*, 2002, vol. XLV-A
- *Ensinar Finanças Públicas numa Faculdade de Direito, Relatório sobre o programa, conteúdo e métodos do ensino da disciplina*, Coimbra, 2005

FERREIRO LAPATZA, JOSÉ JUAN, *Ensayos sobre metodología y técnica jurídica en el derecho financiero y tributario*, Madrid, Barcelona, 1998

FEUERBACH, PAUL JOH. ANSELM, *Lehrbuch des gemeinen in Deutschland gültigen Peinlichen Rechts*, 1.ª ed., Gießen, 1801
- *Lehrbuch des gemeinen in Deutschland gültigen Peinlichen Rechts, 3.ª* ed., Gießen, 1805
- *Lehrbuch des gemeinen in Deutschland gültigen Peinlichen Rechts*, 14.ª ed., Gießen, 1847

FIANDACA, GIOVANNI, GIUSEPPE DI CHIARA, *Una Introduzione al sistema penale, Per una lettura costituzionalmente orientata*, Napoli, 2003

FLUME, WERNER, *Steuerwesen und Rechtsordnung*, Göttingen, 1952
- "Gesetzlicher Steuertatbestand und Grenztatbestand", *Gesammelte Schriften*, Bd. II, Köln, 1988 (1967/68)
FOIS, SERGIO, "«Delegificazione» «Riserva di legge», principio di legalità", *Studi in onore di Manlio Mazziotti di Celso*, I, Milano, 1995
FORSTHOFF, ERNST, *Lehrbuch des Verwaltungsrechts, I, Allgemeiner Teil*, 9.ª ed., München, Berlin, 1966
FORTE, FRANCESCO, "Note sulla nozione di tributo nell'ordinamento finanziario italiano e sul significato dell'art. 23 della costituzione", *RDFSF*, 1956, parte I
FRANCO, A.L. SOUSA, *Manual de Finanças Públicas e Direito Financeiro, I*, Lisboa, 1974
- "Sistema financeiro e constituição financeira no texto constitucional de 1976", *Estudos sobre a Constituição*, vol. 3, Lisboa, 1979
- Sobre a constituição financeira de 1976-1982, *Estudos*, CEF, Comemoração do XX aniversário, I, Lisboa, 1983
- *Finanças do sector público, introdução aos subsectores institucionais*, Lisboa, 1991
- "Conceito e natureza jurídica do orçamento", *Estudos, XXX Aniversário do Centro de Estudos Fiscais, 1963-1993*, Lisboa, 1993
- *Finanças Públicas e Direito Financeiro, II*, 4.ª ed., Coimbra, 1993
- "A Autonomia tributária das regiões", *Estudos de Direito Regional*, Lisboa, 1997
- *Projecto de reforma da tributação do património, Apresentação*, CCTF, Lisboa, 1999, n.º 182
FRIAUF, K. H., "Möglichkeiten und Grenzen der Rechtsfortbildung im Steuerrecht", *Grenzen der Rechtsfortbildung durch Rechtsprechung und Verwaltungsvorschriften im Steuerrecht*, Hrsg. Klaus Tipke, Köln, 1982

GAFFURI, GIANFRANCO, *Lezioni di Diritto Tributario, Parte generale*, 2.ª ed., Padova, 1994
- *Lezioni di Diritto Tributario, Parte generale e compendio della parte speciale*, 4.ª ed., Padova, 2002
GALLO, FRANCO, "Discrezionalità nell'accertamento tributario e sindacabilità delle scelte dell'ufficio", *RDFSDF*, 1992
- "I Coefficienti presuntivi nell' accertamento dei redditi", *L'Accertamento tributario, Principi, metodi, funzioni*, Giornata di studi per Antonio Berliri a cura di Adriano di Pietro, Milano, 1994
- "La Discrezionalità nel Diritto Tributario", *Trattato di Diritto Tributario*, dir. Andrea Amatucci e outros, *Anuario*, Padova, 2001
GARGANI, ALBERTO, *Dal Corpus delicti al Tatbestand – Le Origini della tipicità penale*, Milano, 1997
GÉNY, FRANÇOIS, *Science et Technique en droit privé positif*, III, *Élaboration technique du droit positif*, Paris, 1921
GEYER, ERHARD, "Einfachere Steuergesetze für Bürger und Verwaltung", *Steuervereinfachung, FS für Dietrich Meyding zum 65. Geburtstag*, Hrsg. Wilhelm Bühler, Paul Kirchhof e Franz Klein, Heidelberg, 1994
GIANNINI, M. S., *Diritto Amministrativo, II*, 3.ª ed., Milano, 1993
GIL CREMADES, JUAN JOSÉ, "Estudio preliminar" à tradução, pelo mesmo autor, do original alemão de *"La Idea de concrecion en el Derecho y en la Ciencia Juridica actuales"*, de Karl Engisch (Pamplona, 1968)

GOMES, NUNO SÁ, *Manual de Direito Fiscal*, II, Lisboa, 1983
- *Lições de Direito Fiscal*, II, Lisboa, 1985
- "As Garantias dos contribuintes numa perspectiva internacional", *Estudos sobre a segurança jurídica na tributação e as garantias dos contribuintes, CCTF*, Lisboa, 1993, n.º 169
- *Manual de Direito Fiscal, I*, Lisboa, 1993
- *Manual de Direito Fiscal*, II, 9.ª ed., Coimbra, 2000
- *Manual de Direito Fiscal*, I, 12.ª ed., Lisboa, 2003

GONZALEZ, EUSEBIO, "La Interpretacion de las normas tributarias por la administracion", *Studi in onore di Victor Uckmar, II*, Padova, 1997

GOUVEIA, JORGE BACELAR, "Considerações sobre as constituições fiscais da União Europeia", *CTF*, 1996, n.º 381

GRASSI, STEFANO, STEFANO COSIMO DE BRACO, *La Trasparenza amministrativa nel procedimento di accertamento tributario, I rapporti tra fisco e contribuente*, Padova, 1999

GROSCLAUDE, JACQUES, PHILIPPE MARCHESSOU, *Droit fiscal général*, Paris, 1997
- *Procédures fiscales*, 3.ª ed., Paris, 2004

GUEST, STEPHEN, *Ronald Dworkin*, 2.ª ed., Edinburgh, 1997

GÜNTHER, KLAUS, *The Sense of appropriateness, Application discourses in morality and law*, New York, 1993 (1988), trad. de John Farrell

HAHN, HARTMUT, *Die Grundsätze der Gesetzmässigkeit der Besteuerung und der Tatbestandsmässigkeit der Besteuerung in rechtsvergleichender Sicht*, Berlin, 1984

HART, H.L.A., *The Concept of law*, Oxford, 1961

HARTZ, WILHELM, "Steuerrecht und allgemeines Verwaltungsrecht, Gedanken über Möglichkeiten einer Rechtsvereinfachung durch Rechtsvereinheitlichung", *Staatsbürger und Staatsgewalt, Verwaltungsrecht und Verwaltungsgerichtsbarkeit in Geschichte und Gegenwart*, Jubilaumsschrift, Zum hundertjährigen Bestehen der deutschen Verwaltungsgerichtes im Auftrag der Vereinigung der Präsidenten der deutschen Verwaltungsgerichte, I, Hrsg., Helmut R. Külz, Richard Naumann, Karlsruhe, 1963

HASSEMER, WINFRIED, *Tatbestand und Typus, Untersuchungen zur strafrechtlichen Hermeneutik*, Köln, Berlin, Bonn e München, 1968
- *Einführung in die Grundlagen des Strafrechts*, 2.ª ed., München, 1990
- *StGB, Kommentar zum Strafgesetzbuch, Reihe Alternativkommentar*, I, Gesamtherausgeber Dr. h. c. Rudolf Wassermann, Neuwied, 1990

HECK, PHILIP, *Interpretação da lei e jurisprudência dos interesses*, Coimbra, 1947 (1914), trad. de José Osório

HELD-DAAB, ULLA, *Das freie Ermessen, Von den vorkonstitutionellen Wurzeln zur positivistischen Auflösung der Ermessenslehre*, Berlin, 1996

HENKEL, HEINRICH, *Introducción a la Filosofia del Derecho – fundamentos del Derecho*, Madrid, 1968 (1964), trad. de Enrique Gimbernat Ordeig

HENSEL, ALBERT, *Steuerrecht*, Berlin, 1.ª ed., 1924
- "Die Abänderung des Steuertatbestandes durch freies Ermessen und der Grundsatz der Gleichheit vor dem Gesetz", *Vierteljahresschrift für Steuer- und Finanzrecht*, 1927

- "Der Einfluss des Steuerrechts auf die Begriffsbildung des öffentlichen Rechts", Bericht, *Verhandlungen der Tagung der Deutschen Staatsrechtslehrer zu Münster i.W. am 29. und 30. März 1926*, Heft 3, Berlin, Leipzig, 1927
- *Steuerrecht*, Berlin, 2.ª ed., 1927
- "Verfassungsrechtliche Bindungen des Steuergesetzgebers. Besteuerung nach der Leistungsfähigkeit – Gleichheit vor dem Gesetz", *Vierteljahresschrift für Steuer – und Finanzrecht*, 1930
- *Steuerrecht*, Berlin, 3.ª ed., 1933

HERDEGEN, MATTHIAS, "Beurteilungsspielraum und Ermessen im strukturellen Vergleich", *JZ*, 1991

HESSE, KONRAD, *Grundzüge des Verfassungsrechts der Bundesrepublik Deutschland*, 19.ª ed., Heidelberg, 1993

HOMEM, ANTÓNIO PEDRO BARBAS "Os Poderes legislativos das regiões autónomas em matéria tributária na nova lei das finanças regionais; breve comentário à lei n.º 13/98, de 14.2, *Legislação*, 1998, n.º 23

HUBER, PETER MICHAEL, Mangoldt/Klein, *Das Bonner GG Kommentar, I*, 4.ª ed., München, 1999, Art. 19

IBLER, FRIAUF/HÖFLING, *Berliner Kommentar zum GG, I*, Berlin, 2003, Art. 19

ISENSEE, JOSEF, "Verwaltungsraison gegen Verwaltungsrecht. Antinomien der Massenverwaltung in der typisierenden Betrachtungsweise des Steuerrechts", *StuW*, 1973, n.º 3
- *Die typisierende Verwaltung, Gesetzvollzug im Massenverfahren am Beispiel der typisierenden Betrachtungsweise des Steuerrechts*, Berlin, 1976
- "Vom Beruf unserer Zeit für Steuervereinfachung", *StuW*, 1994, n.º 1

IPSEN, JÖRN, *Staatsrecht I*, 10.ª ed., Neuwied e Kriftel, 1998
- *Allgemeines Verwaltungsrecht*, 2.ª ed., Köln, Berlin, Bonn, München, 2001

JACHMANN, MONIKA, "Zur Anwendung typisierender Verwaltungsvorschriften im Steuerrecht, Zugleich eine Anmerkung zum Beschluß des Bundesverfassungsgerichts vom 28.6.1993 – 1 BvR 390/89", *StuW*, 1994
- "Grundthesen zu einer Verbesserung der Akzeptanz der Besteuerung, insbesondere durch Vereinfachung des Einkommensteuerrechts", *StuW*, 1998, n.º 3
- *Steuerrecht, Seite XIV, Teil 1, Allgemeines Steuerrecht*, § 30, p. 15, www.rrz.uni-hamburg./de/jachmann

JARASS/PIEROTH, *GG Kommentar*, 7.ª ed., München, 2004

JARDIM, ANTONIO SANCTOS PEREIRA, *Programma das prelecções de sciencia e legislação de fazenda para o anno lectivo de 1866-67 na Universidade de Coimbra*, s.l., s.d.

JELLINEK, WALTER, *Gesetz, Gesetzanwendung und Zweckmässigkeitserwägung, zugleich ein System der Ungültigkeitsgründe von Polizeiverordnungen und – Verfügungen, Eine Staats- und Verwaltungsrechtliche Untersuchung*, Tübingen, 1913
- *Allgemeines Staatsrechtslehre*, 3.ª ed., Bad Homburg vor der Höhe, Darmstadt, 1960 (1914)
- *Verwaltungsrecht*, 3.ª ed., Berlin, 1931

JESCH, DIETRICH, *Gesetz und Verwaltung*, 2.ª ed., Tübingen, 1968
- "Unbestimmter Rechtsbegriff und Ermessen", *AöR*, 1957

JESCHECK, HANS-HEINRICH, *Lehrbuch des Strafrechts, Allgemeiner Teil*, 4.ª ed., Berlin, 1988

JÈZE, GASTON, "Jurisprudence Judiciaire", *Revue de Science Financière*, 1937
JONES, JOHN AVERY, "Tax law: rules or principles", *Fiscal Studies*, 1996
JORGE, FERNANDO PESSOA, "Poderão os impostos ser criados por decreto-lei?", *Separata da RFDUL, vol. XXII*, Lisboa, 1968
 – *Curso de Direito Fiscal, Lições proferidas, como encarregado de regência, pelo 1.° Assistente Doutor Fernando Pessoa Jorge, ao 3.° ano jurídico de 1963-1964*, Lisboa, 1964
JORGE, FERNANDO PESSOA, ANTÓNIO BRAZ TEIXEIRA, *Anteprojecto do Código dos impostos sobre o rendimento*, Lisboa, 1968
JÖRISSEN, ANN-ERIKA, "Die neueste Entwicklung der Rechtsprechung des Bundesfinanzhofes zur Abzugsfähigkeit der Aufwendungen für die Berufsausbildung", *FR*, 2004
JUSTO, ANTÓNIO DOS SANTOS, *A «Fictio iuris» no Direito Romano, Aspectos gerais*, Coimbra, 1983
 – "A «Fictio Iuris» no Direito Romano", *Boletim da Faculdade de Direito, Universidade de Coimbra*, Suplemento Vol. XXXII, Coimbra, 1989

KAUFMANN, ARTHUR, "Analogie und 'Natur der Sache', Zugleich ein Beitrag zur Lehre vom Typus", Vortrag gehalten vor der Juristischen Studiengesellschaft in Karlsruhe am 22. April 1964, *Juristische Studien Gesellschaft Karlsruhe, Schriftenreihe Heft 65/66*, Karlsruhe, 1965
 – *Grundprobleme der Rechtsphilosophie*, München, 1994
 – *Rechtsphilosophie*, München, 1997
KELSEN, HANS, *Teoria Geral do Estado*, Coimbra, 1938 (1925), trad. de Fernando de Miranda
 – "Science and politics", *What is justice?, Justice, law and politics in the mirror of science, Collected essays*, Berkely, Los Angeles, 1957
 – "Value judgments in the science of law", *What is justice?, Justice, law and politics in the mirror of science, Collected essays*, Berkely, Los Angeles, 1957
 – *Teoria pura do Direito*, Coimbra, 1984 (1960), 6.ª ed., trad. de Baptista Machado
 – *Théorie générale du droit et de l'État, suivi de La Doctrine du droit naturel et le positivisme juridique*, Paris, 1997 (1945, 1928), trad. de Béatrice Laroche e Valérie Faure
KIRCHHOF, PAUL, "Das Hervorbringen von Normen und sonstigen Recht durch die Finanzbehörden, Zugleich zu: Papier, Die finanzrechtlichen Gesetzesvorbehalte und das grundgesetzliche Demokratieprinzip, 1973", *StuW*, 1975, n.° 4
 – "Staatliche Einnahmen", *Handbuch des Staatsrechts, Finanzverfassung-Bundesstaatliche Ordnung, IV*, Hrsg. Josef Isensee e Paul Kirchhof, Heidelberg, 1990
 – "Der verfassungsrechtliche Auftrag zur Steuervereinfachung", in *Steuervereinfachung, FS für Dietrich Meyding zum 65. Geburtstag*, Hrsg. Wilhelm Bühler, Paul Kirchhof e Franz Klein, Heidelberg, 1994
 – Steuern im Verfassungsrecht", *Symposium zu Ehren von Klaus Vogel aus Anlaß seines 65. Geburtstags, mit Beiträgen von P. Kirchhof, D. Birk, M. Lehner*, München, 1996
 – "La Influencia de la constitución alemana en su legislación tributaria", *Garantías constitucionales del contribuyente*, Valencia, 1998
 – "Steuergleichheit durch Steuervereinfachung", *Steuervereinfachung*, Hrsg. Peter Fischer, *DStJG*, Bd. 21, Köln, 1998

- "Besteuerung nach Gesetz", *FS für H.W. Kruse zum 70. Geburtstag*, Hrsg. W. Drenseck e Roman Seer, Köln, 2001
- "Einleitung", *EStG Kompakt Kommentar*, Hrsg. Paul Kirchhof, 3.ª ed., Heidelberg, 2003
- "Der Grundrechtsschutz des Steuerpflichtigen, Zur Rechtsprechung des Bundesverfassungsgerichts im vergangenen Jarhrzehnt", *AöR*, 2003
- "Vertrauenschutz im Steuerrecht – Eröffnung der 28. Jahrestagung und Rechtfertigung des Themas", *Vertrauenschutz im Steuerrecht*, Heinz-Jürgen Pezzer (Hrsg.), Köln, 2004

KLATT, MATTHIAS, "Semantic normativity and the objectivity claim of legal argumentation", *Associations Journal for legal and social theory*, 2003

KLEIN, ERNST FERDINAND, *Grundsätze des gemeinen Deutschen und Preussischen Peinlichen Rechts*, Halle, 1796

KLEIN, FRANZ, "Entscheidungen des Bundesfinanzhofs – Beiträge zur Komplisierung oder zur Vereinfachung des Steuerrechts?", *Steuervereinfachung, FS für Dietrich Meyding zum 65. Geburtstag*, Hrsg. Wilhelm Bühler, Paul Kirchhof e Franz Klein, Heidelberg, 1994

KLOEPFER, MICHAEL, "Der Vorbehalt des Gesetzes im Wandel", *JZ*, 1984, n.os 15-16

KOCH, HANS-JOACHIM, *Unbestimmte Rechtsbegriffe und Ermessensermächtigungen im Verwaltungsrecht, Eine logische und semantische Studie zur Gesetzesbindung der Verwaltung*, Frankfurt am Main, 1979

KOCH, RUBEL, HESELHAUS, *Allgemeines Verwaltungsrecht*, 3.ª ed., München, 2003

KRAHL, MATTHIAS, *Tatbestand und Rechtsfolge, Untersuchungen zu ihrem strafrechtsdogmatisch-methodologischen Verhältnis*, Frankfurt-am-Main, 1999

KRING, J.E., "Fictions et présomptions en Droit Fiscal", *Les Présomptions et les fictions en droit*, et. pub. par Ch. Perelman e P. Foriers, Bruxelles, 1974

KRUSE, HEINRICH WILHELM, *Steuerrecht, Allgemeiner Teil*, 3.ª ed., München, 1973
- "Steuerspezifische Gründe und Grenzen der Gesetzbindung", *Grenzen der Rechtsfortbildung durch Rechtsprechung und Verwaltungsvorschriften im Steuerrecht*, Hrsg. Klaus Tipke, Köln, 1982
- *Lehrbuch des Steuerrechts, Allgemeiner Teil, I*, München, 1991
- Tipke/Kruse, *AO/FGO Kommentar*, Abgabenordnung. Finanzgerichtsordnung. Kommentar zur AO 1977 und FGO (ohne Steuerstrafrecht), § 5, Köln, 2004

KRUSE/DRÜEN, Tipke/Kruse, *AO/FGO Kommentar*, § 4, Köln, 2001

KUHLEN, LOTHAR, *Typuskonzeption in der Rechtstheorie*, Berlin, 1977

KÜHN, ROLF, *Allgemeines Steuerrecht einschließlich des Steuerstrafrechts*, Berlin, 1938

LA ROSA, SALVATORE, "Le Agevolazioni tributarie", *Trattato di Diritto Tributario, Il Diritto Tributario e le sue fonti*, vol. I, tomo I, Milano, 1994
- "Caratteri e funzioni dell'accertamento tributario", *L'Accertamento tributario, Principi, metodi, funzioni*, Giornata di studi per Antonio Berliri a cura di Adriano di Pietro, Milano, 1994
- "L'Accertamento e i poteri di controllo nella disciplina dell'ICI, *Riv. Diritto Trib.*, parte I, 1998
- *Principi di Diritto Tributario*, Torino, 2004

LAGASSE, DOMINIQUE, *L'Erreur manifeste d'appréciation en droit administratif, Essai sur les limites du pouvoir discrétionnaire de l'administration*, Bruxelles, 1986

LAMEGO, JOSÉ, "Discussão sobre os princípios jurídicos", *Revista Jurídica*, 1985, n.° 4
- *Hermenêutica e jurisprudência*, Lisboa, 1990

LANG, JOACHIM, *Reformentwurf zu Grundvorschriften des Einkommensteuergesetzes*, Münsteraner Symposium, Bd. II, Köln, 1985
- *Die Bemessungsgrundlage der Einkommensteuer, Rechtssystematische Grundlagen steuerlicher Leistungsfähigkeit im deutschen Einkommensteuerrecht*, Köln, 1986
- "Steuergerechtigkeit durch Steuervereinfachung", *Steuervereinfachung, FS für Dietrich Meyding zum 65. Geburtstag*, Heidelberg, 1994
- "Über das Ethische der Steuertheorie von Klaus Tipke", *Die Steuerrechtsordnung in der Diskussion*, FS für Klaus Tipke, Hrsg. Joachim Lang, Köln, 1995

LARENZ, KARL, *Metodologia da Ciência do Direito*, Lisboa, 1978 (1969), trad. da 2.ª ed. por J. Sousa e Brito e J. A. Veloso
- *Metodologia da Ciência do Direito*, Lisboa, 1983, trad. da 5.ª ed., por José Lamego
- *Derecho justo, Fundamentos de ética jurídica*, Madrid, 1985, trad. de Luis Díez-Picazo

LARENZ, KARL, CLAUS-WILHELM CANARIS, *Methodenlehre der Rechtswissenschaft*, 3.ª ed., Berlin, Heidelberg, 1995

LAUB, KARIN, *Die Ermessenreduzierung in der Verwaltungsgerichtlichen Rechtsprechung*, München, 2000

LAVAGNA, ANTONIO, "La Delegificazione: possibilità, forme e contenuti", *Scritti per il XX anniversario dell'Assemblea Costituente*, vol. IV, Firenze, 1969

LEENEN, DETLEV, *Typus und Rechtsfindung, Die Bedeutung der typologischen Methode für die Rechtsfindung dargestellt am Vertragsrecht des BGB*, Berlin, 1971

LEHNER, MORIS, "Wirtschaftliche Betrachtungsweise und Besteuerung nach der wirtschaftlichen Leistungsfähigkeit, Zur Möglichkeit einer teleologischen Auslegung der Fiscalzwecknormen", *Die Steuerrechtsordnung in der Diskussion, FS für Klaus Tipke zum 70. Geburtstag*, Hrsg. Joachim Lang, Köln, 1995

LEITÃO, JOÃO MENEZES, "Aplicação temporal da alteração legislativa introduzida pelo DL n.° 197/2001, de 29 de Junho ao Regime do Crédito Fiscal ao Investimento em I&D (DL n.° 292/97, de 22 de Outubro). Sujeito passivo com período especial de tributação", *CTF*, 2002, n.° 406

LEITÃO, LUÍS MENEZES, "Evolução e situação da reforma fiscal", *CTF*, 1997, n.° 387

LIEBISCH, ARNOLD, *Steuerrecht und Privatrecht, Ein Beitrag zur Förderung der Rechtseinheit*, Köln, 1933

LION, MAX, "Steuerrechtliche Wirtschaftsbegriffe, Zugleich ein Beitrag zur Lehre von der Gesetzauslegung und –umgehung", *Vierteljahresschrift für Steuer- und Finanzrecht*, 1927
- "Gesetzerlaubte Steuerersparungen", *StuW*, 1931

LUDEN, HEINRICH, *Handbuch des Teutschen gemeinen und Strafrechtes*, Jena, 1996 (1842)

LUPI, RAFFAELLO, *Diritto Tributario, Parte Generale*, 7.ª ed., Milano, 2000

LUZZATI, CLAUDIO, *L'Interprete e il legislatore, Saggi sulla certeza del Diritto*, Milano, 1999

LYONS, DAVID, *Ethics and the rule of law*, Cambridge, London, New York, New Rochelle, Melbourne e Sydney, 1984

MAAßEN, "Arten des steuerlichen Ermessens und Rechtschutz gegen Ermessensentscheidungen", *Bericht über den V. Fachkongreß der Steuerberater der BRD*, Hrsg. Armin Spitaler, Steuerberater-Jahrbuch 1953/54, Köln, 1962

MACHADO, JOÃO BAPTISTA, *Participação e descentralização, democratização e neutralidade na constituição de 76*, Coimbra, 1982
 – *Introdução ao Direito e ao discurso legitimador*, Coimbra, 1983

MALFATTI, ELENA, *Rapporti tra deleghe legislative e delegificazioni*, Torino, 1999

MARCOS, ANTÓNIO, *O Direito dos contribuintes à segurança jurídica*, Porto, 1997

MARIELLA, GIOVANNI, "I Controlli ed i poteri istruttori", *L'Accertamento in materia di imposte dirette e indirette dopo la "Riforma Visco"*, Padova, 2000

MARÍN-BARNUEVO FABO, DIEGO, *Presunciones y técnicas presuntivas en Derecho tributario*, Madrid, 1996

MARINUCCI, GIORGIO, EMILIO DOLCINI, *Corso di Diritto Penale, Le Norme penali: fonti e limiti di applicabilità; Il Reato: nozione, struttura e sistematica, I*, 3.ª ed., Milano, 2001

MÄRKLE, RUDI, "Steuervereinfachung durch die Verwaltung", *Steuervereinfachung, FS für Dietrich Meyding zum 65. Geburtstag*, Hrsg. Wilhelm Bühler, Paul Kirchhof e Franz Klein, Heidelberg, 1994

MARMOR, ANDREI, "The Rule of law and its limits", *Law and Philosophy*, 2004

MARTINEZ, PEDRO SOARES, *Direito Fiscal, Apontamentos das lições do Sr. Prof. Soares Martinez ao 3.° ano jurídico da FDL*, Lisboa, 1953
 – *Da Personalidade tributária*, Lisboa, 1953
 – *Curso de Direito Fiscal, Apontamento das lições proferidas pelo Exm.° Senhor Professor Doutor Soares Martinez ao 3.° ano jurídico de 1959-60*, Lisboa, 1960
 – *Direito Fiscal, Apontamentos das lições dadas pelo Excelentíssimo Senhor Professor Doutor Pedro Soares Martinez ao 3.° ano de 1968-69 e coligidos pela Comissão Pedagógica & folhas*, Lisboa, 1969
 – *Manual de Direito Fiscal*, 1.ª reimpressão da 1.ª ed., Coimbra, 1984
 – *Direito Fiscal*, 10.ª ed., Coimbra, 2003

MARTINS, GUILHERME WALDEMAR D'OLIVEIRA, *A Despesa fiscal e o orçamento do Estado no ordenamento jurídico português*, Coimbra, 2004
 – "Os Poderes tributários nas regiões autónomas: criar ou adaptar, eis a questão...", *RFDUL*, Coimbra, 2001, n.° 2

MATOS, ANDRÉ SALGADO DE, *A Fiscalização administrativa da constitucionalidade*, Coimbra, 2004

MAUNZ, THEODOR, "Die steuerrechtliche Typenlehre", *ZAfDR*, 1937
 – Maunz-Dürig, *Grundgesetz Kommentar, III*, München, 1991, art. 80

MAURER, HARTMUT, *Allgemeines Verwaltungsrecht*, 8.ª ed., München, 1992
 – "Rechtstaatliches Prozessrecht", *FS 50 Jahre BVerfG*, Hrsg. Peter Badura e Horst Dreier, Bd. 2, Tübingen, 2001
 – *Allgemeines Verwaltungsrecht*, 14.ª ed., München, 2002

MAYER, OTTO, *Deutsches Verwaltungsrecht, I*, 3.ª ed., Berlin, 1969 (1923)

MENAUT, ANTÓNIO-CARLOS PEREIRA, "Rule of law y Estado de Derecho", *Boletim da Faculdade de Direito da Universidade de Coimbra*, Coimbra, 2001

MENDES, JOÃO DE CASTRO, *Do Conceito de prova em processo civil*, Lisboa, 1961
 – *Direito Processual Civil, II*, Lisboa, 1987

MERKL, ADOLF, *Allgemeines Verwaltungsrecht*, Wien, Berlin, 1927
MEYDING, DIETRICH, "Vereinfachender Gesetzesvollzug durch die Verwaltung", *Steuervereinfachung, FS für Dietrich Meyding zum 65. Geburtstag*, Hrsg. Wilhelm Bühler, Paul Kirchhof e Franz Klein, Heidelberg, 1994
MIRANDA, JOÃO, *O Papel da Assembleia da República na construção europeia*, Coimbra, 2000
MIRANDA, JORGE, *Um Projecto de Constituição*, Braga, 1975
— "A Autonomia legislativa regional e o interesse específico das regiões autónomas", *Estudos sobre a constituição, 1.º vol.*, Lisboa, 1977
— *Fontes e trabalhos preparatórios da Constituição, I*, Lisboa, 1978
— "O Regime dos direitos, liberdades e garantias", *Estudos sobre a Constituição, III*, Lisboa, 1979
— Actas da Assembleia Constituinte, *Organização do poder político*, 1975-1976, prefácio de Jorge Miranda, Lisboa, 1981
— "Sentido e conteúdo da lei como acto da função legislativa", *Nos Dez anos da Constituição*, org. de Jorge Miranda, Lisboa, 1986
— "A Competência legislativa no domínio dos impostos e as chamadas receitas parafiscais", *RFDUL*, vol. XXIX, 1988
— "Os Actos legislativos no Direito Constitucional português", *Separata da Revista de Informação Legislativa*, 1991
— *Manual de Direito Constitucional, Preliminares, o Estado e os sistemas constitucionais, I*, 7.ª ed., Coimbra, 2003
— *Manual de Direito Constitucional, Actividade constitucional do Estado, V*, 3.ª ed., Coimbra, 2004
MIRBT, "Beiträge zur Lehre vom Steuerschuldverhältnis", *FinArch*, 1927
MONCADA, LUÍS CABRAL DE, *Lei e regulamento*, Coimbra, 2002
HIGGS, ABEL, FERNANDO DOS SANTOS PINTO, *Direito Fiscal, Apontamentos coligidos segundo as prelecções do Exm.º Senhor Dr. Armindo Monteiro ao 3.º ano jurídico de 1925-26, I*, Lisboa, 1926
MONTEIRO, ARMINDO, *Direito Fiscal, Da Relação jurídica tributária, III*, Lisboa, 1946--47
— "Introdução ao Estudo do Direito Fiscal", *Revista da Faculdade de Direito da Universidade de Lisboa*, vol. VII, 1950
— *Direito Fiscal, Apontamentos estenografados das lições do Prof. Armindo Monteiro, ao 3.º ano da Faculdade de Direito de Lisboa, em 1951/52, Segunda Parte*, Lisboa, 1951
— *Introdução ao Estudo do Direito Fiscal, I*, Lisboa, 1951
MORAIS, CARLOS BLANCO DE, *A Autonomia legislativa regional, Fundamentos das relações de prevalência entre actos legislativos estaduais e regionais*, Lisboa, 1993
— "O Modelo de repartição da função legislativa", *Estudos de Direito Regional*, Lisboa, 1997
— *As Leis reforçadas, As leis reforçadas pelo procedimento no âmbito dos critérios estruturantes das relações entre actos legislativos*, Coimbra, 1998
MORAIS, RUI DUARTE, *A Imputação de lucros de sociedades não residentes sujeitas a um regime fiscal privilegiado, Controlled Foreign Companies, o art. 60.º do CIRC*, Porto, 2005

MOREIRA, FERNANDO AZEVEDO, "Conceitos indeterminados: sua sindicabilidade contenciosa", *Revista de Direito Público*, 1985, n.º 1

MOREIRA, VITAL, *Administração autónoma e associações públicas*, Coimbra, 1997

MORSTADT, EDUARD, EDUARD OFENBRÜGGEN, *Kritischer Kommentar zu Feuerbach's Lehrbuch des gemeinen in Deutschland peinlichen Rechts*, Schaffhausen, 1855

MÜLLER, FRIEDRICH, *Discours de la méthodique juridique*, Paris, 1996 (Berlin, 1993), trad. de Olivier Jouanjan

MÚRIAS, PEDRO FERREIRA, *Por uma Distribuição fundamentada do ónus da prova*, Lisboa, 2000

MUSSO, ENRICO SPAGNA, *Diritto Costituzionale*, 4.ª ed., Padova, 1992

NABAIS, JOSÉ CASALTA, "Os Direitos fundamentais na jurisprudência do tribunal constitucional", *Separata do vol. LXV (1989) do BFDUC*
- "A autonomia local (Alguns aspectos gerais)", *Estudos em homenagem ao Prof. Doutor Afonso Rodrigues Queiró*, BFDUC, II, Coimbra, 1993
- "Jurisprudência do Tribunal Constitucional em matéria fiscal", *BFDUC*, vol. LXIX, 1993
- *Contratos fiscais (Reflexões acerca da sua admissibilidade)*, Coimbra, 1994
- "O Quadro jurídico das finanças locais em Portugal", *Fisco*, 1997, n.ºs 82/83
- *O Dever fundamental de pagar impostos*, Coimbra, 1998
- "Presunções inilidíveis e princípio da capacidade contributiva", *Fisco*, 1998, n.ºs 84/85
- "O Quadro constitucional da tributação das empresas", *Nos 25 anos da Constituição da República Portuguesa de 1976*, Lisboa, 2001, separata
- "Notas breves sobre o ensino do Direito Fiscal na Faculdade de Direito de Coimbra", *Boletim da Faculdade de Direito da Universidade de Coimbra*, vol. LXXVIII, Coimbra, 2002
- "O Princípio da legalidade fiscal e os actuais desafios da tributação", *Separata do BFDUC, Volume comemorativo*, Coimbra, 2002
- *Direito Fiscal*, 2.ª ed., Coimbra, 2003

NATOLI, LUIGI FERLAZZO, "La Fattispecie tributaria", *Trattato di Diritto Tributario*, dir. Andrea Amatucci e outros, *Anuario*, Padova, 2001

NAWIASKY, HANS, "Beiträge zur Theorie des Steuerrechts", *DStBl*, 1925

NEVES, A. CASTANHEIRA, *Curso de introdução ao estudo do Direito*, Lições proferidas a um curso do 1.º ano da Faculdade de Direito de Coimbra no ano lectivo de 1971-72, Coimbra, 1971-72
- "O Princípio da legalidade criminal, O seu problema jurídico e o seu critério dogmático", *Estudos em homenagem ao Prof. Doutor Eduardo Correia*, I, BFDUC, 1984
- "A Distinção entre a questão-de-facto e a questão-de-direito e a competência do supremo tribunal de justiça como tribunal de «revista»" *Digesta, Escritos acerca do Direito, do pensamento jurídico, da sua metodologia e outros*, I, Coimbra, 1995
- "O Problema da discricionariedade", *Digesta – Escritos acerca do direito, do pensamento jurídico, da sua metodologia e outros*, vol 1.º, Coimbra, 1995

NIERHAUS, MICHAEL, "Bestimmtheitsgebot und Delegationsverbot des Art. 80 Abs. 1 Satz 2 GG", *Verfassungsstaatlichkeit, FS für Klaus Stern zum 65. Geburtstag*, Hrsg. Joachim Burmeister, München, 1997
— *Bonner Kommentar zum Grundgesetz*, 1999, Art. 80
NOVAIS, JORGE REIS, *Contributo para uma teoria do Estado de Direito, do Estado de Direito liberal ao Estado social e democrático de Direito*, Coimbra, 1987
— *Separação de poderes e limites da competência legislativa da Assembleia da República*, Lisboa, 1997
— *As Restrições aos direitos fundamentais não expressamente autorizadas pela constituição*, Coimbra, 2003
NYSSENS, CLOTILDE, "Comment s'établit la règle de droit aujourd' hui? Le point de vue d'une assistante parlementaire", *Élaborer la loi aujourd' hui, mission impossible?*, dir. Benoît Jadot e François Ost, Bruxelles, 1999
OLIVEIRA, MÁRIO ESTEVES DE, *Direito Administrativo*, I, Coimbra, 1980
OSSENBÜHL, FRITZ, "«Ermessen» und «unbestimmter Rechtsbegriff» im Verwaltungsrecht", *Recht und Staat in Geschichte und Gegenwart*, Tübingen, 1960, n.os 230-231
— "Tendenzen und Gefahren der neueren Ermessenslehre", *DöV*, 1968
— *Verwaltungsvorschriften und Grundgesetz*, Berlin, Zürich, 1968
— "Ermessen, Verwaltungspolitik und unbestimmter Rechtsbegriff", *Die öffentliche Verwaltung, DÖV*, 1970
— "Zur Renaissance der administrativen Beurteilungsermächtigung", *DÖV*, 1972
— "Vom unbestimmten Gesetzesbegriff zur letztverbindlichen Verwaltungsentscheidung", *DVBl*, 1974
— "Vorrang und Vorbehalt des Gesetzes", *Handbuch des Staatsrechts der BRD, Das Handeln des Staates*, III, Hrsg. Josef Isensee, Paul Kirchhof, Heidelberg, 1988
— "Rechtsquellen und Rechtsverbindungen der Verwaltung", *Allgemeines Verwaltungsrecht*, Hrsg. Hans-Uwe Erichsen und Dirk Ehlers, 12.ª ed., Berlin, 2002
OSTERLOH, LERKE, *Gesetzesbindung und Typisierungsspielräume bei der Anwendung der Steuergesetze*, Baden-Baden, 1992
— "Unzutreffende Besteuerung durch typisierende Verwaltung und Gesetzgebung", *StuW*, 1993, n.º 4
OTERO, PAULO, *Conceito e fundamento da hierarquia administrativa*, Coimbra, 1992
— *O Poder de substituição em Direito Administrativo, Enquadramento dogmático-constitucional*, II, Lisboa, 1995
— "A Competência legislativa das regiões autónomas", *Estudos de Direito Regional*, Lisboa, 1997
— *Legalidade e administração pública, O Sentido da vinculação administrativa à juridicidade*, Coimbra, 2003

PACHE, ECKHARD, *Tatbestandliche Abwägung und Beurteilungsspielraum, Zur Einheitlichkeit administrativer Entscheidungsfreiräume und zu deren Konsequenzen im verwaltungsrechtlichen Verfahren – Versuch einer Modernisierung*, Tübingen, 2001
PALADÍN, LIVIO, *Diritto Costituzionale*, Padova, 1991
— "Atti legislativi del Governo e rapporti fra i poteri", *Quaderni Costituzionali*, 1996
— *Diritto Costituzionale*, 3.ª ed., Padova, 1998

PALAZZO, FRANCESCO, *Introduzione ai principi del diritto penale*, Torino, 1999
PALMA, MARIA FERNANDA, *Direito Penal, Parte Geral*, Lisboa, 1994
PAPIER, HANS-JÜRGEN, *Die finanzrechtlichen Gesetzesvorbehalte und das grundgesetzliche Demokratieprinzip*, Berlin, 1973
 – "Zur verwaltungsgerichtlichen Kontrolldichte", *DÖV*, 1986
 – "Der Bestimmtheitgrundsatz", *Steuerrecht und Verfassungsrecht*, im Auftrag der Deutschen Steuerjuristischen Gesellchaft e.V., Hrsg. Karl Heinrich Friauf, Bd. 12, Köln, 1989
 – "Rechtsschutzgarantie gegen die öffentliche Gewalt", *Handbuch des Staatsrechts der BRD, Freiheitsrechte, VI*, Isensee/Kirchhof, Heidelberg, 2001
PAPIER, HANS-JÜRGEN, HANS MÖLLER, "Das Bestimmtheitsgebot und seine Durchsetzung", *AöR*, 1997
PAULICK, HEINZ, *Lehrbuch des allgemeinen Steuerrechts*, Köln, Berlin, Bonn, München, 1977
PAWLOWSKI, HANS-MARTIN, "Tatbestand" und "Typuslehre bei der Festlegung und Fortbildung rechtlicher Normen", *Rechtstheorie*, 1999, n.° 30
 – *Einführung in die juristische Methodenlehre, Ein Studienbuch zu den Grundlagenfächern Rechtsphilosophie und Rechtssoziologie*, 2.ª ed., Heidelberg, 2000
PEINE, FRANZ-JOSEPH, *Allgemeines Verwaltungsrecht*, 4.ª ed., Heidelberg, 1998
PELAGATTI, GIORGIO, "Valutazioni techniche dell'amministrazione pubblica e sindacato giudiziario. Un'analisi critica dei recenti sviluppi della dottrina giuspubblicistica", *RTDP*, 1992
PEREIRA, ANDRÉ GONÇALVES, *O Erro e a ilegalidade no acto administrativo*, Lisboa, 1962
PERRONE, LEONARDO, "L'Accertamento sintetico del reddito complessivo IRPEF", *Diritto e pratica tributaria*, 1990
PETERS, HANS, *Die Verwaltung als eigenständige Staatsgewalt*, Krefeld, 1965
PIÇARRA, NUNO, *A Separação dos poderes como doutrina e princípio constitucional, Um contributo para o estudo das suas origens e evolução*, Coimbra, 1989
PIZZORUSSO, ALESSANDRO, "Delle Fonti del Diritto, Disposizioni sulla legge in generale, art. 1-9", *Commentario del Codice Civile*, A Cura di Antonio Scialoja e Giuseppe Branca, Bologna, Roma, 1977
 – "Il Controllo della Corte costituzionale sull'uso della discrezionalità legislativa", *Riv. trim. dir. proc. civ.*, 1986
 – "La disciplina dell'attività normativa del Governo", *Le Regioni*, 1987
 – "Il potere regolamentare dopo la legge 400/1988", *Scritti per Mario Nigro, I*, Milano, 1991
 – "Atti legislativi del Governo e rapporti fra i poteri: aspetti comparatistici", *Quaderni Costituzionali*, 1996
 – "Ripensando i controlli sui decreti legge alla luce dell'esperienza recente", *I Decreti-legge non convertiti, Atti del seminario svoltosi in Roma, Palazzo della Consulta nel giorno 11 Novembre 1994*, Milano, 1996
 – *Manuale di Istituzioni di Diritto Pubblico*, Napoli, 1997 (1996)
POHMER, DIETER, "Steuervereinfachung und 'gerechte' Steuerlastverteilung", *Steuervereinfachung, FS für Dietrich Meyding zum 65. Geburtstag*, Hrsg. Wilhelm Bühler, Paul Kirchhof e Franz Klein, Heidelberg, 1994

POLLARI, NICOLÒ, "Natura, funzione e struttura del procedimento di accertamento", *L'Accertamento in materia di imposte dirette e indirette dopo la "Riforma Visco"*, Padova, 2000

POPITZ, JOHANNES, "Finanzmilitarismus?" *Festgabe für Dr. jur. h.c. Otto Liebmann*, Berlin, 1920

— "Gegenwartsprobleme der Steuergesetzgebung und Steuerverwaltung", *Vierteljahresschrift für Steuer- und Finanzrecht*, 1927

PORTO, MANUEL LOPES, "Impostos alfandegários "versus" imposto de transacções como modo de cobrar receitas", *RDE*, 1977, n.º 1

PORTOCARRERO, MARIA FRANCISCA, "Discricionariedade e conceitos imprecisos: ainda fará sentido a distinção? Acórdão do Supremo Tribunal Administrativo (1.ª Secção) de 20.11.1997, p. 39512", *Cadernos de Justiça Administrativa*, 1998, n.º 10

PORTUGAL, ANTÓNIO MOURA, "A Vinculação da administração fiscal no recurso à avaliação indirecta da matéria colectável: reflexões sobre um caso de facturas falsas", *Fiscalidade*, 2001, n.os 7-8

— *A Dedutibilidade dos custos na jurisprudência fiscal portuguesa*, Coimbra, 2004

PRAÇA, JOSÉ JOAQUIM LOPES, *Direito Constitucional Portuguez*, II, Coimbra, 1997 (1879)

QUADROS, FAUSTO DE, *Direito da União Europeia*, Coimbra, 2004

QUEIRÓ, AFONSO RODRIGUES, *Reflexões sobre a teoria do "desvio de poder" em Direito Administrativo*, Coimbra, 1940

— "Os Limites do poder discricionário das autoridades administrativas", *Estudos de Direito Administrativo*, Coimbra, 1968

— *Lições de Direito Administrativo*, I, Coimbra, 1976

— "Teoria dos regulamentos", 1.ª parte, *RDES*, 1980, n.os 1-4

— "Acórdão de 23 de Outubro de 1980. Anotação", *RLJ*, 1981, n.º 114

— "Acórdão de 11 de Março de 1982. Anotação", *RLJ*, 1981, n.º 115

— Teoria dos regulamentos", 2.ª parte, *RDES*, 1986, n.º 1

— "O Poder discricionário da Administração", *Estudos de Direito Público, Dissertações*, I, Coimbra, 1989 (1944)

RAUPACH, ARNDT, "Steuervereinfachung durch die Rechtsprechung?", *Steuervereinfachung, FS für Dietrich Meyding zum 65. Geburtstag*, Hrsg. Wilhelm Bühler, Paul Kirchhof e Franz Klein, Heidelberg, 1994

RAWLS, JOHN, *A Theory of justice*, Cambridge, Massachussets, 1971

RAZ, JOSEPH, *The Authority of law, Essays on law and morality*, New York, 1979

RECASÉNS SICHES, LUIS, *Experiencia jurídica, naturaleza de la cosa y lógica "razonable"*, México, 1971

REDEKER, KONRAD, "Fragen der Kontrolldichte verwaltungsgerichtlichen Rechtsprechung", *DÖV*, 1971

REIMER, E, C. WALDHOFF, "Steuerrechtliche Systembildung und Steuerverfassungsrecht in der Entstehungszeit des modernen Steuerrechts in Deutschland — Zu Leben und Werk Albert Hensels (1895-1933)", ALBERT HENSEL, *System des Familiensteuerrechts und andere Schriften*, Hrsg. Reimer/Waldhoff, Köln, 2000

RELATÓRIO da comissão para o desenvolvimento da reforma fiscal [1996], *Cadernos de Ciência e Técnica fiscal*, Lisboa, 2002

RESCIGNO, GIUSEPPE UGO, "Sul Principio di legalità", *Diritto Pubblico*, 1995, n.º 2

RIBEIRO, J.J. TEIXEIRA, "Os Princípios constitucionais da fiscalidade portuguesa", *BFDUC*, vol. XLII, 1966
- "A Contra-reforma fiscal", *BCE*, vol. XI, 1968
- "As Alterações ao código do imposto profissional (Mais aspectos da contra--reforma), *Separata do BCE, vol. XII*, 1970
- "Os Poderes orçamentais da Assembleia Nacional", *BCE*, vol. XIV, 1971
- "O Sistema fiscal na Constituição de 1976", *BCE*, vol. XXII, 1979
- *Lições de Finanças Públicas*, 2.ª ed., Coimbra, 1984
- "Criação de impostos pelas regiões autónomas", *RLJ*, 1986, n.º 3743
- "Os Poderes orçamentais da Assembleia da República", *BCE*, vol. XXX, 1987
- "Reconstituição, sob tópicos pormenorizados, de uma lição feita em 17 de Outubro de 1987, ao Curso da Faculdade de Direito de Coimbra, 1962-1967, aquando da reunião deste para comemorar os 20 anos de formatura", *BCE*, vol. XXX, Coimbra, 1987
- *A Reforma Fiscal*, Coimbra, 1989
- *Lições de Finanças Públicas*, 5.ª ed., Coimbra, 1995
- "Criação de impostos pelas regiões autónomas", *Estudos de Direito Regional*, Lisboa, 1997

ROGMANN, ACHIM, *Die Bindungswirkung von Verwaltungsvorschriften, Zur Rechtslage insbesondere im Wirtschafts-, Umwelt- und Steuerrecht*, Köln, Berlin, Bonn, München, 1998

ROMANO, CARLO, *Advance Tax Rulings and Principles of Law – Towards a European Tax Rulings System?*, Amsterdam, 2002

ROXIN, CLAUS, *Teoria del tipo penal, tipos abiertos y elementos del deber jurídico*, Buenos Aires, 1979 (1959), trad. de Enrique Bacigalupo
- *Strafrecht, Allgemeiner Teil, Grundlagen der Aufbau der Verbrechenslehre, I*, 3.ª ed., München, 1997

RUGGERI, ANTONIO, "Sul Principio di legalità", *Diritto Pubblico*, 1995
- "'Fluidità' dei rapporti tra le fonti e duttilità degli schemi d'inquadramento sistematico (a proposito della delegificazione)", *Diritto Pubblico*, 2000, n.º 2

RUPP, HANS HEIRINCH, "'Ermessen', 'unbestimmter Rechtsbegriff' und kein Ende", *FS für Wolfgang Zeidler*, Hrsg. Walter Fürst, Roman Herzog, Dieter C. Umbach, Bd. 1, Berlin, New York, 1987
- *Grundfragen der heutigen Verwaltungsrechtslehre, Verwaltungsnormen und Verwaltungsrechtsverhältnis*, 2.ª ed., Tübingen, 1991

RUPPE, HANS GEORG, "Steuergleichheit als Grenze der Steuervereinfachung", *Steuervereinfachung, FS für Dietrich Meyding zum 65. Geburtstag*, Hrsg. Wilhelm Bühler, Paul Kirchhof e Franz Klein, Heidelberg, 1994

RUSSO, PASQUALE, *Manuale di Diritto Tributario, Parte Generale*, Milano, 2002

SAMMARTINO, SALVATORE, "Le circolari interpretative delle norme tributarie emesse dall'amministrazione finanziaria, *Studi in onore di Victor Uckmar, II*, Padova, 1997

SANCHES, J.L. SALDANHA, *A Segurança jurídica no Estado social de Direito, conceitos indeterminados, analogia e retroactividade no Direito Tributário*, CCTF, Lisboa, 1985, n.º 140

– "Anotação ao acórdão n.° 91/84", *CTF*, 1987, n.ºˢ 310/312
– "O Ónus da prova no processo fiscal", *CCTF*, Lisboa, 1987, n.° 151
– *Princípios estruturantes da reforma fiscal*, Lisboa, 1991
– "Anotação ao acórdão do STA (2.ª secção) de 21 de Abril de 1994", *Fisco*, 1994, n.° 69
– *A Quantificação da obrigação tributária, Deveres de cooperação, autoavaliação e avaliação administrativa*, *CCTF*, Lisboa, 1995, n.° 173
– "Abuso de direito e abusos da jurisprudência", Anotação ao ac. da 2.ª Secção do STA de 3.5.2000, rec. n.° 24585, *Fiscalidade*, 2000, n.° 4
– "Custos mal documentados e custos não documentados: o seu regime de dedutibilidade", *Fiscalidade*, 2000, n.° 3
– "Conceito de rendimento no IRS", *Fiscalidade*, 2001, n.ºˢ 7-8
– *Manual de Direito Fiscal*, 2.ª ed., Coimbra, 2002

SANCHES, J.L. SALDANHA, ANDRÉ SALGADO DE MATOS, "O Pagamento especial por conta de IRC: questões de conformidade constitucional", *Fiscalidade*, 2003, n.° 15

SALVETTI, M. ANTONIETTA GRIPPA, *Riserva di legge e delegificazione nell'ordinamento tributario*, Milano, 1998

SANTAMARIA, BALDASSARE, *Lineamenti di Diritto Tributario, Parte Generale*, Milano, 1999
– *Diritto Tributario, Parte Generale*, 3.ª ed., Milano, 2002
– *Diritto Tributario, Parte generale*, 4.ª ed., Milano, 2004

SANTOS, JORGE COSTA, *Reforma da lei do enquadramento orçamental, trabalhos preparatórios e anteprojecto*, Lisboa, 1998 (grupo de trabalho nomeado pelo Ministro das Finanças, Prof. Doutor Sousa Franco e presidido pelo Mestre Jorge Costa Santos)

SANTOS, ANTÓNIO CARLOS DOS, "Os métodos indiciários e a questão fiscal", *Da Questão fiscal à reforma da reforma fiscal*, Lisboa, 1999
– "A Presunção da veracidade na contabilidade", *Da Questão fiscal à reforma da reforma fiscal*, Lisboa, 1999
– "Sobre a Colecta mínima", *Da Questão fiscal à reforma da reforma fiscal*, Lisboa, 1999

SCHENKE, WOLF-RÜDIGER, *Bonner Kommentar zum GG*, 1982, Art. 19

SCHMALZ, DIETER, *Allgemeines Verwaltungsrecht und Grundlagen des Verwaltungsrechtsschutzes*, 3.ª ed., Baden-Baden, 1998

SCHMIDT, WALTER, *Einführung in die Probleme des Verwaltungsrechts*, München, 1982

SCHMIDT-AßMANN, EBERHARD, Die Kontrolldichte der Verwaltungsgerichte", *DVBl.*, 1997
– *Das allgemeine Verwaltungsrecht als Ordnungsidee*, Berlin, Heidelberg, New York, 1998
– Maunz-Dürig, *GG Kommentar*, München, 2003, Art. 19

SCHMIDT-ASSMANN, GERD SCHMIDT-EICHSTAEDT, "Der Konkretisierungsauftrag der Verwaltung beim Vollzug öffentlich-rechtlicher Normen", *DVBl*, 1985

SCHMITT, CARL, *Sobre los tres modos de pensar la ciencia jurídica*, Madrid, 1996 (1934), trad. de Montserrat Herrero

SCHOLTZ, ROLF-DETLEV, Koch/Scholtz, *AO Kommentar*, 5.ª ed., Köln, Berlin, Bonn, München, 1996, § 3 AO
– Koch/Scholtz, Köln, Berlin, Bonn, München, 1996, 5.ª ed., §5 AO

SCHÖN, WOLFGANG, "Vermeidbare und unvermeidbare Hindernisse der Steuervereinfachung", *StuW*, 2002, n.º 1
SCHULZE-FIELITZ, HELMUT, Dreier, "Neue Kriterien für die verwaltungsgerichtliche Kontrolldichte bei der Anwendung unbestimmter Rechtsbegriffe", *JZ*, 1993
– *GG Kommentar, I*, Tübingen, 1996, Art. 19
SCHULZE-OSTERLOH, JOACHIM, "Unbestimmtes Steuerrecht und Strafrechtlicher Bestimmtheitsgrundsatz", *Strafverfolgung und Strafverteidigung im Steuerstrafrecht*, Köln, 1983
SCHUPPERT, GUNNAR FOLKE, "Self-restraints der Rechtsprechung – Überlegungen zur Kontrolldichte in der Verfassungs – und Verwaltungsgerichtsbarkeit", *DVBL*, 1988
SEELMANN, KURT, *Rechtsphilosophie*, München, 1994
SEER, ROMAN, "Steuergerechtigkeit durch Steuervereinfachung, Symposium der Deutschen Steuerjuristischen Gesellschaft e.V. vom 18. Februar 1995, Bundesfinanzakademie Brühl", *StuW*, 1995, n.º 2
SERENA, ALESSANDRO, "La Delega legislativa in materia tributaria", *Analisi di legge-campione, Problemi di tecnica legislativa a cura di Giovanna Visintin*, Padova, 1995
SIECKMANN, JAN-R, "Beurteilungsspielräume und richterliche Kontrollkompetenzen", *DVBl*, 1997
SILVA, FERNANDO EMÍDIO, Silva Pinto, Assumpção Mattos, Semtob Dreibaltt Sequerra e Miguel Quadros, Alunos da FDL, *Ciência das Finanças e Direito Fiscal, em rigorosa harmonia com as doutas prelecções do Exm.º Prof. Doutor Fernando Emídio da Silva ao curso jurídico 1931-32*, Lisboa, 1931
– José Duarte de Aragão Teixeira e Filipe Braz Rodrigues, Alunos da FDL, *Ciência das Finanças e Direito Fiscal, em rigorosa harmonia com as doutas prelecções do Exm.º Prof. Doutor Fernando Emídio da Silva ao curso jurídico 1933-34*, Lisboa, 1933
– Afonso Henriques, Consuelo Figueira e Teixeira Jardim, *Ciência das Finanças e Direito Fiscal, segundo as prelecções do Exm.º Prof. Doutor Fernando Emídio da Silva*, Lisboa, 1935
SILVA SANCHEZ, JESÚS-MARIA, *La Expansión del derecho penal, Aspectos de la política criminal en las sociedades postindustriales*, 2.ª ed., Madrid, 2001
– "Strafsystematik deutscher Prägung: Unzeitgemäß?", *Goldtdammer's Archiv*, 2004, n.º 12
J. SHIPWRIGHT, ADRIAN J., "Attività di accertamento tributario e discrezionalità dell'amministrazione", *RDFSF, I*, 1995
SILVA, VASCO PEREIRA DA, *Em Busca do acto administrativo perdido*, Coimbra, 1996
SOARES, CLÁUDIA A. DIAS, *O Imposto ecológico – contributo para o estudo dos instrumentos económicos de defesa do ambiente*, Coimbra, 2001
SOARES, ROGÉRIO E., *Interesse público, legalidade e mérito*, Coimbra, 1955
– *Direito Público e sociedade técnica*, Coimbra, 1969
– *Direito Administrativo, Lições ao curso complementar de ciências jurídico-políticas da Faculdade de Direito de Coimbra, 1977/78*, Coimbra, 1978
– "Princípio da legalidade e administração constitutiva", *BFDUC*, vol. LVIII, 1981
SORRENTINO, FEDERICO, *Lezioni sul principio di legalità*, Raccolte da Eleonora Rinaldi, Torino, 2001

– *Le Fonti del Diritto Amministrativo, Trattato di Diritto Amministrativo*, vol. 35, Dir. Giuseppe Santaniello, Padova, 2004

SOUSA, MARCELO REBELO DE, *Direito Constitucional, Introdução à teoria da Constituição*, Braga, 1979

– "10 questões sobre a constituição, o orçamento e o plano", *Nos Dez anos da constituição*, Lisboa, 1986

– *O Valor jurídico do acto inconstitucional, I*, Lisboa, 1988

– "A Integração europeia pós-Maastricht e o sistema de governo dos Estados-membros", *Análise Social*, 1992, n.ᵒˢ 118-119

SOUSA, M. REBELO DE, J. DE MELO ALEXANDRINO, *Constituição da República Portuguesa Comentada*, Lisboa, 2000

SOUSA, JORGE LOPES DE, *Código de Procedimento e de Processo Tributário, Anotado*, 4.ª ed., Lisboa, 2003

SOUSA, ALFREDO JOSÉ DE, JOSÉ DA SILVA PAIXÃO, *Código de Processo das Contribuições e Impostos Anotado*, 2.ª ed., Coimbra, 1986

SOUSA, MARNÔCO E, *Finanças, Apontamentos coligidos de harmonia com as preléçõis feitas pelo Exm.º Sr. Dr. Marnôco e Sousa ao curso do 3.º ano jurídico de 1913-1914*, por Martinho Simõis, Ambrósio Neto e José Fortes, Coimbra, 1913-1914

– *Tratado de Sciência das Finanças, I*, Coimbra, 1916

SOUSA, MIGUEL TEIXEIRA DE, *As Partes, o objecto e a prova na acção declarativa*, Lisboa, 1995

SPITALER, ARMIN, "Die Bindung der Finanzverwaltung an das Gesetz", *FR*, 1954

– "Die Ermächtigung an die Vollzugsgewalt im Steuerrecht", *FR*, 1954

STIGLITZ, JOSEPH E., *Economics of the public sector*, 3.ª ed., New York, London, 1999

STRAHL, MARTIN, *Die typisierende Betrachtungsweise im Steuerrecht*, Köln, Wied-Haus, 1996

STRUTZ, GEORG, *Grundbegriffe des Steuerwesens*, Berlin, 1918

– "Die Entwicklung des Steuerrechtsschutzes", *Beiträge zur Finanzwissenschaft*, Hrsg. Hans Teschemacher, Bd. II, Tübingen, 1928

STÜBEL, CHRISTOPH CARL, *Über den Thatbestand der Verbrechen, die Urheber derselben [und die zu einem verdammenden Endurtheile erforderliche Gewißheit des ersten], besonders in Rücksicht der Tödtung nach gemeinen in Deutschland geltenden und Chursächsisthen Rechten*, Wittemberg, 1805

SUORDEM, FERNANDO PAULO DA SILVA, *O Princípio da separação de poderes e os novos movimentos sociais, A administração pública no Estado moderno: entre as exigências de liberdade e organização*, Coimbra, 1995

TEIXEIRA, ANTÓNIO BRAZ, *Princípios de Direito Fiscal*, I, 3.ª ed., Coimbra, 1985

TESAURO, FRANCESCO, *Compendio di Diritto Tributario*, Torino, 2004

– *Istituzioni di Diritto Tributario, I, Parte generale*, 4.ª ed., Torino, 1994

THURONYI, VICTOR, *Comparative Tax Law*, The Hague, London, New York, 2003

TIPKE, KLAUS, "Gesetzmässigkeit der Verwaltung und Treu und Glauben", *StuW*, 1958

– "Zur Reform der Reichsabgabenordnung", *FR*, 2. Parte, 1970

– "Rechtfertigung des Themas; Ziel der Tagung", *Grenzen der Rechtsfortbildung durch Rechtsprechung und Verwaltungsvorschriften im Steuerrecht*, Hrsg. Klaus Tipke, Köln, 1982

- "Über teleologische Auslegung, Lückenfeststellung und Lückenausfüllung", *Der Bundesfinanzhof und seine Rechtsprechung, Grundfragen – Grundlagen,* FS für Hugo von Wallis, Hrsg. Franz Klein e Klaus Vogel, Bonn, 1985
- "Von der formalen zur materialen Tatbestandslehre", *StuW,* 1993
- *Die Steuerrechtsordnung, I,* 1.ª ed., Köln, 1993
- *Die Steuerrechtsordnung, III,* 1.ª ed., Köln, 1993
- Tipke/Kruse, *AO/FGO, Kommentar,* §5, Köln, 1999
- *Die Steuerrechtsordung, I,* 2.ª ed., Köln, 2000
- Tipke/Kruse, *AO/FGO Kommentar,* § 88, Köln, 2002
- Tipke/Kruse, *AO/FGO Kommentar,* § 30 a, Köln, 2004

TIPKE, KLAUS, HEINRICH WILHELM KRUSE, *Reichsabgabenordnung – Kommentar,* 7.ª ed., Köln, 1963/75

TIPKE, KLAUS, JOACHIM LANG, *Steuerrecht,* 17.ª ed., Köln, 2002

TITTMANN, CARL AUGUST, *Grundlinien der Strafrechtswissenschaft und der deutschen Strafgesetzkunde,* Leipzig, 1800

TOMAZ, JOÃO JOSÉ AMARAL, "A Redescoberta do imposto proporcional *(Flat tax)"* nos *Estudos em homenagem ao Dr. José Guilherme Xavier de Basto,* Coimbra, 2006

TORRES, HELENO TAVEIRA, "Transacção, arbitragem e conciliação judicial como medidas alternativas para resolução de conflitos entre administração e contribuintes – simplificação e eficiência administrativa", *Revista de Direito Tributário,* n.º 86

TRZASKALIK, CHRISTOPH, "Steuerverwaltungsvorschriften aus der Sicht der Rechtsschutzes", *Grenzen der Rechtsfortbildung durch Rechtsprechung und Verwaltungsvorschriften im Steuerrecht,* Hrsg. Klaus Tipke, Köln, 1982

UCKMAR, VICTOR, *Principi comuni di Diritto Costituzionale tributario,* 2.ª ed., Padova, 1999

ULE, C.H., "Zur Anwendung unbestimmter Rechtsbegriffe im Verwaltungsrecht", *Forschungen und Berichte aus dem öffentlichen Recht, Gedächtnisschrift für Walter Jellinek,* Hrsg. Otto Bachof, Martin Drath, Otto Gönnenwein, Ernst Walz, Bd. 6, München, 1955

VASCONCELOS, PEDRO PAIS DE, *Contratos atípicos,* Coimbra, 1995

VASQUES, SÉRGIO, *Os Impostos do pecado, o álcool, o tabaco, o jogo e o fisco,* Coimbra, 1999
- *Os Impostos especiais de consumo,* Coimbra, 2001
- "Remédios secretos e especialidades farmacêuticas: a legitimação material dos tributos parafiscais", *CTF,* 2004, n.º 413

VAZ, MANUEL AFONSO, *Lei e reserva de lei, A causa da lei na constituição portuguesa de 1976,* Porto, 1992

VERSIGLIONI, MARCO, *Accordo e disposizione nel Diritto Tributario, Contributo allo studio dell'accertamento com adesione e della conciliazione giudiziale,* Milano, 2001

VIEHWEG, THEODOR, *Tópica y jurisprudencia,* Madrid, 1964 (1963), trad. de Luis Diez-Picazo Ponce de Leon

VIOLA F., G. ZACCARIA, *Diritto e interpretazione, Lineamenti di teoria ermeneutica del diritto,* Roma, Bari, 2004

VIRGA, PIETRO, *Diritto Amministrativo, Atti e ricorsi, 2,* 5.ª ed., Milano, 1999

VITAL, FEZAS, *Direito Constitucional, Lições publicadas, com autorização, por Maurício Canelas e Martinho Simões*, Lisboa, 1945-46
VITORINO, ANTÓNIO, *As Autorizações legislativas na Constituição Portuguesa*, Lisboa, 1985
VOGEL, KLAUS, "Die Besonderheit des Steuerrechts", *DStZ/A*, 1977
— "Der Verlust des Rechtsgedankens im Steuerrecht als Herausforderung an das Verfassungsrecht", *Steuerrecht und Verfassungsrecht*, Karl Heinrich Friauf (Hrsg.), *DStJG*, Bd. 12, Köln, 1989
— "Grundzüge des Finanzrechts des Grundgesetzes", *Handbuch des Staatsrechts, Finanzverfassung-Bundesstaatliche Ordnung*, IV, Hrsg. Josef Isensee e Paul Kirchhof, Heidelberg, 1990
— "Gesetzgeber und Verwaltung" (1966), *Der offene Finanz- und Steuerstaat, Ausgewählte Schriften 1964 bis 1990*, Hrsg. Paul Kirchhof, Heidelberg, 1991
— "Vergleich und Gesetzmässigkeit der Verwaltung im Steuerrecht" (1988), *Der offene Finanz- und Steuerstaat, Ausgewählte Schriften 1964 bis 1990*, Hrsg. Paul Kirchhof, Heidelberg, 1991
VOGEL, KLAUS, CHRISTIAN WALDHOFF, "Vorbemmerkungen zu Art. 104 a-115", *Bonner Kommentar zum Grundgesetz*, 1997
— *Grundlagen des Finanzverfassungsrechts, Sonderausgabe des Bonner Kommentars zum Grundgesetz (Vorbemmerkungen zu Art. 104 a bis 115 GG)* Heidelberg, 1999
VOGEL KLAUS, WALTER, *Bonner Kommentar zum Grundgesetz*, 1971, Art. 105

WACKE, GERHARD, "Die Beurteilung von Tatbeständen – ein neuer Grundbegriff", *StuW*, 1936
— "Gesetzmässigkeit und Gleichmässigkeit, Die drei Arten der gleichmässigkeit als Auflösung des gesetzlichen Tatbestandes", *StuW*, 1947
WAHL, RAINER, "Verwaltungsvorschriften: Die ungesicherte dritte Kategorie des Rechts", *Festgabe 50 Jahre Bundesverwaltungsgericht*, Hrsg. Eberhard Schmidt-Assmann, Dieter Sellner, Günter Hirsch, Gerd-Heinrich Kemper, Heinrich Lehman-Grube, Köln, Berlin, Bonn, München, 2003
WALDHOFF, CHRISTIAN, "Vertrauenschutz im Steuerrechtsverhältnis", *Vertrauensschutz im Steuerrecht*, Hans-Jürgen Pezzer (Hrsg.), *DStJG*, Bd. 27, Köln, 2004
VON WALLIS, "Die 'Beurteilung von Tabeständen' iS des § 1 Abs. 3 StAnpG", *FR*, 1965
WALZ, RAINER, *Steuergerechtigkeit und Rechtsanwendung, Grundlinien einer relativ autonomen Steuerrechtsdogmatik*, Heidelberg, Hamburg, 1980
WEBER, MAX, *Economía y sociedade, Esbozo de sociología comprensiva*, trad. de Medina Echavarría e outros, Madrid, 1964 (1956, 4.ª ed.)
— *Fundamentos da sociologia*, 2.ª ed. Portuguesa, trad. de Mário Monteiro, Porto, 1983
WEBER-FAS, RUDOLF, "Finanzgerichtsbarkeit im freiheitlichen Rechtsstaat", *NJW*, 1975
WEITZEL, CHRISTIAN, *Justiziabilität des Rechtsermessens, Zugleich ein Beitrag zur Theorie des Ermessens*, Berlin, 1998
WELZEL, HANS, *Das Deutsche Strafrecht*, 11.ª ed., Berlin, 1969
WOERNER, LOTHAR, "Die Steuerrechtsprechung zwischen Gesetzeskonkretisierung, Gesetzesfortbildung und Gesetzeskorrektur", *Grenzen der Rechtsfortbildung durch*

Rechtsprechung und Verwaltungsvorschriften im Steuerrecht, Hrsg. Klaus Tipke, Köln, 1982

WOLF, ERIK, *Die Typen der Tatbestandsmässigkeit, Vorstudien zur allgemeinen Lehre vom besonderen Teil des Strafrechts, Veröffentlichungen der Schelswigholsteinischen Universitätsgesellschaft*, 1931, n.º 34

WOLFF, HANS, OTTO BACHOF, *Verwaltungsrecht I*, 9.ª ed., München, 1974

WOLFF, HANS, OTTO BACHOF, ROLF STOBER, *Verwaltungsrecht I*, 11.ª ed., München, 1999

WOLFF, HANS J., "Typen im Recht und in Rechtswissenschaft", *Studium Generale*, 1952

XAVIER, ALBERTO, *Conceito e natureza do acto tributário*, Coimbra, 1972
- *Direito Fiscal, Lições proferidas pelo Prof. Doutor Alberto Xavier ao 3.º ano do curso jurídico no ano lectivo de 1972-73*, Lisboa, 1973
- *Os Princípios da legalidade e da tipicidade da tributação*, São Paulo, 1978
- *Manual de Direito Fiscal*, Lisboa, 1981(1974)
- *Do Lançamento: Teoria geral do acto do procedimento e do processo tributário*, 2.ª ed., Rio de Janeiro, 1997

XAVIER, ANTÓNIO BERNARDO DA GAMA LOBO, "Enquadramento orçamental em Portugal: alguns problemas", *RDE*, 1983
- *O Orçamento como lei, Contributo para a compreensão de algumas especificidades do Direito orçamental português*, Coimbra, 1990
- "O Princípio contabilístico da prevalência da substância sobre a forma e o princípio da consideração económica dos factos tributários: a classificação contabilística dos bens do activo; significado e critério das imobilizações; o relevo do objecto social", *RDES*, 1995

ZAGREBELSKY, *Manuale di Diritto Costituzionale*, I, 1993
- *Il Sistema costituzionale delle fonti del diritto*, Torino, Egges, 1984

ZEITLER, FRANZ-CHRISTOPH, "Vereinfachung des Steuerrechts – eine Utopie?", *Steuervereinfachung, FS für Dietrich Meyding zum 65. Geburtstag*, Hrsg. Wilhelm Bühler, Paul Kirchhof e Franz Klein, Heidelberg, 1994

ZIPPELIUS, REINHOLD, *Juristische Methodenlehre*, 7.ª ed., München, 1999

ÍNDICE

INTRODUÇÃO 9

TÍTULO I
O princípio da legalidade fiscal
na sua conformação constitucional

CAPÍTULO I
O princípio da legalidade fiscal
na Constituição portuguesa de 1976

SECÇÃO I
Preliminares e antecedentes

1. Questões introdutórias... 41
2. O princípio da legalidade fiscal na Constituição portuguesa de 1933 50

SECÇÃO II
Delimitação de competências
(ou vertente competencial da legalidade),
objecto e alcance da reserva de lei

1. Delimitação de competências em matéria de criação de impostos e sistema fiscal: linhas gerais... 57
2. Justificação e função da reserva de lei fiscal 75
3. As autorizações legislativas em matéria fiscal 84
4. Os elementos essenciais dos impostos segundo o art. 103.º n.º 2 da CRP 103
   4.1. O significado de incidência para efeitos do art. 103.º n.º 2 da CRP 103
   4.2. A incidência em sentido amplo 109
   4.3. O "lançamento" e a "liquidação" do imposto ou base de avaliação e quantificação do imposto 110
   4.4. Regras fiscais substantivas e regras fiscais procedimentais na jurisprudência. 119
   4.5. Os benefícios fiscais e as garantias dos contribuintes no contexto do art. 103.º n.º 2 da CRP 125

5. O grau de determinação legal exigível, relativamente aos elementos essenciais dos impostos 143
   5.1. Conceitos legais indeterminados, desenvolvimentos da disciplina legal por decreto-lei não autorizado e por regulamento, e a jurisprudência do Tribunal Constitucional 143
   5.2. Conclusões 156

CAPÍTULO II
A desvalorização da reserva de lei fiscal e a ampla margem de livre apreciação do Governo-legislador e do Governo-administração em matéria de impostos: o ordenamento italiano como "case-study"

1. Considerações introdutórias: os conceitos de delegação e de deslegalização 159
2. As exigências de determinação e as delegações parlamentares na Constituição fiscal italiana 167
   2.1. Justificação e função da reserva de lei fiscal e a distribuição de competências legislativas 167
   2.2. A determinação mínima legal e os regulamentos em matéria fiscal: a reserva de lei absoluta e a reserva de lei relativa 184
   2.3. A lei n.º 400 de 1988, como um exemplo de tentativa de controlo ordenado da delegação e deslegalização: em especial os regulamentos de deslegalização 192
   2.4. O papel do Tribunal Constitucional italiano 207
3. Conclusões 210

TÍTULO II
O princípio da tipicidade fiscal

CAPÍTULO III
O *Tatbestand* de garantia ou princípio da tipicidade fiscal como vertente material da legalidade fiscal

1. Considerações introdutórias 225
2. O *Tatbestand* de imposto e o princípio da tipicidade dos impostos, a tipificação e a doutrina do *Typus* e o pensamento tipológico: esquisso dos conceitos e clarificação da terminologia utilizada 232
3. O *Tatbestand* de garantia 246
   3.1. Considerações introdutórias 246
   3.2. Resenha histórica das noções de *Tatbestand* e de tipicidade no Direito Fiscal: a tipicidade fechada e os conceitos jurídicos indeterminados 259

3.3. Continuação: O *Tatbestand* de garantia e o carácter absoluto ou relativo da reserva de lei – a categoria dogmática e a referência ao ordenamento jurídico-constitucional 273
   3.3.1. O *Tatbestand* de garantia delimitado pelo ordenamento jurídico-
-constitucional: crítica às posições que relacionam a tipicidade com a reserva absoluta de lei fiscal 273
   3.3.2. O *Tatbestand* de garantia enquanto categoria dogmática de vocação supra-ordenamental: esboço de um conceito (conclusões) 283
4. O *Tatbestand* sistemático 292
   4.1. O *Tatbestand* sistemático de imposto e a sua instrumentalidade em relação ao *Tatbestand* de garantia 292
   4.2. O *Tatbestand* sistemático como um *Tatbestand* formal ou não normativo: crítica a esta concepção 295
   4.3. O *Tatbestand* sistemático de Albert Hensel como um *Tatbestand* carregado de normatividade 298
5. A normatividade do *Tatbestand* de imposto: caracterização 305

CAPÍTULO IV
O princípio da tipicidade fiscal e a determinação da lei

1. O princípio da determinação 319
   1.1. A posição de Alberto Xavier 319
   1.2. O princípio da determinação como elemento quantitativo do *Tatbestand* de garantia 328
   1.3. Alguns corolários do princípio da determinação 331
2. Técnicas de regulação legal: a tipificação e os conceitos jurídicos indeterminados e a sua adequação ao Direito Fiscal 339
3. A teoria da essencialidade 349

TÍTULO III
A abertura do princípio da tipicidade através de conceitos jurídicos indeterminados

CAPÍTULO V
Os conceitos jurídicos indeterminados e a discricionariedade administrativa: os primórdios da discussão no Direito Fiscal

1. A atribuição de uma margem de livre apreciação administrativa através da abertura do *Tatbestand* 357
   1.1. Colocação do problema: o significado de indeterminação legal 357
   1.2. A relação entre os conceitos jurídicos indeterminados e a discricionariedade administrativa 375

2. As opiniões precursoras no Direito Fiscal: a posição de ALBERT HENSEL no contexto da *Abgabenordnung* 395
   2.1. A discussão (ou a ausência dela) sobre as exigências de determinação da lei fiscal e sobre a aceitação da discricionariedade na Alemanha e em Portugal no final do século XIX e princípios do século XX............................. 395
   2.2. A posição de ALBERT HENSEL e dos seus contemporâneos acerca dos conceitos jurídicos indeterminados 405

CAPÍTULO VI
A margem de livre apreciação administrativa em confronto com a(s) discricionariedade(s) administrativa(s)

SECÇÃO I
A autonomização (controversa) da margem de livre apreciação administrativa em relação à discricionariedade: orientações dogmáticas

1. A orientação metodológica no Direito Administrativo: a relevância da estrutura da proposição jurídica 425
   1.1. O conceito de margem de livre apreciação em BACHOF e a teoria da defensibilidade de ULE 429
   1.2. Considerações críticas à posição de ULE: aproximação ao nosso conceito de margem de livre apreciação no Direito Fiscal, por contraposição à discricionariedade... 435
   1.3. A indeterminação dos conceitos jurídicos como um problema de graduação e não como um problema qualitativo: a posição de JESCH 437
2. A posição da jurisprudência alemã 446
3. Evolução da discussão 448
   3.1. A posição de ALBERTO XAVIER (1972) e as contradições imanentes à mesma: as raízes alemãs da década de cinquenta, em especial a influência de JESCH 450
   3.2. A evolução da jurisprudência alemã e os critérios de orientação do controlo judicial 458
4. A orientação jurídico-funcional 468
5. As matérias técnicas, de planificação e ordenamento, como exemplos de tipificação administrativa por regulamentos e actos pararegulamentares e de reconhecimento judicial da margem de livre apreciação: uma prática idêntica à da tipificação fiscal 498
6. Conclusão: conceitos discricionários e conceitos jurídicos indeterminados. A margem de livre apreciação como um problema metodológico e jurídico-funcional: clarificação da nossa posição 502

SECÇÃO II
A discricionariedade técnica

.... 516

TÍTULO IV

A exigência de simplificação das leis fiscais e a aplicação tipificante dos conceitos jurídicos indeterminados como instrumento concretizador do *Tatbestand* de garantia: o recurso ao tipo e a desconsideração das particularidades do caso

CAPÍTULO VII
A indeterminação dos tipos legais de imposto e o pensamento tipológico ou método de comparação de casos, como instrumento hermenêutico de progressiva densificação dos tipos legais

1. O tipo na ciência jurídica e a indeterminação legal.................................... 537
2. O tipo como instrumento hermenêutico: o pensamento tipológico ou o método de comparação de tipos.. 556

CAPÍTULO VIII
A exigência jurídico-constitucional de simplificação da tributação e as tipificações legais

1. Preliminares.. 571
2. A complexidade da legislação fiscal, a exigência jurídico-constitucional de simplificação da tributação e a tributação do rendimento real: considerações introdutórias.. 576
3. As técnicas legislativas usadas no Direito Fiscal: a estrutura das proposições jurídicas dos códigos de imposto, através do exemplo dos impostos sobre o rendimento... 592
4. Fundamentos para o recurso às técnicas presuntivas: aproximação a um conceito de tipificação.. 612
5. A legitimidade constitucional da tipificação legal, as vantagens do método e o artigo 73.º da LGT (conclusões).. 622

CAPÍTULO IX
A aplicação tipificante das leis fiscais: "estado de necessidade" da administração fiscal, princípio da praticabilidade e margem de livre apreciação

SECÇÃO I
A aplicação tipificante: considerações genéricas

1. O conceito de aplicação tipificante no Direito Fiscal............................. 643
2. A tipificação como um procedimento conjunto do legislador e da administração: a ligação do *Tatbestand* sistemático aos tipos empíricos.......................... 648

SECÇÃO II
A aplicação tipificante pela administração fiscal

1. Colocação do problema 650
2. As definições depreciativas da tipificação administrativa, a relação da tipificação com o princípio da investigação, a definição do Supremo Tribunal Financeiro alemão e a contraposição entre tipificação ilegal e margem de livre tipificação 653
3. A tipificação material e a tipificação formal 668
4. Do "estado de necessidade" da administração fiscal (JOSEF ISENSEE) ao princípio da praticabilidade (HANS-WOLFGANG ARNDT) 672
5. Caracterização do método tipificante: ponto de ordem 686
6. Variações em torno de LERKE OSTERLOH 695
7. A tipificação e a margem de livre apreciação administrativa 708
   7.1. As circulares e regulamentos tipificantes: alguns casos 708
   7.2. Considerações conclusivas 716
      7.2.1. Pressupostos de atribuição de uma margem de livre tipificação administrativa: a busca da melhor solução para a aplicação da lei indeterminada 716
      7.2.2. O controlo judicial da tipificação administrativa (limites a esse controlo) 722
8. Tipificação e métodos indirectos de tributação: limites à sua consagração 736

SECÇÃO III
A aplicação tipificante pelos tribunais

.... 747

EPÍLOGO 759

LISTA DAS PRINCIPAIS ABREVIATURAS 781

BIBLIOGRAFIA 783